WIEN, WIE ES ISST

1011 Wien, Marc-Aurel-Straße 9
T: 01/536 60-0, F: 01/536 60-935
E: bv@falter.at, service@falter.at
W: faltershop.at, www.wien-wie-es-isst.at
41., aktualisierte Auflage

Folgen Sie uns auf www.facebook.com/wienwieesisst

Chefredaktion: Birgit Wittstock
Beiträge von: Florian Holzer, Nina Kaltenbrunner, Katharina Kropshofer, Soraya Pechtl, Martin Swoboda, Birgit Wittstock
Lektorat: Helmut Gutbrunner
Datenverwaltung und redaktionelle Bearbeitung: Antonia Mittendrein
Datenrecherche: Antonia Mittendrein (Leitung), Katharina Jenewein, Sophia Lauritsch, Elena Mitterhofer, Sarah Sarge, Emma Steinwender
Fotos: Christian Fischer
Foto Cover: www.shutterstock.com
Grafik und Layout: Marion Großschädl
Bildbearbeitung: Reini Hackl
Satz: Barbara Blaha, Marion Großschädl
Anzeigen: Sigrid Johler
Anzeigenabwicklung: Franz Kraßnitzer
Druck: Florjančič tisk d.o.o., SL 2000 Maribor

FSC www.fsc.org
MIX
Aus verantwortungsvollen Quellen
FSC® C106954

Wir haben bei diesem Buch im Sinne der Umwelt auf die Verpackung mit Plastikfolie verzichtet.

Dieses Buch erhebt keinen Anspruch auf Vollständigkeit. Die Daten wurden im Sommer 2022 recherchiert. Obwohl wir versucht haben, so gründlich wie möglich zu sein, können wir Fehler nicht ganz ausschließen. Bitte haben Sie dafür Verständnis, dass wir keine inhaltliche Haftung übernehmen.

WIEN, WIE ES ISST /23

Ein Führer durch Wiens Lokale

FALTER VERLAG

INHALT

EINKAUFSTIPPS

ADRESSEN: 4000 LOKALE NACH BEZIRKEN GEORDNET

SPEZIAL- UND STICHWORTREGISTER

LIEBE ESSERINNEN UND ESSER

Sie kennen doch bestimmt Murphys Gesetz? Die Annahme, dass alles, was schiefgehen kann, auch mit Sicherheit schiefgehen wird. Was hat die im Vorwort eines Lokalführers zu suchen?

Nun, ein Blick in die aktuelle Wiener Gastro-Landschaft lässt genau daran denken. Nach zwei harten Corona-Jahren mit zermürbenden Lockdowns folgte heuer der nächste Streich: Der akute Mitarbeiter*innenschwund aufgrund der mitunter sehr schlechten Arbeitsbedingungen im Knochenjob Gastro hatte zur Folge, dass viele Lokale nicht mehr aufsperren können. Die ganze Branche steht vor einem notwendigen Paradigmenwechsel. Doch dafür hat sie ein schlechtes Jahr erwischt, denn nun rauscht die Teuerungswelle heran, und auf ihr zu surfen, ohne unterzugehen, wird die nächste Herausforderung sein.

Wie die Restaurantszene der Zukunft aussehen kann, erzählt FALTER. morgen-Redakteurin Soraya Pechtl, die den Arbeitsplatz Gastronomie unter die Lupe genommen hat. Ihre FALTER-Stadtleben-Kollegin Katharina Kropshofer hat recherchiert, warum so wenige Köchinnen in der ersten Reihe stehen.

Und FALTER-Gastro-Experte und „Wien, wie es isst"-Urführer Florian Holzer weiß, warum sich die deutsche Küche in Wien nicht durchsetzt, Natural Wines hingegen gerade einen Hype erleben. Wie es um die kulinarische Infrastruktur auf Wiens Hausbergen bestellt ist, hat FALTER-Gerichtsberichterstatterin Nina Kaltenbrunner getestet. Und warum ausgerechnet die griechische Küche in Wien einen so schweren Stand hat, analysiert unser hellenophiler Autor und Wahl-Grieche Martin Swoboda.

Ihre Birgit Wittstock

LOKALE VON A BIS Z

VÖSLAUER
prickelnd
Das Wasser zum Essen.
nachhaltig #jungbleiben
CO_2 neutral*
*50 % der CO_2-Emissionen verglichen mit 2005 reduziert & 50 % kompensiert.

B

Billard spielen in Wien? →
siehe Spezialregister auf Seite 567

C

D

E

F

Französische Küche in Wien? →
siehe Spezialregister auf Seite 612

Lokale mit Gastgarten?

siehe Spezialregister auf Seite 619

I

J

K

Kroatische Küche in Wien? →
siehe Spezialregister auf Seite 652

L

Lokale mit Live-Programm? →
siehe Spezialregister auf Seite **652**

M

N

O

Polnisch essen in Wien? ⟶ siehe Spezialregister auf Seite 665

P

Q

R

Rollstuhlgerechte Lokale →
siehe Spezialregister auf Seite 665

S

Syrische Küche in Wien? →
siehe Spezialregister auf Seite **670**

T

Vegane Küche in Wien → siehe Spezialregister auf Seite 677

W

X

Z

EMPFEHLUNGEN

DIE NEUEN, DIE GUTEN, DIE GEHEIMEN: PROFILIERTE ESSER*INNEN UND TRINKER*INNEN VERRATEN IHRE LIEBLINGSLOKALE UND JENE STÄTTEN, AN DENEN SIE GERNE ESSEN, WENN SIE NICHT DARÜBER SCHREIBEN MÜSSEN.

FRAUEN AM HERD

Wiens Küchen sind Männerdomänen. Geht es auch anders? Drei Gastrofrauen erzählen.

VON KATHARINA KROPSHOFER
Redakteurin der Wiener Wochenzeitung „FALTER“

Zwischen Flohmarktfunden und ein bisschen Kitsch sitzt Stefanie Herkner und trinkt Matcha Latte aus dem To-go-Becher. Es ist Sommerpause in ihrem Restaurant „Zur Herknerin“, hier in der Wiedner Hauptstraße stehen die Stühle auf den Tischen und Herkner hat endlich wieder Zeit zu planen: Da sind das Kochbuchprojekt und die Knödelseminare, bevor es Anfang September wieder losgeht.

Herkner wird dieses Jahr vierzig, ist Wirtin in zweiter Generation und hat eine Marke rund um sich und ihr Restaurant aufgebaut. Wieso solle sie nicht Vorteile davon haben, das anzupreisen, was sie zur Rarität macht: eine Frau in der Wiener Küche zu sein: „Eigentlich kenne ich sonst niemanden, der das so wie ich macht.“

Köche zieren die Cover von Gastromagazinen, inszenieren sich als Rockstars: volltätowiert, mit wildem Bart und feingeschliffenem Beil. 44 Prozent Frauenanteil hatte die Lehre zum/zur Gastronomiefachmann/-frau laut AMS im Jahr 2021. 2012 lag dieser Anteil noch bei knapp 53 Prozent. Unter den 18 Sterneköchen in Österreich gibt es keine einzige Frau. Und der Restaurantführer „Gault Millau“, der neben dem „Guide Michelin“ als der einflussreichste Restaurantführer Europas gilt, zeichnete zum letzten Mal 1996 eine Frau als „Koch des Jahres“ aus: Johanna Maier. Während also Männer die Art von Kochen übernehmen, die mit Ruhm und Ansehen verbunden ist, schaut es in den normalen Küchen des Landes stereotypischer aus: Siebzig Prozent der Österreicher*innen, die täglich zum Kochlöffel greifen, sind weiblich. Das geht aus einer Umfrage des Küchenherstellers iSi aus dem Jahr 2019 hervor.

Dass die Tochter der Wiener Kochlegende Heinz Herkner also ein

Zur Herknerin
Erfolgreiche Quereinsteigerin: Stefanie Herkner

Installationsgeschäft zum Bio-Beisl machte, war nicht im Interesse des Vaters. Die Arbeit in der Küche sei ein Knochenjob, nicht zu empfehlen. Also studierte Herkner Kunstmanagement, nur um sich mit dreißig doch ihrer Wurzeln zu besinnen – und in der Ausbildung die Hürden kennenzulernen: Männliche Kollegen belächelten ihren späten Berufseinstieg. „Aber ich wollte etwas schaffen, wo sich die Leute wohlfühlen, sie nähren, umsorgen – sehr mütterlich." Denn die Wiener Küche sei eigentlich höchst feminin: das Erdige, Ehrliche – schon ihr Vater habe die Küche seiner Mutter und Großmutter gekocht. Und auch der Plan der Tochter ging auf: Von Tag eins an war ihr Restaurant gut besucht.

Wer Gastrofrauen sagt, muss auch Haya Molcho sagen. Kein Supermarktregal kommt ohne ihren Namen aus – oder besser gesagt den ihrer vier Söhne: Nuriel, Elior, Nadiv, Ilan – NENI. Drei Restaurants hat sie in Wien, außerdem welche in Berlin, Hamburg, München, Zürich, Mallorca, Köln, Paris, Amsterdam und Kopenhagen. Molcho ist Quereinsteigerin, gehört mit 67 Jahren zur älteren Gastrogeneration. Ihr Erfolg habe mit ihrer Herkunft zu tun: „Ich komme aus Israel, habe eine völlig andere Erziehung genossen, Militär gemacht. Da tritt man selbstbewusster auf, hat ein anderes Verständnis von Gleichberechtigung." Denn das sei der Schlüssel: Nicht jede Frau hätte Lust, sich durchzuboxen, sich so zu verhalten, wie es Männer oft tun. „Wie Gorillas", merkt sie lächelnd an.

Aber es funktioniere: „Wenn eine Frau Selbstbewusstsein hat, werden Männer nicht versuchen, ihr Territorium zu besetzen. Aber warum müssen wir überhaupt etwas sein, um akzeptiert zu werden?" Das Einzige, was eine Rolle spielen sollte, sei die Leidenschaft, die jemand in die Küche bringt. Ein Grund, wieso auch in ihren Küchen Geschlecht keine Bedeutung hat, das Verhältnis ausgeglichen sei.

Dass es in der Haubenküche so wenige Frauen gibt, wundert Molcho. Gerade diese Art von Küche sei typisch weiblich, Emotion, Intellekt, Kreativität seien besonders gefragt. Auftritt Sandra Scheidl. Ihr Name ziert noch keine Produktkette. Und doch hat der Name Scheidl in kurzer Zeit für ziemlich viel Aufruhr gesorgt: Die 28-jährige Tirolerin kochte bereits in London bei der „Kochlegende" Michel Roux, dem Tiroler Fünf-Hauben-Restaurant von Simon Taxacher und legte zuletzt einen

Zwischenstopp im Maaemo in Oslo ein – damals eines der Top-fünfzig-Restaurants der Welt. „Das Team dort besteht zu fünfzig bis sechzig Prozent aus Frauen – das kannte ich aus Österreich nicht." Hier war sie meist die einzige Frau im Team. Einmal sagte man ihr sogar, man habe gezögert, sie anzustellen, weil man noch keine Erfahrungen hatte mit einer Frau in der Küche. Nein, das sei nicht in den 1950er-Jahren, sondern vor ein paar Jahren gewesen.

Dabei sorgt gerade ihr Geschlecht momentan für Aufmerksamkeit: Als erste Frau in der 17-jährigen Geschichte gewann sie den „Junge Wilde"-Kochwettbewerb, Kochtalente unter dreißig kämpfen um den Titel der wohl wichtigsten Auszeichnung im deutschsprachigen Raum. Seither bekommt Scheidl oft Fragen nach den Hürden, die es als Frau zu überwinden gelte, Fragen nach dem Warum gestellt: „Das Spannende ist, dass viele Frauen weiterhin klischeehaft zuhause am Herd stehen. Aber mit Haubenküche assoziiert man den Mann. Vorbildwirkung ist schon ein großes Thema." Weibliche Idole und Role-Models gab es vor mehr als einem Jahrzehnt, als Scheidl sich mit 15 für diesen Berufsweg entschloss, nicht wirklich. Die Köche im Fernsehen, auf dem Cover populärer Bücher und in Magazinen hießen Tim Mälzer, Jamie Oliver oder Gordon Ramsay.

Gerade jungen Frauen trauen die Ausbildner, die Betriebe wenig zu, meint Scheidl. Stattdessen werde betont, dass es ein handwerklicher Beruf sei, man schon auch mal zehn Stunden auf den Beinen stehe. Zu anstrengend für eine Frau, der raue Ton vermeintlich zu hart, meint auch Haya Molcho. „Da wird geredet wie im Sportverein."

Scheidls Ansatz ist ein etwas anderer: Sie will Handwerk mit Kunst vereinen, macht Pop-ups, Event- und Showkochen, Private Dinings und plant, ein Fine-Dining-Restaurant in Wien zu eröffnen. Oft werde ihr dabei gesagt, ihre Gerichte seien besonders lieblich, kunstvoll angerichtet – mit dem Blick einer Frau eben. „Ich glaube, das hat mehr damit zu tun, wie perfektionistisch jemand ist."

Und dann ist da noch das Problem mit der Struktur: Die Gastro, vor allem im Haubenbereich, ist nicht gerade die frauenfreundlichste Branche – insbesondere in einer Welt, in der es meist die Frau ist, die in Karenz geht: die späten Arbeitsstunden, die Wochenenddienste, Unvorhersehbares.

Vielleicht also sind die Wiener Frauen in der Küche sowas wie ein „Reclaim", eine bewusste Entscheidung, zurück zu den Wurzeln zu gehen: zu etwas ganz Neuem oder einfach zu dem, wonach einem halt ist, unabhängig vom Geschlecht. Zumindest dafür werden gerade neue Vorbilder geschaffen.

Zur Herknerin
Stefanie Herkner bietet Wiener Küche, neu interpretiert.
4., Wiedner Hauptstraße 36
Tel. 0699/15 22 05 22, zurherknerin.at
Di–Fr 18–23 Uhr

NENI am Prater
Das dritte und neueste NENI-Restaurant in Wien.
2., Perspektivstraße 8
Tel. 01/904 34 39-50
neni.at/restaurants/prater
Mo 7–15, Di–Do 7–24, Fr, Sa 7–2, So, Fei 8–15 Uhr

Die Kunst-Küche-Pop-ups von Sandra Scheidl gibt's hier:
instagram.com/sandrascheidl

Rakete
Corinna Huber und Andreas Brunner haben im Rakete schöne Weine und werten die Brigittenau auf.
20., Karl-Meißl-Straße 1
Tel. 0660/346 61 00
instagram.com/rakete.wien
Mi–Sa 17–24 Uhr

Woracziczky
Marion Jambor gehört das vielleicht beste Beisl in Wien.
5., Spengergasse 52
Tel. 0699/11 22 95 30
www.woracziczky.at
Mo–Fr 11.30–14 und ab 18 Uhr

Frau Bernhard
Dorothee Bernhards Champagnerbar mit Kreativküche.
6., Esterházygasse 11
Tel. 0676/958 40 63
facebook.com/FrauBernhard
Di–Fr 17–23 Uhr

DIE FÜNF BESTEN LOKALE FÜR DEN SPÄTEN HUNGER

Während in anderen Metropolen rund um die Uhr gevöllert wird, muss der knurrende Magen Wiener Nachteulen mit dem Vorlieb nehmen, was noch zu kriegen ist. Denn die Zeiten, in denen man in Lokalen wie der Gräfin am Naschmarkt, dem Café Drechsler, dem Mozart- oder dem Beatrixstüberl im Morgengrauen überteuerte Speisen von mitunter fragwürdiger Qualität verspachteln konnte, sind längst passé. Nach Mitternacht bleibt einem meist nur der Gang zu Würstelstand und Co. Hier, was sonst noch so geht:

Café Europa

7., Zollergasse 8

www.cafeeuropa.at

Das Café Europa ist aus mehreren Gründen eine Wiener Institution. Zum einen war es eines jener Szenelokale, die in den 1980er-Jahren den Lokal-Boom im Grätzel auslösten und somit Neubau zum Aufstieg zum Bobo-Bezirk verhalfen. Zum anderen ist das Europa einer der wenigen Orte, die auch fast vierzig Jahre später immer noch funktionieren und wo es sich nach wie vor gut trinken, abhängen und eben auch bis vier Uhr morgens essen lässt.

Restaurant Motto

5., Schönbrunner Straße 30

motto.wien

Das Motto galt bereits als In-Lokal, als der Begriff noch keinen peinlichen Beigeschmack hatte. Heute bringt es nicht nur Gäste diverser Generationen an einen Tisch, sondern auch seine Signature-Gerichte wie gebackenen Emmentaler oder Schinkenfleckerl, aber auch ein bisschen Veganes. Die Küche ist am Wochenende bis 2.30 Uhr geöffnet, also eher etwas für den Hunger zwischendurch und für die dickere Brieftasche.

DINO's Apothecary Bar

1., Salzgries 19, www.dinos.at

An Dino's langer oldschool Holzbar landet meist, wer auf der Suche nach einem guten Drink ist. Und den bekommt man hier auch. Weil es aber erfahrungsgemäß dauert, ehe man aus den über 400 Drinks gewählt hat, bietet die Küche hier auch nach

Mitternacht Stärkungen in Form von Bar-Snacks wie Hotdogs, Empanadas, Toasts und Hühnersuppe. Für Veganer*innen und Anti-Alkoholiker*innen nicht die erste Wahl.

Robert Goodmann

4., Rechte Wienzeile 23

www.goodmann.at

Besser bekannt als „das Goodmann" und als ein Ort, den man eigentlich nicht absichtlich ansteuert, sondern an den es einen mitunter irgendwann mal gegen Morgen hin verschlägt. Sei es, weil man meint, noch nicht betrunken genug zu sein, oder weil man Hunger hat. Die Speisekarte des ältesten Nachtclubs der Stadt ist zwar überschaubar, aber erstens darf man nach drei Uhr nicht mehr allzu wählerisch sein und zweitens ist für jeden was dabei – auch die Preise sind nicht völlig überzogen.

U-Box

1., Schwedenplatz 2

u-box.at

Nun ist es also doch passiert: ein Würstelstand hat sich unter die besten fünf geschlichen. Das bestätigt zum einen, dass Wien spätnachts tatsächlich eine kulinarische Wüste ist. Zum anderen zählt die U-Box zwar nicht zu den Feinschmecker-Würstelständen der Stadt, jedoch wird man hier bis vier Uhr früh überaus solide mit einem üppigen Angebot an Kebab, Dürüm, Pizza und Würstel versorgt. Außergewöhnliche Situationen erfordern eben außergewöhnliche Maßnahmen.

EINIGE MEINER BESTEN FREUNDE SIND DEUTSCHE

Auf der Suche nach der wahrscheinlich exotischsten Küche, die man in Österreich finden beziehungsweise nicht finden kann, gelangt man zu überraschenden Ergebnissen. Drei Thesen zur Inexistenz von Labskaus und Dithmarschem Mehlbeutel.

VON FLORIAN HOLZER
Gastrokritiker, Autor, Kolumnist

450 Menschen tibetischer Nationalität leben laut der Tibeter Gemeinschaft Österreich derzeit innerhalb der österreichischen Landesgrenzen. Eine zweifellos kleine Gruppe, die sich am kulinarisch-kulturellen Treiben des Landes aber immerhin mit zwei Restaurants beteiligt. Sogar Usbekistan war zeitweise in Wiens gastronomischer Szene vertreten, und wenn einem der Sinn nach uigurischen Genüssen stand, konnte man die eine Zeit lang am Rennweg finden.

Sucht man eine kulinarische Nationalität, die in Österreich explizit inexistent ist, muss man nicht in die Ferne schweifen: 217.000 deutsche Staatsbürger*innen leben derzeit in Österreich, 54.111 davon in Wien, die Deutschen sind damit die zahlenmäßig mit Abstand stärkste Gruppe von Migrant*innen in Österreich, nach den Serb*innen die zweitgrößte in Wien. Und wie viele deutsche Restaurants gibt es in Wien oder in ganz Österreich? Kein einziges. Kein Lokal, in dem man Pfälzer Saumagen bekäme, kein Lokal, dessen Spezialität das Holsteiner Schnitzel wäre, kein Lokal, in dem Rheinischer Sauerbraten vom Pferd mit Lebkuchen-Sauce gemacht würde, kein Lokal, in dem die hohe und zugleich rätselhafte Kunst des Labskaus zelebriert würde. Und kein Lokal, in dem man erforschen könnte, was es mit dem Gericht „Lübecker National" auf sich hätte oder was jetzt eigentlich der Unterschied zwischen Stelze und Eisbein wäre. Ist das zu verstehen? Nein, ist es nicht.

Was die Frage aufwirft: Warum ist das so?

Eine Antwort, die sich nachgerade aufdrängt, lautet: weil die deutsche Küche so scheiße ist. Denn „schlecht kochen kann jeder, aber nur die deutsche Hausfrau schafft es, darauf noch stolz zu sein", wie Wolfram Siebeck, 2016 verstorbenes kulinarisches Gewissen Deutschlands, in einem *Playboy*-Interview meinte.

Tatsächlich muss man – bei aller Sympathie (einige meiner besten Freunde sind Deutsche!) – festhalten, dass die deutsche wohl nicht zu den ganz großen Küchen Europas gezählt werden muss. Umfragen nach den beliebtesten Gerichten, die auch in Deutschland von diversen Medien regelmäßig abgehalten werden, ergaben etwa die Bratkartoffel auf Platz eins. Auf Platz zwei immerhin schon etwas, das auch in anderen Ländern als echtes Gericht akzeptiert würde, die Rinderroulade, gefolgt von der nächsten Kartoffel-Zubereitung: Kartoffelpuffer; Bulette, Senfei und Erbseneintopf landeten auf den Rängen.

Diese Darstellung gebe die Realität verzerrt wieder, verteidigt Peter H., Hamburger und seit über zehn Jahren in Wien, die Geschmäcker seiner Kindheit und Jugend. Eine „deutsche Küche" gebe es ebenso wenig wie „eine italienische Küche", zieht er den gewagten Vergleich, zahllose ehemalige Fürstentümer, Königreiche und Freistaaten mit völlig unterschiedlichen Klimazonen, Landschaften und soziokulturellen Rahmenbedingungen hätten viele verschiedene Regionalküchen geschaffen, die durchaus interessant und schmackhaft wären, „es gibt da Bundesländer, die küchenmäßig Glück hatten, das Saarland zum Beispiel oder Franken". Okay, in seiner Heimatregion seien es eher die holländischen Wohnwägen gewesen, die kulinarisch landschaftsprägend waren, meint Peter H. Immerhin gab's sehr früh Pommes.

These zwei hinsichtlich des paradoxen Mangels an deutscher Küche in Wien: „Deutsche fühlen sich in Österreich nicht übermäßig fremd", wie Peter H. analysiert, „wenn man als Deutscher nach Österreich zieht, denkt man, es sei alles so, wie es auch schon zuvor in Deutschland war." Ein entscheidender Irrtum, allerdings bräuchten die Deutschen lange, um ihn zu erkennen, sind sich Peter H. und seine Frau Karin S., ebenfalls Hamburgerin, einig, „denn das Ausgehverhalten hier in Wien ist völlig anders: Hier geht man weg, um zu essen, in Deutschland geht man aus,

Fischbar Wulfisch

Eine Nordseeinsel in der Leopoldstadt: Valerie und Stephan Wulf

fritz-kola
FLENSBURGER
PILSENER

um zu trinken." Klar, das reduziert die Nachfrage nach Essen wie bei Muttern gleich einmal ganz enorm. Abgesehen davon, dass man in Wiens Lokalen eh alles finde, was auch in Deutschland gut sei, meint Peter.

Dem wollen wir allerdings dezent widersprechen, denn „Aal grün" stand in Wien wohl noch nie auf einer Karte, auch von Lokalen, in denen Grünkohl mit Pinkel gereicht worden wäre, weiß die Wiener Stadtchronik nichts.

Karin S. hat – anders als Peter – durchaus die Erfahrung gemacht, dass Österreich dann doch ausländischer ist, als man zunächst vermutet hätte, dass sehr viele Güter des alltäglichen Konsums nicht zu bekommen sind. Sie engagierte sich in der so genannten „Piefke-Connection", um neu zugezogene Deutsche mit ein paar Austro-Survival-Informationen auszustatten, außerdem dienten diese subversiven Netzwerke dazu, über Heimfahrer und Familienbesucher eine Grundversorgung mit Dingen wie Lakritz, Grünkohl, Currywurst oder Roter Grütze zu gewährleisten. Mittlerweile erstellte dieser deutsche Untergrund sogar eine subversive Website, auf der unter anderem Adressen gelistet sind, bei denen Mett, Thüringer Rostbratwurst, Eisbein in der Dose, Spreewaldgurken oder Lausitzer Rotkohl zu bekommen sind. „Seit fast alle österreichischen Supermärkte deutschen Ketten gehören, hat sich die Versorgungslage für uns zwar drastisch verbessert", verrät Karin S., wenn es bei Müller Wackelpudding oder Maultaschen gäbe, liefen die Telefone der deutschen Ex-Pats aber nach wie vor heiß.

These drei, warum es in Österreich keine deutschen Lokale gibt: weil die Deutschen niemand mag. „Der Ausländerhass, der dich als Deutscher in Wien trifft, kommt aus der Mitte der Gesellschaft", weiß Peter. Das klingt zwar verbittert, ist aber wahrscheinlich die schlüssigste aller Erklärungen. Denn so Irrationales wie Sympathie spielt bei der Auswahl des Restaurants schließlich eine entscheidende Rolle. Und nachdem die Wahrscheinlichkeit relativ gering wäre, dass der Wiener Gast angesichts einer immensen Auswahl unterschiedlicher Küchen gerade in die Piefke-Hütte geht, steht das Geschäftsmodell „Deutsches Restaurant" doch auf recht schwachen Beinen.

Es gab übrigens sogar einmal eines, es hieß „Neininger's", sah nicht so besonders toll aus und versuchte von 2005 bis 2009, fränkische und badische Gerichte zu verkaufen. Sie seien mit dem Konzept aber nicht weitergekommen, bekannte Andreas Neininger am Ende dieser zähen Etappe, er kochte dann italienisch. Bleibt noch Stephan Wulf mit seinem bezaubernden Imbiss „Wulfisch" beim Karmelitermarkt, den es jetzt schon zwölf Jahre lang gibt, wahrscheinlich deshalb, weil Krabbenbrötchen, Matjes, Kieler Sprotten, Astra und Jever beim Wiener jetzt keinen unmittelbaren Piefke-Alarm auslösen und er damit einfach so mitschwimmt.

Aber wie auch immer. Nachdem Wiens Kinder und Jugendliche mittlerweile ja genauso sprechen wie die Kinder Kassels und Osnabrücks, wird es bis zur ersten coolen Hipsterbude, in der es Grünkohl mit Pinkel und Lübecker National gibt, vielleicht nicht mehr weit sein.

Wulfisch

Respekt! Valerie und Stephan Wulf setzten sich nicht nur gegen missliebige Bezirkspolitiker durch, sondern bieten in ihrer kleinen, hübschen Fischbar auch etwas, von dem die Wiener gar nicht wissen, dass es ihnen abgeht: Krabbenbrötchen! Und bitteres Bier! Sprotten, Krabben, Matjes, Buttermakrele – und jeden ersten Freitag im Monat Sylter Royal Austern!

2., Haidgasse 5, Tel. 01/946 18 75
www.wulfisch.at
Mo–Fr 11–20, Sa 10–18 Uhr

Weinschenke

Okay, die Weinschenke macht Burger, sehr gute Burger, und das in allen vier Filialen. Das ist jetzt noch nicht besonders deutsch. Aber der Weinschenke-Mitbesitzer ist Nikolai Kölbl, der aus Berlin kommt und dort ein ziemlich guter Koch war. Und als die Weinschenke kurz auch das Café Drechsler betrieb, gab's dort dann auch Berliner Senfeier. Man sollte ihn ermutigen, eine Piefke-Bude zu machen …

5., Franzensgasse 11
www.weinschenke-wien.com
Mo–Fr 11–1, Sa, So 17–1 Uhr

Manufactum

Der von frühen Bobos heiß geliebte Versandhandel von wahrhaftig und echt handwerklich hergestellten Gütern gehört längst dem Otto-Versand, der einst kultig verehrte Katalog mit seinen zahllosen poetisch-intellektuellen Abhandlungen ist einfach nur mehr ein hübsch gemachter Katalog. Aber seit 2018 hat das Versandhaus einen Shop in bester Innenstadtla-

ge und verkauft hier auch ein paar besondere Konserven deutschen Inhalts: Dosen mit Schwäbisch-Hällischer Maultaschensuppe, Königsberger Klopse, Bratwurst aus der Klostermetzgerei Plankenstetten, Mariawalder Erbsensuppe oder Pichelsteiner Eintopf.
1., Am Hof 3–4, Tel. 01/388 99 91-11
www.manufactum.at
Mo–Fr 10–19, Sa 10–18 Uhr

Steindl's Wein- und Bierhaus

Das grandios altmodische Gasthaus Steindl's Wein- und Bierhaus, alias Gasthaus Steindl, ist so Wienerisch, dass es Wienerischer nicht mehr geht. Ist aber eines der letzten Lokale der Welt, das „Holstein-Schnitzel" noch regelmäßig auf der Karte hat, ein Schnitzel, das aus unerfindlichen Gründen mit Spiegelei, Sardellen und Kapern überhäuft wird.
9., Kinderspitalgasse 12
Tel. 01/405 66 71, Mi–So 8–23.30 Uhr

Alles Wurscht

Currywurst ist bei Wiens Würstelständen längst Standard, einige tun sich da sogar ganz schön was an, indem sie die Saucen etwa irrsinnig scharf oder sonst wie besonders (und vor allem selbst) zubereiten. Der junge, im Dezember 2021 eröffnete Würstelstand Alles Wurscht ist einer davon: Currywurst besteht hier aus Kalbsbratwurst mit fermentiertem Curryketchup und – auf Wunsch – hausgemachter scharfer Sauce.
1., Börseplatz 1, alleswurscht.at
Mo–Sa 12–19.30 Uhr

Hanf & Hopfen

Einer von gefühlt 18.000 CBD-Shops in Wien, dieser aber mit der erfreulichen Besonderheit, neben sortenreinem CBD auch ein beachtliches Sortiment bayerischer Lagerbiere anzubieten. Die – und jetzt kommt's – bei Annäherung ans Ende der Mindesthaltbarkeitsdauer um einen Euro pro Flasche abverkauft werden.
7., Kirchengasse 40/1
Tel. 0650/559 48 31
Mo–Fr 14–20, Sa 11–18 Uhr

GETRÜBTE ERINNERUNG

Mezedes, Souvlaki, Moussaka: Gute griechische Küche hat einen schweren Stand. In Urlaubsorten und in Wien sowieso. Schuld daran sind vorauseilender Gehorsam, Überintegration und der „Rote Burli".

VON MARTIN SWOBODA
Fotograf, Autor und Philhellene

Unter den geschätzten Leserinnen dieser Seiten werden sich, statistisch betrachtet, gar nicht wenige finden, die ihren Urlaub in Griechenland verbracht haben. Und nun, da die Tage kürzer und kühler werden, versuchen, das Sommerfeeling beim nächsten Griechen aufzufrischen, wenigstens am Teller. Was leider nicht immer so recht funktionieren mag.

Aber was fehlt uns eigentlich „beim Griechen" in Wien? Oft ist es gar nicht das, was fehlt, sondern jene Dinge, die eigentlich nicht zum griechischen Essen gehören, das unsägliche Zubehör etwa. Mezedes, die kleinen Vorspeisen, mit denen man in Hellas jedes Mahl beginnt, haben schlicht zu sein! Und nicht durch ein Salatblatt und ähnliche Nebensächlichkeiten dekoriert und so entstellt zu werden. Menschen der Generation X und aufwärts mögen sich an jene unsäglichen sauer eingelegten Paprikastreifen erinnern, die auf einem grünen Blatt drapiert fast jede Speise in besseren Wirtshäusern in den 1980er-Jahren begleiteten, insbesondere in touristischen Gegenden. Doch wie hat sich dieser, auch als „Roter Burli" bekannte, Speisebegleiter auf griechische Teller verirrt?

Eine Erklärung wäre die Zeit, in der die meisten Griechen in den Norden auswanderten, um sich ökonomisch zu verbessern. Und schon sind wir wieder in der oben genannten Ära. Sieht man sich dazu die geografische Herkunft der Neuankömmlinge in deutschen Landen an, kommt man der Sache auf die Spur. Im Gegensatz zu Australien oder Amerika, wohin es später Ausgewanderte meist zog, konnte die erste Auswanderergeneration des 20. Jahrhunderts noch ihr Plätzchen im goldenen deutschsprachigen sowie nahen Europa finden. Und diese Generation stammt hauptsächlich aus Epirus, Makedonien, Thessalien oder gar Thrakien, dem Norden jedenfalls.

12
OUZO
1880

Diese Nähe hat es ihnen denn auch ermöglicht, regelmäßig im Urlaub heimzureisen, allerdings hat sich in diesem touristisch eher unspektakulären Teil des Landes die Küche nicht so rasant verbessert wie in jenen Teilen des Landes, das kulturellem Austausch intensiver ausgesetzt war. Und wenn schon Tourist*innen kamen, auf die Halbinsel Chalkidiki etwa, waren es meist deutschsprachige Gäste, deren Erwartungshaltung durchaus zu den kulinarischen Errungenschaften ihrer Gastköch*innen passte. Über die Jahrzehnte hat sich nämlich ein Phänomen etabliert, das ich als „griechisches Food-Paradoxon" bezeichnen möchte: Die Griech*innen glauben, die Gäste wünschen es so, und die Tourist*innen meinen dann, das wäre die griechische Küche.

Nur so ist es zu erklären, dass in Wien immer noch Teller serviert werden, auf denen sich ein komplettes viergängiges Menü befindet. Kein Grieche würde je auf die Idee kommen, sich Fleisch und Beilagen auf *einem* Teller servieren zu lassen! Erst kommen die Mezedes, dann vielleicht ein Salat, Fleisch oder Fisch werden als möglichst ansehnlicher Haufen zum Schluss serviert, Patates separat, und zwar irgendwann. Und dann bedient sich jede*r am Tisch ganz nach Lust und Laune. Was in unseren Breiten einfach deshalb nicht funktioniert, weil die Gastronomie im Allgemeinen die Wünsche aller Gäste bedienen will, aber halt nur jeweils einen auf einmal.

Hat natürlich auch viel mit den Kosten zu tun und der leistbaren Produktqualität. So sehr einem die Standardantwort von Spitzenköch*innen nach dem Geheimnis ihrer Kochkunst – das Wichtigste ist das Produkt! – zeitweise auf die Nerven gehen mag, kommt man darum nicht herum: ohne entsprechende Zutaten wird's nicht das werden, was wir uns erwarten. Vor allem, wenn wir's auch halbwegs leistbar serviert bekommen wollen. Und da hat sich Österreich halt leider nicht zum, beim EU-Beitritt versprochenen, Feinkostladen Europas gemausert, sondern zu einer ganz herausragenden Destination für Kühlsattelschlepper. Klar, man kann auch griechische Paradeiser kaufen, die haben allerdings all ihre köstliche Frische und Aromatik auf der Reise abgegeben, dafür hat sich ihr Preis vervielfacht. Am Markt in Hellas findet man nur schwerlich Gemüse, das mehr als einen Euro je Kilo kostet, dazu ist es

Griechische Küche in Favoriten: Giorgios Lithadiotis' Jamas

meist auch noch pflückfrisch und fast nie eiskalt wie bei uns heroben im von Vielfalt verwöhnten Norden.

Und eben wesentlich teurer, sogar die minderen Qualitäten lässt sich der Großhandel fürstlich bezahlen. Aber genau da liegt eben die Stärke der griechischen Küche, bestätigen selbst die auch nicht gerade unkritischen Italiener: Die pflanzlichen Grundprodukte, aus denen nun mal der Geschmack entsteht und die das Gros der Speisen ausmachen, sind in Griechenland meist hervorragend. Auch Fisch und Fleisch selbstverständlich, was möglicherweise auch damit zu tun hat, dass diese dort eben nicht so billig sind. Weswegen die kritischen griechischen Genießer*innen halt weniger davon essen, möglichst am Ende eines, dafür möglichst ausgedehnten, Mahls.

Zwei kleine Tipps noch für den Griechen-Besuch in Wien: gleich einen leeren Teller mitbestellen, um das ganze sinnlose Dekor abzuräumen. Und den Ouzo, der gerne zur Rechnung gereicht wird, entrüstet ablehnen. Der ist nämlich ein Aperitif, stattdessen wäre ein Masticha angebracht. Womöglich erkennt der Chef dann den Kenner in Ihnen und verschont Sie fürderhin mit falsch verstandener Fürsorglichkeit.

Wir wollen unsere geschätzten Leser*innen natürlich nicht ganz ohne Hinweise auf empfehlenswerte Lokale zurücklassen. Im Folgenden also ein paar Adressen, die der Autor ohne Einschränkungen seinen griechischen Freund*innen empfehlen würde.

Jamas

Giorgios Lithadiotis schafft es, alle obigen Behauptungen über den Haufen zu werfen! Vielleicht, weil er, seit er 1990 aus Skopelos nach Österreich gekommen ist, in etlichen Lokalen gekellnert und die angebotenen Speisen mit jenen seiner Mutter verglichen hat. Und konsequenterweise im – endlich! – eigenen Lokal genau so kocht wie einst in seinen ersten in der Heimat!

10., Favoritenstraße 151–153
Tel. 01/929 51 43
www.griechisches-restaurant-jamas-wien.com, Di–Sa 11.30–14.30 und 17–22, So 11.30–16 Uhr

Ella's

Lefteris Dermitzakis hat es als Erster gewagt, die griechische Küche in Österreich auf hohem Niveau anzubieten – und wurde dafür seit zehn Jahren stets mit einer Gault&Millau-Haube ausgezeichnet. Bei der wollen sie es auch belassen, recht so, dazu

konstant hervorragendes Service und gelebte griechische Gastfreundschaft, hier stimmt alles.
1., Judenplatz 9, Tel. 01/535 15 77
www.ellas.at
Mo–Sa 11.30–24 Uhr

O boufés

Neben seinem dezidierten Fine-Dining-Restaurant hat Konstantin Filippou 2015 mit dem O boufés eine Weinbar eröffnet, in der zu den ausschließlich erhältlichen Natural Wines auch puristische Snacks geboten werden. Dort geht es – auch preislich – deutlich entspannter zu als drüben im Zwei-Hauben-Restaurant. Aber sicher nicht weniger köstlich, und Einwände, hier gäbe es nicht wirklich griechische Küche, sind zwar irgendwie – auch – berechtigt, aber müßig. Man kann dem gebürtigen Grazer viel nachsagen, aber sicher nicht, dass er seine griechischen Wurzeln verdrängt hätte!
1., Dominikanerbastei 17
Tel. 01/512 22 29-10
www.konstantinfilippou.com/oboufes
Di–Sa 18–24 Uhr

DIE FÜNF BESTEN SELBST-BEDIENUNGSAUTOMATEN

Selbst ist die Wienerin, der Wiener! Das lässt sich auch an folgendem Trend ablesen, der während der vergangenen zwei Pandemiejahre so richtig in Fahrt gekommen ist: anstatt es den Berliner*innen gleichzutun und per Spätis den von Ladenöffnungszeiten unabhängigen Lebensmitteleinkauf zu sichern, poppen in Wien an immer mehr Ecken Selbstbedienungsautomaten auf. Einige davon sind richtig brauchbar:

Diglas im Glas

1., Schottengasse 2

cafeimschottenstift.at/diglas-im-glas

Das Gerät, das das traditionsreiche Wiener Kaffeehaus Diglas seit der Pandemie betreibt, gilt als der Rolls-Royce unter den hiesigen Selbstbedienungsautomaten. In der Take-away-Station in der Schottengasse ist eingerext, was den Wiener*innen lieb und teuer ist: gefüllte Paprika bis Tafelspitz, wenn man Glück hat, erwischt man auch ein veganes Gemüsecurry, das man sich zuhause aufwärmen kann. Kleiner Luxus auf Knopfdruck.

Felzl Brotautomat

7., Schottenfeldgasse 88

7., Kaiserstraße 51–53

9., Währinger Straße 54

Sie sind die Mütter aller Wiener Automaten: die Brotautomaten der Bäckerei Felzl, die diesbezüglich bereits 2014 Pionierarbeit leisteten. Wobei Brot hier als Synonym für Backwaren zu verstehen ist, denn in den Automatenfächern, in die täglich nach Ladenschluss Übriggebliebenes eingeschlichtet wird, ist allerhand zu finden: Brot, Gebäck, Croissants, Mehlspeisen. Mit etwas Glück kann man sich hier günstig für ein Kaffeekränzchen mit Großfamilie aufmagazinieren.

Tolstoy Grab & Go

4., Rechte Wienzeile 1B/
Bärenmühldurchgang

www.wearetolstoy.com

Weil auch die vegane Neigungsgruppe 24/7 versorgt werden will, hat der vegane Fastfood-Laden Tolstoy im Bärenmühldurchgang, quasi neben seiner Homebase, einen Automaten aus dem Mekka der Foodautomaten, den Niederlanden, installiert. Der wirft eine nicht unerhebliche Menge an veganen Schnitzeln, Kimchi, Milchersatz, Käse, Burgern, Dressings, allerlei Riegeln und Drinks aus.

Eh da. Greissler

1., Gonzagagasse 2
3., Schlachthausgasse 46
8., Auerspergstraße 21
8., Strozzigasse 11, ehda.at

Entweder ist das Konzept Automaten-Greißler per se ein ziemlicher Renner, oder Eh da ist mit seinen Automaten in kulinarische Steppen vorgedrungen und hat sie fruchtbar gemacht – jedenfalls sind Anfang dieses Jahres zwei neue Standorte dazugekommen, an denen es rund um die Uhr eine große Auswahl an Getränken, Süßigkeiten und Müsli bis hin zu CBD- und Hygieneartikeln gibt. Plaudern, wie beim echten Greißler, ist nicht, dafür führt der Automat in der Auerspergstraße als Trostpflaster auch Bio-Eintopf-Gerichte von Hartl's.

Schottenobst

22., Breitenleer Straße 247
(bei der Einfahrt zum Gutshof)
www.schotten.wien/schottenobst

Zugegeben, für all jene, die nicht zufällig in diesem Grätzel wohnen, wo die Stadt eigentlich schon längst keine mehr ist, ist es der sprichwörtliche Arsch der Welt. Aber!: Hier am Rande der Donaustadt betreibt der Landwirtschaftsbetrieb des Schottenstifts nicht nur seinen Hofladen, sondern füttert auch einen Automaten mit fantastischen regionalen Produkten wie saisonalem Obst, Eiern, Apfel-Chips, Frizzante, Most und diversen Säften. Ist die Reise wert!

DIE VEGANE REVOLUTION

Noch vor zehn Jahren galt Veganismus als Synonym für dogmatischen Aktivismus, Entbehrung, Spaßbefreitheit und Antihedonismus. Mittlerweile wurde die fleischessende Mehrheit eines Besseren belehrt: plant-based ist im Mainstream angekommen. Und was heißt das für Wiens vegane Gastro?

VON BIRGIT WITTSTOCK
„Wien wie es isst"-Herausgeberin und Redakteurin

Körndlfresser nannte man sie. „‚In drei Monaten sperrt's eh wieder zu', haben sie uns gesagt. Wir galten als Idiotinnen", erinnert sich Cecilia Havmöller, 49. Und tatsächlich: die Vorzeichen standen schlecht. Als Havmöller mit ihrer Schwester Susanna Paller, 36, am 25. Mai 2013 zum ersten Mal die Tür ihres kleinen Ladens in der Neustiftgasse in Wien-Neubau aufsperrte, 18 vegane Eissorten in der Theke eingekühlt, hatte es draußen neun Grad und es regnete wie aus Kübeln. Kein Wetter zum Eisschlecken. Dass vor dem Geschäft dennoch bereits Leute Schlange standen, lag daran, dass die burgenländischen Schwestern gleich zwei Dinge auf einmal getan hatten, die Wien damals so noch nicht kannte: mit Veganista eröffneten sie Europas ersten veganen Eissalon und sie bewarben ihre Premiere selbst in den Social Media. Der Rest der Legende ist schnell erzählt: Man rannte ihnen – egal, ob vegan oder nicht – die Tür ein. Veganista wurde zum Hype und machte Schlange stehen für ein paar Kugeln Eis zur salonfähigen Freizeitbeschäftigung. Sommers wie winters war die Kühltruhe jeden Abend leergekauft. Kaum ein Jahrzehnt später ist das kleine Schwesternbusiness von Havmöller und Paller zu einem veganen Imperium mit zwölf Eissalons sowie drei veganen Restaurants namens The Lala mit insgesamt an die 170 Mitarbeiter*innen angewachsen.

Als Idiotinnen würde sie heute keiner mehr titulieren, vielmehr gelten sie als mutige Pionierinnen, die

„Es muss geil schmecken" lautet das Gebot in Rheta Benedeks veganem Lokal Tisch

Wien nicht nur auf der veganen Weltkarte verankert, sondern zu einer der wichtigsten Vegan-Metropolen Europas gemacht haben.

Mit diesen Lorbeeren wollen sich die beiden jedoch nicht schmücken: „Man muss das große Bild sehen: Veganismus ist kein lokaler Trend, sondern die Zukunft, die die Welt verändern wird“, sagt Havmöller. Als sie mit zwölf entschied, keine tierischen Produkte mehr zu essen, hieß es im Dorf, sie habe „dieses vega-vega“, erzählt Havmöller. „So, als hätte ich irgendeine arge Krankheit.“ Veganer*innen galten damals als Radikale, vor denen man sich besser in Acht nahm, und vegane Gerichte hielt die fleischessende Mehrheit nicht für nur das Gegenteil von Genuss, sondern obendrein auch für ungesund. „Es war die Hölle.“ Ein Jahr in Kalifornien sollte nicht nur Havmöllers Leben ändern, sondern indirekt auch viel später in Wien den Boden aufbereiten, auf dem inzwischen allerorts der Veganismus sprießt. „Dort habe ich Veganismus ohne erhobenen Zeigefinger, Moralpredigten und Belehrungen kennengelernt. Einfach als gesunden Lifestyle, der da schon seit Jahrzehnten gelebt wird.“

„Dairy free“ und „plant-based“ gelten mittlerweile so gut wie überall als Auszeichnung. Kaum ein Café, in dem es keine Pflanzenmilch gäbe, keine Supermarktkette, die nicht auch veganen Fleisch- und Käseersatz führt. Wer dennoch stur glaubte, Veganismus sei ein flüchtiges Nischenphänomen, wurde spätestens im Juli eines Besseren belehrt, als die US-amerikanische Fastfoodkette Burger King ihre weltweit erste, ausschließlich vegane Filiale am Wiener Westbahnhof eröffnete. Nun ist klar: Veganismus ist nicht nur längst im Mainstream angekommen, Produzent*innen und Gastronomie müssen dementsprechende Angebote schaffen, wollen sie künftig Kund*innen halten.

Für Rheta Benedek ist die vegane Burger-King-Filiale am Westbahnhof vor allem eines: ein schlauer Marketinggag. „Ich bin mir nicht sicher, ob es langfristig vegan bleibt, so wie die Anker-Filiale es letztlich auch nicht geblieben ist“, meint Benedek. Das sei aber letztlich auch gar nicht so wichtig, schließlich gehe es um die Signalwirkung, die es habe, wenn ein Großkonzern, der seinen Profit mit Fleischgerichten macht, plötzlich auch Speisen aus rein pflanzlichen Zutaten verkauft. Rheta Benedek, 38, war, seit sie 18 war, Vegetarierin, seit zwölf Jahren lebt sie vegan; die vergangenen zehn Jahre kochte die gebürtige Ungarin in verschiedensten Küchen Wiens und hat wahrscheinlich, wie sie sagt, in gut der Hälfte aller veganen Lokale der Stadt gearbeitet – und sei es nur zur Probe gewesen. Dabei stellte sie etwas fest, das ihr so gar nicht gefiel: auch in vielen veganen Küchen wird mit Convenience-Produkten und Fertigem aus dem Tiefkühler gearbeitet. „Ich selbst halte nichts davon, auch weil es unsere Tätigkeit als Köch*innen so uninteressant werden lässt." In ihrem eigenen Lokal „Tisch", das sie seit Anfang 2022 in der Josefstädter Schlösselgasse betreibt, zählen vor allem Frische, Geschmack und Nachhaltigkeit. „Wenn ich will, dass sich die Leute nachhaltig ernähren, muss es einfach geil schmecken", findet Rheta Benedek. Fine Dining, Hipster-Fingerfood oder ähnliches Chichi sind ihre Sache nicht, man könnte Benedeks Küche wohl als gefinkelte vegane Hausmannskost bezeichnen, für die sie traditionelle und moderne Methoden fusioniert. Das Wort „vegan" sucht man auf ihrer Karte vergebens. Sie benutzt lieber die weniger emotional aufgeladene Bezeichnung „plant-based", „vegan" sei ein Label, das manche Leute abschrecken würde, ehe sie noch probiert hätten, was ein Lokal zu bieten hat. „Wenn Gäste fragen: ‚Habt ihr auch etwas Vegetarisches oder Veganes?', dann ist das für mich das beste Kompliment", sagt die Tisch-Chefin. Diese Niederschwelligkeit ist es wohl auch, die den „Tisch" so beliebt macht. „Die Leute kommen, ob sie nun vegan leben oder auch nicht. Für sie zählt: Hauptsache, das Essen ist gut. Viele, die zu uns kommen, checken gar nicht, dass sie vegan gegessen haben, obwohl wir mehrmals darauf hinweisen. Das passt auch. Unser Essen soll satt und glücklich machen."

Etwas anders sieht es da schon bei „suess'kind veganery" in Wien-Mitte aus. Die Gerichte, die das Betreiber-Paar Antonina Boschitsch, 36, und Fabian Rainer, 44, in ihrem cleanen, veganen Bistro kreieren, das im Schatten der Wien-Mitte-Mall liegt, schreien förmlich danach, fotografiert und auf Instagram mit Hashtags wie #veganfoodporn oder #healthyveganlifestyle versehen die Welt zu verbessern. Denn: Beim suess'kind liegt der Fokus auf Nachhaltigkeit, verarbeitet wird, was die Saison gerade hergibt. Die Gerichte kommen ohne Zucker und Ersatzprodukte aus und sind obendrein hübsch anzusehen. Dass alles vegan und bio ist, ist für Fabian Rainer so selbstverständlich, dass er nicht einmal das ihm verliehene Bio-Vollzertifikat an die Wand hängen möchte. „Zu marktschreierisch", findet er. „Bio und vegan ist mittlerweile zu einem riesen Business geworden, aber oft fehlt die Überzeugung dahinter. Wir wollen, dass die Leute, die zu uns kommen, sich selbst ein Bild machen." Und das tun sie: Die kleine Auswahl an wechselnden, experimentellen Weltküche-Gerichten, die die beiden in der offenen Küche täglich frisch aus heimischen Zutaten zubereiten, ist bei Küchenschluss meistens ratzeputz verspeist.

Dabei lebe der Großteil der suess'kind-Gäste gar nicht vegan, meint Antonina Boschitsch. „Die Leute kommen, weil es ihnen schmeckt und weil sie merken, dass ihnen unser Essen guttut." Er sei sehr optimistisch, was die Zukunft des Veganismus betreffe, sagt Fabian Rainer. „Die Wiener Veganszene wächst, weil die Bewusstseinsschaffung funktioniert. Der moderne Veganismus klärt ohne Fingerzeig und Beschuldigungen auf, dadurch wird er zugänglicher, offener und leichter", sagt der suess'kind-Betreiber. „Denn wenn Veränderung vor allem Verlust und Verzicht bedeutet, kann es nicht funktionieren." Bereite man aber ehrliches Essen zu, bei dem Genuss und Geschmack im Vordergrund stehen, würden sich für die meisten die weiteren Schritte automatisch ergeben: „von vegetarisch zu vegan, zu bio und weiter zu Nachhaltigkeit. In die Zukunft halt."

The Lala
7., Neustiftgasse 23
Tel. 0660/710 78 51, tägl. 9–21 Uhr
7., Neubaugasse 1
Tel. 0660/722 51 46, tägl. 11–18 Uhr
www.the-lala.com

The Lala x Veganista
1300 Schwechat, Flughafen Wien
Terminal 2 – Plaza
Tel. 0660/919 59 91
www.the-lala.com, tägl. 4–20 Uhr

Tisch
8., Schlösselgasse 8
Tel. 0670/354 87 07, www.tisch.wien
Mo, Do, Fr 17–22.30
Sa, So, Fei 10–22.30 Uhr

suess'kind veganery
3., Sparefrohg. 1, Tel. 01/710 81 05
www.das-suesskind.bio
Mo–Fr 11–15 Uhr

Karma Food
7., Neustiftgasse 43
Tel. 0676/916 80 12
www.karmafood.at
Mo–Fr 11–14.30 Uhr

Vegetasia
3., Ungargasse 57
Tel. 0660/656 88 55
www.vegetasia.at
Di–So 11.30–15 und 17.30–22 Uhr

Xu's Cooking Vegetarian Restaurant
7., Kaiserstraße 45, Tel. 01/523 10 91
xuscooking.eatbu.com
tägl. 11.30–15 und 17.30–22 Uhr

Swing Kitchen
7., Schottenfeldgasse 3
www.swingkitchen.com
tägl. 11–22 Uhr

Pepper & Ginny – Vegane Veinkost
1., Ballgasse 5, Tel. 0680/249 29 61
www.pepperandginny.at
Mi–Fr 11–20, Sa 11–18 Uhr

Venuss
1., Herrengasse 6–8
Tel. 01/890 83 09
www.venuss.com
Mo–Sa 11–21 Uhr

DIE FÜNF BESTEN LOKALE MIT HERZ

Beim Essen kommen die Leut zsamm. Warum also nicht auch in der Gastro das Gute mit dem Sozialen verbinden? Das kann man beispielsweise hier:

Der Wiener Deewan
9., Liechtensteinstraße 10
deewan.at

Seit Afzaal Deewan zusammen mit seiner Frau Natalie 2005 ihr cooles, urbanes Currylokal eröffneten, haben sich hier ganze Generationen an Studierenden an köstlichen pakistanischen Currys gütlich getan – und bezahlt, was sie eben geben konnten. Das Konzept ging auf, die Deewans wurden zwar nicht reich, aber dafür gibt es immer noch Essen für alle.

neunerhaus Café
5., Margaretenstraße 166
www.neunerhaus.at/cafe

„Raus aus deiner Bubble" lautet das Motto vom neunerhaus Café, das seit 2018 in schönem Ambiente zur sozialen Durchmischung einlädt: Am wochentags frisch zubereiten Mittagstisch können Büromenschen und Obdachlose nebeneinander genießen. Bezahlt wird mittels freiwilliger Spende, und wer beim Kochen mithelfen will, ist herzlich eingeladen.

Magdas Kantine
10., Absberggasse 27
www.magdas-kantine.at

2012 von der Caritas der Erzdiözese Wien als Social Business gegründet, um Arbeitsplätze für Menschen mit geringen Jobchancen zu schaffen, ist das Magdas-Konzept längst über die Favoritner Kantine hinausgewachsen. Dort, in der Ankerbrotfabrik, wird aber natürlich weiterhin köstliche Weltküche zu extrem fairen Preisen zubereitet.

Mittendrin
9., Währinger Straße 19
www.vinzirast.at

Das Sozialprojekt des Vereins Vinzirast war bei seiner Eröffnung 2013 eine große Pionierleistung: Obdachlose bezogen gemeinsam mit Studierenden ein Biedermeierhaus im Unigrätzel, um dort fortan an den sozialen Synergien zu wachsen. Und die

Arbeitsstätte für die Bewohner*innen ist praktischerweise auch gleich im Haus: das Lokal im Erdgeschoß, das Mittendrin, wo man je nach Wetterlage in Holzverkleidung oder im Hofgarten Fusionsküche mit levantinischem Schwerpunkt genießen kann.

Vollpension
4., Schleifmühlgasse 16
www.vollpense.at
Begonnen hat alles mit der Vienna Design Week 2013, als die Macher des ökofairen Jeans-Labels Gebrüder Stitch dort ihr „Social Design"-Projekt einreichten: ein Kaffee-und-Kuchen-Pop-up, bei dem alleinstehende, von Armut betroffene ältere Frauen arbeiten würden. Getan und aufgrund des großen lukullischen Erfolges nicht nur geblieben, sondern sich auch auf weitere Standorte ausgedehnt.

ABSERVIERT

Schlechte Bezahlung, lange Arbeitstage, rauer Umgangston – der Arbeitsalltag in Wiens Küchen ist kein Honiglecken. Immer mehr Lokale schließen, weil sie kein Personal mehr finden. Steht die Gastronomie vor einem Paradigmenwechsel?

VON SORAYA PECHTL
Redakteurin beim werktäglichen Newsletter FALTER.morgen

„Leider muss ich euch mitteilen, dass wir vorerst einmal aufgrund von Personalmangel schließen müssen", schreibt das Gasthaus Automat-Welt auf seiner Homepage. „Liebe Eisfreunde, wir möchten euch darauf hinweisen, dass wir wegen Personalmangels jeden Dienstag geschlossen haben", heißt es auf der Facebook-Seite einer Eisdiele. „Wegen Personalmangels ist am Freitag und Samstag ab 15 Uhr geschlossen" ... Solche Beispiele gibt es Dutzende.

Die Gastronomie ist zum Stiefkind am Arbeitsmarkt geworden. Kaum jemand will noch in der Branche arbeiten. Seit 2019 ist die Zahl der Beschäftigten von 290.000 auf 250.000 gesunken. Und das Personal könnte sich noch weiter ausdünnen. Vierzig Prozent der Arbeitnehmer*innen haben in der Krise daran gedacht, die Branche zu wechseln, das zeigt eine Umfrage der Jobplattform Gronda vom Sommer 2020. Dabei fehlen die Mitarbeiter*innen jetzt schon an allen Ecken und Enden.

Warum tun sich die Unternehmer*innen so schwer, Mitarbeiter*innen zu finden?

Die kurze Antwort: weil die Bedingungen mies sind. Unattraktive Arbeitszeiten, Stress und niedrige Löhne sind laut den Tourismusfachschulen im steirischen Bad Gleichenberg die Hauptgründe, warum junge Menschen nicht in die Branche einsteigen.

Die lange Antwort hängt mit der Pandemie zusammen. Als die Lokale im Lockdown geschlossen hatten, wurden viele Mitarbeiter*innen ge-

Mit gutem Beispiel voran: im italienischen Gasthaus Tretorria wird auf gute Arbeitsbedingungen Wert gelegt

kündigt. Und sie kamen nicht mehr zurück, als die Betriebe wieder öffneten. Ein Paradigmenwechsel am Arbeitsmarkt stellte sich ein. „Viele haben in der Pandemie intensiv darüber nachgedacht, ob sie ihre Zukunft im aktuellen Beruf sehen, und mit einer Ausbildung den Branchensprung gewagt", sagt Franz-Josef Lackinger, Geschäftsführer des Berufsförderungsinstituts Wien bfi. Sie gingen in Berufe, in denen man nicht bis Mitternacht und an Wochenenden hinter der Theke stehen muss. In Deutschland arbeiten 35.000 von 216.000 ehemaligen Gastro-Mitarbeiter*innen nun im Einzelhandel oder der Logistik.

Auch Shams will nicht mehr. Der gebürtige Bangladescher arbeitet seit zwanzig Jahren in der Wiener Gastronomie. „Nicht alle meine Chefs waren schlecht", betont er, „aber manche nutzen dich nur aus." Zeitweise arbeitet Shams als Abwäscher, Küchenhilfe und Speisenträger. Gleichzeitig. „Die Unternehmer besetzen drei Positionen mit einem Mitarbeiter, um Geld zu sparen", sagt der 42-Jährige. Angemeldet war er oft nur für zehn Wochenstunden, tatsächlich arbeitete er aber mehr als das Vierfache. Oft an Wochenenden und spätabends. 400 Euro netto bekam er dafür auf sein Konto überwiesen, weitere 1000 bis 2000 Euro – je nach Güte der Arbeitgeber – bekam er schwarz dazu. Pensionsansprüche hatte er nicht.

Die Rechtsberatung der Arbeiterkammer Wien hat Anfang Juli einen Bericht veröffentlicht, in dem das Gastgewerbe einen unrühmlichen ersten Platz einnimmt: Zehn Prozent der gemeldeten Arbeitsrechtsverletzungen im Jahr 2021 kamen von Kellnern, Köchinnen und Abspülern. So viele Beschwerden gab es in keiner anderen Branche. „Unserer Wahrnehmung nach sind das keine Einzelfälle. Natürlich gibt es auch Unternehmer*innen, die das gut machen, aber die Arbeitsrechtsverletzungen in der Branche passieren schon systematisch", sagt Bianca Schrittwieser, Leiterin der Abteilung Arbeitsrecht in der Arbeiterkammer.

Shams versucht derzeit, sich als Programmierer ein zweites Standbein aufzubauen, damit er nicht mehr kellnern muss. Dass in der Branche nicht alles rundläuft, wissen auch viele Unternehmer*innen. Die „schwarzen Schafe" verderben Gastronom*innen wie Simone Schadl das Geschäft.

Schadl leitet gemeinsam mit ihrem Mann seit einem halben Jahr das italienische Gasthaus Tretorria im dritten Bezirk. Bevor sie sich selbstständig machte, arbeitete die 38-Jährige als Kellnerin und Köchin in verschiedenen Hotels. Lange Tage und Dienstpläne, die mit einem Privatleben kaum vereinbar sind, kennt sie nur zu gut. Als Unternehmerin wollte sich die zweifache Mutter eigentlich auf die Organisation und die Buchhaltung konzentrieren. Aber sie muss mit anpacken. Mitten im Gespräch geht eine neue Bestellung ein. Schadl springt auf, rennt in die Küche und rollt den Teig für eine Pizza aus. Anders würde es nicht gehen. „Es war einfach nicht möglich, einen zweiten Pizzakoch zu finden", sagt sie.

Es gäbe aber noch ein anderes Problem: Junge Menschen würden oft keinen Vollzeitjob mehr machen wollen. „Manche wollen zwanzig Stunden arbeiten und einen Lohn für vierzig Stunden", sagt sie. Bei Abgaben von bis zu dreißig Prozent kann sich das die Unternehmerin nicht leisten. Die Wirtschaftskammer fordert deshalb eine Senkung der Lohnnebenkosten. Auf die Frage, was die Interessenvertreter gegen die miesen Arbeitsbedingungen tun wollen, reagiert man dagegen relativierend: „Stellt man die Anzahl von Beschwerden der Gesamtzahl der Gastronomie-Arbeitnehmer*innen gegenüber, ergibt sich ein Wert von rund drei Prozent an Beschwerdefällen." Man unterstütze die Unternehmen aber mit Informationen zu Arbeitsgesetzen.

Gastronomin Schadl versucht indes, in ihrem Betrieb ein attraktives Arbeitsumfeld zu etablieren. Sie bezahlt den Mitarbeiter*innen mehr als kollektivvertraglich vorgesehen (KV: 1400 Euro netto für eine Vollzeitstelle im Service), bildet Hilfskräfte zu Kellner*innen oder Küchenhilfen aus. Die Dienstpläne erhält das Personal ein bis zwei Wochen im Voraus und auf Teildienste verzichtet das Tretorria. „Wir schauen auch, dass sie zwei bis drei Tage hintereinander frei haben. Eine ausgewogene Work-Life-Balance ist mir schon wichtig, auch weil ich selbst so lange in der Gastro gearbeitet habe und weiß, wie das ist", sagt sie. Mit diesen Maßnahmen kann Schadl zumindest ihr aktuelles Team halten. Flexiblere Arbeitszeitmodelle sind ein Schlüsselelement, um wieder mehr Menschen für die Gastro zu begeistern. Darin sind sich Wirtschaftskammer und Arbeiterkammer einig.

Welchen Unterschied das machen kann, zeigt sich im Wiener Rathauskeller. Überstunden sind hier selten. „Die Arbeitszeiten sind relativ familienfreundlich“, sagt Küchenchef Helmut Oberthaler. Die Mitarbeiter*innen im Rathauskeller werden in drei Schichten eingeteilt, maximal zweimal in der Woche arbeiten sie bis 22 Uhr. An den anderen Tagen endet ihr Dienst um 15.30 oder 19 Uhr. „Bei den ungarischen Mitarbeiter*innen legen wir freie Tage zusammen – damit sie auch mal heimfahren können. Im Dezember ist Hochsaison, dafür bekommen wir im Jänner Zeitausgleich“, sagt der Küchenchef. Probleme, Personal zu finden und zu halten, hat Oberthaler nicht.

Ob der Trend hin zu besseren Arbeitsbedingungen in der Gastronomie nachhaltig ist, werden die kommenden Jahre zeigen. Sicher ist: Ein gutes Betriebsklima lohnt sich nicht nur für die Mitarbeiter*innen.

Mitarbeiter*innenfreundliche Betriebe:

Café Korb
1., Brandstätte 9, Tel. 01/533 72 15
cafekorb.at
Mo–Sa 8–24, So, Fei 10–23 Uhr

Zustelldienst Rita bringt's
4., Schleifmühlgasse 9 (Zentrale)
Tel. 01/361 77 22
ritabringts.at
Zustellzeiten: Mo–Fr 9.30–12 Uhr

TIAN Restaurant
1., Himmelpfortgasse 23
Tel. 01/890 46 65
www.tian-restaurant.com
Di–Sa 18–23 Uhr

Tisch Restaurant
8., Schlösselgasse 8
Tel. 0670/354 87 07, tisch.wien
Mo, Do, Fr 17–22.30,
Sa, So, Fei 10–22.30 Uhr

Tretorria
3., Schnirchgasse 9, tretorria.at
Tel. 0664/153 40 15
täglich 11–22 Uhr

Wiener Rathauskeller
1., Rathausplatz 1
Tel. 01/405 12 10
www.wiener-rathauskeller.at
Mo–Sa 11.30–15 und 18–23 Uhr

DIE FÜNF BESTEN LOKALE MIT GUTER AUSSICHT

Eigentlich sitzt man in Wien ja traditionell im Schanigarten am Gehsteig, um Leut' zu schauen. Doch im vergangenen Jahrzehnt schwappte der Rooftop-Hype auch hierher, weil sich die gute Aussicht halt eben auch in den sozialen Medien gut macht. Meistens muss man für die insta-taugliche Dachterrasse ins Hotel. Aber nicht nur.

Aurora Rooftop Bar
10., Arsenalstraße 10
www.bar-aurora.at
16. Stock im Glas-und-Beton-Hochhaus des Hotel Andaz im Belvedere-Quartier. Der Ausblick ist das, was man gerne atemberaubend nennt, und das Barfood und die Cocktails mit nordischem Schwerpunkt (Wacholder, Preiselbeeren, Raucharomen) sind zwar von überschaubarer Auswahl, aber sehr okay.

360° Ocean Sky
6., Fritz-Grünbaum-Platz 1
www.oceansky.at
Die Aufstockung des Hauses des Meeres schuf Platz für ein Lokal mit umlaufender Terrasse, von der aus man einen 10/10-Blick hat. Gut, dass die Aussicht so berauschend ist, denn was Essen und Drinks betrifft, ist da noch recht viel Luft nach oben.

Libelle
7., Museumsplatz 1/Leopold Museum
Dachterrasse
Es gab einiges an beef, bis die lang geplante Kulturterrasse am Dach des Leopold-Museums 2020 endlich erklommen werden konnte. Der kostenlose Blick auf die City entspricht dem kulinarischen Angebot des Libellen-Kiosks: Kaffee und Kuchen, einige kühle Getränke und ein paar Snacks – überschaubar und relativ schnell erledigt.

City-Ikea
15., Europaplatz 1
www.ikea.com/at/de/stores/wien-westbahnhof
Die rund 2600 Quadratmeter große, öffentlich zugängliche Terrasse auf dem Dach der Stadtdependance des längst nicht mehr nur schwedischen Möbelkonzerns bietet einen grandi-

osen Ausblick auf Wien. Und das ohne Konsumzwang. Wer keinen eigenen Proviant in den siebten Stock schleppen möchte, kann seine Jause bei den beiden Snack-Containern beziehen. Solide Verpflegung, aber keine Konkurrenz zum Ausblick.

Oben

7., Urban-Loritz-Platz 2A, oben.at

Okay, das Restaurant, das da auf dem Dach der Hauptbibliothek, 22 Meter über dem Gürtel, residiert, verspricht einen eindrucksvolleren Ausblick, als es ihn tatsächlich gewährt. Dennoch lohnt es sich allemal, die hundert Stufen zu erklimmen, weil die gebotene Weltküche, das Frühstück und der Brunch einfach echt gut sind. Außerdem heißt es ja immer, der Weg sei das Ziel, und auf dem lässt sich jederzeit innehalten, um einen Blick auf den Wienerberg zu werfen.

ALLES GANZ NATÜRLICH

Die Natural-Wine-Bar scheint in Wien-Neubau ihr natürliches Habitat gefunden zu haben.

VON FLORIAN HOLZER
Gastrokritiker, Autor, Kolumnist

Was also ist dieser ominöse „Natural Wine", der jetzt auf immer mehr Karten auftaucht, und was soll man von ihm halten? Ein Hipster-Trend, der irgendwann bald wieder vergessen sein wird, oder tatsächlich etwas, auf das man sich einlassen kann?

Zum ersten Mal tauchten die so genannten Natural Wines oder Naturweine in den späten 90er-Jahren auf, bei Nicolas Joly in Frankreich etwa oder beim friulanischen Wein-Philosophen Joško Gravner. Die galten dem Wein-Mainstream damals aber noch als Freaks, ihre Weine als Antithese dessen, was man trinken will. Zehn Jahre später experimentierte eine Gruppe von steirischen Winzer*innen mit diesen neuen/uralten Methoden, in der Mitte der trinkenden Gesellschaft sind Natural Wines etwa vor fünf Jahren angekommen.

Und nun wird's auch gleich wieder kompliziert, weil eine eindeutige Definition gibt es für diese Weine nicht, generell treffen in den meisten Fällen aber folgende Kriterien auf diese „Naturweine" zu: Anbau der Trauben und Verarbeitung erfolgen biologisch oder biodynamisch, also ohne chemische Unkraut- und Insektenvernichtung, gespritzt werden Kupfer und Schwefel vor allem gegen Pilzinfektionen. Generell gilt das Prinzip der Minimalintervention, sowohl im Weingarten als auch und vor allem im Keller: lange Lagerung auf der Maische und somit Vermeidung von Oxidation durch natürliche Tannine statt durch Schwefel; spontane Vergärung durch wilde Hefen statt mit Reinzuchthefen; keine Filtration, das heißt, die Weine können auch trüb sein.

Was das bringt? Es bringt mitunter völlig andere Weine zum Vorschein, als man bisher gewohnt war: Weine, die nicht nur trüb wie Weißbier sein können, sondern durchaus auch ein bisschen bitter. Ist das gesünder als „normaler" Wein? Schwer zu sagen. Für die Weinbauern definitiv, für die Böden auf jeden Fall, für uns Konsument*innen machen sich der reduzierte Schwefel- und meist geringere Alkoholgehalt auch nicht gerade negativ bemerkbar. Jedoch muss man mit den zumeist erhöhten Histaminwerten fertig werden.

Neben dem Umstand, dass diese Weine ungewöhnlich und erst recht kurz am Markt sind und von der staatlichen Kostkommission als fehlerhaft abgelehnt werden, vermitteln diesen Getränken aber noch andere Faktoren zusätzlichen Esprit: etwa dass die Etiketten bunt und schräg sind, dass die Weine statt Rebsorten- und Lagenbezeichnungen hippe Fantasienamen tragen, dass die Winzer*innen oft jung und tätowiert sind und eine Indie-Popstar-Attitüde an den Tag legen.

Klingt so, als wäre das in Neubau – Wiens siebentem Bezirk, Grünwähler-Bastion und mit einer Bioladen-Dichte ausgestattet wie sonst nur in Portland/Oregon oder Stockholm-Södermalm der Fall – ein Businessmodell? Ja, genau so klingt es.

Wobei die Verbreitungsgeschwindigkeit und effektive Anzahl dieser gastronomischen Kategorie selbst für Neubau erstaunlich ist: Begonnen hat dieses Phänomen mit der kleinen, puristisch-geschmackvollen Vinothek VinoNudo von Dominik Portune, der in der Westbahnstraße seit 2016 Naturweine vornehmlich aus Italien und Österreich verkauft.

Mit den Corona-Lockdowns ging's dann aber erst so wirklich los: Das wunderbare Espresso, seit 2004 gewissermaßen ein soziales Zentrum im siebenten Bezirk, änderte seine Ausrichtung ein bisschen und setzte auf – zum Teil auch recht herausfordernde – Natural Wines. Das passt mit dem liebevoll renovierten Sixties-Ambiente, dem Gastgarten an der Burggasse und einem gewissen Hang zu lässiger Musik sehr gut zusammen. Und dass man die Weine hier auch zu Vinothekspreisen kaufen kann, wenn Vinotheken schon längst zu haben, freut Neubau-Bewohner*innen mit einem vielleicht etwas bohemienartigen Lebensstil.

Auch beim Café Kandl, 2019 als extrem entspannte Avantgarde-Bar mit tollem Essen und fantastischem Hofgarten gegründet, fiel die Naturwein-Saat auf fruchtbaren Boden. Die Weinkarte ist beachtlich, Naturwein scheint die Kreativ-Cocktails bedeutungsmäßig fast ein wenig an

Dominik Portune war mit seiner Vinothek VinoNudo ein Naturwein-Pionier

FUNAMBOL

den Rand gedrängt zu haben, was aber natürlich nur eine Frage der Perspektive ist.

2022 ging's dann wirklich zur Sache: Im Februar machten die Betreiber der Bar Die Parfümerie und der Kaffeebar Wolfgang das kleine polnische Beisl Bygos gegenüber dem Berliner Döner in der Zieglergasse zur hippen Natural-Wine-Bar, wie sie hipster kaum sein könnte. Die Retro-Einrichtung aus braunem Holz, Marmor und Messing blieb, statt polnischem Eintopf und Bier gibt's jetzt im Loup-Garou aber halt eine Vielzahl trüber „Natty Wines".

Anfang Mai übernahm dann Moritz Herzog, Österreichs profundester Weinhändler in Sachen Natural Wine, die wunderbare R&Bar in der Lindengasse, stellte ein paar Weinregale und Weinkühlschränke hinein und lässt aus der kleinen Küche Sachen kommen, die jenen der unter Naturwein-Fans kultisch verehrten Bar Brutal in Barcelona in nichts nachstehen: Saumaise mit Senfgurken-Senf zum Beispiel, Croquetas, gebratene Kräuterseitlinge mit rohem Dotter oder eine irrwitzig gute „Esqueixada", einen Salat vom roh marinierten Kabeljau mit Zwiebeln, Kapern, Orangen und Chili. Oida!

Nicht zu vergessen das funkelnagelneue Café Liebling im Volkstheater, das vom gleichen Team betrieben wird, das in der Zollergasse auch das Café Liebling hat, und ebenfalls ganz stark auf sorgfältig zubereitete Edel-Snacks und Natural Wines setzt. Und im Juni machten Felix Neubauer und Timo Muliar, die in der Burggasse seit zwei Jahren ihre Natural-Wine-Handlung The Wine Rebellion führen, einen aufgelassenen Blumenladen unmittelbar daneben zur Wein-Bar mit kleiner Snack-Karte. Die es allerdings in sich hat, denn der blutjunge Küchenchef Florian Schagerl hat dort zwar nur eine Kochplatte und eine Aufschnittmaschine zur Verfügung, war aber vorher in einigen der besten Restaurants der Stadt tätig und schätzt darüber hinaus solche Herausforderungen. Ein besseres Grilled-Cheese-Sandwich wird man so bald nicht bekommen, und der saure Mangalitza-Leberkäse mit Kürbiskernöl erreichte schon nach wenigen Tagen Legendenstatus.

Das ist der aktuelle Stand vom Sommer 2022. Kann es da echt noch mehr geben? Wahrscheinlich schon.

VinoNudo
7., Westbahnstraße 30
Tel. 0650/821 55 52, www.vinonudo.at
Di, Mi 13–19, Do, Fr 13–20, Sa 11–17 Uhr

Espresso
7., Burggasse 57, Tel. 01/522 10 570
www.espresso-wien.at
Mo–Fr 7.30–24 Uhr (Fei geschl.)

Café Kandl
7., Kandlgasse 12, Tel. 01/890 89 38 15
www.cafekandl.at, Di–Sa 17–1 Uhr

Loup-Garou
7., Zieglergasse 38
www.instagram.com/loup.garou.vienna
Di–Sa 17–24 Uhr

R&Bar Weinskandal
7., Lindengasse 1, Tel. 0676/838 58 696
www.weinskandal.at/pages/rundbar
Mo–Fr 16–24 Uhr (Fei geschl.)

Liebling im Volkstheater
7., Arthur-Schnitzler-Platz 1
(Eingang Burggasse)
www.instagram.com/cafeliebling_
im_volkstheater, Mo–Sa 9–24 Uhr

The Wine Rebellion
7., Burggasse 36, Tel. 0650/210 08 97
www.mtrw.at, Do–So 17–24 Uhr
(Vinothek: Do–Sa 12–19 Uhr)

DIE FÜNF BESTEN LOKALE FÜR SITZENBLEIBER*INNEN

International ist es längst üblich, dass Restaurants ihre Tische nur für eine begrenzte Dauer vergeben. Doch in Wien, wo man es gewohnt ist, stundenlang bei einem Kaffee und einem kostenlosen Glas Wasser Zeitungen zu lesen, ist das um sich greifende Zeitslot-System ein Affront. Hier müssen Sie sich beim Essen und Trinken (noch) nicht beeilen:

Caffè Altenberg

2., Leopoldsgasse 33

www.cafealtenberg.com

Wer ein nettes italienisches Neighbourhood-Bistro/Café/Bar mit guter Küche, Frühstück und Wochenendbrunch sucht, ist mit dem Altenberg bestens bedient. Selbst wenn man nur auf ein paar Drinks und Crostini einkehrt, wird hier keine Miene verzogen.

Zum Roten Bären

9., Berggasse 39

www.zumrotenbaeren.at

Wer in seinem Beisl eine so gemütliche Atmosphäre schafft und obendrein dann auch noch so vorzüglich kocht, darf sich nicht wundern, wenn die Leute nicht mehr heimgehen wollen.

Und obwohl man die Bude wahrscheinlich jeden Abend mehrfach vollbekäme, herrscht hier das Verständnis, dass eben auch Genuss Weile braucht.

Restaurant Bukowina

1., Ballgasse 6/2

www.restaurantbukowina.at

In Rumänien ist Essen und Trinken selbstverständlich abendfüllend. Niemandem würde es dort einfallen, sich nach dem letzten Bissen vom Tisch zu erheben.

Man könnte es wahrscheinlich auch gar nicht, zu üppig sind die Gelage. Wer im Restaurant Bukowina einkehrt, dem sei geraten, sich einfach zu fügen und am besten noch eine Runde Papanaşi zu bestellen, um sich der Völlerei so richtig hinzugeben.

Colombo Hoppers

5., Schönbrunner Straße 84

www.colombohoppers.com

Seit mehr als dreißig Jahren befindet sich die kulinarische Botschaft Sri Lankas in einem von außen sehr unscheinbaren Lokal auf der stark befahrenen Schönbrunner Straße. Umso überraschender die fantastische Küche und der nette Gastgarten Richtung Wienfluss. Während der Lockdowns wurde das Lokal um eine quietschbunte Bar erweitert. Nun gibt es eigentlich gar keinen Grund mehr, nachhause zu gehen.

Café Rüdigerhof

5., Hamburgerstraße 20

ruedigerhof.stadtausstellung.at

119 Jahre hat das Café Rüdigerhof bereits auf dem Buckel; der Jugendstilbau, in dessen Hof sich sein Gastgarten breitmacht, feierte bereits das 120. Ergattert man hier im Schatten der alten Bäume einen Platz, knotzt man mit inniger Freude direkt neben dem Wienfluss, als säße man erste Reihe fußfrei mit Meerblick. Drinnen ist der Rüdigerhof ein herrlich altmodisch-angeranztes Wohnzimmer, das man nie wieder verlassen möchte. Die Speisekarte umfasst, das Gesamtkonzept ergänzend, das Spektrum von „gutbürgerlich“ zu „Hausmannskost“. Exotik braucht es hier nicht.

DIE WIENER HAUSBERGE KULINARISCH

Wien hat jede Menge Gipfel im Vorgarten, die seit jeher Alpinisten, Lebenskünstlerinnen und Genießer gleichermaßen anziehen. Auch weil sie kulinarisch alle Stückerln spielen. Eine subjektive Genuss-Wanderung im Zickzack von Winzendorf nach Payerbach.

VON NINA KALTENBRUNNER

Autorin und Chefin vom Dienst beim Kulinarikmagazin „À la carte"

Wer auf den Berg geht, wünscht sich naturgemäß, auf dem Gipfel mit einer feinen Stärkung belohnt zu werden. Die Realität ist jedoch meist eine andere: Nicht jede idyllische Bergstation macht hungrige Wanderer auch im kulinarischen Sinne glücklich. Oft ist es die bessere Wahl – ganz oldschool –, Jause in den Rucksack zu packen, um damit den ersten Hunger zu stillen. Das lukullische Glück liegt nämlich häufig im Tal oder nur ein paar Autokurven weiter auf halber Höhe verborgen. Sprich, meist muss man gar keinen Gipfel besteigen, um die köstliche Seite der Wiener Hausberge zu entdecken.

Erste Station, der Klassiker unter Wiens Hausbergen: die Hohe Wand nordwestlich von Wien. Der Aufstieg auf das etwa 800 bis tausend Meter hohe Karstplateau lohnt sich allemal, denn von oben wird man mit einem berauschenden Blick auf den Wiener Alpenbogen belohnt, an dem man sich schwer sattsieht. Vom „Skywalk" oder vom Aussichtsturm ist er – Schwindelfreiheit vorausgesetzt – sogar noch spektakulärer. Der wahre Hochgenuss spielt sich aber definitiv „unten" ab.

In Winzendorf nämlich, am Fuße der Hohen Wand, wo Ute und Josef Schmutzer seit einer gefühlten Ewigkeit – und hoffentlich noch lange – feine Wirtshauskost oder gehobene Regionalküche kredenzen, Retroflair inklusive. Ob Rahmbeuscherl oder Jakobsmuscheln, man wird nicht enttäuscht. Wenn Ute Schmutzer regionale Saisonalitäten anbietet, unbedingt zugreifen, ebenso wenn der Käsewagen vorfährt. Berau-

Spannende Adresse neben der Raxseilbahn-Talstation: Knappenhof

GRAEF

schend auch die Top-Weinauswahl, die Trester- und Hausbrände (z. B. vom Alten Bauernapfel).

Ebenfalls in Winzendorf ist der Puchegger Wirt zuhause. Dort lässt Christoph Puchegger mit kreativer Regionalküche aufhorchen. Kostproben gefällig? Hausgemachter „Emmerberger Schinken" mit Miso-Kräutertopfen; Saisonales wie Wiesenchampignonsuppe mit Liebstöckelnockerln, Lachsforellenfilet (Gut Dornau) mit Eierschwammerlrisotto oder Backhendl. Bestens auch per Regionalzug zu erreichen, so kann man getrost den Weinempfehlungen von Vater Johann Puchegger zusprechen.

Wer das idyllische Gebiet zwischen Triesting- und Piestingtal erkunden und die Gutensteiner Alpen, eine Gebirgsgruppe der Ostalpen, besteigen will, sollte unbedingt einen Besuch im Schutzhaus Waxeneck (785 m) einplanen. Hierher gelangt man z. B. von Pernitz via Myrafälle in einer knapp sechsstündigen Wanderung, zwei Stunden braucht man von Pottenstein, eine halbe Stunde vom Parkplatz am Pass Hals, oder man fährt mit dem Auto bis vor die Haustüre.

Für Gaumenfreuden sorgt Hüttenwirtin Susi Rottensteiner. Vormals Interior-Designerin, hat sie dem rustikalen Ambiente mit charmanten Details ihre Handschrift verpasst, und der Küche ebenfalls. Die Gerichte werden stets frisch aus regionalen Zutaten, wie dem von befreundeten Jägern erlegten Wild, zubereitet. Auch Klassiker wie Wiener Suppentopf (im Reindl serviert), Linsen mit Knödel, Hüttenpfanne oder Kaiserschmarrn fehlen hier nicht. Berühmt sind ihre Mehlspeisen, traumhaft der schattige Gastgarten mit alten Linden und Schneebergblick.

Etwas höher hinauf muss man, will man in der Enzian Hütte einkehren. Dazu gilt es erst einmal aufs Kieneck (1107 m) zu steigen. Dort setzen Stefanie Rysavi und Simon Reiter ihre Vorstellung von Hüttenwirtschaft um: Was geht, bauen sie in den Beeten vor dem Haus an, sie machen Schnäpse und Säfte aus Fichtenwipferln, Waldmeister, Waldhimbeeren, Holunder und Dirndln, versuchen sich an Speck und lassen sich immer wieder Neues einfallen. Was dann am und im alten Holzofen gezaubert wird, macht satt und froh: Schweinsbraten, Hirsch- oder Erdäpfelgulasch sowie die weltbesten Topfenknödeln mit Zwetschkenröster. Plus: Terrasse, urige Stuben und Zimmer.

Von den Gutensteiner Alpen gelangt man durch das traumhaft schöne Klostertal direkt ins weiter südlich gelegene Höllental, durch das die türkisblaue bis smaragdgrüne Schwarza fließt. Durch das wilde Engtal geht es via enge Kurven zur Raxseilbahn, die einen bequem aufs Hochplateau befördert. Dort warten zahlreiche Wanderrouten. Von einer Hütte zur nächsten oder einmal rundherum (Tagesmarsch) – aber stets mit sagenhaft schönem Ausblick.

Eine besondere Empfehlung ist das Karl-Ludwig-Haus (1804 m). Weil es erstens als Biobetrieb, zweitens besonders freundlich geführt wird und weil es dort drittens auch noch fantastisch schmeckt. Von der Raxseilbahn-Bergstation kommt man in viereinhalb Stunden her, vom Preiner Gscheid in etwa zwei Stunden. Nach der Wahl des Anstiegs folgt jene der Gipfelbelohnung: indische Linsensuppe oder Chili sin carne schmecken genauso gut wie Bauernpresswurst oder Holzofenbratl. Dazu gibt's Minz-Limonade oder Aronia-Ingwer-Eistee, Kobersdorfer Bier, feine Weine sowie Edelbrände von Farthofer. Das Frühstück ist auch super (und ebenfalls bio). Wer noch nicht genug hat, fahre zwanzig Autominuten zur Speckbacher Hütte, einer auf 1089 Meter gelegenen Institution, die man auch zu Fuß von z. B. Payerbach aus ansteuern kann. Der ehemalige Jagdsitz der Rothschilds ist traumhaft gelegen, bietet Ausblick und ein hübsches Wäldchen drumherum, in dem man sich Appetit anspazieren kann. Den sollte man haben, die Portionen können sich sehen lassen. Alles mit Speck ist hier eine heiße Empfehlung, ebenso das Kreuzberger Lamm oder die Momos, nepalesische Teigtaschen.

Die derzeit wohl spannendste Adresse ist der Knappenhof nahe der Raxseilbahn-Talstation. Max Stiegl konzipiert hier jeweils zwei Menüs aus Wald- und Wiesenzutaten, Wildgeflügel oder Fisch, perfekt umgesetzt vom lokalen Küchenteam. Man kombiniert nach Lust und Laune etwa Rehzunge in Ochsenherzparadeiser-Kaltschale, Laab Moo von der Gams, Entenherz Teriyaki oder Pannonische Fischsuppe, wählt tunlichst die exzellente Weinbegleitung und wundert sich bitte nicht, dass das auch seinen Preis hat. Nebenbei bemerkt: Im Wanderoutfit kann man sich hier unter Umständen etwas underdressed fühlen.

Apropos underdressed: Wer verschwitzt vom Berg kommt, dem sei ein Umweg zu Schloss Wartholz empfohlen. Dort gibt es nämlich nicht nur ein nettes Café und eine schicke Gärtnerei, sondern auch einen Shop, in dem man u. a. ein adäquates Outfit für den Knappenhof erstehen kann. Oder aber man macht sich gleich auf den Weg nach Payerbach zum Looshaus. Denn die erklärte Pilgerstätte von Architekturfans ist auch kulinarisch die Reise wert. Mit Schneeberg- und Raxblick genießt man in einzigartigem Ambiente schnörkellose Gerichte aus regionalen Zutaten (z. B. Kreuzberger Forelle), trinkt dazu ein gutes Glas Wein und lässt Ornament Verbrechen sein. Wenn Zimmer frei sind, unbedingt bleiben!

Schmutzer
Hauptstraße 12, 2722 Winzendorf
Tel. 02638/222 37, www.gasthaus-schmutzer.at, Do, Fr 9–15 und 17–24, Sa 9–24, So, Fei 9–20 Uhr

Puchegger Wirt
Bahnhofplatz 86, 2722 Winzendorf
Tel. 02638/222 24, www.puchegger.at
Mi–Sa 11.30–15 und 17–20.15, So 11.30–15 Uhr

Schutzhaus Waxeneck
Waxeneck 17, 2763 Pernitz, Tel. 02632/733 00, www.schutzhauswaxeneck.com
Do–So, Fei ab 9, warme Küche 11–17 Uhr

Enzian Hütte am Kieneck
Thal 31, 2763 Muggendorf
Tel. 0676/782 90 81, www.kieneck.at
Mitte März bis Mitte Nov. Mo 10–15, Di–So, Fei 8–17 Uhr

Karl-Ludwig-Haus
Rax 7, 8691 Kapellen, Tel. 02665/380
www.karlludwighaus.at, in der Sommersaison von ca. Ende April bis Ende November tägl. geöffnet

Speckbacher Hütte
Speckbacher Straße 51,
2673 Breitenstein, Tel. 02664/210 96
www.die-speckbacher.at, im Sommer Mo–Mi, Sa, So, Fei 9–18 Uhr, Öffnungszeiten je nach Jahreszeit und Wetter variabel

Knappenhof
Kleinau 34, 2651 Reichenau a. d. Rax
Tel. 0664/401 65 40
www.knappenhof.at, im Winter Do–So 12–15 und 17–22 Uhr, im Sommer auch Mi geöffnet

Schloss Wartholz
Hauptstraße 113, Reichenau a. d. Rax
Tel. 02666/522 89
www.schloss-wartholz.at, Juli bis August täglich 9–20, September bis Juni Mi–Fr 10–18, Sa, So 9–18 Uhr

Hotel-Restaurant Looshaus am Kreuzberg
Kreuzberg 60, 2650 Payerbach
Tel. 02666/529 11, www.looshaus.at
Mo, Do–So, Fei 11.30–20 Uhr
(März und November geschlossen)

ADRESSEN

Wie Wien isst, wann Wien isst, wo Wien isst, was Wien isst: die komplette Auflistung der Gaststätten, Restaurants, Wiener Beisln, der afghanischen, afrikanischen, amerikanischen, arabischen, australischen, balkanischen, böhmischen, brasilianischen, britischen, bulgarischen, chinesischen, französischen, georgischen, griechischen, indischen, indonesischen, irischen, israelischen, italienischen, japanischen, kärntnerischen, koreanischen, koscheren, kreolischen, kroatischen, kurdischen, lateinamerikanischen, levantinischen, libanesischen, marokkanischen, mexikanischen, mongolischen, nepalesischen oberösterreichischen, orientalischen, pakistanischen, pannonischen, persischen, polnischen, portugiesischen, rumänischen, russischen, schweizerischen, skandinavischen, slowakischen, spanischen, sri-lankischen, steirischen, südamerikanischen, syrischen, thailändischen, tibetischen, tirolerischen, türkischen, ukrainischen, ungarischen, usbekischen, vegetarischen, veganen, vietnamesischen, vorarlbergerischen und waldviertlerischen Restaurants, der Bars, der Bistros, der Cafés und Espressos, der Eissalons, der Heurigen und Stadtheurigen, der Imbisse, der Konditoreien und Bäckereien, der Konfiserien, der Pubs, der Szenelokale, der Teehäuser, der Weinhandlungen, der Wiener Kaffeehäuser, der Vinotheken, der Würstelstände u. v. m.

Zeichenerklärung: M = Menü MM = Mittagsmenü AM = Abendmenü TT = Tagesteller
HS = Hauptspeisen VS = Vorspeisen 2gg = zweigängig 3gg = dreigängig etc.
♿ = rollstuhlgerecht 💳 = Kartenzahlung

Preisniveau gemessen am Preis eines Hauptspeisengerichts:

€ = bis € 10,-
€€ = € 10,- bis € 15,-
€€€ = € 15,- bis € 25,-
€€€€ = € 25,- plus

1., INNERE STADT

1010 Wien ist, wo traditionell das gute Leben residiert. Das Zentrum Wiens dürfte sich nicht als solches rühmen, hätte es neben üppiger historischer Kulisse und den obligatorischen Niederlassungen internationaler Luxuskonzerne nicht auch auf dem Gourmet- und Gourmandsektor die Gabel vorn. In Sachen Kulinarik hat sich hier im vergangenen Jahr unter anderem Folgendes ereignet: das türkische Restaurant Lale, das am Eingang zum Bermudadreieck allerlei vom Holzkohlengrill servierte, wurde im vergangenen Herbst neu übernommen. Im Amore della Mutti werden nun klassische wie auch ausgefallene italienische Pizzen gebacken.

Quasi auf der gegenüberliegenden Seite des Rings, im Grand Hotel, nahm mit der Schließung des Le Ciel by Toni Möhrwald eines der meistausgezeichneten Restaurants der Stadt den Hut. Im März eröffnete gleichenorts mit dem Restaurant 1870 eine neue Fine-Dining-Location, von deren Terrasse in der siebten Etage man einen sagenhaften Ausblick über die Stadt hat.

Dass es am Salzgries das Noble Savage von Igor Kuznetsov, einst Mitgründer des Karma Ramen, mit seinen alles fusionierenden Gerichten nicht mehr gibt, ist ein Schlag in die Magengrube. Mit dem Jola ist im März ein veganer Gourmet-Tempel eingezogen, der ausschließlich abends Überraschungsmenüs aus neun Gängen kredenzt.

Weitere City-News: Das Börsecaffè im namensgebenden ehemaligen Gebäude der Wiener Börse wurde vom Hansen übernommen, das bereits seit den 90er-Jahren im Souterrain sein Restaurant betreibt. Und in der Ballgasse lösen nun Ramen und Reisschalen von Mama Ramen Schnitzel und Gulasch vom Wiener Kavalier ab.

Jola
Veganer Gourmet-Tempel ... S. 121

DIE BESTEN 27 IM 1. BEZIRK

All Reis
Der City-Ableger des fantastischen Streetfood-Thai in der Schweglerstraße tritt hier mit etwas reduzierter Karte an, ist aber genauso gut ... S. 121

Café Korb
Regelmäßige Besuche im Korb gehören zum Wiener Pflichtprogramm. Fantastische Mehlspeisen, Wiener-Küchen-Classics und beste Bühne zum Leut' schauen ... S. 148

Café Prückel
Absolut kein Geheimtipp, aber halt schönstes Café der Stadt und anständige Tagesmenüs gibt's auch ... S. 149

Dolce Pensiero
Italienische Konditorei mit feinsten hausgemachten Süßigkeiten, Antipasti, Panini und Pasta ... S. 131

Gasthaus Reinthaler
Schnöselfrei und authentisch trotz Innenstadtlage ... S. 103

IKO Kitchen & Bar
Stylisher Asiate, der von überall ein bisschen frisch kocht: von koreanisch inspiriertem Sushi bis zu thailändischem Massaman-Curry ... S. 109

Jonathan & Sieglinde
Kompetenzzentrum für Getränke und Gerichte aus Äpfeln und Erdäpfeln. Simpel, ehrlich und gut ... S. 99

Kaffee Alt Wien
Seit hundert Jahren herumknotzen bei Wirtshausklassikern wie Rindsgulasch oder Würstel mit Saft ...S. 148

Konstantin Filippou
Gourmethütte des Fünf-Hauben- und Zwei-Sterne-Kochs, spektakulär gut zu vergleichsweise okayem Preis ... S. 100

Ludwig & Adele Restaurant
Das Kollektiv ist in der ganzen Stadt umtriebig, im Künstlerhaus liegt der Fokus auf Kreativküche und schönem Gastgarten ... S. 101

Miznon
Das Erfolgskonzept des israelischen TV-Kochs Eyal Shani: ofengerösteter Karfiol und Pita-Sandwiches ... S. 102

O boufés
Bistro von Konstantin Filippou, mit kleinen, leistbaren Gerichten, tollen Naturweinen in ungespritzter Atmosphäre ... S. 129

o.m.k 1010
Bewährt gutes Mochi-Essen inklusive Asian-Gourmet-Shop ... S. 117

Pasta ... e Basta
Wiens größte Frische-Pasta-Manufaktur, die einem die Auswahl leicht macht: Mittags gibt's täglich zwei Pastagerichte und eine Pinsa auf der Karte ... S. 115

Pepper & Ginny
Wunderbarer veganer Delikatessenladen inklusive Bistro mit feinen hausgemachten Kleinigkeiten ... S. 122

Restaurant Schubert
Kreative Küche mit viel Gemüsegerichten und Schanigarten mit Aussicht ... S. 104

Restaurant Bukowina
Wiens bester Rumäne mit traditionellen Gerichten und Getränken ... S. 120

Ristorante Da Capo
Lieblingsitaliener vieler Wiener*innen mit allen Klassikern auf der Karte plus gemauertem Backsteingewölbe ... S. 113

Salzamt
Gehobene Bistroküche und wienerische wie südosteuropäische Spezialitäten, serviert in den vom Architekten Hermann Czech so unaufdringlich wie zeitlos schön gestalteten Räumen ... S. 104

simply raw bakery
Vegane, gluten- und laktosefreie Bäckerei mit ausgiebigem Brunchangebot ... S. 134

Schönscharf
Feurige Currys in verschiedenen Varianten und Sieben-Gang-Abendmenüs ... S. 138

TIAN Restaurant
Österreichs bestes Veggie-Restaurant, aktuell mit einem Stern und drei Hauben bestückt ... S. 122

Trzesniewski
Die Ikone unter Wiens Brötchen. Ein paar Scheibchen mit einem Pfiff Bier gehen immer ... S. 138

Volksgarten Pavillon
Coole Park-Meierei, wunderbar für ein Bier zwischendurch oder BBQ abends ... S. 145

Restaurant Wrenkh
Gute, (auch) vegetarische Speisen, nette Bedienung, unschnöselig ... S. 107

Zum schwarzen Kameel
Wiener Klassiker des ehemaligen k.u.k. Hoflieferanten. Restaurant- und Museumsbesuch in einem ... S. 104

Zum Holunderstrauch
Unprätentiöses Wiener Traditionswirtshaus, seit 1937 in Familienbesitz, mit typischer Beislküche und Weinen aus eigenen Rieden ... S. 99

Gaststätten, Restaurants, Wiener Beisln

Restaurant 1870 Kärntner Ring 9 (im Grand Hotel Wien (7. Stock)), Tel. 515 80-9100, E-Mail: 1870@grandhotelwien.com, www.grandhotelwien.com, täglich 12–23. Österreichische Fusionsküche mit internationalen Einflüssen von Jürgen Lengauer. Mo–Fr Business Lunch (2gg € 16,50, 3gg € 21,50). Kindersessel. 19–23 Klaviermusik live. Klimaanlage. 2 Privaträume für max. 20 bzw. 24 Pers.; schöner Blick über Wien; in den Sommermonaten wird auf der überdachten Dachterrasse (38 Plätze) serviert. Reservierung empfohlen. Behinderten-WC. **€€€€**

Appiano – Das Gasthaus Schottenbastei 4, Tel. 533 61 28, E-Mail: office@appiano-dasgasthaus.at, www.appiano-dasgasthaus.at, Mo–Fr 12–15 und 18–22 (Fei geschlossen). Wiener und mediterrane Küche im sehr guten Beisl-Ambiente; regionale Speisen, Getränkesortiment mit österreichischen Produkten (Privatbrauerei Trumer, Tirola Kola, Bio-Säfte, Bio-Tee, umfangreiche Weinauswahl). Kinderportionen, -sessel. Gaststube mit Kachelofen für kleine Gesellschaften, geschlossene Veranstaltungen möglich. Schanigarten für 28 Pers. **€€€**

Artner am Franziskanerplatz Franziskanerplatz 5, Tel. 503 50 34, 503 50 33 11 (Büro), E-Mail: franziskanerplatz@artner.co.at, www.artner.co.at, Mo–Sa 12–24, So 11–16 (Fei geschlossen), warme Küche bis 22. Österreichische Küche mit Schwerpunkt auf Rindfleischgerichten wie Steak und Braten, das Rindfleisch kommt ausschließlich aus Österreich; versch. Menüs wie Beef Tasting Tour; Weine aus dem eigenen Weingut in Höflein (NÖ). Feiern wie Geburtstage, Firmenfeiern oder Weinverkostungen möglich. 2 Gewölbe im Keller für 35 bzw. 28, Weinbar für 18, Restaurant für 48 und Chef's Table für 12 Pers. Schanigarten für 29 Pers. **€€€**

Bastei Beisl Stubenbastei 10, Tel. 512 43 19, E-Mail: restaurant@basteibeisl.at, www.basteibeisl.at, Mo–Fr 10–24, Sa 10–15 und 18–24 (Fei geschlossen), warme Küche 10–14.30 und 17–22. Wr. Küche (MM € 9,20 bis € 10,50), saisonale Spezialitätenkarte; kleinere Portionen zu kleineren Preisen; auch vegetar. Speisen; große Auswahl an österr. Weinen. Kindersessel. Schanigarten für 40 Pers. **€€**

Béla Béla Fahnengasse 1 (im Steigenberger Hotel Herrenhof), Tel. 534 04 920, E-Mail: gastronomie@herrenhof-wien.steigenberger.at, www.herrenhof-wien.steigenberger.at, Mo–Fr 6.30–10 und 12–22, Sa, So, Fei 7–11. Mo–Fr 6.30–10.30, Sa, So, Fei 7–11 Frühstück, Langschläferfrühstück in Bélas Wohnzimmer & Bar ganztags ab 10.30, So ab 12; moderne mediterrane Küche; Weine vor allem aus dem Mittelmeerraum und Österreich. Regelmäßig Livemusik an der Bar. Teilbereiche für Feiern abtrennbar; Extranische für 10, Fine Dining für 30 Pers. €€€

Bermuda Bräu Rabensteig 6, Tel. 532 28 65, E-Mail: office@bermuda-braeu.at, www.bermuda-braeu.at, Di-Do 15-24, Fr, Sa 15-1 (Fei geschlossen), warme Küche bis 22. Riesenlokal im Bermudadreieck. Wiener und internationale Küche; Kinderportionen, -sessel auf Anfrage; Di-Fr 15.30-17.30 Happy Hour (Ottakringer Hausbier 0,5 l € 3,-, Spritzer € 2,-). TV; Klimaanlage. Extrazimmer für 130, Schanigarten für 100 Pers. €€€

Bieradies Judenplatz 1, Tel. 535 66 11, E-Mail: reservierung@bieradies.co.at, bieradies.co.at, Mo-Sa 11-24, So, Fei 11-23. Bierlokal; österr. und internat. Speisen von belegten Broten bis Spareribs (MM € 8,90); Mo-Fr 11-14 Schnitzel mit Kartoffelsalat (€ 8,90); saisonale Speisen; 12 Sorten Bier vom Fass; Kindersessel. Schanigarten für 60 Pers. €€

Bier & Bierli Operngasse 12, Tel. 585 03 68, E-Mail: bierundbierli@gmail.com, www.bierundbierli.at, täglich 11.30-23.30, Küche bis 22.30. Bodenständige Küche; wechselnde Spezialitäten; Kinderspeisen, -sessel; 8 Flaschen- und 7 offene Biere. Feiern für bis zu 95 Pers. möglich. Schanigarten für 50 Pers. €€

Biergartl im Stadtpark Johannesgasse 33, Tel. 0699/11 17 64 65, E-Mail: reservierung@biergartlimstadtpark.com, www.biergartlimstadtpark.com, März bis Oktober täglich 10.30-23, durchgehend warme Küche bis 22. Solider Biergarten im Stadtpark mit Wiener und internationaler Küche und saisonaler Karte, einige ungarische Gerichte; tägl. 10-11.45 Frühstücksangebote; Saisonales und Tagesangebote (€ 9,-), Grill- und Pfannengerichte; Mehlspeisen; Kinderportionen, -sessel. 2 Gastgärten für jeweils 70 und 200 Pers. Behinderten-WC. €€

Boxwood Restaurant Grashofgasse 1, Tel. 295 88 99, E-Mail: reservierung@boxwood.at, www.boxwood.at, Mo-Fr 12-1, Sa, So 10-1, warme Küche bis 22. Schwesterlokal vom Restaurant Buxbaum. Österreichische Küche mit mediteranem Flair; Sa, So 10-15 Brunch; MM; Kinderspeisen, Wickeltisch. Geschlossene Veranstaltungen für bis zu 80 Pers. möglich. Schanigarten für 40 Pers. €€€

Brezl Gwölb Ledererhof 9, Tel. 533 88 11, E-Mail: info@brezl.at, www.brezl.at, täglich 11.30-24, Küche bis 23.30. Alt-Wiener Küche in einer ehemaligen Alt-Wiener Backstube (11.30-15 wechselnde MM ab € 9,80); Biere (3 Fassbiere) und österreichische Weine. Klassische Musik. Ersterwähnung des Hauses im 13. Jahrhundert. Schanigarten für 75 Pers. vor historischer Kulisse (letztes Überbleibsel der Stadtmauer). Reservierung erbeten. €€

Bristol Lounge Mahlerstr. 2 (oder über Rezeption, Kärntner Ring 1), Tel. 515 16-553, E-Mail: restaurant.bristol@luxurycollection.com, www.bristolvienna.com, www.bristol-lounge.at, täglich 6.30-24, Küche bis 22.30. Histor. Ambiente, behagliche Salon-Atmosphäre. Internationale und regionale Küche, vegane und vegetarische Gerichte; tägl. 7-11 Buffetfrühstück (€ 38,-), Mo-Fr 12-15 MM (ab € 31,-), Degustationsmenü (ab € 60,-). Kindersessel. Kamin. Klimaanlage. €€€€

burg.ring1 Burgring 1 (Ecke Eschenbachgasse), Tel. 581 13 93, E-Mail: office@burgring.at, www.burgring.at, Mo, So 10-21, Di-Sa 10-1, Küche durchgehend, So bis 20. Neu-Interpretation des jungen Wiener Kaffeehauses; saisonale und trendige Gerichte sowie Wiener Klassiker, auch vegane und vegetarische Speisen; Mo-Fr MM; Sa, So bis 13 Frühstück; „Omas Kuchen" (tägl. wechselndes Kuchenangebot); hausgemachte Sodas und Eistees. Viele Zutaten von Bio-Betrieben aus der Region. Take-away. Kindersessel, Wickeltisch. Für größere Gruppen (bis 40 Pers.) geeignet. Lokal für 120, Gastgarten für 100 Pers. €€

Buxbaum Restaurant Grashofg. 3 (im Heiligenkreuzerhof), Tel. 276 82 26, E-Mail: reservierung@buxbaum.restaurant, buxbaum.restaurant, Mo-Sa 12-23, Küche 12-14.30 u. 17-22. Gehobene österr. und mediterrane Küche. Küchenchef ist Martin Zeißl. 4-5gg Abendmenüs (mit Fisch/Fleisch), die Karte wechselt regelmäßig und bietet frische, saisonale Produkte; hausgemachte Limonade und Eistee; ausgewählte Weine aus Österreich von namhaften Winzer*innen, aber auch von kleineren Anbietern; Whisk(e)ys. Kindersessel, Wickeltisch. Extrazimmer für 18, Schanigarten für 20 Pers. €€€€

Café & Restaurant im Naturhistorischen Museum Wien Burgring 7, Tel. 0676/88 48 84 96, www.food-affairs.at, Mo, Mi–So 10–18.30. Modernes Café und Restaurant mit À-la-carte-Küche, Snacks (ca. € 4,-), Tagesteller, Mehlspeisen; jeden Mi ab 19 Gala Dinner mit ausgezeichneten, wechselnden Buffets wie z.B. Fisch- und Meeresfrüchte-Buffet (nur mit Reservierung!), im Frühling Spargel-Dinner. Kindergeburtstage; für exklusive Veranstaltungen buchbar; Catering für bis zu 300 Pers. Keine Hunde. €€

Casino Restaurant Wien Kärntner Straße 41 (im Casino Wien), Tel. 512 48 36-21500, E-Mail: cuisino.wien@casinos.at, www.casinos.at/casinos/wien/casino-restaurant, täglich 17–23. Küchenchef Lukas Olbrich und sein Team servieren österreichische Küchentradition, mit viel Raffinesse international verfeinert und neu interpretiert. Packages: Dinner & Casino (4gg € 69,–/Pers.), Dinner & Casino Night (4gg, inkl. 1 ÜN, € 157,–/Pers.) und Genuss & Casino (2gg € 39,–/Pers.). Feiern und Veranstaltungen möglich; 50 Sitzplätze. Keine Hunde. Behinderten-WC. Eintritt ab 18 Jahren (amtlicher Lichtbildausweis notwendig). €€€

Chattanooga Cafe & Grill Graben 29a, Tel. 533 50 00, E-Mail: office@chattanooga.at, www.chattanooga.at, Mo–Do, So, Fei 9–24, Fr, Sa 8–24, durchgehend warme Küche. Frühstück bis 12 (ab € 4,50); Wiener und internationale Küche (MM ab € 8,50), Spezialitäten: Spareribs. Kindersessel. Klimaanlage. Hauptsensation: Schanigarten für 200 Pers. mitten am Graben. €€

Clementine im Glashaus Coburgbastei 4 (im Palais Coburg), Tel. 518 18-130, E-Mail: reservierung@palais-coburg.com, www.palais-coburg.com, tägl. 7–23. Restaurant im Palais Coburg. Frühstück bis 11; Mittagskarte 12–14; Abendkarte 18–22; verfeinerte österreichische Küche, MM (3gg € 39,50); 14.30–17.30 Nachmittagsjause (€ 3,50 bis € 14,–); die beste Weinkarte der Welt 2017 (139 Seiten, 5000 Positionen), auch das glasweise Angebot ist grandios, Weinverkostungen auf Anfrage; Kindersessel, Wickeltisch. Gastgarten für 60 Pers. Behinderten-WC. €€€

Beim Czaak Postgasse 15 (Ecke Fleischmarkt), Tel. 513 72 15, E-Mail: beim@czaak.com, www.czaak.com, Mo–Sa 17–23 (Fei geschlossen), Küche bis 22. Nett renoviertes Ur-Beisl. Alt-Wiener Küche mit ihren böhmischen Ursprüngen; saisonale, vegetarische und vegane Speisen; auf Wunsch glutenfreie Gerichte; kleine Portionen möglich. Lokal für ca. 65 Pers.; Schanigarten für 60 Pers. €€€

Café de l'Europe Graben 31, Tel. 532 14 69, E-Mail: info@cafe-europe.at, www.cafe-europe.at, Mo–Sa 7–24, So, Fei 8–24, Küche bis 23.30. Graben-Café mit Restaurant im 1. Stock; 8 Frühstücke bis 14 (€ 5,40 bis € 16,80); Wiener und internationale Speisen, Imbisse wie Panini; 23 hausgemachte Eissorten nach italienischem Rezept; Cocktails; Kinderspeisekarte, -sessel. Großer Schanigarten für 200 Pers. in der Fußgängerzone. €€€

DEVAL Doblhoffgasse 5, Tel. 890 87 97, E-Mail: info@devalrestaurant.at, www.devalrestaurant.at, Di–Sa 18–23, Terrasse: Di–Sa 18–22. Kleines und familiär geführtes Haubenrestaurant mit ausschließlich österr. Produkten. Küchenchef ist der aus den Niederlande stammende Daan de Val. Menüfolgen mit saisonalen Zutaten unter Anwendung verschiedenster Reifeprozesse (4gg € 78,–, 6gg € 97,–) und optionaler Weinbegleitung. Selbstgebackenes Brot. Ausschließlich österreichische Getränke, u.a. alte Jahrgänge österr. Weine. Platz für bis zu 32 Pers., separater Private Dining Room exklusiv für max. 12 Pers. Hunde auf Anfrage erlaubt. Terrasse inkl. eigener Terrassen-Karte mit exklusiven Getränken, Snacks und hausgemachtem Eis. €€€€

Do & Co Stephansplatz 12 (Haas-Haus 7. Stock), Tel. 535 39 69, E-Mail: stephansplatz@doco.com, www.docohotel.com, täglich 12–15 und 18–24 (Restaurant), Küche bis 24. Offene Sushi-Küche, offene Hauptküche und eine offene Wok-Station, bei der man sich die Zutaten seines Pfannengerichts selbst zusammenstellen kann; die Speisekarte bietet ein fein selektiertes Potpourri aus asiatischer, mediterraner und wienerischer Küche; Kindersessel; TV. Das Ambiente erinnert an die Lounge eines internationalen Luxushotels, unaufgeregt zeitgemäß mit einer repräsentativen Schlichtheit. Attraktiver Ausblick auf den Stephansdom und den Stock-im-Eisen-Platz. Wintergarten für ca. 24 Pers. gesetzt, Stehplätze für 50 Pers.; vollverglaster Spezial-Raum über dem Restaurant und für ganz spezielle Anlässe, der „Tempel“, ein Glaskobel für 12 Pers. auf dem Dach des Haas-Hauses. „Tempel“ und Wintergarten müssen gemietet werden. Schanigarten für 60 Pers. Behinderten-WC. €€€€

Do & Co Albertina Albertinaplatz 1 (auf der Bastei), Tel. 532 96 69, E-Mail: albertina@doco.com, www.doco.com, Mo–Sa 9–23, So 9–18, Küche bis 22 bzw. 16. Do & Co Lokal in der Albertina. Frühstück 9–11.30 (€ 8,– bis € 24,50), österreichische sowie mediterrane Küche mit Tapas Flair; saisonale Dessertvariationen (im Sommer z.B. hausgemachte Marillenknödel); große Auswahl an offenen Weinen (hauptsächlich aus Österreich). Klimaanlage. Terrasse (mit Loungebereich) für 100 Pers. Behinderten-WC im Museum. €€€

Gasthaus Dorfstube Rathausstraße 5, Tel. 406 32 45, E-Mail: dorfstube-wien@hotmail.com, www.dorfstube-wien.at, Mo–Fr ab 11 (Fei geschlossen). Seit 1883; Wiener Küche (Mo–Fr 11–14 3 MM mit Suppe), saisonale TT; Weinkarte. Alle Speisen auch zum Mitnehmen. Lokal auch für Feiern zu mieten (auch außerhalb der regulären Öffnungszeiten). Schanigarten für 35 Pers. €€

Gasthaus zu den 3 Hacken Singerstraße 28, Tel. 512 58 95, www.zuden3hacken.at, Mo-Sa 11.30-23, Küche bis 22. Wiener Küche; Augustiner Bräu. Ruhiger, schattiger Schanigarten für 60-70 Pers. Tel. Reservierung empfohlen. **€€**

Dstrikt Steakhouse Schubertring 5-7 (im Hotel The Ritz-Carlton, Vienna), Tel. 1 311 88 150, E-Mail: vienna.restaurant@ritzcarlton.com, www.ritzcarlton.com/vienna, täglich 7-22.30 (Fei geschlossen). Restaurant im The Ritz-Carlton Vienna mit Blick auf den Ring. Verwendet werden ausschließlich lokale und frische Produkte, konkret: erstklassiges, gut gereiftes Rindfleisch; Fleisch kommt aus Österreich und wird im Josper Holzkohlegrill zubereitet. Dry Age Beef, hausgemachte Steaksaucen und Ketchup, Gag: Man kann aus verschiedenen Steak-Messern wählen. Das Brot wird zum Teil selbst gemacht oder von Öfferl bezogen; Baked Cheesecake; tägl. 7-11 Frühstück; am ersten Sonntag des Monats 12.30-15.30 Steakbrunch; 18-22.30 Dinner; Auswahl an Weinen von österreichischen Topwinzer*innen, weißer und roter Hauswein, Cocktails. Schanigarten mit Blick auf den Ring für 24 Pers. 💳 **€€€€**

Edvard Schottenring 24 (im Palais Hansen Kempinski Vienna), Tel. 236 10 00-8082, E-Mail: edvard.vienna@kempinski.com, www.kempinski.com, Di-Sa 12-14 (Fei geschl.), im Aug. geschl. Puristische Fresh Cuisine von Thomas Pedevilla aus saisonalen Produkten und abseits der monotonen Hotel-Luxusgastronomie - wurde schon nach einem Jahr mit dem Michelin-Stern ausgezeichnet. Business Lunch von 12-14 (3gg, optional mit Weinbegleitung), Dinner (À-la-carte-Degustationsmenüs 5gg/7gg/9gg/optional mit Weinbegleitung); internationale und regionale Weinkarte. ♿ 💳 **€€€€**

ef16 Restaurant Weinbar Fleischmarkt 16, Tel. 513 23 18, E-Mail: email@ef16.at, www.ef16.at, Mo-Sa 17.30-23.30, Küche bis 23. Wiener Küche mit mediterranem Einschlag, Monatskarte mit saisonalen Schwerpunkten; Verwendung von österreichischen Fleischprodukten, frischem Fisch, saisonalem Gemüse und Naturprodukten; unregelmäßig Veranstaltungen. Naturfruchtsäfte. Veranstaltungen bis 55 Pers. möglich. Innenhofgarten für 30 Pers. (nicht für Gruppen geeignet). 💳 **€€€€**

Einstein Rathausplatz 4, Tel. 405 26 26, E-Mail: albert@einstein.at, www.einstein.at, Mo-Do, So 9-24, Fr, Sa 9-2. Riesiges Lokal (für ca. 210 Pers.) mit vielen Abteilungen (Biergarten, Café etc.); Frühstück bis 12; Mensakost, Wr. Küche; Wasserbrunnen, Kaffee und alle Speisen zum Mitnehmen, Speisen im Voraus bestellbar. 2 Kindersessel, Wickeltisch, Spielzeug, Kinderbücher. 3 TVs, 1 Beamer. Schanigarten für 80 Pers. Tischreserv. via Homepage. 💳 **€€**

Ella's Food & Drinks Judenplatz 9, Tel. 535 15 77, E-Mail: tisch@ellas.at, office@ellas.at, www.ellas.at, Mo-Sa 11.30-24, durchgehend warme Küche bis 22. Kreative, mediterrane Küche; Couscous, Lamm, auch Schnitzel und Burger. MM mit Suppe oder Salat (Fisch € 15,50, Fleisch € 14,50, vegetarisch € 13,50), Weine aus Österreich, sehr interessante Weine aus Griechenland, Italien, Frankreich; Verkauf von Olivenöl aus eigener Produktion. Alle Speisen auch zum Mitnehmen. Kindersessel. Saisonale Events; Feiern möglich; Weinkeller. Einer der schönsten Schanigärten der Stadt für 100 Pers. Catering. Reservierung ratsam. 💳 **€€**

ÉMILE Restaurant & Bar Schottenring 11 (im Hilton Vienna Plaza), Tel. 31 39 00, E-Mail: viepw.emile@hilton.com, www.emile-plaza.at, täglich 7-24, Küche bis 22.30. Internationale Küche; Frühstück bis 10.30 bzw. am Wochenende bis 11; Auswahl an internationalen und österreichischen Weinen, Cocktails, Spirituosenauswahl an der Bar (Absinth-Sortiment), wechselnde Getränkeaktionen. Regelmäßig „Gatsby Dinner" mit Live-Jazzband (€ 89,-/Pers., Termine s. Website). Kinderhochstuhl, Wickeltisch. Klimaanlage. Schanigarten. Behinderten-WC. ♿ 💳 **€€€**

Falco's Schwarzenbergplatz 3, Tel. 710 70 66, E-Mail: info@falcos.wien, www.falcos.wien, Mo-Do, So 8.30-24, Fr, Sa 8.30-1. Restaurant, das Falco gewidmet ist. Täglich 8.30-16 Frühstück (€ 5,90 bis € 14,90); traditionelle Wiener und internationale Küche (Schnitzel, Apfelstrudel etc., aber auch Burger, Italienisches u.v.m.); große Whiskeyauswahl. Innendekor erinnert an die Musiklegende. 💳 **€€**

Die Feinkosterei Judenplatz 7, Tel. 396 14 21, E-Mail: feinkosterei@schwarz-hirsch.at, www.feinkosterei.wien, Mo-Sa, Fei 11-24, So 11-23, warme Küche Mo-Do bis 22, Fr, Sa bis 22.30, So bis 21. Österreichische Spezialitäten im Kleinformat, wie Tapas in Schälchen, zum Kosten, z.B. Wiener Schnitzel (€ 8,10); Mo-Fr bis 14.30 MM (Suppe + 1 Tapa € 10,50 /Suppe + 2 Tapas € 14,90); Desserts (z.B. Apfelstrudel, hausgemachter Cheesecake etc.) Verwendung von regionalen Produkten. Lokal für Feiern zu mieten. Schanigarten für 80 Pers. 💳 **€€**

Figlmüller Bäckerstraße 6 Bäckerstraße 6, Tel. 512 17 60, E-Mail: reservierung@figlmueller.at, www.figlmueller.at, täglich 11.30-23, Küche bis 22. 2. Lokal der wohl bekanntesten Schnitzel-Manufaktur weltweit; Speisenauswahl: alles Gebackene, riesige Schnitzel (auch vegan möglich); Weine, Kaffee; Kinderportionen, -sessel. Unterschiedlich große Räume in traditionellen Stilen, Kellerstüberl für 40, Galerie für ca. 40 Pers. Reservierung empfohlen. AMA-Gastrosiegel. 💳 **€€€**

Figlmüller Wollzeile Wollzeile 5, Tel. 512 61 77, E-Mail: reservierung@figlmueller.at, www.figlmueller.at, täglich 11-22, Küche bis 21. Traditionsreiches Wiener Weinhaus mit Wintergarten und Tourismus; Wiener Küche, riesige Schnitzel. Wintergarten für 27 Pers. Reservierung empfohlen (max. 8 Pers.). AMA-Gastrosiegel. 💳 **€€€**

Zum Finsteren Stern Schulhof 8 (Ecke Parisergasse), Tel. 535 21 00, E-Mail: restaurant@zumfinsterenstern.at, www.zumfinsterenstern.at, Di–Sa 18–24. Eines der entspanntesten guten Restaurants der Stadt im Palais Collalto in der Nähe des Judenplatzes; abends kleine, regelmäßig wechselnde Karte, „Einmal alles" bestehend aus 6 Gängen (€ 65,-). Kleine aber feine Weinkarte. Romantischer Schanigarten für 40 Pers. Reservierung erforderlich. 💳 €€€

Fladerei Salzgries 15, Tel. 532 57 04, E-Mail: salzgries@fladerei.com, www.fladerei.com, Mo–Sa 11–2, So, Fei 17–2. Gefüllte Fladen aus dem Holzofengrill in unzähligen Varianten (€ 2,90 bis € 7,80), Mo–Fr bis 17 Mittagsangebot (Tagesflade groß € 6,20/klein € 5,40), Abendflade (groß € 7,10/ klein € 5,90); Bier vom Fass (Starobrno, Edelweiß Hefetrüb, Fladerei-Pils, Zwickl, Schladminger, Dunkles); 2 Großbildleinwände. Schanigarten für 40 Pers. 💳 €

Führich Führichgasse 6, Tel. 513 08 80, E-Mail: restaurant@fuehrich.at, www.fuehrich.at, Mo, Sa, So 12–23.30, Di–Fr 17–23.30, durchgehend warme Küche bis 22.30. Österreichische Küche, Verwendung von biologischen Produkten; auch glutenfreie und vegane Speisen; Barangebot der besonderen Art, Auswahl an österreichischen Qualitätsweinen; Kinderportionen, -sessel. Klimaanlage. Schanigarten für 25 Pers. 💳 €€€

Gerstner Salons Privés Kärntner Straße 51, Tel. 526 13 61-2900, E-Mail: salons@gerstner.at, www.gerstner.at, für Veranstaltungen reservierbar. Veranstaltungs-Location für jeden Anlass mit einzigartigem Blick auf die Wiener Staatsoper. Kulinarik im Salon-Ambiente, Desserts aus der süßen Vitrine (Torten, Strudeln, umfangreiches Confiserie-Sortiment). Tagsüber klassische Wiener Küche wie Wiener Schnitzel aus der Pfanne und wöchentlich wechselnder Mittagstisch mit saisonalen Gerichten (Mo–Sa); gut sortierte Auswahl an österreichischen Qualitätsweinen, Schaumweinen von Schlumberger und Bio-Juices. So 11–14 Gerstner-Brunch: € 95,- pro Pers., inklusive Schaumweine, Weine, Bier, alkoholfreie Getränke sowie Kaffee und Tee). Reservierung erforderlich. 💳

Giorgina Bankgasse 2, Tel. 533 31 75, E-Mail: office@giorgina.at, www.giorgina.at, Mo–Fr 9–23 (Fei geschlossen), Küche 11.30–14.30 und 18–22; im Sommer abweichende Öffnungszeiten (siehe Homepage). Wunderschön renoviertes Uralt-Gasthaus mit Wiener und internationaler Küche (2 MM), täglich wechselnde, saisonale Karte; österreichische Weine; Kinderportionen, -sessel. Geschlossene Gesellschaften möglich. Gastgarten für 30 Pers. (Juli bis September). 💳 €€€

Gösser Bierklinik Steindlgasse 4, Tel. 533 75 98, E-Mail: info@goesser-bierklinik.at, www.goesser-bierklinik.at, Mo–Do 14–23, Fr–So 12–23. Wiener Traditionsküche; verschiedene Biersorten (frisch gezapft oder aus der Flasche), saisonale Gerichte, auch vegetarische Speisen; Kinderspeisen, -spiele, -sessel. Gruppenfreundlich – separate Räume und Gruppenmenü auf Anfrage. 💳 €€€

Go! Wien Fleischmarkt 1a, Tel. 535 59 36, E-Mail: gowien@hackl-gastro.at, www.hackl-gastro.at/gowien, Mo–Fr 6.30–24, Sa, So, Fei 7–24, Küche bis 23. Fusionsküche auf wienerisch. Frühstücksbuffet Mo–Fr 6.30–10, Sa, So, Fei 7–11 (€ 20,-). Street Food und regionale Küche. 3 od. 4gg Candle Light Dinner, 4gg Liebesmenü. Kinderspeisen, Wickeltisch. Take-away. Weinkeller. Schanigarten für 40 Pers. 💳 €€

Griechenbeisl Fleischmarkt 11, Tel. 533 19 77, E-Mail: office@griechenbeisl.at, www.griechenbeisl.at, Di–Sa 17–23, Küche bis 22. Älteste erwähnte Gaststätte Wiens (seit 1447) mit Wiener Traditionsküche. Saisonale Speisekarte, auch vegane Speisen; Kinderspeisen, -spiele und -sessel; gruppenfreundlich – separate Räume und Gruppenmenü auf Anfrage; Stammhaus des Pilsner Urquell in Wien. Schanigarten für 58 Pers. 💳 €€€

Gulasch & Söhne Schubertring 10–12 (im Hotel Grand Ferdinand), Tel. 918 80-500, E-Mail: servus@gulaschundsoehne.com, www.gulaschundsoehne.com, täglich 9–24. An das Grand Ferdinand Hotel angeschlossenes Imbiss-Lokal mit div. Gulaschvariationen, z.B. Rindsgulasch, Fiakergulasch oder vegetarischem Erdäpfelgulasch, außerdem saures Rindfleisch, Würstel und Wienerschnitzel. 9–11 Frühstück à la carte. Champagner, Velkopopvický Kozel. 💳 €

Café-Restaurant Gutenberg Lugeck 7, Tel. 512 73 65, E-Mail: office@restaurant-gutenberg.at, www.restaurant-gutenberg.at, täglich 11–1, warme Küche bis 24. Traditionelle Wiener Küche; frisch gezapftes Bier, prämierte Weine, täglich frische hausgemachte Mehlspeisen. Im Keller Restaurant Pfauenstöckl mit Wiener und internationaler Küche. Kinderspeisen, -sessel. TV. Extrazimmer (Kaiserzimmer) für 10 Pers. Schanigarten für 85 Pers. (beheizbar im Winter, Nebelkühlung im Sommer). 💳 €€€

Restaurant Hansen Wipplingerstraße 34 (Börse), Tel. 532 05 42, E-Mail: restaurant@hansen.co.at, www.hansen.co.at, Mo, Sa 9–16, Di–Fr 9–23 (Fei geschlossen), Sommeröffnungszeiten s. Homepage. Restaurant im Souterrain des alten Börsengebäudes an der Ringstraße mit Blick auf üppige Grünpflanzen; Frühstück 9–12, Sa bis 15, reichhaltige Frühstückskarte – von hausgemachten Pancakes bis zu knusprigem Speck mit Rosmarin; leichte internationale Küche, einige Speisen in kleiner oder normaler Portion möglich; die Karte wechselt alle 3 Wochen, Spezialität: Risottovariationen; feine internationale Weine mit Schwerpunkt auf Österreich; Kinderportionen, -sessel. Klimaanlage. Schanigarten für 30 Pers. 💳 €€

Hebenstreit Rockhgasse 1, Tel. 533 76 87, E-Mail: hebenstreit1@aon.at, www.restaurant-hebenstreit.at, Mo 11.30–14.30, Di-Do 11.30–14.30 und 18–20 (Fei geschlossen), geschlossene Veranstaltungen auch außerhalb der regulären Öffnungszeiten möglich. Internationale und österreichische Küche (MM 2gg € 12,–/3gg € 14,–); Kinderportionen. Alle Speisen auch zum Mitnehmen, Catering. Schanigarten für 30 Pers. 💳 €€

Heindl's Schmarren und Palatschinkenkuchl Köllnerhofgasse 4, Tel. 513 82 18, E-Mail: palatschinkenpfandl1@gmail.com, www.palatschinkenkuchl.wien, täglich 11–23, durchgehend warme Küche bis 22. Alle Variationen von Palatschinken, süß (€ 7,80 bis € 10,80), pikant (€ 9,80 bis € 14,80) und Schmarren (€ 14,80, Kostprobe € 6,80); 6 saisonale Spezialitäten-Menüs; Kindersessel, Wickeltisch; Milchshakes, Fruchtshakes. TV. Gemütlich, Hellholz, am Rande des Bermudadreiecks. Extrazimmer für 45, Stüberl für 36 Pers. (auch mietbar). Schanigarten für 75 Pers. 💳 €€

Beim Hofmeister Bräunerstraße 7, Tel. 512 37 63, E-Mail: office@restaurant-hofmeister.at, www.restaurant-hofmeister.at, Mi–So 11–20. Klassisches Alt-Wiener Beisl mit rustikalem Ambiente, geführt von Helmut Jakesch. Wiener und internationale Küche sowie Speisen vom Holzkohlengrill, österreichische Spezialitäten, z.B. Wiener Tafelspitz, Rindsgulasch, auch saisonale und vegetarische Speisen; Kinderportionen. Schanigarten für 40 Pers. 💳 €€

Zum Holunderstrauch (Müller) Schreyvogelgasse 3, Tel. 535 90 75, E-Mail: zum@holunderstrauch.at, www.holunderstrauch.at, Mo–Fr 11–24 (Fei geschlossen), warme Küche bis 23, Sa, So, Fei für Feste oder Veranstaltungen geöffnet. Gutes, preiswertes Beisl in Uni-Nähe; Frühstück auf Wunsch; Wiener Hausmannskost (MM € 9,20), saisonale Speisen wie Wildspezialitäten; Weine aus Eigenanbau; Kinderspeisen, -sessel. 2 TV. Schanigarten für 18 Pers. Rollstuhlrampe vorhanden. €€

Huth Gastwirtschaft Schellinggasse 5, Tel. 513 56 44, E-Mail: tisch@zum-huth.at, www.zum-huth.at, Di–So 12–24, warme Küche bis 22. Gehobene Wiener Küche, wöchentlich wechselnde Angebote sowie monatlich wechselnde regionale Spezialitäten (Di–Fr 12–15 2gg mit Suppe oder Salat MM € 12,90); feine Weinauswahl (hauptsächlich österreichische Weine), Zwettler und Ottakringer vom Fass, erlesene Auswahl an Digestifs; Kinderportionen, -sessel. Klimaanlage; Livingroom in Form einer eleganten Bar im Keller; Schanigarten für 40 Pers. Reservierung empfohlen. 💳 €€€

Inigo Bäckerstraße 18, Tel. 512 74 51, E-Mail: inigo@caritas-wien.at, www.inigo.at, Mo–Fr 10.30–23 (Fei geschlossen), Sa auf Anfrage für Veranstaltungen. Helles Restaurant mit Blick auf den alten Universitätsplatz, Hilfeeinrichtung der Caritas; Wiener und internationale Küche, großes Angebot an vegetarischen Speisen (Mo–Fr 11.30–15.30 3 MM ab € 9,50); monatliche Specials; Weine aus Österreich; Kindersessel, Wickeltisch; Catering. Fallweise Musikveranstaltungen, Vernissagen, Feste. Stammkunden-Bonus-Karte (10 % bei Menü, 5 % à la carte). Seminarraum für bis zu 14 Pers.; Schanigarten für 30 Pers. Rampe vorhanden, Behinderten-WC. ♿ 💳 €€

Joma Café Brasserie Bar Hoher Markt 10, Tel. 532 10 32, E-Mail: info@joma-wien.at, www.joma-wien.at, täglich 8–24, Küche bis 22. Junges Figlmüller-Lokal; Mo–Fr 8–11.30, Sa, So, Fei 8–12.30 Frühstück (Combos € 7,50 bis € 19,90); Salate, Pasta, Fleisch und Fisch vom Grill, Spezialitätenkarte; hausgemachte Limonaden, Säfte von Reisinger und Dietrich, Ottakringer und Budweiser vom Fass, österreichische und internationale Weine, Cocktails (€ 8,50 bis € 14,90). Kindersessel, Wickeltisch. Schanigarten für 70 Pers. 💳 €€€

Jonathan & Sieglinde Riemergasse 16, Tel. 513 17 10, E-Mail: josi@aon.at, www.jonathan-sieglinde.com, Mo, Di 9–15, Mi–Fr 9–23 (Fei geschlossen), Öffnungszeiten variabel (s. Homepage). Erdäpfelspezialitäten-Restaurant: Erdäpfelsuppen, Ofenerdäpfel, Erdäpfel-Pfannengerichte (Mo–Fr MM € 7,90 bis € 8,90), Salate und Apfel-Nachspeisen, Saisonkarte; Frühstück bis 11.30 (€ 7,50 bis € 14,50); spezielle Apfelgetränke; Kinderportionen, -sessel, Spielzeug, Wickeltisch. Extrazimmer für 30, Schanigarten für 50 Pers. 💳 €€

Justizcafé Schmerlingplatz 10, Tel. 52 15 20-3828, E-Mail: office@justizcafe.at, www.justizcafe.at, Mo–Fr 7.30–16 (Fei geschlossen), warme Küche 11–14.30. Öffentlich (jedoch mit Zutrittskontrolle) zugängliche Kantine mit Selbstbedienung und Reservierung für Lounge und Terrasse. 3 wechselnde TT sowie Speisen à la carte; Mo–Fr 8–13.30 Frühstück; vorwiegend Wiener Küche (3 MM € 8,–, € 8,50 und € 11,50). Für Hochzeiten, Feste, Firmenfeiern etc. zu mieten (130 bis 220 Sitzplätze). Terrasse für 40 Pers. mit grandiosem Blick. Keine Hunde. Behinderten-WC. ♿ €€

Kanzleramt Schauflergasse 6 (Michaelerplatz), Tel. 533 13 09, E-Mail: office@kanzleramt.wien, www.kanzleramt.wien, Mo–Fr 11–22, Sa, So 11–20, durchgehend warme Küche bis 22, So bis 19; im Sommer Mo–Sa nur bis 22, So geschlossen. Wiener Küche (MM € 11,–), wechselnde saisonale Speisen; ausschließlich regionale Produkte; Kindersessel; österreichische Weine heimischer Top-Winzer*innen, Hausbier (Hopfenperle) und Schwechater vom Fass. Klimaanlage. Festsaal für 70, Schanigarten für 45 Pers. 💳 €€

Kern Beisl Kleeblattgasse 4 (Ecke Tuchlauben), Tel. 533 91 88, E-Mail: wien@kernbeisl.at, www.kernbeisl.at, Mo–Sa 9–23 (Fei geschlossen), durchgehend warme Küche 11.30–

22. Österreichische Schmankerl, wechselnde Wochenkarte, leichte Gerichte, Salate (MM, mehrere TT mittags und abends ab € 12,80), täglich wechselnde Speisen zum Mitnehmen ab € 6,80; Schmankerlwochen (Pilz, Spargel, Bundesländer), „Sie wünschen, wir kochen" (Speisewünsche auf Vorbestellung); ca. 25 Edelbrände und ca. 80 österreichische Topweine, Biosäfte; Kinderspeisen. Lokal für ca. 45, Schanigarten für 25 Pers. €€

Kolar-Beisl Kleeblattgasse 5, Tel. 533 52 25, E-Mail: lokal@kolar-beisl.at, www.kolar-beisl.at, Mo–Sa 11–1, So, Fei 13–1. Gefüllte Fladenbrote aus dem Holzofengrill in unzähligen Varianten, wechselnde Tagesfladen und Angebote; mehrere offene Biere (Pils, Zwickl, Dunkles), Starobrno, Schladminger Märzen, Weizen Edelweiß; TV. 2 Schanigärten für insg. 90 Pers. (Juni–September). €

Restaurant Konstantin Filippou Dominikanerbastei 17, Tel. 512 22 29, E-Mail: reservation@konstantinfilippou.com, www.konstantinfilippou.com, Mi–Sa 12–15 und 18–24, Küche bis 14 bzw. 22. Konstantin Filippou gehört zu den besten Köchen der Stadt, in seinem Restaurant gibt es ein 8gg Menü (€ 250,–), was dann kommt, ist alles nur großartig, z.B. Zander mit Haselnuss, Dashi und Trüffel oder Kalbszunge mit Cochayuyo. Zu Mittag kocht Filippou auch ein Menü mit „normalem" Essen, das sich durchaus auch sehen lassen kann. Businesslunch (3gg € 56,–, 4gg € 68,–), Signature Dish (€ 32,–). Man sitzt an massiven schwarzen Naturholztischen auf eleganten Sesseln, die ein bisschen an nordische Luxusyachten aus den 1930er-Jahren erinnern. €€€€

Restaurant Der Kuckuck Himmelpfortg. 15, Tel. 512 84 70, E-Mail: info@derkuckuck.com, www.derkuckuck.com, Di 17–23, Mi–So 11.30–23, Küche bis 22. Restaurant in Wohnzimmergröße in original Wiener Bürgerstilatmosphäre; österr. Küche mit Ausflügen in die ehemaligen Kronländer. Kindersessel, kleine Portionen möglich. Catering. Umfangreiche Weinkarte mit österr. und ungarischen Weinen. Für Veranstaltungen mietbar. Klimaanlage. Schanigarten für 12 Pers. mit Blick auf das Palais Prinz Eugen. €€€

Kussmaul Bäckerstraße 5, Tel. 958 10 04, E-Mail: kussmaulrestaurant@gmail.com, www.kussmaul-vienna.com, Di–Do 17–24, Fr–So 12–24. Lokal von Mario Bernatovic. Internationale, mediterrane Küche mit Wiener Einflüssen; Kalbsschnitzel; saisonal wechselnde Karte; diverse Weine, Liköre, hausgemachter Wermuth. Extrazimmer (für private Feiern zu mieten, ab 15 Pers.). €€

Labstelle Lugeck 6, Tel. 236 21 22, E-Mail: office@labstelle.at, www.labstelle.at, shop.labstelle.at (Online-Shop), Mo–Fr 11.30–24, Sa 10–24 (Fei geschlossen), Küche: Mo–Fr 12–14.30 und 18–22, Sa 10–14 und 18–22. Großes Designerlokal mit regionaler und saisonaler Küche mit modernem, urbanem Geschmack (Mo–Sa 12–14.30 MM 2gg/3gg), Jause mit selbstgebackenem Brot; Sa Flying Frühstück; Biosäfte, hausgemachte Limonaden, regionale Weine, Cocktails. Online-Shop mit fertigen Gerichten im Glas. Schanigarten für 70 Pers. €€€

Le Couscous Bösendorferstraße 3, Tel. 587 66 90, E-Mail: le-couscous@gmail.com, le-couscous-tunesische-und-arabische.business.site, Mo–Sa 12–21 (Fei geschlossen), durchgehend warme Küche. Lokal von Rachid Sfaxi mit nordafrikanischer und mediterraner Küche, tunesischer Mechouiasalat, tunesische Suppe, gegrillter Fisch nach tunesischer Art und natürlich Couscous, z.B. vegetarisch, mit Lamm, Huhn oder mit Fisch; hausgemachte Mehlspeisen, tunesische Torte, Halal-Speisen; kleine Speisen möglich, Kindersessel. TV. Schanigarten für 15 bis 20 Pers. €

Le'o Restaurant & Bar Zelinkagasse 2/2, Tel. 922 10 71, E-Mail: leo@whoisleo.at, www.whoisleo.at, Di–So 17–24. Europäische, mediterrane Küche; regelmäßig wechselnde, saisonal angepasste Abendkarte; Weine aus Österreich, Italien, Spanien, Frankreich und Argentinien. Lokal für 28, Schanigarten für 15 Pers. €€€

Leto Café Restaurant Schwertgasse 3, Tel. 992 61 89, E-Mail: office@restaurantleto.at, www.restaurantleto.at, Di–Fr 11.30–24, Sa 12–24, So 14–24, warme Küche bis 22.30. Café-Restaurant mit moderner, mediterraner Küche; Brunch, gegrillter Oktopus, Spaghetti mit Garnelen etc. Mo–Fr 11.30–15 Business Lunch (mit Fleisch € 12,–, mit Fisch € 13,– oder vegetarisch € 11,–); Cocktails; Kindersessel, Spielsachen. Séparée für 16, Schanigarten für 45 Pers. Behinderten-WC. ♿ €€

Restaurant Zum Leupold Schottengasse 7, Tel. 533 93 81-12, E-Mail: office@leupold.at, www.leupold.at, täglich 10–24, warme Küche 11.30–23 (variiert im Sommer). Familienbetrieb seit 1952; große Speisekarte, klassische Wiener Küche (TT € 10,20 bis € 14,80), laufend wechselndes saisonales Angebot; kleine Portionen, Kindergerichte, -sessel. „Kupferdachl" und „Blauer Salon" im Souterrain, auch für Veranstaltungen und geschl. Gesellschaften bis 100 Pers. Gast- und Schanigarten für 40 bzw. 100 Pers. €€€

Liebsteinsky Schubertring 6, Tel. 208 89 76, E-Mail: reservierung@liebsteinsky.at, www.liebsteinsky.at, Mo–Fr 12–15 und 18–24, Küche Mo–Fr 12–14.30 und 18–22. Restaurant, Weinbar und Bistro; österr. und internat. Küche; MM 12–14.30 2gg € 22,–/3gg € 25,–; Abendkarte; Take-away; ausgesuchte Weine. Schanigarten für 20 Pers. €€€

Lindenkeller Rotenturmstraße 12, Tel. 513 45 88, E-Mail: office@lindenkeller.cc, www.lindenkeller.cc, täglich 11–15 und 17–22, warme Küche bis 21.30. Ältestes Kellerlokal Wiens (seit 1435) mit sehenswertem Gewölbe, Grillspezialitäten und Wiener Küche, Spezialitäten: Wiener Schnitzel, Tafelspitz, Spareribs, hausgemachter Apfelstrudel; Kinderspeisen, -sessel. Wappenstüberl bis 40, ganzes Lokal bis 150 Pers. mietbar; Schanigarten für 12 Pers. €€€

Little Giant Rathausstraße 11, Tel. 403 50 35, E-Mail: kontakt@littlegiant.at, www.littlegiant.at, Di–Fr 11–22, Sa 17–22 (Fei geschlossen). Österreichische und internationale Küche; wechselndes MM. 1-mal/Monat Weinverkostung; regelmäßig Events (s. Homepage). Lokal auch für private Feiern geeignet (ab 15 Pers.). Schanigarten. €

Loca Casual Fine Dining Stubenbastei 10, Tel. 512 11 72, E-Mail: office@bettereatbetter.com, www.bettereatbetter.com, täglich 17–23, Küche bis 22.30. Internationale Küche mit regionalen Zutaten, österreichisch interpretiert. Regelmäßig wechselndes Menü (6gg € 59,–, mit Weinbegleitung zusätzlich € 36,–, 3gg € 42,–, mit Weinbegleitung zusätzlich € 25,–, auch vegan oder vegetarisch möglich); besonderes Augenmerk wird auf Unverträglichkeiten gelegt; exzellente Weinauswahl. Regelmäßig Veranstaltungen mit Produzentinnen oder Winzern. Kindersessel, Wickeltisch. Schanigarten für 27 Pers. €€€€

Ludwig & Adele Restaurant Akademiestr. 13 (im Künstlerhaus Kino), Tel. 890 17 72, E-Mail: reservierung@ludwigundadele.at, www.ludwigundadele.at, Öffnungszeiten siehe Homepage. Restaurant mit dem besten, preiswertesten und interessantesten Essen der Umgebung; hausgemachte Desserts und Kuchen; 12–14 MM. Weinkarte, Drinks, Cocktails. Kinderportionen (auf Nachfrage), Wickeltisch. Sitznischen; Catering. Räumlichkeiten für Feiern bis 180 Pers. zu mieten. Schanigarten für ca. 100 Pers. Behinderten-WC. €€

LUGECK – Figlmüller Lugeck 4, Tel. 512 50 60, E-Mail: info@lugeck.com, www.lugeck.com, täglich 11.30–24. Das Stadtgasthaus des Jahres 2014 – die Speisekarte ist ein bisschen international, ein bisschen wienerisch, ein bisschen Szene, auch vegetarisch und vegan. Vielfältige Auswahl an österreichischen Weinen, Orange- und Naturweinen, eigene Craft-Bier-Karte. Kinderkarte, -sessel, Wickeltisch. Lokal auf 2 Ebenen, oberer Bereich ist mit Aufzug erreichbar, Untergeschoss mit offenen Portalen und schönem Ausblick auf Lugeck-Platz. Schanigarten für 81 Pers. €€€

Magazin Riemergasse 14, Tel. 512 77 87, E-Mail: magazin@riemergasse14.at, www.magazin-riemergasse14.at, Mo–Sa 11.30–23, So, Fei 11.30–22, Küche bis 22 bzw. 21. Altösterreichische und Wiener Küche (Mo–Fr 11.30–17 wöchentlich wechselnde TT ab € 7,80), Spezialität: Innereien, Steak, Tafelspitz. Kinderportionen, -sessel. Vinothek: an die 900 österr. Weine (Verkauf zu Ab-Hof-Preisen), Weinverkostungen. Extrazimmer für 35, Schanigarten für 50 Pers. €€€

Salonplafond im MAK Stubenring 5, Tel. 226 00 46, E-Mail: willkommen@salonplafond.wien, www.salonplafond.wien, Di–So, Fei 10–24, Küche bis 22. Produkt- und handwerksbezogene moderne Küche. 10–16 Frühstück (€ 9,– bis 17,–); 12–16 Mittagskarte (Fleisch, Fisch, vegetarische und vegane Speisen sowie wechselnde Suppen); Abendkarte; Kinderportionen, Wickeltisch; Terrasse und Garten für 140 Pers., außerdem auch Alster- und Liegestühle mit Selbstbedienung an der Bar und Grillstation im Garten. €€€

Mama und der Bulle Schellinggasse 5, Tel. 512 34 49, E-Mail: tisch@mamaundderbulle.at, www.mamaundderbulle.at, Mo–Mi, So 12–23, Do–Sa 12–24, Küche bis 22.30. Steakhouse der Familie Huth. Spezialitäten: Flat Iron Steak (€ 17,50), Burger. Mo–Fr 12–15 MM (€ 12,90). Kindersessel. TV. Gastgarten für 60 Pers. €€

Max Grillhouse Schellinggasse 6, Tel. 512 81 28, E-Mail: tisch@maxgrillhouse.at, www.maxgrillhouse.at, Mi–Fr 17–23, Sa, So 12–23, Küche bis 22, Ende Juli bis Mitte August Sommerpause (s. Homepage). Neues Konzept im ehemaligen Huth Beisl: internationale Grillgerichte aus dem Josper-Grill oder Smoker; Budweiser, Tiger-Bräu und Zwettler vom Fass, Craft-Bier, österreichische und internationale Weine, Naturweine. Schanigarten für 40 Pers. Erdgeschoß rollstuhlgerecht. €€€

Restaurant Meissl & Schadn Schubertring 10–12, Tel. 902 12, E-Mail: wien@schnitzellove.com, meisslundschadn.at, täglich 12–24. Das Restaurant des Hotels Grand Ferdinand. Wiener Küche; Spezialität: Wiener Schnitzel, das in einer Salonküche direkt im Restaurant zubereitet wird; Mo–Fr 12–15 MM (1gg € 9,90/2gg € 12,50/3gg € 14,90). 1-mal/Woche Kochworkshops für Wiener Schnitzel und Apfelstrudel (nach Anmeldung). Kindersessel. Behinderten-WC. €€€

Melker Stiftskeller Schottengasse 3, Tel. 533 55 30, E-Mail: office@melkerstiftskeller.at, www.melkerstiftskeller.at, Di–Sa 17–23, Küche bis ca. 22. Kellergewölbe seit 1629; bodenständige Wiener Küche, Saisonwochen, Vegetarisches; Spezialität: Stelze; Menüs und Buffets auf Anfrage; Kinderspeisen, -sessel; kleines Sortiment an österreichischen Weinen und Weine aus eigenem Anbau (Güter des Stiftes Melk); Haselbräu-Bier aus dem Waldviertel. Takeaway nach Vorbestellung möglich. 7 Räume für insgesamt 280 Pers., geschlossene Gesellschaften auf Anfrage möglich. Lift für Rollstuhlfahrer. Kreditkarten ab € 15,–. €€

Das Mezzanin Schottengasse 6–8, Tel. 53 23 87 18 50, E-Mail: restaurant@dasmezzanin.at, www.dasmezzanin.at, Mo–Sa 7.30–22, So 9–18, im Juli/August Mo–Sa 7.30–20, So 9–15. Restaurant und Bar im Flagship-Store von Interspar. Mo–Sa 7.30–11 Frühstück, So ab 9 Brunch. Catering, Partyservice. €€€

Michl's Café Restaurant Reichsratsstraße 11, Tel. 408 61 89, E-Mail: office.michls@wienwork.at, www.michls.at, Mo–Fr 8–16 (Fei geschlossen), durchgehend warme Küche bis 15, für Veranstaltungen auch abends geöffnet. Sozialprojekt unter der Patronanz von Michael Häupl, durch das Langzeitarbeitslose wieder in den Arbeitsmarkt eingegliedert werden; Frühstücksbox bis 11 (ab € 6,50, erweiterbar); Wiener und internationale Küche (ab 11.30 MM € 7,50, 2gg € 9,90), saisonale Speisen; österreichischer Wein. Die Karte besticht durch günstige Kalkulation und üppige Dimensionierung. Flatscreen; ab und zu Lesungen. Michl's social club: 2 Clubräume (10 bis 60 Pers.) für Pressekonferenzen, Cocktailempfänge, Abendbuffets und Feste aller Art. Schanigarten für 20 Pers. Behinderten-WC. ♿ 💳 €€

Minoritenstüberl Minoritenplatz 5, Tel. 533 52 81, E-Mail: office@andiwojta.at, www.andiwojta.at, Mo–Fr 11.30–13.30 (Fei geschlossen) (Küche). Im Unterrichtsministerium untergebracht, wird aber als eigenständiges Lokal geführt. Wiener Küche, ca. 16 Speisen, immer auch 3 bis 4 vegetarische und glutenfreie Gerichte, jeden Mi Innereien wie z.B. Beuscherl od. geröstete Leber, saisonale Gerichte wie z.B. Rehbutterschnitzerl, täglich wechselnde Karte; Kinderspeisen. Man wird von Fernsehkoch Andi „Augerl" Wojta bekocht. Hohe Qualität, niedrige Preise. €€

Miznon Wien Schulerstraße 4, Tel. 512 10 53, E-Mail: hello@miznonvienna.com, www.miznonvienna.com, Di–Sa 12–22, Küche bis 21.30. Israelisch-mediterrane Küche. Bestellt wird an der Theke aus dem täglich wechselnden Angebot, z.B. Lamm, Huhn, Rind, Ratatouille und Erdäpfel entweder in der Pita oder als Tellergericht. Spezialität ist der Karfiol. Catering. 💳 €

Mnozil's Gastwirtschaft zum Kellergwölb Seilerstätte 13, Tel. 512 63 61, E-Mail: office@kellergwoelb.com, www.kellergwoelb.com, täglich 11–23. Familiär geführtes Haus mit Wiener Küche (11–15 2 3gg MM € 9,90 und € 10,90, eines davon vegetarisch), vegetarische Spezialitäten, saisonale Speisen (Spargel, Schwammerl etc.); warmes und kaltes Buffet auf Bestellung; 6 offene und 8 Flaschenweine (aus Österreich); Kinderspeisen, -sessel. Schanigarten für 70 Pers. Rollstuhlrampe. 💳 €€€

Cafe Restaurant Morris Annagasse 5, Tel. 512 89 44, E-Mail: info@restaurant-morris.at, www.playybar.at, www.restaurant-morris.at, täglich 11–23, Küche bis 22.30. Wiener und internationale Küche, Pizza, Pasta (MM ab € 9,80); kleine Portionen, Kindersessel. Cocktailbar „Playy Bar" im Keller: Fr, Sa und vor Fei moderne Musik, Sa Stoli Night (0,7 Stolichnaya minus € 10,–). Raum auch für Feste zu mieten. Schanigarten für 30 Pers. 💳 €€

Restaurant Motto am Fluss Franz-Josefs-Kai 2 (zwischen Marienbrücke und Schwedenbrücke), Tel. 252 55, E-Mail: office@mottoamfluss.at, www.mottoamfluss.at, täglich 18–24 (Bar: 18–1), aktuelle Öffnungszeiten s. Homepage. Restaurant in der Twin-City-Liner-Anlegestelle, gestaltet im venezianischen Stil der 1950er-Jahre; österreichische und internationale Küche, saisonal wechselnde vegetarische Gerichte, Pasta, Risotto. Verwendung von Bioprodukten; vielfältiges Weinangebot. Wechselnde DJ-Line und Veranstaltungen. Lounge für 45 Pers. (bis 22). Onlinereservierung erbeten. 💳 €€€

Brasserie & Bar Neue Hoheit Tuchlauben 4 (im Hotel Rosewood Vienna), Tel. 799 98 88, E-Mail: vienna.neuehoheit@rosewoodhotels.com, rosewoodhotels.com/en/vienna/dining/neue-hoheit-bar, täglich 12–14.30 und 18–22.30 (Küche), Bar: 18–2. Brasserie und Rooftop-Bar im 7. Stock. Cocktails (ca. € 20,–). Terrasse mit Blick über die Innenstadt. 💳 €€€€

Ofenloch Kurrentgasse 8, Tel. 533 88 44, E-Mail: office@restaurant-ofenloch.at, www.restaurant-ofenloch.at, Mo–Sa 12–23, Küche bis 22. Leicht kreative Wiener Küche (bis 14.30 MM); Kinderspeisen, -sessel; große österr. Weinkarte (120 Flaschen-, 15 offene Weine). Klimaanlage. 2 Extrazimmer für 24 und 16 Pers.; Schanigarten für 40 Pers. in der Fußgängerzone. Barrierefreier Zugang zur Toilette. 💳 €€€

L'Opera Opernring 1, Tel. 585 71 84, E-Mail: office@operamotion.at, www.lopera.at, täglich 7.30–24. Restaurant und Café mit österreichischer und internationaler Küche gegenüber der Wiener Staatsoper; Frühstück; Kinderspeisen; Eis von „Der Eismacher" aus dem Burgenland. Catering. Für Feiern mietbar. Terrasse. 💳 €€

Restaurant OPUS Kärntner Ring 16 (Hotel Imperial), Tel. 501 10-389, E-Mail: opus.restaurant@luxurycollection.com, www.restaurant-opus.at, www.imperialvienna.com, Do–So 18–24, letzte Küchenbestellung um 21.30. Gehobene österreichische, mit drei Hauben ausgezeichnete, Kreativküche mit globalen Einflüssen, modern interpretiert (verschiedene Menüs: 11gg € 186,–, 7gg € 154,–, 5gg € 130,–/vegetarisch: 11gg € 145,–, 7gg € 116,–, 5gg € 96,–). Denkmalgeschützte Wiener Architektur. ♿ 💳 €€€€

Oswald & Kalb Bäckerstraße 14, Tel. 512 13 71, E-Mail: restaurant@oswaldundkalb.at, www.oswaldundkalb.at, Mi–So 18–23 (Fei geschlossen), Küche bis 22.30. Familienbetrieb. Gehobene Wiener Küche, regelmäßig wechselnde Speisekarte, saisonale Speisen, Spezialitäten: Tafelspitz, Wiener Schnitzel, ausgelöstes Backhendl mit Erdäpfel-Gurken-Salat. Hausgemachte Mehlspeisen wie Apfelstrudel und Topfenschmarren nach Familienrezeptur; auf Unverträglichkeiten und Allergien kann Rücksicht genommen werden. Ausschließlich österreichische Weine, Schilcher. Hauptraum für 45, 2 Extrazimmer für 12 und 14, Schanigarten für 28 Pers.; gute Gelegenheit zur Beobachtung des Mediengeschehens. 💳 €€€

Palmenhaus im Burggarten Burggarten (Eingang Albertina), Tel. 533 10 33, E-Mail: office@palmenhaus.at, www.palmenhaus.at, Mo-Do 10-23, Fr 10-24, Sa 9-24, So, Fei 9-22, Küche: Mo-Do bis 21.30, Fr, Sa bis 22, So, Fei bis 20.30; abweichende Winteröffnungszeiten s. Homepage. Wunderschönes Café-Restaurant im Palmenhaus mitten im Burggarten. Saisonal abgestimmte Speisekarte (Mo-Fr TT € 11,80); Frühstück am Wochenende bis 13; Mehlspeisvitrine; wechselndes Angebot an (teilweise offenen) Bouteillenweinen mit Schwerpunkt Österreich; ab 17 Cocktails. Kinderspeisen, -sessel, Buntstifte, Kinderzeitschriften, Wickeltisch. Loungebereich für Feierlichkeiten bis ca. 30 Pers., Separée im Mezzanin für ca. 20 Pers., von Nov. bis Feb. Exklusivveranstaltungen bis 200 Pers. möglich. Garten für 280 Pers. mit Blick auf den Park. €€€

Parkring Restaurant Parkring 12a, Tel. 515 18-6800 (Marriott Shop), E-Mail: gutscheinshop@marriotthotels.com, www.gutscheinshop.at, www.viennamarriott.at, täglich 6.30-10.30 (All-American-Breakfast Buffet), Fr, Sa 19-23 (Candlelight Dinner), Sa 11.30-14.30 (Saturday Shopping Brunch), So 12-15 (Legendary Brunch). Legendary Brunch: Buffet inkl. Live-Cooking Station (So 12-15, € 59,-/Pers.); Candlelight Dinner: Buffet mit internationalen und Wiener Spezialitäten (Fr, Sa 19-23, € 62,-/Pers.); Saturday Shopping Brunch: Buffet inkl. Getränke (Sa 11.30-14.30, € 47,-/Pers.); tägl. Frühstücks-Buffet; „Home Edition by Vienna Marriott Hotel": ausgewählte Speisen aus dem Marriott für Zuhause (Bestellung 5 Tage im Voraus). Private Dining Room, Kindersessel, Klimaanlage. Hunde nicht erlaubt. Umweltzeichen. Behinderten-WC. €€€€

Restaurant Pauli Johannesgasse 16, Tel. 974 47 88, E-Mail: info@pauli.wien, www.pauli.wien, Di-Sa 17-23. Moderne österreichische Küche mit hochwertigen, regionalen Produkten, z.B. Wiener Schnitzel vom Kalb, Wildgerichte; Trumer Pils vom Fass, große heimische und internationale Weinauswahl. Kinderportionen, -sessel. Schanigarten für 35 Pers. €€€€

Plachutta Wollzeile Wollzeile 38, Tel. 512 15 77, E-Mail: wollzeile@plachutta.at, www.plachutta.at, tägl. 11.30-23.30, durchgehend warme Küche bis 23. Wiener Traditionsküche, 13 Sorten v. gekochtem Rind, Fisch- und Steakspezialitäten; Zentrum des Plachutta-Imperiums und Heimat des weltberühmten Tafelspitz; Weinkarte mit 85 Positionen, hauptsächlich österr. Spitzenwinzer*innen. Kinderspeisen, -sessel. Klimaanlage. Schanigarten für 90 Pers. €€€

Plachuttas Gasthaus zur Oper Walfischgasse 5, Tel. 512 22 51, E-Mail: oper@plachutta.at, www.plachutta.at, tägl. 11.30-24, durchgehend warme Küche bis 23. Bekannte Wr. Klassiker, Monatsspezialitäten, saisonale Speisen, im Mittelpunkt steht das Wiener Schnitzel vom Kalb (nur frisch geklopft, in der Pfanne paniert, zart, saftig € 19,80), aber auch hier gibt's Tafelspitz; speziell gebrautes Bier, das ans histor. Wiener Lager erinnert, gutes Weinsortiment. Kinderspeisen, -sessel, Wickeltisch. Portionen groß, Service erstklassig, ziemlich charmante Brasserie-Anmutung. Klimaanlage. Gastgarten für 135 Pers. Behinderten-WC. €€€

Planter´s Club Restaurant Zelinkagasse 4, Tel. 533 33 93-0, E-Mail: office@plantersclub.com, plantersclub.com, Mo-Sa 17-24, durchgehend warme Küche bis 22.30, Fei wie jeweiliger Wochentag. Restaurant im Kolonialstil mit Crossover-Küche an der Seite einer äußerst eindrucksvollen Bar. Schwerpunkt Steaks; hier wird auch australisches Wagyu-Rind feilgeboten (die Rasse, die in Japan als Kobe-Beef bekannt ist) - teuer, aber sehr gut. Große Weinauswahl, Cocktails; Kinderportionen, -sessel. Begehbarer Weinkeller, Weinlounge. Gastgarten für 60 Pers. Rollstuhlgerechter Zugang über den Planter's Club. €€€€

Porterhouse - Das Restaurant Schulerstraße 19, Tel. 512 81 43, E-Mail: office@porterhouse.at, www.porterhouse.at, täglich 11.30-24, Küche bis 23. Wiener und internationale Küche in gediegener Restaurantatmosphäre. Schwerpunkt: Steaks vom original Lavasteingrill in verschiedenen Variationen, Spareribs, Burger, Baked Potatoes, Surf'n'Turf; ca. 180 Weine aus aller Welt (Österreichische Spezialitäten, aber auch Chile, Kalifornien, Südafrika, Italien, Frankreich), spezielle Whiskeysorten. Schanigarten für 50 Pers. Abends und für Gruppen Tischreservierung erbeten. €€€

Gasthaus Pöschl Weihburggasse 17, Tel. 513 52 88, www.gasthauspöschl.com, Mo-Sa 12-23 (Fei geschlossen), warme Küche 12-22. Mini-Wirtshaus mit dem besonderen Flair, das Design stammt von Hermann Czech; Wiener und internationale Küche, saisonale Speisen, wechselnde TT; kleine Portionen, Kindersessel. Sehr gut besucht, für größere Gruppen nicht geeignet. €€€

Pürstner Riemergasse 10, Tel. 512 63 57, E-Mail: office@puerstner.com, www.puerstner.com, täglich 11-24, warme Küche bis 22.30. Wiener Beisl; Alt-Wiener Spezialitäten; auch vegetarische und saisonale Speisen; Kinderspeisen, -sessel. Schanigarten für ca. 40 Pers. €€€

Gasthaus Reinthaler Gluckgasse 5, Tel. 512 33 66, E-Mail: gasthaus.reinthaler@gmx.at, gasthaus-reinthaler.stadtausstellung.at, Mo-Fr 9-23 (Fei geschlossen). Eines der letzten authentischen Wirtshäuser in der Innenstadt. Wiener Hausmannskost (Tagesgericht € 9,40), saisonale Speisen; Kinderspeisen, -sessel. Bunt gemischtes Beislpublikum. Efeubewachsener Schanigarten für 50 Pers. €€

Reinthaler's Beisl Dorotheergasse 4, Tel. 15 13 12 49, www.reinthalersbeisl.stadtausstellung.at, täglich 11-23, Küche bis 22.30. Gemütliches Beisl mit Hausmannskost; Kinderportionen. Schanigarten für 40 Pers. Hunde nur mit Leine und Beißkorb. €€

Restaurant Ribs of Vienna Weihburggasse 22, Tel. 513 85 19, E-Mail: info@ribsofvienna.at, www.ribsofvienna.at, Mo-Fr 12-15 und 17-24, Sa, So, Fei 12-24, Küche bis 14.30 bzw. 22.30. Hauptsächlich Spareribs und Steaks, auch typisch österreichische Küche. Spezialität: 1-Meter-Spareribs; Kinderspeisen, -sessel. 2 Lounges für 15 und 30 Pers. Reservierung erbeten. 💳 €€€

Riemerstube Riemergasse 1-3, Mi-Fr 17.30-23, Sa, So 11.30-23. Wiener Spezialitäten. Gastgarten. 💳

Café-Restaurant Beim Ronacher Seilerstätte 14, Tel. 512 72 79, E-Mail: ernst.kankovsky@aon.at, www.caferonacher.com, Mo 10-16, Di, Mi 10-19, Do, Fr 10-20, Sa 17-20. Lokal mit Blick auf die Vorderseite des Namensgebers. Wiener Küche (MM vegetarisch ab € 9,90, mit Fleisch ab € 11,90, 3gg M „Vienna Special" € 17,90); Spezialität: Hühnercurry an Basmatireis (€ 14,90); auf Wunsch auch kleine Portionen. Schanigarten für 60 Pers. 💳 €€

Restaurant Rote Bar Philharmonikerstraße 4, Tel. 514 15 55, E-Mail: wien@sacher.com, www.sacher.com, täglich 12-24, Küche bis 22.30. Stilvolles Restaurant mit österreichischer und Wiener Küche; Weinkarte mit über 250 Weinen aus der ganzen Welt (Schwerpunkt Österreich); Kinderspeisen, -sessel, Wickeltisch. Täglich ab 19 Pianomusik. Restaurant mit Blick zur Staatsoper; Wintergarten für 20 Pers., der im Sommer durch versenkbare Fenster zur Terrasse wird. Behinderten-WC. ♿ 💳 €€€€

SALZAMT

Salzamt Ruprechtsplatz 1, Tel. 533 53 32, E-Mail: restaurant@salzamt-wien.at, www.salzamt-wien.at, täglich 17-2, durchgehend warme Küche bis 23. Pflichtadresse für die, die im Bermudadreieck gut essen wollen. Wiener und internationale Küche, Speisekarte tägl. neue, trotzdem seit etwa 40 Jahren unverändert (Di-Fr 11.30-15.30 MM 2gg € 10,90); Kinderportionen, -sessel. TV. Innenarchitektur von Hermann Czech. Schanigarten für 90 Pers. 💳 €€€

Restaurant Cafe Bar Santo Spirito Kumpfgasse 7, Tel. 512 99 98, E-Mail: info@santospirito.at, www.santospirito.at, Mo-Do, So 17-24, Fr, Sa 17-2, Fei 17-20, warme Küche bis 23, danach Snacks. Mediterrane und heimische Küche, saisonale Wochenkarte, ausschließlich Verwendung von Sonnberg Biofleisch, vegetarische und vegane Speisen. Alte und klassische Musik von der CD, gelegentlich Livemusik und Gäste als DJs; manchmal Veranstaltungen; Leinwand und Beamer. Schanigarten für 30 Pers. Telefonische Reservierung erbeten. 💳 €€

Das Schick (Hotel Am Parkring) Parkring 12, Tel. 514 80-417, E-Mail: Hochgenuss@das-schick.at, www.das-schick.at, Mi-Sa, Fei 18-23, Küche bis 21.30. Lage im 12. Stock mit Panoramablick über Wien; kreative österreichisch-mediterrane Fusionsküche von Küchenchef Gerasimos Kavalieris; Bio-Schweinefleisch von Labonca; Dinner & Casino; umfangreiche Weinkarte, erlesene Edelbrände. Veranstaltungs- und Seminarraum im 11. Stock mit Panoramablick für bis zu 40 Pers. 55 Gästezimmer und Suiten. 💳 €€€€

Restaurant Schimanszky Biberstraße 2, Tel. 513 45 43, E-Mail: restaurant@schimanszky.com, www.schimanszky.com, Mo-Fr 12-14 und 18-22 (Fei geschlossen), warme Küche bis 21. Verfeinerte, bodenständige Küche, Wildspezialitäten; Weinbar im Keller (Schwerpunkt österr. Weine, Verkostungen nach Ankündigung, Bar bis 20 Pers. auch zu mieten); Kinderportionen, -sessel. Stüberl für 25 und für 12 Pers., Terrasse für 28. Reservierung erbeten. 💳 €€€

Restaurant Schubert Schreyvogelgasse 4, Tel. 533 19 97, 0681/84 88 80 94, E-Mail: info@restaurant-schubert.at, www.restaurant-schubert.at, Mo-Fr 12-14 und 18-23 (Fei geschlossen), Küche bis 21.45. Klassische österreichische Küche, neu interpretiert, mit saisonalem und regionalem Einschlag. Küchenchef ist Sascha Hoffmann. Mo-Fr 11.30-14 2gg oder 3gg MM (auch vegetarisch), Chefs Choice Menü (3gg/4gg/6gg), saisonale Speisen, frischer Fisch; italienische und regionale Produkte werden möglichst direkt importiert; Pizza aus dem Holzofen (auch zum Mitnehmen); Kinderportionen, 3 Kindersessel. Gut sortiertes Weinsortiment mit südtiroler Fokus. Verschiedene Räumlichkeiten für Veranstaltungen zu mieten. Schanigarten für 40 Pers. Eingang über Schottengasse rollstuhlgerecht. 💳 €€€

Zum Schwarzen Kameel Bognergasse 5, Tel. 533 81 25, E-Mail: info@kameel.at, www.kameel.at, täglich 8-24, warme Küche 12-14.30 und 18-22, am 24. Dez. 12-14, am 1.1. und am 25.12. geschlossen. Schönes, jugendstilig verfliestes, nobles Restaurant, Klassiker in Wien; Frühstück; österreichische und internationale Küche, täglich zwei

Abendmenüs: Wiener Menü, Kameel Menü; im vorderen Teil des Lokals der legendäre Imbiss: im Stehen bemerkenswerte Brötchen verspeisen, z.B. Beinschinken und große Auswahl an Sandwiches; alle Speisen zum Mitnehmen; Sandwichversand; Partyservice; Catering, Patisserie. 1000 erstklassige internationale Weine, Weinverkostungen nach Ankündigung. Kindersessel; Klimaanlage; Räume zum Mieten für je 40 Pers.; Raum Naglergasse bis 30, Schanigarten für 100 Pers. **€€€€**

Silvio Nickol Gourmetrestaurant Palais Coburg Coburgbastei 4 (im Palais Coburg), Tel. 518 18-130, E-Mail: reservierung@palais-coburg.com, www.palais-coburg.com, Di–Sa 18.30–20, im August 2 Wochen Sommerpause. Luxusrestaurant im Palais Coburg (2 Sterne, 5 Hauben). Silvio Nickol und sein Team kreieren aufwändig am Teller inszenierte Gerichte, die alle Sinne anregen sollen; auf die Harmonie zwischen Aroma, Eigengeschmack und Textur sowie die Verarbeitung frischer, regionaler Produkte in Topqualität wird Wert gelegt. Mehrgängige Menüs (7gg/9gg), zu jedem Menü kann die passende Weinbegleitung serviert werden (Weinkarte mit über 5.000 Positionen). Klimaanlage. Veranda für bis zu 24 Pers. Behinderten-WC. **€€€€**

Sky Kärntner Straße 19 (im Steffl), Tel. 513 17 12-735, E-Mail: welcome@skybox.at, Mo–Sa 10–24, So, Fei 12–22, warme Küche bis 22, So und Fei bis 21. Wiener und internationale Küche, Mehlspeisenvitrine; Cocktails. Für Veranstaltungen geeignet. Indoorbereich für 80 bis 100 Pers., großer Rooftopgarden für 60 bis 80 Pers. mit Aussicht auf den Stephansdom, Schanigarten auf der Kärntner Straße. Lift. Behinderten-WC. Hunde erlaubt. **€€€**

Das Wirtshaus S'Müllerbeisl Seilerstätte 15, Tel. 512 93 47, E-Mail: office@muellerbeisl.com, www.muellerbeisl.com, täglich 11–23. Große Auswahl an Wiener und internationalen Spezialitäten wie Pilz, Fisch, Wild, Pizza etc. (3gg MM Mo–Fr 11–15 ab € 9,90), saisonale und vegetarische Speisen; Speisekarte in 7 Sprachen; Fassbiere u.a. Gösser Zwickl, Kaiser; Kinderportionen, -sessel. TV. Für Feiern mietbar (mit Musikanlage). Schanigarten. **€€**

Specht Bäckerstraße 12, Tel. 890 22 89, E-Mail: office@specht-lokal.at, www.specht-lokal.at, Di–Sa 16–24, Küche: 17–22, im Sommer 2 Wochen Betriebsurlaub (s. Homepage). Casual Fine Dining; traditionelle Wiener Küche mit gepflegter Wein- und Bierkultur, auch vegetarische Speisen, Wiener Schmankerl, „Wine & Dine" an best. Terminen (mehrgängiges Menü mit Weinbegleitung). Schanigarten. **€€€**

Spoon Seilerstätte 19, Tel. 0660/134 45 51, E-Mail: reservierung@spoon.at, spoonvienna.at, Di–Sa 18–23 (Fei geschlossen). Restaurant von Michael Köberl. Kalifornisch-französische Küche; 4gg Menü mit Fisch, Fleisch oder vegetarisch. Schanigarten für 14 Pers. **€€€**

Stadtboden Krugerstraße 8, Tel. 512 16 37, E-Mail: wien@stadtboden.at, www.stadtboden.at, Mo–Mi 8–24, Do, Fr 8–1, Sa 9–1, So 9–24, Öffnungszeiten variabel (s. Homepage). Cafe-Restaurant-Brasserie-Bierbar von Georg Jordan (einst Ottakringer-Eventmanager). Umfangreiche Frühstückskarte, Brot von Joseph. Die Karte widmet sich neben ein paar Klassikern wie Gulasch, Varianten des elsässischen Flammkuchens, Hamburger und Filetsteak hauptsächlich dem Thema Wurst, wie z.B. Currywurst, Bratwurst, Salsicce, Weißwurst pur oder in Begleitung (MM € 9,80). 50 internationale Craft-Biere, diverse Ottakringer-Biere (Hausbier: Wiener Original). Beamer mit Leinwand für Fußballübertragungen. Lokal in dunkles Furnier gehüllt, mit Spiegeln, Bretterboden und zentraler Theke ausgestattet. Schanigarten für 40 Pers. **€€**

Stadtgraben – Das Beisl Naglergasse 13, Tel. 0664/414 02 51, E-Mail: office@stadtgraben.at, stadtgraben.at, Mo–Sa 11–23.30 (Fei geschlossen). Österreichische Küche (Mo–Fr 11–14 MM ab € 9,50), saisonale Speisekarte; Wildspezialitäten; frische Biere vom Fass. TV. Schanigarten für 50 Pers. **€€**

Café-Bar-Restaurant Stadtkind Universitätsstraße 11, Tel. 0681/81 14 43 86, E-Mail: contact@stadtkind.at, www.stadtkind.at, täglich 9–15, Zustelldienst/Abholung: Mo–So 11–21; warme Küche bis 21 bzw. 15. Schönes Lokal neben dem NIG; Frühstück Mo–Fr bis 12, Sa, So bis 15 (€ 5,50 bis € 18,90); wöchentlich wechselnde Mittagsmenüs; Fleisch-, Fisch-, vegetarische und vegane Gerichte, auch kleine Portionen; Fair-Trade- und Bio-Kaffee aus Arabica-Mischung nach eigener Rezeptur geröstet, Cocktails. TV, Zeitungen und Magazine. Schattiger Schanigarten für 40 bis 50 Pers. mit riesiger Markise und Blumenkisterln. Reservierungen telefonisch und ab 10 Pers. per E-Mail. **€€**

Steirerplatzl Rudolfsplatz 3, Tel. 0650/314 90 72, E-Mail: office@steirerplatzl.at, www.steirerplatzl.at, April bis September Mo–Do 11.30–23, Oktober bis März Mo–Do 15–23, außerhalb der Öffnungszeiten nach Vereinbarung. Steirische Spezialitäten wie die prämierten Brettljausen, Steirischer Backhendlsalat, Vulkanoschnitzerl mit Erdäpfel-Vogerlsalat, Käseteller, Bauerntoast etc., April bis Sept. Di–Do ab 11.30 MM; Steierische Weine, je nach Saison Sturm. TV (gelegentlich Sportübertragungen). Catering „Bar and more" mit internationalen Spezialitäten. Lokal für Veranstaltungen wie Weihnachtsfeiern, Geburtstage, Taufen etc. bis 40 Pers. zu mieten. Schanigarten für 24 Pers. **€**

Gastwirtschaft Stopfer Rudolfsplatz 4, Tel. 533 64 62, E-Mail: office@gastwirtschaft-stopfer.at, www.gastwirtschaft-stopfer.at, Mo–Fr 12–21 (Fei geschlossen), im Sommer Mo–Fr 12–22; durchgehend warme Küche bis 20. Moderne Wiener Küche mit saisonalen Schmankerln;

Greißlerei mit heimischen Produkten und Gerichten für Zuhause. Veranstaltungsräume von 15 bis 80, Schanigarten für 60 Pers. Reservierungen telefonisch oder via Homepage. €€€

The Bank Brasserie & Bar Bognergasse 4 (Park Hyatt Vienna), Tel. 227 40 12 36, E-Mail: restaurant-thebank .vienna@hyatt.com, www.restaurant-thebank.at, Mo–Fr 7–10.30 und 12–14.30 und 17–22.30, Sa 7–11 und 12–14.30 und 17–22.30, So 7–11 und 12–15 und 17–22.30 (Küchenzeiten), Bar: Mo–Sa 9–24; in den Sommermonaten können die Öffnungszeiten abweichen. Brasserie Klassiker; Verwendung von regionalen Produkten, zubereitet in einer offenen Showküche (MM Mo–Sa 12–14.30 1gg € 17,–, 2gg € 23,–, 3gg € 27,–, wechselt alle 2 Wochen); Frühstück; Wiener Mehlspeisen, hausgemachte Pastrys; Kindermenüs, 2 Kinderstühle, Wickeltisch; Weinkarte. Private Dining für 12 Pers. Chef's Table in der Showküche für Gruppen bis zu 8 Pers. Behinderten-WC. €€€

The Guesthouse Vienna – Brasserie & Bakery Führichg. 10 (im Hotel The Guest House Vienna), Tel. 512 13 20-15, E-Mail: brasserie@theguesthouse.at, www.theguesthouse .at, täglich 6.30–23. 6.30–18 hervorragendes Frühstück (ab € 10,–); Brasseriegerichte aus regionalen Zutaten und zeitgemäße traditionelle Wiener, sowie internationale Küche von Benjamin Wlach (Mo–Fr Businesslunch 2gg € 19,50); umfangreiche Abendkarte; vor Ort frisch gebackenes Brot und Gebäck in Kooperation mit Holzofenbäcker Gragger, hausgemachte Köstlichkeiten aus der Patisserie, z.B. Croissants (auch im Straßenverkauf), zu Weihnachten und an Silvester 4gg Menü (Reservierung erforderlich); Bio-Fruchtsäfte, Naber Kaffee (Spezialröstung), Ottakringer Bio Pur vom Fass, Weine mit Schwerpunkt Österreich und Frankreich. Kinderkarte, 2 Kindersessel, Malsachen. Tageszeitungen, Zeitschriften, Bücher. Schöne Brasserie mit Oswald-Haerdtl-Stühlen und Serge-Mouille-Lampen für ca. 90 Pers., große Fenstertüren, die im Sommer geöffnet werden können. Schanigarten für 45 Pers. Behinderten-WC. €€€

Three Trees Restaurant Landesgerichtsstraße 12, Tel. 405 61 33, E-Mail: threetrees.restaurant@gmail.com, www .threetrees-restaurant.at, Di–Sa 18–23. Moderne europäische Küche mit kolumbianischem Einschlag. Kindersessel. 2 Räume (für Feiern zu mieten) für je 30 Pers. Schanigarten für 20 Pers. €€€

Toni's Salzgries 6, Tel. 535 44 13, E-Mail: restaurant.toni@ chello.at, www.toni-s.at, täglich 8–23. Familienbetrieb; gewaltige Karte mit reichhaltigem Angebot; wechselndes MM (11–14.30, € 8,40); Senioren- und Kinderspeisen auf Anfrage, Kindersessel. Extrazimmer für Feiern oder Vorträge. TV. Schanigarten für 80 Pers. Rollstuhlgerechter Zugang über Salzgries. €€

TOP-Lokal Fleischmarkt 18, Tel. 513 02 03, E-Mail: office@ top-lokal.at, reservierung@top-lokal.at, office@top-lokal .at, www.top-lokal.at, Mo–Fr 8–21 (Fei geschl.), geschlossene Gesellschaften auch Sa, So, Fei möglich. Sozialökonomischer Betrieb in Zusammenarbeit mit dem Arbeitsmarktservice Wien, mit dem Ziel, arbeitssuchenden Personen den Wiedereinstieg in die Arbeitswelt zu ermöglichen. Ganztägig Frühstück (ab € 4,70); Kaffee und Kuchen, gutbürgerl. Küche (MM 2gg mit Suppe/Dessert und Fleischgericht € 9,50, fleischloses Gericht € 8,50); vegane Speisen; Kinderspeisen, -sessel; Bier vom Fass; Lieferservice in ganz Wien, weitere Bezirke auf Anfrage; eigenes Catering. PC, TV, Leinwand und Beamer. Abgeschlossener Seminarbereich für ca. 30 Pers., Lokal kann für Veranstaltungen gebucht werden (bis 150 Pers.), Partyraum im Keller (mit Mikrofon, Leinwand, Kinobestuhlung, Stereoanlage). Schanigarten für 20 Pers. €€

Restaurant Vestibül Universitätsring 2 (Burgtheater), Tel. 532 49 99, E-Mail: restaurant@vestibuel.at, www.vestibuel .at, Di–Fr 12–24, Sa 18–24 (Fei geschlossen), warme Küche 12–14.30 und 18–22. Von Christian Domschitz & Christoph Schuch bekocht (MM € 37,–), Gedeck (€ 3,90); gut sortierte Weinkarte; Kindersessel. Lokal für Präsentationen, Pressekonferenzen, Hochzeiten etc. zu mieten. Reich verziertes Ambiente; Lokal für ca. 100, Schanigarten gegenüber vom Rathaus für 70 Pers. Hunde mit Leine oder Beißkorb. Behinderten-WC. €€€€

Vienna 1st Judengasse 8 (im Mercure Hotel Vienna First), Tel. 905 82 83 41, E-Mail: viennafirst@hackl-gastro.at, www .hackl-gastro.at, Mo 6.30–10.30, Di–Fr 6.30–10.30 und 16–24, Sa 16–24, So 7–11, warme Küche bis 22; Bar: Di–Sa 16–24. Hier gibt man dem offenen Küchenkonzept den Vorrang, nichts wird langfristig vorbereitet, fast alles entsteht direkt bei der Bestellung. Street Food und regionale Küche; österreichische Weine. Offene Küche, Lounge Musik, Weinkeller, Klimaanlage. Geeignet für Feiern, Geburtstage usw. bis 50 Pers. Behinderten-WC mit Lift. €€€

Restaurant Vienne Fleischmarkt 20, Tel. 512 94 08, E-Mail: office@restaurant-vienne.at, www.restaurant-vienne.at, täglich 10.30–23, warme Küche 11–22.30. Klassische österreichische und europäische Küche, saisonale Speisen; gute Auswahl an österr. Weinen; Kindersessel. Schanigarten für 20 Pers. €€

Weibel's Wirtshaus Kumpfgasse 2, Tel. 512 39 86, www .weibel.at, täglich 11.30–21.30, durchgehend warme Küche. Erste Adresse für Wachauer und südsteir. Weine. Nicht nur beste Weine (internationale Weinkarte mit Schwerpunkt Österreich, große Auswahl an Halbflaschen, Granitfass-Weine), auch recht gutes Essen – moderne, verfeinerte Wiener Küche, Kinderportionen, -sessel. Sitzplätze im Lokal mit Galerie für 22, Schanigarten mit Markise für 30 Pers. €€€

Wein & Co Weinrestaurant Jasomirgottstr. 3-5, Tel. 050/706-3122 (Bar), 050/706-3121 (Shop), E-Mail: jas@weinco.at, jasbar@weinco.at (Tischreserv.), www.weinco.at, Mo-Mi 9-22, Do-Sa 9-24, So, Fei 11-22 (Shop), Mo-Mi 11-22, Do-Sa 11-24, So, Fei 11-22 (Bar); warme Küche 12-22.30, So, Fei bis 21.30. Restaurant und Weinhandlung. Größtes Fine Wine Sortiment Österreichs, mehr als 2000 Weine aus aller Welt; erweitertes Angebot an Ikonen, Sammlerstücken und limitierten Spitzenweinen; vielfältiges Zusatzsortiment. Das Besondere: die im Shop erhältlichen edlen Tropfen kann man sich im Lokalbereich servieren lassen (Aufpreis inkl. einer großen Flasche Vöslauer). Die Barrechnung ist gleichzeitig eine Gutschrift für den Shop (10 %). Klimaanlage. Eventraum, Separée; im Sommer Schanigarten.

Zum Weissen Rauchfangkehrer Weihburggasse 4, Tel. 512 34 71, E-Mail: info@weisser-rauchfangkehrer.at, www.weisser-rauchfangkehrer.at, täglich 12-24, letzte Ankunft 21.30, später auf Anfrage. Traditionsgasthaus mit modernisierter österr. und Wiener Küche aus regionalen und saisonalen österr. Bioprodukten zubereitet und um nicht wenige Kreativelemente bereichert, sehr gelungen; eigene Labonca Bio-Schweine; große Auswahl österreichischer Weine (2000 Positionen), österreichische Schnäpse (1000 Positionen); Kinderportionen, -sessel. Täglich ab 18 Klaviermusik. Klimaanlage; 2 Extrazimmer für je 35 Pers. (für Veranstaltungen auch außerhalb der Öffnungszeiten zu mieten). Reservierung erforderlich. €€€

Wienerin Petersplatz 1, Tel. 532 13 80, E-Mail: office@wienerin.org, www.wienerin.org, Mo-Sa 9-24, So, Fei 11-24, Küche 11-22. Restaurant-Bar; Mo-Sa Frühstück bis 11.30; Wiener Küche, mediterrane und internationale Schmankerl (TT € 9,20); ausschließlich Wiener Weine (alle glasweise), Ottakringer vom Fass, Ottakringer Zwickl, Innstadt Weißbier, Corona. Veranstaltungen wie Weinverkostungen. Schanigarten für 70 Pers. €€

Wienerwald office@wienerwald.at, www.wienerwald.at, tägl. 11-23. Wr. Küche; Gassenverkauf. Extrastüberl. Annag. 3, Tel. 512 37 66, 614 40-0 (Verwaltung), E-Mail: annagasse@wienerwald.at. Wintergarten u. Schanigarten für je 30 Pers. Goldschmiedgasse 6, Tel. 535 40 12, 614 40-0 (Verwaltung), E-Mail: goldschmiedgasse@wienerwald.at. Schanigarten für 45 Pers. €€

Wiener Rathauskeller Rathausplatz 1, Tel. 405 12 10, E-Mail: office@wiener-rathauskeller.at, www.wiener-rathauskeller.at, Mo-Sa 11.30-15 und 18-23 (Fei geschlossen), Öffnungszeiten für Veranstaltungen auf Anfrage. Im einzigartigen Ambiente des Wiener Rathauskeller treffen Tradition und Genuss aufeinander. Saisonal wechselnde Gerichte; feinste Wiener Küche mit zeitgenössischen Trends; Spezialität: Zwiebelrostbraten. Historische Räumlichkeiten, verschiedene Veranstaltungsräume (80 bis 220 Pers.), Räume können auch exklusiv gemietet werden (gesamtes Lokal für Gruppen bis zu 800 Pers. geeignet). Catering. €€€

Restaurant Wrenkh Wiener Kochsalon Bauernmarkt 10, Tel. 533 15 26, E-Mail: office@wrenkh-wien.at, www.wrenkh-wien.at, Mo-Sa 11-23 (Fei geschlossen), durchgehend warme Küche bis 22. Von Eichinger oder Knechtl gestaltetes Lokal mit Schwerpunkt auf Casual Cuisine, moderne Wiener Küche aus regionalen Produkten international interpretiert, saisonale Spezialitäten, starker Fokus auf vegetarischen und veganen Gerichten, Hausmannskost; Mo-Fr ab 12 vegetarischer und teils veganer Casual Lunch solange der Vorrat reicht (2gg € 12,50, 3gg € 13,50), großteils Verwendung von biologischen Produkten; Küchenchef: Leo Wrenkh. Wiener Kochsalon - Studio: Open House (Kochveranstaltungen zum Mitkochen) sowie unterschiedliche Angebote an Kochevents. Kindersessel. Gastgarten für 40 Pers. Gesamtes Lokal für bis zu 90 Pers. zu mieten. €€

YOU Restaurant & Bar Opernring 13 (im Hotel Le Méridien), Tel. 588 90 88 90, E-Mail: info@you-vienna.at, www.you-vienna.com, Di-Sa 18-24 (You Bar: 18-1), warme Küche bis 22. Kreative Küche mit internationalen und lokalen Spezialitäten, Mo-Fr 12-14 Businesslunch (€ 7,- bis € 16,-); Dinner à la carte; frisch gepresste Säfte, Illy-Kaffee, Flaschenbiere, Weine, Cocktails. Fr, Sa 18-24 Live-DJs in der Bar. Kindersessel, Wickeltisch. Klimaanlage; Extrazimmer für 20 Pers. (La Table, auf Anfrage mietbar). Im Sommer Schanigarten an der Ringstraße für 16 Pers. Behinderten-WC. Bargeldlose Zahlung im ganzen Haus. ♿ 💳 €€€

Zattl Wirtshaus & Biergarten Freyung 6, Tel. 533 72 62, E-Mail: reservierung@zattl.at, www.zattl.at, täglich 11–24 (manchmal auch länger), warme Küche 11–22. Turbogastronomie im Schottenkeller mit 5 Bereichen: großes Bierlokal, Schankraum, Eventkeller mit allen technischen Schikanen, Espresso Splendid sowie der wunderbare Biergarten für 200 Pers. im Schottenstift. Wiener Küche, täglich wechselnde Mittagsangebote (11–15, ab € 9,90), saisonale Speisen. Unpasteurisiertes Tankbier Pilsner Urquell, Stiegl und König Ludwig vom Fass; 60 österreichische Qualitätsweine. 2 Flat-TV, 2 Beamer und Leinwand (Sky Sport); Kindersessel; Schottenkeller „The Pub" mit Bier zum Selberzapfen (ab 18, So geschlossen). Hunde mit Beißkorb. Behinderten-WC. ♿ 💳 €€

Amerikanisch

Champions Bar Parkring 12a, Tel. 515 18-8901, E-Mail: champions.vienna@marriotthotels.com, www.champions-vienna.com, Mo–Fr 16–24, Sa, So 13–24. American Sports Bar und Restaurant; amerikanische Küche, Hot Dog- und Burger Specials; Mo–Fr 17–18 Early Birds: Signature Dishes zum halben Preis; Mo–Fr 16–17 Beer Happy Hour: 0,5l Bier um € 1,– günstiger. 24 TV-Geräte und 3 große Screens. Schanigarten. ♿ 💳 €€€

Five Guys Graben 30, Tel. 295 55 50, E-Mail: vienna-graben@fiveguys.at, restaurants.fiveguys.at, täglich 12–23. US-amerikanische Burgerkette mit Burger, Hot Dogs, Sandwiches; Milch-Shakes. Take-away, Zustellung. 💳

Hard Rock Cafe Vienna Rotenturmstraße 25, Tel. 535 04 03, E-Mail: vienna.reception@hardrock.com, www.hardrock.com/cafes/vienna/de, täglich 11.30–24. Restaurant und zwei Bars auf zwei Ebenen mit integriertem Rock-Shop; Burger, Grillspezialitäten, Salate, Steaks, auch vegetarische und glutenfreie Speisen; Signature Cocktails (€ 18,70); Happy Hour Mo–Fr 15–17 u. So–Fr 22–1 Cocktails um € 6,–; Kindermenü (€ 9,95 inkl. Getränk für Kinder unter 10 Jahre). Themenabende (Halloween, St. Patrick's Day, Weihnachtsmenü). Plätze im Lokal für 142, Schanigarten für 40 Pers. Behinderten-WC. ♿ 💳 €€€

Le Burger Rotenturmstraße 15, Tel. 907 60 78, www.LeBurger.at, Mo–Sa 11–24, So, Fei 11–23. Handgemachte Burger zum Selbstgestalten: 6 Basis-Burger (Hamburger, Cheeseburger, Bacon Burger, Bacon-Cheese Burger, Chicken Burger, Veggie Burger) dazu Toppings, Saucen und Extras nach Wahl; Salate; Desserts, Bowls, Super Fries, Iceshake, Cocktails. Gastgarten für ca. 40 Pers. 💳 €

Rinderwahn Weihburggasse 3, Tel. 512 09 96, E-Mail: weihburggasse@rinderwahn.at, www.rinderwahn.at, Mo–Mi, So 12–22, Do–Sa 12–22.30, durchgehend warme Küche. Burgerlokal mit idyllischem Schanigarten direkt an der Kärntner Straße. Das Konzept: gut, preiswert, hochwertig. Das Fleisch stammt von Wiesbauer, die Burger-Buns von der Bäckerei Szihn. Burgervariationen inkl. Fries od. Salat; auch veg. Menüs; Mo–Fr bis 15 (außer Fei) Lunch Deal (Burger mit Fries und Salat/Suppe € 11,90); Rinderwahn-Bowls; Bier vom Fass. Schanigarten für 38 Pers. 💳 €€

Sparky's Unlimited Bar & Grill Goldschmiedgasse 8, Tel. 533 61 55, E-Mail: office@sparkys.at, www.sparkys.at, Mo–Mi, So, Fei 10–24, Do–Sa 10–2, warme Küche bis 23.30, Fr, Sa bis 24. Amerikanisches Slow-Food sowie Tex-Mex-Gerichte, wechselnde Wochengerichte (auch vegetarisch), über 50 Cocktails, 200 verschiedene Spirituosen; Kindergerichte, Kindersessel. TV. Keller und Schanigarten für je 100 Pers. 💳 €€

Steakpoint Akademiestraße 2a (Ecke Walfischgasse 11), Tel. 513 80 40, E-Mail: office@steakpoint.at, www.steakpoint.at, Mo–Do, So 12–22, Fr, Sa 12–23, Juli/August 17–22; durchgehend warme Küche. Internationale Steaks in allen Variationen; Kinderspeisen, -sessel; Steaks zum Mitnehmen. Lokal für ca. 55, Schanigarten für 20 Pers. 💳 €€€€

Arabisch

Lord of S Parkring 10 (Ecke Liebenberggasse 7), Tel. 512 71 66, E-Mail: office@lordofs.com, www.lordofs.com, Mo–Do 11–2, Fr 11–4, Sa 18–4, So 18–2, im Ramadan ab 18. Arabische Speisen; kleine Portionen, Kindersessel; Lieferung in die Umgebung auf Anfrage. Täglich ab 22 arabische Livemusik, Fr und Sa Bauchtanz; fallweise Events mit arabischen Stars; Shishalounge; Veranstaltungen bis 100 Pers. möglich. Schanigarten für 80 Pers. Reservierung empfohlen. Keine Hunde. 💳 €€€

Asiatisch

Asiam Krugerstraße 6, Tel. 533 52 35, asiam.eatbu.com, täglich 11–22. MM mit 15 Speisen zur Auswahl, auch vegetarisch/vegan (Mo–So 11–15 € 7,30 bis € 12,–); auch japanische und chinesische Küche à la carte. Kindersessel. Schanigarten für 16 bis 20 Pers. Lift in den 1. Stock. 💳 €€

Freshmans Wipplingerstraße 11, Tel. 0676/565 85 67, E-Mail: hello@freshmans.at, www.freshmans.at, Mo–Sa 11–22. Asiatisches Streetfood wie Curcuma Rice Bowls, hausgemachte Wraps, Sushi Burrito oder Nudelsuppen; Picknick-Kistl; 20% Rabatt auf Speisen für Schüler*innen und Studierende; Kinderspeisen und -sessel. 2 TV; Catering. Regelmäßig Live-Jazz (Termine siehe Facebook-Seite). Schanigarten für 24 Pers. €

Goji Krugerstraße 5, Tel. 512 70 70, E-Mail: office@goji-vienna.at, goji-vienna.at, Mo–Sa, Fei 11–22, So 16–22. Asiatische Küche (Mo–Fr 11–17 MM); Fokus auf Maki, Sushi und Fusion Rolls, koreanische Speisen wie Chili Chicken, Poke-Bowls. Take-away. 16 Sitzplätze im Lokal, im Sommer Schanigarten für 28 Pers. €€

Hao Noodle & Tea Opernring 19, Tel. 890 28 58, 0660/399 33 87, E-Mail: office@haonoodle.at, www.haonoodle.at, Mo, Mi–So, Fei 11.30–23, Küche bis 22.15. Asiatische Fusionsküche, MM 11.30–15, Regenbogen-Teigtaschen, hausgemachte Nudelsuppe, Clay Pot Rice; selbstgemachter Eistee; Spritzer, Cocktails und Sommerdrinks. Schanigarten für 50 Pers. €€

Hoichi Ramen Friedrichstraße 8, Tel. 890 97 09, www.hoichi.at, Mo–Fr 11.30–21.30 (Fei geschl.). Chinesische, japan. und thailändische Speisen; Mo–Fr 11–15 MM. €

IKO Kitchen & Bar Wipplingerstraße 6–8, Tel. 890 42 00, E-Mail: info@iko.wien, www.iko.wien, Mo–Fr 11–22, Sa 12–22 (Fei geschlossen). Asiatische Fusionsküche; wochentags bis 17 Lunchkarte: warme Speisen, Salate, Sushi-Variationen ganztägig; alles auch als Take-away. Umfangreiche Abendkarte. Spezialitäten, z.B. gegrillter Aal mit Reis; hausgemachter Eistee, Weine, Spritzer. Lokal für private Veranstaltungen (bis zu 35 Pers. zu mieten). Schanigarten für 26 Pers. €€

Junn Bar & Kitchen Seilerstätte 14, Tel. 512 91 49, E-Mail: info@junn.at, www.junn.at, Mo–Do 11.30–23, Fr 11.30–1, Sa 17.30–1, So 17.30–23 (Fei geschlossen), durchgehend warme Küche. Modernes, asiat. Streetfood; Sushi, Maki, Mittagskarte (8 verschiedene Menüs, Suppe und Salat, Getränk des Tages). Asiatische Cocktails. Kindersessel. 2 Extrazimmer für ca. je 14, Schanigarten für 40 bis 50 Pers. €

Kiang Rotgasse 8, Tel. 533 08 56, E-Mail: service@kiang.at, www.kiang.at, Mo–Sa 11.30–22, Küche bis 21.30. Asiatische Fusionsküche (MM Mo–Fr 11.30–18, € 8,80 bis € 12,50, immer mit Suppe und Salat); ständig wechselndes, saisonales Speisenangebot, speziell Suppen, Gedämpftes, Gebackenes, Früchte und Desserts; Bründlmayer-Wein. Schanigarten für 36 Pers. €€

Kitcha Vorlaufstraße 2, Tel. 992 67 03, E-Mail: info@kitcha.at, www.kitcha.at, Mo–Fr 11–22, Sa, Fei 12–22. Asiatische Fusionsküche. Spieße, Special Rolls, Salate. Mittagskarte (11–17), Wochenspecials, Abendkarte. Take-away Ecke mit Makis, Sushis, Salaten etc. Separée für Geburtstage, Veranstaltungen etc. €€€

Kitcha Restaurant – Taco & Grill Wollzeile 19, Tel. 968 33 95, E-Mail: wollzeile@kitcha.at, www.kitcha.at, Mo–Fr 11–22, Sa 12–22, Fei wie regulärer Wochentag. Asiatische Fusionsküche, Sushi, Tapas, Gerichte vom Charcoal-Grill; alles auch zum Mitnehmen. €€€

Makka Drahtgasse 3 (beim Judenplatz), Tel. 968 93 51, E-Mail: info@makka.at, www.makka.at, Mo–Sa 11–22. Chinesische, japanische, vietnamesische, taiwanesische, thailändische und koreanische Gerichte; Mo–Fr 11–15 MM (ab € 9,50). Gastgarten. €€

Restaurant Momoya Börsegasse 3, Tel. 535 03 92, E-Mail: restaurantmomoya@gmail.com, www.momoya.at, Mo–Fr 11.30–15 und 17.30–22.30, Sa, So, Fei 12–22.30, durchgehend warme Küche bis 22. Asiatische und japan. Küche, Sushi, Maki (Mo–Fr 11.30–14.30 MM € 8,50 bis € 11,90), Teppanyaki-Menüs, wechselnde Spezialitäten; kleine Portionen möglich, Kindersessel. Schanigarten für 50 Pers. €€€

Mykai Franz-Josefs-Kai 43, Tel. 533 74 21, 0699/14 08 22 32, 0676/976 10 57, www.mykai.at, Mo–Fr 11.30–15 und 18–21.30 (Fei geschlossen), Küche bis 21. Schlichter und guter Panasiate mit dem, was es in der Chinatown Kalkuttas auch gibt (von dort kommt Besitzer Mike Yeh): hauptsächlich chinesische und indische Küche, auch thailändisch und vietnamesisch (verschiedene MM € 10,50 bis € 13,–), z.B. Heilbuttfilet vom Grill mit Pak Choi, Mango und Reis, Chili Prawns oder Dim Sum. Recht hübsches Lokal: schlicht, einfach und kühl, offene Küche; Kindersessel. Schanigarten für 45 Pers. €€

Onyx Restaurant Stephansplatz 12 (Haas-Haus, 6. Stock), Tel. 535 39 69, E-Mail: onyx@doco.com, www.docohotel.com, Mo–Sa 17–1. Asiatische Küche im Sharing Konzept, Sushi sowie Speisen vom Robata-Grill aus der offenen Schauküche; Cocktails. Resident DJ. Klimaanlage; Blick auf den Stephansdom. Behinderten-WC. €€€

Sino 1 Schwarzenbergstraße 4, Tel. 904 91 05, 0660/736 22 12, E-Mail: office@sino1.at, www.sino1.at, Mo–Fr 11–21 (Fei geschlossen), durchgehend warme Küche bis 20. Asiatische Küche (Mo–Fr 11–17 wöchentlich wechselnde MM ab € 7,90), Wok, Teppanyaki, Sushi. Schanigarten für 15 bis 20 Pers. €

Wok & More Karlsplatz 1, Tel. 505 76 03, www.wokandmore.at, Mo–Fr 11.30–22, Sa, So, Fei 11.30–22.30, durchgehend warme Küche bis 22. Japanische, thailändische, chinesische, vietnamesische Küche (Mo–Fr 10 wechselnde MM bis 14.30 zur Auswahl); bis 16.30 Mittagsbuffet (all you can eat) mit Suppe, Salat, Sushi, Nachspeisen usw. sowie mit Rohzutaten, die von den Köchen im Wok oder am Teppanyaki-Grill zubereitet werden; Kinderportionen, -sessel. Klimaanlage. €€

Australisch

Billabong Parkring 4, Tel. 512 10 08, E-Mail: office@billabong.at, www.billabong.at, täglich 11.30-1. Australische und internationale Küche (12-14 MM mit Fleisch € 8,70); Spezialitäten: Kängurufleisch, Steaks, Burger, Spareribs, Bowls; täglich wechselnde Angebote, z.B. Mo Club Sandwich Day (€ 7,50), Mi, Sa Burger Day (€ 8,- bis € 10,-), So Chili Con Carne (€ 8,50); internationale Craft-Biere; 17-18 und 24-1 Happy Hour (Ottakringer, Spritzer € 2,20); Mo ab 19 Pub-Quiz, Do „Table Top Thursday" (Beer Pong), Sa Live-Musik (im Sommer). 7 große TV. Überdachter Schanigarten für ca. 50 Pers. €€

Crossfield's Australian Pub Maysedergasse 5, Tel. 24 10 02 30, E-Mail: office@crossfield.at, www.crossfield.at, Mo-Mi 15-1, Do 11.30-1, Fr, Sa 11.30-2, So 11.30-24, aktuelle Öffnungszeiten s. Homepage. Australisches Pub, in dem man allerlei exotische Leckereien kosten kann: Heuschrecken, Känguru, Krokodil etc. Spezialität: verschiedene Burger (ab € 14,50); große Auswahl an australischen und internationalen Bieren. Live-Sportübertragungen; jeden Mo Trivia Night (Quiznacht mit Preisen). Schanigarten für 35 Pers. Lift für Rollstuhlfahrer. €€€

Chinesisch

Cheng Singerstraße 11a, Tel. 512 28 04, E-Mail: info@cheng.restaurant, www.cheng.restaurant, Mo-Fr 11-21. Chinesisches Restaurant mit Gerichten aus den Provinzen Sichuan und Zhejiang. Mo-Fr 11-16 MM (auch zum Mitnehmen).

Chinacy Johannesgasse 9-13, Tel. 945 99 19, E-Mail: info@chinacy.at, www.chinacy.at, Mo-Sa 11.30-22 (Fei geschlossen). Spezialitäten: Xiao Long Bao (Teigtaschen), Gua Bao (gefüllte Hefeteigbrote), Tai Tiao Fish & Chips, Popcorn Chicken, Dim Sum usw. Hochstuhl. Schanigarten für 12 Pers. €€

Goldene Zeiten Dr.-Karl-Lueger-Platz 5, Tel. 513 47 47, E-Mail: office@goldenezeiten.at, www.goldenezeiten.at, täglich 11.30-15.30 und 18-23.30. Spannende Shanghai- und Sichuanküche, typisch regionale Speisen, kreativ interpretiert und saisonal wechselnd (MM). Ein aromatisches Erlebnis, z.B. kalt mariniertes Rindfleisch mit scharfer Sichuansauce, 6 Variationen vom Tofu oder pikant gebratene Tiefseegarnelen Gongbao. Fantastisch auch, was an österreichischen und internationalen Weinen vorrätig ist. Lokal der eher kräftigen Konturen (Architekt: Christian Heiss): goldene Wände, riesige rote Lampen, Lederbänke mit überdimensionalen Rückenlehnen. Klimaanlage; Terrasse für 30 Pers. €€€

Laolao Grandma's Dumpling Kitchen Herrengasse 6-8, laolao.at, Mo-Sa 11-20. Innenstadt-Dependance des gleichnamigen Restaurants im 7. Bezirk. Handgemachte, chinesische Teigtaschen (Jiaozi) in versch. Varianten. Take-away. Schanigarten. €

China Restaurant Le Wei Rudolfsplatz 3 (Eingang Heinrichsgasse 6), Tel. 533 07 70, E-Mail: hallo@lewei.at, www.lewei.at, Mo-Fr 11.30-14.30 und 18-22, So 12-14 und 18-22, Küche bis 22. Chinesische, japanische und asiatische Küche, wechselnde Wochenkarte und Menüs. Kindersessel. Klimaanlage. Extrazimmer für 50, Schanigarten für 28 Pers. €€

Mama Ramen Ballgasse 5, Tel. 945 70 20, www.mamaramen.at, Di-Fr 11.30-15 und 17-22, Sa, So 12-22. Original Hongkong Küche; Dim Sum, gegrillte Hongkong Ente, Char Siu (gegrilltes Schweinefleisch), Lunch Bowls. Take-away, Zustellung auf Anfrage. Kindersessel, Wickeltisch. Extrazimmer für 30 Pers. Schanigarten.

New Sichuan Himmelpfortgasse 27, Tel. 0664/191 06 78, neu-sichuan.business.site, Di-Sa, Fei 11-14.30 und 17-22.30, So 11-14 und 17-22.30. Chinesische Küche, vor allem Spezialitäten aus Sichuan, z.B. Feuertopf (chinesisches Fondue, 2 Pers. € 56,-), Dim Sum und Vorspeisen nach chinesischer Art; MM (€ 7,90); abends à la carte. Restaurant für 100, Schanigarten für ca. 68 Pers. €€€

Shanghai Jasomirgottstraße 6, Tel. 533 74 19, E-Mail: info@shanghairestaurant.at, www.shanghairestaurant.at, Mo-Sa 11.30-14.30 und 17.30-22.30. Alt-eingesessener Chinese (besteht sei den 1960er Jahren) mit neuer Karte und top Weinen. Fusionsküche zwischen traditioneller Shanghai-Küche und westlicher China-Küche (Küchenchef: Meister Cao); tolle Weinkarte (u.a. mit bemerkenswerten Weinen aus China). 2 Kindersessel. Klimaanlage. €€

Französisch

Restaurant Bauer Sonnenfelsgasse 17, Tel. 512 98 71, E-Mail: restaurant.walter.bauer@aon.at, Mo 18-24, Di-Fr 12-15 und 18-24 (Fei geschlossen). Kreativ-französische Edel-Küche, Küchenchef: Michael Feierabend (4gg M € 79,-). Tolle Wein-, Champagner- und Schnapsauswahl, die Weinberatung und -kompetenz von Patron Walter Bauer sucht landesweit ihresgleichen. Flair irgendwie pittoresk-herzig; Klimaanlage. Hunde mit Leine und Beißkorb. €€€€

Beaulieu Herrengasse 14/18 (Ferstel-Passage), Tel. 532 11 03, E-Mail: office@beaulieu-wien.at, www.beaulieu-wien.at, Mo-Sa 10-23 (Fei geschl.). Kombination aus französischem Delikatessenladen und Bistro mitten in der City; französische Küche (MM 2gg € 14,50, 3gg € 18,50/Tagesgericht € 11,-), auch Baguettes, Salate, Sandwiches, Käse, Desserts; Frühstück Mo–Fr bis 12, am Wochenende bis 16 (ab € 5,–). Nur Ware aus Frankreich: an die 50 Käsesorten und ein erschöpfendes Sortiment feiner Sachen wie Schinken, Salz, Marmeladen, Butter, Senf, Weine, Crémants etc. Kindersessel, -spielzeug, -bücher. Entzückendes Bistro-Design; Galerie für 20 bis 25 Pers. (zu mieten), Schanigarten im pittoresken Innenhof für 35, in der Passage für 20 Pers. €€€

Le Bol Neuer Markt 14, Tel. 0699/10 30 18 99, E-Mail: info@leobol.at, www.lebol.at, Mo–Sa ab 8, So, Fei ab 9. Frühstück ganztags; französische Küche; Salate, Baguettes, Quiches, hausgemachte Patisserie. Schanigarten für 10 Pers. Reservierungen nur persönlich vor Ort möglich. €€

Le Bol Blanc Naglergasse 21, Tel. 0699/10 30 18 99, E-Mail: info@lebol.at, www.lebol.at, Mo–Sa ab 8, So, Fei ab 9. Zweites Le Bol Lokal in Wien. Wie gewohnt französische Klassiker wie Salate, gefüllte Baguettes, Quiches und Tartines. Frühstück, Patisserie. Reservierungen nur persönlich vor Ort möglich. Gastgarten für 50 Pers. €€

Le Pic Dr.-Karl-Lueger-Platz 3, Tel. 913 70 05, E-Mail: bonjour@lepic-restaurant.at, www.lepic-restaurant.at, Mo–Do, So 9.30–24, Fr, Sa 9.30–2, Küche bis 22. Französische Brasserie, Café und Bar. Französische Küche, Mo–Fr bis 11 und So bis 14 Frühstück, 11.30–16.30 Tageskarte, 17–22 Abendkarte, Sa, So ab 14.30 Dinner à la carte. Schanigarten. Eingang barrierefrei.

Restaurant Le Salzgries Paris Marc-Aurel-Straße 6, Tel. 533 40 30, E-Mail: reservierung@le-salzgries.at, restaurant@le-salzgries.at, www.le-salzgries.at, Di–Sa 12–24, Küche 12–22.30. Eines der besten und authentischsten französischen Restaurants der Stadt; wechselnde saisonale Karte, Di–Fr MM, Spezialitäten: Meeresfrüchte, vor allem Austern, Fisch, Entrecôte; Jahrgangssardinen (Boutique-Artikel und original französische Backwaren aus hauseigener franz. Patisserie sind auch im Webshop erhältlich); französische Weine, Champagner; Digestifs. Fisch großteils selbst aus Frankreich importiert; viele Bioprodukte. Catering. Kindersessel. Die Küche ist mittels großem Sichtfenster einsehbar, im Keller befindet sich eine gediegene Weinbar mit Weinterrarium (unregelmäßig Weinverkostungen, Veranstaltungen und Verkostungen auch auf Anfrage; mietbar für Weihnachtsfeiern etc. bis 25 Pers.); Barbereich im Erdgeschoß. Schanigarten für 25 Pers. €€€

Ma Crêperie Grünangergasse 10, Tel. 0699/17 19 04 46, E-Mail: macreperie@gmx.at, www.ma-creperie.eatbu.com, Di–Sa 17–22, durchgehend warme Küche. Lokal mit 200-jähriger Geschichte im denkmalgeschützten Bereich der Grünangergasse; mediterrane Küche: Suppen, Salate, pikante und süße Crêpes, Fisch und Fleisch vom Grill; Qualitätsweine aus Österreich und Frankreich. Kinderfreundlich. Hintergrundmusik. Schanigarten f. 30–40 Pers. €€

Midi – Café & Bistrot Wipplingerstraße 30, Tel. 305 81 83, 0650/348 73 09, 0677/63 45 83 24, 0677/613 572 22, E-Mail: office@midi.at, www.mideli.at, Mo–Fr 11–22, Sa 9.30–23, So, Fei 9.30–18. Französisches Bistro mit französisch-mediterranen Gerichten; Quiches, Burger, Flammkuchen, Ratatouille mit pochiertem Ei, Bol rouge mit Tahini, Moules Frites, Filetsteak, Boeuf bourguignon. Am Wochenende 9.30–16 Brunch. Gastgarten für 60 Pers. Lokal für bis zu 100 Pers. kostenlos mietbar. €

Midi – le petit déli Hoher Markt 5, Tel. 890 45 64, 0677/63 45 83 24, E-Mail: office@midi.at, www.mideli.at, Mo–Fr 11–15. Déli, Café und Apéritif Bar mit französischer Küche; MM 11–15 (2gg € 14,80), Mittagstisch 11–15: 2 Tagesgerichte (Fleisch/Fisch € 11,80, vegetarisch/vegan € 10,80, Suppe/Salat/Dessert € 3,– Aufpreis); durchgehend Quiches (Lorraine sowie vegetarisch) und frische Salate (mit gratiniertem Ziegenkäse sowie mit hausgebeiztem Lachs), französische Pâtisserie (Tarte Citron Meringuée, Schokoladen-Tarte mit gesalzener Butter und Karamell); eigene Kaffeeröstung von Süssmund; Bordeaux-Wein aus eigenem Anbau; Auswahl an französischen Delikatessen; alle Speisen auch als Take-away. Catering; Zustellung in die Bezirke 1 bis 10. Sitzplätze für 20, Schanigarten für 30 Pers. €

Tuya Restaurant & Lounge Jasomirgottstraße 3a, Tel. 0664/154 32 68, E-Mail: reservation@tuya.rest, www.tuya.rest, Di–Do 12–14.30 und 18–1, Fr, Sa 12–14.30 und 18–3, warme Küche bis 22.30. Fine-Dining Restaurant mit vorwiegend südfranzösischer Küche. Wie im Süden Frankreichs üblich werden die Speisen in der Mitte des Tisches platziert. Küchenchef ist Richard Rios. Mittags Businesslunch (2gg 35,–/3gg 40,–); es gibt eine umfangreiche Weinkarte und Cocktails. Kindersessel, Malsachen, Wickeltisch. Lounge und Bar für 40 und Restaurant für 140 Pers. Wasserschalen für Hunde. €€€

Griechisch

Achilleus Köllnerhofgasse 3, Tel. 512 83 28, E-Mail: lokal@restaurant-achilleus.at, www.restaurant-achilleus.at, Mo–Sa 12–15 und 17–22, So 12–20. Griechische Küche (3 MM: vegetarisch, mit Fisch und mit Fleisch € 8,90 bis € 10,90), Lamm; Spezialitäten: Fisch, Meeresfrüchte; Kinderportionen, -sessel. Abends Reservierung empfohlen. Hunde mit Leine und Beißkorb. €€

Artemis Griecheng. 3, Tel. 535 41 69, E-Mail: artemis2@aon.at, www.restaurantartemis.at, Mo–Fr 17–23, Sa, So, Fei 12–23. Komplette Palette an griechischen Spezialitäten von Moussaka bis Fisch; Kinderportionen, -sessel. Schanigarten für 24 Pers. in der verkehrsberuhigten Griechengasse. Keine Hunde. €€

Blaufisch Franz-Josefs-Kai 39, Tel. 533 21 33, www.blaufisch.at, Di-Sa 11.30-21, So 11.30-17. Griechisches Fischrestaurant. Fisch wird direkt aus Griechenland importiert, z.B. Gavros: Sardellen, die hier wie Ährenfische knusprig frittiert und auf einen Klecks Creme aus Favabohnen serviert werden. Schanigarten für 48 Pers. **€€€**

Café Ouzeri Bistro Ellas Wollzeile 21, Tel. 512 35 42, täglich 9-24. Kleines griechisches Bistro, gekocht wird ausschließlich mit griechischen Produkten; Fisch, Sandwiches, jede Woche 2 bis 3 Spezialitäten aus verschiedenen Regionen Griechenlands; griechische Weine und Spirituosen; Mi und Fr frischer Fisch nach Marktangebot, Frühstück bis 11; kleine Portionen; Catering. Schanigarten für 20 Pers. **€€**

Kostas Friedrichstr. 6, Tel. 586 37 29, kostas-wien.smarto.net, Di-Sa 11.30-15 und 17-23. Winziger, atmosphärisch sehr authentischer Grieche mit griechischer Tavernen-Küche, Spezialitäten: Lammstelze mit Gemüse, Moussaka; Kinderportionen, -sessel. Griechische Hintergrundmusik. Extrazimmer für 35, Schanigarten für 40 Pers. 💳 **€€**

Restaurant Orpheas Spiegelgasse 10, Tel. 512 38 88, E-Mail: office@orpheas.at, www.orpheas.at, Mo-Sa 11.30-23, warme Küche durchgehend bis 22. Klassisch griechische Küche auf hohem Niveau; Lammspezialitäten, Mittelmeerfische (11.30-14.30 3 MM: vegetarisch € 10,50, mit Fisch € 11,60 oder Fleisch € 11,50); bemerkenswerte Weinkarte; Kinderportionen, -sessel; Bioprodukte, eigenes Olivenöl (auch zum Verkauf: 5 Liter € 45,-); Catering, Hochzeiten, Firmenfeiern. Schanigarten. Reservierung empfohlen. 💳 **€€**

Retsina Gonzagagasse 3, Tel. 535 26 21, www.retsina.at, tägl. 10.30-23.30, durchgehend warme Küche. Griechische Spezialitäten (Mo-Fr 10.30-15 MM, vegetarisch € 7,30, mit Fleisch € 7,90), Lammspezialitäten, große Auswahl an Fischspezialitäten; Catering ab 10 bis 500 Pers. Kindersessel. Veranstaltungen bis 150 Pers. möglich. Festsaal für bis zu 80 Pers. reservierbar. Griechische Live-Musik auf Wunsch. Schanigarten für 70 Pers. 💳 **€€**

Indisch

In-Dish Schwarzenbergstraße 8, Tel. 941 28 01, E-Mail: reservations@in-dish.at, www.in-dish.at, Mo-Fr, So 11-14.30 und 17-22, Sa, Fei 17-22. Moderne indische Fusionsküche; aber auch indische Spezialitäten, Currys, Biryani etc., auch vegane und vegetarische Speisen. Cocktails. Kinderspeisen, -sessel. Zustelldienst (Liefergebühr und Mindestbestellwert s. Homepage). Schanigarten für 50 Pers. 💳 **€€**

India Gate Franz-Josefs-Kai 49, Tel. 533 03 32, E-Mail: kunnathooran@yahoo.de, www.indiagate.at, Mo-Sa 11.30-22 (Fei geschlossen). Südindische Spezialitäten, Mo-Fr 11.30-15.30 MM; Pizza; Kinderportionen, -sessel; Cateringservice für 20 bis 1000 Pers. Lokal für ca. 70, Schanigarten für 60 Pers. 💳 **€€**

Indien Village Rockhgasse 3, Tel. 533 75 16, E-Mail: reservation@indien-village.at, www.indien-village.at, Mo-Sa, Fei 11.30-14.30 und 18-23, Küche bis 22.30. Indische Currygerichte, Lehmofengrill, vorwiegend vegetarische Küche, vegane Speisen; Catering ab 20 Pers. Kindersessel. Partyraum zu mieten von 20 bis 50 Pers., Schanigarten für 40 Pers. 💳 **€€**

Restaurant Koh-i-noor Marc-Aurel-Straße 8, Tel. 533 00 80, E-Mail: info@restaurant-kohinoor.com, restaurant-koh-i-noor.com, Mo-Sa, Fei 11.30-14.30 und 18-23, Küche bis 22.30, Fei wie jeweiliger Wochentag. Seit 1986; Curry, Gerichte vom Tandoori-Ofen und vegetarische Speisen, selbst gebackenes indisches Brot; Koh-i-noor-Platte für 2 Pers.; Spezialitäten: Chicken-Makhni, Lamm Curry, Lammkarree, Chicken Tikka Masala, Tandoori Chicken. Kindersessel. Klimaanlage. 💳 **€€€**

Nirvana - The Indian Restaurant Rotenturmstr. 16-18, Tel. 513 30 75, E-Mail: info@restaurant-nirvana.at, www.restaurant-nirvana.at, Mo-Fr 11.30-14 und 18-22, Sa 12-15 und 18-22. Edel-Inder. Indische Küche, z.B. temperamentvoll gewürzte Hühnerfiletstückchen, gegrillte King Prawns, Currys aus dem scharfen indischen Süden; wöchentlich wechselndes MM 11.30-14 (Economy, Businesslunch oder ayurvedisches Vitalmenü). Kinderfreundlich (Kinderportionen, -sessel); Catering; private Feiern bis 50 Pers. möglich. Hohe Tischkultur, gutes Ambiente, kräftige Farben. Überdachter Gastgarten für 40 bis 50 Pers. 💳 **€€**

Indisches Restaurant OM Rabensteig 1, Tel. 0676/430 45 06, 925 64 89, E-Mail: office@restaurant-om.at, www.restaurant-om.at, täglich 11-2, durchgehend warme Küche. Indische Speisen, Currygerichte, viele vegetarische und vegane Speisen; viele Cocktails, auch nach Wunsch zubereitet. Fr, Sa Keller mit Tanzclub und DJ (Hip-Hop, R'n'B, Pop, House etc.). Restaurant für 25, Extrazimmer für 60, Lounge im Keller für 120, Schanigarten für 50 Pers. 💳 **€€**

Italienisch

A´Frisella Johannesgasse 2, Tel. 512 43 61, E-Mail: office@afrisella.at, www.afrisella.at, Di-Sa 11-1 (Fei geschlossen), warme Küche bis 22. Mischung aus Restaurant und Aperitivo-Bar von Mino Zaccaria; Spezialitäten aus Apulien wie Pasta mit Hülsenfrüchten und Süd-Gemüsen oder Friselle (eine Art Knäckebrot) mit unterschiedlichen Belägen. **€€€**

Al Borgo An der Hülben 1, Tel. 512 85 59, E-Mail: booking@borgo.at, www.alborgo.at, Mo-Fr 11.30-15 und 18-24, Sa

18–24 (Fei geschlossen), warme Küche 11.30–14.30 und 18–22.45. Bei der Prominenz beliebtes italienisches Restaurant, italienische und mediterrane Küche, wechselnde Saison- und Wochenkarte. Schanigarten für 40 Pers. €€€

Al Caminetto Krugerstraße 4, Tel. 513 97 79, E-Mail: office@alcaminetto.at, www.alcaminetto.at, Mo–Sa 10–24, durchgehend warme Küche. Italienische Küche, Fischspezialitäten, Teigwaren, Pizza auch zum Mitnehmen; Lammkotelett, T-Bone-Steak, frische Salate; Kinderportionen, -sessel. Schanigarten für ca. 60 Pers. €€

Amore della Mutti Franz-Josefs-Kai 29 (Ecke Rabensteig), Tel. 535 27 36, E-Mail: office@amoredellamutti.at, www.amoredellamutti.at, Di–So, Fei 12–23, durchgehend warme Küche. Pizzeria mit klassischen aber auch ausgefallenen Pizzen (teilweise auch in veganer Variante möglich). Take-away. Schanigarten für 50 Pers. Behinderten-WC. €€

L'Osteria Bräunerstraße Bräunerstraße 11, Tel. 512 25 36 10, E-Mail: wien@losteria.at, www.losteria.at, takeaway.losteria.at (Take-away), Mo–Sa 11–24, So 12–24. Italienische Küche (Systemgastro-Konzept); Riesen-Steinofen-Pizza (reicht für 2 Pers., kann unterschiedlich belegt werden), Pastagerichte, Salate, Dolci, Wochenkarte mit Pastakreationen. Take-away; Kinderportionen, -sessel, Wickeltisch, Malsachen. Terrasse, Gastgarten und Schanigarten. €€

Buongiorno Rockhgasse 3, Tel. 533 75 16, www.meinemittagspause.at/pizzeria_buongiorno.html, Mo–Fr 11.30–14.30 (Fei geschlossen). Italienische Küche, Pizza (€ 9,50 bis € 13,–); Kinderspeisen, -sessel. Extrazimmer für 50 Pers. (zu mieten), Schanigarten für 50 Pers. €€

Cantina Friulana Bartensteing. 3, Tel. 890 64 96, E-Mail: osteria@cantinafriulana.at, www.cantinafriulana.at, Mo–Fr 11.30–14 und 17–23 (Fei geschlossen), Sa nach Absprache für Veranstaltungen geöffnet. Rustikale Spezialitäten aus dem benachbarten Friaul (TT € 10,50 bis € 11,40). Es gibt die beste Antipasti-Sammlung Österreichs: sauer marinierter Kürbis, saftige Peperonata oder hauchdünn geraspeltes Trockenfleisch vom Pferd und natürlich Prosciutto di San Daniele (Antipasti-Platte € 13,50). An Hauptspeisen wird z.B. Kalbsleber und wunderbar geschmorte Lammstelze mit Gemüse geboten, wenn Saison ist auch die sagenhaft guten Kutteln oder Fischspezialitäten. Weinkarte mit friulanischen Exoten von Ribolla bis Schiopettino. Dunkles Mobiliar, lange Theke. Schanigarten für 40 Pers. €€€

Cantinetta Allora – Cucina Italiana Universitätsring 8, Tel. 535 46 65, E-Mail: office@cantinetta-allora.at, www.cantinetta-allora.at, tägl. 11–24, Küche bis 23, am Wochenende bis 24. Ital. Küche (Businesslunch 2gg MM € 10,50 bis € 12,50), Pastagerichte, Fisch- und Fleischspezialitäten, Empfehlungen des Küchenchefs; heimisches Fassbier, ausgesuchte Weine aus Italien und Österreich sowie original italienischer Espresso. Schanigarten für 40 Pers. €€€

Cantinetta Antinori Jasomirgottstraße 3–5, Tel. 533 77 22, E-Mail: office@cantinetta-antinori.at, www.cantinetta antinori-vienna.at, täglich 11.30–24, durchgehend warme Küche bis 22.30. Toskanisch gestaltetes, großzügiges Lokal mit typischen Gerichten aus der Toskana und Weinen sowie Olivenöl exklusiv vom Weingut Antinori (eine Cantinetta Antinori existiert etwa auch in Florenz, Zürich, Moskau und Monte Carlo); saisonale Wochenkarte, eigene Trüffelkarte. Küchenchef: Lorenzo Dimartino. Kleine Portionen, Kindersessel. Ca. 30 offene Weine. Klimaanlage. Platz für 82 Pers. im Lokal, Schanigarten für 32 Pers. Reservierung empfohlen. €€€

Ristorante Pizzeria Cavaliere Köllnerhofgasse 4, Tel. 513 83 20, E-Mail: cavaliere@cavaliere.at, cavaliere.at, täglich 11–23.30. Italienische Küche (11–17 MM € 7,50 und € 8,50), Holzofenpizza, Pasta, Fisch und Fleisch; 20 italienische Weine; Kinderportionen, -sessel. Klimaanlage. Extrazimmer für 16 Pers. Tische für Gruppen bis zu 30 Pers. €€

Trattoria Da Angelo Liliengasse 3, Tel. 513 78 10, E-Mail: trattoria-da-angelo@gmx.at, www.trattoria-angelo.at, Di–Sa 11.30–14.30 und 18–23, Betriebsurlaub: 1 Monat im Juli/August, 2 Wochen im Februar. Saisonale Gerichte, Fischgerichte, Pastavariationen, Spezialitäten: Carpaccio di polipo, Ravioli mammma rosa, Spaghetti al vongole, Linguine pesto di rucola, Bruscchetta; Kinderportionen; ausschließlich italienische Weine. €€

Da Capo Schulerstraße 18, Tel. 512 44 91, E-Mail: dacapo@dacapo.co.at, www.dacapo.co.at, täglich 11.30–22. Ristorante-Klassiker schlechthin; italienische Spezialitäten, saisonale Gerichte, Nudeln, Fisch, Pizza vom Holzofen (€ 10,50 bis € 18,50) und eine gute Auswahl an À-la-carte-Gerichten – zählt zu den besseren Italienern der Stadt; Kinderportionen möglich, Kindersessel. Platz für 240 Pers. (inkl. Extrazimmer für 20, 35 und 50 Pers.). Gewölbekeller für bis zu 80 Pers. mietbar. Schöner Schanigarten für 80 Pers. Reservierungen nur für Innenräume. €€

Da Gennaro Bräunerstraße 4–6, Tel. 535 08 44, E-Mail: reservierung@ristorantedagennaro.at, www.ristoranteda gennaro.at, Mo–Sa 11–22. Italienische Spezialitäten, selbst gemachte Pasta, saisonale Tageskarte. Schanigarten für 40 Pers. €€€

Da Moritz Schellinggasse 6, Tel. 512 44 44, E-Mail: tisch@damoritz.at, www.damoritz.at, Mo–Mi 12–23, Do–Sa 12–24, Küche bis 22 bzw. 22.30. Lokal der Familie Huth mit modernem Design, gutem Service, toller Abendküche, attraktiven Angeboten für untertags oder den schnellen Imbiss; Gerichte vom Lavastein-Grill, Pasta, Huth-Pizza (Mo–Fr 12–15 2gg MM mit Pizza/Pasta € 12,90 oder mit Fleisch/Fisch € 13,90); Kinderportionen, -sessel, Wickeltisch. Begehbarer Weinkeller für 15 Pers. €€€

Osteria Ristorante Danieli Himmelpfortgasse 3, Tel. 513 79 13, E-Mail: ristorante@danieli.at, www.danieli.at, täglich 11.30–23, Küche 12–22. Pizza aus dem Holzofen, auch neue Kreationen, Antipasti, Fisch, Fleisch, wechselnde Tagesempfehlungen; große Weinkarte, Bouteillenweine glasweise; kleine Portionen, Kindersessel. Klimaanlage. 2 Extrazimmer für 20 und 50, Schanigarten für 50 Pers. Reservierung erwünscht. €€€

Osteria d'Atri Schauflergasse 4, Tel. 535 48 04, E-Mail: office@osteria-datri.at, www.datri.at, Mo–Fr 12–14.30 und 18–23, Sa 18–23, Küche bis 22.30. Kleiner Familienbetrieb mit italienischen Spezialitäten, großteils aus Apulien, Schwerpunkt Fisch und hausgemachte Pasta (TT ab € 12,–), Menüs (4gg ab € 56,–), Küchenchef: Ivan Giovannone; große Weinkarte mit österreichischen und italienischen Weinen, Sommelier: Mauricio d'Atri. Schanigarten für 10 Pers. OG barrierefrei. €€€

Pizza del Popolo Marc-Aurel-Straße 2a, Tel. 532 15 82, E-Mail: pizzadelpopolo1@gmail.com, www.pizzadelpopolo.at, Mo–Mi 11–24, Do 11–1, Fr, Sa 11–4. Pizza (klein ab € 4,–, groß ab € 6), Lasagne, Toast (2 Stk. ab € 4,–), Salate. TV. Schanigarten für 25 Pers. €

Fabios Tuchlauben 4–6, Tel. 532 22 22, E-Mail: fabios@fabios.at, www.fabios.at, Mo–Sa 9–1, Fei 12–1, Küche 12–23. Mediterranes Restaurant und Bar in der Innenstadt, stylish, elegant, professionell. Küchenchef ist Christoph Brunnhuber, es gibt Spezialitäten aus der mediterran-italienischen Küche. Terrasse für ca. 70 Pers. €€€

Ristorante Firenze Enoteca Singerstraße 3, Tel. 513 43 74, E-Mail: restaurant@firenze.at, www.firenze.at, täglich 12–23, Küche bis 22. Toskanische Spezialitäten; hausgemachte Pasta, große Fischauswahl; Mo–Fr 12–13.30 MM; Sonntagsschmaus; saisonale Spezialitäten (weiße Trüffel aus dem Piemont von Oktober bis Dezember); ca. 400 spezielle italienische Weine, großes Chianti-Weinlager (auch Weinverkauf); Kinderportionen, -sessel. Ital. Marmorportal aus dem 15. Jahrhundert, Wandfresken; Klimaanlage. Terrasse für 20 Pers. unter einer Markise. Hunde nur mit Leine und Beißkorb. €€€

Ristorante Fratelli Rotenturmstraße 11 (Eingang Ertlgasse), Tel. 533 87 45, E-Mail: office@fratelli.at, info@fratelli.at, www.fratelli.at, täglich 11.30–23.30. Spezialitäten aus der toskanischen Küche, Fisch- und Fleischspezialitäten; hauseigene, handgemachte Pasta; Pizza vom Holzofen; hausgemachte Süßspeisen; umfangreiche italienische Weinkarte. Gepflegtes Ambiente; Kindersessel. Klimaanlage; beheizter und gekühlter Schanigarten für 90 Pers. €€€

Grappino Schwarzenbergstraße 1–3, Tel. 513 20 04, E-Mail: ristorante_grappino@yahoo.it, www.ristorantegrappino.eatbu.com, Mo–Sa 11.30–2 (Fei geschl.), warme Küche 11.30–15 und 18–2. Kleiner Cityitaliener mit offener Küche, großer Bar, ein paar Tischen und einem sehr schönen Fliesenboden. Winzige Karte, handgemachte Nudeln, jeden Tag saisonale Tagesangebote; Kinderportionen; ausgesuchte italienische Weine. Schanigarten für 32 Pers. Kartenzahlung ab € 20,–. €€€

Il Cavalluccio Göttweihergasse 2, Tel. 512 22 11 14, E-Mail: office@cavalluccio.at, www.cavalluccio.at, Mo–Sa 11.30–22, durchgehend warme Küche. Italienische Spezialitäten, Antipasti, Pizza, Pasta; Fischspezialitäten wie Jakobsmuscheln (€ 17,50); ausgewählte italienische und österreichische Weine. Gewölbekeller (auch für Veranstaltungen und Feiern geeignet); Gastgarten für 40 Pers. €€€

Il Melograno Blumenstockgasse 5, Tel. 512 77 84, E-Mail: office@ilmelograno.at, www.melograno.at, Di–Sa, Fei 12–22, im August geschlossen. Italienische, mediterrane und apulische Küche, serviert mit mediterraner Lebensfreude. Verwendung frischer, saisonaler Zutaten sowie Wildfang-Fisch; Auswahl an ital., österr. und internat. Weinen. Kindermalsachen. Abends Pianomusik, wochentags abends Gesang. Für kleinere Veranstaltungen geeignet; separater Raum für 20 Pers., Schanigarten für 30 Pers. (ab Mai). Keine Hunde. Dresscode. Reservierung empfohlen. €€€€

Il Pennello Börseplatz 3, Tel. 532 40 12, E-Mail: office@ilpennello.at, www.ilpennello.at, Mi–So 11–22. Italienisches Restaurant und Pinseria (originale Pizza aus Rom: knuspriger Teig und reich belegt); besondere Gourmet-Pinsen und Spezialitäten aus den Regionen Italiens. Veranstaltungskeller mit bis zu 50 Sitzplätzen. Schanigarten. €€€

La Norma Franziskanerplatz 3, Tel. 512 86 65, E-Mail: info@lanorma.at, www.lanorma.at, täglich 11–24, Küche bis 22.30. Italienische Küche, Antipasti, Pizza, Fleisch, Spezialität: Scampi; italienische und spanische Weine; Kinderportionen, -sessel. Ab und zu Fr oder Sa Livemusik (italienisch, spanisch). Schanigarten für 20 Pers. €€

Trattoria La Scala Elisabethstraße 13, Tel. 587 19 58, E-Mail: office@lascala.wien, www.lascala.wien, täglich 11.30–23, durchgehend warme Küche. Italienische Küche, Pizza vom Holzofen (€ 9,90 bis € 15,90), Fisch- und Grillspezialitäten, z.B. 2kg Branzino in Salzteig für 4 Pers. (€ 160,–); ausgewählte Weine; Kinderportionen, -sessel. Musik im Hintergrund. Private Veranstaltungen möglich. Schanigarten für 44 Pers. Hunde mit Leine und Beißkorb. €€€

Ristorante Pizzeria L'asino che ride Augustinerstraße 12 (Ecke Dorotheerg. 19), Tel. 512 71 59, E-Mail: lasinocheride@hotmail.com, www.lasinocheride.at, täglich 11–23, Küche bis 22. Klassische italienische Küche, Holzofenpizza, Fisch, Pasta teilweise hausgemacht, saisonale Spezialitätenwochen, kleine Speisen; italienische Weine; Kindersessel; Menüs auf Vorbestellung. Schanigarten für 16 Pers. **€€**

La Sosta Schauflergasse 6, Tel. 532 91 26, E-Mail: info@lasosta.at, www.lasosta.at, Di–Sa 11.30–23, So 11–17, Fei wie jeweiliger Wochentag. Pizza, Pasta, Fleisch- und Gerichte mit Meeresfrüchten. Gastgarten für 16 Pers. **€€**

La Stella Bianca Opernring 3–5, Tel. 581 25 48, E-Mail: anto.lastellabianca@libero.it, täglich 8.30–21.30. Niederlassung einer süditalienischen Käserei; Antipasti; Patisserie; Espresso.

Lil'Italy Kärntner Straße 10, Tel. 512 62 34, E-Mail: office@lilitaly.at, lilitaly.at, täglich 11–22. Authentische neapolitanische Pizza (auch vegan), täglich frisch gemachte Pasta. Schanigarten für 60 Pers. **€€**

L'Osteria del Collio Himmelpfortgasse 17, Tel. 513 89 16, E-Mail: osteria@live.at, www.losteria-del-collio.at, Di–Sa 12–14 und 18–22 (Fei geschlossen). Familienbetrieb, kleine Osteria mit italienischen Weinen und gutem Essen; Pasta, Fleisch, Vegetarisches, Fischspezialitäten, keine Pizza; Tagesspezialitäten, saisonale Spezialitäten mit Weinempfehlungen (z.B. Trüffeln, Pilze, Spargel), vereinzelt Tagesangebote; von allen Speisen kleine Portionen erhältlich; Schauküche. Extrazimmer für 24 Pers. Sitzmöglichkeiten im Gastgarten. **€€**

Lubella Führichgasse 1 (Ecke Kärntner Straße 32), Tel. 512 62 55, E-Mail: info@lubella.at, www.lubella.at, täglich 11–23, warme Küche bis 23. Ital. und österr. Küche, Pizza vom Holzofen, Fleisch, Nudeln; Kinderportionen, -sessel. Service in 5 versch. Sprachen. Klimaanlage. Extrazimmer für 25, 2 Schanigärten für 16 und 39 Pers. **€**

Osteria Mangia e Ridi Kurrentgasse 12, Tel. 512 27 03, E-Mail: office@osteria-mangiaeridi.at, www.osteria-mangiaeridi.at, Mo–Fr 12–15 und 18.30–24, Sa 18–24, Küche bis 22. Haubenlokal mit authentischer mediterraner Küche aus saisonalen Produkten. Spezialität: frischer Fisch. Schauküche. Keine Pizza. Schanigarten für 35 Pers.

Trattoria Martinelli Freyung 3 (Palais Harrach), Tel. 533 67 21, E-Mail: martinelli@barbaro.at, www.barbaro.at, täglich 11.30–23.30, durchgehend warme Küche bis 22.30. Trattoria des ital. Top-Gastronomen Luigi Barbaro im Barockpalais Harrach, wurde 2022 renoviert und einem sanften Relaunch unterzogen. Auf der Karte findet man beliebte Klassiker wie Branzino in Salzkruste oder Calamari Fritti, aber auch kreative Neu-Kompositionen wie das Gebackene Parmesan-Ei oder eine Gourmet Pizza mit Sellerie-Trüffelcreme und Jakobsmuscheln; mehrgängige Menüs (3gg € 45,–, 4gg 59,–, 5gg € 65,–). Kinderspeisen, -sessel, Wickeltisch. Für Veranstaltungen wie Hochzeiten oder Firmenfeiern geeignet (Tel. 532 15 18, Frau Barbaro). Eigene Cocktailbar. Outdoor-Lounge-Bereich im wunderschönen Innenhof für ca. 120 Pers., im Sommer zusätzlicher Gastgarten auf der Freyung für 40 Pers. Mit einer Haube von Gault Millau und einem Michelin-Stern ausgezeichnet. **€€€€**

Matto de Pizza Tuchlauben 19, Tel. 0665/65 64 27 00, E-Mail: tuchlauben@mattodepizza.com, www.mattodepizza.com, Mo–Sa 11.30–22. Italienischer Pizza-Imbiss mit verschieden belegten Pizzastücken, z.B. „Funghi" mit gehobelten Champignons, gutem Fior di Latte und exzellenter Tomatensauce (€ 4,90). Take-away. **€**

Monte Ofelio Bar Schottenbastei Schottenbastei 2, Tel. 0676/331 24 74, E-Mail: schottenbastei@monteofelio.com, www.monteofelio.com, Mo–Fr 7.30–22. Zweites Lokal der Brüder Luca und Dario Formisano. Italienische Aperitivo Bar mit einer passablen Auswahl an Weinen, dazu gibt es Panini, Tramezzini und südländisches Lebensgefühl. Vormittags Cornetti mit unterschiedlichen Füllungen (Crema Pasticcera, Crema Pistacchio etc.), zur Weihnachtszeit auch Panettone; italienischer Kaffee, Naturweine und Cocktails (z.B. Negroni Sbagliato); alle Speisen und Getränke auch zum Mitnehmen. Klimaanlage. Schanigarten für ca. 18 Pers.

Ombra Café & Osteria Lugeck 7, Tel. 0676/603 82 29, E-Mail: office@cafeombra.at, www.cafeombra.at, Mo–Sa 12–24, warme Küche 12–15 und 18–22. Italienische Küche, kleine Speisen (ab € 4,50); italienische Eigenimportweine, Flaschenverkauf, Olivenöl. Schanigarten für 75 Pers. Behinderten-WC.

Pasta ... e basta Werdertorgasse 10, Tel. 796 65 42, 0664/502 92 39, E-Mail: office@pastaebasta.at, www.pastaebasta.at, Mo–Fr 10–15 (Fei geschl.), Küche 11.30–15. Kleine City-Nudelfabrik zum Zuschauen samt Weinbar, Geschäft und 3 großen Esstischen; an die 20 Sorten frische, gefüllte (viel vegetarisch!) und ungefüllte Pasta in der Vitrine, noch mehr Sorten im Lager; täglich wechselndes MM (€ 7,50 bis € 10,50); alle Speisen zum Mitnehmen (Tagesgerichte günstiger); Weine (Schwerpunkt Italien), Flaschenverkauf. TV. Kindersessel. Schanigarten für 40 Pers. Rollstuhlrampe. **€**

Pastamara Schubertring 5–7 (Hotel Ritz-Carlton), Tel. 311 88, E-Mail: vienna@ritzcarlton.com, www.ritzcarlton.com/vienna, täglich 10–23, warme Küche 12–14.30 und 17–23. Sizilianische Küche auf hohem Niveau. Saisonal wechselnde Speisekarte. Abends hausgemachte Teigwaren (€ 18,– bis € 28,–). Italienische Weinkarte. Cocktailwagen (Negroni). **€€€**

Pizza Bizi Rotenturmstraße 4, Tel. 513 37 05, www.pizzabizi.at, täglich 11–23.30, Küche bis 22. Großräumige, 2-stöckige

Pizzeria mit Selbstbedienung, Zusammenstellung des Menüs durch Wandeln von Standel zu Standel: verschiedene TT (€ 5,80 bis € 9,80), Pizza (€ 8,50), Pizzaschnitte (€ 4); Nudeln, Salat, Fleisch, Drinks; Kinderportionen, -sessel. 💳 €

Pronto Da Salvo Spiegelgasse 2, Tel. 0676/926 22 69, Mo–Sa 11–24 (Fei geschlossen), durchgehend warme Küche 11.30–22. Bar und Restaurant; gute, klassisch italienische Küche, Spezialitäten aus Sizilien, alles frisch gekocht, hausgemachte Pasta, Fischspezialitäten; Wein aus Sizilien. Schanigarten für 25 Pers. 💳 €€

Pizzeria Regina Margherita Wallnerstr. 4 (Palais Esterházy), Tel. 533 08 12, E-Mail: regina@barbaro.at, www.barbaro.at, tägl. 11.30–23.30, durchgehend warme Küche bis 23. Ital. Küche; Pasta, Fleisch u. Fisch; herrliche, weil authentische Pizzen (ab € 10,90), vom neapolitanischen Pizzabäcker im Ofen mit Vesuv-Gestein gebacken. Kinderfreundlich, Kindersessel, Wickeltisch. Für Veranstaltungen geeignet. Schöner Gastgarten im Innenhof für 110 Pers. 💳 €€

Rossini Schönlaterngasse 11, Tel. 512 62 14, Mo–Sa 12–14.30 und 18–23.30, warme Küche bis 22.30. Spezialitätenrestaurant; neapolitanische Küche, wechselnde Wochenkarte, Holzofenpizza, saisonale Pizza; kleine Portionen möglich. Schanigarten für 70 Pers. €€

Pizzeria Trattoria Salieri Seilerstätte 17, Tel. 513 86 48, E-Mail: office@salieri.at, www.salieri.at, täglich 12–15 und 17.30–23. Ital. Küche, Holzofenpizza (Mo–Fr 12–15 MM vegetarisch € 9,90, mit Fleisch € 11,90, Mittagsangebot Pizza und Pasta um € 9,90); italienische Weine; kleine Portionen, Kindersessel. Gemütlicher Weinkeller für 50 Pers. (für private Feiern zu mieten), Schanigarten für 80 Pers. 💳 €€€

Ristorante San Carlo Mahlerstraße 3, Tel. 513 89 84, E-Mail: SanCarloVienna@gmail.com, www.ristorante-san-carlo.at, täglich 11.30–23.30. Italienische, neapolitanische Küche; Pasta, Fisch, guter Wein, keine Pizza. Kindersessel. 50 Sitzplätze; Extrazimmer für 18, Schanigarten für 45 Pers. Reservierung empfohlen. 💳 €€€

Trattoria Santo Stefano Dorotheergasse 3–5, Tel. 512 15 31-86, E-Mail: trattoria@hotelgraben.at, www.kremslehnerhotels.at/de/trattoria-santo-stefano-wien, Mo–Sa 11.30–22, warme Küche bis 21.30. Wechselndes „Menu dello chef" (5gg € 48,–), Antipasti, Suppen, hausgemachte Pastaspezialitäten, Pizza; Kinderspeisen, -sessel; alle Speisen zum Mitnehmen; Weinkarte mit speziellen italienischen Weinen. Für Veranstaltungen mietbar. Schanigarten für 40 Pers. mit schöner Markise. 💳 €€

Sapori d'Italia Dominikanerbastei 22, Tel. 512 72 18, E-Mail: sapori@aon.at, www.sapori-italia.com, Mo–Fr 11–23, Küche bis 22.15, Sa, So, Fei für Gesellschaften nach Vereinbarung geöffnet. Frische italienische Küche, mit Leidenschaft und Handwerkskunst zubereitet. Tägl. 11–15 wechselnde Mittagskarte, ab 17 Abendkarte, Fischspezialitäten, saisonale Gerichte (z.B. Wild, Meeresfrüchte), Pizza, Pasta; große Auswahl an italienischen Weinen und Grappe; Kinderportionen, -sessel. Schanigarten für 60 Pers. (Mai bis Oktober). Hunde nur mit Leine und Beißkorb. 💳 €€

Settimo Cielo Singerstraße 3 (Hotel Royal, 10. Stock), Tel. 512 38 75, E-Mail: restaurant@settimocielo.at, www.settimocielo.at, Di–Sa 12–23, warme Küche bis 14.30 und ab 18. Verglastes Restaurant im 10. Stock mit Blick über Wien und auf den Stephansdom. Mediterrane Küche, Fischspezialitäten, Di–Sa täglich wechselnder Businesslunch, 4gg Candlelight Dinner (€ 45,–/Pers.), Sa 11–15 Tischbrunch (€ 40,–), saisonal wechselnde Karte; Kinderportionen, -sessel. Integrierte Weinbar mit großer Auswahl an italienischen Weinen; Weinverkostung nach Ankündigung. Für diverse Veranstaltungen von Pressekonferenzen bis Hochzeiten geeignet. Klimaanlage. Panoramabar; Platz für 70 Pers. (im Sommer 20 zusätzliche Sitzplätze auf der Terrasse). Hunde nur mit Leine und Beißkorb. 💳 €€€€

Ristorante Sole Annagasse 8–10, Tel. 513 40 77, E-Mail: office@ristorante-sole.at, www.ristorante-sole.at, täglich 11.30–24, durchgehend warme Küche bis 23.30. Italienische Spezialitäten, saisonale Gerichte; Pizza aus dem Steinofen, Pasta, Fisch, Fleisch. 2 Extrazimmer für je 30, Schanigarten für 50 Pers. 💳 €€€

Trattoria Toscana La No Annagasse 12, Tel. 512 03 60, E-Mail: office@lano.at, www.lano.at, Di–Sa 12–15 und 18–23 (Fei geschlossen). Toskanische Küche, täglich wechselnde Speisen; ausgewählte italienische Weine; Kinderportionen, -sessel. Schanigarten für 16 Pers. 💳 €€€

Vapiano Herrengasse Herrengasse 6–8, Tel. 533 72 72, E-Mail: herrengasse@vapiano.at, www.vapiano.at, Mo–Sa 11–22.30, So 12–22.30, Küche bis 22. Mediterrane Küche: Pizza, Pasta, Risotto, Lasagne, Salate, alle 2–3 Monate wechselnde Spezialitätenkarte. Gezahlt wird mit Chipkarte, die man am Eingang erhält. Schauküche; kindgerechte Möbel, Kindersessel, Wickeltisch. Schanigarten für 40 Pers. 💳 €€

Vapiano Moulin Rouge Walfischgasse 11, Tel. 512 22 77, E-Mail: moulinrouge@vapiano.at, www.vapiano.at, Mo–Sa 11–22.30, So 12–22.30, Küche bis 22. Vapiano-Filiale im ehemaligen Moulin Rouge; mediterrane Schauküche: Pizza, Pasta, Risotto, Lasagne, Salate, alle 2–3 Monate wechselnde Spezialitätenkarte. Gezahlt wird mit Chipkarte, die man am Eingang erhält. Essen zum Mitnehmen. Kindgerechte Möbel, Kindersessel. Schanigarten für ca. 88 Pers. 💳 €€

Viva La Mamma Dr.-Karl-Lueger-Platz 5, Tel. 512 16 45, E-Mail: tisch@vivalamamma.at, vivalamamma.at, Di–So, Fei 12–23, Küche bis 22. Italienische Küche (Di–Fr 12–15 2gg

MM mit Pizza/Pasta € 12,90 oder mit Fleisch/Fisch € 13,90); Kindersessel, Wickeltisch. Klimaanlage; Extraraum (z.B. für Feiern) für max. 50 Pers. €€

Volare Rotenturmstr. 17, Tel. 53 52 06, volarevienna.com, täglich 11–23, durchgehend warme Küche. Pizza, Pasta (€ 7,50 bis € 13,–), Fleischgerichte (€ 12,90 bis € 25,–). Kinderportionen, Kindersessel. Schanigarten für 25 Pers. €€

Xpedit Wiesingerstraße 6 (Ecke Biberstraße), Tel. 512 33 13-23, E-Mail: reservierung@xpedit.at, www.xpedit.at, Mo–Fr 11.30–24, Sa 17–24, warme Küche bis 22.30. Mischung aus Lagerhalle und ligurischer Osteria, regelmäßig wechselnde Speisekarte; feine Nudelgerichte (frische Pasta direkt aus Ligurien importiert), täglich neue saisonale Speisen von Ofen und Herd; Fleisch (Pollo, Wildschwein etc.), Muscheln und Fisch; Desserts; kleine Portionen möglich, Kindersessel. Schanigarten für ca. 75 Pers. Xpedit Lager: der kleinere Saal des Xpedit bietet Platz für private Feste und Veranstaltungen. €€

Japanisch

Akakiko E-Mail: info@akakiko.at, www.akakiko.at, Sushi, Maki, Bento, vegetarische Speisen, Gratis-Zustellung in ganz Wien (ab € 13,50, Tel. 057/333, Online-Bestellung möglich). Heidenschuß 3 (Ecke Naglergasse), Tel. 057/333-130, täglich 10.30–23, Küche bis 22.30. 54 Sitzplätze; Schanigarten für 28 Pers. Singerstraße 4, Tel. 057/333-140, täglich 10.30–23, warme Küche bis 22.30. 50 Sitzplätze. Rotenturmstraße 6, Tel. 057/333-190, täglich 10.30–23, warme Küche bis 22.30. Take-away. 96 Sitzplätze. €€

Daihachi Sushi Schottenring 26 (im Palais Hansen Kempinski), Tel. 317 99 81, daihachisushi.at, Mo–Fr 12–14 und 18–22 (Fei geschlossen). Japanisches Restaurant im Hotel Palais Hansen Kempinski (früher im Hotel de France angesiedelt). Traditionelle japanische Speisen wie Sushi, Sashimi und Donburi. €€€

Ebi 1 Teinfaltstraße 9, Tel. 532 96 17, E-Mail: office1@ebi-vienna.at, www.ebi-vienna.at, täglich 11–22, warme Küche bis 21.45. Sushi, Maki, auch warme Speisen. All you can eat à la carte: aus der Speisekarte können mittels Tablet so viele Speisen wie gewünscht geordert werden. Mo–Fr 11–17 Lunch (€ 13,95); Mo–Fr 17–22 Dinner (€ 20,95), Sa, So, Fei Dinner ganztägig (€ 20,95); Kinder bis 8 (€ 6,95), Kinder von 9–11 Jahren (€ 8,95). €€€

Yakiniku Restaurant Ganko Seilerstätte 2, Tel. 0677/630 96 355, E-Mail: ganko.wien@gmail.com, Di–So 11–15 und 17–22, Küche bis 14 und 21. Kleines Lokal mit japanischer und koreanischer Küche, Innereien und japanisches Wagyu-Beef, Schweinefleisch von der Fleischerei Höllerschmied; kleine Sake-Auswahl. Betreiber und Küchenchef: Zaw Zaw Tun. Lokal für 13, Schanigarten für 4 bis 6 Pers.

Little Koya Wipplingerstraße 32, Tel. 0664/203 76 76, E-Mail: knock@littlekoya.wien, littlekoya.wien, Mo–Fr 11–20 (Fei geschlossen). Japanische Spezialitäten wie Tantan, japanisches Curry oder Sushi; Take-away. €€

Matcha Komachi Hoher Markt 8-9, Tel. 0664/383 89 57, E-Mail: matchakomachi@hotmail.com, www.matchakomachi.com, täglich 11–22. Japanische Küche; auch vegetarische/vegane Speisen, Matcha-Getränke (ab € 3,90), Kaffee, Matcha-Süßigkeiten; Kirin Bier vom Fass. Take-away. €€

Mikata Izakaya Hohenstaufengasse 2, Tel. 0676/901 30 13, E-Mail: info@mikata.at, www.mikata.at, Di–Fr 11.30–15 und 17.30–22, Sa, So, Fei 12–22. Japanische Izakaya Gerichte, Hotpot (Shabu Shabu), kleine Speisen; Kinderspeisen und -sessel; Sake, Bier. Mo–Fr 17.30–19 Happy Hour. Lokal für ca. 50 Pers. €€€

Natsu Sushi Restaurant U-Bahn Station Museumsquartier (U2-Passage), Tel. 581 19 62, E-Mail: 7111583@qq.com, www.natsu-sushi.at, Mo–Sa 11–21. Take-away mit Nudelboxen, Sushi, Maki (Sushi-Sets mittel € 5,–/groß € 6,–), Sushi und Maki immer minus 50 %. 8 Sitzplätze. €

Neko Mahlerstr. 11, Tel. 512 79 55, www.neko-sushi-bar-wien.at, Mo–Sa 11–22.30. Sushibar mit Sushi und Maki sowie japanischer Küche (M € ab 8,90); Zustellung auf Anfrage. €€

Nihonbashi Kärntner Straße 44, Tel. 890 78 56, E-Mail: reservation@nihonbashi.at, www.nihonbashi.at, täglich 12–15 und 18–23. Original japanische Küche, Sushi, Sashimi (MM Mo–Fr, kein Take-Away), Desserts, Saisonkarte. Große Auswahl japanischer Getränke (Sake, Shochu, Umeshu, Whisk(e)y, Bier vom Fass). Take-away nach Vorbestellung. Kindersessel; Klimaanlage. Japanisches Zimmer in Anlehnung an ein Tatamizimmer; Private Dining Raum für 10 bis 12 Pers., im Untergeschoß Lounge, im Erdgeschoß Restaurant und im Keller Karaokebar (60.000 Titel, mehr als die Hälfte japanisch – echt japanische Karaokebar mit abgeschlossenen Karaokeboxen). Auch die Kellnerinnen sprechen ausnahmslos japanisch und tragen japanische Service-Kleidung. Gastgarten für 6 Pers. €€

o.m.k 1010 Hoher Markt 2, Tel. 212 36 48-01, E-Mail: order@omk1010.com, www.o-m-k.at, www.mochi.at, Mo–Sa 11–21.30 (Fei geschlossen). Ableger des o.m.k auf der Praterstraße und neuestes Mochi-Lokal. Asiatischer Gourmet-Shop mit japanischen Speisen zum Mitnehmen oder zum Essen vor Ort, z.B. Sushi, Donburi, Sandos; Kaffee, Matcha, reichliche Auswahl an Craft-Bier, einige Naturweine, hausgemachter Eistee. 25 Sitzplätze (es gilt first come, first served). €€

Ramen Makotoya Reichsratsstraße 11, Tel. 402 89 03, E-Mail: hello@ramen-makotoya.at, www.ramen-makotoya.at, Mo–Fr 11.30–22, Sa, So 12–22. Japanisches Franchise aus Osaka. Spezialitäten sind japanische Ramen mit kräftiger Rind- oder Hühnerbrühe (z.B. Gyujan Ramen mit weich gekochtem goldenem Ei in einer reichhaltigen weißen Rinderknochenbrühe mit dünnen Nudeln und saftigem Chashu-Schweinebauchfleisch) sowie eine breite Palette an japanischen Tapas und Dons sowie Desserts; Take-away, Zustellung. Kinderhochstuhl. Separée für 10 bis 20 Pers. (für kleine Events geeignet, techn. Raumausstattung (Musikanlage, TV) vorhanden); Sitzplätze im Lokal für 40, im überdachten Schanigarten für 30 Pers. €€

Shiki Krugerstraße 3, Tel. 512 73 97, E-Mail: info@shiki.at, www.shiki.at, Di–Do 18–24, Fr, Sa 12–24. Restaurant des Dirigenten und Geigers Joji Hattori. Moderne japanische Haute Cuisine mit europäischen Einflüssen; saisonale Menüs. Brasserie: mittags à la carte, Bento Boxen, Sushi-Spezialitäten; abends à la carte oder Menü. Bar: Kaffee, Cocktails, umfangreiche Barfoodkarte (z.B. Salate, Wagyu Burger, Contemporary Sushi, Süßspeisen etc.). Fine-Dining (Fr, Sa 18–24): unterschiedliche Degustationsmenüs mit Wahlmöglichkeit zwischen Fisch, Fleisch oder vegan. Schanigarten für 50 Pers. €€€€

Shoyu Ramen Seilerstätte 10, Tel. 941 50 18, 0676/393 80 60, E-Mail: info@shoyu.at, www.shoyu.at, Di–Sa 11.30–22 (Fei geschlossen). Japanische Spezialitäten: hausgemachte Ramen und Reisgerichte (ab € 11,90); vegetarische und vegane Speisen; alle Speisen auch zum Mitnehmen. Schanigarten für ca. 14 Pers. €€

Unkai Kärntner Ring 9 (im Grand Hotel Wien), Tel. 515 80-9110, E-Mail: unkai@grandhotelwien.com, www.unkai.at, www.grandhotelwien.com, Mi–Sa 18–23, So 12–14.30. Top-Japaner mit Delikatessen der japanischen Küche (Sushi, Sashimi, Teppanyaki und Shabu-Shabu); So 12–14.30 exklusiver Sushi-Brunch (€ 38,–), speziell und empfehlenswert sind die traditionellen, 6gg Kaiseki-Menüs (auch als vegetarische Variante); Take-away. Sushi-Kochkurs auf Anfrage (Tel. 515 80-1850, € 185,–/Pers.). Kindersessel; 2 Tatamizimmer für 2 bis 6, 2 Extrazimmer für 6 bis 8 (oder offen für 16), 2 Teppanyaki Tische für je bis zu 8 Pers., Terrasse mit 14 Tischen (gegen Voranmeldung). Behinderten-WC. €€€€

Koreanisch

Arikei Werdertorgasse 8, Tel. 0664/99 05 00 58, E-Mail: eat@arikei.at, www.arikei.at, Mo–Fr 11.30–14 (Fei geschlossen), je nach Saison auch abends geöffnet (s. Homepage). Koreanische Küche, z.B. Beef Bulgogi, Bibimbap, Spicy Pork Bulgogi, Jabchae Glass Noodles, Chicken Stew, Mandu (koreanische Teigtaschen), Kimchi, Fisch- und Veggie Bowls, diverse Sushi und Maki. Alle Speisen auch zum Mitnehmen. Kindersessel. Schanigarten. €

Ko:on Wien Walfischgasse 4, Tel. 512 23 45, surapopup.business.site, Di–So 12–20. Koreanisches Streetfood und Snacks.

Restaurant Sura Singerstraße 13, Tel. 512 84 26, E-Mail: info@sura.wien, www.sura.wien, täglich 11.30–23, warme Küche bis 21.30. Koreanisches Lokal mit authentischer Küche: Koreanisches BBQ, Kimchi, Bulgogi, Galbisal; aber auch japanische Speisen. Traditionelle Tischgrills. Klimaanlage. €€€

Yori Wiesingerstraße 8, Tel. 057/33 37 77, E-Mail: office@yori.at, www.yori.at, Mo–Do, So, Fei 11–15 und 18–23, Fr, Sa 11–15 und 17.30–23, warme Küche bis 15 bzw. 22. Koreanische Küche. Extraräume für Veranstaltungen für bis zu 40 Pers. (Untergeschoss, Karaoke-Abende) und für bis zu 20 Pers. (mit TV). Schanigarten für 40 Pers. €€€

Koscher

Alef-Alef Seitenstettengasse 2, Tel. 535 25 30, 0664/321 28 99 (Reserv.), www.alefalef.at, Di–Do, So 17–22, Fr, Sa, Fei nur bei Reservierung geöffnet. Koschere Küche, Mi ab 17.30 Abendbuffet (€ 36,–, Vorreservierung); koschere Weine aus Israel und dem Burgenland (Weingut Hafner), auch Flaschenverkauf; Kinderportionen, -sessel; Catering. €€€

Kroatisch

Kornat Marc-Aurel-Straße 8, Tel. 535 65 18, E-Mail: service@kornat.at, www.kornat.at, täglich 11.30–24, durchgehend warme Küche bis 23. Restaurant mit kroatisch-dalmatinischer Küche der neuen Generation; seit über 30 Jahren bekannt für frischen Fisch und Spezialitäten wie Brodetto nach Art des Hauses, Scampi buzara, Tintenfischrisotto uvm., bereichert um eine kreative Komponente; eine der besten Adressen für gegrillten Fisch und Meeresfrüchte in Wien (Fisch auf Wunsch aus Wildfang, € 0,80/dag, Austern ab € 5,90, lebender Hummer € 160,–/kg), stets frische Zutaten; die Weinbar zeichnet sich durch Topweine und Weinraritäten aus; Veranstaltungen für bis zu 40 Pers. (Weinverkostung nach Vereinbarung). Kleine Portionen, Kindersessel; Do–Sa dalmatinische Livemusik. Geschlossene Gesellschaften von 15 bis 200 Pers. Modernes Ambiente, verschiedenste Lichteffekte, intelligentes Soundsystem. Sehr schöner Schanigarten für 28 Pers. €€€€

Lateinamerikanisch

Qero Börsegasse 9/16, Tel. 532 03 95, E-Mail: office@qero-viena.at, www.qero-viena.at, Mo-Fr 11-24, Sa, Fei 17-24, warme Küche bis 22.15. Peruanische Küche (2gg MM € 11,-), z.B. Ceviches, Steakspezialitäten; Cocktails, Pisco, nationale und internationale Weine, Chicha Morada. Kindersessel. Schanigarten für 36 Pers. €€€

Levantinisch

Levante Restaurant Walfischgasse Walfischgasse 8, Tel. 513 03 15, E-Mail: info@levante.at, www.levante.at, Mo-Sa 11-22.30. Levantinische Küche; Kinderspeisen, -sessel. Schanigarten für 40 Pers. €€

Libanesisch

Elissar Johannesgasse 27, Tel. 512 82 82, E-Mail: office@elissar.at, www.elissar.at, täglich 11-24, warme Küche bis 23. Libanesisch-orientalische Küche, europäisch inspiriert; wechselndes MM. Catering. Lokal für Veranstaltungen (ca. 120 Pers.) zu mieten. Partyraum im Keller. Gastgarten für 60 Pers. €€€

Mexikanisch

Max & Benito Wipplingerstraße 23, Tel. 0677/61 05 13 21, E-Mail: info@maxbenito.at, www.maxbenito.at, Mo-Fr 11.30-20 (Fei geschlossen). Kalifornisch-mexikanische Küche; Burritos, Tacos, Bowls, Salate; auch vegane und glutenfreie Speisen. Schanigarten für 10 Pers. €

Max & Benito Rotenturmstraße 27, Tel. 0677/63 54 01 27, E-Mail: office@maxbenito.at, www.maxbenito.at, Mo-Fr 11.30-20.30, Sa, So 12-20.30 (Fei geschlossen). Kalifornisch-mexikanische Küche; Burritos, Tacos, Bowls, Salate; auch vegane und glutenfreie Speisen. Schanigarten für 10 Pers. €

Mexican Restaurant & Cocktailbar Salud Johannesgasse 23, Tel. 512 98 04, E-Mail: wien@salud.at, www.salud.at, Mo-Do 16-23, Fr, Sa 16-24. Mexikanisches Restaurant und Bar; Variationen mexikanischer Klassiker, Burritos, Quesadillas, Fajitas, argentinische Steaks, Spareribs, Burger, vegetarische Gerichte; umfangreiche Cocktail-Auswahl; Kinderspeisen, -sessel. 2 Extrazimmer für je 30, Schanigarten für 90 Pers. Reservierung empfohlen. €€

Taco Tante Johannesgasse 12, Tel. 0664/88 43 01 96, 0664/531 37 07 (Bestellungen für Take-away und Zustellung), E-Mail: hola@tacotante.at, www.tacotante.at, Mo-Sa 12-22 (Fei geschlossen). Mexikanische Spezialitäten wie Tacos, Bowls, Burritos, Burger, Salate, Steaks etc. Kinderspeisen, -sessel. Afterwork-Specials. Di Taco Tuesday (2. Lieblingstaco gratis + Happy Hour Special). Lokal kann für Feste und Feiern gemietet werden. Separater Veranstaltungsraum für 45 Pers. €

Orientalisch

Restaurant & Lounge Al Fayrooz Universitätsring 8, Tel. 533 84 11, 0699/15 33 84 11, E-Mail: info@alfayrooz.eu, www.alfayrooz.eu, Mo-Do 13-1, Fr, Sa 13-2. Orientalische Küche mit libanesischen Spezialitäten, kalte und warme Vorspeisen, vegetarische Speisen, Fisch; Holzkohlengrill; arabischer Kaffee. Fr DJ, Sa ab 22 arabische Livemusik mit Bauchtanz, Tanzmöglichkeit (Fr, Sa Reservierung empfohlen). Catering. Lokal besteht aus 3 Zelten. Auch für private Feiern mietbar. Hunde nicht erlaubt. €€

Habibi & Hawara Eins Wipplingerstraße 29, Tel. 535 06 75, E-Mail: office@habibi.at, habibi.at, Mo-Fr 11-15 und 17-24, Sa 18-24, Küche: 11-14.30 und 17-22. Orientalisch-österreichisches Lokal, das von Menschen mit Flucht- oder Migrationshintergrund gemeinsam mit österreichischen Kolleg*innen betrieben wird. Österreichisch-orientalische Fusionsküche; Mittagsbuffet 11-14.30 (€ 15,90 Buffetpauschale), abends 17-22 Set-Menü-Family-Dinner bestehend aus fixem, saisonal abhängigem, mehrgängigem Menü (€ 25,90, Kinder bis 10 Jahre essen gratis, Kinder bis 14 Jahre zahlen die Hälfte); viele regionale Zutaten (z.B. Bio-Fleisch von Labonca, Bio-Gemüse von Adamah); kleine Auswahl à la carte. Alle Speisen auch zum Mitnehmen in Mehrweggefäßen (mit Pfand); Catering. Klimaanlage. Gesamtes Restaurant für ca. 150 Pers., mehrere separate Räume (z.B. Galerie „Vogelnest" für 20, blauer Salon „Oriental Room" für 20 und Saal „Wüstenraum" für 40 bis 50 Pers.). Schanigarten für 80 Pers. €€

Hungry Guy Rabensteig 1, Tel. 0676/780 80 00, E-Mail: guy@hungryguy.wien, www.hungryguy.wien, täglich 11.30-23, Küche bis 22.30. Street Food-Restaurant im lässigen Industrial Chic. Der Fokus liegt auf multikultureller Vielfalt unter dem Motto „Open Kitchen - Open Mind". Offene Backstube und eigene Schauküche, bestellt wird an der Theke; täglich frisch gebackene Pitas mit verschiedenen Füllungen (auch vegetarisch und vegan). Spezialitäten: mit 13 Gewürzen hausgemachtes Schawarma am Spieß, Fesendschan (ein persisches Schmorgericht mit Huhn und Granatapfel), verschiedene Pita-Burger sowie große, handgeschnittene Pommes Frites. €€

Maschu Maschu Rabensteig 8, Tel. 533 29 04, E-Mail: maschu3@chello.at, www.maschu-maschu.at, tägl. 11.30-23. Orientalische und israelische Spezialitäten: Hummus, Falafel, orientalische Salate nach Wahl, auch vegetarische und vegane Speisen, Spezialität: Getränk Limonana. Alle Speisen auch zum Mitnehmen; Catering. Im Erdgeschoß Barbetrieb. Klimaanlage. Schanigarten für 20 Pers. €

Schesch Besch Schwarzenbergstraße 4, Tel. 512 84 44, E-Mail: orient@scheschbesch.at, www.scheschbesch.at, Mo-Do, So 10-24, Fr, Sa 10-2. Orientalische, kaukasische und internationale Küche (MM Mo-Fr 11-15 € 9,90, inkl. Getränk € 11,50); Frühstück ab 10 (€ 6,90 bis € 11,90). 4 TVs für Sportübertragungen; gelegentlich Veranstaltungen mit Livemusik und Bauchtanz; private Feiern möglich. Kindersessel, Wickeltisch. April bis Ende September Schanigarten für 70, Rest des Jahres für 30 Pers. €€

Speisen ohne Grenzen am Badeschiff Donaukanallände (zwischen Urania und Schwedenplatz), Tel. 0677/62 91 94 74, E-Mail: hallo@speisen-ohne-grenzen.at, www.speisen-ohne-grenzen.at, täglich 12-22, warme Küche 12-14.30 und 18-22, am Nachmittag Snacks und Salate. Traditionelle Speisen aus Afghanistan, Uganda, Somalia, Syrien und Tunesien, gekocht von Menschen, die ihre Heimat in den vergangenen Jahren verlassen mussten. Sa, So 11-14.30 Frühstück; Mi MM, das auch klimaschonend per Lastenrad im Mehrweggeschirr zugestellt werden (nähere Infos auf der Website). Gemeinnütziger Verein. Kinderportionen auf Anfrage, Kindersessel. Kochkurse (Termine und Infos siehe Website). Online-Reservierung erwünscht. Kartenzahlung ab € 10,- möglich. €€

Portugiesisch

A Barraca Hohenstaufengasse 7, Tel. 0660/346 57 37, E-Mail: schoeneressen@abarraca.at, www.abarraca.at, Mo-Fr 11.30-15.30 und 18-23, Sa 18-23. Reservierung erbeten (nach Anfrage auch außerhalb der Öffnungszeiten möglich). Winziges Lokal mit portugiesischer Küche auf hohem Niveau, angenehme Atmosphäre, beachtlich große Speisekarte: mittags typisch portugiesische Menüs (2gg MM € 14,50), abends tolle Auswahl mit allem, was zum portugiesischen Genuss dazugehört, legendäre Süßspeisen wie Pastel de Natas (hausgemacht und ofenfrisch); Spezialitäten: frischer Fisch und Meeresfrüchte, Stockfisch, hausgemachte Produkte wie Rohschinken, Schaf- und Ziegenkäse, Oliven und Olivenöl, Brot; ausschließlich portugiesische Weine; alle Produkte und Weine zum Verkauf; Kinderportionen auf Wunsch. Schanigarten für 4, Innenhofgarten für 14 Pers. €€€

Rumänisch

Restaurant Bukowina Ballgasse 6, Tel. 512 06 28, E-Mail: reservierung@restaurantbukowina.at, www.restaurantbukowina.at, Mi-So 12-22. Traditionelle rumänische Gerichte wie Krautrollen oder Forellen in Polentamantel; rumänische und moldawische Weine, Schnäpse aus der Region Bukowina. €€

Schweizerisch

Chamäleon Blutgasse 3, Tel. 0676/432 98 07, E-Mail: office@chamaeleon-vienna.at, www.chamaeleon-vienna.at, Mo-Sa, Fei 12-24, Küche bis 23. Schweizer Spezialitäten, kleine warme und kalte Speisen, verschiedene Variationen von Käsefondue (ab € 19,30) und Raclette (ab € 31,40); umfangreichere Variante auf Vorbestellung; Schweizer Kaffee. Für Veranstaltungen bis 30 Pers. zu mieten. Schanigarten für 20 Pers. €€€

Spanisch

Bodega Marqués Parisergasse 1, Tel. 533 91 70, E-Mail: reservierung@bodegamarques.at, www.bodegamarques.at, Mo-Sa 17-1, So, Fei 17-23, Küche bis 23.30 bzw. 22. Öffnungszeiten saisonal variabel (s. Homepage). Moderne spanische Küche, 30 interessante Kreativ-Tapas von Gerry Klöckl (€ 5,- bis € 20,-), Tortillas, Gambas, Serrano-Schinken, Tageskarte; an die 80 Weine aus Spanien. Im Herbst/Winter Fr, Sa spanische Livemusik; manchmal Verkostungen (Wein, Käse, Wurst etc.). Gastgarten für 50 Pers. €€€

Bodega El Gusto Mahlerstraße 7, Tel. 512 06 73, E-Mail: bodegaelgusto@gmx.at, bodega-el-gusto.eatbu.com, Mo-Sa 16-24 (Fei geschlossen), warme Küche bis 22.30. Spanische Spezialitäten; kalte und warme Tapas (ab € 4,40), vegetarische Speisen; erlesene spanische Weine. TV (Sky Sportsbar). Schanigarten für 16 Pers. €€

Ignacio Vinos e Ibéricos Salztorgasse 7, Tel. 922 08 51, E-Mail: hola@ignacio.at, www.ignacio.at, Mo-Sa 17-23 (Fei geschlossen). Klassische spanische Küche mit innovativen Akzenten, z.B. Sardellen an Piquillo-Paprika mit Olivenöl, geschmorte Rindswangerl (€ 14,90), handgeschnittener Jamon Ibérico (80g Teller € 21,90, 40g € 14,90); gemischter Teller Ibericos (€ 12,90 klein, € 18,90 groß, Sortiment vom Iberico Schwein & Käse); Weinbar; Weine und Feinkost aus Spanien, alles eigenimportiert (viele Produkte exklusiv in Österreich, z.B. Ventresca de Bonito, Chorizo mini in Cidre, Kabeljau in Cidre, Wildschweinragout mit Pilzen). Kaffee, diverse spanische Weine (rot, weiß, Schaumweine), Säfte. Weinverkostungen; immer wieder Veranstaltungen. Schanigarten für 25 Pers. €€

Lola Spanisches Tapas Restaurant Gonzagagasse 14, Tel. 532 30 71, E-Mail: reservierung@lolatapas.at, www.lolatapas.at, Mo-Fr 17.30-23, Küche bis 22. Spanische Spezialitäten und Tapas; spanische Weine, Cocktails. Schanigarten für ca. 30 Pers. €€€

Reserva Ibérica by Paco Wallnerstraße 5, E-Mail: info@reservaiberica.at, www.reservaiberica.at, Mo–Sa 12–22, So 13–20. Imbissbar mit Schwerpunkt Ibérico Schinken; Tapas wie Croquetas de Jamón Ibérico oder Tortilla Espanola. Spanische Weine. Terrasse für ca. 10 Pers. Keine Reservierung möglich. €€

Thailändisch

All Reis Bangkok Street Food Ballgasse 6, Tel. 890 26 05, E-Mail: allreis.bkkstreetfood@gmail.com, allreis.com, täglich 11–22, Küche bis 21.30. Zweiter Standort des Thai-Lokals in Rudolfsheim. Authentische, scharfe Thai-Küche. Schanigarten. €€

Patara Petersplatz 1, Tel. 997 19 38-0, E-Mail: email@patara.at, www.patara-wien.at, Mo–Sa 12–15 und 17.30–23, So, Fei 17.30–22, Küche bis 14.30 bzw. 22, So und Fei bis 21. Traditionell thailändische Küche im noblen Ambiente der thailändischen Restaurantkette Patara; Mo–Fr Lunch (€ 15,90 bzw. Dessert € 3,50); das Menü „Entdecke Thailand" (€ 74,–) oder das Degustations-Menü „Sawasdee" (€ 74,–), beide ab 2 Pers. mit mehreren kleinen Speisen (4gg, optional mit Weinbegleitung um € 24,50/Pers.), bieten einen schönen Überblick über die hervorragende Thai-Küche, z.B. butterweiche Hühnersatays in sensationeller Erdnusssauce oder wunderbar zarte Entenbrust mit knusprigem Thai-Basilikum. Tolle Zutaten, fantastisch gewürzt, präzise, schnörkellose Zubereitung. Schanigarten für 30 Pers. €€€

Türkisch

Ali's Grill Operngasse 14, Tel. 581 15 67, E-Mail: info@alisgrill.at, www.alisgrill.at, täglich 11.30–23. Türkische Restaurant-Kette mit gehobener Küche und Grillspezialitäten; umfangreiche Weinkarte (Weine aus Österreich, der Türkei, Italien, Frankreich und Chile); Cateringservice. Hunde nicht erlaubt. €€€

Ungarisch

Kardos Dominikanerbastei 8, Tel. 512 69 49, E-Mail: office@kardos.cc, www.kardos.cc, Di–Fr 11.30–14.30 und 17.30–22.30, Sa 17.30–22.30, Veranstaltungen auch außerhalb der Öffnungszeiten möglich. K.u.k.-Spezialitäten: österreichische, ungarische, slowenische, böhmische und Balkanküche in entsprechendem Ambiente, Spezialität: Gulasch und Rostbraten in versch. Variationen; 2gg MM; deutsche und englische Speisekarte; reichhaltige Weinauswahl (aus Österreich, Ungarn, Slowenien, Kroatien und Montenegro); Kinderportionen, -sessel. Livemusik auf Wunsch. Klimaanlage; Kellerbetrieb für Veranstaltungen für 2-mal 40 oder 1-mal 80 Pers. Laut NY Times Travel Guide „Best Hungarian Cuisine" in Wien. Österr. Umweltzeichen, Reservierung erbeten. Lokal für 140, Schanigarten für 16 Pers. €€€

Ilona Stüberl Bräunerstraße 2, Tel. 533 90 29, E-Mail: fodor.maria@aon.at, www.ilonastueberl.at, Di–So, Fei 11.30–22. Ungarisches Lokal seit 1957 mit ungarischer und Wiener Küche; Original Wiener Schnitzel vom Kalb, Kinderportionen, -sessel; ungarische Weine, ungarisches Bier und Schnaps. Speisekarte in mehreren Sprachen. Schanigarten für 20 Pers. €€€

Vegetarisch, vegan

Jola Salzgries 15, Tel. 276 09 48, E-Mail: contact@jola.wien, www.jola.wien, Mi–Sa 18–23, Mitte August bis Mitte September Sommerpause (genauer Termin s. Homepage). Veganes Restaurant mit mehrgängigen Abendmenüs (€ 110,–/Pers.). Verkocht und serviert werden viele Lebensmittel aus der Region, z.B. Gemüse von „Dirndln am Feld", Pilze von den Pilzbrüdern oder Weine von der Vinothek The Wine Rebellion. €€€€

Karma Food – 1010 Börse Wien Schottenring 17, Tel. 0676/919 80 12, E-Mail: hallo@karmafood.at, www.karmafood.at, Mo–Fr 11–14. Kleines Mittagslokal mit Schwerpunkt auf nachhaltiger gesunder Kost aus bevorzugt biologischen und saisonalen Zutaten. Ayurvedische Currys, Dal, bunte Bowls, Salate; ausschl. vegetar. und vegane Speisen und eine große Auswahl an glutenfreien Gerichten; wechselnde Tageskarte; hausgemachte Mehlspeisen; selbstgemachte Getränke wie z.B. Mango-Lassi, hauseigene Karma Coffee

Kaffeeröstung (geröstet mit Jonas Reindl Coffee Roasters) und Chai. Take-away in nachhaltiger Verpackung oder Karma Dabba. 8 Plätze im Lokal, Schanigarten für 8 Pers. €

Karma Food 1010 Laurenzerberg 3, Tel. 0676/913 80 12, E-Mail: hallo@karmafood.at, www.karmafood.at, Mo–Fr 11–14. Kleines Mittagslokal mit Schwerpunkt auf nachhaltiger gesunder Kost aus bevorzugt biologischen und saisonalen Zutaten. Ayurvedische Currys, Dal, bunte Bowls, Salate; ausschließlich vegetarische und vegane Speisen und eine große Auswahl an glutenfreien Gerichten; wechselnde Tageskarte; hausgemachte Mehlspeisen; selbstgemachte Getränke wie z.B. Mango-Lassi, hauseigene Karma Coffee Kaffeeröstung (geröstet mit Jonas Reindl Coffee Roasters) und Chai. Take-away in nachhaltiger Verpackung oder Karma Dabba. 8 Plätze im Lokal, Schanigarten für 8 Pers. €

Vollwertrestaurant Lebenbauer Teinfaltstraße 3, Tel. 533 55 56, E-Mail: lebenbauer.restaurant@gmail.com, www.lebenbauer.eu, Mo–Fr 11–15 und 17.30–22.30 (Fei geschlossen). Erstes Vollwert-Haubenrestaurant Österreichs; Vollwertgerichte, vegetarische und vegane Speisen sowie Fisch; häufig Weindegustationen. Diverse Menüvarianten für Feiern. Kindersessel, Wickeltisch. Extrazimmer für 15, Schanigarten für 30 Pers. €€

Pepper & Ginny – Vegane Veinkost Ballgasse 5, Tel. 0680/249 29 61, E-Mail: hello@pepperandginny.at, www.pepperandginny.at, Mi–Fr 11–20, Sa 11–18. Veganes Feinkostgeschäft mit ausschließlich veganen Produkten wie hausgemachtem Carrot Lox, Chutneys, veganen Käsespezialitäten oder Rohschokolade, die teilweise auch vor Ort zu verkosten sind, z.B. Carrot Lox Blinis mit Trüffelkaviar, Carrot Lox Sandwich mit Dillsenf oder eine Brettljause mit veganer Faux Gras mit Trüffel und veganem Bratlfett; Sa Brunch Menü; veganer Wein aus Österreich, Champagner aus Frankreich. Lokal und Schanigarten für jeweils 8 Pers.

Staudigl's Küche Wollzeile 25 (im Reformhaus), Tel. 512 42 97, E-Mail: office@staudigl.at, www.staudigl.at, Mo–Fr 9–18.30 (Imbiss), warme Küche solange Vorrat reicht. Täglich frisch gekochte, biologische Snacks, Salate, Suppen und Desserts zum Mitnehmen oder zum Essen an den Stehtischen. Vegan und vegetarisch. €

Superfood Deli Wipplingerstraße 3/4, Tel. 0660/968 65 82, E-Mail: sfdwest@hotmail.com, www.superfooddeli.at, Mo–Fr 8–15, Sa 10–15 (Fei geschlossen). Kleines Take-away mit Poke Bowls, Açaí Bowls, Frühstücksbowls; Smoothies. Alle Zutaten biologisch und vegan; plastikfreie Verpackungen. 4 Sitzplätze. €

Swing Kitchen E-Mail: office@swingkitchen.com, www.swingkitchen.com, Ressourceneinsparung und Nachhaltigkeit werden hier groß geschrieben: alle Speisen sind ausschließlich vegan, die Verpackungen und die Inneneinrichtung aus Naturmaterialien. Vegane Burger und Wraps, Softdrinks wie Swing Cola, Eistee, Himbeerkracherl usw.; Dessert: Irenes Tiramisu, Cheesecake etc. Take-away. Universitätsring 10, tägl. 11–22. Schwedenplatz 3–4 (Top 4–5), Mo–Do, So, Fei 11–22, Fr, Sa 11–23. Wiens erstes Bike-In (Pick-up-Stelle für Radfahrer*innen). Schanigarten. €

TIAN Restaurant Wien Himmelpfortgasse 23, Tel. 890 46 65, E-Mail: wien@taste-tian.com, www.tian-restaurant.com, Di–Sa 18–23 (Fei geschlossen). Kreative fleischlose Gourmet-Küche; Tasting-Menü von Paul Ivic. Die Weinkarte hat 150 Positionen, vor allem österreichische Naturweine sind auf der Karte zu finden. Kindersessel. Restaurant/Salon/Bar als Eventlocation buchbar. Behinderten-WC, Lift. Versand von Speisen im Glas via Onlineshop. €€€€

Veggiezz Salzgries 9A, Tel. 532 26 50, E-Mail: veggiezz.salzgries@outlook.com, www.veggiezzsalzgries.com, Mo–Do 10–22, Fr 11–22, Sa, So, Fei 12–22, Küche bis 21.30. Veganes Fastfood mit biologischen Zutaten; Bowls, Salate, Burger, Pasta; auch glutenfreie Speisen; hausgemachte Limonaden, Bio-Tees von Ronnefeldt, Zwickl und Ottakringer vom Fass, vegane Weine. Schanigarten für 18 Pers. €€

Veggiezz Opernring 6, Tel. 890 00 32, E-Mail: opernring@veggiezz.at, Mo–Fr 11–22, Sa, So, Fei 12–22, durchgehend warme Küche bis 21.30. Veganes Fastfood aus biologischen Zutaten; Bowls, Salate, Burger, Pasta; auch glutenfreie Speisen; hausgemachte Limonaden, Bio-Tees von Ronnefeldt, Zwickl und Ottakringer vom Fass, vegane Weine, hausgemachter Ingwer Prosecco. Schanigarten für 38 Pers. €€

Venuss Herrengasse 6–8, Tel. 890 83 09, E-Mail: herrengasse@venuss.com, www.venuss.com, Mo–Sa 11–21 (Fei geschlossen). Veganes Lokal mit vorwiegend biologischen, saisonalen und weitgehend regionalen Speisen und Zutaten, z.B. asiatischer Superfood Salat, bunter Linsensalat mit Haselnusscrunch, sardischer Fregolasalat mit weißen Bohnen, feines rote Rüben Tatar, Pilzrahmgulasch mit Spätzle, Potato Joe mit saisonaler Füllung, gefüllte Paprika. Man wählt vom Buffet und es wird auf eine Chipkarte gebucht. Zusätzlich gibt es eine tägl. wechselnde Genuss-Kombi (3gg, € 12,90) und ein reichhaltiges Dessertbuffet. Schanigarten für 20 Pers. €

yamm! Universitätsring 10, Tel. 532 05 44, E-Mail: reservierung@yamm.at, www.yamm.at, Mo–Sa 8–22.30, So 8–16.30. Ein vegetarisches, veganes, biozertifiziertes Konzeptlokal gegenüber der Uni – groß, modern, schnell, urban. Regionale und saisonale Gerichte (Mo–Fr MM mit Suppe oder Salat € 13,80), hauseigene Patisserie; Bioweine, hausgemachte Limonaden, Cocktails; Frühstück à la carte; Sa, So, Fei 10–15 Brunch; Take-away; Kindersessel, Wickelbereich, Spielecke.

Veranstaltungen, gelegentlich Livemusik. Galerie für Veranstaltungen zu mieten. Gastgarten mit gemütlicher Sitzlounge für ca. 50 Pers. Behinderten-WC. ♿ 💳 €€

Vietnamesisch

Dong Nai Franz-Josefs-Kai 31, Tel. 0699/11 09 20 17, E-Mail: thithuytrang20@gmail.com, dongnaiwien.at, Mo-Fr 11-15 und 17-22, Sa, So, Fei 13-22, durchgehend warme Küche. Vietnamesische Küche, wechselndes MM; Fisch, Fleisch, auch vegetarische Varianten. Kinderportionen. Schanigarten für 26 Pers. 💳 €

Ivy's Pho & Grill Wollzeile 17, Tel. 909 53 43, E-Mail: info@dotsgroup.eu, ivyspho.at, Mo-Sa 12-22. Vietnamesische Pho-Suppen mit Rind oder Chicken Curry mit Gemüse sowie Sushi. Schanigarten für 10 Pers. 💳 €€

Le Viet - Authentic Vietnamese Cuisine Stubenbastei 12, Tel. 512 02 18, E-Mail: office@saigon-vienna.at, www.leviet.at, Mo-Do 11.30-15 und 17.30-23, durchgehend warme Küche. Authentische vietnamesische Küche in feinem Ambiente, wechselnde TT. Restaurant für 30, Schanigarten für 25 Pers. 💳 €€€

Pho Linh Fleischmarkt 16 (im Hof), Tel. 513 19 47, E-Mail: pholinh1010@gmail.com, www.pholinh.at, Mo-Fr 11.30-15 und 17-21, Sa 17-21 (Fei geschlossen), warme Küche 11.30-14.30 und 17-20.30. Traditionelle vietnamesische Küche wie Pho, Curry oder vietnamesische Sommerrollen; Mo-Fr 2 wöchentlich wechselnde MM zur Auswahl, inkl. Suppe; Take-Away. Lokal für 12 bis 14, Gastgarten im Innenhof für 16 bis 18 Pers. 💳 €€

Pho Saigon Hegelgasse 17, Tel. 512 11 84, E-Mail: restaurant@phosaigon.at, www.phosaigon.at, Mo-Do 11.30-15.30 und 17.30-23, Fr, Sa 11.30-23, warme Küche bis 22.15. Traditionelle vietnamesische Küche (Mo-Fr MM ab € 10,90), Spezialitäten: vietnamesische Rindfleischsuppe, Gegrilltes, diverse Pho-Suppen; kleine Portionen möglich, Kindersessel. Verschiedene Weine, Cocktailbar. Schanigarten für 40 Pers. 💳 €€€

Vietthao Friedrichstraße 2, Tel. 585 20 31, E-Mail: vietthao290983@gmail.com, Di-Sa 17-22.30, warme Küche bis 22, Juli und Aug. Betriebsurlaub. Vietnamesische Hausmannskost auf einem Niveau, auf dem vietnam. Küche in Wien bisher selten zu bekommen war; Kinderportionen möglich, Kindersessel. Schanigarten für 30 Pers. 💳 €€

Bars

1010 Bar Café Seilergasse 21 (Ecke Plankengasse 2), Tel. 513 08 49, E-Mail: contact@1010.co.at, www.1010.co.at, Mo-Sa 12-1 (Fei geschlossen). Urbane Cafébar und Cocktailbar mit unaufgeregtem Retrofeeling und leichtem 80er-Jahre-Appeal; das Angebot an kleinen Happen ist zeitlos bis subtil retro, darunter wechselnde Sandwiches, Pasta, Salate und Suppen; guter Espresso von Mayer Kaffee, gepflegte Cocktail- und Likörkultur, Gin-Spezialitäten (auch eigens für die 1010 Bar Café destillierte). Gut gegliederte, abwechslungsreiche Sitzlandschaft mit Nischen, Separées, Sitzpodesten, Bänken und Loungebereichen; Schanigarten für 25 Pers. ♿ 💳

Astoria Kärntner Straße 32-34 (Eingang Führichgasse 1), Tel. 515 77, E-Mail: astoria@austria-trend.at, www.austria-trend.at/asw, täglich 11-22 (Bar), Frühstücksbuffet: Mo-Sa 6.30-10.30, So, Fei 6.30-11. Frühstücksbuffet um € 19,-; Snacks wie Toast; Strudel, Kaffee. 2 Seminarräume für 20-100 Pers. (im Hotel). Behinderten-WC. ♿ 💳

Atmosphere Rooftop Bar Schubertring 5-7 (im Hotel The Ritz-Carlton Vienna), Tel. 311 88, E-Mail: vienna@ritzcarlton.com, www.ritzcarlton.com/vienna, Mai bis September täglich 17-1 (Fei geschlossen) (im Winter geschlossen). Bar auf der Dachterrasse im 8. Stock mit Blick über Wien; handverlesene Auswahl an Cocktails aus lokalen Zutaten, Wein und Bier aus Österreich sowie eine kleine Speisekarte. 💳

Azul Postgasse 2, Tel. 0676/357 13 11, E-Mail: office@azul-bar.at, www.azul-bar.at, Fr, Sa 18-2. Cocktails; Imbisse (z.B. Antipastiteller, Käseplatte). Chillout-Musik; Beamer; Bar für Partys für 30 bis 100 Pers. zu mieten (Mindestkonsumation); Catering. 💳

Babuder's Tiefer Graben 22, Tel. 0699/11 00 62 46, E-Mail: office@babuders.at, www.babuders.at, Mi, Do 18-24, Fr, Sa 20-2, vor Fei geöffnet. Karaokebar. Imbisse (Toast, Chili ab € 3,90); offenes Bier (Zipfer), klassische Cocktails. Für Veranstaltungen jeder Art zu mieten (60 Pers.); Podium als VIP-Bereich reservierbar für bis zu 25 Pers. Schanigarten im Sommer bei Schönwetter für 24 Pers. 💳

Blaue Bar Philharmonikerstraße 4, Tel. 514 15 55, E-Mail: wien@sacher.com, www.sacher.com, täglich 17-24. Die legendäre Sacher-Bar, die gar nicht so aussieht wie eine Bar. Gerichte wie Sacher-Würstel oder Deluxe-Canapées; eigens kreierte Sacher Cocktails (ab € 14,-). Behinderten-WC. ♿ 💳

Blended Stubenring 4, Tel. 0660/746 65 74, blendedvienna.at, täglich 14-24. Shishabar. Fingerfood; Cocktails. Schanigarten für 40 Pers. 💳

Blue Bar Sonnenfelsgasse 17, Tel. 0699/18 32 22 87, E-Mail: reservations@blue-bar.at, www.blue-bar.at, Mo-Do, So 19-1, Fr, Sa 19-3. Cocktailbar; Longdrinks, Bier, Wein. Special Angebote (mit Losungswort - wird auf Facebook bekannt gegeben). Cocktails to go. Zutritt ab 18 Jahren.

BlueMoon Blumenstockgasse 5, Tel. 512 13 21, E-Mail: office@bluemoon.wien, www.bluemoon.wien, Di-Sa 19-23 (Fei geschlossen). Bar in einem Gewölbekeller. Drinks (€ 2,20 bis € 19,50), Sake, Biercocktail; Barsnacks, kleine kalte Platten (Salami, Käse etc.).

Bonbonniere Spiegelgasse 15, Tel. 512 68 86, E-Mail: bonbonniere.gaby@aon.at, Di-Sa 16-2 (Fei geschlossen), die ersten 2 Augustwochen geschlossen. Älteste Pianobar Wiens und Insider-Bar für Stammgäste; Kaffee, Cocktails. Ab 21 Pianomusik. Private Feiern bis 15 Pers. möglich.

Bristol Bar Kärntner Ring 1, Tel. 515 16-535, E-Mail: restaurant.bristol@luxurycollection.com, www.bristol-lounge.at, täglich 16-1, Küche bis 22.30 (ausgewählte Snacks bis 24). Im Art-Déco-Stil gehaltene American Bar mit gemütlich-exquisitem Ambiente; klassisches Barsortiment, erlesene Champagner, ausgefallene Eigenkreationen an Cocktails, exquisite Cognacs; kulinarische Kleinigkeiten aus dem Restaurant Bristol Lounge. Klimaanlage.

Bar Campari Seitzergasse 6, Tel. 532 35 53, E-Mail: info@barcampari.at, www.barcampari.at, Mo-Sa 11-24 (Fei geschlossen), Küche bis 22; Bar Sala Davide: Mo-Do 18-24, Fr, Sa 18-1. Italienische Küche, Aperitivobar mit Spuntini aber auch klassische mediterrane Gerichte von Salat bis Fisch. Veranstaltungen bis 280 Pers. möglich. Gastgarten für 36 Pers. Reserv. nur für die Bar Sala Davide möglich.

Cascade Bar Parkring 12a, Tel. 51 51 80, E-Mail: gutscheinshop@marriotthotels.com, www.gutscheinshop.at, www.viennamarriott.at, guest.iris.net/VIEAT, Mo-Fr 17-1, aktuelle Infos zu den Öffnungszeiten via Telefon bzw. E-Mail. Gemütliche Bar mit Live-Musik und kreativem Cocktail Angebot. Di-Fr 17-19 Happy Hour (2 for 1 drinks) sowie Snack-Buffet (optional um € 10,50 pro Pers.). Klimaanlage, Umweltzeichen. Behinderten-WC.

Chill out Salvatorgasse 6, Tel. 535 12 13, E-Mail: office@chillout-lounge.at, www.chillout-lounge.at, Mo-Mi 17.30-0.30, Do 17.30-1, Fr, Sa 17.30-2, Küche: Mo-Sa 18-21; Feiertagsöffnungszeiten: Do-Sa 18-1, So-Mi geschl. Internationale Snacks und Speisen (€ 5 bis € 15,50); Heineken vom Fass, Weinkarte, ca. 100 Cocktails (€ 8,- bis € 16,50), täglich 18-20 Cocktail Happy Hour (Cocktails € 8,-/ alkoholfrei € 7,-). Vernissagen. 3 Bereiche für insgesamt 180 Pers. (200 m², für Veranstaltungen exklusiv oder bereichsweise zu mieten, div. technisches Equipment vorhanden). Schanigarten für 50 Pers.

City Bar Tiefer Graben 19, E-Mail: office@citybar.at, www.citybar.at, Fr, Sa 20-3, vor Feiertagen 20-3. Kleine, gemütliche Schwulen-Bar (100% hetero-friendly). Imbisse (Toast); Cocktails. Lichteffekte; Videowall. Schanigarten.

Civediamo Bar Köllnerhofgasse 6, Tel. 997 13 18, E-Mail: bar@civediamo.at, www.civediamo.bar, Mo-Sa 14-22, auf Anfrage sind geschlossene Veranstaltungen möglich. Italienische Bar und Shop mit Spezialitäten aus Italien unter dem Motto „Dolce far niente" („Süßes Nichtstun"). Div. Antipasti; frisch gezapfter Prosecco vom Fass (14-16 Prosecco Happy Hour), zahlreiche Sprizz-Variationen. Catering. Schanigarten. Fast alle Spezialitäten können auch im Shop erworben und mit nach Hause genommen werden.

Weinbar Coburg Coburgbastei 4, Tel. 518 18-130, E-Mail: reservierung@palais-coburg.com, www.palais-coburg.com, Do-So ab 17. Kleine Speisen (€ 3,- bis € 21,-); großes Weinangebot, internat. (glas-/flaschenweise), Weinverkostungen auf Anfrage. TV. Klimaanlage. Behinderten-WC.

Cristall Café Lounge Seilerstätte 2, Tel. 0676/577 60 80, Mo-Sa 18-4 (Fei geschlossen). Kleine Wiener Küche, div. Speisen auf Anfrage (saisonbedingt); Cocktails, großes Angebot an Whisky und Champagner. Wöchentlich Veranstaltungen. Großbild-Plasma-TV, Klimaanlage, offener Kamin. Gastgarten für 20 Pers.

DINO's Apothecary Bar Salzgries 19, Tel. 535 72 30, E-Mail: info@dinos.at, www.dinos.at, Di-Do 15-2, Fr, Sa 15-3. Gute Adresse für einen guten Drink. Cocktails (ab € 11,-): Signaturekarte mit über 70 Eigenkreationen und „Das Archiv" mit ca. 350 Klassikern. Bar-Snacks (Hotdog, Empanada, Toast, Hühnersuppe). Gastgarten für 12 Pers.

Dosage Fleischmarkt 16, Tel. 0664/132 72 63, E-Mail: allo@dosage.at, www.dosage.at, Di-Do 18-24, Fr, Sa 17-1. Champagner-Bar. Winzer-Champagner von 20 Häusern, auch Jahrgangs-Champagner. Auch Biere, Weine, Gin Tonic. Kleine Snacks wie Beef Tatar (€ 14,-), Trüffelchips (€ 5,-), Käse, Kaviar. Online-Shop.

Drakon Drachengasse 3, Tel. 0699/19 01 98 07, Mi-So, Fei 18-2. Bar gegenüber dem Theater Drachengasse. Bar-Snacks (Käseplatte, Toast, russischer Salat). Regelmäßig Live-Musik (Jazz), Mi, So Veranstaltungen; Fotoausstellung; besondere, von einem Künstler gemalte Wand. Schanigarten für 4 Pers.

Bar 13 Himmelpfortgasse 13, Tel. 512 05 22, E-Mail: kontakt@bar13.at, www.bar13.at, Mo 19-4, Di-Sa 17-4, So 18-4. American Bar mit großer Auswahl an Cocktails, Spirituosen (40 Whiskeysorten, Rum- und Wodkaspezialitäten, Gin, Tequila, Mezcal etc.), 10 bis 12 Weine, Flaschenbiere: Trumer, Heineken, Corona; Espresso, frisch gepresste Fruchtsäfte; Toast.

Enrico Panigl Schönlaterngasse 11, Tel. 513 17 16, E-Mail: enricopanigl30@gmail.com, www.enrico-panigl.at, Mo–Fr 18–4, Sa 10–2. Antipasti (Piatto della Casa, Panini, Formaggi); gute Auswahl an internationalen Weinen; regelmäßig Weinverkostungen. Gute, klassische italienische Musik. Klimaanlage. Hunde nur mit Leine und Beißkorb.

Hotel Europa Bar Kärntner Straße 18 (im Austria Trend Hotel Europa Wien, Eingang Neuer Markt 3), Tel. 515 94-0, E-Mail: europa.wien@austria-trend.at, www.austria-trend.at, täglich 8–0.30. Hotelbar mit Snacks; kleine Auswahl an Cocktails (ca. € 7,70).

Everybody's Darling Tuchlauben 22, Tel. 0664/105 05 50, E-Mail: office@everybodysdarling.at, reservation@everybodysdarling.at (Reservierungen), www.everybodysdarling.at, Mo–Do 10–2, Fr, Sa 10–4, Küche 11.30–21.30. Tagesbar: vormittags Kaffeebar, nachmittags Aperitivo-Bar, abends Cocktailbar; Küche von TV-Koch Alexander Kumptner (Spezialitäten: Kumptners Trüffelei, Gratinierte Himbeeren); mehrgängige Menüs (vegetarisch od. mit Fleisch) im exklusiven Fine Dining-Bereich „Esszimmer"; Signature Drinks wie Matcha Margarita. Interieur vom Architektenteam The Blacksquare. Schanigarten.

Filmbar Augustinerstraße 1 (im Filmmuseum), Tel. 0699/10 88 88 34, E-Mail: filmbar@filmmuseum.at, www.filmmuseum.at/besucherinformationen/filmbar, täglich 11–23. Lokal im Filmmuseum im Sinne einer italienischen Aperitivo-Bar. Kaffee, Drinks, ital. Snacks. Schanigarten für 42 Pers.

Fino Wildpretmarkt 6, Tel. 0676/845 03 48 11, E-Mail: office@finowien.com, www.finowien.com, Mo–Fr 8–1, Sa 9–1 (Fei geschlossen). Frühstück bis 16, kleine Speisen, Fino-Platte mit Antipasti und Brotspezialitäten. Schanigarten für 15 Pers.

First American Bar Schulerstraße 16, Tel. 513 22 07, E-Mail: firstamericanbar@chello.at, www.firstamericanbar.at, Di–Do 18–2, Fr, Sa 18–3 (Fei geschlossen), Take-away Di–Sa 17–2. Snacks; über 200 Whisk(e)ysorten, über 260 Cocktails, Spirituosen, 60 Rumsorten, Veranstaltungen wie Faschings-, Halloween- und Silvesterfest. Gesamter 1. Stock gegen Konsumation zu mieten. Schanigarten für 20 Pers. Kleinhunde mit Leine und Beißkorb. Kartenzahlung ab € 15,–.

First Floor Seitenstettengasse 5 (Ecke Rabensteig), Tel. 532 11 65, E-Mail: drinks@firstfloorbar.at, www.firstfloorbar.at, tägl. 20–4. Eine der schönsten American Bars Wiens, 300 Cocktails (ca. € 7,– bis € 21,–), Whiskey, Rum. Do Livemusik: Jazz, Blues (ausg. Sommer). Ausstattung von Eichinger oder Knechtl, Interieur d. alten Mounier-Bar.

Cocktail Bistro Bar Francis Weihburggasse 18–20, Tel. 0699/18 99 12 07, E-Mail: francis.vienna@outlook.com, Mo–Do 16–2, Fr, Sa 16–4, So, Fei 16–24. Mediterrane Teller, kleine warme Speisen, gratinierte Brote, Süßes wie Torten und Macarons; Bier von der Innviertler Privatbrauerei Schnaitl, österreichische Weine, Cocktails, Premium-Spirituosen. Musikalische und literarische Veranstaltungen. Zeitungen; TV (Sky, Sportübertragungen). 2 Schanigärten für insgesamt 50 Pers.

Funky Monkey Sterngasse 11, Tel. 0664/224 40 24, E-Mail: office@funkymonkey.at, www.funkymonkeybar.at, Do 18–2, Fr, Sa 18–4, vor Fei 18–4. Longdrinks, Cocktails etc.; manchmal Veranstaltungen. Musikanlage, täglich variierendes Musikprogramm (gemischte Partymusik); Tischfußball (€ 1,–), Barbereich, Tanzfläche. Lokal unter der Woche (So–Do) bis maximal 100 Pers. zu mieten.

Golser Bier & Wein Bar Mahlerstraße 13, Tel. 0664/88 34 51 56, E-Mail: oper@pannonisch.at, www.pannonisch.at, Mo–Fr 16–24 (Fei geschlossen), geschlossene Gesellschaften auch außerhalb der Öffnungszeiten möglich. Ausschließlich Produkte aus dem Burgenland, Schmankerl wie Mangalitzasalami, Blunzen (Weltmeisterblunze von Meiringer), Leberaufstrich, auch Weißwurst; Craft-Bier: hausgebraute Saisonbiere (immer 5 vom Fass, z.B. Kastanienbier), Golser Bier, hausgemachte Mehlspeisen.

Golser Bier & Wein Bar Riemergasse 4, Tel. 0664/88 34 51 50, E-Mail: oper@panonisch.at, www.pannonisch.at, Mo–Fr 16–24 (Fei geschlossen), geschlossene Gesellschaften auch außerhalb der Öffnungszeiten möglich. Ausschließlich Produkte aus dem Burgenland, Schmankerl wie Mangalitzasalami, Rinderschinken, Blunzen (Weltmeisterblunze von Meiringer), Leberaufstrich, auch Weißwurst; Craft Bier: hausgebraute Saisonbiere (immer 5 vom Fass, z.B. Kastanienbier), Golser Bier, Pannonische Greißlerei mit Wurst- und Fleischspezialitäten, eingelegtem Gemüse, hausgemachten Aufstrichen, hausgemachte Mehlspeisen uvm.

Hannelore Bar Dorotheergasse 6–8, E-Mail: hannelore@horst-group.com, Mo–Sa 18–4. Hybrid aus Bar, Lounge und Club. Kleine Barsnacks; div. Cocktails, Highballs und Spirits. DJ (allerdings keine Tanzfläche).

Imperial Bar Kärntner Ring 16 (Hotel Imperial), Tel. 501 10-6339, E-Mail: imperialbarwien@luxurycollection.com, www.imperialvienna.com, tägl. 15–1, Küche bis 24. Ausgezeichnete Champagner- und Schaumwein-Karte, internationale Cocktails; So Brunch in den imperialen Festsälen sowie in der Imperial Bar (€ 85,–), Oktober bis April Sa Imperial Afternoon Tea (ab € 38,–). Fr oft Jazz Night.

Josef Cocktailbar Sterngasse 1, Tel. 532 20 44, E-Mail: office@josef-bar.at, www.josef-bar.at, Di–Sa 18–3. Cocktailbar mit sehr guter Spirituosenauswahl und Champagner und diversen Auszeichungen: 50 best Discovery, 50 best

Bars Austria, Mixology Bar Award, Falstaff 4 Gläser. Eigenkreationen von Philipp M. Ernst (World Class Winner Austria 2015, Barkeeper des Jahres 2022). Barfood, z.B. Josef Toast, Oliven. Schanigarten für 40 Pers.

Josef Highball Bar Sterngasse 3, E-Mail: office@josef-highballbar.at, www.josef-bar.at, Di–Sa 20–4. Highball Bar. Highballs und Cocktails, Barfood. Gelegentlich Events mit DJ.

Kaktusbar Seitenstettengasse 5, Tel. 0676/670 44 01, E-Mail: office@kaktusbar.at, www.kaktusbar.at, Mo–Do, So, Fei 19–4, Fr, Sa 19–6. Drinks, Longdrinks, Go-gos und Price Specials. Monatlich wechselnde Events; Flatscreen und Leinwand; Klimaanlage.

Kleinod – Die Bar Singerstraße 7, Tel. 512 03 25, E-Mail: office@kleinod.wien, www.kleinod-diebar.wien, www.kleinod.wien, Mo–Sa 19–3, So, Fei 19–20, Öffnungszeiten variieren (s. Homepage). Extra-schicke und mehrfach ausgezeichnete Bar; klassische Cocktails und Eigenkreationen (ca. € 10,- bis € 15,-), Gin Tonic-Variationen, über 80 Gin-Sorten; Snacks wie getoastete New York Bagels (€ 6,90). Hintergrundmusik.

Kleinod Prunkstück Bäckerstraße 4, E-Mail: prunkstueck@kleinod.wien, www.kleinod-prunkstueck.wien, www.kleinod.wien, Di–Sa 19–3, Öffnungszeiten variieren (s. Homepage). Cocktailbar, 3 Bars.

Kleinod Stadtgarten Johannesgasse 33, Tel. 0664/927 75 92, www.kleinod-stadtgarten.wien, Mai bis Oktober Mo–Mi 17–24, Do–Sa 17–2, Öffnungszeiten s. Homepage, im Sommer bei Schönwetter geöffnet. Italienische Küche mit Bar-Angebot vom Kleinod. Diverse Cocktails und Eigenkreationen. Garten für ca. 100, Lounge für 70 Pers.

König von Ungarn Bar Schulerstraße 10 (im Hotel König von Ungarn), Tel. 515 84-15, E-Mail: hotel@kvu.at, reservierungen@restaurantkvu.com, www.restaurantkvu.com, täglich 14.30–23.30. Bar im Atrium mit lebendem Baum in der Mitte als besonderer Blickfang. Wechselnde kleine Speisen (saisonbedingt). Spezialität: österreichische Weine. **€€€**

Kruger's American Bar Krugerstraße 5, Tel. 512 24 55, 15 12 24 55 (für Reservierung), E-Mail: office@krugers.at, www.krugers.at, Mo–Sa ab 18, So, Fei ab 19. Eine Bar, die an die 1930er-Jahre erinnern will; Originalledergarnituren aus den 20iger und 30iger Jahren wurden stilvoll renoviert und verleihen einen gemütlichen Clubcharakter. 260 Cocktails, Zigarren, Rum, Whiskey und Brandy. Täglich 18–20 Happy Hour (jeder Cocktail € 8,50); Snacks (ab € 2,90). Veranstaltungen. Schanigarten für 35 bis 40 Pers.

Kurrent-Treff Kurrentgasse 3, Tel. 535 31 25, E-Mail: kurrent@chello.at, Mo–Fr 16–1, Sa 18–1 (Fei geschlossen). Österreichische, italienische und spanische Weine; Kleinigkeiten zum Essen (ca. € 6,-). Gesamtes Lokal für Veranstaltungen zu mieten (max. 56 Pers.).

Lamée Rooftop Minibar Lichtensteg 4, Tel. 532 22 40, E-Mail: welcome@lameerooftop.com, lameerooftop.com, Mo–Fr 16–1. Rooftop Bar. Cocktails, Spritzer-Variationen, hausgemachte Limonaden, Weine vom Bioweingut Lenikus.

Le Club Franz-Josefs-Kai 29, Tel. 0699/11 33 88 60, E-Mail: office@leclub.at, www.leclub.at, Fr, Sa 22–4, vor Fei 22–4. Bar; Cocktails, Happy Hour, wechselnde Getränkeaktionen. Musik von 1960er bis aktuell; wechselnde Veranstaltungen. Private Feiern auf Anfrage. Schanigarten für 15 Pers.

Lemmon Bar Wolfengasse 1, Tel. 0699/11 96 15 72, E-Mail: karaoke@lemmon.at, www.lemmon.at, Di–Sa 18–2, vor Fei geöffnet. Karaokebar (über 20.000 Lieder); Cocktails (ab € 8,50), Caipirinha, Wodka, Longdrinks, diverse Getränkeaktionen, z.B. Fr, Sa 18–21 Happy Hour (Longdrinks € 5,-). Auf Anfrage Pokertisch.

Living Room Am Hof 2 (im Hotel Park Hyatt), Tel. 227 40 11 81, Mi–Sa 17–1, im Sommer geschlossen (aktuelle Öffnungszeiten s. Homepage). Hotelbar und Lounge im Park Hyatt Vienna. Große Auswahl an Cocktails und Spirituosen.

Lobby Lounge & Bar Schottenring 24 (im Palais Hansen Kempinski Vienna), Tel. 236 10 00, E-Mail: restaurants.vienna@kempinski.com, www.kempinski.com, täglich 12–24, Bar: 16–24. Bar und Lounge im Hotel Kempinski. Große Auswahl an Kaffee, Tee, Wein, Champagner, Cocktails, Longdrinks. 12–23 kleine Karte mit Tagesgerichten, 12–17 Afternoon Tea.

Loos Bar Kärntner Durchgang 10, Tel. 512 32 83, E-Mail: office@loosbar.at, www.loosbar.at, täglich 12–4. Schönste Bar der Stadt, wenn nicht sogar der Welt mit exklusiven Cocktails. Do, So DJane Mel Merio. Schanigarten für ca. 55 Pers. Bei Reservierung Mindestkonsumation von € 45,-/Pers.

Lukas.Café.Bar Schönlaterngasse 2, Tel. 513 50 90, E-Mail: cafe-lukas@aon.at, täglich 17–4. Gemütliche Wohnzimmeratmosphäre, seit mehr als 30 Jahren ein Lokal zum Wohlfühlen und zum Kennenlernen von Leuten; durchgehend kleine warme Speisen (z.B. Toast, Pizza); große Getränkeauswahl, Weine vom Weingut Pratsch, Biere vom Fass (Schladminger, Pils, Starobrno, Gösser), Cocktails; täglich 17–20.30 Feierabendbier 0,5L um € 3,10; Musik bunt gemischt; Großbildleinwand für Sportübertragungen. Klimaanlage; für Feste mietbar, oft Geburtstagsfeiern (Mindestumsatz € 10,-/Pers., keine Miete).

Suite Marnier Bar Schubertring 5-7 (im Hotel The Ritz-Carlton), www.ritzcarlton.com/vienna, Do-Sa 18-24. Versteckte Speakeasy Bar (Zugang via Pastamara).

Meinz Seitenstettengasse 5, Tel. 0660/388 33 33, E-Mail: bar@meinz.wien, www.meinz.wien, Di-Do 18-1, Fr, Sa 18-2. Cocktailbar mit Eigenkreationen, aber auch eine große Auswahl an Gin, Whisky, Wein und Champagner. Gastgarten für 56 Pers. (bis 24). Hunde im Gastgarten erlaubt.

Michaels Bier | Wein | Bar Heinrichsgasse 3, Tel. 0677/ 61 30 26 12, E-Mail: reservierung@michaels-bar.at, www.michaels-bar.at, Mo-Fr ab 16 (Fei geschlossen). Ausschließlich heimische Produkte aus den Bundesländern; regionale und saisionale Spezialitäten, Bier der Privatbrauerei Gols, österreichische Weine.

Morgans - Rum & More Judengasse 11, Tel. 0699/11 61 46 46, 0676/670 44 00 (Jürgen), E-Mail: office@gnadenlos.at, www.morgansbar.at, täglich ab 18, Schanigarten bis 23. Uriges Lokal im Piratenlook. Wieselburger vom Fass, 16 Flaschenbiere, mehrere Sorten Rum, Longdrinks, verschiedene Getränkeaktionen, breites Rum und Whisk(e)y-Sortiment. Gemischte Musik (Rock, Hardrock); Flatscreen, Darts. Schanigarten für 30 Pers.

Needle Vinyl Bar Färbergasse 8, Tel. 0660/535 23 25, E-Mail: contact@needlevinylbar.com, www.needlevinylbar.com, Mo-Fr 11-1, Sa, So 14-1, Fei wie jeweiliger Wochentag. Schallplatten-Bar. Die gemischte Musik mit Hauptaugenmerk auf Blues, Jazz und Rock´n´Roll kommt authentisch von der Platte. Hausbrand, weitreichendes Spirituosen-Angebot, Cocktails, Longdrinks, Biersortiment, österreichische Weine. Gastgarten für 6 Pers.

New York, New York Bar and Music Annagasse 8, Tel. 513 86 51, E-Mail: office@newyork-bar.at, www.newyork-bar.at, Di-Fr ab 18, Sa ab 20, Fei wie jeweiliger Wochentag. Barsnacks; klassische Cocktails, auch alkoholfreie, Single Malts, diverse Rumsorten; 18-20 Happy Hour. Evergreen-Musik der 1950er-Jahre (Schwerpunkt: Ratpack). Schanigarten für 28 Pers. (bis 24). Keine Hunde.

Nightfly's Club American Bar Dorotheergasse 14, Tel. 0699/17 12 87 67, 512 99 79, E-Mail: americanbar@nightflys.at, www.nightflys.at, Do-Sa ab 20. Klassische Cocktailbar mit über 250 Cocktails (€ 12,50 bis € 18,50), 300 Whiskeys, 130 Rumsorten etc., wechselnde Getränkeschwerpunkte. Musikrichtung: Mainstream-Jazz, Soul, Rat Pack; jeden 1. Do/Monat live Pianomusik (außer Juli/ August). Online-Bestellung für Take-away und Lieferung auf Anfrage möglich. Keine Hunde.

non + ultra Seitenstettengasse 3, Tel. 535 33 87, Mo-Do 19-2, Fr, Sa 19-4 (Fei geschlossen). Kleine Bar, keine Speisen; 8 Sorten Wodka (eingekühlt), Champagner, Sekt, große Auswahl an Cocktails, Weinkarte; immer wieder Getränkeaktionen. Ruhige Barmusik im Hintergrund.

Organics Sky Garden Wipplingerstraße 2, E-Mail: office@organicsskygarden.com, www.organicsskygarden.com, Mitte Mai bis Anfang August Mo-Sa 17-24 (bei Schlechtwetter geschlossen). Pop-up-Rooftop-Bar am Dach der niederösterreichischen Landesbank.

Pfiff & Co Kärntner Straße 10, Tel. 994 88 55, E-Mail: pfiffundco@chello.at, Mo, Do, Sa 10.30-24, Fr 10.30-2, So 11-21. Bierlokal; Imbisse u. Snacks; offenes Stiegl und Trumer Pils, 5 Flaschenbiere. TV. Schanigarten f. 72 Pers.

Planter´s Club Bar Zelinkagasse 4, Tel. 533 33 93-0, E-Mail: office@plantersclub.com, www.plantersclub.com, Mo-Do 17-2, Fr, Sa 17-3. Reichhaltige Auswahl an internationalen Uralt- und Edeldestillaten, Barkeeper aus der ganzen Welt; 300 Cocktails (ab € 12,-), Cognacs, große Rum- und Whisk(e)y-Auswahl; Mo-Sa 17-19 Happy Hour. Dazu serviert werden alle Speisen aus dem Restaurant Livingstone gleich nebenan. Fr, Sa: ab 21 DJ-Line. Die bestausgestattete Bar in Wien, Österreich und wahrscheinlich Mitteleuropa: Lederfauteuils aus England; Clubraum mit Oberlichte nach Vorbild der Hill Station in Darjeeling; Thekenraum im Holzgewand. Klimaanlage. Hunde nicht erlaubt. Rent Planter's Club Mobil: Cocktails und Ausstattung inkl. Service des Clubs für nahezu jeden Standort: 50 bis 500 Gäste können betreut werden.

Rainers Bar Postgasse 11/V, Tel. 276 73 50, Mo-Sa ab 17. Hier bekommt man neben Antipasti, Beef Tatar und diversen steir. Spezialitäten Weine von noch recht unbekannten, ausschließlich heimischen Winzer*innen, Tigerbräu, Zwettler Saphir und Weizen aus Bayern. Private Veranstaltungen für bis zu 40 Pers. möglich. Schanigarten für 15 Pers. €€

Roberto Bauernmarkt 11-13, Tel. 01 535 06 47, 535 06 47, E-Mail: mail@robertosbar.com, www.robertosbar.com, täglich 14-4. American Bar von Roberto Pavlovic-Hariwijadi. Schwarzer Samt ist Hauptthema, eindrucksvoll auch die Architekten-Lampe aus Ketten mit 88.000 Perlen. Design von Alexandra Pavlovic-Hariwijadi. 120 Cocktails; 16-18 gratis Aperitivo (Köstlichkeiten von Pöhl am Naschmarkt, z.B. Trüffelsalami, feiner Käse, Oliven). Schinken-Käse-Toast. Schanigarten. Keine Barzahlung.

Roberto Jasomirgottstraße 7, Tel. 532 26 46, E-Mail: mail@robertosbar.com, www.robertosbar.com, täglich 11-2. Im Sommer 2018 eröffnete Zweigstelle der erfolgreichen American Bar von Roberto Pavlovic-Hariwijadi; Design von Alexandra Pavlovic-Hariwijadi; 120 Cocktails; Schanigarten. Keine Barzahlung.

Roberto Marco-d'Aviano-Gasse 1, Tel. 890 86 72, www.robertosbar.com, tägl. 11–3. Jüngste Dependance der American Bar von Roberto Pavlovic-Hariwijadi. Schanigarten.

Ron Con Soda Seitenstettengasse 5 (Ecke Rabensteig), Tel. 0650/319 21 84, E-Mail: ronconsoda@icloud.com, www.ronconsoda.at, Di–Sa 19–4, vor Fei auch Mo und So geöffnet. Kubanische Rum-Cocktail-Bar; Snacks (€ 6,–); regelmäßig wechselnde Spezial-Drinks, Di und Do 19–1 Ladies Night (Cocktails/Drinks € 5,20 statt € 8,20). Kubanische Musik. Schanigarten für 30 Pers. Hunde mit Leine und Beißkorb.

Ruby Lissi Hotel & Bar Fleischmarkt 19, Tel. 20 55 51 80, E-Mail: lissi@ruby-hotels.com, www.ruby-hotels.com/lissi, täglich 0–24. Signature Cocktails und regelmäßige Verkostungen, sorgfältig ausgesuchte Weine regionaler Winzer*innen; italienische Snacks; Mo–Fr 6.30–10.30 und Sa, So 7–11 Frühstücksbuffet (€ 18,–/Pers.). Ruby Radio, regelmäßig Veranstaltungen. Keine Barzahlung.

Salim's Cocktails - Café - Snacks Mahlerstraße 12/Top 61 (in den Ringstraßen-Galerien), Tel. 0664/462 71 85, E-Mail: post@salims.at, www.salims.at, Mo–Do, So 18–4, Fr, Sa, Fei 18–6. Cocktailbar (Cocktails € 9,20 bis € 10,50, alkoholfrei € 7,20), immer wieder Getränkeaktionen, z.B. Cocktail Happy Hour 18–20 (-30%) u. 22.30–23.30 (-20%). Kleine Snacks (überbackene Tortillas, Käseplatte). Karaoke. Im oberen Stock Veranstaltungsraum für 35 Pers. (Musik- und Karaokeanlage, Mischpult und Plasma-TV, keine Raummiete und keine Reinigungskosten, Mindestkonsumation € 400,–). Schanigarten für 16 Pers.

Sputnik Bar Börsegasse 13-15, Mi–Sa 18–1. Cocktailbar von den Betreibern der Grellen Forelle. Die Cocktails mixen Laura Peez und Simon Oberschick, z.B. „Pussy Riot" oder „Bloody Mascha" (eine Bloody-Mary-Version mit Kren und Roter Rübe); Wodkas aus Frankreich, Japan und Österreich.

Stadtbar Hanuschgasse 3, Tel. 0660/675 16 81, E-Mail: info@stadtbar.wien, www.stadtbar.wien, Mi 17–24, Do 17–1, Fr, Sa 17–2. Bar mit mediterranem Flair. Umfangreiches Cocktailangebot, After-Work-Drinks; warme Snacks und Süßspeisen. Lokal und Gastgarten können auch für private Veranstaltungen wie Firmenfeiern oder Geburtstage gemietet werden.

Treehaus Johannesg. 14 (Ecke Schellinggasse), Tel. 0699/19 85 10 05, www.treehaus.at, Mi–Sa 17–2. Cocktailbar.

Truth and Dare Schönlaterngasse 4, E-Mail: drink@truthanddare.bar, www.truthanddare.bar, Di–Sa ab 18. Classic Cocktails und Signatures, wöchentlich wechselnder Drink of the Week im Miniformat (€ 7,–). Séparée für Feiern bis 20 Pers.

VINOGIN Fleischmarkt 28 (Ecke Postgasse 15), Tel. 0699/18 12 83 73, E-Mail: vinogin.bar@gmail.com, www.vinogin.at, Mo–Fr 18–24, Sa 18–1 (Fei geschlossen). Bar mit Fokus auf Gin; über 500 verschiedene Sorten Gin; Antipasti (Prosciutto, Pecorino, Oliven etc.). Schanigarten für 15 Pers.

Vino Laguna Judengasse 1, Tel. 0660/360 06 02, E-Mail: info@vinolaguna.at, www.vinolaguna.at, Mo, Di, Do 16–23, Mi, Fr, Sa 16–2. Über 20 Szigeti-Sekte und Frizzante; Snacks, Tapas und Antipasti. Weine mit Schwerpunkt Österreich, Kroatien und Serbien. Golser Premium vom Fass, Flaschenbiere, Longdrinks, Kaffeevariationen. Di Rosé-Tag, 16–19 „After Work" (alle Getränke -10%). Geschlossene Gesellschaften für ca. 30 Pers. möglich. Klimaanlage. 25 Sitzplätze.

Vis-a-vis Wollzeile 5 (Durchgang), Tel. 512 93 50, www.weibel.at, Mo–Fr, So 16–22.30, Sa 15–22.30 (Fei geschlossen). Weinbar seit 1985; kleines Speisenangebot (Oliven, Käsespezialitäten, Salami, Kärntner Wurst- und Speckspezialitäten); insgesamt 350 Weine aus aller Welt (Schwerpunkt Österreich), über 20 Weine glasweise, große Auswahl an Halbflaschen, weißer Sekt und Rosésekt von Bründlmayer, Spitzenweine aus dem Weinviertel, alle in den besten Gläsern serviert; burgenländische Rotweine; Weine im Granitfass ausgebaut. Hirter Bier vom Fass, Edelbrände, österr. Kren-Gin mit 19 verschiedenen Kräutern.

Vulcanothek Herrengasse 14/Top 19 (Palais Ferstel Passage), Tel. 532 16 58, E-Mail: vulcanothek@vulcano.at, www.vulcanothek.at, April bis August Mo–Sa 12–22 (Fei geschl.), im Winter können Öffnungszeiten variieren (siehe Homepage). Weinbistro und Feinkostgeschäft der Schinkenmanufaktur Vulcano; Verkostungen. Personalisierte Vulcano-Schinken. 20 Sitzplätze im Lokal u. 20 in der Passage.

Weinorgel Bäckerstraße 2, Tel. 513 12 27, E-Mail: office@weinorgel.at, www.weinorgel.at, Mo–Do 16–2, Fr, Sa 16–3, So 16–24. Auf Flüssigkeiten spezialisiertes Lokal; über 40 Weinsorten; Snacks (€ 4,50 bis € 8,90). Nomen est omen: Original Pospischill-Orgel spielt zu jeder Stunde. Schanigarten für 85 Pers.

Y Mini Bar Wollzeile 17, Tel. 0681/20 46 52 97, Mo–Sa 20–5. Cocktailbar von Martin Ho mit vietnam. Snacks.

Bistros

Apapika Bowls Kärntner Ring 3, Tel. 0677/64 32 02 00, E-Mail: apapikabowls@gmail.com, www.apapikabowls.at, täglich 11–21. Bowls in verschiedenen Variationen (Build your own bowl: € 9,80); Fusionsküche: „Hawaiiarabisch"; Take-away. Schanigarten für 8 Pers. €

Bistro 59 Kärntner Straße 59, Tel. 505 07 22, E-Mail: info@bistro59.at, www.bistro59.at, Mo–Fr 7–24, Sa, So, Fei 11–24, warme Küche 11.30–23. Wiener und internationale Küche, täglich wechselnde Mittagskarte, saisonale Spezialitäten; viele offene Weine. Schanigarten für 12 Pers. 💳 **€€**

Färber Färbergasse 8, Tel. 0699/18 35 25 53, E-Mail: contact@faerberwien.at, faerberwien.at, Mo 11–19, Di–Fr 10–19. Internationale und mediterran-orientalische Küche; verschiedene Tagesgerichte, meist ein veganes, ein vegetarisches und eines mit Fleisch (€ 7,90 bis € 10,90); Take-away. **€**

Hiddenkitchen City Färbergasse 3/1, Tel. 276 83 98, E-Mail: city@hiddenkitchen.at, www.hiddenkitchen.at, Mo–Fr 11–15 (Fei geschlossen), August geschlossen. Modernes Lokal; Tagessuppe (€ 4,50), mehrere Salat- bzw. Gemüsevariationen (klein € 6,50/groß € 9,50), 2 bis 3 HS (MM mit Suppe und Salat € 9,50 bis € 13,20), Eintopf (€ 10,90 bis € 11,90), Desserts (€ 4,20); Suppe und HS wechseln täglich, Salate, Eintöpfe und Desserts wöchentlich; alles ohne Konservierungsstoffe, Emulgatoren, Glutamat und Geschmacksverstärker; hausgemachte Limonaden und Eistee. Kindersessel. Take-away, Catering. Ca. 20 Sitzplätze im Lokal. 💳 **€**

il bosso Wollzeile 29, Öffnungszeiten siehe Instagram-Seite. Tapas-Bar und Bistro mit Delikatessenladen.

Kalou Schottengasse 4, Tel. 0664/75 54 35 75, E-Mail: info@kalou.at, www.kalou.at, Mo–Fr 11–20. Salate und Currys, große Salatbar (Salate können individuell zusammen gestellt werden); viele vegane Optionen; kleine Auswahl an Desserts. Take-away. **€**

Kenny's Opernring 1, Tel. 0681/10 66 53 53, E-Mail: opernring@kennys.at, www.kennys.at, täglich 11–20. Poke Bowl und Smoothie Bar; Poke Bowls (mit Fisch, Fleisch od. vegan), Suppen, Salate, Wraps, Waffeln; Smoothies, Kaffee. Essen in biolog. abbaubarer Verpackung zum Mitnehmen. Schanigarten für 10 Pers. 💳 **€**

Loca Deli Stubenbastei 12, Tel. 512 11 72, E-Mail: info@loca-deli.com, www.loca-deli.com, Mo–Fr 11–15. Internationales Streetfood mit lokalen Zutaten von österreichischen Lieferantinnen und Partnern. Hochwertige, lokale, frische, nachhaltige und vor allem gesunde Küche; low carb, selbst fermentiert und oft auch vegetarisch bzw. vegan. Schanigarten für 27 Pers. 💳 **€€**

Marco Simonis Bastei10 Dominikanerbastei 10, Tel. 512 20 10, 503 17 47, E-Mail: welcome@marcosimonis.com, www.marcosimonis.com, Mo, Di 10–19, Mi–Fr 10–22 (Fei geschlossen). Design- und Food-Shop mit ausgewählten Produkten; Mo–Fr ab 11.30 warme Mittagsgerichte, Bastei10 Spezialitäten Frühstück; Suppen, Salate, Snacks, Müsli etc., alles selbstgemacht; Brot vom Biobäcker, hausgemachte Tartes, Kuchen; ausgewählte Weine aus Frankreich, Italien, Deutschland und Österreich; Kaffee von Hausbrandt (eigene Mischung „Superbar"); Zustellung in ganz Wien sowie Take-away. Verkauf von Olivenölen, Gewürzmischungen, Limonaden, Accessoires uvm. Laufend Veranstaltungen (z.B. Verkostungen); Atelier für Events für bis zu 25 Pers. zu mieten. Behinderten-WC. ♿ 💳

neuDeli Wipplingerstraße 20, Tel. 0664/572 53 38, E-Mail: office@neudeli.at, www.neudeli.at, Mo–Fr 11–14.30 (Fei geschlossen), tel. Vorbestellung bis 11.30. Kleines, hübsches Deli; täglich wechselnde Karte und Standardkarte für diverse MM; Take-away (mit Mehrweggeschirr) und Zustellung. Gastgarten im Sommer für 8 Pers. 💳 **€**

O boufés Dominikanerbastei 17, Tel. 512 22 29 10, www.konstantinfilippou.com, Di–Sa 18–24, Küche bis 22.30. Charmantes Bistro von Konstantin Filippou mit 3 Hauben. Von Charcuterie bis hin zu warmen Gerichten der kreativ-mediterranen Art, z.B. Garnelen Saganaki, Rinderfilet-Stifado; Daily Specials, dazu eine sensationelle Auswahl an Naturweinen (u.a. aus Österreich, Frankreich, Deutschland, Italien, Kroatien). Schanigarten für 35 Pers. 💳 **€€€**

Paul & Vitos Petersplatz 11, Tel. 532 37 66, E-Mail: office@paulundvitos.wien, paulundvitos.wien, Mo–Do 15–24, Fr, Sa 12–24. Bistro mit Szeneküche. Große Auswahl an Weinen und Spirituosen.

Soupkultur Wipplingerstraße 32 (Ecke Börseplatz), Tel. 532 46 28, E-Mail: office@soupkultur.at, office@soupkultur.at, www.soupkultur.at, Mo–Fr 11.30–14.30. Internationales Suppen- und Salatangebot, wöchentlich wechselnd 6 frisch gekochte Suppen (auch vegetarische), saisonal wechselndes Salatangebot, Desserts; frisch gepresste Obst- und Gemüsesäfte. Zustelldienst ab € 20,– (s. Website). Schanigarten für 18 Pers. 💳 **€**

Topf & Deckel Wipplingerstraße 1, Tel. 0699/11 19 11 81, E-Mail: info@topfdeckel.at, topfdeckel.at, Mo–Fr 11–15. In rosa gehaltenes, kleines Bistro. Orientalisch-inspirierte Gerichte zum Mitnehmen und zum Essen vor Ort, vieles davon vegan. 💳 **€€**

Wiki Wiki Poke Wipplingerstraße 21, Tel. 946 67 62, E-Mail: aloha@wikiwikipoke.at, www.wikiwikipoke.at, Mo–Fr 11–21, Sa, So, Fei 12–21. Hawaiianische Bowls, individuell zusammenstellbar. Grundlagen sind Reis, roher Fisch, aber auch Huhn und Rindfleisch mit Gemüse und Toppings (jede Bowl ab € 10,80). Auch vegetarische und vegane Bowls. Hawaiianisches Bier. Take-away. 💳 **€€**

Cafés, Espressos

Caffè a Casa Hoher Markt 8-9, Tel. 13 19 02 66, E-Mail: info@caffeacasa.com, www.caffeacasa.com, Mo–Fr 7.30–18.30, Sa 9–18, So 10–18. Hauseigene Kaffeerösterei in Klosterneuburg; Espresso, Handfilter, Cold Brew. Wechselnde Sorten. Croissants, Brownies, Muffins. Bohnenverkauf, Kaffee zum Mitnehmen. Schanigarten für 8 Pers. Online-Shop für Kaffeebohnen.

Caffè a Casa Wipplingerstraße 32 (Börseplatz), Tel. 13 19 02 66, E-Mail: info@caffeacasa.com, www.caffeacasa.com, Mo–Fr 7.30–17, Sa 9–17, Sommeröffnungszeiten können abweichen (siehe Website). Hauseigene Kaffeerösterei in Klosterneuburg; Espresso, Handfilter, Cold Brew. Wechselnde Sorten. Croissants, Brownies, Muffins. Bohnenverkauf (auch über Online-Shop), Kaffee zum Mitnehmen. Gastgarten für 8 Pers.

Achterl Reichsratsstraße 13, Tel. 0664/200 32 00, E-Mail: achterl@palatin.at, Mo–Fr 10–23. Wiener Küche. Schanigarten für 30 Pers.

Ambassador – Café & Bar Kärntner Straße 22 (im Hotel Ambassador), Tel. 961 61-161, E-Mail: restaurant@ambassador.at, www.ambassador.at, täglich 7–24, Schanigarten tägl. (bei Schönwetter) 10.30–20. Cafe und Bar mit umfassendem Angebot an österreichischen Weinen, Champagner/Sekt, Cocktails, Wiener Kaffeespezialitäten und alkoholfreien Getränken. Kindersessel. Klimatisiert; Wintergarten für 20 Pers. mit Blick über den historischen Neuen Markt, Schanigarten für 80 Pers. auf der Kärntner Straße. Lift.

Babette's Am Hof 13, Tel. 533 66 85, E-Mail: amhof@babettes.at, babettes.at, August Mo–Fr 11–18, Sa 10–15, Sept. bis Juli Mo–Fr 11–19, Sa 10.30–17 (Fei geschlossen). 2. Babette's-Filiale mit über 70 Einzelgewürzen (auch offen zum Selbstabfüllen) und hausgemachten, ausgefallenen Gewürzmischungen und dem kompletten Kochbuchsortiment; Tartes und Kuchen; Kaffeeecke. Alles auch to go. Kochkurse (in der Filiale Schleifmühlgasse); Gutscheine erhältlich. Sitzplätze für 6–8 Pers. Keine Hunde.

Café Bendl Landesgerichtsstraße 6, Tel. 0660/624 54 08, E-Mail: cafe.bendl@gmx.at, bendl.wordpress.com, täglich 18–1, Küche durchgehend. Kleine Speisen, z.B. Brote, div. Wurstwaren, Suppen. Musicbox. Schanigarten für 20 Pers.

Bio-Cafe Blütezeit Laurenzerberg 1, Tel. 0699/11 11 55 06, E-Mail: beimolivenbaum@cafe-bluetezeit.wien, bluetezeit.wien, Mo–Fr 9–17, Sa 8.30–15. Café und Shop. Ganztags Frühstück wie Superfood-Bowls, belegte Brote und hausgemachte Cookies. Take-away. Das Sortiment ist biozertifiziert und überwiegend vegan. Zeitschriften, Bücher und Comics. Café für 20 Pers. (für private Feiern außerhalb der regulären Öffnungszeiten zu mieten). Schanigarten für 10 Pers.

CaffèCouture District 1 Freyung 2 (Palais Ferstel Passage), Tel. 0670/600 13 00, E-Mail: office@caffecouture.com, www.caffecouture.com, Mo–Fr 8–17, Sa 10–17 (Fei geschlossen). Zweites Kaffeegeschäft des vielfach ausgezeichneten Baristas Georg Branny. Kaffeerösterei und Shop. Kaffeespezialitäten; Obstkuchenvariationen. Coffee to go. Verkauf von High-End Kaffee-Equipment (Espressomaschinen, Mühlen etc.). Keine Reservierungen möglich. Lokal für Veranstaltungen buchbar. Gastgarten in der Passage (12 Pers.) und im Hof (16 Pers.) des Palais Ferstel.

Café Camus Eschenbachgasse 6, Tel. 1 410 22 80, E-Mail: camus@cckg.at, cafecamus.at, täglich 10–2. Frühstück; Mo–Fr MM (TT mit Suppe € 9,50); Snacks, Burger; Kaffee, Cocktails.

Café Caspar Grillparzerstraße 6, Tel. 957 67 93, E-Mail: reservierung@cafecaspar.com, Mo–Fr 11–23, Küche bis 21. Internationale und österreichische Küche. Ganztägig Snacks, Kuchen und warme Gerichte; saisonale Küche und vegane Schmankerl; hausgemachte Limos, Eistees und Säfte sowie Craft-Bier und ausgesuchte Weine. Regelmäßig Lesungen und Konzerte in Wohnzimmer-Atmosphäre. Nebenzimmer für Feiern und Seminare. Schanigarten.

Chilai Kärntner Ring 5-7 (Ringstraßen-Galerien), Tel. 512 06 68, E-Mail: chilai1@chilai.at, www.chilai.at, Mo–Do 7–24, Fr 7–1, Sa 8–1, So, Fei 8–24. Café-Bar-Lounge; Frühstück, Imbisse, Wiener Gerichte, Burger (ab € 13,–); Kindergerichte; hausgemachte Limonaden, offenes Heineken, Cocktails. Schanigarten für 120 Pers.

Cook – Café & Bistro Heldenplatz (im Weltmuseum Wien), Tel. 534 30-5180, www.cook-bistro.at, Mo, Do–So 10–18, Di 10–21, Öffnungszeiten richten sich nach denen des Weltmuseums. Café-Bistro im Weltmuseum Wien. Snacks wie Würstel, Toastvariationen, Wiener Klassiker, Salate. Ab 11.30 2 MM entweder mit Suppe oder Dessert (€ 9,20); 11.30–16.30 à la carte. Österr. Weine. Wickeltisch. Sitzplätze für 130 Pers. Hunde nicht erlaubt.

Daniel Moser Rotenturmstraße 14, Tel. 513 28 23, E-Mail: office@danielmoser.at, www.danielmoser.at, Mo–Mi, So 8–24, Do–Sa 8–2. An diesem Platz erteilte 1685 Kaiser Leopold I. einem Armenier namens Johann Diodato ein Privileg für das öffentliche Ausschenken des „thürkischen Gethränks Chava" (= Kaffee). Bagels, Mehlspeisen; eigene Kafferöstung (100 % Arabica), frischer Fruchtsaft (Orange und Grapefruit), Smoothies, Bier, Spirituosen, Wein. Gelegentlich DJ-Line. Schanigarten für 20 Pers.

Caffè Delia's Tuchlauben 8, Tel. 0699/19 69 20 01, E-Mail: office@caffedelias.com, www.caffedelias.com, Mo–Sa 8–24, So, Fei 10–24. Schickes Café mit kleinen feinen Imbissen (Croissant, Baguette, Wiener Kuchen) und einer verlockenden Getränkeauswahl: feine, eigens importierte Arabica-Kaffeemischung, selbst gerösteter Kaffee, Prosecco, Grappa; eigene Schokolade; Frühstück. TV; Klimaanlage. Netter Schanigarten für 60 Pers. Keine Hunde.

Dolce Pensiero Salzgries 9, Tel. 992 74 62, E-Mail: office@dolcepensiero.at, dolcepensiero.at, täglich 8–18 (Fei geschlossen). Ital. Konditorei mit wechselnden Kreationen; Kaffee, italienisches Frühstück, wechselndes MM (11.30–15, € 9,50) wie z.B. Panino, Risottobällchen, Salate, Tramezzini, Pasta etc.; alle Speisen auch zum Mitnehmen. Torten auf Bestellung. Catering. Schanigarten für 35 Pers.

Café Enzo by Testa Rossa Universitätsring 14, Tel. 532 36 09, E-Mail: office@cafe-enzo.at, enzo.wien, Mo, So 12–10, Di, Mi 12–11, Do 12–1, Fr, Sa 12–2, am Wochenende längerer Barbetrieb. Antipasti, Pizza und 2 Pastavariationen, verwendet werden ausschließlich hochwertige und original italienische Produkte, 12–16 Pizzaaktion (jede Pizza (groß) um € 9,90). Galerie im 1. Stock für 45, Schanigarten für 35 Pers.

Café Eskeles Dorotheergasse 11, Tel. 0660/511 09 47, E-Mail: info@cafe-eskeles.at, www.cafe-eskeles.at, Mo–Fr, So 10–18, Warme Küche bis 17. Café im Jüdischen Museum (auch für Nicht-Museumsbesucher*innen zugänglich); süße und salzige Snacks, Salate, Spezialitäten aus der israelischen und mediterranen Küche (4 MM € 7,50, ohne Suppe € 6,50); vegetarische und vegane Gerichte, hausgemachte Süßspeisen; Limonana, israelische Biere, koschere Weine. Behinderten-WC und Wickelraum im Jüdischen Museum. Schanigarten für 20 Pers.

Eugenio Schwarzenbergstr. 8, Tel. 358 32 58, E-Mail: info@eugenio.at, www.eugenio.at, Di–Sa 13–20. Urbane Café- u. Weinbar mit Delikatessenshop. Authentische ital. Spezialiäten wie Tramezzini, Antipasti, Pinsa Romana, Formaggi, Prosciutto, Salami, etc. Espresso aus hauseigener Röstung sowie Longdrinks und Grappa-Spezialitäten, erlesene Weine und Prosecchi zur Konsumation vor Ort oder für zuhause. Eugenios Beletage bietet exklusiven Raum für Feste, Vernissagen, Lesungen oder Clubveranstaltungen.

Café Exchange Georg-Coch-Platz 2, Tel. 0664/424 74 21, Mo–Do 10–18, Fr 10–22, bei Veranstaltungen länger geöffnet. Zum Angewandte Interdisciplinary Lab (AIL) gehörende Third-Wave-Espresso-Bar in der ehemaligen Kassenhalle der Otto Wagner Postsparkasse. Der Kaffee kommt von Prem Frischkaffee und Felix Kaffee und wird in einer La Marzocco Maschine zubereitet. Neben Espresso und Filterkaffee gibt es Matcha, hausgemachte Limonaden, Demeter-Säfte und selbst gebrauten Kombucha. Süße und pikante kleine Speisen ergänzen das Angebot. Vielfältiges Programm (u.a. Ausstellungen, Performances) und ausgewählte Lektüre, kuratiert vom Angewandte Interdisciplinary Lab.

Fenstercafé Fleischmarkt 9 (Durchgang Griechengasse), Tel. 0680/445 80 05, E-Mail: enjoy@fenster.cafe, fenster.cafe, täglich 8–20. Das Fenstercafé besteht nur aus einer Kaffeeküche und einem Fenster. Durch dieses werden Kaffeespezialitäten wie Espresso und Cappuccino gereicht. Spezialität: Fenstercino (der Kaffee wird in einem Stanitzel gereicht, das mit Schokolade überzogen ist). Im Sommer selbstgemachtes Softeis. Keine Barzahlung möglich.

Garten Café & Restaurant Parkring 12a, E-Mail: gutscheinshop@marriotthotels.com, www.gutscheinshop.at, www.viennamarriott.at, täglich 8.30–24. Café mit internationalen und lokalen Spezialitäten à la carte; Wiener Kaffeehausspezialitäten, hausgemachte Cheesecakes und Mehlspeisen, große Tortenauswahl, Tortenbestellung möglich; To-Go-Angebote; tägl. 18–23 Prime Time Dinner: 3-Gang-Wahlmenü (€ 48,–/Pers.); Kinderspeisen, -sessel. Klimaanlage. Umweltzeichen. Behinderten-WC.

Gerstner Café im Opernfoyer Opernring 2 (Eingang Herbert-von-Karajan-Platz), Tel. 512 20 86, E-Mail: staatsoper@gerstner.at, cafe-im-opernfoyer.gerstner.at, www.gerstner.at, täglich 10–22.30. Café in der Wiener Staatsoper. Süßes und Pikantes aus der Gerstner K.u.K. Hofzuckerbäckerei. Schanigarten unter den Opernarkaden.

Gerstner Café – Restaurant Kärntner Straße 51, Tel. 526 13 61, E-Mail: konditorei@gerstner.at, www.gerstner.at, täglich 11–17.30. Salon-Ambiente mit einzigartigem Blick auf die Wiener Staatsoper. Klassische Wiener Küche wie Wiener Schnitzel aus der Pfanne und wöchentlich wechselnder Mittagstisch mit saisonalen Gerichten (Mo–Sa); Desserts zur Auswahl aus der süßen Vitrine – u.a. Torten, Strudelklassiker, umfangreiches Confiserie-Sortiment. Gut sortierte Auswahl an österreichischen Qualitätsweinen, Schaumweinen von Schlumberger und Bio-Juices. Jeden So 11–14 Gerstner-Brunch (€ 95,– pro Pers., inklusive Schaumweine, Weine, Bier, alkoholfreie Getränke sowie Kaffee und Tee). Reservierung erforderlich.

Gerstner Shop – Bar Kärntner Straße 51, Tel. 526 13 61, E-Mail: konditorei@gerstner.at, www.gerstner.at, täglich 10–23. Einzigartiges Einkaufserlebnis im Gerstner Shop mit einem genussreichen Sortiment an handgefertigten süßen Kostbarkeiten aus der Gerstner Patisserie und Confiserie, wie Torten, Strudeln, Cupcakes, Petits Fours, Trüffeln, Konfekt, Pralinen und Schokoladen in edler Verpackung; Takeaway; Online-Versand; erlesene Geschenkideen; Hochzeits- und Geburtstagstorten (gegen Vorbestellung). Im 1. Stock Bar in Wohnzimmer-Atmosphäre mit einzigartigem Blick auf die Wiener Staatsoper und einem umfangreichen Schaumweinsortiment von der Sektkellerei Schlumberger, süßen und pikanten Snacks sowie Kaffeespezialitäten; Frühstück tägl. 10-12. Gastgarten.

Cafe Giacomo Aragall Stephansplatz 9 (Hotel am Stephansplatz), Tel. 534 05-0, E-Mail: welcome@hotelamstephansplatz.at, www.hotelamstephansplatz.at, Mo-Do 11-19.30, Fr, Sa 11-21, Frühstück: Mo-Fr 6.30-10, Sa, So, Fei 6.30-11. Café, Lounge; täglich Frühstücksbuffet (€ 30,-); kleine Speisen, z.B. Antipasti, Lachsroulade, Suppen, kitchen on demand (HS auf Anfrage); Kuchen und Torten; Auswahl an österreichischen Weinen. TV. Fensterpanorama mit Blick auf den Stephansdom. Klimaanlage. Extrazimmer (Seminarräume) für bis zu 25 Pers. für Feiern zu mieten. Keine Hunde.

Gustav Emil Paula Paula Babenbergerstraße 7, Tel. 997 10 42, E-Mail: office@gepp.wien, www.gepp.wien, Mo-Sa 7.30-19. Kombination aus Café, Konditorei und Friseursalon. Traditionelle Wiener Kaffeehausspezialitäten wie Nusstorte, Mohntorte, Schokotorte, Topfentorte, Apfelstrudel, saisonale Früchtestrudel, div. Plunder, Topfengolatschen, hausgemachtes Müsli, Porridge uvm. aus der hauseigenen Konditorei. Mo-Fr 11-14 MM, Mo-Fr 7.30-11 und Sa bis 14 Frühstück. Alle Speisen auch zum Mitnehmen. Bilderbücher, Wickeltisch. Sitzplätze im Café für 50 Pers., 6 Schneideplätze im Friseursalon. Schanigarten. Seiteneingang barrierefrei, Behinderten-WC. Tische und Friseurtermine auch online buchbar.

Café Gutruf Milchgasse 1, Tel. 533 95 62, Mo-Sa 11-23 (Fei geschlossen), Küche bis 22. Legendäres Klein-Lokal aus der Zeit, als Weggehen in Wien noch ungewöhnlich war, Qualtinger und viele andere saßen hier. Wiener Küche, Imbisse, Palatschinken, Steak, Leber, Nudeln und sensationelle Chinagerichte; Kaffee, Biere, ausschließlich österreichische Weine. Klimaanlage.

illy Caffè Habsburgergasse Habsburgergasse 14, Tel. 295 10 10, E-Mail: office@illy1010.com, www.illy.com, täglich 8-22. Italienisches Café; Frühstück und Lunch-Angebot, Fingerfood und Süßigkeiten; italienische Köstlichkeiten (wechselndes Angebot; vegane Optionen möglich); mehr als 20 Kaffeerezepte von illy; saisonale Kaffevariationen; großes Angebot an Tee- und Schokoladenvariationen sowie kühlen italienischen Getränken (Limonaden, italienisches Wasser); Aperitivo im italienischen Stil. Angrenzender Shop und Onlineshop (Kaffee, Kaffeetassen, Zubehör etc.).

Café Bar Il Toro Rudolfsplatz 1, Tel. 0660/526 01 73, E-Mail: cafe@iltoro.at, www.iltoro.at, Mo-Do 12-24, Fr 12-4, Sa 18-4 (Fei geschl.). Café-Bar; Bier vom Fass, italienische Weine, Longdrinks und Aperitifs. TV; Lokal für Feiern bis 100 Pers. geeignet (keine Raummiete); Catering möglich (ab € 10,-/Pers.); Live-Musik. Schanigarten für 80 Pers.

Kaffeeküche U-Bahn Station Schottentor (Schottentor-Passage 8), www.kaffeekueche.at, Mo-Fr 7-19 (Fei geschlossen). Handwerklich gefertigter Kaffee mit kurz gebrühtem Espresso und frisch geschäumter Milch; große Kaffeeauswahl, z.B. Schoko-Kaffee, kaltes Kaffee-Frappé, geeister Milchkaffee etc.; heiße Schokolade dunkel oder weiß, div. Tees, Chai mit Milch, Himbeer-Frappé; Brioches vom französischen Bäcker (auf Wunsch frisch gefüllt), echte Pariser Kipferl, getoastete Sandwiches; Kaffee aus einer kleinen Rösterei in Graz (tribeka), auch entkoffeiniert, Milch aus dem Wienerwald; jeder Kaffee auch mit Soja-, Hafer- oder laktosefreier Milch ohne Aufpreis möglich; alles zum Dortessen oder zum Mitnehmen. Die Architektur der Kaffeeküche stammt von Chieh-shu Tzou und wurde für den Adolf Loos Staatspreis nominiert.

Kaffee Rösterei Hawelka Dorotheerg. 7, E-Mail: office@hawelka.at, www.hawelka.at, Di-Sa 11-18. Café-Bar des Café Hawelka schräg gegenüber. 6 versch. Röstungen.

Kaffein Stoß im Himmel 3, Tel. 0676/722 18 09, E-Mail: homebase@kaffein.at, www.kaffein.at, Mo-Fr 8-18, Sa 10-18 (Fei geschlossen). Third Wave Coffee Shop mit laufend wechselnden, hochwertigen Single Origins und Blends, erfahrene Baristas sorgen mit der La Marzocco Modbar für eine konstant hohe Qualität der Zubereitung. Hausgemachte Kuchen und Torten, Frühstück, Mittagessen, Snacks, Gebäck von der Holzofenbäckerei Gragger; frische Säfte, Bio-Wein, Beer Buddies Bier. 100% biozertifiziert. Gastgarten im Innenhof unter 500 Jahre alten Arkaden.

Kleines Café Franziskanerplatz 3, täglich 10-2. Gemütliches Café mit traditioneller Küche; Snacks (ab ca. € 3,-); Fassbier, Weine, Kaffee. Gestaltung Hermann Czech, Besitzer Hanno Pöschl. Kult. Schanigarten für 36 Pers.

Billardcafé Köö www.billardcafe.at, Pizza, Snacks, Cocktails. Salzgries 1, Tel. 535 87 75, E-Mail: office@billardcafe.at, m.bojo@billardcafe.at, Mo-Fr 9-2, Sa 10-4, So, Fei 12-2, Club Fragezeichen: Fr, Sa 18-4. Billardcafé; Frühstück; Burger, 15 Pooltische, 2 Snookertische, vormittags ermäßigte Billardpreise; Flatscreen. Im Untergeschoß: „Club ?" (300 m²). Schanigarten. Dorotheergasse 6-8, Tel. 513 02 13, E-Mail: revuebar@billardcafe.at, Mo-Do 10-24, Fr, Sa 10-2, So 12-24. Pizza; 11 Pool-, 3 Snookertische, 1 Caramboltisch (Mo-Fr bis 16, Sa bis 13 günstiger Tarif); 2 Dartautomaten, 5 Flatscreens, 2 Beamer mit Leinwand.

Lieben Wir Gonzagagasse 5, Tel. 0660/214 26 13, E-Mail: shop@liebenwir.at, www.liebenwir.at, Mo-Fr 9-19, Sa 10-16. Cafe und Concept Store. Kaffee und Kuchen sowie vegane Energyballs. Kaffeebohnen und Kaffeezubehör auch zu kaufen (auch über Onlineshop).

Mae Aurel Salzgries 3, Tel. 968 70 93, E-Mail: info@mae aurel.com, www.maeaurel.com, Mo–Fr 8–22, Sa 9–22, So, Fei 9–17. Café, Brasserie, Bar. Frühstück, Brunch (ganztags), Mittagsgerichte, Dinner. Kindersessel, Wickeltisch. Schanigarten für 50 Pers.

Operncafé Mastny Operngasse 4, Tel. 512 33 96, www .kaffeehaus-wien.at, Mo–Fr 7–20, Sa 9–20 (Fei geschl.). Ganztägig Frühstück (€ 6,50 bis € 9,50); Imbisse wie Suppen, Toast, Spaghetti, Schinkenfleckerl, Sandwiches (€ 2,50 bis € 6,50); hausgemachte Mehlspeisen, Strudel, Zaunerschnitte. Filzstifte, Micky-Maus-Hefte für Kinder. Lokal für 60, Schanigarten für ca. 6 Pers.

Meinls Cafébar Graben 19, Tel. 532 33 34-6300, E-Mail: kaffee@meinlamgraben.eu, www.meinlamgraben.eu, Mo–Do 9–19.30, Fr 8–19.30, Sa 9–18 (Fei geschlossen), in der Schanigartensaison So und Fei je nach Wetterlage geöffnet. Cafébar im Eingangsbereich vom Meinl am Graben. Rund 30 Kaffeespezialiäten; hausgemachte Süßspeisen aus der eigenen Pâtisserie, kleine Snacks. Nationale und internationale Zeitungen. Schanigarten für 70 Pers. (März bis November bis 23). Behinderten-WC.

METRO Kinobar Johannesgasse 4 (im Metro Kinokulturhaus), Tel. 512 18 03, E-Mail: metrokino@filmarchiv.at, reservierung@filmarchiv.at, www.filmarchiv.at/info/metro -kinobar, täglich 14–23, zu Festivalzeiten je nach Spielplan auch schon früher geöffnet. Kaffeespezialitäten, hausgemachte Süßspeisen und Snacks, regionale Weine, Bier und Spirituosen. Schanigarten für 15 Pers. Hunde im Foyer und Schanigarten erlaubt.

Café Milano Stubenring 24, E-Mail: cafe.milano24@gmail .com, Mo–Fr 8–2, Sa, So, Fei 10–2. Imbisse (Toast); 2 offene Biere (Trumer, Budweiser). TV; Schach, Karten. Schanigarten für 30 Pers.; bemerkenswerte Keramikfassade (unter Denkmalschutz).

Mocarello Caffè Bar Wollzeile 1–3, Tel. 0699/18 25 98 26, E-Mail: info@mocarello.at, www.mocarello.at, Mo–Sa 8–17 (Fei geschl.). Frühstück 8–14 (€ 5,50 bis € 12,90); Mo–Fr mittags wechselnde TT (ab € 8,20), Tageskarte mit Panini und Snacks (€ 4,50 bis € 5,50), Kuchen (€ 3,20 bis € 4,40), Weine und Antipastiteller; eigene Kaffeeröstung, Tees, frisch gepresste Säfte. TV. Catering. Abends für Feiern mietbar.

Café Motto am Fluss Franz-Josefs-Kai (zwischen Marienbrücke und Schwedenbrücke), Tel. 252 55 11, E-Mail: cafe@ mottoamfluss.at, www.mottoamfluss.at, täglich 8–24. Café und Patisserie am Sonnendeck der Twin-City-Liner-Landebrücke; kleine, aber sehr interessante Karte mit feinen Salaten, Sandwiches, Burgern und internationalen Tagesgerichten; MM mit Suppe oder Salat (Fisch/Fleisch, vegetarisch bzw. vegan); Mo–Fr 8–11.45, Sa, So, Fei 8–16 Frühstück. Mit Tischen und Loungemöbeln gesäumte Terrasse für 120 Pers. (bis 22). Onlinereservierung erbeten.

NBR Originell Wiener Kaffee Wipplingerstraße 25, Tel. 533 03 43, E-Mail: info@nbr.wien, Mo–Mi 12–16 (Fei geschlossen). Kaffee direkt von der Wiener Kaffeemanufaktur Naber und hauseigener Kaffee wie z.B. Kaffeemischungen, die von Ernst Naber für NBR kreiert werden. Stehcafé; Feinkost. Galerie, Atelier.

Café Neko Blumenstockgasse 5, Tel. 512 14 66, E-Mail: office@cafeneko.at, www.cafeneko.at, täglich 10–20. Wiens erstes Katzencafé nach japanischem Vorbild, in dem man die 5 Vierbeiner Moritz, Luca, Kurumi, Sonia und Thomas streicheln kann (wenn diese das wollen). Die Katzen stammen aus dem Wiener Tierschutzhaus und können sich bei Bedarf in einen eigenen Raum zurückziehen. Hausgemachte Kuchen, japanische Picknick-Lunch-Snacks (€ 5,50) und Bento-Box (€ 9,90); Kaffee (auch in kalter Form nach japanischer Zubereitung), japan. Tee, Säfte von österr. Bauern. Keine Hunde.

Opernring-Café Opernring 21, Tel. 0680/202 99 40, E-Mail: eissalon.giuseppe@gmail.com, Di–So 10–19, durchgehend warme Küche. Wiener Küche, Mehlspeisen. Schanigarten für 25 Pers.

Pane è Cafe Elisabethstraße 26, Tel. 581 45 86, Mo–Fr 6.30–16.30. Kleines Café mit Snacks wie Panini, kleinen Speisen, Kuchen und Kaffee.

Peters Operncafé Hartauer Riemergasse 9, Tel. 512 89 81, E-Mail: petersoperncafe@gmx.at, www.petersoperncafe .at, Do–Sa 18–1, Silvester geöffnet, Mitte Juni bis Ende August und Anfang Jänner bis Ende Februar geschlossen. Jugendstilcafé mit Flair, das seinesgleichen sucht, der Treffpunkt für Opernliebhaber*innen; im Hintergrund ertönen klassische Opernmusik und unvergessliche Arien, an den Wänden hängen Widmungen und Fotos unzähliger Opernstars; kleine Speisekarte (Speisen ab € 4,–), hausgemachte Mehlspeisen, Spezialität: Othello; erstklassige Weine. 3-mal/Jahr Livekonzerte. Klimaanlage.

Prince Coffee House Jasomirgottstraße 4, Tel. 0664/ 125 48 59, E-Mail: vienna@princecoffeeshops.com, prince coffeeshops.com, Mo–Fr 8–20, Sa, So, Fei 9–20. Café; Kuchenspezialitäten; Snacks; Frühstück bis 16.

Sacher Eck Wien Philharmonikerstraße 4 (Ecke Kärntner Straße), Tel. 514 15 55, E-Mail: wien@sacher.com, www .sacher.com, täglich 10–20. Café-Bar und Sacher Confiserie. Das Eck-Café des Sacher wird für den Verkauf der Original Sacher-Torte genutzt, allerdings auch für eine moderne, transparente Interpretation des Themas Sacher mit Kaffee-, Tee- und Schokoladespezialitäten, Weinen und österreichischen Mehlspeisen. Blick auf die Staatsoper. Behinderten-WC.

Schweden Espresso Laurenzerberg 5, Tel. 533 68 60, Mo-Fr 7-2, Sa, So 6-2. Altwiener Espresso.

Segafredo am Graben Graben 29, Tel. 533 50 25, E-Mail: ge-ca@segafredo-graben.at, www.segafredo-graben.at, Mo-Do 8-24, Fr, Sa 8-1, So, Fei 9-24. Tramezzini, Toast, Panini, Salate, Antipasti, Eis aus eigener Produktion (Eissalon am Graben); Cocktails. Schanigarten für 200 Pers.

simply raw bakery Drahtgasse 2 (Am Hof), Tel. 0677/62 46 91 24, E-Mail: seeyou@simplyrawbakery.at, www.simplyrawbakery.at, Mo-Sa 9.30-17, Küche bis 16. Torten, Cookies, Cupcakes und viele andere Köstlichkeiten in Rohkostqualität; alles biologisch, vegan, laktose-, zucker-, gluten-, und sojafrei; ganztägig Frühstück und Lunch (€ 2,20 bis € 7,90, so lange der Vorrat reicht); grüne Smoothies, frisch gepresste Säfte, hausgemachte Mandelmilch; Torten auf Bestellung (ab € 65,-). Online Shop für Kuchen etc.; Workshops: süße Gourmet-Rohkost (€ 125,-, Termine s. Homepage). Schanigarten für 10 Pers.

Stadtcafe Freyung 1, Tel. 20 53 53, E-Mail: info@stadtcafe-wien.at, www.stadtcafe-wien.at, Mo-Sa 8-24, So, Fei 9-22, Küche bis 22 bzw. 21. Gestyltes Innenstadt-Lokal mit modern-urbaner Küche. Frühstück Mo-Fr 8-12, Sa 8-14 und So, Fei 9-14; Burger, Pasta, Klassiker; selbstgerösteter Kaffee, selbstgemachte Limonaden und Eistees. Gastgarten für ca. 60 Pers.

Starbucks office@starbucks.at, www.starbucks.at, Unzählige Kaffeevariationen und -sorten; Iced Teas und diverse Kaltgetränke; amerikanische Mehlspeisen, Sandwiches, Bagels; Kaffeeverkostungen. Schottengasse 9, Tel. 33 66 33-2525, Mo-Do 6.30-20.30, Fr 6.30-20, Sa 7.30-20, So 8.30-20, Fei 8-20. Schanigarten. Bräunerstraße 2, Tel. 33 66 33-2524, Mo-Fr 7.30-21, Sa 8-21, So, Fei 8.30-20.30. Schanigarten für 20 Pers. Reitschulgasse 4 (Michaelerplatz), Tel. 33 66 33-2514, Mo-Fr, So 8-20, Sa 8-21. Schanigarten für 40 Pers. Rotenturmstraße 22, Tel. 33 66 33-2515, Mo-Do 7-21.30, Fr 7-22.30, Sa 8-22.30, So 8.30-21.30, Fei 8-20. Passage Karlsplatz Top 2, Tel. 33 66 33-2520, Mo-Fr 6.30-20, Sa, So, Fei 8-20.

Stelldichein - Meierei im Volksgarten Volksgarten, www.stelldichein.at, April bis September Mo-Mi 10-19, Do-Sa 9-21, So 9-19 (je nach Witterung auch bis Mitte Oktober), nur bei Schönwetter geöffnet. Frühstück bis 15; internationale und österreichische Imbisse von Sacher Würstel bis Avocado Crostini. Gastgarten für 300 Pers.

Testa Rossa caffèbar bei der Oper Mahlerstraße 4, Tel. 0676/844 34 32 01, E-Mail: office@testarossa-opera.at, www.testarossa-opera.at, www.testarossa.at, Mo-Sa 7.30-22, So 10-22. Italienische Snacks (Tramezzini, Panini), Salate, Pizza, hausgemachte ofenfrische Baguettes, großes Sortiment an Plundergebäck und Bäckereiwaren; italienische Kaffeespezialitäten, coffee to go; Frühstück. Lokal für bis zu 60 Pers. zu mieten. Schanigarten für 45 Pers.

The Truth Cafe Wollzeile 5, Tel. 0676/400 11 40, E-Mail: cafetruthwollzeile@gmail.com, Di-So, Fei 10-17. Hausgemachte Süßigkeiten sowie div. Cheesecake-Varianten (klassisch oder mit Schokolade, Pistazien, Haselnuss etc.), veganes Bananenbrot, Karottenkuchen, veganer Brownie. Take-away.

Unger und Klein im Hochhaus Herrengasse 6-8, Tel. 969 21 17, E-Mail: wein@ungerundklein.at, www.imhochhaus.at, Mo-Fr 8-23, Sa 10-23, So 10-18 (Fei geschlossen), im August So geschlossen. Kreisrundes Espresso/Weincafé im Eingangsbereich des Herrengassen-Hochhauses, eines der kleinsten und zugleich lässigsten Lokale der Stadt. Es gibt 7 Weiß- und 5 Rotweine aus der Unger-und-Klein-Hauslinie, saisonale Hauscocktails, Spumante, Champagner und Andraschko-Kaffee aus Berlin, dazu ein paar hübsche Snacks. Das Lokal (gestaltet vom Büro BEHF) ist ein architektonisches Schmuckstück geworden: metallenes Portal, Terrazzoboden, die geschwungene Bar und die umlaufenden Sitzbänke in feinstem ockerfarbenem Nubukleder gehalten. Schanigarten für 30 Pers.

Vollpension in der MUK Johannesgasse 4a (in der Musik- und Kunst-Privatuniversität der Stadt Wien), E-Mail: info@vollpension.wien, www.vollpension.wien, Sa, So 8-18. Zweiter Standort des generationenübergreifenden Sozialgastronomieprojekts, Senior*innen backen ihre Lieblingsmehlspeisen nach alten Familienrezepten. Frühstück, kalte und warme Snacks, div. Kuchen und Mehlspeisen; Kaffee.

Cafe Weinwurm Stephansplatz 11, Tel. 533 95 31, E-Mail: office@cafe-weinwurm.com, www.cafe-weinwurm.com, täglich 8-24. Cooles Designer-Espresso im neu interpretierten 60ies-Design. Frühstück Mo-Fr bis 11, am Wochenende bis 12; österreichische Küche mit internationalen Einflüssen; hausgemachte Mehlspeisen, Snacks; frisch gepresste Fruchtsäfte. Schanigarten für 160 Pers.

X-Celsior Caffè-Bar Stephansplatz 7 (neben Fiakerstandplatz), Tel. 512 14 44, E-Mail: office@xcelsior.at, www.xcelsior.at, täglich 8.30-23.30, warme Küche bis 21.30. Café und Bar in Wiens Höchstfrequenzlage und dennoch nicht touristisch, nicht teuer und nicht schlecht. Frühstück 8.30-15 (€ 3,10 bis € 8,60); TT 11-15 (ab € 6,90); Smoothies 15-21 (€ 4,90); saisonal wechselnde Karte, diverse Kleingerichte und Snacks, aber auch Pasta in Restaurantgüte (€ 9,60), ansprechende Salate, 5 Suppen (bis € 5,80) und ein paar tadellose Fleisch- und Fischgerichte (bis € 13,40); Kinderportionen; Cocktails (€ 4,90 bis € 9,90). Flatscreen. Extrastock für Veranstaltungen bis 20 Pers. zu mieten; Schanigarten für 20 Pers.

Eissalons

Gelateria Castelletto Rotenturmstraße 24, Tel. 535 44 83, E-Mail: info@castelletto.at, www.castelletto.at, Mo-Sa 7-24, So, Fei 8-24. Sowohl Eissalon als auch Café-Restaurant, ganzjährig geöffnet. Riesige Vitrine mit 30 hausgemachten Eissorten (variieren nach Saison), auch vegane Sorten; reichhaltige Frühstückskarte; Wiener, italienische und internationale Küche, Mehlspeisen, Snacks; Kaffeespezialitäten. Glasfassaden; großer, im Winter beheizter Schanigarten für 260 Pers.

Eis-Greissler Rotenturmstr. 14, Tel. 02647/429 50, E-Mail: info@eis-greissler.at, www.eis-greissler.at, Öffnungszeiten saisonal variabel (s. Homepage). 1. Standort außerhalb der Manufaktur in Krumbach. Div. Eissorten von Alpenkaramell bis Ziegenkäse aus der Milch der eigenen Kühe in Krumbach in der Buckligen Welt, verfeinert mit heimischem Obst, frischen Kräutern, Gewürzen und Nüssen, auch zuckerreduzierte und vegane Sorten, alle Fruchtsorten ohne Milch.

Eis-Greissler Schottengasse 7, Tel. 0264/429 50, E-Mail: info@eis-greissler.at, www.eis-greissler.at, Öffnungszeiten saisonal variabel (s. Homepage). Weiß gestrichenes Eis-Greissler-Häuschen mit div. Eissorten von Alpenkaramell bis Ziegenkäse, aus der Milch der eigenen Kühe in Krumbach in der Buckligen Welt hergestellt, verfeinert mit heim. Obst, frischen Kräutern, Gewürzen und knackigen Nüssen, zuckerreduzierte und vegane Sorten, alle Fruchtsorten ohne Milch.

Ferrari Natural Gelato & Pasticceria Caffe Annag. 3a, Tel. 512 27 86, E-Mail: info@ferrari-gelato.at, www.ferrari-gelato.at, täglich 12-18.30, im Sommer 10-22. Italienische Bäckerei-Konditorei mit Café und Eissalon. Selbstgemachtes Eis aus Biomilch; auch Sorbets. Tägliche Zubereitung in speziellen Maschinen direkt im Geschäftslokal. Hausgemachte Pinsa, Potica sowie Mandelkipferl aus selbst hergestelltem Marzipan etc.; auch Pikantes wie Clubsandwich oder Salatini (Blätterteig-Canapées mit Spinat od. Schinkenfülle); Kaffee von Costadoro (Turin). Schanigarten für 36 Pers.

Helli & Leo Rotenturmstr. 16-18, E-Mail: office@helliundleo.at, helliundleo.at, Mai bis Sept. täglich 12-22. Bio-Eisladen. 24 versch. Sorten, auch für Hunde geeignetes Eis. Bei Schönwetter gibt es auch einen Eisstand am Copa Beach.

Gelateria Hoher Markt Hoher Markt 4, Tel. 533 32 97-1, E-Mail: eis@gelateria-hohermarkt.at, www.gelateria-hohermarkt.at, Anfang März bis Mitte Oktober täglich 11-22.30. 30 Eissorten, Illy-Kaffee, Snacks, z.B. Tramezzini, Toast; Spezialitäten: Eiskaffee, Eispizza; Gassenverkauf, Eis zum Mitnehmen. TV. Schanigarten für 60 Pers.

Perrella Dr.-Karl-Lueger-Platz 2, Tel. 513 21 45, E-Mail: office@perrella.at, gelateriaperrella@yahoo.it, www.perrella.at, März bis Oktober täglich 10-22, Küche bis 21.30. Frühstück ganztägig; kleine Speisen wie Toast, Pizzaschnitten, Panini; 30 Eissorten auf natürlicher Basis, veganes Eis; Spezialitäten: Cassata (sizilianische Eistorte), Mohneis; Mehlspeisen; Kaffeespezialitäten; Campari, Apero Spritz, Milano, Aperitiv; Eis zum Mitnehmen. Italienische Atmosphäre. Schanigarten für 50 Pers.

Eissalon am Schwedenplatz Franz-Josefs-Kai 17 (Schwedenplatz), Tel. 533 19 96, E-Mail: gelato@gelato.at, www.gelato.at, März bis September täglich 9.30-23. Täglich 30 Eissorten aus biologischer Milch (im Laufe der Saison 250 Sorten), Eiskalender gratis; Eiskuchen, Eisbomben, Eistorten, zuckerarmes Eis (3 Sorten), Eis ohne Milch, veganes Eis (6 bis 8 Sorten), laktose- und glutenfreies Eis; Kaffee. Vorbestellung auch online, Zustellung in ganz Wien tägl. 10-19. Gassenverkauf. Klimaanlage. Im Lokal 90 Sitzplätze, Schanigarten für 100 Pers. Rollstuhlrampe.

Eissalon Tuchlauben Tuchlauben 15, Tel. 533 25 53, E-Mail: tuchlaubeneis@chello.at, www.eissalon-tuchlauben.at, 1. März bis 24. Dezember Mo-Sa 10-23.30, So, Fei 11-23.30, im März und Oktober nur bis 20 (Öffnungszeiten variieren je nach Jahreszeit und Wetter). Über 30 Spezialitäten je nach Saison (z.B. Kornelkirsche, Topfen-Feige, Nougateiscreme und Walderdbeereneis); Eis zum Mitnehmen. Klimaanlage. Schanigarten für 40 Pers.

Eissalon Tuchlauben Kärntner Ring 1 (Aufgang U-Bahnstation Karlsplatz/beim Hotel Bristol), Tel. 533 25 53, E-Mail: tuchlaubeneis@chello.at, www.eissalon-tuchlauben.at, täglich 10-23.30. Tuchlauben-Eis, Klassiker und je nach Saison (z.B. Kornelkirsche, Topfen-Feige, Nougateiscreme und Walderdbeereneis); Eis zum Mitnehmen.

Vanella zero zucchero – Eis ohne Zuckerzusatz Kärntner Straße 59, Tel. 310 26 69, E-Mail: gelato@vanella.at, www.vanella.at, täglich 13-21, Juni-August 12-23. Kleiner Eissalon mit 12 Sorten Eis ohne Zuckerzusatz bzw. mit Zuckeralternativen. Nur zum Mitnehmen.

Vanillas Freyung 3, Tel. 0699/19 04 00 47, E-Mail: office@vanillas.at, www.vanillas.com, täglich 9-21. Eis, feine Patisserie und Frühstück bis 14.

Veganista Tuchlauben 12, E-Mail: info@veganista.at, www.veganista.at, täglich 11-23. Ausschließlich veganes Eis, klassische und innovative Eissorten wie z.B. Basilikum; Eis Sandwiches „Inbetwiener“, Eis mit Zuckeralternativen wie Birkenzucker od. Ahornsirup, glutenfreie Sorten und glutenfreie Stanitzel; für laktoseintolerante Menschen geeignet. Saisonale Spezialitäten wie Spekulatius, Zimt und Blutorange zu Weihnachten oder Pumpkin im Herbst. Boxen zum Mitnehmen (0,5l, 1l, 1,5l); Gutscheine.

Zanoni Frozen Yogurt Rotenturmstraße 13, Tel. 512 79 79, E-Mail: office@zanoni.co.at, www.zanoni.co.at, März bis Oktober, Öffnungszeiten je nach Wetter variabel. Bio Frozen Yogurt. Nur Take-away.

Zanoni Luciano Lugeck 7, Tel. 512 79 79, E-Mail: office@zanoni.co.at, www.zanoni.co.at, täglich 7-24. Großer Eissalon; 35 Eissorten, laktosefreies Eis, Diabetikereis, Veganoeis, Eis-Crêpes; Frühstück 7-14; Panini; italienische Mehlspeisen; alles auch zum Mitnehmen. TV. Kindersessel; Klimaanlage. Klimatisierter Schanigarten für 120 Pers.

Zanoni Luciano Burgring 1-3 (Ecke Babenbergerstr.), Tel. 512 79 79, E-Mail: office@zanoni.co.at, www.zanoni.co.at, März bis Okt., Öffnungszeiten je nach Wetter variabel. 25 Eissorten, laktosefreies Eis, Diabetikereis, veganes Eis; Imbisse; Take-away. Schanigarten f. 20 Pers.

Imbisse

1683 Bagels Opernring 1, www.1683bagels.at, Mo–Fr 7.30–18.30, Sa, So 9–18.30. Bagelrestaurant mit hausgemachten Bagels mit div. Füllungen, auch süße Bagels. Take-away. Schanigarten gegenüber der Staatsoper.

Burger King Annagasse 3 (Ecke Kärntnerstraße), Tel. 512 20 32-15, E-Mail: bkannagasse@aon.at, kundenservice@whopper.at, www.burgerking.at, Öffnungszeiten s. Homepage: burgerking.at/kingfinder. Div. Burger und Wraps (auch vegetarisch); Frühstück. Take-away. Wickelraum. Schanigarten. Behinderten-WC. €

Casa Delizia Kleeblattgasse 11, Tel. 0660/944 62 40, E-Mail: office@casadelizia.com, www.casadelizia.com, Di 12–18, Mi–Fr 12–20, Sa 10–17. Ital. Feinkostgeschäft mit Espresso- und Prosecco-Bar. Tramezzini, kalte und warme Panini, nach Wunsch zusammengestellte Teller mit Käse, Prosciutto, Salami, Antipasti etc., immer wieder Dolci a casa; italienische Weine, Prosecco, Franciacorta, Cocktails und Fruchtsäfte. Verpackte Produkte von kleinen, ausgesuchten Produzent*innen wie Sugi, Pasta Secca, Olivenöl, Aceto Balsamico, Oliven, Marmeladen, Artischocken, saisonal auch Colomba und Panettone. Take-away. Schanigarten für 8 Pers. Hunde nicht erlaubt.

Crêpes & Waffle Paradise Babenbergerstr. 3, Tel. 0699/17 14 76 19, E-Mail: crepewaffleparadise@gmx.at, täglich 12–20. Crêpes und Waffeln in verschiedenen Variationen mit div. Toppings wie Früchten, Eis vom Eis-Greissler etc. Sitzplätze im Lokal für 8 Pers. Schanigarten mit 4 Tischen. Rollstuhlrampe.

Buddha Bowls by elena's Wollzeile 23, Tel. 0676/571 65 26, E-Mail: buddhabowls@buddhabowls.at, www.buddhabowls.at, Mo–Fr 11–20, Sa 11–19. Take-away mit Bowls nach dem Buddha Prinzip; Signature Bowls und individuell zusammenstellbare Bowls, saisonale Specials; Bio-Gemüse, Getreide und Fleisch aus der Region, Saucen und Dressings werden selbst gemacht und sind vegan; gratis Detox-Wasser. 8 Sitzplätze drinnen, Schanigarten für 10 bis 15 Pers. €€

El Hac Juices & Bowls U-Bahn Station Schottentor (Schottentor Passage), el-hac-juices-bowls.business.site, Mo–Fr 8–19, Sa 10–17. Frischgepresste Säfte, Suppen, Bowls und Frozen Yogurt zum Mitnehmen. Es werden regionale Produkte, sowie ausschließlich abbaubare und kompostierbare Verpackungsmaterialien verwendet. €

Ginza Stephansplatz (direkt in der U-Bahn Passage), Tel. 252 01 50, täglich 10.30–21.30. Asiatische Küche. Hauptsächlich Take-Away, Sitzplätze für ca. 8 Pers. €

Happy Noodles Schwedenplatz (bei der Straßenbahnstation), E-Mail: office@happynoodles.at, www.happynoodles.at, Mo–Sa, Fei 10–4, So 10–24. Asiatische Speisen: Happy Noodles, Reisgerichte, Lachs; diverse Biere; Take-away-Boxen. 2 Stehtische. €

Henry Billa Corso Herrnhuterhaus Neuer Markt 17 (Herrnhuterhaus), Tel. 0664/807 77 40 03, E-Mail: henry.herrnhuterhaus@enjoyhenry.com, www.enjoyhenry.com, Mo–Mi, Fr, Sa 8–20, Do 8–21, So, Fei 10–20. Take-away von Do & Co im Billa Corso; kaltes und warmes Buffet (Currys, Ragouts, Wok Gemüse etc.), Müslibuffet, Salatbuffet (z.B. Bulgur, Tabouleh, Caesar Salad, Suppen, Desserts; Mo–Sa 10.30–19.30 und So, Fei 11.30–19.30; Coffee to go; Onlinebestellung möglich. Gute Inszenierung und Beleuchtung, hübsche Verpackung und Präsentation. Schanigarten für 20 Pers. €

HONU Tiki Bowls E-Mail: info@honu.at, www.honu.at, Japanisch-hawaiianische Fusionsküche mit Fokus auf Bowls mit Fisch, Fleisch oder Tofu und hausgemachten Saucen; Signature Bowls, z.B. „Honu Classic" (Sushi Reis, Lachs, Sesam Dressing, Avocado, Edamame, Gurke, Frühlingszwiebel, Creamy Mayo und Sesam, klein € 4,80, groß € 10,80) od. „build your own bowl" (ab € 4,80). Teinfaltstraße 4, Tel. 0680/320 97 97, Mo–Fr 11–20 (Fei geschl.). Front Cooking. Schanigarten für 8 Pers. Schultergasse 2, Tel. 0680/320 97 97, Mo–Fr 11–20, Sa 12.30–20.30 (Fei geschlossen). Schanigarten für 21 Pers. Opernring 7, Tel. 0680/249 30 50, Mo–Fr 11.30–20, Sa 11.30–20.30. €

John Döner Marc-Aurel-Straße 7, Tel. 0676/644 84 28, E-Mail: office@John-doener.at, www.john-doener.at, Di–Do 11.30–21, Fr, Sa 11.30–22. Döner, Dürum und Bowls mit Bio-Zutaten zum Mitnehmen oder Essen vor Ort, alle Varianten auch vegetarisch erhältlich. Sitzplätze im Lokal für 22, im Sommer kleiner Schanigarten. €

Juice Factory Schottengasse 4, Tel. 0676/661 01 70, E-Mail: hallo@juicefactory.at, www.juicefactory.at, Mo–Fr 7.30–19, Sa, So 8–17. Frisch zubereitete Obst- und Gemüsesäfte, Joghurt- und Milchshakes (Medium € 4,40/Large € 4,90), frisch zubereitete Smoothie-Bowls, Kaffee, frisch belegte Ciabattas (ab € 4,40/mit Juice Medium € 8,70/Large € 9,20); Süßigkeiten (z.B. Muffins). Sitzplätze für 20, Schanigarten für 12 Pers. €

Knödel Manufaktur Fleischmarkt 28, Tel. 0664/109 69 85, E-Mail: office@knoedelmanufaktur.at, www.willstdumitmirknoedeln.at, Mo–Fr 11–18. Knödel Take-away. Handgefertigte Knödel aus Erdäpfelteig in unterschiedlichsten Varianten, süß (z.B. Erdbeer-Vanille) oder pikant (Spinat-Schafkäse; Grammeln mit Kraut etc.). Wechselndes Angebot. Auf Bestellung auch vegane sowie glutenfreie Knödel. Zustellung in ganz Wien und tlw. Niederösterreich.

Kruger Imbiss und Happy Noodles Kärntner Straße (Ecke Krugerstraße), E-Mail: office@happynoodles.at, www.happynoodles.at, täglich 9–4. Würstel, Kebap, Happy Noodles; diverse Biere (auch internat.). 2 Stehtische. €

Leberkas-Pepi Operngasse 12, Tel. 585 06 42, E-Mail: pepi-wien@leberkaspepi.at, www.leberkaspepi.at, Mo–Mi 10–24, Do–Sa 10–2 (Fei geschlossen). Legendärer Imbiss aus Linz. Mehr als 13 versch. Leberkas-Sorten, z.B. Steinpilz-Trüffel, Chili-Käse oder Spinat-Knoblauch, für Abwechslung sorgen monatlich wechselnde saisonale Varianten; 2 Sorten Pferdeleberkas; verschiedene Salate und ofenfrisches Gebäck; Puntigamer vom Fass und div. andere Biere. €

Limoni's Bio Kiosk Rathausstr. 1, E-Mail: office@limonis.at, www.limonis.at, Mo–Fr 11–15 (Fei geschl.). Ableger des Bio-Bistros Limoni's auf der Josefstädter Straße in einem zum Bio-Kiosk umgebauten, holzverkleideten Tiny House. MM, Snacks, Suppen und Eintöpfe zum Mitnehmen. €

McDonald's www.mcdonalds.at, Öffnungszeiten siehe Homepage. Burger, Wraps, Salate etc.; Frühstück. Mit McCafé; Tischservice. Johannesgasse 3, Tel. 513 17 22 11, E-Mail: at-store0004@restaurant.at.mcd.com. Universitätsring 12, Tel. 0676/723 87 57, E-Mail: at-store0033@restaurant.at.mcd.com, McDelivery. Schwarzenbergplatz 17, Tel. 505 44 43, E-Mail: at-store0001@restaurant.at.mcd.com. Rotenturmstraße 29, Tel. 533 20 72, E-Mail: at-store0007@restaurant.at.mcd.com. Singerstraße 4, Tel. 513 92 79, E-Mail: at-store0026@restaurant.at.mcd.com. Karlsplatz (U-Bahn-Passage, Lokal Nr. 1), Tel. 585 30 01, E-Mail: at-store0147@restaurant.at.mcd.com. €

Meinl to go Graben 19, Tel. 532 33 34-6200, www.meinlamgraben.eu, Mo–Fr 8–19.30, Sa 9–18 (Fei geschl.). Tägl. wechselnde Menüs, Pastagerichte, Hausmannskost, unterschied. Salate, Sandwiches u. Desserts zum Mitnehmen. €

Natürlich Wrenkh Rauhensteingasse 12, Tel. 513 58 36, www.wrenkh-vegetarisch.at, Mo–Fr 11–16. Kleiner Imbissladen spezialisiert auf Vollwertkost u. vegetar. Snacks; TT (€ 9,50) mit Suppe od. Salat (€ 12,50); Biosäfte. Take-away. €

Nordsee office@nordsee.at, www.nordsee.at. Grill- und Backfisch, Salate, kalte und warme Snacks; Kaffee; Kindermenü mit Überraschung. Schanigarten. Kohlmarkt 6, Tel. 0664/600 16 71 49, täglich 10–22. Rotenturmstraße 4, Tel. 512 27 89, täglich 9–23. Schottengasse 9, Tel. 532 22 74, täglich 10–20. €

Philly Karlsplatz 3, Tel. 890 83 08, E-Mail: info@philly.at, philly.at, Mo–Do, So 11–23, Fr, Sa 11–1. Div. Sandwiches wie Philly Original Sandwiches (€ 9,99 bis € 11,99), Philly Cheesesteak Sandwich (€ 11,99), Burger und Hot Dogs (€ 4,99 bis € 8,99), gegrillte Wraps (€ 6,49 bis € 8,99), Macs & Munchies (€ 8,99 bis € 11,99), Pommes (€ 3,99 bis 4,99), Desserts; Shakes, Bier, Kaffee, amerikanische Getränke. Eventraum für 40, Schanigarten für 18 Pers. €

Piotrowski Schwertgasse 2, Tel. 535 85 58, 0664/238 16 33, E-Mail: info@piotrowski.at, www.pierogi.at, www.piotrowski.at, Mo–Fr 9–15 (Fei geschl.). Spezialisiert auf Mehrkorn- und Weißbrote, Canapés, Aufstriche wie Rotkrautaufstrich mit Thunfisch, Spinataufstrich, vegane Aufstriche, Schinken-Kren-Aufstrich, Lachs, Kaviar uvm.; auch Fingerfood und warme polnische Spezialitäten, z.B. kreativ-pikant oder auch süß gefüllte Pierogi; Catering. Online-Shop. Zustellung in ganz Wien ab 20 Stk. (gratis Lieferung ab € 190,–).

Plain Food Bar Rudolfsplatz 2, Tel. 0664/91 37 941, E-Mail: office@plainvienna.at, www.plainvienna.at, Mo–Fr 11.30–15. Gesunde Küche mit Bowls, Wraps und Salaten; auch vegane Speisen; Flaschengetränke, z.B. Fritz Kola. Im Winter nur Take-away im Sommer Sitzmöglichkeit im kleinen Schanigarten.

Radatz E-Mail: fleischereien@radatz.com, www.radatz.at. Wiener Küche; täglich wechselnde Menüauswahl (bis € 8,–). Wipplingerstraße 3, Tel. 535 61 34, Mo–Fr 9–18 (Fei geschlossen). 14 Sitzplätze; Schanigarten. Schottengasse 3a, Tel. 533 81 63, Mo–Fr 7.30–18.30, Sa 9–14 (Fei geschlossen). 14 Sitzplätze. €

ramien go Hoher Markt 8–9, Tel. 968 40 11, E-Mail: hohermarkt@ramiengo.at, www.ramiengo.at, Mo–Fr 11–19 (Fei geschlossen). Take-away-Lokal der ra'mien-Leute; glutamatfreie Nudelsuppen, Reisschalen und gebratene Nudeln mit div. Zutaten (Gemüse, Huhn, Ente, Rind, Tofu, Meeresfrüchte), Gyoza (Teigtaschen) vegetarisch und mit Fleischfüllung, Curry; tadelloses, schnelles Mitnahmeessen. Roter Boden, sonst strahlend weiß, offene Hightechküche. 8 Sitzplätze im Lokal, im Sommer Schanigarten für 8 Pers. €

Salad Jungle Biberstraße 11, Tel. 0660/208 43 11, E-Mail: office@saladjungle.at, www.saladjungle.at, Mo–Fr 8–21 (Fei geschlossen). Salat-Bar mit div. Salaten und Bowls, z.B. Rainbow Bowl mit Süßkartoffeln, Linsen, Rote-Rüben-Hummus, Babyspinat, Quinoa, Thai-Peanut Dressing (€ 10,-). Salate können auch individuell zusammengestellt werden. Catering. Vorbestellung für Abholung online möglich. €

Schachtelwirt Judengasse 5, Tel. 532 07 07, E-Mail: wien@schachtelwirt.at, www.schachtelwirt.at, Mo–Sa 11.30–21 (Fei geschlossen), durchgehend warme Küche. Hochwertiges Take-away, ausschließlich österreichische Produkte; saisonale Wochenkarte, Schweinsbraten (€ 10,50); Bier von Gusswerk. 18 Sitzplätze. €

Schönscharf Laurenzerberg 1/18, Tel. 0660/709 20 13, E-Mail: ahoi@schoenscharf.at, www.schoenscharf.at, Mo–Fr 11.30–14. Südostasiat. Gerichte des Musikers und DJs Hubert Mauracher; wöchentlich wechselnde Karte; Salate (z.B. Thai Glasnudelsalat, Thai Green Papayasalat „Som Tam"), Currys (außer im Sommer); großteils biolog. Zutaten; Take-away, Catering. Do, Fr abends Kochkurse und mehrgängige Abendmenüs (bei Reserv.). 6 Sitzplätze. €€

Subway www.deinsubway.at. Sandwiches mit Gemüse, Huhn, Schinken, Thunfisch, Steak etc.; Salate, Sandwich des Tages, jedes Sandwich auch als Menü mit Getränk und Chips oder Cookie. Kindersessel. Take-away. Opernring 3-5, Tel. 966 38 90, Mo–Fr 10–21, Sa, So, Fei 10.30–21. Rotenturmstraße 19, Tel. 0660/513 48 36, E-Mail: office@etii.at Mo–Do, So 10–22, Fr, Sa 10–23. €

Trzesniewski Dorotheergasse 1, Tel. 512 32 91, 493 13 32-0 (Büro), E-Mail: office@trzesniewski.at, www.speckmitei.at, Mo–Fr 8.30–19.30, Sa 9–18, So, Fei 10–17. Klassisches Wiener Imbiss-Buffet; Aufstrichbrötchen (€ 1,50/Stück), Aufstriche (€ 4,20/100 g); Zustellung mit Lieferdienst; Online-Bestellmöglichkeit auf der Homepage. Stehtische vor dem Lokal.

U-Box Schwedenplatz 2, E-Mail: office@u-box.at, u-box.at, täglich 9–4. Imbissstand mit Kebab, Dürüm, Pizza und Würstel. Stehtische. €

Vienna Sausage Schottenring 1, Tel. 310 09 07, E-Mail: office@viennasausage.at, www.viennasausage.at, Mi, Sa, So 12–15, Do, Fr 11.30–15, Fei wie jeweiliger Wochentag. Internationale premium Hot Dogs in den verschiedensten Varianten, z.B. New York Klassik (Senf, Ketchup, geröstete Zwiebel und Kraut), Coney Island (Meatsauce, frische Zwiebel und Senf), Wisconsin (flüssiger Käse und gebratene Speckwürfel), iDog (Zutaten können selbst gewählt werden), Dog of Doom (extrem scharf, Disclaimer notwendig) und regelmäßig wechselnde Special-Hotdogs; Softdrinks, Bier (u.a. Gösser Naturradler), Mojito Soda, Bitter Lemon, Dr. Pepper. 8 Sitzplätze. Rollstuhlrampe vorhanden. €

Konditoreien, Bäckereien

Aida E-Mail: info@aida.at, www.aida.at, Konditorei und Kaffeehaus. Bognergasse 3, Tel. 890 89 88-206, täglich 8–20. Schanigarten. Wollzeile 28, Tel. 890 89 88-205, Mo–Sa 8–19, So 9–18. Opernring 7, Tel. 890 89 88-208, tägl. 8–20, Schanigarten. Singerstraße 1, Tel. 890 89 88-210, tägl. 8-22, Schanigarten.

Anker www.ankerbrot.at, kontakt@ankerbrot.at. Brot, Gebäck, Mehlspeisen, täglich laufend frische Snacks. Öffnungszeiten saisonal variabel (s. Homepage). Hoher Markt 4, Tel. 532 57 55, Mo–Fr 6–18, Sa, So, Fei 8–18, Schanigarten. Heidenschuß 3, Tel. 533 19 85, Mo–Fr 6.30–18, Sa, So, Fei 9–18, Schanigarten. Kärntner Straße 51 (Top 1A/Ecke Walfischgasse), Tel. 908 19 68, Mo–Fr 6–18, Sa, So, Fei 8–18, Flagship-Filiale. Opernpassage Nr. 19, Tel. 585 05 38, Mo–Fr 5–20, Sa, So, Fei 6–19. Renngasse 14, Tel. 535 73 06, Mo–Fr 6.30–17 (Fei geschlossen). Schubertring 9, Tel. 718 16 60, Mo–Fr 6.30–17 (Fei geschlossen), Schanigarten. Schwedenplatz 2, Tel. 532 09 85, tägl. 5–19, Schanigarten. Stadiongasse 10, Tel. 408 82 21, Mo–Fr 6–17 (Fei geschlossen). U-Bahn Station Schottentor (Schottenpassage Top 6), Mo–Fr 5.30–19, Sa, So, Fei 7–18. U-Bahn Station Volkstheater (Bellaria Passage), Tel. 526 15 85, Mo–Fr 5.30–19, Sa, So, Fei 6–18. Wipplingerstraße 17/Ecke Färbergasse 10, Tel. 533 30 15, Mo–Fr 6.30–18, Sa 7–12 (Fei geschlossen), Schanigarten. Wollzeile 30, Tel. 513 67 92, Mo–Fr 6–18, Sa 7–17, So, Fei 9–18. Zelinkagasse 12, Tel. 535 87 57, Mo–Fr 6–13 (Fei geschlossen).

Backwerk Karlsplatz 2 (Opernpassage), E-Mail: infoat@back-werk.com, www.back-werk.de, Mo–Fr 5.30–19, Sa 7-16, So 7–18, Fei variabel. Brot und Gebäck, kalte und warme Snacks.

Cakesie Wipplingerstraße 3, Tel. 0660/473 70 15, E-Mail: hallo@cakesie.at, www.cakesie.at, Di–Sa 11–18. Auftragskonditorei für Torten, Macarons, Cupcakes, Cake Pops und verzierte Kekse. Feine Backwaren in Bio-Qualität. Fr und Sa gibt es Pavlova (mit Schlagobers und Früchten gefüllte kleine Torte), auf Vorbestellung auch Motivtorten und individuelle Süßigkeiten.

Der Mann www.dermann.at. Gebäck, Brot, Mehlspeisen, Snacks. Im Sommer variable Öffnungszeiten. Bognergasse 3, Tel. 866 99-9148, Mo–Fr 6.30–18.30, Sa 8–18, So 9–15, Schanigarten. Naglergasse 11, Tel. 866 99-9142, Mo–Fr 6.30–19, Sa, 8.30–18, So, Fei 8.30–17, Schanigarten. Rotenturmstraße 22, Tel. 866 99-9133, Mo–Fr 6–19.30, Sa 7–18, So, Fei 8–17, Kaffee-Ecke. Schottengasse 9, Tel. 866 99-9137, Mo–Fr 6–19 (Fei geschlossen), Kaffee-Ecke. U-Bahn Station Schottentor Passage, Tel. 866 99-9143, Mo–Fr 5.30–20, Sa 7.30–18, So, Fei 9–17.

Felber Tuchlauben 11, Tel. 533 25 56, E-Mail: office@felberbrot.at, www.felberbrot.at, Mo–Fr 7–18, Sa 8–16 (Fei geschlossen). Ofenfrische Backwaren, Cafeteria, Frühstück, Snacks, Imbisse. Schanigarten.

Felzl Helferstorferstraße 2 (Am Schottentor), Tel. 532 16 87, E-Mail: office@felzl.at, www.felzl.at, Mo–Fr 6.45–18.30, Sa 8–16, So, Fei 8–13. Das beste Baguette der Stadt – saftig, flaumig, köstlich und endlos haltbar; Frühstück bis 12, So, Fei bis 13; gefüllte Snacks, Quiche, knackige Salate, Mandelcroissant und Schwedenknoten; Bio-Kaffee. Cooles Design. Klimatisiert. Schanigarten.

Gradwohl's Biobackstube E-Mail: office@gradwohl.info, www.gradwohl.info, Vollwert-Backwaren, Bio-Vollkorn-Mehlspeisen; natürliche Zutaten aus biologischem Anbau. Fleischmarkt 20, Tel. 512 43 80, Mo–Fr 7–18 (Fei geschlossen), im August Mo–Do nur bis 14. Naglergasse 3, Tel. 533 69 00, Mo–Fr 7–18, Sa 8.30–17 (Fei geschlossen).

Bäckerei Grimm Arthur Kurrentgasse 10, Tel. 533 13 84-0, E-Mail: grimm@grimm.at, www.grimm.at, Mo–Fr 7–18, Sa 8–13 (Fei geschl.). Wr. Kaffeespezialitäten, hausgemachte Mehlspeisen, Coffee to go; ganztägig Frühstück.

Heiner E-Mail: kontakt@heiner.co.at, info@heiner.co.at www.heiner.co.at, Konditorei; kleines Frühstück, Wr. Frühstück, TT, Imbisse, Gemüselasagne, div. Salatteller; warme Mehlspeisen: Topfenknödel, Dukatenbuchteln, Michrahmstrudel; eigene Trüffelkugeln und Hauskonfekt, Marzipan; Sonderanfertigung von Torten auf Bestellung. Kärntner Straße 21–23, Tel. 512 68 63, Mo–Sa 9–19, So, Fei 10–19. Schanigarten für ca. 70 Pers. Wollzeile 9, Tel. 512 23 43.

Holzofenbäckerei Gragger & Cie Spiegelgasse 23, Tel. 513 05 55, E-Mail: spiegelgasse@gragger.at, www.gragger .at, Mo–Sa 8–18 (Fei geschlossen). Bäckerei mit Backstube und Holzofen, Bio-Brote auf Natursauerteigbasis und Bio-Gebäck, von Hand gefertigt und im Holzofen gebacken. Bio-Brot- und Bio-Gebäckspezialitäten, Bio-Mehlspeisen, belegte Bio-Brote, mittags auch täglich Suppe und Eintopf. 7 Stehtische drinnen, 2 draußen.

Joseph Bäckerei – Brot vom Pheinsten Naglergasse 9, Tel. 710 28 81, E-Mail: office@joseph.co.at, www.joseph .co.at, Mo–Fr 7–19, Sa 8–18 (Fei geschlossen), saisonal abweichende Öffnungszeiten (siehe Website). Handgemachte Brote, Gebäck und Süßes aus rein biolog. Zutaten, hausgemachte Snacks und Bistro to go; Bio-Limonaden und Bio-Eistee. Bio-Greisslerei mit Produkten aus der Region.

Joseph – Bäckerei Patisserie Bistro Führichgasse 6 (Albertinaplatz), E-Mail: office@joseph.co.at, www.joseph.co .at, Mo–Fr 7.30–19, Sa 7.30–18, So, Fei 8–15, saisonal abweichende Öffnungszeiten (Website). Handgemachte Brote, Gebäck und Süßes aus rein biolog. Zutaten, hausgemachte Snacks u. Bistro to go; Bio-Limonaden u. Bio-Eistee.

K. u. K. Hofzuckerbäcker Demel Kohlmarkt 14, Tel. 535 17 17, E-Mail: wien@demel.com, www.demel.com, tägl. 10–19. Gehört zum Do & Co Imperium. Gehobenes Preisniveau, aber was Qualität und Auswahl betrifft, ist die ehemalige K. u. K. Hofzuckerbäckerei nach wie vor das Mekka des süßen Wiens; hausgemachte Mehlspeisen, Tortenbestellung und Tortenversand via Onlineshop; Spezialitäten wie kandierte Veilchen u. handgedrehte Käsestangerl; Gassenverkauf. Kindersessel. Schanigarten für 45 Pers. Behinderten-WC.

Martin Auer Plankengasse 1, Tel. 0316/804 01 26, E-Mail: office@martinauer.at, www.martinauer.at, Mo–Fr 9–18, Sa 9–16.30 (Fei geschlossen). Wr. Ableger d. Grazer Traditionsbäckerei. Brot-, Gebäck- und Mehlspeisspezialitäten aus der Steiermark, saisonale und einzigartige Brotsorten (z.B. Barbara-Rütting-Brot), Snacks, z.B. Weckerl; naturbelassene Produkte, Bioprodukte, keine Konservierungsstoffe.

Kurkonditorei Oberlaa Neuer Markt 16, Tel. 513 29 36-0, E-Mail: stadthaus@oberlaa-wien.at, www.oberlaa-wien.at, täglich 8–20. Eine der berühmtesten und besten Konditoreien; köstliche Torten, Kuchen, Konfekt und warme Mehlspeisen aus eigener Patisserie, Kaffee- und Teespezialitäten, Coffee to go, im Sommer hausgemachtes Eis; Frühstück; Wiener und internationale Küche ab 11 (Tagesspezialitäten € 8,– bis € 24,–). Klimatisiert. Schanigarten für 80 Pers. Behinderten-WC.

Öfferl Wollzeile 31, Tel. 02522/883 37, E-Mail: wollzeile@ oefferl.bio, www.oefferl.bio, shop.oefferl.bio, Mo–Sa 8–19, So, Fei 8–16, Bistro: Mo–Sa 8–18, So, Fei 8–15; Küche: Mi–So, Fei 8–15. Bäckerei und Bistro. Brot und Kleingebäck, Frühstück bis 12, belegte Brote wie z.B. mit Butter, frisch gehacktem Schnittlauch und weichem Ei oder mit geschmortem Ochsenfleisch mit weißen Bohnen. Hausgerösteter Kaffee, die Bohnen gibt es auch abgepackt zum Verkauf. Selbstgemachter Cold Brew Coffee und Iced Coffee Variationen. Gastgarten für 12 Pers.

Öfferl Schottengasse 3, E-Mail: brot@oeffer.bio, www .oefferl.bio, shop.oefferl.bio, Mo–Fr 7–19, Sa 8–18, So, Fei 8–14. Bio-Bäckerei, Brote aus Sauerteig, Kleingebäck etc.

Oliver's Teigwerkstatt E-Mail: office@teigwerkstatt.at, www.teigwerkstatt.at. Div. Brote, Kleingebäck, Jour Gebäck, Plunder, Mehlspeisen, Snacks; überwiegend Bio-Produkte. Plankengasse 6, Tel. 513 67 80, Mo–Fr 7–14. Goldschmiedgasse 5, Tel. 532 29 60, Mo–Fr 6.30–14, Sa 7–13. Krugerstr. 10, Tel. 512 59 66, Mo–Fr 7–14.

Parémi Bäckerstraße 10, Tel. 997 41 48, E-Mail: bonjour@ paremi.at, www.paremi.at, Di–Sa 7.30–18, Fei wie jeweiliger Wochentag. Französische Bäckerei mit Handarbeit. Ganztägig französisches Frühstück (ab € 4,70). Baguettes, Croissants, Sauerteig-Krustenbrot; Pâtisseries – täglich frisch vor

Ort produziert. Kleines Café angeschlossen. Schanigarten unter Feigenbäumen für ca. 40 Pers.

Pnyka Landskrongasse 3/Top 14, Tel. 347 07 37, E-Mail: pnyka.wien@gmail.com, Mo–Sa 9–18 (Fei geschlossen). Griechische Bäckerei; Kuchen (z.B. Orangenkuchen), Kekse, Striezel, pikant gefüllte Taschen (Käse, Spinat), Marmeladen, Kekse mit Honigrosinen, Kekse mit Honig und Walnüssen, Spinatringe, Karottenringe, Kräcker mit Johannisbrot, Nüsse, Käsestangerl, Dakos, Ouzo, Baklava. 2 Sitzplätze.

Bäckerei Schwarz Schwarzenbergplatz 3, Tel. 710 68 65, 802 02 02 (Zentrale), E-Mail: bs@bswien.at, www.bswien.at, Mo–Fr 6–18. Bäckerei. Kleines Frühstück. Stehcafé.

Patisserie Zum Schwarzen Kameel Bognergasse 7, Tel. 533 81 25, 533 81 25 30 (Bestellungen), E-Mail: info@kameel.at, www.kameel.at, täglich 8–24. Minigeschäft neben dem Nobelrestaurant, Jugendstil-Schmuckkästchen; Chamelle-Gläser mit Schokolade nach Sacher-Art, Apfelstrudel und weitere saisonale Strudelsorten, Spezialkonfekt, süße Gläser mit Creme- und Obstschichten, Torten (auch auf Bestellung) etc.; alles zum Mitnehmen.

Ströck www.stroeck.at, kundenservice@stroeck.at. Ofenfrisches Brot und Backwaren (von rustikal bis mediterran), Mehlspeisen-Klassiker; Frühstück, schnelle Snacks, Imbisse; Bio-Fairtrade-Kaffee; das gesamte Brot- und Gebäcksortiment ist frei von Zusatzstoffen, breites Angebot an Bio-Produkten. Aktuelle Öffnungszeiten siehe Homepage: stroeck.at/filialen. U-Bahn Station Karlsplatz (Aufgang Resslpark), Tel. 204 39 99-830 65, Mo–Fr 5.30–19, Sa 7–17, So 9.30–18.30. Schottenring 30 (Ringturm), Tel. 204 39 99-830 54, Mo–Fr 6–19, Sa 7–13. Schwedenplatz 2, Tel. 204 39 99-830 46, Mo–Fr 6–18. U-Bahn Station Schottenring, Tel. 204 39 99-830 92, Mo–Fr 5.30–19, Sa 7–13. U-Bahn Station Schwedenplatz, Tel. 204 39 99-830 60, Mo–Fr 6–19, Sa 7–15. U-Bahn Station Stephansplatz (Aufgang Goldschmiedgasse), Tel. 204 39 99-830 69, Mo–Fr 6–19.30, Sa 10–18. U-Bahn Station Stephansplatz (Aufgang Kärntner Straße), Tel. 204 39 99-830 94, Mo–Fr 6–19.30, Sa 8–18, So 8–16.

Ströck-Feierabend-Bäckerei Rotenturmstraße Rotenturmstraße 6, Tel. 204 39 99-83033, E-Mail: kundenservice@stroeck.at, www.stroeck-feierabend.at, Juli bis August Mo–Fr 7–18, Sa, So 8–18, September bis Juni Mo–Fr 7–19, Sa, So, Fei 8–18. Ofenfrisches Brot und Backwaren (von rustikal bis mediterran), Mehlspeisen-Klassiker; Frühstück, schnelle Snacks, Imbisse; Bio-Fairtrade-Kaffee; das gesamte Brot- und Gebäcksortiment ist frei von Zusatzstoffen, breites Angebot an Bio-Produkten.

Vollpension Kiosk Franz-Josefs-Kai 13 (Schwedenplatz), E-Mail: info@vollpension.wien, www.vollpension.wien, Mo–Do 8–20, Fr 8–22, Sa, So 11–22. Kleine Auswahl an Mehlspeisen wie Buchteln oder Sachertorte aus der Vollpension zum Mitnehmen.

Waldherr – Der Vollkorn-Bio-Bäcker Marc-Aurel-Straße 4, Tel. 276 03 32, E-Mail: office@vollkornbaeckerei-waldherr.at, www.vollkornbaeckerei-waldherr.at, Mo–Fr 7–18, Sa 8.30–16 (Fei geschlossen). Vollkornbiobackwaren, Sauerteigbrote, hefefreie Weckerl, glutenfreie Backwaren, Noah´s Kornbrot, Vollkorn-Bio-Reisbrot aus fairem Handel etc., vegane Mehlspeisen, Punschspitz, Nougatherzen und Apfelschnitten ohne Ei und Milch; nur biologische Produkte, alternative Getreidesorten, gesüßt wird nur mit Honig oder Agavensirup (vegan); moderate Preise. Fair-Trade-Kaffee. 4 Tische mit Sitzgelegenheiten.

Konfiserien

Bea's Feinstes Wollzeile 22, Tel. 513 70 62, 0676/922 19 99 (Bestellungen/Zustelldienst), E-Mail: beatrixfuerhapter@gmx.at, www.beasfeinstes.at, Di–Fr 11–18.30, Sa 11–17 (Fei geschlossen), erste Augusthälfte geschlossen (Sommerpause). Exklusive Süßwaren. Sortiment von Berger Feinste Confiserie, Martin Mayer Schokolade, Original Hernalser Süßgrammeln, Tiroler Edle; hausgemachter Ansatz-Schnaps namens „Des is ka Kinderjausn"; große Auswahl an veganer Schokolade; „Bea`s Feinstes Schokoabo"; schicke Schokoladenverpackungen; Porzellandosen und Teller von Barbara Beranek; das Hauptaugenmerk liegt auf Bio- und Fair-Trade-Produkten; saisonale Sortimenterweiterung; Anfang Juni bis Anfang September Sommergarten mit Erfrischungsgetränken und Süßem.

Christian Rosenauer Wiener Schokolade Fleischmarkt 12, Tel. 513 27 52, 0699/13 83 00 01, E-Mail: chrosen@gmx.at, www.wienerschokolade.com, Mo–Sa 10–18 (Fei geschlossen). Zuckerl- und Schokoladespezialitäten, handgemachte Wiener Schokolade, Mozartkugeln, Zotter-, Lindt-, Hofbauer-Schokolade etc., Eigenimport belgischer und deutscher Schokolade, Rumpastillen und Rohkostspezialitäten aus eigener Produktion.

Confiserie Fabienne Riemergasse 1, Tel. 512 34 22, E-Mail: office@chocolaterie-fabienne.at, www.fabienne-chocolaterie.at, Mo–Fr 10.30–18.30, Sa 10.30–16.30 (Fei geschlossen), im Juli/August Mo–Fr 10.30–17, Sa 10.30–14 (Fei geschlossen). Die Adresse für feine belgische Schokoladen und Konfekt (Pralinen, Trüffel € 4,80/100g), Côte d'Or Schokolade. Businessangebote (z.B. personalisierte Firmengeschenke).

Confiserie Heindl E-Mail: confiserie@heindl.co.at, www.heindl.co.at, aktuelle Öffnungszeiten siehe Homepage. Mehr als 250 unterschiedliche Pralinen-, Konfekt- und Waffelspezialitäten; gesamtes Sortiment ausschließlich mit Fairtrade-Kakao; vegane Spezialitäten. Kärntner Straße 35, Tel. 512 82 41. Stephansplatz 11, Tel. 535 85 19, Franz-Josefs-Kai 21 (Schwedenplatz), Tel. 532 19 82. Kohlmarkt 11, Tel. 532 17 09.

Neuhaus Chocolatier Mahlerstraße 4 (Ringstraßengalerie), Tel. 512 54 04, E-Mail: anfrage@neuhaus-chocolatier.at, www.neuhaus-chocolatier.at, Mo–Fr 10–19, Sa 10–18 (Fei geschlossen). Hausgemachte Strudel und Torten, belgische Schokolade, heiße Schokolade. Extrazimmer für 12 bis 15 Pers.

Reimer Wollzeile 26, Tel. 512 14 33, E-Mail: shop@reimerbonbons.at, www.lebensbaumtorte.at, Di, Sa 11–17, Mi–Fr 11–18, So, Fei 14–19. Bezaubernd skurriles Süßwarengeschäft; Schokolade- und Trüffelspezialitäten, Lebensbaumtorten, handgemachte Tortendekoration, handgefertigte Geschenke. Spezialität: Wiener Florentiner. Schokoladenseminare (Termine siehe Website). Back- und Trüffelkurse von September bis April.

Schokov in the City Rudolfsplatz 7, Tel. 0676/661 39 02, E-Mail: rudolfsplatz@schokov.com, www.schokov.com, Mo–Do 10–18, Fr 10–17.30, Sa 10–16.30, Sommeröffnungszeiten: Mo–Do 10–17, Fr 10–16.30. Filiale des Schokoladegeschäftes von Exwerber Thomas Kovazh. Bio-Schokolade aus eigener Produktion (Schokovs); im Sommer Eis (von der Eisoase), im Herbst heiße Schokolade zum Mitnehmen. Schokoladeverkostungen. 7 Sitzplätze. Onlineshop.

Der Wiener Schokolade-König Freisingergasse 1, Tel. 533 32 19, E-Mail: buero@leschanz.at, www.leschanz.at, Mo–Sa 10–18 (Fei geschlossen). Zur Verwendung kommen ausschl. Bio-Schokoladen. Handgemachtes Konfekt, Schokoladeknöpfe als Hommage an den ehemaligen „Knopfkönig", Spezialitäten: „Goldenes Wiener Herz" (Milchschokoladeherz mit Haselnusskrokant) in versch. Größen, Wiener Katzenzungen, vegane Schokoladen; in der kalten Jahreszeit heiße Trink-Schokolade und Maroni; individuelle Schokoladebestellungen als Werbegeschenke, für Feste etc. möglich (Anfragen per Mail); Torten und Mehlspeisen auf Anfrage.

Xocolat Freyung 2 (Passage des Palais Ferstel), Tel. 535 43 63, E-Mail: xocolat@xocolat.at, www.xocolat.at, Mo–Sa 10–18 (Fei geschlossen). Schokoladen-Fachgeschäft. 50 Marken und über 400 Sorten; verschiedene Produkte aus hauseigener Manufaktur; viele verschiedene Trinkschokoladen; mit Schokolade überzogene Kakaobohnen; Kuvertüre für Patisserien, unzählige Trüffel sind ebenso erhältlich.

Die Zuckerlwerkstatt Herrengasse 6–8, Tel. 890 90 56, E-Mail: info@zuckerlwerkstatt.at, www.zuckerlwerkstatt.at, Mo–Sa 10–18 (Fei geschl.). Handgemachte Zuckerl-, Bonbon-, Lolli- und Fruchtgelee-Kreationen in den unterschiedlichsten Formen, Farben und Geschmacksrichtungen, hergestellt in der Schauproduktion des Shops (Führungen sind online buchbar). Individuelle Bonbons auf Bestellung.

Die Zuckerlwerkstatt Führichgasse 3, Tel. 890 90 56, E-Mail: info@zuckerlwerkstatt.at, www.zuckerlwerkstatt.at, Mo–Sa 10–18. Handgemachte Zuckerl-, Bonbon-, Lolli- und Fruchtgelee-Kreationen in den unterschiedlichsten Formen, Farben und Geschmacksrichtungen, hergestellt in der Schauproduktion des Shops (Führungen sind online buchbar). Individuelle Bonbons auf Bestellung.

Pubs

Bockshorn Irish Pub Naglergasse 7 (Eingang Körblergasse), Tel. 532 94 38, E-Mail: bockshorn@gmx.com, www.bockshorn.at, täglich 16–2. Ältestes und kleinstes Irish Pub Wiens, authentische irische Atmosphäre; Snacks; 10 Biersorten vom Fass (Newcastle Brown Ale, London Pride, Kilkenny, Guinness, Murphy's, Stiegl, Trumer u.a.), Magners und Strongbow Cider vom Fass; 70 Whisk(e)ysorten aus aller Welt, Rare Malt Selection; in unregelmäßigen Abständen Events wie Whisk(e)y-Verkostungen; irische Musik vom Band (traditionell und modern). Darts; Klimaanlage.

Dick Mack's Marc-Aurel-Straße 7, E-Mail: office@paddysco.at, www.paddysco.at, täglich 20–4. Bier, Longdrinks (€ 3,80). Mehrere Flatscreen-TVs für Sportübertragungen (Sky Sports), Tischfußball (€ 0,50/Spiel).

Flanagans Irish Pub Schwarzenbergstraße 1–3, Tel. 513 73 78, E-Mail: pub@flanagans.at, www.flanagans.at, Mo–Do, So 10–24, Fr, Sa 10–4, Fei wie jeweiliger Wochentag, Küche bis 24. Im Zentrum Wiens gelegenes echtes irisches Pub (selbst die Möbel stammen aus einem Pub in Cork); viele gute irische, österreichische und internationale Biere (z.B. Guinness, Kilkenny); Burger, Fish and Chips, Bar Snacks; Kindersessel, Wickeltisch. Sportübertragungen, 1 Großbildleinwand, 6 TVs (alle HD); manchmal Partys und Livemusik. Schanigarten für 75 Pers. **€€**

Joe's Pub & Pizza Judengasse 9, Tel. 295 85 38, E-Mail: joes@josef-bar.at, www.joes-pubandpizza.at, Di–Do, So 17–1, Fr, Sa 17–2, Küche bis 24. Auf Craft-Bier spezialisiertes Pub mit 30 Biersorten; hausgemachte Pizza aus dem Steinofen. Klimaanlage; die Wände zieren Werke junger Wiener Kunstschaffender. Schanigarten für 60 Pers.

Mel's Craft Beers & Diner Wipplingerstraße 9 (Ecke Fütterergasse 1), E-Mail: office@paddysco.at, www.paddysco.at, täglich 11–2. Craft-Bier-Bar; über 300 Sorten Fass- und Flaschenbiere; Burger, Sandwiches, Baguettes, Salate, Desserts; 11–23 Take-Away.

Molly Darcy's Irish Pub Teinfaltstraße 6, Tel. 533 23 11, E-Mail: office@mollydarcys.at, www.mollydarcys.at, Mo-Do 16-24, Fr, Sa 15-1 (Fei geschlossen). Schönes Irish Pub mit Burger, Fish and Chips, Spareribs, Salaten, Snacks, in dem sich das Bier im Pseudo-Bibliotheken-Ambiente recht fein genießen lässt (große Auswahl an Craft-Bieren, Guinness, Kilkenny, Starobrno, Wieselburger, Zwickl); 17 Whiskeys. Mo ab 19 Pub Quiz (Reservierung erforderlich, im Sommer findet kein Quiz statt). 5 Flatscreens für Sportevents, 2 Videowalls (Fußballübertragungen: English Premiere League, Champions League und andere), auch draußen 2 Screens. Sept. bis April regelmäßig Live-Musik. Schanigarten im Sommer für 50 Pers. €€

Philosoph Judengasse 11, E-Mail: office@philosophwien.at, www.philosophwien.at, täglich 17-4. Bierpub. 9 Fass-, mehrere Flaschenbiere, Weine, großes Angebot an Whiskey und Gin. Wechselnde Aktionen und Veranstaltungen, So Tatort-Abend; TV, Gesellschaftsspiele. Bar für 20, hinterer Bereich für 15, Schanigarten für 32 Pers.

Pickwick's Marc-Aurel-Straße 10-12, Tel. 533 01 82, E-Mail: feedback@pickwicks.at, www.pickwicks.at, Mo-Do, So 11-24, Fr, Sa 11-2. Café-Pub in englischsprachiger Videothek und Buchhandlung. Angelsächsische und internationale Küche; 20 internationale Biersorten, Cocktails, Happy Hour: Mo-Do 18-19, Bieraktion, Cocktailaktion Mo-Do 19-20. Sportübertragungen in englischer Sprache (Leinwand, Sky). Englische DVDs zum Ausborgen, gebrauchte Bücher zu kaufen. Schanigarten für 35 Pers. €€

The Bogside Inn Landesgerichtsstraße 18, Tel. 409 64 90, E-Mail: office@bogside.at, www.bogside.at, Mo-Do 17-2, Fr 17-4, Sa 18-4. Typische Pub-Gerichte wie Fish & Chips, Burger oder Sandwiches; irische Biere; diverse Aktionen und Veranstaltungen. Take-away. TV und Leinwand für Sportübertragungen. Schanigarten für 40 Pers. €

Vulcania Judengasse 11, Tel. 0664/416 96 83, E-Mail: office@vulcania-pub.at, www.vulcania.at, Mo-Mi 17-2, Do-Sa 17-4, So 17-24. Pub im Bermudadreieck mit österreichischen und internationalen Bieren, Weinauswahl. Snacks. Wechselnde Veranstaltungen; TV und Leinwand für Sportübertragungen. Feiern bis 20 Pers. möglich. Schanigarten für 40 Pers.

Stadtheurige

Bitzingers Augustinerkeller Augustinerstraße 1, Tel. 533 10 26, E-Mail: info@bitzinger.wien, www.bitzinger.wien, täglich 11-23. Wiener Küche; Hausbier, Wiener Weine, Sekt, Champagner. Kinderportionen, -sessel. Leinwand mit Beamer; für Veranstaltungen geeignet. Vinothek (für Feiern zu mieten); Extrazimmer für 20, 30, 70 und 180 Pers., Schanigarten für 80 Pers. Hunde mit Leine und Beißkorb. Rollstuhlrampe. €€€

Esterházystüberl & Esterházykeller Haarhof 1, Tel. 533 34 82, 533 34 82-33 (Esterházystüberl), E-Mail: keller@esterhazykeller.at, stueberl@esterhazykeller.at, www.esterhazykeller.at, täglich 11-22 (Juli/August Keller geschlossen, Stüberl und Schanigarten geöffnet). Einer der schönsten Volkskeller Wiens; typische Wiener und Pannonische Küche und Hausmannskost im À-la-carte-Restaurant Esterházystüberl (Mo-Fr MM ab 11 € 9,30, ohne Suppe € 8,30); ausgezeichnete Weine aus dem Esterházy'schen Schlosskeller in Eisenstadt, 2 Biersorten vom Fass. TV; verschiedene Volksfeste wie z.B. Erntedankfest; Esterházystüberl im Halbstock für 75, Keller inkl. mehrerer Extrazimmer für 250 bis 300, Schanigarten für 85 Pers. Museum über Haydn und Esterházy im Lokal, Führung auf Anfrage. €€

Gigerl Rauhensteingasse 3 (Eingang Blumenstockg. 2), Tel. 513 44 31, E-Mail: office@gigerl.at, www.gigerl.at, Mo-Sa 15-24, warme Küche bis 23.30. Klassischer Stadtheuriger. Vegetarische Gerichte, Salatbuffet, Speisen à la carte, 75% der Produkte sind biozertifiziert; Biofleisch von Sonnberg, Bio-Beef tatare und Roastbeef von Höllerschmid, regionales Schweinefleisch von der Wiener Fleischerei Hödl, ausschließlich Biomolkereiprodukte. Bioweinauswahl. Gruppenreservierungen bis 100 Pers, für exklusive Veranstaltungen mietbar; Kapazität im großen Raum für 80, im Schankraum für 20 Pers. Ruhiger Gastgarten für bis zu 150 Pers. in den ältesten Gassen Wiens. Mittagsgruppen ab 20 Pers. €€

Zwölf-Apostelkeller Sonnenfelsgasse 3, Tel. 512 67 77, E-Mail: office@zwoelf-apostelkeller.at, www.zwoelf-apostelkeller.at, täglich 11-24. 1000 Jahre alter gotischer Keller; einzige erhaltene Brunnenstube Wiens; wöchentlich wechselnde Wiener Schmankerln (TT € 8,50); Spezialitäten: Fiakergulasch und original Wiener Kaiserschnitzel, außerdem Blunzn, Leberwurst, Grammelknödel, kalte Platte, Zwölf-Apostel-Platte, Kalbsschnitzel, Tafelspitz; Buffets für Veranstaltungen jeder Art; gute Weine, Schwarzer Ribiselwein. Kinderspeisen, -sessel. TV; täglich ab 19 Heurigenmusik. Klimaanlage; Apostel-Stüberl zum Mieten für 50 Pers. €€

Szene

404 don't ask why Friedrichstraße 7, E-Mail: contact@dontaskwhy.at, dontaskwhy.at, Mo-Fr 11.30-1, Sa, So 10-1. Pizzeria von Szene Gastronom Martin Ho im Novomatic Forum. Frühstück (Mo-Fr 9-11); große Weinauswahl. Terrasse mit Blick auf den Naschmarkt.

Aera Gonzagagasse 11, Tel. 0676/844 26 02 70, E-Mail: kontakt@aera.at, www.aera.at, Mo–Sa 10–1, So, Fei 10–24 (Öffnungszeiten auch nach Vereinbarung), warme Küche 11.30–22.30. Frühstück Mo–Fr bis 11.30, Sa, So, Fei bis 16 (ab € 6,20); italienische, vegetarische und Wiener Küche, täglich Menüs (Tagessuppe € 2,80/M Fleisch € 9,60, vegetarisch € 8,90); Kinderportionen, -sessel; Buffets für Veranstaltungen. Laufend Vernissagen, fast täglich Veranstaltungen wie Konzerte, Feste, Kabarett im Keller; Schanigarten für 70 Pers. €€

Badeschiff Wien Donaukanallände (zwischen Urania und Schwedenplatz), Tel. 0660/312 47 03 (zwischen 14 und 18), E-Mail: contact@badeschiff.at, www.badeschiff.at, April bis Oktober täglich 10–1, November bis März Mo–Fr 16–1, Sa, So 12–1. Spannendes Lokal auf einem umgebauten Lastkahn mit Swimmingpool, der im Donaukanal verankert ist. Das Essen kommt von „Speisen ohne Grenzen"; am Wochenende 11–14.30 Frühstück; Grillbuffet „Drei Damen vom Grill"; Cocktails, Sundowner-Sprizz-Station. Das Lokal erstreckt sich auf drei Decks: Hauptdeck mit Trinkhalle, Sonnendeck mit Poolbar, Loungedeck, Outdoor-Pub#1 und Flying Deck sowie den Laderaum. Mai bis Okt. „Bad mit Tiefgang": 10–22 Pool und Ship Shop, 11–1 Bar, 12–22 Küche, 15–22 Buffet. Nov. bis März „ParadEIS": 6 Eisstockbahnen, Punschdeck, Schutzhütte, Eisschwimmen. Div. Veranstaltungen, z.B. Public Viewing. Trinkhalle, Laderaum, Loungedeck, Flyingdeck und Pooldeck können für Feiern bis 450 Pers. gemietet werden. Sonnendeck und Hauptdeck sind barrierefrei und mit Behinderten-WC. ♿ €€

Bane's Bar Köllnerhofgasse 3, Tel. 0664/134 11 23, Mo–Sa 17–4. Künstlerlokal mit künstlerischer Raumgestaltung. Wiener und internat. Küche, Eintöpfe, Aufläufe, Gulaschvariationen (seit Jahren Anwärter auf den Titel des besten extraspäten Gulaschs der Stadt); ausgewählte österreichische Weine, Zipfer vom Fass, 5 Flaschenbiere, kleine, feine Cocktailauswahl (ca. € 10,–), hausgemachter Sangria (€ 6,–).

Club Berlin Gonzagagasse 12, Tel. 533 04 79, E-Mail: office@clubberlin.at, www.clubberlin.at, Mo–Mi, So, Fei 18–24, Do 18–2, Fr, Sa 18–4, vor Fei 18–4. Kleinigkeiten wie überbackene Brote (€ 6,50), zusätzlich können Speisen vom Aera (gegenüber) konsumiert werden; kleine Cocktailkarte (€ 8,50 bis € 9,50). Mo Pokerturnier, Do Wissensquiz; 4 Projektoren mit Leinwand für Fußballübertragungen (Sky), 1 Wuzler (€ 1,–/Spiel), Darts. Erdgeschoß für 40, Untergeschoß für 110; Schanigarten für 12 Pers.

Bettelstudent Johannesgasse 12, Tel. 513 20 44, E-Mail: info@bettelstudent.at, www.bettelstudent.at, www.bettelstudent.at, Mo–Do 11.30–24, Fr, Sa 11.30–2. Wiener Küche, Steaks, Spareribs; (Mo–Fr 11.30–14 3gg MM € 9,50); naturtrübes Bier aus der hauseigenen Brauerei. Kinderportionen, -sessel. Fr, Sa DJ-Line, Partys; Veranstaltungen nach Ankündigung. Schanigarten für 70 Pers. €€

1516 Brewing Company Schwarzenbergstraße 2, Tel. 961 15 16, E-Mail: hq@1516brewingcompany.com, www.1516brewingcompany.com, täglich 10–2, warme Küche bis 1.30. Bräu-Beisl (MM € 9,90) und Craft-Bier-Kompetenzzentrum mit preisgekröntem Eigenbrau-Bier (sehr zu empfehlen: „Hop Devil"), üppig mit Rohren und massig Equipment ausgestattet; Ale- und Lagerbiere, laufend Bierangebote, internationale Gastbrauer. Snacks ab € 3,90. Sportübertragungen (big screen/Sky). Schanigarten mit 20 Tischen. €€

Dinner Club Calea Am Stadtpark 1, E-Mail: reservierung@calea.club, www.calea.club, Fr, Sa ab 23. Dinner Club. Cocktails. Div. Sonderveranstaltungen.

Casablanca Rabensteig 8, casablanca-live.gusti.at, täglich 17–4. Bier, Wein, Schnäpse, Longdrinks; wechselnde Getränkeaktionen. Livemusiktreff mit täglich anderen Interpreten. Klimaanlage. Schanigarten für ca. 40 Pers.

DOTS at THE LEO GRAND Bauernmarkt 1 (im Hotel The Leo Grand), Tel. 906 06, E-Mail: Leo@dotsgroup.eu, www.dotsgroup.eu, täglich 7–2. Jüngstes Wiener Gastro-Projekt von Martin Ho. Restaurant und Bar im Hotel The Leo Grand. Fusionsküche mit Wiener und französischen Einflüssen.

Dots Palais Seilerstätte 16, Tel. 512 34 88, E-Mail: reservierung@oneofone.at, www.dotsgroup.eu, Di–Sa 18–1. Außergewöhnliche Location von Szene-Gastronom Martin Ho, Kombination aus mehreren Lokalen an einem Standort mit unterschiedlichen Konzepten: Mr. WOW (asiatisches Lokal mit Fine Dining Konzept), 1o1 CONCEPT, Goat Club und Chin Chin Bar. Spezialität ist die Pekingente, die von Küchenchef Demir Babali mit einem speziellen Rezept verfeinert wird. Von Gault Millau mit 2 Hauben ausgezeichnet. €€€

Flex Augartenbrücke 1 (Donaukanal, Höhe U2/U4), E-Mail: office@flex.at, flex.at, Öffnungszeiten je nach Veranstaltung (siehe Facebook-Seite oder Website). Flexhalle: vielseitige elektronische Musik, großteils variables Programm; Konzerte, Livebands nach Ankündigung. Flexcafé: freier Eintritt, elektronische Musik. Gastgarten am Donaukanal für ca. 1000 Pers. (in den Sommermonaten immer wieder Live-Programm). Behinderten-WC. ♿

Frau Mayer Rudolfsplatz 12, Tel. 0660/262 51 69, E-Mail: info@fraumayer.at, fraumayer.at, Di–Do 15–1, Fr 15–2, Sa 12–2 (Fei geschlossen), Küche 17–22. Von einem Kulturverein betriebenes Musiklokal mit Livemusik (Startzeiten Musik 17.30 bzw 19.30, Programm siehe Homepage). Speisen, hausgemachte Erfrischungen und Weine von befreundeten Winzer*innen aus verschiedenen Regionen.

Bar im Gartenbaukino Parkring 12, Tel. 512 23 54, E-Mail: kino@gartenbaukino.at, gartenbaukino.at, täglich bis zum Start des letzten Filmes offen, bei Veranstaltungen auch länger geöffnet. Bar und Buffet im Gartenbaukino. Süßes (z.B. Sportgummi und Rumkugeln) und Getränke. Fallweise DJs mit Tanzmöglichkeit; unregelmäßig Veranstaltungen (im Zusammenhang mit aktuellem Filmprogramm), private Veranstaltungen bis 250 Pers. möglich; Original 1960er-Jahre Ambiente. Treppenlift für Rollstuhlfahrer*innen. 💳

Hausbar Karlsplatz 5, Tel. 0664/75 01 04 17, E-Mail: reservierung@hausbar-wien.at, hausbar-wien.at, Mi–Sa ab 18. Fine Dining Lokal und Bar direkt gegenüber vom Karlsplatz. Gekocht wird ein vegetarisches 6gg Menü von Oliver Mohl (auf Anfrage auch vegan), im Hauptgang kann zusätzlich zwischen Fisch und Fleisch gewählt werden. Zeitgemäße, internationale Gerichte mit Einflüssen aus der traditionell österreichischen Küche; Fokus auf regionalen und saisonalen Zutaten. Zum Menü passende Cocktailbegleitung (auf Wunsch auch alkoholfrei). Gastgarten im Innenhof für 30 Pers. 💳 **€€€€**

Jazzland Franz-Josefs-Kai 29, Tel. 533 25 75, E-Mail: office@jazzland.at, www.jazzland.at, Mo–Sa, Fei ab 19, warme Küche bis 22.15. Jazzclub seit 1972; umfangreiche Speisekarte, Wiener Küche; Spezialität: Cevapcici (€ 13,50). Snacks. Täglich ab 21 Jazz und Blues live. **€€**

Café Restaurant Karl-Otto im Otto Wagner-Pavillon/ Club U Karlsplatz Obj. U26 (Künstlerhauspassage), Tel. 505 99 04, E-Mail: office@club-u.at, www.otto-wagner-pavillon.at, www.club-u.at, Mo–Mi, So, Fei 12–21, Do–Sa 12–4, warme Küche bis 20. Tagsüber Café-Restaurant mit traditioneller Küche, abends Club U: internationale DJ-Line mit Tanzmöglichkeit, manchmal Livemusik. Cocktailbar (€ 7,– bis € 10,–). Regelmäßig Veranstaltungen (mit Happy Hour nach Ankündigung), Vernissagen; Tischfußball (€ 1,–); Live-Webcams im Lokal; 3 Großbildleinwände (1 Outdoor), 3 Flatscreens. Kinderspielplatz in unmittelbarer Lokalnähe. Schirmbar im Freien für Veranstaltungen zu reservieren; Gastgarten für 175 Pers. **€**

Klyo Uraniastraße 1, Tel. 710 59 46, E-Mail: hallo@klyo.at, www.klyo.at, Mo–Mi, So, Fei 9–23, Do–Sa 9–1. Lokal in der Urania. Große Frühstückskarte (€ 6,20 bis € 13,40); internationale Küche, auch vegetarische und vegane Gerichte; regionale Produkte; Mo–Fr 11.30–15 Wochenmenü (2gg € 12,50/3gg € 14,–). Selbstgemachte und frischgepresste Säfte, Sternzeichen-Cocktails. Stegterrasse ab 9, Dachterrasse täglich bei Schönwetter ab 17, Fr, Sa, So, Fei ab 10 geöffnet. 💳 **€€**

Krah Krah Rabensteig 8, Tel. 533 81 93, E-Mail: bier@krah-krah.at, www.krah-krah.at, Mo–Do 11–24, Fr, Sa 11–2, So 11–23, durchgehend warme Küche bis 23. Bermuda Dreieck-Urgestein; Wiener Küche (11.30–15 MM € 8,70), große Schwarzbrottoasts; ca. 60 Biersorten, Mo–Fr 15.30–17.30 Happy Hour (Krah Bier 0,4L € 2,60). Alle Speisen und Flaschenbiere auch zum Mitnehmen. TV. Klimaanlage. Schanigarten für ca. 60 Pers. Kartenzahlung ab € 10,–. 💳 **€**

Lugeck Alm Sonnenfelsgasse 2, Tel. 0664/88 36 17 11, E-Mail: office@lugeck-alm.at, www.lugeck-alm.at, Mo, Do–Sa 22–6. Lugeck-Alm im Keller des ehemaligen „Little Buddha", regelmäßig Getränkeaktionen; große Auswahl an alkoholfreien und alkoholischen Getränken, z.B. Bier, Wein, Rum, Whiskey, Cocktails, Wodka und Champagner. Platz für 290 Pers.; laufend Veranstaltungen und Partys. 💳

Porgy & Bess – Jazz & Music Club Riemergasse 11, Tel. 512 88 11, 503 70 09, E-Mail: porgy@porgy.at, www.porgy.at, täglich 16–23. Traditionelle, neu interpretierte Speisen für den kleinen und mittelgroßen Hunger; Bier, Wein, Cocktails, Kaffee, Alkoholfreies. Konzerte, neben dem Hauptsaal zweiter Konzertraum „Strenge Kammer" (Eintritt: pay as you wish) für 50 Pers. Man kann Konzertkarten online oder direkt im Lokal kaufen. Keine Hunde. Konzerte können auch online über die Homepage gestreamt werden. ♿ 💳

Café-Bar Porta Schulerstraße 6, Tel. 513 14 93, E-Mail: portawien@gmail.com, Mo–Sa 18–2 (Fei geschlossen), durchgehend warme Küche. Kleine warme Speisen (ab € 4,–); frisch gepresste Säfte (€ 4,–), Cocktails (alkoholfrei € 6,50, mit Alkohol bis € 9,–). Familiäre Atmosphäre; ganz in der Nähe des Stephansdoms (50 Schritte).

Roter Engel – The Voice of Vienna Rabensteig 5, Tel. 535 41 05, E-Mail: office@roterengel.at, www.roterengel.at, täglich 17–4. Cocktails, wechselnde Specials; Tanzmöglichkeit. Klimaanlage. VIP-Loungebereich für 25, Schanigarten für 40 Pers.

Scotch Club Parkring 10, Tel. 0676/760 79 55, E-Mail: office@scotch-club.at, Mo–Fr 15–24, Sa, So 17–24 (Lounge, Öffnungszeiten wetterabhängig), Fr, Sa, Fei 23–4 (Club, aktuelle Öffnungszeiten werden auf Instagram bzw. Facebook bekannt gegeben). Ausgewählte Kaffeesorten, Cocktailvariationen, Spirituosen. Regelmäßig Events. Lounge 2-stöckig (für ca. 100 bis 150 Pers.), Clubbereich (für ca. 300 Pers.) mit 2 Bars, beides für Firmenveranstaltungen zu mieten. Schanigarten für ca. 80 Pers. 💳

Sing Your Song Elisabethstraße 13 (Eingang Eschenbachgasse 5), Tel. 0660/5155653, Mo–Do 20–2, Fr, Sa 20–4, vor Fei auch So geöffnet. Karaokebar; Zipfer und Villacher offen, 4 Flaschenbiere, Bargetränke, laufend Getränkeangebote. Sitzplätze für 64 (telefonische Tischreservierung erbeten), Bar für 15 Pers. Für geschlossene Veranstaltungen bis maximal 100 Pers. zu mieten.

Slammer Bar Seitenstettengasse 5, Tel. 0650/986 09 24, E-Mail: office@gnadenlos.at, www.slammerbar.at, Di–Do 19–4, Fr, Sa 19–5. Après-Ski; Wieselburger vom Fass, diverse Flaschenbiere, täglich Aktionen. Musik auf Zuruf, Tanzmöglichkeit (Partymusik quer durch die Musikgeschichte); Flatscreen, Klimaanlage.

The Look Bar Salzgries 17, E-Mail: office@paddysco.at, www.paddysco.at, Mo–Sa 20–4. „International Bar"; Flaschenbier und Longdrinks; 2 Leinwände und zahlreiche Flatscreens (Sky Sports); Tischfußball (€ 0,50/Spiel).

Vienna Gnadenlos Seitenstettengasse 5, Tel. 0699/11 61 46 46, E-Mail: office@gnadenlos.at, www.gnadenlos.at, Mi–Sa 20–5. Club; monatlich wechselnde Events siehe Homepage. DJs. Musik: House, Charts, Pop. Große Partylocation, 4 Bars auf 400 m² in einem 7 Meter hohen Kellergewölbe mitten im bzw. unter dem Bermudadreieck; Lounge kann privat für Feiern reserviert werden. Eintritt ab 18 Jahren (gratis).

Volksgarten Pavillon Volksgarten, Tel. 532 09 07, E-Mail: office@volksgarten-pavillon.at, www.volksgarten-pavillon.at, Anfang April bis Mitte September Di, Mi 11–2, Do–Sa 11–1, So 11–22 (wetterabhängig), warme Küche Di–Sa 12–16 (danach BBQ), So 12–18. Wiener und mediterrane Küche, Mo–Sa 18–21.30 der etwas andere Grill vom BBQ-Smoker, aus dem kommen z.B. Steckerlfisch, Steak, Burger; carnivores Paradies aber auch vegetarische und vegane Speisen. Tischfußball. Gastgarten unter alten Kastanien für 500 Pers., Mosquito Bar für Feste zu mieten für bis zu 200 Pers. €€

Wunderbar Schönlaterngasse 8, Tel. 512 79 89, täglich ab 17, am 24.12. geschlossen. Urgestein der Wiener Szenelokale; warme Baguettes, kalte Brote und Snacks; gute Weinauswahl, tschechisches Bier. Schach, Journale; fallweise Ausstellungen von Künstler*innen. Klimaanlage. Schanigarten für 14 Pers.

Teehäuser

Teehaus Channagasse Annagasse 12, Tel. 0664/509 56 20, E-Mail: office@channagasse.at, www.channagasse.at, Mo–Fr 14–20, Sa 13–18 (Fei geschlossen). Mit dem Teehaus Channagasse werden hochwertige chinesische Teesorten und die Gong Fu Cha in die Wiener Kultur aufgenommen; Muffins, Dörrfrüchte, Kindertees; Workshops, Teeseminare. 25 Plätze im Lokal, Schanigarten für 8 Pers.

Demmers Teehaus Mölker Bastei 5, Tel. 533 59 95, E-Mail: moelkerbastei@demmer.at, www.tee.at, Mo–Fr 9–18, Sa 9.30–13.30. Rund 300 Teesorten sowie Teezubehör. Rollstuhlrampe vorhanden.

Teehaus Haas & Haas Stephansplatz 4, Tel. 512 26 66, 512 97 70 (Shop), E-Mail: teehaus@haas-haas.at, stephansplatz@haas-haas.at, wein-feinkost.at, Mo–Sa 8–20, So, Fei 9–18 (Teehaus), Shop: Mo–Fr 9–18.30, Sa 9–18. Englisches Teehaus. Himmlische Auswahl an Frühstücksvariationen (ganztägig): Sekt-, englisches und vegetarisches Frühstück, chinesische Variante mit Dim Sum, chinesischen Gemüsenudeln und Obst, American Breakfast mit Spiegeleiern, Speck, Grilltomate, Baked Beans u.a. bis zu den Waffeln mit Ahornsirup. Alles frisch, alles was das Frühstücksherz begehrt (€ 5,80 bis € 32,–). Hääschenfrühstück für kleine Gäste. Internationale Küche, vegetarische Gerichte; Mehlspeisen aus der eigenen Backstube, warme Küche ab 13, Afternoon Tea ab 15. Ausschließlich österreichische Weine, Marmeladen und Chutneys von Porta Dextra. Gastgarten für 100 Pers. Nebenan Verkaufsraum mit erlesenen Tees und allem was dazugehört: über 200 Teesorten, Marmeladeabteilung, Kaffee, Konfekt, Süßwaren, Teeaccessoires und Geschenke.

Tea Plus Krugerstraße 12, E-Mail: info@tea-plus.at, office@tea-plus.at, www.tea-plus.at, täglich 12–21. Bubble Tea Shop.

Teeamo Goldschmiedgasse 9, Tel. 0660/668 90 08, E-Mail: teeamo.vienna@gmail.com, www.teeamo-vienna.at, täglich 11.30–20, Öffnungszeiten variabel (s. Homepage). Großes Sortiment an Bubble Teas (z.B. Milk Teas, Fruit Teas, Smoothies, Sodas, Joghurt-Frappés, Pure Teas oder DIY); Take-away. Klimatisiert.

Weinhandlungen

agrodolce Hoher Markt 4, Tel. 0664/101 04 44, E-Mail: dolce@agrodolce.at, www.agrodolce.at, Mo–Fr 16–23. Vinothek und Alimentari; italienische Weine, Prosciutto, Montasio uvm.; zum Essen vor Ort oder zum Mitnehmen.

Central European Wine Art (CEWART) Rudolfsplatz 7/2, Tel. 0677/64 16 98 99, E-Mail: info@cewart.at, www.cewart.at, Mo–Fr 15–21. Vinothek und Weinbar mit Schwerpunkt Osteuropa. Platte mit geräuchertem Rückenspeck und Bauchspeck vom Mangalitza-Schwein mit ungarischem Sauerteigbrot, ungarischer Käse mit Trüffelhonig; 4gg Menü nach Vorbestellung (€ 29,–); Weine aus Osteuropa wie Weine der Sorten Hárslevelü und Furmint aus Tokaj oder Sekt aus Transsylvanien. Regelmäßige Verkostungen und Weinabendessen (Termine s. Homepage). Onlineshop.

Genusshandlung Teinfaltstraße 11, Tel. 533 13 67, E-Mail: genusshandlung.scheiber@aon.at, Mo–Fr 16–21 (Fei geschlossen), Juli/August: Mo–Fr 17–22. Kleine Weinhandlung mit internationalem Sortiment (je 6 offene Rot- und Weißweine, Stoppelgeld € 12,–/Flasche); mediterrane Imbisse

(Crostini-Variationen € 7,90, Beinschinken mit Kren € 7,20, internationale Käsesorten, Rohschinken, Salami). Verkauf von Weinen und Alimentari (mediterran). Schanigarten für 8 Pers. Keine Hunde.

Haas & Haas - Wein & Fein.kost Ertlg. 4, Tel. 533 35 34, E-Mail: shop@wein-feinkost.at, www.abhofvinothek.at, wein-feinkost.at, Mo–Fr 10–18.30, Sa 10–18 (Fei geschlossen). Vinothek im Kellergewölbe mit ausgewähltem Sortiment teilweise unbekannter österreichischer Winzer*innen zu Ab-Hof-Preisen. Wechselnde Ausstellungen, kulturelle Veranstaltungen; für private Veranstaltungen zu mieten. Im Erdgeschoß Spezialitäten von österreichischen Kleinbetrieben, diverse Marmeladesorten, Honig, Essig, Öle, Salze, Pesto, Nudeln, Edelbrände etc.

Le Cru Petersplatz 8, Tel. 533 42 60, E-Mail: office@lecru.at, www.lecru.at, Mo–Fr 15–21, Sa 12–18 (Fei geschl.). Comptoir de Champagne in prominenter Citylage, mit viel Platz, einem tollen Design und einem Angebot an etwa 200 verschiedenen Champagnermarken. Ca. 6 bis 8 Exemplare gibt's auch glasweise, vom preiswerten Champagner der Woche bis zu Prestige-Cuvées, die es normalerweise nie offen gibt (ca. € 20,- bis € 30,-). Kommentierte Champagnerverkostungen (Termine und Anmeldung siehe Homepage, Facebook oder Newsletter). Versand innerhalb von Österreich.

Leo Hillinger Wineshop & Bar Wollzeile 25, Tel. 966 21 21, E-Mail: shop-wienwollzeile@leo-hillinger.com, www.leo-hillinger.com, Juli bis August Mo–Fr 15–22, September bis Juni Mo–Sa 13–22. Lounge des Hillinger-Weingutes; neben Weinverkostungen auch Kulinarisches wie Brettljause, Käseplatte, Beef Tatar, Flammkuchen, Snacks. Kleine und große Geschenk-Packages, Weinaccessoires. Gesamte Hillinger-Produktpalette zu kaufen. Schanigarten für ca. 20 Pers. (barrierefrei zugänglich).

Piccola Trieste Jakobergasse 4, Tel. 0660/394 63 45, E-Mail: piccolatrieste@gmail.com, Mo–Sa 17–22. Italienisches Bistro und Vinothek; kleine Speisen und Spezialitäten aus der Region um Triest.

Enoteca Piemontissimo Museumstraße 4, Tel. 0676/662 16 30, E-Mail: sebastian@piemontissimo.at, piemontwein.at, Di–Fr 16–21, Sa 14–18, längere Öffnungszeiten auf Anfrage möglich. Vinothek und Weinbar; Weine und Spezialitäten aus dem Piemont (auch vom eigenen Weingut „Bologna e Figli"), saisonale Spezialitäten wie Trüffel. Privatverkostungen, verschiedene Themenabende. Cateringservice.

Vinothek St. Stephan - KVMG Weinhandel GmbH Stephansplatz 6, Tel. 512 68 58, E-Mail: info@vinothek1.at, www.ststephan.at, www.vinothek1.at, Mo–Fr 9.30–18.30, Sa 9.30–17 (Fei geschlossen), an Adventssamstagen bis 18. Spezialisiert auf österreichische und internationale Weine (Spanien, Italien, Frankreich, Griechenland, Ungarn, Österreich uvm.), Portweine; Single Malt Whiskys, Rumspezialitäten, Gin, Wodka, Balsamico, Olivenöle. Größere Wein- und Spirituosenverkostungen nach Ankündigung, auf Anfrage auch private Weinverkostungen; laufend Whisk(e)y-, Gin-, Wodka- und Rum-Verkostungen (jedes Quartal wechselnd). Geschenkservice. Versandservice (national und international).

Unger und Klein Gölsdorfgasse 2 (Ecke Rudolfsplatz), Tel. 532 13 23, E-Mail: weinbar@ungerundklein.at, www.ungerundklein.at, www.imhochhaus.at, Di–Fr 16–22, Sa 17–22 (Fei geschlossen). Sehr schöne Weinhandlung mit Kreszenzen aus aller Welt, vor allem aber aus Österreich, Italien, Frankreich, Spanien und der Neuen Welt; außerdem feine Antipasti-Happen, Panini, Imbisse; verschiedenste Weine glasweise; Weinraritäten, auch ideal als Geschenk geeignet; Weinverkostungen nach Ankündigung. Klimaanlage. Gastgarten für 14 Pers.

Wein & Co Bar Universitätsring 12, Tel. 050/706-3142 (Bar), 050/706-3141 (Shop), E-Mail: lue@weinco.at, luebar@weinco.at (Tischreserv.), www.weinco.at, Öffnungszeiten s. Homepage. Bar und Weinhandlung. Größtes Fine Wine Sortiment Österreichs, mehr als 2000 Weine aus aller Welt; erweitertes Angebot an Ikonen, Sammlerstücken und limitierten Spitzenweinen; vielfältiges Zusatzsortiment. Das Besondere: Die im Shop erhältlichen edlen Tropfen kann man sich im Lokalbereich servieren lassen (Aufpreis inkl. einer großen Flasche Vöslauer). Die Barrechnung ist gleichzeitig eine Gutschrift für den Shop (10 %). Eventraum. Im Sommer Schanigarten.

Vinothek W-Einkehr Schönlaterngasse 13, Tel. 0676/408 28 54, E-Mail: vinothek@w-einkehr.at, www.w-einkehr.at, Di–Sa 16–22. Weißweine aus dem Gebiet Wagram, Rotweine aus Carnuntum und dem Burgenland; Verkostung österreichischer Weine; kleine Schmankerl, Aufstriche. Schanigarten für 12 Pers.

Weinplateau Südafrika Tiefer Graben 7, Tel. 908 12 00, E-Mail: office@weinplateau.com, www.weinplateau.com, Mo–Fr 16–22 (Fei geschlossen). Vinothek und Weinbar, Spezialist für Weine aus Südafrika (über 70 Weine); vertretene Weingüter: Rustenberg, Darling Cellars, Ernie Els, Guardian Peak, Cabriere, Wilderer, Rust en Vrede, Boplaas, Spier Louis57 (Oosthuizen), Boschcloof; kalte Snacks ab € 9,50 (Käse, Antipasti, Schinken). Vernissagen, Zulu-Ausstellungen, Weinverkostungen nach Ankündigung (private Weinverkostungen auf Anfrage). Vertrieb für Gastronomie und Handel, österreichweiter Versand. Schanigarten für 8 Pers. Hunde mit Leine und Beißkorb.

Wiener Kaffeehäuser

Café Bellaria Bellariastraße 6 (Ecke Hansenstraße), Tel. 522 60 85, E-Mail: office@cafebellaria.at, www.cafebellaria.at, Mo-Mi 8-24, Do 8-1, Fr 8-2, Sa 9-2, So, Fei 9-24. Betriebsältestes Kaffeehaus in Wien, gegr. 1870, 2021 von Rubin Okotie (ehem. Fußballnationalspieler) und David Figar neu übernommen und renoviert. Frühstück; Burger, Bowls und Wiener Küche wie Schnitzel, Gulasch und Zwiebelrostbraten; ab 17 Barbetrieb. Kindersessel. Schanigarten. **€€€**

Café Restaurant Bräunerhof Stallburgg. 2, Tel. 512 38 93, Mo-Fr 8-19, Sa 8-18, So, Fei 10-18. Tradit. Wiener Kaffeehaus (ehemaliges Stammcafé von Thomas Bernhard) mit großer Zeitungsauswahl (österr. und internat. Tageszeitungen) und guten hausgemachten Mehlspeisen; Frühstück bis 12 (ab € 7,50); Wr. Küche (Mo-Sa MM € 8,50). Am Wochenende 15-18 Wiener Musik mit dem Bräunerhof-Trio (außer Juli/Aug.). Im Sommer Schanigarten für ca. 25 Pers. **€€**

Café Central Strauchgasse (Ecke Herrengasse), Tel. 533 37 63-24, 533 37 63-61 (Reservierungen), E-Mail: cafe.central@palaisevents.at, www.cafecentral.wien, Mo-Sa 8-21, So, Fei 10-21, durchgehend warme Küche 11.30-20.30. Berühmtes Traditionscafé mit über 140-jähriger Geschichte. Frühstück bis 11.30, Sa, So bis 13 (€ 7,50 bis € 22,50); zeitgemäße Wiener Küche auf hohem Niveau, Küchenchef: Bernhard Laimer; feinste hausgemachte Patisserie (Croissants haben französisches Niveau, die Macarons ebenfalls; auch Take-away), Chefpatissière: Manuela Radlherr. Internationale Zeitungen. Klimaanlage; Kindersessel. Schanigarten für 50 Pers. **€€€**

Café-Restaurant Diglas Wollzeile 10, Tel. 512 57 65, E-Mail: office@diglas.at, www.diglas.at, Mo-Fr 8-22, Sa 9-22. Umfangreiche Frühstückskarte bis 11.30: saisonale Frühstücksgerichte, Wiener Frühstück (€ 6,10 bis € 12,10); Wiener und internationale Küche; hausgemachte saisonale Mehlspeisen und Torten aus der hauseigenen Backstube; Kinderspeisen auf Anfrage, Kindersessel. Österreichische und internationale Tageszeitungen, Magazine; Pianomusik tägl. ab 19. Schanigarten für 80 Pers. **€€€**

Café Diglas im Schottenstift Schottengasse 2, Tel. 535 15 50, E-Mail: office@cafeimschottenstift.at, www.cafeimschottenstift.at, Mo-Fr 7.30-22, Sa, So, Fei 8.30-22. Renoviertes, alteingesessenes, traditionelles Wiener Kaffeehaus. Mo-Fr 2 MM (2gg € 15,-), wöchentlich wechselnde Saisonspezialitäten; Frühstück Mo-Fr 7.30-11.30, Sa, So 8.30-13.30; kleine Portionen, Kindersessel, Wickeltisch. Internationale Zeitungen und Magazine. Sitzgruppen mit Tieflehnen, Parkettboden, Marmortischchen und Thonetsessel; Salon im oberen Stock für Veranstaltungen bis zu 100 Pers. mietbar. Toller Gastgarten im Stiftshof für 250 Pers. **€€**

Café Diglas Konditorei Fleischmarkt 16, Tel. 890 88 11, E-Mail: office@diglas.at, www.diglas.at, Mo-Fr 8-19, Sa 9-19, Fei 10-19, im Sommer So geschlossen. Umfangreiche saisonale Frühstückskarte bis 11.30 (€ 5,20 bis € 11,-); kleine Speisen, Snacks, hausgemachte saisonale Mehlspeisen und Torten aus der hauseigenen Backstube; Kinderportionen auf Anfrage, Kindersessel, Wickeltisch. Österreichische und internationale Tageszeitungen, Magazine.

Dorotheum Café Dorotheergasse 17 (im 2. Stock), Tel. 515 60-395, E-Mail: cafe@dorotheum.at, www.dorotheum.at, Mo-Fr 9-18, Sa 10-18 (Fei geschl.). Wr. Kaffeehausatmosphäre im 2. Stock des Palais Dorotheum; von Sekt bis Soda, 26 Kaffeespezialitäten in 2 Röstungen, auch koffeinfrei, laktosefrei, vegan erhältlich; Süßes, Pikantes. Österr. Tageszeitungen, Auktionskataloge; Blick auf die Schaustellung.

Café Engländer Postgasse 2, Tel. 966 86 65, E-Mail: cafe-englaender@chello.at, cafe-englaender.com, Mo-Sa 8-1, So, Fei 10-1, Küche bis 23.30. Universelles Szene-Kaffeehaus; Frühstück Mo-Fr 8-11, Sa 8-15, So und Fei 10-15; moderne, neu interpretierte Wiener Küche, wechselndes MM; zwei verschiedene Kaffee-Typen für Wiener Kaffee à la Melange und für Espresso. Kindersessel. Schanigarten für 48 Pers. Hunde mit Leine und Beißkorb. **€€€**

Café Frauenhuber Himmelpfortgasse 6, Tel. 512 53 53, E-Mail: office@cafefrauenhuber.at, www.cafefrauenhuber.at, Mo-Sa 8-20. Das älteste Kaffeehaus Wiens und zugleich eines der schönsten; Frühstück bis 12 (ab € 6,80); große Auswahl an Wiener und internationalen Spezialitäten, Mo-Fr MM; hausgemachte Mehlspeisen, Torten auf Bestellung; Kinderportionen, -sessel, Wickeltisch. Österreichische und internationale Zeitungen. Platz für 115 Pers.; Extrazimmer zum Mieten; Schanigarten für 40 Pers. **€€€**

Café Hawelka Dorotheergasse 6, Tel. 512 82 30, E-Mail: office@hawelka.at, www.hawelka.at, Mo-Do 8-24, Fr, Sa 8-1, So 9-20. Wiener Frühstück; selbstgemachte Strudeln und Hauskuchen; eigener, selbst gerösteter Kaffee. Internationale Tages- und Wochenzeitungen. Schanigarten für 50 Pers.

Café Hegelhof Johannesgasse 16, Tel. 890 02 10, E-Mail: cafehegelhof@gmx.at, www.cafehegelhof.at, Mo-Sa 8-23, So, Fei 9-23. Alt-Wiener Kaffeehausambiente seit 1921; Wiener und internationales Frühstücksangebot, kleine Kaffeehausküche mit internationalen Gerichten (MM Suppe/Salat+HS vegetarisch, mit Fleisch oder Fisch € 10,50). Tageszeitungen, Würfelspiele, Schach; Lesungen, Konzerte, Vernissagen. Kindergerichte, Spielsachen. Schanigarten für 60 Pers. €€

Café Am Hof Am Hof 2 (Park Hyatt Vienna), Tel. 227 40 11 83, E-Mail: cafeamhof.vienna@hyatt.com, www.cafe-amhof.at, täglich 9-20. Frühstück bis 12 (ab € 7,50); hausgemachte Kuchen und Mehlspeisen; kleine Karte mit Wiener und internationalen Speisen; Kaffee- und Teespezialitäten, frisch gepresste Säfte, Champagner und Schaumweine; alle Speisen und Getränke auch zum Mitnehmen. Tageszeitungen. In den Sommermonaten Schanigarten für 49 Pers. €€€

Café Imperial Wien Kärntner Ring 16 (Hotel Imperial), Tel. 501 10-389, E-Mail: cafe.imperial@luxurycollection.com, www.cafe-imperial.at, www.imperialvienna.com, täglich 7-23, warme Küche 11-23. 7-11 Frühstücksbuffet (€ 45,-); Wiener Küche; Kinderspeisen und -sessel, Wickeltisch. Spezialität: Imperial Torte (Direktverkauf oder Onlineshop www.imperialtorte.com). Österreichische und internationale Zeitungen. Klimaanlage. Schanigarten für 28 Pers. €€€

Kaffee Alt Wien Bäckerstraße 9, Tel. 512 52 22, E-Mail: kaffeealtwien@yahoo.com, kaffeealtwien@yahoo.com, www.kaffeealtwien.at, Mo-Do, So 9-24, Fr, Sa 9-1, Fei wie jeweiliger Wochentag, Küche durchgehend bis 23.30, danach nur Gulasch und Toast. Bäckerstraßen-Klassiker, gegründet 1922; Alt Wiener Frühstück; Spezialitäten: Gulasch und Wiener Schnitzel (€ ab 14,60); Mo-Fr TT (€ 8,40); kleine Speisen (€ 4,40 bis € 9,90), Suppentopf, Würstel, Debreziner; hausgemachter Topfen- und Apfelstrudel, hausgemachte Torten. Hausgemachte Limonaden im Sommer, Eiskaffee. Österreichische und internationale Tageszeitungen. Gastgarten für 20 Pers.

Café & Restaurant im Kunsthistorischen Museum Wien Burgring 5, Tel. 050/876-1001, E-Mail: khm-sales@gourmet.at, www.genussimmuseum.at, Di, Mi, Fr-So 10-17.30, Do 10-21, in den Ferien Mo 10-17.30, Öffnungszeiten sind an die Museumsöffnungszeiten angepasst. Café und Restaurant in der Kuppelhalle des Kunsthistorischen Museums. Wiener Kaffeehaustradition mit kalten und warmen Speisen; Sa, So, Fei Frühstücksangebot; Do ab 18 Dinner-Veranstaltung. Für Veranstaltungen mietbar, Weihnachtsfeiern möglich, Dinner-Location, Catering. Keine Hunde. Behinderten-WC. €€€

Café Restaurant Korb Brandstätte 9, Tel. 533 72 15, E-Mail: cafe@cafekorb.at, www.cafekorb.at, Mo-Sa 8-24, So, Fei 10-23, warme Küche bis 23. Geheimtipp von Kaffeehauskennern; Frühstück (ganztägig); Wiener Küche, Wok-Gerichte und vegetarische Küche; Tagesmenü und Sonntagsmenü; hausgemachte Mehlspeisen; 18 Kaffeespezialitäten. Österreichische und internationale Zeitungen, Journale; Oktober bis März jeden 2. Sa Erstes Wiener Philosophen Kaffee, Lesungen, Konzerte in der Art Lounge (Gestaltung: Peter Weibel, Peter Kogler, Günter Brus, Manfred Plottegg; für ca. 50 Pers. für Feste aller Art zu mieten, Buffet möglich, Klavier und kleine Bühne, Stereoanlage, Flatscreen vorhanden). Schanigarten für 90 Pers. €€

Café Landtmann Universitätsring 4, Tel. 24 10 01 20, E-Mail: cafe@landtmann.at, www.landtmanns-original.at (Mehlspeis' Lieferservice), www.landtmann.at, tägl. 7.30-22, akt. Öffnungszeiten s. Homepage. Denkmalgeschütztes Wr. Kaffeehaus aus dem Jahre 1873. Frühstück Mo-Fr 7.30-11.30, Sa, So, Fei 7.30-14 (ab € 7,50). Klassische Wiener und österr. Küche (MM € 15,-); Kaffeespezialitäten, hausgemachte Mehlspeisen u. Torten. Kindersessel, Wickeltisch. 4 Veranstaltungsräume für Pressekonferenzen, Interviews und Empfänge. Wintergarten für 70 und Sommerterrasse für ca. 300 Pers. Behinderten-WC. €€€

Café Ministerium Georg-Coch-Platz 4 (Ecke Stubenring), Tel. 512 92 25, E-Mail: office@cafeministerium.at, www.cafeministerium.at, Mo–Fr 8–20 (Fei geschl.), durchgehend warme Küche. Täglich wechselndes Mittagsmenü 11–15 (€ 9,80), vegetar. Gerichte, hausgemachte Mehlspeisen. Österr. Tageszeitungen/Magazine. Extrazimmer mit Kartenspieltischen, ein weiteres mit Aussicht auf den Ring für 40 Pers., auch für geschl. Gesellschaften geeignet. Innen Platz für 130, Schanigarten für 60 Pers. Seit 1960 nur Barzahlung, ein Bankomat befindet sich in 50 Metern Entfernung. €€

Café Mozart Albertinaplatz 2, Tel. 24 10 02 00, E-Mail: mozart@cafe-wien.at, www.cafe-mozart.at, tägl. 8–23, warme Küche bis 2.30, Öffnungszeiten s. Homepage. Wr. Kaffeehaus aus dem Jahre 1794 hinter der Oper. Kaffeespezialitäten, hausgemachte Torten und Mehlspeisen; klass. Wiener Küche (MM 11.30–15 € 15,-). Frühstück bis 11.30 (ab € 7,50). Österr. und internat. Zeitungen. Moderner Schanigarten mit Blick auf die Albertina für 150 Pers. €€€

Café Museum Operngasse 7 (Ecke Friedrichstraße 6), Tel. 24 10 06 20, E-Mail: museum@cafe-wien.at, www.cafemuseum.at, täglich 8–23, aktuelle Öffnungszeiten s. Homepage. Traditionsreiches Wr. Kaffeehaus; Wiener Kaffeehausgerichte (MM € 15,-), Kaffeespezialitäten, hausgemachte Mehlspeisen und Torten; Frühstück bis 11.30 (ab € 7,50); Kindersessel, Wickeltisch. Internat. Tageszeitungen; monatlich Lesungen bei freiem Eintritt, 2 Extrazimmer für je 40–70 Pers. Schanigarten für 100 Pers. mit Terrassenkühlung, Heizstrahler und Decken. Mobile Rollstuhlrampe. €€€

Café Prückel Stubenring 24, Tel. 512 61 15 12, E-Mail: cafe@prueckel.at, www.prueckel.at, täglich 8.30–22, warme Küche 12–21.30. Ringstraßencafé im Stil der 1950er-Jahre (komplettes Design von Oswald Haerdtl). Wiener Frühstück bis 14 (ab € 9,40); Wiener Küche, Fleisch- und vegetarische Gerichte, Tageskarte (ab € 8,30), Mo–Fr 2 Mittagsteller ab 12 solange der Vorrat reicht (ab € 8,50); hausgemachte Mehlspeisen; Kinderteller. Speisen auch zum Mitnehmen. Internationale Tageszeitungen und Zeitschriften, Schach, Kartenspiele; Mo, Mi, Fr 19–22 Klaviermusik; Lesungen, Konzerte, Theater KIP im Haus (Programm s. Homepage), gut geeignet für Pressekonferenzen, Präsentationen und private Feiern: keine Saalmiete, aber € 450,- Mindestkonsumation (80, 60, 25 Pers.). Schanigarten für 100 Pers. €€

Café-Restaurant Raimund Museumstraße 6, Tel. 523 25 82, www.cafe-raimund.com, Mo–Fr 8–22, Sa, So, Fei 9–22. Wiener Frühstück bis 11; Wiener Küche (Mo–Fr MM € 9,-); Kinderportionen, Kindersessel. Großes Zeitungsangebot. Schanigarten für 30 Pers. €€

Café Sacher Wien Philharmonikerstraße 4, Tel. 514 15 55, E-Mail: wien@sacher.com, www.sacher.com, tägl. 8–18. Frühstück bis 11; Wiener Kaffeehausküche, Tages- und Wochenspezialitäten; Original Sacher-Torte; Kinderportionen, 3 Kindersessel, Wickeltisch. Österr. und internat. Tageszeitungen. Blick auf die Staatsoper; Schanigarten für ca. 20 Pers. Kein Krawattenzwang. Behinderten-WC. €€€

Café Schwarzenberg Kärntner Ring 17, Tel. 512 89 98, E-Mail: office@cafe-schwarzenberg.at, www.cafe-schwarzenberg.at, Mo–Fr 7.30–24, Sa, So 8.30–24. Ältestes traditionelles Wiener Ringstraßen-Café. Großes Frühstücksangebot, Jazzfrühstück an ausgewählten Terminen; Wiener und internationale Küche, wechselnde Tagesspezialitäten, kalte Imbisse und warme Snacks, saisonale Angebote; große Kaffee- und Teeauswahl. Österreichische und internationale Zeitungen und Zeitschriften; Plattform für junge Künstler*innen (laufend Ausstellungen). Traditionelle Architektur. Schanigarten für 80 Pers. €€€

Conditorei Sluka Kärntner Straße 13–15, Tel. 1 512 496 3 500, E-Mail: kaerntnerstrasse@sluka.at, www.sluka.at/kaerntnerstrasse, Mo–Do 8–20, Fr 8–21, Sa 9–21, So, Fei 10–17. Café der Konditorei Sluka im ehem. „Zu den drei Husaren". Frühstück bis 11; Wiener Küche, Mehlspeisen, Torten, kleine Speisen wie Schinkenrolle, Toast, Wiener Würstelvariation ab 17. Schanigarten.

Café Tirolerhof Führichgasse 8, Tel. 0676/844 58 02 18, E-Mail: office@cafetirolerhof.at, cafetirolerhof.at, Mo–Sa 7–21, So, Fei 9.30–20, warme Küche 11–19. Gediegenes, traditionelles Wiener Kaffeehaus im Stil der 1920er-Jahre; nach Original-Fotos restauriert; Frühstück bis 11 (ab € 7,80); Brote, Omelettes, Würstel, Toast, Salate; hausgemachter

Apfelstrudel und Kaiserschmarren, klassische Wiener Küche, Schnitzel, Tafelspitz, Gulasch, Szegediner Krautfleisch, Germknödel, selbstgemachte Marillenknödel (saisonal); Kaffeespezialitäten. Nationale und internationale Tageszeitungen. Schanigarten für 40 Pers. €

Cafe Votiv Reichsratsstraße 17, Tel. 406 59 13, E-Mail: office@cafe-votiv.at, www.cafe-votiv.at, Mo–Fr 9–23, Sa 10–23, So, Fei 10–22, warme Küche bis 1 Std. vor Sperrstunde. Frühstück Mo–Fr bis 12, Sa, So, Fei bis 15 (€ 5,50 bis € 8,90); Wiener und internationale Küche von Wiener Schnitzel bis Burger (3 bis 4 MM inkl. Suppe € 7,90 bis € 8,90, davon immer eines vegan, Fr Fisch), wechselnder Wochensalat, auch vegane Speisen (z.B. veganer Burger); hausgemachter Apfel- und Topfenstrudel, Sachertorte, im Sommer Eis; Cappuccino und Sachertorte um € 5,90; Kaffeespezialitäten, 7 Flaschenbiere, 2 Fassbiere (u.a. Bio-Zwickl); Happy Hour 19–22 (Spritzer € 2,30, Bier € 3,20). Kindersessel. TV (Fußballübertragungen via Sky); österreichische Tageszeitungen und Magazine. Mehrere separate Räume, private Feiern ab ca. 30 Pers. inkl. Buffet möglich (ohne Raummiete). Schanigarten unter den Arkaden für ca. 100 Pers. Hunde nur an der Leine im Schanigarten erlaubt. €

Café Wolfbauer Johannesgasse 23, Tel. 512 21 78, E-Mail: office@cafe-wolfbauer.at, www.cafe-wolfbauer.at, Mo–Mi 6–17, Do 6–22, Fr 6–15. Alt-Wiener Kaffeehaus. Gebäck, Mehlspeisen, Brötchen, Catering, ab 12.30 tägl. wechselnde MM, TT (€ 6,90 bis € 9,90). Tageszeitungen. Schanigarten für 50 Pers.; schöne schmiedeeiserne Wendeltreppe.

Würstelstände

Alles Wurscht Börseplatz 1, alleswurscht.at, Mo–Sa 12–19.30. Ein etwas anderer Würstelstand, bei dem Fermentiertes hoch im Kurs steht: Statt Krautsalat gibt's Kimchi, statt Essiggurkerl milchsauer vergorene Radieschen. Bio-Brot und Gebäck von Öfferl, Käsekrainer der Weinviertler Fleischerei Scheiterer, getrüffelte Krautfleckerl, Beef tatar mit Senf-Mayonnaise und getoastetem Brioche. €

Würstelstand Zur Badner Bahn Kärntner Ring 2 (Station Badner Bahn), tägl. 10–1. Gegrillte u. gekochte Spezialitäten; Käsekrainer; große Auswahl an Flaschen-/Dosenbier. €

Bitzingers Würstelstand am Albertinaplatz Augustinerstraße (Albertinaplatz), Tel. 0664/88 62 24 28, E-Mail: wurst@bitzinger.at, www.bitzinger.wien, täglich 9–2. Klassiker: Käsekrainer; Burenwurst, Bosna, Hotdog, Debrecziner (pikante, sehr würzige Wurst), vegetarischer Snack (Kartoffeltaschen), alle Speisen mit dem AMA-Gütesiegel zertifiziert; offene Weine, offenes Hausbier, großes Flaschenbiersortiment. Reservierungen für Gruppen möglich. 5 Stehtische (auf Anfrage). €

Zum goldenen Würstel Spiegelgasse 1, täglich 9–4. Würstel aller Art (€ 4,90 bis € 6,40), Leberkäse (€ 4,20), Putenkäsekrainer (€ 6,90); Bier, diverse alkoholfreie Getränke, Kaffee, Tee. €

Würstelstand am Hohen Markt Hoher Markt, Tel. 0676/667 34 64, Mo, So 9–2, Di–Do 9–4, Fr, Sa 9–5. Grillwürste (Waldviertler, Käsekrainer), Burenwurst, versch. Leberkäse; große Biervielfalt: u.a. Grieskirchner Pils, Murauer Pils, Hubertusbräu Herrnpils, Beck's, Warsteiner und Jever. €

Würstelstand Zur Oper Kärntner Str. 42 (Ecke Ring), E-Mail: massih1@gmx.at, tägl. 10–4. Wr. Wurstspezialitäten, Bratwürstel, Currywurst, Käsekrainer; div. Biere. €

Würstelstand beim Parlament Dr.-Karl-Renner-Ring, Mo–Do 7–12, Fr 7–2, Sa, So, Fei 9–4, wetterabhängige Öffnungszeiten. Bratwurst, Käsekrainer, Frankfurter, Hot Dog, Leberkäse; Kiosk b. d. Straßenbahnstation 46 u. 49. €

Würstelstand & Pizza Schottenring (U2 Station), Tel. 0699/10 67 04 50, täglich 8–4. Käsekrainer, Pizzaschnitte, Hot Dog; Scharfe Debreziner; Bier. €

Zum scharfen René Schwarzenbergplatz 15, Tel. 0699/17 99 98 88, E-Mail: r.kachlir@gmail.com, www.zumscharfenrene.com, Mo–Fr 11–4 (Fei geschlossen). Würstelstand-Sortiment: Frankfurter, Debreziner Hot Dog (je € 3,80); Käsekrainer mit Zillertaler Bergemmentaler, Bratwurst verfeinert mit Duroc-Schwein, Burenwurst, Waldviertler (je € 4,20), Hot Dog groß (€ 4,80), Curry-Wurst mit selbstgemachter Currysauce und Hausbrot (€ 4,80). Alle Würste in Rindsuppe gekocht. Großes und sehr scharfes Chili-Angebot (Öl-Pfefferoni handeingelegt, darunter die schärfsten der Welt); 7 unterschiedl. Chilipulver aus der ganzen Welt 450.000 bis 2,2 Mio. Scoville; Chiliextrakte von 2 Mio. bis 6 Mio. Scoville. €

Wiener Würstelstand Schottengasse 6 (vor der Bank Austria), Tel. 877 22 16, E-Mail: office@steinmetz-gastro.at, www.steinmetz-gastro.at, Mo–Mi, Fr–So, Fei 11.30–20, Do 11.30–21. Verschiedene Arten von Würstel und Hotdogs, Spezialität: Käsekrainer-Hotdog; Bier. Catering. €

Wiener Würstl Seilergasse (Graben), Tel. 0664/404 65 65, E-Mail: steinmetz@würstelstand.wien, Mo, Di, So, Fei 9–1, Mi–Sa 9–6. Österreichische Wurstwaren; Ottakringer vom Fass. 2 Stehtische. €

Wiener Würstl Weiskirchnerstraße (vor Nr. 1, gegenüber MAK), Tel. 0664/404 65 65, E-Mail: steinmetz@würstelstand.wien, Mo–Sa 8–24, So, Fei 11–24. Österreichische Wurstwaren; Ottakringer vom Fass. 2 Stehtische. €

Würstelstand Kupferschmiedgasse 1, Tel. 0676/310 43 28, E-Mail: office@ariella.at, www.wuerstelstand.eatbu.com, täglich 9–1. Hotdog mit Frankfurter oder Käsekrainer, Würstel vom Grill. 2 Stehtische. €

WO BEKOMME ICH GUTES BROT UND GEBÄCK?

Motto Brot 6., Mariahilfer Straße 71a, Tel. 01/581 44 00, www.mottobrot.at
Die kleine Backstube im Stil einer französischen Lifestyle-Boulangerie von Szene-Gastronom Bernd Schlacher erinnert an eine Kulisse aus dem Lasse-Hallström-Film „Chocolat“, bloß dass anstatt der Schokolade eben ebenso exquisite wie teure Brote, Gebäcke und Mehlspeisen die Hauptdarsteller sind. Brotverliebte stehen regelmäßig vor dem Laden im Erdgeschoß des Hotels Motto Schlange.

Bäckerei Arthur Grimm 1., Kurrentgasse 10, 2., Untere Augartenstraße 39, 2., Hollandstraße 1, 4., Wiedner Hauptstraße 82, www.grimm.at
Traditionsbäckerei, die immer schon zeitgemäß war. Bäcker Andreas Maderna gilt als Handsemmelkaiser und unangefochtener Meister des Jourgebäcks.

Felzl 1., Helferstorferstraße 2, Tel. 01/532 16 87, 2., Leopoldsgasse 43, 5., Pilgramgasse 24, Tel. 01/581 11 89, 7., Lerchenfelder Straße/Schottenfeldgasse, Tel. 01/522 38 09, 7., Kaiserstraße 51/Westbahnstraße, Tel. 01/522 71 47, 9., Währinger Straße 54, Tel. 01/52 22 51 04 05, www.felzl.at
Gewieftes Bäckerei-Unternehmen, das das Spektrum zwischen Backshopketten und hochpreisigen Sauerteig-Hipstern bedient. Kaffee von Andraschko, einem Wiener, der in Berlin besonders gut röstet. Erwähnenswert außerdem die „Schwedischen Knoten“, die sowohl mit Zimt als auch mit Kardamom gebacken werden und sich perfekt als Ausgangsbasis für schwedischen Brunch eignen.

Joseph – Brot vom Pheinsten
1., Naglerg. 9, 1., Führichg. 6, 3., Landstraßer Hauptstr. 4, 7., Kircheng. 3, 18., Währinger Str. 106, 19., Obkircherg. 37–39, www.joseph.co.at
Josef Weghaupt, eigentlich gelernter Fleischer und Lebensmitteltechniker, war von Anfang an maßgeblich am Wiener Brot-Hype beteiligt. Seinen ersten Biosauerteigbrot-Tempel eröffnete er im November 2011 in der Naglergasse. In seinen drei Wiener Designerbäckereien und drei weiteren mit Bistro-Upgrade wird sehr gutes Bio-Brot sowie erstklassiges Kleingebäck und Patisserie geboten.

2., LEOPOLDSTADT

Der Zweite ist nicht nur die Wiener Homebase der israelischen Küche, sondern auch Heimat traditioneller Gasthäuser und Beisln, gemütlicher Cafés, schicker Restaurants und veganer Pionier*innen.

Apropos israelische Küche: Der Gastro-Auftritt vom Misada in der Rotensterngasse, wo seit Frühling 2021 israelisch-usbekisch sowie koscher gegrillt wurde, währte zwar nicht lange, dafür scheint sich das Programm bewährt zu haben – der Nachfolger „Pita and more" hat es beibehalten.

In der Großen Pfarrgasse eröffnete vergangenen Sommer die Café Bar Kraus, die sich als Neuinterpretation der Wiener Institution Kaffeehaus verstand: tagsüber Café-Programm, abends hippe Bar mit Drinks, Cocktails und Tapas. Nun wurde das Lokal vom Salzburger Koch Johannes Schartner übernommen und wird als Schartner macht's Kraus als Hybrid aus Casual Fine Dining und Begegnungsort für Kunst und Medien geführt.

Das Edel-Wirtshaus Ignaz Jahn in der Oberen Augartenstraße sperrte Ende Oktober 2021 zu, seit April ist nun das Lokal Koberantinnen, eine Mischung aus Restaurant und Café mit biozertifiziertem, saisonalem und regionalem Menü am Start.

Auch das Traditionscafé Heine hat im Frühjahr 2021 seine Tür zur Heinestraße endgültig geschlossen. Inzwischen schiebt man dort in der Am-Prater-Dependance der Minikette Riva Pizzen im neapolitanischen Stil in den Ofen; das Grätzelwunder Automat Welt am Volkertplatz, das in einer Gegend, die vor richtig guten Gasthäusern nicht gerade strotzt, groß aufgekocht hat, hatte aufgrund Personalmangels geschlossen. Mittlerweile ist wieder geöffnet.

Ausgezaubert hat es sich auch für das Prater-Resti Zum Praterzauber am Riesenradplatz. Die Betreiber*innen der Disco Prater Dome machen dort jetzt unter dem Namen Zum Kaiser hinter der knallbunten, pseudo-historischen Styroporfassade Wiener Küche samt Live- und DJ-Musik.

Pisqu: Japanisch-peruanische Nikkei-Küche ... S. 170

DIE BESTEN 24 IM 2. BEZIRK

Am Nordpol 3
Schräges, knallbuntes Wirtshaus, in dem die Fans von böhmischer Küche und Hausmannskost so richtig froh werden ... S. 165

Brasserie Poldie
Mischung aus französischer Brasserie und kreativer Wiener Cuisine, die zum Schlemmen einlädt, wie es sonst nur Gott in Frankreich erlebt ... S. 165

Brösl
Revitalisiertes altes Gasthaus mit moderner, gemüseorientierter Küche und ein paar Klassikern ... S. 157

Caffè Altenberg
Kleine Osteria, die abseits der großen Gerichte auch „Cicchetti" auf der Karte hat, also pikante Häppchen, die man zu den Drinks genießt ... S. 166

Café Ansari
Café der Superlative: tolles Design von Gregor Eichinger, ebenso toller Platz, gutes georgisch-orientalisches Essen ... S. 166

Café Else
Ehemaliges Rotlicht-Espresso, in dem es jetzt Kunst, Kultur und Weltküche mit Soulfood-Drall gibt ... S. 181

Tachles
Gut eingesessenes Kulturbeisl mit feinsten polnischen Spezialitäten wie Pierogi, Barszcz, Bigos und natürlich polnischem Bier ... S. 182

Die Sattlerei
Im Vorjahr in einem ehemaligen Sauna-Club eröffnet; ambitionierte Kreativküche, riesige Bioweinkarte. Bio und Nachhaltigkeit verpflichtet, eh klar ... S. 162

Dogenhof
Fantastisches Essen vom offenen Feuer, tolle Atmosphäre, wilde Weine ... S. 157

Die Koberantinnen
Bio, fair, lokal und nachhaltig ist hier das Motto. Dazu gibt's die besten Torten in relaxter Wohnzimmeratmosphäre ... S. 159

Goldener Papagei
Cleane Hipster-Kaffeebar mit Frühstück und einigen feinen Kleinigkeiten ... S. 176

Gragger & Chorherr Holzofenbäckerei
Lebendiges Grätzel-Café im Nordbahnhofviertel von Bio-Holzofenbäcker Helmut Gragger, dem Ex-Planungsstadtrat der Grünen, Christoph Chorherr, und der Steuerberaterin Anna Holzinger ... S. 180

Harvest
Gemütliches vegetarisches Café/Buffet-Lokal und Urgestein der Wiener Vegan-Szene ... S. 172

Ihana
Wiens Smørrebrød-Spezialistin ist zwar Finnin, doch das Ihana versteht sich ohnehin als kulinarische Vertretung Skandinaviens ... S. 171

Kamala Thai Imbiss
Minilokal mit südthailändischen Imbissen frei von Glutamat und Convenience, dafür mit ordentlich spice ... S. 171

L'Orient
Ein Stück Marokko in der Leopoldstadt: L'Orient ist nicht nur kitschig-schön, hier isst man auch großartig ... S. 170

Madai
Aperitivobeisl mit Italo-Küche abseits des üblichen Hipster-Lokal-Standardprogramms ... S. 167

Mochi
Immer noch modernes Wohlfühllokal mit neo-japanischem Comfort-Food ... S. 168

Okra Izakaya
Bester Ort in Wien, um die wunderbare Alltagsküche Japans zu erkunden ... S. 169

Pizza Mari'
War die erste puristische Pizzeria der Stadt, die sich dem neapolitanischen Pizza-Reinheitsgebot verschrieb: Holzofen aus Vesuv-Gestein, lange geführter Teig aus italienischem Mehl, originale Zutaten ... S. 168

Sperling
Schickes Café-Restaurant im Augarten-Palais mit zwei Gastgärten mit Parkblick und gutem Essen ... S. 163

Ramasuri
Grätzel-Liebling mit hübschem Gastgarten, dessen Küche mittlerweile mehr auf Wohlfühlessen statt auf experimentellere Gerichte setzt ... S. 161

Wulfisch
Tröstet alle verkappten Wiener Seefahrer*innen mit Hamburger Krabben- und Fischbrötchen, Heringssalat und Bier ... S. 179

Zum Friedensrichter
Uraltes Gasthaus, das aussieht wie der funkelnagelneue Nachbau eines uralten Gasthauses. Gekocht wird hier auch sehr gut ... S. 158

Gaststätten, Restaurants, Wiener Beisln

Die Allee Hauptallee 124 (Prater), Tel. 252 09, E-Mail: zumgenuss@dieallee.at, www.dieallee.at, Mo–Mi 16–23, Do 12–24, Fr 12–1, Sa 10–1, So, Fei 9–22, Küche: Mo–Mi 16–22, Do 12–22, Fr, Sa 12–23, So, Fei 12–21. Lokal unter den Kastanienbäumen der Praterallee mit Lokomotiven-Smokerstation. Frühstück, So Brunch; Wiener und internat. Küche, „Barbecue auf wienerisch"; vor allem Grillgerichte wie Steaks, Burger, Spareribs, Grillplatten. Kinderspeisen, -sessel, Malsachen. Hausgemachte Eistees und Säfte, Spezialbiere, Craft-Bier, Weine aus Österreich, Cocktailklassiker und Eigenkreationen; hauseigener Kräutergarten. Live-Musik und DJs auf der Terrasse, gelegentlich Veranstaltungen. Für Feste geeignet. Bowling-Halle. Überdachte Terrasse für ca. 250 Pers. Behinderten-WC. Onlineshop. ♿ 💳 **€€€**

Zur Alm Innstraße 16, E-Mail: info@gasthauszuralm.at, www.gasthauszuralm.at, Mo–Fr 10–20 (Fei geschl.). Wiener Küche (MM), auch Vegetarisches, Spezialitäten: Almschnitzel, Hüttenzauber, Holzhackerteller; Kinderspeisen, -sessel. Im Sommer unregelmäßig Veranstaltungen, z.B. Bikerfestival. Feierlichkeiten mit individuellem Buffet möglich. Schöner Naturgarten für 100 Pers. (mit Grillstation). **€**

Altes Jägerhaus Freudenau 255, Tel. 728 95 77, E-Mail: altesjaegerhaus@aon.at, www.altes-jaegerhaus.com, Jänner bis Februar Mi–So 10–18, März bis Dezember Mi–So, Fei 10–23, warme Küche 11.30–21, im Jänner/Februar 11.30–17. Umfangreiches Speisenangebot der Kategorie „gutbürgerlich" auf überdurchschnittlichem Niveau, TT ab € 7,90; hauseigene Konditorei; internationale Weine; Kinderspeisen, -sessel, Wickeltisch, Spielplatz in Sichtweite. 2 Säle für ca. 120, Extrazimmer für 100, Garten für 160 Pers. Parkplatz (unbegrenzt). Behinderten-WC. ♿ 💳 **€€€**

Das Anabol Wehlistraße 291 (im 1. Stock des Marina-Towers), Tel. 0670/356 65 00, E-Mail: reservation@dasanabol.com, dasanabol.com, Mo–Do 6.30–22, Fr 6–23, Sa 8.30–23, So 8.30–22, Bowls: 11–21. Großes, helles Lokal. Bowls, Frühstück, Snacks; die angebotenen Gerichte können hier aufs Gramm genau nach ihren Nährwerten analysiert und per App an individuelle Bedürfnisse und Ernährungsgewohnheiten angepasst werden. 💳

Augenweide Obere Donaustraße 97–99, Tel. 366 02 02, E-Mail: info@augenweide.wien, augenweide.wien, Di, Mi 12–23, Do–Sa 9–1. Lokal am Donaukanal mit Schwerpunkt auf Steak, Pasta und Sushi. Schanigarten im Sommer für ca. 30 Pers. **€€€**

Gasthaus Automat Welt Rueppgasse 19 (Volkertplatz), Tel. 0650/544 59 39, E-Mail: gasthaus@automat-welt.at, www.automat-welt.at, Mo, Mi–Sa 16.30–23.45, Küche

17.30–21.30. Lokal am Volkertmarkt. Es gibt Suppen und Eintöpfe, hausgemachte Knödel, Polenta und Gnocci, eine Leidenschaft für ausgezeichnete Würste (unglaublich saftige Salami vom Labonca-Hof, Mangalitza Blunzen und Leberwurst, Bison-Würste aus dem Innviertel), Wiener Schnitzel (ausschließlich in Butterschmalz in der Pfanne zubereitet); wechselnde Karte; auch vegetarische Gerichte. Espresso aus Kalabrien, Säfte, Limonaden, österreichische Weinauswahl mit Jahrgangstiefe, Edelbrände, Auswahl an Craft-Bieren, Bier aus Weitra vom Fass. Schanigarten für 40 Pers. €€

brösl Wohlmutstraße 23, Tel. 0676/394 91 05, E-Mail: hallo@broesl.at, www.broesl.at, Mo–Sa 17–24 (Fei geschlossen), Küche Mo–Do bis 21.30, Fr, Sa bis 22. Restaurant mit Fokus auf Saisonalität, Regionalität und Nachhaltigkeit; Küche mit verschiedenen Einflüssen von mitteleuropäisch bis mediterran, Karte variiert täglich; eigenes Bier (auch zu kaufen). Gelegentlich Bier- und Weinverkostungen. Kindersessel, Wickeltisch. Separée für ca. 15 Pers. Schanigarten von März bis Ende Nov. für 60 Pers. Eingang barrierefrei. €€

Gasthaus Bundesländer Lichtenauergasse 11, Tel. 925 77 35, www.gasthaus-bundeslaender.stadtausstellung.at, Mo–Fr 9–20 (Fei geschlossen), warme Küche 11–19. Gasthaus mit traditioneller Wiener Küche, z.B. Hirn gebacken und mit Ei, Schnitzel, Schweinsbraten; 11.30–15 2 MM (€ 8,–). €

Café-Restaurant Zum Burgenländer Olympiaplatz 2/ Top 40 (Stadion Center), Tel. 0664/431 50 76, E-Mail: info@zumburgenlaender.at, www.zumburgenlaender.at, Mo–Fr 10–19, Sa 9–18 (Fei geschlossen). Frühstück bis 11 (€ 4,90 bis € 5,60); saisonale Speisen wie Spargel oder Martinigansl (Mo–Fr 2 MM € 7,20); hausgemachte Torten und Kuchen; Weine, Fruchtsäfte und Schnäpse aus dem Burgenland. Kinderportionen, -sessel. TV. Terrasse für 40 Pers. Behinderten-WC und Wickeltisch in der Anlage. €€

Das Campus Welthandelsplatz 1 (Eingang Trabrennstraße), Tel. 729 74 20, E-Mail: welcome@dascampus.at, www.dascampus.at, Mo–Fr 12–21, So 10–14 (im Sommer), Öffnungszeiten variieren. Mediterran-asiatische Küche mit österr. Nuancen, z.B. Zitronengras-Huhn auf pikantem Krautsalat mit Reis (€ 17,90), Zanderfilet vom Grill mit Mandel-Brokkoli, Ofenkartoffel und Dill-Rahm (€ 18,90), 2 Burger. Wochenkarte, MM (mit Fleisch € 10,90 oder vegetarisch € 9,90, inkl. Suppe oder Salat). So, Fei Brunch, im Sommer Brunch-Picknick ab 10. Kindersessel, Kinderspeise. Speisen auch zum Mitnehmen (Onlinebestellung via Website mögl.). Schanigarten für ca. 40 Pers. Behinderten-WC. €€

Die Caterei Handelskai 348, Tel. 512 47 13, E-Mail: office@caterei.at, www.diecaterei.at, Mo–Do 7.30–15, Fr 7.30–14 (Fei geschlossen). Betriebsrestaurant, Bistro und Cateringbetrieb im Seminar- und Veranstaltungszentrum Catamaran. Mo–Fr 11–14 3 MM (€ 7,50 bis € 8,50), täglich variierender TT (€ 6,60 bis € 10,60), saisonale und biologische Produkte; Snacks; Kinderportionen; Catering für Veranstaltungen, Hochzeit, Feste, Gala Dinner, Fingerfood, Brötchen und verschiedene Buffets. Die Caterei wird vom AMS Wien gefördert und reintegriert Menschen bei ihrem beruflichen (Wieder-)Einstieg. Behinderten-WC in der Anlage. €€

DaRose Jakov-Lind-Straße 2/2, Tel. 212 83 10, E-Mail: enjoy@darosevienna.at, darosevienna.at, Mo–Do 11.30–23.30, Fr 11.30–1, Sa 17.30–1. Restaurant von Fußballer David Alaba und Küchenchef András Sebestyén. Mediterran-asiatische Fusionsküche; Cocktails; alle Speisen auch zum Mitnehmen. Regelmäßig DJs und Live-Musik. Klimaanlage. Gastgarten für 100 Pers. €€€

Dogenhof Praterstraße 70/2, Tel. 0660/633 25 44, E-Mail: reservierung@dogenhof.com, dogenhof.com, Mo–Fr 17–24, Sa 9.30–24, So, Fei 9.30–16. Restaurant mit Feuerküche und Analogmanufaktur Supersense nebenan. Sa, So, Fei 9.30–16 Frühstück à la carte mit Mittagsbraten ab 12, abends großes Angebot aus der Feuerküche wie z.B. Innereien-Schmankerl. Großes Weinsortiment mit Schwerpunkt auf Naturweinen. Kindersessel. Schanigarten für 75 Pers. €€€

Donaubeisl Walcherstraße 10–16 (Ecke Mexikoplatz 27), Tel. 218 03 46, E-Mail: majid.abba@rotketmail.com, Di–Sa 9–22. Wiener Küche, Hausmannskost (MM € 7,50, Fr Fisch € 8,90), Sa saisonale Schmankerl wie Wild, Spargel etc. TV für Sportübertragungen. Schanigarten für 30 Pers. €€

El Gaucho im Designtower Praterstraße 1, Tel. 212 12 10, E-Mail: designtower@elgaucho.at, www.elgaucho.at/wien-designtower, Mo–Sa 11.30–1, durchgehend warme Küche bis 23. Internationale Steakküche. Gaucho-Beef aus Argentinien und Dry-Aged-Beef aus Österreich (Hüft-, T-Bone-, Rump- und Rib Eye Steaks; ab ca. € 19,–), Mo–Fr 11.30–14.30 MM (€ 11,90); Verwendung regionaler Zutaten; große Auswahl an nationalen und internationalen Weinen. Kindersessel. Onlinereservierung möglich. Behinderten-WC in der Anlage. €€€

Zum Englischen Reiter Straße des Ersten Mai 58 (Prater), Tel. 728 07 59, E-Mail: office@restaurantzumenglischenreiter.at, www.restaurantzumenglischenreiter.at, täglich 10–24, durchgehend warme Küche. Hausmannskost, gutbürgerliche und mediterrane Küche, Mo–Fr 5 MM (2gg € 8,50/3gg € 9,50), Spezialitäten: Spareribs, Großmutterschnitzel, Grillstelze; Wiener-, Schwammerlwochen, auch vegetarische Speisen (z.B. Käsespätzle) und vegane Speisen (z.B Tofu-Geschnetzeltes); Murauer vom Fass; Kinderspeisen, -sessel, Spielplatz, Wickeltisch. Ab und zu Veranstaltungen. 3 Extrazimmer zum Mieten für je 35, überdachte Terrasse für 120, Gastgarten für ca. 250 Pers. €€

Family and Friends Praterstraße 20 (im Novotel Wien City), Tel. 903 03-960, E-Mail: family@hackl-gastro.at, www.hackl-gastro.at, täglich 6.30–24, warme Küche 11.30–22.30. Mo–Fr bis 10.30, Sa, So, Fei bis 11.30 Frühstücksbuffet (€ 20,–), So, Fei 12–16 Brunch (€ 31,80); Kombination aus internationalen und regionalen Gerichten, zubereitet mit frischen Zutaten der Saison; Spezialität: Feuerfleck; hausgemachte Mehlspeisen und Desserts (wie z.B. hausgemachte Marillenpalatschinken € 8,80); Weihnachtsmenü am 24. Dez., Silvestermenü am 31. Dez.; Küchenchef: Rupert Schmidschmidsfelden; Weinauswahl mit österreichischen Weinen; Kindermenü, -sessel, Wickeltisch, Malsachen, Plüschtiere. Klimaanlage; Schanigarten für 30 Pers. Behinderten-WC mit Lift. Das Restaurant gehört zu den zertifizierten „AMA Genuss Region"-Betrieben. ♿ 💳 €€

Finn Welthandelsplatz 1 (WU-Campus, Gebäude EA), Tel. 0664/138 08 31, E-Mail: catering@finn.wien, finn.wien, Mo–Fr 9–23, Sa, So 10–20. Sa, So bis 15 Frühstück; internationale Küche, Poke-Bowls; Mo–Fr bis 14.30 MM (ab € 7,90); Sa, So, Fei Brunch; selbst gerösteter Kaffee aus Oberwart; Eis. Catering. Gelegentlich Veranstaltungen. Gastgarten für 90 bis 100 Pers. Behinderten-WC. ♿ 💳 €€

Fischerie Praterstraße 49, Tel. 0664/847 02 40, E-Mail: office@fischerie.at, www.fischerie.at, Di 17–22, Mi–Sa 11–14 und 17–22 (Fei geschlossen). Café-Restaurant mit Schwerpunkt auf Süßwasserfisch aus lokalen Gewässern, z.B. Stör, Hecht, Garnelen aber auch Aitel oder Brachse. Wöchentl. wechselnde Gerichte wie z.B. Bouillabaisse, Steak vom Stör, Garnelen in Pineau; Mi–Fr 11–14 MM (€ 14,– Fischgericht, € 12,– vegetarisch); Pâtisserie; Vinothek. Kinderbereich, -sessel und Wickeltisch. Regelmäßige Kunstausstellungen und Konzerte; Lokal außerhalb der Öffnungszeiten für Events inkl. Catering für max. 40 Pers. zu mieten. Schanigarten für 30 Pers. Hunde nur im Restaurantbereich. 💳 €€€

Franz und Flora Trabrennstraße 4 (im Courtyard by Marriott Wien Messe), Tel. 72 73 08 86, E-Mail: info@cy-wien-messe.at, www.marriott.de/hotels/hotel-information/restaurant/viefg-courtyard-vienna-prater-messe, täglich 6.30–22, warme Küche 12–14 und 18–22, Snacks durchgehend ab 11.30. Frühstück 6.30–10.30, Sa bis 11, So bis 12 (amerikanisches Frühstücksbuffet ab € 24,–); Snackkarte 11.30–22 (z.B. Burger, Sandwiches etc.); österreichische Küche und internationale Speisen, auch vegetarische und vegane Gerichte; Weine aus Österreich, Cocktails (ab € 7,50), Mo–Fr 17–19 Happy Hour; Kinderspeisen, -sessel. TV. Klimaanlage. Seeterrasse für 100 Pers. Behinderten-WC. ♿ 💳 €€

Zum Friedensrichter Obere Donaustraße 57, Tel. 214 48 75, E-Mail: office@zum-friedensrichter.at, www.zum-friedensrichter.at, Mo–Fr 15–23 (Fei geschlossen). Wunderschönes, gemütliches Gasthaus mit einem der besten Schnitzeln der Stadt und Wiener Küche, viele vegetarische Gerichte; kleine Standardkarte und eine ständig wechselnde Karte. Saisonale ausgewählte Zutaten von regionalen Produzent*innen, z.B. Gemüse von einer Wiener Gärtnerei, Strohschweine, Wiesenläufer-Hühner; Tiere werden im Ganzen gekauft und alle Teile verarbeitet; hausgemachte Mehlspeisen; Weitra Bier, Weine aus Wien, verschiedenen Regionen Österreichs und Europa; kleine Portionen auf Wunsch, Kindersessel. 💳 €€

Der Garten Spenadlwiese, Tel. 0676/420 31 35, E-Mail: office@der-garten.at, www.der-garten.at, Mo–Fr 15–22, Sa 14–23, So 12–21. Lokal im Prater mit großem Garten. Speisen wie Burger, Quesadillas, Salate, Snacks und Cocktails. Spielplatz. Ideal für Firmenveranstaltungen od. Teambuilding-Aktivitäten; 5 Beachvolleyballplätze, Tennisplätze; Bierbike für 12 Pers. zu mieten. Garten für 350 Pers. 💳 €€

Genuss Lounge Ernst-Melchior-Gasse 10, Tel. 212 33 70, E-Mail: office@gastro-event.at, www.gastro-event.at, Mo–Fr 11–22. Österr. und internat. Küche (Mo–Fr 11–14 2 MM mit Suppe € 8,60, davon 1 vegetarisch), Pizza, Burger, Wiener Schnitzel, Pasta, Salate, Frühstück bis 11; Kinderspeisen. Lokal für ca. 50 Pers. (kann für geschl. Gesellschaften reserviert werden). Gastgarten für 50 Pers. 💳 €€

Geschmacks-Tempel Praterstraße 56/12 (im Innenhof), Tel. 214 01 79, E-Mail: office@geschmacks-tempel.at, www.geschmacks-tempel.at, Di–Fr 11–15 und 18–23, Sa 17–23, So 11–18, Juli, August So geschlossen; abweichende Öffnungszeiten möglich (s. Homepage); Küche: Di–Fr 12–14 und 18–22, Sa 17–22, So 12–16. Saisonale Speisen mit Augenmerk auf heimischen Produkten, z.B. Fischgerichte wie Steckerlfisch aus Bad Aussee. MM um € 9,90 (auch zum Mitnehmen). Kindersessel, Kinderspeisen auf Anfrage. Restaurantbereich für ca. 30 und ruhiger Gastgarten im Innenhof für ca. 20 Pers. 💳 €€€

Das Glashaus - Restaurant & Bar Am grünen Prater 11, Tel. 348 35 53, E-Mail: hello@dasglashaus.at, www.dasglashaus.at, Mo–Fr 11.30–23, Sa 9–23, So, Fei 9–15, warme Küche Mo–Fr 11.30–14.30 und 17.30–21.30, Sa ab 12. Moderne, mediterran-österr. Küche; saisonal wechselnde Karte; Brunch bis 14; 2 MM (eines davon vegetarisch bzw. vegan € 11,90, mit Fisch od. Fleisch € 12,90); Nachmittagskarte mit div. Snacks und Salaten, Abendkarte, Desserts. Alle Speisen auch zum Mitnehmen. Kindersessel. 2 Terrassen für ca. 40 und 70 Pers. Behinderten-WC. ♿ 💳 €€

Gösser Bierinsel Freudenau 555, Tel. 728 95 71, E-Mail: prost@goesser-bierinsel.at, www.goesser-bierinsel.at, tägl. 10–20, Küche bis 19. Wunderbar uriges und authentisches Gasthaus, eines der letzten, wirklichen Prater-Gasthäuser, kinderfreundliches Ausflugslokal; bis 11 Wiener Frühstück (ab € 5,60); Hausmannskost, Spareribs (Mo–Fr MM € 8,90);

leichte Weine (große Auswahl, auch offen), einige interessante Biere offen; Kinderspeisen, -sessel. Lokal für Veranstaltungen zu mieten (im renovierten Bereich 50 Pers., im Stüberl 35 Pers.). Gastgarten für 250 Pers. €

Gösser Eck Prater 36, Tel. 0664/583 39 48, E-Mail: office@goesser-eck.at, www.goesser-eck.at, März bis November täglich 10–24, Dezember bis Februar Mi–So 11–22. Traditionelle österr., regionale und steir. Schmankerl wie z.B. Grillhendl vom Spieß, Zwiebelrostbraten oder Käferbohnensalat, Gösser-Eck-Grillplatte; Kindermenüs (€ 3,– bis € 6,–), Kindersessel. Geburtstagsfeiern nach Reservierung möglich. Großer schattiger Gastgarten für 200 Pers. 💳 €€

Zur Grünen Hütte Prater 196, Tel. 0664/75 42 80 70, E-Mail: office@zurgruenenhuette.com, www.zurgruenenhuette.com, Mo–Sa, Fei 11.30–23, So 11.30–17, warme Küche Mo–Sa bis 22, So bis 16. Restaurant und Feinkostgeschäft mit Wr. und moderner, internat. Küche, z.B. Zwiebelrostbraten auf „Wiener Art“, Kaisergulasch oder Lachsfilet vom Grill; Mo–Fr MM 11.30–17 (ab € 8,50), auch zum Mitnehmen (ab € 7,50); Kinderspeisen und kleine Portionen auf Anfrage wie z.B. Kinderschnitzel. Feiern bis 40 Pers. möglich. Gastgarten für 80 Pers. Behinderten-WC. ♿ 💳 €€

Biergarten Haltestelle 1er Rotundenallee 15 (Ecke Rotundenallee/Hauptallee), Tel. 0681/81 64 66 19, E-Mail: office@haltestelle1er.at, www.haltestelle1er.at, Mitte März bis Ende Nov. tägl. 10–21, bei Schlechtwetter geschlossen, bei Schönwetter und je nach Betrieb auch länger geöffnet, bei Veranstaltungen bis 2. Biergarten bei der Endstationsschleife des „1er“; kleine Küche und spezielle Schmankerl, Spezialitäten wie Salzburger Nockerl (auf Bestellung), saisonale Angebote und selbstgemachte Mehlspeisen; alle Speisen zum Mitnehmen in der Box; Gösser vom Fass, österr. Weine. Für private Veranstaltungen zu mieten. Stüberl für 50, Gastgarten für 300 Pers. mit Kastanienbäumen. 💳 €€

Gasthaus Hansy Heinestraße 42, Tel. 214 53 63, E-Mail: office@hansy-braeu.at, www.hansy-braeu.at, täglich 11–23. Neu übernommenes, traditionelles Gasthaus mit Wiener Küche, Hausmannskost und saisonalen Speisen (MM € 9,20; mit Suppe € 10,70); Kinderspeisen, -sessel; eigenes „Hansy-Bräu“-Bier (Helles), Schremser Zwickl, regionale Weine aus ganz Österreich. Gaststube für 80; Extrazimmer für 60, Schanigarten mit Blick aufs Riesenrad für 120 Pers. 💳 €€

Hlavac – Gasthaus zum mährischen Spatzen Ybbsstraße 25, Tel. 728 65 57, 0664/524 49 54, E-Mail: office@zummaehrischenspatzen.at, www.zummaehrischenspatzen.at, Mo, Di, Do, Fr 11–14 und 17–22, Mi 11–14, Sa, So, Fei 17–22. Neu renoviertes Lokal mit authentischer Küche (11–14 MM € 6,70); div. Highlights wie z.B. hausgemachte Spareribs oder Burger; Kinderspeisen, -sessel. Schanigarten für bis zu 50 Pers. €€

Holzdorfer's Meierei im Prater Hauptallee 3 (Prater), Tel. 728 02 66, E-Mail: reservierung@meierei.at, www.meierei.at, Mo–Fr 11–22, Sa, So, Fei 10–22 (Sommer), im Jänner/Feb. eingeschränkte Öffnungszeiten (s. Homepage), durchgehend warme Küche. Wiener und erweitertes Frühstück bis 11.30 (ab € 5,60); moderne Wiener Küche, Monatskarte, saisonale Spezialitäten, Fisch, vegetar. Gerichte; hausgemachte Desserts (z.B. Alt Wiener Apfelstrudel um € 4,20); Kinderspeisen, -sessel, Wickeltisch, Kinderbücher und Malsachen, Spielplatz in der Nähe. TV. Veranstaltungen nach Vereinbarung; für Feste bis 250 Pers. geeignet. Schöne Terrasse für 250 Pers. in autofreier Zone. Behinderten-WC. ♿ 💳 €€

Hütterl zur Kernigen Rotundenallee (verlängerte Wittelsbachstraße/Ecke Rustenschacherallee), Tel. 0676/950 34 30, E-Mail: evikern@gmx.at, März bis Sept. Mo–Sa 11–22, So, Fei 11–20, Okt. bis Nov. tägl. 11–20. Wr. Beisl (Wochenkarte ab € 10,90); Spezialitäten vom Holzkohlengrill wie Spareribs, Hausspieß od. Kotelett vom Duroc-Schwein, saisonale Spezialitäten wie Spargel im Frühling, Eierschwammerl im Spätsommer und Gansl im Nov. Selbstbedienungs-Stand mit Sitzmöglichkeit im Freien für ca. 50 Pers., überdachter Gastgarten für ca. 40 Pers. Spielplatz in der Nähe. €€

Zum Kaiser Riesenradplatz 5, Tel. 343 18 05, E-Mail: servus@kaiser.wien, www.kaiser.wien, Mo–Mi 11–22, Do–So, Fei 11–23, Küche Mo–Do, So bis 21, Fr, Sa, Fei bis 22. Gasthaus am Fuße des Riesenrades. Speisen wie Kaiserschnitzel, Tafelspitz, Kaiserschmarrn. Auch vegetarische Optionen (z.B. Geröstete Knödel, Gebackener Camembert). Terrasse für 90 Pers. Parkbucht vor dem Haus, Anfahrt über Ausstellungsstraße. Behinderten-WC. ♿ 💳 €€

Die Koberantinnen Obere Augartenstraße 46, Tel. 0677/64 81 38 00, www.diekoberantinnen.at, Di, Mi 12–22, Do–Sa 12–24. Biozertifiziertes Restaurant und Café. Suppen, Antipasti, Snacks, vegetar. und vegane Gerichte, ausschl. Bio-Fleisch und -Eier, hausgemachte Kuchen und Torten (auch ganze Torten auf Bestellung); Di–Do 12–16 MM (TT mit Suppe oder Kuchen € 11,90, Espresso zum Menü um € 1,50); kleine Cocktailkarte, Bio-Kaffee, -Kakao und -Tee, hausgemachter Eistee und Limonade. Take-away. Lokal ist für Feiern bis 50 Pers. geeignet (Buffet möglich). Gastgarten mit Naturschatten unter Bäumen für bis zu 60 Pers. 💳

Leopold! Essen & Trinken Große Pfarrgasse 11, Tel. 218 22 81, E-Mail: office@restaurant-leopold.at, www.restaurant-leopold.at, Mo–Mi 11–24, Do–Sa 11–1, So 10–24, warme Küche täglich bis 22.30. Heimische und internationale Küche mit wechselnder Monatskarte (MM ab € 7,90), saisonale Speisen (Spargel, Kürbiswochen, Martinigansl, Wildwochen etc.); nationale Weine, 4 offene Biere, Cocktails und Schnäpse von den besten Brennereien des Landes. Kindersessel. TV (Sportübertragungen, Sky). Für geschlossene

Gesellschaften bis 110 Pers. reservierbar. Schanigarten für 84 Pers. Onlinereservierung möglich. €€

Liebfisch Obere Donaustraße 26, Tel. 212 42 22, E-Mail: info@liebfisch.at, www.liebfisch.at, Di–Sa 16–23 (Fei geschlossen). Fischrestaurant im Otto-Wagner-Schützenhaus. Div. Fischspezialitäten; Weine aus Österreich und Südfrankreich. Feiern und Veranstaltungen bis 40 Pers. möglich. Gastgarten. Behinderten-WC. €€€

Living Kitchen Restaurant & Kindred Spirits Bar Perspektivstraße 6 (im Hotel Zoku), Tel. 0720/98 71 03, E-Mail: hellovienna@livezoku.com, livezoku.com/vienna/eat-drink, täglich 7–22, Bar: So–Do 7–22.30, Fr, Sa 7–24. Restaurant und Bar im obersten Stock des Hotels Zoku mit Blick über die Stadt. Gesunde, bunte und abwechslungsreiche Küche, z.B. Gegrillte Melanzani mit Hummus, Pinienkernen, Chiliöl und frischen Kräutern (€ 14,–); tägl. bis 10 Frühstück; Mo–Fr 12–14 wechselnde Mittagsgerichte; Mi–Sa 18–22 Dinner. Terrasse mit Blick auf den Prater. €€

Restaurant Das LOFT Praterstraße 1 (im SO/Vienna), Tel. 906 16-8110, E-Mail: dasloft@so-hotels.com, www.dasloftwien.at, Mo–Fr 6.30–10.30 und 17–22, Sa, So, Fei 7–12 und 17–22, Küche bis 21.45. Spektakuläres Restaurant im Nouvel-Tower, ganz oben im 18. Stock u. vollverglast. Internat. Küche in der preislichen Top-Kategorie, saisonal wechselnde Menüs, Degustationsmenüs (4gg € 99,–, Weinbegleitung € 51,–), Frühstück (Mo–Fr 6.30–10.30, Sa, So, Fei 7–12), abends ab 17 Dinner; Weinschwerpunkte: Österreich und Frankreich. Bar. Behinderten-WC, Aufzug. €€€€

Lorena's Kitchen Obermüllnerstraße 17, Tel. 0699/10 41 11 40, Di–So 11–22. Osteuropäische Küche. Schanigarten für 32 und Gastgarten im Innenhof für 60 Pers.

Restaurant Luftburg – Kolarik im Prater Cafe-Restaurant-Biergarten Prater 128 (Waldsteingartenstraße), Tel. 729 49 99, E-Mail: reservierung@kolarik.at, www.kolarik.at, Mo–Do 16–23, Fr–So, Fei 11–23, warme Küche bis 22. Größtes voll zertifiziertes Bio-Restaurant der Welt mit saftig gesurter Bio-Stelze, Grillspezialitäten vom Lavasteingrill, Spareribs, bodenständiger Wiener Küche sowie vegetar. und veganen Gerichten und Süßspeisen aus der eigenen Mehlspeisküche. Bio-Hofbier vom Fass von der Brauerei Fohrenburger sowie Weine von österr. Bio-Weingütern. Kinderspeisekarte, Hochstühle, Spielraum „Die gute Kinderstube" und Familienbereich, Kinder-WC mit Wickeltisch, Luftburgen-Erlebniswelt in der warmen Jahreszeit, kinderwagenfreundlich. Feiern bis zu 400 Pers. möglich. Großer Gastgarten und Glaspalast mit Platz für bis zu 1200 Pers., Gastgarten mit ausfahrbarer Überdachung, Sprühnebelanalage zur Kühlung im Sommer, Platanen als zusätzliche Schattenspender. Behinderten-WC. Hunde nur mit Beißkorb und Leine. Pratercard, kostenpflichtige Parkmöglichkeiten. €€

Lusthaus Freudenau 254 (Ende Prater Hauptallee), Tel. 728 95 65, E-Mail: office@lusthaus-wien.at, www.lusthaus-wien.at, Mo, Di, Fr–So 12–21, Fei 12–17, Öffnungszeiten können abweichen (s. Homepage). Josephinisches Jagdschlössl mit nostalgischem Flair; gehobene Wiener und mediterrane Küche, Konditoreibetrieb; jeden 1. So/Monat Brunch; Kinderspeisen, -sessel, Micky-Maus-Hefte. Geschlossene Gesellschaften bis 200 Pers. (auch außerhalb der Öffnungszeiten möglich). Terrasse für 125 Pers. Reservierung ratsam; kostenfreie Parkplätze vorhanden. €€€

LYO – Wien Vorgartenstraße 206B, Tel. 72 03 407, E-Mail: vorgarten@lyolifestyle.com, www.lyolifestyle.com, Mo, Di 11.30–14.30, Mi–Sa 11.30–23. Mediterrane Küche aus möglichst regionalen Zutaten; Fisch, Steaks, sommerliche Drinks und erlesene Weine. Schanigarten.

Marina Restaurant Handelskai 343, Tel. 0660/507 48 42, E-Mail: office@marina-restaurant.at, www.marina-restaurant.at, Di–Sa 11.30–21.30, So 11.30–18, Küche Di–Sa bis 21, So bis 17. Restaurant unmittelbar am Wasser; mediterrane und Wiener Küche, Fisch aus heimischen Gewässern, Burger, Pasta, Salate; saisonale Gerichte (Spargel, Schwammerl, Kürbis); Kinderteller auf Wunsch, Kindersessel; österreichische Weine. Für Feste, Veranstaltungen, Hochzeiten, Seminare, Meetings etc. geeignet. Terrasse für 200 Pers. Kostenfreier Parkplatz. Eigene Bootsanlegestelle. Behinderten-WC. €€€

Möslinger Stuwerstraße 14, Tel. 728 01 95, E-Mail: office@gasthausmoeslinger.at, www.gasthausmoeslinger.at, Mi–Sa 11–23, Küche bis 22. Waldviertler Mohnspezialitäten, Hausmannskost; saisonale Speisen, Grill- und Wildspezialitäten, Sa Schweinsbraten, Spargel-, Schwammerl-, Rindfleisch- und Ganslwochen (Waldviertler Weidegänse); von vielen Speisen auch kleine Portionen möglich, Kindersessel, -spiele. Abholung nach Vorbestellung. Extrazimmer für 25 und Saal für 60 Pers. zum Mieten. Schanigarten für 30 Pers. Vertreter der Genuss Region Österreich (Landessieger 2012 und 2013) und des Kulinarischen Erbes Österreich. €€

Mostlandl Heinestraße 30, Tel. 216 71 64, E-Mail: office@gasthaus-mostlandl.at, www.mostlandl.net, Mo–Fr 9–23, So, Fei 9–22. Traditionelles, gern besuchtes Gasthaus mit Heurigencharme; Wiener Küche und typische Hausmannskost sowie Wildspezialitäten (Mo–Fr M € 7,90), z.B. steirische Bauernbrote, Schweinsfilet in Pfeffersauce oder Zander auf Serbische Art. Für Feste und Veranstaltungen bis 80 Pers. mietbar. Schanigarten für 80 Pers. €

Gasthaus Nestroy Weintraubengasse 7 (U1 Nestroyplatz), Tel. 581 13 46, E-Mail: reservierung@gasthausnestroy.at, www.gasthausnestroy.at, Mo–Fr 11–22 (Fei geschl.), Küche 11.30–21, 1. Februarwoche und erste 2 Augustwochen geschlossen. Traditionslokal mit klassisch-österreichischer

Küche, saisonale Angebote (MM € 12,–), Spezialität: Pariser Schnitzel Nestroy (pikant gefüllt); saisonale Themenwochen; glutenfreie Speisen; Bier, Weine; Kinderspeisen, -sessel. TV. Lokal für Feiern zu mieten. Gastgarten für 80 Pers. 💳 €€

Neuzeit Prater 2, Tel. 0676/67 25 750, E-Mail: office@Neuzeit-Prater.at, www.neuzeit-prater.at, Mitte März bis Ende Oktober täglich ab 12, November/Dezember: Fr, Sa, So ab 12; Jänner bis Mitte März geschlossen. Österreichische und internationale Küche sowie Burger; Cocktails und Longdrinks. Für Veranstaltungen geeignet. Gastgarten. €€

Die Palette Vorgartenmarkt Stand 22/23, Tel. 0664/200 00 54, E-Mail: office@diepalette.at, www.diepalette.at, Mi–Fr 15–22, Sa 12–22, auf Anfrage auch länger geöffnet. Moderne mediterran-japanische Küche. Mehrgängige Menüs (9gg € 145,–, 12gg € 195,–). Schanigarten für 30 Pers. Behinderten-WC am Markt. 💳 €€€

Pan's Ernst-Melchior-G. 11, Tel. 968 17 48, E-Mail: info@pans.at, www.pans.at, Mo–Fr 11–22, Sa, So, Fei 11–21. Café und Restaurant. Österreichische Küche (11–16 2 MM mit Fleisch oder vegetarisch € 9,50), vegane und vegetarische Speisen; frisch gepresste Limonaden (z.B. hausgemachter Eistee um € 4,90), Schremser und Zwickl vom Fass; Kinderportionen, -sessel. Zeitungen, Zeitschriften. Schanigarten für ca. 50 Pers. 💳 €

Prater Alm Prater 71b, Tel. 0664/88 23 35 02, E-Mail: info@prater-alm.at, www.prater-alm.at, Mi–Fr 15–24, Sa, So 11–24, warme Küche bis 22. Alpendorf im Prater. Österreichische Klassiker und Hausmannskost. Spezialitäten wie Tiroler Ripperl, echtes Wiener Schnitzel etc. Ab Mai Grillhütte; hausgemachte Mehlspeisen wie z.B. Mohnnudeln, süße Tiroler Krapfen oder die Almtorte. Sa, So Live-Musik. Gastgarten für ca. 400 Pers. 💳 €

Praterschwemme Leichtweg 61 (Prater), Tel. 0676/400 66 56, E-Mail: office@stormysunday.at, www.stormysunday.at, Februar bis Dezember täglich 11–22, Jänner geschlossen, warme Küche bis 21. Hausmannskost (MM € 7,40). Kinderspeisen, -sessel, -spiele, Zeichenecke, Wickelauflage. Karten, Würfelspiele; Beamer mit Leinwand. Extrazimmer für 30 Pers., Schanigarten für 80 Pers., schattiger Gastgarten für 60 Pers mit Escape Game Center „Brainstormy". 💳 €

Praterwirt - Fleischerei & Gastwirtschaft Praterstr. 45, Tel. 0676/418 24 44, E-Mail: reservierung@praterwirt.com, praterwirt.com, täglich 11.30–24, Küche bis 23, Fleischerei Mo–Sa 9.30–18. Gastwirtschaft und Fleischerei von den Betreibern des Restaurants Dogenhof (ebenfalls in der Praterstraße). Traditionelle österreichische Küche; Fleischerfrühstück; div. Mittagsangebote; 1. unpasteurisiertes Budweiser Lager Tankbier in Österreich. Imbisse zum Mitnehmen aus der Fleischerei. Kinderspeisen, -sessel, Spielsachen, Wickeltisch. TV. Lokal für 50 Pers. (für Feiern geeignet), Schanigarten für 75 Pers. Behinderten-WC. ♿ 💳

Ramasuri Praterstraße 19, Tel. 0676/466 80 60, E-Mail: office@ramasuri.at, www.ramasuri.at, Mo–Fr 8–24, Sa, So, Fei 9–24. Frisches Lokal mit Graffiti an den Wänden und Möbeln aus 200 Jahre altem Holz. Wiener Küche neu interpretiert (Mo–Fr 11.30–14.30 MM inkl. Suppe oder Salat € 9,50 bis € 13,50); auch vegane Gerichte; Frühstück Mo–Fr 8–14.30, Sa, So 9–15; vorrangig österreichische Weine und Naturweine von Jungwinzer*innen. Schanigarten vor dem Nestroy-Denkmal mit vielen Pflanzen für 60 Pers. 💳 €€

Zur Reblaus Obere Augartenstraße 72, Tel. 214 17 71, E-Mail: reservierung@zurreblaus.at, office@zurreblaus.at, www.zurreblaus.at, Di–Sa 11–22, So, Fei 11–15, durchgehend warme Küche. Umfangreiche Speisekarte (Di–So 11–14 MM), Schnitzel, Innereien, Fisch, saisonale Schmankerl; Kinderspeisen, -sessel. TV. 2 Extrazimmer für je 30, Innenhofgarten für 64, Schanigarten für 50 Pers. 💳 €€

Reinthaler Stuwerstraße 5, Tel. 726 82 82, E-Mail: office@gasthaus-reinthaler.at, www.gasthaus-reinthaler.at, täglich 10–23, Küche bis 22. Traditionelle Wiener Küche, internationale Speisen und Hausmannskost in Alt-Wiener-Atmosphäre (11–15 MM € 8,70), Fr gebackener Kabeljau (€ 10,80) oder Kaiserschmarren (€ 8,70), Mo–Fr TT (5 gebackene Speisen zur Auswahl mit Suppe € 8,70), Salatkarte; saisonale Gerichte, z.B. Spargel-, Wild- und Schwammerlwochen; Kinderspeisen, -sessel. TV. Schanigarten für 60 Pers. 💳 €€

Restaurant Retro Vorgartenstraße 195, Tel. 441 00 00, E-Mail: reservierung@retro.at, retro.at, Öffnungszeiten s. Website. Internat. Küche, Grillspezialitäten vom Holzkohlegrill, Burger, US-Steak (Special Cuts), Pizza und Pasta, Fischspezialitäten, vegetar. Speisen, Salate; Brunch; Mittagstisch; Aperitif, Cocktails, Weine. Firmenevents und exkl. Events möglich. Gastgarten. Reserv. empfohlen. 💳 €€

Café-Restaurant zum Riesenrad Riesenradplatz 1, Tel. 729 54 30 19, E-Mail: office@zumriesenrad.at, zumriesenrad.at, täglich 9–24, Öffnungszeiten können abweichen (s. Homepage). Café und Restaurant am Fuße des Wiener Riesenrads im Prater. Frühstück bis 12; Kindermenü, Malsachen, Wickeltisch. Exklusiver Gourmetwaggon im Wiener Riesenrad zu buchen (mit Frühstück, Kaffeejause, Dinner). Salettl unter dem Riesenrad für Veranstaltungen bis 70 Pers. zu mieten, größere Feiern und Events bis 150 Pers. im Riesenrad-Panorama nebenan mit Blick auf das Riesenrad möglich. Cafe-Restaurant für 75, Schanigarten für 110 Pers. Klimatisiert. Behinderten-WC. ♿ 💳 €€

Rollercoasterrestaurant® Riesenradplatz 6/1, Tel. 0660/244 38 23, E-Mail: office@rollercoasterrestaurant.com, www.rollercoaster.rest, Mo–Do 16–22, Fr–So, Fei 11.30–22,

Öffnungszeiten können abweichen (s. Website). Erste Filiale eines Hightech-Restaurantkonzepts in Österreich: Das Essen und die Getränke gleiten auf Achterbahn-Schienen zum Tisch; internationale Küche, z.B. Fish & Chips, Burger, Pasta, Schnitzel, Pommes; Kindergerichte; Limonaden von eigener Getränkemarke One More®; Weine, Cocktails. Wickeltisch; Aufzug vorhanden. Reservierungssystem und Gutscheinverkauf online. Behinderten-WC. ♿ 💳 €€

Atelier Roomz Vienna Rothschildplatz 2, Tel. 743 17 77, E-Mail: reservations.prater@roomz-vienna.com, www.roomz-vienna.com, täglich 11.30-22. Mo-Fr 6.30-10, Sa, So, Fei 7-10 Frühstücksbuffet (frischer Lachs, selbstgemachtes Birchermüsli, Pancakes, Aufstriche etc.); österreichische und internationale Küche, Mo-Fr 11.30-14.30 Businesslunch-Menü. Kindersessel; Terrasse für 60, hofseitig Platz für 40-50 Pers. Behinderten-WC. ♿ 💳 €€

Sarai Restaurant Obere Donaustraße 61 (Herminengasse 2), Tel. 436 00 50, E-Mail: info.vienna@radissonred.com, www.radissonhotels.com, täglich ab 7. Hotel-Restaurant im Hotel Redisson RED Vienna. Frühstück 7-11, 11-17 Lunch, ab 17 Abendessen. Behinderten-WC. ♿ 💳

Die Sattlerei Heinestraße 25, Tel. 0676/774 12 34, E-Mail: info@diesattlerei.at, www.diesattlerei.at, Di-Sa 11-24. Kombination aus Restaurant, Weinbar, Greißlerei und Vinothek. Lunch, kleine Schmankerl an der Bar und in der Weinbar, ausgedehntes Dinner oder ein exklusiver Abend am Chef's Table mit außergewöhnlichen Kreationen von Küchenchef Lewis Emerson. 200 verschiedene, selektierte biodynamische Weinen aus unterschiedlichen Ländern kann man nicht nur vor Ort verkosten sondern auch mitnehmen. 💳 €€€

Die Schankwirtschaft im Augarten Obere Augartenstraße 1A, Tel. 934 69 87, E-Mail: info@schankwirtschaft.at, www.schankwirtschaft.at, täglich 9-22 (Sommeröffnungszeiten), im Winter verkürzte Öffnungszeiten (s. Homepage). Frühstück, regionale und saisonale Speisen, z.B. Burger, Pinsa, vegane/vegetarische Speisen, Gegrilltes, Salat, Snacks sowie hausgemachte Mehlspeisen; hausgemachte Limonaden, Kaffee (Faire Trade, Alt Wien Kaffee). Speisen und Getränke auch zum Mitnehmen. Veranstaltungen möglich. Im Winter gibt es einen Punschstand sowie indoor Platz zum Essen à la carte und für Weihnachtsfeiern, Veranstaltungssaal mit kleiner Bühne und Tonanlage. TV für Übertragungen. Großer Gastgarten unter Kastanienbäumen. Reservierungen per Mail möglich. Behinderten-WC. ♿ 💳 €€

Schartner macht's Kraus Große Pfarrgasse 7, Tel. 890 34 11, E-Mail: info@daskraus.at, daskraus.at, Mi-Sa 18-24, Küche bis 22. Internat. Küche mit vorwiegend regionalen Produkten von kleinen landwirtschaftlichen Betrieben aus der Wiener Umgebung. Regelmäßig wechselnde Menüs (3gg bis 6gg), auf Wunsch auch vegetar./vegan. Schanigarten für 24 Pers. Angeschl. Kunstraum „Kahan Art Space". 💳

Schöne Perle Große Pfarrgasse 2 (Ecke Leopoldsgasse), Tel. 890 32 04, E-Mail: office@schoene-perle.at, www.schoene-perle.at, Mo-Fr 11-24, Sa, So, Fei 10-24, warme Küche 11.30-22. Wiener Küche (Mo-Fr 12-18 2 MM ab € 9,50/ VS ab € 4,-); Wochenende und Fei 10-12.30 Frühstück (ab € 6,50). Kindersessel, Wickeltisch, Bücher. Schanigarten für 90 Pers. Hunde nur im Schanigarten erlaubt. 💳 €€

Gasthof Schosztarich (Zu Den Drei Hufeisen) Franzensbrückenstraße 11, Tel. 0664/210 01 21, www.gasthof-schosztarich.at, Mo-Sa 8-22, So, Fei 8-14, warme Küche 10.30-21.30. Hausmannskost (MM € 8,- bis € 9,50), saisonale Spezialitäten wie Spargel, Gansl, Schwammerl, Wild und Fisch; Kinderspeisen, -sessel, -spiele. Juni, August Grillabende (siehe Homepage). Garten für 120 Pers. Gästezimmer (DZ mit Frühstück ab € 65,-). Parkmöglichkeit. 💳 €€

Schutzhaus Heustadlwasser Stemmerallee 80, Tel. 0660/121 51 41, E-Mail: schutzhaus.heustadlwasser@gmail.com, www.schutzhaus-heustadlwasser.at, Mi-So, Fei 10-20, Jänner bis Februar geschlossen, Küche 11-19. Wiener Küche, TT mit Suppe (€ 8,90), Mi Schnitzeltag, Do Backhendltag, Fr Fischmenü; Kinderspeisen (€ 5,90), Kindersessel, Spielecke, Spielplatz im Gastgarten. TV; verschiedene Veranstaltungen. Raum für Feste und Feiern (Buffet ab 20 Pers.), schattiger Gastgarten für 200 Pers. €

Karl Kolarik's Schweizerhaus Prater 116, Tel. 728 01 52, E-Mail: info@schweizerhaus.at, www.schweizerhaus.at, Mitte März bis Ende Oktober täglich 11-23. Saisonbetrieb; berühmt für seine gegrillten Stelzen und das dreistufig gezapfte Fassbier (wichtigste Adresse für Fans von offenem Original Budweiser Budvar); gekocht wird hier echt böhmisch: Original Prager Kuttelflecksuppe Drstková (€ 5,70) oder Znaimer Rindsgulasch (€ 13,90), Tages- und Wochenschmankerl; eigener Nussschnaps und eigene Bierschokolade; Kinderspeisen, -sessel, -spielplatz, Wickeltisch. Räumlichkeiten für Veranstaltungen mietbar. Plätze im Lokal für 750 Pers., im Gastgarten für 1400 Pers. Bankomat im Haus. Behinderten-WC. ♿ €€

Gasthaus zum Sieg Haidgasse 8, Tel. 214 46 53, Mo-Fr 11-22, Sa, So, Fei 11-16. Eines der schönsten und stimmungsvollsten Gasthäuser Wiens. Kleine Speisen (TT ab € 7,80), Spezialität: Rindsgulasch; Fr 11-14 Fisch, Sa Menü. TV. Extrazimmer für 20 Pers. (für Feiern geeignet). €

Restaurant Soosser Karmelitergasse 11, Tel. 214 48 70, E-Mail: restaurant-soosser@chello.at, www.restaurant-soosser.at, Mo-Fr 10-21, Sa 10-16 (Fei geschlossen), Küche Mo-Fr bis 20, Sa bis 15. Wiener Küche (MM € 7,60 bis € 8,10, Fr Fisch), saisonale Speisen; Di Schweinsbratentag (€ 7,90), Do Schnitzeltag (€ 7,90); Kinderspeisen, -sessel,

Spielsachen. TV. Für Veranstaltungen mietbar, Menü oder Buffet auf Wunsch. Extraraum für 60 Pers. Schanigarten für 24 Pers. 💳 €

Sperling im Augarten Obere Augartenstraße 1, Tel. 997 72 66, E-Mail: reservieren@sperling.wien, www.sperling.wien, Di-Sa 9-22, So 9-18. Restaurant und Café im Augarten mit 2 großen Sonnenterrassen, geführt von Andreas Sael und Aurelio Nitsche. Moderne Wiener Küche mit großem Augenmerk auf regionalem Fleisch, Fisch, vegetarischen und veganen Gerichte. Regelmäßig wechselnde, saisonale Speisekarte, HS und Beilagen sind nach Wunsch kombinierbar. 2 Gastgärten für je 80 Pers. Eigene Parkplätze vor der Tür. 💳 €€

Restaurant Stefanie (Hotel Stefanie) Taborstraße 12, Tel. 211 50-423, E-Mail: stefanie@schick-hotels.com, www.restaurant-stefanie.at, Mo-Fr 12-14.30 und 18-22, Sa, So, Fei 18-22, während der Brunchsaison auch So Mittag zum Brunch geöffnet. Speisen in einer Sehenswürdigkeit. Gehobene, traditionelle Wiener und saisonale österr. Schmankerlküche; Sonntagsbrunch von Oktober bis Mai. Zauberabende mit dem Magischen Klub Wien. Café-Bar Stefanie täglich 10-24 mit kleinen Speisen, Kaffee und Mehlspeisen, Cocktails am Abend; Mo-Fr Mittagsbuffet (ab € 15,90). Dinner & Crime sowie Dinner & Music. Attraktive Räumlichkeiten für Feiern und Seminare bis 176 Pers., Packagepreise für Hochzeitsfeiern. Exklusiver, ruhiger Innenhofgastgarten mit Loungebereich. 111 Gästezimmer (ältestes Hotel Wiens - seit 1600). 💳 €€€

Steirerhof Vorgartenstraße 209, Tel. 0676/314 51 93, E-Mail: steirerhof2@gmail.com, www.wiener-steirerhof.at, Mo-Sa 10-22, So, Fei 10-21. Gutbürgerliche Küche, viele Schnitzelvariationen, darunter auch das Holsteiner Schnitzel (mit Schinken, Käse und Spiegelei), Spezialitäten wie Altwiener Backfleisch, Zwiebelrostbraten. Mo-Fr MM mit Suppe (€ 7,20 bis € 8,20 /Schnitzel € 7,20), Fr Fisch. Private Veranstaltungen für bis zu 45 Pers im separierten Raum möglich. Gastgarten für ca. 50 Pers. 💳 €€

stormy sunday Leichtweg 62 (Prater), Tel. 0676/400 66 56, E-Mail: office@stormysunday.at, www.stormysunday.at, Feb. bis Dez. täglich 11-24, Jän. geschlossen, warme Küche bis 21. Café-Restaurant mit österr. und internationaler Küche, Holzhacker-Spätzle, Spareribs, Burger aller Art (MM € 7,40), Spezialität: Stormy-Sunday-Schnitzel; Mehlspeisen. Kinderkarte, -eis, -sessel, -spiele und -spielbereich, 3 Ringelspiele vis-à-vis, Wickelauflagen auf beiden Toiletten; Karten, Backgammon, Würfel. Schanigarten für 70 Pers. 💳 €

Stuwer - Neues Wiener Beisl Stuwerstraße 47, Tel. 0660/601 03 69, E-Mail: hallo@stuwer.com, www.stuwer.com, Mo-Sa 17.30-23, So, Fei 12-22. Charmantes Szene-Beisl im Stuwerviertel. Junge Wiener Küche mit internationalem Weitblick, alle Speisen hausgemacht, das Beef Tatar vom Bio-Rind wird mit dem Messer geschnitten (klein € 17,-/groß € 21,-), VS wie z.B. Langos (ab € 10,-) und Suppen (ab € 5,50); hausgemachte Desserts (z.B. Stuwer Schmarrn); Kindersessel. Alle Speisen auch zum Mitnehmen. Gastraum mit Stüberl und separater Veranstaltungsraum für 60 Pers. Schanigarten für 75 Pers. 💳 €€€

The View Handelskai 265, Tel. 890 83 74, E-Mail: office@theview.at, www.theview.at, täglich 10-1, Küche 11-22. Restaurant, Café und Bar im Schifffahrtszentrum am Handelskai; Frühstück bis 11 (z.B. Rührei € 5,-, Schinken-/Käse-Teller € 4,50); Wiener und internationale Küche, Pasta- und Fischgerichte (Mo-Fr 2 MM € 9,50, eines vegetarisch); Cocktails; Kindersessel; Lokal für Feierlichkeiten zu mieten. Terrasse mit Donaublick für 150 Pers. Parkplätze für PKW und Reisebusse. 💳 €€€

Volee Rustenschacherallee 9 (im Gebäude des WAC), Tel. 0664/99 48 09 48, E-Mail: volee@volee.at, www.volee.at, täglich 9-22, warme Küche 11.30-21. Restaurant mit Wiener und internationaler Küche, z.B. Schnitzel vom Weideschwein, Altwiener Suppentopf oder div. Bowls; monatlich wechselnde Specials; Sa, So 9-15 Frühstück, Mo-Fr MM (€ 8,90), jeden Do Grillen. TV. Für Feiern zu mieten. Catering. Gastgarten im grünen Prater für 120 Pers. 💳 €€

Waterfront Kitchen Handelskai 269 (Hilton Vienna Danube Waterfront), Tel. 727 77-92120, 0664/857 22 48 (Reserv.), E-Mail: waterfrontkitchen@hilton.com, www.hiltonhotels.de/oesterreich/hilton-vienna-danube-waterfront/restaurant-und-lounges, Mo-Fr 7-10 und 18-22, Sa, So, Fei 7-10.30 und 18-22. Frühstücksbüfffet bis 10 bzw. am Wochenende bis 10.30; Spezialitäten aus der Region Alpe-Adria; Juli/August jeden So 12-15 Grill & Chill BBQ Brunch auf der Terrasse. Kindersessel, Wickeltisch. Konferenzbereich im Hotel; in den Sommermonaten Donauterrasse für 100 Pers. mit Blick auf die Donau. Gebührenpflichtige Parkplätze (für Restaurant-/Bar-Gäste gratis). Behinderten-WC. ♿ 💳 €€€

Weinschenke am Karmelitermarkt Karmelitermarkt 10+12, Tel. 0676/744 01 08, www.weinschenke-wien.com, Mo-Sa 11-23, So, Fei 11-19. 8 Burgervarianten (mit Fleisch, vegetarisch und vegan), 12 Saucen, alles selbst gemacht (Fleisch von Hödl wird täglich selbst faschiert, Brot wird nach eigenen Rezepten von Frühbauer gebacken, die Pommes sind aus Bioerdäpfeln aus der Lobau); Mo-Fr 11.30-14 MM (Burger mit 130g Fleisch um € 1,- günstiger); Desserts z.B. warmer Schokokuchen, 2 Craft-Biere von Gusswerk, Edelbrände; Rot- und Weißweine aus Österreich. Für die Weine zeichnet sich Franz Haslinger (Vinissimo), für die Küche Nikolai Kölbl verantwortlich. Kinderportionen möglich, Babyccino, Kindersessel. Take-away. Schanigarten für 48 Pers., 2 große Fensterfronten mit breiten Fensterbrettern zum Sitzen (im Winter mit Heizstrahler). €€

Zum Weißen Rössl Straße des Ersten Mai 109 (Prater), Tel. 0676/440 01 68, E-Mail: restaurant@weissen-roessl-prater.at, www.weissen-roessl-prater.at, April bis Oktober täglich 11–23, warme Küche durchgehend bis 22.30. Wiener Küche, Spareribs, Spezialität: Wiener Schnitzel; hausgemachte Mehlspeisen; Kinderschnitzel, -sessel, Schaukel, Juli/August Di Kindertag (Schnitzel mit Beilage und Cola € 5,50). TV. Schanigarten für 250 Pers. €

Zazatam Hillerstraße 11, Tel. 0670/602 29 97, E-Mail: office@zazatam.com, www.zazatam.com, Mi–Sa, Fei 17–2, Küche bis 23. Fine Dining Restaurant mit ausgefallener internat. Küche und Speisen vom Holzkohlengrill; Cocktails. Lokal für bis zu 80 Pers. (auch für Feiern ab 10 Pers. geeignet); Gastgarten für 75 Pers. Behinderten-WC. €€€

Zott'o Schmelzg. 9, Tel. 922 52 28, E-Mail: office@zotto.at, Di–Sa 17.30–22.30. Österreichische Küche; Kinderspeisen wie Putenschnitzel, kleine Portionen möglich, Kindersessel, Spielsachen. 2 getrennte Räume mit Platz für insg. 90 Pers., Schanigarten für ca. 80 Pers. €€

Amerikanisch

Burger's Bar Vorgartenstr. 204, Tel. 0676/940 34 51, E-Mail: office@burgersbar.at, www.burgersbar.at, tägl. 11–23. Street Food: versch. Burger mit Pommes, karib. Spezialitäten, Burritos; Quesadillas; monatl. Specials. Belg. Biere. Schanigarten f. 40 Pers. Behinderten-WC. €€

Jolly Ox Josef-Gall-Gasse 5 (Ecke Böcklinstraße), Tel. 728 90 17, E-Mail: jollyox@gmx.at, Mi–Sa ab 18 (nur bei Reservierung), Sommerpause im August. Gemütliches Kellerlokal. Neuseeländische und texanische Steaks vom Lavasteingrill mit div. Beilagen. Überwiegend österr. Weine (nicht glasweise, dafür in Halbflaschen 0,375l). Keine Hunde. €€€

Asiatisch

Asia House Leopoldsgasse 51, Tel. 0660/214 77 52, www.asia-house-vienna.at, täglich 11.30–15 und 17.30–22.30. Asiatisches Restaurant (MM ab € 8,20), chinesische Küche, thailändische Spezialitäten. Kindersessel. Schanigarten für 20 Pers. €€

Bao Bar Jakov-Lind-Str. 2 (Austria Campus), E-Mail: eat@baobar.at, www.baobar.at, Mo–Fr 11.30–20 (Fei geschl.). Taiwanesisches Designer-Take-away; BAO's (taiwanesische Burger) mit div. Füllungen (ab € 8,50), Rice Bowls, Kimchi Fries, Ramen; japanische Biere und Whisky Highballs. Alle Speisen auch zum Mitnehmen. Schanigarten. €

BAO MeBu Taborstraße 11a, Tel. 399 22 32, E-Mail: baomebu@gmail.com, www.baomebu.at, Mo–Sa 11–22, So 12–19. Asiatische Baos (gedämpfte Germteigtaschen mit unterschiedlichen Füllungen), Reis-Bowls, Pho Suppen und div. asiatische Snacks; Mo–Fr 11–17 MM; hausgemachte Limonaden. Take-away (tel. Vorbestellung möglich). Kindersessel. Lokal für 15 bis 20, Schanigarten für 20 Pers. €

Citylake Vorgartenstraße 206b, Tel. 72 03 211, E-Mail: reservations@citylake.at, www.citylake.at, Mo–Fr, Fei 11–21, So 16–21. Asiarestaurant mit modernem Ambiente und pan-asiatischer Ausrichtung. MM (€ 8,50 bis € 10,90), div. asiatische Spezialitäten, auch vegetarische Gerichte. Kindersessel. Gastgarten für 50 Pers. mit Teich. €€

Donasia Obere Donaustraße 83, Tel. 212 28 90, E-Mail: donasia.restaurant@gmail.com, Mo–Fr, So, Fei 10.30–22. Asiat. Küche, Sushi, Maki, auch vegetar. Speisen; Mittags-Buffet bis 14.30, MM bis 15. Schanigarten f. 24 Pers. €

Ginza Praterstern Top 2, Tel. 212 10 44, E-Mail: ginza.praterstern@gmail.com, tägl. 11–23, durchgehend warme Küche. Asiatische Küche, Running Sushi (mittags Mo–Fr € 11,80, Sa, So, Fei € 12,70/abends täglich € 15,80), Korean. Barbecue, ganztags Buffet (€ 15,80); japan. Grüntees, Pappeltee; Kinderspeisen, Kindersessel. Take-away. TV. €

Restaurant Green Praterstern (Bahnhof), Tel. 212 73 37, E-Mail: office@greenexpress.at, greenexpress.at, täglich 11.30–22.30, warme Küche durchgehend bis 22.30. Chinesische und japanische Küche, Teppanyaki (All-you-can-eat-Buffet Mo–Fr bis 17.30 € 14,50, nach 17:30 und am Wochenende € 20,90); Kinderspeisen, -sessel. Schauküche; Schanigarten für 60 Pers. €€

Hitomi Praterstraße 30, Tel. 212 15 51, E-Mail: office@hitomi.at, www.hitomi.at, Mo–Sa 11.30–22, durchgehend warme Küche. Asiatische Spezialitäten wie Sushi, hausgemachte Nudeln und Wokgerichte (Mo–Sa 11–16 MM € 6,50 bis € 7,90), Sushi und Maki ganztags bis zu 50 % billiger; Kinderteller; alle Speisen zum Mitnehmen. Schanigarten für 14 Pers. €€

Sajado Olympiaplatz 2/Top 1c (Stadion Center), Tel. 726 52 89, E-Mail: info@sajado.at, www.sajado.at, Mo–Mi 11–20, Do, Fr 11–21, Sa 11–19 (Fei geschlossen), Küche bis 30 Min. vor Sperrstunde. Teppanyaki-BBQ all you can eat (Mo–Fr € 12,80, Sa € 13,80 und für Kinder €7,90/ €8,90); Mo–Sa Lunchbox zum Mitnehmen (€ 6,90), Kindersessel. Behinderten-WC in der Anlage. €

Shin Praterstr. 22, Tel. 214 73 82, E-Mail: office@shin.at, www.shin.at, Mo–Do 11.30–23, Fr–So, Fei 12–22, Küche bis 22. Authentische taiwan. Küche, 11.30–15 MM (ab € 8,–); Spezialitäten: Beiried in Austernsauce, taiwan. Reisnudelsuppe, Taiwan-Schnitzel; hausgemachte Limonaden (Mango-Mate-Eistee, Litschi-Lavendel-Limonade, Yuzu-Nashibirnen Limonade). Kindersessel. Exotischer Garten für 40 Pers. €€

SHIYU modern fusion kitchen Praterstraße 51, Tel. 0699/15 58 81 18, shiyu.eatbu.com, Mo–Fr 11–15 und 17.30–22, So 11–22. Asiatische Küche; warme Bowls, frische Salate, heiße Nudelsuppen und Eintöpfe (Spezialität: Chef's Spezial Eintöpfe), hausgemachte Soßen; auch vegane Speisen; Mo-Fr 11–15 MM (€ 9,20 bis € 9,80); hausgemachte Limonaden wie Gurke-Basilikum oder Grapefruit-Hibiskus. Kindersessel, kleine Portionen auf Anfrage. Take-away. Klimaanlage. Lokal und Schanigarten für je 40 Pers. **€**

Wok Sushi Time Taborstraße 58, Tel. 922 41 31, www.lieferung45.at, Mo–Mi, Fr 11–22, Sa, So, Fei 12–22. Chinesische, thailändische und japanische Spezialitäten (Mo–Fr 11–16 MM € 5,80 bis € 8,30), Ramen, Sushi und Maki (minus 50 %). Zustellung in die Bezirke 1 bis 9 und 20 (ab € 10,–). 8 Sitzplätze. **€€**

Balkan

Homolje Ennsgasse 22, Tel. 0699/11 60 15 97, E-Mail: info@homoljegrill.at, www.homoljegrill.at, täglich 9–22, im Sommer bis 23, Küche bis 21.30. Serbische Grillstube; Cevapcici, Grillplatte, gefüllte Schnitzelroulade, Wiener Schnitzel, gegrillte Forelle, gefüllter Spiess nach Homolje Art, Beilagen und Salate. Fleisch kann auch roh mitgenommen werden. **€**

Semberija Grill Ennsgasse 27, Tel. 399 96 58, www.semberija-grill.at, täglich 7–23. Serbische Küche und große Auswahl an Grillgerichten vom offenen Grill; serbisches Bier. Schanigarten. **€€**

Restaurant Semendria Mexikoplatz 22, Tel. 0660/188 08 00, E-Mail: office@semendria.at, www.semendria.at, Mo–Do 10–23, Fr–So 10–24. Serbische Grillspezialitäten, Cevapcici, Würste, Pljeskavica; Wein aus Semendria und serbisches Bier.

Böhmisch

Gasthaus Am Nordpol 3 Nordwestbahnstraße 17 (Ecke Nordpolstraße 3), Tel. 333 58 54, www.amnordpol3.at, Mo–Fr 17–23.30, Sa, So, Fei 12–23.30, durchgehend warme Küche bis 22. Böhmische Küche und Hausmannskost zum Wegschmelzen wie Grammelknödel mit Sauerkraut. Spezialitäten: Schweinsbraten vom Schopf, selbst gemachtes Weißbrot; große Bierauswahl, Kozel vom Fass, österreichische Weine; Kinderspeisen, -sessel. Die Bilder im Lokal wurden vom Chef persönlich gemalt. Extrazimmer für 30 Pers, Schanigarten für 85 Pers. mit Sandkiste bis 23. Reservierung erwünscht. **€€**

Brasilianisch

Carioca in Wien Obere Donaustraße 69, Tel. 0660/181 46 46, E-Mail: cariocawien@gmail.com, www.carioca.at, Mi–Sa 18–22. Typisch brasilianische Gerichte. Es gibt immer Feijoada (Bohneneintopf), eine vegane Speise (Prato vegano) sowie Prato do dia (Tagesgericht mit Reis, schwarzen Bohnen und Fisch/Rind/Huhn), Coxinha, Pão de queijo, Aipim frito; erlesene Auswahl an Cachaça (Zuckerrohrschnaps), Caipirinhas, brasilianischer Kaffee. Verkauf von typisch brasilianischen Lebensmitteln. Brasilianische Bücher zum Verleih. Immer wieder Veranstaltungen. Schanigarten für 20 Pers. **€€**

Kiss the Cook Komödiengasse 3, Tel. 0664/108 13 30, E-Mail: info@kissthecook.at, kissthecook.at, Mo–Fr 11–15. Brasilianisches Mittags-Lokal von Kiss Tamás. Wöchentlich wechselnde MM inkl. Suppe, Salat und Dessert; Salatbuffet, hausgemachtes Sauerteigbrot; Kinderportionen, -hochstühle, Spiel- und Malsachen. Für private Veranstaltungen geeignet. Klimaanlage; Beamer, Leinwand, Flipcharts; Zeitungen u. Zeitschriften. Schanigarten für 20 Pers.

Chinesisch

Cola la Engerthstr. 159, Tel. 212 02 01, www.colala-wien.at, tägl. 11.30–22. Chines. u. japan. Speisen, Sushi, Maki; Mo–Fr MM ab € 8,20. Kindersessel. Gastgarten für 30 Pers. **€**

Gedeihen Engerthstraße 237, Tel. 728 37 15, E-Mail: info@restaurant-gedeihen.at, www.restaurant-gedeihen.at, Mo, Mi–So, Fei 11.30–15 und 17.30–22.30. Chinesische Küche (Mittagsbuffet Mo–Sa € 9,80, So/Fei € 11,50), Kindersessel; Zustellservice in den 2. und 20. Bezirk (ab € 12,–). Schanigarten für 6 Pers. **€**

Liwei's Kitchen Taborstraße 38, Tel. 890 90 15, E-Mail: info@kueche18.at, www.kueche18.at, Mo–Fr, So, Fei 10.30–22. Traditionelle chinesische Küche, Sushi, Maki, Nudelgerichte, Suppen, (12–17 MM, auch vegan und vegetarisch), Desserts (Matcha Eis, Klebereis Mango). **€€**

Französisch

Brasserie Poldie Taborstraße 81, Tel. 356 35 00 15, E-Mail: salut@poldie.wien, www.poldie.wien, Di–Sa 17–23.30 (Fei geschlossen). Französische Brasserie mit kreativer Küche von Haubenkoch Sebastian Slavicek wie frische Austern, Steak Frites (Steak mit Pommes Frites), frischer Fisch nach Saison; mehrgängiges Überraschungsmenü „Choix du Chef“ (3gg vegetarisch € 31,–/mit Fisch bzw. Fleisch € 45,–, 4gg vegetarisch € 42,–/mit Fisch bzw. Fleisch € 51,–); Champagner, Weinkarte mit mehr als 150 Positionen vom Burgenland bis Bordeaux. Platz für ca. 40 Pers., zwei Schanigärten. **€€€**

Georgisch

Cafe Ansari Praterstraße 15, Tel. 276 51 02, E-Mail: contact@cafeansari.at, www.cafeansari.at, Mo–Sa 8–23.30, So, Fei 9–15, 25./26. Dezember und Neujahr geschlossen. Wahnsinnig schönes und wohldurchdachtes Lokal von Nana und Nasser Ansari mit georgisch-orientalischer Küche: 14 VS, z.B. gefüllte Karotten, Melanzanirolle mit Walnussfülle; diverse HS, Mo–Fr 2 MM (vegetarisch € 11,–, mit Fleisch/Fisch € 12,–); saisonale Kartenänderung (vierteljährlich). Georgische Weine, z.B. Saperavi Wein, Kaffee von Fürth. Reichhaltiges Frühstücksangebot (bis 14). Trinkbrunnen mitten im Lokal. Gastgarten für 80 Pers. 💳 €€€

Indisch

Restaurant Arbaillo Untere Augartenstraße 10, Tel. 218 22 77, E-Mail: arbaillo.wien@gmail.com, www.arbaillo-wien.at, täglich 11–22.30. Burger und indische sowie vegetarische Speisen; Kinderspeisen, -sessel; Zustelldienst in die Bezirke 1–3, 5, 8, 9 und 20 (gratis ab € 10,–). TV. Schanigarten für 16 Pers. 💳 €€

Thali Fresh Indian Food Walcherstraße 17 (Vorgartenstr. 173), Tel. 212 44 77, E-Mail: thali@speed.at, www.go-thali.at, Mo–Fr 11–14.30 und 17.30–22, Sa 17–22, So, Fei 11–22, für abweichende Öffnungszeiten an Feiertagen s. Homepage. Selbstbedienungsrestaurant mit Tischservice. Thali-Menüs mit großer Curryauswahl (€ 14,20 bis € 16,50), Fingerfood, viel Vegetarisches, auch vegane Speisen, glutenfreies Menü, frische Brote aus dem Tandoor-Ofen; indische Desserts (z.B. Gulab Jamun); Take-away; Zustellservice in die Bezirke 1, 2, 3, 20 und Teile der Bezirke 9, 19 und 22 (Bestellungen online oder telefonisch über die Bestellhotline: 212 44 77); Catering. Kinderfreundlich. Schanigarten für 40 Pers. Hunde im Schanigarten erlaubt. 💳 €€

Israelisch

Yudale Restaurant Volkertmarkt Stand 30–31, Tel. 212 74 44, E-Mail: service@yudale.at, www.yudale.at, Mo–Do, So 11–23. Israelische, russische und usbekische Fusionsküche auf hohem Niveau; israelische Spezialitäten vom Holzkohlengrill, auch vegetarische Speisen. Zustellung im 1., 2. und 20. Bezirk (Liefergebühr € 5,–); Catering ab 20 Pers. (z.B. Hochzeiten); Lokal für Feiern zu mieten. Räumlichkeiten für 50, Schanigarten für 40 bis 50 Pers. 💳 €€€

Italienisch

Al Pacino Wittelsbachstraße 2, Tel. 726 44 95, E-Mail: office@al-pacino.at, www.al-pacino.at, täglich 11–23. Pizza, Pasta, Fisch- und Fleischgerichte; Speisen zum Mitnehmen; Zustelldienst in die Bezirke 1, 2, 3, 9, 11 und 20 (tägl. 11.45–22.30). Schanigarten für 30 Pers. 💳 €€

Caffè Altenberg – Italian Bar Bistrot Leopoldsgasse 33, Tel. 0660/723 38 52, E-Mail: cafealtenberg@hotmail.com, www.cafealtenberg.com, täglich ab 9.30, Öffnungszeiten können abweichen. Ital. Bistro, Café und Bar; ital. Küche und regionale Spezialitäten; Frühstück bis 12.30, Sa, So Brunch mit Buffet ab 9.30; ital. Cocktails und Aperitifs, Weine und Biere aus Italien und Österreich. Gelegentlich Jazz-Konzerte. Lokal für 34, Schanigarten für 30 Pers. Hundeplatz mit Wasserschüssel und Hundekeksen. 💳 €€

Cibaria Italiana Schiffamtsgasse 8, Tel. 0670/601 63 16, E-Mail: info@cibariaitaliana.com, www.cibariaitaliana.com, Di–Sa 18–22. Spezialitäten aus den Regionen rund um Genua und Bologna, z.B. Bologneser Tortelloni burro e salvia (mit Ricotta gefüllt und in Salbeibutter oder Tomatensauce geschwenkt, € 15,–), Mortadella, Friggione (vollmundiger Brei aus gekochten Zwiebeln, Paradeisern, Brot um € 9,–). Nachmittags kann man bei der Pasta-Produktion zuschauen. Kochkurse (s. Website). 2 kleine Bühnen für Live-Musik und Theater. 💳 €€

Dani's Pizzeria Mexikoplatz 16, Tel. 720 25 97, bestellen .danispizzeria.at, tägl. 10.30–23. Pizza, Pasta, Burger, Schnitzel. Abholung, Zustellung: 2, 3, 20 u. 22 Bezirk. 💳 €

Pizzeria Restaurant Dolce Vita Nordbahnstraße 32, Tel. 212 59 23, E-Mail: office@meinepizzeria.at, www.meinepizzeria.at, täglich 10.30–1, durchgehend warme Küche. Pizza, Fisch- und Fleischgerichte am Lavasteingrill zubereitet; 3 M von 10.30–23 (€ 9,40 bis € 9,90); auch österreichische und internationale Küche; Kinderspeisen, Kindersessel; Zustellung im 1., 2., 3., 9., 20. und Teilen des 22. Bezirks (Bestellungen unter Tel. 0664/440 17 61, 0699/12 60 60 15, 0676/753 49 26), Sa Zustelltag (jede Pizza € 9,90). 4 Extrazimmer für 15 bis 150 Pers. (klimatisiert, für Veranstaltungen zu mieten). Schanigarten für ca. 150 Pers. Behinderten-WC. ♿ 💳 €€

Don Camillo im Stadion Center Olympiaplatz 2 (Stadion Center), Tel. 0664/280 52 69, E-Mail: office@doncamillo.at, www.doncamillo.at, Mo–Fr 9–21, Sa 9–20 (Fei geschlossen). Italienische Küche, Pizza (auch vegan), Pasta. Alle Speisen auch zum Mitnehmen. €

Eatalico Praterstraße 31, Tel. 212 62 73, E-Mail: praterstrasse@eatalico.at, www.eatalico.at, täglich 11.30–23, durchgehend warme Küche bis 22. Italienische Küche; Pasta, Pizza aus einem original Wood-Stone-Pizzaofen (auch „Riesenpizza" für 2 Pers. möglich), Salate, Desserts; Weine aus Österreich und Italien, Aperitivi, Longdrinks, Tankbier von Ottakringer, Craft-Bier. Gastgarten für 100 Pers. Behinderten-WC. ♿ 💳 €€

Café Fellini Walcherstraße 1-1A, Tel. 212 84 81, E-Mail: office.cafefellini@gmail.com, www.fellini.at, Mo–Fr, So 11–22. Ital. Café und Restaurant im Austria Campus. Ital. Speisen, Mo–Fr MM. Schanigarten für 30 Pers. €€€

Fiorino Praterstraße 47, Tel. 214 41 50, www.fiorino.at, Di–Fr 12–15 und 17.30–22, Sa, So 12–22, Küche bis 14.30 bzw. 21.30. Pizza, Pasta, Fisch und Meeresfrüchte, Steaks, Carne, saisonale Spezialitäten, Dolce, Eis und vieles mehr; Spezialität: Spareribs (5 verschiedene Arten, 1 Meter Ribs). Alle Speisen auch zum Mitnehmen. Kindersessel. Gastgarten für 84 Pers. €€

Fuchs & Schaden Gredlerstraße 4, Tel. 214 40 82, E-Mail: schadenbauer@hotmail.com, Di–Fr 11–22 (Fei geschlossen), Küche bis 21.30. Ital. und steir. Küche, Pizza, Pasta, Salate (mit Kürbiskernöl), Spezialität: Dinkelvollkornpizza (mit Bio-Dinkelmehl), Steinpilz- und Eierschwammerlpizza zur Schwammerlsaison, Spargelpizza mit Pfeffer zur Spargelsaison; Wochenpizza (€ 7,30 klein, € 9,30 mittel, € 11,– groß), ausschließlich laktosefreier Käse, auf Wunsch auch vegane Pizza möglich. Lavazza. Kindersessel, Spielecke, Spielzeug. Abholung nach tel. Bestellung. Schanigarten für 12 Pers. €€

Ristorante Giuseppe Ausstellungsstr. 21, Tel. 968 16 49, E-Mail: kat.usa@hotmail.de, www.ristorantegiuseppe.at, täglich 10–23, durchgehend warme Küche. Mediterrane Speisen, italienische, österreichische und internationale Küche; bei Abholung jede Pizza € 5,–; frischer Fisch, Meeresfrüchte, Fleischgerichte; österreichische Weine; Kinderspeisen, Spielzeug. Zustellservice für den 2. und den 20. Bezirk (ab € 8,50). Schanigarten für 60 Pers. €

Il Basilico Osteria Italiana Gaußplatz 1 (Ecke Obere Augartenstraße), Tel. 922 80 44, E-Mail: office@ilbasilico.at, www.ilbasilico.at, Mi–Sa 12–14.30 und 18–23, So, Fei 12–22.30. Elegantes italienisches Restaurant. Klassisch-italienische Gerichte von Spitzenkoch Antonio Ottaviani, sowie Spezialitäten aus seiner Heimatstadt Pescara. Saisonal wechselnde Karte, z.B Antipasti, frischer Fisch, hausgemachte Pasta und Pizza aus dem Holzofen, Weine aus Italien. Kindersessel. Schattiger Schanigarten für 90 Pers. €€€

Pizzeria Il Mercato Vorgartenmarkt Stand 4, Tel. 0660/123 12 88, E-Mail: pizzeriailmercato@gmail.at, www.pizzeriailmercato.at, Mo–Fr 12–22, Sa 11–22 (Fei geschlossen). Original Neapolitanische Pizzeria am Vorgartenmarkt, von zwei Freunden gegründet. Alle Zutaten werden aus Neapel geliefert. Klassiker wie Margherita oder Diavola, aber auch spezielle Pizzen wie Pizze Bianche (ohne Tomatensauce) sowie vegane und süße Pizzen; alle Pizzen auch zum Mitnehmen. Schanigarten für 40 Pers. €€

La Massa Haidgasse 6, Tel. 923 42 02, E-Mail: mail@lamassa.at, www.lamassa.at, Mo–Fr, Fei 11.30–23, So 17–23, warme Küche bis 22.30. Italienische Küche (MM mit kl. Getränk und Salat um € 10,50), Pasta, Pizza, Fisch; saisonale Speisen (z.B. Spargel und Eierschwammerl); Kinderportionen, -sessel. Lokal ab 50 Pers. zu mieten. Schanigarten für 32 Pers. €€

Madai Große Sperlgasse 6, Tel. 890 17 46, E-Mail: office@madai.at, www.madai.at, Mo–Fr 11–1, Sa 11–10. Aperitivo-Beisl. 11.30–13.30 Pasta Mittagstisch, abends wöchentlich wechselnde Karte mit kleinen Schälchen und Tellergerichten; Aperitivi und div. Sundowner mit Amari, z.B. Gran Torino oder Roman Mule, Arunda-Sekt aus Südtirol, Kaffee von Mrs. Rose. Kindersessel. Schanigarten für 60 Pers. €€

Pizzeria Maradona Schrotzbergstraße 1, Tel. 925 22 53, www.maradona.at, Mo–Fr, So, Fei 11–22.45, Sa 17–22.45, durchgehend warme Küche. Italienische, österreichische und türkische Küche, wechselnde Tagesaktionen; Speisen zum Mitnehmen; Zustellung im 2. und 20. Bezirk, andere Bezirke auf Anfrage (ab € 10,–, darunter € 1,50 Zustellgebühr). TV. Räumlichkeiten für Veranstaltungen und Feiern bis 30 Pers. zu mieten. Schanigarten für 30 Pers. €

Monte Ofelio Bar Augarten Obere Augartenstraße 70, Tel. 0664/521 55 73, E-Mail: augarten@monteofelio.com, www.monteofelio.com, Di–Fr 12–22, Sa 10–22. Aperitivo-Bar mit Alimentari (ital. Lebensmittel) mit Produkten von kleinen, unabhängigen und handverlesenen Produzent*innen. Panini, Bruschette, Antipasti-Platten, Süßspeisen, (Torta Caprese, samstags Cornetti); tolle Auswahl an Weinen (auch Naturweine), Kaffee aus Neapel. Großartige Atmosphäre, einer der italienischsten Plätze Wiens. Keine Reservierung. Schanigarten für 12 Pers.

Nikita dal Russo Lassallestraße 42, Tel. 728 91 92, E-Mail: office@restaurantnikita.at, www.restaurantnikita.at, täglich 11–22, durchgehend warme Küche. Ital. und Wiener Küche (Mo–Fr 11–15 MM ab € 7,50/Wochenende TT um € 11,–), saisonale Spezialitäten, Tagesempfehlungen; Kinderspeisen (ab € 4,50), Kindersessel. Lokal bis zu 100 Pers. zu mieten. Gastgarten für 130 Pers. mit Springbrunnen, Terrasse mit Lounge für 10 Pers. Gastgarten rollstuhlgerecht. €€

Pizzeria Pino Lassallestraße 46, Tel. 0664/919 09 21, www.pizzeria-pino.at, Mo–Fr 12–22.30, Sa, So 17–22.30. Pizzeria. Italiensches Bier. Schanigarten für 20 Pers.

Pizza Mann Franzensbrückenstraße 13, Tel. 050/10 10 10, E-Mail: service@pizzamann.at, www.pizzamann.at, Mo–Mi, So, Fei 11–24, Do–Sa 11–3, Zustellung bis 3. Pizza, Salate, Ribs, Chicken Wings, Snacks, hausgemachtes Tiramisu, Eis von Ben & Jerry's; Speisen auch zum Mitnehmen; Online-Bestellmöglichkeit sowie Bestellung mittels App; Lieferservice (ab € 10,–, 0–3 Nachtzuschlag). Kartenzahlung und Paypal Bezahlung auch bei Zustellung. €

Pizza Mari' Leopoldsgasse 23a, Tel. 0676/687 49 94, E-Mail: prenotazioni@pizzamari.at, www.pizzamari.at, Di–Fr 12–15 und 18–23, Sa 12–22.30, So, Fei 12–22 (Mo auch bei Feiertag geschl.). Pizzeria mit neapolitan. Pizza, Pionierin des akt. Pizza-Booms, ausschließl. originale Zutaten und Rezepturen; hausgemachte neapolitan. Süßspeisen (€ 3,50 bis € 4,50); eigene Kaffeeröstung, Grappa, Edelbrände. Kindersessel, Wickeltisch. Schanigarten für 70 Pers. **€**

PizzaQuartier Karmelitermarkt Stand 96, Tel. 212 49 94, E-Mail: info@pizzaquartier.at, www.pizzaquartier.at, Mo–Fr 11–23, Sa 10–23, So, Fei 11–19, Küche ab 30 Minuten nach Öffnung und bis 30 Minuten vor Schließung. Süditalienische Gerichte; Pizza aus Sauerteig (hefefrei), Pastaspezialitäten, vegane und vegetarische Pizzen und Gerichte. Sa bis 11.30 kleines Frühstücksangebot (ab € 3,90). Hausgemachte Desserts und Nachspeisen, z.B. Tiramisu, Panna Cotta etc.; Kinderportionen möglich. Take-away. Lokal für ca. 85, Schanigarten am Karmelitermarkt für 140 Pers. Parkgarage in der Nähe. Reservierungen telefonisch und per E-Mail möglich. Öffentliches Behinderten-WC am Markt. **€€**

Pizza Randale Heinestraße 15 (im Hotel Babula am Augarten), Tel. 0676/785 28 65, E-Mail: 1020@pizzarandale.com, www.pizzarandale.com, täglich 17–23. Zweiter Standort der Pizza Randale im Babula Hotel. Italienische Küche; Vorspeisen wie Caprese alla Randale oder Melanzani zum Löffeln; Pizza Bianche und Pizza Rosse; Cocktails, Bier, Rot- und Weißwein, hausgemachte Limonaden. Kindersessel. Lokal und Gastgarten für je 70 Pers. **€€**

RIVA am Prater Heinestraße 36, Tel. 353 40 60, E-Mail: res.prater@riva.pizza, riva.pizza, Mo–Fr 11.30–14.30 und 17.30–23, Sa, So, Fei 17–23, Küche bis 30 Min. vor Betriebsschluss. Neapolitanische Pizzen (auch zum Mitnehmen sowie als kleine Pizza erhältlich). Schanigarten. **€€**

SoFàre Hollandstraße 10, Tel. 0676/330 24 02, E-Mail: info@sofarebistrot.com, www.sofarebistrot.com, Mo, Di 10–15 und 17–21, Mi–Fr 10–15 und 17–22, Sa 12–22, So 12–21, Küche bis 30 Min. vor Sperrstunde. Italienisches Bistro. 5 verschiedene, täglich frisch produzierte Pasta-Sorten mit 8 unterschiedlichen Saucen aus biologischen und saisonalen Zutaten aus Österreich und Italien, z.B. La Vesuviana (Mediterrane Geschmacksexplosion mit getrockneten Tomaten, Kapern, Oliven aus Taggia und etwas Chili-Pfeffer, € 6,50), wöchentlich wechselnde Karte; alle Speisen auch zum Mitnehmen; das Fleisch kommt vom Biohof Harbich in NÖ. **€**

Ristorante Va Bene Dammhaufen 50 (über Grünhaufenbrücke), Tel. 0676/708 47 47, E-Mail: office@ristorantevabene.at, www.ristorantevabene.at, Mi–Sa 11.30–22, So, Fei 11.30–21, warme Küche 11–22. Italienische Küche, saisonale Spezialitäten, Suppen, Salate, Pizza (ab € 9,–) fangfrische Fischspezialitäten, vegetarische Speisen, auch Wiener Küche, Desserts wie z.B. Palatschinken od. Schokolasagne (ab € 5,70); Kinderspeisen, -sessel. Extrazimmer für 50; Wintergarten/Veranstaltungsraum für 200 Pers. Gastgarten für 70 Pers. Schanigarten für 200 Pers. Private Veranstaltungen und Firmenevents möglich. **€€€**

Vapiano Praterstraße Praterstraße 24–26, Tel. 212 23 23, E-Mail: praterstrasse@vapiano.at, www.vapiano.at, Mo–Sa 11–22.30, So 12–22.30, Küche bis 22. Mediterrane Küche: Pizza, Pasta, Risotto, Lasagne, Salate, alle 2–3 Monate wechselnde Spezialitätenkarte. Gezahlt wird mit Chipkarte, die man am Eingang erhält. Essen zum Mitnehmen. Kindgerechte Möbel, Kindersessel. Schauküche; Schanigarten für 100 Pers. **€€**

Vino con Musica Zirkusgasse 50, Tel. 212 82 44, vino-con-musica.at, täglich 11–24. Kleine Pizzeria mit typisch ital. Speisen (auch zum Mitnehmen). Schanigarten. **€**

L'Osteria Wirtschaftsuni Freudplatz 2 (WU Campus), Tel. 720 05 10 10, E-Mail: wien-wu@losteria.at, www.losteria.at, takeaway.losteria.at (Take-away), täglich 11–23. Italienische Küche (Systemgastro-Konzept); Riesen-Steinofen-Pizza (reicht für 2 Pers. kann unterschiedlich belegt werden), Pastagerichte, Salate, Desserts. Take-away. Kinderportionen, -sessel, Wickeltisch, Malsachen. Terrasse, Gastgarten und Schanigarten. **€€**

Japanisch

Kosu Praterstraße 36, Tel. 968 57 29, E-Mail: kosu.reis@gmx.at, www.restaurant-kosu.at, Mo–Fr, So, Fei 11.30–22, warme Küche bis 22. Japanische Küche, Sushi, Maki (MM € 7,90 bis € 10,40), Spezialität: Luxusmenü mit Garnelen, Muscheln, Lachs usw. (€ 24,90); 4 Kindermenüs (€ 6,90 bis € 7,90), Kindersessel, Spielzeug. Klimaanlage. Schanigarten für 20 Pers. **€€**

Mochi Praterstraße 15, Tel. 925 13 80, E-Mail: welcome@mochi.at, www.mochi.at, Mo–Sa 11.30–22 (Fei geschlossen). Kleines, hübsches Designerlokal, in dem japanische Küche zwanglos, dafür aber umso besser gekocht wird. Tägliche Mittagskarte (11.30–14.45); Nigiri-Sushis (2 Stk. ab € 4,20), Spießchen (2 Stk. € 6,80 bis € 7,60), ausgefallene Sushi-Rolls (ab € 11,50), köstliche Grilladen aus dem flammenden Robata-Grill. Cocktails. Das Mochi gehört zu den ausgebuchtesten Lokalen Wiens, Reservierung über die Homepage möglich (Mo–Fr ab 16, Sa ganztags). Gemütlicher Schanigarten vor dem Lokal für 40 Pers. **€€**

Mochi am Markt Vorgartenmarkt Stand 16, Tel. 394 20 12, E-Mail: welcome@mochi-markt.at, www.mochi.at, Mo–Fr 17–22, Sa 11.30–22 (Fei geschlossen). Mochi-Ableger am Vorgartenmarkt. Japan trifft Peru trifft Mexiko. Viele biodynamisch Weine, japanischer Sake, hausgemachte Limonaden. Beheizbarer Schanigarten. **€€**

Mochi Ramen Bar Vorgartenmarkt Stand 19 + 29, Tel. 212 25 75 45, E-Mail: ramenbar@mochi.at, www.mochi-ramen.com, www.mochi.at, Di–Sa 11.30–22 (Fei geschlossen). Hippes Nudelsuppen- und Nippon Snack-Lokal der Mochi-Leute. 5 Suppenvarianten (€ 11,80 bis € 13,80), Toppings zusätzlich möglich. Verschiedene Nachspeisen (z.B. Umeboshi Eis oder Chocolate-Mousse um ca. € 5,70). Gastgarten. Keine Reservierung, first come, first served. **€€**

Okra Izakaya Kleine Pfarrgasse 1, Tel. 0699/17 52 71 90, E-Mail: office@okra-izakaya.at, www.okra-izakaya.at, Di–Sa 17–23. Moderne japanische Izakaya Küche, japanische Tapas und hervorragende Sake-Auswahl: Ramen und Tapas (ab € 14,–), Sushi (ab € 12,–); Kobachi Sharing Menüs mit Sakebegleitung (ab € 49,–). Sake Sommelier, Sake Verkostungen, Events für Firmen und Privatpersonen. Schanigarten für 25 Pers. Reservierung empfohlen. **€€€**

o.m.k 1020 Praterstraße 16, Tel. 212 36 48-02, E-Mail: order@o-m-k.at, www.o-m-k.at, www.mochi.at, Mo–Sa 11–21.30 (Fei geschlossen). Das Take-away-Lokal der Mochi-Macher mit dem derzeit wahrscheinlich besten Mitnahme-Sushi der Stadt (ab € 7,–), Pulled Pork-Sandwich (€ 4,80), Udon-Suppe (€ 8,80), Donburi (klein € 6,40/groß € 9,40), Salate (ab € 4,80); hausgemachter Eistee, japanische Limonade, Kaffee, Tee. Schanigarten. **€€**

Taeko Ramen Praterstraße 55, Tel. 212 67 49, E-Mail: xujunliu111@icloud.com, taeko-ramen.eatbu.com, Mo–Fr 11–15 und 17.30–23, So 13–23 (Fei geschlossen), Küche: Mo–Fr 11–14.45 und 17.30–22.30, So 13–22.30. Ramen, Reisgerichte, japanische Spieße, Nachspeisen; MM (Mo–Fr 11–14.45). Für private Feste zu mieten. Schanigarten für 36 Pers. **€€**

TAYA Washoku Deli Taborstraße 65, Tel. 212 97 69, E-Mail: tayawien@gmail.com, www.taya.at, Di–Sa 12–15 und 17–21, Küche bis 20. Traditionelle japan. Küche (Washoku); Spezialitäten wie Bento Box mit Huhn, Schwein, Lachs oder Tofu, Onigiri (gefüllte Reisbällchen), Curry Reis, Donburi (Reis-Bowl, z.B. Poke Don, Gyu Don oder Oyako Don), Gyoza, Ramen und Udon; viele vegane Gerichte; Speisen auch zum Mitnehmen. Kochkurse mit Küchenchef Naotaka und Verkauf von Zutaten zum selber Kochen. **€€**

Koreanisch

Kokos Franz-Hochedlinger-Gasse 2, Tel. 0676/523 14 12, E-Mail: kokoschung@gmail.com, kokos.eatbu.com, Mo–Sa 12–14 und 18–22. Koreanische Küche.

Seoul Praterstraße 26, Tel. 218 65 28, Mo–Sa 11.30–14.30 und 18–22 (Fei geschlossen), im August Sa geschlossen; Küche bis 14 bzw. 21. Koreanische Küche (MM ab € 8,–); Grillgerichte. **€**

Koscher

Bahur-Tov Taborstraße 19, Tel. 0676/847 76 12 11, E-Mail: restaurant@bahur-tov.com, www.bahur-tov.com, Mo–Do, So 12–22, an jüdischen Feiertagen geschlossen. Koschere Küche, die vor ein paar Jahren um eine Reihe asiatischer Speisen bereichert wurde; lokale, jüdische und internationale Küche, vegetarische und vegane Speisen, Pita-Sandwiches und Spieße; Catering möglich. Privatveranstaltungen für bis zu 200 Pers. Kindersessel. **€€**

Mea Shearim Schmelzgasse 3, Tel. 399 95 95, E-Mail: welcome@mea-shearim.at, www.mea-shearim.at, Mo–Do, So 12–22. Pan-Asia-Lokal mit koscheren Speisen; z.B. Hühnersuppe (€ 6,90), Mea-Shearim Roll: Lachs, Süßkartoffeln, Jungzwiebeln, Knusperbrösel, Teriyaki-Sauce (€ 14,–), Zander nach Szechuan-Art im Backteig. Bio-Weine und Biere (z.B. Weitra vom Fass); Kinderspeisen, -sessel, Wickeltisch. Beamer mit Leinwand. Hunde nicht erlaubt. Schanigarten für ca. 25 Pers. **€€**

Novellino Zirkusgasse 15/5-9, Tel. 212 81 69, E-Mail: restaurantnovellino@gmail.com, www.novellino.at, Mo–Do, Fei 12–15 und 17–22, So 12–22, Küche: Mo–Do, Fei 12–14.45 und 17–21.45, So durchgehend. Internationale, koschere und teils vegane Küche, überwiegend mediterrane Speisen, z.B. Spaghetti, Fisch, Lasagne, Pizza; Cheesecake oder ganze Torte (ab € 70,–). Kindersessel. Klimaanlage. **€€**

Yudale Cafe & Bar Kleine Stadtgutgasse 10 (Ecke Heinestraße), Tel. 0676/952 58 93, www.yudale.at, Mo–Do, So 8–23, Fr 8–15. Café und Bar. Frühstück und Bistro-Gerichte; Cocktails. Für Feiern und geschl. Veranstaltungen geeignet. Schanigarten.

Kroatisch

Briuni Blumauergasse 2, Tel. 968 32 57, E-Mail: restaurant.briuni.wien@gmail.com, restaurant-briuni.at, tägl. 17–22.30. Mediterrane und dalmatinische Küche im Wiener Beisl-Outfit; saisonale Speisen, Pizza, Nudelgerichte, Risotti, Meeresfische, Schalentiere, Muscheln; 3gg oder 4gg M; Tageskarten; hausgemachte Nachspeisen; Take-away. TV; Veranstaltungen möglich. Mai bis September Schanigarten für 23 Pers. **€€**

Fischrestaurant Kaj Fugbachgasse 9, Tel. 216 64 95, E-Mail: reservierungen@fischrestaurant-kaj.at, www.fischrestaurant-kaj.at, Di–Fr 11.30–15 und 18–23, Sa 18–23

(Fei geschlossen). Dalmatinische Küche (3 MM ab € 9,80), viele Vorspeisen (kalt und warm), kroatische Fischgerichte (3-mal/Woche frischer Fisch), saisonale Speisen, Spezialität: Fisch in Salzkruste (besser vorbestellen). Feste bis 36 Pers. möglich. Schanigarten für 20 Pers. 💳 €€

Lateinamerikanisch

Pancho Blumauergasse 1a, Tel. 212 58 69, E-Mail: reservieren@pancho.at, www.pancho.at, Mo-Do 17-1, Fr, Sa 17-2, So 17-24 (Fei geschlossen), im Sommer Mo, So geschlossen; abweichende Öffnungszeiten s. Website. Lateinamerikanisches Restaurant und Cocktailbar; regelmäßig wechselnde, saisonale Zusatzkarte; Cocktails (ohne Alkohol ab € 6,40, mit Alkohol ab € 7,90); Kinderportionen, -sessel, Spielzeug, Wickeltisch. Latinomusik. Schanigarten für 40 Pers. Crypto-ATM. Im Sommer auch auf der summerstage zu finden. 💳 €€

Pisqu Große Pfarrgasse 5, Tel. 212 96 05, E-Mail: office@pisqu.at, www.pisqu.at, Di-Do 18-23, Fr, Sa 18-2, So 17-22. Japanisch-peruanische Nikkei-Küche, Fokus auf vegane Gerichte, aber auch Fleisch und Fisch sind auf der Karte zu finden. Spezialität: Ceviche con Leche de Tigre (peruanische Speise mit rohem Fisch). Weine aus Österreich sowie Cocktails, z.B. 3 versch. Varianten von Pisco Sour. Take-away. Feiern bis 50 Pers. möglich. Schanigarten für 36 Pers. 💳

Santo - typisch dominikanisch Waldsteingartenstraße 131b, Tel. 0664/822 29 95, E-Mail: hola@santo.at, Mi, Do 14-22, Fr-So 12-23 (Sommer), Mi-Do 16-21, Fr-So 16-22 (Winter). Dominikanische Küche wie z.B. Eintopf, frittierte Kochbananen, Vorspeisenteller mit Spezialitäten aus der dominikanische Republik; dominikanisches Bier, Rum, Cocktails. Div. Veranstaltungen, z.B. im Sommer karibische Abende od. Live-Musik, im Winter Karaoke. Feiern bis 35 Pers. möglich, Gastgarten für 70-80 Pers. €

Levantinisch

NENI am Prater Perspektivstraße 8 (im Dachgeschoß des Hotels Superbude), Tel. 904 34 39 50, E-Mail: reservation@neniamprater.at, www.neni.at, Mo 7-15, Di-Do 7-24, Fr, Sa 7-2, So, Fei 8-15. Levantinische Küche wie Sabich Sauerteig Focaccia (€ 15,-) oder Lachs Sashimi (€ 15,50), Lammkarree vom Holzkohlegrill (€ 31,-); So Brunch. Balagan Menü (bestehend aus verschiedenen NENI-Gerichten, wird für den ganzen Tisch serviert); umfangreiche Cocktail- und Weinkarte. Offene Küche, schöne Bar. Große Terrasse mit Blick auf den Prater. Behinderten-WC, Lift. ♿ 💳 €€€

Libanesisch

Le Cèdre Ausstellungsstraße 51, Tel. 0699/19 91 16 61, E-Mail: info@restaurant-lecedre.at, cedres.les@chello.at, www.restaurant-lecedre.at, täglich 11-23. Wunderbares Lokal, von 3 gebürtigen Libanesen geführt, neben Deutsch wird Englisch und Französisch gesprochen. Die Karte bietet ein halbes Dutzend Salate, 35 Vorspeisen, ein halbes Dutzend Meerestiergerichte und 2 Seiten Grillspezialitäten, große Auswahl an mediterranen Speisen und Reisgerichten, z.B. Batata Harra - pikante Kartoffelwürfel (€ 4,-), sehr gutes Samkeh Harra (Fischfilet mit ziemlich pikanter Tomaten-Paprika-Sauce € 13,90). Libanesische Weine und Biere. Veranstaltungen bis 100 Pers. möglich. Gastgarten für 60 Pers. 💳 €€

Marokkanisch

L'ORIENT - das Restaurant Rotensterngasse 22, Tel. 890 39 22, 0676/302 12 62, E-Mail: office@lorient.at, www.lorient.at, Di-Fr 17-23, Sa 12-23, So 10-23, durchgehend warme Küche bis 21.30. Marokkanische Küche (halal); So 10-15 Brunch (Anmeldung via Website oder telefonisch, Frühstücksvariationen € 14,- bis € 25,-); hausgemachte Limonaden, ausgezeichnetes Weinangebot. Saisonale Veranstaltungen wie mehrgängiges Silvestermenü oder Neujahrsbrunch. Kochworkshops (bei Voranmeldung), Catering auf Anfrage. Schanigarten für 20 Pers. 💳 €€€

Mexikanisch

Antojitos Los Mexikas Leopoldsgasse 31, Tel. 212 25 61, www.losmexikas.at, Mo-Fr 11-15 und 18-23, Sa 18-23, ausschl. telefonische Reservierung. Kleines, buntes und vor allem sehr authentisches mexikanisches Restaurant mit offener Schauküche und familiärem Ambiente; typisch mexikanische Speisen: Antojitos, Quesadillas (mit Käse und weiteren Zutaten nach Wahl gefüllte Maistortillas), Huaraches (gegrillter Maisteig belegt mit Gemüse, Fleisch, Käse, Pilzen), Enchiladas (Gefüllte Maistortillas, z.B mit Hühnerfleisch und mexikanischer Mole - aufwendige Erdnuss-Kakao-Sauce); Kinder unter 6 Jahren essen gratis; mexikanische Biere, Cocktails (ca. € 8,50 bis € 8,90). Ab und zu Livemusik mit Mariachiband, Feiern an mexikanischen Festtagen. Schanigarten für 25 Pers. €€

Restaurant Estancia Santa Cruz Hauptallee 8 (Prater), Tel. 728 03 80, www.santacruz.at, Mi-Fr 15-23, Sa, So, Fei 12-23. Größtes Tex-Mex-Restaurant Wiens; spanisch-südamerikanische Küche; Take-away; Kinderspeisen, -sessel. Großer schattiger Garten für 120 Pers. €

Max & Benito Jakov-Lind-Straße 7 (Austria Campus), Tel. 0677/61 01 53 32, E-Mail: office@maxbenito.at, www.maxbenito.at, Mo-Fr 11.30-20 (Fei geschlossen). Kalifornisch-mexikanische Küche; Burritos, Tacos; auch vegane und glutenfreie Speisen; Take-away. 💳 €

Tonios Tacos Taborstraße 59, Tel. 0660/733 54 47, E-Mail: toniostacos@gmx.at, www.tonios-tacos.at, Mi-Fr 12-15 und 18-22, Sa, So 12-22. Mexikanische Taqueria. Streetfood wie Tacos und Quesadillas; Cocktails.

Orientalisch

Baschly Welthandelsplatz 1/Gebäude D4/Top 1 (WU Campus), Tel. 729 79 00, E-Mail: baschly1020@baschly.com, office@baschly.com, catering@baschly.com, www.baschly.com, Mo-Fr, So, Fei 9-18, Küche bis 17. Pitas, Wraps, Falafel, Frühstück ganztags, MM (€ 8,-); ab 14 alle Speisen zum Mitnehmen. 💳 €

Habibi & Hawara Nordbahn Bruno-Marek-Allee 23, Tel. 212 75 34, E-Mail: office@habibi.at, habibi.at, täglich 11-24, warme Küche bis 22. Orientalisch-österreichisches Lokal, das von Menschen mit Flucht- oder Migrationshintergrund gemeinsam mit österreichischen Kolleg*innen betrieben wird. Österreichisch-orientalische Fusionsküche; Mittagsbuffet 11-14.30 (€ 14,90 Buffetpauschale), abends 17-22 Family-Dinner-Set-Menü bestehend aus fixem, saisonal abhängigem, mehrgängigem Menü (€ 24,90, Kinder bis 10 Jahre essen gratis, Kinder bis 14 Jahre zahlen die Hälfte); kindergerechte Speisen, Kindersessel. Alle Speisen auch zum Mitnehmen in Mehrweggefäßen (mit Pfand). Lokal für ca. 60, Schanigarten für 28 und Gastgarten für 18 Pers. 💳 €€

Pakistanisch

Leopoldstädter Deewan Hillerstraße 4, Tel. 0699/11 78 66 45, E-Mail: dewaan185@gmail.com, deewan-shani.at, Mo-Fr 11-22, Sa, So 12-22 (Fei geschlossen). Pakistanisches Currylokal mit jeweils 5 veganen Currys und 2 Currys mit Fleisch (halal); Salat, Saucen, Süßspeisen. Für das Buffet gilt 'pay as you wish': die Gäste entscheiden einen fairen Preis für ihr Essen je nach Menge und Zufriedenheit. Auch Take-away (zu Fixpreisen: kleine Box € 5,- bis € 7,-, große Box € 8,- bis € 10,-); 2 Kindersessel. Zeitschriften und Bücher. 2 Gasträume für jeweils 30, ein großer Gastraum für 60 Pers. Schanigarten für 32 Pers. Catering, Zustellung. 💳 €

Polnisch

Wilder Osten, Janas & Wurzer KG Vorgartenmarkt 31, Tel. 0699/19 42 75 96, E-Mail: office@wilderosten.at, www.wilderosten.at, Di-Fr 8-18, Sa 8-14. Polnische und österr. Delikatessen in Bio-Qualität sowie polnische Gerichte mit Fokus auf Pierogi (handgemachte Teigtaschen aus Bio-Dinkelmehl mit versch. Füllungen um € 10,90, auch süß). €

Skandinavisch

Ihana Kleine Pfarrgasse 3, Tel. 0676/411 24 10, E-Mail: ihanainwien@gmail.com, ihanainwien.com, Di-Do 8.30-17, Fr 9-21, Sa 9-17. Finnisches Café mit Spezialitäten aus dem Norden, z.B. Korvapuusit (finnische Zimtschnecke), Smörrebröds oder Karjalanpiirakka (karelische Pirogge). Schanigarten für 12 Pers. 💳

Spanisch

L'Ase - Katalanische Tapas- und Weinbar Rueppg. 24 (Ecke Volkertstraße), Tel. 0660/364 98 85, E-Mail: bcn_1160@yahoo.at, www.l-ase.at, Di-Sa 17-23 (Fei geschlossen), Küche bis 22. Erste katalanische Tapas- und Weinbar in Wien; Tapasklassiker (wie Patates Braves oder Tomatenbrot mit Duroc Schinken), monatlich wechselnde Tapas nach katalanischem Rezept, Essen auch nach 22; Fr und Sa Paella und andere Reisgerichte (ab 2 Pers. gegen Vorbestellung); Schnaitl vom Fass, Bier, Weine, Brandys aus Katalonien, Cavas, Limonaden aus dem Marchfeld. Schanigarten für 24 Pers. €€

Thailändisch

Coconut Curry Praterstraße 53, Tel. 219 74 11, www.coconut-curry.at, Mo-Fr, So, Fei 11-23. Thailändische und vietnamesische Küche; Spezialitäten: Thai Curry, handgemachte Teigtaschen. Mo-Fr 11-16 MM. Kindersessel. Geburtstagsfeiern etc. bei Reservierung möglich. Schanigarten für 34 Pers. 💳 €

Kamala Thai-Imbiss Hollandstraße 7, Tel. 212 44 61, Mo-Fr 11-15 und 18-20.30 (Fei geschlossen), Küche bis 20. Kleiner Imbiss mit original thailändischer Küche, Spezialität: Phad Thai (gebratene Reisnudeln mit Hühnerfleisch oder King Prawns). 3 Tische im Lokal; Schanigarten für 8 Pers. 💳 €

Türkisch

Hasir Mexikoplatz 20, Tel. 399 98 55, E-Mail: office@hasir.wien, www.hasir.wien, Di-So 11-22. Türkische Küche, Kebap vom Huhn, Lamm oder Kalb, selbst gemachtes frisches Brot, Lamm- und Grillspezialitäten, Pide und Pizza; türkische Weine; Kinderportionen; Zustellung bis 21.30 in die Bezirke 2, 3, 9 und 19 bis 22. Spiele, TV. Schanigarten für ca. 50 Pers. 💳 €

Mr Döner's Untere Augartenstraße 2, Tel. 212 19 40, E-Mail: mrdoeners@hotmail.com, Mo-Fr 11-22, So, Fei 12-22. Italienische und türkische Küche (Pizza klein ab € 4,50), Salate (ab € 6,50). Zustellung in die Bezirke 2, 9, 20 (ab € 12,-) und 3 (ab € 18,-). **€**

Vegetarisch, vegan

Denns BioMarkt Taborstraße 10, Tel. 212 58 10, E-Mail: info@denns.at, www.denns-biomarkt.at, Mo-Fr 8.30-19.30, Sa 8-18 (Fei geschlossen). Im Biosupermarkt integriertes Bistro, leichte und schnelle Küche inklusive Take-away. 9-12 Frühstück; TT/MM (vegetarisch € 6,20, mit Suppe oder Salat € 8,90/mit Fleisch € 7,20, mit Suppe oder Salat € 9,90), täglich wechselnde gefüllte Brotsorten, Salate, Suppen; frisch gepresste Biosäfte (ab € 3,50), Kaffee (to go € 2,-), Tee und Kakao. Sämtliche Speisen und Getränke 100 % biolog., vieles auch vegan, gluten- oder laktosefrei (alles gekennzeichnet); Fair-Trade-Produkte. Keine Hunde. **€**

Elmira Vorgartenstraße 129-143, Tel. 897 29 99-40, E-Mail: office@elmira.at, elmira.at, Di-Fr 9-15 (Fei geschlossen). Bioladen und veganes Bistro. Ausschließlich biologische und vegane Speisen, viele glutenfreie Gerichte, Rohkost, Salate, Wochenkarte, täglich wechselndes MM (solange der Vorrat reicht, HS mit Salat € 10,90, HS mit Salat und Dessert € 14,50); Smoothies. Lokal für bis zu 10 Pers. **€**

Gaia Kitchen Praterstraße 68, Tel. 0676/691 64 12, täglich 11-22. Vegane Speisen wie Döner, Bowls, Linsensalate, gefüllte Melanzani, Pizza. Schanigarten für 40 Pers. **€**

Harvest Karmeliterplatz 1, Tel. 0676/492 77 90, 0699/15 05 62 21, E-Mail: harvestbistrot@yahoo.com, www.harvest-bistrot.at, Mo-Fr 14-23, Sa, So, Fei 10-23. Veganes Café und Bistro. Vegane und glutenfreie Speisen und Kuchen, Verwendung von regionalem Gemüse. Sa, So, Fei 10-15 All-Vegan-Brunch (Reservierung empfohlen). Getränkekühlschrank mit einer großen Auswahl an regionalen und internationalen Bieren und Weinen. Vegane Kochkurse. Schanigarten für 40 Pers. **€€**

Juchu Wolfgang-Schmälzl-G. 4/4, Tel. 0664/88 52 74 64, E-Mail: info@juchu.wien, www.juchu.wien, Zustelldienst: Mo-Fr 10-13 (Bestellung bis 22 am Vortag, für Unternehmen bis 10 am Vormittag). Zustellung von gesunden und frischen Mittagsgerichten aus saisonalen und regionalen Zutaten (wöchentlich abwechselnd 3 Salate (€ 8,90), Südtiroler Knödel (€ 7,90), Suppen (€ 4,40) und Getränke) via E-Bike in nachhaltiger Verpackung. Lieferung in die Bezirke 1-9 und 15-20. **€**

Karma Food 1020 Ausstellungsstraße 63/2, Tel. 0676/914 80 12, E-Mail: hallo@karmafood.at, www.karmafood.at, Mo-Fr 8-16, Sa 9-15. Kleines Mittagslokal mit Schwerpunkt auf nachhaltiger gesunder Kost aus bevorzugt biologischen und saisonalen Zutaten. Ayurvedische Currys, Dal, bunte Bowls, Salate; ausschließlich vegetarische und vegane Speisen und eine große Auswahl an glutenfreien Gerichten; wechselnde Tageskarte; hausgemachte Mehlspeisen; selbstgemachte Getränke wie z.B. Mango-Lassi, hauseigene Karma Coffee Kaffeeröstung (geröstet mit Jonas Reindl Coffee Roasters) und Chai. Take-away in nachhaltiger Verpackung oder Karma Dabba. 8 Plätze im Lokal, Schanigarten für 8 Pers. **€**

Pure am Praterstern Praterstern, Tel. 0664/88 50 23 80, E-Mail: office@pure-restaurant.at, www.pure-restaurant.at, täglich 8-22.30, Küche bis 21.30. Vegetarisches Lokal am neugestalteten Praterstern. Frühstück ab 8, z.B. Haferporridge mit Kardamom und karamellisierter Birne (€ 8,80); vegetar. Spezialitäten wie Couscous-Salat mit Gurken, Babyspinat, Kressen und gebratenem Portobello mit Zitronen-Joghurt (€ 11,80) oder veganes Erdäpfelgulasch mit Pilzen und Soja-Wurst (€ 16,80). 2 Gasträume, Lounge und Imbissladen. Gastgarten unter einem 80-jährigen Götterbaum. **€€**

Zimmer 37 Haidacher Karmelitermarkt Stand 37-39, Tel. 0699/17 23 73 11, E-Mail: office@zimmer37.at, www.zimmer37.at, Di-Fr 9-18, Sa 9-14 (Fei geschlossen), bei Schönwetter bis 21, Öffnungszeiten können abweichen (s. Homepage). Einziges Bio-Standl am Karmelitermarkt. Täglich frisch gekochte 5-Elemente-Küche hauptsächlich aus Bioprodukten, große Auswahl an vegetarischen und veganen Speisen, Fixstarter wie rote Linsensuppe (ab € 5,80/zum Menü € 1,60), MM € 10,40 (mit Suppe € 12,-), Kraftsuppen (wie Bio Kraft Hühner Suppe mit Glasnudeln), Schokobrownies, diverse hausgemachte Mehlspeisen; 5-Elemente-Frühstück mit Auswahl an Smoothies und frisch gepressten Säften (€ 5,40 bis € 13,-), amerikanisches Omelette; ausgewählte Flaschenbiere (wie Augustiner Edelstoff), Fritz-Kola, Bio Fruchtsäfte, grüne Smoothies, hausgemachte Bio-Limonaden. Verpackungsfreier Verkauf von Superfood (z.B. Hülsenfrüchte) und Waldviertler Bioprodukten (Brot, Gemüse, Ziegen- und Schafsfrischkäse); Fr Markttag. Sonniger Schanigarten für 8 Pers. **€**

Vietnamesisch

Nguyen's Pho Viet Taborstraße 21a, Tel. 252 33 23, E-Mail: nguyenphoviet1020@gmail.com, nguyenphoviet.com, täglich 11.30-22. Authentische vietnamesische Küche wie Pho und Banh Mi in verschiedenen Ausführungen; Mo-Fr 11.30-15 MM um € 10,90 (Suppe, Sommerolle, HS mit Reis; vegetarisch möglich). **€€**

Tre Viet - Taste of Vietnam Karmelitermarkt Stand 2, Tel. 0680/221 27 85, E-Mail: office@treviet.at, www.treviet.at, Mo-Do 10-19, Fr 14-18, Sa 8-15. Stand am Karmelitermarkt mit vietnamesischen Lebensmitteln und frischen, einfachen vietnamesischen Speisen (alle Gerichte auch vegan möglich), z.B. Goi Cuon (Reispapierrollen mit versch. Füllungen, 2 Stk. € 4,20) oder Banh Bao (vietnamesischer Germknödel € 4,50), jede Woche 3 TT (€ 9,50), überwiegend Bio-Getränke (auch vegan und Fair-Trade), vietnamesisches Bier, vietnamesischer Kaffee sowie Espresso. Sitzplätze für 8 Pers. (im Sommer teilweise draußen). Öffentliches Behinderten-WC am Karmelitermarkt. Trinkschale für Hunde. ♿ 💳 €

Bars

BAR/terre Praterstraße 1 (im SO/Vienna), Tel. 90 61 60, E-Mail: sovienna@so-hotels.com, so-vienna.com/bars-restaurants/bar-terre, Mo–Fr 8–23.30, Sa 12–18, So, Fei 9–23.30. Bar im Erdgeschoß des SO/Vienna; Bowls, Snacks wie Sandwiches, Salate, Burger u.ä.; Kaffeekreationen. Terrasse. 💳

Basz Hollandstraße 7, Tel. 0676/428 36 78, E-Mail: hallo@basz-bar.at, www.basz-bar.at, Mo–Sa 17–2. Bier-/Weinbar. Schinken-Käse-Toast (€ 3,80); Longdrinks, Biere (Schnaitl, Rieder), Craft-Bier; gute Weine (Igler, Grassl, Deim etc.); verschiedene Gin-, Whiskey- und Rumsorten (auch österreichische). Partykeller für Veranstaltungen. Schanigarten für 25 Pers.

Bergers Bar Taborstraße 11b, Tel. 0660/200 10 90, 276 25 97, E-Mail: office@gastroberger.at, www.bergers-bar.at, Mo–Fr 8–2, Sa, So, Fei 9–1. Pizza und Bruschetta (ab € 4,20), Leberkäse; Cocktails (€ 6,– bis € 9,–); TV (Sky Sports). Schanigarten für 50 Pers. 💳

Brendl – Kaffeesiederei, Bier- und Weinausschank Kleine Sperlgasse 1a (Ecke Große Sperlgasse), Tel. 0699/19 72 92 71, E-Mail: brendlbar@yahoo.com, Mo–Do, So, Fei 17–1, Fr, Sa 17–2. Snacks und Imbisse (€ 2,– bis € 4,50); 7 Sorten Fassbier, österreichische Weine, hausgerösteter Kaffee. 200 Jahre altes Gewölbe; Schanigarten für 30 Pers. 💳

Cannaregio Freudplatz (Ecke Straße des Ersten Mai), Mo–Fr 15–22, Sa, So 14–22 (bei Schönwetter), im Winter geschl. Aperitivo-Bar in einem ehem. Imbissstand. Schanigarten.

Contor Leopoldsgasse 51, Tel. 0676/528 74 49, E-Mail: office@contor.co.at, www.contor.co.at, tägl. 17–24. Sehr gemütliches Ambiente direkt beim Karmelitermarkt, Weinbar und Vinothek; Schmankerl, Suppen und Salate (€ 3,50 bis € 10,20); ca. 40 offene Weine (ab € 2,20), Weinverkostungen; Catering. Jazz- und Bluesmusik. Geeignet für Feste inkl. Buffet, Lesungen und Ausstellungen. Schanigarten für 16 Pers. Hundefreundlich. Behinderten-WC. ♿

Dezentral Ilgplatz 5, E-Mail: cafe.dezentral@gmail.com, täglich 18–24. Weine aus der Region Carnuntum und dem Seewinkel, Freistädter Bier vom Fass; kleine Speisen wie Toast. Kulturelle Veranstaltungen, Lesungen, Konzerte etc.; Leinwand für Fußballübertragungen (Sky); div. Brettspiele; offenes Bücherregal. Schanigarten für 40 Pers. 💳

Duzi's Cocktail & Shisha Bar Praterstraße 25, Tel. 890 87 75, E-Mail: office@duzis.at, www.duzis.at, Mo–Do 10–24, Fr, Sa 11–2, So 11–24. Café-Bar im marokkanischem Stil. Tee- und Kaffeespezialitäten, auch Snacks wie Hummus-Teller, div. Wraps und Desserts. Spiele wie Schach, Backgammon etc. TV für Sportübertragungen. DJs. Für Veranstaltungen zu mieten. Gastgarten mit Palmen für 40 Pers.

Franz von Hahn Rotensterngasse 8, Tel. 0650/301 88 87, E-Mail: office@franzvonhahn.com, www.franzvonhahn.com, Mo–Fr, So 18–2, Sa 19–2, Fei 18–24. Junge, purist. Shabby-Chic-Bar in den Räumlichkeiten des ehemaligen Shabu. Snacks wie Toast, Getränke wie Kaffee, Gin, Rum, Wodka, Whisky, Schnaps und div. Mischungen; Hirter Bier; gelegentlich Live-DJs am Wochenende. Schanigarten für ca. 15 Pers. 💳

Fräuleins fabelhafter Sommergarten Donaukanal 3 (Rotenturmufer 1890/3), Tel. 0699/10 41 30 92, E-Mail: fabelhaft@fräulein.at, fräuleins.at, Mai bis Oktober täglich 16–24. Bar am Donaukanal mit urbanem Sommergarten. Grillplätze (Grillgut kann mitgebracht werden, ist aber auch vor Ort erhältlich). Bayrisches Bier, österreichischer Weißwein (auch zum Mitnehmen). 💳

fritz von stuwer Sebastian-Kneipp-Gasse 2, Tel. 0676/440 88 43, E-Mail: office@fritzvonstuwer.at, www.fritzvonstuwer.at, Mo–Sa 17–24 (Fei geschlossen). Bar im Stuwerviertel im Stil der 70er Jahre. Kleine Speisen wie verschiedene Toasts und Eintöpfe (auch vegan); Cocktails, Longdrinks, Auswahl an diversen Gin- und Rumsorten. Feiern wie Geburtstage und Firmenfeiern möglich. Klimaanlage. Lokal für 36, Schanigarten für 46 Pers. 💳

Das Gehsteig Schmelzgasse 14, Tel. 212 30 00, E-Mail: office@gehsteig.at, www.gehsteig.at, Mo–Sa 17–1, So 17–24. Bar mit kleinen hausgemachten Schmankerln, z.B. Gulasch, Neapolitanischer Melanzani-Auflauf, Curry Wurst etc.; Biere (vom Fass, Flaschen- und Craft-Biere), Weine, Longdrinks, Cocktails. Musik (Live-Konzerte, DJs etc.), Vernissagen. Schanigarten für 40 bis 50 Pers. 💳

Hammond Bar Taborstraße 33 (Ecke Große Pfarrgasse), Tel. 968 92 15, E-Mail: bar@hammondbar.at, www.hammondbar.at, Mo–Do 18–2, Fr, Sa 18–4 (Fei geschl.). Urbane Cocktailbar im Herzen der Leopoldstadt mit altbewährten, klass. Bardrinks, mit Fokus auf hochwertigen Spirituosen und Cocktails sowie Barkeepern mit internat. Erfahrung; saisonale Snacks. Musik: Jazz, Soul, Funk, Latin, Barmusik, Ratpack, R'n'B. Bar im Keller für 40 bis 50 Pers. auf Anfrage für Partys mietbar, Mai bis Okt. Schanigarten für 50 Pers. 💳

Istros Obere Donaustraße 61 (Herminengasse 2), Tel. 436 00 50, E-Mail: info.vienna@radissonred.com, www.radissonhotels.com, Mo–Do, So 16–24, Fr, Sa 16–1. Rooftop Bar am Dach des Hotel Radisson RED Vienna mit Blick auf den Donaukanal. Cocktails, lokale Craft-Biere; Bar Snacks. Klimaanlage. Terrasse für 50 Pers. Behinderten-WC.

Juwel Bar Taborstraße 1-3 (Eingang beim Mediatower), Tel. 212 47 37, E-Mail: reservierung@juwel.wien, juwel.wien, Juni bis August Mi–Sa 17–2. Rooftop-Bar im 15. Stock mit Lichtinstallationen indoor. Champagner- und andere Cocktailkreationen, kleine Snacks. DJs. Dachterrasse. Einlass ab 21 Jahren, Dresscode casual chic (lieber zu elegant, als zu sportlich).

Das LOFT Bar Praterstraße 1 (im SO/Vienna), Tel. 906 16-8110, E-Mail: dasloft@so-hotels.com, www.dasloftwien.at, Mo–Do, So 16–1, Fr, Sa 16–2. Spektakuläre Bar im Nouvel-Tower, ganz oben im 18. Stock und vollverglast. 360° Aussicht. Mi–Sa Live DJ. Cocktailkarte. Behinderten-WC, Aufzug.

New Bar Zirkusgasse 38 (Ecke Rotensterngasse), E-Mail: newbar.office@gmail.com, Mo–Sa 18–2. Bar. Schanigarten.

ÖL Bar Leopoldsgasse 26, Tel. 0660/163 56 38, E-Mail: hallo@oel.bar, www.oel.bar, Mo–Sa ab 18. Wechselnde Wein- und Spirituosenkarten (große Auswahl an Whisky und Gin), Longdrinks, Naturweine; kleine Barsnacks. Wuzler. Lokal für 50, Schanigarten für ca. 25 Pers.

Pier 269 Bar & Lounge Handelskai 269 (im Hilton Vienna Danube Waterfront), Tel. 727 77-92120, 0664/857 22 48 (Reservierungen), E-Mail: waterfrontkitchen@hilton.com, www.hiltonhotels.de/oesterreich/hilton-vienna-danube-waterfront/restaurant-und-lounges, täglich 10–1. Barfood wie Sandwiches, Burger und Flammkuchen. Cocktails (auch alkoholfrei), große Auswahl an österreichischen Bier- und Weinspezialitäten. Musik variiert je nach Tageszeit von Chillout bis Clubmusik. Behinderten-WC.

Praterstrasse & Superstrada 18 Praterstraße 18 (Ecke Aspernbrückengasse 2), E-Mail: reservations@praterstrasse.wien, www.superstrada18.wien, www.praterstrasse.wien, Mi, Do 17–4, Fr, Sa 17–6. Hybrid aus Bar, Pizzeria, Lounge und Kunstraum in den ehemaligen ATV-Studios. Pizza aus Kefir-Miso-Sauerteig (auch zum Mitnehmen); Cocktails, biodynamische Weine, frisch gemixtes Fruits Daiquiri Angebot in fünf Sorten. Do ab 16 Hip Hop Café. Für private Veranstaltungen zu mieten.

Skopik & Lohn Leopoldsgasse 17, Tel. 219 89 77, E-Mail: office@skopikundlohn.at, skopikundlohn.at, Mi–Sa, Fei 17–24, Küche 18–22. Nach dem Umbau Anfang 2022 mehr Bar als Restaurant, es gibt aber immer noch kreative Kleingerichte und Klassiker wie Wiener Schnitzel vom Kalb. Erstklassiger Service von internationaler Klasse, Küchenchef ist Constantin Satek. Schanigarten für 75 Pers.

Stage Bar Gredlerstraße 9, Tel. 0681/81 83 64 69, E-Mail: welcome@stagebar.at, www.stagebar.at, Mi–Sa 17–2. Cocktailbar mit einer Getränkebörse: die Preise der Cocktails variieren nach Angebot und Nachfrage, jeden Abend gibt es 5 unterschiedliche Drinks an der Getränkebörse (z.B. Espresso Martini mit Salzkaramell); der Schwerpunkt liegt auf Champagner-Cocktails. Reservierung für bis zu 30 Pers. möglich. Klimatisiert. Keine Hunde. Schanigarten für ca. 45 Pers.

Vinifero Weinbar Karmeliterplatz 2, Tel. 0681/81 27 81 88, E-Mail: office@vinifero.at, vinifero.at, Di–Sa 16–23 (Fei geschlossen). Weinbar und Vinothek spezialisiert auf biodynamische und Naturweine (aus Italien, Österreich, Spanien, Frankreich, Slowenien, Deutschland und der Slowakei); vegetarische und vegane Imbisse. Do 16–22 Verkostungen, private Verkostungen für Gruppen möglich. Klimaanlage. Onlineshop. Bar für 18, Schanigarten für 20 Pers.

Im Werd 1 Im Werd 1, Tel. 0650/201 17 28, E-Mail: batoan.office@gmail.com, Di–Sa ab 19. Lokal mit Wohnzimmerflair. Böhmisches Hausbier, österreichische Weine, Cocktails mit persönlicher Beratung und Empfehlung auf Wunsch; Signature Drinks: WERD Gingershot, WERD Sprizz, Espresso Martini. Vernissage „Kunstwerk des Monats" (jeden 1. Di im Monat). Schanigarten für ca. 20 Pers.

2 Lounge Praterstraße 54, Tel. 0699/10 02 00 61, E-Mail: office@2lounge.at, website-2lounge.eatbu.com, Mo–Do, So 10–23, Fr, Sa 10–24, Fei wie jeweiliger Wochentag. Cocktailbar; frisch gepresste Säfte; 10–15 Shisha Happy Hour; Barsnacks und Speisen wie Pizza, Burger, Chicken Nuggets, Salate, Cheesecake. Fr–So DJs, internationale Musik. Gastgarten für 120 Pers.

Bistros

Das Anabol Handelskai 340 (im Fitnesscenter DASGYM), Tel. 0664/251 72 26, E-Mail: info@dasgym.com, intelligentstrength.net/das-anabol, Mo–Fr 6–23, Sa, So, Fei 8–22, Bowls 11–21. Bowls, Frühstück, Snacks; die angebotenen Gerichte können hier aufs Gramm genau nach ihren Nährwerten analysiert und per App an individuelle Bedürfnisse und Ernährungsgewohnheiten angepasst werden.

Apapika Bowls Praterstraße 19, Tel. 0677/64 81 39 09, E-Mail: apapikabowls@gmail.com, www.apapikabowls.at, täglich 11–21. Bowls in verschiedenen Variationen (Build your own bowl: € 9,80); Fusionsküche: „Hawaiiarabisch"; Take-away. Schanigarten für 8 Pers. €

cafemima Karmelitermarkt Stand 21-24, E-Mail: info@cafemima.at, www.cafemima.at, Di-Fr 8.30-23, Sa 8-14, So, Fei 9.30-17. Frische, ausgewogene Bio-Küche (TT € 9,70); täglich ganztägig Frühstück, Sa 8-14 nur Frühstück; Salate, Falafel Teller; tagesfrische Kuchen (ab € 3,80), Kinderportionen möglich; Bio-Fruchtsäfte, Cocktails, Bier, kleine Auswahl an Weinen. Schanigarten für 30 Pers. **€**

Dean & David + Segafredo Walcherstraße 3 (Austria Campus/Shop 5), Tel. 212 74 93, E-Mail: wien.austria-campus@deananddavid.com, www.deananddavid.de, Mo-Fr 11-20 (Fei geschlossen). Täglich frisch zubereitete Salate, Bowls, Currys, Suppen und Sandwiches; auch viele vegetarische und vegane Speisen; div. Smoothies und Säfte; Kaffee, Tee. Alle Speisen auch zum Mitnehmen. **€€**

Caffè Intermezzo Schrottgießergasse 1, Tel. 212 32 06, E-Mail: office@caffe-intermezzo.at, Mo-Fr 10-16 (Fei geschlossen). Café, Bistro; abwechslungsreiche internationale Gourmetküche, Mo-Fr MM (Suppe und HS € 11,-) sowie Burger, Bagels, Salate; hausgemachte Mehlspeisen. Kindersessel, Wickeltisch. Schanigarten für 30 Pers. Abends für geschlossene Gesellschaften mietbar (10-30 Pers.). **€**

Der Schnellimbiss Vorgartenmarkt Stand 40/41, E-Mail: reservierung@schnellimbiss.at, www.derschnellimbiss.at, Mi-Fr 15-23, Sa 12-23. Bistro am Vorgartenmarkt mit französischer Bistrokarte, z.B. Tatar, Schnecken; Longdrinks, Wein, Cocktails. Schanigarten für 30 Pers. Behinderten-WC am Markt.

SpoonFood Austria Campus Walcherstraße 1A, Tel. 0676/730 26 26, E-Mail: info@spoonfood.at, www.spoonfood.at, Mo-Fr 11-15. Täglich wechselnde Suppen und Menüs (MM: kleine Suppe und Eintopf nach Wahl € 10,80, Special-Menü: kleine Suppe und Special nach Wahl € 11,80); Speisen zum Mitnehmen in Einmachgläsern; hausgemachte Nachspeisen; Direct-Trade-Kaffee, Pona Säfte. Sitzplätze im Lokal und im Gastgarten für je 25 Pers. **€**

Stewart Bistro & Take Away Praterstraße 11, Tel. 0680/554 00 75, E-Mail: stewartvienna@gmail.com, www.stewart.at, Mo-Fr 11-14 (Fei geschlossen). Vorwiegend Suppen, Eintöpfe, Currys, Pasta und Aufläufe, hergestellt mit regionalen Zutaten, keine Geschmacksverstärker; wöchentlich wechselnde Speisekarte, täglich auch vegane und glutenfreie Speisen sowie Tagesgerichte; auch Salate und Desserts, Do ist Quiche-Tag; alle Schöpfgerichte auch als extragroße oder kleine Portion (+/- € 1,-); italienischer Espresso, Schremser Bier, Makava Ice Tea, Fritz Limo. Schanigarten für 60 Pers. **€**

Wiki Wiki Poke Lassallestraße 7a, Tel. 0660/912 87 00, www.wikiwikipoke.at, Mo-Fr 11-21, Sa, So, Fei 12-21. Hawaiianische Bowls, individuell zusammenstellbar. Grundlagen sind Reis, roher Fisch, aber auch Hühnchen und Rindfleisch mit Gemüse und Toppings (jede Bowl ab € 10,80). Auch vegetarische und vegane Bowls. Hawaiianisches Bier. Take-away. **€€**

Cafés, Espressos

Balthasar Praterstraße 38, Tel. 946 95 36, E-Mail: kaffee@balthasar.at, www.balthasar.at, Mo-Fr 7.30-19, Sa 9-17 (Fei geschlossen). Eleganteste Espresso-Bar der Stadt. Der Espresso - eine Mischung aus Brasil, Guatemala und Äthiopien - ist erstklassig (€ 2,30), der Cappuccino noch besser; erstklassige Maschinerie, beste Information, tolles Design. Außerdem gibt es verschiedene Süßspeisen; pikante Snacks und Sandwiches. Limonaden, heiße Schokolade, ausgewählte Weine. Schanigarten für 18 Pers.

Cowome Bruno-Marek-Allee 19, Tel. 0660/630 74 79, E-Mail: cowome@gmail.com, cowome.at, Mo-Fr 7.30-17.30, Sa, So 9-17. Frühstück, Bowls mit regionalen Zutaten, selbstgemachter Cheesecake; frisch gepresste Säfte; Kaffee zu kaufen (Spezialitätenkaffee). Schanigarten für 8 Pers.

Café Dreivierteltakt Praterstraße 54, Tel. 946 07 83, Mo-Sa 11-22.30, So 11-21.30. Kleine Speisen und Wiener Küche; 11-15 MM; zweisprachige Speisekarte; hausgemachte Strudel, Kuchen und Torten, im Sommer Eiscafé; Kindersessel, Spielzeug. Schanigarten für 40 Pers.

Café Einfahrt Haidgasse 3 (Karmelitermarkt), Tel. 942 68 86, E-Mail: lokal@einfahrt.wien, www.einfahrt.wien, Mo-Fr 10-1, Sa 8-1, So, Fei 8-23. Kunst- und Kulturcafé am Karmelitermarkt; Frühstück von klassisch wienerisch bis orientalisch (bis 15), Snacks (alles unter € 10,-), Kuchen. Schremser vom Fass, diverse Weine. Lesungen, Bilder von Künstler*innen aus der Umgebung werden ausgestellt; Kindersessel, -bücher, Spielzeug. Schanigarten für 40 Pers.

Fett + Zucker Hollandstraße 16, Tel. 0699/11 66 00 92, E-Mail: office@fettundzucker.at, www.fettundzucker.at, Mo-Fr 13-21, Sa, So 11-21, Öffnungszeiten im Sommer und während der Weihnachtsfeiertage s. Homepage. Kleines Café in einem ehemaligen Elektrogeschäft nähe Karmelitermarkt, in dem verschiedene Varianten herrlichen Kuchens angeboten werden (ab € 3,-): saftiges Banana Bread, sensationell cremiger Cheese Cake, Brownies mit Erdnussbutter (auch vegan), Mandel-Marzipankuchen oder herrlich buttriger Apfelstreuselkuchen; großes veganes Sortiment. Serviert werden die süßen Köstlichkeiten stilvoll auf wunderhübschem Geschirr aus den 1950er- und 1960er-Jahren. Dazu gibt es fantastischen Fürth Kaffee (auch mit Soja- oder Hafermilch). Selbst angesetzter Likör, hausgemachte Limonaden wie Ginger Beer, Kombucha und Bitter Lemon, hausgemachte Sirupe. Alles zum Mitnehmen. Verschiedene Veranstaltungen wie Pflanzentauschbörse, Plattenflohmarkt, „Vegan Hot Dog Days" etc. Schanigarten.

Goldener Papagei Praterstraße 17, www.goldenerpapagei.at, täglich 9–21. 2022 neu eröffnetes Café mit Spezialkaffees und tollen Sandwiches, Gemüse- und Eigerichten, außerdem Cocktails und Naturweine (auch zu Ab-Hof-Preisen zu kaufen). Verkauf von Topfpflanzen. Schanigarten.

I.N. Rothen Kaffee- und Cocktailbar Praterstraße 33, Tel. 212 38 46, E-Mail: office@inhaarstudio.at, www.inhaarstudio.at, Mo–Fr 7.30–20.30, Sa 8–14 (Fei geschlossen). Café, das an ein Haarstudio angeschlossen ist; Frühstück 8–13 (bis € 10,90), Imbisse (€ 3,20 bis € 4,90), 30 Teesorten, diverse Kaffeesorten und -variationen. Schanigarten für 20 Pers.

Kate's Café Bar Praterstern Top SH09, Tel. 212 50 66, E-Mail: coffee@kates.at, www.kates.at, täglich 8–1. Café und Bar mit Blick auf das Riesenrad. Kaffee von Tribeka, kleine Snacks. Spielsachen. Wuzler (kostenlos). Happy Hour 17–19. TV. Schanigarten für 20 Pers.

Katscheli Cafe & Bar Karmelitergasse 7, Tel. 0699/10 45 88 33, E-Mail: mail@katscheli.at, www.katscheli.at, Mo–Sa 10–24 (Fei geschlossen), im Sommer Mo–Sa 15–24. Sympathische Café-Bar im Karmeliterviertel; 4 Frühstücke bis 12; Snacks, georgische kalte Küche, Sandwiches etc. Für Feste bis ca. 40 Pers. gratis zu mieten (keine Mindestkonsumation). Schanigarten für 18 Pers.

KinderCafé Lauserpause Nordpolstraße 4, Tel. 0677/62 65 51 48, E-Mail: lauserpause@gmail.com, www.lauserpause.at, täglich 10–18, Sommerpause im Juli/August. Kindercafé. Kinderbuffet, Toast, Früchteteller, Kuchen, Frühstück auf Vorbestellung. Bio-Kaffee, burgenländische Weine. 2 Kinderspielbereiche auf 2 Ebenen mit Mal-/Leseecke, Klettergerüst, Bällebad, Kinderküche, Handwerkstisch, Puppenhaus, Kostüme etc. Kindersessel, Wickeltisch. Kindergeburtstagsfeiern möglich. Gastgarten für 30 Pers.

Leos Rumpelkiste Blumauergasse 1a, Tel. 934 61 92, E-Mail: leopold@rumpelkiste.wien, www.rumpelkiste.wien, Mi–Fr 14–19, Sa, So, Fei 10–19. Indoor-Spielplatz und Bistro mit Imbissen wie Toast, hausgemachte Maischips und Mehlspeisen. Kindergeburtstagsfeiern möglich. Für den Spielbereich ist für Kinder Eintritt zu zahlen.

Library Café Welthandelsplatz 1/LC, Tel. 0664/138 08 31, E-Mail: office@library-cafe.at, www.library-cafe.at, Mo–Fr 7.30–19, Sa, So, Fei 9–16. Frühstück bis 11.30 (ab € 3,60), Sa, So und Fei ganztägig; So 9–15 Brunch; täglich 2 TM (ab € 5,90), Spezialitäten wie Ciabatta, Burger, Salate und selbstgemachte Mehlspeisen; selbst gerösteter Kaffee aus Oberwart; Catering. Schöne Terrasse für ca. 100 Pers. Behinderten-WC.

Little Britain Engerthstraße 249–253/4/Lokal 1, Tel. 996 21 43, E-Mail: reservierung@little-britain.at, www.little-britain.at, Mi–So 9–18. Frühstück bis 14 (verschiedene Varianten, auch vegan), selbstgemachte Kuchen und Torten (€ 2,90 bis € 3,90), Scones (€ 4,40); kleine Speisen wie z.B. gefüllte Bagels (warm serviert) oder Quiche. Schanigarten für 25 Pers.

Lunzers Maß-Greißlerei Heinestraße 35, Tel. 212 13 87, E-Mail: info@mass-greisslerei.at, www.mass-greisslerei.at, Mo–Fr 9–19, Sa 9–17 (Fei geschlossen), Juli, August: Mo–Fr 9.30–13.30 und 14.30–19, Sa 9.30–14. Greißlerei mit großem Sortiment an biologischen Lebensmitteln wie Mehl, Getreide, Gewürze, saisonalem Obst und Gemüse etc.; die Waren werden verpackungsfrei angeboten und verkauft, Abfüllung in gewünschtem Maß und in mitgebrachten oder vor Ort gekauften Behältnissen. Biologische Hygieneartikel, Naturkosmetik, alles für den Zero-Waste-Alltag. Kleine Café-Ecke für Snacks wie z.B. Sandwiches, Toast und Mehlspeisen. Schanigarten für 6 Pers.

M2 Café & Lounge Vorgartenstraße 126, Tel. 922 80 00, Mo–Fr, So, Fei 15–20. Hausgemachte Kuchen, Pizzen, Schinken-Käse-Toast, Hummusteller mit Pita, Ofenpommes, Eis vom Eis Greissler; Weine von Reitmayr, Budweiser vom Fass, TWG-Tees aus Singapur, Kaffee von Illy. Schanigarten für 20 Pers.

Mokkathek Ilgplatz 6, Tel. 0699/11 50 77 57, E-Mail: mokkathek@gmx.at, Mo–Fr 7.30–13, So 10–13 (Fei geschl.). Frühstück; Kaffee. Kleiner Schanigarten am Ilgplatz.

Bar Montina Heinestraße 30, Tel. 0664/88 18 50 70, E-Mail: christian@barmontina.at, www.barmontina.at, Mo–Sa 8.30–20 (Fei geschlossen), bei Schönwetter länger geöffnet. Italienische Tagesbar mit Kaffee und Sprudel. Bio-Frühstück bis 14, Suppen, Eintöpfe mit vegangen Optionen, Snacks wie Strudel, pikante Sandwiches, Focaccia, Panettone, Croissants etc. Schaumwein aus Franciacorta, Kaffee von der Rösterei Wild. Schanigarten für 36 Pers.

nelke - cafe am markt Volkertmarkt Stand 38–39, Tel. 996 20 67, E-Mail: office@nelke.at, www.nelke.at, Mo–Sa 10–22, So, Fei 10–15. Szenelokal auf dem Volkertmarkt; ganztägiges Frühstück (mit osteurop. Ausrichtung: gefüllte Eier, Schafkäse, Jungzwiebel), gefüllte Pitabrote (€ 6,90) und Salate (€ 8,90); ein oder zwei Tagesspeisen je nach Saison (Curry, Krautrouladen, gebackene Holunderblüten); ab 11.30 MM (Suppe; 2 HS, davon ist eine veg., eine mit Fleisch; ab € 7,50), Desserts (z.B. Mohn-Apfelkuchen um € 3,50). Schanigarten mit Sonnenblumen, alten Küchentischen, Regie- und Liegestühlen für ca. 50 Pers. Behinderten-WC am Markt.

Neyse Coffee & Food Praterstraße 26, Tel. 0676/683 19 02, E-Mail: info@neyse.at, Mo–Sa, Fei 8–18. Café mit Selbstbedienung; täglich frisch zubereitete Wraps (auch vegan), Porridge, hausgemachtes Bananenbrot, Croissants und Gebäck; Filterkaffee, türkischer Kaffee, Coldbrew, Slow Juice, Tee, große Auswahl an kalten Getränken, Vollmilch direkt vom Bauernhof aus Niederösterreich, Sojamilch, Hafermilch, laktosefreie Milch. Alle Speisen auch zum Mitnehmen. Verkauf von Kaffeebohnen. Rabatt für Studierende und bei Mitnahme von eigenem Becher für Coffee to go.

Café Ponykarussell Prater 86a (Karl-Kolarik-Weg 1), Tel. 720 25 40, E-Mail: hallo@ponykarussell.at, www.ponykarussell.at, täglich 9–20. Cafe im ehemaligen Ponykarussell im Wiener Prater. Kleine Speisen wie „Kiek in de Kök" (überbackene Brote), österreichisch-internationale Tapas; Frühstück Mo–Fr bis 12, Sa–So bis 14; hauseigene Patisserie; Cocktails, hausgemachte Limonade. Eis, Kaffee, Snacks und Süßigkeiten am Take-away-Tresen zum Mitnehmen. Kindersessel. Gastgarten für 60 Pers. Behinderten-WC. Shop mit internationalen Delikatessen und Interior.

Wiener Rösthaus im Prater Straße des Ersten Mai 80, Tel. 720 11 74, E-Mail: office@wienerroesthaus.at, www.wienerroesthaus.at, täglich 10–18. Kaffeerösterei und -handel mit Café. Spezialitätenkaffees aus der eigenen Kaffeerösterei, Kuchen aus der eigenen Patisserie. Kaffeezubehör. Kindersessel. Lokal für 14 Pers., schattiger Gastgarten für ca. 60 Pers mit Selbstbedienung. Kaffeeschule mit Baristaausbildung „Vienna Coffee College".

Café Straußennest Taborstraße 56, täglich 16.30–24. Kleiner Familienbetrieb; kleine Speisen wie Toast, Gulaschsuppe und Würstel, hausgemachte Suppen und Mehlspeisen. TV; Klimaanlage. Feiern bis 35 Pers. möglich. Schanigarten für 12 Pers.

Supermari' Leopoldsgasse 22, Tel. 0676/697 02 94, E-Mail: office@supermari.at, www.supermari.at, Fr, Sa 8–15. Café und Mini-Supermarkt. Ganztägig klassisch ital. Frühstück (hausgemachte Cornetti, Torten, Kaffee, frisch gepresster Orangensaft etc.). Kaffeespezialitäten, ital. Delikatessen, Spezialwaren. Schanigarten für 8 Pers. Onlineshop.

WiesenGreissler Lukschgasse 5, E-Mail: info@wiesengreissler.at, www.wiesengreissler.at, Juli bis Oktober täglich 8.30–19.30, November bis Juni täglich 9–18, bei Schlechtwetter bis 17, 364 Tage im Jahr geöffnet, Öffnungszeiten können je nach Wetter/Saison abweichen. Café, Deli, Gartenlokal. Lebensmittel und Feinkost, spanische und levantinische Spezialitäten; tägl. 9–15 Frühstück, kleine Speisenauswahl, diverse Suppen; hausgemachte Mehlspeisen; Kräuter aus eigenem Kräutergarten; Kaffeespezialitäten. Zustelldienst für Stammgäste. 3 Schanigärten, 2 davon im Winter beheizt und im Sommer mit einem Verdunstungssystem gekühlt. Direkt neben Jesuitenwiese gelegen.

Eissalons

Gelati Alberti Praterstraße 40, Tel. 945 76 09, E-Mail: gelati@alberti.at, www.alberti.at, Anfang März bis Mitte Oktober täglich 11–22. Eissalon seit über 100 Jahren; 25 Eissorten, z.B. After Eight, Walnuss-Dattel, Mohn; laktosefreie Sorten (Erdbeere, Mango, Himbeere, Zitrone, Heidelbeere), Eistorten; original italienischer Espresso; Kinderportionen, Spielzeug. Schanigarten für 60 Pers.

Eis Liebe Hauptallee 124 (Ecke Waldsteingartenstraße, Prater), Tel. 0660/340 21 20, E-Mail: info@eisliebe.at, www.eisliebe.at, März bis September täglich 11–21 (im Sommer), im Winter geschlossen. Eisstand an der Prater Hauptallee mit Eis vom Eis-Greissler; Specials wie z.B. hausgemachte Bubble Waffeln (auch zum Mitnehmen); Kaffee und Getränke zum Mitnehmen. Großer Schanigarten für 120 Pers., teilweise mit Liegestühlen.

Leones Gelato Praterstraße 16, E-Mail: ciao@leones.at, www.leones.at, Mai bis Oktober täglich 14–20.30, bei Schlechtwetter bis 19, Öffnungszeiten saisonal variabel (siehe Homepage). Selbstgemachtes Eis aus natürlichen Zutaten (Sortiment wechselt täglich, siehe Homepage); Cantuccini, Cookies, Limonaden.

Gelato Milano Taborstraße 41/1, Tel. 0676/847 56 44 44, E-Mail: info@gelatomilano.at, Mo–Do 11–22, Fr 10–16, So 12–22 (im Winter Fr 11–15). Ca. 20 verschiedene Eissorten, veganes Eis, Diabetikereis, Slush Eis, belgische Waffeln, Bubble Waffeln mit Eis.

Veganista Taborstraße 15, Tel. 0660/750 68 00, E-Mail: info@veganista.at, www.veganista.at, täglich 11–23, im Winter verkürzte Öffnungszeiten (s. Homepage). Ausschließlich veganes Eis, klassische und innovative Eissorten wie z.B. Basilikum; Eis Sandwiches „Inbetwiener", Eis mit Zuckeralternativen wie Birkenzucker od. Ahornsirup, glutenfreie Sorten und glutenfreie Stanitzel; für laktoseintolerante Menschen geeignet. Saisonale Spezialitäten wie Spekulatius, Zimt und Blutorange zu Weihnachten oder Pumpkin im Herbst. Boxen zum Mitnehmen (0,5l, 1l, 1,5l); Gutscheine. Schanigarten für 20 Pers.

Imbisse

Banlieue Volkertmarkt Stand 2 und 3, Tel. 0664/589 77 75, E-Mail: office@banlieue.at, www.banlieue.at, Di–Fr 11–20, Sa 8–18, durchgehend warme Küche. Vietnamesisches Streetfood, hochwertige Meeresfrüchte aus der Konserve (aus Frankreich und Portugal), hausgemachte Einmachware (z.B. eingemachtes Gemüse, Gulasch im Glas); alle Speisen auch zum Mitnehmen. Vietnamesische Kochkurse (Infos siehe Homepage). Lokal mit Bar für 8 Pers., Schanigarten mit 4 Tischen. ♿ 💳 €

Budapest Bägel Vienna Lilienbrunngasse 3/2, Tel. 0650/488 08 21, E-Mail: vienna@budapestbagel.com, Mo–Fr 8–18, Sa 9–16 (Fei geschlossen). Take-away mit Bagels in verschiedenen Varianten, viele vegetarische und vegane Optionen. Sitz- und Stehplätze für 4 bis 6 Pers. Keine Barzahlung. 💳

Burger King Straße des Ersten Mai (Prater 114), Tel. 227 12 38, E-Mail: wpk@a1business.at, kundenservice@whopper.at, www.burgerking.at, Öffnungszeiten siehe Homepage: burgerking.at/kingfinder. Div. Burger und Wraps (auch vegetarisch). Take-away. Wickelraum. Behinderten-WC. ♿ 💳 €

Central Garden Donaukanal (Höhe Untere Donaustraße 41), E-Mail: kontakt@centralgarden.at, centralgarden.at, Mo–Mi, Fr–So 14–24, Öffnungszeiten saisonal variabel. Gemeinschaftsgarten am Donaukanal mit Snacks und Getränken. Chinesisches Streetfood, asiatische Snacks.

Donauweibchen Freudenauer Hafenstraße 31, Tel. 728 96 78, E-Mail: momcilo.danicic@chello.at, www.donauweibchen-raststätte.at, Mo–Fr 8.30–19 (Fei geschlossen), im Sommer Sa 12–17 bei Schönwetter geöffnet. Frühstück; Wiener Küche; Langos, Debreziner, Kebab etc., wechselnde TT (ab € 6,50), fallweise Grill-Abende mit Spanferkel oder Lamm am Spieß. Schanigarten für 30 Pers. 💳 €

Buddha Bowls by elena's Praterstraße 16, Tel. 0660/766 38 04, E-Mail: buddhabowls@buddhabowls.at, www.buddhabowls.at, Mo–Fr 11–22, So 11–21.30. Take-away mit Bowls nach dem Buddha Prinzip; Signature Bowls und individuell zusammenstellbare Bowls, saisonale Specials; Bio-Gemüse, Getreide und Fleisch aus der Region, Saucen und Dressings werden selbst gemacht und sind vegan; gratis Detox-Wasser. 10 Sitzplätze im Lokal, Schanigarten für 10 bis 15 Pers. 💳 €€

Das Ferment Vorgartenmarkt Stand 30, Tel. 0660/632 53 73, E-Mail: market@dasferment.at, www.dasferment.at, Di, Mi 12–18, Do, Fr 12–21, Sa 10–17 (Fei geschlossen). Vegetarischer Imbiss am Vorgartenmarkt. Geführt werden fermentierte Lebensmittel wie Miso, Tempeh, Kimchi, Kombucha und Sauerkraut. Standardkarte mit wechselnden Wochengerichten (auch zum Mitnehmen). 8 Sitzplätze. 💳 €

Fisch am Markt Vorgartenmarkt Stand 11, Tel. 726 83 77, E-Mail: office@fischammarkt.at, www.fischammarkt.at, Mo, Sa 8–15, Di–Fr 8–18. Süßwasserfisch, Meeresfisch und Meeresfrüchte werden nach traditionellen Rezepten zubereitet und verfeinert; Speisen auch auch zum Mitnehmen, Catering (ab einem Warenwert von € 300,–). Schanigarten für 8 Pers. 💳

Foodie Fridge Taborstraße 15, Tel. 267 58 05, E-Mail: info@foodie-fridge.com, www.foodie-fridge.com, täglich 0–24. Shop mit div. Fertiggerichten und Getränken zum Mitnehmen wie z.B. Krautfleckerl, Glasnudelsalat mit Tofu oder spanisches Dosenpastrami; Craft-Bier von 100 Blumen. Keine Verzehrmöglichkeit vor Ort, die Gerichte sollten zuhause in der Mikrowelle erwärmt werden. 💳 €

Freudenow Rennbahnstraße 65A, Tel. 728 97 07, täglich 10–21, Öffnungszeiten wetterbedingt und saisonal variabel, Im August Mi geschlossen. Imbissstand im Prater mit warmen Speisen wie Suppe, Gemüsestrudel oder Lasagne sowie Kuchen; alles auch zum Mitnehmen. Gastgarten. €

Happy Noodles Praterstern (Bahnhof City Wien Nord (U1/U2 Station Praterstern)), E-Mail: office@happynoodles.at, www.happynoodles.at, Mo–Mi 10–2, Do–So 10–4. Asiatische Speisen: Happy Noodles, Sushi, Maki, Wok- und Reisgerichte, Lachs; diverse Biere; Take-away-Boxen. 40 Sitzplätze. 💳 €

Ilkim Döner Kebap Kebap. Schanigarten. E-Mail: info@ilkim.at, ilkim.at, Praterstraße 78, täglich 9–22. Lassallestraße 42, täglich 8–24. €

Kaas am Markt Karmelitermarkt Stand 33–36, Tel. 0699/18 14 06 01, E-Mail: office@kaasammarkt.at, www.kaasammarkt.at, Mo 8–15, Di–Fr 8–18, Sa 8–14 (Fei geschl.). Marktstandl von Isabel Kaas, ein Mittelding aus Geschäft und Lokal: in 2 Vitrinen liegen Käse aus Österreich, Holland, der Schweiz und Italien sowie Wurst und Schinken der heim. Bio- und Slow-Food-Elite; tägl. frisches Brot verschiedener Bäcker; Fr handgemachte Ravioli und frische Fische aus dem Burgenland. Gekocht werden z.B. diverse Bio-Eierspeisen zum Frühstück, 2 täglich wechselnde MM (davon eines vegetarisch) und hausgemachte Mehlspeisen. Am Nachmittag gibt es Kleinigkeiten wie Käseplatten, Jausenteller oder Bio-Schinken-Käse-Toast. Kleiner Schanigarten. 💳 €€

Kvetch Burger Taborstraße 21A, kvetch.at, Mi–Sa 17–24, So 12–19. Burger Bar mit Fokus auf Smashed Burger, Naturweine und Craft-Bier. 2 Burger mit Fleisch (€ 13,–), 2 fleischlose Burger (ca. € 12,–), hausgemachte Fries und Snacks. 💳 €€

Lieblingsfisch Karmelitermarkt 44, Tel. 0664/262 41 89, E-Mail: bestellungen@eishken.at, www.eishken.at, Di–Fr 10–18, Sa 8–14. Stand am Karmelitermarkt von Eishken Estate, in dem es Fisch und Meeresfrüchte zu kaufen gibt sowie diverse Fischgerichte und -snacks, z.B. Lieblingsfisch des Tages, Oktopus-Salat (€ 14,–); die Karte variiert nach Tagesangebot; Take-away. 8 Sitzplätze. 💳

McDonald's www.mcdonalds.at, Öffnungszeiten siehe Homepage. Burger, Wraps, Salate etc.; Frühstück. McDelivery. Mit McCafé. Tischservice. Praterstern (Bahnhof Wien Nord), Tel. 212 08 70, E-Mail: at-store0174@restaurant.at.mcd.com. Taborstraße 39, Tel. 212 62 59, E-Mail: at-store0199@restaurant.at.mcd.com. Ausstellungsstraße 44a, Tel. 0664/88 66 27 62, E-Mail: at-store224@restaurant.at.mcd.com. Terrasse. ♿ 💳 €

McDonald's (McDrive) Handelskai 130, Tel. 212 93 58, E-Mail: at-store0130@restaurant.at.mcd.com, www.mcdonalds-team.at, www.mcdonalds.at, Öffnungszeiten siehe Homepage. Burger, Wraps, Salate etc.; Frühstück; McDelivery; Playland; mit McCafé. ♿ 💳 €

Noodle King E-Mail: office@noodleking.at, www.noodleking.at, Suppen-, Nudel-, und Reisgerichte, sowie Sushi und Maki. Take-away. Bruno-Marek-Allee 13/1a, Tel. 0676/398 64 27, täglich 11–22. Lassallestraße 42, Tel. 0676/931 48 68, täglich 10.30–22.30. 💳 €

Pita and more Rotensterngasse 33–35, täglich 7–22. Orientalischer Imbiss, Bäckerei und Greißlerei. Kleine Speisen wie Schawarma und Falafel. Take-away. €

Pita Box Taborstraße 38, Tel. 0660/482 23 32, E-Mail: office@pitabox.at, www.pitabox.at, Mo–Fr 10.30–22, Sa, So, Fei 11–21. Snackbar mit levantinischen, vegetarischen und veganen Gerichten; z.B veganer Kebap (Seitan), vegane Tagessuppe, Pita mit Toppings (auch Vollkornvariante möglich), versch. Salate, Hummusvariationen; Makava, 100 Blumen Bier. €

Radatz Im Werd 1, Tel. 214 57 83, E-Mail: fleischereien@radatz.com, www.radatz.at, Mo–Fr 7.30–18, Sa 8–13. Wiener Küche, täglich wechselnde Menüauswahl (bis € 8,-). 30 Sitzplätze. Schanigarten. 💳 €

Rauch Juice Bar Prater Prater 56b, Tel. 0664/912 26 10, E-Mail: juicebar@rauch.cc, www.rauchjuicebar.cc, März bis Okt. Do–So 12–18. Zahlreiche Säfte, Smoothies, Shots und Shakes, auch zum selbst Zusammenstellen, wechselnde Spezialangebote; für den kleinen Hunger gibt es Sandwiches, fruchtige Bowls, ausgewählte Süßspeisen; Afro Kaffee und Tee. Heavy Juicer Card (bei Aufladung mit € 50,- 10% Rabatt, bei € 100,- 15% Rabatt). 💳

Salon am Park Krakauer Straße 19, Tel. 0664/558 45 93, E-Mail: info@salonampark.at, www.salonampark.at, Mo–Fr 7.30–19, Sa 8–18 (Fei geschlossen) (Sommer), Winter: Mo–Fr 7.30–18, Sa 8–18. Greißlerei mit vorwiegend regionalen und biologischen Produkten: u.a. Brot und Gebäck (Joseph, Öfferl), Bio-Milchprodukte, Säfte, Limonaden, Olivenöl, Honig, Bio-Weine, Schnittkäse und Wurst, Jausensemmerl, Eis im Becher (auch vegane Sorten), Kuchen, Süßigkeiten (auch vegan), Produkte auch auf Bestellung; Frühstück ganztägig; Snacks wie Quiche, wöchentlich wechselnde Suppen (ab € 3,90), Mo–Fr ab 11.30 TT (ab € 5,20); Fairtrade-Kaffee (Kaffeefabrik). Kinder-Kreativ-Ecke. Befüllstation für Uni Sapon-Produkte. Liegestuhlverleih für den Rudolf-Bednar-Park. Schanigarten für 15 Pers. 💳 €

Solas Vorgartenmarkt Stand 20, E-Mail: info@solas.at, www.solas.at, Mi–Fr 9–23, Sa, So, Fei 9–14. Marktlokal mit Frühstück ab 9. Eggs Benedict, Scones, Pancakes, Kuchen von The Cake Tree. Innenbereich für 20, Schanigarten für 34 Pers. Öffentl. Behinderten-WC am Vorgartenmarkt. ♿ 💳

Sportleroase Meiereistraße (Ecke Hauptallee), Mo–Fr 10–21, Sa, So, Fei 9–19, Öffnungszeiten saisonal, veranstaltungs- und wetterbedingt variabel; Küche: Mo–Fr 10.30–19.30, Sa, So, Fei 9.30–18.30. Imbiss im Prater; Würstel, Hot Dogs, Leberkäsesemmel, Kümmelbratensemmel. Alles auch zum Mitnehmen. Schanigarten.

Tauber Olympiaplatz 2 (Stadion Center), Tel. 728 14 13, E-Mail: office@tauber.at, www.tauber.at, Mo–Fr 8–20, Sa 8–19 (Fei geschlossen). Belegte Brötchen (€ 1,80 bis € 2,80/Stk.), diverse Brötchenboxen (€ 22,50 bis € 61,-), auch Mehlspeisboxen (€ 20,- bis € 54,-), Online-Bestellmöglichkeit, Abholung, ab 10 Stück auch Zustellung in alle Bezirke (Zustellkosten € 15,-); auch Wiener Frühstück (klein € 5,90, groß € 7,10), Hausmannskost (TT € 5,80 bis € 8,40); Kindergerichte (€ 5,20 bis € 5,60). €

Tuttaposto Haidgasse 10/2, Tel. 0681/20 22 70 32, E-Mail: ciao@tuttaposto.com, tuttaposto.com, Di–Fr 10–18, Sa 9–14 (Fei geschlossen). Italienische Feinkost und Lebensmittel von kleinen (Bio-)Produzent*innen; verschiedene Prosciutti und Käse zum Verkosten, Antipasti, Sandwiches mit div. Füllungen. 8 Sitzplätze im Lokal; Schanigarten für ca. 20 Pers. 💳

Wulfisch Haidgasse 5, Tel. 946 18 75, E-Mail: hunger@wulfisch.at, www.wulfisch.at, Mo–Fr 11–20, Sa 10–18 (Fei geschlossen). Wiens erste Hamburger Fischbrötchenbude; es gibt Matjes (aus Holland), geräucherten Lachs, 3 Heringssalate, Bremer Rollis, Garnelen pur oder ebenfalls als Salat, Nordseekrabben; Fischwraps, -brötchen, Wulfisch Spezialteller (€ 14,-), Gemüsewrap (€ 5,-); jeden 1. Fr im Monat Austern. Es gibt nordische Biere (die Hamburger Bierikone Astra, ebenso das bittere Jever aus Friesland und Flensburger aus Nordfriesland), norwegische Aquavit Linie und Champagner, österreichische Weine und Hamburger Cola. Schanigarten für 8 Pers. 💳 €

Konditoreien, Bäckereien

Aida Praterstraße 78, Tel. 890 89 88-216, E-Mail: info@aida.at, www.aida.at, Mo-Sa 8-19, So 9-18. Konditorei und Kaffeehaus. Schanigarten.

Café-Konditorei Am Park Max-Winter-Platz 8, Tel. 0699/15 08 91 07, Mo, Mi-So, Fei 8-21. Café-Konditorei; Frühstück ganztägig; kleine Gerichte (Schnitzel, Toast), Vegetarisches; Eis (saisonabhängig), eigene Backstube: Mehlspeisen (ab € 2,60), Torten (ab € 3,60); Rotwein, Santora-Kaffee. TV. Lokal zu mieten; Gastgarten für 30 Pers.

Anker www.ankerbrot.at, kontakt@ankerbrot.at. Brot, Gebäck, Mehlspeisen, täglich laufend frische Snacks. Öffnungszeiten saisonal variabel (s. Homepage). Heinestraße 32, Tel. 214 52 52, Mo-Fr 6-13 (Fei geschlossen). Olympiaplatz 2 (Stadion Center), Tel. 726 53 01, Mo-Fr 7.30-19, Sa 8-18 (Fei geschlossen). Praterstern (Bahnhof), Tel. 905 45 42, Mo-Sa 6-19, So, Fei 7-18. U-Bahn Station Donaumarina (Wehlistraße 289), Tel. 729 39 41, Mo-Fr 5.30-18, Sa, So, Fei 7-12. Welthandelsplatz (WU Campus/Gebäude AD), Tel. 904 37 02, Mo-Fr 6.30-19, Sa 7.30-16 (Fei geschlossen), Schanigarten.

By Lore Cake Design Karmelitergasse 1, Tel. 0676/962 88 38, E-Mail: info@bylore.at, www.bylore.at, Do, Fr 9-18, Sa 9-13 (Fei geschlossen), Bestellung und Abholung: Mo-Sa 9-18. Auf Bestellung gibt es Torten für jeden Anlass, Cupcakes, Cakepops, Cookies, und Desserts. Do, Fr, Sa Mehlspeisen und kleine Speisen auch zum Essen vor Ort.

Der Mann www.dermann.at. Gebäck, Brot, Mehlspeisen, Snacks. Im Sommer variable Öffnungszeiten. Praterstraße 52, Tel. 866 99-9135, Mo-Fr 6-18.30, Sa 6.30-12, So, Fei 7-12, Kaffee-Ecke. Taborstraße 22, Tel. 866 99-9166, Mo-Fr 6-18.30, Sa, So, Fei 7-15, Schanigarten. Am Tabor 1-3, Tel. 866 99-9131, Mo-Fr 6-19, Sa, So, Fei 7-17, Kaffeehaus mit Bedienung, Schanigarten.

Ella's Twins Vorgartenmarkt Stand 13, Tel. 0676/535 59 89, E-Mail: office@ellas-twins.at, www.ellas-twins.at, Mo, Sa 8-16, Di-Fr 8-18. Kleine Konditorei am Vorgartenmarkt; Frühstück bis 12, div. Mehlspeisen z.B. Torten und Schnitten (auch vegan); Tees, Kaffee von Hausbrandt, Eis vom Eis-Greissler; Catering; Bestellungen telefonisch oder per Mail (mindestens 2 Tage im Voraus). Schanigarten für 16 Pers.

Felber www.felberbrot.at, office@felberbrot.at. Ofenfrische Backwaren, Cafeteria, Frühstück, Snacks, Imbisse. Praterstern (Bahnhof Wien Nord), Tel. 218 06 70, Mo-Fr 5-20, Sa, So, Fei 7-19. Trabrennstraße 10 (Viertel Zwei/Krieau), Tel. 729 37 15, Mo-Fr 5.30-18, Sa, So, Fei 6.30-12.

Felzl Leopoldsgasse 43, Tel. 0676/316 35 71, E-Mail: office@felzl.at, www.felzl.at, Mo-Fr 6.30-18.30, Sa 7-16, So, Fei 7-13. Das beste Baguette der Stadt - saftig, flaumig, köstlich und endlos haltbar; Frühstück bis 12, So, Fei bis 12.30; gefüllte Snacks, Quiche und Salate, Mandelcroissant und Schwedenknoten; Bio-Kaffee. Cooles Design. Klimatisiert. Schanigarten.

Geier Taborstraße 33, Tel. 219 55 39, E-Mail: baeckerei@geier.at, www.geier.at, Mo-Fr 6-18.30, Sa 6-13, So, Fei 7-12, 25. und 26. Dezember sowie 1. Jänner geschlossen. Brot, Gebäck, Feinbackware, Snacks, Torten und Schnitten, saisonale Angebote wie Weihnachtsgebäck; Coffee to go. Café-Bereich, Schanigarten.

Gragger & Chorherr Holzofenbäckerei Schweidlgasse 25 (Bruno-Marek-Allee), Tel. 0676/340 19 22, E-Mail: office@gragger-chorherr.at, www.gragger-chorherr.at, täglich 7-19. Bäckerei mit Backstube und Holzofen, Bio-Brote auf Natursauerteigbasis und Bio-Gebäck, von Hand gefertigt und im Holzofen gebacken. Bio-Brot- und Bio-Gebäckspezialitäten, Bio-Mehlspeisen, belegte Bio-Brote, Bio Speisen im Cafe wie Frühstück, kalte Platten, Mittagsspeisen aus dem Holzofen. 25 Sitz- und 20 Stehplätze. Schanigarten für ca. 30 Pers. Behinderten-WC.

Bäckerei Grimm Arthur E-Mail: grimm@grimm.at, www.grimm.at, Wiener Kaffeespezialitäten, Coffee to go; hausgemachte Mehlspeisen; ganztägig Frühstück, Imbisse. Hollandstraße 1 (Ecke Obere Donaustraße 83), Tel. 212 50 27, E-Mail: grimm@grimm.at, www.grimm.at, Mo-Fr 6.30-18, Sa 6.30-12 (Fei geschlossen). Untere Augartenstraße 39, Tel. 533 13 84 -21, Mo-Fr 6.30-12.30, Sa 6.30-12 (Fei geschlossen).

Holzofenbäckerei Gragger & Cie Vorgartenmarkt Stand 14-15, Tel. 0664/413 72 77, E-Mail: spiegelgasse@gragger.at, www.gragger.at, Di-Fr 7-18, Sa 6.30-14 (Fei geschlossen). Bäckerei und Backstube mit offener Schaubackstube, Bio-Brote auf Natursauerteigbasis und Bio-Gebäck, von Hand gefertigt und im Holzofen gebacken. Bio-Brot- und Bio-Gebäckspezialitäten, Bio-Mehlspeisen, belegte Bio-Brote, auch mit speziellen Mehlsorten, z.B. Panem Alta Murgia aus italienischem Hartweizengrieß. Di Bio-Brot aus glutenfreien Zutaten. Sitzplätze draußen sowie drinnen an 3 Tischen mit langer Holzbank.

mel&koffie Taborstraße 37 (Ecke Obere Augartenstr. 74), Tel. 0676/581 29 06, E-Mail: info@melkoffie.com, melkoffie.com, Mo-Fr 7-18.30, Sa 7-18. Bäckerei mit Bio-Brot und Bio-Gebäck, verschieden gefüllte Schnecken, belegte Focaccia; Frühstück; Kaffee.

Café Bistro Naschkätzchen Taborstraße 23, Tel. 0699/11 29 06 21, www.cafe-naschkaetzchen-wien.eatbu.com, täglich 8-20.30. Konditorei mit angeschlossenem Sektkontor; Frühstücksangebote (€ 4,50 bis € 9,10); Kleinigkeiten wie Suppen, gefüllte Weckerl, Sandwiches (ab € 3,10), TT (€ 6,80); große Auswahl an Torten (auch auf Bestellung) und Süßspeisen; Eiskaffee. Eis (auch vegan). Catering. Für Privatveranstaltungen zu mieten. Schanigarten für 20 Pers.

Omas Backstube Obere Augartenstraße 70, Tel. 0699/ 81 96 40 95, E-Mail: omas@omasbackstube.at, omasbackstube.org (Online-Shop), www.omasbackstube.at, Mo–Fr 9–19, Sa 9–18, Sommeröffnungszeiten s. Homepage. Vegane Bäckerei und Konditorei. Ganztägig Frühstück, z.B. handgemachtes Gebäck, Brot und Süßspeisen aus Bio-Dinkelmehl; zucker-, gluten- und laktosefreie Angebote; Low-Carb-Torten und Gebäck; Torten, Sandwiches und Brötchen auf Vorbestellung; frisch gepresste Säfte und Smoothies; Coffee to go. Online-Shop. Schanigarten für 4 Pers.

Ströck www.stroeck.at, kundenservice@stroeck.at. Ofenfrisches Brot und Backwaren (von rustikal bis mediterran), Mehlspeisen-Klassiker; Frühstück, schnelle Snacks, Imbisse; Bio-Fairtrade-Kaffee; das gesamte Brot- und Gebäcksortiment ist frei von Zusatzstoffen, breites Angebot an Bio-Produkten. Aktuelle Öffnungszeiten siehe Homepage: stroeck.at/filialen. Lassallestraße 44, Tel. 204 39 99-83077, Mo–Fr 5.30–18, Sa 7–13, So 7–14. Olympiaplatz 2 (U-Bahn-Station Stadion), Tel. 204 39 99-830 78, Mo–Fr 6–18. Praterstern / Wien Nord U-Bahn (Objekt N1 R1.123), Tel. 204 39 99-830 88, Mo–Fr 5.30–19, Sa 7–18, So 7.30–18.

The Cake Tree Wolfgang-Schmälzl-G. 14, Tel. 0677/62 47 97 96, E-Mail: info@thecaketree.at, www.thecaketree.at, Di–Sa 10–18. Tortenshop; Torten und Kaffee zum Mitnehmen, ganze Torten auf Bestellung. Schanigarten für 16 Pers.

Ullmann's Zuckerbäckerei Walcherstraße 11A, Tel. 728 01 58, E-Mail: sweets@ullmanns.at, www.ullmanns.at, Mo–Fr 8–19, Sa, So, Fei 9–18. Konditorei, Café, Konfiserie; Mo–Fr bis 11, Sa, So, Fei bis 14 Frühstück (€ 4,50 bis € 11,20), TT (€ 8,50), Salate, gefüllte Bagels, Club Sandwiches; hausgemachte Mehlspeisen und Pralinen, Konfekt; besondere Torten für jeden Anlass (Bücher, Autos etc.); im Sommer hausgemachte Eisspezialitäten, Schremser Bier, hausgemachter Eistee und Limonaden; Verwendung von Naturprodukten, teilweise vom Bio-Bauern; Gutscheine erhältlich. Schanigarten für 22 Pers. Behinderten-WC nebenan.

Pubs

Irish Pub Crown and Sword Obere Augartenstraße 72, Tel. 214 56 43-41, E-Mail: pub@crownandsword.at, www .crownandsword.at, Di–Sa 18–2 (Fei geschl.). Fish and Chips sowie Speisen der umfangreichen Karte vom dazugehörigen Gasthaus „Zur Reblaus"; Guinness, Kilkenny, Strongbow Cider sowie einige heimische Biere vom Fass, viele Whisk(e)ys. Steel-Darts. Schanigarten für 12 Pers.

Fliegender Holländer Hollandstraße 8, Tel. 0676/334 16 26, Mo–Fr 12–2 (Fei geschlossen). Snacks; Hirter Bier. Darts. Schanigarten für 16 Pers.

Stadtheurige

Schank zum Reichsapfel Karmeliterplatz 3, Tel. 212 25 79, E-Mail: schank@zumreichsapfel.at, www.zumreichsapfel .at, Di–Sa 16–23 (Fei geschlossen). Klassischer Wiener Heuriger in einem ehemaligen Wirtshaus. Es gibt Gailtaler und Puchberger Spezialitäten: täglich frisch zubereiteter Schopfbraten und Kümmelbraten vom Puchberger Schneebergland Schwein (je € 15,90), doppelt gebackenes Bauernbrot, Rohsalami, Schinkenspeck, kalter Braten, Blunzen sowie eine spezielle Auswahl an Aufstrichen und Salaten, Sasaka (Kärntner Verhackertes), Jause zum Reichsapfel (€ 16,20), gekochte Selchkrainer (€ 9,50) und Chili-Hauswürste (€ 9,50), Kärntner Kas- und Fleischnudeln (€ 14,50); hausgemachte Nachspeisen wie z.B. Schokostollen mit Himbeerragout; gut ausgewählte Weinkarte, Murauer Bier vom Fass, Natursäfte, Edelbrände. Schanigarten für 60 Pers. €€

Szene

Adria Glashaus Späti Donaukanal (zwischen Salztorbrücke und U2 Herminengasse), Tel. 0660/127 17 84, E-Mail: contact@adriawien.at, www.adriawien.at, Mo–Fr 14–1, Sa, So 12–1. Bar am Donaukanal nördlich der Salztorbrücke. Bier vom Fass, Spritzer, Cocktails, Kaffee, viele Flaschenbiere. Snacks und Häppchen für den kleinen Hunger. Liegestühle am Donaukanal.

Blumenwiese Donaukanal (Höhe Obere Donaustraße 100), Tel. 366 55 55, E-Mail: beach@dieblumenwiese.at, www .dieblumenwiese.at, April bis September Mo–Mi, So 12–24, Do–Sa 12–22 (bei Schönwetter), Küche bis 22. Lokal am Donaukanal (gegenüber vom Schwedenplatz) mit Strand-Feeling. Verschiedene Sitzbereiche im Freien (teilweise mit Selbstbedienung); Burger, Fleisch, Salate; Drinks. €€€

Bricks – lazy dancebar Taborstraße 38, Tel. 0699/18 00 00 18, www.bricks.co.at, Di–Sa 20–4, Öffnungszeiten können abweichen (s. Homepage).. Diverse Flaschenbiere und Biere vom Fass; Cocktails (20–22 Happy Hour). Täglich DJ-Line mit wechselnder Musikrichtung: 70ies-Disco, 80ies-Classics, House, R'n'B, Hip-Hop, Rock, Deutschrap. Eintritt immer frei. Tischreservierungen telefonisch.

Café Else Heinestraße 36, Tel. 958 48 14, E-Mail: office@ cafeelse.at, cafeelse.at, Di–Fr 17–1, Sa, So 11–1 (Fei geschlossen), warme Küche bis 22; im Winter abweichende Öffnungszeiten, Weihnachten geschlossen. Wiener Espresso-Klassiker, der sich zum Kunst-Café wandelte. Sa,

So Frühstück bis 18, Snacks, internationale Gerichte, nach Mitternacht noch kleine Speisen wie Toast möglich. Sporadisch Sonntagsmatinees mit Lesungen, Live-Konzerte, div. Veranstaltungen, Kunstplätze. Große Bar, Schanigarten für 48 Pers. Behinderten-WC. ♿ €

Fluc Praterstern 5, Tel. 218 28 24, E-Mail: booking@fluc.at, www.fluc.at, Öffnungszeiten je nach Programm variabel (siehe Homepage bzw. Facebook-Seite). Szene DJs ab 21, Konzerte ab 20, Eintritt oder freie Spende bei Konzerten; Waldviertler Biere. Tischfußballtisch (€ 1,–); Mi Schwerpunkt zeitgenössische Kunst („in der kubatur des kabinetts"), Veranstaltungen. Gastgarten (Fluc_Garten). Fluc_Wanne: Terrasse für 60 Pers. Behinderten-WC; Rampe und Lift zu Fluc_Wanne. ♿

Hafenkneipe Donaukanal (Höhe Franzensbrücke), Tel. 0699/11 35 35 68, hafenkneipe.wordpress.com, April tägl. 16–24, Mai bis August täglich 18–24, September täglich 16–24. Wunderbar nicht-mainstreamiges Donaukanal-Juwel. Div. Softdrinks, Bier, Wein, Cocktails; ab 18 Snacks z.B. Steckerlfisch (durchgehend), Pizza (von Mo–Fr) , Empanadas undTacos (Sa, So).

NENI am Wasser Donaukanal Höhe Obere Donaustraße 65 (U2/U4 Station Schottenring, Ausgang Herminengasse), Tel. 43 80 038, E-Mail: reservierung@neniamwasser.at, www.neni.at, Di–Sa 17–24, So 11–22. Restaurant und Beach-Club am Donaukanal mit Urlaubsflair von Elior, Nuriel, Ilan und Haya Molcho. Mediterrane Speisen im Sharing-Style wie Creamy Burrata (€ 16,–), Yafo Muscheln (€ 21,50), Slow Cooked Bio-Lammschulter (€ 32,–); Cocktails ab € 9,50, erlesenes Weinsortiment, täglich wechselnde Angebote, frische saisonale Gerichte. Reservierung empfohlen. DJ-Lines, Livemusik. Platz für bis zu 250 Pers.; für geschlossene Gesellschaften zu mieten. Behinderten-WC im angrenzenden NENI Beach-Bereich. ♿ 💳

Spelunke Taborstraße 1, Tel. 212 41 51, E-Mail: ahoi@spelunke.at, www.spelunke.at, Mo–Do 12–20, Fr 12–4, Sa 10–4, So, Fei 12–24, Küche 12– 22.30. Spektakulär gestaltetes, riesiges Restaurant samt Bar im Erdgeschoß des News-Towers am Donaukanal. Internationales Speisekonzept mit regionalen Produkten; saisonal wechselnde Speisekarte mit z.B. Suppen, Salaten. Auswahl an vegetarischen und veganen Speisen. Kindersessel. DJ und fallweise Livemusik. Gastgarten für 85 Pers. Behinderten-WC. Luftbefeuchtungsanlage mit Aerosol-Desinfektion. ♿ 💳 €€€

Tachles Karmeliterplatz 1, Tel. 212 03 58, E-Mail: tachles@gmx.at, www.cafe-tachles.at, Mo–Do 17–23, Fr, Sa 17–24 (Sommer), im Winter ab 16 geöffnet. Szenebeisl für gepflegte Bier- und Weinkultur (3 offene, 5 Flaschenbiere); polnische Tagesgerichte und Klassiker, z.B. Barszcz (€ 4,90) oder Pierogi mit Kraut/Fleisch/Pilzen, Erdäpfel/Topfen, Rindfleisch oder Spinat gefüllt (ab € 7,60), aber auch überbackene Brote (ab € 8,40), Spaghetti (ab € 8,20) und frisch gemachte Palatschinken, Imbisse, Salate; österreichisches Bier (100 Blumen, Murauer), polnische Biere (Zywiec, Tyskie). Im Keller mietbarer Veranstaltungsraum für 60 Pers., Schanigarten für 80 Pers. €

Tewa Karmelitermarkt 26–32, Tel. 0676/847 74 12 10, E-Mail: office@tewaammarkt.at, www.tewaammarkt.at, Mo–Sa 7–23, So 7–19 (Fei geschlossen), warme Küche bis 22. Doppelt vertretenes Karmeliter-Szenelokal. 7–16 Frühstück (€ 5,50 bis € 11,90), 11–15 täglich wechselnde TT (vegetarisch € 7,50/mit Fleisch € 8,50); Wraps, Bagel, Hamburger, Salate; brasilianischer Kaffee (auch mit Sojamilch); 80 % der Getränke und Speisen aus biologischem Anbau; Vinothek. Schanigarten für ca. 150 Pers. €

Zwe Jazzclub Floßgasse 4, Tel. 0676/547 47 64, E-Mail: c@zwe.cc, www.zwe.cc, täglich ab 18. Jazzlokal mit kleinen Speisen: diverse Toasts und Brote, Würstel, Chili; Stiegl vom Fass, verschiedene Flaschenbiere, gute Weinauswahl. Schach, Tischfußball; täglich Livemusik.

Weinhandlungen

Enoteca Amici Miei Vorgartenmarkt Stand 10 (Ecke Radingerstraße/Ennsgasse), Tel. 0664/453 23 07, E-Mail: ciao@enoteca-amici.at, www.enoteca-amici.at, Di–Do 11.30–23, Fr 10–23, Sa 8–17. Klassisch italienische Spezialitäten aus meist familiär geführten Betrieben. Schwerpunkt auf Prosciutto, Salami, Käse und Wein; Angebot je nach Produktionsszyklus. Zum Verkosten oder Mitnehmen. Schanigarten für ca. 20 Pers. 💳

Barolista Alliiertenstraße 12, Tel. 212 69 51, E-Mail: info@barolista.at, www.barolista.at, Di–Do 14–18, Fr 10–18, Sa 10–14. Weine aus dem Piemont wie Barolo, Barbaresco; ital. Lebensmittel wie Olivenöl, Pasta; regionale Spezialitäten und Raritäten wie Piemontesische Haselnüsse, weiße Albatrüffel, Krumiri, Freisa, Timorasso. Eigene Kaffeemischung. Regelmäßige Verkostungen, Masterclasses, Weinmesse (Termine s. Homepage). Webshop mit Lieferung. 💳

Der Burgenländer Ernst-Melchior-Gasse 3, Tel. 212 51 49, 0664/88 73 70 18, E-Mail: post@der-burgenlaender.at, www.der-burgenlaender.at, Di, Fr 11–18, Mi, Do 11–21, Sa 13.30–18 (Fei geschlossen) (Vinothek), Greißlerei: Di–Sa bis 18. Weiß-, Rose- und Bio-Rotweine, Sekt und Frizzante aus dem Burgenland; Di–Fr 11.30–14.30 Mittagsbuffet (€ 11,10), TT € 8,90, kalte und warme Speisen; ein Mal monatlich Weinverkostung mit Winzer, alle 2 Monate Bierverkostung; angeschlossene Greißlerei mit Lebensmitteln aus dem Burgenland, z.B. Obst und Gemüse, Wurst und Käse, Milchprodukte, Aufstriche etc. Im Sommer Eis von „Der Eismacher".

Schanigarten für 32 Pers. Für Feiern und Veranstaltungen auch außerhalb der Öffnungszeiten reservierbar.

Sussitz – Wir leben Wein Krummbaumgasse 2–4, Tel. 212 50 00, E-Mail: wien@sussitz.eu, www.sussitz.eu, Mo–Do 10–13 und 14–19, Fr 10–19, Sa 9–14 (Fei geschlossen), Sonderöffnungszeiten im Dezember siehe Homepage. Schwerpunkt österreichischer Wein, aber auch Weine u.a. aus Italien, Portugal, Südfrankreich etc.; große Gin- und Rum-Auswahl; österreichischer Wermut und Aperitif-Liköre für die Bar; Gewürzmischungen (Altes Gewürzamt), Antipasti, Rustichella-Pasta, Olivenöl, Risottoreis, Barbecue-Saucen, fermentierte Produkte, Kaffee, Pedacola, Schokoladen, Geschenkpakete; ab und an Verkostungen. Jährlich „Genussfest" (s. Homepage).

DERweinladen Haidgasse 2, Tel. 212 31 89, 0664/912 39 63, E-Mail: office@derweinladen.shop, office@weinladen.wien, www.derweinladen.shop, Di–Fr 11–18.30, Sa 9–14 (Fei geschlossen). Der Großteil des Sortiments besteht aus österreichischen Weinen, aber auch Weine aus Italien, Spanien, Frankreich, Südafrika, Brasilien, Deutschland, Slowenien, Tschechien, Slowakei, Schweiz, Luxemburg, Griechenland und Georgien; ausschl. kleine, ausgewählte Produzent*innen; auch bio-dynamische, orange und vegane Weine. Verkostungen, Weinseminare (s. Homepage).

Zawadil Freudenau 255, Tel. 726 66 28-0, E-Mail: vinothek@zawadil.at, www.zawadil.at, Mo, Mi, Do 9–17, Di 9–18.30, Fr 9–14 (Fei geschlossen). 140 österreichische Winzer, gesamtes Bordeaux-Programm von 1996 bis 2018, italienische Weine etc.; Weinverkostungen auf Anfrage; Weinaccessoires, Duftkerzen aus Naturwachs. Auch Essig, Öl (Fudas Estate), Ingo Holland Gewürze, Senfkaviar. Bestellungen per E-Mail möglich.

Würstelstände

Bitzingers Würstelstand beim Riesenrad Gabor-Steiner-Weg, Tel. 729 17 44, E-Mail: wurst@bitzinger.wien, www.bitzinger.wien, täglich 12–22. Käsekrainer, Bratwurst, Burenwurst, Sacherwürstel, Bosna, Currywurst, Sepprecziner (pikante, sehr würzige Wurst), vegetarischer Snack (Kartoffeltaschen), Pommes; alle Speisen mit dem AMA-Gütesiegel zertifiziert; offene Weine, offenes Hausbier, großes Flaschenbiersortiment und Champagner Moet. Gastgarten für 22 Pers. Reservierungen für Gruppen möglich. **€**

Würstelstand Kaiserzeit Augartenbrücke (Ecke Obere Donaustraße), Tel. 0660/360 22 77, www.kaiserzeit.wien, Anfang März bis Mitte November Mo–Mi 11.30–24, Do, Fr 11.30–1, Sa 18–1, So, Fei 18–22, genaue Öffnungszeiten siehe Homepage oder Facebook. Neben klassischem Wurstsortiment wie Currywurst (€ 4,40) auch z.B. Mangalitza-Wurst (€ 4,50); handverlesener Spritzer (Da G'spritzte), Biere aus den alten Kronländern (z.B. Budweiser, Kozel, Karlovacko), Williamsbirnenbrand. Schanigarten für 12 Pers.

Würstelstand Stadion Meiereistraße Einfahrt Trabrennplatz, Tel. 0676/956 76 12, Mo–Fr 7.30–20, Sa, So, Fei 10.30–19. Bratwurst, Burenwurst, Käsekrainer, Frankfurter, Debreziner (ab € 3,80), Hotdog (ca. € 4,30); Gösser, Wieselburger, Limonaden.

Würstelstand Taborstraße (Ecke Blumauergasse), Mo 12–24, Di–So, Fei 15–24. Klassisches Wurstsortiment, österreichische Käsekrainer und Langos, Pommes; div. Biere.

3., LANDSTRASSE

Der Dritte ist ein Mischmasch aus allem, was Wien an Schönem wie Schirchem zu bieten hat: das Schloss Belvedere, den Stadtpark, ein Botschaftsviertel und den Rochusmarkt auf der Innenbezirksseite. Und jenseits des Gürtels, im Süden, das Grätzel der ehemaligen Schlachthöfe, wo zwischen Industrieödnis ein Zentrum der Forschung und der Medien wächst. Kulinarisch ist dieser Stadtteil weitgehend Wüste, vor allem außerhalb der Firmenöffnungszeiten. Ein paar Neu-Marxer Oasen gibt es: etwa the nice guys, die in reduzierter Hipster-Atmo Burger, Bowls und Pastrami-Sandwiches auf den Tisch stellen. Oder die Marx Restauration, die einen soliden Mix aus Pasta, Salaten, Burgern und Co vertreibt. Und Paul & the Monkeys, wo man am preiswerten Buffet zuschlagen kann.

Auf der innenstädtischen Seite ist das Angebot hingegen lukullisch: vom Steirereck im Stadtpark über den Weinhaus-Klassiker Gasthaus Wild bis zu Wiens einst erstem Stadtstrand mit der Strandbar Herrmann oder dem coolen Café Menta im Weißgerber-Grätzel.

Was aber hat sich im dritten Hieb getan? Das Asman, ein afghanischer Familienbetrieb in der Schlachthausgasse, wo es die seltene Gelegenheit gab, authentisch afghanisch zu speisen, wurde vom Paradies Restaurant abgelöst, das seine ebenfalls afghanische Speisekarte mit persischen Gerichten ergänzte.

Und in der Baumgasse machte Sri Gumpoldsberger, wie schon vor der Pandemie angekündigt, wirklich ernst: Sie ging im Frühjahr in Pension und hat ihren wunderbaren Sri-Thai-Imbiss zugesperrt. Die Nachfolger – Ton Mai Thai Kitchen – bieten gleichenorts die erwartbaren Thai-Favourites.

Stöckl im Park
Bierlokal mit eigener Brauerei ... S. 192

Ksenia

DIE BESTEN 20 IM 3. BEZIRK

Elvira's
Hier wird traditionelle ukrainische Küche gefeiert: Golubzi-Kohlrouladen, eine große Wareniki-Auswahl, Mlinzi, Blintschiki und Zharke. „Wie bei Mama", bewirbt Elvira's ... S. 201

Wirtshaus Herlitschka
Gemütliches Restaurant mit gutbürgerlichen Speisen und schmähführenden Kellner*innen ... S. 190

Gasthaus Wild
Legendärer Gastgarten, erstes Haus im Radetzky-Viertel ... S. 193

GmoaKeller
Eine der Wiener Wirtshausikonen mit einem Rucksack voller Geschichte und Gasthausklassikern auf der Karte ... S. 189

Habibi & Hawara
Das österreichisch-migrantische Lokalkonzept startete 2016 nach der großen Fluchtbewegung. Sechs Jahre später wird in fünf Lokalen Orientküche und die Welt ein bisschen besser gemacht ... S. 200

Heunisch & Erben
Mischung aus Avantgarde-Vinothek, Weinbar und Drei-Hauben-Gourmetbistro ... S. 202

Joseph Bistro
Weil der Mensch eben nicht nur von Brot alleine lebt, gibt es im Bistro der Designbäckerei eben auch noch all-time faves aus der Szene-Küche ... S. 208

Klein Steiermark
Vor allem bei Familien beliebt: Die Kinder können sich auf dem nahegelegenen Spielplatz die Wartezeit aufs Essen vertreiben ... S. 190

Krazy Kitchen
Junges Thai-Streetfood-Lokal mit viel Designschnickschnack und frischer Showküche ... S. 200

Lingenhel
Glücklich machende Kombi aus Feinkosthandlung, Restaurant und Wiens einziger Käsemanufaktur in der der Käseflüsterer Johannes Lingenhel Wunderbares reifen lässt ... S. 190

Léontine
Hier kommen geschmackvolle, stilsichere, edle Dinge aus der französischen Küche auf den Teller. Die Weinbegleitung lohnt sich ... S. 195

Meierei im Stadtpark
Die bürgerliche Version des Steirerecks, großartiges Frühstück, Zutaten teilweise aus der eigenen Landwirtschaft am Pogusch ... S. 191

Restaurant Steirereck im Stadtpark
Fünf Hauben können nicht irren: das Steirereck ist nicht nur weltberühmt in Wien, sondern es ist wirklich eines der besten der Welt ... S. 192

Stadtwirt
Wirtshaus-Pub, das dezent veredelte Hausmannskost kocht. Burgenländisches ist auch immer wieder ein Thema ... S. 192

Stöckl im Park
Gigantisches Bierlokal mit eigener Brauerei, das routiniert Massen verköstigt ... S. 192

Ströck Feierabend
Das Restaurant der Großbäckerei aus der Donaustadt macht ebenso wie die Konkurrenz hippe Brot-Küche. Gemüse und Kräuter kommen hier aber sogar aus dem eigenen Garten in Aspern ... S. 192

suess'kind veganery
Junges, veganes Lokal, in dem heimische Lebensmittel je nach Saison zu kreativen Weltküche-Gerichten verarbeitet werden. Kein Tofu, kein Fleischersatz, kein Zucker ... S. 201

Stellas
Verspielte Gerichte aus einem mediterran-asiatischen Misch-Universum ... S. 204

Winklers zum Posthorn
Mit Gründungsjahr 1870 eines der ältesten noch bestehenden Gasthäuser Wiens. Altwiener Gasthausküche mit ein bisschen mediterranem Einschlag, beim Service rennt der Schmäh, null touristisch ... S. 193

Zum kleinen Sacher
Ja, es ist nur ein Würstelstand, aber einer ersten Ranges, mit der besten Bosna Wiens, wie die Stammgäste meinen ... S. 211

Gaststätten, Restaurants, Wiener Beisln

575 Sagmeister Schimmelgasse 11, Tel. 0664/88 31 50 23, E-Mail: reservierung@575sagmeister.at, www.575sagmeister.at, Mo–Fr 16–24, Sa, So 11–24, Küche bis 21.30. Mischung aus altem Wirtshaus und modernem Restaurant mit österreichischer Küche. Kleine, wechselnde Speisekarte; Spezialität: Kaiserschmarren; Take-away. Kindersessel. 2 Kegelbahnen (€ 16,–/Std./Bahn); separate Stube für 16 Pers. (Kegelbahn, Stube und Keller können für Geburtstage, Firmenfeiern etc. gemietet werden). Schanigarten am Paulusplatz für ca. 70 Pers. €€

Abby Landstraßer Hauptstraße 50, Tel. 348 09 08, E-Mail: office@abby.at, www.abby.at, Mo–Sa 11–23. Asiatische und österreichische Küche. Fisch- und Fleischgerichte; ausgefallene Sushi-Rolls; Maki; Spezialität: Kalbsbutterschnitzel; MM (€ 10,90); div. Weine und Prosecco-Spritzer, hausgemachte Limonaden. Catering. Schauküche, kleiner Barbereich. Schanigarten für 42 Pers. €€

Cafe Restaurant Alt Erdberg Fiakerpl. 8, Tel. 710 70 50, E-Mail: alterdberg@gmail.com, www.alt-erdberg.at, täglich 8–23, warme Küche 11–21. Ganztägiges Frühstück (ab € 3,50); traditionelle Hausmannskost und Wiener Küche, saisonale Spezialitäten (3gg MM ab € 8,90), Speisen täglich frisch zubereitet; Hubertus Bier vom Fass, österr. Weine; Kinderspeisen, -sessel; Spielsachen. TV. Alle 14 Tage (außer im Sommer) Wienerlieder und Heurigenabend (Do ab 19, Voranmeldung erbeten). Delikatessengeschäft angeschlossen. Schanigarten für 36 Pers. Behinderten-WC. €

Amon's Gastwirtschaft Schlachthausgasse 13, Tel. 798 81 66, E-Mail: office@amon.at, www.amon.at, Di–Sa 10–22, So 10–16, im Juli/Aug. So geschl.; Küche Di–Sa bis 21, So bis 15. Saisonspezialitäten (Di–Fr 2 TT 11–14 um € 8,50), z.B. Spargel, Wild, auch Steak, mediterrane Spezialitäten (eigene Speisekarte); monatl. Highlights (z.B. Steakwoche); eigene Weinkarte; Kinderportionen, -sessel, Wickeltisch, Spielzimmer. TV. Extrazimmer für bis zu 120 Pers., zu mieten für Veranstaltungen (All-inclusive-Feiern); Hofplatzl für 25, Weinkeller für 20, Wintergarten für 50 sowie Naturgarten mit Laube im Innenhof für 80 Pers.; Hintereingang barrierefrei. €€€

Restaurant Apron Am Heumarkt 35–37, Tel. 907 47 47, E-Mail: welcome@restaurant-apron.at, www.restaurant-apron.at, Di–Sa 18–24 (letzte Reserv. 19.30), Barbetrieb: Mo–So 16–24. Restaurant, in dem Michelin-Sterne Koch Stefan Speiser kocht. Moderne, österr. Küche mit internationalen Einflüssen, regionale Zutaten. Menü 5gg € 119,–/7gg € 145,– (Gedeck € 6,–). Kindersessel, Wickeltisch. Klimaanlage. Terrasse für 20 Pers. Behinderten-WC. €€€€

Arco essen & mehr Marokkanergasse 3 (Ecke Traungasse), Tel. 0699/17 13 83 22, E-Mail: office@arco-wien.at, www.arco-wien.at, Mo–Fr 11.30–15.30 (Fei geschlossen), Küche bis 15, abends nach Vereinbarung für geschlossene Gesellschaften geöffnet (30 bis 60 Pers.). Restaurant ausschließlich mit Mittagsmenü (2 mit VS zur Auswahl, eines vegetarisch); immer frisch gekocht mit Fokus auf regionalen und saisonalen Zutaten, keine Convenience-Produkte; wechselnde hausgemachte Desserts und Mehlspeisen. Kinderportionen, -sessel. Keine Miete bei Veranstaltungen ab 30 Pers. (unter 30 Pers. bezahlt man € 30,– pro fehlender Person); Menü- und Buffetvorschläge siehe Website. Bösendorfer-Klavier und Podium für Darbietungen vorhanden. Schanigarten für 16 Pers. €

Die Arkade Radetzkystraße 2/4, Tel. 710 47 53, E-Mail: t_lahr1@yahoo.de, www.diearkade.at, Mo–Fr 7.30–15 (Fei geschlossen), im Sommer Fr geschl. (siehe Website). Frühstück bis 11; traditionelle österreichische Küche (TT ab € 7,90; Suppe dazu € 1,80); Piestinger vom Fass, saisonale Bierauswahl. TV. Sitzbereich in Aula für ca. 45 Pers. Behinderten-WC in der Anlage. €

Restaurant Arsenalstuben Ghegastr. Arsenal Objekt 1 (beim Heeresgeschichtlichen Museum), Tel. 798 23 21, E-Mail: mahlzeit@arsenalstuben.at, www.arsenalstuben.at, Mo–Sa 11–22, So, Fei 11–18, im Winter So, Fei nur bis 16; für Gruppen ab 30 Pers. flexibel geöffnet. Traditionelle österreichische und internationale Küche (Mo–Fr MM € 8,20), Spezialität: Arsenalburger; Puntigamer und Gösser vom Fass. Kinderspeisen, -sessel, Wickeltisch. Kulinarische Veranstaltungen, Konzerte, Räumlichkeiten für bis zu 100 Pers. für Veranstaltungen mietbar (Buffet auf Anfrage), Kaminzimmer für 50, Gastgarten für 70 Pers. im historischen Arkadenhof. Kartenzahlung ab € 20,–. €€

ausklang Kleistgasse 1, Tel. 236 96 05, E-Mail: mail@ausklang.at, www.ausklang.at, Di–Do 10.30–23, Fr 10.30–2, Sa 16.30–2, warme Küche bis 22. Leichte österr. und internationale Küche; 4 MM Di–Fr 11.30–14 ab € 8,90; alle Speisen zum Mitnehmen (bei Vorbestellung nach ca. 15 Min. zum Abholen bereit); klassische Cocktails. TV. Lokal für Feiern kostenlos und ohne Mindestumsatz zu mieten. Klimaanlage. Schanigarten für 60 Pers. Behinderten-WC. €€

Gasthaus Bauer Erdbergstraße 150, Tel. 714 31 26, E-Mail: kraft@allesfuerdengastronom.at, www.gasthaus-bauer.com, Mo–Fr 10–22 (Fei geschlossen), September bis Juni So 10–15; durchgehend warme Küche bis 21. Hausmannskost (Mo–Fr 11–14 MM ab € 8,50), Spezialitätenwochen, je nach Saison z.B. Bärlauch-, Schwammerl- oder Ganslwochen; Kinderspeisen, -sessel. TV. Lokal mit 120 Sitzplätzen, darunter 3 Extrazimmer für Feiern zu reservieren (für 16, 24 und 38 Pers.). Schanigarten für 60 Pers. €€

Heuriger am Belvedere Rennweg 12 (im Lindner Hotel am Belvedere), Tel. 0676/847 20 75 60, E-Mail: fb.wien@lindnerhotels.at, www.lindnerhotels.at, Di–Sa 17–23, Küche bis 22. Österreichische bzw. Wiener Küche, auch saisonale und vegane Speisen; starker Fokus auf Regionalität, ausschließlich Wiener Weine von namhaften Winzer*innen; Kinderportionen, -sessel, Wickeltisch. Lokal für Veranstaltungen bis 50 Pers. zu mieten; Seminar- und Tagungsräume im Hotel. Hundetankstelle. Behinderten-WC. ♿ 💳 €€

Bierteufl Ungargasse 5, Tel. 712 65 03, E-Mail: office@bierteufl.at, www.bierteufl.at, Juli bis August Mo–Fr 11–24, Sa 17–24 (Fei geschlossen), September bis Juni Mo–Fr 11–24, Sa, So, Fei 17–24, Weihnachten geschlossen. Rustikales Lokal mit österreichischer Küche, wechselnde Spezialitätenkarte (Mo–Fr 11–14 2 MM € 9,40 und € 9,90; Fr Fischmenü € 10,90/11–14 Tagesschnitzel € 10,90), Spezialität des Hauses: Pfandlgerichte; 80 Biersorten, 2 Hausbiere, 12 Fassbiere. 2 Kindersessel. Leinwand für Sportübertragungen. Schanigarten für 60 Pers. 💳 €€

Gasthaus Bürger Beisl Wassergasse 36, Tel. 0664/275 55 44, E-Mail: info@burgerbeisel.at, burgerbeisel.eatbu.com, Di–Fr 11–23, Sa 11–17 (Fei geschlossen), warme Küche Di–Fr bis 22, Sa bis 15. Hausmannskost (Di–Do MM € 9,10, Fr € 9,40), saisonale Speisen, Kinderportionen auf Anfrage; Pilsner Urquell und dunkles Bier vom Fass. Extrazimmer für 20; Gastgarten für 20 Pers. 💳 €€

Restaurant & Bistro Cenaro Guglgasse 7–9, Tel. 971 22 22, E-Mail: office@cenaro.at, www.cenaro.at, Mo–Fr 9–21 (Fei geschlossen), warme Küche bis 20. „Lifestyle-Restaurant" vis-à-vis vom Gasometer A mit Schwerpunkt Wiener und ital. Küche, Gegensatz zur Gasometer-Mainstream-Gastronomie; Frühstück 9–11 (ab € 4,90); Pasta, Wok-Gerichte, Steaks, Salate, Burger (Mo–Fr 11–15 2 MM ab € 8,10), saisonale Speisen. TV. Gastgarten für 100 Pers. 💳 €

El Gaucho am Rochusmarkt Erdbergstraße 4 (Rochusplatz 1), Tel. 38 10 00, E-Mail: rochusmarkt@elgaucho.at, www.elgaucho.at/wien-rochusmarkt/, Mo–Sa 11–2, So, Fei 12–23, Küche: Mo–Do bis 22.30, Fr, Sa bis 23, So, Fei bis 22. Internationale Steakküche. Gaucho-Beef aus Argentinien und Dry-Aged-Beef aus Österreich (Hüft-, T-Bone-, Rump- und Rib Eye Steaks; ab ca. € 17,–); Mo–Fr ab 11.30 MM (€ 11,90); Verwendung regionaler Zutaten; große Auswahl an nationalen und internationalen Weinen. Kindersessel. Onlinereservierung möglich. Gastgarten. 💳 €€€

Erdberger Braustuben Kardinal-Nagl-Platz 12, Tel. 712 57 98, 0699/10 90 57 83, E-Mail: blue.star@gmx.at, www.erdbergerbraustuben.at, Mo–Sa 7–24, Küche 9–14 und 18–22. Frühstück, Hausmannskost und Spezialitäten vom Balkan wie Pljeskavica (Mo–Fr ganztägig TT € 7,60), Sa Spezialitäten zusätzlich zur normalen Speisekarte. TV. Ab und zu Livemusik, Tanzfläche vorhanden, Karaoke. Schanigarten für 16 Pers. €

EssDur Restaurant im Konzerthaus Am Heumarkt 6, Tel. 512 55 50, E-Mail: restaurant@essdur.wien, www.essdur.wien, an Konzerttagen 17.30–24, Mi und So bei Matineen 12–15. Küchenchef Christian Wallner (2 Hauben) legt bei den Speisen einen Fokus auf regionale und saisonale Qualitätsprodukte mit nachvollziehbarer Entstehungsgeschichte. Österreichische und internationale Küche; große Auswahl an offenen Weinen und Flaschenweinen mit Schwerpunkt Österreich. Klimaanlage. Separates Künstlerzimmer für 20 Pers. Behinderten-WC. ♿ 💳 €€€

Falkensteiner Stüberl Kleistgasse 28, Tel. 798 19 50, E-Mail: office@falkensteinerstueberl.at, www.falkensteinerstueberl.at, täglich 11–22, durchgehend warme Küche. Hausmannskost, Wiener Küche (Mo–Fr MM ab € 9,–), saisonale Gerichte (z.B. im Herbst Wild oder Gansl); Mi Schnitzelmenü (€ 9,–); Kinderspeisen, -sessel, Wickelmöglichkeit. 2 Extrazimmer für 12 und 50 Pers. (für Feiern geeignet). Schanigarten für 25 Pers. 💳 €€

GmoaKeller Am Heumarkt 25, Tel. 712 53 10, E-Mail: reservierung@gmoakeller.at, www.gmoakeller.at, Mo–Sa 11–24 (Fei geschlossen), warme Küche bis 23.30. Hausmannskost mit starker Tendenz in Richtung Wiener Ursprünglichkeit und innovativer österreichischer Küche (Mo–Fr ab 11 MM € 9,80), saisonale Gerichte, Innereien (Spezialitäten: geröstete Leber, Kalbsleber, geröstetes Hirn); kleine Portionen möglich. Internationale Craft-Bier-Spezialitäten; umfangreiche Schnaps- und Weinkarten (mit österr. Raritäten). 6 Kindersessel. Extrazimmer für 30, Keller für 90; Schanigarten für ca. 80 Pers. 💳 €€

Zum goldenen Löwen Löwengasse 24 (Ecke Hetzgasse 32), Tel. 208 61 88, E-Mail: draginjagavric1962@gmail.com, täglich 11–23, durchgehend warme Küche. Bodenständige Küche, ca. 30 Pizzen aus dem Holzofen (bis 14.30 € 9,90), Pasta (bis 14.30 € 9,90), mediterrane Küche, Balkanspeisen (Mo–Fr 11–14.30 3gg MM € 9,90), Fr Fisch, Wochenkarte, saisonale Spezialitäten; Verwendung von frischen Produkten; Kinderspeisen, -sessel, Wickeltisch. Partys bis 80 Pers. möglich. TV. Schanigarten für 38 Pers. 💳 €€

Gasthaus Zur Gruabn (Richter) Untere Viaduktg. 41, Tel. 712 63 59, E-Mail: karl.richter1@chello.at, www.gruabn-beisl.at, Mo–Fr 10–22 (Fei geschl.), durchgehend warme Küche 11–22. Bodenständige Küche und saisonale Speisen (ab 11 2 MM € 8,20 und € 9,20, auch zum Mitnehmen); Kinderspeisen, -sessel. TV. Schanigarten für 45 Pers. 💳 €

Hemmers Gärtnergasse 12, Tel. 974 24 62, E-Mail: office@hemmers.wien, www.hemmers.wien, Mo 17–23, Di–Fr 11–23 (Fei geschlossen), Küche: 11.30–14.30 und 17.30–21.30.

Österreichische Küche mit Schwerpunkt auf Südtiroler Gerichten, vom Chef persönlich gekocht (Di–Fr MM € 10,–). Kinderportionen, -sessel, Spielzeug. Take-away. Verkauf von Südtiroler Delikatessen im hauseigenen Laden. Gastgarten für 24 Pers. €€

Wirtshaus Herlitschka Traungasse 1, Tel. 0660/999 70 07, E-Mail: reservierung@herlitschka.wien, www.herlitschka.wien, Mo–Fr, So 12–23, Sa 17–23, Küche bis 22. Wiener Küche, Wochenkarte (Mo–Fr 12–14.30 MM ab € 9,80), saisonale Speisen, Spezialitäten: Fiakergulasch, Zwiebelrostbraten; 4 offene Biere, Weine vom Weingut Markowitsch; Kinderspeisen, -sessel, Spielzeug. Räumlichkeiten für Veranstaltungen bis zu 80 Pers. Überdachter, wunderschöner Arkaden-Schanigarten für 55 Pers. €€

Hiddenkitchen Park Invalidenstraße 17 L12-L13 (Ecke Ungargasse), Tel. 971 60 93, E-Mail: park@hiddenkitchen.at, www.hiddenkitchen.at, Mo–Fr 8.30–17, Sa 9–14 (Fei geschlossen). Restaurant mit Take-away-Shop; täglich frische Speisen; 8.30–11 Frühstück (€ 6,40 bis € 19,70); Tagessuppe (€ 4,50), mehrere Salat- bzw. Gemüsevariationen (klein € 6,50/groß € 9,50), 2 bis 3 HS (MM mit Suppe und Salat € 9,50 bis € 13,20), Eintopf (€ 10,90 bis € 11,90), Desserts (€ 4,20); Suppe und HS wechseln täglich, Salate, Eintöpfe und Desserts wöchentlich; alles ohne Konservierungsstoffe, Emulgatoren, Glutamat und Geschmacksverstärker; hausgemachte Limonaden und Eistee. Take-away; Kindersessel. Catering. Schanigarten für 20 Pers. €

Keiner Stuben Erdbergstraße 78–80, Tel. 0699/17 11 76 45, täglich 10.30–22, Küche 11–21. Wiener Hausmannskost; Mo–Fr 11–14.30 MM (€ 8,80); Kinderportionen, -sessel. TV. Lokal für Veranstaltungen ab 25 Pers. zu mieten. Schattiger Schanigarten für 60 Pers. €

Restaurant Klein Steiermark Heeresmuseumstraße 1 (im Schweizergarten), Tel. 799 58 83, E-Mail: gastwirtschaft@kleinsteiermark.wien, www.kleinsteiermark.wien, täglich 11.30–23, Küche bis 22. Wiener Küche und Schmankerln sowie steirische Gerichte; Spezialitäten: Spareribs, Riesengarnelen; AMA-Gastrosiegel (regionale Lebensmittel); Kinderspeisen, -sessel, Wickeltisch, Spielplatz gegenüber im Schweizergarten. Platz im Lokal für 100 und im schattigen Gastgarten für 300 Pers. Behinderten-WC. €€

Kolonitz Beisl Bechardgasse 2, Tel. 713 81 93, E-Mail: wirtshaus@kolonitzbeisl.at, www.kolonitzbeisl.at, Mo–Fr 11–23, durchgehend warme Küche bis 22. Schönes Alt-Wiener Wirtshaus, saisonale Speisen, z.B. mit Eierschwammerl, Spargel (2 MM € 8,40 mit Fleisch; vegetarisch € 7,90); Gösser, Budweiser und Schwechater Zwickl vom Fass; Kinderspeisen, -sessel, Wickeltisch, Spielplatz einer Volksschule gegenüber. Kartenspiele. 2 Extrazimmer für 25 und 30 Pers. für Veranstaltungen zu mieten; Schanigarten für 48 Pers. €

Kuchlmasterei Obere Weißgerberstraße 6, Tel. 410 26 69, E-Mail: info@kuchlmasterei-rest.com, kuchlmasterei-rest.com, Di–Do 18–24, Fr, Sa 18–1. Mediterranes Fischrestaurant. Wechselnde Spezialitäten wie Hummer oder Wolfsbarschfilet. Kindersessel, -speisen auf Anfrage. Weinkeller mit 3000 Positionen. 5 verschiedene Räumlichkeiten mit 120 Sitzplätzen, Gastgarten für 20 Pers. Barrierefreier Zugang zum Lokal möglich. €€€

Landstein Landstraßer Hauptstraße 132 (Ecke Steing. 1), Tel. 713 01 08, E-Mail: restaurant@landstein.at, office@landstein.at, www.landstein.at, Mo–Fr 11.30–24, Sa 17–24 (Fei geschlossen), durchgehend warme Küche bis 23. Lokal von Reinhard Zarbach (ehemaliger Rapid-Spieler); internat. Küche (Mo–Fr 11.30–15.30 TT € 10,50), Rindscarpaccio mit Trüffelöl und Grana (€ 12,–), Filetsteaks (300g ab € 29,–); ein Teil der Karte wechselt 1-mal im Monat, der andere je nach saisonalen und regionalen Spezialitäten, z.B. Lamm, Ravioli etc.; Kinderportionen, -sessel. Großes Weinrepertoire mit 6000 Positionen (Zarbach ist auch Weinhändler), 2000 Spirituosen, Cocktails, hausgemachte Limonaden, 150 Biersorten. Klimaanlage; TV. Schanigarten für 50 Pers. €€€

LENZ – Social Dining Am Stadtpark 1 (im Hilton Vienna Park), Tel. 717 00-12120, E-Mail: christian.minarik@hilton.com, www.lenz-socialdining.at, Di–Sa 12–23, Küche bis 22. Österr. Küche von Klassikern bis zu innovativen Eigenkreationen. Di–Fr 12–17 MM (2gg € 19,–/3gg € 21,–). Klimaanlage. Behinderten-WC im Gebäude. €€€€

Lingenhel Landstraßer Hauptstraße 74, Tel. 710 15 66, E-Mail: office@lingenhel.com, www.lingenhel.com, Mo–Mi 9–19, Do, Fr 9–22, Sa 8–16 (Fei geschlossen). Kombination aus Restaurant, Weinbar und Delikatessengeschäft. Saisonale Küche, kleine Fixkarte, tägl. wechselnde Angebote, mittags und abends Menü; im Fokus steht Kochen mit Käse, der in einer eigenen Käserei auch selbst hergestellt und gereift wird; Mo–Fr 9–11.30, Sa 9–15 Frühstück (auch zum Mitnehmen); Kinderportionen auf Anfrage, Kindersessel. Weinkarte mit ca. 150 österreichischen Weinen, selbstgemachtes Tonic, Trumer Pils und Trumer Zwickl, kleine Cocktailkarte. Alle Speisen auch zum Mitnehmen (Bestellung am selben Tag bis 11). Delikatessen aus Österreich, Italien, Frankreich, Portugal und der Schweiz; z.B. Käse, Salami, Alimentari, aus eigener Produktion auch Chutneys etc.; hauseigene Käserei (Frischkäse, Brie etc.). Klimaanlage. Verkostraum mit eigener Bar für ca. 20 Pers. Terrasse für 30 Pers. €€€

Lucullus Neulinggasse 29, Tel. 718 02 15, E-Mail: office@lucullus-restaurant.at, www.lucullus-restaurant.at, Mo–Fr 8–23 (Fei geschlossen), Sa, So, Fei auf Anfrage für geschlossene Gesellschaften geöffnet. Mediterrane und heimische Küche, wechselnde Wochenkarte mit saisonalen und regionalen Speisen, 8–11 Frühstück, 11–14.30 Selbstbedienung (TT € 10,–, 2gg MM € 11,–), 15–23 à la carte. Paulaner Original Münchner Helles, Zwettler Helles und Zwickl vom Fass, österreichische Weine, hausgemachte Limonaden; eigene Barkarte mit außergewöhnlichen Kreationen (z.B. selbst angesetzter Ringelblüten-Wermut, karibische Maracuja-Cocktails). Catering. Neu renovierter Innenbereich, wunderschöner Garten für 180 Pers. mit Olivenbäumen, indischen Schirmen und Palmen versprüht mediterranen Charme. Wintergastgarten (nur Jan./Feb. geschlossen). 💳 €€€

Marx Restauration Maria-Jacobi-Gasse 2, Tel. 0664/169 13 36, E-Mail: restauration@marx.at, www.marxrestauration.at, Mo-Do 10-15 (Fei geschlossen), an Spieltagen vom Globe Theater und vom Zirkus bis 20 geöffnet. Neue Wiener Weltküche und hausgemachte Pizza; 11-14 MM (1gg € 9,-; 2gg € 11,50); monatlich wechselnde Karte, saisonale und regionale Produkte; Frühstück (ab € 4,50). Kinderportionen auf Anfrage, Kindersessel, Wickeltisch. Abends und am Wochenende Location für Partys und Veranstaltungen bis 400 Pers. Offizielle Hochzeits-Location. Beamer und Leinwand für Sportübertragungen. Weitläufiger Gastgarten mit Gartenbar und Grill im Sommer, Feuerkörben und Punschhütte im Winter. Reservierung erbeten. 💳 €€

Marx bier und mehr Franzosengraben 3, Tel. 796 99 44, E-Mail: office@marxgastro.wien, www.marxgastro.at, Mo-Fr 11-24, durchgehend warme Küche bis 21.30; Sa, So auf Anfrage für Gruppen geöffnet. Kleine Frühstücksauswahl (ab € 4,-), Wiener Küche (Mo-Fr 11-14 MM € 9,60), Spezialitätenkarte mit Steaks in allen Variationen, auch saisonale Speisen (z.B. Spargel, Kürbis, Wild); ausgewählte Bierspezialitäten, Cocktailkarte; Kinderspeisen, -sessel, Wickeltisch. Klimaanlage; TV für Sportübertragungen (Sky Sports), große Leinwand mit Beamer; Familien- und Firmenfeiern möglich. Loungebereich mit großem, zu öffnendem Glasfenster. Gastgarten für 80 Pers. 70 hauseigene Parkplätze. Behinderten-WC. ♿ 💳 €€

Meierei im Stadtpark (Restaurant Steirereck) Am Heumarkt 2a, Tel. 713 31 68, E-Mail: wien@steirereck.at, www.steirereck.at, Mo-Fr 8-23, Sa 9-19 (Fei geschlossen), Küche bis 22, Sa bis 18. Die kleine Schwester des Steirerecks in entspannter Stadtpark-Atmosphäre. Angebote rund um die Milch (€ 5,- bis € 20,-); Frühstück Mo-Fr 8-12, Sa, So 9-12, z.B. Meierei-Frühstück (€ 21,90), Steirereck-Frühstück (€ 25,90), Wiener Gabelfrühstück (€ 25,90); helle Milchbar mit weißen Möbeln, weiß livriertem Service, riesigem Käseschaukasten, einer Wand aus weißen Milchflaschen und 4 Käsewägen mit 140 Käsesorten aus 13 Ländern (€ 7,- bis € 30,-), Käsereiferäume, Käse zum Mitnehmen; warme Wiener Mehlspeisen (€ 4,20 bis € 11,50), um 13 und 14 Uhr Apfel- und Milchrahmstrudel frisch aus dem Ofen; ab 12 durchgehend warme Küche; mittags à la carte, ab 18 auch AM (4gg € 55,55 + € 33,33 für Weinbegleitung, 5gg € 66,66 + € 39,39 für Weinbegleitung, 6gg € 77,77 + € 46,46 für Weinbegleitung; Gedeck € 3,20). Kindersessel, Wickeltisch. Schanigarten inkl. Terrasse zum Wienfluss für 20 Pers. Rollstuhlrampe. 💳 €€€€

Rochus Landstraßer Hauptstraße 55-57, Tel. 710 10 60, E-Mail: office@gastrogroup.at, www.rochus.at, Mo-Sa 8-1, So 9-24, Fei 9-1, Küche bis 23; saisonale Abweichungen siehe Homepage. Großes Lokal am Rochusmarkt mit hohem Wohlfühlfaktor. Wiener und internationale Küche (Mo-Fr MM mit VS oder Dessert € 10,50), saisonal wechselnde Marktkarte, Spezialität: Schinkenfleckerl, Chili-Hendl-Salat; außerordentlich gut sortiertes Frühstücksangebot bis Küchenschluss; 2 Sorten Kaffee (eigene Rochus-Röstung) vom hauseigenen Barista, klassische Cocktails und Eigenkreationen, ausgesuchte österr. Weine; 3 Kindersessel, Wickeltisch; alle Speisen zum Mitnehmen (bei Vorbestellung nach ca. 15 Min. auch zum Abholen bereit). Klimaanlage. Riesige Terrasse für 130 Pers. mit Markise (im Sommer gekühlt, im Winter beheizt). Behinderten-WC. ♿ 💳 €€

Salm Bräu Rennweg 8, Tel. 799 59 92, E-Mail: office@salmbraeu.com, www.salmbraeu.com, täglich 11-23. Brauerei, Brennerei und Gaststätte in einem ehemaligen Kloster. Das Essen ist typisch – von Broten mit Aufstrich über Weißwurst bis zur Stelze, (Mo-Fr 2 MM € 9,50); Kinderportionen, -sessel, Malsachen; die Brauerei braut nach alten Rezepten 5 Biere der Premiumklasse (inkl. 1 Weißbier); eigene Brennerei mit erstklassigen Destillaten und dem ersten in Wien hergestellten Whisky. Führungen und Bierverkostungen. Leinwand und Beamer. Georgssaal für 130, Bierkeller für 110 und Kellerstüberl für 30 Pers. (Räume auch für Veranstaltungen zu mieten), Innenhof für 75 Pers. Reservierung ratsam. Erdgeschoß barrierefrei. 💳 €€

Schaukuchl Hintere Zollamtsstraße 2b/GL 03, Tel. 715 27 15, E-Mail: info@schaukuchl.at, www.schaukuchl.at, Mo-Do 7-13.30. Internationale und österreichische Speisen; täglich frisch gekochte, saisonale TT (4 Varianten ab € 8,-), Tagessuppe und Dessert; offene Schauküche; Kinderportionen; österreichische Rot- und Weißweine. 2 Flatscreens, Funkmikro, Beamer und Leinwand. Klimaanlage. Behinderten-WC. ♿ 💳 €€

Gasthaus Schmitzberger Nottendorfer Gasse 30, Tel. 798 91 68, Mo-Fr 10-21 (Fei geschlossen), warme Küche 10-20.30; Betriebsurlaub 3 Wochen im Sommer, 2 Wochen im Winter. Hausmannskost, Alt-Wiener Küche (Innereien etc.), saisonale Speisen, Tagesspezialitäten (Mo-Do MM € 9,-, Fr Fischmenü € 10,-); Kinderportionen, -sessel. 2 Extrazimmer für 28, Garten für 100 Pers. €€

Schutzhaus zum Arsenal Schlechtastraße 2 (Kleingartensiedlung), Tel. 798 05 63, E-Mail: info@schutzhauszumarsenal.at, www.schutzhauszumarsenal.at, Mo-Fr 10-20 (Fei geschlossen). Bodenständige österreichische Küche,

Schnitzelvariationen, Gegrilltes; Kinderportionen, -sessel; Fass- und Flaschenbiere, Weine aus Österreich, Spirituosen. Schanigarten für 100 Pers. €€

Schwabl Wirt Erdbergstraße 111, Tel. 713 52 29, E-Mail: office@schwabl.at, www.schwabl.at, Di–Sa 9–23, So 9–15.30, warme Küche Di–Sa bis 21.30, So bis 14.30. Hausmannskost und Tagesspezialitäten (MM 11–14.30 Di–Do € 9,50, Fr Fisch € 10,90), Spargel-, Pilz- und Gansl-spezialitäten, im Herbst Wild; hausgemachte Mehlspeisen; Kinderspeisen, -sessel, Spielzeug, Wickeltisch. Flatscreen für Sportübertragungen, Beamer, Leinwand. Klimaanlage. 4 Extrazimmer (Stüberln) zum Mieten für 8 bis 70, großer schattiger Gastgarten für 100 Pers. Gästezimmer. Behinderten-WC. €€

Gasthaus Seidl Ungargasse 63, Tel. 713 17 81, E-Mail: info@gasthaus-seidl.at, www.gasthaus-seidl.at, Mo–Fr 11.30–14 und 17.30–22 (Fei geschlossen). Erstklassige „lässige" Wiener Küche mit kreativem Zugang; ab 11.30 MM um € 12,–, Kinderportionen auf Anfrage, -sessel; fantastische Weinauswahl in allen Preisklassen, rund 300 österreichische Weine, österreichische Spitzendestillate und Edelbrände; 2-mal/Monat 5gg Weinmenü (mit Weinbegleitung, Winzer*in anwesend). Klimaanlage. Extrazimmer für geschlossene Gesellschaften bis 30, schattiger Schanigarten für 20 Pers. €€€

Sofienwirt Kegelgasse 19 (Ecke Seidlgasse), Tel. 920 58 24, E-Mail: karl@sofienwirt.at, www.sofienwirt.at, Mo–Fr 11–22 (Fei geschlossen), warme Küche 11–14 und 17–21.30. Großes Wirtshaus mit Wiener Küche, Hausmannskost, der Wirt kocht selbst (2gg MM € 8,70), wechselnde Wochenkarte, saisonale Speisen (Spargel, Eierschwammerl, Steinpilze, Wild, Gansl), Spezialität: Wiener Schnitzel vom Kalb aus der Pfanne, Alt-Wiener Zwiebelrostbraten; Kinderportionen, -sessel, Spielzeug. 2 Extrazimmer zum Mieten für 30 und 15; Schanigarten für 36 Pers. €€

Stadtwirt Untere Viaduktgasse 45, Tel. 713 38 28, E-Mail: wirt@stadtwirt.at, www.stadtwirt.at, Mo–Fr 10–23 (Fei geschlossen). Wiener Beisl mit burgenl.-oberösterr. inspirierter Küche und saisonbedingt ständig wechselnder Karte (Tipp des Tages € 13,90), viele Produkte aus den „Genuss Regionen" Österreichs; Spezialitäten: geröstete Nierndl, Leber, Backhendl; gut sortierte Weinkarte mit Schwerpunkt Österreich; Kinderspeisen, -sessel. TV. 3 Salons im 1. Stock für 8 bis 60, Schanigarten für 45 Pers. €€

Steax Am Heumarkt 3, Tel. 890 56 98, E-Mail: office@steax-vienna.at, www.steax-vienna.at, täglich 8–23. Steaklokal und Restaurant, Wiener und internationale Küche, Steak-Variationen; Mo–Fr Frühstück bis 10, Sa, So und Fei Frühstück bis 14; 11–15 MM € 9,90. Kindersessel, Wickeltisch. 3 Gasträume für insg. 100 Pers., Kellergeschoß für private Veranstaltungen buchbar; Feiern wie Hochzeiten, Weihnachtsfeiern, Geburtstage etc. möglich. Aufzug für barrierefreien Zugang vorhanden. Gastgarten für ca. 50 Pers. €€€€

Steirereck im Stadtpark Am Heumarkt 2a, Tel. 713 31 68, E-Mail: wien@steirereck.at, www.steirereck-hausbesuch.at (Online-Shop), www.steirereck.at, Mo–Fr 11.30–15 und ab 18.30 (Fei geschlossen). Kreativküche völlig ohne Klischees, dafür mit maximaler Individualität – nicht nur eines der besten Restaurants Österreichs, sondern nach aktueller Wertung des englischen „Restaurant Magazine" auch weltweit auf Platz 17 und ausgezeichnet mit 2 Michelin Sternen, außerdem auf Platz 13 der World´s 50 Best by San Pelegrino. Das bisherige Kulissen-Design wurde vom Architektenbüro PPAG in eine Pagoden-Tempelanlage umgewandelt. Zeitgemäße österreichische Küche (MM 4gg € 115,– mit Käse und/oder Dessert, 5gg € 135,– mit Käse und Dessert; abends zusätzlich 6gg € 175,– + € 88,– für Weinbegleitung, 7gg € 195,– + € 98,– für Weinbegleitung; Gedeck € 8,50), hervorragendes Brotsortiment, Käse-, Brot- und Teewagen; Aperitif, beachtliche Whiskyauswahl; Sommelier: Rene Antrag. Spezialität der Küche Heinz Reitbauers: exotische oder fast vergessene Kräuter, Gewürze, ungewöhnliche Gemüse und deren Zubereitung. 4 Pavillons mit Blick auf den Stadtpark. Reservierung unbedingt notwendig (Mo–Fr 8–18 möglich, auch online). Zustelldienst: Mo–Fr 13–18 (Bestellung bis 13, Mindestbestellwert € 35,–, Zustellkosten € 5,– (1. bis 9. Bezirk) bzw. € 9,– (10. bis 20. Bezirk)), Abholung nach Vorbestellung in der Meierei: tägl. (außer Fei) 9–19. Behinderten-WC. €€€€

Stöckl im Park Prinz-Eugen-Straße 25, Tel. 796 50 50, E-Mail: info@stoecklimpark.at, www.stoecklimpark.at, täglich 11–23. Restaurantbrauerei mit Wiener Küche und Hausmannskost wie z.B. Wiener Schnitzel vom Kalb, Bierrostbraten oder Rindsrouladen, auch vegetarische und vegane Gerichte (ab 11 2 MM € 11,30, davon 1 vegetarisch); Kinderspeisen, -sessel, Wickeltisch, Malsachen; 5 hausgebraute Biere. Lokal mit 3 Ebenen für insg. 270 Pers. Im Sommer Gastgarten und Terrasse für bis zu 500 Pers. Behinderten-WC. €€€

Ströck-Feierabend Restaurant & Bäckerei Landstraße Landstraßer Hauptstraße 82, Tel. 204 39 99-93057, E-Mail: kundenservice@stroeck.at, www.stroeck-feierabend.at, Juli bis August Mo–Fr 7–18.30, Sa, So 7–18, September bis Juni Mo–Fr 7–22, Sa, So 7–18, Fei 8–18, Bäckerei: Mo–Sa 6–18.30, So 7–18. Restaurant, Bar und Café mit weltweit inspirierter, österreichischer Küche und saisonal inspirierten Brotspezialitäten, auch vegane Speisen, saisonaler Kartenwechsel; Frühstück (ab € 3,70); im Sommer kommt das Gemüse aus dem eigenen Ströck-Garten; österreichische Weine (Feierabend-Cuvée) und ausgewählte Bio-Weine, Arabica-Kaffee (Alt Wien). 65 Sitzplätze. Schanigarten für 50

Pers. Angrenzende Ströck-Bäckerei mit breitem (Bio-)Brot-, Gebäck- und Süßspeisensortiment. 💳 €€

Restaurant „Im Sünnhof" Landstraßer Hauptstraße 28 (im Mercure Grand Hotel Biedermeier Wien), Tel. 716 71-511, E-Mail: restaurant@suennhof.at, h5357@accor.com, www.suennhof.at, täglich 12–24, Küche 12–22. Wiener und internationale Küche, Weihnachts- und Silvestermenü; Weinlese Auswahl. Kaffeehaus (tägl. 11–22) angeschlossen; „Biedermeier Bar" (17.30–24). Separate Räume auch zum Mieten für 10 bis 80, Wintergarten für 50, schattige Terrasse für 50, Sünnhofpassage mit Schanigartenbetrieb für 20 Pers. 💳 €€€

Restaurant Taste it Rennweg 12 (im Lindner Hotel am Belvedere), Tel. 794 77-960, E-Mail: fb.wien@lindnerhotels.at, www.lindnerhotels.at, Mo–Fr 7–10.30, Sa, So, Fei 7–11.30. Frühstücksbuffet mit Fokus auf regionalen und saisonalen Produkten, vegane Ecke, zum Teil Fair-Trade, für externe Gäste € 28,– all-inclusive. Kindersessel, Wickeltisch. Seminar- und Tagungsräume im Hotel. Terrasse für 15 Pers. Hundetankstelle. Behinderten-WC. ♿ 💳

Tennis Point Vienna Restaurant & Sports Bar Baumgasse 87 (Ecke Nottendorfer Gasse, im Tennis Point Vienna), Tel. 799 99 97-13, E-Mail: restaurant@tpv.at, www.tennispoint.at/restaurant, Öffnungszeiten s. Homepage. Gemütliches Lokal im Tennispoint Vienna, durchgehend warme und gutbürgerliche Küche; Frühstück; saisonale Spezialitäten gepaart mit internationalen Schmankerln; vegetarische und vegane Speisen, MM (€ 9,10); österreichische Weine, Bio-Limonaden und Bio-Eistee. Kindersessel. Flatscreen für Sportübertragungen. 70 Sitzplätze im Innenbereich. Schöner Gastgarten für 60 Pers. 💳 €€

The Nice Guys Karl-Farkas-Gasse 18, Tel. 0676/943 68 64, E-Mail: office@theniceguys.at, www.theniceguys.at, Mo–Fr 9–23 (Fei geschlossen), Küche bis 21.30; Weihnachten geschlossen. Restaurant, Café und Bar in einem mit internationaler Küche; täglich Frühstück, sowie wechselnde Tagesmenüs (vegetarisch € 9,10/mit Fleisch € 9,80, mit Suppe/Salat € 2,20 Aufschlag). Kinderportionen, -sessel. Catering auf Anfrage. Schanigarten für 100 Pers. in einem wunderschön gepflegten Naturgarten. Behinderten-WC. ♿ 💳 €€

Weissgerberstube Landstraßer Hauptstr. 28 (im Mercure Grand Hotel Biedermeier Wien), Tel. 716 71-514, E-Mail: restaurant@weissgerberstube.at, h5357-FB@accor.com, www.weissgerberstube.at, täglich 11.30–23, warme Küche bis 22.30. Bierbeisl im Sünnhof; tradit. Wiener, aber auch internat. Küche, preiswertes Angebot an Tagesspeisen (Mo–Fr 11.30–14 MM 2gg € 9,50, 3gg € 11,50), Kinderspeisen, -sessel. Veranstaltungsräume für Geburtstags- oder Weihnachtsfeiern im Hotel; Schanigarten für 72 Pers. 💳 €€

Gasthaus Wild Radetzkyplatz 1, Tel. 920 94 77, E-Mail: wild@chello.at, www.gasthaus-wild.at, Di–So, Fei 10–24, Küche 11.30–23, So 11.30–22. Weinhaus-Klassiker, erstklassig renoviert und den modernen Zeiten angepasst (MM vegetarisch € 9,50, mit Fleisch € 10,60, Fr Fisch € 11,80); Frühstück bis 11.30, Sa, So bis 12.30; Kinderspeisen auf Anfrage, 2 Kindersessel. Extrazimmer, für Veranstaltungen für bis zu 30 Pers. zu mieten. Großartiger Schanigarten für 120 Pers. neben dem Viadukt. Rollstuhlrampe. 💳 €€€

Winklers zum Posthorn Posthorngasse 6, Tel. 0664/431 21 23, E-Mail: w-winkler@chello.at, www.winklers-zumposthorn.at, Mo, Fr 17–24, Di–Do 12–14.30 und 17–24 (Fei geschl.). Schön renoviertes Uralt-Beisl aus dem Jahr 1870; klassische Wiener Küche mit saisonalen Spezialitäten (Suppe € 3,80 bis € 5,60), mittags 2 MM (€ 8,80) und kleine Karte; Kinderportionen, 3 Kindersessel. TV. Regelmäßig Weinmatinée/Weinverkostung. Extrazimmer für 30 Pers. (zu mieten), Schanigarten für 50 Pers. 💳 €€

Wohnzimmer im 3ten Landstraßer Hauptstraße 126, Tel. 0677/62 47 68 83, E-Mail: office@cafe-wohnzimmer.at, www.wohnzimmerim3ten.gusti.at, täglich 11–21.30, Küche bis 21. Traditionelle Wiener Küche, Schmankerlkarte im Sommer; Weinkarte. Schanigarten für 50 Pers. €€

Zuckergoscherl am Rochusmarkt Landstraßer Hauptstraße 41–43, Tel. 0650/565 35 81, E-Mail: reservierung@cafe-zuckergoscherl.at, www.cafe-zuckergoscherl.at, täglich 8.30–23. Rund die Hälfte der Karte besteht aus veganen Speisen, die andere Hälfte aus Wiener Traditionsgerichten. Ganztägiges Frühstück; Mo–Fr 11–14.30 TT; viele hausgemachte Torten; große Auswahl an Kaffee und österreichischen Weinen, Tee, selbstgemachte Limonaden, Eistees, Cocktails. Kindersessel. Tageszeitungen, Steckdosen für Gäste. Lokal kann gemietet werden (60 Pers.). Schanigarten für 60 Pers., VIP-Schanigarten-Lounge für 20 Pers. Behinderten-WC. Kartenzahlung ab € 50,–. ♿ 💳 €€

Afghanisch

Paradies Restaurant Schlachthausgasse 33, Tel. 286 70 20, E-Mail: info@paradies-restaurant.at, paradies-restaurant.at, täglich 11.30–22. Afghanische und persische Küche. Take-away, Zustellung im 3. Bezirk. Klimaanlage. Extrazimmer für 25 Pers. 2 Tische vor dem Lokal. 💳 €€

Amerikanisch

Burger Bros – The Pub Landstraßer Hauptstraße 1B (The Mall) (OG1-Top G9), Tel. 919 51 15, E-Mail: office@burgerbros.at, www.burgerbros.at, Mo–Fr 11–21, Sa, So, Fei 12–21, Küche: Mo–Fr 11–21, Sa, Fei 12–21. Burger (ab

€ 6,99), Pommes, hausgemachte Saucen; Tagesangebot: Burger mit Pommes und Salat um € 9,99, Spareribs; 10 verschiedene Craft-Biere; Take-away. Terrasse für 60 Pers. Wickeltisch und Behinderten-WC in der Anlage. ♿ 💳 €€

Domino's Fred-Zinnemann-Platz 4, Tel. 05/749 92 06, www.dominos.at, täglich 11–23. Große Auswahl an Pizzen, auch individuell zusammenstellbar, verschiedene Pizzaböden (Italien Style, Domino's Original, Cheesy Crust, Pan Pizza) und zahlreiche Toppings, div. Vorspeisen und Beilagen wie Chicken Wings und -Strips, Stuffed Cheesy Bread uvm.; Desserts (Cinnabites, Apple oder Choco Pie). Spezielle Aktionen über die Domino's App. Abholung, Zustellung (innerhalb von 30 Min. nach Bestellung) oder Essen vor Ort möglich. 💳 €

The Legends Landstraßer Hauptstraße 103, Tel. 952 41 71, E-Mail: reservierung@thelegendsvienna.at, www.thelegendsvienna.at, Mo–Sa 8–23, So, Fei 9–22. Restaurant und Café. Ganztags Frühstück; Burger; Mo–Fr 11.30–14.30 MM; Kinderspeisen; Milchshakes. Schanigarten für 60 Pers. 💳 €€

Asiatisch

Blossom Thomas-Klestil-Platz 10, Tel. 796 29 27, E-Mail: restaurant@blossoms.co.at, www.blossoms.co.at, Mo–Fr 11–15 (Fei geschlossen). Panasiatische Küche; Mo–Fr verschiedene Mittagsgerichte und MM (ab € 7,50); div. Teesorten; Essen zum Mitnehmen; Catering. Kindersessel. Lokal für Feiern zu mieten. Schanigarten für 48 Pers., Lokal und WC barrierefrei zugänglich. ♿ 💳 €

Ebi 3 Erdberger Lände 26/4, Tel. 890 02 09, E-Mail: ebi@ebi-vienna.at, www.ebi-vienna.at, täglich 11–22. Sushi, Maki, auch warme Speisen. All you can eat à la carte: aus der Speisekarte können mittels Tablet so viele Speisen wie gewünscht geordert werden. €€€

Fu Long Eslarngasse 2, Tel. 710 33 49, E-Mail: fulong668@gmail.com, www.fulong.at, Mo–Fr 11–15 und 17–22.30, Sa 11–20, So, Fei 11–22.30. Chinesische, japanische und thailändische Küche; MM ab € 7,40; Kinderteller, -sessel. Klimaanlage. Schanigarten für 12 Pers. 💳 €

Hakka Cun Rennweg 28, Tel. 799 03 74, E-Mail: office@hakkacun.at, www.hakkacun.at, Mo–Fr, So, Fei 12–14.30 und 18–22, Sa 18–22, Juli/August Sa geschlossen. Asiatische Fusionsküche (thailändisch, chinesisch, japanisch, koreanisch, indisch, indonesisch, vietnamesisch, malaysisch), auch Sushi (MM ab € 7,50). Kindersessel. 💳 €€

Hitomi Marxergasse 20, Tel. 715 29 33, E-Mail: office@hitomi.at, www.hitomi.at, Mo–Fr, So, Fei 11.30–22.30, durchgehend warme Küche. Asiatische Spezialitäten wie Sushi, hausgemachte Nudeln und Wokgerichte, MM, Sushi und Maki ganztags bis zu 50 % billiger; Kinderteller. Schanigarten für 25 Pers. 💳 €€

Hitomi Landstraßer Hauptstraße 144, Tel. 0660/888 56 88, E-Mail: office@hitomi.at, www.hitomi.at, Di–So, Fei 11.30–22. Asiatische Spezialitäten wie Sushi, hausgemachte Nudeln und Wokgerichte, Sushi und Maki ganztags, MM Di–Sa 11–15 (€ 8,50 bis € 10,80); Kinderteller. Gastgarten für 40 Pers. 💳

Lee kocht Gerlgasse 8, Tel. 966 19 91, E-Mail: leefeeleong@gmx.at, Mo–Fr, So, Fei 11–14.30 und 17–21.30. Chinesische, japanische und thailändische Küche (Mo–Fr 11–14.30 MM ab € 7,80); Zustellung in den 3. Bezirk (ab € 9,-). €

Ni Jo Fred-Zinnemann-Platz 4 (Shop 8), Tel. 0681/84 58 87 58, E-Mail: mail@ni-jo.at, www.ni-jo.at, Mo–Fr 11.30–22, Sa, Fei 12.30–22. Japanische, thailändische und koreanische Küche; Sushi, Rolls, Poke Bowls, kalte und warme Vor- und Hauptspeisen (Mo–Sa 3 MM ab € 8,50); Kinderportionen, -sessel. Gastgarten für ca. 50 Pers. 💳 €

Noodle King Ungargasse 75, Tel. 0665/65 27 63 78, E-Mail: office@noodleking.at, www.noodleking.at, täglich 11–22. Asiatische Suppen-, Nudel-, und Reisgerichte, sowie Sushi und Maki. Take-away. 💳 €

ramien Landstraßer Hauptstraße 1b/1. Stock (Wien Mitte – The Mall), Tel. 907 28 41, E-Mail: wienmitte@ramiengo.at, www.ramiengo.at, täglich 11–23, Küche bis 21.45, Weihnachten und 1. Jänner geschlossen. 2. Filiale des Take-away-Konzeptes der ra'mien-Leute, mehr Sitzplätze als am Hohen Markt; bis 17 Mittagskarte mit Suppen, Pasta, Teigtaschen, gebratenen Nudeln, Curry, Reisschalen; ab 17 Abendkarte mit leicht abgewandeltem Angebot. Eindrucksvoll: das rote Metallgerippe, das das Lokal umgibt. ♿ 💳 €

Sternzeichen Landstraßer Hauptstr. 1b/1. Stock (Wien Mitte The Mall), Tel. 890 73 10, www.sternzeichen-themall.at, täglich 11–22, durchgehend warme Küche. Ableger des chinesischen Traditionslokals im 3., hier gibt es neben chinesischer Küche auch thailändische Gerichte, Sushi und Maki (TM Mo–Sa 11–17 ab € 7,90/Monatsangebot: 2 monatlich wechselnde Speisen minus 50 %), Abendkarte ab 17; Stiegl vom Fass, Weine aus Österreich, Teeauswahl. 2 Kindersessel. Behinderten-WC und Wickelmöglichkeit in der Anlage. ♿ 💳 €

Yammy & Wok Rennweg 86 (Top 2), Tel. 798 15 83, E-Mail: yammywok1030@gmail.com, www.yammywok.wien, Mo–Fr 11–15 und 17–23, So, Fei 11–23. Nur Zustellung. Asiatische und thailändische Küche (Mo–Fr über 20 MM ab € 8,90), Sushi, Bento, Teppanyaki mit 5 Zutaten nach Wahl selbst zusammenstellbar; Hauszustellung im 1., 3. bis 5., 10. und 11. Bezirk (gratis ab € 10,–, 1., 10. und 11. Bezirk ab € 30,-). 💳 €

Britisch

Red Lion Löwengasse 6 (Ecke Dißlergasse), Tel. 710 34 22, 0676/560 53 53, E-Mail: theredlionvienna@gmail.com, www.redlion-vienna.at, Mo-Fr 17.30-2, Sa 12-2, So 12-24. Erstes Britisches Pub in Wien, „Home of Football". Britische und internationale Küche (Burger, Fish and Chips, Chili con Carne etc.) und English Breakfast; Kinderportionen möglich, Spielsachen; Hausbier, Guinness, Strongbow, Fuller's London Pride und österreichische Biere vom Fass, Kölsch Bier, große Auswahl an Whiskey, Wodka, Gin. Steeldarts (gratis), Wuzler (€ 0,50/Spiel), Poolbillard; Schach, Brettspiele, 10 TVs, Sky, Beamer; Veranstaltungen mit Livemusik; Lokal für Feiern ohne Gebühr mietbar (kein Mindestumsatz). Schanigarten für 100 Pers. (auch dort TV-Liveübertragungen). **€€**

Chinesisch

Asia Paradies Gärtnergasse 9, Tel. 712 55 22, E-Mail: chi.asia@hotmail.com, Mo-Sa, Fei 11.30-15 und 17.30-23, So 11.30-15, Küche bis 22.30. Traditionelle chinesische Küche seit 1986 (Mo-Fr 30 MM ab € 7,20), Dim Sum, saisonale Spezialitäten; Kinderportionen, 2 Kindersessel. Automatische Kegelbahn im Keller (€ 12,-/Stunde). 2 Extrazimmer (auch zum Mieten); Schanigarten für 30 Pers. WC barrierefrei zugänglich. 💳 **€**

Restaurant Hu Salesianergasse 20, Tel. 890 89 82, E-Mail: office@restaurant-hu.at, www.restaurant-hu.at, Mo-Fr 11-21, So, Fei 12-21. Chinesische Spezialitäten; große Auswahl an gefüllten Teigtaschen, Suppen- und Reisgerichte, Ramen, saisonale Spezialitäten (z.B. mit Eierschwammerl, Bärlauch, Wild), hausgemachte Desserts (11-17 MM ab € 8,-), Kinderportionen auf Anfrage möglich. 💳 **€€**

Jiang Erdbergstr. 41, Tel. 712 15 96, 0699/18 05 59 10, www.jiang-wien.at, Di-So, Fei 11.30-15 und 17.30-23, Küche bis 22.30. Chinarestaurant. 23 MM (€ 8,50 bis € 10,50) mit VS nach Wahl; 23 AM (€ 10,50 bis € 12,50) mit VS nach Wahl. Kindersessel. Zustellservice im 2. und 11. Bezirk ab € 15,-, im 3. Bezirk ab € 12,-. Schanigarten für 24. Pers. 💳 **€€**

Li Palace Asia Restaurant Erdbergstraße 53, Tel. 710 76 97, E-Mail: lipalacerestaurant@gmail.com, li-palace.at, täglich 12-23. Chinesische bzw. asiatische Küche, vegane und vegetarische Speisen; 2 Kindersessel. Hauptsächlich Abholung und Lieferung. Schanigarten für 14 Pers. 💳 **€€**

Lucky Pavillon Löwengasse 21, Tel. 712 62 93, tägl. 11-15 und 17.30-22.30. Chinesische und thailändische Spezialitäten (Mo-Sa 11.30-14.30 verschiedene MM und All-you-can-eat-Buffet € 8,50), Dim-Sum-Spezialitäten; Kindersessel; Zustellung im 1., 2. und 3. Bezirk (ab € 10,-). Schanigarten für 20 Pers. 💳 **€**

Chinarestaurant No 27 Ungargasse 27, Tel. 0677/64 32 87 80, E-Mail: restaurant.no27@gmail.com, sites.google.com/view/chinarestaurant-no27/startseite, Di-So, Fei 11.30-15 und 17.30-22. Sichuan- und authentische chinesische Küche, z.B. gedämpfte Teigtaschen mit Garnelen, Schweinefleisch und Wasserkastanien, 2-mal gebratenes Bauchfleisch nach Sichuan-Art oder Rindskutteln; auch gängige asiatische Kost (10 3gg MM € 8,80); Kindersessel. Mango-Lassi, Calpico, Weine aus Österreich, asiatische Biere und Getränke. Lokal mit 3 Räumen, auch zum Mieten für private Veranstaltungen (Partyservice möglich). **€€**

Sternzeichen Landstraßer Hauptstraße 78-80 (Ecke Hintzerstraße), Tel. 715 45 87, E-Mail: info@restaurant-sternzeichen.at, www.restaurantsternzeichen.at, täglich 11-15 und 17.30-23. Traditionelles Chinarestaurant, Speisekarte mit ca. 200 Positionen (Mo-Sa MM € 6,50 bis € 9,90), Dim Sum, Peking Ente (auf Vorbestellung ab 4 Pers.), Spezialität: Honigente; Kinderportionen, -sessel. 4 Räume für 15, 20, 30 und 40 Pers. (für Veranstaltungen zu mieten), überdachter Schanigarten für 140 Pers. 💳 **€**

Französisch

Le Bistrot Neulinggasse 48, Tel. 0677/63 46 69 64, E-Mail: lebistrot.wien@gmail.com, www.lebistrot.at, Mo-Fr 9-17, Sa 10-14. Bistro mit französischer Küche; Frühstück bis 11; wechselnde Tagesspezialitäten, versch. Quiches, Tartines, Salate und frisches Gebäck. **€**

Léontine Reisnerstraße 39, Tel. 0650/856 69 99, E-Mail: reservierung@leontine.at, www.leontine.at, Di, Mi 11.30-14.30, Do-Sa 11.30-14.30 und 18.30-23, Küche bis 14 bzw. 21. Traditionelle, bodenständige französische Küche mit mediterranem Esprit (MM 3gg € 24,50, 2gg € 21,-, nur HS € 18,50), wechselndes 5gg Degustationsmenü (€ 72,-, € 38,- Aufpreis für Weinbegleitung). Österreichische und überwiegend französische Weine. Schanigarten für 20 Pers. Reservierung empfohlen. 💳 **€€€**

Georgisch

Alaverdi Marxergasse 5, Tel. 713 03 94, E-Mail: restaurant@alaverdi.at, www.alaverdi.at, Mo 17-22, Di-So, Fei 12-22. Georgische Spezialitäten; Eintöpfe (z.B. Megruli Khardo: Rindfleisch in Walnußsauce), versch. gefüllte Teigtaschen und Fladenbrote; Grillplatte für 2-3 Pers. (€ 59,90); Hirter vom Faß; Georgische Weine. Klimatisiert. Gastgarten für 40 Pers. 💳 **€€**

Griechisch

Marcos Fresh Greek Landstraßer Hauptstraße 73, Tel. 286 49 09, E-Mail: gyromasch@gmail.com, täglich 11-21.30. Moderne griech. Küche; griech. Kaffee (eigener Barista), hausgemachte Getränke: Trinkjoghurt, Eistee, Limonade. Kinderportionen, -sessel. Schanigarten für 16 Pers. €

Meze Meze Ungargasse 31, Tel. 890 55 78, E-Mail: info@meze-meze.at, www.meze-meze.at, Mo-Fr 11.30-14.30 und 17-23, Sa 17-23 (Fei geschlossen). Griechisch-mediterrane Küche, große Auswahl an Vorspeisen (Mezedes), auch Fisch- und Grillgerichte; Mo-Fr 11.30-14.30 2gg MM mit Suppe € 9,90 (Auswahl aus Fleisch, Fisch, vegetarisch, vegan); ausschl. griechische Weine. Kinderspeisen, -sessel. Schanigarten für ca. 36 Pers. Für Veranstaltungen zu mieten. €€

Symposion Paulusg. 2, Tel. 346 01 25, E-Mail: symposion.wien@a1.net, www.symposion-wien.at, täglich 11.30-23, warme Küche bis 22. Griechische Küche. MM (€ 7,50 bis € 10,50). Abholung. Gastgarten für ca. 45 Pers.

To Ellinikon Am Heumarkt 5, Tel. 713 71 02, E-Mail: restaurant@ellinikon.at, www.restaurant-ellinikon.at, Mo-Fr 11-15 und 17-24, Sa, So, Fei 11-24. Griechische Küche; große Karte mit 150 Speisen, Mittagskarte (werktags 11-15); Fischspezialitäten; Kinderspeisen, -sessel. Gastgarten und Schanigarten für insgesamt 100 Pers. €€€

Indisch

Bella Santi Ungargasse 6, Tel. 945 35 65, E-Mail: bella-santi@outlook.com, www.bella-santi.com, Mo-Fr 11-14.30 und 17.30-22, Sa 17-22, So, Fei 12-22. Indische und italienische Küche; Tandoori-Spezialitäten (MM und jede Pizza 11-14.30 ab € 6,90); Happy Hour 21-22 (30% auf Speisen); Kinderportionen auf Anfrage. €€

BioFrische Restaurant Landstraßer Gürtel 21, Tel. 952 92 15, E-Mail: biofrische@hotmail.com, www.biofrische.wien, täglich 11-22, ab 10.30 Bestellungen möglich. Nur Zustellung. Vegane, vegetarische und indische Gerichte Mo-So 11-22 (TT € 10,80 bis € 12,90), 100 % biologische Inhaltsstoffe, auf Anfrage auch gluten- und laktosefrei; Biogetränke (€ 2,90), ayurvedische Joghurtgetränke (€ 4,50). Gratislieferung (Mindestbestellwert siehe Homepage) in die Bezirke 1 und 3 bis 20; (je nach Bezirk Lieferzeit zwischen 30 und 50 Min.). Catering ab 30 Pers. €€

Curry'n'Masala Landstraßer Hauptstraße 2/Shop 7 (Raiffeisen Passage), Tel. 715 25 24, E-Mail: info@curry-n-masala.at, www.curry-n-masala.at, Mo-Fr 11.30-23, Sa 12-23, So, Fei 12-22. Indische und pakistanische Küche; alle Gerichte halal; 11-17 6 MM (ab € 10,90 vegetarisch, vegan oder mit Fleisch); Spezialitäten: Biryani Gerichte aller Art (Reisgerichte), Curry, Butter Chicken, Chicken Tikka Masala; orientalische Nachspeisen (€ 4,90 bis € 6,90). Kinderspeisen, -sessel, Wickelmöglichkeit im Haus. Zustellung in die Bezirke 1 bis 22 (ab € 12,50 gratis). Catering bis 150 Pers. Schanigarten für ca. 35 Pers. €€

Indus Radetzkystraße 20, Tel. 713 43 44, E-Mail: info@restaurantindus.at, www.restaurantindus.at, Mo-Fr, So, Fei 11.30-14.30 und 18-23, Sa 18-23. Modern gestalteter Inder mit traditioneller nordindisch-pakistanischer Küche (2 täglich wechselnde MM mit Suppe, vegetarisch und mit Fleisch ab € 7,80 und € 8,80), Kinderspeisen, -sessel; Catering bis 500 Pers. Schanigarten für 25 Pers. €€

Madame Curry Landstraßer Hauptstraße 7, E-Mail: office@madamecurry.at, www.madamecurry.at, Mo-Fr 11-15. Indisches Bistro; Bowls, Sandwich mit Naan-Brot, div. Salate; Take-away. €

Nam Nam Dabba Marxergasse 7, Tel. 0664/99 80 34 01, E-Mail: dabba@nam-nam.at, www.nam-nam.at/dabba, Mo-Fr 11-14.30. Mittagstisch und Take-away; täglich 3 frisch zubereitete Currys (vegetarisch, vegan und mit Fleisch), zum Mitnehmen in Dabbas: klein € 5,90/groß € 7,90, All-in-One € 6,20; tägl. 2 Currys nach Wahl mit Reis (€ 7,90); Auswahl von pikant bis sehr scharf. €

Saffron Lounge Baumgasse 23 (1-5A), Tel. 992 18 11, E-Mail: saffronlounge.indisch@gmail.com, www.saffron-lounge-wien.at, Mo-Fr 11-14.30 und 17-23, Sa, So, Fei 12-23. Indisches Lokal mit täglich frisch zubereiteten Gerichten. Spezialitäten wie Lamm Chana Massalla oder Chicken Gurkhali (je € 12,50); Mo-Fr 4 MM (€ 6,90). TV. Lieferung in die Bezirke 1 bis 6, 10 und 11 ab € 12,-; ab € 30,- ein Mango Lassi gratis. Lokal für 26 Pers. €€

Taste of India Marxergasse Marxerg. 19, Tel. 710 69 99, E-Mail: marxergasse@taste-of-india.at, www.taste-of-india.at, Mo-Fr 11-14.30 und 17.30-23, Sa, So, Fei 12-23. Schlicht gestaltetes indisches Restaurant; Mo-Fr 11.30-14.30 3 MM (€ 7,90); mehrere abgetrennte Räume können f. Festlichkeiten reserviert werden. Kellerraum für 40 Pers. €€

Italienisch

All'Italiana Landstraßer Hauptstraße 71 (Passage), Tel. 710 78 64, E-Mail: info@allitaliana.at, www.allitaliana.at, täglich 10-24, Küche 11-23. Italienische Küche; große Auswahl an Antipasti, Risotto, Pasta, Pizza, Fleisch- und Fischspeisen (2 MM € 9,40 Suppe und Pasta oder Salat und Pizza). Kinderspeisen, -sessel; eigener Bar-Bereich, Spirituosen und Cocktails (Happy Hour täglich 19-21). Klimaanlage; TV für Sportübertragungen (Sky). Gesamtes Lokal (bis 120 Pers.) oder Bar-Bereich (bis 45 Pers.) für Veranstaltungen zu mieten. Schanigarten für 45 Pers. €€

Pizzeria Al Quattro Erdbergstraße 93, Tel. 718 04 15, täglich 11-23, durchgehend warme Küche. Pasta, Pizza, Fleisch- und Fischgerichte, auch ein paar mexikanische Speisen (€ 2,90 bis € 9,90). Schanigarten für 8 Pers. Keine Hunde. **€**

Ristorante Al Sarago Landstraßer Hauptstraße 117, Tel. 929 56 28, E-Mail: ristorante.alsarago@gmail.com, www.alsarago.at, täglich 11.30-23. Italienische Spezialitäten; Vorspeisen (z.B. Carpaccio, Vitello tonnato, Shrimpscocktail), Pasta, Pizza (ab € 6,80), Fleisch- und Fischgerichte (11.30-15 Mo-Fr MM). Kinderspeisen, -sessel, Wickelmöglichkeit. Schanigarten für 90 Pers. Nebeneingang barrierefrei. **€€€**

Pizzeria Amigo Fasangasse 6, Tel. 798 63 81, E-Mail: office@pizzeriaamigo.at, www.pizzeria-amigo.at, täglich 11-23, durchgehend warme Küche. Schwerpunkt Pasta und Pizza aus dem Holzofen. Onlinebestellung möglich, Zustellung in den 3., 4. und 5. Bezirk, teilweise 10. und 11. Bezirk auf Anfrage (ab € 9,90). Schanigarten für 10 Pers. **€**

Bella Compagnia Erdbergstraße 21, Tel. 295 58 41, E-Mail: office@bellacompagnia.at, bellacompagnia.at, tägl. 11-23, Küche bis 22.30. Authentisch neapolitanische Pizzeria und Restaurant. Großes Speisenangebot (Pizza, Pasta, Meeresfrüchte, Gegrilltes), auch veganes und glutenfreies Angebot. Zustellung in den 1., 2. und 3. Bezirk (kostenlos). Separater Raum für bis zu 20 Pers. **€€**

Ciao Barmherzigengasse 9, Tel. 713 55 50, E-Mail: admr.handel@gmail.com, täglich 10.30-22. Italienische Küche, Holzofenpizza (ab € 7,40), auch Familien- und Partypizza (Durchmesser 55cm); Spezialität: Hauspizza; viele Speisen auch vegan; Kinderportionen, -sessel; österreichische und italienische Weine. Hauszustellung gratis (im 3. Bezirk ab € 9,-, im 2., 4., und 11. Bezirk ab € 25,-). Schanigarten für 24 Pers. **€**

Pizzeria Ristorante de Milici Wällischgasse 9, Tel. 710 11 72, E-Mail: info@de-milici.at, www.de-milici.at, Mo-Fr 11.30-22.30, Sa, So, Fei 11.30-23. Italienischer Familienbetrieb mit traditioneller Küche. Alle Gerichte werden frisch zubereitet, ein Großteil der Zutaten stammt direkt aus Italien; Antipasti, neapolitanische Pizza aus dem Holzofen, Focaccia, Pasta, Meeresfrüchte (11.30-14 3 MM); Kinderportionen, -sessel. Zustellung in den 3. Bezirk (gratis) sowie in den 2., 4. und 11. Bezirk (Mindestbestellwert € 10,-), restliche Bezirke auf Anfrage. Gastgarten für 20 Pers. Barrierefreier Zugang möglich. **€€**

Pizzeria Ristorante Eduardo Löwengasse 31a, Tel. 713 86 63, E-Mail: sedratigmbh@chello.at, pizzeria-eduardo.at, täglich 11-23, Küche bis 22.45. Italienische Küche; Pizza, Pasta, Fleisch, Fisch, Risotto (11-15 MM mit Pizza € 7,90, mit Pasta € 8,90); Kindersessel; italienische Weine; Hauszustellung im 3. und teilweise im 1. und 2. Bezirk (gratis ab € 10,-). Schanigarten für 15, Gastgarten für 50 Pers. mit alten Bäumen. **€€**

Pizzeria-Ristorante Elianto Ungargasse 48, Tel. 714 77 67, E-Mail: elianto@live.at, www.elianto.at, täglich 11-23, durchgehend warme Küche. Antipasti, Minestre, Crespelle, Pasta, Risotto, Pizza (Do um € 7,50), Fr frischer Fisch (z.B. Wildlachs, Zander, Branzino), Mo-Fr 11-14 3 MM (ab € 7,50), Kinderportionen, -sessel, Wickelmöglichkeit. Zustelldienst für die Bezirke 1 bis 5 (ab € 10,-). 2 Extrazimmer für je 25 Pers. (beide für Veranstaltungen zu mieten). **€€**

Federico II Krieglergasse 14, Tel. 0676/581 05 54, 710 40 86, E-Mail: info.federicosecondo@gmail.com, www.federico-secondo.com, Di-So 11.30-14.30 und 18-23. Italienische und apulische Spezialitäten, traditionell und authentisch zubereitet mit hochwertigen Produkten aus Süditalien, hausgemachte Pasta, Pizza, Fischspezialitäten, Vulkansteingrill; ausschließlich italienische Rot- und Weißweine. Lebensmittelladen mit süditalienischen Produkten (z.B. Olivenöl, Brot, Weine etc.). 2 Kindersessel. TV. Schanigarten für ca. 55 Pers. **€€**

Grado Beatrixgasse 24, Tel. 713 34 34, E-Mail: office@pizzeria-grado.at, www.pizzeria-grado.at, Di-So, Fei 10.30-22, durchgehend warme Küche. Pizza vom Holzofen, reichhaltige Auswahl an italienischen Fleisch-, Fisch- und Nudelgerichten (Di-Fr MM € 8,50); Kinderportionen, -sessel. Schanigarten für 45 Pers. **€€**

La Bella Erdbergstraße 55, Tel. 710 25 29, pizzeria-labella.at, täglich 11-22. Italienische Küche, Pasta, Pizza, Angebote (11-15 Pizza und Pepsi-Cola bei Abholung € 8,60); Kinderportionen. Zustellung in die Bezirke 2 bis 4 und 11 (ab € 9,- darunter € 2,- Zustellungsgebühr). Schanigarten für 20 Pers. **€**

Pizzeria Modena Landstraßer Hauptstraße 133, Tel. 718 40 88, E-Mail: info@restaurantmodena.com, www.restaurantmodena.com, Di-Sa 11-23, So, Fei 11-22. Familienbetrieb mit authentischer italienischer Küche, italienische und österr. Weine (auch zum Mitnehmen), Vinothek angeschlossen; Kindersessel, Wickelmöglichkeit. Klimaanlage. 2 Extrazimmer für 20 und 30 Pers., auch zu mieten; Schanigarten für 36 Pers., barrierefreier Zugang zum Lokal. **€€**

Paolo Paulusg. 8, Tel. 713 42 73, E-Mail: office@paolo.at, reservierung@paolo.at, www.paolo.at, Mo-Sa, Fei 11.30-14.30 und 17.30-22. Italienische und kroatische Küche, Fischspezialitäten in gepflegter Atmosphäre, täglich frischer Fisch, hausgemachte Nudeln, Holzkohlengrill; Mo-Fr TT mit Suppe und Salat (€ 12,90, Fr Fisch); Candlelight-Dinner (3gg € 36,-/5gg € 55,-); Weine aus Italien, Kroatien und Österreich; Kaffee aus der Privatrösterei Accademia del Caffè; Kinderspeisen, -sessel. Schauküche; zwei Vinotheken für 14 bzw. 16 Pers. Gastgarten im Park für 60 Pers. (bis 22.30). Reservierung empfohlen. €€€

Trattoria Pizzeria Pergola Esteplatz 6, Tel. 713 00 62, E-Mail: office@trattoriapergola.at, www.trattoriapergola.at, Mo–Sa, Fei 11–22, So 12–22, durchgehend warme Küche bis 22. Italienische und mediterrane Küche, saisonale Spezialitäten (Mo–Fr 11–14 MM Pasta € 8,90, 2gg MM € 9,90), Spezialitäten: Calamari, Fisch; kleine Portionen möglich, Kindersessel; österreichische und italienische Weine, Grappa. Private Feste bis 45 Pers. möglich. Schöner Gastgarten für 70 bis 80 Pers. mit Pavillon. €€

Pizzeria Pozzuoli Fasangasse 7, Tel. 796 06 76, E-Mail: pizzeria@pozzuoli.at, pozzuoli.at, Di–Fr 11.30–14.30 und 17.30–22.30, Sa, So, Fei 12–23, im Sommer Sa nur 17.30–22.30, Betriebsurlaub im Sommer und Winter (siehe Website). Authentischer neapolitanischer Familienbetrieb. Traditionelle Holzofenpizza (rossa und bianca), Antipasti, Salate, Dessert-Klassiker; italienisches Bier (Moretti, Peroni). Abholung. Kindersessel. Gastgarten für 8 Pers. €

Radici Ungargasse 53, Tel. 0676/619 20 34, 430 22 67, E-Mail: info@restaurantradici.com, www.restaurantradici.com, Mo–Do 11.30–15 und 18–22.30, Fr 11.30–15 und 18–22. Italienisches Restaurant mit kleiner Konditorei. Süditalienische Küche; Mo–Fr 2 MM (mit Fleisch bzw. Fisch oder vegetarisch, wahlweise mit Bruschetta oder Espresso), Spezialitäten: frischer Fisch und Meeresfrüchte, Steak, hausgemachte Pasta und Brot; monatlich spezielle kulinarische Abendveranstaltungen mit saisonalem Schwerpunkt und italienischen und internationalen Gastköch*innen; Kinderspeisen, -sessel. Kochkurse; gelegentlich Live-Musik. Catering. Restaurant für ca. 50, Gastgarten für 10 und Schanigarten für 14 Pers. Behinderten-WC. €€€

Pizzeria Roma Fasangasse 33, Tel. 796 56 10, pizzeria-roma-wien.eatbu.com, täglich 11–23, durchgehend warme Küche bis 22.45. Pizza, Pasta, Fleisch, Fisch (Mo–Fr 11–15 2 MM, Pizzaangebote); Kinderportionen, -sessel. Schanigarten für 20 Pers. €

Pizzeria-Ristorante Salambo Radetzkystraße 3, Tel. 710 12 36, E-Mail: salambo.kg@gmail.com, täglich 11–2, durchgehend warme Küche. Fischgerichte, Pasta, Pizza, Partypizza (€ 22,90). Lokal für Veranstaltungen bis 40 Pers. zu mieten. Schanigarten für 8 Pers. €

Pizzeria Ristorante Santa Lucia Salesianergasse 10, Tel. 714 21 63, 0680/330 39 87, E-Mail: santa_lucia1030@hotmail.com, Mo–Fr, So 10.30–14.30 und 17.30–22. Italienische, österreichische und indische Küche. Pizza vom Elektro-Steinplattenofen, Fisch, Nudeln (Mo–Fr 11.30–14 24 MM € 8,50); Kinderportionen. Zustellung in den 3. Bezirk und Umgebung (ab € 12,–, darunter keine Lieferung). Schanigarten für 20 Pers. €€

Scala Baumgasse 83 (im Vienna Sporthotel), Tel. 798 82 01-414, E-Mail: office@restaurant-scala.at, www.vienna-sporthotel.at, www.restaurant-scala.at, täglich 7–1, durchgehend warme Küche 11–23. Tägl. bis 10 Frühstücksbuffet (€ 12,–); italienische und internationale Küche sowie saisonale Speisen (Mo–Fr 3 MM ab € 6,90); alle 14 Tage neue Wochenkarte; Kinderportionen, -sessel. TV. Klimaanlage. Gastgarten für 44 Pers. Behinderten-WC. Lokal kann für Firmen gemietet werden; Sauna, Solarium, Swimmingpool, Indoorgolf und Tennisplätze des Hotels können auch von Restaurantgästen genutzt werden. €€

That's Amore Messenhausergasse 13, Tel. 343 95 18, E-Mail: office@thatsamore.at, www.thatsamore.at, täglich 11.30–15 und 17.30–23, Küche bis 22. Pizzeria mit auffallend großartigen Fladenerzeugnissen – der Teig dünn und geschmeidig, der Rand fluffig und knusprig; Mehl aus Italien, Prosciutto aus San Daniele, Mozzarella di bufala aus Kampanien. „Panuozzi", sagenhafte Brötchen aus dem Teig vom Vortag (daher besonders flaumig), gefüllt etwa mit Prosciutto, Rucola und Mozzarella; Antipasti della Casa (etwa Bufala alla Caprese, Vitello Tonnato, Cozze), Mo–Fr 2gg MM (ca. € 10,50); unter den Lieferpizzas sicher die beste der Stadt, Zustellung erfolgt durch das Lokal selbst in den 3. Bezirk (Mindestbestellwert € 15,–), angrenzende Bezirke auf Anfrage. Kinderportionen, -sessel. Kellergewölbe (auch zum Mieten für Veranstaltungen für 30 Pers.), Schanigarten für 40 Pers. €€

Tretorria Schnirchgasse 9 (in den Triiiple Towers), Tel. 0664/153 40 15, E-Mail: restaurant@tretorria.at, www.tretorria.at, täglich 11–22, Küche bis 21.30. Italienisches Restaurant mit Klassikern wie Pizza, Pasta, Antipasti und Desserts; Bier, Wein und alkoholfreie Getränke aus Italien; Kinderspeisen, -sessel, Spielsachen, Wickeltisch. Take-away (Bestellung via Onlineshop). Klimaanlage. Gastgarten für ca. 120 Pers. Behinderten-WC. €€

Ristorante Pizzeria Trimelli Landstraßer Hauptstraße 31, Tel. 715 71 58, E-Mail: office@trimelli.at, www.trimelli.at, täglich 10–22, durchgehend warme Küche. Große Auswahl an Pizza, Pasta, Fleisch- und Fischspeisen (Mo–Fr 11–14 2 MM € 9,90 bis € 10,90, Tagespizza € 9,90), wechselnde Wochenkarte, saisonale Speisen (z.B. Spargel, Eierschwammerl, Kürbis), hausgemachte Ravioli; Weinspezialitäten; Kinderportionen, -sessel, Wickelmöglichkeit. Klimaanlage. Schanigarten für 75 Pers. €€

Vapiano Wien Mitte (The Mall) Landstraßer Hauptstr. 1D, Tel. 710 73 73, E-Mail: wienmitte@vapiano.at, www.vapiano.at, täglich 11–22.30. Mediterrane Schauküche: Pizza, Pasta, Risotto, Lasagne, Salate, alle 2-3 Monate wechselnde Spezialitätenkarte. Gezahlt wird mit Chipkarte, die man am Eingang erhält. Essen zum Mitnehmen. Kindgerechte Möbel, Kindersessel, Spielzeug, Maltafeln. Terrasse. €€

Pizzeria Trattoria Vulcano Ungargasse 35, Tel. 710 27 47, 0699/10 91 50 91, täglich 10.30-22, durchgehend warme Küche. Pizza, Pasta, Speisen sind halal; Abholung und Zustellung möglich. 8 Sitzplätze. Schanigarten für 7 Pers. €

Japanisch

Akakiko Landstraßer Hauptstraße 59, Tel. 057/333-120, E-Mail: info@akakiko.at, www.akakiko.at, täglich 10.30-23, warme Küche bis 22.30. Sushi, Maki, Bento, vegetarische Speisen; Gratiszustellung in ganz Wien (ab € 13,50, Tel. 057/333, Online-Bestellung möglich). 75 Sitzplätze; Garten für 60 Pers. €€

Benkei Ungargasse 65, Tel. 718 18 88, E-Mail: benkei@aon.at, Mo-Fr 11.30-14 und 18-23, Sa 18-22.30 (Fei geschlossen), Weihnachten bis inkl. 6. Jänner geschlossen. Authentische japanische Küche mit erlesenen hochwertigen Zutaten, traditionelle Hauptspeisen (Heilbutt in Miso), Omakase-Menüs, Sushi, Sashimi, Maki mit außergewöhnlicher Fisch-Auswahl, MM (Mo-Fr 11.30-14 ab € 8,-); Großteil der Speisen zum Mitnehmen (telefonisch vorbestellen); spannende Sake-Auswahl; Catering (bis 40 Pers.). Klimaanlage. Lokal für 20 Pers. und Sushibar für 4 Pers. Reservierung empfohlen. Keine Hunde. €€

Koreanisch

Bibim Rennweg 60, Tel. 992 24 00, E-Mail: wienerbibim@gmail.com, Mo-Sa 12-14.30 und 18-22 (Fei geschlossen). Authentische koreanische Küche, Mo-Fr 12-14.30 7 MM (€ 8,50 bis € 9,80), Fleisch-, Fisch-, und Reisgerichte, große Auswahl an Suppen. Kindersessel. Klimaanlage. Platz für 30 Pers. €€

HAN am Stadtpark Am Heumarkt 9, Tel. 535 50 50, E-Mail: reservierung@han-wien.at, www.han-wien.at, Di-Fr 17-22, Sa, So 11.30-15 und 17-22, Küche bis 21. Familienbetrieb mit authentischer (scharfer!) koreanischer Küche, gekocht wird nach Rezepten der Mutter. Koreanische Banchan (Beilagen), Kimchi, Bulgogi, Bokkum, Zzige (koreanische Suppe im Tontopf), Spicy Korean Ribs. Spezialität: Hotteok (Pfannkuchen mit Zucker-Zimt-Sesam-Füllung und schwarzem Sesam-Eis). Bio-Fairtrade-Kaffee von J. Hornig, Iced Dalgona. Kindersessel. €€

JUJU Korean Cafe Landstraßer Hauptstraße 6, Tel. 0676/443 22 85, E-Mail: hallo@jujukoreancafe.at, Mo-Do, So, Fei 12-20, Fr, Sa 12-20.30. Koreanisches Streetfood wie K-Dogs (klassisch, mit Mozzarella oder vegetarisch) sowie Süßspeisen; Bubble Tea, koreanischer Kaffee; regelmäßig wechselndes Angebot. Take-away. Schanigarten.

Das Kimchi Marxergasse 15, Tel. 713 37 34, E-Mail: office@daskimchi.at, www.daskimchi.com, täglich 11-15 und 18-23, Küche bis 22.30. Koreanische Küche; Mo-Fr 11-15 MM ab € 12,90; Kinderspeisen und -sessel. Klimaanlage. 2 Extrazimmer zum Mieten (10 und 36 Pers.), Schanigarten für 30 Pers. €€

Mandu & Co Rochusmarkt (Stand 40), Tel. 0699/19 22 89 59, Mo-Fr 11-15 und 16-18 (Fei geschl.). Mandus (knusprige Teigtäschchen, gefüllt mit Gemüse, gebraten oder gedämpft, ab € 4,30), Kimbab (koreanische Seetangrolle, ab € 4,30) sowie Buldak (scharfes Hühnergericht, € 8,-) oder Bulgogi (mariniertes Rindfleisch nach koreanischer Art, € 8,-). Klimaanlage. Barrierefreier Schanigarten für 14 Pers. €

Kroatisch

Restaurant Lubin Hainburger Str. 48, Tel. 713 36 83, E-Mail: reservierung@lubin.at, office@lubin.at, www.lubin.at, Di-Sa 12-23, So, Fei 13-23, Küche bis 1 Std. vor Sperrstunde. Ausgezeichnetes Fischrestaurant mit dalmatinischer Küche; alle Zutaten werden 4-mal/Woche frisch aus Kroatien geliefert; große Fischauswahl (z.B. Drachenkopf, Seezunge, Hummer, Languste), Spezialität: Jakobsmuscheln mit Trüffel-Kartoffelpüree und schwarzem Trüffel (Di-Fr 3gg MM 12-15 um € 18,90); Fischgeschäft gleich nebenan; Kinderportionen möglich, Kindersessel; Speisen auch zum Mitnehmen. Klimaanlage. Extrazimmer zu mieten für 40, Schanigarten für 60 Pers. €€€

Fischrestaurant Luka's & Co Oberzellergasse 16, Tel. 286 26 44, 286 26 44, E-Mail: Fischlukas@outlook.com, fischrestaurant-lukas.eatbu.com, Mo-Fr 11-14.30 und 17.30-23.30, Sa 18-23.30. Mediterrane und kroatische Küche, Meeresfrüchte u. Fischspezialitäten. Kinderspeisen auf Anfrage, Kindersessel. Schanigarten für 20 Pers. €€

Lateinamerikanisch

Aguacate Landstraßer Gürtel 19, Tel. 0660/320 99 95, E-Mail: aguacatelatinfood@gmail.com, www.aguacatelatinfood.at, Di-Sa 11-20, So 11.30-17. Das kleine Lokal versteht sich als erste „Arepera" in Wien mit dem venezolanischen Nationalsnack Arepa (Maismehl-Fladen mit diversen Füllungen), außerdem gibt es Empanadas, Tequenos, Tajadas und div. Bowls, alle Speisen auch vegetarisch/vegan erhältlch; große glutenfreie Auswahl; venezolanisches und mexikan. Bier. Take-away, Zustellung und Catering. €

Levantinisch

sultans cuisine levantine Keinergasse 11, Tel. 715 18 02, E-Mail: office@sultans.at, www.sultans.at, Mo–Sa, Fei 9–24, Küche bis 23. Levantinische Spezialitäten, Fisch- und Lammgerichte, Calamari vom Grill (werktags 11–15 MM ab € 7,90); Kinderspeisen, -sessel. Schanigarten für 35 Pers. Keine Hunde. 💳 €€

Libanesisch

Al Zaytouna Hörnesgasse 17, Tel. 710 34 47, E-Mail: office@alzaytouna.at, www.alzaytouna.at, Mitte Juni bis Mitte Sept. täglich 12–23, Mitte Sept. bis Mitte Juni Mo–Fr 12–14.30 und 17.30–23, Sa, So, Fei 12–23. Erstes libanesisches Lokal im 3. Bezirk. 40 verschiedene kalte und warme VS (z.B. frischer Tabouleh oder frittierte Bulgur-Knöderln mit Lammfleisch-Nuss-Füllung), auch vegane Gerichte, libanesische Grillspezialitäten (12–14 MM vegan/vegetarisch oder mit Fleisch); Kinderspeisen, -sessel. Klimaanlage. Schanigarten für 60 Pers. 💳 €€

Mexikanisch

Doña Irma Löwengasse 29, Tel. 0660/865 39 34, E-Mail: reservierung@irma-restaurant.at, www.irma-restaurant.at, Di–Fr 18–23, Sa 18–24. Traditionelle mexikanische Gerichte; auch vegetarische und vegane Speisen; Tacos, Enchiladas, Empanadas und Flautas; Kinderspeisen, 3 Kindersessel; Cocktails. Catering. Veranstaltungen (z.B. Lesungen). Schanigarten für 20 Pers. 💳 €€

Max & Benito Landstraßer Hauptstraße 1B/Ecke Gigergasse (The Mall), Tel. 0677/61 04 91 27, E-Mail: info@max benito.at, www.maxbenito.at, Mo–Fr 11.30–21, Sa, So 12–20.30 (Fei geschlossen). Kalifornisch-mexikanische Küche; Burritos, Tacos; auch vegane und glutenfreie Speisen. Take-away. 💳 €

Orientalisch

Restaurant Babylon 3 Rennweg 92, Tel. 798 01 10, 0664/59 53 511, E-Mail: pizzeria.riva.rosa@hotmail.com, restau rant-babylon3.eatbu.com, Mo, Mi–So 13–21. Orientalische Küche, z.B. Kebap- oder Falafelgerichte, Torten und Desserts, auch vegetarische Speisen; Kinderspeisen, -sessel, Wickelmöglichkeit; alle Speisen auch zum Mitnehmen. Feiern wie Hochzeiten, Geburtstage etc. möglich. Klimaanlage. Barrierefreier Schanigarten für 24 Pers. 💳 €€

Habibi & Hawara Landstraße Platz der Sozialen Sicherheit 1, Tel. 710 87 27, E-Mail: office@habibi.at, habibi.at, Mo 11–15, Di–Fr 11–22, Sa 10–22, So, Fei 10–15. Orientalisch-österreichisches Lokal, das von Menschen mit Flucht- oder Migrationshintergrund gemeinsam mit österr. Kolleg*innen betrieben wird. Österr.-oriental. Fusionsküche; Mittagsbuffet 11–14.30 (€ 10,90 Buffetpauschale), Sa, So, Fei 10–15 Brunch (€ 24,90, all you can eat inkl. Sirupe, 1 Heißgetränk oder Hausfrizzante); viele regionale Zutaten (z.B. Bio-Fleisch von Labonca, Bio-Gemüse von Adamah); kindergerechte Speisen, Kindersessel. Alle Speisen auch zum Mitnehmen in Mehrweg-Gefäßen (mit Pfand). Lokal für ca. 90, Gastgarten für 64 Pers. Behinderten-WC. ♿ 💳 €€

Rafidain Restaurant Schlachthausgasse 16 (Tür 1-4), Tel. 0676/489 23 23, E-Mail: hunar.shkak@gmail.com, linktr.ee/rafidain.at, Di–So 13–21. Irakische Küche, irakische Dolma und Teigtaschen, frisches Fladenbrot; irakisches Ayran, arabischer Kaffee, irakischer Tee mit hausgemachten Datteltaschen. 2 Kindersessel; TV. Lokal für ca. 50 Pers. (teilweise klimatisiert). 💳 €€

Russisch

Café Stolichniy Kegelgasse 32, Tel. 532 58 43, 0699/17 18 18 54, E-Mail: eli.enukaschwili@hotmail.com, stolichniy 1030.eatbu.com, Mo–Sa 11–22, So 11–18, Küche durchgehend. Kleines Restaurant mit österreichischer, russischer und georgischer Küche. Fleisch von Wiesbauer, z.B. Wiener Schnitzel vom Kalb, Kalbsrahmgulasch; Kaffee von Julius Meinl, Tee, russisches und österreichisches Bier, div. Weine aus Österreich, Georgien, Italien, Frankreich. Abholung und Zustellung möglich. Schanigarten für 20 Pers. €€

Steirisch

Restaurant Zur Steirischen Botschaft Strohgasse 11, Tel. 712 33 67, E-Mail: office@restaurant-stb.at, www.restau rant-stb.at, Mo–Fr 11.30–22 (Fei geschlossen). Bodenständige und mediterrane Küche; z.B. Calamari auf Spinatkartoffeln, Backhendl auf Erdäpfelsalat (Mo–Fr 11.30–15 2 MM ab € 9,50); Kinderportionen und -sessel; Weinkeller mit Multimediaausstattung. Schöner Garten unter alten Lindenbäumen für ca. 100 Pers. (barrierefrei zugänglich). 💳 €€

Thailändisch

Krazy Kitchen Landstraßer Hauptstraße 92–94/1/R02, Tel. 710 72 49, E-Mail: hello@krazykitchen.at, www .krazykitchen.at, täglich 11–21. Kleines, feines Streetfood-Lokal mit authentischer thailändischer Küche, Speisen werden frisch vor dem Gast zubereitet, auch vegane Zubereitung möglich. Catering; Take-away. Sitzplätze für 8, Schanigarten für 6 Pers. 💳 €

Pumpui Obere Weißgerberstraße 16, Tel. 890 19 60, E-Mail: hello@pumpui.at, www.pumpui.at, Mo–Fr 11.30–22 (Fei geschlossen), Küche bis 21.30. Authentische thailändische Küche. Spezialitäten: Pad Krapow (gebratenes, würziges Fleisch oder Shrimps mit Thai-Basilikum und Jasminreis), Thai-Pancakes; Kindersessel, -speisen auf Anfrage, Wickeltisch. Villacher Märzen und Schleppe Hausbier vom Fass, thailändische Flaschenbiere (Singha, Leo, Chang); kleine, aber feine Weinauswahl (auch bio). Lokal für 26, schattiger Schanigarten für ca. 20 Pers. 💳 €€

Ton Mai Thai Kitchen Baumgasse 18, Tel. 0676/418 63 54, www.tonmai.at, Di–So 11–21. Thailändische Küche wie Currys, Wok- und Nudelgerichte; Biere aus Thailand. Schanigarten für 16 Pers. €

Türkisch

Rojda Grillrestaurant und Kebap Landstraßer Hauptstraße 38, Tel. 0660/742 36 21, E-Mail: rojda1030@gmail.com, täglich 8–22. Türkische und orientalische Küche, auch Pizza, Burger, Grill- und Wiener Spezialitäten; Gösser vom Fass, österreichische Weine. Kindersessel, Wickeltisch. Klimaanlage. 💳 €€

Ukrainisch

Elvira's Seidlgasse 39, Tel. 890 80 81, E-Mail: info@elvirasrestaurant.at, www.elvirasrestaurant.at, Mo–Fr 11–22.30, Sa 17–22.30 (Fei geschlossen). Ukrainische, vegetarische und vegane Küche; alles hausgemacht (Mo–Fr 12–14 MM € 8,90), Spezialität: Teigtaschen mit verschiedenen Füllungen, Borschtsch (ab € 5,10). Kindersessel, Spielzeug. Schattiger Schanigarten für 45 Pers. 💳 €€

Vegetarisch, vegan

Sattva Vegan Apostelgasse 29–31, Tel. 966 44 78, E-Mail: office@sattva-vegan.at, www.sattva-vegan.at, Mo–Fr 11.30–16. Vegane Vollwert-Küche nach ayurvedischen Prinzipien zubereitet; großteils Bio-Produkte; wechselnde Wochenkarte, TT um € 8,90, kleine Nachspeisen (€ 2,20); Speisen in kompostierbaren Behältern zum Mitnehmen. Innen Platz für 30 Pers., Schanigarten für 16 Pers. 💳 €

suess'kind veganery Sparefrohgasse 1, Tel. 710 81 05, E-Mail: hej@das-suesskind.bio, www.das-suesskind.bio, Mo–Fr 11–15 (Fei geschlossen), bei tel. Voranmeldung auch außerhalb der Öffnungszeiten. Ausschließlich vegane Speisen aus 100% biologischen Zutaten; täglich wechselnde Gerichte; MM, Auswahl an Süßspeisen; Take-away. Zugang barrierefrei. 💳

Vegetasia Ungargasse 57, Tel. 0660/656 88 55, E-Mail: office@vegetasia.at, www.vegetasia.at, Di–So 11.30–15 und 17.30–22, Küche bis 14.30 bzw. 21.30. Vegetarisch-veganes Spezialitäten-Buffet (all you can eat, mittags (11.30–14.30) Di–Fr € 12,90, Sa, So, Fei € 14,90; abends (17.30–21) Di–Fr € 14,90, Sa, So, Fei € 16,90; Kinder (5 bis 9 Jahre) € 9,90). Mittags und abends auch à la carte; frisches Asiagemüse, Tofuvariationen, Soja, cholesterin- und glutamatfreie Speisen. Aloe-Vera-Cocktail (alkoholfrei), hausgemachte Vechai Eistees und Bubble-Teas. Kindersessel. März bis Oktober Schanigarten für ca. 25 Pers. €€

Vietnamesisch

Nem Gärtnergasse 14, Tel. 0664/453 02 90, E-Mail: haivienna@gmail.com, Mo–Fr 11–15 und 17–22, So, Fei 16–22. Vietnamesische Spezialitäten wie Sommerrollen (in 16 verschiedenen Variationen), Frühlingsrollen, Salate, Pho-Suppen (MM 11–15 ab € 9,50); kleine Portionen auf Anfrage. Schanigarten für 20 Pers. 💳 €

Bars

Ascot Sportsbar Invalidenstraße 9, Tel. 712 83 22, täglich 8–24. Snacks, Pizza; große Bier- und Spirituosenauswahl. Live-Übertragungen auf Oversize HD Screens und HD TV Walls, Wettbüro angeschlossen. Schanigarten für 8 Pers. 💳

Bar Black Lounge Baumgasse 25–27, Tel. 943 83 06, blacklounge-bar.business.site, Mo–Do, So 12–2, Fr, Sa 12–4. Cocktail- und Shishabar. Burger, Pizza, Chicken Wings, div. Snacks; türkischer Kaffee. TV, Beamer. Für Feiern zu mieten. Gastgarten für 30 Pers. 💳

Colono Landstraßer Hauptstraße 6, Tel. 0660/936 24 37, E-Mail: deli@colono.at, www.colonowien.at, Mo–Fr 14–22, Sa 10–22. Feinkostladen, der zugleich auch Vinothek und Tapas Bar mit portugiesischen und spanischen Edel-Konserven ist. Man kann das kulinarische Angebot vor Ort verkosten und gleich auch etwas für zu Hause erwerben. Tapas auch zum Mitnehmen. Catering, Weinverkostungen, Workshops auf Anfrage. Klimaanlage. 8 Sitzplätze, Schanigarten für 6 Pers. Rollstuhlrampe. 💳

diesel's Rennweg 72, Tel. 0680/238 13 95, E-Mail: office@diesels.at, www.diesels.at, Mo–Fr 16–24 (Fei geschlossen), Sa für private Feiern zu mieten. Imbisse (Bruschetta, Würstel etc., ab € 4,20), Pizza; immer wieder Getränke-Specials. TV für Sportübertragungen; fast jeden Fr Themenabend wie Karaoke, Oktoberfest, öfters DJs, monatlich Feste, gelegentlich Live-Bands und Vernissagen. Schanigarten für 20 Pers. Lokal über Seiteneingang barrierefrei zugänglich. 💳

Drinx Am Heumarkt 3, Tel. 89 05 69 81, E-Mail: office@drinx-vienna.at, drinx-vienna.at, Di–Do 17–1, Fr, Sa, Fei 17–2. Cocktailbar am Heumarkt. Mi Cocktailnight, Do After Work, Fr, Sa Live-DJ.

Heunisch & Erben Landstraßer Hauptstraße 17, Tel. 286 85 63, E-Mail: erben@heunisch.at, www.heunisch.at, Mo–Sa 15–1 (Fei geschlossen), Küche 18–22, davor und danach Barkarte (warme und kalte Speisen). Weinbar, Avantgarde-Vinothek und Gourmetbistro von Robert Brandhofer und Markus Gould (Falstaff-Auszeichnung „Sommeliers des Jahres" 2020); gehobene Kreativküche von Küchenchef Michael Gubik; kleine, feine Karte, Abendmenü (4gg bis 8gg). 1.600 Flaschenweine, über 90 Weine glasweise (€ 2,40 bis € 30,–/ Achtel). Klimaanlage. Schanigarten für 40 Pers.

Intermezzo Bar Johannesg. 28 (im Hotel InterContinental), Tel. 711 22-142, E-Mail: vienna@ihg.com, www.vienna.intercontinental.com/gastronomie/intermezzo-bar, täglich 18–2. Eine der schönsten Bars in Wien; klassische Cocktails und Longdrinks, über 150 Whisk(e)ysorten, große Premium Gin und Tonic Auswahl; durchgehend große Auswahl an regionalem und internationalem Barfood; September bis Mai frische Austern. Sept. bis Juni So 12–15 Champagnerbrunch im Salon 4 Jahreszeiten (€ 99,– inkl. Champagner; Kinder bis 6 Jahre gratis, zw. 6 und 12 Jahren € 49,50. Reservierung erbeten unter 01/711 22-110). Klimatisiert; 4h kostenfreies Parken. Keine Hunde. Behinderten-WC im Hotel.

Kleinbonum Apostelgasse 15, Tel. 718 04 01-4, E-Mail: xandl@kleinbonum.at, www.kleinbonum.at, Mo–Fr 16–2, Sa 17–2. Bar, Bierbeisl und Spielelokal mit kleinen Speisen, z.B. überbackene Fladenbrote, Suppen. Große Bierauswahl und Highballs. Brett- und Kartenspiele, Schach, Jukebox mit originalen Platten. Lokal für Gruppen zu mieten (keine Raummiete, lediglich Mindestkonsumation). Schanigarten für 30 Pers.

Lobbybar Canaletto Rennweg 12 (im Lindner Hotel am Belvedere), Tel. 0676/847 20 75 60, E-Mail: fb.wien@lindnerhotels.at, www.lindnerhotels.at, täglich 12–1.30. Wiener Kaffeespezialitäten, Rum und Schokolade; internationale Drinks, umfangreiches Gin-Angebot, kreativ parfümiert mit erlesenen Kräutern und Gewürzen aus „Lindners Hausapotheke", dazu über 20 verschiedene Tonics, wechselnder Gin des Tages, Gäste können selbst Rezeptur für Gin Tonic kreieren; innovative Cocktails (auch saisonal), auch Wunschcocktails werden gemixt; Trinkhalme aus echtem Stroh; Snacks (€ 4,– bis € 15,–). Kindersessel; Loungemusik; Sportübertragungen (Sky). Seminar- und Tagungsräume im Hotel. Hundetankstelle. Behinderten-WC.

Lucy Bar im Belvedere 21 Arsenalstraße 1 (im Belvedere 21), Tel. 0664/800 22 10 59, E-Mail: hello@lucybar.at, www.lucybar.at, Di–So, Fei 11–18, saisonale Abweichungen siehe Homepage. Tagesbar im Belvedere 21. Snacks; Longdrinks und Cocktails. Wickelmöglichkeit in der Anlage. Veranstaltungen für bis zu 80 Pers. möglich. Klimaanlage. Gastgarten für 20, Liegestühle für 10 Pers. Behinderten-WC.

Malipop Ungarg. 10, Tel. 0680/134 38 54, Di–Sa 19.30–1. Angenehme Stehbar, gute Musik (ausschließlich Schallplatten, Independent- und Instrumental-Jazz, Neuerscheinungen); offenes Bier.

Moped Salmgasse 23, Tel. 966 11 44, E-Mail: lokal@dasmoped.at, www.dasmoped.at, Mo–Sa 17–2, durchgehend warme Küche; ab 22 kleine Karte. Coole Szene-Hütte mit Shabby-Chic; Cocktails, Cocktail der Woche. Veranstaltungen, TV für Sportübertragungen. Schanigarten für 20 bis 30 Pers.

Neulich Neulinggasse 13, Tel. 0676/520 61 07, E-Mail: rietner1@gmail.com, Di–Do 18–24, Fr, Sa 18–2. Frische Panini; Flaschenbiere z.B. Augustiner Edelstoff, Schremser vom Fass, Longdrinks (Gin Tonic und Gin Wildberry € 5,–). Monatlich wechselnde Bilder von jungen Fotograf*innen, Lesungen. Live-Sportübertragungen. Feiern für bis zu 70 Pers. möglich. Schanigarten für ca. 40 Pers.

Ruby Sofie Hotel & Bar Marxergasse 17, Tel. 205 77 12 00, E-Mail: sofie@ruby-hotels.com, www.ruby-hotels.com/sofie, täglich 0–24, Bar für externe Gäste bis 4. Signature Cocktails und regelmäßige Verkostungen, sorgfältig ausgesuchte Weine regionaler Winzer*innen; italienische Snacks; Mo–Fr 6.30–10.30 und Sa, So 7–11 Frühstücksbuffet (€ 18,–/Pers.). Ruby Radio, regelmäßig Veranstaltungen. Keine Barzahlung.

Satchmo Salesianergasse 17, Tel. 967 94 75, Mo–Fr 18–2, Sa 18–24 (Fei geschl.), warme Küche bis 1.30. Ehemaliger renommierter Jazz-Club, jetzt eine gemütliche Bar mit Wohnzimmer-Atmosphäre. Internat. und mediterrane Küche, große Auswahl hausgemachter Speisen; Stiegl vom Fass, internationale Getränke. TV. Schanigarten für 16 Pers. €

Selleny's Am Stadtpark 1 (im Hilton Vienna), Tel. 717 00-121 32, E-Mail: thomas.stoelting@hilton.com, www.sellenys-bar.at, tägl. 9–24, Küche bis 22. Kaffeehaus und Bar. Frisch zubereitete Kaffeespezialitäten, lokale Cocktailtrends und innovative Signature Drinks; 9–16.30 Tageskarte, danach Abendkarte. Entspannte Atmosphäre, Musik; Klimaanlage. Schanigarten f. 40 Pers. Behinderten-WC im Gebäude.

Stamm Sechskrügelgasse 1, Tel. 714 51 45, E-Mail: stammkaffee@chello.at, www.stammkaffee.com, täglich 17–2. Café-Bar; kleine Schmankerlküche, Snacks wie Toast, Würstel, Hamburger (€ 3,60 bis € 9,–); Schremser, Zwickl, Trumer Bier vom Fass; Cocktails. 8,5 Meter lange Bar; Tischfußball (€ 1,–/Spiel). Lounge zum Mieten. Schanigarten für 30 bis 40 Pers.

The Tube Station Löwengasse 51, Tel. 0660/618 20 00, E-Mail: office@thetubestation.at, www.thetubestation.at, Mo-Sa 18-24. Sportbar; Imbisse (Baguette, Pizza) und Fingerfood (Chicken Wings); internationale und britische Flaschenbiere und Biere vom Fass, Cider, Longdrinks, Shots. 3 Flatscreens für Sportübertragungen (u.a. Sky); Darts. Klimaanlage. Gastgarten für 16 Pers.

Vinz Bar Marxergasse 7, Tel. 0664/231 79 75, E-Mail: office@vinz-bar.at, www.vinz-bar.at, Mo-Fr 17-2 (Fei geschlossen), Sa für Veranstaltungen zu mieten. Bar mit Qualitätsweinen aus Niederösterreich, der Steiermark und dem Burgenland, Bier vom Fass (Ottakringer Rotes Zwickl, Murauer, Budweiser), Spirituosen. Kindersessel. Klimaanlage. Leinwand für ausgesuchte Sportübertragungen. Schanigarten für 35 Pers. Hundefreundlich.

Bistros

Fat Monk Deli Bowls - Wien Mitte Landstraßer Hauptstraße 1b, Tel. 0664/800 22 11 12, E-Mail: wienmitte@fatmonk.at, fatmonk.at, täglich 11-20. Fusion aus Poke-, Nourish- und Buddha-Bowls, international inspiriert, aber mit österreichischen Zubereitungsarten und heimischen Produkten; 7 Signature Bowls stehen zur Auswahl oder man stellt sich seine Bowl selbst zusammen; 4 Desserts (davon 2 vegan). Abholung möglich (auch mit Online-Bestellung für einen bestimmten Zeitpunkt vorab). Klimatisiert. Schanigarten für ca. 25 Pers. Behinderten-WC. Keine Hunde. Keine Barzahlung. €

Ferri's Bistro Fasangasse 17, Tel. 0699/11 94 64 64, E-Mail: ferris_fruchtladen@gmx.at, Mo-Fr 9-18.30, Sa 9-18. Wraps und Bowls mit Falafel, vegane und vegetarische Gerichte, hausgemachte Kuchen. Catering.

Fresh One Pot Kitchen Marxergasse 1b (City Point), Tel. 0676/531 25 99, E-Mail: info@fresh.at, www.fresh.at, Mo-Fr 9-15 (Fei geschlossen). Verschiedene Suppen, Salate, Currys und Bowls im saisonal beeinflussten Wechsel (TT € 5,80 bis € 8,10); Mehlspeisen; Kaffee, verschiedene Limonaden, Wasser gratis. €

Huber's Essen & Trinken Rennweg 11 (Marokkanerg.), Tel. 718 01 10, E-Mail: hubers-essen-trinken@aon.at, www.hubersonline.at, Mo-Fr 10-22 (Fei geschlossen), Sa auf Anfrage geöffnet; warme Küche bis 21.30. Weinbistro mit ausnahmslos österreichischen Weinen und österreichisch-mediterranen Speisen, im Sommer große Auswahl an Salaten (Mo-Fr 2 MM vegetarisch und mit Fleisch € 9,20), monatlich wechselnde Karte, saisonale Speisen wie Eierschwammerl, Wild, Spargel etc.; Kinderportionen. Schanigarten für 20 Pers. €€€

Joëlle Landstraßer Hauptstraße 23, Tel. 890 67 03, E-Mail: info@joelle-catering.com, www.joelle-catering.com, Di-Fr 10-18, Sa 10-14. Französisches Bistro mit einer großen Auswahl an Quiches, Tartelettes und Süßspeisen; HS zum Mitnehmen in Pfandgläsern (z.B. Ratatouille Niçoise oder Boeuf Bourguignon); regionale franz. Produkte und Weine im Sortiment. Catering.

Kenny's Marxergasse 1B (Wien Mitte), Tel. 0676/531 25 99, E-Mail: marxergasse@kennys.at, www.kennys.at, Mo-Fr 8-15 (Fei geschlossen). Poke Bowl und Smoothie Bar; Poke Bowls (mit Fisch, Fleisch od. vegan), Suppen, Salate, Waffeln; Smoothies, Kaffee; Kinderspeisen, -smoothies, -sessel. Essen in biologisch abbaubarer Verpackung zum Mitnehmen oder zum Essen vor Ort.

La-Vie Haidingerg. 2, Tel. 941 13 41, E-Mail: reservierung@La-ViE.at, la-vie.at, Mo-Fr 10-18 (Fei geschlossen). Bowls, Mo-Fr TT bzw. MM; hausgemachtes Erlebniswasser. Kinderspeisen-, sessel, Spielsachen, Wickeltisch. Gelegentlich Live-DJs, für private Veranstaltung bis ca. 80 Pers. geeignet. Klimaanlage; TV. Terrasse. Behinderten-WC. €

Paul & The Monkeys Maria-Jacobi-Gasse 1 (Media Quarter Marx 3.2), Tel. 0699/11 13 52 62, E-Mail: info@paulandthemonkeys.at, www.paulandthemonkeys.at, Mo-Do 9-16, Fr 9-15. Schön helles, geräumiges Bistro; 9-10.30 Frühstück, auch à la carte; 11-15 Mittagessen: täglich 5 frisch gekochte, wechselnde HS, mind. 1 vegetarisch/vegan; zusätzlich Burger; hausgemachte Limonaden, Fritz Kola, Kaffeespezialitäten, Demmer Tee; Ben & Jerry's Eis. Lokal für Veranstaltungen zu mieten. Catering auf Anfrage. Klimaanlage. Schanigarten für 80-100 Pers. mit Loungebereich. Behinderten-WC. €

Soulkitchen Vienna Hintere Zollamtsstraße 2b, Tel. 0660/837 25 09, E-Mail: office@soulkitchenvienna.at, office@soulkitchenvienna.at, www.soulkitchenvienna.at, Mo-Fr 10.30-14. Tägl. variierende Mittagskarte (TT ab € 10); französische und internationale Küche, Hausmannskost; saisonale und biologische Produkte; hausgemachte Limonade und Eistee. Kinderportionen auf Anfrage, Kindersessel. Für Veranstaltungen zu buchen (Mo-So 0-24); Catering. Regelmäßig Veranstaltungen am Abend (Termine s. Homepage). Gastgarten im Innenhof für ca. 80 Pers. Hunde nur mit Leine erlaubt. €

SpoonFood Post am Rochus (Rochusplatz 1, im Einkaufszentrum Post am Rochus), Tel. 0676/ 730 26 26, E-Mail: info@spoonfood.at, www.spoonfood.at, Mo-Fr 11-18. Täglich wechselnde Suppen und Menüs (MM: kleine Suppe oder kl. Salat und gr. Eintopf nach Wahl € 10,80, Special-Menü: kleine Suppe oder kl. Salat und gr. Special nach Wahl €11,80); zum Mitnehmen in Einmachgläsern; hausgemachte

Nachspeisen; Direct-Trade-Kaffee, Pona Säfte. Sitzplätze für 45, im Gastgarten für 25 Pers. €

Stellas Landstraßer Hauptstraße 44, Tel. 710 67 73, E-Mail: bistrodrei@stellas.at, www.stellas.at, Mo–Sa 15–1 (Fei geschlossen), Küche bis 22.30. Tapas-Bar und Bistro; vegetarische Speisen, Fisch, Burger, Steak, Tapas. Lokal für 50, Schanigarten für 20 Pers. €€€

Warenhandlung Wenighofer.Wanits Marxergasse 13, Tel. 286 40 95, E-Mail: info@warenhandlung.at, www.warenhandlung.at, Mo–Fr 7.30–18, Sa 8–13 (Fei geschlossen). Greißlerei mit Möglichkeit vor Ort zu essen; verpackungsfreie Lebensmittel direkt von den Hersteller*innen bezogen; Feinkostvitrine mit Fleisch- und Käsespezialitäten; Jausenbrote, Snacks, saisonale Süßspeisen (z.B. Marillenfleck, burgenländisches Weihnachtsgebäck), Kuchen, Tartes von der Patisserie Marischka, Kaffee (auch zum Mitnehmen), Craft-Bier, Weine mit Schwerpunkt Österreich, Limonaden. Naturkosmetik. Ausgeklügeltes Pfandsystem. Hunde nicht erlaubt. Schanigarten für 4 Pers. €

Wiki Wiki Poke Landstraßer Hauptstraße 30, Tel. 0660/253 00 16, E-Mail: aloha@wikiwikipoke.at, www.wikiwikipoke.at, Mo–Fr 11–21, Sa, So, Fei 12–21. Hawaiianische Bowls, individuell zusammenstellbar. Grundlagen sind Reis, roher Fisch, aber auch Hühnchen und Rindfleisch mit Gemüse und Toppings (jede Bowl ab € 10,80). Auch vegetarische und vegane Bowls. Hawaiianisches Bier. Take-away. €€

Cafés, Espressos

Meierei Arenbergpark Arenbergpark, Mo–Fr 9–20, Sa, So, Fei 9–19. Bezaubernder Ort; ganztägiges Frühstück (ab € 6,20), Würstel, Butterbrote, div. Omeletten (ab € 5,40), Suppen (€ 4,50), Kuchen, Eis. Sitzplätze nur im Schanigarten für 50 Pers.

Barney's first Cafe Erdbergstraße 202/Top 12 (im Kundenzentrum der Wiener Linien), Tel. 0676/554 08 33, E-Mail: barneys1st@gmx.at, Mo–Fr 6.15–23 (Fei geschlossen). Verschiedene Biere (6 Weizenbiere, Stiegl, diverse Fassbiere, internationale Flaschenbiere etc.). TV für Sportübertragungen. Schanigarten für 20 Pers. WC barrierefrei zugänglich.

Café Brass Monkey Erdberger Lände 26, Tel. 890 05 12, E-Mail: hello@brassmonkeyvienna.com, brassmonkeyvienna.com, Mo–Fr 8–20, Sa, So, Fei 10–19. 2. Standort des kleinen Cafés in der Gumpendorfer Straße. Frühstück, Snacks, kalte Platten, häufig wechselndes Angebot; Kuchen und Mehlspeisen; alkoholische Getränke. Laptopfreundliches Lokal. Schanigarten für ca. 30 bis 40 Pers. Behinderten-WC.

Café Caramel Invalidenstraße 13, Tel. 0664/793 80 90, Mo–Fr 7–22, Sa 8–16 (Fei geschlossen). Imbisse wie Schinken-Käse-Toast (€ 4,20), Süßspeisen (Apfel- und Topfenstrudel); div. Biere (z.B. Schremser, Hirter, Trumer und Stiegl vom Fass), Kaffee (auch zum Mitnehmen). Veranstaltungen wie Faschingsfeier, Halloween, Silvester usw.; TV. Schanigarten für 12 Pers. und Outdoor-Raucherbar.

C@fe 2k Apostelgasse 2–14 (Ecke Hainburger Str.), E-Mail: marinescurazvan2@gmail.com, Mo–Fr 11–1, Sa 14–1, So, Fei 14–24. Kleine Speisen, z.B. Flammkuchen. Hausgemachte Limonaden, Puntigamer und Starobrno vom Fass, Flaschenbiere (Stiegl, Wieselburger, Wieselburger Zwickl, Edelweiss), Cocktails. Darts (ab € 1,–/Spiel); Flatscreen für Sportübertragungen. Veranstaltungen bis 30 Pers. möglich. Gartenterrasse für 60 Pers. Rollstuhlrampe.

Chilai Ungargasse 66/1, Tel. 710 48 36, E-Mail: chilai3@chilai.at, www.chilai.at, Mo–Fr 7–24, Sa, So, Fei 8–24. Café, Bar und Lounge; Frühstück (€ 5,50 bis € 11,–), Imbisse, Wiener Gerichte, Burger (ab € 13,–); Kindergerichte; hausgemachte Limonaden, offenes Zipfer, Cocktails. Schanigarten für 65 Pers.

Coffee & Friends E-Mail: mail@coffee-n-friends.at, coffee-n-friends.at, Café mit Schanigarten für 15 Pers. Landstraßer Hauptstraße 146/12, Tel. 0699/12 12 20 07, Mo–Fr 7.30–19.30, Sa, So, Fei 8.30–17. Rennweg 9, Tel. 0660/644 53 79, täglich 8.30–18.

Café Daylounge Landstraßer Hauptstraße 2a (im Kinocenter W3), Tel. 715 49 84, E-Mail: cafe@daylounge.at, www.daylounge.at, Mo–Fr 8–22, Sa, So, Fei 9–21. Frühstück bis 11, Pasta, diverse Panini; 12 Eissorten, Brownies, Kuchen, Torten etc.; Illy-Kaffee (auch zum Mitnehmen), Longdrinks und Cocktails, frisch gepresste Säfte, Smoothies; Kindergetränke, -sessel. TV; klimatisiert. Schanigarten für 100 Pers. Behinderten-WC im Gebäude.

Dialog Rennweg 43, Tel. 0650/681 37 29, E-Mail: cafedialog1030@gmail.com, Mo–Do 10–2, Fr, Sa 10–3, So 10–22, Fei wie jeweiliger Wochentag. Kleine Speisekarte (z.B. Toast, Gulasch, Spaghetti Bolognese/Carbonara); Gösser vom Fass, versch. Flaschenbiere. Klimaanlage, TV. Schanigarten für 16 Pers.

Café Dreier Juchgasse 23, Tel. 713 32 59, E-Mail: office@3er.at, www.3er.at, täglich 8–24, durchgehend warme Küche bis 21. Wiener Frühstück (€ 5,20 bis € 9,90); wöchentliche Schmankerlkarte (Mo–Fr 1 MM € 8,70, Fr Fisch € 9,80); offene Biere (Zwettler, Zwettler Zwickl, Guinness, Weitra, Radler); Catering. 4 Flatscreens für Sportübertragungen (Sky). Kinderportionen, 2 Kindersessel. Hübscher, schattiger Gastgarten für 60 Pers.

Hundertwasser Village Art-Bar Kegelgasse 37-39, Tel. 0676/426 87 76, E-Mail: villageartbar@gmail.com, www.hundertwasser-village.com, März bis Oktober täglich 9-19, November bis Februar täglich 9-18. Kaffee und Mehlspeisen, Eis, Snacks; Wickeltisch; Eisweine, Trockenbeerenauslesen aus Österreich. Private Veranstaltungen bis 50 Pers. auch außerhalb der Öffnungszeiten auf Anfrage möglich. Gastgarten für 40 Pers., Lokal barrierefrei zugänglich.

Kinderspiel - das Familiencafé Krieglergasse 6/2, Tel. 947 56 02, E-Mail: hallo@kinderspiel.cafe, www.kinderspiel.cafe, Di-So 10-18. Familien- und Concept Café. Selbst gebackene Kuchen, belgische Waffeln, überbackene Toasts und Brote (auch glutenfrei und vegan); warme Speisen von „iss mich!" im Glas; eigenes Kinderbuffet mit Snacks und Knabbereien sowie frischem Obst und Gemüse; Weine aus Stammersdorf, Säfte aus Niederösterreich, Craft-Bier, in Wien gerösteter Kaffee; ausschließlich Bioprodukte, so regional wie möglich; saisonal wechselnde Angebote; Takeaway. Gelegentlich Veranstaltungen wie Sonntagsbrunch, Bierverkostungen, Kinderkurse (Malen, Basteln, Musik), Infoveranstaltungen für Eltern. Kindgerechte Ausstattung: Wickeltisch, Kindersessel, Klettergerüst, Spielküche etc. (Fokus auf pädagogisch wertvolle und nachhaltige Spielsachen). Das Café kann für Feiern (max. 25 Erwachsene und 15 Kinder) gemietet werden. Sitzplätze für 23, Schanigarten für 28 Pers. Hunde nicht erlaubt.

Koffie Dutch Café Landstraßer Hauptstraße 8, E-Mail: info@koffie.at, www.koffie.at, Di-Fr 9-14. Holländisches Café. Frühstück, holländische Snacks (z.B. Bitterballen) und Mehlspeisen, hausgemachter Apfelkuchen; Kaffee (auch mit Hafermilch).

Kunstcafé im Hundertwasserhaus Löwengasse 41-43 (im Parterre), Tel. 713 86 20, hundertwasserhaus.org, täglich 10-18. Kleine Karte mit Würstel, Toast, Suppe (ab € 4,90), Spezialität: Tomatencremesuppe, Apfelstrudel, Sachertorte und Kaiserschmarren. Hundertwasser-Video in deutscher und englischer Sprache (auch ohne Konsumation anzusehen), Gästebuch; Souvenirs. Café für Informationen, Diskussionen etc. mit einem sehr engagierten Besitzer.

Café Kunst Haus Weißgerberlände 14, Tel. 347 30 86, E-Mail: office@cafe-kunsthauswien.at, www.kunsthauswien.com, täglich 10-18. Kleines Café im Kunst Haus Wien; ganztägig Frühstück, TT, kleine Speisen und Kaffee. Kinderspeisen, -sessel, Wickeltisch. laufend Events (Kunstbrunch, Lesungen etc.). Lokal für Hochzeiten, Geburtstage etc. zu mieten. Gastgarten für 80 Pers. Behinderten-WC.

Laniato - Das Wiener Wollcafe Beatrixgasse 4, Tel. 0699/15 24 99 11, E-Mail: laniato@bellaflora.at, www.laniato.com, Mo-Fr 10-13 und 14-18, Sa 9.30-17. Wollgeschäft mit Café; süße Kleinigkeiten, Kaffee, Bio-Tee von Demmer, Chai-Latte, heiße Schokolade, im Winter Punsch. Strickmagazine. 1 großer Tisch mit 9 Sitzplätzen.

magdas LOKAL Ungargasse 38 (im magdas HOTEL), Tel. 720 02 88, E-Mail: lokal@magdas.at, www.magdas-hotel.at, Öffnungszeiten s. Homepage. Café im Hotel magdas, das Menschen mit Fluchthintergrund eine Ausbildung ermöglicht. Viele Zutaten sind bio und/oder fairtrade.

Café Menta Radetzkyplatz 4, Tel. 966 84 23, E-Mail: menta@cafementa.at, www.cafementa.at, täglich 8.30-24, Küche Mo-So 8.30-15 und 17-21.30. Erstes cooles Lokal im Weißgerber-Grätzel mit viel Frühstück (ganztägig); interessante Karte mit mediterranen Gerichten (Mo-Fr 2 MM € 9,50, auch vegetarisch € 8,90); Cocktails. Schanigarten für 75 Pers.

Zum Neuen Glück Ludwig-Koeßler-Platz 4, Tel. 0699/10 04 73 88, E-Mail: zum.neuen.glueck@gmail.com, Mo-Fr 7.30-22, Sa, So, Fei 9-20.30. Toast, Getränke (Schladminger vom Fass; diverse Flaschenbiere, z.B. Stiegl, Wieselburger, Schladminger Zwickl, Heineken). TV. Div. Veranstaltungen wie Halloween, Schnapsen, Sommer- und Herbstfest etc. Schanigarten für 26 Pers.

Café Old Splendor Beatrixgasse 21, Tel. 0699/17 13 63 23, E-Mail: cafeoldsplendor@chello.at, www.cafe-oldsplendor.at, Mo-Fr 11-23 (Fei geschlossen). Imbisse, z.B. Mozzarellasalat, Sulz, diverse Toasts, italienische Küche; gute Weine, diverse Edelbrände. Flatscreen für Sportübertragungen; gemischte Musik. Schanigarten für 40 Pers.

Philipp Stüberl Hintere Zollamtsstraße 5, Tel. 0676/414 41 09, E-Mail: nevidljiva_1@hotmail.com, Mo-Do 11-24, Fr 11-2, Sa 18-24 (Fei geschlossen). Imbisse wie Toast, Suppen, Würstel, Ham and Eggs durchgehend (ab € 3,50). Poker-, Würfelspiele, Billardtisch (€ 1,-/Spiel). Kindersessel. Flatscreen. Lokal für Veranstaltungen für 40 bis 50 Pers. zu mieten. Schanigarten für 20 Pers.

Café Scalina Landstraßer Hauptstraße 105, Tel. 710 38 59, E-Mail: info@scalina.at, www.scalina.at, täglich 8-23, Weihnachten und Ostern geschlossen. Frühstück täglich ab 8; kleine saisonale Speisen, Bruschetta und Mehlspeisen; Kaffee, Wein und div. alkoholische und alkoholfreie Getränke. Private Feiern bis 30 Pers. möglich. Schanigarten für 30 Pers., im Winter Punschhütte.

Schlosscafé im Oberen Belvedere Prinz-Eugen-Str. 27, Tel. 0664/800 22 10 60, E-Mail: schlosscafe@don.at, don.at/locations/schlosscafe, täglich 9-18. Café im Oberen Belvedere. Österreichische und internationale Küche; Frühstück; Mehlspeisen, Torten, Kuchen; Wiener Kaffee- und Teespezialitäten. Gastgarten für 50 Pers. Behinderten-WC. Kartenzahlung ab € 15,-.

Short Break Neulinggasse 28, Tel. 955 49 25, E-Mail: office@cafe-shortbreak.at, www.cafe-shortbreak.at, Mo–Fr 6.30–21.30, Sa, So, Fei 8–21. Café, das ganztägig Frühstück anbietet; hausgemachte Mehlspeisen und kleine Snacks wie Bruschetta und Panini; Milchshakes, Longdrinks und Cocktails. TV. 2 Schanigärten mit insg. 12 Tischen.

Café Simon Landstraßer Hauptstraße 165, Tel. 0650/903 39 60, E-Mail: gasthaus_simon@yahoo.de, täglich 10–2. Kleine Speisen; Gösser Bier. Schach, Brettspiele, Karten, Backgammon; Musicbox; Darts (€ 1,–/Spiel mit 10 Runden). Schanigarten für 16 Pers.

Starbucks Invalidenstraße 11, Tel. 33 66 33-2521, E-Mail: office@starbucks.at, www.starbucks.at, Mo–Fr 6–21, Sa, So, Fei 7–21. Unzählige Kaffeevariationen und -sorten; Iced Teas; amerikanische Mehlspeisen, Sandwiches, Bagels; Kaffeeverkostungen.

Taxi Treff Obere Weißgerberstr. 15, Tel. 0699/11 15 31 92, täglich 6–2. Kleine Speisen wie Toast, Bohnen- und Gulaschsuppe, Würstel mit Gebäck (ab € 2,50); diverse Flaschenbiere (Gösser, Wieselburger, Heineken). TV für Sportübertragungen, Musicbox. Lokal für Veranstaltungen bis 70 Pers. zu mieten. Schanigarten für 30 Pers.

Terrassencafé im Hundertwasserhaus Kegelgasse 34–38, Tel. 0664/425 24 34, täglich 9–19. Kaffee, Kuchen und Torten, kalte und warme Imbisse, 9–11 Frühstück; Eis; Wein und Spirituosen, Stiegl vom Fass. Terrasse für 70 Pers.

Café Vilimek Landstraßer Hauptstraße 79, Tel. 712 53 17, Mo–Fr 7–20, Sa 7–13 (Fei geschlossen). Kleines Jugendstilcafé mit ganztägigem Frühstück (ab € 5,40), Mo–Fr TT (ab € 5,50), hausgemachte Mehlspeisen. Klimaanlage, TV, Zeitungen. Schanigarten für 20 Pers., Rollstuhlrampe. Hundefreundlich.

wakeup Landstraßer Hauptstraße 105, Tel. 908 90 92, E-Mail: office@wakeup-espresso.com, www.wakeup-espresso.com, Mo–Fr 10–18.30, Sa 10–17. Espresso Bar; Kaffee gemahlen und als Bohne, Kaffeemühlen (große Farbauswahl), Kaffeemaschinen, Zubehör; Kaffee auch vor Ort zu trinken (Ristretto gegen freiwillige Spende).

Eissalons

Eissalon Bortolotti Andrea Landstraßer Hauptstraße 12, Tel. 966 39 98, E-Mail: eissalonbortolottiandrea@gmail.com, Anfang März bis Mitte Oktober täglich 10–22, Öffnungszeiten können abweichen (siehe Website). Gelateria und Caffeteria; hausgemachtes italienisches Eis, ca. 30 Sorten, auch vegane Auswahl (z.B. Bitterschokolade, Heidelbeere, Mango), wechselnde Spezialsorten; Auswahl an Coups (monatliches Special); Take-Away-Eisboxen (bis zu 2l), Eistorten auf Vorbestellung. Kuchen, Torten, süßes Gebäck (z.B. Croissants, Cheesecake, Torta della Nonna); Kaffee (auch zum Mitnehmen), Aperitif. Selbstabholung nach Vorbestellung via Mail möglich. Schanigarten für 40 Pers. €

Eissalon Bortolotti Osvaldo Baumgasse 1, Tel. 974 01 41, E-Mail: osvaldo.bortolotti@gmail.com, osvaldo-bortolotti.eatbu.com, Anfang März bis Mitte Oktober täglich 10–21, Öffnungszeiten im Oktober können abweichen. Mind. 25 Eissorten, auch vegane Optionen (dunkle Schokolade und Fruchteis); Eis-Wienerschnitzel, Eisspaghetti, Eispizza; Frozen Yogurt; kleine Snacks und Mehlspeisen; Cocktails, Illy-Kaffee. Gesamtes Sortiment auch zum Mitnehmen. Klimaanlage, TV. 2 Schanigärten für 25 und 35 Pers.

Ciao Bella Erdbergstraße 134, ciao-bella-eiscreme.business.site, Mitte März bis Mitte Oktober täglich 13–20.30. Selbst gemachtes Eis aus Bio-Milch, Bio-Schlagobers und frischen Früchten. Schanigarten.

Eiskarussell Rennweg 22, Tel. 0676/630 58 84, E-Mail: hallo@eiskarussell.at, www.eiskarussell.at, täglich 12–22, Öffnungszeiten je nach Saison variabel (siehe Facebook-Seite). Neben den Klassikern auch saisonal wechselnde Eissorten (salzige Erdnuss, Leithaberger Edelkirsche, Holunderblüte und Zitrone); Sorbets, Kaffee; Spezialanfertigungen nach Wunsch; Catering mit mobiler Eisbox/Eisrad.

Ramelle Eis Löwengasse 29, Tel. 0699/10 37 33 73, E-Mail: office@ramelle.at, Mai bis September Mo–Sa 10–19, So 11–19, im Winter geschlossen. Kleines Eisgeschäft; Eis ohne Geschmacksverstärker und Farbstoffe und mit wenig Zucker.

Veganista Ungargasse 55, Tel. 0660/750 68 00, E-Mail: info@veganista.at, www.veganista.at, täglich 11–23 (Sommer), im Winter verkürzte Öffnungszeiten (s. Homepage). Ausschließlich veganes Eis, klassische und innovative Eissorten wie z.B. Basilikum; Eis Sandwiches „Inbetwiener", Eis mit Zuckeralternativen wie Birkenzucker od. Ahornsirup, glutenfreie Sorten und glutenfreie Stanitzel; für laktoseintolerante Menschen geeignet. Saisonale Spezialitäten wie Spekulatius, Zimt und Blutorange zu Weihnachten oder Pumpkin im Herbst. Boxen zum Mitnehmen (0,5l, 1l, 1,5l); Gutscheine. Rollstuhlrampe. Schanigarten für 20 Pers.

Vidoni Landstraßer Hauptstraße 2c, Tel. 710 10 48, E-Mail: office@vidoni.wien, www.vidoni.wien, März bis Oktober täglich 10.30–23, bei Schönwetter bis 24. Selbstgemachtes Eis aus vorwiegend biologischen und regionalen Zutaten, auch vegane, laktosefreie und zuckerfreie Sorten; viele außergewöhnliche Sorten (Schoko-Nusskrokant, Earl Grey, Orange-Safran, Himbeer-Veilchen etc.); hausgemachte Smoothies, Lassi und Eistee. Schanigarten für 35 Pers.

Imbisse

Burger King Ungarg. 66/4/18 (Rennweg S-Bahn), Tel. 715 15 64, E-Mail: ren@whopper.at, kundenservice@whopper .at, www.burgerking.at, Öffnungszeiten siehe Homepage: burgerking.at/kingfinder. Div. Burger und Wraps (auch vegetarisch); Frühstück. Take-away. Parkhaus. 💳 €

Cibo Colorato Hintere Zollamtsstraße vor Nr. 2, Tel. 0664/ 99 94 52 22, cibocolorato.com, Mo–Sa 11–15 und 17–22, durchgehend warme Küche. Imbissstand mit italienischer Pizza zum Mitnehmen.

Duran Superimbiss Landstraßer Hauptstraße 9, Tel. 715 38 60, E-Mail: office@duran.at, www.duran.at, Mo–Fr 8–16 (Fei geschlossen). Shop und Take-away mit Selbstbedienung, kalte und warme Küche, täglich wechselnde Gerichte; Sandwiches, vegetarische und vegane Alternativen, täglich wechselndes TT; hausgemachte Limonaden, Kaffee. Online-Shop. Schanigarten. €

Der Gockel Untere Viaduktgasse 17 (Ecke Löwengasse), Tel. 714 67 62, E-Mail: office@dergockel.at, www.dergockel .at, Mo–Sa 10–21 (Fei geschlossen). Modern gestaltetes Imbisslokal mit Speisen vom Huhn und Fisch (Gebackenes, Gegrilltes), auch gebackenes Gemüse, Schnitzelsemmeln etc.; Kindermenüs und -sessel. TV. 30 Sitzplätze. Schanigarten für 12 Pers. Keine Hunde. 💳 €

Interspar Pasta & Café Landstraßer Hauptstraße 1b (Wien Mitte – The Mall), Tel. 0664/88 91 40 28, E-Mail: pastacafe@interspar.at, www.spar.at, Mo–Sa 7–22, So, Fei 8–21, warme Küche 10.30–22 bzw. 20. Schnellgastronomie von Spar im Eingangsbereich von Wien Mitte, das Thema ist Pasta: vorgefertigte Portionen Frisch-Pasta kommen in Plastikbechern ins Wasser, Sugos (€ 7,50 bis € 9,90), diverse Salate und Toastspezialitäten. Tagespasta (€ 7,90, Sa, So € 9,20); Kindersessel; Kaffeespezialitäten, 7–9 Kaffee um € 1,50; Getränke-Aktionen am Abend. Schanigarten für 24 Pers. Selbstbedienung. 💳 €

McDonald's Landstraßer Hauptstraße 1B (Wien Mitte – The Mall), Tel. 710 17 25, E-Mail: at-store0207@restaurant.at .mcd.com, www.mcdonalds.at, Öffnungszeiten siehe Homepage. Burger, Wraps, Salate etc.; Frühstück. Mit McCafé. ♿ 💳 €

Noodle Point Landstraßer Hauptstraße 92–94 (Ecke Neulinggasse), Tel. 713 61 93, E-Mail: n.point1030@gmail.com, Mo–Fr 10.30–21, Sa, Fei 11.30–21. Asia-Imbiss mit Nudeln, gebratenem Reis, Wok-Gemüse, Sushi. Klimaanlage. Im Lokal 8 Sitzplätze, Schanigarten für 4 Pers. 💳 €

Nordsee Rochusmarkt Stand 1–2, Tel. 713 40 89, E-Mail: office@nordsee.at, www.nordsee.at, Mo–Do 9–18, Fr 8–18, Sa 9–14. Grill- und Backfisch, Salate, kalte und warme Snacks; Kindermenü mit Überraschung; Meeresbuffet: Verkauf von Frischfisch, Räucherfischspezialitäten und Feinkostsalaten. 💳 €

Partybrezel Erdbergstraße 87, Tel. 715 24 93 12, 0664/ 311 94 72 (Vereinbarung für Lieferung außerhalb der Öffnungszeiten), E-Mail: office@gastro-oase.at, www.party brezel.at, Mo–Fr 7.30–18, Abholung: Sa 9–15, So, Fei 9–11, Zustellung: Sa 9–18, So, Fei 9–12. Belegte Brötchen; Catering (spezialisiert auf Partybrezeln). 💳

Radatz Rochusmarkt 28–29, Tel. 713 81 28, E-Mail: fleischereien@radatz.com, www.radatz.at, Mo–Fr 7–18, Sa 7.30–12.30. Wiener Küche, täglich wechselnde Menüauswahl (bis € 8,–). Schanigarten. 💳 €

Rauch Juice Bar Wien Mitte Landstraßer Hauptstr. 1b (Wien Mitte – The Mall), Tel. 0664/912 26 10, E-Mail: juice bar@rauch.cc, www.rauchjuicebar.cc, Mo–Fr 8–18, Sa 10–18, So 11–17 (Fei geschlossen). Zahlreiche Säfte, Smoothies, Shots und Shakes, auch zum selbst Zusammenstellen, wechselnde Spezialangebote; für den kleinen Hunger gibt es Sandwiches, fruchtige Bowls, ausgewählte Süßspeisen; Afro Kaffee und Tee. Heavy Juicer Card (bei Aufladung mit € 50,– 10% Rabatt, bei € 100,– 15% Rabatt). 💳

Schnitzel Landmann Landstraßer Hauptstraße 64, Tel. 710 41 24, www.schnitzel-landmann.at, Mo–Fr 10.30–22, Sa, So, Fei 11–22. Schnitzelvariationen und österreichische Spezialitäten, Tagesangebote; Kindermenüs; Speisen zum Mitnehmen. Zustellung in den 1., 2. und 3. (gratis ab € 10,–, darunter keine Lieferung) sowie in den 4., 5., 6. und 11. Bezirk (ab € 15,–, darunter keine Lieferung). 💳 €

Schnitzelpalast Schlachthausgasse 29, Tel. 796 58 00, www.schnitzelpalast.at, tägl. 10–23. Div. Schnitzel, Schnitzelsemmel, Fleisch- und Fischgerichte, auch vegetarische Speisen; Kinderspeisen. Bis 21 Zustellung (gratis ab einem Bestellwert von € 29,–, darunter € 4,35 Zustellgebühr). €

Schnitzlplatz'l Erdbergstraße 47, Tel. 974 48 97, E-Mail: schnitzlplatzl.office@gmail.com, www.schnitzlplatzl.at, täglich 10–23, Zustellung 11–22.30. Schnitzelvariationen von Schwein und Pute; Speisen zum Mitnehmen; Zustellung in den 2., 3. und 11. Bezirk (€ 1,95 fixe Zustellgebühr), bei telefonischer Bestellung ab € 20,– gratis Lieferung. 💳 €

Subway Ungargasse 66 (ZRS-Zentrum Rennweg), Tel. 890 62 26, www.deinsubway.at, Mo–Sa 10–21.30, So 11–21.30. Sandwiches mit Gemüse, Huhn, Schinken, Thunfisch, Steak etc.; Salate, Sandwich des Tages, jedes Sandwich auch als Menü mit Getränk und Chips oder Cookie. Kindersessel. Take-away. 💳 €

Tauber Landstraßer Hauptstraße 99–101 (EKZ Galleria), Tel. 712 04 48, E-Mail: office@tauber.at, www.tauber.at, Mo–Fr

8-19, Sa 8-18 (Fei geschlossen). Belegte Brötchen (€ 1,80 bis € 2,80/Stk.), diverse Brötchenboxen (€ 22,50 bis € 61,-), auch Mehlspeisboxen (€ 20,- bis € 54,-); Online-Bestellmöglichkeit, Abholung, ab 10 Stück auch Zustellung in alle Bezirke (Zustellkosten € 15,-). Kleine warme Speisen (€ 3,50 bis € 5,30), Wiener Frühstück (klein € 5,90, groß € 7,10). **€**

Trzesniewski Rochusmarkt Stand 8-9, Tel. 715 28 19, 493 13 32-0 (Büro), E-Mail: office@trzesniewski.at, www.speckmitei.at, Mo-Fr 8.30-19, Sa 8-17. Klassisches Wiener Imbiss-Buffet; Aufstrichbrötchen (€ 1,50/Stück), Aufstriche (€ 4,20/100 g); Zustellung mit Lieferdienst; Online-Bestellmöglichkeit auf der Homepage. Schanigarten für 12 Pers.

Wichers Marxergasse 4 (Wien Mitte/The Mall), Tel. 890 49 18, E-Mail: sosollsandwich@gmail.com, www.wichers.at, Mo-Fr 10-20, Sa, So, Fei 11-20. Große Sandwichauswahl, auch individuell zusammenstellbar (vegetarisch, vegan, glutenfreie Optionen) mit Zutaten von österreichischen Produzent*innen; Tagesangebot mit Pommes od. Cookie und Getränk um € 8,99.

Konditoreien, Bäckereien

Aida Landstraßer Hauptstraße 116, Tel. 890 89 88-219, E-Mail: info@aida.at, www.aida.at, Mo-Sa 8-19, So 9-18. Konditorei und Kaffeehaus.

Anker www.ankerbrot.at, kontakt@ankerbrot.at. Brot, Gebäck, Mehlspeisen, täglich laufend frische Snacks. Öffnungszeiten saisonal variabel (s. Homepage). Am Modenapark 8-9, Tel. 904 84 14, Mo-Fr 6-18, Sa, So, Fei 7-14. Landstraßer Hauptstraße 146, Tel. 718 22 00, Mo-Fr 6-18, Sa, So, Fei 6.30-12, Schanigarten. Löwengasse 37A, Tel. 718 96 22, Mo-Fr 6-13, Sa, So, Fei 7-12. Radetzkystraße 12, Tel. 714 49 92, Mo-Fr 6.30-18, Sa, So, Fei 6.30-12. Radetzkystraße 2 (Bundesamtsgebäude), Tel. 715 45 08, Mo-Do 6-17, Fr 6-16 (Fei geschlossen). Rochusmarkt 10-12, Tel. 713 73 04, Mo-Fr 6-18, Sa 6-12.30 (Fei geschlossen). U-Bahn Station Erdberg (TownTown), Tel. 796 10 46, Mo-Fr 6-14 (Fei geschlossen). Fasangasse 39-41, Tel. 799 95 30, Mo-Fr 6-18, Sa, So, Fei 7-12, Schanigarten. Würtzlerstraße 15 (Ecke Markhofgasse), Tel. 715 45 08, Mo-Fr 6-18, Sa, So, Fei 6.30-12.

Backimbiss Scherleithner Erdbergstraße 202 (3. OG), Tel. 0676/83 40 18 78, backerei-scherleithner.business.site, Mo-Do 5.30-16.30, Fr 5.30-14 (Fei geschlossen), saisonal abweichende Öffnungszeiten (siehe Website). Familiär geführte Bäckerei und Imbiss; täglich frisches Gebäck und Mehlspeisen aus dem Ladenbackofen (z.B. Zimtschnecken, Schokocroissants), Frühstück ganztägig ab € 3,60; kalte und warme pikante Snacks (z.B. Schnitzel- und Fleischlaberlsemmel); Kaffee und gekühlte Getränke, Vitrine mit kleiner Auswahl an Milchprodukten. Sitzplätze für 5, Stehplätze für 10 Pers., Stehplätze auch im Außenbereich. Behinderten-WC in der Anlage.

Backwerk E-Mail: infoat@back-werk.com, www.back-werk.de, Brot und Gebäck, kalte u. warme Snacks. Rennweg 33b (im Zentrum Rennweg), Mo-Fr 6-18. Rennweg 24 (Fasanplatz), Mo-Fr 6.30-17, Sa 7-15, So 7-16, Fei variabel.

Der Mann www.dermann.at. Gebäck, Brot, Mehlspeisen, Snacks. Im Sommer variable Öffnungszeiten. Fasangasse 5, Tel. 866 99-9105, Mo-Fr 6-18, Sa 6.30-12, So, Fei 7-13, Kaffee-Ecke, Sitzmöglichkeit (Selbstbedienung). Gigergasse 1/Top 10, Tel. 866 99-9180, Mo-Fr 6-18 (Fei geschlossen). Landstraßer Hauptstraße 1/3 (Wien Mitte/The Mall), Tel. 866 99-9179, Mo-Mi 5.30-20, Do, Fr 5.30-21, Sa 7-19, So, Fei 7-17, Schanigarten. Landstraßer Hauptstraße 67, Tel. 866 99-9146, Mo-Fr 6-18, Sa 7-18, So 7-17, Kaffeehaus mit Bedienung, Schanigarten. Viehmarktgasse 6 (Portierhaus), Tel. 866 99-9106, Mo-Fr 6-18.30 (Fei geschlossen), Kaffee-Ecke, Schanigarten.

Felber www.felberbrot.at, office@felberbrot.at. Ofenfrische Backwaren, Cafeteria, Frühstück, Snacks, Imbisse. Landstraßer Hauptstraße 22, Tel. 714 10 21, Mo-Fr 6-18, Sa, So, Fei 7-12, im Sommer Mo-Fr 6.30-13.20. Landstraßer Hauptstraße 101 (Galleria Landstraße), Tel. 710 54 92, Mo-Fr 6-18, Sa 7-16, So, Fei 7-12, Schanigarten.

Gradwohl's Auszeit Landstraßer Hauptstraße 63, Tel. 710 45 29, E-Mail: office@gradwohl.info, www.gradwohl.info, Mo-Fr 7-18, Sa 7-13. Vollwert-Backwaren, Bio-Vollkorn-Mehlspeisen; natürliche Zutaten aus biologischem Anbau. Div. Frühstücksvarianten, wöchentl. wechselnde TT. Kindersessel. Hunde nicht erlaubt. Behinderten-WC.

Joseph - Bäckerei Patisserie Bistro Landstraßer Hauptstr. 4, Tel. 710 28 81, E-Mail: office@joseph.co.at, www.joseph.co.at, Mo-Fr 7.30-19, Sa 8-18, So, Fei 8-16, Bistro: Mo-Sa 8-19, Sa 8-18, So, Fei 8-16; saisonal abweichende Öffnungszeiten (s. Website). Handgemachte Brote, Gebäck und Süßes aus rein biologischen Zutaten, hausgemachte Snacks und Bistro to go; Bio-Limonaden und Bio-Eistee. Bio-Greisslerei mit Produkten aus der Region. Schanigarten.

Konzept Greissler Neulinggasse 34-36, Tel. 890 66 38, E-Mail: shop@konzept-greissler.at, www.konzept-greissler.at, Mo-Fr 7.30-18, Sa 8-13. Greisslerei mit frischen Lebensmittel von lokalen Produzent*innen wie Brot und Gebäck von Josephbrot, Fleischwaren von Thum Schinken uvm.; Jausenbrote, Tartes (von der Konditorei Marischka) und div. Fertiggerichte von Bio-Produzent*innen zum Mitnehmen; Kaffee von Bieder & Maier. Klimaanlage. 8 Sitzplätze im Lokal, kleiner Schanigarten für 8 Pers.

Nata Landstraßer Hauptstraße 65/6B, Tel. 0660/827 46 18, E-Mail: nataviena@gmail.com, www.natalisboa.com, Mo-Sa 9-18. Franchiseunternehmen aus Lissabon; Blätterteig-Törtchen gefüllt mit Pudding und karamelisierter Oberfläche, auch mit pikanten Füllungen zu haben. 8 Sitzplätze im Lokal. Barrierefreier Zugang möglich.

Kurkonditorei Oberlaa Landstraßer Hauptstraße 1, Tel. 715 27 40-0, E-Mail: landstrasse@oberlaa-wien.at, www.oberlaa-wien.at, täglich 8-19. Köstliche Torten, Kuchen, Konfekt und Mehlspeisen aus eigener Patisserie; Kaffee- und Teespezialitäten, Coffe to go, im Sommer hausgemachtes Eis; Frühstück; saisonale Spezialitäten, Wiener und internationale Küche ab 11, Tagesspezialitäten (€ 8,- bis € 24,-). Klimatisiert. Schanigarten für 50 Pers. Behinderten-WC.

Bäckerei Radetzky Radetzkystraße 3, Tel. 0660/573 09 23, E-Mail: mehmetdurak080@gmail.com, Mo-Fr 6.30-18, Sa, So 7-13 (Fei geschlossen). Täglich frisches Gebäck und Mehlspeisen, hausgemachtes Pita-Brot, auch warme Speisen wie Burger oder Döner Kebab; selbst gerösteter Kaffee. Lieferung möglich. 8 Sitzplätze.

Ströck www.stroeck.at, kundenservice@stroeck.at. Ofenfrisches Brot und Backwaren (von rustikal bis mediterran), Mehlspeisen-Klassiker; Frühstück, schnelle Snacks, Imbisse; Bio-Fairtrade-Kaffee; das gesamte Brot- und Gebäcksortiment ist frei von Zusatzstoffen, breites Angebot an Bio-Produkten. Aktuelle Öffnungszeiten siehe Homepage: stroeck.at/filialen. Drorygasse 20 (Ecke Kardinal-Nagl-Platz), Tel. 204 39 99-830 26, Mo-Fr 6-18, Sa 6-13, So 7-13. Landstraßer Hauptstraße 1, Tel. 204 39 99-830 99, Mo-Fr 6-19, Sa, So 8-18. Löwengasse 39, Tel. 204 39 99-830 87, Mo-Fr 6.30-18.30, Sa, So 7-18. Rennweg 35, Tel. 204 39 99-830 39, Mo-Fr 5.30-18, Sa 6-12. Rochusmarkt 35, Tel. 204 39 99-830 31, Mo-Fr 6-18.30, Sa 7-13. Thomas-Klestil-Platz 8/Objekt CB 16 (Town Town), Tel. 204 39 99-830 80, Mo-Do 6-16.30, Fr 6-14.30. U-Bahn Station Kardinal-Nagl-Platz, Tel. 204 39 99-830 45, Mo-Fr 5.30-18.30, Sa 6-13. U-Bahn Station Wien-Mitte Landstraße, Tel. 204 39 99-830 63, Mo-Fr 5.30-19.

Konfiserien

Confiserie Heindl Landstraßer Hauptstraße 101 (Top 22/EKZ Galleria), Tel. 712 98 97, E-Mail: confiserie@heindl.co.at, www.heindl.co.at, aktuelle Öffnungszeiten siehe Homepage. Mehr als 250 unterschiedliche Pralinen-, Konfekt- und Waffelspezialitäten; gesamtes Sortiment ausschließlich mit Fairtrade-Kakao; vegane Spezialitäten.

macaroom Landstraßer Hauptstraße 86 (Manufaktur: Keilgasse 7), E-Mail: office@macaroom.at, www.macaroom.at, Mi-Fr 12-18. Kleine Manufaktur, die sich ganz der Kunst verschrieben hat, die besten Macarons zu kreieren. Klassiker und neue Kreationen. Macaron Workshops. Lieferung und Abholung außerhalb der Öffnungszeiten nach Anfrage per E-Mail möglich.

Pubs

Mickey Finn's Irish Pub Ungargasse 67, Tel. 0680/334 00 27, E-Mail: office@mickeyfinns.at, www.mickeyfinns.at, Mo-Sa 18-1. Große Auswahl an internationalen Bieren (über 80 Sorten), Craft-Bier, Cider, Wein, Cocktails. Irische Spezialitäten wie Irish Stew und Irish Stew Pie; div. Snacks und Speisen (Nachos, Fingerfood, Fisch and Chips, Sandwiches etc.). Jeden Fr und Sa Live-Musik, Mo Pub Quiz, Do Karaoke. Leinwand für Sport- und Musikübertragungen. Separater Raum für Feiern. Schanigarten für 20 Pers.

Raven's Pub Rabengasse 9, Tel. 712 23 26, Mo-Sa 10-24, So, Fei 10-20. Imbisse, Snacks; hin und wieder Getränkeaktionen. Ab und zu Livemusik (Schlager etc.). 2 Extrazimmer für 5 und 18, Schanigarten für 20 Pers. **€**

The Church International Pub Radetzkystraße 3, Tel. 0681/20 53 90 53, E-Mail: thechurchvienna@gmail.com, Mo-Do, Fei 18-2, Fr, Sa 18-4. Große Auswahl an alkoholischen und alkoholfreien Getränken; Craft-Bier, tschechisches Bier vom Fass, Wein, Longdrinks, Cocktails; Happy Hour. Kleine Auswahl an Speisen. Billard.

The Golden Harp Irish Pub Erdbergstraße 27, Tel. 715 13 93, E-Mail: 1030@goldenharp.at, www.goldenharp1030.at, Mo-Do 16-1, Fr, Sa 16-2, So, Fei 16-24. Irish Pub und Café-Restaurant; Wiener Küche und Pub-Gerichte, Spezialitätenkarte. Kleine Portionen auf Anfrage, Kindersessel. Laufend Veranstaltungen (z.B. Livemusik); 3 Flatscreens, 1 Leinwand (Sky Sport). Extrazimmer für 20, Keller für 100, Schanigarten für 36 Pers. **€€**

The Oak Rennweg 95, Tel. 295 5382, E-Mail: reservations@theoak1030.at, office@theoak1030.at, www.theoak1030.at, Mo-Mi 11-24, Do, Fr 11-1, Sa, So, Fei 15-24, Juli und August Sa, So geänderte Öffnungszeiten möglich (siehe Website). Irish Pub mit Klassikern (Fish and Chips, Burger, Spareribs) und wechselnden Spezialitäten (z.B. Zwiebelsuppe, Quiche, Salate, Sandwiches), hausgemachte Desserts (Mo-Fr MM ab 11.30 € 9,50); Guinness, Craft-Biere, Cider. Kindersessel, kleine Portionen möglich. TV. Jeden 1. Mo/Monat irische Live-Musik. Schanigarten für 50 Pers. **€€**

The Wild Geese Landstraßer Hauptstraße 173-175/3, Tel. 295 53 82, E-Mail: reservations@theoak1030.at, office@theoak1030.at, www.theoak1030.at, Mo-Fr 16.30-23 (Fei geschlossen). Schwesterlokal von The Oak. Pub mit Klassikern (z.B. Fish'n'Chips Baskets) und wechselnden Spezialitäten. Pool & Darts; Live-Sportübertragungen. Schanigarten für 30 Pers. €€

Viki's Pub so oder so Fasangasse 20, Tel. 0660/577 22 00, Mo–Sa 16–2. Toast (€ 3,50). TV, Darts (€ 1,–/Spiel), Tischfußball, Musikbox. Schanigarten für 6 Pers.

Stadtheuriger

Heuriger zur alten Weinpresse Landstraßer Hauptstraße 126, Tel. 967 14 50, E-Mail: zuraltenweinpresse@chello.at, www.heuriger-zur-alten-weinpresse.at, täglich 11–23, durchgehend warme Küche 11–22. Heurigenbuffet und Wiener Küche à la carte zubereitet, aus regionalen Produkten (Mo–Fr 11–15 MM € 8,90); Kinderspeisen, -sessel; großes österreichisches Weinangebot (Bouteillen und glasweise). TV. Überdachter Gastgarten im Hof für 80 Pers.; Schanigarten direkt an der Landstraße für 25 Pers. €€

Szene

Arena - Entertainment & Confrontation Baumgasse 80, Tel. 798 85 95 13, E-Mail: info@arena.co.at, arenabeisl@arena.co.at, www.arena.wien, Öffnungszeiten je nach Veranstaltung (siehe Homepage). 5 Floors für diverse Veranstaltungen (auch zu mieten); im Sommer ab 20 Openair-Kino (an ausgewählten Tagen, siehe Website). Bei größeren Veranstaltungen gibt es Foodtrucks, z.B. Würstel, Crêpes und mehr. Musik: von Theaterperformances bis zu Punkrock, Pop, Alternative, elektronische Musik und Hardcore. Rollstuhlplätze, Behinderten-WCs.

Bakery Vienna im Hotel Daniel Landstraßer Gürtel 5, Tel. 901 31-903, E-Mail: bakeryvienna@hoteldaniel.com, hellovienna@hoteldaniel.com, www.hoteldaniel.com, täglich 6.30–1, warme Küche bis 22. An Lässigkeit kaum zu überbietendes Hotel-Restaurant im panoramaverglasten Erdgeschoß. Das Frühstück ist bereits Kult: Buffet Mo–Fr 6.30–10 (€ 26,–), Sa, So und Fei bis 12 (€ 26,–/für Hotelgäste € 23,–). Internationale Küche, hoher Hippness-Faktor; saisonale Karte. Offene Weine. Kindersessel. Bewusst chaotisch angeordnete Tische mit unterschiedlichen Sesseln, Kamin, Hollywoodschaukel, Stehbereich und Lounge, alles umrahmt von der eindrucksvollen 1960er-Jahre-Architektur des Gebäudes. Terrasse und Sonnendeck für insgesamt 50 Pers. Behinderten-WC. €€€

Strandbar Herrmann Herrmannpark, Tel. 0720/22 99 96, E-Mail: barchef@strandbar-herrmann.at, www.strandbarherrmann.at, Anfang April bis Mitte September Mo–Fr 14–2, Sa, So, Fei 10–2, bei Schlechtwetter evtl. geschlossen (aktuelle Öffnungszeiten siehe Website). Strandbar am Donaukanal bei der Urania; kleine Speisen; thailändisches Streetfood von Krazy Kitchen; kühle Getränke, Cocktails, Longdrinks, Mischgetränke, wechselnder Drink der Woche an der Cocktailbar. Täglich DJ-Line, Lounge-Musik, Soul etc., Sa um 11 gratis Kasperl und So um 10 gratis Yoga. 4000 m², 600 Tonnen Sand, über 500 Liegestühle. Pavillon mit Terrasse zum Mieten für 200 Pers. Behinderten-WC.

Teehaus

Teeamo Landstraßer Hauptstraße 1b (Wien Mitte/The Mall, EG), Tel. 0660/664 50 08, E-Mail: teeamo.vienna@gmail.com, www.teeamo-vienna.at, Mo–Fr 9–20, Sa 9–18, So 12–18. Großes Sortiment an Bubble Teas (z.B. Milk Teas, Fruit Teas, Smoothies, Sodas, Joghurt-Frappés, Pure Teas oder DIY); Take-away. Klimatisiert.

Weinhandlungen

Buchegger ab Wien Rasumofskygasse 26, Tel. 0699/14 43 33 77, E-Mail: post@buchegger-ab-wien.com, www.buchegger.wien, Mi, Do 15–18, Fr 13–16, sowie jederzeit nach telefonischer Vereinbarung. Verschiedene Weine, z.B. von den Weingütern Buchegger, Glatzer und Vorspannhof Mayr, alle Weine auch gekühlt erhältlich. Cava, Gin, Champagner, Prosecco, Sekt aus Österreich und Deutschland. Verkostungen nach telefonischer Vereinbarung oder Anfrage via Mail möglich (auch außerhalb der Öffnungszeiten). Für Veranstaltungen bis zu 50 Pers. geeignet (inkl. Küche). Innenhof mit Platz für 10 Pers., Hauszustellung möglich (ab € 100,– Bestellwert gratis Lieferung). Webshop.

Grams & Co Kegelgasse 41, Tel. 512 74 37, E-Mail: wein@grams.at, www.grams.at, Mo–Fr 10–18, Sa 11–17 (Fei geschlossen). Weinraritäten, Jahrgangsweine, internationale Weinspezialitäten. Etikettendruck, Privatetiketten, Weinzubehör, Geschenke, Karaffen. Keine Weinverkostungen.

Hablé Champagne et plus Seidlgasse 37, Tel. 0664/302 73 78, E-Mail: office@laviepetillante.com, www.laviepetillante.com, Do, Fr 14–18, Sa 11–14. Französische Champagner-Bar mit großer Auswahl an Crémants, Champagnern und Weinen aus Familienbetrieben. Kleine Häppchen wie Käse, Oliven, Salami. Épicerie mit Delikatessen zum Mitnehmen (Moutarde, Confit, Pralinen etc.), Kaviar vom Stör auf Bestellung. Kommentierte Verkostungen. Onlineshop.

May Wines Landstraßer Gürtel 19 (Eckeingang), Tel. 0664/262 69 11, E-Mail: berndt.may@maywines.com, franziska.frank@maywines.com, www.maywines.com, Mo–Fr 8–17. Vinothek des Weinhandelshauses May Wines; reife Weine aus Bordeaux, Burgund, Rhônetal und Österreich. Online-Shop.

Weinskandal Ungargasse 28 (im Hof), Tel. 0676/83 85 81 68, E-Mail: laden@weinskandal.at, www.weinskandal.at, Mo–Fr 15–18. Ausgewählte Weine aus Österreich, Frankreich, Italien, Spanien und Südafrika; Schwerpunkt: Naturweine; monatliche Verkostung (mit Einladung). Zustellung in Wien: Mo–Fr 9–19; Onlineshop.

Wiener Kaffeehäuser

Café Benedikt Sechskrügelgasse 2, Tel. 710 72 25, www.cafe-benedikt.at, Mo–Fr 7–21 (Fei geschlossen), warme Küche bis 20; letzte Juli- und erste Augustwoche sowie Weihnachten 2 Wochen geschlossen. Wiener Kaffeehaus mit Frühstück (ganztags), z.B. Wiener (€ 8,90), klassisch (€ 12,50), französisch (€ 10,80), steirisch (€ 10,80); 2 2gg MM ab 11.30, Spezialitäten: Kipferlschmarrn, handgewuzelte Mohnnudeln, hausgemachte Altwiener Mehlspeisen. Schach, Brett- und Kartenspiele; internationale Tageszeitungen, Illustrierte. Gastgarten für 22 Pers. **€**

Café Am Heumarkt Am Heumarkt 15, Tel. 712 65 81, Mo–Fr 10–23 (Fei geschl.), durchgehend warme Küche. Eines der urigsten, ruhigsten und von der Moderne überhaupt nicht erfasstes Kaffeehaus der Stadt. Wiener Frühstück (€ 6,–); Wiener Küche (MM € 7,70), Spezialität wie Eiernockerl (€ 8,50–) und Gulasch (€ 9,80). Schach, Backgammon, diverse Kartenspiele; Zeitschriften; diverse Events. Lokal und WC barrierefrei zugänglich. **€€**

Café Vienna Johannesgasse 28 (im Hotel InterContinental), Tel. 711 22-153, E-Mail: vienna@ihg.com, www.vienna.intercontinental.com/gastronomie/cafe-vienna, täglich 10–18, warme Küche ab 11.30. Frühstück; große Auswahl an Wiener Mehlspeisen, Torten, Brötchen und Kaffeespezialitäten, Afternoon Tea mit Ronnefeldt Teastar Collection; im Advent großes Lebkuchenhaus. Klimatisiert. Keine Hunde. Behinderten-WC im Hotel. ♿

Café-Restaurant Zartl Rasumofskygasse 7, Tel. 943 89 72, E-Mail: tiptop-gastro@gmx.at, täglich 7–22, durchgehend warme Küche 9–22, Sommeröffnungszeiten: täglich 7–17 (Küche bis 15). Eines der schönsten Kaffeehäuser der Stadt. Frühstück (€ 8,50 bis € 14,90); Wiener und internationale Küche (täglich 2 MM: Mo–Do € 8,90, Fr (Fisch) € 9,40, am Wochenende 1 MM € 16,50); Kinderspeisen, -sessel und Wickeltisch. So 12–15 Klaviermusik; in- und ausländische Zeitschriften. Ruhiges Extrazimmer für Veranstaltungen, auch mit Buffet. Schanigarten für 20 Pers.

Würstelstände

Würstelstand 18er Grill Schlachthausgasse (Ecke Markhofgasse), Tel. 0660/642 43 50, E-Mail: office@18er-grill.at, www.18er-grill.at, Mo–Fr 11.30–23.30, Sa 14–23.30, So, Fei 10–23.30. Div. Leberkäse (ab € 1,80), Burger (€ 4,30 bis € 5,30), Würstel (€ 2,90 bis € 4,–), Bosna (€ 3,90), Hotdog (ab € 2,90). Im Herbst Sturm, im Winter Punsch und Glühwein. **€**

Kardinal Nagl Würstel-Platz Kardinal-Nagl-Platz, täglich 7–22. Schanigarten für ca. 8 Pers.

Zum kleinen Sacher Fasangasse 3 (Fasanplatz 1), täglich 11–24. Würstelstand ersten Ranges, köstliche Käsekrainer, Spezial-Käsekrainer, Bosna, Frankfurter, Waldviertler, auch Pferdeleberkäse. Schanigarten für 4 Pers. **€**

Würstelmausi Modecenterstraße 14, E-Mail: wuerstelmausi@wuerstelmausi.at, Mo–Fr 9–16 (Fei geschlossen). Käsekrainer, Bratwürstel, Burenwurst, Hotdog, Pferdeleberkäse, Kümmelbratenbrot etc.; kalte Getränke; Sitzgelegenheiten vorhanden.

4., WIEDEN

Wenn Neubau Wiens Boboville ist, dann ist die Wieden die Wiener Version des Berliner Stadtteils Prenzlauer Berg und bevorzugte Ecke der Post-Hipster: jener Fraktion, die noch vor zehn Jahren in Hornbrille-Jutebeutel-und-Beanie-Uniform irgendwas mit Medien oder andere prekäre Jobs machten und heute über ein tragfähiges Einkommen verfügen, welches hier gerne in die Pflege des Wohlbefindens investiert wird.

Kein Wunder also, dass auf den 1,8 Wiedner Quadratkilometern gefühlt an jeder Häuserecke eine Lokalität zur Nahrungsmittelverabreichung zu finden ist. Die meisten dem Publikum entsprechend sehr stylish, mit Schwerpunkten auf neapolitanischer Pizza (Pronto Volante), Brunch (The Breakfast Club) vietnamesischer (Bánh Mì Vienna) und moderner Wiener Küche (Zur Herknerin).

Von der Wieden verabschiedet hat sich Ende des Vorjahres das Burgerlokal Haferpoint in der Gußhausstraße. Möglicherweise deshalb, weil man sich an Burgerlokalen mit shabby-schickem Interieur bereits mehr als sattgegessen hat. Jedenfalls haben die neuen Betreiber, ein tiroler-chilenisches Ehepaar, im April das Z'SOM („zusammen") eröffnet. Innen ist es nun mehr schick als shabby und auf der international inspirierten Speisekarte stehen sowohl Gerichte zur freien Wahl als auch Degustationsmenüs.

Eine weitere Neuübernahme gab's auf dem Sektor Speiseeis: Das Café Schmidt, das auf der Wiedner Hauptstraße sommers wie winters von „Sweet Hell" in Gänserndorf produziertes Eis in Becher türmte, hat im Frühjahr Besitzer und Name gewechselt. Was gleich geblieben ist: auch im neuen Eisbusserl türmt man Eis in Becher.

Bánh Mí Hôi An

Feinstes vietnamesisches Streetfood ... S. 224

DIE BESTEN 20 IM 4. BEZIRK

Amacord
Mediterrane Bar, die an Freitagen gelegentlich zum Aperitivo mit kühlen Getränken, Livemusik und kleinen „Cicchetti", also italienischen Häppchen, lädt ... S. 216

Bánh Mì Hôi An
Feinstes vietnamesisches Streetfood, etwa die herrlichen Baguette-Sandwiches Bánh Mì ... S. 224

Café Anzengruber
Ja, es mag überraschen: im Anzengruber kann man nicht nur tschechern und endlos quatschen, es gibt hier – wie es sich für das beste Intellektuellen- und Alki-Café der Stadt gehört – auch Wirtshausgerichte für die gute Unterlage ... S. 216

Caffè Bacco
Der echteste Italiener Wiens, ohne Speisekarte, dafür mit wunderbarer Italo-Küche ... S. 221

Carl Ludwig Cafe
Die Café-Bar im Palais Carl Ludwig reicht zum eigens gerösteten „Speciality"-Kaffee süßes und pikantes Backwerk, Craft Beer und Hipster-Limos. Der eigentliche Star ist der Schanigarten, der sich nach hinten in den Hof des barocken Palais erstreckt ... S. 226

Dining Ruhm
Japanisch-peruanische Fusionsküche mit österreichischen Zutaten im schicken Zwei-Hauben-Resti ... S. 216

Gasthaus Ubl
Noch so eine Wiener Gasthausschatzkiste. Traumhaft auch der Gastgarten, Küche sowieso ... S. 218

Gasthaus Wolf
Immer gutes, immer nettes Eckbeisl mit großartiger Wiener Küche ... S. 218

Gastwirtschaft Rohrböck
Fast schon museal und wunderschön, gekocht wird auch super, je nach Wunsch in kleinen oder großen Portionen und um relativ wenig Geld. Auch Vegetarier*innen haben hier Auswahl ... S. 217

Gorilla Kitchen
Homemade Burritos mit aromatischen Salsas und Bowls zum Selbst-Zusammenstellen ... S. 225

Grace
Der frühere Steirereck-Souschef macht hier exquisites Mehrgängiges ... S. 216

Heuer am Karlsplatz
Seit der Eröffnung des Heuer ist zwar schon wieder massig Wasser die Donau hinuntergeflossen, das Szene-Lokal verbreitet aber nach wie vor einen jungen Vibe. Vielleicht liegt's auch daran, dass im Heuer einfach alles passt: Essen (drei Hauben!), die Location, der Wein und das Drumherum ... S. 229

Lisboa Lounge
Die Kategorie „Lounge" ist in Wien mitunter gefährlich, hier mitnichten: es handelt sich um Wiens bekannteste portugiesische Tapas-Bar, die auch authentische Bacalhau-Gerichte serviert ... S. 223

Made in Sud
Der zweite Streich der Caffè Bacco-Betreiber: eine winzig kleine Osteria mit integriertem Feinkostladen ... S. 221

Pronto Volante
Wiedner Ableger der Mariahilfer It-Pizzeria Disco Volante. Hier raucht nicht nur der Pizzaofen, sondern auch die Fritteuse ob der Napoli-Streetfood-Produktion ... S. 221

Restaurant Sem
Großartige armenische Küche und alles, was dazugehört. In großen Portionen ... S. 218

Trattoria Riva Officina
Sehr hübsches Lokal und Pionier in Sachen neapolitanischen Streetfoods ... S. 222

Taste of India
Netter Grätzel-Inder, in dem fein gekocht wird und vor dessen milden Currys auch österreichische Gaumen keine Angst haben müssen ... S. 221

Ukiyo Café Bistro
Asia-Snacks kombiniert mit abendländischer Imbisskultur ergeben hier feine Snack- und Frühstück-Hybride ... S. 219

Zur Herknerin
Stefanie Herkner, Tochter der Kochlegende Heinz Herkner, macht in ihrem etwas skurril anmutenden Lokal wunderbare Hausmannskost ... S. 217

Gaststätten, Restaurants, Wiener Beisln

Alma Gastrothèque Große Neugasse 31, Tel. 997 44 46, E-Mail: alma@alma-gastrotheque.at, www.alma-gastrotheque.at, Di–Fr 17–23, Küche bis 21. Charmante Weinbar und Restaurant. Farm-to-table-Menüs mit vorwiegend vegetarischer, alpin-maritimer Küchenlinie (2gg ab € 33,– od. 3gg ab € 39,–); Natural Wines. Kindersessel, Wickeltisch. Schanigarten für 30 Pers. **€€€**

Alt-Wiener Gasthaus Buchecker & Sohn Gußhausstraße 23, Tel. 929 56 74, 0677/63 04 61 37 (für Reservierungen), E-Mail: Franzbuchecker.wien@gmail.com, www.gasthaus-bucheckerundsohn.at, Mo–Fr 12–22.30, Küche bis 21.30. Klassische Alt-Wiener Küche, Innereien, „Wiener Tapas" (z.B. geröstete Kalbsleber, Hirn, Bries); saisonale Wochenkarte mit 3 Menüs (12–18 2gg). Veranstaltungskeller für 50 Pers. mit Weinverkostungsstraße. Gastgarten für 28 Pers. **€€**

Amacord Rechte Wienzeile 15, Tel. 587 47 09, E-Mail: cafe.amacord@speed.at, www.amacord-cafe.at, täglich 11.30–24. Gute Wiener und internationale Küche zu moderaten Preisen, wöchentlich wechselnde Speisekarte, saisonale Gerichte; Frühstück (€ 7,50 bis € 9,90); Fr 17–19 Aperitivo (ausg. Juli/August), Silvester-Galamenü. Gemütliche Atmosphäre mit buntem Publikum; kinderfreundlich (Kinderportionen, Spielzeug). Schanigarten für 22 Pers. **€€€**

Café Anzengruber Schleifmühlgasse 19, Tel. 587 82 97, Juni bis September Mo–Fr 16–1 (Fei geschlossen), Oktober bis Mai Mo–Sa 16–1 (Fei geschlossen), warme Küche bis 23. Inoffizielles Literaturzentrum Wiens; saisonale Speisen, legendäres Schnitzel, legendärer Bohneneintopf. Schach, TV. Kindersessel. Schanigarten für 20 Pers. **€€**

Artner's Pescetaria Floragasse 6, Tel. 503 50 33, E-Mail: wieden@artner.co.at, www.artner.co.at, Di–Sa 18–24. Designerlokal; Fokus auf Fisch und Meeresfrüchte sowie vegetarische Speisen wie Rotgarnele mit Fenchel, Stachelbeere und Schalotte oder Dreierlei Karfiol mit Heubutter und Kapern; Wein, Edelbrände. Weinboutique mit Verkauf der edlen Tropfen zu Ab-Hof-Preisen. Klimatisierter Weinkeller. Ideal für einen netten Abend zu zweit oder Geschäftsessen. Schanigarten für 40 Pers. **€€€**

Dining Ruhm Lambrechtgasse 9, Tel. 945 22 24, E-Mail: office@diningruhm.at, www.diningruhm.at, Di–Sa 11–14 und 17–23. Österreichische und internationale Fusionsküche mit japanisch-peruanischen Gerichten aus großteils österreichischen Produkten; mittags Salate, Suppen und 3gg Businesslunch (€ 30,–), mittags und abends À-la-carte-Menüs; Sushi mit eigener Sushi-Bar, Sushi Burrito, Bentoboxen, wechselnde Wochen-Specials, vegetarische Karte; Kindersessel; Naber-Kaffee, umfangreiche Auswahl an österreichischen und internationalen Weinen. Ein teilbarer Raum (gesamt für ca. 65 Pers., abgetrennt für ca. 30 Pers.). Schanigarten für 50 Pers. **€€€**

Gasthaus Engelhart Karolinengasse 29, Tel. 505 41 87, E-Mail: gasthaus.engelhart@chello.at, www.gasthaus-engelhart.at, Mo–Fr 14–24, durchgehend warme Küche bis 22.30. Uriges Gasthaus, seit 1936 in Familienbesitz. Alt-Wiener Hausmannskost wie Kalbsbeuschel mit Knödel, Schulterscherzel mit Kohlrabigemüse, Wildspezialitäten und Innereien; Kinderspeisen, -sessel. Schanigarten für 20 Pers. **€€**

Entler Schlüsselgasse 2, Tel. 504 35 85, E-Mail: mail@entler.at, www.entler.at, Di–Sa 17–23 (Fei geschlossen), warme Küche bis 22. Internationale, moderne Küche, saisonale Speisen wie Martinigansl, Wildwochen etc., Lammspezialitäten (Ostern); ausschließlich österreichische Weine, Schnäpse aus Kukmirn. Schanigarten für 20 Pers. **€€**

Fladerei Mittersteig 2a (Hugo-Wiener Platz), Tel. 585 19 31, E-Mail: mittersteig@fladerei.com, www.fladerei.com, Mo–Sa 11–22, So, Fei 15.30–24. Gefüllte Fladen aus dem Holzofengrill in unzähligen Varianten (€ 3,20 bis € 7,30), Mo–Fr 12–17 Mittagsangebot (Tagesflade groß € 6,50/klein € 5,10), Mo–So ab 17 Abendflade (groß € 7,30/klein € 6,10); verschiedene Biere vom Fass. Großbildleinwand für Sportübertragungen (Sky); 2 TV. Schanigarten für 80 Pers. **€**

Goldener Löwe Südtiroler Platz 1, Tel. 505 32 84, E-Mail: contact@goldener-loewe-wien.com, www.goldener-loewe-wien.com, Mo–Fr 6–24, Sa 9–24, So, Fei 10–24, warme Küche bis 23. Frühstück bis 11, klassische Wiener Küche wie Rindsgulasch, Wiener Schnitzel mit Erdäpfelsalat, Apfelstrudel, auch vegetarische Optionen möglich (z.B. Gemüselaibchen); außerdem Pizza (ab € 8,–); 11–14 3gg MM (€ 10,90). TV, Klimaanlage. Do Schachclub. Schanigarten für 40 Pers. **€€**

Grace Danhausergasse 3, Tel. 503 10 22, E-Mail: office@grace-restaurant.at, www.grace-restaurant.at, Di–Fr ab 18.30, Sa 12–15 und ab 18.30. Lokal von Oliver Lucas (vier Jahre Sous-Chef im Steirereck). Moderne, filigrane Küche; 8 Gerichte: 2 vegetarische Gerichte, 2 Fischgerichte, 2 Fleischgerichte, 2 Desserts; 4gg M (€ 59,–), 6gg M (€ 80,–), 8gg M (€ 98,–), Gedeck (€ 3,80). Begrünter Innenhofgarten für 36 Pers. **€€€€**

Restaurant Guzzi Heumühlgasse 7, Tel. 586 56 25, Mo–Fr 12–14.30 und 17–22, warme Küche 12–14 und 18–20.30, Mitte Juli bis Mitte August und über Weihnachten geschlossen. Mitteleuropäische Küche, täglich wechselnde Karte, Fr frischer Fisch (ab € 14,90), es werden ausschließlich frische Produkte verwendet; Kinderportionen; Natursäfte, Weine aus Österreich (pro Achtel ab € 2,-), auch österr. Edelbrände. Schanigarten für ca. 20 Pers. Rollstuhlrampe. **€€**

Zur Herknerin Wiedner Hauptstraße 36, Tel. 0699/15 22 05 22, E-Mail: buero@zurherknerin.at, www.zurherknerin.at, Di-Fr 18-23, geschlossene Gesellschaften auch außerhalb der Öffnungszeiten möglich. Stefanie Herkner, die Tochter der Wiener Kochikone Heinz Herkner, besann sich ihrer Wurzeln, machte ein Installateurgeschäft zum Beisl und kocht dort mit Bio-Zutaten und Bio-Fleisch, z.B. eines der besten Gulasche Wiens - Fleisch mürbe und ohne Flachsen, Sauce von barocker Süße (€ 21,-) - oder herrliches Sarma mit knackig saurem Kraut, dezent gewürzter Fülle und Paprikasaft (€ 19,-); wöchentlich wechselnde saisonale Karte; selbstgemachter Holundersaft; viele Produkte (u.a. Kürbiskernöl) vom eigenen Bauernhof. Knödelseminare. Vom Installateurgeschäft blieb der großartige Terrazzoboden, sonst mit vielen Bildern und Flohmarktfünden sehr persönlich eingerichtet. Schanigarten für 24 Pers. **€€**

Krippl Mayerhofgasse 18, Tel. 920 71 81, gasthauskrippl.eatbu.com, Mo-Fr 9-22, Küche 11.30-21.15. Pikante Mischung: Wiener Beisl-Ambiente der sehr klassischen Art und eine riesige Karte, auf der man z.B. Rindsrouladen, Altwiener Zwiebelrostbraten, Krautrouladen im Speckmantel mit Kartoffel, Schweinsbraten etc. findet, aber auch vietnamesische Gerichte, z.B. Frühlingsrollen und Pho. Wechselndes TT (z.B. Eierschwammerl-Gulasch mit Semmelknödel um € 9,90). Schanigarten für 30 Pers. **€**

Das Lokal im Hof Weyringergasse 36 (Viktorgasse 22, Innenhof), Tel. 971 91 41, E-Mail: office@daslokal.at, www.daslokal.at, Mo-Fr 11-23 (Fei geschlossen), Küche: 11.30-22; von 11-15 keine Reservierung möglich. Lokal im Gebäude der ehemaligen Alpenmilchzentrale; modern interpretierte österreichische Küche; 3 Mittagsgerichte wahlweise mit Suppe/Salat (vegetarisch und mit Fleisch, am Fr immer Fisch); Spezialitäten: Beef tatar, Blunznfrühlingsrolle, hausgebeizter Fisch; auch vegetarische und vegane Speisen. Regelmäßig Konzerte/Veranstaltungen. Catering. Gastgarten im Innenhof für 30 Pers. **€€€**

MOOONS Restaurant Wiedner Gürtel 16, Tel. 962 26, E-Mail: welcome@mooons.com, mooons.com, Mo-Fr 6.30-11.30 und 12-16.30 und 16.30-12, Sa, So 7-13 und 12-16.30 und 18-1, warme Küche Mo-Fr bis 16.30, Dachterrasse (bei Schönwetter von Juli bis September): Mo-So 15-2. Restaurant und Bar im Hotel Mooons. Internationale Fusionsküche aus hochwertigen Produkten; Mo-Fr 7-11.30 und Sa, So 7-13 Frühstücksbuffet mit veganer Superfood-Ecke und warmen Gerichten (für Nicht-Hotelgäste € 24,- pro Pers.); hausgemachte Limonade, ausgewogene Weinkarte, kreative Drinks im Restaurant und in der Bar. Restaurant für 110 und Garten für 46 Pers. Dachterrasse mit Rooftop Bar. Behinderten-WC.

Café 19 Favoritenstraße 19, Tel. 504 35 76, Di-Fr 9-18, warme Küche bis 14. Hausmannskost, kleine Speisen, vegetarische und saisonale Speisen, der Chef kocht persönlich täglich frisch. Schanigarten für 7 Pers. **€**

Café-Restaurant Resselpark Wiedner Hauptstraße 1 (im Resselpark), Tel. 0681/81644041, E-Mail: restaurant.resselpark@gmail.com, www.restaurant-resselpark.at, Mo-Fr 9-23, Sa 10-22, So, Fei 10-20, durchgehend warme Küche. Hausmannskost (Mo-Fr ab 11 3 MM, eines davon ist vegan), Knödelspezialitäten, saisonale Speisen; kleine Portionen möglich. Lokal zu mieten. Pavillon mit Garten im Park für 150 Pers. **€€**

Restaurant Tancredi Donor Gastro GmbH Rubensgasse 2 (Eingang), E-Mail: restaurant@tancredi.at, www.tancredi.at, Mo-Fr 11.30-14.30 und 18-24, Sa 18-24, Küche bis 21.30. Über 100 Jahre alte Lokalität mit gemütlichem Flair und einer Kombination aus Vergangenheit und Gegenwart. Küche mit regionalen Klassikern und heimischen Fischspezialitäten, viele saisonale Speisen; wechselnde Speisekarte (2 MM um € 15,80 und 18,80 €); Fischtatar mit Crostini, Kalbsbutterschnitzel, geröstete Garnelen mit geschmolzenen Avocados; Speisenzubereitung großteils mit Bioprodukten; große Auswahl an österreichischen Weinen, Süßweinen und Sekt; Kinderportionen, -sessel; Catering für Veranstaltungen ab 40 Pers. Wetterfester Pergolagastgarten im Grünen für 60 Pers. **€€€**

Gastwirtschaft Rohrböck Rilkeplatz 7, Tel. 586 61 77, E-Mail: hannes.rohrboeck1@chello.at, www.gastwirtschaft rohrboeck.com, Mo-Do 10.15-23, Fr 10.15-15 (Fei geschlossen), Küche 11.30-14.30 und 17-21. Uraltes Beisl mit dem ganz besonderen Charme, enge Holzbankerln; Hausmannskost (TT € 5,80 bis € 8,-), Schnitzel in verschiedenen Größen (nach Wahl) und Rezepturen; fast alle Speisen in großen und kleinen Portionen erhältlich, Kinderportionen möglich. TV. Schanigarten für 30 Pers. **€€**

Schlawiener Preßgasse 29, Tel. 0677/62 95 38 54, E-Mail: reservierung@schlawiener.wtf, www.schlawiener.wtf, Di-Sa 17-12, Küche bis ca. 22. Hybrid aus Cocktailbar und Esslokal mit gehobener Wiener Küche von Küchenchef Lukas Pani. Klassische Wirtshausküche mit asiatischem Touch versehen, z.B. Dim Sum mit Grammeln, Beef tatar im japanischen Stil; häufig wechselnde Cocktailkarte. **€€**

Schlupfwinkel Kleine Neugasse 10, Tel. 586 68 22, www.schlupfwinkel.at, Mo-Sa 17-1 (Fei geschlossen), Juli/August Sa geschlossen, warme Küche bis 23, danach kleine Speisen. Heimische und internationale Küche, Spezialität: wechselnde bengalische Speisen; Kinderportionen; 4 Fassbiere, großes Weinangebot. Schach, Brettspiele. Beisl mit Wohnzimmeratmosphäre mit ca. 80 Sitzplätzen, geeignet auch für Feste mit Buffet. Schanigarten für 50 Pers. **€**

Süd Länder Rilkeplatz 7, Tel. 0676/603 63 86, E-Mail: bistro@suedlaender.com, www.suedlaender.com, Di–Sa, Fei 16.30–23.30, Küche ab 16.30. Mediterrane Küche, malerische Lage mit einer sympathisch gestalteten Karte, die lauter gute Sachen enthält; Spezialitäten: Calamari gefüllt mit Blutwurst, Fischsuppe, hausgemachte Pasta, Krautrouladen; wechselnde Wochenkarte, Themenwochen; Mehlspeisen. Kindersessel, Spielsachen. Prächtiger Gastgarten für 70 Pers. direkt am Schutzengelbrunnen. **€€**

Ubl Preßgasse 26, Tel. 587 64 37, Mi–So, Fei 12–14 und 18–24, warme Küche bis 13.15 bzw. 22. Eines der schönsten alten Gasthäuser Wiens, besteht seit 58 Jahren: ruhiges, gutbürgerliches Speisehaus der sehr authentischen Art; Schopfbraten mit Sauerkraut, Tafelspitz, Wiener Schnitzel aus der Pfanne, saisonale Spezialitäten (Eierschwammerl, Spargel etc.), alles frisch zubereitet; Kinderportionen, ein Kindersessel. Grandiose, uralte Inneneinrichtung; romantischer Schanigarten für 40 Pers. **€€**

Gasthaus Weinhappel Kolschitzkygasse 10, Tel. 953 02 32, E-Mail: gasthausweinhappel@gmx.com, www.weinhappel.at, Mo–Fr 11.30–22 (Fei geschlossen), warme Küche bis 14.30, danach kleine Karte. Hausmannskost, ca. 30 Speisen (2 TM € 8,50 bzw. € 7,– eines davon meist vegetarisch); Puntigamer vom Fass; Kinderspeisen, -sessel. Ab und zu Veranstaltungen, z.B. Livemusik; TV; Lokal kann gemietet werden. Schanigarten für 12 Pers. **€**

Wieden Bräu Waaggasse 5, Tel. 586 03 00, E-Mail: office@wieden-braeu.at, www.wieden-braeu.at, Mo–Sa 11–24, So, Fei 11–22. Altwiener Gasthaus mit eigener Brauerei. Wiener und österreichische Küche sowie Burger und Spareribs; Mo–Fr 11.30–14 MM (2gg € 9,80, nur HS € 8,80); Kinderspeisen; im Haus gebrautes Craft-Bier. Bierseminare, Brauereiführungen, Bierverkostung. Netter Garten für 110 Pers. Onlineshop für Craft-Bier aus der eigenen Brauerei. **€€€**

Wiener Wiaz'Haus Gußhausstraße 24 (Karlsgasse 22), Tel. 505 45 07, E-Mail: wiazhaus@chello.at, www.wiener-wiazhaus.at, Mo 18–22, Di–Fr 11.30–15 und 18–22 (Fei geschlossen). Hausmannskost, klassische Wiener Küche (11.30–14.30 2 MM vegetarisch oder mit Fleisch € 9,50; TT um € 8,50), saisonale Gerichte (Spargel, Wild, Gansl), viele österreichische Produkte; Kindersessel. Schanigarten für 72 Pers. **€€**

Wiener Wirtschaft (Hotel Erzherzog Rainer) Wiedner Hauptstraße 27–29, Tel. 221 11-364, E-Mail: servus@wienerwirtschaft.com, www.wienerwirtschaft.com, Mo–Sa 11.30–15 und 18–23, warme Küche 11.30–14 und 18–22 (Details siehe Homepage). Wiener Gastwirtschaft mit klassischer und saisonaler Wiener und österreichischer Wirtshausküche, Mo–Fr 11.30–14 Mittagsbuffet (€ 12,90/Pers.); Dinner & Casino; gepflegte Fassbiere, ausgezeichnete österreichische Weine. Seminarraum für ca. 40 Pers., Veranstaltungsraum für bis zu 80 Pers. 79 Gästezimmer. **€€€**

Wohlleben Wohllebengasse 10, Tel. 0699/19 69 02 27, 503 21 76, E-Mail: office@wohlleben.wien, www.wohlleben.wien, Mo–Do 12–14. Wiener Lokal in Karlsplatz-Nähe mit internationalen Speisen; Spezialität sind die verschiedenen Spätzlevarianten sowie diverse Salate; Kinderspeisen. TV für Sportübertragungen, Darts. Kamin. geschlossene Gesellschaften nach Vereinbarung auch außerhalb der Öffnungszeiten; Mai bis Ende Oktober Gastgarten für 25–30 Pers. **€€**

Gasthaus Wolf Rienößlgasse 17 (Ecke Große Neugasse 20), Tel. 581 15 44, E-Mail: tisch@gasthauswolf.at, www.gasthauswolf.at, Mo–Fr ab 17 (Fei geschlossen). Spannendes Wirtshaus von Dani Huber und Wolfgang Wöhrnschimmel; Spezialitäten wie Kalbsrahmbeuschel, bissfest und zart, oder warmes Mangalitza-Stelzenconfit mit Quitten; gutes Weinangebot, Schremser Bier und Wolfsbräu. Stammtisch, Resopaltische und Sessel vom Pontoni II, Schankstube mit neuer Schanktheke und grundüberholtem alten Schankkasten. Kindersessel, kleine Portionen möglich. Juni bis September Schanigarten für 34 Pers. **€€**

Z'SOM Gußhausstraße 12, Tel. 920 44 54, E-Mail: office@zsom-restaurant.at, www.zsom-restaurant.at, Mi–So 14–23.30, Küche: 17.30–22.30. Ecklokal hinter der Karlskirche. Kreative, international inspirierte Fusionsküche in einer gemütlichen, entspannten Atmosphäre. Kleine, saisonale Karte mit ca. 6–8 À-la-carte-Gerichten und 2 Degustationsmenüs (4gg oder 6gg); internationale und österreichische Weine, alkoholische und alkoholfreie Cocktails (z.B. Gin Tonic mit anitalkoholischem Tiroler Zirben-Gin). Restaurant für ca. 40, Schanigarten für 32 Pers. **€€€**

Armenisch

Restaurant Sem Belvederegasse 17, Tel. 909 30 41, E-Mail: semburger.at@gmail.com, www.das-sem.at, Mo–Sa 11–23. Armenische Küche, z.B. Chebureki, Chinkali, Lula-Kebab, Kotelett von Schwein und Lamm, Khachapuri, Borschtsch etc. Schanigarten. **€€**

Asiatisch

Asia Pavillon Favoritenstraße 1, Tel. 941 31 33, 293 17 12, E-Mail: wang1004@hotmail.com, www.asiapavillon.at, Mo, Mi–So, Fei 11–22, durchgehend warme Küche. Asiatische Küche (Mo, Mi–Sa jede Woche neues MM ab € 7,80); handgezogene Nudeln und hausgemachte Teigtaschen, alles frisch zubereitet. 2 Kindersessel. Schanigarten für 30 Pers. **€€**

BOK Restaurant Favoritenstraße 8, Tel. 503 25 27, www.bok.co.at, Mo–Fr 11.30–15 und 18–22, Fei 13–22. Asiatische Hausmannskost (MM € 8,50 bis € 10,50), glutamatfreie Speisen und große Auswahl an vegetarischen Speisen; großer Schiffsteller (Sushi, Maki, Sashimi für 2 Pers.); Catering möglich. Schanigarten für 12 Pers. 💳 **€€**

Chang Waaggasse 1 (Ecke Wiedner Hauptstraße 38), Tel. 961 92 12, E-Mail: waaggasse@chang.at, www.chang.at, Mo–Sa 11.30–15 und 17.30–23. Asiatisches Spezialitätenlokal mit Hauptaugenmerk auf frische, hausgemachte Teigwaren, Nudelgerichte und Pekingente. Karte wechselt laufend mit saisonaler Empfehlung vom Küchenchef; MM (€ 8,20 bis € 12,–); Kinderportionen. Bei privaten Feiern Buffet, spezielle Menüs und Cocktails möglich. Klimaanlage. Schanigarten für 40 Pers. 💳 **€€**

Hitomi Paulanergasse 10, Tel. 0660/915 08 88, E-Mail: Wanquing@gmail.com, www.hitomi.at, Mo, Di, Do–So 11–22. Asiatische Spezialitäten wie Sushi, hausgemachte Nudeln und Wokgerichte; Mo, Di, Do, Fr 11–16 MM (€ 8,50 bis € 10,80); Kinderspeisen. 💳 **€€**

Restaurant Koo Wiedner Hauptstraße 66 (Ecke Klagbaumgasse), Tel. 208 29 17, www.koo-sushi.at, Mo–Fr, So, Fei 11–22, durchgehend warme Küche. Asiatische Küche von thailändisch, japanisch über malaysisch bis vietnamesisch (MM ab € 8,90), Sushi, Sashimi, Maki, Spezialitäten wie Ente in pikanter Mangosauce; österreichische Weine. Kindersessel. Schanigarten für 24 Pers. 💳 **€€**

Mishi Wiedner Hauptstraße 78, Tel. 941 02 75, E-Mail: zhouzelin1964@gmail.com, www.mishi.at, Mo–Fr 11–15 und 17–22, So 12–21. Sushi, Maki, Nudel- und Reisgerichte, (Mo–Fr 11–15 MM € 7,90 bis € 9,20); Villacher vom Fass, japanische und chinesische Flaschenbiere. 💳 **€€**

Quick Yummy Wiedner Hauptstraße 3, Tel. 347 12 12, täglich 11–20.30. Asiatische Speisen, Reis- und Nudelgerichte, Sushi Variationen, Maki. Asiatische Getränke. **€**

Sha Guo Wiedner Hauptstraße 37/2, Tel. 0660/191 18 03, E-Mail: shaguo37@gmail.com, www.shaguo.at, Mo–Sa 11.30–24, Küche bis 22.30. Asiatisches Restaurant und Bar; Süd- und ostasiatische Fusionsküche. 11.30–15 Mittagskarte. Speisen werden in Clay Pots (Tontöpfen) serviert, wahlweise mit Meeresfrüchten, Rindfleisch oder vegetarisch; große Auswahl an Sushi, japanischen Nudeln, Currys, Hot Pot, Summerrolls; klassische Cocktails. Schanigarten für ca. 40 Pers. 💳 **€€**

Ukiyo Café Bistro Wiedner Hauptstraße 75, Tel. 430 23 83, E-Mail: office@ukiyovienna.at, www.ukiyovienna.at, Di–Sa 9–15 und 17–21, So, Fei 9–18. Bistro und Café mit asiatischer Küche. Ganztags Frühstück und Frühstücksplatten so lange der Vorrat reicht; div. Baos und Onigiris wie z.B. Ukiyo Vollkorn-Bao mit Pulled Jackfruit oder Onigiri Razu mit Chinese Roast Beef; Di–Fr 11–14 Mittagsangebot ab € 9,50; Kinderspeisen, -sessel; hausgemachte Eistees, Limonaden, Spritzer und Cocktails; viele (Bio-)Produkte von regionalen Betrieben. Take-away. Separater Bereich im Untergeschoß für bis zu 30 Pers. (für Feiern geeignet). Schanigarten für 16. Pers. 💳 **€**

Yong Streetfood Rechte Wienzeile 9a, Tel. 0676/368 68 56, E-Mail: office@yongstreetfood.at, www.yongstreetfood.at, Mo–Fr 11.30–19, Sa 11.30–15.30 (Fei geschlossen). Handgefertigte Snacks hauptsächlich aus China und Japan, die zwar unter Dach verabreicht werden, aber trotzdem ein bisschen Streetfood sind; z.B. Jianbing, eine Art Crêpe aus Mungbohnenmehl (normal € 4,80/mit Salat und Gurke € 5,80/Fleisch € 6,–), selbst gebackene Germteigbrötchen Guabao (€ 7,50), Hashimaki (€ 6,50), Bibimbap (koreanischer Reis mit Gemüse, Ei, Tofu etc.). 8 Sitzplätze. **€**

Balkan

Restaurant Beograd Schikanedergasse 7, Tel. 587 74 44, E-Mail: office@restaurant-beograd.at, www.restaurant-beograd.at, Di–So 17–24, durchgehend warme Küche bis 23. Balkan- und internationale Küche; besondere Spezialität: „Brennendes Hunnenschwert" (für 3 bis 4 Pers.); Kinderportionen. Immer wieder Veranstaltungen; Partykeller zum Mieten für 40 Pers.; schattiger Innenhofgarten für 80–100 Pers. mit Altbaumbestand (bis 23). 💳 **€€**

Restaurant Sarajevo Wiedner Gürtel 54, Tel. 504 68 16, E-Mail: restaurant.sarajevo@chello.at, www.sarajevo.at, Mo–Fr, So, Fei 9–23, Sa 9–2, warme Küche bis 22. Österreichische, kroatische, bosnische und montenegrinische Küche, Grillspezialitäten vom Balkan, Mittelmeerspezialitäten; Kinderspeisen; österreichische und kroatische Weine. Buchpromotionen und balkanische Gesänge. TV; Klimaanlage. Lokal für Feste bis zu 100 Pers. zu mieten. Schanigarten für 24 Pers. 💳 **€€**

Böhmisch

Restaurant Böhmerwald Argentinierstraße 66 (Ecke Wiedner Gürtel 20), Tel. 505 72 34, E-Mail: boehmerwald@aon.at, www.restaurant-boehmerwald.at, täglich 11–23, warme Küche bis 22. Böhmische und Wiener Spezialitäten (Mo–Fr MM), saisonale Speisen, alle 2 Wochen wechselnde Angebote; Budweiser und Pilsner Urquell vom Fass; Kinderspeisen, -sessel und -spielzeug. Schanigarten für 20 Pers. 💳 **€€**

Výtopna Rechte Wienzeile 21, Tel. 0676/395 89 44, E-Mail: wien.naschmarkt@vytopna.com, www.vytopna.at, Mo–Fr 12–23, Sa, So 10–23. Restaurant, in dem das Essen mittels einer Modelleisenbahn zum Tisch transportiert wird. Steak, Burger und tschechische Spezialitäten aus Bio-Fleisch; Kinderspeisen; große Bierauswahl, z.B. Bier von tschechischen Kleinbrauereien. €€

Chinesisch

Dim Sum-Restaurant Chinazentrum Rechte Wienzeile 29, Tel. 585 30 08, www.dimsumxia.at, täglich 11–22. Restaurantabteilung des Lili-Markt, eines gut sortierten Asia-Supermarkts. Spezialitäten: Schweinedarm mit Sauerkraut, Quallensalat, Entenzungen mit Blütenpfeffer oder gebratener Frosch, große Auswahl an Dim-Sum-Gerichten. €€

Jinco Rechte Wienzeile 37, Tel. 286 57 60, E-Mail: jinco@gmx.at, www.jinco.at, Mo–Sa 11.30–22, Küche bis 21.30. Chinesische Küche und Streetfood aus der Region Shanghai; österreichische Weine, selbstgemachte Limonaden. Kindersessel, Spielsachen. Klimatisierter Gastraum mit offener Küche für 40, Extraraum für 12 Pers. €€

Shu Operngasse 28, Tel. 0664/595 72 31, E-Mail: shu.vienna@gmail.com, Mo–Sa 11.30–15 und 17.30–22. Authentische (scharfe!) Sichuan-Küche im ehemaligen Radlager. Vorspeisen (z.B. Garnelen-Schweinefleisch-Bällchen im Toastmantel € 6,80), div. Teigtaschen, und Hauptspeisen (z.B. Karfioltopf). Schanigarten für 16 Pers. €€

Französisch

Aromat Margaretenstraße 52, Tel. 0667/61 53 13 79, E-Mail: aromatwien@gmail.com, www.arom.at, Di–Fr 17–22, Sa private Veranstaltungen möglich. Es gibt Galettes mit Buchweizen (täglich neue Füllungen), Crêpes aus Dinkelmehl und auch Suppen (ab € 3,90), Hummusteller mit Salat und Oliven (€ 7,90); Kinderportionen. Veranstaltungen, z.B. Vernissagen; auch für private Feiern geeignet. Schanigarten für 25 Pers. Reservierung empfohlen. Behinderten-WC.

Délices du midi Margaretenstraße 47/IV, Tel. 585 13 16, 0699/12 08 47 07, 0699/12 08 47 20, E-Mail: office@delices-du-midi.at, www.delices-du-midi.at, Mi–Fr 11–19, Sa 10–18, nach Vereinbarung auch außerhalb der Öffnungszeiten geöffnet. Französisches Delikatessengeschäft mit zahlreichen Produkten und Fertiggerichten im Glas, z.B. Bouillabaisse, Fischsuppe, Cassoulet, Gésiers und Confit de Canard. Fertiggerichte zum Wärmen und Pasteten können vor Ort konsumiert werden. Außerdem im Sortiment: Fleisch- und Fischspezialitäten wie Pâtés und Terrinen, Fischrillettes aus der Bretagne, Enten- und Fleischpasteten, Fleur de Sel, Piment d'Espelette, Moutarde de Dijon, Oliven und Olivenöle, Tapenaden, Konfitüren aus der Provence, Marrons Glacés, Schokotörtchen im Glas; Weine aus der Provence, dem Languedoc, Limoux, Bordeaux, Bergerac, Burgund, Val de Loire, Champagne; Cidre, Poiré, Pommeau, Calvados, Pineau de Charentes, Pastis. Verkostungen nach Vereinbarung. Schanigarten für 4 Pers.

Griechisch

Art Corner - Restaurant beim Schloss Belvedere Prinz-Eugen-Straße 56, Tel. 505 18 21, E-Mail: office@artcorner.restaurant, www.artcorner.restaurant, täglich 11–23.30, Küche bis 22. Griechische, Wiener und Italienische Küche, Spezialität: gemischte Fischplatte; Kinderspeisen, -sessel, Spielzeug. Schanigarten für 50 Pers. Hunde nur mit Beißkorb und Leine. €€

Restaurant Sokrates Wiedner Hauptstraße 60b, Tel. 587 41 11, E-Mail: restaurant.sokrates@aon.at, www.restaurant-sokrates.at, täglich 11.30–14.30 und 18–24, Küche bis 23, Juni bis August So geschlossen. Griechische und mediterrane Küche, täglich frische Fische, Holzkohlengrill (täglich 3 MM € 6,80 bis € 8,20), Spezialitäten: Wolfsbarsch, Seezunge, Zahnbrasse; Mi ganztags minus 50 % auf Frischfisch; Fr ganztags minus 50 % auf gegrilltes Fleisch; Kinderspeisen, -sessel, Spielzeug. Stimmungsvoller Gewölbekeller für 130 Pers. mit Musikanlage und Beamer (für Veranstaltungen zu mieten). €€

Indisch

Demi Tass Prinz-Eugen-Straße 28, Tel. 504 31 19, E-Mail: demitass@aon.at, www.restaurant-demitass.com, Mo–Sa 12.30–14.30 und 18–23. 30 indische Spezialitäten (TT ab € 7,90), Hauskreationen, z.B. gegrilltes Fleisch in Papaya mariniert; frisch gebackenes ungesäuertes Brot (Naan, Pratha, Chapati etc.); exotische Cocktails (ab € 9,50). Kindersessel; Klimaanlage. Hunde mit Leine und Beißkorb. €€€

Nam Nam Dabba Faulmanngasse 1, Tel. 0664/99 80 34 01, E-Mail: dabba@nam-nam.at, www.nam-nam.at/dabba, Mo–Fr 11–14.30. Mittagstisch und Take-away; täglich 3 frisch zubereitete Currys (vegetarisch, vegan und mit Fleisch), zum Mitnehmen in Dabbas: klein € 5,90/groß € 7,90, All-in-One € 6,20; tägl. 2 Currys nach Wahl mit Reis (€ 7,90); Auswahl von pikant bis sehr scharf. €

Spice of India Margaretenstraße 49, Tel. 929 09 35, E-Mail: office@spiceofindia.at, www.spiceofindia.at, Mo–Fr 11–14.30 und 18–22.30, Sa, So 18–22.30. Indische, frisch zubereitete Gerichte und Tandoor Spezialitäten; Tagesmenü mit Reis und Fladenbrot (Mo–Fr 11.30–14.30 € 8,90), Thaliplatten (€ 17,90), Speisen können auch vegetarisch und vegan zubereitet werden; alle Speisen nach Wahl mild, pikant, scharf oder sehr scharf und auch zum Mitnehmen; Mangolassi, indischer Wein und Bier, Murauer vom Fass. Kindersessel. Schanigarten für 25 Pers. €€

Taste of India Margaretenstraße Margaretenstraße 34, Tel. 581 23 05, E-Mail: mail@tasteofindia.at, www.tasteofindia.at, Mo–Fr 11–14.30 und 17.30–23, Sa, So, Fei 12–23. Schlicht gestaltetes indisches Restaurant; Mo–Fr 11.30–14.30 3 MM (€ 8,90); Thali Variationen (Thalimix mit Huhn, Lamm € 17,90, vegetarisch € 16,90), Tandoor-Grillspezialitäten; Cocktails; Kinderportionen auf Anfrage, Kindersessel. Abholung und Zustellung nach tel. Bestellung. Schanigarten für 40 Pers. €€

Italienisch

Caffè Bacco Margaretenstraße 25/4, Tel. 585 66 90, 0699/12 16 88 46, E-Mail: office@caffebacco.at, www.caffebacco.at, Mo–Fr 12–22, durchgehend warme Küche bis 22. Saisonale Gerichte, Tagesangebote, keine fixe Karte; italienische Weine. Während der Trüffelsaison einer der heißen Plätze Wiens, außerhalb der Saison einer der besten Italiener des Landes. Reservierung empfohlen. Gastgarten mit 3 Tischen. €€

Donatella Margaretenstraße 42 (Ecke Preßgasse), Tel. 581 02 31, 0650/530 35 01, E-Mail: donatellafood@hotmail.com, info@donatellafood.eu, www.donatellafood.eu, Di–Fr 11–20, Sa 10–18. Italienische Imbissstube und Lebensmittelhandel; Nudeln, Weine aus Süditalien, gerösteter Kaffee aus Neapel, Antipasti, Wurst-, Käse- und Fischspezialitäten, Di–Fr mittags 2 Pastagerichte, abends 1 Pastagericht; jeden Do ab 18.30 Aperitivo und kleines Buffet mit italienischen Spezialitäten. Kinderspeisen; 1-mal/Monat Verkostungen möglich. Klimaanlage. Schanigarten für 8 Pers. €€

Ristorante Pizzeria Don Giovanni Weyringergasse 7a, Tel. 505 28 42, E-Mail: info@don-giovanni-ristorante.com, www.don-giovanni-ristorante.com, Mo–Fr, So, Fei 11.30–21.30. Pasta, Pizza, Salat; Kinderportionen, -sessel; Essen zum Mitnehmen (bei Abholung 11. Pizza plus Dessert und Softdrink gratis bei Vorweisen der letzten 10 Rechnungen). Mai bis September Schanigarten für 30 Pers. €€

Fine Fine Argentinierstraße 15, Tel. 997 80 75, E-Mail: office@finefine.at, finefine.at, täglich 11–23, warme Küche bis 22. Italienische Küche; Pasta, Pizza, Fleisch- und Fischgerichte, Risotto; viele Speisen auch zum Mitnehmen; Mo–Fr 11–15 2gg MM (€ 12,90). €€

Ristorante Pizzeria Ischia Mozartplatz 1, Tel. 504 32 80, E-Mail: office@pizzeria-ischia.wien, www.pizzeria-ischia.wien, Mo–Fr 11.30–14.30 und 17.30–23 (Fei geschlossen), Küche bis 22.30. Italienische Küche (Mittagsangebot Pasta € 9,–), 10 Pizzen (€ 8,50 bis € 9,–), Fisch- und Fleischspezialitäten vom Lavasteingrill; Kinderteller. Extrazimmer für 12, Schanigarten für 40 Pers. €€

La Bella Vita Rainergasse 12, Tel. 410 48 90, E-Mail: pizzeria1040@gmail.com, www.la-bellavita.at, Mo–Fr 16–24, Sa, So, Fei 11–24 (Küchenzeiten). Pizza, Vorspeisen, Salate, Suppen, Fisch- und Fleischspezialitäten, Pasta; Kinderspeisen, -sessel. Zustellung in den 3., 4., 5., 6. und 10. Bezirk (ab € 12,–). Schanigarten für 20 Pers. €€

Made in Sud Margaretenstraße 36, Tel. 952 23 45, E-Mail: office@madeinsud.at, madeinsud.at, Di–Sa 11–22. Schmucke, winzigkleine Osteria mit integriertem Feinkostladen. Keine klassische Karte, man wählt, ob man klein, mittel oder groß essen will (ab € 39,–/ab 49,–/ab 59,–), z.B. Prosciutto und Cappocollo vom einzigen Prosciuttomacher Apuliens od. „Crostacei misti", ein Sortiment roher Meeresfrüchte mit Salat von blauer Krabbe, Garnelen-Cevice, roher Rotbarbe, rohem Scampo. Weine aus Italien. €€€€

Otto e mezzo Schleifmühlgasse 20, Tel. 581 20 79, E-Mail: info-ottoemezzo@gmx.at, www.ottoemezzowien.at, Mo–Sa 11.30–15 und 18–23 (Fei geschlossen), Küche bis 22.30. Authentische italienische Küche, Antipasti, saisonale Speisekarte, Pastavariationen (z.B. aglio e olio mit Garnelen, Fettuccine mit Eierschwammerl etc.), verschiedene Risottovariationen; Mo–Fr MM; große Auswahl an italienischen Weinen; Kinderportionen, Kindersessel. Extrazimmer für 25, Schanigarten für 20 Pers. €€

Pinsatore Schleifmühlgasse 21, Tel. 890 36 48, E-Mail: pinsatore@gmail.com, www.pinsatore.at, Mo–Sa 12–23. Spezialität: Pinsa (Urform der Pizza aus Sauerteig, große vegane Auswahl), alle Speisen auch zum Mitnehmen. Zustelldienst im 4. bis 7. Bezirk. Schanigarten für 35. Pers. €€

Pronto Volante Kolschitzkygasse 6, Tel. 0676/344 16 45, E-Mail: pizza@pronto-volante.at, www.pronto-volante.at, Di–So 11.30–14 und 17–22. Kleines Schwesterlokal der Pizzeria Disco Volante; neapolitanische Pizza (auch frittiert) und monatlich wechselnde, hausgemachte Streetfood-Klassiker aus ganz Italien. Take-away. 8 Sitzplätze. Schanigarten. €€

Pizzeria Riva Favorita Favoritenstraße 4–6, Tel. 353 40 40, E-Mail: office.fav@riva.pizza, res.fav@riva.pizza, riva.pizza, Mo–Sa 11.30–23, So, Fei 17–23, Küche bis 22.30. 2. fixer Standort der Pizzeria Riva; neapolitanische Pizza, Antipasti und Salate; TT, Tagessuppe. Schanigarten für ca. 80 Pers. €€

Trattoria Riva Officina Neumanngasse 4, Tel. 353 40 50, E-Mail: prenota@officina.rest, officina.rest, Mo–Fr 12–14.30 und 18–22.30 (Fei geschlossen), Küche bis 30 Min. vor Betriebsschluss. Trattoria mit italienischem Streetfood, z.B. Parmigiana, Minestrone, Pasta, Seafood und allen anderen Köstlichkeiten, die Italien zu bieten hat (außer Pizza). Gastgarten für 20 Pers. **€€**

Ristorante Sebastiano Mayerhofgasse 22, Tel. 505 41 17, E-Mail: office@sebastiano.at, www.sebastiano.at, Di, Mi 12–14.30 und 18–23, Do, Fr 18–23, Küche bis 21.30. Hervorragende hausgemachte Pasta, Fischspezialitäten (2gg MM € 8,50, Tagespasta € 6,50), Spezialitäten: gratinierte Jakobsmuscheln, Calamari gegrillt, Thunfischsteak. Extrazimmer für 25 und 18, schöner Gastgarten im Biedermeier-Innenhof für 35 Pers. Keine Hunde. **€€**

Tanti Saluti Rainergasse 31, Tel. 505 89 86, E-Mail: tantisaluti@aon.at, www.tantisaluti.at, tägl. 11–23, durchgehend warme Küche bis 22.30. Ital. Spezialitäten, Pizza, Fisch- und Grillspezialitäten und Wiener Küche (MM € 7,90 bis € 10,–); Mo Schnitzeltag (Schnitzel € 7,90), Mi Pizzatag (Pizza € 7,90); auch arabische und österr. Spezialitäten, Burger; Kinderportionen (Pizza, Pasta), Kindersessel. Zustellservice im 4., 5. und 6. sowie teilweise im 10. und 12. Bezirk bis 22.30 Uhr (ab € 10,–). Raum für geschlossene Gesellschaften für 40, Schanigarten für 30 Pers. **€€**

Pizzeria Ristorante Venezia Weyringergasse 30b, Tel. 503 90 10, 0650/762 24 89, E-Mail: inet@venezia-ristorante.at, täglich 11–22.50. Pizza, Pasta, auch Fisch- und Fleischgerichte, Mittagsaktion (11–15 3 MM Pasta € 7,50/ Pizza € 8,50), Spareribs; Kinderportionen, -sessel; Gratiszustelldienst für den 4., 5. und teilweise 3. und 10. Bezirk (ab € 12,–, darunter € 1,50 Zustellgebühr). Schanigarten für 16 Pers. **€€**

Japanisch

Hanil Sushi Rechte Wienzeile 7 (Ecke Faulmanngasse), Tel. 585 35 90, E-Mail: mail@hanilsushi.at, www.hanilsushi.at, täglich 11.30–22. Japanische, koreanische und thailändische Küche, à la carte und Running Sushi all you can eat inkl. Misosuppe (Mo–Fr 11.30–17 € 15,90, danach sowie Sa, So, Fei € 18,90; Kinder bis 3 Jahre € 4,90, bis 7 Jahre € 8,90, bis 11 Jahre € 11,90; Mo–Do 15–17 und täglich 21–22 Running Sushi all you can eat inkl. Misosuppe zum Spezialpreis von € 13,90, nach Verfügbarkeit); Kinderportionen. Zustellung täglich 11.30–22 in die Bezirke 1 und 3 bis 7 (Mindestbestellsumme € 12,90). Take-away. Klimaanlage. **€€**

Kikko Bā Schleifmühlgasse 8, Tel. 925 13 80 41, www.kikko.at, www.mochi.at, Di–Fr 17–22, Sa 16–22 (Fei geschlossen). Izakaya-Wein- und Tapas-Bar mit japanischen Fusionsgerichten wie Sando (japanische Sandwiches); wechselnde Auswahl an Sake, Longdrinks, Naturweine. Schanigarten für 22 Pers. Reservierung nur abends möglich.

Kojiro Kühnplatz 4, Tel. 585 54 28, E-Mail: zhoujiajie59@hotmail.com, Mo–Sa 11.30–21. Bar mit feinen japanischen Teesorten zu den verschiedenen Maki-, Sushi-, Sashimi-Varianten; auch warme Speisen (asiatische Hausmannskost), Bento-Box. Schanigarten für 20 Pers. **€€**

Kojiro 3 Rechte Wienzeile 25–27, Tel. 236 70 80, E-Mail: kojiro3.wien@gmail.com, Mo–Do 11.30–15 und 17.30–22.30, Fr–So, Fei 11.30–22.30. Sushi-Bar mit verschiedenen Maki- und Sushi-Varianten; auch warme Speisen, Ramen-Varianten, Bento-Box; verschiedene Teesorten, japanische Cocktails. Schanigarten für 80 Pers. **€€**

Kojiro Sushi-Bar Rechte Wienzeile 9, Tel. 586 62 33, Mo–Fr 11–18.15, Sa 10–14 (Fei geschlossen), Mo–Fr um 18.15 letzte Bestellung. Erste Sushibar Wiens, klein, hektisch, überfüllt, authentisch, billig und lustig. Tee zu den Speisen gratis. Herr Ishii ist seit über 35 Jahren Sushimeister. Klimaanlage. 8 Sitzplätze. **€€**

Nagoya Schleifmühlg. 8, Tel. 585 75 33, E-Mail: noguri74@naver.com, www.nagoyasushi.at, Mo–Fr 11–22.30, So 16–21.30, durchgehend warme Küche. Japanische, asiatische und koreanische Spezialitäten (MM ab € 7,90). **€€**

Lateinamerikanisch

Lima56 Favoritenstraße 56, Tel. 503 58 88, E-Mail: lima56marco@gmail.com, www.lima56.at, Mo, Di, Do, Fr 12–15 und 17–23, Mi 12–15 und 17–22, Sa, So, Fei 12–23, Küche bis 21.30. Peruanische Küche; Mo–Fr 12–15 wechselnde MM (€ 9,10); variierende Spezialitäten je nach Verfügbarkeit, z.B. Dorada a la Chalaca, Pulpo al Olivo. 1 Kinderspeise, Kindersessel. Garten für ca. 100 Pers. (bis 21.30). **€€**

Mexikanisch

El Burro Margaretenstraße 9/2, Tel. 0676/604 53 77, E-Mail: office@elburro.at, www.elburro.at, Mo–Fr 11–22, Sa 12–20, saisonal abweichende Öffnungszeiten s. Facebook-Seite. Dick gefüllte Burritos, Tacos, Bowls, Quesadillas und Salate; auch vegetarisch/vegan (Süßkartoffeln mit roten Rüben), Salsas; Sol-Bier, fallweise Cocktails, Limonaden, Craft-Bier Auswahl. Kindersessel. Schanigarten für 30 Pers. **€**

Santos Wieden I Mexican Grill & Bar Favoritenstraße 4–6, Tel. 942 99 02, E-Mail: office@santos-bar.com, www.santos-bar.com, Mo–Do, So 11–24, Fr, Sa 11–1. Mexican

Grill & Bar; große Auswahl an veganen und glutenfreien Speisen; Burritos, Tacos, Burger, mexikanisches Streetfood, Nachspeisen wie Churros; umfangreiche Cocktailkarte, 16–20 und 23–24 Happy Hour (alle Cocktails € 8.40). Take-away. Klimaanlage. Gastgarten für 75 Pers. €€

Nepalesisch

The Everest Restaurant Johann-Strauß-Gasse 42/2 (Ecke Schelleingasse), Tel. 208 10 10, E-Mail: info@everest restaurant.at, everestrestaurant.at, Di–So 11.30–14.30 und 18–22.30. Traditionelle nepalesische und indische Küche, z.B. Thupka (Nudelsuppe), Dal Bhat Tarkari, Chhoila (traditionelle Speise der Newar), Momo (Teigtaschen) mit verschiedenen Füllungen, The Everest Platte für 2 Pers. (€ 45,90); auch vegetarische Gerichte; Mo–Fr 11.30–14.30 MM (vegetarisch/mit Fleisch inkl. Suppe und Dessert € 10,90); Mango Lassi, Royal Nepal Cocktail mit Khukuri (nepalesischer Rum), nepalesisches und indisches Bier, (Bio-)Wein aus Österreich, indischer Mangoschnaps. Alle Speisen auch zum Mitnehmen. Kindersessel. Catering auf Anfrage. Lokal für 80, Schanigarten für 25 Pers. €€

Orientalisch

Mani im Vierten Schleifmühlgasse 7, Tel. 890 31 60, E-Mail: welcome04@mani.wien, www.mani-wien.at, Mo–Do 8–24, Fr 8–1, Sa 9–1, So 9–24. Orientalische und westliche Küche; Frühstück bis 16. Schanigarten.

Portugiesisch

Lisboa Lounge Mühlgasse 20, Tel. 967 00 61, E-Mail: lisboalounge@lisboalounge.at, www.lisboalounge.at, Mo–Do 12–15 und 17–23, Fr, Sa 12–23, Fei 18–23, warme Küche bis 22. Sehr lebendiges Lokal mit portugiesischer Küche; Tapas; Pastel de Nata (ab € 2,20); portugiesische Weine, Sangria, Mix Drink: „Porto&Tonic". Hintergrundmusik. Schanigarten für 30 Pers. €€€

Spanisch

Manzana Apfelgasse 1 (Ecke Paniglgasse), Tel. 504 75 40, E-Mail: mail@manzana.at, www.manzana.at, Mo–Sa 17–23, Ostern und Weihnachten Betriebsurlaub, im Juli und August variieren die Öffnungszeiten (s. Website). Ein hoffnungsvoller Spanier (Manzana ist spanisch für Apfel), Tapas nach Angebot und Gefühl, z.B. maurische Fleischspieße, Albondigas, gebackene Sardellen, gefüllte Champignons, alles auf gutem Niveau; tolles Angebot an Fleisch, Fisch und Vegetarischem; Kindersessel. Schanigarten für 22 Pers.

Türkisch

Kebab-Haus Operngasse 26, Tel. 587 53 08, www.kebap-haus-wien.at, Mo–Do, Fei 10–23, Fr 10–2, Sa 11.30–2, durchgehend warme Küche. Adrettes und helles Lokal, köstliches Essen, mittlerweile längst ein Klassiker der frühen Naschmarkt-Szene und – oft behauptet, aber nur schwer eruierbar – beste Kebap-Adresse der Stadt; kalte Vorspeisen, Kebap- und Grillspezialitäten, vegetarische und vegane Speisen, täglich wechselnde Spezialitäten (Mo–Fr 3 TT vegetarisch und mit Fleisch € 6,50 bis € 7,50); Kinderportionen, -sessel. Schanigarten für 32 Pers. €€

Vegetarisch, vegan

Denns BioMarkt Margaretenstraße 21, Tel. 581 04 36, E-Mail: info@denns.at, www.denns-biomarkt.at, Mo–Fr 8–20, Sa 8–18. Im Biosupermarkt integriertes Bistro, leichte und schnelle Küche – auch zum Mitnehmen. 9–12 Frühstück; TT/MM (vegetarisch € 6,20, mit Suppe oder Salat € 8,90/mit Fleisch € 7,20, mit Suppe oder Salat € 9,90), täglich wechselnde gefüllte Brotsorten, Salate, Suppen; frisch gepresste Biosäfte, Kaffee (auch to go), Kakao und Tee. Sämtliche Speisen und Getränke 100 % biologisch, vieles auch vegan, gluten- oder laktosefrei (alles gekennzeichnet); Fair-Trade-Produkte. €

Die Kochdame Wiedner Hauptstraße 37, Tel. 0660/862 90 01, E-Mail: kochdame.judith@gmail.com, Sept. bis Juni Mo–Fr 12–16, im August geschl., Betriebsurlaub siehe Facebook-Seite bzw. Instagram. Vegan/vegetarisches Slowfood Bistro mit Fokus auf Nachhaltigkeit. Förderung von kleinen regionalen Strukturen. Saisonale und regionale Speisen in Bio-Qualität, jeweils ein bis zwei Suppen, wechselndes Tagesgericht mit Salat, Pasta, Tagessalatvariation, Dessert und hausgemachte Sauerteigweckerl mit Spirulina-Alge (die jew. Tageskarte wird auf Instagram bzw. Facebook veröffentlicht). Zuckerfreie Hauslimo (je nach Saison als Kalt- oder Warmgetränk), Bio-Weine (Blaufränkisch Rosé und Grüner Veltliner), Craft-Bier (Rodauner Strizzi und Calafati). Take-away bei eigener Geschirrmitnahme um € 0,20 günstiger. Schanigarten für 6 Pers.

Rita bringt's Schleifmühlgasse 9/10, Tel. 361 77 22, 595 22 50-20 (Büro), E-Mail: support@ritabringts.at, office@ritabringts.at, www.ritabringts.at, Mo–Fr 9.30–12 (Zustellzeiten). Zustelldienst vegetarischer, zum Teil veganer Speisen; alle Produkte aus Bio-Landwirtschaft: täglich wechselnde HS (€ 9,– bis € 11,–), wöchentlich wechselnde Suppen (€ 3,50 bis € 5,–), Salate (€ 3,80 bis € 7,50), vegetarischer Burger (ab € 9,80), Desserts; Bio-Säfte. Online-Bestellungen für den Folgetag täglich bis 16 Uhr möglich. Lieferung erfolgt per Lastenrad in die Bezirke 1 bis 10, 12, 15, 16 und 20 (übrige Bezirke siehe online durch den Liefergebiets-Check); ab € 50,- Bestellwert 5% Rabatt (Mindestbestellsumme € 12,-/ pro Bestellung). Cateringservice (5 bis 1000 Pers.). €

Superfood Deli Operngasse 34, E-Mail: hello@superfooddeli.at, superfooddeli.at, Mo–Fr 8–15, Sa 10–15. Poke Bowls, Açaí Bowls, Frühstücksbowls; Smoothies. Alle Zutaten biologisch und vegan; plastikfreie Verpackungen. Online-Shop, Take-away, Vorbestellungen möglich. €

Swing Kitchen #2 Operngasse 24, E-Mail: office@swingkitchen.com, www.swingkitchen.com, täglich 11–22. Ressourceneinsparung und Nachhaltigkeit werden hier groß geschrieben: alle Speisen sind ausschließlich vegan, die Verpackungen und die Inneneinrichtung aus Naturmaterialien. Vegane Burger und Wraps, frische Salate; Softdrinks wie Swing Cola, Eistee, Himbeerkracherl usw.; handgemachte Desserts wie Irenes Tiramisu, Cheesecake etc. Take-away. Schanigarten. Hundefreundlich. €

Tolstoy Rechte Wienzeile 1b, Tel. 0670/555 96 35, E-Mail: info@tolstoy.at, www.tolstoy.at, täglich 11–22. Veganes Fast-Food-Lokal; Hauptaugenmerk liegt auf Pinsa (Mischung aus Pizza und Flammkuchen auf Sauerteigbasis) und Salaten, es gibt aber auch Einflüsse aus der russischen Küche wie Borschtsch oder russischen Erdäpfelsalat. Selbstbedienung; keine Barzahlung möglich. Automat mit veganen Schnitzeln, Kimchi, Milchersatz, Käse, Burgern, Dressings, allerlei Riegeln und Drinks auch außerhalb der Öffnungszeiten zugänglich. €

Reformhaus Wallner Wiedner Hauptstraße 66, Tel. 586 06 71, E-Mail: reformhaus@wallner.bio, wallner.bio, Mo–Fr 7.30–18.30, Sa 8–15 (Fei geschlossen), im August Sa geschlossen. Adresse für Gesundheit, Schönheit und Bewusstheit; großes Bio-Bistro mit täglich wechselnden Speisen, frisch gekocht, vegetarisch und teils vegan; „Paleo" Produkte (Frühstück, Nachspeisen); Frühstück bis 12. Schauküche. 8 Sitzplätze; Gastgarten für 8 Pers. €

Vietnamesisch

Bánh Mí Hôi An Wiedner Hauptstraße 31, Tel. 0677/64 29 92 31, 0677/688 83 46, E-Mail: info@banhmihoian.at, banhmihoian.at, Mo–Fr 11–20, Sa 12–20. Vietnames Streetfood; Spezialität: Bánh Mì (vietnamesische Sandwiches mit unterschiedl. Füllungen); Mo–Fr MM (€ 9,80). €

Bánh Mì Vienna Faulmanngasse 1, Tel. 0660/673 08 11, banh-mi4.eatbu.com, Mo–Fr 11.30–20 (Fei geschlossen). Vietnamesische Sandwiches (€ 6,60 bis € 8,-) mit Pâté (hausgemachte Pastete); div. Salate z.B. Glasnudel, Papaya u.a., Wochenspecial mit Reis (€ 9,80), Rindssuppe (€9,80), vegetarische Suppe (€ 8,80). 8 Sitzplätze im Lokal. €

Bep Viet Favoritenstraße 2, Tel. 992 12 00, E-Mail: info@bep-viet.at, www.bep-viet.at, Mo–Fr, So, Fei 10.30–22. Vietnamesische Küche (Wochenmenüs mit Salat oder Suppe); Speisekarte mit ca. 60 verschiedenen Gerichten (11–15 wtl. wechselnde MM € 8,90 bis € 9,90); herrliche Eintöpfe. Kindersessel, -portionen. Schanigarten für 20 Pers. €€

Bars

Gravity Bar Rechte Wienzeile 25–27, Tel. 0677/63 78 91 90, Mi–Sa 17–23. Bar mit Cocktailkarte, 2 offene Fassbiere (Starobrno, Gösser), Weine (z.B. Steinschaden aus Langenlois, Rotwein von Iby oder Glatzer); 18–20 Happy Hour. Diverse Spiele wie Würfelpoker. Schanigarten für ca. 20 Pers.

Quartier Wein & Genuss Wiedner Gürtel 12, Tel. 0664/400 48 05, E-Mail: paul@quartier.bar, www.quartier.bar, Di–Fr 15–23, Sa 13–23. Weinbar. Div. Jausen-Kreationen (z.B. mit Vulcano-Schinken), Delikatessen aus der Dose (z.B. Sardinen); viele Flaschenweine sowie einige offene Weine sowie eine kleine Auswahl an Naturweinen.

Wiener Blut Faulmanngasse 5, Tel. 0676/511 33 27, www.wienerblut.wien, tägl.17–1. Minilokal des Szenelokalurgesteins Rudi Buzasi: Ginbar mit 80–100 Sorten sowie eigens gebrannter Wiener Blut Gin; 30 versch. Whiskeysorten und 20 versch. Weine; Snacks. TV für Sportübertragungen (Fußball); familiäre Atmosphäre. Klimaanlage. Kleiner Schanigarten für ca. 10 Pers.

Xeno Schleifmühlgasse 21, Tel. 586 13 69, E-Mail: info@xeno.at, www.xeno.at, Mo–Sa 18–2. Bar im Stil der 80er Jahre. 4 Tische, 1 Theke; Snacks; Cocktails (ab € 5,50). Tischfußball (Mo gratis, sonst € 1,-/Spiel), Schach, Backgammon; fast jedes Wochenende kulturelle Veranstaltungen, DJ-Line, laufend Kunstausstellungen (wechselt alle 2 Monate). Für Feiern bis 40 Pers. geeignet. Schanigarten für 12 Pers.

Bistros

Fein Essen Wiedner Hauptstr. 19, Tel. 971 91 24, E-Mail: zutisch@feinessen.at, www.feinessen.at, Mo–Fr 11.30–16. Entzückendes, adrettes kleines Tageslokal mit sympathischer Village-Attitüde und Sachen, die man gerne isst: Suppen, Schöpfgerichte und Salate, Tagesgericht (€ 7,20 bis € 11,-), z.B. griechischer Artischocken-Kartoffel-Erbsen-Eintopf; vieles vegan oder vegetarisch, gluten- und laktosefreie Speisen sind gekennzeichnet, Speisenangebot wechselt wöchentlich; Bier aus Schrems, guter Espresso (€ 2,10). Schanigarten für 8 Pers. €

15 süße Minuten Bistro Favoritenstraße 45, Tel. 0664/472 90 60, E-Mail: bistro@15suesseminuten.at, Mo–Fr 8–16, Sa, So, Fei 8–19, im Sommer Fr bis 19. Hausgemachtes Kleingebäck, Torten und Kuchen; große Frühstücksauswahl (auch vegane Optionen); Tageszeitungen, (Kinder-)Bücher. Schanigarten für 80 Pers.

Gorilla Kitchen Gußhausstraße 19, Tel. 0660/706 94 12, E-Mail: gorillakitchen@gmx.at, www.gorillakitchen.at, täglich 11–22, Küche bis 21.30. Take-away mit Burritos und Bowls, Sandwiches, Nachos; die Auswahl an Fleischsorten ist gleichbleibend: Huhn, Rindfleisch und Schwein, auch vegane und vegetarische Variationen. Alle Getränke werden in Flaschen angeboten (Frucade, fritz-kola, Makava etc.). Schanigarten für 16 Pers. €

Kenny's Paniglgasse 15 (Karlsplatz), Tel. 890 47 56, E-Mail: office@kennys.at, www.kennys.at, Mo–Fr 9–21, Sa 10–21 (Fei geschlossen). Poke Bowl und Smoothie Bar; Poke Bowls (mit Fisch, Fleisch od. vegan), Suppen, Salate, Waffeln; Smoothies, Shakes, Kaffee; Kinderspeisen, -smoothies, -sessel. Essen in biologisch abbaubarer Verpackung zum Mitnehmen. Div. Veranstaltungen (siehe Facebook). Lokal für 8, Schanigarten für 20 Pers. €

Opocensky – Edelgreißlerei Favoritenstraße 25, Tel. 503 63 11, E-Mail: office@opocensky.at, www.opocensky.at, Mo, Di 10–19, Mi–Fr 10–21, Sa 10–17 (Fei geschlossen). Edelgreißlerei mit kompetentem Personal und reichhaltiger Feinkostvitrine. Regionale Bio-Produkte, hausgemachte Speisen eingerext zum Mitnehmen. Mittags u. abends internationale Küche, wechselnde frische Angebote, Frischfisch, Salate, Holzofenbrot, Abendküche mit ausschließlich österreichischem Biofleisch; große Auswahl an hausgemachten Torten und Mehlspeisen; Illy-Kaffee; abends Weinbar, ca. 10 offene Weine, ca. 150 Flaschenweine (bei Konsum im Lokal € 5,90 Stoppelgeld), Schwerpunkt österreichische Weine, aber auch italienische, französische, spanische uvm. Kindersessel. Schanigarten für 16 Pers. €€

Salon Wichtig Karlsgasse 22, Tel. 0699/15 15 33 99, E-Mail: mail@salonwichtig.at, www.salonwichtig.at, Mo–Fr 11.30–15. Kleiner, sympathischer Laden mit frisch und schnell zubereiteten Speisen vor Ort zu konsumieren oder zum Mitnehmen. Thailänd. Spezialitäten und Fusion-Küche; Mittagsangebote (ab € 7,10), täglich frische Currys und Suppen, Salate, Quiches, Frühlingsrollen, Samosas, Kuchen, tägl. 3 warme Speisen (vegan oder mit Fleisch), große Portionen; guter Espresso. Schanigarten für 8 bis 10 Pers. €

Tildas Johann-Strauß-G. 5, Tel. 0676/924 88 18, E-Mail: genuss@tildas.at, www.tildas.at, Mo–Fr 9.30–19. Bistro mit internationaler und französischer Küche; Frühstück, TT (€ 8,90, meist vegetarisch), Kuchen, französische Spezialitäten wie Flammkuchen; Kaffee. Schanigarten mit 4 Tischen.

Bistro Wein & Kunst Argentinierstraße 18, Tel. 0650/534 76 78, E-Mail: info@weinundkunst.at, www.weinundkunst.at, Mo–Fr 16–23, Küche bis 22, während der Sommerferien 4 Wochen geschlossen (s. Homepage). Kleine Karte mit kalten und warmen Bistrogerichten, aber auch mediterrane Gerichte wie z.B. Carpaccio vom Schwertfisch; hausgemachte Quiche-Variationen, regelmäßig special weeks, z.B. argentinische Woche, Krustentier- oder Muschelwoche uvm.; französische, griechische und österreichische Weine (auch zum Mitnehmen), Crémant, Calvados, Cognac, Grand Marnier, Cointreau etc. (Glasweise); Weinaktionen, Weinverkostungen auf Anfrage. Lokal für Degustationen oder Feiern bis 25 Pers. zu mieten.

Wiki Wiki Poke Margaretenstraße 26, Tel. 0660/636 35 43, E-Mail: aloha@wikiwikipoke.at, www.wikiwikipoke.at, Mo–Fr 11–21, Sa, So 12–21. Hawaiianische Bowls, individuell zusammenstellbar. Grundlagen sind Reis, roher Fisch, aber auch Hühnchen und Rindfleisch mit Gemüse und Toppings (jede Bowl ab € 10,80). Auch vegetarische und vegane Bowls. Hawaiianisches Bier. Take-away. €€

Cafés, Espressos

Allergiker Café Wiedner Hauptstraße 35, Tel. 0699/17 08 10 08, E-Mail: kontakt@allergikercafe.at, www.allergikercafe.at, Di–Fr 10.30–19, Sa 10–16. Hausgemachte Torten: frei von Gluten, Laktose, Soja und Nüssen (ausg. Mandeln); auch eifreie, histamin- und fructosearme Mehlspeisen (auch zum Mitnehmen); Zutaten möglichst aus biologischer Produktion. Frühstück (ab € 5,90); Kaffee auch zum Mitnehmen; MM (€ 9,70); Salat, Suppe (auch vegetarisch), Hummusteller, Kräuteromelette, Sandwiches, Snacks (ab € 4,20), Weckerl (laktosefrei und vegan ab € 5,30); histaminfreier Wein. Bestellung von Anlasstorten möglich. Kindersessel, Bücher, Malfarben, Kindertorten. Klavier zur freien Benützung. Schanigarten für 16 Pers. und 2 Liegestühle.

Kaffeerösterei Alt Wien Schleifmühlgasse 23, Tel. 505 08 00, E-Mail: office@altwien.at, www.altwien.at, Mo–Fr 10–18, Sa 10–16 (Fei geschlossen). Kaffee-Bar mit täglich frisch und in alter Gerätschaft nach diversen Rezepten geröstetem Kaffee, auch Bio-, Demeter- und Fair-Trade-Kaffee, über 40 verschiedene Sorten, mehrere wechselnde Sorten können im Lokal verkostet werden; Coffee to go. Kaffeezubehör. Keine Hunde.

Babette's Schleifmühlgasse 17 (Ecke Mühlgasse 9), Tel. 585 51 65, E-Mail: office@babettes.at, babettes.at, Mo–Fr 10–19, Sa 10.30–17 (Fei geschlossen), Ende Juli bis Ende August Mo–Fr 11–18, Sa 11–16. Eigentlich der beste Kochbuchladen Wiens, der sich jedoch auch dem Verkauf von Gewürzen und der Anwendung der Rezepte verschreibt. Im vorderen Teil Buchhandlung, im hinteren Theke mit süßen Snacks (Kuchen, Kekse) und selbst erzeugten Gewürzmischungen; Snack und Kaffee zum Mitnehmen. Abend-Kochkurse; Gutscheine erhältlich. Keine Hunde.

blueorange Margaretenstraße 9, Tel. 581 17 70, E-Mail: office@blueorange.co.at, www.blueorange.co.at, Mo–Fr 7.30–19.30, Sa 8–21, So, Fei 9–21. Coffeeshop, Spezialitäten sind Bagels (€ 2,70 bis € 8,50) und hauseigener, fair gehandelter Bio-Kaffee; Frühstück ganztags (ab € 4,80), Fladen, Suppen, Muffins, Waffeln, Cookies etc.; vegetarische, vegane und glutenfreie Produkte; alles zum Mitnehmen; Catering-Bagel-Boxen mit Zustellung (ab € 30,90). Schanigarten für 30 Pers.

Carl Ludwig Cafe Favoritenstraße 7, Tel. 0664/497 26 65, E-Mail: info@carlludwig.cafe, www.carlludwig.cafe, Mo–Fr 7.30–19, Sa 10–17 (Fei geschl.). Torten, Croissants, Brot von der Bäckerei Öfferl; Speciality Coffee; Kindergetränke wie Heiße Schokolade oder Babychino. Café für 25, Gastgarten im Innenhof des Palais Erzherzog Carl Ludwig für 20 Pers.

Corto e Nero Wiedner Hauptstraße 48, Tel. 0650/922 79 17, E-Mail: coffee@cortoenero.at, www.cortoenero.at, Mo–Fr 8–20, Sa 9–15, aktuelle Öffnungszeiten siehe Homepage. Frühstück ganztags (€ 6,– bis € 28,–); täglich wechselnde Specials; hausgemachte Kuchen und Torten; kleine Speisen, Snacks, Suppen, Salate. Für private Veranstaltungen zu mieten. Kindersessel. Schanigarten für 35 Pers.

Gartencafé Mirage Mommsengasse 6, Tel. 503 29 90, E-Mail: stretto@yahoo.com, Mo–Fr 10–24, Sa, So, Fei 11–24. Frühstück ganztags (€ 4,90 bis € 7,90), Gulasch, Toast, Würstel, auch Süßes z.B. Kaiserschmarren; Murauer vom Fass, Kaffee. Gastgarten für ca. 40 Pers.

Café Gitarre Kolschitzkygasse 6, Tel. 505 49 00, E-Mail: cafe.gitarre@gmail.com, täglich 12–2, warme Küche bis 1.30. Schwarzbrottoasts (ab € 5,80), Snacks wie Chips, Soletti, Erdnüsse oder Schnitten; große Auswahl an Flaschenbieren. Letzter Sa im Monat ab 21 Musikquiz (Reservierung empfohlen); große Brettspiel-Auswahl, Schach. Schanigarten mit 8 Tischen.

Gorilla Market Gußhausstraße 19, Tel. 0660/248 69 96, E-Mail: gorillakitchen@gmx.at, www.gorillakitchen.at, Mo–Fr 7–17, Sa, So 9–15. Café mit Sandwiches, Salaten, Kuchen, Cookies; Kaffeevariationen. Take-away.

Kaffeefabrik Wieden Favoritenstraße 4–6, Tel. 0660/178 90 92, E-Mail: info@kaffeefabrik.at, www.kaffeefabrik.at, Mo–Fr 8–18, Sa 11–17 (Fei geschlossen). Kleinrösterei, die hier in einem winzigen Geschäft ihre selbst importierten und selbst gerösteten Bohnen von Bio-Kooperativen in Äthiopien, Sumatra und Brasilien verkauft; zubereitet mit der Espressomaschine oder als Filterkaffee (Espresso € 1,90, Cappuccino € 2,90); Fruchtsäfte (z.B. Apfelsaft von Leeb aus dem Burgenland), Tonic selbstgemacht und verschiedene Kleinigkeiten wie Croissants und hausgemachte Muffins. Mitnahme des Kaffees in Mehrwegbechern (Partner von „My Coffee Cup"). Schanigarten für 8 Pers. Onlineshop.

Knockbox Treitlstraße 1 (Karlsplatz 14), E-Mail: knockbox@chello.at, Mo–Fr 7–18, Sa, So, Fei 9.30–18. Espressobar in der Nähe der TU-Wien. Kaffee (auch zum Mitnehmen); Croissants, Mandelgebäck, kleines Patisserieangebot. Kleines Zeitungsangebot.

Le Firin Petit Operngasse 23, Tel. 0664/99 08 89 91, E-Mail: office@le-firin.com, www.le-firin.com, Mo–Sa 6–20, So 7–18. Café, Boulangerie, Patisserie. Kaffee von der Wiener Rösterei Röstraum (100% Arabica-Bohnen). Brot, Gebäck, Kuchen, Sandwiches, Getränke uvm. zum Mitnehmen (mit Vergünstigung, wenn der eigene Coffee-to-go-Becher mitgebracht wird); 10% Rabatt auf alles für Studierende (bei bei Vorweisen eines Studentenausweises). Sitzmöglichkeit im kleinen Schanigarten.

Café Nest Operngasse 25, Tel. 0676/770 77 00, www.cafenest.at, Mo–Fr 17–24 (Fei geschl.), gelegentlich länger geöffnet. Zweites Café Nest im ehemaligen Wiedener Stüberl; kleines Lokal mit kleinem Angebot, das aber mit Charme und guter Location punktet. Crêpes, Galettes, Salate, handgemachte Pizza (€ 9,80), verschiedene Nockerl, Toast (€ 5,80); viele vegetarische Gerichte; vegane Pizza; großartiger Espresso aus einer formschönen La-Marzocco-Maschine, äthiopischer Sidamo Kaffee (bio und fairtrade) von der Kafeerösterei „Alt Wien", sehr interessante Craft-Biere (Rieder IPA, Schremser Vienna IP, Freistädter Dunk'l, Tegernseer, Astra etc.). Für Feiern bis zu 45 Pers. geeignet. Jeden Do TU-Chor-Stammtisch. Schanigarten für 25 Pers.

No Panic Coffee Paniglgasse 18–20, Tel. 0699/17 15 63 58, E-Mail: hello@nopanic.coffee, www.nopanic.coffee, Mo–Fr 8.30–16.30. Hübsches, kleines Café mit Frühstück bis 14, frischem Kaffee, der extra für das Lokal geröstet wird, und hausgemachten Croissants, Kuchen, Bananenbrot etc. Ausschließlich saisonale Speisekarte, frisch zubereitet.

Obsthunger St.-Elisabeth-Platz, Tel. 0664/190 61 79, www.obsthunger.cafe, Di, Mi 7.30–20, Do–Sa 7.30–22, So 9–20, bei Regenwetter geschlossen. Kleines Café und Greisslerei. Kuchen und Torten, Kaffee von einem Orang-Utan-Schutz-Projekt aus Sumatra, Biere von wunderbaren Kleinbrauereien, Obstsäfte aus dem Südburgenland. Schanigarten.

Pointers Resselgasse 5, Tel. 504 73 45, E-Mail: info@pointers.at, www.pointers.at, Mo–Fr 12–1, Sa 15–1, Küche: Mo–Fr 12–22, Sa 17–22; während der American Football Saison (Sept. bis Feb.) auch So ab 18 geöffnet. Café mit Burgerspezialitäten und großer Getränkeauswahl, Kaffee aus Hausröstung und Teeauswahl, viele Flaschenbiere (18-19 Happy Hour: regionales Bier um € 3,70 und Spritzer um € 2,40). Hausgemachte Mehlspeisen; wöchentliche Specials wie Currys, Suppen, Salate. 5 TV, Beamer für Sportübertragungen; Do ab 19 Pub-Quiz (mit Anmeldung). Gastgarten für 40 Pers.

Cafe Prinz Prinz-Eugen-Straße 4, Tel. 505 73 33, E-Mail: cafe.prinz@gmx.at, www.cafe-prinz.eatbu.com, Mo–Fr 8–24, Sa 17–24, Juli/August Mo geschlossen; Anfang August 2 Wochen Betriebsurlaub. Frühstück bis 12; Imbisse (ab € 3,50); Darts, Würfelpoker; TV. Jeden Sa Live-Musik. Gastgarten für 20 Pers.

Schönbergers Wiedner Hauptstraße 40, Tel. 967 11 72, E-Mail: ciao@schoenbergers.at, www.schoenbergers.at, Mo–Fr 8–18, Sa 9–13 (Fei geschlossen). Denkmalgeschützte Steh-Caffè-Bar im Look der 50er Jahre. Kaffeespezialitäten; Bohnen und ESE-Pads von kleinen Privatröstereien aus Österreich und Italien (über 50 Sorten, wechselnd 3 offene Sorten zum Verkosten bzw. Trinken); italienische Drinks, Törtchen; Hobby-Barista Kurse; Tageszeitungen. Kaffeemaschinen (Vollautomat, Siebträger- und Papierkapsel-Maschinen) und Equipment zu kaufen.

The Breakfast Club Schleifmühlgasse 12–14, Tel. 0650/523 04 89, E-Mail: bfcvienna@gmail.com, www.thebreakfastclub.at, Do, Fr 8–14, Sa, So 8–15. Frühstückslokal; Frühstücke individuell kombinierbar oder nach Programm und Namen, z.B. Oriental Spirit, Capetown meets Vienna, Sunny Side up etc., verschiedene Variationen von French Toast, scharfes Omelette (Hell's Omelette); Kinderbar, Kinderportionen, Spielzeug. Minimalistische Gestaltung; Schanigarten für 12 Pers. Behinderten-WC.

Café Vitrine Johann-Strauß-Gasse 10–14/1, Tel. 0664/102 45 24, E-Mail: dominika.jakab@gmx.net, www.cafevitrine.at, Mo–Fr 12–20 (Fei geschlossen). Kleines Café mit Wohnzimmeratmosphäre im Stil der 60er Jahre. Spezialität: hausgemachte Pierogi (polnische Teigtaschen) mit 14 verschiedenen Füllungen, traditionell und vegan; hausgemachte Kuchen; Kaffee, Tee, polnische Limonaden, polnisches Bier, österreichische Qualitätsweine etc. Alle Speisen auch zum Mitnehmen und gegen Vorbestellung. Diverse Feiern möglich. Gastgarten mit 2 Tischen.

Vollpension Generationencafé Schleifmühlgasse 16, E-Mail: info@vollpension.wien, www.vollpension.wien, Mo–Do, So, Fei 8–20, Fr, Sa 8–22. Selbstständiges Sozialgastronomieprojekt. 20 ältere Damen und Herren backen Kuchen und Torten nach alten Familienrezepten. Es gibt außerdem kleinere kalte und warme pikante Snacks; tägl. bis 14 liebevoll zubereitetes Frühstück wie bei Oma. Schanigarten für 110 Pers.

wunderladen Argentinierst. 1, www.wunderladenmodecafe.at, Mi, Do 13–19, Fr 13–18, Sa 11–17, aktuelle Öffnungszeiten s. Website. Café und Modeshop. Im Sommer selbst gemachtes Bio-Frozen Yogurt auf Wiener Art mit Toppings wie Punschkrapferl, Vanillekipferl und Sachertorte. Im Winter „Afternoon Tea“ mit Scones und clotted cream (nur auf Vorreservierung). Der Laden ist sonntags für private „Afternoon Teas“ mietbar (bis 25 Pers.). Schanigarten für 6 Pers. Verkauf von Schmuck und Accessoires von österr. Jung-Designer*innen.

Eissalons

Eissalon Eisbusserl Wiedner Hauptstraße 81, Mitte März bis Ende September täglich 10–20 (Fei geschlossen), Öffnungszeiten saisonal variabel. 2022 neu übernommener Eissalon mit hausgemachtem Eis.

Giardino Wiedner Hauptstraße 55, Tel. 0664/155 71 15, E-Mail: office@eis-giardino.at, www.eis-giardino.at, März bis September täglich 10–22. 34 Eissorten, 100 % Naturprodukte, Fruchteis, veganes Eis, Eiskrapfen, Eisbomben, Eistorte, Eistiramisu, Profiteroles, Tiramisu, Gassenverkauf. Kindersessel, Wickeltisch. Schanigarten für 32 Pers.

Eissalon Monte Favoritenstraße 68, Tel. 0660/310 68 60, E-Mail: office@eissalonmonte.at, office@monteeis.at, www.eissalonmonte.at, täglich 9–22. Div. Eissorten (auch vegan) zum Mitnehmen.

Schelato Schleifmühlgasse 11, E-Mail: info@schelato.at, www.schelato.at, schelato.company.site (Online-Shop), täglich 12–22. Selbst gemachtes Eis zu 95% aus Bio-Zutaten und aus kleinbäuerlicher Produktion; biologisch-vegane Tüten; regional-saisonale Sorten, ausgefallene Kreationen. Kaffee aus direktem Handel, Affogato und Eiskaffee, italienisches Bier und diverse Bio-Limonaden. Kindersessel. Schanigarten für 15 Pers. Mobile Rollstuhlrampe. Kartenzahlung ab € 5,–.

Veganista Operngasse 34, Tel. 0660/750 68 00, E-Mail: info@veganista.at, www.veganista.at, täglich 11–23 (Sommer), im Winter verkürzte Öffnungszeiten (s. Homepage). Ausschließlich veganes Eis, klassische und innovative Eissorten wie z.B. Basilikum; Eis Sandwiches „Inbetwiener“, Eis mit Zuckeralternativen wie Birkenzucker od. Ahornsirup, glutenfreie Sorten und glutenfreie Stanitzel; für laktoseintolerante Menschen geeignet. Saisonale Spezialitäten wie Spekulatius, Zimt und Blutorange zu Weihnachten oder Pumpkin im Herbst. Boxen zum Mitnehmen (0,5l, 1l, 1,5l); Gutscheine. Schanigarten.

Imbisse

Casolaro Bros Wohllebengasse 15, Tel. 0660/810 02 58, E-Mail: casolarobrosvienna@gmail.com, Juni bis September Di–Fr 12–22, Sa 10–22, Oktober bis Mai Di–Sa 10–22. Italienischer Feinkostladen. Italienisches Frühstück wie Cannolo Siciliano, Cornetti Caldi (ofenfrische Croissants, wahlweise auch gefüllt mit Pistaziencreme, weißer oder dunkler Schokolade, Vanillecreme oder Zitronen- bzw. Orangenmarmelade von der Amalfi Küste) oder Torta Caprese (Torte aus Mandeln, Butter, Eier, Zucker und Kakao jedoch ohne Mehl); mittags Parigina (Schinken und Käse auf Pizzateig, abgedeckt mit Blätterteig) und klassische Pizzen; abends Panini, z.B. Porchetta (mit gerolltem italienischem Schweinebraten) oder Coppa (Spezialität aus dem saftigen Fleisch des Schweinenacken); italienische Kaffeespezialitäten. Schanigarten für 20 Pers.

Käseschatztruhe Kettenbrückengasse 10/6, Tel. 0699/19 02 28 84, E-Mail: info@kaeseschatztruhe.at, www.kaesetorte.at, www.kaeseschatztruhe.at, Mi–Fr 12–18, Sa 9–14.30. Österreichische Käse von kleinen Produzent*innen. Saisonale Produkte und Spezialitätenwochen. Außerdem Bio-Milch, Bio-Joghurt, Bio-Topfen, Weine, Most, Öle, Rotweingelee, Marmeladen etc. Käseplatten auf Bestellung mit Weinempfehlungen. Spezialität sind Käsetorten für Hochzeiten und Geburtstage; Quiche nach Bestellung.

McDonald's Südtiroler Platz Shop 2.125/Shop 1.132, Tel. 503 22 88, E-Mail: at-store0210@restaurant.at.mcd.com, www.mcdonalds.at, Öffnungszeiten siehe Homepage. Burger, Wraps, Salate etc.; Take-away. Mit McCafé. €

Noodle King Wiedner Hauptstraße 37, Tel. 0676/782 28 58, E-Mail: office@noodleking.at, www.noodleking.at, täglich 11–22. Suppen-, Nudel-, und Reisgerichte, sowie Sushi und Maki. Take-away. €

Nordsee Naschmarkt Stand B1, Tel. 586 14 20, E-Mail: office@nordsee.at, www.nordsee.at, Mo 9.30–18, Di–Do 9.30–19, Fr 8–19, Sa 8–18. Grill- und Backfisch, Salate, kalte und warme Snacks; Kaffee; Kindermenü mit Überraschung; Meeresbuffet: Verkauf von Frischfisch, Räucherfischspezialitäten und Feinkostsalaten. €

Cafe-Imbiss Am Platzl St.-Elisabeth-Platz Stand 1–2, Tel. 0660/734 82 19, E-Mail: office@cafe-imbiss.at, imbissamplatzl.eatbu.com, Mo–Fr 9.30–19, Sa 9.30–16. Wechselnde Tagesgerichte (€ 7,20), hausgemachte Mehlspeisen wie Schaumrollen, Schaumbecher, Lebkuchenherzen und Rumkugeln. Alle Speisen auch zum Mitnehmen. €

Radatz Wiedner Hauptstraße 64, Tel. 505 71 75, E-Mail: fleischereien@radatz.com, www.radatz.at, Mo–Fr 8–18.30, Sa 8–13 (Fei geschlossen). Wiener Küche, täglich wechselnde Menüauswahl (bis € 8,–). 25 Sitzplätze. €

Smashbox Margaretenstraße 11, Tel. 0660/949 52 28, E-Mail: welcoome04@mani.wien, täglich 11.30–22.30. Burgerrestaurant. Burger (€ 7,70 bis € 9,–), auch zum Mitnehmen. Sitzplätze für 10 Pers.

Urban BBQ & Meat by Marco Simonis Taubstummengasse 13, Tel. 512 20 10, E-Mail: welcome@marcosimonis.com, www.marcosimonis.com, Mi–Fr 11–18, Sa 10–17. Wiens erstes BBQ-Kompetenzzentrum. Zu essen vor Ort gibt es Kalbsleberkassemmerl, Pastramisandwiches und Würste aus dem Hause Lungaugold von Hannes Hönegger. Im Shop zu kaufen sind z.B. T-Bone Steaks der Marke Lungaugold, Fisch der Oberwasser Fischzucht, feinstes Geflügel der Domäne Wächter vom Attersee, hausgemachte BBQ Saucen und Gewürze aus aller Welt. Verkauf von Grillzubehör. Grillschulungen, Cateringservices.

Konditoreien, Bäckereien

Aida Wiedner Hauptstraße 60, Tel. 890 89 88-223, E-Mail: info@aida.at, www.aida.at, täglich 9–19. Konditorei und Kaffeehaus.

Anker www.ankerbrot.at, kontakt@ankerbrot.at. Brot, Gebäck, Mehlspeisen, täglich laufend frische Snacks. Öffnungszeiten saisonal variabel (s. Homepage). Favoritenstraße 2, Tel. 504 94 79, Mo–Fr 6.30–17 (Fei geschlossen). Favoritenstraße 62, Tel. 504 85 65, Mo–Fr 6–18, Sa, So, Fei 7–12. Rilkeplatz 9, Tel. 585 23 22, Mo–Fr 6.30–16 (Fei geschlossen), Schanigarten. Wiedner Hauptstraße 78, Tel. 581 56 88, Mo–Fr 6–18 (Fei geschlossen).

Der Mann www.dermann.at. Gebäck, Brot, Mehlspeisen, Snacks. Im Sommer variable Öffnungszeiten. Wiedner Hauptstraße 64, Tel. 866 99-9157, Mo–Fr 6.30–18.30, Sa, So, Fei 7.30–13, Kaffee-Ecke. Naschmarkt 11–14, Tel. 866 99-9128, Mo–Fr 6–18.15, Sa 7–15 (Fei geschlossen).

Felber Wiedner Hauptstraße 30, Tel. 587 81 94, E-Mail: office@felberbrot.at, www.felberbrot.at, Mo–Fr 6–18, Sa, So, Fei 7–12. Ofenfrische Backwaren, Cafeteria, Frühstück, Snacks, Imbisse.

15 süße Minuten Weyringergasse 21, Tel. 0664/793 80 44, E-Mail: email@15suesseminuten.at, www.15suesseminuten.at, Mo–Fr 7–19, Sa, So 8–16. Frisches Kleingebäck, Mehlspeisen, Kuchen, Torten, kleine Speisen (Spinat-Käse-Strudel, Paprika-Tomaten-Taschen, Panini). Kaffeespezialitäten, Chai-Latte. 8 Sitzplätze; Mai bis September Schanigarten für 8 Pers.

Gragger auf der Wieden Wiedner Hauptstraße 50, Tel. 0670/550 21 14, www.gragger.at, Mo–Fr 7.30–18, Sa 7.30–14. Filiale von Bio-Bäcker Helmut Gragger, in der Koch Marcus Bauer Gerichte aus fermentierten und eingelegtem Gemüse zubereitet, z.B. „Dinkel-Feta-Tatar" oder „Tatar" aus Bohnen, Zucchiniwürferln, Kürbis und getrockneten Paradeiser-Raritäten. Bio-Brot und div. Bio-Lebensmittel zu kaufen. Schanigarten für 8 Pers. **€**

Bäckerei Grimm Arthur Wiedner Hauptstraße 82, Tel. 533 13 84-41, E-Mail: grimm@grimm.at, www.grimm.at, Mo–Fr 6.30–18, Sa 6.30–12 (Fei geschlossen). Frühstück ganztags, Imbisse, hausgemachte Mehlspeisen, Wiener Kaffeespezialitäten, Coffee to go. Schanigarten für 12 Pers.

Ströck U-Bahn Station Südtiroler Platz, Tel. 204 39 99-830 42, 204 39 99-0, E-Mail: kundenservice@stroeck.at, www.stroeck.at, Mo–Fr 5.30–19, Sa 7–18, So 8–19. Ofenfrisches Brot und Backwaren (von rustikal bis mediterran), Mehlspeisen-Klassiker; Frühstück, schnelle Snacks, Imbisse; Bio-Fairtrade-Kaffee; das gesamte Brot- und Gebäcksortiment ist frei von Zusatzstoffen, breites Angebot an Bio-Produkten.

Konfiserie

Fruth chocolaterie pâtisserie au marché Kettenbrückengasse 20, E-Mail: info@blackjuice.at, www.kaffein.at, Di–Fr 10–18, Sa 9–17 (Fei geschlossen). Handgemachte Trüffel, hergestellt unter Verwendung von hochwertigen Schokoladen und natürlichen Zutaten in Bioqualität. Handgemachte Patisseriewaren, Torten und Desserts für alle Anlässe. Schanigarten für 8 Pers.

Pubs

Irish Pub Four Bells Schleifmühlgasse 2, Tel. 585 47 85, E-Mail: office@fourbells.at, www.four-bells.at, Mo–Do 16–1, Fr, Sa 16–3, warme Küche bis 22, im Sommer geänderte Öffnungszeiten (siehe Homepage). Irisches Pub. Burger, Wraps, Salate, Chili con carne; verschiedene Biere vom Fass, Craft-Bier, zahlreiche heimische nationale Spirituosen, schottischer Whisky. Leinwand für Sportübertragungen (Rugby, Fußball); Tischfußball (€ 1,–/Spiel), Steel-Darts (gratis); Mo ab 20 Pubquiz. Reservierung für große Gruppen möglich. Partykeller zu mieten (ab 60 Pers.). Klimaanlage. Schanigarten für 40 Pers. **€**

Johnnys Pub Schleifmühlgasse 11, Tel. 587 19 21, E-Mail: office@johnnys-pub.at, www.johnnys-pub.at, Mo–Mi, So 17–2, Do–Sa 17–4, warme Küche bis 23. Irische und englische Küche, kleine Speisen, z.B. Fish and Chips, Burger, Fingerfood, Snacks; österreichische, englische und irische Biersorten; IPA's Light Ales, Bitter. Mo, Mi–Sa 18–19, Di 22–23 und So 20–21 Happy Hour; Di Quiz-Night, Themenpartys (z.B. Halloween); TV für Sportübertragungen. Schanigarten für 30 Pers.

Louisiana Blues Pub Prinz-Eugen-Straße 4, Tel. 0664/99 29 53 73, Mi–Sa 17–2, durchgehend warme Küche. Wiener und internationale Küche, Snacks. Do–Sa ab 20 Uhr Live-Konzerte, jeden Mi Bluessession. Schanigarten für 12 Pers. **€€**

Trinity Irish Bar Vienna Rilkeplatz 3 (Ecke Frankenberggasse 14), Tel. 226 68 66, E-Mail: contact@trinityirishbar.com, trinityirishbar.com, Di, Mi 18–24, Do–Sa 18–2. Kombination aus klassisch irischem Pub und amerikanischer Cocktailbar. Irische Küche und klassische Pub-Gerichte, z.B. irischer Eintopf mit Lamm, Burger oder Steak. Große Auswahl an Bieren und Spirituosen, mehr als 100 versch. Whisk(e)ys, 15 Signature Cocktails von Gregory J. Buda. TV. Behinderten-WC.

Stadtheuriger

Vi[e]noschank Schönburgstraße 36, Tel. 0664/452 75 37, E-Mail: info@humers-vienoschank.at, www.humers-vienoschank.at, Mo–Fr 11.30–23, Sa 12–23. Heurigenspezialitäten und klassische Wiener Küche; Eigenbauweine und Säfte. Kommentierte Weinverkostungen; Feiern möglich. Bar für 25, Speisesaal für 40 und Vinothek für 35 Pers. (auch für Vereine, Firmenmeetings etc. mietbar). Gastgarten im Sommer für 30 Pers.

Szene

Heuer am Karlsplatz Treitlstraße 2 (Karlsplatz), Tel. 890 05 90, E-Mail: reservierung@heuer-amkarlsplatz.com, www.heuer-amkarlsplatz.com, Mo–Sa 16–1, Bar Mi–Sa 16–1, Küche 17–22. Junges Szene-Lokal im ehemaligen Kunsthallencafé. Küchenchef ist Sebastian Wandl. Casual Fine Dining à la carte sowie kleine Karte. Es werden hauptsächlich regionale und biologische Produkte verwendet; Kaffeerösterei, selbstgemachte Limonaden mit Essig, Weine, Kreativ-Cocktails vom Meistermixer im eigenen Cocktailbar-Bereich. DJs. Kindersessel, Wickeltisch. Tageszeitungen. Für Veranstaltungen mietbar (event@heuer-amkarlsplatz.com). Terrasse für 200, Schanigarten für 60 Pers. **€€€**

The Point of Sale Schleifmühlgasse 36 (Operngasse), Tel. 920 85 47, E-Mail: office@thepointofsale.at, www.thepointofsale.at, Di–So 8.30–24. Café und Bar, gute Stimmung, beliebter Frühstücks- und Lunch-Platz für die Soho-Szene rund um die Freihausgegend, Speisekarte mit veganen und vegetarischen Speisen; Di–Fr 8.30–14 Frühstück, am Wochenende 9–17 Frühstücksspecial; Bagels, glutenfreies Gebäck, Salate, Mo–Fr ab 12 Limited Meal; Biokaffee aus der Kaffeerösterei „Alt Wien", viele Teesorten, pflanzliche Milchalternativen, in- und ausländische Weine, exzellente Biere; Kinderspeisen. Chillout-Bereich für 20 Pers. mit Sofa, Tageszeitungen, Magazine. Schanigarten für ca. 60 Pers. Kartenzahlung ab € 15,–. €

Robert Goodmann Rechte Wienzeile 23, Tel. 967 44 15, E-Mail: office@goodmann.at, www.goodmann.at, Mi–Fr 3–10, Sa, So 3–12, aktuelle Öffnungszeiten siehe Webseite. Im Restaurantbereich gibt es eine Superfood-Karte von Bernie Rieder sowie Chillout-Musik. Frühstück (€ 5,– bis € 10,–). Das Lokal ist für bis zu 300 Pers. für Privat-, sowie Firmenfeiern aller Art zu mieten (auch außerhalb der Öffnungszeiten). Klimaanlage. Keine Hunde. €€

Schikaneder Margaretenstraße 22–24, Tel. 585 28 67, E-Mail: bar@schikaneder.at, www.schikaneder.at, Mo–Mi, So, Fei 17–1, Do–Sa 17–4, bzw. je eine halbe Stunde vor Beginn des ersten Films, im Sommer abweichende Öffnungszeiten möglich. Kultiger Neighbourhood-Club und zugleich ältestes durchgehend bespieltes Kino Wiens (seit 1906) mit freakiger, langer Grunge-Bar und ebenso langer Sitzreihe gegenüber. Div. Veranstaltungen, DJ-Line, Ausstellungen, Arthouse-Kinoprogramm, Filmfestivals (This Human World, Porn Film Festival uvm.). Heimat von Diskurs- und Tanzwütigen, Cineastinnen und Clubbern, DJs und Rausschmeißer*innen. Kino auch für private Vorführungen zu mieten. Schanigarten mit 10 Tischen. Behinderten-WC.

Zweitbester Heumühlgasse 2, Tel. 945 93 86, E-Mail: welcome@zweitbester.at, www.zweitbester.at, Mo–Fr 11–24, Sa 10–24, So 10–23. Radikal-schlichtes Beisl; Burger, Hand- und Hausgemachtes. Täglich wechselnde MM (€ 9,50 bis € 13,50); Weinkarte mit Schwerpunkt Österreich, altwienerischer Kaffee; Sa, So, Fei 10–14 Brunch. Take-away. Urbanes Kaffeehaus mit rohen Ziegelwänden, einer mächtigen Rohbeton-Stahl-Bar, offener Schauküche, gegossenem grauen Boden und lässigem Mobiliar aus Holz, Stahl und Leder. Ausstellungen, Gastköche, DJs, Konzerte, Performances. Schattiger Schanigarten für 36 Pers. Behinderten-WC. €€

Teehäuser

Cha No Ma Faulmanngasse 7, Tel. 587 94 06, E-Mail: tee@chanoma.at, www.chanomavienna.at, Mo–Sa 11–18 (Fei geschlossen). Absolut wunderschöner Teeladen, in dem man die besten Tees Japans kaufen, trinken und sogar essen kann. 40 bis 50 verschiedene japanische Tees werden auch zum spontanen Genuss angeboten, z.B. der klassische, per Hand schaumig gerührte Matcha, Matcha latte mit Sojamilch oder auch der bis zu 5 Stunden geknetete Blatttee Gyokuro, der mit einer Sauce aus Soja, Ponzu-Essig und dem Saft der Yuzu-Zitrone als Spinat gegessen wird. Außerdem Mochi aus Klebreisteig sowie die in Japan extrem populären Reisecken Onigiri (verschieden gefüllt), saisonale Specials; Take-away. Tee-Accessoires.

Matcha Komachi Operngasse 23, Tel. 0676/911 18 52, E-Mail: matchakomachi@hotmail.com, www.matchakomachi.com, täglich 11–22, Küche bis 21.30. Matcha-Getränke (ab € 3,90), Kaffee, Matcha-Süßigkeiten; Onigiri (ab € 2,70), Bento-Boxen, japanische Tapas (ab € 4,50), Somen, Udon, Ramen, Donburi und Curry. Kindersessel. Schanigarten für 8–10 Pers.

Weinhandlungen

Vinothek Eulennest Operngasse 30, Tel. 890 22 72, E-Mail: eule1040@eulennest.at, www.eulennest.at, Di–Sa 16–22 (Fei geschlossen), Juli/August: Sa geschlossen. Über 500 Weine (Schwerpunkt Österreich), darunter sowohl renommierte Winzer*innen als auch gute Weine, die noch nicht unbedingt so bekannt sind, für die meisten Weine gelten ab dem Kauf von 6 Flaschen Ab-Hof-Preise; über 80 verschiedene Spirituosen, 40 erlesene österreichische Edelbrände, italienischer Espresso; außerdem gibt's Pasta und Tapasgerichte, Snacks und Antipasti. Schanigarten für 24 Pers.

Sektcomptoir Michael Blaha Schleifmühlgasse 19, Tel. 0664/432 53 88, E-Mail: office@sektcomptoir.at, www.sektcomptoir.at, Mi, Do 17–23, Fr 15–23, Sa 12–23. Fachgeschäft für Szigeti Sekt; Barbetrieb, Jause bitte selbst mitbringen. Der einzige Ort in Wien, wo alle Szigeti Produkte zu Ab-Hof-Preisen verkauft werden. Schanigarten für 25 Pers. Keine Reservierung möglich.

Miller-Aichholz - Wein, was sonst! Favoritenstr. 22, Tel. 0664/135 55 16, E-Mail: office@miller-aichholz.at, www.miller-aichholz.at, Mo 14-19, Di-Fr 11.30-19, Sa 11-15. In erster Linie extra-preiswerte Weine aus diversen Regionen von Österreich, Italien, Spanien und Frankreich (z.B. Bordeaux, Burgund, Loire), Winzerverkostungen (1 Mal im Jahr), Raum für Verkostungen für 42 Pers.

Perlage Schleifmühlgasse 1, Tel. 0676/775 81 73, E-Mail: shop@perlage.at, www.perlage.at, Di-Fr 15-19, Sa 11-16 (Fei geschlossen), Öffnungszeiten können variieren (aktuell s. Homepage). Fachgeschäft für Champagner und Crémant, riesige Auswahl, Eigenimport von Winzerchampagnern, Pineau des Charentes, Cognac etc.; kleine Bar; Verkostungen möglich; Weinseminare nach Absprache. Champagner Zubehör (z.B. Gläser). Online-Shop; kostenlose Zustellung in Österreich ab einem Mindestbestellwert von € 400,-.

Pro Vino Große Neugasse 6, Tel. 581 50 40, 0664/73 27 72 21, E-Mail: provino@aon.at, Mo-Mi, Fr 9-12.30 und 14-19, Do 9-12.30 und 14-20, Sa 10-14.30 (Fei geschlossen). Kleine Vinothek mit Qualitätsweinen und Sektspezialitäten, Schwerpunkt Italien und Österreich, exklusiv aus Frankreich; regelmäßig Weinverkostungen. Feines zum Kochen und Genießen wie Olivenöl, Essig, Gewürze, Terrinen etc. Zustellung nach Vereinbarung, Versand über Post bzw. Hermes.

Wiener Kaffeehäuser

Café Frey Favoritenstraße 44, Tel. 504 65 61, E-Mail: thomasno@bnet.at, www.cafefrey.at, täglich 9-22, warme Küche bis 21. Eines der ältesten Kaffeehäuser Wiens (seit 1885); Mo-Fr 8-11, Sa, So, Fei 9-11 diverse Frühstücke: Wiener, Frey, Eiliges, Vital, Fitness (ab € 4,50); MM (€ 8,90), vegetarische Speisen, hausgemachte Mehlspeisen. Würfelpoker, Schach; internationale Tageszeitungen, Illustrierte. Extrazimmer für 30, Gastgarten für 16 Pers.

Cafe Goldegg Argentinierstraße 49 (Ecke Goldeggasse 22), Tel. 505 91 62, E-Mail: kulturcafe@cafegoldegg.at, www.cafegoldegg.at, Mo-Fr 8-20, Sa, So, Fei 9-20. Alt-Wiener Jugendstilcafé mit edler Holzvertäfelung; Frühstück ganztägig; Wiener Küche, saisonale und regionale Speisen; hausgemachte Mehlspeisen. Billard; Zeitungen aus Österreich und Deutschland, Illustrierte, Magazine. Seminarraum. Schanigarten für 30 Pers. **€€**

Cafe Wortner Wiedner Hauptstraße 55, Tel. 945 86 83, E-Mail: office@wortner.at, www.wortner.at, Mo-Fr 8-23, Sa, So, Fei 9-24, warme Küche bis 22. Frühstück (€ 6,50 bis € 10,80); Wiener Küche, saisonale Schmankerl, z.B. Eierschwammerl; Mo-Fr MM (€ 9,80); auch kleine Speisen; Torten, Mehlspeisen (€ 2,90 bis € 6,50); Meinl-Kaffee, Bier vom Fass: Stiegl, Budweiser, Rotes Zwickl; umfassende Weinkarte. Kindersessel. Veranstaltungen, z.B. Lesungen. Schanigarten für 80 Pers. **€€**

Würstelstand

Würstelstand Südtiroler Platz Südtiroler Platz (Wiednergürtel Top 3), Tel. 0699/10 59 05 85, täglich 9-4. Käsekrainer mit Gebäck nach Art des Hauses (€ 5,70), Hotdog mit Frankfurter (€ 2,90), Spiralkartoffeln (€ 3,-), hausgemachte Kartoffelpuffer mit Knoblauch und Salz (€ 2,50).

5., MARGARETEN

Der Fünfte gilt als armer größerer Bruder des Nachbarn Wieden: mit 55.000 Bewohner*innen auf zwei Quadratkilometern ist Margareten der am dichtesten besiedelte Bezirk Wiens, das Durchschnittseinkommen fällt jedoch um einen Zacken geringer aus als auf der poshen Wieden. In den letzten Jahren zieht es immer mehr Kreative und Künstler*innen in den Fünften, und wen wundert's, schließlich ist hier einiges los: In den öffentlichen Hängematten im Bruno-Kreisky-Park und auf der Wientalterrasse lässt es sich mit mitgebrachtem Proviant chillaxen.

Chillaxt ist auch die Stimmung in der örtlichen Gastroszene: Zwar hat sich die Coffee Company vergangenen Herbst aus der Reinprechtsdorfer Straße verabschiedet. Dafür hat der Demeterhof Meinklang im März ein/en Café/Hofladen in der Franzensgasse eröffnet. Weitere Bezirkshighlights: der Margaretener Ableger der Edel-Pizzeria Pizza Randale, im ehemaligen Underground-Club Transporter in der Kettenbrückengasse. Oder die queeren Flammkuchen, die es ein Stück weiter auf der Margaretenstraße in der R.O.P.P., der Republic of Pata Pata, gibt. In der lokaleigenen Flammkuchen-Akademie kann man Kurse belegen und die Dragqueen Candy Licious zur Unterhaltung dazubuchen.

Am anderen Ende der Margaretenstraße serviert das Neunerhaus Café, das Gastroprojekt des Sozialvereins Neunerhaus, in gediegener Atmosphäre Mittagessen in Bioqualität auf Spendenbasis.

Und zu guter Letzt das Rupp's in der Arbeitergasse: Ein kleines Stück Irland in Margareten mit einer gewaltigen Auswahl an Whiskys, Guinness und Craft Beer und einigen veganen Spezialitäten als Unterlage.

Meinklang Hofladen

Kombination aus Bäckerei, Shop, Fleischhauerei und Bistro ... S. 242

DIE BESTEN 17 IM 5. BEZIRK

Café Rüdigerhof
Modern unmodernes Café-Resti mit klassischer Hausmannskost und Mehlspeisen; lässiger Gastgarten ... S. 245

ChinaBar an der Wien
Simon Xie Hong hat hier erfunden, was es in China nicht gibt: die chinesische Bar mit prächtiger Fusionsküche ... S. 238

Haas Beisl
Hier zählen die Inneren-Werte: Die Fassade mag fernab des Zeitgeists sein, die Gerichte treffen aber noch ins Schwarze. Vor allem die Innereienspezialitäten ... S. 236

Karma Ramen
War mit seiner Eröffnung im Oktober 2015 Ausgangspunkt des Wiener Ramenhypes ... S. 240

Lupo-Piadina Bar & Café
Tolle Piadine, Crostini und Kuchen. Zwischen 17 und 20 Uhr gibt's – Italian style – ein liebevoll belegtes Crostino zum ersten Drink ... S. 242

Maíz
Großartiges Taco-Projekt mit Tacos aus gemahlenem Bio-Mais und komplexen Füllungen ... S. 240

Motto
Seit Generationen Treffpunkt verschiedener Szenen, gute Küche, in der bis spät in die Nacht gearbeitet wird ... S. 245

Pizza Randale
Hipster-Pizzeria mit lustigen Kreativrezepturen, guten Zutaten und nettem Schanigarten ... S. 240

Restaurant ON
Moderne China-Küche mit hier oft noch wenig bekannten, spannenden Zutaten und Gerichten ... S. 238

R.O.P.P.
In der queeren Republic of Pata Pata kann man z. B. am Tisch grillen und Flammkuchen essen und machen lernen ... S. 245

Rupp's
Nicht nur das älteste Pub der Stadt, sondern obendrein auch noch das einzige vegane ... S. 241

Rudis Beisl
Wiener Wirtshaus, berühmt für sein Backfleisch und Martiniganseln, aktuell ungewisse Zukunft, weil coronkrisengeschüttelt ... S. 236

Silberwirt
Sein im Hof eines Pawlatschenhauses gelegener Gastgarten hat den Silberwirt einst zum Kernstück des Gastro-Verbundes „Schlossquadrat“ gemacht. Nett sitzen, essen und trinken geht immer noch ... S. 236

Weinschenke
Burger Berlin style: vom Bun bis zu den Saucen alles hausgemacht mit regionalen Zutaten. Das Fleisch stammt von der Fleischerei Hödl in Atzgersdorf, der letzten, die selbst schlachtet ... S. 235

XO Grill
Nirgendwo sonst hat man jemals so gerne und gut alte Kuh gegessen ... S. 237

Zum Alten Fassl
Falcos einstiger Stammwirt mit einer Stube von beeindruckender Patina und einem klassischen Wiener Wirtshausgarten: Kiesboden, Weinlaube und Baumriesen ... S. 235

Zum lieben Augustin
Preiswerte Hausmannskost und Innereien großzügig portioniert ... S. 236

Gaststätten, Restaurants, Wiener Beisln

Zum Alten Fassl Ziegelofengasse 37, Tel. 544 42 98, www.zum-alten-fassl.at, Mo–Sa 17–24, So, Fei 12–15 und 17–24, Küche bis 22.30. Gemütliches, uriges Beisl mit traditioneller Wiener und internationaler Küche (3 MM, eines vegetarisch), auch vegetarische Speisen, Steak, saisonale Gerichte (Spargel, Schwammerl, Wild, Gansl etc.), Nachspeisen (z.B. Dessertvariation „Altes Fassl“); Kinderportionen; Extrazimmer für 40, extrem schöner Naturgarten für 100 Pers. Auf Anfrage Gruppenveranstaltungen möglich. Pilgerstätte für Falco-Fans (wohnte lang im Haus, war sein Stammlokal). **€€**

Bierometer 2 Margaretenplatz 9, Tel. 955 79 33, E-Mail: bierometer-2@bierometer.at, www.bierometer-2.at, täglich 11–24, Küche bis 22. Wiener Küche (Mo–Fr 11–15 3 MM € 8,40 ohne Suppe, € 8,90 mit Suppe; Burger mit Pommes und Getränk ab € 9,50), Bierometerplatte für 2 Pers.; 7 offene Biere; Kinderportionen, -sessel. Leinwand mit Sky Sports. Schanigarten für ca. 80 Pers. **€€**

Cuadro Margaretenstraße 77, Tel. 544 75 50, E-Mail: info@schlossquadr.at, www.cuadro.at, Mo–Sa 8–24, So, Fei 9–23, warme Küche bis 22. Frühstück bis 16, 11–14 MM, verschiedene Kaffeesorten, hausgemachte Mehlspeisen sowie warme und kalte Imbisse, vegetarische Gerichte, leckere Salate, kleine Tageskarte, regionale und selbstgemachte Produkte; Cocktails, 17–19 Happy Hour (alle Cocktails minus 40 %). Kindersessel. Gastgarten für 60 Pers. **€€**

Duspara Wiedner Hauptstraße 115, Tel. 945 71 20, E-Mail: info@duspara.at, www.duspara.at, Mo–Fr 11.30–15 und 17.30–0.30, Küche bis 21.30. Top-Koch Daniel Duspara kocht hier seit 2015 im eigenen Lokal: Österreichische Küche, böhmischer Einschlag; Innereien; Mo–Fr MM 11.30–15 (vegetarisch, Fleisch, Fr immer Fisch € 10,– bis € 14,–); abends: wechselnde Speisekarte (Menüs: 4gg € 46,–, 5gg € 56,–, 6gg € 66,–); österreichische Weine, naturtrübe Säfte, Schremser vom Fass, Schnäpse. Kindersessel, Malbücher. Schanigarten für ca. 30 Pers. **€€€**

Gasthaus zur Elisabeth Siebenbrunnenfeldgasse 7, Tel. 544 31 90, E-Mail: gasthaus.elisabeth@gmail.com, www.gasthaus-elisabeth.at, Mo–Fr 10–21, Küche bis 19. Wiener Wirtshausküche (3 MM € 8,50 bis € 12,–, eines vegetarisch), Blunzengröstel, geröstete Leber, Zwiebelrostbraten etc.; auch vegetarische Speisen; Kinderportionen. Feiern wie Geburtstage oder Weihnachtsfeiern möglich. Schanigarten für ca. 16 Pers. **€**

Weinschenke Franzensgasse Franzensgasse 11 (Ecke Schönbrunner Straße 14), Tel. 0660/507 63 01 (Reservierungen ab 11), www.weinschenke-wien.com, Mo–Fr 11–1, Sa, So, Fei 17–1, Küche bis 23. Wein- und Burgerlokal betrieben von Franz Haslinger und Nikolai Kölbl; 70 Positionen Wein, aus jeder Weinregion Österreichs ein Weingut; Kaffee 'Caliano' aus Bohnen einer winzigen Privatrösterei aus Udine, gemacht in einer fantastischen alten Espressomaschine; die Küche konzentriert sich auf Burger: 10 Burgervarianten (mit Fleisch, vegetarisch und vegan), 12 Saucen, alles selbst gemacht (Fleisch von Hödl wird täglich selbst faschiert, Brot wird nach eigenen Rezepten von Frühbauer gebacken, die Pommes sind aus Bioerdäpfeln aus der Lobau); Burger auch to go. Eine mit Neonröhrenlicht bestrahlte Vitrine präsentiert selbstgemachten Wodka (z.B. Kren-, Waldmeister- oder Kaffeewodka) und Desserts. 1970er-Jahre-Heurigenfliesenboden, lackierte Holzverschalung. Schanigarten für 80 Pers. 💳 **€€**

Gergely's Schloßgasse 21, Tel. 544 07 67, E-Mail: info@schlossquadr.at, www.gergelys.at, Di–Sa 18–1 (Fei geschl.), warme Küche bis 23.30, Weihnachtsferien geschlossen. Große Auswahl an Steakspezialitäten, wechselnde Abendkarte mit saisonalen und internationalen Spezialitäten; auf Vorbestellung „Festmahl", z.B. Hochrippe vom Weidemast-Rind im Ganzen serviert; große Weinkarte mit zahlreichen Raritäten, naturtrübe Säfte, 3 Fassbiere, Edelbrände. Eigener Veranstaltungsraum „Gergely's Hofstöckl". Schattiger Gastgarten für 110 Pers. 💳 **€€€€**

Haas Beisl Margaretenstraße 74, Tel. 586 25 52, E-Mail: info@haasbeisl.at, www.goesserbraeuwien.at/haas-beisl, Mo–Sa 11–23, So, Fei 11–21. Traditionsgasthaus, von Christian Tischler und Gerald Schedl 2012 übernommen. In der Küche wird die Linie „authentische Beislküche mit kompromisslosem Bekenntnis zur Regionalität" verfolgt. Eine der besten Adressen für Innereien wie Hirn, Nierndln, Bruckfleisch usw.; Mo–Fr MM; saisonal wechselnde Speisekarte; kommentierte Weinverkostungen (Termine siehe Homepage). Immer wieder gibt es ein Winzer-Menü. Große Auswahl an österreichischen Weinen (mit Jahrgangstiefe), Schwechater Bier und 3 weitere Sorten Bier vom Fass. Klimaanlage. Schanigarten für 12 Pers. 💳 **€€**

Zum lieben Augustin Reinprechtsdorfer Straße 47, Tel. 545 34 44, E-Mail: info@gasthaus-zumliebenaugustin.at, www.gasthaus-zumliebenaugustin.at, Di, Mi, Fr 10–15 und 17–22, Do, Sa 17–22, So 10–22 (Fei geschlossen), Küche bis 21.30. Wiener Küche (MM Mo–Fr, Fr Fisch); eine Kinderspeise; dreisprachige Speisekarte. Kleine Feiern bis 40 Pers. möglich. Schanigarten für 30 bis 35 Pers. **€€**

Lieferservice Woodmann's Herd Reinprechtsdorfer Straße 5/5, Tel. 0660/410 55 10, E-Mail: bestellungen@woodmanns-herd.at, www.woodmanns-herd.at, Mo–Fr 8–16.30. Lieferservice von Georg Holzmann (davor u.a. im Hadikstüberl) für Altwiener Küche wie etwa geräucherte Rindszunge, Eiernockerl oder Kaiserschmarrn. Wechselndes MM sowie Speisen à la carte. Bestellung am Vortag bis 16, Lieferung von 10–12 oder 17–19. Verpackung biologisch abbaubar. Bezahlung vorab online. **€€**

Rudis Beisl Wiedner Hauptstraße 88, Tel. 544 51 02, E-Mail: info@rudisbeisl.at, www.rudisbeisl.at, Mo–Do 17–24, Fr 12–15 und 18–24, Küche 12–14.30 und 18–22. Kleines Beisl in hellblau, das ein bisschen an ein griechisches Restaurant erinnert. Rindfleisch von hoher Qualität, gute Suppen, tolle Nachspeisen und Weltmeister in allen Kategorien, wo's um Paniertes geht (TT ca. € 9,20 bis € 15,90). Schöner Schanigarten für 30 Pers. Reservierung empfohlen (nur telefonisch), Veranstaltungen auf Anfrage möglich. **€€€**

Silberwirt Schloßgasse 21, Tel. 544 49 07, E-Mail: info@schlossquadr.at, www.silberwirt.at, täglich 12–24, Küche bis 22. Der Silberwirt zählt zu den Klassikern der traditionellen Beisln und gehört mit Gergely's, Cuadro, Trattoria Margareta und Hofstöckl zum sogenannten Schlossquadrat. Bodenständige österreichische Küche, ergänzt durch vegetarische Gerichte und Salate (Mo–Sa MT); gepflegte Glaskultur, schöne Weine, 3 Sorten Fassbier (Eigenmarke: „Das Margaretner", Zwickl, Zwettler Original). Großer Garten für 130 Pers. im Hof eines Alt-Wiener Pawlatschenhauses. 💳 **€€**

Zum Stöger Ramperstorffergasse 63, Tel. 544 75 96, E-Mail: office@zumstoeger.at, www.zumstoeger.at, Di–Sa 11–23, aktuelle Öffnungszeiten siehe Homepage. Wiener und altösterreichische Schmankerl sowie saisonale Gerichte wie Heringsschmaus, Fisch, Lamm, Spargel, Schwammerl, Gansl, Wild uvm.; Kinderportionen; reichhaltige Auswahl an offenen und Bouteillenweinen. Alle Speisen auch zum Mitnehmen. Schanigarten für 20 Pers. Tischreservierung empfohlen. 💳 **€€**

Restaurant Wald4ler Stub´n Wiedner Hauptstraße 89, Tel. 544 83 31, E-Mail: restaurant@wald4ler.at, www.wald4ler.at, täglich 11.30–23, Küche bis 22. Mo–Fr MM; zahlreiche Spezialitätenwochen wie z.B. Wild- oder Pilzwochen; Waldviertler Spezialitäten: Fleischknödel, Grammelknödel hausgemacht; Kinderportionen, 3 Kindersessel; Catering bis 300 Pers. Schanigarten für 100 Pers. 💳 **€€**

Woracziczky Spengergasse 52, Tel. 0699/11 22 95 30, E-Mail: gasthaus@wora.at, www.woracziczky.at, Mo–Fr 11.30–14 und ab 18, Küche bis 21.30, Adventsamstage abends geöffnet. Äußerst freundliches Neighbourhood-Neobeisl mit netten Menschen, gutem Essen und fairen Preisen; man widmet sich ganz der Austro-Cuisine: Frittatensuppe, Backhendl, Schnitzel und Zwiebelrostbraten, mit Witz und Know-how zubereitet; zusätzlich zur Weinkarte jeden 2. Monat wechselnder Winzer. Schanigarten für 35 Pers. **€€**

Waldviertlerhof Schönbrunner Straße 20, Tel. 586 35 12, E-Mail: reservierung@waldviertlerhof.at, www.waldviertlerhof.at, Di–Sa 11–23 (Fei geschlossen), warme Küche bis 22. Von den Brüdern Laskowsky (GmoaKeller, Gelbmanns Gaststube) bespielt. Klassische Wiener Küche und Spezialitäten aus dem Waldviertel (MM € 10,80), saisonale Gerichte (z.B. Bärlauch, Spargel, Kürbis, Schwammerl, Gansl), wechselnde Karte; von fast jeder Speise kleine Portion möglich, Kindersessel; große Weinauswahl. Separate Räume für Feiern bis zu 70 Pers.; schattiger Naturgastgarten für 250 Pers. mit Altbaumbestand und Markise. **€€**

XO Grill Kettenbrückengasse 15, Tel. 0664/237 66 06, E-Mail: bestellung@xo-grill.at, www.xobeef.at, www.xo-grill.at, Di–Do 17.30–22, Fr, Sa 12–22, So 12–20. Nach einigen Pop-up-Lokalen der erste fixe Standort des Burger-Lokals von Robert Weishuber. Burger aus dem gut gereiften Fleisch von Weidekühen aus OÖ, der Stmk. und Salzb.; vegetar. Burger mit gegrilltem Portobellopilz; Naturweine, ausgewählte Biere, kleine Cocktailauswahl. Take-away. **€€**

Amerikanisch

Omnom Burger Wiedner Hauptstraße 125/3, Tel. 0660/707 10 15, E-Mail: office@omnomburger.at, www.omnomburger.at, Di–So, Fei 11–22. Burger mit frei wählbaren Extras (z.B. Bacon, Halloumi, Feta, Zwiebel, Zucchini, Jalapeños); Di–Fr 11–15 MM (Burger mit Fries (+ € 2,–) und Softdrink (€ 1,–)); täglich frisch faschiertes Fleisch von der Metzgerei Szabo, hausgemachte Fries, Brötchen von Felzl; Ben & Jerry's sowie veganes „Nomoo"-Eis, hausgemachte Brownies; Softdrinks (hausgemachte Kräuterlimonade, Makava, all i need etc.), Wein vom Mayer am Pfarrplatz, Schankbier (Omnom Lager), wechselndes Bier des Monats, eigenes Hausbier, Craft-Bier von Brew Age; Vorbestellungen und Veranstaltungen möglich. Auf Anfrage Miniburger-Catering sowie live grillen. Schanigarten für 20 Pers. **€€**

Asiatisch

Bamboo Margaretenstraße 51, Tel. 585 40 61, E-Mail: chenjing1050@gmail.com, www.bamboo5.at, tägl. 11.30–23.30. Zum Pauschalpreis darf man sich verschiedene Rohzutaten vom Buffet auf den Teller tun, die dann vom Küchenmeister zu Essen verwandelt werden (Mittag Mo–Fr € 10,50, Sa, So, Fei 11,90/Abend € 14,50; Mo–Fr 15–17 Happy Hour € 9,90; 15–17 € 10,90/Kinder ab € 4,–); auch Sushi, Wok, Teppanyaki; Schauküche. Kindersessel. **€€**

Hitomi Pilgramgasse 18, Tel. 0660/105 00 18, E-Mail: office@hitomi.at, www.hitomi.at, Di–So, Fei 11.30–22. Asiat. Spezialitäten wie Sushi, hausgemachte Nudeln und Wokgerichte, Sushi und Maki ganztags, Di–Sa 11–16 MM (€ 7,50 bis € 9,80); Kinderteller. Gastgarten für 14 Pers. **€€**

Sushi & More Reinprechtsdorfer Straße 58–60, Tel. 945 82 82, Mo–Sa 11–21, So, Fei 12–19. Asiatische Küche, täglich wechselndes MM (bestehend aus VS und HS); Sushi, Maki, Curry; Kirin Bier. 14 Sitzplätze. **€€**

Böhmisch

Zu den 3 Buchteln Wehrgasse 9, Tel. 587 83 65, E-Mail: office@zuden3buchteln.at, www.zuden3buchteln.at, Mo–Sa 18–23, Küche bis 22.30, Weihnachtsfeiertage geschlossen. Wiener und böhmische Küche der Extraklasse, auch glutenfreie Speisen, Menüs auf Anfrage, große Auswahl an warmen Mehlspeisen (€ 5,80 bis € 6,90); Böhmisches Bier (Velkopopovicky Kozel und Budweiser Budvar); Kinderportionen, -sessel, -spiele. Ausstellung der Schüler der Komensky-Schule. 2 Extrazimmer für 30 und 10 Pers. Schanigarten für 12 Pers. **€€**

Balkan

Restaurant Homolje Grill Wiedner Hauptstraße 101, Tel. 913 01 20, E-Mail: info@homoljegrill.at, www.homoljegrill.at, täglich 10–22. Grillspezialitäten wie Cevapcici, hausgemachte Grillwurst, pikante Fleischlaibchen, Suppen. Schanigarten für ca. 40 Pers. €

Bulgarisch

Café Restaurant Seasons Ziegelofengasse 17, Tel. 0676/428 59 13, E-Mail: restaurant-sezoni@live.at, www.sezoni.at, Di–Sa 11–23, So, Fei 11–22, an Fei variierend. Bulgarische Spezialitäten und Wiener Küche (TT ab € 6,50); Kinderspeisen, -sessel. TV; Lokal für Veranstaltungen zu mieten. Auf Anfrage Catering. Ruhiger und schattiger Gastgarten für 35, Schanigarten für 20 Pers. €€

Chinesisch

Aming Dim Sum Profi Rechte Wienzeile 47, Tel. 954 08 40, E-Mail: dimsumprofi@hotmail.com, Mo–Sa 11.30–22, warme Küche bis 21.30. Imbissstube beim Naschmarkt mit authent. Sichuan- bzw. kantones. Küche, Dim Sum; Catering möglich. Schanigarten für 50 Pers. Reserv. empf. €

China-Restaurant Chen Rainergasse 32, Tel. 544 41 40, Di–So 11.30–14.30 und 18–21. Chinesische Gerichte (M ab € 5,60); Kinderportionen, -sessel und Bilderbücher. €

ChinaBar an der Wien Hamburgerstraße 2, Tel. 971 32 88, E-Mail: office@chinabar5.at, www.chinabaranderwien.at, Mo–Fr 12–23.30, Sa 11.30–23.30, warme Küche bis 23. Zweite ChinaBar von Simon Xie Hong. Asiatisch mit Schwerpunkt auf verfeinerte Sichuan-Küche, z.B. sauer-scharfer Seetang mit Koriander oder Shui-Zhu-Heilbutt; Mittags- und Abendkarte; hausgemachte Eistees, Marmeladen sowie hausgemachtes ON-Ice. Die Räumlichkeiten sind mitsamt dem Mobiliar mit dunkelgrauem Lack überzogen, nur eine Wand wurde knallrot. Schanigarten mit Chill-out-Zone direkt neben dem Flohmarkt. €€

Dancing Noodles Schönbrunner Straße 40, Tel. 545 38 81, E-Mail: office@dancingnoodles.at, www.dancingnoodles.at, Mo–Fr 11–15 und 17–23, Sa, So, Fei 11–23. Spezialität: Lamian (handgezogene Nudeln), z.B. als Suppe in verschiedenen Variationen oder bunte Kombinationen wie Rote-Rüben-Nudeln oder schwarze Tintenfisch-Nudeln, große Auswahl an veganen Gerichten; 11.30–15 MM (€ 8,90 bis € 10,90); Kinderspeisen und -sessel; selbst hergestellter Ginseng-Schnaps. Schauküche. Gastraum für 98, Gastgarten im Innenhof für ca. 30 Pers. €€

Feine Sichuan Küche Kettenbrückengasse 13, Tel. 581 04 28, Mo, Mi–So 11–22, Di 17–22, durchgehend warme Küche. Authentische (scharfe!) chines. Küche; MM (Mo–Fr ab € 9,–); chines. Spezialitäten z.B. Wan Tan, Dan-Dan Nudeln, Spieße von der Lammniere etc. Schanigarten 20 Pers. €€

Restaurant ON Wehrgasse 8, Tel. 585 49 00, E-Mail: office@restaurant-on.at, www.restaurant-on.at, täglich 12–24, warme Küche bis 23. Eines der besten und sympathischsten Asialokale; modernisierte chinesische Küche, kombiniert mit Verwendung regionaler, saisonaler Produkte. Verfeinerte chinesische Gerichte auf hohem Niveau in Verbindung mit tollen Weinen und Tees (MM ab € 12,–); Spezialitäten: Scharfes, Gemüse, Innereien und Fisch, auf schonende Art zubereitet. Hausgemachtes ON-Ice. Kinderportionen, -sessel; ca. 40 versch. internationale und österreichische Weine. Silent Cooking mit Simon Xie Hong im ORF. Schönes Lokal, bezaubernder Gastgarten für ca. 60 Pers. mit spezieller Beleuchtung und lauschiger Atmosphäre (12–22). Auf der Gassenseite der Wehrgasse Schanigarten für ca. 50 Pers. €€

Green Cottage Kettenbrückengasse 3, Tel. 586 65 81, green-cottage.at, Mo–Sa, Fei 11.30–15 und 18–23, So auf Anfrage, warme Küche bis 22.30. Angenehmes Chinarestaurant ohne den obligaten Kitsch, chinesische Spezialitäten mit Kreationen frisch vom Naschmarkt, original chinesische Küche (MM € 8,– bis € 12,50/4gg AM € 35,–), z.B. Dim Sum gefüllt mit Schweinefleisch, Peking-Enten Menü (5gg, € 45,– pro Pers.); Kinderteller auf Anfrage, auch Spezialwünsche werden erfüllt (vorher anrufen). Schanigarten für 16 Pers. €€

Wang Nudelshop Kettenbrückengasse 23, Tel. 0699/19 46 29 50, Mo–Sa 11–18. Handgemachte Wantan, Jiaozi, Baozi etc., gefüllte Nudeltaschen mit div. Füllungen z.B. Gemüse und Schweinefleisch oder Tintenfisch und Schweinefleisch etc. Süßsalzige Germknödel (Baozi) mit Shiitake, Schweinefleisch, Zwiebeln und Mu-err Pilzen. Roujiamo Fladenbrot mit Rind, Koriander und grünem Chili zum Mitnehmen. 8 Sitzplätze. €

Indisch

Nam Nam Deli Arbeitergasse 8, Tel. 941 65 11, 0676/490 07 38, E-Mail: office@nam-nam.at, www.nam-nam.at/deli, Mo–Fr 11–23, Sa, So, Fei 12–23. Delivery eines der beliebtesten Inder der Stadt, eine Bereicherung allemal; das Programm ist ein bisschen kleiner als im Stammhaus, die Preise sind ident, alle Speisen auf Wunsch vegetarisch oder vegan, auch zum Mitnehmen; gratis Zustellung in die Bezirke 4 bis 10, 12 und 15 (ab € 12,–, darunter € 2,– Zustellgebühr). €€

Om Namo Spengergasse 22, Tel. 286 09 14, E-Mail: office@omnamo.at, omnamo.at, Mo–Fr 11–14.30 und 17.30–23, Sa 17–23, So 13–23, im Sommer tägl. 11–23; durchgehend warme Küche. Indische Küche (Mo–Fr 11–14.30 MM € 6,90), Tandoor Gerichte z.B. Chicken Shashlik (marinierte Hühnermedaillons am Spieß im Tandoor Ofen gegrillt, mit Tomaten, Paprika und Zwiebeln, dazu Pillau Reis € 10,90), vegetarische und vegane Speisen. Gastgarten. €€

Tawa Indian Restaurant Margaretenstraße 102, Tel. 0676/337 41 35, E-Mail: office@tawarestaurants.com, www.tawarestaurants.com, Di–Fr 11–23, Sa, So 12–23, Fei variable Öffnungszeiten. Indisches Restaurant; täglich 4 MM mit Naan-Brot, Reis und Suppe (davon 2 mit Fleisch/2 vegetarisch). €€

Italienisch

Pizzeria Adamo Wiedner Hauptstraße 129, Tel. 544 08 14, E-Mail: pizzeria.adamo@gmx.at, www.pizzeriaadamo.at, täglich 11.30–14.30 und 17.30–23, Küche bis 22. Italienische und Wiener Küche, Fischspezialitäten, Pizza vom Holzofen (ab € 8,90), Spezialitäten: Calamari Fritti, Steak vom Grill; gute italienische Weine. Schanigarten für 25 Pers. €€

Pizzeria Da Capo Schönbrunner Straße 64, Tel. 545 53 67, 0699/15 45 53 67, E-Mail: bestellungen@pizzadacapo.at, www.pizzadacapo.at, täglich 17–24, durchgehend warme Küche. Pizza (ab € 7,30), Pasta, Risotti, Burger, Fleisch- und Fischgerichte; Kinderportionen (Kinderpizza ab € 4,–); Zustellservice für die Bezirke 4, 5 und 6. 8 Sitzplätze. €€

Dai Golosi Margaretenstraße 83, Tel. 0664/347 24 25, E-Mail: office@daigolosi.at, www.daigolosi.at, Mo–Fr 10.30–22. Italienisches Lokal mit Feinkostgreisslerei, hausgemachtes Brot, 11.30– 15 TT, Antipasti, 17.30–20 Aperitifangebot, auch zum Mitnehmen; Monatskarte. Schanigarten für 30 Pers. €€

Don Sergio Wiedner Hauptstraße 91, Tel. 0667/788 88 88, E-Mail: office@donsergio.at, www.donsergio.at, täglich 11–22. Italienische und internationale Küche, neapolitanische Pizza, Steak (z.B. Dry Aged Steak), Pasta, Insalata, versch. Desserts. Lokal für 75 Pers. €€

Ristorante Gondola Schönbrunner Straße 70, Tel. 544 23 58, E-Mail: office@gondola.at, www.gondola.at, Mo–Fr 11.30–23, Sa, So, Fei 15–23. Italienische Spezialitäten, Pizza, Pasta, Fisch, frische und saisonale Produkte werden verkocht; täglich 2–3 hausgemachte Desserts (z.B. Tiramisu); Kinderportionen, -sessel; italienische Weine. Schanigarten für 60 Pers. Gegenüber gibt es einen dazugehörigen Feinkostladen. €€

Hotline 5 Pizza & Burger House Castelligasse 10 (Ecke Gartengasse), Tel. 544 59 04, E-Mail: www.hotline5.at, www.hotline5.at, täglich 11–21.45. Pizza, Pasta und Risotto, Fisch- und Fleischgerichte; Zustellung in die Bezirke 4, 5, 6, 10, 12. Essen vor Ort möglich. €

La Fornace Ziegelofengasse 15, Tel. 941 66 94, www.lafornace.at, Di–Sa 11.30–14.30 und 17–24 (Fei geschlossen), Küche bis 22. Authentische italienische Speisen; Antipasti, Pasta, Pizza etc. saisonale Monatskarte; 2 2gg MM (€ 8,–). €€

Margareta Margaretenplatz 2, Tel. 544 07 22, E-Mail: info@schlossquadr.at, www.margareta.at, täglich 12–24, Küche bis 22. Netter Italiener mit guter Pizza aus dem Gas-Holz-Kombiofen sowie feiner hausgemachter Pasta und frisch gefüllten Ravioli; frische Fischgerichte (erstklassiger gebratener Branzino). TT und Mittagspizza. Rote Wände, kleiner Barbereich, verspiegelte Fensternischen, Palisandertäfelung im Restaurant, original italienischer Marmor-Terrazzoboden, offene Küche. Schanigarten für 34, Hofgarten für ca. 40 Pers. €€

Pizzeria Mariarosa Siebenbrunnenplatz 7, Tel. 966 79 77, E-Mail: cafe7brunnen@gmail.com, www.7brunnen.com, täglich 11-24, Küche bis 22, Pizza bis 23. Italienische Spezialitäten und Wiener Küche in mediterranem Dekor; Kinderportionen, -sessel, Spielzeug. Schanigarten für 160 Pers. Café Siebenbrunnen angeschlossen (8-24). 💳 €

Pizza Chacora Arbeitergasse 39, Tel. 545 15 33, 0699/10 50 11 11, 0699/19 19 19 07, E-Mail: pizzeria_chacora@yahoo.com, www.pizzeria-chacora.at, Mo-Fr 10.30-14.20 und 16.45-22.45, Sa, So, Fei 10.30-22.45. Italienische, mexikanische und indische Küche; Pizza, Pasta, Chicken Curry, Burrito; (MM indisch (auch vegetarisch) ab € 10,90, Pizza ab € 8,-); Lieferung in die Bezirke 1, 4 bis 8, 12, teilweise auch 10 und 15. Bei Selbstabholung fast jede Pizza € 7,50. 15 Sitzplätze im Lokal. 💳 €

Pizza Mann Ziegelofengasse 41, Tel. 050/10 10 10, E-Mail: service@pizzamann.at, www.pizzamann.at, täglich 11-3. Pizza, Salate, Ribs, Chicken Wings, Snacks, hausgemachtes Tiramisu, Eis von Ben & Jerry's; Speisen auch zum Mitnehmen; Online-Bestellmöglichkeit sowie Bestellung mittels App; Lieferservice (ab € 10,-, 0-3 Nachtzuschlag). Kartenzahlung und Paypal Bezahlung auch bei Zustellung. 💳 €

Pizza Randale Kettenbrückengasse 1, Tel. 0650/855 07 72, E-Mail: 1050@pizzarandale.com, www.pizzarandale.com, Mo-Sa 17-24, So 17-22. Kreativ-Pizzeria im ehemaligen Transporter-Club; ausgefallene Pizzen wie Spencer (Black-Angus Roastbeef, Tomaten, Büffelmozzarella, Rucola, Zitronenöl), Wiener Blut (Tomatensauce, Provola, Blutwurst, Apfel, Majoran) oder Oca (mit Piemont-Ziegenkäse, Feigen, Walnüssen, Rosmarinhonig). Sitzplätze für 60 Pers. Schanigarten für 50 Pers. **€€**

Japanisch

Karma Ramen Rechte Wienzeile 2A, Tel. 0680/321 68 38, E-Mail: wienzeile@karmaramen.at, www.karmaramen.at, täglich 11.30-21.30, im Sommer variable Öffnungszeiten. Großartiges Lokal mit japanischer Alltagsküche; der Fokus liegt auf hausgemachten Ramen, außerdem gibt es ein paar japanisch zubereitete Nudelgerichte nach Art des Hauses und Gerichte aus der Izakaya-Küche; Designer-Cocktails, Hitachino-Nest-Biere, hausgemachter Eistee und Limonaden, im Sommer gelegentlich hausgemachtes Eis. Schanigarten für 24, Gastgarten für 26 Pers. 💳 **€€**

Kroatisch

Abbazia Restaurant Rainergasse 37, Tel. 945 10 54, E-Mail: info@abbazia.co.at, abbazia.co.at, Di-Fr 11.30-14.30 und 18-23, Sa 18-23 (Fei geschlossen). Fisch- und Grillspezialitäten, mediterrane und traditionelle kroatische Küche, 1-mal/Monat Fischbuffet (€ 19,90). Schanigarten für 24 Pers. 💳 **€€**

Mexikanisch

Maíz Schönbrunner Straße 32, Tel. 0677/62 46 53 35, E-Mail: info@maiztortilla.at, www.maiztortilla.at, Mo-Mi 12-18, Do, Fr 12-22. Taco-Laden mit Tacos in verschiedenen Variationen (auch vegetarisch) und mit selbst gemachten Tortillas. Take-away. Farbenfroher Schanigarten für 18 Pers. 💳 €

Persisch

Apadana Hamburgerstraße 1, Tel. 587 24 31, E-Mail: apadana1988@yahoo.com, www.apadana.at, Di-So 11.30-23, warme Küche bis 22. Iranisch-persische und orientalische Spezialitäten (täglich 3 MM € ab 10,90); Kinderportionen, -sessel. Oktober-Juni: Fr 20-24 orientalische Livemusik, Sa persische Popmusik. Klimaanlage. 3 Räume; Schanigarten für 35 Pers. Hunde nicht erlaubt. 💳 **€€**

Portugiesisch

Austro Galo Schönbrunner Straße 91, www.austro-galo.at, Mi-Sa 12-22. Portugiesische Tapas-Bar und Restaurant.

Senhor Vinho Schwarzhorngasse 8, Tel. 545 84 00, E-Mail: reservierung@senhorvinho.at, www.senhorvinho.at, Di-Sa 18-1. Portugiesisches Restaurant mit Weinbar, eine kulinarische Reise quer durch Portugal, Madeira und die Azoren. Frische Fischgerichte, saisonale Spezialitäten: fallweise Bacalhao (Stockfisch), Oktopus, Lamm; portugiesische Weine und Biere. Fallweise Livemusik. Innenhofgarten für 25 Pers. **€€€**

Sri-lankisch

Colombo Hoppers Schönbrunner Straße 84 (im Hof), Tel. 545 43 08, E-Mail: info@colombohoppers.com, www.colombohoppers.com, Di-Do 17-22, Fr, Sa 17-24, So 11-22, warme Küche bis 21.30. Restaurant und Bar mit Spezialitäten aus Sri Lanka. Facettenreiche, vegetarische und vegane Speisen, die auf Wunsch mit Fleisch oder Fisch ergänzt werden. Bar mit Ton- und Lichttechnik sowie Beamer (für Firmenfeiern, private Partys und Businessmeetings geeignet). Catering auf Anfrage. Begrünter Gastgarten für ca. 60. 💳 **€€**

Thailändisch

Lemon Leaf Kettenbrückengasse 19, Tel. 581 23 08, E-Mail: restaurant@lemonleaf.at, www.lemonleaf.at, täglich 11-15 und 17.30-23. Thailändische Küche (Mo-Fr MM). Alle Speisen auch zum Mitnehmen. Schanigarten.

Bars

Alte Lampe Zentagasse 30, Tel. 0650/306 31 60, E-Mail: vereinfree@chello.at, cafealtelampe.at, Di-Do 19-24, Fr, Sa 19-1. Ecklokal der Gay-Community für queeres Publikum. Umfangreiche Getränkekarte. Dartautomat. Klimaanlage. Schanigarten. Behinderten-WC. Hunde nicht erlaubt.

Beaver Brewing Company Schönbrunner Straße 98 (Nevillegasse 2), Tel. 0677/637 46 235, E-Mail: office@beaverbrewing.at, www.beaverbrewing.at, Mo-Do 16.30-24, Fr, Sa 16.30-0.30, So 16.30-23, durchgehend warme Küche bis 22. Eigene Brauerei in der 3 reguläre und 6 Spezialbiere je nach Saison gebraut werden, darunter Lager, Pils, Weizen, IPA, Pale Ale, Stout, Porter, Sauerbiere und fassgereifte Starkbiere. Amerikanische Küche, herzhaftes BBQ aus dem eigenen Smoker (Spareribs, Pulled Pork, Pastrami, Wings), Burger, Salate, vegane Speisen, Monatsburger; Bier auch in Flaschen zum Mitnehmen, verschiedene Cider, regionale Weine und Limonaden, Säfte, Schnäpse. Kindersessel. Partykeller für bis zu 40 Pers. mit eigener Bar. Schanigarten für 40 Pers.

Capoeira Bar Margaretenstraße 125, Tel. 0681/20 30 50 73, Di-Do 17-24, Fr, Sa 17-2. Klassische Cocktails wie Cuba Libre und Caipirinha. Schanigarten für 15 Pers. (bis 24).

La Vita è Bella Pilgramgasse 14-16, Tel. 585 43 52, E-Mail: lavitaebella.mercuri@gmail.com, lavitaebella.at, Mo-Sa 16-1 (Fei geschlossen), Juli/August Sa geschlossen. Sehr nette Weinbar, auch Vinothek; italienische Aperitif, mehr als 120 verschiedene Weine (Schwerpunkt: Alte-Welt-Weine), Grappa, Trumer Pils, Cocktails; Pasta. Flatscreen. Für Veranstaltungen zu mieten.

Little Stage im Viertel 5 Ramperstorffergasse 66 (Ecke Bräuhausgasse), Tel. 544 26 90, Mo-Do 16-1, Fr-So, Fei 17-1, Küche bis 23.30. Snacks wie überbackene Brote; div. Flaschenbiere, Bier vom Fass (Trumer Pils, Trumer Zwickl, Budweiser, Guinness, Raschhofer Klassik), div. Bouteillenweine und südburgenländische Destillate. Jeden 3. So/Monat Pub-Quiz. Steh-Schanigarten für 15, Schanigarten für 40 Pers.

pentalounge Margaretenstraße 92 (im pentahotel Vienna), Tel. 546 86 100, E-Mail: info.vienna@pentahotels.com, www.pentahotels.com, täglich 0-24. Frühstücksbuffet bis 10, So, Fei bis 11 (€ 19,-); internationale Gerichte; Cocktailkarte. Play Station 4, Billard. Räumlichkeiten für Veranstaltungen für ca. 150 Pers. zu mieten; 117 Zimmer (Hotel ideal für Business Gäste); Loungebereich mit Bibliothek.

Pub Klemo Margaretenstraße 61, Tel. 0699/11 09 13 32, E-Mail: info@pubklemo.at, www.pubklemo.at, Mo-Sa ab 17, Juli bis Aug. Sa geschlossen, Sommeröffnungszeiten s. Website. Weinbar mit umfangreicher Weinkarte: über 3000 Positionen aus so ziemlich allen Ländern der Welt mit Schwerpunkt Österreich, Frankreich und Italien, darunter sehr viele absolute Superstarweine, vor allem aber ein fantastisches Sortiment an Naturweinen. Zu essen gibt's Antipasti, Schinken, Mozzarella und Salami, selbst gemachte Pasta und Ravioli, die täglich anders kombiniert werden; 2 versch. Tagesteller/Woche; 2-mal wöchentlich wechselnde Verkostungen zu verschiedenen Themen (Österreich/Ausland, Rot/Weiß). Klimaanlage.

Rupp's Arbeitergasse 46, Tel. 545 22 84, E-Mail: rupp1@chello.at, www.rupps.at, Mo-Do 18-2, Fr, Sa 19-3, Küche bis 23, im August Sommerurlaub (siehe Homepage). Bar mit vegetarischen und veganen Speisen; über 1000 Whisk(e)ys, 5 Fassbiere. Großes Spieleangebot, Schach, Tischfußball (€ 1,-/Spiel), kostenloses Dartsboard; Bücher. Musik von Classical Rock bis Irish Folk; Veranstaltungen zu St. Patricks Day, Halloween, Fasching, jeden 1. Di/Monat Pubquiz. Kartenzahlung ab € 20,-.

Schrei & Söhne Schönbrunner Straße 48, Tel. 0664/218 50 95, E-Mail: servus@schrei.wien, www.schrei.wien, Di-Do 11-19, Fr 11-21, Sa 9.30-15. Feinkostgeschäft, Wein- und Snackbar. Hausgemachte Sandwiches; Weine von kleinen Produzent*innen.

Social Club Vienna Ziegelofengasse 19, Tel. 958 16 19, E-Mail: welcome@socialclubvienna.at, socialclubvienna.at, Do-Sa 17-2. Glamouröse Cocktailbar und Eventlocation. Barsnacks wie Antipasti-Platte und kalifornische Fusionsküche. Bar für 80 Pers. (für Feiern und private Events mit Beamer bzw. Leinwand ausgestattet). Kleiner Schanigarten.

Bar Tabacchi Ramperstorfferg. 61, Tel. 0680/307 16 75, 0699/11 98 14 21, E-Mail: info@bartabacchi.at, www.bartabacchi.at, Mo-Sa ab 18. Dezente Bar mit angenehmer Atmosphäre; außerordentlich guter Espresso (€ 2,50), Cocktails (€ 10,- bis € 12,-), Negroni und Bitters; Snacks (Tramezzini etc.). Schanigarten für ca. 20 Pers.

Tapete Zentagasse 14, Tel. 966 43 46, E-Mail: office@tapete.bar, www.tapete.bar, Mo-Do 18-24, Fr, Sa 18-2, Fr, Sa manchmal auch länger geöffnet. Alternative Bar mit Wohnzimmeratmosphäre. Fokus auf auf regionale, fair gehandelte, nachhaltige und konzernfreie Produkte. Toast mit

Putenschinken, 3 versch. Käsesorten (vegetarisch) oder vegan. TV (gelegentlich Fußballübertragungen). Nebenraum für Feiern zu mieten. Schanigarten für bis zu 30 Pers.

WerkzeugH Schönbrunner Straße 61 (Ecke Grohgasse), Tel. 913 87 28, E-Mail: reservierung@werkzeugh.at, www.werkzeugh.at, Mo–Sa 16–24, Küche bis 22. Innovatives Lokal in der Halle der aufgelassenen Firma Werkzeug Huber; ca. 6 Tagesgerichte. Junges, studentisches Publikum, gute Stimmung, angenehme Musik. Gastgarten für 80 Pers.

Bistros

Die Erbsenzählerei Pilgramgasse 2, Tel. 581 31 03, E-Mail: office@die-erbsenzählerei.at, www.die-erbsenzählerei.at, Mo–Fr 11–16. Internationale Küche, Chili, Eintöpfe; Suppen, Salate; selbstgemachte Kuchen und verschiedene Nachspeisen; immer 1 HS/Tag (Quiche, Strudel, Eintopf etc.); MM, auch vegane und vegetarische Küche; Zutaten vorwiegend aus der Region; hausgemachte Limonade, All i need, Bio-Weine. Catering; Bio zertifiziert und Co2-neutral durch Kompensation. Sitzplätze für 8 Pers. €

Meinklang Hofladen Margaretenstraße 58 (Ecke Franzensgasse), Tel. 0664/384 94 70, E-Mail: hofladen@meinklang.at, meinklang.at, Di–Fr 9–19, Sa 9–18. Kombination aus Bäckerei, Shop, Fleischhauerei und Lokal. Verarbeitet werden biodynamisch produzierte Produkte zu außergewöhnlichen Hofladen-Gerichten (im Frühling z.B. lauwarmer Erdäpfelsalat aus drei verschiedenen Erdäpfelsorten mit Grammelschmalz, Vogelmiere, Wildkerbel, frischem Bärlauch und fermentierten Bärlauchknospen). Frühstück bis 12, 11–15 Mittagsangebote. Weinbar mit kleiner Speisekarte. Weinkeller mit Platz für bis zu 20 Pers. (für Feiern, Weinverkostungen etc. geeignet). Schanigarten für 20 Pers. €€

neunerhaus Café Margaretenstraße 166, Tel. 0677/62 58 56 78, E-Mail: cafe@neunerhaus.at, www.neunerhaus.at/cafe, Mo–Fr 10–15 (Fei geschlossen). Café/Bistro von neunerhaus; 11.30–14 Mittagstisch mit saisonaler, regionaler und hauptsächlich biologischer Küche; vegetarische/vegane Gerichte; man zahlt, was man möchte bzw. kann. Verkocht werden gesunde, hochwertige Lebensmittel, die z.T. vor dem Wegwerfen gerettet werden. Gastronomische Leitung: Anna Schwab. Div. Veranstaltungen, Fairteiler-Kühlschrank. Konsumzwangfreies Grätzlbeet – Gartenoase für 15 Pers. Behinderten-WC. ♿

Rori's Delicatessen Pilgramgasse 11, Tel. 548 59 59, E-Mail: info@roris.at, www.roris.at, Mo–Fr 9–17, Sa 10–15 (Fei geschlossen). Französisches Bistro und Patisserie; Quiches und pikante Köstlichkeiten, Tartes (Zitronen-Tarte, dunkle Schokolade-Tarte), Éclairs, Designertorten (auch auf Bestellung; telefonisch und im Online-Shop); Lavazza Kaffee. Mediterranes Catering.

Wagner's Baguetteria Pilgramgasse 5, Tel. 544 42 72, E-Mail: info@wagners-kitchen.at, wagners-baguetteria.at, Mo–Fr 11.30–21. Baguettes mit verschiedenen Füllungen; wechselnde Tagessuppe, 11–15 MM (€ 10,– bis € 11,–); Take-away. €

Cafés, Espressos

Budapest Bistro Pilgramgasse 10, Tel. 0699/17 14 87 36, E-Mail: budapestbistro10@gmail.com, www.budapestbistro.at, täglich 8–19. Café und Bäckerei mit kleinem Speisenangebot; Frühstück ganztags (€ 7,– bis € 18,–), auch vegetarisch und vegan möglich; Salate, überbackene Brote; Kaffeespezialitäten, große Auswahl an ungarischen Kräutertees, Topweine aus Sopron, hausgemachte Sirupe; sehr kinderfreundlich (Spielzeug, Kindersessel, kleine Speisen). Tageszeitungen. Schanigarten für 10 Pers.

Coffee Junkie Espresso & Brew Bar Pilgramgasse 3, Tel. 0699/18 16 73 04, E-Mail: info@junkie.coffee, www.junkie.coffee, Mo–Fr 7.30–18, Sa 9.30–18, So 10–18, Fei 9–18. Kaffeebar mit Spezialitäten-Kaffee (third wave), Cold brew und Nitrokaffee; Frühstück, Gebäck, warme Toasts, hausgemachte Kuchen und Cupcakes (immer auch vegane Sorten); Tee, heiße Schokolade, Kakao, Limonaden; im Sommer hausgemachter Eistee, Smoothies. Kinderspielzeug, -bücher, Babyccino. Kaffeeverkostungen. Schanigarten für 6 Pers.

Fendi-Stüberl Fendigasse 37, Tel. 545 32 30, Mo–Fr 11–21, Sa 14–20. Kleines Espresso mit schattigem Schanigarten.

Fredi's Feuerhalle Margaretenstraße 97, Tel. 544 5726, fredis-feuerhalle.at, Mo, Mi, Fr 9–20, Di, Do, Sa 16–20 (Fei geschlossen). Gibt's seit mehr als 30 Jahren, eine wahre Institution im Grätzel. Kleine Snacks wie Toast und div. Würstel; Stiegl und Murauer vom Fass, div. Flaschenbiere. TV, Dart, Musikbox.

Lounge-Infinity-Ristretto Schönbrunner Straße 27/1, Tel. 0660/506 95 41, E-Mail: georgidari25@gmail.com, www.cafe-infinity.eatbu.com, Mo–Fr 7–2, Sa 10–2, So 12–24. Frühstück, Snacks und Kleinigkeiten wie Toast; Kaffee, Limonaden, Cocktails, Bier, Wein, Spirituosen. Zeitungen; TV für Sportübertragungen. Darts. Feiern für bis zu 40 Pers. möglich. Schanigarten für 20 Pers.

Lupo – Piadina Bar & Café Ziegelofengasse 29, Tel. 890 86 43, E-Mail: office@lupo-wien.com, www.lupo-wien.com, Mi, Do 11–22, Fr 9–22, Sa, So, Fei 9–17. Italienisches Café und Bar mit hausgemachten Piadinas, Torten und Kuchen; am Wochenende und an Feiertagen Brunch (9–15); Aperitivo

(17-20); Mi-Fr 11-15 Mittagskarte. Artisan Kaffee aus der Toskana. 2 Kindersessel. Schanigarten für 16 Pers.

Mitico Margaretenstraße 107, Tel. 907 20 87, E-Mail: office@miticobikes.com, www.miticobikes.com, Mo-Mi, Fr 11-18, Do 8-15. Fahrradfachgeschäft und Werkstatt in Kombination mit einem Café. Der Kaffee kommt aus der kleinen Rösterei Caffè a Casa aus der Servitengasse - regelmäßig wechselnde Sorten, großteils aus biologischem Anbau. Bier, diverse Limos. Schanigarten für 8 Pers. in verkehrsberuhigter Zone.

propeller Krongasse 22, Tel. 992 21 27, E-Mail: office@propeller.wien, www.propeller.wien, Mo-Sa 9-24, So 9-17. Gemütliches Neighbourhood Lokal mit hochwertigen Produkten; große Frühstückskarte, Mittagsgerichte (z.B. veganes Sandwich: Tomaten, Rotkraut, Petersilie, Knoblauch, Artischocken, Austernpilze € 10,80); Drinks, Cocktails und kleine Karte am Abend.

Romeo Margaretenplatz 5/1, Tel. 0680/300 22 70, Mo 8-22.30, Di-Fr 8-22, Sa 9-22.30, So 10-18. Getränke; Tischfußball, Flipper, Darts. Schanigarten für 25 Pers.

Caffè vom See Kettenbrückengasse 17, Tel. 0699/10 92 89 49, E-Mail: info@caffevomsee.at, www.caffevomsee.at, Mo-Fr 9-17, Sa 9-16. Caffè Bar und Expedit der Rösterei Caffè vom See der Villa Verdin aus Millstatt am See. 8 Sitzplätze, Stehbar und kleiner Aussenbereich.

Café Siebenbrunnen Reinprechtsdorfer Straße 29, Tel. 966 79 77, E-Mail: cafe7brunnen@gmail.com, www.7brunnen.com, täglich 7-24, warme Küche bis 22. Frühstück ganztags. Essen kann auch von der Pizzeria Mariarosa nebenan bestellt werden (italienische Gerichte sowie Alt Wiener Küche, MM Mo-Fr). Schanigarten für 250 Pers.

Café Standard Margaretenstraße 63, Tel. 581 05 86, 0660/171 36 18, E-Mail: office@cafe-standard.at, www.cafe-standard.at, Mo-Fr 8-21, Sa 11-20 (Fei geschlossen), warme Küche bis 15, danach Snacks. Frühstück durchgehend bis 15; TT 11.30-15. Kindersessel und Bilderbücher. Karten, Schach. Extrazimmer zum Mieten mit induktiver Höranlage (schwerhörigen- und rollstuhlgerecht). Schanigarten für 20 Pers. Behinderten-WC. ♿ €

Wiener Chic Schönbrunner Straße 58, E-Mail: wienerchic58@gmail.com, Mo-Fr 9-19, Sa 9-18, So 9-14. Kleines Kaffee in einer ehemaligen Handschuh-Manufaktur. Französische Patisserie, Frühstück; Kaffee aus Costa Rica.

Eissalons

Castillo's Margaretenstraße 42, Tel. 0664/5137483, E-Mail: info@castilloseis.at, castilloseis.at, täglich 11-23. Eissalon und Bar. Kartenzahlung ab € 10,-.

Marcello Margaretenplatz 5/1, Mitte März bis Ende September täglich 11-22. 24 Eissorten aus eigener Erzeugung, z.B. Cookies, Mohn; vegane Sorten, Eiscoups, Milchshakes; Kaffeespezialitäten (wahlweise mit Soja-, Mandel- oder Kokosmilch). Klimaanlage. Schanigarten für 25 Pers.

Valentino Reinprechtsdorfer Straße 43, Tel. 0660/429 07 91, E-Mail: gelateriavalentino@gmail.com, März bis Oktober täglich 9-22. Ca. 30 Eissorten (€ 1,80,-/Kugel), Spezialsorten wie Capriccio, Tropicana, Black Africa, Stromboli, Moretto und Veneziana, Spargeleis; Espressos, Kaffees, Milchshakes. Keine Sitzgelegenheiten, nur zum Mitnehmen (auch als Coups, € 6,50).

Veganista Margaretenstraße 51, Tel. 0660/750 68 00, E-Mail: info@veganista.at, www.veganista.at, täglich 11-23 (Sommer), im Winter verkürzte Öffnungszeiten (s. Homepage). Ausschließlich veganes Eis, klassische und innovative Eissorten wie z.B. Basilikum; Eis Sandwiches „Inbetwiener", Eis mit Zuckeralternativen wie Birkenzucker od. Ahornsirup, glutenfreie Sorten und glutenfreie Stanitzel; für laktoseintolerante Menschen geeignet. Saisonale Spezialitäten wie Spekulatius, Zimt und Blutorange zu Weihnachten oder Pumpkin im Herbst. Boxen zum Mitnehmen (0,5l, 1l, 1,5l); Gutscheine. 5 Sitzplätze. Rollstuhlrampe.

Imbisse

Halal Food Schönbrunner Straße 85, E-Mail: halalfood@hotmail.com, www.halalfood.at, täglich 11-20, durchgehend warme Küche. Pizza, Burger, indische Spezialitäten, Fleisch- und Fischgerichte. Essen zum Mitnehmen; Zustellung in die Bezirke 1, 3 bis 7, 10, 12 und 15. 8 Sitzplätze. Keine Hunde. €€

McDonald's (McDrive) Margaretengürtel 45, Tel. 0664/853 49 63, E-Mail: at-store0153@restaurant.at.mcd.com, www.mcdonalds.at, Öffnungszeiten siehe Homepage. Burger, Wraps, Salate etc.; Frühstück. Kindergeburtstag, Playland. McDelivery; mit McCafé; Tischservice. ♿ €

Schnipi Stolberggasse 10, Tel. 545 49 49, 545 49 44, E-Mail: schnipi@chello.at, www.schnipi-schnitzel.at, täglich 11-22. Schnitzel, Hamburger und Pizza, Zustelldienst für den 4. bis 6., 10. und teilweise 12. Bezirk (ab € 12,- gratis); Kinderportionen; Onlinebestellung. Sitzgelegenheit im Lokal und Schanigarten für je 8 Pers. €

Konditoreien, Bäckereien

Anadolu Backshop Siebenbrunnengasse 55-57 (Eingang Kohlgasse 23), Tel. 545 81 06, Mo-Fr 6-22.30. Türkische Bäckerei. Kleine Speisen wie Kebap, Dürüm.

Anker www.ankerbrot.at, kontakt@ankerbrot.at. Brot, Gebäck, Mehlspeisen, täglich laufend frische Snacks. Öffnungszeiten saisonal variabel (s. Homepage). Margaretenstraße 77, Tel. 544 66 15, Mo–Fr 6–18, Sa, So, Fei 6.30–12, Schanigarten. Pilgramgasse 24, Tel. 586 57 60, Mo–Fr 5.30–18.30, Sa, So, Fei 7–17. Reinprechtsdorfer Straße 48, Tel. 545 39 42, Mo–Fr 6–17, Sa, So, Fei 6.30–12. Wiedner Hauptstraße 114, Tel. 548 82 44, Mo–Fr 6–18, Sa 6.30–12.30 (Fei geschlossen), Schanigarten.

Bäckerei Aslan Siebenbrunnengasse 75, Tel. 545 27 74, E-Mail: suekran@hotmail.com, tägl. 6–22. Türkische Bäckerei mit traditionellen Backwaren, weißes Gebäck, Börekspezialitäten vegetarisch und mit Fleisch, Baklava mit Walnuss; heiße Getränke wie Kaffee und Tee vor Ort.

Der Mann www.dermann.at. Gebäck, Brot, Mehlspeisen, Snacks. Im Sommer variable Öffnungszeiten. Arbeitergasse/Ecke Margaretengürtel, Tel. 866 99-9140, Mo–Fr 5.45–19, Sa 6–12, So, Fei 6.30–12, Kaffee-Ecke, Schanigarten. Reinprechtsdorfer Straße 39, Tel. 866 99-9151, Mo–Fr 6–18.30, Sa 6–17, So, Fei 7–17, Kaffeehaus mit Bedienung.

Felzl Pilgramgasse 24, Tel. 581 11 89, E-Mail: office@felzl.at, www.felzl.at, Mo–Fr 6.45–18.30, Sa 7–17, So, Fei 7.30–12.30. Das beste Baguette der Stadt – saftig, knusprig, köstlich und endlos haltbar; Frühstück; gefüllte Snacks, Quiche und Salate; Mandelcroissant und Schwedenknoten; Bio-Kaffee. Cooles Design. Klimatisiert.

Gregors Konditorei Schönbrunner Straße 42, Tel. 544 11 27, E-Mail: office@gregors-konditorei.at, www.gregors-konditorei.at, Di–Sa 9–19, So, Fei 10–18, im Advent auch Mo geöffnet. Die etwas andere Wiener Konditorei; Frühstücksvariationen, tägl. wechselndes, frisches Sortiment an Mehlspeisen, alles vor Ort gebacken (einsehbare Backstube), saisonale Mehlspeisen, französische Patisserie (handgemachte Produkte), Margaretner Lebkuchen, hausgemachtes Eis; Snacks wie Sacherwürstel, Toast oder belegte Sandwiches; Kaffee von Alt Wien, Tee von Samova. Torten auf Vorbestellung (Onlineshop). Schanigarten für 32 Pers.

Bäckerei Gül Rechte Wienzeile 45, Tel. 586 69 84, E-Mail: office@baeckerei-guel.at, www.baeckerei-guel.at, täglich 6–24. Pionier unter Wiens türkischen Bäckereien. Baklava, Börek, gefüllte Weckerl und Sandwiches; auch österreichische Spezialitäten und Milchprodukte.

Bäckerei Hafner Am Hundsturm 7, Tel. 966 86 06, Mo–Fr 6–18, Sa 6.30–12, So 7–12. Standardsortiment, Muffins, Kuchen (auch Vorbestellung), sehr gute Zaunerkipferl; Kaffeespezialitäten. Kleiner Schanigarten.

Semmerl & Co Siebenbrunnenfeldgasse 13, Tel. 0699/19 00 94 01, E-Mail: kontakt@semmerlundco.at, www.semmerlundco.at, Mo–Fr 6–20, Sa 6–13 (Fei geschlossen), im Sommer über Mittag geschlossen. Bäckerei und Café mit regionalen Bioprodukten, Suppen, Toasts; hausgemachte Kuchen, Torten und Speisen, auch vegane Köstlichkeiten und steirische Spezialitäten (Kürbiskernöl, Marmeladen, Säfte, Schnäpse etc.). Kinderspielecke, Bibliotheksecke. Catering.

Ströck Reinprechtsdorfer Straße 59–61, Tel. 204 39 99-830 98, 204 39 99-0, E-Mail: kundenservice@stroeck.at, www.stroeck.at, Mo–Fr 6–19, Sa, So 7–19. Ofenfrisches Brot und Backwaren (von rustikal bis mediterran), Mehlspeisen-Klassiker; Frühstück, schnelle Snacks, Imbisse; Bio-Fairtrade-Kaffee; das gesamte Brot- und Gebäcksortiment ist frei von Zusatzstoffen, breites Angebot an Bio-Produkten.

Konfiserie

Fruth II Wiedner Hauptstraße 114, E-Mail: info@blackjuice.at, www.kaffein.at, Di–Fr 10–18, Sa 9–17 (Fei geschlossen). Handgemachte Trüffel, hergestellt unter Verwendung von hochwertigen Schokoladen und natürlichen Zutaten in Bioqualität. Handgemachte Patisseriewaren, Torten und Desserts für alle Anlässe. Schanigarten für 8 Pers.

Pubs

Polt Schönbrunner Straße 66, Tel. 0699/17 18 71 54, E-Mail: info@port.at, www.polt.wien, Di–Sa 17–2. Bayrisches Pub. Kalbsleberkäse, Weißwürste von Uli Hoeneß aus Ulm, hausgemachter Obazda; Bier von Paulaner und der Chiemseer Brauerei. Schanigarten.

The Black Sheep – The International Pub Kettenbrückengasse 7, Tel. 0660/473 91 57, E-Mail: table@theblacksheep.at, www.theblacksheep.at, Mo–Do 16–1, Fr, Sa 16–2, So 16–24, Küche Mo–Do 17–23, Fr, Sa 17–24, So 17–23. Burger und Snacks; internationale Biere, Longdrinks, Cocktails, Spritzer, Kaffee. Gelegentlich Veranstaltungen wie Pub Quiz, Live-Musik und Stand-up-Comedy. Billard, Darts, Tischfußball, Karten- und Brettspiele. Keller für Feiern und Events mietbar für bis zu 200 Pers. (auf Anfrage). TV für Sportübertragungen.

Szene

Celeste Hamburgerstraße 18, Tel. 586 53 14, E-Mail: office@celeste.co.at, www.celeste.co.at, Öffnungszeiten je nach Programm (siehe Homepage). Club-Jazz-Bar-Galerie; Unter der Woche Livemusik im Keller oder im Garten (hauptsächlich Jazz und Weltmusik); Wochenende regelmäßige Livemusikevents und DJs (z.B. elektronische Musik), Tanzmöglichkeit. Keller für Veranstaltungen für 50, grüner Schanigarten für 70 Pers. Einlass ab 21.

Bar - Restaurant Motto Schönbrunner Straße 30 (Eingang Rüdigergasse), Tel. 587 06 72, E-Mail: info@motto.at, motto.wien, Di-Do 18-2, Fr, Sa 18-4, Küche bis 0.30 bzw. 2.30, Reservierung ab 11. Generationsübergreifendes In-Lokal. Gekocht wird ein witziger Mix aus den diversen Epochen des Lokals, von Late-Seventies bis heute, Filetspitzen, gebackener Emmentaler, Schinkenfleckerl und Beef tatar sind Kult, auch vegetarische Gerichte; am Sonntag Brunchevents (Termine siehe Website); Cocktails (€ 12,- bis € 15,-). Wechselnde DJ-Line und Veranstaltungen. Garten für 45 Pers. (bis 22). 💳 **€€€**

R.O.P.P. Republic of Patta Patta Margaretenstraße 60, Tel. 0677/64 48 20 51, E-Mail: info@ropp.at, www.ropp.at, Mi-Sa 17-24, So 17-23. Flammkuchen aus dem Holzofen Mi-So 17-22, saisonale Karte; Österreichische und tschechische Biersorten; wechselnde Wochenkarte; Cocktails. Mi ab 19 Karaokeabend. 💳

Spektakel Hamburgerstraße 14, Tel. 0677/64 74 95 38, E-Mail: office@spektakel.wien, www.spektakel.wien, Mo-Sa 18-24, je nach Spielzeiten (siehe Homepage) auch vor 18 und am So geöffnet, Öffnungszeiten auf Anfrage, Sommerpause. Café, Theater und Kunstraum. Kleine Speisen; gefüllte Teigtaschen vegetarisch und mit Fleisch; diverse Salate, selbstgemachte Kuchen und Limonaden aus weitgehend biologischem Anbau.

Weinhandlungen

Pub Klemo Shop Wehrgasse 1, Tel. 0699/11 09 13 32, E-Mail: info@pubklemo.at, www.pubklemo.at, Di-Fr 14-19, Sa 11-17 (Fei geschlossen), Juni bis Aug. Sa geschlossen, Sommeröffnungszeiten s. Website. Die dem Pub Klemo gegenüberliegende Vinothek bietet über 3000 Weine aus aller Welt an, eines der interessantesten Sortimente der Stadt: Schwerpunkt Wachau, Burgund und Deutschland, ganz viel Tolles aus Frankreich, im Preisbereich zwischen € 5,- und € 2000,-. Winzer*innen aus aller Welt präsentieren hier ihre exklusiven Weine; regelmäßig „Winzer meet and greet" mit gratis Weinverkostung. Private Feste nach Voranmeldung möglich, auch Buffet und Speisen. Online-Shop. 💳

Vinothek La Cave Bacherplatz 12, Tel. 544 73 83, E-Mail: vinothek@lacave.at, www.lacave.at, Di-Fr 15-19.30, Sa 10-15, im Dezember verlängerte Öffnungszeiten. Weine und Spezialitäten aus Frankreich; Weine, Champagner, Cognacs, Armagnacs, Calvados, Eaux de Vie, Pasteten, Confits, Cassoulet; großes Geschenkangebot; regelmäßig kommentierte Verkostungen (Verkostungsbeitrag € 15,-). Onlineshop. 💳

Vinoto Schönbrunner Straße 55, Tel. 0664/4659292, E-Mail: info@vinoto.at, www.vinoto.at, Mi-Fr 16-19, Sa 14-18. Vielfältiges Angebot an Weinen aus Bulgarien; regelmäßige Verkostungen. 💳

Wiener Kaffeehaus

Café Rüdigerhof Hamburgerstraße 20, Tel. 586 31 38, E-Mail: ruedigerhof@hotmail.com, www.ruedigerhof.stadtausstellung.at, täglich 11-2, durchgehend warme Küche bis 23. Seit über 100 Jahren bestehendes Jugendstilcafé mit familiärer Atmosphäre und nettem Service. Hausmannskost, hausgemachte Mehlspeisen (z.B. Kaiserschmarrn oder Palatschinken). Kindersessel; Schach, Backgammon, großer Flatscreen und Leinwand (Sportübertragungen, v.a. Fußball); österreichische und internationale Tageszeitungen und Zeitschriften. Nettes Extrazimmer für 20, schöner, großer Naturgarten für ca. 300 Pers. mit Ahornbäumen (bis 2). Am Radweg gelegen. Rollstuhlrampe. **€**

6., MARIAHILF

Mariahilf ist nicht nur mit einer der bekanntesten Einkaufsstraßen des Landes und, dem Naschmarkt sei Dank, dem größten Dauermarkt der Stadt verwöhnt, der Sechste ist sowieso gastronomische Kernzone. Hier ist das Kommen und Gehen zu gewaltig, um einen vollständigen Überblick wiederzugeben, deshalb seien hier nur ein paar News erwähnt: Neu ist der Japaner Tokyo Boom, der seit April in der Hofmühlgasse eingezogen ist, der Mahü-Ableger des Leopldstädter Restaurants Die Allee mit Namen Stadtallee. Verabschiedet haben sich der griechische Imbiss Rosmarin in der Barnabitengasse sowie Gradwohl und Kilger's vom Naschmarkt.

Auch in Sachen Neuübernahmen hat sich einiges getan. Wenig emotional hat sich folgender Wechsel am Eingang der Mahü vollzogen: Hier verwandelte sich die 2013 eröffnete Segafredo Zanetti Bar in Maria's Pizzeria and Street Food – dieselben Betreiber, neues Konzept. Und dieses sieht vor, es mit erwartbarem Streetfood jedem schnellen Hunger recht zu machen.

Verabschiedet hat sich auch die vor fünf Jahren von Gastronomieimperator Roberto d'Atri am Naschmarkt eröffnete Trattoria Pulcinella. Die Tatsache, dass Wien gerade neapolitanische Pizzen feiert, man in der Pulcinella aber auf die römische Version setzte – dünn und knusprig –, könnte dazu beigetragen haben, dass an selber Stelle seit dem Sommer der, seines Zeichens „modern Greek", Iris Gerichte serviert, die wirklich jede*r aus dem Urlaub kennt.

Café Jelinek

Kuscheliges Kaffeehaus mit typischer Kaffeehauskarte ... S. 269

Cafe

DIE BESTEN 26 IM 6. BEZIRK

aend
Gourmetküche, die clean und puristisch Gerichte um zwei Hauptzutaten baut ... S. 251

Augora Fermente
Wiens Epizentrum des Fermentationshypes. Hier brodelt so ziemlich alles, was man sich vorstellen kann ... S. 251

Bruder
Avantgardistisches Bar-Bistro, in dem wild fermentiert und selbst angesetzt wird. Saisonale Küche, großartige Bratwurst ... S. 267

Café Jelinek
Das kuscheligste Kaffeehaus der Stadt mit typischer Kaffeehauskarte ... S. 269

Café Sperl
Über 140 Jahre altes, frisch gebliebenes Denkmal der Wiener Kaffeehauskultur. Traditionelle Speisen, berühmt für seine unwiderstehlichen Mehlspeisen ... S. 269

Café Kafka
Kleines Kaffeehaus mit großem Wohlfühlfaktor, Studi-Atmosphäre und einer überschaubaren, aber vollständig vegetarischen Karte ... S. 269

Cafe Ritter
Einer der letzten würdevollen Orte und letzter Ankerhaken traditioneller Kaffeehauskultur auf der Mahü – grantelnde Ober inklusive ... S. 269

Chez Bernard
Kulinariketage in Bernhard Schlachers Hotel Motto: Für Cocktails, französische und Wiener Küche und Terrasse im Lift auf die 7 drücken ... S. 251

Cucina Cipriano
Feinstes Fischprogramm mit innovativen Gerichten, rohen Meeresfrüchten und Fischen, die man sonst nicht oft auf den Teller bekommt ... S. 256

Disco Volante
Nicht nur eine der beliebtesten, sondern auch eine der besten Pizzerien Wiens – zumindest, wenn man sich zur neapolitanischen Pizzenanhänger*innenschaft zählt ... S. 257

Drechsler – Wienzeile
Einst legendäres Naschmarkt-Spätcafé, 2007 renoviert, danach zig Betreiberwechsel und seither irgendwie nicht mehr in Fahrt gekommen. Jetzt Ganztagsfrühstückszentrale ... S. 269

Frau Bernhard
Charmante wie coole Champagner-Bar mit Kaminfeuer. Von innen wärmt die moderne Innereien-Küche, Fermentiertes und Naturwein ... S. 260

Formosa
Den kleinen Laden mit offener Küche, in dem verblüffend echt schmeckender Fleischersatz aus taiwanesischem Soja sowohl zubereitet als auch verkauft wird, gab's schon, als man in Wien die Zahl der Veganer*innen an einer Hand abzählen konnte ... S. 259

Gastwirtschaft Steman
Bilderbuch-Gasthaus mit uriger Schankstube, mittags steht wienerische Klassik auf dem Menü, abends außerdem noch Saisonales ... S. 252

Kias Kitchen
Die Küche des kleinen Lokals vereint das Beste aus den Herkunftsländern der beiden Betreiber: Brasilianisches, aber auch Gerichte aus Griechenland, Italien und ein bisschen Indien ... S. 255

Ludwig Van
Das Restaurant befindet sich in einem der 68 Häuser Wiens, in denen der Musikgott aus Bonn zeitweise gewohnt hatte. Zu seinen Ehren gibt es mehrmals pro Jahr ein Menü mit Gerichten, die Beethoven schon gerne aß. Sonst kocht man eher neue Wiener Küche ... S. 252

Mill
Herrlicher Hinterhof-Garten, halb überdacht, halb offen. Und kochen können sie auch noch ... S. 252

My Secret Garden
Kleines, feines vegan/vegetarisches Restaurant mit sehr nettem Schanigarten im ruhigen Raimundhof ... S. 259

Nam Nam
Moderner und überhaupt wohl einer der besten Inder der Stadt, der mit seinen vier Ablegern die Wiener Curry-Situation deutlich verbessert hat. Die Mariahilfer Homebase ist ein stylishes Lokal mit schönem Gastgarten ... S. 256

Phil
Die Mutter aller Wiener Hipstercafés: mit Retromöbeln, Büchern, Vinyl und DVDs vollgepacktes Café mit Wohnzimmervibe. Auf dem Menü stehen hauptsächlich Top-Kaffee und Drinks, unterfüttert von diversen Frühstücksvarianten und Snacks ... S. 263

Ra'mien
Quasi die Erfinder asiatischen Essens in urbaner, cooler Atmosphäre ... S. 254

Shabu Shabu by Yori
Junges Korea-Lokal, hat sich auf Shabu Shabu konzentriert. Das DIY-Fondue gibt es in den Varianten Beef, Seafood und Veggie. Aber natürlich stehen auch noch andere Gerichte auf der Karte ... S. 257

Süsswasser
Sympathisches Shop-Bistro mit Fokus auf Köstlichkeiten aus dem Friaul und heimischen Süßwasserfischen ... S. 252

Thai Isaan Kitchen
Winziges Thailokal, in dem in der offenen Küche frisch und teils mit Einsatz potenter Chilis gekocht wird ... S. 259

Tokyo Boom
Qietschbuntes Japan-Veggie-Streetfood-Lokal für die Neigungsgruppe Manga unter den Gen Z-lern. Wobei der Fokus hier mehr auf der Japan-Atmo als auf der frischen Küche liegt ... S. 257

Zur eisernen Zeit
Ältestes Gasthaus am Naschmarkt. Seit 1916 gibt's hier Altwiener Hausmannskost in Kombi mit frisch gezapftem Bier oder einem Glaserl Wein ... S. 251

Gaststätten, Restaurants, Wiener Beisln

aend Mollardg. 76, Tel. 595 34 16, E-Mail: hello@aend.at, www.aend.at, Mo 19-23, Di-Fr 12-15 und 19-23 (Fei geschlossen), in der Vorweihnachtszeit auch Sa geöffnet. Extra-reduziertes Edel-Restaurant von Fabian Günzel. Ein einziges Menü, das aber kreativ, kompromisslos und absolut individuell ist (klein € 170,-, Weinbegleitung + € 95,-/groß € 195,-, Weinbegleitung + € 120,-); 1 MM um € 90,-. Die Weinbegleitung ist grandios und pure Avantgarde - wie eigentlich das ganze Lokal. 💳 €€€€

Augora Stumpergasse 1A, Tel. 0660/959 97 67, E-Mail: office@augora.at, www.augora.at, Di 10.30-19, Mi-Fr 10.30-22, Sa 17-22. Restaurant und Greisslerei mit Fokus auf Fermentiertem. Mittags je zwei tägl. variierende Gerichte, davon eines vegan/vegetarisch (€ 9,80) und eines mit Fisch oder Fleisch (€ 11,80); Bioprodukte; Abendkarte, z.B. Bottarga vom Hecht, Melanzani mit schwarzem Knoblauch (je € 7,80), Koji-Carne Misto vom Grill (€ 16,80/€ 20,80), Tempeh und Miso-Verdura (€ 14,80). Take-Away im Rex-Glas mit Pfand. Der Großteil der Zutaten wird selbst produziert, darunter auch alle alkoholfreien Getränke (Kombucha, Ginger Beer, Kefirwasser). Fermentierkurse, Website mit Rezepten. Schanigarten. 💳 €€

Cavallo Kaunitzgasse 3-5, Tel. 581 34 85, E-Mail: office@cavallo-vienna.at, www.cavallo-vienna.at, Mo-Do 13-24, Fr 13-1.30, Sa 11-1.30, So 9-24. Restaurant und Bar; internationale Speisen; Pizza, Pasta, Burger; Cocktails. Schanigarten für 30 bis 35 Pers. 💳 €€

Chez Bernard Mariahilfer Str. 71a (Eingang Schadekg. 20), Tel. 581 46 00, E-Mail: restaurant@chezbernard.at, www.hotelmotto.at/chez-bernard, Mo-Fr 7-11.30 und 12-15 und 17.30-1, Sa, So, Fei 8-12 und 12.30-15 und 17.30-1, warme Küche 12.30-14.30 und 17.30-23. Restaurant und Bar im Hotel Motto. Französische und Wiener Küche wie Ceviche von der heimischen Lachsforelle (€ 15,-) oder ein ausgezeichnetes, pikantes Rindsragout auf Salatherzblättern (€ 16,-); Mo-Fr bis 11.30, Sa, So bis 12 Frühstück; Cocktails. Dachterrasse mit Freiluftbar und Blick über Wien (bei Schönwetter ab 16). 💳 €€€

Einfach so Mittelgasse 7, Tel. 0699/11 69 37 34, E-Mail: boris.biricz@gmail.com, Mo-Fr 16-24, So, Fei 17-24. Charmantes Wiener Beisl, jeder ist willkommen. TV, Schach, Kartenspiele. Schanigarten für 25 Pers. im Grünen. €

Zur Eisernen Zeit Naschmarkt Stand 316, Tel. 587 03 31, E-Mail: office@zureisernenzeit.at, www.zureisernenzeit.at, Mo-Sa 10-23, So 11-17, warme Küche bis 21.30 (Gulasch bis 22). Letztes Naschmarkt-Lokal aus der Gründerzeit des Marktes Anfang des 20. Jahrhunderts, eine Zeitmaschine in die Vergangenheit am sonst doch eher kontemporär veranlagten Naschmarkt. Wiener Schmankerl und Hausmannskost. Spezialität: Gulasch (€ 11,90); auf Regionalität und Bioprodukte wird besonders Wert gelegt; Kinderportionen. Schanigarten für 70 Pers. 💳 €€

Erzherzogtum am Naschmarkt Naschmarkt Stand 130-140, Tel. 587 87 44, Mo-Fr 11-23, Sa 8-23, So 11-21. Traditionelle Wiener Küche; saisonale Gerichte. Speisen zum Mitnehmen. Gastgarten. 💳

Fischviertel Naschmarkt Stand 177-178, Tel. 890 51 98, E-Mail: office@fischviertel.at, www.fischviertel.at, Mo-Sa 8-23, durchgehend warme Küche bis 22, Frischfisch-Verkauf Mo-Sa 8-18. Marktfrische Fischspezialitäten, Fischviertel Fischsuppe, Grillfische, Fische auch im Ganzen, Meeresfrüchte, saisonal abgestimmte Tagesempfehlungen, Fischfeinkostprodukte sowie Kaviar. Alle heim. und internat. Fischprodukte können an der Fischvitrine ausgewählt und im Lokal genossen oder mit nach Hause genommen werden. Angeboten werden vorw. Fische mit MSC-Gütesiegel sowie Bioprodukte. Schanigarten f. 36 Pers. 💳 €€€

Fladerei Otto-Bauer-Gasse 26, Tel. 295 71 69, E-Mail: ottobauergasse@fladerei.com, www.fladerei.com, Mo-Sa 11-24, So 12-24, Fei 17-24. Gefüllte Fladen in verschiedenen Variationen. €

Freiraum Mariahilfer Straße 117, Tel. 596 96 00, E-Mail: info@freiraum117.at, www.freiraum117.at, Mo, So 8-22, Di-Do 8-24, Fr, Sa 8-2, warme Küche bis 21.45; Fr u. Sa Late Night Pizza bis 22.45; Öffnungszeiten saisonal variabel (siehe Homepage). Großlokal (ca. 1000 m^2), in dem es fast alles zu geben scheint: Das vielseitige kulinarische Angebot reicht von österr. Klassikern und modernen Frühstücksideen bis hin zu saftigen Steaks, asiatischen Woks, hippen und gesunden Bowls und Pizza aus dem Holzofen. Eigene Kaffeeröstungen, hausgemachte Smoothies, Lassis, Säfte und Eistees, große Auswahl an Wodkas und eine beeindruckende Cocktail- und Spiritskarte (Cocktails ab € 8,20). Klimaanlage. Gastgarten für 36 Pers. Behinderten-WC, Lift. ♿ 💳 €€

Zum Hagenthaler Wallgasse 32, Tel. 596 41 88, E-Mail: office@hagenthaler.at, www.hagenthaler.at, Mo-Sa 9-24, So, Fei 11-23, durchgehend warme Küche bis 23 bzw. 22. Frühstück 9-11; Wiener Küche; Mo-Fr 11-14 MM (ab € 7,90); je nach Saison wechselnde Monatskarte (Eierschwammerl, Spargel); Speisekarte in 8 Sprachen; Kinderspeisen, -sessel. TV. Festsaal (zu mieten) für 70-100 und Schanigarten für 80 Pers. In Gehweite vom Raimundtheater. 💳 €€

ibis kitchen Mariahilfer Gürtel 22-24 (im Hotel Ibis), Tel. 599 98-241, E-Mail: H0796@accor.com, ibis-wien-mariahilf.meinhotel.top/restaurant-bar, täglich 7-22, durchgehend warme Küche. Österreichische und internationale Küche;

Kindermenü, Kindersessel. Klimaanlage. Extrazimmer für Feiern und 6 Seminarräume bis 120 Pers. (mit Lunchbuffet). Öffentliches Parkhaus angeschlossen. Behinderten-WC. €€

Kaiserwalzer 2.0 Esterhazygasse 9, Tel. 585 77 23, E-Mail: office@kaiserwalzer.at, www.kaiserwalzer.at, Mo-Fr 17-23, Sa, So 12-23. Österr. Küche, saisonale Spezialitäten, regionale Produkte (Fleisch von Höllerschmid, mostviertler Weidegänse etc.); im Sommer Fr-So, Fei Grillereien; Weine aus Österreich; Kinderportionen, -sessel. Der Garten ist einer der schönsten der Stadt und bietet Platz für 120 Pers. €€

Ludwig van Laimgrubengasse 22, Tel. 587 13 20, E-Mail: info@ludwigvan.wien, www.ludwigvan.wien, Di-Fr 18-24. Gehobene, österreichische Küche mit Fokus auf Neue Wiener Küche. Speisen à la carte und 4- bis 7gg Menü € 64,- bis € 99,-); gut abgestimmte, unkonventionelle Weine. Rollstuhlrampe. Schöner Gastgarten in ruhiger Lage. €€€

Mill Millergasse 32, Tel. 966 40 73, E-Mail: art@chello.at, www.mill32.at, Mo-Fr 16-22 (Fei geschlossen). Österreichische Küche modern interpretiert, abends à la carte; kleine, wöchentlich wechselnde Karte, saisonale Spezialitäten; das Rindfleisch ist bio, das Schweinefleisch von Ötscherblick Schwein. Kinderspeisen, -sessel, Spielplatz gegenüber. Innenraum in schlichter Schönheit; schönster Hinterhof der Stadt für 120 Pers. (mit Überdachung; bis 22). €€

Mini Restaurant Marchettigasse 11, Tel. 0660/836 77 83, E-Mail: minirestaurant@minirestaurant.at, www.minirestaurant.at, Mi-So 16-23. Kleines Gewölbelokal, 2021 neu übernommen und renoviert. Gehobene internat. Küche, z.B. Wachtel gefüllt mit Reis, Zuckerschoten, Demi Glace; überwiegend Österreichische Weine aus Niederösterreich, der Steiermark und dem Burgenland. Netter kleiner Hofgarten (Eingang Gumpendorfer Straße 95) für 40 Pers. €€€

Nautilus Fischrestaurant Naschmarkt Stand 673, Tel. 0660/776 66 33, E-Mail: office@nautilus-fischrestaurant.at, www.nautilus-fischrestaurant.at, Mo-Sa 11-23, So, Fei 11-21, Küche durchgehend. Sehr gutes, elegantes Restaurant mit Fischspezialitäten und Meeresfrüchten (MM € 18,50); kosmopolitische Fischküche, z.B. Fischsuppe (€ 10,50) oder Fischplatte (ab € 75,50 /2 Pers.). Toller Fisch, gutes Design, professioneller Service. Kindersessel. Schanigarten mit 60 Tischen. €€€

360° Ocean Sky Fritz-Grünbaum-Pl. 1, Tel. 587 14 17-450, E-Mail: reservierung@oceansky.at, www.oceansky.at, Mo-Mi, So 9-23, Do-Sa 9-2. Restaurant, Café und Bar am Dach des Haus des Meeres mit internationaler Küche. Frühstück. Panoramalift; Terrasse mit Blick über Wien. €€

Otto Bauer Otto-Bauer-Gasse 13, Tel. 0676/774 56 62, E-Mail: office@ottobauer.at, www.ottobauer.at, Mo-Fr 11-22. Internat. Küche mit österr. Einflüssen; wechselnde Gerichte (2 TT, vegetarisch € 8,90, mit Fleisch oder Fisch € 9,40, dazu Salat/Tagessuppe um je € 2,- und Tagesdessert um € 2,40); monatlich wechselnde Abendkarte; hausgemachte Limonaden, Cocktails, Gin Tonic, wechselnde österr. Weine und Biere vom Fass (Schremser). Küchenchef: Daniel Hoffmeister. Kindersessel, kleine Portionen. Zeitungen; wechselnde Werke von jungen Künstler*innen zu kaufen. Schanigarten für ca. 40 Pers. €€

Salzberg Magdalenenstraße 17, Tel. 581 62 26, E-Mail: office@restaurantsalzberg.com, www.restaurantsalzberg.com, Mo-Fr 16-24, Sa 9-2, So, Fei 9-24, Küche bis 1 Std. vor Sperrstd. Szenelokal mit österr. und internat. Schmankerlküche, saisonale Standartkarte und wechselnde Monatskarte; von den meisten Speisen halbe Portionen möglich; auch laktosefreie, glutenfreie, vegane und viele vegetarische Gerichte; Sa, So, Fei ab 9 Brunch (€ 17,80) und Prosecco Brunch (€ 37,80). Kindersessel, Spielzeug. 2 Leinwände mit Beamer (vormittags Kinderserien, abends Schwarz-Weiß-Filme bzw. Fußball). Schanigarten für 60 Pers. €€

Stadtallee Mariahilfer Straße 101, Tel. 366 90 90, E-Mail: info@stadtallee.at, www.stadtallee.at, Mo-Sa 9-23, im Sommer Di-Fr erst ab 11.30 geöffnet, warme Küche 11.30-21.30. Schwesterlokal von „Die Allee" im Prater. Tradit. Wr. Küche sowie BBQ aus Österreich; Sa bis 1 Frühstück; hausgemachte Eistees, Cocktails. Wintergarten. €€

Restaurant Steindl Stumpergasse 59, Tel. 596 52 76, E-Mail: office@restaurant-steindl.at, www.restaurant-steindl.at, Di-Sa 14-24 (Fei geschlossen). Wiener und internationale (afrikanische!) Küche; Kinderportionen, -sessel. Hintergrundmusik, TV. Schanigarten für 45 Pers. €€

Stella Naschmarkt 332 (gegenüber Linke Wienzeile 16), Tel. 0676/843 35 32 00, E-Mail: office@stella-lokal.at, www.stella-lokal.at, Mo-Sa 8-23, So, Fei 10-21. Frühstück bis 16; internationale Küche; Sandwiches, Wok-Gerichte; Egger und Pilsner vom Fass, Cocktails (Happy Hour ab 18). Feiern für bis zu 60 Pers. möglich. Schanigarten für 60 Pers. Behinderten-WC. €€

Gastwirtschaft Steman Otto-Bauer-Gasse 7, Tel. 597 85 09, E-Mail: steman.gastwirtschaft@speed.at, www.steman.at, Mo-Sa 11-24 (Fei geschlossen), warme Küche bis 23. Liebevoll renoviertes Gasthaus mit freundlicher Bedienung und gutem Essen der extra-klassischen Wiener Küche, abends mit stark saisonalem Akzent (Mo-Fr TT € 9,-, MM mit Suppe oder Salat € 11,-); große Auswahl an österreichischen Weinen. Schanigarten für 60 Pers. €€

Süsswasser Theobaldg. 16, Tel. 0676/648 94 74, E-Mail: info@suesswasser.at, www.süsswasser.at, Mo-Fr 9-20, Sa 9-18. Fischlokal und Feinkostgeschäft mit Fokus auf ausgewählte Süsswasser- und Wildfangfische aus Österreich.

9-12 Frühstück; tägl. ab 12 frisch zubereitetes Tagesmenü (€ 6,50 bis € 15,50); selbstgemachter Fischsalat (€ 7,50 inkl. Brot), Beef Tatar (€ 10,50), ital. Espresso (€ 1,-); Spezialitäten eigens importiert aus dem Friaul, z.B. Prosciutto di Osvaldo od. Mattioni Kaffee. Zudem gibt es noch Öle, Pasta und Wurst. Div. Veranstaltungen u. Ausstellungen im anliegenden Galerieraum. Gastgarten f. ca. 8 Pers. ♿ 💳 €€

Tewa Naschmarkt Stand 672, Tel. 0676/847 74 12 11, E-Mail: office@tewaammarkt.at, www.tewaammarkt.at, Mo-Fr 8-24, Sa 7-24, So, Fei 10-20, warme Küche Mo-Sa bis 22, So, Fei bis 19. Gutes Naschmarktlokal seit rund 15 Jahren mit moderner Szeneküche, überwiegend aus biolog. Zutaten; div. Frühstücke mit Kaffee und Mango-Lassi bis 16 (€ 7,- bis € 14,-), z.B. Shakshouka (oriental. Eierspeise mit Tomaten-Paprika-Ragout); Restaurantkarte mit ein paar Jamie-Oliver-Inspirationen sowie dem Buntesten und Urbansten aus der oriental. Küche, Speisen aus aller Welt - etwa 2/3 der Karte veg. (Mo-Fr 11-15 MM € 12,90); 12 Weine glasweise; Speisen und Weine zum Mitnehmen. Kräuter in den Fenstern zur Wienzeile. Schanigarten: 100 Pers. €

Fischrestaurant Umar Naschmarkt Stand 76-79, Tel. 587 04 56, E-Mail: office@umarfisch.at, www.umarfisch.at, Mo-Sa 11-23, So, Fei 11.30-22, Küche Mo-Sa bis 22, So, Fei 12-20. Fischlokal/-geschäft am Naschmarkt. Spezialitäten: Umarplatte für 2 Pers., frischer Wolfsbarsch aus Wildfang (wie die meisten Fische); fast alle Zutaten holt man sich vom Naschmarkt, und was es frisch im Geschäft gibt, gibt's auch im Lokal. Schanigarten für 40-50 Pers. 💳 €€€€

Walter's Küche Gumpendorfer Straße 113, Tel. 0699/10 77 96 60, E-Mail: walter.ranftl@drei.at, Mai bis September Di, Do 11-15 und 17.30-21, Mi, Fr 11-15, Oktober bis April Mo-Fr 11-15 und 17-21, So, Fei 11-15. Traditionelle Wiener Küche, vegetarische und steirische Spezialitäten, Palatschinken, Spezialitätenwochen (Wild, Gansl, Schwammerl etc.); Kinderspeisekarte, -sessel und -ecke. Klimaanlage; TV (bei Bedarf Fußballübertragungen usw.). €€

Gasthaus Zum Wohl Stumpergasse 61, Tel. 595 31 66, E-Mail: stumpergasse@zumwohl-gastro.com, www.zumwohl-gastro.com, tägl. 11.30-23, warme Küche bis 21. Moderne Interpretationen der klass. mitteleurop. Küche; Besonderheit: Alle Gerichte sind 100% laktose- und glutenfrei, z.B. auch glutenfreies Fassbier; teilweise biologisch, Mo-Fr MM (€ 10,90), vegetar. und vegane Speisen; Kinderspeisen, -sessel, Mal-/Spielsachen; große Auswahl an Biosäften, hausgemachte Biolimonaden und Eistees, umfangreiches Teesortiment (z.B. div. Grüntees und Kräutertees, frischer Pfefferminztee), eigene Alt Wien Röstung, österr. Weine (auch Naturwein), mehrere offene Szigeti Sekte, exklusives glutenfreies Bio-Bier. Tageszeitungen, Zeitschriften, Bücher. Zwei Schanigärten für insgesamt 68 Pers. 💳 €€

Wrapstars Nelkengasse 1, Tel. 0664/247 32 63, E-Mail: whatup@wrapstars.at, www.wrapstars.at, Mo-Sa 11.30-21, Foodtrucks: Mo-Sa 11.30-14 (Standorte siehe Homepage). Wraps, Bowls, frische Salate, hausgemachte Tortillas; bevorzugt biologische und regionale Zutaten; Natural Wine Bar; Kindersessel. Chefs Table für 12; Schanigarten für ca. 25 Pers. Außerdem Foodtruck an verschiedenen Standorten in Wien (siehe Homepage). 💳 €

XXXLutz Restaurant Mariahilfer Straße Mariahilfer Straße 121b, Tel. 050/111 99 00, E-Mail: mahue@xxxlutz.at, www.xxxlutz.at/c/restaurant-mahue, Mo 11-22, Di-Sa 9-22, So 9-14.30 (Fei geschlossen), So nur Brunch. Restaurant und Bar. Bodenständige österreichische Küche und saisonale Gerichte (z.B. Wiener Schnitzel, Seelachs), auch vegetarische Speisen; Frühstück bis 11, So Brunch; Zutaten bevorzugt von österreichischen Produzent*innen; Kinderspeisen wie Kinderschnitzel oder Nutella Palatschinken. Bar mit ausgesuchten Weinen und Long Drinks. Bar, Lounge, abteilbarer Gastraum und Restaurant mit insg. 285 Plätzen. Gastgarten im Sommer für 40 Pers. Behinderten-WC im Gebäude; Bar, Lounge und Gastraum barrierefrei. ♿ 💳 €

Amerikanisch

Block House am Naschmarkt Linke Wienzeile 4, Tel. 40 60 28 10, E-Mail: info@block-house.at, www.block-house.at, Mo-Sa 11.30-24, So 11.30-23, Take-Away: Mo-So 12-19. Erste Österreich-Filiale der deutschen Steak-Kette Block House im Piccini beim Naschmarkt. Steak-Menüs mit Salat, Baked Potato mit Sour Cream und Block-House-Brot, auch vegetarische Gerichte. Kinderkarte, -sessel, Malsets, Wickelmöglichkeit. Zustellung und Abholung möglich. Gastgarten für ca. 40 Pers. Behinderten-WC. Hunde nur mit Leine. ♿ 💳 €€

Peter Pane Mariahilfer Straße 127, Tel. 595 35 30 20, E-Mail: mariahilferstrasse@peterpane.at, www.peterpane.at, Mo-Do, So, Fei 10-23, Fr, Sa 10-24. Premium Burger-Restaurant und Bar. Klassische Burger mit Rindfleisch, aber auch mit Huhn, vegetarisch, vegan oder brotlos. Burgerbrote aus traditioneller Familienbäckerei, hauseigene Saucen; große Salatauswahl; umfangreiche Cocktailkarte, Weine. Mittags-, Abend- und Kindermenü. Bar, Lounge, abteilbarer Gastraum und Restaurant mit insgesamt 285 Plätzen. Ganzjähriger Gastgarten für 120 Pers. Behinderten-WC im Gebäude; Bar, Lounge und Gastraum barrierefrei. ♿ 💳 €€

Rinderwahn am Markt Naschmarkt 1-4, E-Mail: naschmarkt@rinderwahn.at, www.rinderwahn.at, täglich 11.30-21. Burgerlokal am Naschmarkt; zum Mitnehmen oder Essen vor Ort; Craft-Biere, Milchshakes. 💳 €€

Teddy's American Diner Gumpendorfer Straße 63a, Tel. 710 42 49, E-Mail: office@teddys-diner.com, www.teddys-diner.com, täglich 12–22, Küche bis 21. Typisches American Diner im 50er Jahre Stil. Burgervariationen (wählbar aus Rindfleisch, Huhn oder Gemüselaibchen) in Kombination mit Pommes, Spezialität: Elvis Sandwich (Erdnussbutter, Banane, Speck um € 11,50), Hot Dogs. Typisch amerikan. Getränke (Milchshakes, Vanilla Coke etc.). Schanigarten für 14 Pers. 💳 €€

Asiatisch

Ebi Mini Gumpendorfer Straße 3, Tel. 410 90 94, E-Mail: mini06@ebi-vienna.at, www.ebi-vienna.at, Mo–Fr, So, Fei 11.30–22.30, Sa 17–22.30. Ebi to go; Sushi, Maki; Veggie-Bowls; Fusionsküche; Spezialität: Sushi-Maki-Kreationen. Sake. 💳 €

das kai Capistrangasse 10, Tel. 581 24 53, E-Mail: yhh115940540@gmail.com, www.daskai.at, Mo–Sa 11.30–22.30, Fei 12–22.30. Koreanische, chinesische, japanische und thailändische Spezialitäten (Mo–Fr 11.30–15 MM ab € 8,90); Rot- und Weißweine aus Österreich. Kindersessel, Wickelmöglichkeit. 💳 €€

Li's Cooking Naschmarkt Stand 126–129, Tel. 585 40 57, E-Mail: jinjin1128@hotmail.com, www.liscooking.at, Mo–Sa 11–23, durchgehend warme Küche bis 22.30. Glutamatfreie und gesunde Speisen, thailändische, japanische und vietnamesische Gerichte, wechselnde Karte. Kochkurse. Schanigarten für 80 Pers. Hunde mit Leine und Beißkorb. 💳 €€

Market Restaurant Linke Wienzeile 36, Tel. 581 12 50, E-Mail: reservierung@market-restaurant.at, www.market-restaurant.at, Mo–Do, So, Fei 8–24, Fr, Sa 8–1. Frühstück bis 11 (Sa, So Fei bis 16); an der Bar werden verschiedenste Cocktails gemixt, ca. alle 3 Wochen gibt es eine Neukreation, 240 verschiedene Weine, hausgemachte Limonade. Schanigarten für 60 Pers. (bis 23). 💳 €€

Otto Yami Otto-Bauer-Gasse 20, Tel. 581 01 10, E-Mail: info@ottoyami.at, ottoyami.at, täglich 11.30–22.30, Küche bis 22. Sushi, Maki, japanische und chinesische warme Speisen, „All you can eat"-Buffet (für Kinder bis 4 Jahre gratis, bis 10 Jahre vergünstigt), mehrere 14-tägig wechselnde MM bis 17 Uhr zur Auswahl (ab € 8,50); Take-away. Extrazimmer für Feiern bis 60 Pers., gesamtes Lokal bis 200 Pers.; Schanigarten für ca. 20 Pers. 💳 €€

ramien Gumpendorfer Straße 9, Tel. 585 47 98, E-Mail: info@ramien.at, www.ramien.at, Di–So 11–24, Küche: 11–22.45. Großes, helles Asialokal in grau und weiß, rot-graue Nudelbar (dahinter der Nudelmeister live bei der Arbeit), Keller-Cocktailbar. Gute Nudelsuppe mit Huhn und viel Pak Choi (€ 11,60), Nudelsuppen gibt es durchgehend, Reisschalen bis 17, abends ein buntes Spektrum aus saisonaler Thaiküche; japanisches Asahi-Bier. Kindersessel. Fr und Sa im Keller Dance-Lounge mit skurrilem China-Inventar aus Berlin-Mitte und schrägem Sound (DJ); Cocktails. Im Sommer Schanigarten für 80 Pers. 💳 €€

ShanghaiTan Gumpendorfer Straße 9, Tel. 585 49 88, E-Mail: info@shanghaitan.at, www.shanghaitan.at, Mo–Sa, Fei 17–1, letzte Bestellung 22.30, Fr, Sa 23.30. Geheimnisvoll dunkles Lokal; offene Küche, Schwerpunkt auf japanischen und vietnamesischen Speisen, Experimental Sushi. In der „Opiumhöhle" im Untergeschoss kann man sich in Esskojen niederlassen oder auf mit goldenen Pölstern ausstaffierten Couches fläzen. Schanigarten für 60 Pers. 💳 €€

Sheng Long Stumpergasse 51, Tel. 596 06 00, E-Mail: 1060wien@shenglong.at, www.shenglong.at, Mo, Mi–So 11.30–15 und 17–23. Asiatische Speisen, Nudel- und Fischgerichte, Sushi, Maki, Sashimi (MM ab € 9,20); Cocktails und andere alkoholische Getränke; Kaffee. Lieferung in die Bezirke 4 bis 7 und 12 bis 15. €€€

Soya Noodles Amerlingstraße 19, Tel. 286 80 11, 286 80 22, www.soya.wien, Mo–Sa 10.30–22. Asiatische Küche, Fokus auf Nudelsuppen (Ramen, Udon, Pho), Dim Sum (ab € 4,80), gegrillte Spieße, auch vegetarische Speisen; MM (€ 8,90). Schanigarten für 20 Pers. 💳 €

Tang Stumpergasse 62, Tel. 0676/962 65 30, E-Mail: streetfood@tangrestaurant.at, www.tangrestaurant.at, Mo–Sa 11.30–21.30. Asiatisches Streetfood; Spezialität: Baodog, eine Mischung aus den gefüllten Germteigbrötchen (Baos) und Hot Dog mit verschiedenen Füllungen. Schanigarten für 10 Pers. 💳 €

Wok Walk Gumpendorfer Straße 90 (Ecke Webgasse), Tel. 208 75 21, 0676/782 52 85, E-Mail: kontakt@wokwalk.at, www.wokwalk.at, Mo–Fr, So, Fei 11–22. Asiatische Speisen; Nudel- und Reisspezialitäten, Ramen, Udon, Sushi, Maki. Schanigarten für 28 Pers. 💳 €

Yumi Naschmarkt Stand 87, Tel. 585 59 96, E-Mail: linmisart@hotmail.de, yumi.eatbu.com, Mo–Sa 11.30–22.30 (Fei geschlossen). Chinesische, vietnamesische, thailändische und japanische Speisen, relativ große Karte für so ein kleines Lokal; Dim Sum (ab € 5,50), hausgemachte klassische Desserts; Kindersessel. Schanigarten für 50 Pers. €€

Australisch

Down under Aussie Pub Magdalenenstraße 32, Tel. 585 73 30, E-Mail: office@downunder.at, www.downunder.at, Mo–Do 17–1, Fr, Sa 17–2, So 17–24. Australisches Pub; Pizza und Toast; Biere: Fosters vom Fass, VB (Victoria Bitter), Cooper und andere australische Sorten, Trumer Pils, Ottakringer

Zwickl, Guinness vom Fass, australische Weine. Tischfußball (€ 1,-/Spiel, Mo, So gratis), 2 große Leinwände (HDTV/Sky Sports), Darts (gratis). Für Veranstaltungen mietbar; regelmäßig Livemusik mit Tanzmöglichkeit. Bands u. DJs. Partykeller für 50 bis 100 Pers. mietbar (€ 800,- Mindestumsatz, keine extra Mietkosten); Lounge zum Mieten für 80 Pers. mit speziellem Weinangebot. Schanigarten für 50 Pers.

Balkan

Balkan Street Grill Otto-Bauer-Gasse 27, Tel. 0677/64 13 51 45, E-Mail: info@streetgrill.at, streetgrill.at, Mo-Sa 11-22, So 13-20. Hausgemachtes Balkan-Streetfood; selbstgemachtes Brot und Börek, auch vegetarische und vegane Gerichte; oft wechselnde Speisekarte; Mo-Fr 11-14 MM; Take-away; Zustellung im 6. und 7. Bezirk. €

Brasilianisch

Kias Kitchen Gumpendorfer Str. 37, Tel. 0676/385 00 20, E-Mail: info@kiaskitchen.org, www.kiaskitchen.org, Mo-Sa 17.30-22. Brasilianische und internationale Küche, regelmäßig wechselnde Karte und spezielle Wochenangebote, Moqueca de Cogumelo Vienense (Brasilianischer cremiger Eintopf mit Wiener Pilzen, optional auch mit Wels aus dem 22. Bezirk); ausschließlich österreichisches Fleisch und Milchprodukte; Cheese Cake mit hausgemachtem Käse; Take-away. Lokal für 24, Schanigarten für 14 Pers. €€

Chinesisch

China Kitchen Linke Wienzeile 20, Tel. 0660/137 61 03, E-Mail: chinakitchenvienna@hotmail.com, chinakitchen-vienna.at, Mo-Sa 11.30-23, So, Fei 12-23, Küche bis 22. Authentische, traditionelle chinesische Küche mit Schwerpunkt Sichuan-Küche sowie spezielle Hausmannskost. Spezialitäten: Innereiengerichte wie Kuttelsalat, Rindersehnen in Scheiben oder Bluttofu; Wolfsbarschplatte (€ 38,90) sowie Meeresfrüchteplatte (€ 58,90) jeweils für mehrere Pers.; chinesische Tapas; Mo-Fr 11.30-15 MM (€ 7,80 bis € 11,80); hauptsächlich österreichische Weine. Schanigarten für 8 Pers. €€

Chinazentrum Zhong Xin Linke Wienzeile 44, Tel. 585 30 08, E-Mail: shiyao.wu@hotmail.com, www.chinazentrum-naschmarkt.at, Mo-Mi, Fr-So 11-22. Tradit. chinesische Küche; MM; Tagesmenü (2 Speisen und 1 Suppe um € 16,80); große Auswahl an hausgemachten Dim Sum. €€

Grillhaus Hong Kong Köstlergasse 16, Tel. 586 64 94, E-Mail: grillhaushongkong@gmail.com, www.grillhaushongkong.at, Mo-Mi, Fr-So, Fei 12-15 und 18-22. Kantonesische Küche; Grillspezialitäten wie Ente nach Kanton-Art (€ 18,90); 12-14.30 MM (€ 9,90 bis € 11,90). Kindersessel. Abholung möglich. €€

Kow Loon Linke Wienzeile 62, Tel. 586 87 84, www.netland.at/kowloon, täglich 11-14.30 und 17.30-23. Kantonesische Küche. Kinderportionen auf Anfrage möglich, Kindersessel. Take-away. €€

Mama Liu & Sons Gumpendorfer Straße 29 (Ecke Köstlergasse), Tel. 586 36 73, E-Mail: hello@mamaliuandsons.at, www.mamaliuandsons.at, Di-Fr 17-23, Sa, So 12-23, im Sommer Di-So 17.30-23; Küche bis 22.30. Traditionelle chinesische Küche; die Rezepte von Mama Liu werden von ihren Söhnen umgesetzt. Offene Küche für handgemachte Teigtascherl, Nudeln, Hot Pot (außer Sommer) und mehr; Bar mit frischen Cocktails. Gastgarten für ca. 50 Pers. €€€

Tofu & Chili Linke Wienzeile 18, Tel. 585 69 70, Mo-Sa 11.30-22. Chinesische Küche.

Yummy House Linke Wienzeile 14, Tel. 945 58 92, E-Mail: yummyhouse@yahoo.de, Mo, Do-So, Fei 12-21.30. Winziges Chinarestaurant mit Küche aus den nordwestl. Regionen Chinas, Spezialität: Lamm. MM bis 14.30 (ab € 8,50).

Französisch

Brasserie de la Marie Amerlingstraße 15, Tel. 0664/154 77 37, E-Mail: brasseriedelamarie@gmail.com, www.bdlm.at, Di-Sa 17-23 (Fei geschl.). Brasserie mit franz. und internat. Küche. Französische Spezialitäten (französische Zwiebelsuppe, Lavendel-Zimt-Huhn mit pikanten Knoblauch-Kartoffeln, Crêpes bretonne (mit Käse, Champignons und Spiegelei), Ratatouille etc.); mediterrane Spezialitäten (Paella, Linsensuppe, Minestrone); Salat à la Marie, Caesar Salat, Desserts (Crêpes). Schanigarten für 24 Pers. €€

Ma Belle Bistro & Bar Gumpendorfer Straße 16, Tel. 966 79 92, E-Mail: denisa@ma-belle.at, www.ma-belle.at, Di-Fr 10-24, Sa 9.30-24, So, Fei 9.30-16. Bistro und Bar mit französischer Küche und Spezialitäten, z.B. Coq au Vin oder Escargot Florentine (Weinbergschnecken); Frühstück; Mo-Fr MM. Kindersessel, Malsachen. Weinkeller für geschlossene Veranstaltungen und Events bis 30 Pers., Bistro und Bar für 48, Schanigarten für 28 Pers. €€€

Café Pierre Windmühlgasse 32, Tel. 920 63 59, E-Mail: reservierung@lecafepierre.at, www.lecafepierre.at, täglich 9-24. Französisch anmutendes Café, Bistro und Patisserie gegenüber dem Apollo Kino. Verschiedene Quiche-Varianten ab € 10,90, Crêpe-Kreationen, Baguettes ab € 10,90, diverse Salate; Mo-Fr bis 11.30, Sa, So bis 15 Frühstück; belgisches Bier und eine Auswahl an französischen Weinen (original Importware aus Frankreich).

Griechisch

IRIS Modern Greek Naschmarkt Stand 94-101, Tel. 572 88 99 77, E-Mail: info-rest@iris.at, iris.restaurant, täglich 11-23 (Fei geschlossen), Küche bis 22.30. Griechische Küche; Weine aus Österreich und Griechenland. Klimaanlage. Schanigarten für ca. 70 Pers. €€€

Mythos Mariahilfer Straße 111 (Ecke Webgasse 45), Tel. 595 25 62, E-Mail: info@mythos-restaurant.at, www.mythos-restaurant.at, Di-Do 11.30-15 und 17-23, Fr-So 11.30-23, durchgehend warme Küche. Griech. Lokal, große Fischauswahl; versch. griech. Weine; Kinderportionen, -sessel. Lokal für Feiern zu mieten. Rollstuhlrampe. €€€

Thanos Taverna Otto-Bauer-G. 11, Tel. 0664/213 03 34, E-Mail: thanos.taverna1060@gmail.com, Mo, Mi-Sa 11-22, So 15-22. Griechische Taverne. Spezialität: gebratene Calamari mit Kräuterbutter, Moussaka, Spinatfetastrudel, Feta Saganaki (Vorspeise mit gebratenem Käse); Afri-Cola, Bio-Fruchtsäfte, selbstgemachter Eistee aus griechischen Kräutern, griechisches Bier, exklusive griechische Weine (Retsina Malamatina, Retsina Kechribari). Schanigarten für 35 Pers. €€

Indisch

Bk Curry Mollardgasse 38, Tel. 0676/570 03 50, E-Mail: office@bk-curry.com, www.bk-curry.com, tägl. 11-23, Küche bis 22.30. Indische Küche (TT vegetarisch € 6,50, Fleisch € 7,50 bis € 9,-); Tandoor-Spezialitäten vom Holzkohlengrill und Lehmofen, indische Pizza, auch Wr. Küche (z.B. Gulasch, Schnitzel); Mittagsbuffet für Firmen auf Anfrage; Kinderteller, -sessel, Spielecke, Wickeltisch. Zustellung in die Bezirke 1 bis 9, 12, 15 und 16, andere Bezirke auf Anfrage (ab € 15,-); Catering. Lokal für Veranstaltungen bis 110 Pers. zu mieten. Schanigarten mit Grünfläche für 45 Pers. Hunde nur mit Beißkorb, Trinkmöglichkeit für Hunde vorhanden. €€

Madame Curry Otto-Bauer-G. 25, E-Mail: office@madamecurry.at, www.madamecurry.at, Mo-Sa 11-19 (Fei geschlossen). Indisches Bistro; Bowls, Naanwich, div. Salate; Take-away. Sitzplätze für 38, Schanigarten für 12 Pers. €

Nam Nam Webgasse 3, Tel. 595 61 27, E-Mail: office@nam-nam.at, www.nam-nam.at, Mo-Do 11-14.30 und 17.30-23, Fr-So, Fei 11-23. Ein Inder, der anders aussieht und ein bisschen anders kocht. Angenehm überschaubare Karte mit einigen Klassikern wie z.B. Linsensuppe mit Zitrone und geräuchertem Kreuzkümmel oder Huhn mit Ingwer. Jede Woche neu zusammengestellte MM (inkl. Raita, Reis und Naan), Lunch Thali (alle Menüs des Tages kombiniert); wöchentlich wechselnde Speisekarte, Weinkarte. Kindersessel, Spielzeug, Wickeltisch. Veranstaltungen bis ca. 100 Pers. möglich; Hofgarten für 45 Pers. €€

Rani Webgasse 41, Tel. 596 51 11, E-Mail: rani.wien@gmail.com, www.ranirestaurant.at, täglich 11-14.30 und 17.30-22.30. Nordindische Spezialitäten (11 MM € 7,- bis € 10,-), auch vegane Speisen; Thalis (landestypische Platten), Suppen, Fladenbrot. Hausgemachtes Mango Lassi, indisches Bier. Kindersessel, Wickeltisch. Lokal bis zu 120 Pers. zu mieten. Schanigarten für ca. 20 Pers. €€

Italienisch

Cucina Cipriano Aegidigasse 15, Tel. 0660/164 76 08, E-Mail: info@cucinacipriano.at, cucinacipriano.at, Mo-Do 18-23, Fr, Sa 12-15 und 18-23. Italienisches Fischlokal von Andrea Cipriano. Täglich wechselnde Tagesangebote, frischer Fisch aus Italien, z.B. Wildfangfisch aus der Adria, Fregola alla marinara, Rotbarbenfilets knusprig gebacken mit Peperoni-Creme und gegrilltem Paprika. €€€

Don Camillo Brückengasse Brückengasse 11 (Kurt Pint-Platz), Tel. 0660/964 07 76, E-Mail: office@doncamillo.at, www.doncamillo.at, täglich 10-22. Italienische Küche, Pizza (auch vegan oder glutenfrei), Pasta. Alle Speisen auch zum Mitnehmen. Schanigarten. €

Frascati Barnabiteng. 3, Tel. 587 29 81, www.pizzeria-frascati.at, tägl. 11-23, durchgehend warme Küche. Ital. und Wr. Küche; riesige Pizza, Pastagerichte, Spezialitäten: Fischgerichte, Scampi, Calamari, Palatschinken; Gelateria mit hausgemachtem Eis im Lokal; Kinderspeisen, -sessel; Kellerstüberl für 60, großer Schanigarten für 150 Pers., Zustellung in den 4. bis 8. Bezirk (Mindestbestellwert € 12,-). €

Il Teatro Milano Mittelgasse 26 (Wallgasse 29), Tel. 595 24 70, E-Mail: info@ristorante-ilteatro.at, www.ristorante-ilteatro.at, täglich 11.30-24. Italienisches Restaurant und Pizzeria. Schanigarten.

Ristorante L'idea al teatro Wallgasse 14 (Ecke Liniengasse), Tel. 595 25 88, www.alteatrolidea.at, täglich 11.30-24, durchgehend warme Küche. Italienische Küche, frische Fischgerichte, große Auswahl, auch vegetarische Speisen; Kinderportionen. Partyservice (ab 20 Pers.). TV. Klimaanlage; großer Schanigarten für 60 Pers. €

Pizzeria Mama Mia Loquaiplatz 11 (Ecke Konigseggasse), Tel. 597 99 60, E-Mail: b.diz@pizzeria-mamamia.at, www.pizzeria-mamamia.at, täglich 11-23, durchgehend warme Küche. Italienische und Wiener Küche (MM € 7,90 und € 8,90), Fischspezialitäten, Pizza, Salate und Pasta, div. Nachspeisen (z.B. hausgemachtes Tiramisu); Kinderportionen, -sessel. Schanigarten für 40 Pers. €€

Maria's Pizzeria and Street Food Mariahilfer Straße 121, Tel. 0665/65 65 39 49, E-Mail: kindermanngastro@hotmail.com, Mo-Sa 8-22. Pizza und Pastagerichte, versch. Sandwiches, Wraps und Bowls mit Fleischspießen von Huhn und Kalb sowie Falafel. Take-away, Zustellung im 6. und 7. Bezirk. Lokal für 20, Schanigarten im Sommer für 50 Pers. 💳 €

Michele's Mariahilfer Straße 17, Tel. 581 28 09, E-Mail: cafe@micheles.at, www.micheles.at, Mo–Fr 8–20, Sa 8–18 (Fei geschlossen), durchgehend warme Küche. Italienische Jugendstil-Stehbar; Frühstück (€ 3,90 bis € 9,10); hauptsächlich Pizza, MM wechselnd Pasta oder Risotto (ab € 6,90), Snacks (Tramezzini/Panini), Salate; Kinderportionen. Für Feiern mietbar. Catering. TV. Gastgarten für 70 Pers. €

Pizza Nerone Theobaldg. 13, Tel. 587 18 29, Mo–Sa 11.30–14.30 u. 17.30–23. Pizza, Pasta- und Grillspezialitäten, Lasagne, Tiramisu und Profiteroles. Schanigarten für 15 Pers. €

Opera dei Vini Wallgasse 26, Tel. 0699/10 25 33 95, E-Mail: ristorante@opera-dei-vini.at, www.opera-dei-vini.at, Di–So 17–24, Küche bis 22.30, abweichende Öffnungszeiten je nach Theatervorstellungen (siehe Homepage). Ital. und mediterrane Spezialitäten. Pizza, Pasta; internat. Gerichte je nach Saison (Spargel, Kürbis), Produkte werden vorwiegend aus der Region bezogen (Fleisch, Gemüse aus NÖ); wechselnde Weinkarte mit ital. und österr. Weinen von Fam. Daschütz. Kindersessel. 2 Schanigärten für 45 Pers. 💳 €€

Prego am Naschmarkt Naschmarkt Stand 191, Tel. 0660/886 06 60, E-Mail: prego.naschmarkt@gmail.com, Mo–Sa 11–23 (Fei geschlossen). Mediterrane, ital. Küche. Fokus auf Fisch, Steak und Pasta. Schanigarten für ca. 120 Pers. €€€

Vapiano Mariahilfer Straße Theobaldgasse 19, Tel. 581 12 12, E-Mail: mariahilferstrasse@vapiano.at, www.vapiano.at, Mo–Sa 11–22.30, So 12–22.30, Küche bis 22. Mediterrane Schauküche: Pizza, Pasta, Risotto, Lasagne, Salate, alle 2–3 Monate wechselnde Spezialitätenkarte. Gezahlt wird mit Chipkarte, die man am Eingang erhält. Essen zum Mitnehmen. Kindgerechte Möbel, Kindersessel, Wickeltisch. Schanigarten für ca. 70 Pers. 💳 €€

Disco Volante Gumpendorfer Straße 98, Tel. 0664/195 25 45, E-Mail: office@disco-volante.at, www.disco-volante.at, Mo–Sa 12–24, So, Fei 12–23, Küche Mo–Fr 12–15 und 18–23, Sa bis 23, So bis 22. Es gibt 14 sehr gute Pizzen, mit und ohne Tomatensauce, nur Klassiker, z.B. großartige „Salsiccia al finocchietto" oder die „Verdure grigliate". Fliesenboden, tschechische Neonlampen, alte Kirchenbänke von der Caritas und eine 2 Meter große Discokugel, die um den originalen Vesuvgestein-Pizzaofen gebaut wurde. Kindersessel, Wickeltisch. 2 Schanigärten für 65 Pers. 💳 €€

Japanisch

Edo Sushi Gumpendorfer Str. 92, Tel. 596 06 70, E-Mail: mike1457@163.com, tägl. 11–21. Take-away-Lokal mit Sitzmöglichkeit. Sushi und Maki immer minus 50 %; chinesische und thailänd. Spezialitäten wie Frühlingsrolle, Wan Tan, süßsaure Suppe. €

Natsu Sushi Restaurant Gumpendorfer Straße 45, Tel. 581 27 00, E-Mail: 7111583@qq.com, www.natsu-sushi.at, tägl. 11–22. Sushi, Maki, Sashimi, Asianudeln, Tempura, Ramen, Udon, Bento-Boxen (MM € 7,80/AM € 9,80); Sushi-Sets (mittel € 4,75/groß € 5,95); Sushi und Maki immer minus 50 %; auch zum Mitnehmen. Kindersessel. Schanigarten für 18 Pers. €

Shokudo Kuishimbo Esterhazygasse 12, Tel. 0676/553 07 27, E-Mail: info@shokudokuishimbo.com, www.shokudokuishimbo.com, Di–Sa 17–22, 13–16 telefonische Reservierung möglich (ansonsten online). Authentische japanische Küche; Spezialitäten wie Horenso oder Nasu no Agebitashi. Schanigarten für 60 bis 70 Pers. 💳 €€€

Soya Mariahilfer Straße 81 (im Hof), Tel. 586 06 01, www.soya.wien, Mo–Sa 10.30–22 (Fei geschlossen), durchgehend warme Küche. Japan., asiat. und thailänd. Küche (MM ab € 7,80), Sushi, Maki (ganztägig bis minus 50 % auf Sushi- und Maki-Sets); Kindermenü (€ 5,80), 2 Kindersessel; Catering. Schanigarten für 55, Gastgarten für 25 Pers. Hunde nur mit Beißkorb. Behinderten-WC. ♿ 💳 €€

Tokyo Boom Hofmühlgasse 11, E-Mail: info@ishyo-gmbh.com, www.tokyo-boom.net, tägl. 12–21. Buntes Japan-Lokal mit veganer Küche und japan. Streetfood wie Onigiri und Sando. Gelegentlich Veranstaltung wie Cosplay-Partys.

Tsutenkaku Kollergerngasse 4, Tel. 586 66 98, www.tsutenkaku.at, Di–Sa 18–22, auch für geschl. Gesellschaften geöffnet. Sushi-Haus, japan. Spezialitäten, Hausmannskost; Auswahl an Sake, Tee, Bier; Kinderportionen, -sessel. €€

Koreanisch

Sang Sang 1060 Gumpendorfer Str. 14, Tel. 587 79 41, E-Mail: office@sangsang.at, www.sangsang.at, Mo–Sa 17–23, Küche bis 22. Korean. Küche, Korean Barbecue, Kimchi, korean. Stews, Ramyun Nudelsuppen, Gamja Jorim (korean. Erdäpfelsalat) etc.; korean. Bier; Take-away. Inneneinrichtung vom Architekturbüro Tzou Lubroth. 💳 €€€

Shabu Shabu by Yori Stumpergasse 27, Tel. 057 33 37 89, E-Mail: shabu@yori.at, www.shabu.at, Mo–Sa, Fei 11–15 und 18–22. Koreanische Küche (MM € 10,90 bis € 13,90), Shabu Shabu (Feuertopfgericht ab 2 Pers. ab € 47,–), Bao (gedämpfte Teigfladen), koreanisches Fried Chicken, auch vegetarische Speisen; hausgemachte Limonaden. Kindersessel. Lokal zu mieten bis 25 Pers. 💳 €€€

Lateinamerikanisch

Mi Barrio Münzwardeingasse 2, Tel. 587 61 25, E-Mail: office@mibarrio.at, events@mibarrio.at, www.mibarrio.at, Di-Do 17-23, Fr, Sa 17-1, So, Fei 11-20, Küche Di-Do bis 22, Fr, Sa bis 23, So, Fei bis 19. Lateinamerikan. Küche mit Schwerpunkt Venezuela. Alle Speisen auch zum Mitnehmen. Veranstaltungen (Website bzw. Facebook). Barbereich für 40, Gastraum für 35, Gastgarten für 40 Pers. €

Marokkanisch

Aux Gazelles Rahlgasse 5, Tel. 585 66 45, E-Mail: office@auxgazelles.at, www.auxgazelles.at, Di-Sa 10-24 (Cafe & Restaurant), Hammam: Di-Sa 12-20 (im August geschlossen). Café und Restaurant, Club, Bar, Business Lounge, ein Hammam (orientalisches Bad). Moderne marokkanische und middle-east Küche: Frühstück, Brunch, Lunch und Dinner; Take-away; Weine und Spirituosen. Für Veranstaltungen geeignet. Terrasse für 100 Pers. Behinderten-WC. Lift. Marokkanisches Interieur und Dekoration. ♿ €€€

Mexikanisch

Salpicon Mariahilfer Straße 125/9, Tel. 0699/10 88 79 78, E-Mail: marinatellez@hotmail.com, Mo-Sa 11-22, So, Fei 11-20. Columbo-mexikanische Spezialitäten wie Burritos, Tacos oder Quesadillas etc.; auch zum Mitnehmen. €

Nepalesisch

Yak & Yeti Hofmühlgasse 21 (im Hof), Tel. 595 54 52, www.yakundyeti.at, Mo-Fr, Fei 11.30-14.30 und 18-22.30, Sa 11.30-16 und 18-22.30. Uriges kleines Lokal mit hocharomatischer nepalesischer Küche, Mo-Fr Mittagsbuffet (€ 8,50); jeden Mo und Do Momo-Abend: Spezialität aus dem Himalaya (€ 18,- all you can eat); Spezialmenüs, vegane Gerichte. Laufend kulturelle Veranstaltungen; Kochkurse und Workshops (s. Homepage). Ab 15 Pers. nepales. Buffet buchbar. Extrazimmer (man sitzt wie am Himalaya am Boden; kann für geschlossene Gesellschaften gemietet werden), romant. Gastgarten im Innenhof für 80 Pers. (teilw. überdacht). Nebenan Galerie Macara: Kunst aus dem Himalaya. €€

Orientalisch

NENI am Naschmarkt Naschmarkt Stand 510, Tel. 585 20 20, E-Mail: naschmarkt@neni.at, www.neni.at, Mo-Sa 8-23, So, Fei 10-21. NENI Flagship-Restaurant von Haya Molcho und ihren Söhnen, nach wie vor das schönste Lokal am Naschmarkt. Unten Café und Bar umringt vom bunten Markttreiben; Mo-Sa 8-11.45 Frühstück; aromatische Weltküche mit Tendenz Naher Osten, z.B. Spicy karamellisierte Melanzani (€ 12,50) oder Jerusalem-Teller mit gegrilltem Hühnerfleisch, oriental. Gewürzen, Hummus und Pitabrot (€ 14,50), Korean Fried Chicken Salad (€ 15,50), selbst gebackene israel. Pide. Doppelstocklokal, Oben unter dem Dach Restaurant, Extrazimmer für 25 Pers. (mietbar); Außenbereich für 120 Pers. Reserv. empfohlen. Öffentliches Behinderten-WC in unmittelbarer Nähe am Naschmarkt. ♿ €€€

Orient & Occident Naschmarkt Stand 671, Tel. 587 10 46, E-Mail: office@orientoccident.at, www.orientoccident.at, Mo-Sa 7-24, So, Fei 10-21. Orientalische und europäische Fusionsküche (ab 11 2 MM, eines davon vegetarisch, € 8,80 und € 9,80); Frühstück bis 14 (€ 7,80 bis 12,90); breit gefächertes Abendmenü sowie Cocktailkarte. Beheizte Terrasse für 30, Schanigarten für 120 Pers. €

Papas Spezialitäten Naschmarkt Stand 487-505, Tel. 0676/533 82 64, E-Mail: mpapas@gmx.at, papas-am-naschmarkt.eatbu.com, Mo-Sa 6.30-23, So 9-21. Orientalische, griechische, österreichische und türkische Küche (4 MM € 5,50 bis € 9,50 Fleisch, Geflügel, Fisch und vegetarisch); variierende Menüsuppen, immer Linsensuppe und Tomatensuppe, bis zu 450 Käsesorten (Käseplatten); österreichische (NÖ, Steiermark, Burgenland) und internationale Weine. Do Livejazz, Sa DJ-Line. Extrazimmer für 20, Schanigarten für 100 bis 150 Pers. €€

Persisch

Jas Brückengasse 8a, Tel. 595 55 20, www.jas-restaurant.at, Mo, Mi-Sa 11-22, So 11-20. Persisches Restaurant. Persische Grillspezialitäten, Eintöpfe und altpersische Reisgerichte; auch vegetarische und vegane Gerichte (Mo, Mi-Sa 11.30-15 MM). Schanigarten. €€

Restaurant Nayeb Gumpendorfer Straße 22, Tel. 208 70 99, E-Mail: kontakt@nayeb.at, Di-So, Fei 12-23, Küche durchgehend. Halal Restaurant, persische Grillspezialitäten und Eintöpfe; Di-Sa 12-15 Mittagsbuffet, Desserts; Kinderspeisen, -sessel, Wickeltisch. Klimaanlage. Catering, private Feiern möglich. €

Steirisch

Bauernbräu Gumpendorfer Straße 134-136, Tel. 595 38 38, E-Mail: office@bauernbraeu.com, www.bauernbraeu.com, Mo 17-22, Di-Sa 16-1, So 11.30-22, Küche Mo, So bis 21.30, Di-Sa bis 23.30. Familienbetrieb, Restaurant mit Kunst-Bar im Arik-Brauer-Haus (erbaut 1989-1994), urige Atmosphäre, steirische Gemütlichkeit; regionale und internationale Küche, auch vegetarische Speisen; selbst gebraute Naturbiere, Weine und hausgemachte biologische Säfte;

Kinderportionen, -sessel. Extrazimmer für 60, Schanigarten für 48 Pers. Behinderten-WCs. ♿ 💳 €€

Thailändisch

Aroi Thai Stumpergasse 44-46, Tel. 595 29 51, www.aroi-thai.at, täglich 11.30-15 und 17-22. Authentische thailändische Küche aus hochwertigen Zutaten (z.B. ausschließlich ungehärtetes Pflanzenöl), alles frisch zubereitet, auf Wunsch auch vegetarisch oder vegan (alle Nudeln aus Reismehl ohne Ei), scharf oder mild (Mo-Fr 11.30-15 verschiedene Mittagsgerichte: mit Fleisch, vegan oder vegetarisch mit Suppe oder Frühlingsrolle); Aroi Thai Klassiker: Pla Lui Suan (Goldbrasse, knusprig mit Thai Kräutern); Eiskaffees und -tees, asiatische Tees in der Kanne. Take-away. Kindersessel. Schanigarten für ca. 50 Pers. 💳 €€

Bangkok Vienna Joanelligasse 8, Tel. 587 05 93, E-Mail: bangkok8vienna@gmail.com, www.bangkok-vienna.at, Di-Sa, Fei 17.30-23, So 12-15 und 17.30-23, Küche bis 22.30; im Juli geschlossen. Thailändische Spezialitäten; Karte mit breiter Auswahl an modernen und traditionellen Gerichten: Renner wie die Bratnudeln Phad Thai, Papayasalat Som Tam, die Kokosmilch-Hühnersuppe Tom Kah Gai, knusprige Ente und Huhn oder Garnelen in rotem oder grünem Curry, aber auch ein paar speziellere Sachen: thailändische Hühnerlaibchen etwa, recht pikanter Gurkensalat mit Erdnusssauce oder Larb Pet, scharfer Entensalat; wechselnde Spezialität des Monats, z.B. gefüllter Tintenfisch mit Hühnerfleisch; günstiges Bier; Kinderportionen, -sessel. 💳 €€

Thai Isaan Kitchen Gumpendorfer Straße 91, Tel. 595 28 00, www.thai-isaan.at, Mo-Sa, Fei 11-22, So 17-22, durchgehend warme Küche. Thailändische Küche; Reis- und Nudelgerichte, Reisnudelgerichte, Fisch, vegetar. Speisen (z.B. Gaeng Phed Pak Ruam (Gemüsecurry) um € 10,90). Schauküche. Mai bis Sept. Schanigarten für 12 Pers. 💳 €€

Vegetarisch, vegan

Formosa Barnabitengasse 6, Tel. 581 11 12, E-Mail: info@formosa.at, www.formosa.at, Mo-Sa 11-20 (Fei geschlossen). Kleiner Laden mit vegetarischen und veganen Produkten; eindrucksvolle Vitrine, die ziemlich dicht mit veganen und vegetarischen Schinken, Hühnern, Fischfilets, Fleisch und Milchprodukten auf Sojaeiweißbasis gefüllt ist, von denen ein paar auch zu kleinen Menüs verarbeitet werden, z.B. veganes Cordon bleu oder veganes Wiener Schnitzel. Onlineshop. Offene Küche, ein paar Stehtische und 2 kleine Räume. Extrazimmer für 30 Pers. gegen Voranmeldung, Schanigarten für 20 Pers. Nebenan zusätzlicher Verkaufsshop mit noch mehr vegetarischen und veganen Produkten. 💳 €€

Hase und Igel Theobaldgasse 16, Tel. 971 60 29, E-Mail: feinkost@haseundigel.at, www.haseundigel.at (Catering), www.haseundigel-feinkost.at, Mo-Fr 9-18, Sa 11-18, Lebensmittelverkauf: Mo-Sa 9-18. Ein sehr hübsch gestaltetes Geschäft mit biolog. Feinkost (Käse, Schinken, Wurst, Eier, Bauernbrot, frisches Obst und Gemüse, Milchprodukte in Flaschen usw.), es gibt auch ein vegetar./veganes MM (Suppe € 3,50/HS € 8,50/Dessert € 3,50), auch zum Mitnehmen. 8 Sitzplätze. Catering. Schanigarten für 8 Pers. 💳 €

My Secret Garden Mariahilfer Straße 45/6/49 (im Raimundhof), Tel. 586 28 39, www.secretgardenrestaurant.at, Mo-Sa 11-19. Vegetarische, vegane und glutenfreie Küche mit internat. Speisekarte (TT € 11,90), große Salatauswahl, indisches Dal mit Naturreis (€ 7,90), fairer Spezialitätenkaffee, hausgemachte Torten (veganer Cheesecake € 4,90). Regionale und großteils biologische Produkte; kleine Portionen, Kindersessel, Spielsachen. Take-away. Gelegentlich Veranstaltungen wie Konzerte oder Meditation. Extrazimmer für 20 Pers. zu reservieren, Gastgarten für 60 Pers. 💳 €€

Superfood Deli Mariahilfer Straße 45/17-19 (im 1. Raimundhof), Tel. 913 23 83, E-Mail: hello@superfooddeli.at, www.superfooddeli.at, Mo-Fr 9-19, Sa 10-19, So, Fei 10-15. Poke Bowls, Açaí Bowls, Frühstücksbowls; Smoothies. Alle Zutaten biologisch und vegan; Verpackungen plastikfrei. Online-Shop, Take-away, Vorbestellungen möglich. 💳

Vietnamesisch

Ivy's Pho House Mariahilfer Straße 103, Tel. 920 99 80, E-Mail: info@dotsgroup.eu, dot1060.at, täglich 11.30-22. Cooles Take away-Lokal aus der Dots-Gruppe, hübsches Design. Vietnamesische Küche mit Hauptaugenmerk auf Pho; Spezialitäten: Ivy's Black Phantom Pho, Traditional Hanoi Pho Bowl. Kinderportionen. Zeitschriften. Schanigarten für 30 Pers. 💳 €€

Le Pho Gumpendorfer Straße 97 (Ecke Grabnergasse), Tel. 597 32 26, E-Mail: office@le-pho.at, www.le-pho.at, Mo, Di, Do 11.30-14.30 und 17.30-22, Fr 11.30-22, Sa, So 12-22. Versch. Vor- und Hauptspeisen, Salate und Nudelgerichte sowie mehrere Varianten der Nationalnudelsuppe Pho, z.B. mit rohem, gekochtem und zu so etwas wie Leberknödeln verarbeitetem Rindfleisch; außerdem: die scharf-würzige Nudelsuppe Bun Bo Hue u. gute, saftige, gebackene vietnam. Frühlingsrollen mit Schweinefleisch oder Tofu, oder erfrischender Glasnudelsalat; 11.30-14.30 MM (ab € 9,90). Kindersessel, Wickeltisch. Frisches Mobiliar in hellgrün und weiß. Mai bis Sept. Schanigarten für 20 Pers. 💳 €

Pho Ever Mariahilfer Straße 31, Tel. 0660/106 01 68, E-Mail: office@phoever.at, phoever.at, täglich 11-23. Japanische, thailändische und vietnamesische Küche, z.B. Banh

Mi (vietnamesisches Sandwich), vietnamesische Sommerrollen, Pho oder Reisnudelsalat Bun Chay. Alle Speisen auch zum Mitnehmen.

Saigon Getreidemarkt 7, Tel. 585 63 95, E-Mail: office@saigon.at, www.saigon.at, täglich 11.30-23, durchgehend warme Küche bis 22.30. Neu renoviertes, modernes Lokal; frische, köstliche und preiswerte vietnam. Küche, Spezialitäten: gegrillte Hühnerfleisch- und Shrimpsspießchen, gegrillte Ente, Pho (Reisnudelsuppe mit Rindfleisch € 13,50); variierende Wochenkarte. Kindersessel. In den Sommermonaten Schanigarten für ca. 30 Pers. Keine Hunde. €€

Xin Chao Vietnamese Cuisine Gumpendorfer Straße 127, Tel. 943 78 59, E-Mail: info@xinchao.at, www.xinchao.at, Di-Fr 11.30-15 und 17-22, Sa, So 11.30-22. Klassisches, kreatives und auch veganes und vegetar. vietnam. Streetfood (auch Low Carb); Nudelsuppen, Wokgerichte, Frühlingsrollen, Sommerrollen (auch zum Selberrollen); versch. Desserts (z.B. Klebereiskuchen); div. Säfte, vietnam. Kaffee; Take-away. Kindersessel. Schanigarten für 20 Pers. €€

Bars

Addicted to Rock Bar & Burger Getreidemarkt 11, Tel. 58 12 64 70, E-Mail: office@addicted.at, www.addictedtoburger.at, Mo-Do 11.30-1, Fr, Sa 11.30-2, So 16-24, Sommer: Mo-Do ab 16, Fr-So 11.30-2; Fei wie jeweiliger Wochentag. Bar & Musik. Burger (Burger des Monats). Hausgemachte Limonade aus frischen Kräutern und Früchten, Cocktails (ab € 8,90), über 70 Sorten Gin, spezialisiert auf Anrichtung von Gin Tonic (über 1000 Sorten), über 40 Sorten Whiskey und Rum. Tageszeitungen, Zeitschriften.

Ammutsøn Barnabitengasse 10, Tel. 0664/479 91 30, E-Mail: misho@tribaun.com, www.ammutson.com, Mo-Do 16-2, Fr 16-4, Sa 14-4, So 14-24. Bierbar; wechselndes Angebot an internationalen Craft-Bieren von unabhängigen Brauereien; 12 offene Biere, an einem Monitor sieht man, welche Sorten angezapft sind; mehr als 80 Lambic-Flaschenbiere. Chili con Carne, Quiche und weitere kleine Speisen. Mi Pub-Quiz. Gastgarten in der verkehrsberuhigten Barnabitengasse.

Barfly's Club Esterhazygasse 33, Tel. 586 08 25, E-Mail: info@barflys.at, www.barflys.at, täglich 18-2. Stilvolle Bar mit Jazzmusik und Swing, Ausgangspunkt des sagenhaften Wiener Bar-Booms der 1990er-Jahre; internat. Drinks, über 1000 Whiskys (€ 12,- bis € 200,-), über 400 Rumsorten, über 400 Cocktails (€ 12,- bis € 15,-); gelegentlich Whisky-Degustationen. Klimaanlage; Extrazimmer für 70 Pers.

Birdcage Stumpergasse 61, Tel. 0681/10 31 01 24, birdcage.eatbu.com, täglich 18-4. Bar und Lounge mit umfassendem Getränkeangebot; Cocktails (Mojito mit selbst angebauter kubanischer Minze). Musik: Jazz, Soul, Afrobeats; immer wieder Livemusik. Privatveranstaltungen möglich. Im Sommer Schanigarten für ca. 22 Pers.

Downstairs Theobaldgasse 15, Tel. 581 28 08, E-Mail: office@downstairs.at, www.downstairs.at, Mo-Do 16-1, Fr, Sa 16-2, So, Fei 16-24, im Juli und August So geschlossen. Billardcafé und Cocktailbar (200 Cocktails); Imbisse (z.B. Toast, Pizza € 4,- bis € 8,60). Darts; 5 Poolbillardtische (€ 8,80/Std., minutenweise Abrechnung). Kartenzahlung ab € 10,- möglich.

Drogerie Café & Bar Pfauengasse 8 (Ecke Theobaldg.), Mo-Fr, So ab 17, Sa ab 11. Bar im Stil der 60er und 70er Jahre.

Frau Bernhard Esterhazygasse 11, Tel. 0676/958 40 63, E-Mail: marc@matrosenjunge.at, Di-Fr 17-23. Champagnerbar von Dorothee Bernhard und Marc Oberngruber mit kreativem Barfood; Champagner, Naturweine, Bier, Kombucha. Schanigarten.

futuregarden bar & artclub Schadekgasse 6, E-Mail: futuregarden.newbar@gmx.at, Mo-Do 15-2, Fr, Sa 15-4, Juli/August und Nov. bis Feb. erst ab 17 geöffnet (aktuelle Öffnungszeiten s. Facebook-Seite). Spannende Kunstraum-Mischung aus Bar und Club. Snacks; großes Bierangebot, Spirituosen, vorwiegend österreichische Weine. Präsentationen junger Künstler*innen (Musik, Videos), Vernissagen und Feste, DJs. Schanigarten für bis zu 80 Pers.

If dogs run free Gumpendorfer Straße 10-12, Tel. 913 21 32, E-Mail: info@ifdogsrunfree.com, www.ifdogsrunfree.com, Mo-Do 18-24, Fr, Sa 18-1, Öffnungszeiten je nach Saison; Fei wie jeweiliger Wochentag. Neighbourhood-Bar. Klassische Longdrinks und Cocktails aus dem Louisiana der Prohibitionszeit, wo sich englische, französische, spanische und kreolische Trinkgewohnheiten mischten - Mule, Bijou, Old Fashioned (stark, süß, bitter, sauer, gut), Chrysanthemum (südlich, weich, duftig, süß) oder der fantastische „Last Word". Jedes Monat Cocktail-Specials. Schlichte Möblierung, optische Besonderheit ist der an verkehrte Gebirgsmassive erinnernde Plafond. Schanigarten für 30 Pers.

Känguruh Bürgerspitalgasse 20, Tel. 597 38 24, E-Mail: office@kaenguruh-pub.at, www.känguruh-pub.at, Mo-Do 17-1, Fr, Sa 17-2. Spezialität: Känguruh Spezialbrot, Snacks, auch eine Auswahl an HS wie Salate, Nudelgerichte, Schnitzel, Suppen u. Pizzen. Eine der besten Bier-Adressen Wiens: über 200 Sorten Bier, davon 160 belg., große Auswahl an Bieren aus österr. Klein- und Kleinstbrauereien; Beamer und Leinwand für Sportübertragungen. Gemütliche Atmosphäre bei Kerzenlicht. April bis Sept. Schanigarten für 25 Pers.

Le Bar - Café-Bar Mariahilfer Gürtel 22-24 (im Hotel Ibis), Tel. 599 98-240, E-Mail: h0796-fb1@accor.com, ibis-wien

-mariahilf.meinhotel.top/restaurant-bar, täglich 7–22, durchgehend warme Küche. Snacks; Getränke, auch Spirituosen, Cocktails. Klimaanlage. Behinderten-WC.

Lvdwig Papagenogasse 6, Tel. 58 74 48 20, E-Mail: info@lvdwig.bar, www.lvdwig.bar, Mo–Do 17–1, Fr, Sa 17–2, Fei wie jeweiliger Wochentag. Bar im Hotel Beethoven am Naschmarkt. Barchefin: Isabella Lombardo (2021 von Falstaff als Barfrau des Jahres und 2022 vom Magazin Rolling Pin als „Bartender of the Year" ausgezeichnet). Ausgefallene Cocktailkreationen. Mi ab 19 Livemusik.

Luster Windmühlgasse 32, Tel. 264 23 64, E-Mail: welcome@luster.bar, www.luster.bar, Di–Do 18–24, Fr, Sa 18–2. Bar mit Regalkonstruktion, die an einen Luster erinnert. Große Cocktailauswahl (€ 11,– bis € 16,–); Häppchen (ab € 3,–). In unmittelbarer Nähe zum Apollo-Kino.

Marea Alta Gumpendorfer Straße 28, Tel. 0699/19 20 41 94, mareaalta.bplaced.net, Mo–Do 19–2, Fr, Sa 19–4, im Winter ab 18. Cocktailbar. Diverse Veranstaltungen, z.B. Vernissagen, Fotoausstellungen, Karaoke, Performances; Spiele; Beamer. Keller mit Disco, buchbar.

Miranda Esterhazygasse 12, Tel. 952 87 94, E-Mail: info@mirandabar.com, www.mirandabar.com, Mo–Mi 17–24, Do–Sa 17–1, saisonal abweichende Öffnungszeiten möglich (siehe Homepage). Cocktailbar aus der Fink-Lokalgruppe. Saisonal wechselnde Cocktails, z.B. Gin Gin Mule; Sammlung und Pflege von Spirits der Kategorie Rum, Mezcal und Rye. Schanigarten für 36 Pers.

Monami Theobaldgasse 9, Tel. 0650/743 44 66, E-Mail: office@monami.at, www.monami.at, täglich 10–2, Sommerpause siehe Homepage. Bar mit Cocktails und Longdrinks. DJ Line-up und Kleinkunst, Tischfußball (€ 1,–/Spiel), Fotobox, Snacks, gratis Popcorn. Schanigarten.

Café Monic Gumpendorfer Straße 69 (Ecke Esterházygasse), Tel. 0650/666 13 00, E-Mail: raph@cob-gastro.at, täglich 18–2, im Sommer täglich 20–4. Eckbar. 80er-Jahre Jukebox. Schanigarten.

Needle Vinyl Bar Barnabitengasse 8, Tel. 264 11 26, E-Mail: contact@needlevinylbar.com, www.needlevinylbar.com, Mo–Fr 11–1, Sa, So 14–1, Fei wie jew. Wochentag. Schallplatten-Bar. Die gemischte Musik mit Hauptaugenmerk auf Blues, Jazz und Rock´n´Roll kommt authentisch von der Platte. Antipastiplatte (€ 9,50). Hausbrand, weitreichendes Spirituosen-Angebot, Cocktails, Longdrinks, Biersortiment, österr. Weine. Gastgarten für 40 Pers.

Puff Girardigasse 10, Tel. 0677/61 98 83 99, E-Mail: office@puff-bar.at, puff-bar.at, Di–Sa 19–3, im Juli/August Di, Mi geschlossen. Aus einer Animierbar wurde eine Cocktailbar mit ungewöhnlicher Ausstattung (Gestaltung: Designbüro Walking Chair): schwarze Lederbanknischen, Yacht-Boden mit leuchtenden Fugen, Installationen der Designer, spiegelndes Flaschenregal etc.; es gibt ein paar wirklich feine Gins, Wodkas und viele selbstkreierte Cocktails (ab € 9,–). Klimaanlage.

Raymond's Stumpergasse 2a, Tel. 0676/782 22 36, 0676/591 31 91 (für Reservierungen), Mi–Sa 16–23. Lounge und Bar; italienischer Espresso (Vergnano/Turin), „Das Böhmische" und Trumer Pils vom Fass, Weine aus dem Burgenland, dem Weinviertel und dem Kamptal, 15 Whiskys, Edelbrände von Pfennigbauer; Toast. Hin und wieder Cocktails. Große Fensterfront zum Öffnen; Schanigarten für ca. 25 Pers. Rollstuhlrampe.

Stehbeisl Windmühlgasse 6, Tel. 0676/938 75 48, E-Mail: stehbeisl.1060@gmail.com, www.stehbeislwien.at, Mai bis September Mo–Sa 17–4, So, Fei 18–2, Oktober bis April Mo–Sa 18–4, So, Fei 19–2, durchgehend Küche. Kleine Speisen, z.B. Schinken-Käse Toast; tägl. 0–1 Happy Hour (Longdrinks und Shots: zahl 1, nimm 2/Gastgartenspecial 17–18 Murauer und weißer Spritzer günstiger); ca. 12 wechselnde Biersorten, 3 Biere vom Fass, über 100 versch. Whiskey- und Rumsorten, ca. 20 versch. Gin-Sorten; wechselndes Musikprogramm (Blues, Rock, Funk, Jazz). Lokal für Veranstaltungen bis zu 30 Pers. zu reservieren. Schanigarten für 28 Pers.

Timo's Living Room Bürgerspitalgasse 20, Tel. 595 24 37, E-Mail: office@timoslivingroom.at, www.timoslivingroom.at, Di–Do 19–1, Fr, Sa 19–2. Biercocktail-Bar; 60 Biercocktails, auch klassische Cocktails und kleines Bierangebot, Weine von österr. Winzern*innen, aber auch anderes Barsortiment. Pizza, Nudelgerichte, Salate, Schnitzel und Suppen. TV. Separater Raum für 18, Schanigarten für 22 Pers.

Bistros

Apapika Bowls Getreidemarkt 15, Tel. 0677/64 29 96 70, E-Mail: apapikabowls@gmail.com, www.apapikabowls.at, täglich 11–21. Bowls in verschiedenen Variationen (Build your own bowl: € 9,80); Fusionsküche: „Hawaiiarabisch"; Take-away. Schanigarten für 8 Pers. €

Daniels Bistronomie Capistrangasse 6, Tel. 0664/307 61 67, E-Mail: catering@daniels.events, www.danielkocht.at, Mo–Do 10–24, Fr, Sa 10.30–2. Bistro und Catering. Viele hausgemachte Speisen und Getränke wie Limonaden; Frühstück. Vieles, was man vor Ort konsumieren kann, kann abgepackt und flaschenweise mit nachhause genommen werden. Gesamtes Lokal für Feiern bis ca. 70 Pers. zu mieten. Schanigarten für ca. 50 Pers. €

Maran Vegan Bistro Stumpergasse 57, Tel. 595 49 00, E-Mail: office@maranvegan.at, maranvegan.at, Mo–Fr 8.30–

19, Sa 8.30-18 (Fei geschlossen). Veganer Bio-Supermarkt mit Bistro; wechselnde Wochenkarte (TT € 8,90). €

Naschmarkt Deli Naschmarkt Stand 421-436, Tel. 585 08 23, E-Mail: deli-naschmarkt@hotmail.com, Mo-Sa 7-23, So, Fei 10-21. Nach wie vor Dreh- und Angelpunkt der Naschmarkt-Szene; Frühstück (€ 2,50 bis € 11,90), MM (Mo-Fr 11-15 € 8,50 bis € 9,50); Bagels, vegetarische Snacks und mediterrane Speisen, das üppige Marktangebot wird voll genutzt und es werden feine Happen und verschiedenste Salate kreiert und serviert. Besonders zu empfehlen ist auch der „New York"-Kaffee, der aus einer kleinen italienischen Rösterei stammt, hausgemachter Eistee und Ingwer-, Granatapfellimonade. Di-Fr ab 17.30 und Sa ab 10 DJs mit wechselndem Sound. Schanigarten für 100 Pers. €€

Wiki Wiki Poke Mariahilfer Straße 115, Tel. 0660/394 09 89, E-Mail: aloha@wikiwikipoke.at, www.wikiwikipoke.at, Mo-Fr 11-21, Sa, So, Fei 12-21. Hawaiianische Bowls, individuell zusammenstellbar. Grundlagen sind Reis, roher Fisch, aber auch Hühnchen und Rindfleisch mit Gemüse und Toppings (jede Bowl ab € 10,80). Auch vegetarische und vegane Bowls. Hawaiianisches Bier. Take-away. €€

Zina's Eatery Gumpendorfer Str. 36, Tel. 0676/574 11 40, E-Mail: andre@zinas-eatery.com, www.zinas-eatery.com, Di-Fr 9-16, Sa, Fei 9-15. Frühstücks- und Mittagslokal. Sandwiches mit Bio-Brot von Öfferl, diverse Bowls, wechselnde Mittagsgerichte, hausgemachte Saucen (z.B. Hummus); auch vegane und glutenfreie Speisen; bevorzugt regionale Zutaten (großteils Bio-Produkte); hausgemachte Limonaden und Smoothies sowie Kaffee. Alle Speisen und Getränke auch zum Mitnehmen in biologisch abbaubarer Verpackung. Lokal und Schanigarten für je 8 Pers. €

Cafés, Espressos

Espressobar Akrap Finest Coffee Königsklostergasse 7, Tel. 352 35 23, E-Mail: office@akrap.at, www.akrapcoffee.com, Mo-Fr 9-17.30, Sa 11-18 (Fei geschlossen). Kleine, puristische Café-Bar, in der man mehrere erstklassige Kaffeemischungen kaufen und immer eine probieren kann, z.B. Triple Espresso mit dreifachem Shot, Soja-Variationen, Schäfer Biofruchtsäfte, frisch gepresster Orangensaft (Orangen von Crupi), Cremen und Fruchtdesserts; Biobiere vom Brauhaus Gusswerk; hausgemachter Kuchen im Glas, hausgemachte Cantuccini; heiße Vivani-Schokolade, im Sommer Shakerato und diverse Eiskaffeespezialitäten. Eigene Röstungen zum Verkauf (ganze Bohnen in 500g oder 1000g (Mühle für Kund*innen im Laden vorhanden) oder E.S.E. Pads (€ 10,30 bis € 32)). Verkauf von einer Vielzahl an Espressomaschinen und Kaffeemühlen sowie ausgesprochen schönen Pflanzen und Töpfen. Café und Schanigarten für je 25 Pers.

Ausnahmsweise Hofmühlgasse 18, Tel. 0681/10 59 18 72, E-Mail: hello@ausnahmsweise.at, www.ausnahmsweise.at, Di-Sa 12-18.30. Vegane, glutenfreie Kuchen, 2 Tagesgerichte (wechseln wöchentlich). Prem Frischkaffee, hausgemachte Smoothies, frisch gepresste Säfte, Limonaden.

Baharat - Café, Friseur, Upcycling-Werkstatt, Änderungsschneiderei Gumpendorfer Straße 65, Tel. 512 36 61 44 14, E-Mail: baharat@wiener.hilfswerk.at, baharat.wien, Mo-Fr 10-18.30. Gemeinnütziges Projekt des Wiener Hilfswerks, bei dem subsidiär Schutzberechtigte u.a. eine Barista-Ausbildung absolvieren können. Kaffee, Tee (bio und fair gehandelt). Kinderecke mit Spielsachen und Kindersessel. Gelegentlich Veranstaltungen wie Lesungen, das Café kann auch für geschlossene Gesellschaften und private Events gemietet werden. Friseur, Schneiderei und Upcycling-Werkstatt angeschlossen (tlw. auch für Workshops o.ä. geeignet). Zugang barrierefrei.

Café Brass Monkey Gumpendorfer Straße 71, Tel. 890 83 35, E-Mail: hello@brassmonkeyvienna.com, brassmonkeyvienna.com, Mo-Fr 7.30-19, Sa, So, Fei 9-19. Sympathischer Coffeeshop im Shabby Chic-Style; Frühstück, wechselnde Cup-Cake-Sorten (€ 4,20), Kuchen, Kekse, Brownies (€ 3,40 bis 4,40), auch vegan; griech. Kaffee der Firma Taf, heiße Schokolade aus Frankreich. 8 Sitzplätze.

Café Do-An Naschmarkt Stand 412-415, Tel. 585 82 53, E-Mail: office@doan.at, www.doan.at, Mo-Sa 7-24, So, Fei 10-21, Küchenschluss variabel. Salat-Bier-Espresso-Lokal in Höhe der Girardigasse mit wunderbarem illy-Kaffee und Sandwiches der Extraklasse. Hausgemachte Limonaden, Cocktails; MM mit Suppe (vegetarisch € 8,50, mit Fleisch € 9,50); Frühstück bis 14 (€ 7,80 bis € 10,50); Salate, z.B. exotischer Salat mit Avocado und Hühnerfleisch; Schremser Zwickl u. Premium vom Fass. Schanigarten f. 80 Pers.

Cafe el speta Hofmühlgasse 23, Tel. 0681/81 34 01 13, täglich 18-2. Günstige Getränke, z.B. Aperol-Spritzer, Kozel vom Fass; gelegentliche Veranstaltungen (z.B. Lesungen, Bands und Musiker); Schach und Schachturniere.

Café Ephata Garbergasse 14, Tel. 597 21 13, 0681/20 21 67 99, E-Mail: ephata@ephata.org, www.ephata.org, Mi-Fr 18-23 (Fei geschlossen), an Schultagen geöffnet; Sommer- und Winterferien geschlossen. Christliches Café, Seminarcafé und Veranstaltungscafé. Imbisse (€ 2,50 bis € 8,-), Fair-Trade-Produkte. Kulturelle, persönlichkeitsbildende, spirituelle und kreative Veranstaltungen, z.B. Kleinkunst, Konzerte, Gebetsgruppen; regelmäßig Treffen verschiedenster Gruppen. Lokal für Feste zu mieten. Seminarraum für 10 Pers. im Keller.

Equilibrium Kaffee Gumpendorfer Straße 71/Top 1/3-4, Tel. 0681/84 29 44 98, 0650/881 20 13, E-Mail: be.equilibrium.project@gmail.com, www.be-equilibrium.com, Mo–Sa 8–19, So, Fei 10–19. Frühstück, hausgemachte Mehlspeisen, versch. Quiches und diverse Salate, frische Bagels, vegane Optionen möglich; frisch gepresste Säfte, lose Tees, Bio-Limonade, starker Kaffee. Öfters Veranstaltungen wie Konzerte und Lesungen. Bücherregal (Bücher können vor Ort gelesen oder gekauft werden). Kindersessel, -bücher, Wickeltisch. Café für 30, Schanigarten für 24 Pers. Eingang und WC barrierefrei.

Fain Gumpendorfer Straße 27, E-Mail: hello@mamaliuandsons.at, fain.wien, Mi–So 12–20. Asiatische Café-Bar und Patisserie von den Betreibern des erfolgreichen Designer-Hot-Pot-Lokals Mama Liu & Sons. Versch. Cakes, Tartes und Pralinées mit exotischem Akzent, z.B. Ube-Torte; Matcha, Tees.

Gartencafé Stumpergasse 3/1, Tel. 597 18 03, www.gartencafe.com, Mo–Fr 9–19, So 10–18 (Fei geschlossen), im Sommer: Mo–Fr 9–20, So 10–18; Küche im Sommer bis 19.30, im Winter bis 18.30. Täglich wechselnder TT, überbackene Brote, verschiedene Salate, ganztägig Frühstück (z.B. Frühstück Marie, Butterbrot mit Schnittlauch und zwei Eiern im Glas), täglich frische, hausgemachte Kuchen (z.B. Kardinalschnitte oder Mohntorte); Kindersessel, Spielecke. Garten mit Terrasse für ca. 45 Pers. Barrierefreier Zugang über separaten Eingang. Hunde nur an der Leine.

Café Grüner Salon Hirschengasse 8, Tel. 0677/61 96 54 45, E-Mail: cafe@gruener-salon.at, www.gruener-salon.at, Do–So 9–16. Café nach Wiener Kaffeehaustradition, aber mit jugendlichem Stil. Große Auswahl an 100% glutenfreien veganen Speisen, biologischen Tees und Kaffees; Frühstück 9–14; diverse Trüffel und Pralinen, verschiedene Torten und Kuchen wie z.B. Apfelkuchen od. Heidelbeer Cheesecake; Kaffeespezialitäten, auf Wunsch auch mit Mandel-, Soja- oder laktosefreier Milch. Ca. 24 Sitzplätze.

Café Konditorei Gumpendorf Gumpendorfer Straße 70, Tel. 0650/421 51 31, Mo–Fr 7–18, Sa, So, Fei 8–18. 9 Frühstücksangebote bis 14 (ab € 4,10), Imbisse; großes Mehlspeisenangebot: Torten, Kuchen, Strudel, Schnitten uvm.; täglich frisches Gebäck. Hofgarten für 10 Pers.

illy Caffè Linke Wienzeile 6, Tel. 295 10 01, E-Mail: office@illy1010.com, www.illy.com, täglich 8–22. Italienisches Café; große Kaffeeauswahl (38 verschiedene Sorten), illy-Intenso-Röstung, 100% arabica; Kaffees haben exklusive illy-Qualität, Espresso-Siebträgermaschine; warme und kalte Kaffees (z.B. Cold Brew); 7 verschiedene Mehlspeisen frisch von der Konditorei; 5 verschiedene Frühstücksoptionen (€ 5,90 bis € 8,50) . Schanigarten für 50 Pers. Kaffeebohnen und -kapseln sowie Zubehör (wie exklusiv entworfene Tassen) können vor Ort, im offiziellen illy-Shop in der Webgasse 43 oder im Onlineshop gekauft werden.

Kaffeefabrik Mariahilf Otto-Bauer-Gasse 23, Tel. 957 97 93, E-Mail: info@kaffeefabrik.at, www.kaffeefabrik.at, Mo, Di, Do, Fr 8–18, Mi 8–22, Sa 11–17 (Fei geschl.). Zweite, größere Dependance der Kleinrösterei, die ihre selbst importierten und selbst gerösteten Bohnen verkauft, z.B. von Bio-Kooperativen in Äthiopien, Sumatra und Brasilien; zubereitet mit der Espressomaschine oder als Filterkaffee; Fruchtsäfte (Apfelsaft von Leeb, Bgld.), Tonic selbstgemacht und eine Auswahl an hausgemachten Kuchen und Gebäck. Mitnahme des Kaffees in Mehrwegbechern möglich (Partner von „My Coffee Cup"). Schanigarten für 15 Pers. Bestellung, Lieferung v. frischem Röstkaffee per E-Mail; Onlineshop.

Cafe Lambrecht Linke Wienzeile 42, Tel. 974 11 52, E-Mail: info@lambrecht.at, Di–So 9–22, Öffnungszeiten saisonal variabel (siehe Facebook-Seite). Kaffee, Bier, Apero, High Balls, div. Gin Tonics. Schanigarten für 24 Pers.

phil Gumpendorfer Straße 10–12, Tel. 581 04 89, E-Mail: info@phil.info, phil@phil.love, phil.love, Mo 15–23, Di–So 9–24, Küche bis 23. Kombination aus gemütlichem Cafe, gut sortierter Buchhandlung und Plattenladen. Die Bar verfügt über eine aus Ligurien importierte, 50 Jahre alte Faema E 61 sowie Pellini-Kaffee aus Verona. Frühstück täglich bis 16 (€ 8,90 bis € 19,50); Imbisse (Toasts, Sandwiches, Ciabatta, ab € 4,90), Falafel (5 Stk. € 10,20); Mehlspeisen, selbstgemachter Kuchen; Spezialitäten: selbstgemachtes Mango-Lassi, Matcha Latte, Zwickl und Kozel vom Fass. Lesungen, Konzerte. Wickeltisch. Laptops sind nur in Notfällen erlaubt. Bücher, Platten, Vintagemöbel zum Anschauen, Lesen und Kaufen. Schanigarten für 30 Pers.

Café im Raimundhof Mariahilfer Straße 45, Tel. 0676/750 95 89, E-Mail: b.lenauer@gmx.at, täglich 10–22. Snacks (€ 3,– bis € 7,–). Spiele; Vernissagen und kleinere Veranstaltungen, fallweise Livemusik, Lesungen, immer wieder Jamsession (siehe Facebook), 1. Sa im September Hoffest. Für Veranstaltungen bis 40 Pers. zu mieten, Spielplatz für Eltern und Kinder. Schanigarten für 30 Pers. Rollstuhlrampe.

Café Savoy Linke Wienzeile 36, Tel. 430 33 04, 581 15 57, E-Mail: cafe@cafe-savoy.at, www.cafe-savoy.at, Mo–Do, So 10–1, Fr 10–2, Sa 9–2, warme Küche 12–21.30. Schönes altes Café im Makart-Stil mit dem größten Kaffeehaus-Spiegel Europas. Tägl. großes Frühstücksangebot bis 13; kleine Speisen und Snacks, täglich mehrere HS. Große Auswahl an Torten, Kuchen und Strudeln (z.B. Apfelstrudel, Sachertorte). Klimaanlage. Schanigarten für 56 Pers.

Schadekgasse 12 Schadekgasse 12, Tel. 0650/531 85 51, E-Mail: info@cafeliebling.at, Mo–Do 10–24, Fr, Sa 10–2. Café von den Betreibern des Liebling. Kleine Snacks wie

Toast und Kuchen; alkoholfreie und alkoholische Eigenkreationen, Fair-Trade-Kaffee von Alt-Wien, Wein aus Österreich. Zeitungen, Zeitschriften. Terrasse für 20, Schanigarten für 30 Pers.

Starbucks Mariahilfer Straße 23-25, Tel. 33 66 33-2505, E-Mail: office@starbucks.at, www.starbucks.at, Mo-Fr 7.30-21, Sa, So, Fei 8-21. Unzählige Kaffeevariationen und -sorten; Iced Teas, Frappucinos; amerikan. Mehlspeisen, Sandwiches, Bagels; Kaffeeverkostungen. Schanigarten für bis zu 40 Pers.

The Good Coffee Society Stumpergasse 64, Tel. 0699/10 83 45 00, E-Mail: thegoodcoffeesociety@gmail.com, the-good-coffee-society.company.site, Mo-Fr 8-17.30, Sa 9-18, So, Fei 10-16. Café mit Fokus auf Third Wave Kaffee. Kaffeebohnen und -zubehör zu kaufen. 8 Sitzplätze.

Café U-Boot Esterhazygasse 31, Mo-Fr 9-18, Sa 10-18. Kleines Café mit hausgemachten Kuchen, frischen Bagels und Kaffee.

Un petit Café Getreidemarkt 13, Tel. 890 47 75 15, E-Mail: love@unpetit.cafe, unpetit.cafe, täglich 8-18. Alle Speisen hausgemacht. Umfangreiches Frühstück (z.B. Haferbrei mit Beeren), Wraps oder Salate (Tomate-Mozzarella, gegrilltes Gemüse, Couscous, rote Rüben, Avocado), Tabouleh nach mexikanischer Art, Muffins, Powerbällchen (vegan), Kuchen; Kaffee von Goppion. 8 Sitzplätze im Café, Schanigarten für 6 Pers.

Eissalons

Eis-Greissler Mariahilfer Straße 33, Tel. 02647/429 50, E-Mail: info@eis-greissler.at, www.eis-greissler.at, Öffnungszeiten saisonal variabel (s. Homepage). Div. Eissorten von Alpenkaramell bis Ziegenkäse, aus der Milch der eigenen Kühe in Krumbach in der Buckligen Welt hergestellt, verfeinert mit heim. Obst, frischen Kräutern, Gewürzen und Nüssen, zuckerreduzierte und vegane Sorten, alle Fruchtsorten ohne Milch. Handgestickte Kuh über dem Eingang.

Eiskarussell Linke Wienzeile 40, Tel. 0676/630 58 84, E-Mail: hallo@eiskarussell.at, www.eiskarussell.at, tägl. 12-22, Öffnungszeiten je nach Saison (siehe Facebook-Seite). Eissalon im Majolikahaus von Otto Wagner. Neben den Klassikern auch saisonal wechselnde Eissorten (salzige Erdnuss, Leithaberger Edelkirsche, Holunderblüte und Holunderblüte und Zitrone); Sorbets, Kaffee; Spezialanfertigungen nach Wunsch; Catering mit mobiler Eisbox/Eisrad.

Eissalon Gumpendorfer Straße 47-49 (Ecke Joanelligasse), Tel. 943 02 90, E-Mail: info@eissalon.co.at, www.eissalon.co.at, Mai bis September Mo-Sa 15-2, Oktober bis April Mo-Sa 17-2. Eissalon und Bar; Barsnacks und kleine Speisen wie z.B. Toast, auch Bio- und Fairtrade-Produkte; Kaffee, Eiskaffee; Cocktails (auch Cocktails mit Speiseeis), Bier, Wein, Spirituosen, Longdrinks. Off Space für Kunst & Kultur - laufende Veranstaltungen (Ausstellungen, Lesungen, Diskussionen). Catering. Schanigarten für 30 Pers.

Fresh & Berry Mariahilfer Str. 101, Tel. 943 72 86, E-Mail: freshberry@gmail.com, www.freshberry.at, tägl. 11.30-21 (Sommer), Winter: Mo-Fr 12-20, Sa 11.30-20, So 13-20. Frozen Yogurt und Waffeln mit Toppings nach Wahl, Ice Cream Rolls; Bubble Tea. Schanigarten für 12 Pers.

Schoko Company Naschmarkt Stand 326-331, Tel. 0660/688 24 88, E-Mail: shop@schokocompany.at, www.schokocompany.at, Mo-Fr 10-19, Sa 9-18, Eis von Mitte März bis Mitte Oktober. Größte Auswahl an Zotterschokolade in Wien. Bio-Frozen Yogurt und Eis vom Eis-Greissler; Eis aus Zotter-Schokolade, weitere Eissorten mit Biomilch, veganes und laktosefreies Fruchteis; Snackbar mit Bio-Fairtrade-Kaffee (auch zum Mitnehmen), Süßigkeiten. Klimaanlage. Drinnen und draußen je 10 Sitzplätze. Rollstuhlrampe.

Valentino Gumpendorfer Straße 105, Tel. 0660/429 07 91, E-Mail: gelateriavalentino@gmail.com, ital-eis-valentino-1060.eatbu.com, März bis Oktober täglich 10-23. Ca. 33 Eissorten (€ 1,80/Kugel), Spezialsorten wie Capriccio, Tropicana, Black Africa, Moretto und Veneziana, Stromboli, Spargeleis; auch Coups wie Radetzky, Spaghetti-Eis. Mehlspeisen wie Tiramisu, belgische Waffeln od. Sachertorte. Bruschette. 5 Sitzplätze.

Veganista Amerlingstraße 19, Tel. 0660/750 68 00, E-Mail: info@veganista.at, www.veganista.at, täglich 11-23, im Winter verkürzte Öffnungszeiten (s. Homepage). Ausschließlich veganes Eis, klassische und innovative Eissorten wie z.B. Basilikum; Eis Sandwiches „Inbetwiener", Eis mit Zuckeralternativen wie Birkenzucker od. Ahornsirup, glutenfreie Sorten und glutenfreie Stanitzel; für laktoseintolerante Menschen geeignet. Saisonale Spezialitäten wie Spekulatius, Zimt und Blutorange zu Weihnachten oder Pumpkin im Herbst. Boxen zum Mitnehmen (0,5l, 1l, 1,5l); Gutscheine. 5 Sitzplätze. Rollstuhlrampe. Schanigarten für 20 Pers.

Zuckero Naschmarkt Stand 980, Tel. 0664/128 04 22, E-Mail: office@zuckero.at, torte@zuckero.at, www.zuckero.at, Mo-Fr 11.30-21, Sa 11.30-18. Natürliches veganes, laktosefreies, glutenfreies und zuckerfreies Eis; hausgemachte Motivkekse; Torten jeglicher Art (Geburtstagstorten, Motivtorten etc.). Schanigarten.

Imbisse

1683 Bagels Webgasse 43, www.1683bagels.at, Mo-Fr 7.30-19.30, Sa, So 9-19.30. Hausgemachte Bagels mit div. Füllungen, auch süße Bagels. Take-away.

Adele Mollardgasse 62, Tel. 890 77 31, E-Mail: adele1060@outlook.com, www.adele-wien.at, täglich 11–21.30. Pizza, Pasta, Burger; Zustelldienst. 💳 €

Auszeit Wien Mollardgasse 74, Tel. 0676/380 72 51, E-Mail: info@auszeit.wien, www.auszeit.wien, Mo–Fr 8.30–22, Sa 11–22 (Fei geschlossen). Kebap-Stand; Kebap in div. Variationen (zum selbst Zusammenstellen, auch vegetarisch/vegan), hausgemachte Saucen, Brotvariationen; bevorzugt regionale Produkte, alle Speisen sind halal. Sitzplätze im Freien für 6 Pers. 💳 €

Döner Brutal Gumpendorfer Str. 33, Mo–Sa 11–19. Döner aus hochwertigen Zutaten mit Bio-Rindfleisch und Bio-Sauerteigbrot, auch vegetarisch mit selbstgemachtem Seitan (€ 4,90 bis € 7,40) sowie div. Langos; kleine Auswahl an Naturweinen, Sprudel und Bier sowie gängige Softdrinks, außerdem Cocktails in Apothekerfläschchen zum Mitnehmen. €

Duran Superimbiss Mariahilfer Straße 91, Tel. 596 23 73, E-Mail: office@duran.at, www.duran.at, Mo–Fr 8–18.30, Sa 9–17 (Fei geschlossen). Shop und Take-away mit Selbstbedienung, kalte und warme Küche, täglich wechselnde Gerichte, Sandwiches, vegetarische und vegane Alternativen, täglich wechselndes TT; hausgemachte Limonaden, Kaffee. Online-Shop. Schanigarten. €

John Pizza Service Mollardgasse 83, Tel. 208 63 68, E-Mail: office@pizzajohn.at, www.pizzajohn.at, Mo–Fr 11–14.30 und 17.30–23, Sa 17.30–23, So, Fei 11–22. Pizza in 3 Größen: Single, Familie und Party, Pasta, auch indische (z.B. Palak Paneer, € 10,90), amerikanische (z.B. Burger ab € 7,90) und mexikanische Speisen, viele vegetarische Speisen; Nachspeisen und Eis (z.B. Gulabjamun od. Apfelstrudel). Gratiszustellung in die Bezirke 4 bis 8, teilweise 12 und 15 (ab € 10) sowie 1, 3, 10, 14 und 16 (ab € 25,–). 💳 €

Juice Deli Mariahilfer Straße 45/20, E-Mail: office@juicedeli.at, www.juicedeli.at, Mo–Fr 9–18. Kalt gepresste Säfte, Smoothies, Saftkuren, Suppen. Zutaten rein biologisch und vegan. Take-away.

Kentucky Fried Chicken Mariahilfer Straße 119, Tel. 596 00 75, E-Mail: office@kfc.co.at, www.kfc.co.at, täglich 10–22. Buckets mit Chicken oder Hot Wings, Burger; alles auch zum Mitnehmen. 💳 €

Lieber Ohne – bio, regional & unverpackt Otto-Bauer-Gasse 8–10, Tel. 375 00 64, E-Mail: hallo@lieberohne.at, www.lieberohne.at, Mo–Fr 9–19, Lebensmittelverkauf auch Sa 10–18. Bio-Lebensmittelladen mit Imbiss. Täglich eine Suppe, bis zu drei HS (€ 6,50) und ein Dessert; gekocht wird, was im Laden übrig bleibt, meist vegetarisch/vegan. Frisches Biofleisch und -fisch auf Vorbestellung; Bio-Lebensmittelsortiment: Gemüse, Obst, Brot (Waldherr), Getreideprodukte, aber auch Wasch- und Reinigungsmittel etc. zum Abfüllen. Kinderportionen. Hunde nur mit Leine. 💳 €

McDonald's www.mcdonalds.at, Öffnungszeiten siehe Homepage. Burger, Wraps, Salate etc.; Mariahilfer Str. 85–87, Tel. 585 49 49, E-Mail: at-store0107@restaurant.at.mcd.com, Frühstück. Kindergeburtstag. McDelivery. Mit McCafé. Tischservice. Pilgrambrücke 1, Tel. 0664/88 64 59 64, E-Mail: at-store0183@restaurant.at.mcd.com. ♿ 💳 €

Royi's Crêperie Hofmühlgasse 18, Tel. 0665/65 46 62 73, E-Mail: creperie.isr@gmail.com, www.royiscreperie.com, Mi–Sa 11–19, im Jänner geschlossen (Betriebsurlaub). Süße und pikante Crêpes aus Sauerteig; alles auch zum Mitnehmen; alle drei Monate neue Karte; Sa zusätzlich zu den Crêpes auch Brot und Gebäck; Biospeisen und -getränke; hausgemachte saisonale Drinks. 💳

Schile Imbiss & Lebensmittel Morizg. 8, Tel. 595 48 09, E-Mail: webmaster@schile.at, www.schile.at, Mo–Sa 7–22, So 9–22. Imbissstube, Lebensmittelgeschäft und Lieferservice, Familienbetrieb; türk. Küche, Kebap, Pizza (Mo–Fr 11–14 jede Pizza im Lokal/bei Abholung € 6,–), Schnitzel, auch vegetar. Speisen (Falafelsandwich, Pizza); täglich 11–21.30 Zustellung im 4. bis 7. und 15. Bezirk (gratis ab € 9,–). 💳 €

Suppengalerie Webgasse 45, Tel. 0660/555 47 30, 0660/721 21 30, E-Mail: mail@suppengalerie.at, www.suppengalerie.at, Mo–Fr 11–16, durchgehend warme Küche. Bio-Take-Away. Suppen (0,5 l € 5,20 bis € 5,50), Eintöpfe und Currys (€ 8,50 bis € 9,–), Salate (€ 4,80), Wraps und Bowls (€ 6,20), Süßes (z.B. Himbeer-Tiramisu od. selbstgemachter Pudding, ab € 3,20), Tagesspecial (€ 8,50 bis € 9,50); div. Fruchtsäfte und Softdrinks; Take-away. 8 Sitzplätze. 💳 €

SUPPITO Girardig. 9, Tel. 0664/213 91 09, E-Mail: info@suppito.at, www.suppito.at, Mo–Do 8–18 (Fei geschl.). Sehr hübsche Manufaktur, seit Jahren eine der besten Suppenadressen der Stadt, gekocht wird nach den fünf Elementen. Alle Speisen werden je nach Jahreszeit und vorhandenen Zutaten variiert und sind laktose-, hefe- und glutenfrei (Suppen: 0,5 Liter € 8,10 bis € 8,60; Eintöpfe: 0,5 Liter € 9,60 bis € 11,50); 11.30–14 täglich wechselndes Mittagsgericht zum Mitnehmen, köstliches Gemüsecurry mit nicht weniger als 19 Zutaten (0,5 Liter € 10,60), außerdem gibt's auch Kuchen, Cracker, Müsli/Granola und Kompotte. Nur Take-away, vor Ort essen ist nicht möglich; Zustellung in ganz Wien (Zustellgebühr € 10,–, bis € 100,– Bestellsumme, € 5,– ab € 100,– Bestellsumme, ab € 200,– Bestellsumme gratis) und Zustellung in ganz Österreich (gekühlte Postbox, Gebühr € 10,–). Kochbücher. Hauseigene Gewürzlinie (ab € 10,–). 💳 €€

Trzesniewski Mariahilfer Straße 95, Tel. 596 42 91, 493 13 32-0 (Büro), E-Mail: office@trzesniewski.at, www.speckmitei.at, Mo–Fr 9–19, Sa 9–18. Klassisches Wiener Imbiss-

Buffet; Aufstrichbrötchen (€ 1,50/Stück), Aufstriche (€ 4,20/100 g); Zustellung mit Lieferdienst; Online-Bestellmöglichkeit auf der Homepage. Schanigarten für 22 Pers.

Vienna Schnitzel Otto-Bauer-Gasse 26, Tel. 587 87 26, www.viennaschnitzel.at, täglich 11–22. Schnitzel, Burger, Fingerfood, auch vegetarische Speisen; Take-away. **€€**

Yummyaki Otto-Bauer-Gasse 27, Tel. 595 48 57, E-Mail: info@yummyaki.at, www.yummyaki.at, Mo–Fr, Fei 11–20.30. Asiatisches Take-away-Lokal mit gesunden Speisen; selbst gemachte Saucen, frische Zutaten, Nudelsuppen, Gyozas, Lamien (handgezogene Nudeln), Kokoscurry etc., Desserts. 8 Sitzplätze. **€**

Konditoreien, Bäckereien

Aida Mariahilfer Straße 101, Tel. 890 89 88-203, E-Mail: info@aida.at, www.aida.at, Mo–Sa 8–20, So 9–18. Konditorei und Kaffeehaus. Schanigarten.

Anker www.ankerbrot.at, kontakt@ankerbrot.at. Brot, Gebäck, Mehlspeisen, tägl. laufend frische Snacks. Öffnungszeiten saisonal variabel (s. Homepage). Mariahilfer Straße 1D, Tel. 581 04 00, Mo–Fr 6.30–19.30, Sa 7–18, So, Fei 7–13, Schanigarten. Mariahilfer Straße 91, Tel. 569 73 73, Mo–Fr 6.30–18, Sa 7–18 (Fei geschlossen), Schanigarten.

Der Mann www.dermann.at. Gebäck, Brot, Mehlspeisen, Snacks. Im Sommer variable Öffnungszeiten. Mariahilfer Straße 1, Tel. 866 99-9123, Mo–Fr 7–19, Sa 7.30–18 (Fei geschlossen), Kaffee-Ecke. Mariahilfer Straße 27, Tel. 866 99-9145, Mo–Fr 6–18.30, Sa 7.30–17 (Fei geschlossen), Kaffee-Ecke. Mariahilfer Straße 85–87, Tel. 866 99-9132, Mo–Fr 6–19, Sa 6.30–18, So, Fei 9–15. U-Bahn Station Margaretengürtel, Tel. 866 99-9127, Mo–Fr 5.30–18.30, Sa 7–12, So, Fei 7–13, Kaffee-Ecke, Schanigarten.

15 süße Minuten Gumpendorfer Straße 40, Tel. 0664/75 57 52 35, E-Mail: email@15suesseminuten.at, www.15suesseminuten.at, Mo–Fr 7–19, Sa 8–18, So 8–16. Frisches Kleingebäck, Mehlspeisen, Kuchen, Torten, kleine Speisen (Spinat-Käse-Strudel, Paprika-Tomaten-Taschen, Panini). Kaffeespezialitäten, Chai-Latte.

Gradwohl's Vollkornbackstube Mariahilfer Straße 23, Tel. 585 68 99, E-Mail: office@gradwohl.info, www.gradwohl.info, Mo–Fr 7–18, Sa 9–17 (Fei geschl.). Vollwert-Backwaren, Bio-Vollkorn-Mehlspeisen, Vollwert-Snacks; frisch gepresste Säfte; natürliche Zutaten aus biologischem Anbau.

Herr Schneck Mariahilfer Straße 45 (Raimundhof 51), Tel. 0664/410 25 95, E-Mail: office@herrschneck.at, www.herrschneck.at, Di–Sa 10–18. Konditorei mit Schwerpunkt auf der Germteigschnecke. Neben der klassischen Zimtschnecke gibt es saisonal wechselnde Schneckenvariationen von fruchtig bis pikant, teils auch vegan. Kaffee von Süßmund, Tee von Hornig, heiße Schokolade von Manner, Säfte von Pona. Sa Brunch mit Eierspeis-Speck-Schnecke und Scheiterhaufen mit Vanillesauce. Take-away. Viele Zutaten bio und/oder regional (z.B. Mehl von der Bio-Mühle Rosenfellner oder Milchprodukte von der Bio-Käserei Höflmaier). Gastgarten im Raimundhof für ca. 12 Pers.

L'Amour du Pain Otto-Bauer-Gasse 21, Tel. 0678/122 06 89, E-Mail: info@lamourdupain.at, www.lamourdupain.at, Di–Sa 7–19. Französische Bäckerei mit Café. Spezialitäten: Croissants, Brioches, Pains au Chocolat, Sauerteigbrote; kleine Speisen sowie MM, z.B. Focaccia Quiche mit kleinem Salat, belegte Brötchen, Käseplatten; alkoholische und nicht-alkoholische Getränke. Österreichische und französische Tageszeitungen. Schanigarten.

Motto Brot Mariahilfer Straße 71A, Tel. 581 44 00, E-Mail: hallo@mottobrot.at, www.mottobrot.at, Mo–Fr 7–19, Sa 8–19, So 8–17. Bäckerei von Bernd Schlacher (Motto am Fluss). Brot, Kleingebäck, Pâtisserie, Viennoiserie; kleine Speisekarte, Frühstück; Kaffee, Kaltgetränke. Zeitungen, Zeitschriften. Schanigarten. Hunde nur im Schanigarten erlaubt.

Kurkonditorei Oberlaa Mariahilfer Straße 1c, Tel. 581 34 05-0, E-Mail: mariahilf@oberlaa-wien.at, www.oberlaa-wien.at, täglich 9–20. Köstliche Torten, Kuchen, Konfekt und warme Mehlspeisen aus eigener Patisserie, Kaffee- und Teespezialitäten, Coffee to go, im Sommer hausgemachtes Eis; ganztägig Frühstück, pikante Snacks. Klimatisiert. Schanigarten für 30 Pers. Zugang barrierefrei.

Öfferl Mariahilfer Straße 9, Tel. 02522/883 37, E-Mail: mariahilf@oefferl.bio, www.oefferl.bio, shop.oefferl.bio, Mo–Sa 8–19, So 8–14. Bio-Brote aus Sauerteig, div. Gebäck. Hausgerösteter Kaffee, die Bohnen gibt es auch abgepackt zu kaufen.

Peti Pari Otto-Bauer-Gasse 2, Tel. 0664/203 54 53, E-Mail: peti.pari.vienna@gmail.com, petipari.at, Mo–Sa 9.30–18. Französische Patisserie mit französischen und modernen Desserts und Süßwaren, selbstgemachte Viennoiserie (Croissants, Brioche, Pain au chocolat etc.); Spezialitäten: Zitronen Tarte, Paris Brest, Macarons; Quiche; Kaffee von CultCaffè, Biomilch, Bio-Limonaden von Fentimans und Pona, heiße Schokolade von Valrhona, Tee und Prosecco Canella. Cafe für 8, Schanigarten für 18 Pers.

Bäckerei Schrott Webgasse 44, Tel. 597 82 87, E-Mail: baeckerei-schrott@aon.at, www.baeckerei-schrott.at, täglich 6–12.30 (Fei geschl.). Biobrot, Biogebäck, hausgemachte Biomehlspeisen, Snacks (Brötchen, gefüllte Weckerl).

Ströck www.stroeck.at, kundenservice@stroeck.at. Ofenfrisches Brot und Backwaren (von rustikal bis mediterran),

Mehlspeisen-Klassiker; Frühstück, schnelle Snacks, Imbisse; Bio-Fairtrade-Kaffee; das gesamte Brot- und Gebäcksortiment ist frei von Zusatzstoffen, breites Angebot an Bio-Produkten. Öffnungszeiten s. Homepage: stroeck.at/filialen. U-Bahn Station Gumpendorfer Straße, Tel. 204 39 99-830 36, Mo-Fr 5.30-18.30, Sa 6.30-12. Naschmarkt Stand 115-119, Tel. 204 39 99-830 71, Mo-Fr 8-16, Sa 8-14.

Waldherr - Der Vollkorn-Bio-Bäcker Naschmarkt Stand 237 (Höhe Theater a. d. Wien), Tel. 586 68 19, E-Mail: office@vollkornbaeckerei-waldherr.at, www.vollkornbaeckerei-waldherr.at, Mo-Do 10-18, Fr 8-18, Sa 8-17 (Fei geschl.). Vollkornbiobäckerei, Sauerteigbrote aus alten und alternativen Getreidesorten, biolog. Produkte, gesüßt wird nur mit Honig oder Agavensirup, Backwaren ohne Hefe, auch glutenfrei od. vegan; auch Bioprodukte zu kaufen (Müsli, Marmeladen, Nudeln, Tee etc.). Fair-Trade Kaffee zum Mitnehmen.

Konfiserien

bitter süss - wiener schokoladen manufaktur Hirschengasse 1, Tel. 0664/825 07 63, E-Mail: info@bitter-suess.at, www.bitter-suess.at, Di-Fr 12-18.30, nach Vereinbarung geöffnet. Handgemachte Pralinen und Schokoladen; Trüffelpralinen, Schokolade-Fondue, kandierte Früchte, Nougatcreme, Trinkschokolade (auch Dulce de Leche, d.h. Karamellmilch); auch vegane und laktosefreie Varianten; Geschenkboxen; Auftragsproduktionen und Catering (auch salzige Trüffel, z.B. mit Thunfisch); Sa Pralinenkurse.

Confiserie Heindl Mariahilfer Straße 31, Tel. 581 06 75, E-Mail: confiserie@heindl.co.at, www.heindl.co.at, akt. Öffnungszeiten siehe Homepage. Mehr als 250 untersch. Pralinen-, Konfekt- u. Waffelspezialitäten; gesamtes Sortiment ausschl. mit Fairtrade-Kakao; vegane Spezialitäten.

Confiserie Heindl Mariahilfer Straße 81, Tel. 581 45 96, www.heindl.co.at, Mo-Fr 10-19, Sa 9-18 (Fei geschlossen). Mehr als 250 unterschiedliche Pralinen-, Konfekt- und Waffelspezialitäten; gesamtes Sortiment ausschließlich mit Fairtrade-Kakao; vegane Spezialitäten.

Pubs

Dublin Irish Pub Gumpendorfer Straße 93, Tel. 0664/474 49 89, E-Mail: office@dublin-vienna.at, www.dublin-vienna.at, Mo-Do 16-1, Fr 16-2, Sa 17-2, So, Fei 17-24, Küche bis 22.30. Burger (wechselnder Monatsburger ab € 9,-), kleine Speisekarte, Snacks (Brote, Ofenkartoffeln etc.), Sommerkarte (Salate); Guinness, Kilkenny, Schwechater Hopfenperle, Heineken, Starobrno und Strongbow Cider vom Fass, Weine, über 60 Whisk(e)ys. Darts. Wechselnde Veranstaltungen mit Live-Musik; TV mit Leinwand für Sportübertragungen. Schanigarten für ca. 40 Pers.

The Laurel Leaf Irish Pub Theobaldgasse 15, Tel. 585 68 65, E-Mail: 1060@laurel-leaf.at, www.laurel-leaf.at, Mo, Di, So, Fei 15-24, Mi, Do 15-1, Fr, Sa 15-3, Küche bis 22. Burger (Happy Hour bis 18: Burger um € 6,-), Sandwiches, Fingerfood, Riesenschwarzbrote, vegane Optionen; für Feiern ab 20 Pers. Spanferkel mit Semmelfülle und Beilagen (€ 15,-/Pers., auf Vorbestellung); Guinness, Kilkenny und andere Biere vom Fass, Flaschenbiere, Whiskey. 5 Pooltische; 1 Dartsautomat; 3 Videowalls (Live-Sportübertragungen). Schanigarten für ca. 30 Pers. €

Wind & Mill's Gumpendorfer Straße 50, www.windmills.at, Mo-Sa 17-2. Irish Pub; irische Biere, Cider und Whiskeys.

Szene

Bruder Windmühlgasse 20, Tel. 0664/135 13 20, E-Mail: hallo@bruder.xyz, www.bruder.xyz, Do, Fr 17-1, Sa 12-1. Österreichische Küche, modern interpretiert: Schweinebauch mit Roter Rübe und Senf; Pilzbeuschel; in Milchsäure gegarte Bachforelle oder eine Taco-Interpretation mit Palatschinken. Es wird mit Aromen gespielt und selbst fermentiert, gegärt und angesetzt. Die Essenzen schmeckt man auch in den Getränken. Kleines Geschäft nebenan, wo viel Fermentiertes auch gekauft werden kann. Gastgarten für 30 Pers. Hunde nicht erlaubt. €€

Einhorn Joanelligasse 7, Tel. 586 32 12, täglich 16-4. Legendäres Wiener Musiklokal, gegründet in den 60ern von Uzzi Förster; sieht immer noch aus wie damals; Musik zwischen Independent und Alternative, auch Elektro, Rock, Punk, Jazz; Brettspiele. Schanigarten für ca. 25 Pers.

Felixx Bar Gumpendorfer Straße 5, E-Mail: office@felixx-bar.at, www.felixx-bar.at, Mo-Do, So 18-2, Fr, Sa, Fei 18-3. Szenecafé zwischen Naschmarkt und Museumsquartier. Große Cocktailkarte, österreichische Weine. Wechselnde Veranstaltungen. Gastgarten für 50 Pers. Reservierung über Website.

Café Habakuk Brückengasse 14, Tel. 890 20 01, E-Mail: buero@cechinger.at, täglich 18-2. Junges Lokal mit breitem Getränkeangebot von Kaffee über Bier bis Longdrinks (bevorzugt lokale Produkte); Toast; mitgebrachte Speisen dürfen im Lokal konsumiert werden. Musik (bunt gemischt). Bankomat nebenan. Hundefreundlich.

Tanzcafé Jenseits Nelkengasse 3, Tel. 587 12 33, E-Mail: jenseitstanzcafe@gmail.com, www.tanzcafe-jenseits.com, Di-Sa 20-4. Sehr gemütliche Bar mit etwas verlebtem, rotem Brokat an den Wänden und einem Hauch „das war Hollywood von gestern" in der Luft; diverse Cocktails, Longdrinks, vorwiegend Wein aus Österreich (Weinkarte); Kulturelle Veranstaltungen, Lesungen und täglich wechselnde DJ-Line (Di-Do hauptsächlich Jazz, Funk, Soul; Fr, Sa tanzbare

Musik); gute Musik und kleine, feine Tanzfläche. Klimaanlage. „Goldener Salon“ für 25 Pers. (auch exklusiv zu mieten). Keine Hunde.

Rhythms Bar & Kitchen Windmühlgasse 28, Tel. 253 00 61-900, E-Mail: rhythms.vienna@jaz-hotel.com, www.jaz-hotel.com, Di-Sa 18-23. Restaurant und Bar im Hotel Jaz in the City. Tägl. Frühstücksbuffet; österreichische und internationale Küche sowie Burger und Steaks. **€€€**

Shalimar Schmalzhofgasse 11, Tel. 43 08 305, E-Mail: darija@shalimar.at, Di-Sa 17-1. Szenelokal der ehemaligen Ungargrill-Wirtin Darija Kasalo; verschiedene Currys, vegane Sarma, Tagessuppe nach Saison, Antipasti, Cevapcici, Salate, Burger, Erdäpfelrösti; diverse Desserts; Weine, Bier, Aperitiv, Prosecco vom Fass, Longdrinks etc. Alle Speisen auch zum Mitnehmen. Gastgarten mit Salettl im Innenhof. **€€**

SMart Café Köstlergasse 9, Tel. 0676/523 66 01, E-Mail: info@smartcafe.at, www.smartcafe.at, täglich 16-1, durchgehend warme Küche. 1. Wiener SM- und Fetisch-Café, kein Zutritt für Jugendliche unter 18 Jahren. Standardkarte, Monatskarte. Veranstaltungen wie Stammtische, Workshops etc. (siehe Homepage), alle 2 Monate Vernissagen. Rollstuhlrampe.

The Hive Magdalenenstraße 2, Tel. 0676/782 29 66, 0699/10 02 98 38, E-Mail: office@the-hive.at, www.the-hive.at, Mo-Do, So, Fei 11.30-2, Fr, Sa 11.30-4. Bar mit Snacks wie Käsekrainer oder Chili con Carne, 1 TM (€ 8,90 bis € 12,90) und 2 weitere Gerichte aus der österreichischen Küche auf der Karte; 5 Fassbiere, Weine aus der Region, Cocktails. Klimaanlage. Gastgarten für 40 Pers.

Titanic Club Theobaldgasse 11, E-Mail: office@titanic.at, www.titanic.at, Öffnungszeiten siehe Homepage. Club. Getränke, Hintergrundmusik.

Top Rahlgasse 1, Tel. 208 30 00, E-Mail: bar@topkino.at, www.topkino.at, Mo-Mi 11-24, Do-Sa 11-1, Küche bis 21. Perfekt unperfektes Kinobuffet mit freundlichem Service im Top-Kino; internationale Küche, frisch gemachte Pita (€ 5,80 bis € 6,20), Snacks (bis € 3,-), legendärer Schinken-Käse-Toast. Kino für private Vorführungen zu mieten. Schanigarten für ca. 75 Pers. Behinderten-WCs. **€**

Villa Vida Linke Wienzeile 102, Tel. 0720/51 95 54, E-Mail: contact@villavida.at, villavida.at, Di-Do 17-23, Fr, Sa 17-24 (Fei geschlossen). Queeres Café in der Türkis Rosa Lila Villa. Amerikanische Küche (Tacos, Chicken Wings); Cocktails, Kaffee. Regelmäßig Veranstaltungen (z.B. Open Mic Abende). Innenhofgastgarten für 50 und Schanigarten für 15 Pers.

Teehäuser

Sir Harly's Tea Mariahilfer Straße 45/44 (im Raimundhof), Tel. 0676/770 10 33, E-Mail: info@harly-tea.at, www.harly-tea.at, Mo-Sa 11-18. Teefachladen mit 150-160 Sorten an Schwarz- und Grüntee, teilweise mit Blüten versetzt, Früchtemischungen, Weißtee, Teeraritäten aus aller Welt; kleine Snacks, frische Scones mit Clotted Cream und Erdbeermarmelade. Sitzmöglichkeit für 8 Pers.; Veranstaltungen wie Teeverkostungen für ca. 8-12 Pers., 5 o'Clock Tea nach Vorbestellung. Onlineshop.

Tea Plus Stumpergasse 63, E-Mail: info@tea-plus.at, office@tea-plus.at, www.tea-plus.at, täglich 12-21. Bubble Tea Shop.

Weinhandlungen

Champagne Characters Garden Dürergasse 3, Tel. 347 32 11, E-Mail: wien@champagne-characters.com, www.champagne-characters.com, Di-Sa 12-19. Champagnerbar und -shop von Champagne Characters. Die Champagner können hier gekauft, aber auch verkostet werden (€ 5,- Stoppelgeld), das Essen dazu darf mitgebracht werden (Teller und Besteck sind vorhanden). Termine für Verkostungen und Veranstaltungen s. Homepage.

Rakija & Vino Gumpendorfer Straße 105, Tel. 0676/591 99 59, E-Mail: office@rakija-vino.at, www.rakija-vino.at, Di-Fr 14-18, Sa 10-13. Weine und Obstbrände aus Serbien. Auch Weine von autochtonen serbischen Rebsorten wie Tamjanika (weiß) und Prokupac (rot). Bankomat gegenüber.

Vida Gumpendorfer Straße 6, Tel. 412 01 15, E-Mail: info@vidaws.at, vidawein.at, Mo-Do 11-19, Fr 11-21, Sa 11-18. Vinothek von zwei bulgarischen Unternehmern, die in Bulgarien ein gleichnamiges Weingut besitzen. Neben einem Sortiment an österreichischen und internationalen Weinen auch bulgarische Weine. Onlineshop.

Wein & Co Bar Getreidemarkt 1, Tel. 050/706-3101, E-Mail: nas@weinco.at, www.weinco.at, April bis September täglich 10-22, Oktober bis März Mo-Sa 10-24, So, Fei 11-22 (Shop). Bar und Weinhandlung. Größtes Fine Wine Sortiment Österreichs, mehr als 2000 Weine aus aller Welt; erweitertes Angebot an Ikonen, Sammlerstücken und limitierten Spitzenweinen; vielfältiges Zusatzsortiment. Das Besondere: die im Shop erhältlichen edlen Tropfen kann man sich im Lokalbereich servieren lassen (Aufpreis inkl. einer großen Flasche Vöslauer). Die Barrechnung ist gleichzeitig eine Gutschrift für den Shop (10 %). Im Sommer Schanigarten.

Wiener Kaffeehäuser

Drechsler - Wienzeile Linke Wienzeile 22 (Ecke Girardigasse 1), Tel. 581 20 44, E-Mail: office@drechsler-wien.at, www.drechsler-wien.at, Mo-Fr 8-15, Sa, So, Fei 9-16. Eines der ältesten Wiener Kaffeehäuser, bekannt geworden als Einzugsort für Künstler, Schriftstellerinnen und Nachtschwärmer. Seit 2018 liegt das Hauptaugenmerk auf Frühstück (ganztags); Mo-Fr ab 11.30 MM mit Tagessuppe oder Salat (€ 10,50 bis € 15,50).

Cafe Restaurant Gschamster Diener Stumpergasse 19, Tel. 597 25 28, E-Mail: office@gschamsterdiener.com, www.gschamsterdiener.com, täglich 9-23.30 (Fei geschlossen), durchgehend warme Küche bis 22. 120 Jahre altes tradit. Wiener Kaffeehaus. Frühstück ganztägig; Wiener Küche und Hausmannskost (2gg M € 9,90/TT € 8,80), Wochenendmenü (2gg € 9,90 und 3gg € 15,20); Kinder- und Seniorenportionen; für Veranstaltungen Buffet auf Bestellung (ab € 27,90/Pers.); Silvesterbuffet (€ 33,20). Österreichische Tageszeitungen, Illustrierte; TV für Sportübertragungen; immer wieder Ausstellungen und Lesungen, Musik, Theater, Kabarett; jeden 30. „Ihr Auftritt bitte“: der Gast ist für 10 Min. der Star. Hofgarten für ca. 20, Schanigarten für 30 Pers. €

Café Jelinek Otto-Bauer-Gasse 5, Tel. 597 41 13, E-Mail: cafe@cafejelinek.at, www.cafejelinek.steman.at, täglich 9-22. Eine wahre Kaffeehausinstitution, sehr gemütlich. Frühstück ganztägig (€ 8,30 bis € 19,80); Imbisse wie Gulasch, Würstel etc.; hausgemachte Mehlspeisen und Limonaden; hauseigener, selbstgerösteter Jelinek Kaffee (auch zum Mitnehmen bzw. über den Onlineshop zu kaufen, 1kg € 29,50, 500g € 16,-, 250g € 8,50). Österreichische, deutsche und französische Tageszeitungen. Schanigarten für 60 Pers.

Café Kafka Capistrangasse 8, Tel. 586 13 17, Mo-Sa 8-1, So, Fei 10-24, warme Küche bis 22, danach nur Snacks. Besteht seit 1908. Rein vegetarische Speisen; Frühstück bis 16 (€ 5,50 bis € 9,80), kleine Speisen (div. Toasts z.B. Tomate Mozzarella Pesto Toast); Desserts wie Sachertorte od. Apfelstrudel mit Schlag; Weißer Spritzer, original italienischer Espresso. Österr. Zeitungen. Schanigarten für ca. 30 Pers. **€**

Café Ritter Mariahilfer Straße 73, Tel. 587 82 38, E-Mail: office@caferitter.at, www.caferitter.at, Mo-Sa 7.30-22, So, Fei 9-21, warme Küche bis 21. Kaffeehausklassiker, eines der letzten authentischen Lokale der gesamten Mariahilfer Straße mit traumhafter Jahrhundertwende-Atmosphäre. 10 Frühstücke bis 13 (€ 8,- bis € 12,90), klassische Wiener Kaffeehausküche; hausgemachte Mehlspeisen. Klaviermusik, Do Nachmittag Live-Musik; österreichische und internationale Tageszeitungen, Illustrierte. Schanigarten für 28 Pers. Das Interieur des prächtigen Kaffeehauses steht seit 2009 unter Denkmalschutz. **€€**

Café Sperl Gumpendorfer Straße 11, Tel. 586 41 58, E-Mail: melange@cafesperl.at, www.cafesperl.at, Mo-Sa 7-22, So, Fei 10-20, warme Küche bis 1 Std. vor Sperrstunde, Juli und August So geschlossen. Denkmalgeschützte Wiener Kaffeehaus-Institution (seit 1880) mit freundlicher Bedienung. Frühstück ganztägig (€ 9,50); neue, leichte Wiener k.-u.-k.-Küche, klassisch österreichisch: geröstete Knödel mit Ei, Eiernockerl, Schinkenfleckerl, jede Speise mit Salat; kleine Speisen wie Würstel oder Toast (ab € 4,70), ausschließlich heimische Produkte (österreichisches Fleisch von Kastner Fleischerei und Fleischhauer Metzger); hausgemachte Wiener Mehlspeisen, z.B. „Sperl Schnitte“, Apfel- und Topfenstrudel; österreichische Qualitätsweine. Kinderecke. Billard (3 Caramboltische); 4 tuchbezogene Tische zum Kartenspielen; Schach; österreichische und internationale Zeitungen; Sa 13.30-15.30 und So 15.30-17.30 Live-Klaviermusik. Schanigarten mit großem Sonnenschirm für 50 Pers. **€€**

Café Walch Stumpergasse 25, Tel. 597 42 38, E-Mail: office@appawalch.at, www.appawalch.at, Mo-Fr 7-22 (Fei geschlossen). Alte Kaffeehaustradition; ganztägig Frühstück (€ 6,90 bis € 11,90); Mehlspeisen (alle auch zum Mitnehmen), Coffee to go; warme Imbisse wie Ham and Eggs, Toast, Würstel, Gulasch und Flammkuchen; österreichische Weine aus den Regionen Carnuntum, Mörbisch und Wagram, Traisental; Kindersessel; österreichische und deutsche Zeitungen. Lokal bis 30 Pers. zu mieten. Gastgarten für 20 Pers. Appartement-Vermietung.

Würstelstände

Gusto Corner Webgasse 46 (Ecke Mariahilfer Straße), täglich 9-3. Imbissstand. **€**

Mariahilfer Wurststadel Amerlingstraße 19, Di-Sa 11-23. Spezialität: Käsekrainer. Bosna, geräucherte Waldviertler; Budweiser (0,5 l € 3,70), Ottakringer (0,5 l € 2,50).

7., NEUBAU

Die Zeiten, in denen Neubau der jungstudentische Bezirk mit seinen Bio- und Sonstwasläden das ökologische Gewissen der ganzen Stadt war, sind passé. Heute ist Boboville – sämtlichen Vegan- und Slow-Fashion-Shops, Ateliers und Bars zum Trotz – längst nicht mehr alternativ und freakig, sondern vor allem schick und elitär. Und: Neubau ist einer der Bezirke mit den meisten Lokalen. Was hat sich hier im vergangenen Jahr getan? Zu viel, um alles zu vermerken. Beginnen wir am Eingang der Mahü mit dem größten kulinarischen Erdbeben: Mit der Schließung des 127 Jahre alten Café Westend hat der Bezirk nicht nur ein legendäres Kaffeehaus verloren, sondern die Stadt auch einen Teil ihres kulturellen Erbes. Ebenso schmerzhaft: Das Corbaci, das schönste Lokal im MQ, hat sich vertschüsst. French by Flatschers, der französische Ableger der Flatschers Restaurantgruppe, in der Kaiserstraße übergab nach neun Jahren vorigen Herbst an das vietnamesische Restaurant No Ne, das hier seither mit experimenteller Küche antritt. Leise Servus gesagt hat auch der Allerweltsinder Tandoor in der Burggasse am Spittelberg, dessen Betreiber sich in die Pension verabschiedete. Seit März versucht hier Lolo & Lola, Österreichs zweites philippinisches Lokal, den Wiener*innen die philippinische Küche schmackhaft zu machen und ist damit ziemlich erfolgreich. Die Liste der heurigen Neustarter ist zu lang, um sie hier wiederzugeben, deshalb bleibt's beim Namedropping: etwa dem vielversprechenden veganen Würstelstand Eh Wurst, dem neuen Maka Ramen oder dem sich aufs Wesentliche reduzierenden Stadler & Thomas.

Fitzcarraldo

Speakeasy-Bar hinter einem Getränkeautomaten ... S. 289

Melodia
NECTA
MONKEY SHOULDER
1800
METAXA
ABSOLUT ELYX

DIE BESTEN 22 IM 7. BEZIRK

Adlerhof
Seit der Neueröffnung 2020 junges, hippes Lokal mit ebensolchem Publikum. Auf der Karte stehen Frühstück ohne Ende und kreative Szeneküche ... S. 274

Amerlingbeisl
Grüner 80er-Jahre-Spittelberg-Klassiker mit weinüberwuchertem Innenhof, teilweise mit Glas überdacht, was gut ist, wenn's einmal regnet. Üppiges Sonntagsfrühstück ... S. 298

Berliner Döner
Vielleicht liegt es daran, dass Döner-Standeln in Neubau eine Seltenheit sind, oder daran, dass Schlange stehen in Bobostan halt angesagt ist, jedenfalls wird hier seit der Eröffnung 2015 geduldig für eh okayes türkisches Streetfood angestanden ... S. 286

Blue Box
Legendäres Avantgardelokal und einst Kulisse für Niki Lists Film „Müllers Büro", in dem man heute gute Sandwiches und Burger essen kann ... S. 288

Café Europa
Szenelokale wie das Café Europa haben Neubau und vor allem das Grätzel um die Zollergasse in den 80ern cool gemacht. Das Europa ist einer der letzten verbliebenen Orte, an denen man auch spätnachts noch essen, trinken und chillen kann, immer noch ... S. 298

Der Fuchs und die Trauben
Bar und Restaurant-Mix, der spanische Tapas mit italienischen oder asiatischen Einflüssen aufpimpt. Außerdem: Burger ... S. 275

Eh Wurst
Endlich wieder ein neues Lokal zum Schlangestehen: diesmal für Bosna aus Pilzen und Seitan-Curry-Wurst. Die Veggie-Würstel der Wurstbar schmecken nämlich so gut, dass sogar Fleischesser*innen das Warten wurscht ist ... S. 300

Espresso
Retro-Café und soziales Zentrum des Grätzels. Während der Pandemie wurde am Angebot nachjustiert, seither gibt es viel aus eigener Herstellung und bio plus einen Haufen Natural Wines ... S. 292

Glacis Beisl
Das einzige Lokal, dass schon vor dem MQ hier war. Modernisierte Wiener Beislküche in schönem Gastgarten mit alten Nussbäumen ... S. 275

Lobo y Luna
Kreative Tapas abseits spanischer Klischees ... S. 286

Maka Ramen
Der aktuelle Ramen place-to-be Wiens. Die tollen Suppen müssen hier allerdings schnell geschlürft werden, denn nach 1,5 Stunden wechselt die Gästeschicht ... S. 284

Moby Dick
Innovative Bar mit nachhaltiger Betriebsführung, Zero-Waste-Konzept und Designer-Schanigarten. À la carte wechseln monatlich fünf Speisen mit fünf dazu passenden Drinks ... S. 289

P'AM
Café/Bar/Roastery mit eigenem Kaffee, Bagels, hausgemachten Süßspeisen und Frühstück, aufgefettet mit gelegentlichen Ausstellungen junger Künstler*innen ... S. 293

Pinoy Food am Brillantengrund
Hotelbetreiber Marvin Mangalinos Mutter bereitet außergewöhnliche, täglich frische Filipino-Küche nach Familienrezepten zu ... S. 277

Rinkhy Little Plates
Winzige Tapasbar mit einer feinen Auswahl an kleinen Häppchen in der großen Glasvitrine und absolut fantastischen Cocktails und Drinks ... S. 290

Salon Vögelnest
Patrick Sowas Nachfolger seines Drei-Hauben-Restaurants Seidengasse 31. Schräge Hütte mit ausgezeichneten dreigängigen Abendmenüs ... S. 277

Seven North
Quasi die elegantere Variante des Erster-Bezirk-Tel-Aviv-Lokals Miznon des israelischen Starkochs Eyal Shani, in dem sehr gute, orientalisch-westlich-östliche Fusion betrieben wird ... S. 282

Sibel's

Bio-Bistro, in dem fantastische türkische Hausmannskost und bis zum Brot und dem Granatapfel-Sirup alles selbst gemacht wird. Mittags täglich wechselnde vegane Gerichte ... S. 285

The Lala

Veganes Buffet-Konzept der Veganista-Macherinnen Cecilia Havmöller und Susanna Paller. Porridges, Salate, Brote, Bowls, Smoothies und unfassbar gute Süßigkeiten in zuckerlrosa California-Style-Ambiente ... S. 287

The Wine Rebellion

Natural-Wine-Bar mit – no na ned – tollen Weinen und (Käse-)Toast galore ... S. 299

TIAN Bistro

Vegetarisch/Veganes Soulfood im Spittelberg-Bistro des Veggie-Sterne-Restaurants ... S. 287

Trixie Kiddo's

Einer der raren Orte mit echtem BBQ in Wien. Im großen Smoker wird richtig gutes Fleisch aufgelegt ... S. 280

Gaststätten, Restaurants, Wiener Beisln

Adlerhof Burggasse 51, Tel. 522 49 05, E-Mail: post@adlerhof.wien, www.adlerhof.wien, Mo–Do, So 8–24, Fr, Sa 8–2. Restaurant, Greisslerei und Bar. 16–22 Abendkarte (z.B. Rotbarsch-Ceviche, Wildterrine, Chorizo Mais-Huhn); 8–15 Frühstück (z.B. Fluffy Oat-Milk-Pancakes, Trüffel-Eierspeise oder Porridge). Brot, Gebäck, Milch etc. zu kaufen; der Shop-Bereich wird abends zur Bar umfunktioniert. Fr und Sa Live-DJ. Schanigarten mit 17 Tischen. **€€**

Ballroom 1070 Burggasse 40, Tel. 0677/63 93 26 08, E-Mail: hello@dgd-ballroom.at, damngooddumplings.at, Di 17.30–20.30, Mi–Fr 11–20.30, Sa 12–20.30, So 15–20.30, Öffnungszeiten variieren (s. Website). Moderne Teigtaschenvariationen mit wechselnden Füllungen (z.B. Nihon Ball mit Lachs), vegetarische, vegane und auch süße Varianten; bevorzugt regionale Zutaten. Take-away. **€**

Benjamin - Fancy Bar & Grill Kaiserstraße 121, Tel. 438 00 83, E-Mail: fancy@benjamin-grill.at, www.benjamin-grill.at, Di–Sa 17–24. Grillrestaurant und Steakhouse, Fokus auf Fleischgerichte, aber auch Meeresfrüchte und vegetarische Speisen (auf Wunsch vegan); gute Weinauswahl sowie Cocktails. Begrünter Gastgarten im Innenhof für mehr als 60 Pers. sowie kleiner Schanigarten vor dem Lokal. **€€€**

Brandauer im Gerngross Mariahilfer Straße 42–48/5. Stock, Tel. 522 22 25, E-Mail: office7@bierig.at, www.bierig.at, täglich 10–23 (Fei geschlossen), Küche 11.30–22. Bierlokal im 5. Stock des Kaufhauses Gerngross mit Wiener Küche (Mo–Fr 2gg MM um € 9,80), Mo–Sa (ausg. Fei) Mittagsbuffet (€ 12,50); Tageskarte; 9 offene Biere aus Zwettl und Weitra; Kinderspeisekarte, Kindersessel, Wickeltisch. Gelegentlich Live-Sportübertragungen. Dachterrasse für 70 Pers. mit Blick über Wien, großer Terrassenbalkon für 50 Pers. zur Kirchengasse. **€€**

Restaurant Bummelhof Mariahilfer Straße 88a, E-Mail: office@bummelhof.at, www.bummelhof.at, Mo–Do 11.30–22.30, Fr, Sa 10.30–23. Spezialitäten: im Steinofen gebackene Pizzen und über dem Holzkohlegrill gegarte Spieße; Weine aus Österreich, hausgemachte Limonaden, Biermischgetränke in 10 versch. Geschmacksrichtungen.

Centimeter am Spittelberg Stiftgasse 4 (Ecke Siebensterngasse 16a), Tel. 470 06 06 42, E-Mail: info@centimeter.at, www.centimeter.at, tägl. 8.30–24. Wr. Küche; kalte und warme Brote (werden nach Zentimetern bezahlt), riesige Portionen, Burger, Spareribs mit hausgemachter Marinade, Chicken Wings, 1 Meter Österreich, Scheibtruhe Mist (reichlich beladen mit Essen, für die große Gruppenmampferei), Highlight: das „Schwert" mit zahlr. Beilagen für 6 Pers.; Mittagsteller; 1 Meter Bier, 8 Sorten Bier vom Fass, diverse

Flaschenbiere. Holzfass zum selbst anschlagen und zapfen (20 l). Großer Gastgarten nahe Mariahilferstraße. 💳 €€

Restaurant Depot Andreasg. 7 (Hofmobiliendepot), Tel. 522 22 46, E-Mail: info@restaurantdepot.at, www.restaurant depot.at, Di–Fr 10–22, Sa, So 11–18, Di–Fr Küche bis 21. Lokal im Hofmobiliendepot. Wiener und internationale Küche (Di–Fr 11.30–14.30 2gg MM € 9,90); Sa Brunch à la carte; Craft-Biere, Schremser und Zwickl. Kindersessel, Wickeltisch. Innenhofgarten für 50 Pers. 💳 €€

Door No. 8 Steak Restaurant Neubaugasse 8, Tel. 522 03 92, E-Mail: contact@door8.at, www.door8.at, Mo–Sa 17–23 (Fei geschlossen), Küche bis 22. Etwas verstecktes Steak-Lokal mit coolem Design im ehemaligen Scala (Eingang durch den Hof); Küchenchef Philipp Herndl bereitet Steaks unterschiedlicher Herkünfte durch langsames Niedrigtemperaturgaren zu, sie werden zum Abschluß durch 1000° auf speziellem Hochtemperaturgrill erhitzt. Wein- und Steakquadrate (werden auf einer Geschmackslandkarte dargestellt); Craft-Bier, Cocktails. Kindersessel. Gastgarten für ca. 30 Pers. Behinderten-WC. ♿ 💳 €€€€

Im Durchhaus Neustiftgasse 16, Tel. 526 94 48, E-Mail: gw@durchhaus.at, www.durchhaus.at, Di–Sa ab 17.30. Wr. u. österr. Küche mit saisonalen Schmankerln. 4 offene Biere (z.B. Piestinger Märzen, Bernard Premium Lager). Kindersessel. Begrünter Innenhof-Gastgarten für 50 Pers. 💳 €€

Zu ebener Erde und erster Stock Burggasse 13, Tel. 523 62 54, E-Mail: office@zu-ebener-erde-und-erster-stock.at, www.zu-ebener-erde-und-erster-stock.at, Di–Sa 12–24 (Fei geschlossen). Wiener und internationale Küche im Biedermeier-Restaurant von Küchenchef Christian Csermak sowie regionale und saisonale Tagesempfehlungen. Für Feiern aller Art und Gruppen bis 30 Pers. geeignet. Klimaanlage. Schanigarten für 24 Pers. in der Fußgängerzone. Parkmöglichkeit in der MuseumsQuartier-Garage. 💳 €€

Erich Neustiftgasse 27, Tel. 890 64 00, E-Mail: hallo@erich wien.at, www.erichwien.at, tägl. 9–2. Café-Bar des Ulrich-Inhabers Gerald Bayer mit einer Karte, wie es sie sonst in Wien kaum gibt; Mittagskarte Mo–Fr 11.30–16.30, Frühstück bis 16, Fingerfood: Sandwiches (ab 11 Grilled-Cheese-Sandwich), Bowls (ab 12), Tacos (ab 16). Gute Gin Tonic Auswahl, hausgemachte Limonaden, Detox-Smoothies. Schanigarten für 75 Pers. 💳 €€

Figar Kirchengasse 18, Tel. 890 99 47, E-Mail: reservie rung@figar.net, www.figar.net, Mo–Mi 9–24, Do–So, Fei 9–2, warme Küche bis 22 Uhr. Mo–Fr Frühstück bis 15, am Wochenende bis 16 (z.B. French Toast mit Ahornsirup, Porridge mit Obst, Eggs Benedict); Mo–Fr MM (mit Tagessuppe oder Salat); Lachsfilet mit Spinat-Erdäpfelgröstl (€ 16,–), div. Bowls (€ 13,–), Sommersalate (€ 9,50 bis € 14,–); Tegernseer und andere deutsche Flaschenbiere, Piestinger Märzen vom Fass, reg. Schnäpse, Cocktails u. hausgemachte Limonaden; Kinderportionen, -sessel. Schanigarten f. 20 Pers. 💳 €€

Flatschers Kaiserstraße 113–115, Tel. 523 42 68, E-Mail: reservierung@flatschers.at, täglich 17–23. Steaklokal, Restaurant und Bar; Platte für 4-6 Pers. (€ 180,–), Burger (ab € 16,–, auch vegetarisch); amerikanische und französische Desserts wie Cheesecake oder Tarte; Augustiner Hell und Edelstoff aus München vom Fass, ausgewählte Cocktails und Spirituosen. Speisen auch zum Mitnehmen. Kindersessel. Lokal mit 3 Ebenen. Mai bis Oktober Schanigarten im Münchner Biergarten-Stil für 80 Pers. Reservierungen nur telefonisch oder online. 💳 €€€

&flora Breite Gasse 9 (im Hotel Gilbert), Tel. 523 13 45-100, E-Mail: foodlovers@undflora.at, www.undflora.at, Mo, Di 7.30–17, Mi–Fr 7.30–24, Sa 8.30–24, So, Fei 8.30–17, Küche: Mi–Fr 7.30–14 und 17.30–22, Sa 8.30–14 und 17.30–22, So, Fei 8.30–17, Mo, Di nur Snacks. Hotelrestaurant mit toller Gemüseküche von Küchenchefin Parvin Razavi. Viele vegetarische bzw. vegane Gerichte wie frittierter Karfiol auf Karfiolcreme mit Schnittlauchöl, nordafrikanischem Dukkah und knusprig frittierten Grünkohlblättern (€ 12,–), Fleisch und Fisch dienen eher als Beilage. Das Gemüse kommt von Krautwerk, Dirndln am Feld und der Gärtnerei Bach. Frühstück. Bier von Trumer. Snacks und Getränke wie Kaffee, Kuchen oder Quiches auch zum Mitnehmen. Lokal auf 3 verschiedenen Ebenen; im Sommer Schanigarten. 💳 €€

Der Fuchs und die Trauben Kandlgasse 16, Tel. 231 39 17, E-Mail: sourgrapes@derfuchsunddietrauben.com, www .derfuchsunddietrauben.com, Mo–Mi 17–24, Do–Sa 17–1, Küche bis 22, Fei regulär geöffnet; Betriebsurlaub s. Website. Fusion aus span., ital., japan., nordafrikan. und amerikan. Küche, in angenehmer Atmosphäre und der sympathischsten Darreichungsform der westlichen Ess-Welt – als Tapas, z.B. frittierte Pimientos de Padron (€ 5,90), knusprig gebratene Gyozas (€ 6,50), Burgerkarte mit 8 Burgern (auch vegetarisch); Auswahl an Weinen, Bayreuther Helles, Cocktails, Longdrinks. Schanigarten für 60 Pers. 💳 €€

Glacis Beisl Museumsplatz (MuseumsQuartier, Zugang Breite G. 4), Tel. 526 56 60, E-Mail: mail@glacisbeisl.at, www.glacisbeisl.at, täglich ab 12, warme Küche bis 22.30. Wunderbares Essen wie z.B. Gerichte vom Waldviertler Biorind; Standardkarte mit Wiener Klassikern, auch saisonale Karte, kreative Vorspeisen; große Auswahl an österreichischen Weinen, Bio- und Orange-Weinen; Kinderportionen, -sessel, Wickeltisch, Mo–Fr ab 16, am Wochenende durchgehend geöffneter Kinderspielplatz. Schankraum und Extrastüberl für je 50, Wintergarten für 60, großer Garten für 170 Pers. unter alten Nussbäumen, Laube. Aufzug für Rollstuhlfahrer*innen. 💳 €€€

Grünauer Hermanngasse 32, Tel. 526 40 80, www.gasthaus-gruenauer.com, Mo–Fr 18–24 (Fei geschlossen), warme Küche bis 22.30, im August tlw. Sommerpause. Alt-Wiener Hausmannskost und Neuadaptierungen der ostösterreichischen Küche, saisonale Speisen, ständig wechselnde Karte. Weine aus Österreich (und anderen guten Gegenden). Reservierung empfohlen. €€

Gundis Café & Restaurant Seidengasse 34, Tel. 0678/129 05 81, E-Mail: office@gundis.at, www.gundis.at, Mo–Fr 11–23, Sa, So 9–23. Orientalische, mediterrane und internationale Küche; tägl. Frühstück Mo–Fr 11–16, Sa, So 9–16; Mo–Fr 11–15 MM (vegetarisch € 8,50, mit Fleisch oder Fisch € 9,50). Hausgemachte Getränke, Pistazienkaffee. Kinderspeisekarte, -sessel, Kinderecke zum Spielen, Wickelmöglichkeit. Schanigarten für 30 Pers. €€

Handwerk Neubaugürtel 34–36 (im Arcotel Wimberger Wien), Tel. 521 65-0, E-Mail: info@handwerk-restaurant.at, wimberger.arcotel.com/de/restaurant-und-bar, täglich 6.30–10 und 12–22, warme Küche bis 21. Klassische österr. Küche, internat. inspiriert. 6.30–10 Frühstück (€ 21,–/Pers.); So Jazzbrunch (außer im Sommer). Österreichische Weine. Monatliche Beer und Wine Battles (Blindverkostung). Kindersessel. Gästezimmer. Behinderten-WC. €€€

Hausmair's Gaststätte Lerchenfelder Straße 73, Tel. 0676/754 60 18, E-Mail: herbert.hausmair@gmx.at, www.hausmair.at, Di–Fr 11–23, durchgehend warme Küche bis 21, Sommeröffnungszeiten s. Homepage. Lokal von Herbert Hausmair. Hausmannskost, traditionelle Wiener Küche (MM € 10,90 bis € 14,90, bei tel. Vorbestellung auch zum Mitnehmen), Spezialität: Innereien (Bruckfleisch, Kalbsleber, Beuschel etc.), Kailernossi (Wild-Wurst), Feines vom Wild aus eigener Jagd; Kinderspeisen, -sessel. Schanigarten für 50 Pers. €€

Health Kitchen Zollergasse 14/1, Tel. 0664/345 62 97, E-Mail: zollergasse@myhealthkitchen.com, www.myhealthkitchen.com, Mo–Fr 9–22, Sa 9–16.30, So 10–16, Küche: Mo–Fr 9–21, Sa 9–16, So 10–15.30. Internationale, gesunde Low Carb-Küche; Salate, Suppen und Eintöpfe, Bowls; bis 12 Frühstück (€ 7,60 bis € 16,50); Desserts; Smoothies, Kaffee und Tee, Schremser vom Fass, Natursäfte; So, Fei 10–16 Brunch; alle Speisen auch zum Mitnehmen; Kindermenüs, -sessel, Spielecke. Schanigarten für 28 Pers. €€

Hefenbrüder Zieglergasse 42, Tel. 940 94 00, E-Mail: info@hefenbrueder.at, www.hefenbrueder.at, Di–Sa 17–24. Bierbar und Pizzeria; div. Pizza-Kreationen wie z.B. „Kümmel & Kraut" (mit Kümmelbraten, Weißkraut, Kren und eingelegten Zwiebeln) oder „Feige & Stinkekäse" (mit Gorgonzola, Feigensenf, Feige, Ofentomate und frischem Blattspinat), Burger (wahlweise auch mit selbst gemachten Saucen und Toppings), auch vegane Speisen; 26 Craft-Bier-Sorten vom Fass und 50 weitere aus d. Flasche. Kindersessel, Wickeltisch. TV (Sky). Veranstaltungen s. Facebook. Lokal für Weihnachtsfeiern u. Privatveranstaltungen zu mieten. Lokal f. 120, Schanigarten für 60 Pers. Behinderten-WC. €€

Café Kandl Kandlgasse 12, Tel. 890 89 38 15, E-Mail: mail@cafekandl.at, www.cafekandl.at, Di–Sa 17–1. Dinner- und Abendlokal mit vielen versch. Naturweinen, hauseigenen Kreativ-Cocktails wie z.B. Bier-Cocktail, div. Gin-Sorten aus der ganzen Welt, Gin Tonics, Espresso von Süssmund. Wunderschöner Gastgarten im Innenhof. €€€

Kantine Museumsplatz 1 (im MuseumsQuartier), Tel. 523 82 39, E-Mail: kantine@schikaneder.at, www.mq-kantine.at, Mo–Do, So, Fei 9–24, Fr, Sa 9–2. Angenehmes Lokal im MQ; Frühstück 9–12, Wochenende und Fei 9–16; internationale Küche, tägliche wechselnde Menüs (vegetarisch, vegan oder mit Fleisch, z.B. Burger, gefüllte Pita-Halloumi, Mauritianische Linsensuppe, etc.); Cocktails; Speisen und Getränke zum Mitnehmen. Kindersessel, Wickeltisch in der Anlage. Veranstaltungen wie Lesungen (Termine s. Website). Gastgarten und Schanigarten für 150 Pers. Behinderten-WC in der Anlage. €€

Kriterium 3 Lindengasse 1 (Ecke Stiftgasse), Tel. 522 42 80, E-Mail: kriterium123@gmail.com, www.kriterium.at, Mo–Sa 11–22 (Fei geschlossen), Küche bis 21.30. Wiener Küche, Hausmannskost, saisonale Schmankerl (Mo–Fr 11–15 2 MM € 7,50 vegetarisch und € 8,20 mit Fleisch, TT € 8,90); immer wieder Bierangebote; Kinderspeisen. Großbildfernseher für Sportübertragungen. Schanigarten mit 14 Tischen. €€

Lindenstüberl Lindengasse 37, Tel. 0664/135 70 71, E-Mail: cistec@gmx.at, Mo–Fr 9–23, Sa 10–23. Beisl mit täglich wechselndem Gericht, z.B. Majoranfleisch oder Schweinsbauch (Mo–Fr 11–15 MM ab € 6,90). €

Marks Neustiftg. 82 (Ecke Zieglerg.), Tel. 522 32 90, E-Mail: info@restaurant-marks.at, www.restaurant-marks.at, Di–Sa 10–24, So 9.30–16, Fei 9.30–24, warme Küche bis 21. Frühstück ganztags; frisch Gekochtes aus möglichst regionalen Produkten; Karte wechselt alle 3 Monate und passt sich dem saisonalen Angebot an; Kinderspeisen, -sessel; selbstgemachte Säfte (z.B. Ingwersaft mit Soda, Soda mit Minze, Holunder und Limette), Weinkarte u.a. mit Weinen aus Spanien, Portugal und Italien. Offener Kamin, unglaublich vielfältige Sitzlandschaft. Schanigarten für ca. 45 Pers. €€

Mitzitant Seidengasse 39, Tel. 0664/88 24 64 01, E-Mail: beisl@mitzitant.at, www.mitzitant.at, Mo–Fr 11–22. Wiener Küche mit regionalen, saisonalen, frischen Speisen, auch glutenfrei und vegetarisch, biologisch und selbstgemacht, ohne Geschmacksverstärker und Aromen (MM vegetarisch € 8,50, mit Fleisch € 9,50); österreichische Weine. Kindersessel. Take-away (Geschirr bitte mitbringen). Fallweise Veranstaltungen wie Lesungen, Kabarett oder saisonale Events wie Nikolo oder Heringschmaus; Feiern wie Geburtstags-, Sponsions- und Jubiläumsfeiern möglich. Schanigarten für 20 Pers. Rollstuhlrampe. €€

M Lounge Hermanng. 31, Tel. 524 93 16, E-Mail: mlounge @hackl-gastro.at, www.hackl-gastro.at, Di-Sa 16-24 (Fei geschlossen), Juli und August geschlossen; warme Küche bis 23. Lokales und internationales Street Food, wie z.B. Fish and Chips (€ 13,80), Chicken Tikka (€ 9,80); österr. Weine, Cocktails (€ 9,- bis € 11,50/alkoholfrei € 5,80). TV und Beamer (auch für Sportübertragungen); für private Veranstaltungen zu mieten. Extrazimmer für 14 Pers. €€

Neubauschenke Zieglergasse 25, Tel. 523 63 76, E-Mail: neubauschenke@gmail.com, www.neubauschenke.at, täglich 10-23, warme Küche bis 22. Wiener Küche, vegetarische Speisen, Spezialitätenwochen wie Wild, Spargel, Eierschwammerl, Kürbis, frischer Fisch etc. (MM € 10,-); Kindergerichte, -sessel. 4 Extrazimmer für 20 bis 35, Garten für 50, Schanigarten für ca. 40 Pers. Reisegruppen möglich (Vorbestellung). €€

Oben Urban-Loritz-Platz 2a, Tel. 0670/601 27 89, E-Mail: reserviert@oben.at, www.oben.at, Mo-Fr 10-23, Sa 9-23, So 10-15 (Fei geschlossen), Küche bis 22. Bunte Mischung, die man als wienerisch verbrämte Szeneküche bezeichnen könnte; saisonal wechselnde Karte; gutes Frühstück: Mo-Fr bis 11.30, Sa bis 16, So 10-15 Brunch (Reservierung empfohlen); Mo-Fr MM (Mo vegan; vegetarisch/ Fleisch/Fisch); Kindersessel, Wickeltisch; Produkte direkt von Produzent*innen, Gemüse etwa von der wunderbaren Gärtnerei Bach in Hirschstetten, eine langsam wachsende Kreuzung von Wild- und Zuchthühnern aus dem Weinviertel, Fisch aus dem Mostviertel; österreichische Weine, Zwettler und Weitra vom Fass, Cocktails. Keine Convenience, keine Konservierungsmittel. Ausblick den Gürtel entlang zum Wienerberg. Räumlichkeit mit 65 Sitzplätzen auch für Veranstaltungen zu mieten. Terrasse für 120 Pers. Aufzug und Behinderten-WC. €€

Pinoy Food am Brillantengrund Bandg. 4, Tel. 523 36 62 85, E-Mail: hotel@brillantengrund.com, www.brillantengrund.com, Mo-Sa, Fei 11-22, warme Küche 12-15 und 17-22, dazwischen nur Kleinigkeiten und Getränke. Philippinische Küche; große Auswahl an veganen Speisen z.B. Siopao-Burger oder Bistek in Zitronen-Sojasauce mit Reis, Mo-Fr 12-15 MM; Frühstücksbrunch Sa, Fei 12-15; philippinische Schöpfgerichte zu Mittag; hausgemachte Säfte. Für Workshops, Seminare etc. zu mieten (Eventraum). Altes Biedermeierhaus aus dem 16. Jh. mit einzigartigem Innenhof und einer als Bar genutzten Garage. Insg. 100 Sitzplätze. Gastgarten für 80 Pers. €€

Pizza Bros Zollerg. 2, Tel. 0664/463 77 73, E-Mail: office@ pizzabros.at, www.pizzabros.at, Mo-Sa 12-21. Pizza nach Wiener Art; echte Wiener-Sauerteig-Kultur und saisonale und regionale Zutaten für den Belag, auch vegane Pizzen, wöchentlich wechselnde Pizzen; Pizza Durchmesser 32cm, „Create your own Pizza" (die Beläge können selbst ausgesucht werden), würzige Saucen und Dips für die Pizzakruste. Craft-Biere mit wechselnder Auswahl und abgestimmt auf die Pizzen, Budweiser, hausgemachter Eistee. Alle Speisen auch zum Mitnehmen. Delikatessen wie Gewürzöle, Oliven und eingelegten Feta auch zu kaufen. Super Nintendo, Nintendo 64 mit div. Spielen. Schanigarten für 8 Pers. €€

Plutzer Bräu Schrankgasse 2 (Ecke Stiftg.), Tel. 526 12 15, E-Mail: bier@plutzerbraeu.at, www.plutzerbraeu.at, Mo-Fr 15-24, Sa, So 11-24, warme Küche bis 22. Bierlokal mit typisch österreichischer Küche, saisonale Speisekarte; Velkepopovicky Kozel (Hell und Dunkel), Pilsner Urquell, Stiegl Paracelsus Zwickl, Brew Age Eierbär IPA, Hirter Privatpils, Hadmar Bio Bier, Stiegl Hell, Franziskaner Weißbier. 3 Videowalls und TV für Sportübertragungen (Sky Sportsbar); wöchentliche Events. Ritteressen im Rittersaal im Kellergewölbe ab 15 Pers. Räume für Veranstaltungen: Keller für 70, Extrasaal für 70 Pers. (mit Videobeamer, Tonanlage); schöner, tradit. Schanigarten am Spittelberg für 180 Pers. €€

Podium Westbahnstraße 33, Tel. 522 15 87, E-Mail: no strum@restaurant-podium.at, www.restaurant-podium .at, Mo-Fr 11-1, Sa 17.30-1 (Fei geschlossen), bei Bedarf auch länger geöffnet, Küche: Mo-Fr 11.30-16 und 17-22, Sa 17.30-22. Designerlokal mit feiner Fusionsküche und Schwerpunkt auf mediterranen und asiatischen Speisen, Spezialitäten: Linsensuppe und Hummus; auch vegetarische, vegane und glutenfreie Speisen (TM vegetarisch € 8,90, Fleisch/Fisch € 9,90 jeweils mit Suppe, Salat oder Dessert); Kinderportionen, -sessel; Weine aus regionalem Weinbau rund um Wien, Kaffee von Bieder & Maier, Bier von lokalen Brauereien. Vierteljährlich wechselnde Ausstellungen. 2 Räume für jeweils 50 Pers. (jeweils auch zu mieten, davon einer mit Sofas); Schanigarten für ca. 60 Pers. €€

Salon Vögelnest Seidengasse 31, Tel. 0677/63 75 79 40, www.salon-voegelnest.com, Mi-Fr 19-24, für geschlossene Gesellschaften ab 10 Pers. bei Reservierung auch Sa geöffnet. Restaurant von Patrick Sowa; Schwerpunkt auf Fisch und Wein, täglich wechselndes Angebot. Lokal für max. 15 Pers. (Reservierung empfohlen).

Gastwirtschaft Schilling Burggasse 103, Tel. 524 17 75, E-Mail: reservierung@schilling-wirt.at, www.schilling -wirt.at, täglich 12-23, durchgehend warme Küche bis 22. Großartig erhaltene Gastwirtschaft mit wunderschöner Bretschneider-Schank und heimeligem Mobiliar. Umfangreiche Speisekarte mit Wiener Beisl-Klassikern (Mo-Fr 12-17 MM € 9,90), saisonale Wochenkarte, Spezialität: Backhendl; große Weinkarte; Kinderportionen, -sessel. Klimaanlage. Mai bis September Schanigarten für 50 Pers. €€

Schnitzelwirt Neubaugasse 52, Tel. 523 37 71, E-Mail: habidere@schnitzelwirt.co.at, www.schnitzelwirt.co.at, Mo–Sa 11–22 (Fei geschlossen), warme Küche 11–21.30, Mitte Juli bis Mitte August Sommerpause. Absoluter Schlaraffen-Klassiker, Fritteusen mit höchster Kapazität (MM ab € 8,–). Wer's nicht packt, darf den Rest mit nach Hause nehmen. Kinderspeisen, -sessel. TV. Schanigarten für 30 Pers. Reservierung ab 5 Pers. ratsam. **€€**

Schreiner Wien 7 Westbahnstraße 42, Tel. 0676/475 40 60, www.schreiners.cc, Di–Fr 18–24, Küche ab 18, Weihnachtsferien und August geschlossen (siehe Homepage). Moderne Wiener Küche, frischer Fisch, saisonale Produkte, Convenience-freie Küche, Zubereitung nur mit frischen Lebensmitteln, ausschließlich biologisches Olivenöl und Natursalz; große Weinkarte mit über 250 österreichischen Weinen auch abseits ausgetretener Pfade, Auswahl an österreichischen Destillaten. Schöner Gastgarten im Innenhof für 30 Pers. 5 ganzjährige Gästezimmer angeschlossen. **€€€**

Siebensternbräu Siebensterngasse 19, Tel. 523 86 97, E-Mail: office@7stern.at, www.7stern.at, Mo, Di, So 11–22, Mi–Sa 11–23, Küche bis 22 bzw. 21. Gasthausbrauerei. Wiener und internationale Küche, Standardkarte, Mo–Fr (ausg. Fei) 11.30–15 Mittagsangebote (HS € 8,–); Spezialitäten: Ripperln, Rindsgulasch; Kinderspeisen, -sessel. Große Auswahl an international ausgezeichneten selbst gebrauten Bieren wie z.B. Hanfbier, Chilibier, Rauchbier, Bockbier, Weizenbier. Praktischer Bierautomat im Eingangsbereich. TV; Klimaanlage. 4 Extrazimmer für 20 bis 40, Biergarten mit Laube für 110 Pers. **€€**

Weinschenke am 7Stern-Platz Siebensterngasse 31/III, Tel. 0676/395 58 60, www.weinschenke-wien.com, täglich 11–2. Wein und Burger: 10 Burgervarianten (mit Fleisch, vegetar. und vegan), 12 Saucen, alles selbst gemacht (Fleisch von Hödl wird tägl. selbst faschiert, Brot wird nach eigenen Rezepten von Frühbauer gebacken, die Pommes sind aus Bioerdäpfeln aus der Lobau). Mo–Fr 11.30–14 MM (Burger mit 130g Fleisch um € 1,– günstiger); Salate (z.B. mit Räucherlachs, Ziegenkäse oder Zitrushuhn), Desserts (z.B. warmer Schokokuchen); am Abend Barkultur. Wickeltisch. Speisen auch zum Mitnehmen. Schanigarten f. 48 Pers. **€€**

Beisl in der Sigmundsgasse Sigmundsgasse 12, Tel. 0664/434 55 61, E-Mail: beisl.sigmundsgasse@hotmail.com, beisl-in-der-sigmundsgasse.eatbu.com, Di–Sa 11–23, So auf Anfrage (ab 4 Pers.). Hausmannskost, österreichische Küche und saisonale Gerichte. Kinderspeisen. Extrazimmer (für Veranstaltungen zu mieten). **€€**

Stadler & Thomas Burgg. 64, Tel. 0664/219 16 05, E-Mail: hello@stadler-thomas.at, stadler-thomas.at, Di, Mi 17–23, Do–Sa 12–14 und 17–23. Österreichisch-mediterrane Kreativküche im gehobenen Ambiente mit kleiner, durchdachter Karte. Catering. **€€€**

Zur Stadt Krems Zieglergasse 37, Tel. 523 72 00, E-Mail: willkommen@zurstadtkrems.at, www.zurstadtkrems.at, Mo–Fr 11.30–22, Küche bis 21. Alt-Wiener Gasthaus-Klassiker, 2011 übernommen von Stephan Schiffner und Manfred Haas (Gastwirtschaft Steman und Café Jelinek); vegetarischer TT (ab € 9,–), MM (€ 9,–, mit Suppe € 11,–); Kinderportionen. Kegelbahn (bis 22). Innenhofgarten für 50 Pers. (bis 22). Behinderten-WC. **€€**

Stellas Zieglergasse 54, Tel. 526 11 08, E-Mail: bistro sieben@stellas.at, www.stellas.at, Di–Sa 17–1. Mischung aus Tapas-Bar und Bistro. Viele Starters (z.B. Hühnerleber Parfait, Schwammerl-Sulz od. Safrangnocchi) und Spezialitäten vom Robata-Grill (z.B. Rib Eye 250g, dazu Kartoffelgratin od. Wolfsbarsch), hausgemachte Desserts; Auswahl an Aperitifen, div. Weine, Grappa, Bier, Longdrinks. Schanigarten für 40 Pers. **€€**

Ströck-Feierabend Restaurant & Bäckerei Burggasse Burggasse 52, Tel. 204 39 99-83115, E-Mail: kunden service@stroeck.at, www.stroeck-feierabend.at, Juli bis August Mo–Fr 6–19, Sa, So 7–14, September bis Juni Mo–Sa 6–19, So 7–18, Bäckerei: Mo–Sa 6–19, So 7–18, Juli/August Mo–Fr 6–19, Sa, So 7–14. Restaurant, Bar und Café mit weltweit inspirierter, österr. Küche und saisonal inspirierten Brotspezialitäten, auch vegane Speisen, saisonaler Kartenwechsel; Frühstück (ab € 3,70); im Sommer kommt das Gemüse aus dem eigenen Ströck-Garten; österr. Weine (Feierabend-Cuvée) und ausgewählte Bio-Weine, Arabica-Kaffee (Alt Wien). Angrenzende Ströck-Bäckerei mit breitem (Bio-)Brot-, Gebäck- und Süßspeisensortiment. **€€**

Ulrich St.-Ulrichs-Platz 1, Tel. 961 27 82, E-Mail: hallo@ulrichwien.at, www.ulrichwien.at, Mo–Fr 7.30–1, Sa, So, Fei 9–2. Szene-Lokal in der Nähe vom Spittelberg, die Karte bietet aromatisch originelle Happen aus aller Welt: monatlich wechselnde Karte, verschiedene Flammkuchen „Flat Ulrich"; täglich wechselnde MM (vegetarisch € 10,90/Fleisch, Fisch € 11,90), auch veganes Frühstück und Hauptgericht; Frühstückskombis ab € 6,20 (Mo–Fr bis 12, Sa, So und Fei bis 15); Alt Wien Kaffee, hausgemachte Limonaden, Cocktails. Schanigarten für 75 Pers. **€€**

VERANDA Burggasse 2 (im Hotel Sans Souci Wien), Tel. 522 25 20-94, E-Mail: restaurant@sanssouci-wien.com, www.veranda.wien, Mo–Mi 7–10.30 und 12–14.30, Do, Fr 7–10.30 und 12–14.30 und 18–24, Sa 7–14 und 18–24, So, Fei 7–14, warme Küche bis 21.30. Restaurant im Boutiquehotel Sans Souci. Moderne österreichische Küche; Mo–Fr bis 10.30 und am Wochenende bis 14 Frühstück (€ 45,–); Gerichte aus regionalen, saisonalen und biologischen Produkten von Bauernhöfen und Lieferant*innen aus Wien und Umgebung, Mo–Fr

12–14.30 Businesslunch (2gg vegetarisch € 19,–/mit Fleisch € 24,–, inkl. Café Gourmand), Abendmenü (3gg € 55,–/4gg € 69,–/5gg € 75,–); Kinderspeisen auf Bestellung, Kindersessel. Eelegantes Design-Ambiente, charmanter, unaufdringlicher Service. Schanigarten „Laurent Perrier Summer Lounge" für 10 Pers. Behinderten-WC. ♿ 💳 €€€€

Das Vivet Westbahnstraße 21, Tel. 293 91 24, E-Mail: office@dasvivet.at, www.dasvivet.at, Di–Do 8–24, Fr, Sa 8–1, So 8–18, warme Küche bis 22 bzw. So bis 17. Café, Restaurant und Bar mit internationaler Fusionsküche. Gesundes Fastfood, Bowls, Burger, Salate und Süßspeisen (auch vegan oder glutenfrei); Tapasvariationen; Frühstück bis 16 (am So bis 17) mit einer Auswahl an Frühstückscocktails; tägl. ab 11.30 MM mit Suppe oder Salat solange der Vorrat reicht (vegan/vegetarisch € 8,50, mit Fleisch € 9,50); hausgemachte Limonaden und Eistees. Take-away. Kindersessel, Wickeltisch. Klimaanlage. Schanigarten für ca. 30 Pers. 💳 €€

Wandel Bar-Restaurant Stuckg. 6, Tel. 0678/122 51 48, E-Mail: info@wandel.wien, www.wandel.wien, Di–Sa 18–24 (Fei geschlossen). Mediterrane und österr. Gerichte wie Tapas, hausgemachte Spätzle, kleine Auswahl an Süßspeisen; verschiedene Biere (z.B. Paulaner Helles), österr. Weine; Bio Fruchtsäfte, Lavendelsirup und Trüffelkäse aus Kroatien. Di 20–23 Quizabend. Kamin im Gastraum. Lokal für Veranstaltungen zu mieten. Schanigarten für 32 Pers. 💳 €€

Westpol Lerchenfelder Straße 71, Tel. 944 38 95, E-Mail: office@westpol-wien.at, www.westpol-wien.at, Mo–Fr 11–23, Sa 9–23, So, Fei 9–22. Europäische und levantinische Gerichte je nach Saison (Mo–Fr 11.30–15; 2 MM mit Fleisch/Fisch € 11,90 bis € 13,90 oder vegetarisch/vegan € 9,90 bis € 10,90); Sa, So, Fei 9–14 Frühstück (€ 4,90 bis € 10,90); Dessertvariationen; Hornig Bio-Kaffee und -Tee, hausgemachte Limonaden je nach Saison (Holunder-Minze, Basilikum-Limette, Himbeer-Rosmarin), Mixgetränke, Weinkarte mit Schwerpunkt Österreich. Kinderspielecke, Kindersessel, Wickeltisch. Extrazimmer für 20 bis 25 Pers. zu mieten. Gastgarten für 40 Pers. 💳 €€

Wiener Hermanngasse 27a, Tel. 524 52 52, E-Mail: office@restaurant-wiener.at, www.restaurant-wiener.at, Mo–Sa 16–24, So, Fei 16–23, Küche bis 22.30. Traditionslokal in renoviertem Biedermeierhaus; Wiener Küche und klassische Schmankerl, zusätzlich monatlich wechselnde saisonale Karte; Kindersessel. Mai bis September Schanigarten für 40 Pers. 💳 €€€

Witwe Bolte Gutenberggasse 13, Tel. 523 14 50, E-Mail: info@witwebolte.at, www.witwebolte.at, Mo–Fr 17.30–23, Sa, So 12–23, warme Küche bis 22. Ältestes Lokal des Spittelberges, Alt-Wiener Hausmannskost aus biologischem Anbau in gutbürgerlicher Wirtshausatmosphäre; 3gg M € 27,–; vegetarische Karte; Vinothek. Kinderkarte, -sessel. Alle Speisen auch zum Mitnehmen. Extrazimmer für 30, 5 Stüberln zum Mieten für je 15 bis 25 Pers. und ruhiger, beheizbarer Gastgarten für 120 Pers. 💳 €€

Wratschko Neustiftgasse 51, Tel. 523 71 61, E-Mail: reservieren@wratschko.wien, www.wratschko.wien, Mo–Sa 17–1 (Fei geschlossen), warme Küche 18–23. Alt-Wiener Küche mit französischer Note aus frisch zubereiteten regionalen, biologischen Produkten; auf Fritter und Mikrowelle wird gänzlich verzichtet. Traditionelle „Wiener Beisl" Atmosphäre: original Einrichtung Jahrhundertwende, geätztes Milchglas. Die Musikbegleitung besteht weitgehend aus Klassik und Jazz. Schanigarten für ca. 16 Pers. 💳 €€

Restaurant 1070 Gutenberggasse 28, Tel. 0676/566 17 74, E-Mail: reservierung@restaurant-1070.com, www.restaurant-1070.com, Mi–So, Fei ab 17.30, Küche 18–22.30. Kleines Lokal, mediterran-österreichische Küche mit internationalen Akzenten. Basis sind Fisch, Fleisch und Gemüse, welche mit gartenfrischen Kräutern, Saucen und überraschenden Kombinationen zubereitet werden. Es wird nach dem Konzept „Running Cooking" gekocht, wobei kleine Teller serviert werden; 3 Gänge gelten als Basis und können wahlweise ergänzt werden (pauschal € 29,90, jeder weitere Gang € 9,90). Lebensmittelunverträglichkeiten oder vegetarische Wünsche werden berücksichtigt. Gute Idee, tolles Essen. Österreichische Weine. Schanigarten für 30 Pers. 💳 €€€€

Afghanisch

Noosh Zieglergasse 29, Tel. 523 01 85, E-Mail: office@noosh.at, www.noosh.at, Mo–Sa 16–24, Küche bis 23. Wiens erstes afghanisches Lokal mit z.B. Ashak (mit Lauch gefüllte Teigtaschen) oder Mantu (hausgemachte Teigtaschen gefüllt mit gehacktem Rindfleisch oder Linsen, dazu Tomaten und Joghurtsauce), Kaffee- und Teespezialitäten, z.B. Qahwa Noosh (afghanische Melange mit Kardamomzimt im Milchschaum); Kindersessel. Verwendung heimischer, biologischer Produkte. Schanigarten für 30 Pers. 💳 €€

Amerikanisch

die burgermacher Burggasse 12, Tel. 0699/11 58 95 99, E-Mail: info@dieburgermacher.at, www.dieburgermacher.at, Di–Fr 17–23, Sa 12–23, So 12–22, Küche bis 22.30 bzw. 21.30; an Feiertagen regulär geöffnet. Hier wird so ziemlich alles selbst gemacht. Saisonale Burger mit Biofleisch von Kleinbetrieben, das Fleisch wird direkt im Lokal faschiert, das Brot dafür stammt von der Bio-Bäckerei Schrott; auch monatlich wechselnde vegetarische und vegane Burger; dazu gibt's Ketchup nach eigens entwickeltem Rezept, frisch zubereitete Saucen und Pestos (je nach Saison), hausgemachte Pommes (z.B. lila oder pinke Pommes aus blauen oder roten Kartoffeln) sowie Beilagen je nach saisonaler Verfügbarkeit. Als Nachspeise bekommt man Cheesecake und Torte. Mindestens 25 wechselnde Biersorten und Bier vom Fass (Schwerpunkt auf Kleinstbrauereien, Biere aus Österreich, Bayern und Belgien), hausgemachte Limonaden und Eistees. Kindersessel. Schanigarten für 30 Pers. €€

Domino's Neubaugasse 63, Tel. 05/749 92 05, www.dominos.at, Mo–Do, So 11–22, Fr, Sa 11–23. Große Auswahl an Pizzen, auch individuell zusammenstellbar, verschiedene Pizzaböden (Italien Style, Domino´s Original, Cheesy Crust, Pan Pizza) und zahlreiche Toppings, div. Vorspeisen und Beilagen wie Chicken Wings und -Strips, Stuffed Cheesy Bread uvm.; Desserts (Cinnabites, Apple oder Choco Pie). Spezielle Aktionen über die Domino's App. Abholung, Zustellung (innerhalb von 30 Minuten nach Bestellung) oder Essen vor Ort möglich. €

Le Burger Mariahilfer Straße 114, Tel. 905 96 15, E-Mail: office@leburger.at, www.LeBurger.at, Mo–Sa 11–24, So, Fei 11–23. Handgemachte Burger zum Selbstgestalten: 6 Basis-Burger (Hamburger, Cheeseburger, Bacon Burger, Bacon-Cheese Burger, Chicken Burger, Veggie Burger) dazu Toppings, Saucen und Extras nach Wahl; Steak; Salate; Desserts, Bowls, Super Fries, Iceshake, Cocktails. Gastgarten für ca. 80 Pers. €

Spear Neubaug. 15, Tel. 236 98 76, E-Mail: info@spear.at, www.spear.at, Di–Fr 16–24, Sa 12–24, So 11–20. Designerbeisl mit hausgemachten Burgerspezialitäten, z.B. klassischer Cheeseburger, exotischer Sticky Rice Burger (nach original thailändischer Rezeptur), Brot ist selbst gebacken, Salat aus dem eigenem Garten; So Brunch. Italienischer Kaffee, österreichische Weine, Tegernseer und Schremser vom Fass. Kindersessel. Schanigarten für 22 Pers. €

Trixie Kiddo's New Smoked BBQ Urban-Loritz-Platz 1, Tel. 533 78 05, E-Mail: restaurant@trixiekiddos.at, trixiekiddos.at, Mo–Fr 15–23, Sa, So 12–23, Küche Mo–Fr 16–22. Fleisch (Beef Brisket, Pulled Pork u. Rippen), Fisch und Gemüse aus dem Smoker nach Vorbild des amerikan. Barbecues (langer Garprozess bei niedrigen Temperaturen), Spezialkarte mit Dry Aged Steak Cuts, Tacos sowie gesmoktem Oktopus. Spezialbier vom Fass von der oberösterr. Brauerei Beer Buddies, Weinraritäten u. Naturweine. Kindersessel. Klimatisiert. Restaurant u. Gastgarten für jew. 60 Pers. €€

Asiatisch

Bao Bar Zollergasse 2, E-Mail: eat@baobar.at, www.baobar.at, Mo–Sa 11.30–20. Taiwanesisches Designer-Take-away: BAO's (taiwanesische Burger) mit div. Füllungen (ab € 8,50), Rice Bowls, Kimchi Fries; japanische Biere. Alle Speisen auch zum Mitnehmen. Schanigarten für 8 Pers. €

Ebi 7 Mariahilfer Straße 112, Tel. 522 10 18, E-Mail: office7@ebi-vienna.at, www.ebi-vienna.at, täglich 11–22, Küche bis 21.30. Asiatische Küche, Sushi, Maki. All you can eat à la carte: am Tisch befindet sich ein Tablet-Computer, in den man seine Bestellungen abgibt (Mo–Fr 11.30–17 € 14,95; Mo–Fr 17–22, Sa, So, Fei € 22,95/Kinder unter 5 Jahre essen gratis); großer offener Küchenbereich. Kindersessel. €€

Greenexpress Mariahilfer Straße 102, Tel. 522 74 48, E-Mail: office@greenexpress.at, www.greenexpress.at, Mo–Sa 10–23, So 10.30–23. Nudeln in verschiedenen Variationen, alle Gerichte auch mit Reis erhältlich; Sushi und Maki. Ca. 30 Sitzplätze. €

Kai's Asian Food Burggasse 123 (Ecke Neubaugürtel), Tel. 526 59 53, E-Mail: kaisasianfood@gmail.com, www.kaisasianfood-wien.at, täglich 11–15 und 17–22. Moderne asiatische Küche, Bentomenü; Sushi-Sets, All you can eat mit Bestellung via iPad bis 15 (€ 10,90; 9-mal zahlen, 1-mal gratis), Abendbuffet ab 17 (€ 14,90), am Wochenende Buffet 11.30–22 € 14,90); wechselnde Speisekarte, Sushiaktionen; Kindermenüs, -sessel. Extrazimmer für 30 Pers. Hintereingang rollstuhlgerecht. €

Kaoo Kaiserstraße 48, Tel. 522 30 32, E-Mail: office@kaoo.at, www.kaoo.at, Mo–Fr 11.30–23, Sa, So, Fei 12–23, Küche bis 22.30. Moderne asiatische Fusionsküche (Mo–Fr, ausgenommen Feiertage, 11.30–17 TT), Pho und Ramen; auch vegetarische und vegane Speisen; saisonal wechselndes Angebot; Bio-Säfte, Hauslimonaden, Smoothies. Schanigarten für 50 Pers. €

Café Leopold Museumsplatz 1 (MuseumsQuartier), Tel. 522 23 91, E-Mail: info@cafeleopold.wien, reservierung@cafeleopold.wien, www.cafeleopold.wien, täglich 9.30–24, im Hof tägl. 10–24. Das Lokal im Leopold Museum wurde 2017 von den Ra'mien-Machern übernommen. Im Fokus steht neu interpretierte asiatische Küche, aber auch österreichische Speisen; Tages- und Abendkarte; Frühstück Mo–Fr bis 12, Sa, So bis 15. Kindersessel. Wintergarten, Dachterrasse. Behinderten-WC. €€

Lolo & Lola Burgg. 19, Tel. 361 03 33, E-Mail: restaurant@lolo-lola.at, lolo-lola.at, Di–Fr 17–22, Sa, So 12–22. Modern interpretierte philippinische Küche mit internat. (v.a. spanischen) Einflüssen; auch vegane Gerichte; österreichische Weine, hausgemachte Limonaden, spannende Spritzgetränke. Kindersessel. Lokal für 23 Pers. (für geschlossene Gesellschaften geeignet), Schanigarten in der Fußgängerzone Spittelberggasse für 35 Pers. €€

Nana 7 Lerchenfelder Straße 29, Tel. 0660/880 01 61, www.nana7.at, Mo–Fr 11–21. Bowls und Rolls, Sushi, Snacks. Catering. €€

Natu Asian Cuisine Lindengasse 3, Tel. 431 16 06, E-Mail: office@natu.at, www.natuwien.at, Mo–Fr 11.30–22, Sa 12.30–23. Asiatisches Restaurant. Ramen, gebratene Nudeln, Rolls und Sushi; Mo–Fr 11.30–16 MM. €€

Chinesisch

Chili & Pfeffer Schottenfeldgasse 86, Tel. 944 40 90, E-Mail: office@chilipfeffer.at, www.chilipfeffer.at, Mo–Fr 11.30–14.30 und 17–23, Sa, So, Fei 12–23. Chinesische Szechuan Küche mit österreichischen und internationalen Einflüssen (große vegetarische und vegane Auswahl). Kindersessel. Gastgarten für 30 Pers. Schanigarten für 25 Pers. €€

ChinaBar Burggasse 76, Tel. 522 08 31, E-Mail: office@chinabar.at, www.chinabar.at, täglich 12–24, durchgehend warme Küche. Kleines, hübsches Chinarestaurant mit langer Vorgeschichte (u.a. Wolf, Una Abraham), Betreiber ist Simon Xie Hong (Chinabar an der Wien und ON im 5., Silent Cooking); asiatische Garküche mit Baratmosphäre. Kombination von Weinbar und chinesisch-spanischen Tapas sowie einem breiten Spektrum an Nudelgerichten, vor allem mittags (Mo–Sa 12–18 MM ab € 12,–), abends dann kleine Aroma-Festspiele, wie man sie schon aus dem ON kennt, z.B. Thunfisch-Sashimi mit Mango-Limetten-Chili-Dressing, Mangalitzaschwein oder in Kokossauce Schmorlammkeule mit verschiedenen Gewürzmischungen, Sushi; im Sommer Eissorten mit fernöstlichem Touch (etwa dunkle Schoko mit Szechuan-Pfeffer oder Mango mit Curry). Ca. 40 versch. internationale und österreichische Weine, ca. die Hälfte davon glasweise. Schanigarten für 60 Pers. (bis 23). €€

Kng Tao Schottenfeldgasse 2–4, Tel. 956 18 04, E-Mail: office@kngtao.at, www.kngtao.at, Mo–Sa 11–23, So 17–23 (Fei geschlossen). Chinesische Küche; Dim Sum, Spieße vom Grill (mit Fleisch, mit Meeresfrüchten oder vegetarisch), Wokgerichte, Lamian (handgezogene Nudeln). Karaokebar im Untergeschoß. €€

Laolao Mariahilfer Straße 126, Tel. 522 49 16, E-Mail: restaurant@laolao.at, laolao.at, täglich 12–22. Handgemachte, traditionelle und gesunde chinesische Küche, z.B. gefüllte Teigtaschen mit neutraler Teesuppe; Spezialität: frisch von Hand gezogene Nudelvariationen. Showküche; Wickeltisch. Lokal für 120 Pers. Behinderten-WC. €€

9delou Stollgasse 8 (Ecke Kaiserstraße), Tel. 522 26 46, E-Mail: 9delou@gmail.com, Mo–Fr 17–22.30, Sa, So 17.30–23.30, bei Reservierung auch Sa und So mittag geöffnet. Schwerpunkt authentische chinesische Küche; exotische Gerichte, Meeresfrüchte (z.B. Hummer). Auf Anfrage Veranstaltungen für bis zu 100 Pers. €€

Ostwind Lindengasse 24, Tel. 523 41 82, E-Mail: ostwindrestaurant@gmail.com, www.ostwindwien.at, Mo–Sa 11–15 und 17.30–22.30, Sommerpause im August siehe Homepage. Koreanische und original chinesische Spezialitäten, Mo–Sa 11.30–14.30 MM (ab € 7,50); auch zum Mitnehmen. Gilt in der China-Szene als Geheimtipp. Kindersessel. Innenhofgarten für 50 Pers. €€

Yi Pin Bu Yi Westbahnstraße 14, Tel. 944 04 29, Mo–Sa 17.30–23, So 17.30–22.30. Chinesische Küche mit Schwerpunkt auf Hot Pot.

Französisch

Le Cheri Mariahilfer Straße 42–48 (Gerngross / EG), Tel. 0676/777 10 70, E-Mail: office@lecheri.eu, lecheri.at, Mo–Sa 8–23, So 9.30–18. Französisches Bistro. Frühstück.

Le Troquet Kirchengasse 18, Tel. 522 06 81, E-Mail: letroquet1070@yahoo.com, Juli bis August Mo–Sa 18–3, September bis Juni täglich 17–3, warme Küche bis 22, kleine Karte bis 23. Schlichte Karte mit Croque Monsieur und Madame, zwei Quiches und jeden Tag typisches Bistrogericht sowie Steak Toast mit Pommes Frites oder Salat; tadellose französische Weine, die in einem kleinen Krug und beislmäßigen Achtelgläsern auf den Tisch kommen. Hausgemachte französische Tartes und Desserts (Mousse au Chocolat mit flüssigem Kern). Im Herbst/Winter Fr, Sa Musik. Schwarzer Bitumenboden, Bar mit Hängelampen, ein paar wunderschön verschrammte Bistrotische, alte Sessel unterschiedlichster Bauart, Spiegel. €€

Griechisch

Arnes Westbahnstraße 28, Tel. 523 27 68, Mo–Fr 10.30–24, So, Fei 17–24, im Sommer Sa 12–24, im Winter So geschlossen. Griechische, türkische und kurdische Speisen, Pita, auch Fischgerichte, TT mit Brot (€ 5,90), Spezialitäten: Lamm- und Hühnergyros, Sandwiches (auch vegetarisch), Falafel, Dürüm. Schanigarten für 25 Pers. €

Epos Siebensterngasse 13, Tel. 526 02 19, E-Mail: office@restaurantepos.at, www.restaurantepos.at, Mo–Fr, Fei 9–24, Sa, So 9–2. Griechische Küche, Lamm, frischer Fisch (2 MM mit oder ohne Fleisch € 8,50 bis € 9,50), vegetarische Küche; 10–17 erweiterte Frühstückskarte. Kinderportionen, -sessel; mehrsprachige Speisekarte (Englisch). Schanigarten für 40 Pers. €€

Indisch

Bombay Neubaugasse 75, Tel. 523 44 50, E-Mail: restaurant.bombay@gmx.at, www.restaurant-bombay.net, täglich 11–15 und 18–24. Spezialitätenrestaurant, auch vegane Speisen, große Portionen; Mo–Fr 11.30–14.30 MM; Bombay-Gin; kleine Portionen möglich, Kindersessel. Schanigarten für 20 Pers. Rollstuhlrampe. Lieferservice im Umkreis vom 5 km. €€

Zum Moghulhof Burggasse 12, Tel. 526 28 64, E-Mail: dayalaustria@yahoo.de, www.zummoghulhof.at, täglich 11.30–14.30 und 17.30–22.30. Indische Tandoor-Spezialitäten, Holzkohlengrill und Lehmofen (MM € 5,90 bis € 9,90); Kinderportionen, -sessel. Klimaanlage. Extrazimmer für 20 Pers. zu mieten; Schanigarten für 20 Pers. €€

PROSI Indian Restaurant Kandlgasse 44, Tel. 522 44 44, E-Mail: restaurant@prosi.at, www.prosiindianrestaurant.at, Mo–Sa 11.30–22 (Fei geschlossen), Küche bis 21. Fokus auf Süd- und Nordindischer Küche (MM ab € 7,90), Spezialitäten wie Massala Dosa, Prosi King Thali, Chole Bhature, Tandoor Spezialitäten, Biryani. Auch vegetarische und vegane Speisen. Fisch, Meeresfrüchte. Kinderspeisen, -sessel. Schanigarten für 24 Pers. Behinderten-WC. €€

Sri Nataraja Neustiftg. 50, Tel. 522 34 08, E-Mail: natraj1070@wienhotmail.com, sri-nataraja.at, Di–Do 11–14.30 und 12–22.30, Fr 11–14.30 und 18–22.30, Sa, So, Fei 12–22.30, durchgehend warme Küche. Indische frisch zubereitete Spezialitäten; Tagesmenü mit Tagessuppe, Reis und Fladenbrot (Mo–Fr 11–14.30 € 7,80/vegetarisch € 7,50), Speisen können auch vegetarisch und vegan zubereitet werden; alle Speisen nach Wahl mild, pikant, scharf oder sehr scharf und auch zum Mitnehmen; Mangosekt, Mangolassi, warmer indischer Masala Tee, Jasmin Tee, Murauer vom Fass. Kindersessel. Platz für 40 Pers., für Feierlichkeiten mietbar. Schanigarten für 10 Pers. €€

Israelisch

Makom Schottenfeldgasse 18, Tel. 431 50 33, E-Mail: shalom@makom.wien, makom.wien, Mo–Fr 9–22, Sa, So 8–23. Israelische Küche wie Shakshuka, Falafel, Hummus, gebratenes Huhn und im Ofen gerösteter Karfiol; israelisches Bier; Speisen auch zum Mitnehmen. Schanigarten für 50 Pers. €€

Seven North Schottenfeldgasse 74 (im Max Brown Hotel), Tel. 376 10 70, www.sevennorthrestaurant.com, täglich 17–1, Küche Mo–Do bis 22, Sa, So bis 22.30. Israelisches Restaurant im Max Brown Hotel; wechselnde Karte, saisonale Speisen, div. Salate, wie z.B. Mezze from the old city of Jerusalem (€ 18,–), Fisch- und Fleischgerichte; Sa, So 11.30–16 Brunch. Keine Hunde. €€€

Italienisch

Buon Giorno Mariahilfer Straße 100, Tel. 523 80 85, pizzabuongiorno.at, täglich 9–24. Lokal mit zwei Bereichen, in einem werden Mini-Pizzen gebacken (ab € 2,90), im anderen chinesische Nudeln (ab € 4,90) zubereitet, alles frisch in einer Schauküche gekocht; italienische Weine. 40 Sitzplätze im Lokal, Schanigarten für 50 Pers. €

Pizzeria Osteria Da Giovanni Sigmundsgasse 14, Tel. 523 77 78, 0676/407 82 88, E-Mail: dagiovanni@gmx.at, www.giovanniwien.com, Mo, Mi, Do, So 16–23, Fr 15–23, Sa 12–23, Fei wie jeweiliger Wochentag. Familienbetrieb, gilt als Italo-Geheimtipp. Hausgemachte italienische Gerichte, original italienische Pizza mit Mozzarella und viel Rucola sowie glutenfreie und vegane Pizza; Fingerfood-Catering. Kinderportionen, -sessel. Lokal für Veranstaltungen bis 40 Pers. mietbar (ab 8 Pers. auch außerhalb der Öffnungszeiten). Ruhiger, grüner Innenhofgarten für 25 Pers. €€

Da Michele Kirchengasse 39, Tel. 969 07 14, E-Mail: pizzeriadamichele@gmail.com, www.pizzeria-damichele.at, Mo–Sa 12–15 und 18–24, warme Küche bis 23. Riesenpizza, frische Fischgerichte, Muscheln, Pasta (TT ab € 8,–). Schanigarten für 35 Pers. €€

Pizzeria Trattoria I Carusi Kirchengasse 21, Tel. 524 03 14, E-Mail: mail@icarusi.at, www.icarusi.at, täglich 12–23.30, durchgehend warme Küche bis 23. Pizza, italienische Küche, Antipasti, Fisch (Mo–Fr Tagespizza € 7,–, 12–15 MM Pasta inkl. Suppe oder Salat ab € 12,90); jeden Monat wechselndes Weinangebot. Kinderportionen, 3 Kindersessel. Schanigarten für 60 Pers. €€

Il Mare Zieglergasse 15, Tel. 523 74 94, E-Mail: ilmare@live.at, www.ilmare.at, Mo–Sa 12–15 und 17–23 (Küche). Einer der besten Italiener Wiens; Pizza vom Holzofen, Bistecca Fiorentina (ab € 25,–/Pers.), klassische italienische Küche;

italienische Weine, auch Raritäten. TV. 4 Kindersessel; 2 Extrazimmer bis je 30, Schanigarten für 50 Pers. Reservierung empfohlen. €€€

I Ragazzi Burggasse 6-8, Tel. 522 63 25, E-Mail: mail@iragazzi.at, Di-Fr 16.30-23, Sa, So 12-23. Italienische Küche samt ausreichender Weinauswahl aus Italien; Prosciutto Crudo wird mit einer alten Berkel-Schneidemaschine frisch geschnitten; Kinderportionen, -sessel. TV; Klimaanlage. Schanigarten für 34 Pers. €€€

I Terroni Westbahnstraße 23, Tel. 522 30 85, E-Mail: mail@iterroni.at, www.iterroni.at, täglich 12-23, Küche bis 22. Mediterrane Küche, Pizza & Pasta (12-15 MM € 7,90 bis € 10,90 auch vegetarisch); Kinderportionen, -sessel. Obere Ebene für 15, Schanigarten für 60 Pers. €€

La Gondola Burgg. 15, Tel. 526 40 02, E-Mail: ramdhanda@hotmail.com, www.pizzeria-lagondola.com, täglich 12-14.30 und 18-22. Pizzeria mit täglich wechselndem Angebot von Salatpizza über Currypizza bis Pizza Hawaii; Mo-Fr 11.30-14.30 MM (Pizza oder Pasta je € 6,90); Kindersessel. Schanigarten für 32 Pers. €€

Restaurant Pizzeria Lana Zieglergasse 96, Tel. 523 12 78, E-Mail: lana.pizza@hotmail.com, www.lana-pizza.at, Mo-Fr 11-22, Sa 16-22 (Fei geschlossen), Sa bei Reservierung von 15 Pers. auch vormittags geöffnet, So, Fei ab 30 Pers. Lokal zu mieten. Pizza vom Holzofen, frische Fischgerichte, Grillspezialitäten, Teigwaren; Mo-Fr 11-14 2 MM im Winter mit Suppe, im Sommer mit Salat (€ 9,90 bis € 12,90), Spezialitäten: Lammgerichte, gebratene Forelle, Meeresfrüchte; Catering. Kindersessel, Spielsachen. Lokal für 80, Extraraum für 25 Pers. (für Feiern oder Meetings zu mieten). Schanigarten für 24 Pers. €€

La Pausa Neubaugasse 70, Tel. 522 28 97, E-Mail: info@lapausa.at, www.lapausa.at, Mo-Sa 11-23, So, Fei 15-22. Längliche Meterpizza (ab € 19,90), Pizzaschnitten (ab € 3,20), auch zum Mitnehmen in Meterboxen. Große Bierauswahl (Tegernseer, Augustiner, Moretti etc.). Catering. Schanigarten mit 3 Tischen. €€

Pizzeria La Spiga Lerchenfelder Str. 65, Tel. 397 97 10, E-Mail: office@laspiga.at, www.laspiga.at, Mo-Do 17.30-22.30, Fr 11.30-22.30, Sa, So 12-22.30. Italienische Küche, Pizza, Gnocchi- und Lasagnevariationen, italienische Desserts (Panna Cotta und Tiramisu ab € 5,20); Wein und Bier aus Österreich und Italien; Abholung nach Vorbestellung möglich. Kindersessel. Lokal für 45, Schanigarten für 30 Pers. €€

Lupetto Schottenfeldgasse 9, Tel. 0699/19 00 78 15, www.lupetto-bar.at, Di, Do ab 17.30, Mi, Fr 12-14.30 und ab 17.30, Sa ab 18. Restaurant und Bar mit italienischer Küche; hausgemachte Gnocchi mit diversen Saucen, Teigtaschen, verschiedene Pastasorten mit Fisch, Wild etc. Kinderspeisen, -sessel, Wickeltisch. Schanigarten für 14 Pers.

Ristorante Mia Cucina Andreasgasse 4 (Ecke Mariahilfer Straße 84), Tel. 523 64 79, E-Mail: info@miacucina.at, www.miacucina.at, Mo-Sa 11.30-22.30, durchgehend warme Küche. Pizza, Pasta, Fischspezialitäten (Scampi, Miesmuscheln, Tintenfisch, Scholle, Zander), Fleischgerichte (Lammkotelett, Schnitzel), Salate, Suppen, Käsevariationen; Palatschinken, Eis; kleine Portionen oder Kinderpizzen, Kindersessel. Extrazimmer für über 50, Mai bis Oktober Schanigarten für 40 Pers. €€

Minante Siebensterng. 5, Tel. 523 99 85, E-Mail: pizza@minante.at, www.minante.at, täglich 17-23, Küche bis 22, Weihnachten geschlossen. Italienische Küche, hausgemachte Pizza, Lasagne, Salate. Kindersessel. Take-away. Lokal für 40, Mai bis Sept. Schanigarten für 36 Pers. €€

Momo Kirchengasse 35, Tel. 522 32 04, E-Mail: ciao@momowien.at, www.momowien.at, Mo-Mi, So 17-23, Do-Sa 12-23, Küche bis 22.30. Pizzeria, edel belegte Pizza (dünn, knusprig, saftig) in 2 Größen: Pizzette mit Vollkornteig (Hartweizen aus Sizilien, Durchmesser 20cm/30cm, ideal zum Teilen); jeden Monat 6 neue Pizzavariationen; hausgemachte Limonade, Weine und Craft-Biere aus Italien. 9 außergewöhnliche Spritzer (Sangriaspritzer, Amaretto Sour Spritzer, Limoncello-Spritzer), Kinderspeisen, -sessel, Sticker. TV; regelmäßige Veranstaltungen z.B. Pizza-Sharing (Stehevent: um € 25,- von jeder Pizza ein Stück + 1 Getränk). Gastgarten für 16 Pers. €€

Ribelli Lerchenfelder Straße 1-3 (im 25hours Hotel), Tel. 521 51 845, E-Mail: vienna@ribelli-restaurant.com, www.ribelli-restaurant.com, täglich 12-24, warme Küche bis 22. Italienische Küche, traditionelle neapoletanische Speisen, Pizza, Pasta, Salate; So 11.30-14.30 Brunch; Wein, italienisches Craft-Bier; Kinderspeisen, -sessel, Spielsachen, Wickeltisch. Lokal für 120, 2 Terrassen für 80 Pers. Behinderten-WC.

Salumeria Principe Burggasse 81, Tel. 0699/10 07 76 84, E-Mail: sa@salumeriaprincipe.com, www.salumeriaprincipe.com, Mo-Fr 8.30-17.30, Sa 9-13. Ital. Feinkostgeschäft, in dem man auch Antipasti und ein Glas Wein bekommt.

Tagesbar-Caffè Citrus Lindeng. 53, Tel. 0670/402 00 61, E-Mail: info@citrusvienna.com, www.citrusvienna.com, Di-Fr 10.30-19, Sa 10-18. Italienische Tagesbar. Italienische Antipasti, hausgemachte Pasta, Hochwertige Olivenöle und Zitrusfruchtraritäten, Süßspeisen. Take-Away. Schanigarten für 30 Pers.

Pizzeria Wolke Neubaugasse 34/8, Tel. 0677/64 38 01 63, E-Mail: wolkenpizza@gmail.com, www.wolkevienna.at, Mo-Do, So 12-14.30 und 17-22, Fr, Sa 12-22. Neapolitan. Pizzen (auch vegan). Alle Pizzen auch zum Mitnehmen. **€€**

Japanisch

Akakiko Mariahilfer Straße 42-48 (Gerngross, 5. Stock), Tel. 057/333-150, E-Mail: info@akakiko.at, www.akakiko.at, täglich 10.30-23, warme Küche bis 22.30. Sushi, Maki, Bento, vegetarische Speisen; Gratiszustellung in ganz Wien (ab € 13,50, Tel. 057/333, Online-Bestellung möglich). 240 Sitzplätze; Dachterrasse im 6. Stock für 106 Pers. **€€**

Dots Establishment Mariahilfer Straße 36, Tel. 920 99 80, E-Mail: info@dotsgroup.eu, dot1060.at, täglich 11.30-1. Kreativsushi-Lokal. „Experimental Maki" mit z.B. Mayonnaise, gerösteten Zwiebeln, Liptauer, Haselnuss, Trüffel, Spargel, Curry-Huhn, Creamcheese und Gold; auch die traditionelle Palette und das obligate Panasia-Sortiment an Hauptspeisen. Kreativkoch Sören Herzig sorgt hier neben den Kreativ-Sushis auch für ein Gourmet-Menü. Cocktailbar (hauseigene Kreationen). Reservierung erbeten. **€€€**

Hidori Burggasse 89, Tel. 0676/783 25 89, E-Mail: burggasse89@yahoo.co.jp, www.restaurant-hidori.at, Mo-Sa 18-23. Spezialisiert auf Sushi und Yakitori (köstliche gegrillte Spieße), Izakaya-Küche (japanische Alltags- oder Beislküche); am besten sitzt man an der Bar direkt bei der offenen Küche, oder man sitzt auf japanische Art am Boden. Kinderspiele. Gastgarten. **€€€**

Maka Ramen Wimbergergasse 41, Tel. 0677/63 10 90 67, E-Mail: contact@maka-ramen.at, www.maka-ramen.at, Mi-So 16.30-22, Tischreservierung: 16.30-18, 18-19.30 und 19.30-22. Farbenfroh gestaltetes Ramen-Lokal mit japanischen Nudelsuppen (z.B. Tonkotsu mit Schweinebauch und gerösteten Kirschtomaten oder vegetarische Miso Cashew Ramen) und Tapas wie Spinat mit Tofucreme oder Muskatkürbis-Tempura. Kindersessel. Catering; Take-away (tel. Vorbestellung oder Bestellung direkt im Lokal möglich). Lokal für Feiern bis max. 35 Pers. zu mieten. Schanigarten bis zu 28 Pers. **€€**

Mari's Metcha Matcha Neustiftgasse 7, Tel. 522 21 15, E-Mail: office@marismetcha.at, www.metchamatcha.at, täglich 12-22, im Sommer können die Öffnungszeiten abweichen (s. Homepage). Japanisches Restaurant und Café mit authentischer japanischer Küche; Spezialitäten: Onigiri und Teisyoku (Bento Boxen) sowie viele typisch japanische Tapas; Take-away.

Mono Sushi Bar Schottenfeldgasse 5, Tel. 522 87 80, E-Mail: monosushibar@gmail.com, www.monosushi.at, Mo-Sa, Fei 11.30-15.30 und 17.30-22.30. Sushi, Sashimi, Maki, Nudeln, Bulgogi, Tempura, Teppanyaki (Mo-Fr MM € 7,60 bis € 14,10). Kindersessel. Extrazimmer für 10, Schanigarten für 16 Pers. **€€**

Natsu Sushi Restaurant Burggasse 71, Tel. 522 19 03, E-Mail: 7111583@qq.com, www.natsu-sushi.at, Mo, Mi-So, Fei 11-23. Sushi, Maki, Sashimi, Asianudeln, Tempura, Ramen, Udon, Bento-Boxen, Sushi und Maki immer minus 50 %; auch zum Mitnehmen. Kindersessel. 45 Sitzplätze. **€**

Ramen Makotoya Schottenfeldgasse 6, Tel. 589 89 09, E-Mail: mahue@ramen-makotoya.at, www.ramen-makotoya.at, tägl. 11.30-22.30. Japan. Franchise aus Osaka. Spezialitäten sind japanische Ramen mit kräftiger Rind- oder Hühnerbrühe (z.B. Gyujan Ramen mit weich gekochtem, goldenem Ei in einer reichhaltigen weißen Rinderknochenbrühe mit dünnen Nudeln und saftigem Chashu-Schweinebauchfleisch) sowie eine breite Palette an japanischen Tapas und Dons sowie Desserts; Take-away, Zustellung. **€€**

Sosaku Neustiftgasse 24a, Tel. 0664/873 17 47, E-Mail: eat@sosaku.at, www.sosaku.at, Mo-Sa, Fei 18-23. Kleines Lokal am Fuße des Spittelbergs; hauptsächlich Sushi, aber auch asiatische Fusionsküche und warme Speisen. Geschlossene Gesellschaften bis 30 Pers. möglich. Klimaanlage. Extrazimmer für 8, Schanigarten für 14 Pers. **€€€**

Koreanisch

Gaon Apollogasse 20, Tel. 990 67 90, gaon.eatbu.com, Mo-Sa 11.30-22. Koreanisches Restaurant; Mo-Fr 11.30-15 MM. **€**

Kroatisch

Kulinarium 7 Sigmundsgasse 1, Tel. 522 05 30, 0664/88 26 39 70 (Take-away-Bestellung), E-Mail: office@kulinarium7.com, www.kulinarium7.com, Di-Sa 17-22, So 12-22, Sommerpause im August. Dalmatinische Küche; Meeresfrüchte- und Fischspezialitäten, direkt aus Kroatien importiert; Kinderportionen möglich, Kindersessel; österreichische, italienische, französische, kroatische, spanische und deutsche Weine, Hirter vom Fass. **€€€**

Lateinamerikanisch

Streetfood International Lindengasse 2-2A, Di, Mi 12-20, Do, Fr 12-24, Sa 17-24. Südamerikanische Snacks wie Empanadas, die vom Restaurant Neuland in Döbling zubereitet werden, sowie gegrillte Sandwiches mit Rindfleisch oder Jackfruit und Käse. **€**

Marokkanisch

Petit Maroc Neubaugasse 84, Tel. 944 55 66, E-Mail: office@petitmaroc.at, www.petitmaroc.at, Mo–Fr 12–15 und 18–24, Sa 17–24, Küche bis 22. Marokkanisches Lokal, das sich auf die Zubereitung der fantastischen Tajine-Schmorgerichte aus den gleichnamigen Tontöpfen versteht: z.B. mit geschmortem Lamm, karamellisierten Zwetschken und Sesam (€ 16,90) oder mit Huhn, grünen Oliven und Zitrone; Couscous; überschaubare, interessante Karte. Schnaitl-Pils, marokkanische Weine. Drinnen Platz für 34 Pers.; Schanigarten für 12 Pers. mit bunten Fliesentischchen. **€€**

Mexikanisch

Max & Benito Mariahilfer Straße 4, Tel. 0677/63 54 01 04, E-Mail: office@maxbenito.at, www.maxbenito.at, täglich 11.30–21.30 (Fei geschl.). Kalifornisch-mexikanische Küche; Burritos, Tacos, Bowls, Salate; auch vegane und glutenfreie Speisen. Kindersessel. Schanigarten für 40 Pers. **€**

Santos Neubau I Mexican Grill & Bar Siebensterng. 14, Tel. 345 14 36, E-Mail: office@santos-bar.com, www.santos-bar.com, Mo–Do 16–24, Fr 16–1, Sa 11–1, So 11–24. Mexican Grill & Bar; große Auswahl an veganen und glutenfreien Speisen; Burritos, Tacos, Burger, mexikanisches Streetfood, Nachspeisen wie Churros; umfangreiche Cocktailkarte, 16–20 und 23–24 Happy Hour (alle Cocktails € 8,40). Take-away. Klimaanlage. Gastgarten für 75 Pers. **€€**

Tapas Mayas Kaiserstraße 42, Tel. 0676/632 57 17, E-Mail: selmajordan@gmail.com, tapas-mayas-mexikanisches-restaurant-und.business.site, Di–Sa 17–24. Mexikanische Küche, an den mitteleuropäischen Geschmack angepasst. Mexikanische Spezialiäten wie Nachochips mit Guacamole, Sauerrahmdip und Salsa, Echiladas aus Weizen- oder Maistortilla mit frischem Gemüse, Bohnenmus und Guacamole sowie Huhn- oder Rinderfilet, hausgemachte Churros. Alle Speisen auch vegetarisch oder vegan möglich, viele Zutaten bio. Cocktail-Bar mit über 90 Gin-, 100 Tequila- und 30 Rumsorten. Abholung möglich. **€€**

Orientalisch

Florentin 1070 Siebensterngasse 58, Tel. 0676/735 56 25, E-Mail: neubau@florentin-wien.com, florentin-wien.com, Mo–Fr 8–16, Sa, So 9–17, Küche bis 22. Restaurant, Café, Bar, angelehnt an das Florentin, einem Stadtviertel in Tel Aviv; österreichisch angehauchte orientalisch-mediterrane Küche wie z.B. gewürztes Huhn mit Paprika und frischen Kräutern im mit Hummus bestrichenem Pitabrot, Salate, Hummusvariationen etc. Frühstück ganztägig; Take-away (Pita Deals); auch vegetarische und vegane Speisen. Schanigarten für 25 Pers. **€**

Habibi & Hawara Siebenstern Siebensterngasse 46, Tel. 236 32 25, E-Mail: office@habibi.at, habibi.at, Mo–Fr 11–24, Sa 10–24, So, Fei 10–15, warme Küche bis 22. Orientalisch-österreichisches Lokal, das von Menschen mit Flucht- oder Migrationshintergrund gemeinsam mit österreichischen Kolleg*innen betrieben wird. Österreichisch-orientalische Fusionsküche à la carte, abends auch Family-Dinner Set-Menü bestehend aus fixem, saisonal abhängigem, mehrgängigem Menü (€ 24,90, Kinder bis 10 Jahre essen gratis, Kinder bis 14 Jahre zahlen die Hälfte); Sa, So, Fei Brunch (€ 24,90, all you can eat inkl. Sirupe, 1 Heißgetränk oder Bio Hausfrizzante); viele regionale Zutaten (z.B. Bio-Fleisch von Labonca, Bio-Gemüse von Adamah); kindergerechte Speisen, Kindersessel. Alle Speisen auch zum Mitnehmen in Mehrweg-Gefäßen (mit Pfand). Extrastüberl für ca. 15 Pers. **€€**

Maschu Maschu II Neubaugasse 20 (Ecke Lindengasse), Tel. 990 47 13, E-Mail: maschu3@chello.at, www.maschu-maschu.at, täglich 11.30–23. Restaurant mit orientalischen und israelischen Spezialitäten, Wochenkarte; Falafel, Hummus, orientalische Salate, große Auswahl an vegetarischen und veganen Speisen, kalte und warme Bowls, veg. Burger. Spezialität: Getränk Limonana. Alle Speisen auch zum Mitnehmen. Partykeller für Seminare, Feiern etc. bis zu 60 Pers. zu mieten (Beamer vorhanden, Catering möglich, Mietkosten auf Anfrage). Schanigarten für 80 Pers. Take-Away. **€**

Café Orient Neubaugasse 59, Tel. 236 68 58, E-Mail: falafel@cafeorient.at, www.cafeorient.at, täglich 10–1, durchgehend warme Küche. Moderne orientalische Küche mit neuer Orientierung, etwa Orient Wraps, Snacks und Falafel sowie Süßspeisen wie Baklava, auch orientalische Frühstücks-Kleinigkeiten; steirische Fruchtsäfte, gutes Teesortiment. Verwendung von biologischen Produkten. Leinwand und Beamer; fallweise Livemusik (Jazz, Blues, Soul, orientalische und Weltmusik); wechselnde Ausstellungen. Schanigarten für 12 Pers. **€**

Sibel's Burggasse 50, Tel. 876 87 72, 0664/597 03 76 (Zustelldienst/Bestellungen), E-Mail: info@sibels.wien, www.sibels.wien, Mo–Sa 12–23, Küche bis 22. Mediterrane Küche aus dem Süden mit regionalen und saisonalen Lebensmitteln, türkische Hausmannskost; in offener Küche wird ausschließlich mit Bioprodukten gekocht (mit Auszeichnung und Zertifizierung), z.B. gefüllte Weinblätter, Auberginenpürree mit veganen, arabischen Knödeln, Hauskebap mit Bio-Kalbfleisch etc.; Mo–Fr MT (€ 12,90); am Abend Mezze mit selbstgebackenem Urkornbrot; auch vegetarische und vegane Speisen; auf Unverträglichkeiten wird eingegangen. Kinderspeisen. Kochkurse ab 7 Pers. auf Anfrage. Catering. Schanigarten für 24 Pers. **€€**

Zypresse Westbahnstraße 35a, Tel. 523 45 57, E-Mail: gast@zypresse.at, www.zypresse.at, Mo–Fr 11–24 (Fei geschlossen), warme Küche bis 23. Grillspezialitäten aus dem Mittelmeerraum (MM ab € 9,50), kurdische Spezialitäten, Fisch, Lammspieße, Holzkohlengrill, kalte und warme Vorspeisen, vegetarische Küche, jede Woche wechselnde Karte; Partyservice. Lokal für Veranstaltungen zu mieten (auch So und Fei, ab ca. 20 Pers.); Schanigarten für ca. 30 Pers. **€€**

Persisch

Cafe Restaurant Caspian Zieglergasse 18 (Ecke Linden gasse), Tel. 523 82 58, E-Mail: mail@caspian.at, www .caspian.at, Mo–Do 11.30–22.30, Fr, Sa 11.30–23.30, So, Fei 12–22. Persische Küche, Fisch, Grill, auch vegetarische Speisen (11.30–15 MM € 9,90 bis € 10,90); Kinderspeisen, -sessel, Wickeltisch. Feiern möglich. Schanigarten für 40 bis 50 Pers. **€€**

Hafes Kaiserstraße 98, Tel. 523 99 36, E-Mail: hafes7@yahoo.de, www.hafes.at, Mo, Di, Do–So, Fei 11.30–22, durchgehend warme Küche. Persisches Spezialitätenrestaurant, Holzgrill (MM ab € 11,90); Kinderspeisen -sessel. Fr Bauchtanz, Sa orientalische Musik, Klimaanlage; für geschlossene Gesellschaften zu mieten. Schanigarten für 16 Pers. **€€**

Spanisch

Biscaya Tapas-Bar Bandgasse 31, Tel. 0676/387 95 00, E-Mail: tapas@biscaya.at, www.biscaya.at, Di–Fr 17–23, Sa 17–24 (Fei geschlossen), warme Küche bis 22. Spanische Küche, Tapas, z.B. Gambas al Pil Pil, Ziegenkäse im Serranoblatt, Chorizo in Riojasauce; dazu spanische Weine, Sherry und Cava. Ideal für geschlossene Gesellschaften von 20 bis 40 Pers. Schanigarten für 20 Pers. **€€**

Lobo y Luna Mondscheingasse 2, Tel. 944 99 66, E-Mail: office@loboyluna.at, www.loboyluna.at, Juni bis August Mo–Fr ab 18 (Fei geschlossen), September bis Mai Di–Sa ab 18 (Fei geschlossen), warme Küche bis 23, Sommerpause siehe Homepage. Tapasbar mit Spezialitäten der spanischen Küche abseits der Klischees, gekocht von den Küchenchefs Felix Becker und Michael Hutterer unter Restaurantleiterin Sarah Dorner, regional, saisonal wechselnde Karte. Cocktails gibt's von Barkeeper „Chilli“, große Weinkarte. Für Veranstaltungen bis 60 Pers. zu mieten. Schanigarten für 30 Pers. **€€€**

toma tu tiempo Zieglergasse 44, Tel. 0660/447 70 69, E-Mail: tisch@tomatutiempo.at, www.tomatutiempo.at, Di–Sa 17–23. Spanisches Tapas-Lokal mit familiärer Atmosphäre. Spezialitäten: Datteln mit Serrano und Mandeln, Fischdelikatessen aus Andalusien, flaumige und gut gewürzte Albóndigas (Bio-Fleischbällchen in Paradeissauce mit Sherry), Gambas al ajillo (Garnelen in Knoblauch-Olivenöl gebraten mit frischer Zitrone), auch vegane Tapas. Unbehandelter Fichtenboden, portugiesische Fliesen, Vitrinen aus alten Laternen, Tische aus einem Innviertler Bauernhof, Kamin, hell und lichtdurchflutet. Ganzjähriger Schanigarten für bis zu 40 Pers. **€€**

Türkisch

Berliner Grillrestaurant Zieglergasse 35, Tel. 0699/10 37 86 10, E-Mail: berliner1070@gmail.com, täglich 10–24. Lokal des „Berliner Döner“-Besitzers. Türkische und orientalische Spezialitäten wie Linsensuppe mit Sumac und Minze (€ 4,–). **€**

Kunst Küche Neustiftgasse 7, Tel. 0676/377 56 12, E-Mail: kunstkuchewien@gmail.com, www.kunst-kueche -restaurant.business.site, Di–Do 14–22, Fr 14–1, Sa 10–1, So 10–20. Türkisches Restaurant und Bar. Frühstück, Brunch. Regelmäßig Veranstaltungen.

Vegetarisch, vegan

Reformhaus Buchmüller Neubaugasse 17–19, Tel. 523 72 97, E-Mail: office@reformhaus-buchmueller.at, www .reformhaus-buchmueller.at, Mo–Fr 9–18.30, Sa 9–17. Täglich mind. ein veganes Gericht, laktovegetarische Küche, glutenfreie Speisen (3 TT mit Salat € 10,50/Suppe € 4,–), Snacks, Dinkelburger und Gemüsewraps, hausgemachte Mehlspeisen aus Dinkelmehl (ab € 4,30); Spezialität: Burger und Jausenbrote; täglich frische Vollkornbrote; Fruchtsäfte; Dinkel-Vollwertkuchen. Onlineshop. Kindersessel, Wickeltisch. Schanigarten für 20 Pers. **€**

Burger King U-Bahn Station Westbahnhof Lokal Nr. 7, Tel. 0676/777 76 83, E-Mail: wbh@whopper.at, kunden service@whopper.at, www.burgerking.at, Öffnungszeiten siehe Homepage: burgerking.at/kingfinder. Erste rein vegane Burger King Filiale in Österreich. Ausschließlich vegane Burger und Wraps. Take-away. **€**

Denns BioMarkt Lindengasse 13–15, Tel. 522 53 12, E-Mail: info@denns.at, www.denns-biomarkt.at, Mo–Fr 9–20, Sa 8–18 (Fei geschlossen). Im Biosupermarkt integriertes Bistro, leichte und schnelle Küche – auch zum Mitnehmen. 9–12 Frühstück; TT/MM (vegetarisch € 6,20, mit Suppe oder Salat € 8,90/mit Fleisch € 7,20, mit Suppe oder Salat € 9,90), täglich wechselnde gefüllte Brotsorten, Salate, Suppen; frisch gepresste Biosäfte, Kaffee (auch to go), Kakao und Tee. Sämtliche Speisen und Getränke 100 % biologisch, vieles auch vegan, gluten- oder laktosefrei (alles gekennzeichnet); Fair-Trade-Produkte. **€**

Denns BioMarkt Kaiserstraße 57-59, Tel. 526 58 86 18, E-Mail: info@denns.at, www.denns-biomarkt.at, Mo-Fr 8-19.30, Sa 8-18. Im Biosupermarkt integriertes Bistro, leichte und schnelle Küche - auch zum Mitnehmen. 9-12 Frühstück; TT/MM (vegetarisch € 6,20, mit Suppe oder Salat € 8,90/mit Fleisch € 7,20, mit Suppe oder Salat € 9,90), täglich wechselnde gefüllte Brotsorten, Salate, Suppen; frisch gepresste Biosäfte, Kaffee (auch to go), Kakao und Tee. Sämtliche Speisen und Getränke 100 % biologisch, vieles auch vegan, gluten- oder laktosefrei (alles gekennzeichnet); Fair-Trade-Produkte. 💳 €

Front Food Neubaugasse 72, Tel. 0676/445 53 12, E-Mail: wien1@frontfood.at, frontfood.at, Mo-Sa 11-21. Veganes Fastfood wie Burger, Wraps und Hot Dogs; alle Speisen auch zum Mitnehmen. Schanigarten. €

Govinda Die Wohlfühloase Lindengasse 2a, Tel. 522 28 17, E-Mail: govinda@gmx.net, www.govinda.at, Mi-Fr 10-18.30, Sa 10-18. Geschäft für Yogaaccessoires (Bücher, Geschenke etc.) und Bistro. Vegane TT; Mo-Sa biologisch-veganes MM (€ 9,-), Salate, Desserts, indische Gewürze; Mango-Lassi, Fair-Trade-Kaffee, Bio-Tees. Klassischer indischer Tempeltanz-Unterricht, diverse Vorträge und Seminare (wechselndes Programm, siehe Homepage). 💳 €

Landia Ahornergasse 4, Tel. 293 56 27, E-Mail: martin@landia.at, www.landia.at, Mo-Sa 9-22 (Fei geschlossen), Küche bis 21. Vegetarische und vegane Küche aus regionalen, saisonalen, biologischen Zutaten (MM € 8,80), glutenfreie Speisen möglich; täglich frischer, hausgemachter, veganer Kuchen, jeden Mi glutenfreier Kuchen; hausgemachte Limonaden, biologische Säfte, Biobier. Vernissagen; Leseecke mit Reiseführern. Spielecke für Kinder, Kindersessel. Schanigarten für 25 Pers. €

Naturkost St. Josef Mondscheingasse 10 (Ecke Zollergasse 26), Tel. 526 68 18, E-Mail: st.josef.natur@aon.at, Mo-Fr 10-18, Sa 10-16 (Fei geschlossen), Küche Mo-Sa 11-15.30. Vegetarisches, veganes und 100% biologisches Restaurant mit Naturkostladen (Mo-Fr 11-15 MM klein € 11,80/groß € 13,60); Salatbuffet, Kuchen aus der hauseigenen Pâtisserie; Getränkebar mit frisch gepressten Säften, Smoothies, Vital-Shots, Bioweine, aromatischer Alt Wiener Kaffee, Grüntee; Speisen zum Mitnehmen, Catering. Im Laden große Käsetheke sowie Vinothek mit österreichischen und internationalen Weinen (Schwerpunkt Demeter), viel Gemüse, auch Kosmetik, Haushaltswaren, Schokolade etc. Schanigarten für 40 Pers. Rollstuhlrampe (Zugang über Mondscheingasse 10 ebenerdig). 💳 €€

Pizza Oscar Schottenfeldgasse 97, Tel. 990 75 41, E-Mail: pizzaoscar.2010@hotmail.com, täglich 11-22. Italienische und vegane Küche: Pizza (auch vegan, ab € 9,-), Burger vegan (ab € 8,50), Schnitzel (ab € 9,90), Wraps; Zustellung in die Bezirke 7 und 8 (ab € 10,-, darunter mind. € 2,- Zustellgebühr). Schanigarten für 8 Pers. 💳 €

Pizzi*s & Cream Burggasse 25, Tel. 890 78 95, E-Mail: ciao@pizzisandcream.com, www.pizzisandcream.com, Mo-Fr 12-15 und 16-21, Sa, So 16-22. Vegane Pizzeria. Diverse Pizzen aus Bio-Zutaten mit veganen Fisch- und Fleischalternativen sowie veganem Käse aus Cashewkernen; die Pizzen gibt es als einzelne Stücke oder im Ganzen; veganes und zuckerfreies Eis; Kaffee der Wiener Rösterei Süssmund. Take-away. 💳 €€

Superfood Deli Lerchenfelder Straße 63, Tel. 971 33 98, E-Mail: hello@superfooddeli.at, Mo-Fr 8-15, Sa 10-15 (Fei geschlossen). Poke Bowls, Açaí Bowls, Frühstücksbowls; Smoothies. Alle Zutaten biologisch und vegan; plastikfreie Verpackungen. Online-Shop, Take-away, Vorbestellungen möglich. 💳 €

Swing Kitchen #1 Schottenfeldgasse 3, E-Mail: office@swingkitchen.com, www.swingkitchen.com, täglich 11-22. Ressourceneinsparung und Nachhaltigkeit werden hier groß geschrieben: alle Speisen sind ausschließlich vegan, die Verpackungen und die Inneneinrichtung aus Naturmaterialien. Vegane Burger und Wraps, frische Salate; Softdrinks wie Swing Cola, Eistee, Himbeerkracherl usw.; handgemachte Desserts wie Irenes Tiramisu, Cheesecake etc. Take-away. Schanigarten. Hundefreundlich. 💳 €

The Lala E-Mail: fresh@the-lala.com, www.the-lala.com. Restaurant der Veganista-Macherinnen. Ausschließlich vegane Speisen und Gerichte wie Salate, Sandwiches und Bowls; Säfte; Neustiftgasse 23, Tel. 0660/710 78 51 täglich 9-21. Schanigarten. Neubaugasse 1, Tel. 0660/722 51 46, täglich 11-18. Take-away. 💳 €

TIAN Bistro am Spittelberg Schrankgasse 4 (Spittelberggasse 3), Tel. 526 94 91, E-Mail: spittelberg@taste-tian.com, www.tian-bistro.com, Di-Fr 17-22, Sa 10-13 und 17-22 (Fei geschlossen). Kreative fleischlose Bistro-Küche; Sa 10-13 Frühstück; selbstgemachte Limonaden und Smoothies, Bio-Fruchtsäfte, -Bier, große Auswahl an österreichischen Weinen, Bio-Fairtrade-Tee und -Kaffee. Kindersessel, Wickeltisch. Viel Holz, geölte Naturtische; 2 Schanigärten für je 60, begrünter und heller Wintergarten für 60 Pers. (für Veranstaltungen zu mieten). Rampe im Innenhof. 💳 €€

Xu's Cooking Kaiserstraße 45, Tel. 523 10 91, E-Mail: xuscooking@gmail.com, xuscooking.eatbu.com, täglich 11.30-15 und 17.30-22 (Küchenzeiten). Vegetarische und vegane Spezialitäten aus Asien (MM ab € 7,90), Mittagsbuffet (Mo-Fr € 10,90, Sa, So u. Fei € 12,90/Kinder bis 10 Jahre € 6,90, an Fei € 7,90); Luxus- und Geburtstagsmenüs (auf Vorbestellung). Kindersessel. Extrazimmer für ca. 20, Schanigarten für ca. 50 Pers. 💳 €

Vietnamesisch

Hanoi Food Burggasse 20, Tel. 0650/550 21 27, E-Mail: Hanoifood.res@gmail.com, Di–So 11–21.30. Vietnamesischer Imbiss; Take-away. 8 Sitzplätze.

Happy Vietnam Neubaugasse 45/Top 3, Tel. 0650/844 77 90, neubaugasse.at/shops/happy-vietnam, Mo–Fr 11.30–20, Sa 12–20. Vietnamesischer Take-away-Imbiss. Schanigarten für 6 Pers. €

Restaurant No Ne Kaiserstr. 121, Tel. 0677/63 00 70 71, E-Mail: info@restaurant-none.at, www.restaurant-none.at, Di–So 11.30–15 und 17.30–23. Im Herbst 2021 neu eröffnetes vietnam. Lokal mit experimenteller Küche, z.B. in Lalotblatt gerolltes Rinderfilet auf Reisnudelbett mit Papayasalat oder Geräucherte Tofuroulade mit Pak Choi, grünen Bohnen und Shiitakepilzen. Schanigarten für 10 Pers. 💳 €€€

Pho 84 Neubaugasse 84, Tel. 526 13 75, www.pho84.at, Mo–Sa 11.30–21.30, So 13–22. Vietnamesisches Lokal; auf Pho (Suppe) spezialisiert, Mo–Fr 12–15 MM (€ 7,90), auch vegane Gerichte. Schanigarten für ca. 22 Pers. 💳 €

Pho Hang Zieglergasse 6, Tel. 956 93 05, E-Mail: office@phohang.at, www.pho-hang.at, Mo–Sa 11–22, durchgehend warme Küche. Vietnamesische Spezialiäten (Mo–Fr 11–15 MM ab € 8,90); Fischgerichte, Sommerrollen, Speisen vom Lavasteingrill; vietnamesischer Kaffee (mit Kondensmilch). Kindersessel. Schanigarten für 30 Pers. 💳 €€

Sapa Lindengasse 35, Tel. 526 56 26, E-Mail: office@gasthaus-sapa.at, www.gasthaus-sapa.at, Mo–Do 11.30–23, Fr, Sa 11.30–24, Küche bis 22. Vietnamesisches Designerlokal, Kulminationspunkt der Neubauer Szenelokalszene; spezialisiert auf die vietnamesische Reispapierrolle, ein feines Gericht, das hier in 8 Versionen angeboten wird, z.B. Entenrolle (gefüllt mit Entenbrust, Jungzwiebeln, Salat und frischen Kräutern); Mo–Fr wechselndes TT (ab € 9,80); französische Desserts aus dem dazugehörigen tart'a tata. Kindersessel. Schanigarten für 30 Pers. Abends Reservierung erbeten. 💳 €€

Tata Seideng. 23 (Ecke Schottenfeldg.), Tel. 956 81 05, 0699/13 86 00 25, E-Mail: tata.restaurant@gmail.com, www.tata-restaurant.at, Mo–Fr 11.30–23, Sa, So, Fei 12–23, durchgehend warme Küche bis 22. Vietnamesische Spezialitäten wie Banh Xeo (vietnamesische Palatschinken, gefüllt mit Garnelen, Rind und Sojasprossen € 6,50, vegane Variante € 5,50); Mo–Fr 11.30–15 MM (€ 8,50 bis € 9,50); Zustellung in die Bezirke 4 bis 7, 15 und 16. Schanigarten für 30 Pers. 💳 €€

Vevi Stollgasse 5, Tel. 0660/114 71 43, E-Mail: vevirestaurant@gmail.com, www.vevirestaurant.at, Di–So, Fei 11–22. Ausschließlich vegane vietnamesische Küche von Salaten über Sommerrollen bis Pho in verschiedenen Variationen, MM ab € 9,90; frisch gepresste Säfte, Smoothies, vietnamesischer Kaffee. 2 separate Räume für 40 Pers., Schanigarten für 15 Pers. Rabatt für Studierende. 💳 €€

Bars

Acabar Burggasse 103, Tel. 947 60 03, E-Mail: aca_bar@hotmail.com, www.acabar.at, Di–Sa ab 17. Cocktails, Fassbiere (Stiegl Pils, Stiegl Paracelsus) und Flaschenbier (Zwettler); tägl. 17–18 Happy Hour. Flatscreen, Beamer. Schanigarten für 32 Pers.

Agent Oscar Zollergasse 5, Tel. 956 59 75, E-Mail: agentoscar.wien@gmail.com, www.agentoscar.at, Mo–Sa ab 19. American Cocktailbar. Über 300 (inter)nationale Spirituosen (Whisky, Rum, Gin, Liköre, Wodka etc.), 350 Cocktails. Hausgemachtes Chili-Popcorn. Hintergrundmusik (Blues, Swing und Jazz). Schanigarten für 26 Pers. 💳

Espresso Benzin & Groove Bandgasse 11, Tel. 0699/10 73 84 94, E-Mail: espressobenzingroove@chello.at, Mo–Fr 18–2. Snacks wie Nudelsalat, überbackene Brote, Haussulz, Pizzaschnitte; offenes Bier (Weitra und Zwettler), verschiedene Flaschenbiere. Tischfußball (€ 1,–/14 Bälle), Spiele; Unterhaltung rund um den Motorsport (6-m^2-Leinwand); Musik (Groove, Funk, Soul, Acid-Jazz, Blues, Dub, Reggae, Hip-Hop). 30 Sitzplätze (Veranstaltungen möglich), Mai bis September Schanigarten für 16 Pers.

bestens – die bar Burggasse 23 (Ecke Schrankgasse 11), Tel. 0676/915 49 00, E-Mail: office@bestens.bar, bestens.bar, Di–So 17–1, in der Adventszeit auch Mo ab 17 geöffnet. Bar auf 3 Ebenen; Barfood wie z.B. Flammkuchen oder hausgemachtes Chili; über 150 Cocktails, über 30 Ginsorten, Weine, Sekt-, Prosecco- und Champagnerangebot, mehrere Sorten Bier (vom Fass und in Flaschen), Wodkas, Rum, Whisk(e)ys und Cognacs. Hausgemachte Sirupe und Säfte. Party- und Eventlounge bis 120 Pers., insg. Platz für Feiern bis 200 Pers, auch für private Feiern mietbar. März bis November Schanigarten für 40 Pers. 💳

Biergreissler Beisl Burggasse 18, Tel. 971 45 48, E-Mail: office@biergreissler.at, www.biergreissler.at, Mi, Do 18–24, Fr, Sa 18–1. Bierlokal von Max Gaspar, der in der Lederergasse den Biergreissler führt. Große Bierauswahl, 8 Biere vom Fass, rund 180 Biersorten aus der Flasche, z.B. Tschöams Bier, Brauküche 35 oder Axel Kiesbyes Waldbier; Snacks wie Salzstangerl oder Gulasch. Happy Hour tägl. 18–20 (Bier 0,5 l um € 2,90, Spritzer 0,25 l um € 2,–). TV. 2 Räume für je 20 Pers., Schanigarten für 20 Pers. 💳

Blue Box Richtergasse 8, Tel. 522 70 48, www.bluebox.wien, Mo–Do 11–1, Fr, Sa 11–4, So 15–23. Szenelegende, diente sogar als Kulisse für „Müllers Büro". Nationale und internationale Speisen, Sandwiches und Burger; hausgemachte Limonaden, Cocktails. Monatlich DJs und Livemusik. Schanigarten für 50 Pers. Rollstuhlrampe.

Bar Camillo Neubaugasse 55, E-Mail: camillobar1070@gmail.com, Mo–Sa ab 17, im Sommer Mo geschlossen. Aperitovo-Bar mit Fokus auf Negroni; Cocktails und After-Work-Drinks; kleine kalte Speisen. Schanigarten für 8 Pers.

Dachboden im 25hours Hotel Wien beim Museums-Quartier Lerchenfelder Straße 1–3, Tel. 521 51-0, E-Mail: wien@25hours-hotels.com, www.dachbodenwien.at, www.25hours-hotels.com/restaurants-bars/wien, täglich 15–1. Öffentlich zugängliche Bar im 25hours Hotel – befindet sich im 8. Stock des Hauses. Longdrinks, Cocktails, Biersortiment, Fritz Kola; Kaffee, diverse Snacks wie Paninis, Wraps und Antipasti. Mi Swing 'n' Roll, Do „Thirsty Thursday", Fr DJ-Line, 1-mal/Quartal Live-Konzert. Von der Terrasse hat man einen grandiosen Blick auf Rathaus, Parlament, Justizpalast und Museen. Keine Tischreservierungen (first come, first served).

Dirtwater | NGO | Bar | Kollektiv Kandlgasse 35, Tel. 0660/807 89 70, E-Mail: hallo@dirtwater.at, www.dirtwater.at, Di–Do 18–24, Fr, Sa 18–1. Großes Biersortiment („Golden Hour" Bier-Happy Hour: tägl. 18–20 großes Bier € 3,50, kleines Bier € 2,20), Longdrinks („Space Hour" Longdrink-Happy Hour: Fr, Sa 18–21, jeder Longdrink € 5,90). Kindersessel, Wickeltisch. Fallweise Live-Programm. Schanigarten für 35 Pers. Behinderten-WC. Non-profit-Lokal der gleichnamigen NGO – der Gewinn geht an Wasseraufbereitungsprojekte u.a. in Kambodscha.

Fitzcarraldo Neubaugasse 38, E-Mail: office@fitzcarraldo-bar.com, www.fitzcarraldo-bar.com, Di–Sa 19–3. Neue Speakeasy-Bar von Sammy Walfisch (Moby Dick Bar) und Hank Ge (Pizzeria Wolke), der Eingang ist als Getränkeautomat getarnt. Der Fokus liegt auf Cocktails (ca. € 15,– bis € 20,–). Klimaanlage. Bar für insg. 40 Pers. (auch für Feiern zu mieten). Hunde nicht erlaubt.

Ganz Wien Zollergasse 15, E-Mail: info@cafeliebling.at, www.barganzwien.at, Mo–Do 17–24, Fr, Sa 18–2. Bar mit Clubraum im Keller. Snacks wie Toast und Nüsse. Fr ab 18 Proseccofriday (Prosecco 1+1 gratis). Clubraum zu mieten für private Feiern für bis zu 50 Pers., man kann auch die komplette Bar mieten (inkl. DJ-Musikanlage etc.).

Ginsberg Bar Sigmundsgasse 15, Tel. 0660/382 34 03, E-Mail: office@ginsberg.at, www.ginsberg.at, Mo–Sa 18–4. Pub am Spittelberg.

Kreisky Siebensterngasse 5, Tel. 522 14 38, täglich 18–4. Snacks; Longdrinks (ab € 6,20). Schanigarten für 30 Pers.

Laimgrube Kirchengasse 28, E-Mail: info@affinityhospitality.at, laimgrube.at, Di–Sa 16–24. Cocktails, Kaffee; kleine Speisen. Gastgarten im Innenhof.

Le Bar Burggasse 2 (im Hotel Sans Souci Wien), Tel. 522 25 20-94, E-Mail: lebar@sanssouci-wien.com, www.sanssouci-wien.com/kulinarik/le-bar-champagnerbar, täglich 17.30–24. Spezialisiert auf Champagner (10 offene, Vintage etc.), klass. Longdrinks und Cocktails, wechselnde Eigenkreationen. Geführte Champagner Verkostungen. Schanigarten „Laurent Perrier Summer Lounge" für 10 Pers. Behinderten-WC.

Loup-Garou Zieglergasse 38, Juni bis Sept. Di–Sa 17–23, Oktober bis Mai Di–Sa 17–24. Bar und Bistro. Kleine Speisen wie Aperitivo-Platte; Naturweine und Bitter-Cocktails.

Matiki Bar Gardegasse 2, Tel. 0660/825 45 76, E-Mail: info@matiki.at, matiki.shop (Online-Shop), www.matiki.at, Mo–Do 18–2, Fr, Sa 18–3. Tiki-Style Cocktailbar. Ausgefallene tropische Cocktails. Gratis Popcorn. Große Spirituosenauswahl. Gastgarten für 30 Pers.

Cocktailbar Meeru Siebensterngasse 15, Tel. 0699/15 00 00 00, E-Mail: office@meeru.at, www.meeru.at, Mi–Sa 18–1 (Fei geschlossen), Sommerpause siehe Homepage. Div. Pizzen; große Auswahl an Cocktails (täglich 20–23 Happy Hour, Cocktails ab € 7,50), Weine aus Österreich und Italien, offenes Zwettler Bier, diverse Flaschenbiere, Longdrinks, Kaffeevariationen. Leinwand für Fußball-Liveübertragungen. Veranstaltungen bis 60 Pers. (keine Raummiete, kein Mindestumsatz). Behinderten-WC.

Moby Dick – Bar & Eatery Neustiftgasse 26, Tel. 0676/442 25 53, E-Mail: hello@mobydickvienna.at, www.mobydickvienna.at, Di–Do 18–24, Fr, Sa 18–2, im Sommer von Juni bis August geschlossen. Cocktailbar mit Low-Waste-Prinzip, Cocktail-Eigenkreationen; kleine Speisekarte mit fünf Gerichten, für die auch jeweils ein passender Cocktail kreiert wird.

Morgenstern St.-Ulrichs-Platz 5, Tel. 522 35 28, Mo–Do 17–2, Fr, Sa 17–3, So, Fei ab 17, Küche bis 22. Kleine Karte mit verschiedenen Broten, Toasts, Empanadas und Baguettes (ab € 3,–); 4 Biere und Radler vom Fass. Biermontag (s'Krügerl um € 3,20), Tischfußball € 0,50/Spiel; Pokerkoffer, Flatscreen, Musikanlage. Extrabereich für 40 Pers. (auf Reserv.); Schanigarten am St.-Ulrichs-Platz für 80 Pers.

Die Parfümerie Hermanngasse 7, E-Mail: office@dieparfuemerie.net, www.dieparfuemerie.net, Di–Do 18–1, Fr, Sa 18–2, Sommerpause in den ersten 3 Wochen im August. Bar mit gutem Getränkesortiment; Cocktails, Longdrinks, Spirituosen, Bier (saisonal wechselnde Karte, auch Signature Cocktails); Getränke Catering mit mobiler Bar. Div. Veranstaltungen (Speed-Dating). Reserv. per E-Mail mögl.

Quentin Kaffeebar Kaiserstraße 96, Tel. 0699/17 15 10 09, E-Mail: info@quentin-kaffeebar.com, www.quentin-kaffeebar.com, Mo–Sa 17–24. Bier, Wein, Spirituosen und saisonale Getränke; Toast. Kindersessel, Spielsachen, 2 TVs, 2 HD-Beamer, Wuzler, Darts, kleine Bühne. Diverse Veranstaltungen wie Lesungen oder Performances, jeden Do Open Sketchgroup, letzter Di/Monat Pub Quiz. Großer Gastraum für bis zu 65, Extrazimmer für ca. 25 Pers. (durch Glasschiebetür trennbar), für Feiern wie Geburtstage geeignet. 2 Schanigärten, davon einer ganzjährig für 10 und einer im Sommer für 20 Pers.

Radio - The Bar Schottenfeldgasse 17, Tel. 0676/936 31 29, E-Mail: radiobarwien@yahoo.com, www.radiobar.at, Mo–Sa ab 17. Café und Bar im Berlin-Style; diverse Snacks und Klassiker: Berliner Curry Wurst oder schmackhafte Ofenbaguettes (z.B. Rucola Parmesan); alle Produkte biologisch; Afro Coffee, Club-Mate, Astra, Tegernseer und rotes Zwickl vom Fass, Berliner Luft. Für Veranstaltungen für bis zu 120 Pers. mietbar, Events werden auf der eigenen Facebookseite bekannt gegeben. Schanigarten für 25 Pers.

R&Bar Weinskandal Lindengasse 1, Tel. 0676/83 85 86 96, E-Mail: rundbar@weinskandal.at, weinskandal.at/pages/rundbar, Mo–Fr 16–24 (Fei geschlossen). Retroschicke Bar mit Fokus auf Naturweinen, die zur Weinhandlung Weinskandal gehört. Ausgezeichnete kleine Gerichte wie gebratene Kräuterseitlinge oder katalanischer Fischsalat; naturtrübe Bio-Weine (auch zu kaufen). Leinwand/Beamer. Schanigarten für ca. 40 Pers.

Rinkhy Zieglergasse 37, Tel. 947 87 98, E-Mail: billing@andrewrinkhy.com, www.rinkhy.com, Mo–Fr ab 17, Sa ab 16. Europäische Tapas-Bar mit hochwertigen und größtenteils biolog. Zutaten; Sa 16–18 Austern; Pan con Tomate, geröstete und karamellisierte Mandel, Wild Prawns, kleine Makrelen mit Crostini, saisonale Speisen, z.B. im Winter Wildbret-Bratwurst mit Honigketchup; Bio-Kürbiskernöl aus dem Waldviertel von der eigenen Familie, Tricana-Konserven etc.; Weine, Cocktails, Longdrinks und versch. Gin Sorten, Kaffee. 2 Tische und Bar. Schöner, grüner Schanigarten.

Ruby Marie Hotel & Bar Kaiserstr. 2–4, Tel. 205 63 97 00, E-Mail: marie@ruby-hotels.com, www.ruby-hotels.com/marie, tägl. 0–24. Signature Cocktails und regelmäßige Verkostungen, sorgfältig ausgesuchte Weine regionaler Winzer*innen; ital. Snacks; Mo–Fr 6.30–10.30 und Sa, So 7–11 Frühstücksbuffet (€ 18,–/Pers.). Ruby Radio, regelmäßig Veranstaltungen. Privates Kino für Gäste. Öffentliche Dachterrasse mit Blick über Wien. Keine Barzahlung.

St. Art Zollergasse 6, Tel. 0680/206 71 71, E-Mail: start4bar@gmail.com, www.st-art.at, Mo–Do 16–2, Fr, Sa 11–2. Cocktails, 18–21 Happy Hour (alle Cocktails € 6,90), großes Wein- und Whiskysortiment, Java Kaffee, offene Tees von Haas & Haas; hausgemachte Toast-Kreationen (auch vegan); Wochentagsaktionen: Mo Aperol-Tag (Aperol-Spritzer € 3,50), Di Weintag (1/8 Weiss oder Rot € 2,50, Spritzer € 2,80), Mi Biertag (Budweiser 0,5l Flasche € 3,80), Do Shottag (Specialshots € 3,30). Beamer, alle 4 Wochen div. Kunst-Veranstaltungen: Vernissagen, Lesungen. Schanigarten für 50 Pers. Hintereingang barrierefrei.

Tredici e Mezzo Lindengasse 53, Tel. 909 34 59, E-Mail: wein@tredicigradi.at, www.tredicigradi.at, Mo–Sa 17–1. Generalimporteur der Weingüter Castello di Gabbiano (Toskana) und Manaresi (Emilia Romagna): gesamtes Weinsortiment zu Ab-Hof-Preisen (ab € 8,70) über die Gasse und zu einem geringen Stoppelgeld (€ 9,80 inkl. 1 Flasche Wasser still/prickelnd) im Lokal; die offenen Weine variieren; Espresso. Diverse Alimentari aus Italien gibt's ebenfalls: Pecorino, Prosciutto, Salami, Oliven, Kapern sowie das schlosseigene Olivenöl und den 8 Jahre gereiften Gabbiano-Balsamico (verschiedene Antipasti-Teller ab € 8,60). Für Feiern und Veranstaltungen bis zu 50 Pers. zu mieten (keine Raummiete). Schanigarten für 60 Pers.

Tredici Gradi Kaiserstraße 81, Tel. 236 64 44-4, E-Mail: wein@tredicigradi.at, www.tredicigradi.at, Mo–Sa 10–1, So 10–23. Generalimporteur der Weingüter Castello di Gabbiano (Toskana) und Manaresi (Emilia Romagna): gesamtes Weinsortiment zu Ab-Hof-Preisen (ab € 8,70) über die Gasse und zu einem geringen Stoppelgeld (€ 9,80 /inkl. 1 Flasche Wasser still/prickelnd) im Lokal; die offenen Weine variieren; Espresso. Diverse Alimentari aus Italien gibt's ebenfalls: Pecorino, Prosciutto, Salami, Oliven, Kapern sowie das schlosseigene Olivenöl und den 8 Jahre gereiften Gabbiano-Balsamico (verschiedene Antipasti-Teller ab € 8,60). Schanigarten für 30 Pers.

Bistros

Dean & David Burggasse 6-8/1,2, Tel. 522 58 85, E-Mail: wien.burggasse@deananddavid.com, www.deananddavid.de, Mo–Fr 11–16 (Fei geschlossen). Täglich frisch zubereitete Salate, Bowls, Currys, Suppen und Sandwiches; auch viele vegetarische und vegane Speisen; div. Smoothies und Säfte; Kaffee, Tee. Alle Speisen auch zum Mitnehmen. Kindersessel. €€

HONU Tiki Bowls Mariahilfer Straße 58, www.honu.at, Mo–Fr 11–20, Sa, So 11.30–20.30. Erweiterte hawaiianische Bowls mit rohem Fisch, Fleisch oder Tofu und hausgemachten Saucen; Signature Bowls, z.B. „Honu Classic" (Sushi Reis, Lachs, Sesam Dressing, Avocado, Edamame, Gurke, Frühlingszwiebel, Creamy Mayo und Sesam, klein € 4,80, groß € 10,80) oder „build your own bowl" (ab € 4,80). Takeaway. €€

Karma Food 1070 Neustiftgasse 43, Tel. 0676/916 80 12, E-Mail: hallo@karmafood.at, www.karmafood.at, Mo-Fr 11-14.30. Kleines Mittagslokal mit Schwerpunkt auf nachhaltiger gesunder Kost aus bevorzugt biologischen und saisonalen Zutaten; ayurvedische Currys, Dal, bunte Bowls, Salate; rein vegetarische und vegane Speisen sowie eine große Auswahl an glutenfreien Gerichten; wechselnde Tageskarte; hausgemachte Mehlspeisen; selbstgemachte Getränke wie z.B. Mango-Lassi, hauseigene Karma Coffee Kafferöstung (geröstet mit Jonas Reindl Coffee Roasters) und Chai. Take-away in nachhaltiger Verpackung oder Karma Dabba. 8 Plätze im Lokal, Schanigarten für 4 Pers. 💳 €

MQ Daily Museumsplatz 1 (MuseumsQuartier), Tel. 522 45 24, E-Mail: mail@mqdaily.at, www.mqdaily.at, täglich 9-24, warme Küche bis 22. Nette Cafeteria im MuseumsQuartier, die mit Atmosphäre und Preisgestaltung überzeugt. Frühstück (Mo-Fr 9-12, Sa/So 9-16); vegetarische Gerichte, Fr Fisch, preiswerte Mittagsteller, Salate und Spezialitäten, internationale Vorspeisen, zahlreiche Snacks und hausgemachte Kuchen. Kinderportionen, 1 Kindersessel, Spielzeug. Sonniger Gastgarten für 88 Pers. Hintereingang rollstuhlgerecht, Behinderten-WC. ♿ 💳 €

Oio Poke Bowls & Bali Brunch Siebensterngasse 60, Tel. 0660/384 41 00, E-Mail: aloha@oiopoke.at, www.oiopoke.at, Mo-Sa 11-20. Verschiedene Bowls, auch individuell zusammenstellbar. Am Wochenende findet der Bali Brunch statt (2 Timeslots: 10-12 und 12.30-14.30, Reservierung via Homepage). Take-away, Brunch-Boxen auf Vorbestellung zum Mitnehmen. 💳 €€

Cafés, Espressos

Bocan's Panini Café Neubaug. 7, Tel. 523 95 58, E-Mail: ronaldbocan@a1.net, Mo-Fr 10-20, Sa 10-19 (Fei geschl.). Warme Snacks, Panini, Imbisse; hausgemachte Mehlspeisen; Eiskaffee. Fernsehstüberl f. 20, ganzes Lokal mietbar für ca. 55 Pers., Schanigarten f. 30 Pers. Behinderten-WC. ♿

Buffalo's Saloon Lerchenfelder Straße 143-145, Tel. 522 61 06, Mo-Mi 10-24, Do-Sa 10-1, So, Fei 10-19. Snackküche mit Würstel (€ 3,80) und Toast (€ 3,30). Dartautomat (gratis); großer LCD-Fernseher; Veranstaltungen wie Faschingsparty, Halloweenparty etc. Schanigarten für 12 Pers.

Burggasse 24 Burggasse 24/Top 8 (Ecklokal), Tel. 0677/63 07 63 41, 0677/61 64 17 84 (Shop), E-Mail: www.bg24.com, www.burggasse24.com, täglich 10-22, Shop Mo-Fr 11-19, Sa 11-18. Vintage- und Second-Hand-Geschäft mit Café. Frühstück bis 14 (klassisches Wiener Frühstück, mediterranes Frühstück etc.), Kuchen, Acai Bowl; Kaffee, Bier (gezapft) und klassische Weine aus Österreich. Kaminbar. Schanigarten für 50 Pers. Im Winter Rodelbahn direkt vorm Haus. 💳

das café Burggasse 10, Tel. 524 94 97, E-Mail: tisch@das-cafe.wien, www.das-cafe.wien, Mo-Mi 9-24, Do, Fr 9-1, Sa 10-1, So 10-23, Fei 10-24. Kaffeehaus. Snacks (Toast, Quiche, Suppe, Hummusteller), variierende Tagesspecials nach Saison und hausgemachte Kuchen. Sa, So, Fei großes Frühstücksbuffet inkl. Heißgetränk und weichem Ei bis 14 (€ 17,50), Kinder bis 6 Jahre frühstücken gratis, Kindersessel, -bücher, Wickeltisch. Neben Fürth Kaffee, Bioweinen, dem Wolfsbräu und Velkopopovicky vom Fass verdienen die originellen Möbel besonderes Augenmerk. Zeitungen, Magazine. Schanigarten für 40 Pers. 💳

Caffè latte Neubaugasse 39, Tel. 523 55 09, E-Mail: neubau@caffelatte.at, www.caffelatte.at, tägl. 8-23, durchgehend warme Küche bis 22. Crossover Küche, vegane und vegetarische Speisen. Monatskarte mit Fleisch- und vegetarischen Gerichten (Mo-Fr 11.30-15 MM ab € 8,-/inkl. Suppe € 10,-), Sa, So, Fei 10-15 Brunch (€ 22,-/Pers.), kaltes und warmes Frühstück bis 15 (ab € 4,80), Cocktails (€ 11,50), gute Weinauswahl. Kindertisch, -sessel, Malsachen. Bankomat in 50m Entfernung. Gastgarten im Innenhof für 75 Pers.

Coffee Junkie specialty coffee Kirchengasse 21, Tel. 0699/18 16 73 04, E-Mail: info@junkie.coffee, www.junkie.coffee, Mo-Fr 7.30-19, Sa, So 9-18. Kaffeebar mit Spezialitäten-Kaffee (Third Wave Kaffee); Filterkaffee, Matcha, Chai, vegane Milch-Alternativen; frische Croissants und Gebäck in der Früh, Süßspeisen; Take-away. Gastgarten für 12 Pers. 💳

Café Comet & Fürth Kaffee Kirchengasse 44, Tel. 0664/130 30 66, E-Mail: office@cafecomet.at, roasted@fuerthkaffee.at, www.fuerthkaffee.at, www.cafecomet.at, Di-Fr 9-18, Sa, So, Fei 10-17, Anfang August Sommerpause. Das Café Comet ist der offizielle Shop der Rösterei Fürth Kaffee und arbeitet sehr eng bei Auswahl der Bohnen und Röstungen mit dieser zusammen. In der Kaffeebar gibt es hochwertige Kaffeespezialitäten, z.B. Espresso, Espresso-Macchiato, Verlängerter, Cappuccino, Café Latte, Milchkaffee mit Extrashot, Eiskaffee im Sommer, Cold Brew. Angebot der Kaffeesorten variiert; zwischen 5 und 10 Single Origin Sorten sowie die Hausmischung „Treibstoff" und „Kraftstoff" (abgepackt zu 250g und 500g) gibt es immer. Croissants, Torten und Konditorware; Softdrinks etc., ausgewählte Biere; auf Wunsch wird der Kaffee vor Ort gemahlen (einige Mühlen befinden sich in der Bar). 8 Sitzplätze. Verkostungen und Events. Radfahrabstellplatz; Webshop. Sitzmöglichkeit draußen für 8 Pers. 💳

Dschungel Café Museumsplatz 1 (Zugang MQ/Mariahilfer Straße), Tel. 522 07 20-50, E-Mail: dschungel.cafe@gmail.com, www.dschungel-cafe.at, Mo, So 9-19, Di-Sa 9-21, im Sommer Mo, So 9-20, Di-Sa 9-22. Frühstück bis 12, Sa, So bis 14 (€ 3,80 bis € 10,60); Snacks (Toast, Bagels), Suppen, internationale Küche mit Burger, Salaten, Nudeln; es werden viele biologische Produkte verwendet; hausgemachte Limonaden, Smoothies, Mango Lassi; Kinderspeisen, Wickeltisch, Kindergeburtstagsfeiern möglich. Essen zum Mitnehmen. Kartenzahlung ab € 15,– möglich. 2 Gastgärten für 50 und 100 Pers. Behinderten-WC.

Empress Coffee Kaiserstraße 37, E-Mail: hello@empress coffee.at, Juni bis August Mo–Fr 8.30–16, Sa, So 9.30–17, September bis Mai Di–Fr 8–17, Sa 9–18, So 10–16. Täglich frische Mehlspeisen und Sandwiches; Kaffee (speciality coffee von ausgewählten europäischen Röstereien, auch mit Hafermilch) und Tee sowie frische Säfte; Take-away (kann auch direkt am Fenster bestellt werden). Wickeltisch, kostenloser Babycchino (warme Milch mit Milchschaum) für Kleinkinder. Magazine. 4 Sitzplätze auf einer gemütlichen Holzbank vor dem Lokal. Keine Barzahlung.

Espresso Burggasse 57, Tel. 52 21 05 70, E-Mail: office@ espresso-wien.at, www.espresso-wien.at, Mo–Fr 7.30–24 (Fei geschlossen). Espresso im Stil der 1950er-Jahre mit originalen Einrichtungsgegenständen; Frühstück bis 15 (ab € 5,90), z.B. Omelette, Ei im Glas; gefüllte Backwaren, Croissants, Tramezzini, diverse Toasts und Wurstspezialitäten, kleine Speisen der Kategorie „interessante Hausmannskost" à la carte (ab € 4,80), Mo–Fr TT (ab € 8,60), bio-zertifiziert; große Auswahl an Naturweinen (auch zum Mitnehmen). Schanigarten für ca. 30 bis 40 Pers.

Café Fräulein's Lerchenfelder Straße 69, Tel. 0699/10 41 30 92, E-Mail: cafe.fraeuleins@gmail.com, Di–Sa 17–2. Kaffee von Naber, auch mit Geschmack (Macadamia, Schokolade, Karamell, Vanille); Tegernseer vom Fass, Flaschenbiere von Augustiner, Weizenbier. Shabby-chic Stil, selbstrestaurierte Möbel. TV, Leinwand (Fußball Live-Übertragungen etc.), Zeitschriften. Für Feiern bis 50 Pers. zu reservieren (keine Raummiete). Schanigarten für 16 Pers.

Café Go West Westbahnstraße 37, Tel. 522 71 56, E-Mail: office@cafe-gowest.at, www.cafe-gowest.at, Mo–Fr 9–22, Sa, So, Fei 9–19. Ganztägig Frühstück (ab € 5,50); täglich frisch gekochte Hausmannskost (TT € 9,80), Würstel, Toast, Chili, Kalbsgulasch, vegetarische und vegane Gerichte, original Elsässer Flammkuchen (€ 12,90, auch to go), wechselnde Saisonkarte, hausgemachte Mehlspeisen (Aktion: Melange und Croissant € 5,50); Fair Trade und Afro Kaffee, im Sommer Smoothies, Milchshakes, Eiskaffee (€ 5,90, auch to go). TV für Sportübertragungen; Livemusik. Lokal exklusiv für private Feiern ab 20 Pers. zu buchen (kein Mindestumsatz, keine Miete). Schanigarten für 25 Pers.

J. Hornig Kaffeebar Siebensterngasse 29 (Ecke Kirchengasse), E-Mail: kaffeebar@jhornig.at, www.jhornig.com/ueber-uns/j-hornig-kaffeebar, Mo–Fr 8–20, Sa 9–20, So, Fei 10–19. 1. Kaffeebar von J. Hornig in Wien. Direkt gehandelter Kaffee, alternative Brühmethoden, Cold Brew und Kaffeecocktails. Regionale Kooperationen, z.B. mit Schremser Bier und dem Weingut Hagn. Schaukaffeerösterei. Snacks und Kuchen. Gastgarten und Schanigarten für 70 Pers.

Jonas Reindl Coffee Roasters 1070 Westbahnstraße 13, E-Mail: office@jonasreindl.at, www.jonasreindl.at, Mo 9.30–18, Di–So, Fei 9.30–17.30. 2. Filiale mit Schaurösterei vor Ort; Spezialitäten-Kaffee aus eigener Rösterei und Direct Trade, zubereitet mit unterschiedlichen Methoden. Große Auswahl an Kuchen und Plundergebäck. Kaffeebohnen zu kaufen; Auswahl an Craft-Bier und Naturweinen; Merchandise-Shop, Schanigarten für 30 Pers.

Joseph – Bäckerei Patisserie Bistro Kirchengasse 3, Tel. 710 28 81, E-Mail: office@joseph.co.at, www.joseph.co.at, Mo–Fr 7.30–19, Sa 7.30–18, So, Fei 8–15 (Bäckerei), saisonal abweichende Öffnungszeiten (siehe Website). Handgemachte Brote, Gebäck und Süßes aus rein biologischen Zutaten, hausgemachte Snacks und Bistro to go; Bio-Limonaden, Bio-Eistee, große Auswahl an Naturweinen. Bio-Greisslerei mit Produkten aus der Region.

Café Journal Kaiserstraße 56, Tel. 523 03 02, E-Mail: cafe journal@gmx.at, Di–Do 10–24, ganztags warme Küche. ganztags Frühstück; Wiener und internationale Küche, saisonale Speisen, Aktionswochen (Schwammerl, Wild usw.). Kartenspiele, Schach. TV (nur für Sport). Stüberl zum Mieten für 20 Pers.

kaffemik Zollergasse 5, Tel. 0680/555 72 20, E-Mail: hi@ kaffemik.at, www.kaffemik.at, Mo–Fr 8–18, Sa 10–18, So, Fei 12–17. Espresso und Filterkaffee wird von den besten Röstern Europas bezogen, das Angebot wechselt regelmäßig. Versch. Kuchen u. Cookies von der Pâtisserie Marischka und Frühstücksgebäck von der Bäckerei Felzl. Kaffee, Bohnenmischungen auch zum Mitnehmen, Verkauf von Equipment (Handmühlen, Filter etc.), Zustelldienst für Kaffeebohnen und Zubehör zum Home-Brewing; Workshops. Tageszeitungen, Magazine. Schanigarten für 8 Pers.

Billardcafé Köö Kirchengasse 41, Tel. 526 63 03, E-Mail: office@billardcafe.at, www.billardcafe.at, tägl. 10–2. Billardcafé, Snacks; 12 Pool-, 12 Snooker- und 2 Caramboltische (Mo–Fr bis 17, Sa, So bis 13 günstiger Tarif); Darts; 4 TV.

Lazy Life Burggasse 44, E-Mail: hello@lazylife.at, www.lazy life.at, Do–Sa 18–24. Kleine vegetarische/vegane Speisen u. Sandwiches, wechselnde Mehlspeisen u. Kuchen; gelegentl. So Brunch (tel. Reservierung erbeten); Starobrno vom Fass, Freistädter Bier und Bio Zwickl, regionale Bio-Säfte. Zeitschriften und Magazine. Queer-feministisches Kulturprogramm. Schanigarten für 16 Pers. Rollstuhlrampe.

Liebling Zollergasse 6, Tel. 990 58 77, E-Mail: info@ cafeliebling.at, Juni bis September Mo–Do, So, Fei 9–24, Fr, Sa 9–2, Oktober bis Mai Mo–Do, So, Fei 9–24, Fr, Sa 9–4.

Mediterrane Frühstücksküche mit vielen veganen Optionen (tägl. 9-16), Abendkarte mit verschiedenen Snacks wie Dips und überbackenen Nachos; Fairtrade-Kaffee von Alt Wien. Viele Spritzerkreationen und hausgemachte Limonaden. Großer Schanigarten mit hübschen, bunten Vintage-Gartenmöbeln für 35 Pers.

Liebling im Volkstheater Arthur-Schnitzler-Platz 1 (Eingang auf der Seite der Burggasse), E-Mail: volkstheater@cafeliebling.at, Mo–Sa ab 9, Küche bis 22.30. Buntes, helles Cafe mit zentraler Bar und separatem Esszimmer im Volkstheater. Bistronomie mit Fokus auf Regionalität und biologischen Zutaten; Frühstück bis 16; Mo–Fr 11.30–15.30 MM (vegetarisch oder mit Fleisch um € 10,– bzw. € 12,–), hausgemachte Süßspeisen, abends kleine, saisonale Gerichte; Naturweine. Café und Schanigarten mit Hollywoodschaukel für jeweils 70 Pers.

No Panic Coffee Lindengasse 5, Tel. 0699/17 15 63 58, E-Mail: hello@nopanic.coffee, www.nopanic.coffee, Di–Sa 9.30–17.30. Kleines Café mit frischem Kaffee, der extra für das Lokal geröstet wird, und hausgemachten Croissants, Kuchen, Bananenbrot etc. Ausschließlich saisonale Speisekarte, frisch zubereitet.

P'AM Kircheng. 17, Tel. 0660/737 77 61, E-Mail: office@pam1070.com, www.pam1070.com, täglich 7.30–19. Frühstück, Bagels, selbstgemachte Torten und Kuchen (Spezialität: San Sebastian Cheesecake); große Auswahl an Kaffee und Teesorten, Cocktails und Longdrinks, Spirituosen, Bier, Wein und Spritzervariationen. Wechselnde Ausstellungen und Vernissagen verschiedener Künstler*innen. Café für ca. 30, Schanigarten für 12 Pers.

Espresso Perfetto Kaiserstraße 76, Tel. 522 55 82, E-Mail: office@espressoperfetto.at, espressoperfetto.at, Mo–Mi 9–19, Do–Sa 9–23. Café sowie Verkauf von hochwertigen Kaffeemaschinen, Kaffeemühlen, Zubehör und Kaffee.

Café Prosecco-Bar Piccaro Lerchenfelder Straße 57, Tel. 0677/64 04 58 55, E-Mail: philomena.boem@chello.at, Mo–Sa 16–24. Snacks und italienische Spezialitäten, viele frische Zutaten direkt aus Italien importiert; Segafredo-Kaffee, offenes Bier, österreichische und italienische Weine, original Prosecco trocken vom Fass (1 Glas € 2,20, 1l Karaffe € 19,–). TV (Sportübertragungen). Schattiger Schanigarten. Bei größeren Gruppen und Feiern Reservierung erbeten.

Café und Kulturzentrum 7stern Siebensterngasse 31, Tel. 0699/15 23 61 57, E-Mail: kulturcafe@7stern.net, www.7stern.net, Di–Do, So 10–23, Fr, Sa 10–24. Frühstück bis 16 (€ 6,20 bis € 13,90), mittags Lunch Bowls (€ 11,90), kleine Snacks, frisch gebackene Kuchen und Kekse aus der hauseigenen Bäckerei; Longdrinks und ein recht interessantes Angebot an Craft-Bieren, hausgemachte Limonaden. Livemusik, kulturelle und politische Veranstaltungen. Kulturraum mit Equipment für Musik, für private Veranstaltungen zu mieten, Buffet kann mitgebracht werden. Schanigarten für 35 Pers. Behinderten-WC. ♿

sous-bois café Neustiftgasse 33, E-Mail: hello@sous-bois.at, www.sous-bois.at, Di–Sa 9–22, So 10–18. Frühstück; orientalische und französische Spezialitäten, Auswahl französischer Käsesorten, französisches Baguette (von der Bäckerei Parémi), Hummus, Melanzaniaufstrich, Tzatziki, Crème de marron, Brioche, Café gourmand; Macaron; auch vegane Speisen. Kindermalsachen. Div. Workshops (Buchbinden, Zeichnen, Kalligrafie, Kinder-Workshops). Schanigarten für 18 Pers.

Spazio Cafe & Bistro Neubaugasse 50, Tel. 0676/714 28 09, E-Mail: info@spazio-kaffee.at, www.spaziokaffee.com, Mo–Do 10–20, Fr–So 10–22. Bagels, belgische Waffeln, am Wochenende Brunch.

Starbucks Neubaugasse 4, Tel. 33 66 33-2507, E-Mail: office@starbucks.at, www.starbucks.at, Mo–Fr 7–21, Sa 8–21, So, Fei 8.30–20. Unzählige Kaffeevariationen und -sorten; Iced Teas, div. Kaltgetränke; amerikanische Mehlspeisen, Sandwiches, Bagels; Kaffeeverkostungen. Schanigarten für ca. 20 Pers.

Stehcafé & Teekontor Neubaugasse 6, Tel. 0676/620 92 19, Mo–Fr 8–19, Sa 8–17 (Fei geschlossen). Kaffee- und Teestube; 6 Kaffeesorten, 50 Teesorten (Bio- und Heilkräutertees, auch Gassenverkauf); Frühstück (€ 6,60 bis € 10,30); Imbisse, Toast, Brötchen, Kuchen. Schanigarten für 16 Pers.

Stil Coffee Lindengasse 51, Tel. 522 37 84, E-Mail: info@stil-laden.com, www.stil-laden.com, Mo–Fr 11–19, Sa 11–17. Café mit Speciality Coffee, Kaffee von der Wiener Rösterei „Süssmund".

Tastery Schottenfeldgasse 73 (Ecke Burggasse), Tel. 0664/99 56 36 58, E-Mail: office@tastery.at, www.tastery.at, Di–Fr 9–18, Sa 9–16. Verkostungslokal und Café. Sandwiches, Wraps, Bowls, wechselnde regionale Gerichte. Gratisverkostung aller Delikatessen (wechselndes Sortiment) sowie die Ausstellung von eigenen Produkten. Schanigarten für 8 Pers. Online-Shop, individuell zusammenstellbare Geschenke-Boxen.

Wolfgang Coffee Zieglergasse 38, Tel. 0650/220 03 80, E-Mail: contact@wolfgangcoffee.at, www.wolfgangcoffee.at, Mo–Fr 8–18, Sa 11–18 (Fei geschlossen). Coffee Shop. Kaffee von Wildkaffee und Süssmund, Mehlspeisen vom Mehlspeisenlabor und Croissants, Espresso, Cappuccino, Filterkaffee (große Tassen möglich), Hauskaffee von der Rösterei Süßmund, wechselnde Gaströsterreien, Limonaden (Lemonaid, ChariTea), Apfelsaft. Café und Schanigarten für je 8 Pers. Rollstuhlrampe.

Zehnsiebzig Burggasse 68, Tel. 0670/406 42 34, E-Mail: w@zehnsiebzig.com, www.cafe1070.com, Mo-Do, So 7.45-24, Fr, Sa 7.45-10. Fokus auf Brunch; Kroatische Tapas wie z.B. dalmatinischer Rohschinken mit Oliven, selbst eingelegte Kapern, Ziegenkäse aus Varazdin; Eis von Zuckero; hausgemachte Kuchen. Direct trade mit regionalen Lebensmitteln. U.a. kroatische Weine, Kaffee von Fürth. Schanigarten für bis zu 50 Pers.

1211 - Bowls & Coffee Siebensterngasse 35, Tel. 0660/161 31 13, www.1211.at, Mo-Fr 9-17, Sa 10-16. Süße und pikante Bowls; Kaffee. Schanigarten.

Eissalons

Bali Babe Creamery Siebensterngasse 41, Tel. 0660/384 41 00, täglich 14-19 (im Sommer). Veganes Eis, extravagante Sorten wie Matcha oder Mojito in Schwarzen Holzkohle-Waffeln.

Bortolotti www.bortolotti.at. Über 30 Eissorten, laktosefreies Eis, Diabetikereis, Eistorten, Kindercoups; Kaffeespezialitäten (Sojamilch) Mariahilfer Straße 22, Tel. 526 19 09, E-Mail: 22@bortolotti.at, täglich 9-23. 9-12, Frühstück. Schanigarten für 30 Pers. Mariahilfer Straße 94, Tel. 523 75 63, E-Mail: 94@bortolotti.at, Anfang März bis Mitte Oktober täglich 9.30-23.30. 9.30-11, Frühstück. Schanigarten für 80 Pers. Mariahilfer Straße 66, Tel. 890 39 28, E-Mail: 66@bortolotti.at, Anfang März bis Mitte Oktober Mo-Sa 9.30-23, So, Fei 12-23, kleine Snacks, 9.30-11 Frühstück. Schanigarten für 40 Pers. Behinderten-WC.

Cafe Bortolotti Mariahilfer Straße 96-98 (im C&A), Tel. 523 75 63, E-Mail: 94@bortolotti.at, www.bortolotti.at, Mo-Fr 9.30-19.30, Sa 9.30-18 (Fei geschlossen). Im Sommer über 30 Eissorten, laktosefreies Eis, Diabetikereis, Eistorten; im Winter Konditorei; 9.30-12 Frühstück; Kaffeespezialitäten (auch mit Sojamilch). Innenhofgarten für 60 Pers. Behinderten-WC.

Eisfuchs Neubaugasse 31, Tel. 0670/70 170 76, E-Mail: office@eisfuchs.at, www.eisfuchs.at, Ende März bis Mitte Oktober Mo-Sa 13-20.30, So, Fei 14-19.30 (So, Fei nur bei Schönwetter), im Winter geschlossen. Eisdiele mit vielen ausgefallenen, hausgemachten Sorten wie Cheesecake-Marille, Tarte au citron, Walnuss-Feige, Milchreis-Rosenblüten, Weichsel, Sanddorn oder Blutorange-Curcuma-Chili. Alle Fruchteissorten sind Sorbets und somit vegan. Das Angebot wechselt regelmäßig, tägl. gibt es 18 versch. Sorten. Keine Sitzmöglichkeit, Eis nur zum Mitnehmen.

Eis-Greissler Neubaugasse 9 (Ecke Richtergasse), Tel. 0264/429 50, E-Mail: info@eis-greissler.at, www.eis-greissler.at, Öffnungszeiten saisonal variabel (s. Homepage). Div. Eissorten von Alpenkaramell bis Ziegenkäse, aus der Milch der eigenen Kühe in Krumbach in der Buckligen Welt hergestellt, verfeinert mit heimischem Obst, frischen Kräutern, Gewürzen und Nüssen, zuckerreduzierte und vegane Sorten, alle Fruchtsorten ohne Milch. Eine karierte Kuh grüßt von der Hausmauer.

Gelateria Romana dal 1947 Stiftg. 15-17, Tel. 523 23 00, E-Mail: romana-wienspittelberg@gelateriaromana.com, www.gelateriaromana.com, täglich 15-21.30. Die erste Filiale einer italienischen Edel-Gelateria. 24 verschiedene Sorten, hauptsächlich traditionell ital. Milch- und Nussvarianten, vier Joghurteise, eine Handvoll Fruchteis, sechs vegane Eissorten; kontinuierliche Eisproduktion (kein Eis ist älter als zwei, drei Stunden); Muffins, Tiramisu, Zabaione, Crêpes, Waffeln, sizilian. Brioche mit Eis. Kaffeespezialitäten, Eiscoups. Schanigarten mit sieben Tischen.

Veganista Neustiftg. 23/3, Tel. 0660/750 68 00, E-Mail: info@veganista.at, www.veganista.at, täglich 11-23 (Sommer), im Winter verkürzte Öffnungszeiten (s. Homepage). Ausschließlich veganes Eis, klassische und innovative Eissorten wie z.B. Basilikum; Eis Sandwiches „Inbetwiener“, Eis mit Zuckeralternativen wie Birkenzucker od. Ahornsirup, glutenfreie Sorten und glutenfreie Stanitzel; für laktoseintolerante Menschen geeignet. Saisonale Spezialitäten wie Spekulatius, Zimt und Blutorange zu Weihnachten oder Pumpkin im Herbst. Boxen zum Mitnehmen (0,5l, 1l, 1,5l); Gutscheine. Drinnen 5 Sitzplätze, 2 Schanigärten für insg. 45 Pers. Rollstuhlrampe.

Veganista Museumsplatz 1 (MQ Haupteingang), E-Mail: info@veganista.at, www.veganista.at, täglich 11-23 (Sommer), im Winter verkürzte Öffnungszeiten (s. Homepage). Ausschließlich veganes Eis, klassische und innovative Eissorten wie z.B. Basilikum; Eis Sandwiches „Inbetwiener“, Eis mit Zuckeralternativen wie Birkenzucker od. Ahornsirup, glutenfreie Sorten und glutenfreie Stanitzel; für laktoseintolerante Menschen geeignet. Saisonale Spezialitäten wie Spekulatius, Zimt und Blutorange zu Weihnachten oder Pumpkin im Herbst. Boxen zum Mitnehmen (0,5l, 1l, 1,5l); Gutscheine.

Imbisse

Aloha Museumsplatz 1, Tel. 0676/310 75 69, www.mqw.at/ihr-besuch/mq-amore, www.aloha-punsch.at, wetterabhängige Öffnungszeiten, am besten vorher anrufen. Treffpunkt um Boule zu spielen (im Sommer Hof 8): Boule-Kugeln können bei Konsumation gratis ausgeborgt werden; insg. 4 Plätze. Cocktails, Alkoholfreies, Bier und Wein. Im Winter (Hof 1) von 4. Nov. bis 9. Dez. heißer Punsch, Tee, Hotdogs und Lebkuchen; Eisstockbahn.

Berliner Döner Zieglergasse 33a (Ecke Westbahnstraße), Tel. 0699/10 37 86 10, E-Mail: berliner1070@gmail.com, täglich 10–24. Kebap, Döner mit Huhn- oder Lammfleisch (ab € 4,–), Falafelsandwich. €

Biosk Museumsplatz 1 (Fürstenhof), Tel. 0664/395 17 16, E-Mail: biosk.mq@gmail.com, täglich 11–24, bei Regenwetter geschlossen. Um Bio-Produkte bemühter Kiosk im MQ, vielfältiges Getränkeangebot, 12 verschiedene Biersorten, Bio-Weine, hausgemachte Limonaden, Kaffee und Kuchen, hausgemachte Pinsa (auch vegetarisch und vegan); Vidoni-Eis. Liegestühle und Sitzplätze für ca. 100 Pers. im Freien.

Burger de Ville Lerchenfelder Straße 1–3, Tel. 52 15 10, E-Mail: wien@25hours-hotels.com, täglich 12–20, im Winter geschlossen. Foodtruck beim 25hours Hotel Wien. Outdoor Imbiss in einem kultigen amerikanischen Airstream. Spezialitäten wie Burger, Snacks und Eis. Wickeltisch (im Hotel). Schanigarten für 80 Pers. Behinderten-WC. €

Elefant & Castle Neubaugasse 45, Tel. 0699/19 20 84 59, E-Mail: lunch@elefantcastle.at, elefantcastle.at, Mo–Fr 11–18 (Fei geschlossen), Mitte Juli bis Mitte August geschlossen. Kleines, gemütliches Lokal mit Londoner Flair; Indian Curry mit Reis, Auswahl an monatlich wechselnden Sandwiches, wöchentlich wechselnde Suppen und Süßigkeiten; halbe Portionen möglich; Take-away, Catering und Lieferservice möglich. Schanigarten für 8 Pers. Rollstuhlrampe. €

Pizzeria Hawaii Burggasse 121, Tel. 524 04 77, www.chilli-tomato.at, täglich 11–23. Pizza, auch American Pizza, Pasta, Fleisch- und Fischgerichte, Risotto; Zustellung in die Bezirke 1, 4 bis 9 und 14 bis 19 (Mindestbestellwert je nach Entfernung). €

Haydar Imbiss Neubaugürtel 56 (U-Bahnstation Burggasse/gegenüber Hausnummer 232), Tel. 0676/667 34 64, täglich 9–6. Kebap, Falafel, Würstel; Biere. €

Hittingers Genuss Greisslerei Neustiftg. 64, Tel. 0664/467 44 68, E-Mail: genuss@hittingers.at, www.hittingers.at, Di–Fr 11–20, Sa 11–18. Spezialitäten zum Mitnehmen oder vor Ort essen; Genussboxen für 2–4 Pers. mit Delikatessen aus Österreich, Italien, Frankreich und Spanien (auch vegetarisch möglich), frisches Brot; hin und wieder Mittagsgerichte (werden auf Facebook und Instagram angekündigt); umfassende Weinauswahl, Kaffee (auch to go). Jeden 2. Fr/Monat Weinverkostung zu unterschiedlichen Themen. 8 Sitzplätze. Keine Hunde.

Die Libelle Museumsplatz 1 (Leopold Museum), www.mqw.at/ihr-besuch/mq-libelle, April bis Oktober Mo, Mi–So, Fei 10–22, im Winter geschlossen. Edel-Würstelstand auf der Dachterrasse des Leopold Museums. Div. Fingerfood; regionale Weine, Craft-Biere. Zugang über Panoramalift an der Außenwand des Museums.

McDonald's Mariahilfer Straße 22–24, Tel. 523 14 45, E-Mail: at-store0002@restaurant.at.mcd.com, www.mcdonalds.at, Öffnungszeiten siehe Homepage. Burger, Wraps, Salate etc.; Frühstück; McDelivery; mit McCafé; Tischservice. €

MQ Amore Museumsplatz 1 (Am Vorplatz), Tel. 0664/395 17 16, E-Mail: reservierung@mqamore.at, www.mqw.at/ihr-besuch/mq-amore, www.aloha-punsch.at, April bis Oktober Mo–Fr 12–22, Sa, So, Fei 10–22, Öffnungszeiten wetterabhängig. Imbissstand beim Minigolfplatz vor dem Museumsquartier. Getränke, Snacks.

Nordsee E-Mail: office@nordsee.at, www.nordsee.at, Grill- und Backfisch, Salate, kalte und warme Snacks; Kaffee; Kindermenü mit Überraschung. Schanigarten. Mariahilfer Straße 84, Tel. 526 94 14, Mo–Sa 9–20. Mariahilfer Straße 34, Tel. 0664/600 16 71 50, Mo–Fr 10–20, Sa 10–19. €

NT Bánh Mì Lerchenfelder Straße 139 (Tür 5), Tel. 0699/18 41 17 79, E-Mail: info@ntbanhmi.at, www.ntbanhmi.at, Di–Sa 11–18. Vietnamesische Sandwiches (€ 4,50, inklusive Tee), klassisch und vegan mit hausgemachten Aufstrichen; Vorbestellung größerer Mengen möglich; Take-away. Sitzmöglichkeit für 8 Pers. €

Pinocchio Neustiftgasse 25, Tel. 956 06 73, Mo–Fr 11–14 und 17–22, So 12–22. Take-away (inkl. 0,33l alkoholfreies Getränk gratis); über 30 verschiedene Pizzen auch in veganer und glutenfreier Variante. Studentisches Publikum. €

Radatz Neubaugasse 7, Tel. 523 33 13, E-Mail: fleischereien@radatz.com, www.radatz.at, Mo–Fr 8–18, Sa 8–13 (Fei geschlossen). Wiener Küche, täglich wechselnde Menüauswahl (bis € 8,–). 14 Sitzplätze; Schanigarten. €

Rauch Juice Bar Neubaugasse Neubaugasse 13, Tel. 0664/912 26 10, E-Mail: juicebar@rauch.cc, www.rauchjuicebar.cc, Mo–Fr 8–18, Sa 9–18 (Fei geschlossen). Zahlreiche Säfte, Smoothies, Shots und Shakes, auch zum selbst Zusammenstellen, wechselnde Spezialangebote; für den kleinen Hunger gibt es Sandwiches, fruchtige Bowls, ausgewählte Süßspeisen; Afro Kaffee und Tee. Heavy Juicer Card (bei Aufladung mit € 50,– 10% Rabatt, bei € 100,– 15% Rabatt).

Social Kebap Neubaugasse 48–50, täglich 9–22. Kebap, Pizza, Döner-Burrito, Bowls; Take-away. €

Subway Neubaugasse 16, Tel. 961 45 59, www.deinsubway.at, täglich 9–23. Sandwiches mit Gemüse, Huhn, Schinken, Thunfisch, Steak etc.; Salate, Sandwich des Tages, jedes Sandwich auch als Menü mit Getränk und Chips oder Cookie. Take-away. €

Konditoreien, Bäckereien

Aida Neubaugasse 64, Tel. 890 89 88-209, E-Mail: info@aida.at, www.aida.at, täglich 9–18. Konditorei und Kaffeehaus. Schanigarten.

Anker www.ankerbrot.at, kontakt@ankerbrot.at. Brot, Gebäck, Mehlspeisen, täglich laufend frische Snacks. Öffnungszeiten saisonal variabel (s. Homepage). Mariahilfer Straße 126, Tel. 523 71 44, Mo–Fr 6.30–18, Sa, So, Fei 7–12, Schanigarten. Neubaugasse 1, Tel. 524 27 85, Mo–Fr 6.30–19, Sa 7–12 (Fei geschlossen).

Backwerk E-Mail: infoat@back-werk.com, www.back-werk.de, Brot und Gebäck, kalte und warme Snacks. Mariahilfer Straße 124, Mo–Fr 6.30–19, Sa 8–17, So 8–14, Fei variabel. Richtergasse 1 (Ecke Neubaugasse), Mo–Fr 7–19, Sa, So 8–18, Fei variabel.

Konditorei Blocher Lindengasse 2 (Ecke Stiftgasse), Tel. 0699/10 69 68 84, E-Mail: a.blocher@meisterstrasse.at, Mo–Fr 7–19, Sa 7–18 (Fei geschlossen), in der Vorweihnachtszeit auch So, Fei geöffnet. Konditorei seit 1931; Café mit Imbissen; Frühstück; hausgemachte Mehlspeisen und Torten aus eigener Produktion; Thementorten für jeden Anlass auf Bestellung; alles ohne Konservierungsstoffe. Klimaanlage. Innenbereich für 25, Schanigarten für 30 Pers.

Der Mann www.dermann.at. Gebäck, Brot, Mehlspeisen, Snacks. Im Sommer variable Öffnungszeiten. U-Bahn Station Neubaugasse, Tel. 866 99-9155, Mo–Fr 6–19, Sa 7–18 (Fei geschlossen). U-Bahn Station Zieglergasse, Tel. 866 99-9167, Mo–Fr 6–19, Sa 7.30–18 (Fei geschlossen), Kaffee-Ecke.

Felzl E-Mail: office@felzl.at, www.felzl.at. Das beste Baguette der Stadt – saftig, knusprig, köstlich und endlos haltbar; Frühstück bis 12, So, Fei bis 12.30; gefüllte Snacks, Quiche und Salate; Mandelcroissant und Schwedenknoten; Bio-Kaffee. Cooles Design. Klimatisiert. Kaiserstraße 51 (Ecke Westbahnstraße), Tel. 522 71 47, Mo–Fr 6.30–18.30, Sa 7–17, So, Fei 7.30–12.30, Sommer Sa 6–14.30. Lerchenfelder Straße 99–101 (Ecke Schottenfeldgasse), Tel. 522 38 09, Mo–Fr 6.30–18.30, Sa 7–17, So, Fei 7–13, Sommer Sa 6–14.30. Schanigarten.

froemmel's conditorei café catering GmbH Zieglergasse 70, Tel. 526 78 98, E-Mail: office@froemmel.at, www.froemmel.at, Mo–Fr 7.30–18, Sa 7.30–13 (Fei geschlossen), in der Adventszeit abweichende Öffnungszeiten (siehe Website). 8–11.30 Frühstücksmenüs (€ 5,80 bis € 12,70); 12–14 Mittagsteller mit vegetar. Alternativen, Fr Fisch und Mehlspeisentag (hausgemacht), Imbisse; Kaffeespezialitäten, Coffee to go. Catering. Torten auf Bestellung. Regelmäßig Veranstaltungen wie Lesungen, Vernissagen, etc. Gesamtes Lokal zu mieten (bis 40 Pers.). Kindersessel, Malbücher. Schanigarten für 30 Pers. Hintereingang barrierefrei.

Geier www.geier.at, baeckerei@geier.at. Brot, Gebäck, Feinbackware, Snacks, saisonale Angebote wie Weihnachtsgebäck; Coffee to go. U-Bahn Station Burggasse, Tel. 0664/846 72 47, Mo–Fr 6–18.30, Sa 7–13. U-Bahn Station Thaliastraße, Tel. 522 07 77, Mo–Fr 5.30–18.30, Sa 6–13, So, Fei 7–12.

Gradwohl's Vollkornstüberl Zieglergasse 1 (Ecke Mariahilfer Straße), Tel. 522 38 14, E-Mail: office@gradwohl.info, www.gradwohl.info, Mo–Fr 7–18, Sa 7–12 (Fei geschlossen). Vollwert-Backwaren, Bio-Vollkorn-Mehlspeisen; natürliche Zutaten aus biologischem Anbau.

Holzofenbäckerei Gragger & Cie Siebensterngasse 25, Tel. 522 08 05, E-Mail: spiegelgasse@gragger.at, www.gragger.at, Mo–Fr 7.30–18, Sa 8–14 (Fei geschlossen). Kleine Dependance von Graggers Holzofenbäckerei; Bio-Brote auf Natursauerteigbasis und Bio-Gebäck von Hand gefertigt und im Holzofen gebacken. Bio-Brot- und Bio-Gebäckspezialitäten, Bio-Mehlspeisen, belegte Bio-Brote. 3 Stehtische im Lokal. Gemütlicher Gastgarten im Sommer.

Bäckerei Schwarz Neubaugasse 34, Tel. 526 70 44, 802 02 02 (Zentrale), E-Mail: bs@bswien.at, www.bswien.at, Mo–Fr 6–19, Sa 7–14 (Fei geschlossen). Bäckerei mit Stehcafé. Frühstück; Eduscho-Kaffee. Kinder-Naschecke.

Cafe-Konditorei Smolinka Westbahnstraße 19, Tel. 0681/10 61 60 02, Mo–Fr 7.30–18, Sa, So, Fei 9–18. Besteht seit 1904. Frühstück (ab € 5,90), Imbisse (€ 2,30 bis € 4,–), Torten (€ 4,–); Kaffeespezialitäten (€ 2,70 bis € 4,60, auch koffeinfrei und zum Mitnehmen). Schanigarten für ca. 15 Pers.

Ströck www.stroeck.at, kundenservice@stroeck.at. Ofenfrisches Brot und Backwaren (von rustikal bis mediterran), Mehlspeisen-Klassiker; Frühstück, schnelle Snacks, Imbisse; Bio-Fairtrade-Kaffee; das gesamte Brot- und Gebäcksortiment ist frei von Zusatzstoffen, breites Angebot an Bio-Produkten. Aktuelle Öffnungszeiten siehe Homepage: stroeck.at/filialen. U-Bahn Station Volkstheater (Aufgang Burggasse), Tel. 204 39 99-830 90, Mo–Fr 5.30–18. Mariahilfer Straße 32–34, Tel. 204 39 99-830 89, Mo–Fr 6.30–19, Sa 7–18.

tart'a tata Lindengasse 35, Tel. 52 65 62 61, E-Mail: office@gasthaus-sapa.at, www.tarte.at, Mo–Sa 10–18. Französische Konditorei (gehört zum Sapa nebenan); feine Patisserie, Eclairs, Tartes, Macarons, großartige Quiches, wunderschön präsentiert, toll flaumig und gut gewürzt, Viennoiserie; Torten (auf Vorbestellung für jeden Anlass).

Bäckerei Wenninger Europaplatz Top 3, Tel. 526 85 13, E-Mail: office@wenninger-baecker.at, www.wenninger

-baecker.at, Mo–Fr 5–13. Klassische Bäckerei-Optik; täglich frisches Gebäck (der Nuss- und Mohnkranz besitzt Legendenstatus), Jausen, Mehlspeisen; Hochzeits- und Eventtorten auf Bestellung.

Konfiserien

BonBons Neubaugasse 18, Tel. 523 63 60, E-Mail: kontakt@bonbons-neubaugasse.at, www.bonbons-neubaugasse.at, Mo–Fr 9–18, Sa 9–17, während der Schulferien: Mo–Fr 9–13 und 14–18, Sa 9–17. Zuckerl- und Schokoladenspezialitäten, Zotter-, Lindt-, Hofbauer-Schokolade etc., Rumpastillen und Rohkostspezialitäten aus eigener Produktion. Diverse hausgemachte Leckereien wie Nougatwürfel. Individuelle Schokoladen für Hochzeiten, Firmenfeiern, etc. (Bestellung mindestens 5 Werktage im Voraus). Versand auf Anfrage.

Schokov – der süße Laden am Spittelberg Siebensterngasse 20, Tel. 0664/88 51 31 45, E-Mail: info@schokov.com, www.schokov.com, Mo–Fr 12–18.30, Sa 10–18. Schokoladengeschäft, 2006 von Thomas Kovazh eröffnet. Im Sommer Eis vom Eis-Greissler, im Herbst heiße Schokolade zum Mitnehmen; Schokoladenverkostungen; Bio-Schokolade aus eigener Produktion (Schokovs). Onlineshop (nicht im Sommer). Keine Hunde. 💳

Pubs

Backbone Irishpub Burggasse 100a, Tel. 522 95 79, E-Mail: backboneirishpub@gmail.com, www.backbone-irishpub.com, Mo–Do, So 17–2, Fr, Sa 17–4, Juli bis August täglich 17–2, durchgehend warme Küche. Stiegl, Kilkenny, Guinness und Magners vom Fass; Snacks. Spiele, Darts; 4 Flatscreens. Schanigarten für 25 Pers. 💳

Das Biero Institut für Bierologie und Hektoliteratur Neubaugasse 57, Tel. 0664/423 08 44, E-Mail: das.biero@gmx.at, Mo–Fr 16–2, Sa, So, Fei 18–2. Bierlokal; 3 offene Biere (Guinness, Starobrno, Kaltenhauser), 25 Flaschenbiere; Daueraktion „Studienbeihilfe" (Starobrno vom Fass 0,3 l € 2,20/0,5 l € 2,90); Kleinigkeiten wie Toast, Gulasch, Würstel, Wraps. TV. Feste bis 40 Pers. möglich (keine Raummiete). Schanigarten für 16 Pers. 💳

Bukowski The Pub Siebensterngasse 8, Tel. 0699/10 62 73 45, www.bukowskithepub.at, täglich 15–6. Snacks; 2 offene Biere (Kozel, Löwenbräu) und 8 Flaschenbiere, 20 Cocktails (ab ca. € 6,90), Longdrinks (€ 6,20), 23–24 Happy Hour (trink 2, zahl 1). Champions League und Europa League live, Beamer und Leinwand; klimatisiert. Schanigarten für 50 Pers.

The Golden Harp Irish Pub Schottenfeldg. 3, Tel. 0676/716 14 77, E-Mail: info@GoldenHarp1070.at, www.goldenharp1070.at, Mo, So, Fei 15.30–24, Di–Sa 15.30–2. Irish Pub; Burger, Wraps; div. Biere und Cider. Schanigarten für 25 Pers. 💳 €

Käuzchen Gardegasse 8 (Ecke Neustiftgasse 9), Tel. 524 78 82, E-Mail: office@kaeuzchen.at, www.kaeuzchen.at, Mo–Sa 16–2, So, Fei 16–24, warme Küche bis 23. Gulasch, Chili, überbackene Brote, Gebackenes wie Schnitzel und Cordon Bleu, auch vegetar. und vegane Speisen, wechselnde Saisonkarte, wochentags 24–1 Snacks (Toast, Pommes); 3 Fass- u. etliche Flaschenbiere, Winzerweine, Biosäfte, Bauernschnäpse usw. Di Pubquiz. Schanigarten f. 90 Pers. 💳 €€

Shamrock And The Dogstar Kirchengasse 3, Tel. 0660/55 66 599, E-Mail: reservation@shamrock-vienna.at, www.shamrock-vienna.at, Mo–Mi 19–24, Do–Sa 19–2. Irish Pub mit vielen versch. Biersorten (auch Craft-Bier) gezapft oder in der Flasche. Snacks (ab € 4,80); viele Flaschenbiere (Corona, BrewDog etc.), gute Whiskeys. 2 Beamer und Leinwände, 5 Flatscreens (Fußballübertragungen, Sky Sportsbar). Extrazimmer für Feiern zu mieten (keine Miete). 💳

Shebeen Lerchenfelder Straße 45, Tel. 524 79 00, E-Mail: table@shebeen.at, www.shebeen.at, täglich 16–1, warme Küche bis 23. Internationales Pub mit guter Stimmung; Happy Hour (täglich 23–1 Cocktails, So 19–21 Bier, Spritzer, Alkoholfreies). Burger mit selbstgemachten Fries (ab € 10,40), Clubsandwich, Spare Ribs, verschiedene Salate oder Bowls. Flatscreens, 3 Großleinwände für Sportübertragungen (Sky Sportsbar); Mo Quiz Night. Großer Partykeller für 100 Pers. (für Veranstaltungen gegen Mindestkonsumation zu mieten); Innenhofgarten (bis 22), Schanigarten für 18 Pers. 💳 €

The Duke Pub Burggasse 17 (Ecke Spittelberggasse 28), Tel. 990 02 32, E-Mail: info@dukepub.at, www.dukepub.at, täglich 17–2. Kleine Speisen wie Burger, Schnitzel, Chicken Wings, Duke-Toast; internationale Biere (Kozel, Schneider Weisse, Leffe), Strongbow Cider, Pilsner Urquell, Guiness und Kilkenny vom Fass, große Auswahl an Single Malts, Spirits, Wein, Portwein, Sherry, täglich 17–22 Happy Hour. Darts, Tischfußball (€ 1,–), Veranstaltungen; 6 Flachbildschirmen: engl. Fußball, Rugby, Baseball, Motorsport, Golf etc. (Sky Sportsbar).

The Habit Pub Burggasse 124, Tel. 0660/372 87 76, E-Mail: office@habit.wien, habit.wien, Di–Do 17–24, Fr, Sa 17–2. Englischsprachiges Pub, von einem österreichisch-australischen Paar geführt. Pizza; große Auswahl an Bier, internationalen Whiskys und Cocktails. Pub Quiz, Jag the Joker (australisches Pub-Spiel). Schanigarten. 💳

The Lizard Pub & Billards Burggasse 28–32 (Ecke Kirchengasse), Tel. 942 32 72, E-Mail: cheers@lizardpub.at, www.lizardpub.at, Mo, So 16–24, Di–Sa, Fei 16–2, Juli/August ab 18. Kleine Speisen wie Baguettes, Toasts; Guinness, Kozel,

Fuller's London Pride Ale und Stowford Cider vom Fass, viele Flaschenbiere, große Auswahl an Single Malts. 9 Pooltische, Billard- und Dartturniere; 6 Steel-Darts; 2 Flatscreens und Videoleinwand für Sky-Übertragungen im Barbereich. Eigener Bereich für Feiern ab 25 Pers. kostenlos. Schanigarten für 18 Pers.

Stadtheuriger

Weinstüberl Horvath Spittelberggasse 3, Tel. 956 14 12, E-Mail: office@weinstueberl.at, weinstueberl.at, Mo-Sa 16-1, So, Fei 16-24. Preisgünstige Speisen wie belegte Brote, Käseteller, Brettljause, div. HS wie z.B. Eiernockerl, Schinkenfleckerl, Pinzgauer Kasnocken. Weine vom Weingut Kramer. Schanigarten für ca. 100 Pers. **€**

Szene

Amerlingbeisl Stiftgasse 8 (im Amerlinghaus), Tel. 526 16 60, E-Mail: office@amerlingbeisl.at, www.amerlingbeisl.at, Mo-Sa 12-2, So 10-2. Spittelberg-Urgestein; diverse Frühstücke bis 15 (€ 7,70 bis € 12,90), saisonal wechselnde Karte mit österreichischer und mediterraner Küche und täglich frisch gekochte TT (2 MM ab € 8,50); Ottakringer vom Fass; Kindersessel; Wintergarten (Oktober bis Ende April) für 30 Pers., idyllischer Biedermeiergarten im Innenhof mit hydraulischem Dach bei Regen für 100 Pers., Schanigarten für 50 Pers. **€€**

das LOKal café + alte medien Richtergasse 6, Tel. 526 59 72, E-Mail: daslokal@lok.at, www.daslokal.net, Mo 11-18.30, Di-Fr 9.30-18.30 (Fei geschlossen). Beschäftigungsprojekt des Vereins LOK für Menschen mit psychischen Erkrankungen; Café und Secondhand-Geschäft für Bücher, Schallplatten etc.; Kaffee, biologische Säfte, Limonaden, ganztags Bio-Frühstück und kleine Speisen. Vinyl, CDs, DVDs zu kaufen; 2 Turntables. Abendveranstaltungen; die Location ist samt Bar, Küche, Tanzfläche, Garten und DJ-Anlage auf Anfrage zu mieten (inkl. oder exkl. Service). Grüner Gastgarten im Innenhof für 30 Pers. Behinderten-WC.

DonauTechno Karl-Schweighofer-Gasse 10, Tel. 523 81 05, E-Mail: donau@donautechno.com, www.donautechno.com, Mo-Sa ab 20, Öffnungszeiten je nach Programm. Cocktails. Regelmäßig DJ-Line: Techno, Minimal, Elektronik. Täglich neue Lichteffekte (von Dr. Flash). Fr, Sa ab 22 Würstelstand im Lokal: nur vegetarische bzw. Bio-Würstel (auch zum Mitnehmen).

Drahtwarenhandlung Neustiftgasse 57-59, Tel. 526 55 26, E-Mail: lokal@drahtwarenhandlung.at, lokal.drahtwarenhandlung.at, an Eventtagen von 17-23 (Termine siehe Homepage). Während der Woche Simulationsfirma und Filmproduktion, abends Lokal. Die Speisekarte wechselt regelmäßig und passt sich den Events an. Oft gibt es Fleisch, auch Fisch und Vegetarisches (z.B. selbstgemachter Leberkäse, Gemüsecurry oder Kalbsgulasch); wechselnde Biere vom Fass, österreichische Weine. Kindersessel. Lokal ist für Feiern zu mieten. Schanigarten für 12 Pers.

Club Dual Burggasse 70, Tel. 929 40 50, E-Mail: office@wirr.at, www.wirr.at, Club im Keller des Lokals Wirr; Musikrichtungen quer durch die Bank. Für Veranstaltungen mietbar.

Café Europa Zollergasse 8, Tel. 526 33 83, E-Mail: bar@cafeeuropa.at, www.cafeeuropa.at, tägl. 9-5. Fokus der Zollergassen-Szene, funktioniert seit 30 Jahren; einer der wenigen Orte, wo man auch spät nachts essen, trinken und chillen kann; während der Woche vom Wr. Frühstück über veganes- und Europa- bis zu englischem Frühstück (€ 6,80 bis € 16,-); saisonal wechselnde Karte (MM € 8,50 bis € 10,50). Modern gestalteter Schanigarten für 60 Pers. Hinter dem Edelstahltor befindet sich das „Europa Lager". **€**

Europa Hinterzimmer Zollergasse 8, Tel. 526 33 83, E-Mail: bar@cafeeuropa.at, www.cafeeuropa.at, nur bei Veranstaltungen geöffnet, für priv. Feiern zu reservieren (€ 200,- Kaution). Befindet sich hinter dem Edelstahltor des Europa, Speisen können von dort konsumiert werden. Getränke, umfangreiche Cocktailkarte. Plattform für die junge Musikszene (Jazz, Hip-Hop, Funk, Soul, experimentelle und elektronische Musik), Plattenpräsentationen; Lokal für 150 Pers. zu mieten. Schanigarten für 60 Pers.

Die Halle Museumsplatz 1 (MuseumsQuartier), Tel. 522 53 27, E-Mail: office@diehalle.at, www.diehalle.at, Mo, Mi-Sa 10-24, Di 12-24, So 10-18, April bis Oktober: Terrasse im Haupthof tägl. geöffnet. 2020 von Isabel und Gregor Corbaci neu übernommenes Lokal im MuseumsQuartier; Interieur von Gregor Eichinger, Küchenchef ist Sebastian Rothbauer. Tägl. wechselndes TT (€ 9,50); Pinsa, Barsnacks, Pasta, Bowls; Sa, So 10-16 Brunch. Terrasse für 100, Gastgarten für 75 Pers. Behinderten-WCs. **€€**

Café Kreuzberg/Kreuzberg's Theaterbar Neustiftg. 103 (Ecke Zieglergasse), Tel. 0699/11 49 47 33, E-Mail: partykeller@kreuzberg.cc, www.kreuzberg.cc, Mo-Do 9-1, Fr 9-4, Sa 13-4, So, Fei 17-1. Frühstück ganztägig (ab € 3,90); Wiener Küche (TT € 4,80 bis € 7,80), kleine Speisen. Schach (Schachclub Hernals Di 19-24), Backgammon, (Karten-) Spiele, Tarock, Poker; Spieleclubs willkommen. Veranstaltungslokal: Theater, Kabarett, Events, Partys, Livemusik, Clublounge mit Klavier, Musik- und Karaokeanlage, Beamer, Leinwand. Keller mit Bar für Partys bis 70 Pers. zum Mieten (keine Raummiete) mit TV, Musik- und Karaokeanlage, Beamer, Leinwand. Spielzeug. Schanigarten für ca. 30 Pers. **€**

replugged vienna Lerchenfelder Straße 23, Tel. 0676/ 694 39 54, 944 25 76, E-Mail: office@replugged.at, www.replugged.at, täglich 18-4. Cocktails (€ 7,90). Happy Hour. TV. Im Keller (nicht barrierefrei): Regelmäßig Livemusik (Eintritt meist frei): österreichische und internationale Bands, Clubbings, DJs; Tanzmöglichkeit. Veranstaltungsraum für bis zu 250 Pers. Lokal für geschlossene Gesellschaften kostenlos zu mieten (Ton- und Lichtanlage vorhanden). Behinderten-WC.

Sneak in Siebensterngasse 12, Tel. 0664/279 75 57, E-Mail: office@sneakin.at, www.sneakin.at, Di-Do 9-16, Fr, Sa 10-2, So 10-17. Conceptstore mit Café/Bar; Snacks, Kaffee aus Wien, Weine aus Österreich; Di-Fr 9-14 Frühstück, Sa, So 10-15 Brunch (€ 21,- inkl. einem Heißgetränk und Infused Water zur freien Entnahme, Reservierung empfohlen). Kindersessel, Wickeltisch. Für Veranstaltungen für 20-70 Pers. (ohne Bestuhlung für 120-150) mietbar. Schanigarten für 36 Pers.

SOFA Jazzcafé Lindengasse 3, Tel. 0699/19 47 75 22, E-Mail: awilk@gmx.at, www.jazzcafesofa.at, Mo-Sa 17-2. Kleine Küche mit internationalen Gerichten, Snacks, Antipasti (€ 2,80 bis € 8,70); Weitra, Pilsner Urquell sowie Hadmar Bio-Bier vom Fass. Musiklokal mit Schwerpunkt Jazz, fallweise Vernissagen. Schanigarten (Mai bis Ende Sept.) für 20 Pers. Rollstuhlrampe.

Spice Faßziehergasse 1, Tel. 0699/19 69 02 27, E-Mail: office@gutelaune-lokale.at, www.gutelaune-lokale.at, Okt. bis Mai Fr, Sa 19-4, So-Do je nach Event geöffnet. Eventlokal mit kleiner Speisekarte; Fassbiere (Murauer, Traunsteiner), diverse Flaschenbiere, Weine, Cocktails, Schnäpse, Liköre, Whisk(e)ys, Gin, Rum. Events. Private Feiern bis 80 Pers. möglich (keine Raummiete, Mindestkonsumation € 480,-). Eventlokal „Akut" im 9. Bezirk (Müllnergasse 4) ebenfalls für Feiern zu mieten.

Café Voodoo Siebensterngasse 35, Tel. 523 56 52, E-Mail: cafevoodoo1070@gmail.com, Di-Sa 19-2. Schräges Lokal mit guter Musik aus den 1960er- und 1970er-Jahren (Rock, Hardrock, Vinyl-Sammlung); 25 verschiedene Flaschenbiere, Fassbiere (Zipfer, Starobrno), Longdrinks, Espresso. Spiele, Steel-Darts (gratis), Schach. Lokal auf Anfrage für Feiern zu mieten.

Wirr Burggasse 70, Tel. 929 40 50, E-Mail: office@wirr.at, www.wirr.at, Mo-Do, So 8-24, Fr, Sa 8-4, warme Küche bis 23, Snacks durchgehend. Frühstück Mo-So 8-16, Sa, So, Fei Brunch für 2 (€ 28,-); experimentierfreudige Küche mit internationalen Speisen; täglich wechselnde Tagesangebote (Mo-Fr 12-16 TT vegetarisch oder mit Biofleisch); auch vegan und glutenfrei. Mo-Fr 17-19 Afterwork Special: Villacher Märzen 0,5 l € 3,50 und Weißer Spritzer € 2,50. Musikrichtungen quer durch die Bank, DJs. Schanigarten für 50 Pers. €€

Zipp Burggasse 66, Tel. 924 98 86, E-Mail: office@cafezipp.at, www.cafezipp.at, Mo-Fr 18-4, Sa, So, Fei 20-4. Mo Studentenabend (Bier 0,5l € 2,70/ 0,3l € 1,90), jeden letzten Fr im Monat ab 22 „Zipp 'n' Roll", Tischfußball (jeden Mo gratis; hin und wieder Turniere); wechselnde DJs, hin und wieder Livekonzerte und Veranstaltungen. TV. Stehschanigarten für 15 Pers.

Weinhandlungen

Allegro Music & Wine Lounge Siebensterngasse 32-34, Tel. 0664/135 68 08, E-Mail: info@allegro-hifi.at, www.allegro-hifi.at, Mo-Fr 14-19, Sa 11-17, und nach Vereinbarung. Hifi-Geschäft mit monatlichen Verkostungen von Quendler-Weinen und Musical Evenings nach Ankündigung.

The Wine Rebellion Burggasse 36, Tel. 0650/210 08 97, E-Mail: office@thewinerebellion.at, www.mtrw.at, Do-Sa 12-19 (Weinhandlung), Do-So 17-24 (Bar). Vinothek mit dazugehöriger Naturweinbar direkt nebenan. (Natur-)Weinsortiment mit Schwerpunkt Österreich, aber auch internationale Weine. In der Bar wird von Florian Schagerl gekocht (davor bei Mraz & Sohn und Aend), z.B. Grilled-Cheese-Sandwich mit Chili-Kimchi-Mayonnaise (€ 9,-) oder saurer Mangalitza-Leberkäse mit Kürbiskernöl (€ 10,-). Schanigarten.

Un Jour en France Westbahnstraße 9, Tel. 0664/447 53 64, E-Mail: shop@unjourenfrance.at, www.unjourenfrance.at, Mi-Fr 10-19, Sa 10-18, im Sommer Mi-Sa 10-18. Auf französische Delikatessen spezialisierter Feinkostladen; französische Weine, Champagner von kleinen Produzent*innen. Onlineshop.

Vineria Kirchengasse 35, Tel. 890 17 06, E-Mail: hallo@vineria.at, vineria.at, Di-Sa 12-20. Italienische Weinbar und Delikatessengeschäft; italienische Spezialitäten wie Prosecco Maggior Consiglio, Pasta, Aceto Balsamico etc.; viele Bio-Produkte und Direkt-Importe; Aperitivo und regelmäßige Verkostungen, Live-Show-Cooking, Sprachkurse (italienisch lernen und essen). Gesamtes Lokal für private Feiern (z.B. Weihnachtsfeiern) für max. 15 Pers. zu reservieren. Schanigarten für 6 Pers.

Vinonudo Westbahnstraße 30, Tel. 0650/821 55 52, E-Mail: office@vinonudo.at, www.vinonudo.at, Di, Mi 13-19, Do, Fr 13-20, Sa 11-17, im Sommer Di-Fr 11-13, Sa 11-16. Hübsch gestylte Vinothek, spezialisiert auf Naturweine (biologisch oder biodynamisch) aus Österreich, Deutschland, Italien, Slowenien und Spanien; jeden Fr 17-20 Verkostung von 5 Themenweinen (außer im Sommer).

Vom Fass Siebensterngasse 46, Tel. 526 94 00, E-Mail: office@vomfass-wien.at, www.vomfass-wien.at, Mo-Sa 10-18. Verschiedenste offene Weine, Aktionsweine, internationale Flaschenweine. Essig und Öl (z.B. Mangobalsamessig und Limonenöl), Liköre und Spirituosen werden vom Fass abgefüllt; alkoholfreie Säfte, Sirup; Feinkostartikel. Wein-, Gin-, Rum-, und Whiskyverkostungen, Workshops usw. Keine Hunde. Eingang barrierefrei, Verkauf im Erdgeschoss.

Wein & Co Bar Mariahilfer Straße 36, Tel. 050/706-3020, E-Mail: mar@weinco.at, www.weinco.at, April bis September Mo-Sa 10-22 (Fei geschlossen), Oktober bis März Mo-Fr 10-20, Sa 10-19 (Fei geschlossen), Küche: April bis September Mo-Fr 14-21.30, Sa 12-21.30, Oktober bis März Mo-Sa ab 12. Bar und Weinhandlung. Größtes Fine Wine Sortiment Österreichs, mehr als 2000 Weine aus aller Welt; erweitertes Angebot an Ikonen, Sammlerstücken und limitierten Spitzenweinen; vielfältiges Zusatzsortiment. Das Besondere: die im Shop erhältlichen edlen Tropfen kann man sich im Lokalbereich servieren lassen (Aufpreis inkl. einer großen Flasche Vöslauer). Die Barrechnung ist gleichzeitig eine Gutschrift für den Shop (10 %). Separée; im Sommer Terrasse.

Wiener Kaffeehäuser

Café Phönixhof Neustiftgasse 55, Tel. 0699/17 33 10 72, E-Mail: cafe@phoenixhof.at, www.phoenixhof.at, täglich 18-24. Szenemäßig adaptiertes Wiener Kaffeehaus; Wiener und internationale Küche. Galeriecafé mit wechselnden Ausstellungen; Spiele, Schach, Backgammon; Hintergrundmusik. Beamer und Leinwand. Extrazimmer für 40, Schanigarten für 35 Pers. **€€**

Café Volkstheater Neustiftgasse 4, Tel. 522 05 96, E-Mail: office@cafevolkstheater.at, www.cafevolkstheater.at, Mo-Do 7-18, Fr 7-15, Küche 11-14. Frühstück bis 11 (€ 6,50 bis € 9,40); Wiener Küche (MM € 9,50), hausgemachte Mehlspeisen. Österreichische Zeitungen. Schanigarten für ca. 12 Pers. **€**

Würstelstände

Eh Wurst Neustiftgasse 81, Tel. 346 03 45, E-Mail: info@ehwurst.at, www.ehwurst.at, Mo-Sa 12-21. Veganer Würstelstand. Vegane Würstel wie Bosna (aus Kräuterseitlingen), Curry Wurst (auf Seitan-Basis), Hot Dog, Bratwurst mit Sauerkraut, Leberkäsesemmel mit Leberkäse auf Sojabasis vom Ottakringer Traditionsfleischer Gissinger, Pommes; Bier vom Fass, Limonaden, Wein. Schanigarten für 8 Pers. **€**

Hermann's Würstelstand Stiftgasse 5-9 (Wipark Garage), Tel. 0677/63 04 79 20, E-Mail: info@bosna.wien, bosna.wien, Mo-Fr 10-4, Sa 14-4. Frankfurter (€ 4,30), Bosna (€ 4,30), vegetarisches Bratwürstel (€ 4,90); Zwettler Bier. Dartautomat, Sky Sport und Riesenbildschirm. 8 Sitzplätze drinnen, ganzjähriger Gastgarten für 50 Pers. **€**

Würstelstand „Zum kleinen Sacher" Lerchenfelder Gürtel 42 (vis-à-vis Nr. 42, bei U6-Station Thaliastraße), täglich ab 16. Großzügiges Angebot an klassischen Wurstspezialitäten, Bosna, Vegetarisches. 10 verschiedene Biersorten. **€**

Wiener Würstelstand Zieglergasse 2 (Ecke Marihilferstraße), Tel. 877 22 16, E-Mail: office@steinmetz-gastro.at, www.steinmetz-gastro.at, täglich 0-24. Verschiedene Arten von Würsten und Hotdogs, Spezialität: Käsekrainer; Bier. Catering.

Würstelmausi Urban-Loritz-Platz, E-Mail: wuerstelmausi@wuerstelmausi.at, täglich 15-24. Käsekrainer, Bratwürstel, Burenwurst, Hotdog, Pferdeleberkäse etc., kalte Getränke.

WO BEKOMME ICH GUTES BROT UND GEBÄCK?

Holzofenbäckerei Gragger & Cie 1., Spiegelg. 23, Tel. 01/513 05 55, 2., Vorgartenmarkt, Tel. 0664/413 72 77, 4., Wiedner Hauptstr. 50, Tel. 0670/550 21 14, 7., Siebensterng. 25, Tel. 01/522 08 05, 8., Josefstädter Str. 52, Tel. 0664/916 26 28, 9., Nußdorfer Str. 16, Tel. 0670/550 44 49, www.gragger.at
Helmut Gragger eröffnete seine erste Backstube 1997 in Linz, 2010 folgt eine Bäckerei in der Singerstraße, wo er graues Bio-Sauerteig-Brot aus dem Holzofen verkaufte und damit das Brot-Verständnis der Wiener*innen nachhaltig veränderte. Inzwischen hat Graggers Holzofenbäckerei, in der nach dem Vorbild des Pariser Kultbäckers Lionel Poilâne gebacken wird, nicht nur in Wien, Nieder- und Oberösterreich sowie Berlin expandiert.

Öfferl 1., Wollzeile 31, 1., Schottengasse 3, 6., Mariahilfer Straße 9, 18., Währinger Straße 93, www.oefferl.bio
Als Backstuben-Revoluzzer Georg Öfferl 2015 die Weinviertler Bäckerei seiner Tante auf slow und bio umkrempelte, war er gerade mal Mitte zwanzig. Seither gilt er als Jungstar unter Österreichs Backmeister*innen und führt seit 2019 – wie es sich aktuell für Gourmetbäcker*innen eben gehört – auch ein Brotlokal in der Wollzeile.

Parémi 1., Bäckerstraße 10, Tel. 01/997 41 48, www.paremi.at
Die beiden Lycée-Abgänger*innen, Rémi Soulis und Patricia Petschenig, lernten in Paris Brot und Patisserie, um dann nach französischem Vorbild vor fünf Jahren eine schicke französische Bäckerei-Konditorei in der Wiener – Achtung! – Bäckerstraße zu eröffnen. Die Spezialitäten des Hauses: Baguette und Croissants natürlich.

Dolce Pensiero 1., Salzgries 9, Tel. 01/992 74 62, www.dolcepensiero.at
Ja, der Name verrät es eigentlich eh schon: das Lokal des Lombarden Williams Della Bona ist genau genommen eine Konditorei. Oder vielmehr eine Pasticceria, in der es die feinsten Süßigkeiten, die schönsten handgemachten Petit Fours der ganzen Stadt gibt. Aber eben auch diverse frisch gebackene Pane e panini. Ciabatta etwa, oder Focaccia, Tramezzini und Bruschetta – natürlich auch in gefüllten Varianten zu haben.

8., JOSEFSTADT

Wesentlich gesetzter und bürgerlicher als beim grünen Nachbarn Neubau geht es in der Josefstadt zu, dem mit 1,1 Quadratkilometern flächenmäßig kleinsten Wiener Bezirk. Dass hier viele Studierende wohnen und der Anteil an nicht-österreichischen EU-Bürger*innen besonders hoch ist, hat wohl dazu beigetragen, dass der einst so gesetzte Achte in den letzten Jahren jünger und hipper wurde. Neben den alteingesessenen Bezirksgrößen poppt immer mehr Neues auf. Etwa das Modi 1080 mit großartiger georgischer Küche; das Wildling, wo es nachhaltiges Fleisch aus dem Wald und allerhand Fermentiertes gibt, oder das Comal, das außergewöhnliche mexikanische Tacos macht.

Umso bedauerlicher, dass das vegane Café/Sozialprojekt Ois.In.An in der Lerchenfelder Straße nach nur wenigen Monaten wieder zusperren musste. Die Frauen, die hier Vegetarisches und Veganes aus nachhaltiger Bio-Produktion zubereiteten und servierten, waren fast alle nach Österreich geflohen oder migriert. Das Lokal sollte als Sprungbrett in den Arbeitsmarkt fungieren, ein Teil der Einnahmen ging an eine NGO, um Mädchen mit Migrationshintergrund neue Karriereperspektiven zu ermöglichen. Man scheiterte letztendlich an fehlenden Förderungen. Seit dem Frühjahr gibt es nun stattdessen im winzigen Taberna de la mancha spanische Tapas, und die sind gut, klein und preiswert.

Und zu guter Letzt ein Lokal mit bewegter Geschichte: jenes in der Lerchenfelder Straße/Ecke Lerchengasse, wo im Frühjahr The Lark, eine Cocktailbar mit türkischer Küche, den Panasiaten Umami 5 ablöste – die zigste Neuübernahme in den vergangenen Jahren.

Taqueria Los Mexikas

Klein, bunt, authentisch ... S. 311

DIE BESTEN 20 IM 8. BEZIRK

Albert
Unkompliziertes Nachbarschaftslokal/Bar mit gutem und relativ günstigem Mittagstisch ... S. 313

Café Eiles
Eines der Josefstädter Bezirkswohnzimmer, seit der Renovierung 2016 heller, mit gutem Kaffee und Kaffeehaus-typischer Speisekarte ... S. 321

Café-Restaurant Hummel
Soziales Zentrum des Bezirks, mehrheitsfähiger Mittagstisch mit österreichischen Klassikern, hat aber auch vegetarische Alternativen auf der Karte ... S. 321

Comal Mexicano
Eines der besten Taco-Lokale Wiens, dessen mexikanische Betreiberin María Báez vegane und Fleisch-Tacos zum Eingraben macht ... S. 311

Crème de la crème
Kleine Patisserie in Familienhand, die vor allem bei jungen Frauen als Insta-Kulisse beliebt ist. Zu essen gibt es Frühstück, belegte Brote und Quiches ... S. 316

Hold
Little Italy im kleinsten Bezirk der Stadt: Im Mix aus Café und Osteria lässt sich extrem gut norditalienisch-steirisch essen. Und es gibt täglich zehn verschiedene Sorten Tramezzini ... S. 309

Gastwirtschaft Blauensteiner
Akribisch renovierte Wirtshauslegende. Ein Zeitreise zu bodenständiger Küche und guten Weinen ... S. 306

Kommod
Mehrgängige Menüs in einem Schmuckkästchen von Lokal ... S. 306

Mamamon Thai Eatery
Die Mutter aller lässigen Thai-Lokale in Wien mit hübschem Designer-Schanigarten mit herrlich scharfen Isaan-Spezialitäten und Natural Wines auf der Karte ... S. 312

Modi 1080
Restaurant in einem ehemaligen Teppichgeschäft mit großartiger georgischer Küche ... S. 311

Puerta del Sol
Einer der Pioniere der Wiener Tapas-Szene. Das Angebot ist ebenso klassisch wie vielfältig: Tapas, Raciones, außerdem 15 verschiedene Empanadas ... S. 312

Restaurant Fuhrmann
Toller Hofgarten und Drei-Hauben-Küche ... S. 306

Schnattl
Bestimmt das gutbürgerlichste Restaurant der Josefstadt, in dem fein und unverschnörkelt gekocht wird ... S. 307

Tisch Restaurant
Hausmannskost auf vegan sozusagen, sehr sympathisch, alles selbstgemacht, bio, fair und nachhaltig ... S. 313

Tunnel
Studentenlokal-Urgestein Wiens, in dem schon Generationen zu Musik- und Kulturprogramm günstiges Frühstück und Weltküchegerichte aßen ... S. 320

Weinstube Josefstadt
Idyllischer Hinterhof-Stadtheuriger mit klassischem Heurigenbuffet, ein Dschungel mitten in der Betonschlucht ... S. 319

Wildling
Altes Party-Café, auf edel und rustikal renoviert, in dem es verschiedene vegane, vegetarische Häppchen und auch ein bisschen was mit Fleisch gibt ... S. 308

Via Toledo Enopizzeria
Riesige Hipster-Pizzeria des Wiener Pizza-Weltmeisters Francesco Calò, vor der die Leute anstehen, um in kurzen Timeslots teure Pizzen essen zu können ... S. 310

Villa Maria
Griechischer Feinkostladen und Mezedes-Bar mit kretischem Mittagstisch ... S. 309

Viola
Konditorei in moderner Neuauflage, die neben Kaffee & Kuchen und Samstagsbrunch auch Suppen, Tramezzini, Quiche des Tages und Jause bietet ... S. 316

Gaststätten, Restaurants, Wiener Beisln

Gastwirtschaft Blauensteiner Josefstädter Straße 4 (Ecke Lenaugasse 1), Tel. 405 14 67, gastwirtschaft-blauensteiner.eatbu.com, täglich 11–22.30, Küche bis 21.30. Legendärer Wiener Beislklassiker, in dem Erich Lentsch (7 Jahre Steirereck) nach Wiener Art kocht; MM (2gg € 7,30 vegetarisch oder mit Fleisch), variierende Abendkarte (Kalbsherz in Wurzelcreme, geröstete Nierndln etc.), 2-mal/Woche frischer Fisch; Kinderportionen, -sessel. Hubertus-Bier aus Laa an der Thaya (helles Lager und mitteldunkles „Keltenbier"). Schöne Schankanlage. Doderer-Stüberl (für Feste aller Art zu reservieren; Mindestkonsum). Schanigarten für 40 Pers. **€€**

Centimeter beim Rathaus Lenaugasse 11, Tel. 470 06 06 41, E-Mail: info@centimeter.at, www.centimeter.at, täglich 8.30–24. Wiener Küche; kalte und warme Brote (werden nach Zentimetern bezahlt), Burger, Spareribs mit hausgemachter Marinade, Chicken Wings, 1 Meter Österreich, Scheibtruhe Mist (reichlich beladen mit Essen, für die große Gruppenmampferei), Highlight: das „Schwert" mit zahlreichen Beilagen für 6 Pers.; Mittagsteller; 1 Meter Bier, 8 Sorten Bier vom Fass, diverse Flaschenbiere. Holzfass zum selber anschlagen und zapfen (20 l). Für größere Gesellschaften Buffet mit großer Auswahl und unbegrenztem Essen. Gewölbekeller, Gastgarten. **€€**

Die Wäscherei Albertgasse 49 (Ecke Laudongasse), Tel. 409 23 75-11, E-Mail: lokal@die-waescherei.wien, www.die-waescherei.wien, Mo–Do 17–24, Fr 17–1, Sa 9–1, So, Fei 9–23, Küche bis 24. Bar-Restaurant und Café. Österreichische, vegetarische, vegane und glutenfreie Gerichte, internationale Küche und Grillspezialitäten, Burger; Sa, So, Fei 9–16 Brunch (€ 19,50, Reservierung erbeten); eigene Cocktailkarte (Cocktails € 8,20 bis € 9,50), Happy Hour 17–19 und ab 22 Cocktails um € 6,50. Speisen auch zum Mitnehmen. Fallweise Veranstaltungen. Mo–Fr Lokal für Brunch ab 40 Pers. zu mieten, geschlossene Veranstaltungen bis 100 Pers. möglich. Schanigarten für ca. 70 Pers. **€€**

Edison Alser Straße 9, Tel. 361 01 02, E-Mail: office@edison.at, www.edison.at, Mo–Fr 8–24, Sa 9–24, So, Fei 10–22, im Sommer Sa, So geschlossen (siehe Website). Café und Restaurant in nordischem Design; Restaurant mit Frühstück (€ 5,50 bis € 21,80/2 Pers.) und Fusionsküche; Edisonburger (Mo–Fr 11.30–14.30 MM 2gg € 9,50, 3gg € 10,90); im Café mit Schaupatisserie gibt es z.B. Schokokuchen oder Milchreis. Lokal für Events zu mieten. Kindersessel, Wickeltisch. Schanigarten für ca. 80 Pers. Behinderten-WC. **€€**

Fladerei Skodagasse 28, Tel. 295 71 71, E-Mail: skodagasse@fladerei.com, www.fladerei.com, Mo–Fr 11–1, Sa 17–24, So, Fei 17–22. Gefüllte Fladen aus dem Holkohlengrill in verschiedenen Variationen.

Fleming's Restaurant Josefstädter Straße 10–12 (Fleming's Selection Hotel Wien-City), Tel. 205 99-1916, E-Mail: frontoffice.vie.city@flemings-hotels.com, www.flemings-hotels.com, täglich 12–23, Bar 6.30–24. Wiener und internationale Küche; Weihnachts- und Silvestermenü (Reservierung erwünscht); Frühstücksbuffet Mo–Fr 6.30–10.30, Sa, So, Fei 6.30–11 (€ 30,–); österreichische und internationale Weine. Bankett- und Boardräume für Veranstaltungen. Kindersessel, -besteck. Barrierefreier Eingang über Nebeneingang, Behinderten-WC. **€€€**

Fromme Helene Josefstädter Straße 15, Tel. 406 91 44, E-Mail: restaurant@frommehelene.at, www.frommehelene.at, täglich 11–23. Gutbürgerliche Wiener und internationale Küche (MM € 9,50); Kinderportionen, -sessel, Wickeltisch. Alle Speisen auch zum Mitnehmen. Veranstaltungsraum im Keller (mit Bühne und Videowall) für ca. 70 Pers. zu mieten; Gastgarten im Innenhof für 80 Pers. Behinderten-WC. **€€**

Fuhrmann Fuhrmannsgasse 9, Tel. 944 43 24, E-Mail: info@restaurantfuhrmann.com, www.restaurantfuhrmann.com, Mo–Fr 12–14.30 und 18–23.30, Küchenannahme bis 13.30 bzw. 21.30; Sa auf Anfrage für Feiern geöffnet. Lokal von Hermann Botolen, einem der besten Sommeliers des Landes; große Weinauswahl (1000 verschiedene Positionen, Schwerpunkt auf Frankreich) und Edelspirituosen (ca. 350 Positionen); monatliche Degustationen; gutbürgerliche Küche; 3gg MM (€ 35,–); 5gg Abendmenü (€ 78,–). Schanigarten im Innenhof für 25 Pers. **€€€€**

Gürtelbräu U-Bahn Bogen (Gürtel) 24–25 (Lerchenfelder Gürtel), Tel. 402 41 95, E-Mail: office@guertelbraeu.at, www.guertelbraeu.com, Mo–Do 11.30–2, Fr 11.30–3, Sa 18–3, So, Fei 18–24, warme Küche Mo–Do 11.30–14 und 17.30–23.30, Fr 11.30–14 und 17.30–24, Sa 18–24, So und Fei 18–23. Hübsches Bierlokal mit Wiener Küche und Broten (MM vegetarisch € 8,20, mit Fleisch € 9,20); Ottakringer, Weitra und Schneider Weisse vom Fass. Ab und zu Feste. Schanigarten für 80 Pers. **€€**

Heidenkummer Breitenfelder Gasse 18, Tel. 405 91 63, E-Mail: office@heidenkummer.at, www.heidenkummer.at, Mo–Fr 10.30–23, So, Fei 10.30–22, Juli/August Sa, So Ruhetag; durchgehend warme Küche. Saisonale Speisen (MM € 9,50, mit Suppe € 11,–). Kinderspeisen, -sessel, Spielzeug. TV für Sportübertragungen. Schanigarten für 38 Pers. Hunde willkommen. **€€**

Kommod Strozzigasse 40, Tel. 402 13 98, E-Mail: anfrage@kommod-essen.at, www.kommod-essen.at, September bis Juli Mi–Fr 18–23 (Fei geschlossen), Sa 10–14 Brunch; Sommerpause im August. Kleines Lokal mit 6 Tischen. Nouvelle Cuisine, neue Klassik; Menü mit 4, 5 oder 6 Gängen, Sa 10-14 mehrgängiger Brunch (mit Fisch oder vegetarisch); Verwendung marktfrischer Ware, Wild aus eigener Jagd; Trumer vom Fass, große Weinkarte mit vorwiegend österreichischen aber auch ausgesuchten internationalen Weinen. Schanigarten. Für exklusive Gruppen (max. 27 Pers.) gut geeignet, Reservierung empfohlen. 💳 €€€€

Marienhof Josefstädter Straße 9, Tel. 408 89 05-30, E-Mail: marienhof@vienna.at, restaurant-marienhof.at, Mo-Fr 11-24, Sa, So, Fei 17.30-24, durchgehend warme Küche bis 23. Klassische Wiener Gerichte, saisonale Speisen; Mo-Fr 2 TT (vegetarisch od. mit Fleisch, € 7,90), Tagessuppe (€ 2,80). Hausgemachte „Schmankerl im Glas" zum Mitnehmen (Pasta, Currys, Gulasch, Rindsrouladen etc.). Kinderportionen und -sessel. Catering von 2 bis 5000 Pers. (Tel. DW 23). Separees im Obergeschoß für 50, Stüberl im Untergeschoß für 50, wunderschöner Innenhofgarten für 40 bis 50 Pers. (bis 22). 💳 €€

Café Merkur Florianigasse 18 (Lammgasse 1), Tel. 990 54 13, E-Mail: info@cafemerkur.at, www.cafemerkur.at, Mo-Sa 9-24, So, Fei 9-22, Küche Mo-Sa bis 23, So, Fei bis 22. Günstige internationale Gerichte, immer wieder neue Speisen (2gg MM vegetarisch € 8,50/mit Fleisch € 8,90); 9-17 internationales Frühstück (€ 7,50 bis € 9,-); gefüllte Fladenbrote, Grillspezialitäten, Burger, orientalische Gerichte, Salate, Eis von „Der Eismacher" aus dem Burgenland. Kindersessel, Wickeltisch. Grüner, schattiger Schanigarten für ca. 35 bis 40 Pers. 💳 €€

K.u.K. Restaurant Piaristenkeller Piaristengasse 45, Tel. 406 01 93, E-Mail: info@piaristenkeller.com, www.piaristenkeller.com, Mo-Sa 18-24, Küche bis 22; So Ruhetag (außer an Feiertagen wie Muttertag, Kongresse etc.); für Veranstaltungen auf Anfrage auch So, täglich mittags und bis 4 geöffnet. Gediegene Wiener Küche nach K.u.K.-Traditionen und historische Rezepte des Wiener Hofes, klassische Wiener Küche mit Saisonspezialitäten wie Lamm, Kalb, Wild, Fisch, vegetarische Speisen; Spezialitäten- und individuell zusammenstellbare Menüs; Kinderspeisen, -sessel; gute Weine, auch Weinverkauf (Porträtetiketten möglich für Jubilare etc.). Stimmungsmusik (Zither, Duo mit Gitarre und Ziehharmonika); manchmal Konzerte (Wienerlied, Blasmusik, Walzer), auch Tanzen auf Anfrage möglich. Eventlocation mit Veranstaltungsmöglichkeiten bis 300 Pers. (3 Extrazimmer); offizieller standesamtlicher Trauungsort für Traumhochzeiten in Wien; Partys mit Clubbing und DJ oder Imperial Clubbing im Weinkeller möglich. Erlebnisweinkeller mit angeschlossenem Hutmuseum und K.u.K. Weinschatzkammer mit Glas- und Porzellanmuseum, Museumsführungen mit Weinverkostung (Details s. Website). Gastgarten vor der Piaristenkirche für ca. 80 Pers. 💳 €€€

Prinz Ferdinand Bennoplatz 2, Tel. 402 94 17, E-Mail: office@prinzferdinand.at, www.prinzferdinand.at, täglich 11-23.30, durchgehend warme Küche bis 22. Gutbürgerliches Beisl mit Alt-Wiener Schmankerln, schön unkompliziert und undogmatisch bekocht (Mo-Fr 11.30-15.30 2 2gg MM mit Suppe oder Salat, vegetar. od. mit Fleisch, Fr Fisch € 7,90/€ 8,90); Kinderportionen, -sessel; große Auswahl an Weinen und Bränden. 3 Extrastüberln für 12, 17 und 26, traumhafter Gastgarten am Bennoplatz für 65 Pers. 💳 €€

Schnattl Lange Gasse 40, Tel. 405 34 00, E-Mail: schnattl@aon.at, www.schnattl.com, Mo-Do 11.30-16, Fr 11.30-24, Küche: Mo-Fr bis 15, Fr zusätzlich 18-23; für geschlossene Gesellschaften ab 25 Pers. auch abends geöffnet. Wiener und internationale Küche seit mehr als 30 Jahren, eine der guten Adressen der Josefstadt (tägl. 2gg M € 22,-/TT € 11,-/Fr Fisch € 13,-), saisonale Speisen; interessantes und großes Weinangebot; Kinderportionen, -sessel. Für Veranstaltungen ab 25 Pers. zu mieten. Toller, schattiger Gastgarten für ca. 50 Pers. Hunde mit Beißkorb. 💳 €€€

See Me Piaristeng. 9, Tel. 408 46 85, Mo-Fr 11-22, Sa 17-23 (Fei geschl.), Küche bis 22. Kommunikatives Ess- und Trefflokal mit Wiener Küche (TT € 8,50). TV. Helle Optik, lichtes Holz. Schanigarten für ca. 20 Pers.

Servus am Platz'l Uhlplatz 5, Tel. 405 26 77, E-Mail: info@servusamplatzl.at, www.servusamplatzl.at, Mo, Fr 11-15, Di-Do 11-22 (Fei geschlossen), auf Anfrage Sa, So und Fei für Feste u. Catering geöffnet. Österreichische Küche (11-13.30 2 2gg MM € 8,80 bis € 9,50), regelmäßig wechselnde Spezialitätenwochen, saisonale Speisen; Kinderspeisen, -sessel; Murauer Zwickl und Hirter vom Fass, österreichische Weine, hausgemachte Limonaden. Schanigarten für 50 Pers., Rollstuhlrampe. 💳 €€

Café-Restaurant Strozzi Strozzigasse 24, Tel. 406 31 15, E-Mail: strozzi@chello.at, www.strozzi.at, Mo-Fr 8.30-23, Sa 11-15 (Fei geschlossen), Küche: Mo-Fr 8.30-22, Sa 11-15. Frühstück Mo-Fr bis 16, Sa bis 15 (€ 3,20 bis € 8,80); Hausmannskost (MM ca. € 9,40). Kinderspeisen, -sessel, Spielzeug. TV. Schanigarten für 60 Pers. €

Verde 1080 Josefstädter Straße 27, Tel. 405 13 29, E-Mail: office@verde1080.at, verde1080.at, Mo-Fr 12-19 (Fei geschlossen). Seit 30 Jahren bestehende Genuss-Greißlerei von Stefan Kreidl; internationale Küche mit vielfältigen Einflüssen (asiatisch, orientalisch, französisch, italienisch etc.); Verwendung von Bioprodukten; Fr Burger-Tag, „Wünsch dir was" (gegen Vorbestellung ab 4 Pers. wird die Lieblingsspeise zubereitet). Zu kaufen gibt es internationale Lebensmittel und Spezialitäten, Biergeschäft des Jahres 2013: viele Biersorten lagernd, Raritäten (z.B. Zillertaler Bier). Catering auf Anfrage. €€

Wildling Laudongasse 8, Tel. 0664/105 97 89, E-Mail: office@wildling-foods.at, www.wildling-foods.at, Di-Do 17-23, Fr, Sa 17-24, Weihnachten geschlossen. Restaurant mit Fokus auf Regionalität und Nachhaltigkeit. Div. Tapas à la carte, davon viele vegetarisch/vegan, wechselnde Tagesgerichte; viele Zutaten von regionalen, kleinen Produzent*innen; hausgemachte Fermentgetränke wie Kombucha oder Kefir, Bier, Wein und Fruchtsäfte aus der Region. Integrierter Shop mit hausgemachten Spezialitäten. Spielsachen, Kindersessel und Wickeltisch vorhanden, Kinderspeisen auf Wunsch. Gewölbekeller mit Veranstaltungsraum und Bar für bis zu 80 Pers. Schanigarten für 45 Pers. 💳

Amerikanisch

beef & glory – Steakerei Florianigasse 35 (Ecke Lederergasse), Tel. 997 41 55, E-Mail: steak@beefandglory.at, www.beefandglory.at, Mo-Sa 17-24, So 11-24. Auf Steaks spezialisiertes Lokal. Amerikanischer Broiler, Dry Aging im Haus; Fleisch aus Österreich, den USA, Südamerika, Australien und Japan; So 11-15 Brunch mit Prosecco-Marathon. Speisen nach Vorbestellung zum Mitnehmen. Kindersessel. 4 (klimatisierte) Räume für insg. ca. 100 Pers. (einer davon für 15 Pers. eignet sich sehr gut als Private Dining Room). Schanigarten für ca. 60 Pers. 2022 vom New York Media House unter den 101 besten Steakhäusern weltweit unter den Top 20 gelistet und damit zum besten in Österreich gekürt. 💳 €€€€

Armenisch

Lavash Hamerlingplatz 2, Tel. 0660/202 11 11, E-Mail: office@lavash.at, lavash.at, Di-Sa 11-14 und 18-23, Küche bis 22. Traditionelle armenische Küche, z.B. Manti Teigtasche mit Hackfleisch oder Tolma mit Weißkraut oder Weintraubenblättern; 5 bis 7gg Menüs; Weine aus Armenien und Österreich, armenischer Wodka. Schanigarten für 25 Pers. 💳 €€€

Asiatisch

Corner 101 Josefstädter Straße 101, Tel. 408 19 49, corner101.eatbu.com, Mo-Fr 11-14.30 und 17.30-21, So, Fei 11.30-14.30 und 17.30-21. Asiatische Küche (Mo-Fr 11-14.30 MM, € 7,- bis € 9,-); taiwanische Spezialitäten; kleine Portionen möglich, Kindersessel. 💳 €€

Do Eat Lerchenfelder Straße 118, Tel. 405 80 87, Mo, Di, Do, Fr 11-15 und 17-22, Sa, So, Fei 12-22. Asiatische Küche, Sushi und Maki (Mo, Di-Fr 11-15 MM); Speisen zum Mitnehmen (tel. Vorbestellung möglich); Nudel- und Reisboxen. Zustellung in die Bezirke 1, 5 bis 9 und 15 bis 17. 💳 €€

Hitomi Josefstädter Straße 53, Tel. 402 81 17, E-Mail: office@hitomi.at, www.hitomi.at, Mo-Sa 11.30-22, durchgehend warme Küche. Asiatische Spezialitäten wie Sushi, hausgemachte Nudeln und Wokgerichte, Sushi und Maki ganztags; 11.30-15 MM; Kinderteller. Gastgarten für 12 Pers. 💳 €

Asia Restaurant Lin Albertgasse 30, Tel. 409 30 97, E-Mail: lin.asiarestaurant@gmail.com, asia@lin8.at, www.linacht.at, Mo-Fr, Fei 11-22, So 12-22, durchgehend warme Küche. Asiatische Küche, japanische und koreanische Speisen (Mo-Fr 11-16 31 MM von € 6,50 bis € 8,20), Sushi, Sashimi, Maki, Teppanyaki, Wokgerichte. Kindersessel. Gratiszustellung im 8. Bez. (ab € 11,-). Schanigarten für 36 Pers. 💳 €

Matcha Komachi Josefstädter Straße 62, Tel. 0678/129 12 07, E-Mail: matchakomachi@hotmail.com, www.matchakomachi.com, tägl. 11-22. Matcha-Getränke (ab € 3,90), Kaffee, Matcha-Süßigkeiten; Onigiri (ab € 2,70), Bento-Boxen, japan. Tapas, auch vegetar./vegane Speisen. Somen, Udon, Ramen, Donburi und Curry. Kindersessel. 💳 €€

Tseng Lederergasse 14/1, Tel. 890 16 69, www.restaurant-tseng.at, Mo-Sa, Fei 11.30-15 und 18-22. Asiatische Speisen (MM € 8,- bis 12,-), jede Woche neue Menüs; Kindermenü (€ 5,-). Gemütliches asiatisches Ambiente. Gastgarten im Innenhof für 15 bis 20 Pers. 💳 €€

Böhmisch

Zur Böhmischen Kuchl Schlösselgasse 18, Tel. 402 57 31, E-Mail: office@zurboehmischenkuchl.at, www.zurboehmischenkueche.stadtausstellung.at, Mo-Sa 11-15 und 17.30-23 (Fei geschlossen), Küche bis 14.30 bzw. 22. Böhmische Küche mit Wiener Akzenten, MM (ca. € 11,50), saisonale Karte mit Spargel-, Steinpilz- und Wildgerichten, Eierschwammerl mit Steak, Martinigansl; Spezialitäten: Kuttelflecksuppe, Kartoffelpuffer, Svíčková, Liwanzen, böhmische Knödel und Powidltaschen (alles hausgemacht). Altböhmische, tschechische und Country-Musik (Livemusik nur nach Vereinbarung). Schanigarten für 30 Pers. 💳 €€

Chinesisch

Hey Dim Sum Gallery Strozzigasse 36, Tel. 956 68 32, E-Mail: office@heydimsum.at, heydimsum.at, Di-So 11.30-15 und 18-22.30. Kantonesische Fusionsküche mit westlichen Einflüssen; Mo-Fr 11.30-15 MM; hausgemachte Limonaden, Cocktails. Take-away. Kindersessel, Wickeltisch. Private Feiern bis 15 Pers. bei Reservierung möglich. Restaurant für 78, Gastgarten im Innenhof für ca. 40 Pers. Behinderten-WC. Wechselnde Kunstausstellungen im Lokal. ♿ 💳 €€€

Georgisch

Modi 1080 Alser Straße 11, Tel. 0676/444 10 80, E-Mail: info@modi1080.at, www.modi1080.at, Di-Fr 16-23, Sa, So 13-23. Georgische Spezialitäten und Grillgerichte, darunter eine Vielzahl an traditionellen Gerichten wie würzige Eintöpfe, Ojakhuri (ein Mix aus gebratenem Schweinefleisch und Erdäpfeln), Soko Ketse (gebratene Champignons mit Käse-Füllung) sowie Gulasch nach georgischer Art. Bemerkenswerte Weinkarte mit Weinen von ausgewählten Weingütern aus Georgien sowie georgischen Amphorenweinen. Take-away. Separater Partyraum für Feste und Veranstaltungen (150 qm), inkl. DJ-Pult und Sound-System. **€€**

Griechisch

Trilogie Lange Gasse 25, Tel. 408 27 16, E-Mail: office@triologie.at, www.trilogie.at, Mo-Sa, Fei 11.30-23, Küche bis 22. Traditionelle griechische Küche (wechselnde MM, vegetarisch oder mit Fisch/Fleisch); Kinderspeisen, -sessel, Wickeltisch; Auswahl an griechischen und österreichischen Weinen. Extrazimmer für 20, Schanigarten für 42 Pers. 💳 **€€**

Villa Maria - Kreta kulinarisch Josefstädter Straße 69/1, Tel. 0676/705 67 62, E-Mail: wien8@villamaria.at, www.villamaria.at, Mo-Sa 9.30-22. Feinkostladen mit griechischen Spezialitäten aus Kreta wie Wein, Olivenöl und Kräutern in Bioqualität. Frühstück bis 11, Mo-Fr 12-15 Mittagstisch (auch zum Mitnehmen), Mo-Fr ab 17.30 und Sa ab 12 Mezedes (kleine Gerichte) und Wein. Schanigarten für 16 Pers. Onlineshop. 💳

Indisch

Nordindisches Restaurant Guru Florianigasse 3, Tel. 402 72 77, E-Mail: office@guru1080.at, www.guru1080.at, Mo-Fr 11-14.30 und 18-22.30, Sa 18-22.30 (Fei geschlossen). Nordindische Küche; erstes indisches Restaurant mit glutenfreien Speisen, große vegane Auswahl; alle Speisen sind mit ayurvedischen Gewürzen zubereitet. Hausgemachte Fladenbrote aus dem Holzkohleofen. Mo-Fr MM ab € 7,50. Schanigarten für 30 Pers. Behinderten-WC. ♿ 💳 **€€**

Taj-Indian Restaurant & Bar Kochgasse 9, Tel. 924 71 41, E-Mail: office@thetaj.at, www.thetaj.at, täglich 17-23, Küche bis 22.30. Moderne indische Küche, indische Suppen, Biryani, Thali Platten (vegetarisch, vegan oder mit Fleisch); viele vegetarische und vegane Gerichte; indische Cocktails. Kindersessel. Extrazimmer für ca. 30 Pers. für div. Veranstaltungen zu mieten; Leinwand und Beamer. Catering. Gelegentlich Livemusik. Schanigarten für 25 Pers. 💳 **€€**

Italienisch

Trattoria Dal Toscano Alser Straße 65, Tel. 0699/11 30 43 71, E-Mail: giovanni@daltoscano.at, www.daltoscano.at, Mo-Fr 11-14.30 und 18-23, Küche bis 14 bzw. 22. Restaurant mit original toskan. Küche, alle Speisen à la minute gekocht; 2 versch. MM (Classico € 7,90, Businesslunch 2gg € 15,90), regelmäßig saisonal wechselnde Karte, z.B frische schwarze Trüffel. Wolfsbarsch in Salzkruste für 2 Pers. inkl. Beilagen, hausgemachte Strozzapreti mit Salsiccia (€ 16,50), Palette an Salame, Käse und Prosciutti (alles aus Italien importiert), Bistecca alla fiorentina aus Florenz (€ 6,90/10dag), hausgemachte Pasta, Brot und Desserts; hauptsächlich ital. Weine, Champagner, Prosecco und Schremser-Bier aus dem Fass, Foschi-Kaffee (original ital. Import); Catering ab 10 Pers. (bei Selbstabholung auch ab geringerer Personenanzahl); Special: der Chef besucht die Gäste in ihrem Zuhause und bekocht sie. Kindersessel; Klimaanlage. Terrasse für 8, Schanigarten für 28 Pers. 💳 **€€€**

L'Osteria Florianigasse Florianigasse 55, Tel. 402 40 00 10, E-Mail: wien-florianigasse@losteria.at, www.losteria.at, takeaway.losteria.at (Take-away), Mo-Sa 11-24, So 12-24. Italienische Küche (Systemgastro-Konzept); Riesen-Steinofen-Pizza (reicht für 2 Pers., kann unterschiedlich belegt werden), Pastagerichte, Salate, Dolci, Wochenkarte mit Pastakreationen. Take-away; Kinderspeisen, -sessel, Malsachen. Terrasse, Gastgarten und Schanigarten. 💳 **€€**

Hold Josefstädter Straße 50, Tel. 405 11 98, www.hold.wien, Mo-Fr 8-1 (Fei geschl.), warme Küche 11.30-15 und 18-22.30; Sa auf Anfrage für private Feiern geöffnet. Kleine Kaffeebar mit feiner Pasta, köstlichem Espresso und einer Atmosphäre, die Norditalienfans gefallen dürfte. Klassisches ital. Frühstück (ab € 6,50); mediterrane Küche (2 TT vegetarisch € 10,50, mit Fleisch € 11,50), die weit über dem üblichen Kaffeehaus-Standard angesiedelt ist. Gastgarten für 25 Pers. 💳 **€€**

Il Sestante Piaristengasse 50, Tel. 402 98 94, E-Mail: sochoa-sanchez@lamercantile.com, www.sestante.at, tägl. 11.30-23, warme Küche bis 22.30. Traditionelle italienische Küche, original neapolitanische Pizza aus dem Holzofen, Pasta, Risotto, Fisch; Kinderportionen, -sessel; Weine aus Italien (ca. 40 Sorten). Prächtiger Schanigarten für 115 Pers. am Jodok-Fink-Platz (vor der Piaristenkirche). 💳 **€€€**

Pizzeria La Cintura Sanettystraße 4 (Ecke Lerchenfelder Gürtel 62), Tel. 990 65 80, E-Mail: office@lacintura.at, www.lacintura.at, Mo-Do, So 11-23, Fr, Sa 11-2, durchgehend warme Küche. Italienische Küche (Mo-Fr 11-14 Mittagsangebot: gratis Cola oder Eistee zu jeder Pizza), Pasta, Holzofenpizza, Burger, österreichische Küche wie Schnitzel, Salate, Desserts. 💳 **€**

La Delizia Ristorante Florianigasse 19, Tel. 406 37 02, E-Mail: office@la-delizia.at, www.la-delizia.at, Mo-Sa 11.30-15 und 18-23 (Fei geschlossen), Küche bis 22:30. Italienische Küche mit wechselnden Tagesspezialitäten; Pasta, Holzofenpizza, Fleisch und Fisch; tlw. Verwendung von Bioprodukten; wochentags MM, Kinderportionen auf Bestellung, Kindersessel, Spielzeug. Catering, Extrazimmer für 30 Pers., Schanigarten für 36 Pers. Parkgarage 150m entfernt. 💳 **€€**

L'angolo Di Michel Fuhrmannsgasse 1 (Ecke Josefstädter Straße 42), Tel. 0676/461 44 18, E-Mail: michel@langolo.at, www.langolo.at, Mo, Di, Do 9-18, Mi 9-20, Fr 9-15 (Fei geschlossen) (Sommer), Öffnungszeiten im Winter variieren. Italienisches Bistro mit integriertem Feinkostladen. Wöchentlich wechselnde, typisch italienische Karte: Pasta, Ravioli, Alimentari (ab € 11,-). Kinderportionen. Catering (Antipastiplatten). Schanigarten für 8 Pers. 💳 **€€€**

Ristorante La Tavolozza Florianigasse 37, Tel. 406 37 57, E-Mail: info@latavolozza.at, office@latavolozza.at, www.latavolozza.at, Mo-Fr 17-0.30, Sa, So 12-0.30, Fei 12-23. Einer der besten Italiener Wiens, kreative Akzente, Speisen aus dem Holzofen; Fisch, Meeresfrüchte, italienische Spezialitäten, Extrakarte mit saisonalen Gerichten (Spargel, Trüffel, Eierschwammerl etc.), Tageskarte; mehrgängige Menüs für Gruppen auf Anfrage; Kinderportionen, -sessel; umfangreiche italienische Weinkarte. Galerie für 35 Pers. (für geschlossene Gesellschaften), Gastgarten für 30 Pers. Hunde mit Leine und Beißkorb. 💳 **€€€**

Marcodi's Florianigasse 50, Tel. 0676/938 23 80, E-Mail: office@marcodi.at, www.marcodi.at, Mo-Sa 18-24. Italienischer Fisch und Meeresfrüchte, 5gg Degustationsmenüs (€ 59,-). Lokal für 14 Pers. 💳 **€€€**

Materia Tigergasse 31, Tel. 402 69 19, E-Mail: info@materia.restaurant, www.materia.restaurant, Di-Sa 18-23. Italienische Küche, auf das Wesentliche reduziert, z.B. Carne Cruda vom Fassone Rind mit Eierschwammerl und Salsa tonnata oder Parmigiana di Melanzane in Pecorinocreme. Keine Karte, es gibt wöchentlich wechselnde 3gg bis 6gg Menüs (€ 38,- bis € 75,-, auf Anfrage auch vegetarisch/vegan). 💳 **€€€€**

Nola - The Italian Josefstädter Straße 16, Tel. 407 24 57, E-Mail: eat@nola.co.at, www.nola.co.at, Mo-Sa 11.30-23, Küche bis 22. Ital. Restaurant; vegetar. und vegane Speisen, Pizza, hausgemachte Pasta, Antipasti, Arancini etc.; 11.30-14 TT (ab € 8,90). Kindersessel, Malsachen. Exklusive Anmietung möglich. Schanigarten für 10 Pers. 💳 **€€**

Oliva Verde Florianigasse 15, Tel. 0676/681 81 72, E-Mail: olivaverde40@gmail.com, www.olivaverde.at, tägl. 11.30-23.30, Küche bis 23. Pizza vom Holzofen, hausgemachte Pasta, italienische Spezialitäten aus kontrolliert biologischem Anbau, saisonale Speisen (Bärlauch, Spargel, Eierschwammerl), wechselnde Tageskarte (4 MM € 7,50 und € 9,50: Mo-Mi Pasta, Do Fleisch, Fr Fisch); ausschließlich Bio-Fleisch, 2-mal/Woche werden Fisch und Fleisch frisch geliefert (Rinderfilet, Lammkotelett, Oktopus etc.); Kinderportionen, -sessel; Naturfruchtsäfte, ausgesuchte Weine. Angenehme Atmosphäre; Extrazimmer für 25, Mai bis Ende September Schanigarten für 28 Pers. 💳 **€€**

Pizza Bussi Ciao Piaristengasse 15, Tel. 924 48 59, E-Mail: pizza@bussiciao.at, pizzabussiciao.at, Mo-Mi, So 17-23, Do-Sa 17-24, Küche bis 22 (aktuelle Öffnungszeiten s. Website). Neapolitanische Pizza, Antipasti; italienische Spritzer; Take-away. Klimatisiert. Schanigarten für 25 Pers. 💳

Pizzeria Ruffino Josefstädter Straße 48, Tel. 406 45 40, E-Mail: office@ruffino.at, www.ruffino.at, täglich 11-24, warme Küche bis 23. Nudeln, Pizza, Fleisch, Fisch, jeden Tag frische Muscheln, saisonale Gerichte (Mo-Fr MM); Kinderspeisen, -sessel. Schanigarten für 70 Pers. 💳 **€€**

L'Osteria del Salento Kochgasse 4, Tel. 409 22 56, Di-Sa 18-23 (Fei geschlossen), im August 2 Wochen geschl. Spezialitäten aus Apulien: Fisch, Pasta, auch Fleisch; Kinderspeisen, -sessel, Spielzeug. **€€**

Pizzeria Santa Maria Albertgasse 54, Tel. 405 60 55, E-Mail: basemmacr3@gmail.com, täglich 11-23. Italienische, österreichische und mexikanische Küche; Lieferung in die Bezirke 1, 7, 8, 9, 16, 17 und 18. 💳 **€**

Ristorante Pizzeria Scarabocchio Florianigasse 3, Tel. 405 27 27, 0665/65 52 06 55, www.pizzeria-scarabocchio.sta.io, Mo-Fr 11-23, Sa, So, Fei 12-23, Küche bis 22.30. Pizza vom Holzofen, Pasta (Pizza, Pasta etc., auch gluten- und laktosefrei, sowie vegan mit veganem Mozzarella bei einem Preisaufschlag von € 2,90 möglich), Muscheln, Fisch, wechselnde Spezialitätenkarte mit hausgemachten saisonalen Speisen; hausgemachte Nachspeisen; Kinderspeisen, -sessel; Buffets auf Anfrage. Gesamtes Lokal zu mieten für 45 Pers.; Gastgarten im Hof für 35 Pers. 💳 **€€**

Pizzeria Verdi Lange G. 16, Tel. 403 18 19, www.pizzeria-verdi.at, Mo-Sa 17-23. Antipasti, Suppen, Fladenbrote, viele Sorten Pizza, Spezialität: Lasagne. Vermutlich einziges Lokal in Wien mit maltesischer Küche, z.B Ftira (maltesisches Brot mit unterschiedlichen Füllungen, € 11,80 bis € 13,80), maltesische Pastagerichte (€ 8,90 bis € 13,80); Cisk (Bier), Kinnie (Softgetränk). Ausschließlich klassische Musik. Extrazimmer für 15, Schanigarten für 16 Pers. 💳 **€**

Via Toledo Enopizzeria Laudongasse 13, Tel. 0660/755 16 72, E-Mail: info@viatoledo.at, viatoledo.at, täglich 12-22. Italienische Küche; Pastaspezialitäten und authentische neapolitanische Pizza; italienische Weine. Schanigarten für ca.

30 Pers. Betreiber Franceso Caló wurde 2019 zum weltbesten internationalen Botschafter der neapolitanischen Pizza ausgezeichnet. €€

Japanisch

Kaisaki Laudongasse 24, Tel. 405 71 88, E-Mail: liudaz hong917@gmail.com, Di–So 12–14.30 und 17–22.30. Asiatisches Spezialitätenrestaurant, Running Sushi, mittags Bentobox. Kinderportionen und -sessel. €€

Oreno Ramen Lerchenfelder Straße 74/1, Tel. 890 12 48, E-Mail: hello@oreno.at, Di–Sa 17–21.30, So 12–16 und 17–21.30, Fei wie jeweiliger Wochentag geöffnet. Japanisches Nudelsuppenlokal; vier verschiedene Ramen-Versionen (auch vegan), Vorspeisen, kalte Nudelvariationen. Schanigarten für 26 Pers. €€

Sakai Florianigasse 36, Tel. 729 65 41, E-Mail: restaurant@ sakai.co.at, www.sakai.co.at, Mi–So 18–23, feiertags variable Öffnungszeiten (siehe Homepage). Lokal von Hiroshi Sakai, ehemaliger Chefkoch im Unkai; japanische Spezialitäten der authentischen Art, viele verschiedene Marinaden, sehr filigrane Küche; Schwerpunkt: mehrgängige Kaiseki-Menüs auf Wunsch mit Sake-Begleitung (nach Vorbestellung auch zum Mitnehmen), auch à la carte; Auswahl an verschiedenen Sake, japanische Biere, Whiskeys, Tees. Kindersessel. €€€

Koreanisch

KOINONIA PLUS Albertgasse 39, Tel. 402 43 23, E-Mail: koinoniaplusrestaurant@gmail.com, www.koinoniaplus.at, Mo–Sa 10–22, Küche bis 21.30. Koreanisch-asiatische Fusionsküche im riesigen, zweistöckigen Designerlokal; Do–Sa 7–11 Frühstück, Sa 8.30–11.30 Frühstücksbuffet (€ 15,–), Mo–Fr 10–15 MM (€ 10,90 bis € 14,90). Kinderportionen, -sessel, Wickeltisch. Sitzmöglichkeiten im Erdgeschoß und auf der Galerie. Schanigarten für 70 Pers. €€

Kroatisch

Restaurant Ilija Piaristengasse 36, Tel. 408 54 31, E-Mail: office@ilija.at, www.ilija.at, Di–Sa 11.30–14.30 und 18–23, letzte Bestellung um 14 bzw. 22, Küche nach 22 nur nach Vorreservierung. Haubenlokal. Dalmatinische, französische, mediterrane Küche, saisonale Produkte, variantenreiche Spezialität: Fisch z.B. aus dem Backofen nach Hausrezept oder in Salzkruste; Tageskarte (wöchentlich wechselnde Auswahl an MM € 10,– bis € 14,–). Weinkeller (Schwerpunkt österreichische und Weine aus dem Mittelmeerraum). Schanigarten für 24 Pers. €€€

Restaurant Konoba Lerchenfelder Straße 66–68, Tel. 929 41 11, E-Mail: info@konoba.at, www.konoba.at, Mo–Sa 17–24. Dalmatinische Küche, Fischspezialitäten; Wein aus Dalmatien (kleine Vinothek mit Weinen zu Handelspreisen); Kindersessel. Angenehm unkitschig, herzhaft gewürzt (offene Bratküche). Viele Bioprodukte. Kochseminare. Schanigarten für 24 Pers.; Hunde mit Beißkorb. Seit 2009 Träger des österreichischen Umweltzeichens. Rollstuhlrampe und Behinderten-WCs. €€€

Lateinamerikanisch

SALONGA – Peruvian Restaurant Bar & Gallery Florianigasse 17 (Ecke Lange Gasse), Tel. 961 92 46, E-Mail: office@salonga-peruvianbar.com, www.salonga-peruvianbar.com, täglich 18–23. Bar mit peruanischen Spezialitäten in „piqueo" (Tapas)-Form wie z.B. Papitas à la Huancaina (Kartoffelscheiben mit Käsecreme), Ceviche de pescado (roh marinierter Seelachs in Limettensaft, Süßkartoffel, Mais, rote Zwiebeln, Chili, Koriander); peruanische Cocktails (ab € 7,90). Live Musik; TV. Wechselnde Ausstellungen peruanischer und internationaler Künstler*innen. Reservierungen für Feste möglich. Catering (im kleinen Rahmen möglich). Schanigarten für 30 Pers.

Mexikanisch

COMAL MEXICANO Florianigasse 12, Tel. 402 82 44, E-Mail: office@comal.at, www.comal.at, Di–Sa 17–22 (Fei geschlossen). Mexikanische Taquería. Tacos mit diversen Füllungen (auch vegan) und verschiedenen Salsas und Totopos; hausgemachte Nachspeisen (Cheesecake, Keylime pie); Margaritas und Cheladas (Bier mit Limettensaft und Chilirand). Schanigarten für 12 Pers. €€

El Feo Breitenfelder Gasse 22, E-Mail: elfeo.wien@gmail .com, www.elfeo.at, Di–Sa 18–2 (Fei geschlossen), im Sommer ab 19 geöffnet, Küche bis 22. Mexikanische Street Food Bar in der ehemaligen Bierkanzlei. Spezialitäten: Tacos, Quesadillas, Mulitas und – als Mezcalería – natürlich Mezcalles; vegetarische und vegane Speisen. Räumlichkeiten für ca. 40, Schanigarten für 20 Pers.

Taqueria Los Mexikas Lange Gasse 12, Tel. 406 08 71, www.losmexikas.at, Mo–Sa 18–23 (Mittagsöffnungszeiten 11–15 unter Vorbehalt), Fei 18–23 (wenn nächster Tag ein Werktag), ausschließlich telefonische Reservierung. Kleine, bunte und vor allem sehr authentische mexikanische Taqueria mit offener Schauküche; kleine, würzig und überaus vielfältig belegte Taquitos, Spezialitäten: Tacos al Pastor (jeden Fr und Sa), traditionelle mexikanische Suppen, z.B. Sopa Azteca; auch Bioprodukte. Kinder unter 6 Jahren essen gratis. Mexikanische Biere (auch als Michelada-Cocktail mit Salz, Limette und Chili - sehr gut), günstige und gute Cocktails (ca. € 8,50 bis € 8,90). Ab und zu Livemusik mit Mariachiband, Feiern an mexikanischen Festtagen. Schanigarten für 25 Pers. **€€**

Orientalisch

Asala Halal Food Alser Straße 21, Tel. 956 06 88, E-Mail: kassem@chello.at, asala-halal-food.at, Mo-Fr 10-22, durchgehend warme Küche. Orientalischer Imbissladen mit arabischen Spezialitäten: Falafel, Ayran, Hummus etc., viele vegetarische und vegane Speisen. Schanigarten für 12 Pers. **€**

Upper 8 Florianigasse 16 (Ecke Lammgasse), Tel. 411 99 70, 0664/387 41 71, upper8.at, Di-So, Fei 11-23. Pizza, Burger und orientalische Küche. Take-away und Zustellung. **€€**

Persisch

Arezu Florianigasse 19/1 (Ecke Lange Gasse), Tel. 890 13 73, E-Mail: office@arezu.at, www.arezu.at, täglich 11.30-23. Persische Grillspezialitäten und Eintöpfe. Spezialitäten: Lammstelze, vegetarische und vegane Gerichte wie Esfenaj Anar, Safran-Karamell Soufflé. Kindersessel, -besteck und -trinkbecher sowie Lätzchen. Abholung und Lieferservice. Veranstaltungen wie Hochzeiten, Geburtstage etc. möglich. Schanigarten für 38 Pers. **€€€**

Pars Lerchenfelder Straße 148, Tel. 405 82 45, E-Mail: office@pars.at, www.pars.at, Di-Sa 11.30-22. Persische Küche (TT Mo-Sa € 11,50 bis € 14,50); Österreichische Qualitätsweine; orientalisches Catering möglich. Kindersessel, Wickeltisch. Traditionelle orientalische Einrichtung. Schanigarten für 24 Pers. Keine Hunde. **€€**

Spanisch

Taberna de la Mancha Lerchenfelder Straße 60, E-Mail: office@tabernadelamancha.at, www.tabernadelamancha.at, Di-Sa 12-23. Kleine Tapas-Bar mit klassischen spanischen Tapas wie marinierte Artischocken-Herzen in Orangen-Basilikum-Emulsion (€ 4,80) oder gegrillter Oktopus mit Fenchel, Kräutern und Knoblauch (€ 5,50). Keine Reservierung möglich, es gilt „first come, first served". **€€**

Puerta del Sol Lange Gasse 52, Tel. 0664/423 38 38, E-Mail: reservierung@tapas-bar.at, www.tapas-bar.at, Mo-Sa, Fei 18-24. Tapas-Lokal, kalte und warme Kleingerichte wie z.B. Artischockenherzen mit einer fantastischen Tapenade (€ 4,30), in Essig und Öl eingelegte Sardinenfilets, zusammen mit einem Glas Manzanilla ein aromatischer Traum (€ 4,80) oder gebackener menorkinischer Kuhmilch-Käse (€ 4,50); ständig wechselnde Speisekarte, täglich wechselnde Tagestapas; 90 offene Weine. Catering möglich. Schanigarten für 35 Pers. **€€**

Sri-lankisch

Curry Insel Lenaugasse 4, Tel. 406 92 33, E-Mail: reservierung@curryinsel.at, office@curryinsel.at, www.curryinsel.at, Di-Fr, Fei 17-24, Sa, So 11-24, Zustelldienst: Di-So 17-22, im Sommer nur Abholung. Gutes und authentisches sri-lankisches Restaurant. Vorspeisen, Suppen, Currys, Beilagen, Hauptgerichte, viele vegetarische und vegane Speisen, original scharfe Gerichte auf Anfrage; jeden ersten Sa/Monat um 12.30 Running Curry (all you can eat, Reservierung erforderlich); Sonntagsbrunch 11-14.30; Kindermenüs, Kindersessel; Take-away; Catering. Klassische indische Musik. Extrazimmer für 20, Schanigarten für 32 Pers. **€€**

Thailändisch

Mamamon Thai Eatery Albertgasse 15, Tel. 942 31 55, 0660/112 42 44, E-Mail: mamamonthaikitchen@hotmail.com, mamamonthaikitchen.com, Mo-Sa, Fei 11.30-21.30. Einer der besten Thais in Wien: Thai-Streetfood. Beef Jerky (getrocknetes Rindfleisch mit frittierten Limettenblättern); sehr viel Hausgemachtes (z.B. Nordthailändische Würste, Fish Cakes, Papaya-Salat mit Schrimps etc.); hausgemachte Thai-Limonade, große Auswahl an Bieren, auch asiatische Biere. Catering auf Anfrage (per E-Mail). Schanigarten für 30 Pers. **€€**

Vegetarisch, vegan

Denns BioMarkt Josefstädter Straße 18, Tel. 402 24 26, E-Mail: info@denns.at, www.denns-biomarkt.at, Mo-Fr 8.30-19.30, Sa 8-18. Im Biosupermarkt integriertes Bistro, leichte und schnelle Küche - auch zum Mitnehmen. 9-12 Frühstück; TT/MM (vegetarisch € 6,20, mit Suppe oder Salat € 8,90/mit Fleisch € 7,20, mit Suppe oder Salat € 9,90), täglich wechselnde gefüllte Brotsorten, Salate, Suppen; frisch gepresste Biosäfte, Kaffee (auch to go), Kakao und Tee. Sämtliche Speisen und Getränke 100 % biologisch, vieles auch vegan, gluten- oder laktosefrei (alles gekennzeichnet); Fair-Trade-Produkte. **€**

Swing Kitchen #4 Josefstädter Straße 73, E-Mail: office@swingkitchen.com, www.swingkitchen.com, täglich 11-22. Ressourceneinsparung und Nachhaltigkeit werden hier groß geschrieben: alle Speisen sind ausschließlich vegan, die Verpackungen und die Inneneinrichtung aus Naturmaterialien. Vegane Burger und Wraps, frische Salate; Softdrinks wie Swing Cola, Eistee, Himbeerkracherl usw.; handgemachte Desserts wie Irenes Tiramisu, Cheesecake etc. Take-away. Schanigarten. Hundefreundlich. €

Tisch Restaurant Schlösselgasse 8, Tel. 0670/354 87 07, E-Mail: info@tisch.wien, tisch.wien, Mo, Do, Fr 17–22.30, Sa, So, Fei 10–22.30. Restaurant mit ausschließlich veganem Angebot wie saisonale Bowls, Blinis mit Karottenlachs oder Spaghetti Carbonara mit veganem Eigelb und Speck-Ersatz; Sa, So, Fei süßes und pikantes Frühstück, z.B. veganes English Breakfast; wechselndes Tagesmenü (solange der Vorrat reicht), abends à la carte. Regionales Cola, Bio-Bier, Gin, Quittenkracherl, österreichischer Wein, Trinkschokolade von Zotter, Tee von Sonnentor. Kinderspeisen, -sessel. Alle Speisen auch zum Mitnehmen. Private Feiern im Lokal möglich, Catering. Veranstaltungen wie Verkostungen oder Vorträge über Nachhaltigkeit. 2 Gasträume für 40, Schanigarten für 20 Pers. Hundefreundlich.

Vietnamesisch

Le Viet @ 8 Albertgasse 51, Tel. 890 15 86 15, www.leviet-8.at, Mo–Sa, Fei 16–23, So 11.30–23, Küche bis 22.30. Traditionelle vietnamesische Küche in modernem Ambiente; Sommerrollen, Salate, Meeresfrüchte, Le-Viet-Ente; Mo–Do 11.30–15 MM (€ 8,90 bis € 11,90); Catering. Schanigarten für 40 Pers. €€

Nguyen's Pho House Lerchenfelder Straße 46, Tel. 956 53 24, 0660/251 99 99, E-Mail: office@nguyensphohouse.at, www.nguyensphohouse.at, Mo, Mi–So, Fei 11–22, durchgehend warme Küche. Freundliches Lokal; vietnamesische Küche (Mo, Mi–Fr 11–15 MM € 9,50), Spezialität: vietnamesische Suppen (bis € 9,90); ausschließlich österreichische Weine, Fritz Kola, Villacher vom Fass, Saigon Bier. Kindersessel. Schanigarten für 35 Pers. €€

Bars

Achtundzwanzig Taproom Schlösselgasse 28, Tel. 01 40 22 214, E-Mail: office@achtundzwanzig.at, www.achtundzwanzig.at, Mo–Do 16–24, Fr 16–2, Sa 19–2 (Fei geschlossen), im Sommer Öffnungszeiten variabel (siehe Homepage). Heitere Underground-Bar mit Craft-Bier der Wiener Brauerei Brew Age, 6 wechselnde Fassbiere und umfangreiches Flaschenbiersortiment. Bierverkostungen. Günstig kalkulierte österreichische Weine, kleine Speisekarte, z.B. Pastrami- Sandwiches, Hummus Teller und Toasts. Weine zum Mitnehmen. Feiern ohne Miete und ohne Mindestkonsumation. Schanigarten für 16 Pers.

Albert Albertgasse 39, Tel. 956 71 14, E-Mail: reservierung@albert.bar, www.albert.bar, Mo–Sa 17–1. Lounge-Bar mit Restaurantbereich, betrieben von Mario Bernatovic. Internationale Küche mit experimenteller Note, Klassiker aber auch Meeresfrüchte und vegetarisch/vegane Speisen; umfangreiches Weinangebot, Cocktails. Schanigarten mit Markise für 40 Pers.

bolena – Weinbar & Restaurant Lange Gasse 61, Tel. 405 03 70, 0664/210 85 18, E-Mail: bolena@bolena.at, www.bolena.at, Di–Do 17.30–24, Fr, Sa 17.30–3, Küche bis 22, Öffnungszeiten können variieren. Moderne Küche mit regelmäßig wechselnder Karte. Fleisch- und Fischgerichte, Pastagerichte; österreichische und internationale Weine. Clubraum im Stil der 1970er-/1980er-Jahre für 50–130 Pers., ausschließlich für Privat- oder Firmenfeste zu buchen (Tanzfläche und technisches Equipment vorhanden). Beamer auf Anfrage. Für größere Events auch inkl. Weinbar (insg. 200 Pers). Klimatisiert. Schanigarten für 16 Pers.

Brot und Spiele Laudongasse 22, Tel. 403 74 97, www.brot-spiele.co.at, tägl. 18–2, Juli bis August täglich 19–2. Studentenbeisl; überbackene und belegte Brote, Baguettes (€ 3,40 bis € 5,80), Desserts; So gratis Waffeln zum Selbermachen. Über 100 Brett- und Kartenspiele, Tischfußball (€ 1,–/Spiel, Di gratis); Mi Betreutes Spielen, Do Bingo; Fr Gin-Tonic Night (€ 2,50), in unregelmäßigen Abständen Partys, Feste etc.; Musik: von Jazz bis Alternative; TV für Sportübertragungen. Oberer Lokalbereich für Feiern von 15 bis 50 Pers. zu mieten; Schanigarten für 30 Pers.

Das Torberg Strozzigasse 47, Tel. 956 34 79, www.dastorberg.at, Di–Sa 17–2. Abendlokal; Snacks, kleine Speisen; ausgewählte Biere (Hofbräuhaus Traunstein) und österreichische Weine, großes Whisky- und Ginangebot. Extrazimmer für Veranstaltungen bis 45 Pers. (mit Musikanlage, Leinwand etc.). Gastgarten im Innenhof.

Debakel Skodagasse 21, Tel. 0699/14 08 63 36, täglich 20–3.33. Bier vom Fass, diverse Flaschenbiere, Weine und Edelbrände aus eigener Produktion. Tischfußball (€ 1,–/Spiel; Mi gratis), Würfel- und Kartenspiele; Beamer für Sportübertragungen; So Pub-Quiz (ausg. während der Sommermonate). Private Feiern bis 70 Pers. möglich; Schanigarten für 30 Pers.

Die Vinothek – Wein & Bar Tigergasse 33, Tel. 402 98 28, E-Mail: office@dievinothek.net, www.dievinothek.net, Mo–Fr 17–0.30, Sa 18–0.30 (Fei geschlossen). Schwerpunkt auf Weinen aus dem Blaufränkischland, ausgewählte Palette an namhaften Weiß- und Rotweinen aus Österreich (€ 3,60 bis € 7,20/Achterl, auch flaschenweise), variierendes Angebot an Champagner und Prosecco; auch warme und alkoholfreie Getränke. Kleines Lokal mit 20 Plätzen, auf Anfrage auch für geschlossene Gesellschaften bis 30 Pers. zu mieten; Mai bis September Schanigarten für 10 Pers.

Feivel's Laudongasse 57, Tel. 942 92 32, E-Mail: office@feivels.at, www.feivels.at, Di–Do 19–2, Fr, Sa 19–4. Cocktails (täglich 19–21 Happy Hour, jeder Cocktail € 5,50), Spirituosen, Shots, Flaschen- und Craft-Biere; Snacks (Pizza, Brezeln, Bruschetta). Private Feiern für bis zu 100 Pers. möglich (keine geschlossenen Gesellschaften). Brett- und Kartenspiele; Sportübertragungen. Schanigarten für 60 Pers.

Flinte Lange Gasse 11, E-Mail: f_inte@gmx.at, flinte-verein.github.io, Fr 19–24, aktuelle Öffnungszeiten siehe Facebook-Seite. Kultcafé seit 1977, Bar und Kultur für Frauen, Lesben, Inter- und Trans-Personen only, auf Vereinsbasis organisiert von einem feministischen Kollektiv. Verschiedene Getränke (alkoholisch und alkoholfrei); hausgemachte Toasts. Wuzler (gratis). Div. Veranstaltungen (Termine siehe Facebook-Seite); Raum auf Anfrage auch außerhalb der Öffnungszeiten zu nutzen (Gruppentreffen, feministische Abende, Diskussionsveranstaltungen, Vernissagen, Lesungen etc.). Unverbindliche Spendenempfehlungen, kein Konsumzwang.

Grande Cocktail Bar Josefstädter Straße 56, Tel. 0676/361 97 60, E-Mail: reservierung@grandebar.at, www.grandebar.at, Mo–Mi 17–1, Do–Sa 17–3, So für private Feste buchbar. Cocktailbar mit mehr als 350 Cocktails, mehr als 20 Gin-Cocktails; große Auswahl an alkoholfreien Cocktails, Longdrinks; es werden ausschließlich frische Früchte verwendet; Zwettler vom Fass, große Auswahl an Flaschenbieren, große Weinauswahl, zahlreiche Whiskeys; kleine Speisen und Fingerfood (ab € 6,50). Klimaanlage. Schanigarten für 25 Pers.

Jorge's Weinbar Lange Gasse 13 (im Hotel Rathaus Wein & Design), Tel. 400 11 22, E-Mail: office@hotel-rathaus-wien.at, www.hotel-rathaus-wien.at, täglich 16–23. Hotellokal; feine Weine (ca. 360 Positionen, österreichische und deutsche Weine), ca. 20 offen; kleine Barsnacks. Gastgarten für 20 Pers. bis 22.30. Jedes Zimmer im Hotel ist einem österreichischen Winzer gewidmet.

Das Lange Lange Gasse 29, Tel. 408 51 41, E-Mail: team@daslange.at, www.daslange.at, Mo–Sa 18–2, So 18–24. Lokal mit gemischtem Publikum, einer der ersten Szenetreffs in der Josefstadt. Kleine, warme Gerichte (ab € 4,20); 2 Sorten offenes Bier, jeden Di gibt es ein 3. offenes Bier, große Auswahl an Whisky (über 20 Sorten Single Malt Whiskys). 2 Räume für Sponsionsfeiern etc. für 35 bis 40 Pers. zu mieten. Schanigarten.

Nox Stadtbahnbögen 70/71, Tel. 0699/19 47 96 68, E-Mail: info@noxbar.net, www.noxbar.net, Fr, Sa 21–4. Mit 2 Bars ausgestattet; 40 verschiedene Cocktails, Longdrinks. Dj und Live-Musik; für Veranstaltungen ab 50 Pers. mietbar (Mindestkonsum, aber keine Raummiete), Tischreservierung ab 4 Pers.; TV. Gastgarten für 60 Pers.

Panigl – Weinbar Josefstädter Straße 91, Tel. 0664/222 46 66, E-Mail: office@panigl.at, www.panigl.at, Mo–Sa 17–24, Di–Sa Küche 18–22, Mo nur Barbetrieb mit Snacks. Weinkellerei, Bar, Restaurant; Di–Sa Österreichische Spezialitäten, jedes Monat wechselnde Karte; österreichische und italienische Weine (auch Flaschenverkauf). Neapolitanische und italienische Barmusik, auch Jazz, immer wieder Livemusik; im Herbst immer „Weintaufe". Großer, schöner Raum, lange Bar zum Anlehnen. Anfang Mai bis Ende September Schanigarten für 30 Pers. Lokal für geschlossene Veranstaltungen zu reservieren.

Polkadot Vienna Albertgasse 12, Tel. 407 41 25, E-Mail: office@polkadot.at, www.polkadot.at, Mo–Do, Fei 19–1, Fr, Sa 19–3. Alternative Music Bar. Saisonale Karte, Nachos, Toasts, Pizza; 30 Biersorten (wechselnde Fass- und Craft-Biere), Whiskys, Cocktails, Long-Drinks, Bierverkostungen; Tischfußball (€ 1,–, Mo gratis), Brett- und Kartenspiele; DJs, Poetry Slams, Pubquiz, Stand-up-Comedy, Livekonzerte. Schanigarten für ca. 50 Pers.

Salim's Cocktails – Café – Snacks Florianigasse 42, Tel. 0664/462 71 85, E-Mail: post@salims.at, www.salims.at, täglich 18–2. Überbackene Schwarzbrote (ab € 5,80), Gulasch, Chili con Carne (€ 6,50), hausgem. Burger (ab € 8,20, auch vegan); Cocktails (mit Alkohol ca. € 8,70 bis € 9,50/ohne € 6,50), Longdrinks; immer wieder Getränkeaktionen, z.B. Happy Hour 18–20 (-30%) u. 22.30–23.30 (-20%). Plasma-TV, Beamer, Karaoke möglich. Partyraum für Veranstaltungen bis 70 Pers. (Mischpult, keine Miete, keine Reinigungskosten, Mindestkonsumation € 400,–). Schanigarten für 28 Pers.

Sip Song Bar Lerchenfelder Straße 104, Mi–Sa 17–24. Bar des großartigen Thai-Lokals Mamamon. Cocktails, Naturweine; thailändisches Streetfood wie hausgemachte Hummerchips aus Lachsforelle oder Yum Tang Kwa (Salat aus kalten Gurkenbändern mit kurz gedämpften Shrimps, Zwiebeln und gerösteten Kokosflocken in säuerlicher Marinade).

SpielBar Lederergasse 26, Tel. 405 13 19, E-Mail: office@spiel-bar.at, www.spiel-bar.at, täglich 17–2, Küche bis 1. Bier-/Studenten-/Spielelokal mit Tex-Mex-Küche; Fassbiere: Ottakringer, Bier der Saison, Schneider Weisse, Zwickl, Flaschenbiere: Hainfelder und Corona, 10 Spritzervarianten. Mehr als 100 Brettspiele, Darts (Mo gratis), Di Pubquiz, Mi Bingo mit Jackpot € 666,–, So „Werwölfe vom Düsterwald" (geleitetes Rollenspiel); in unregelmäßigen Abständen Veranstaltungen, Spielturniere, Feiern. Schanigarten für 30 Pers.

The Lark - Bar & Eatery Lerchenfelder Straße 88-90, Tel. 890 18 44, E-Mail: reservierung@thelark.at, thelark.at, Di-Do 17-24, Fr, Sa 17-1, Küche bis 23. Cocktailbar mit türkischer Küche wie gefüllten Pitas, Gegrilltem vom Lavasteingrill und div. Meze (kleine Tapasgerichte); Cocktails. Viele Zutaten sind bio, das Fleisch kommt großteils von Höllerschmid aus NÖ.

The Underdog Bar Schlösselgasse 24, Tel. 0650/77 47 486, E-Mail: drinks@underdog.bar, www.underdog.bar, Di-Do, Fei 18-23, Fr, Sa 18-3.30. Neben einer großen Getränkeauswahl (z.B. saisonale Drinks und Cocktails) auch verschiedene Speisen wie Hot Dogs in verschiedenen Variationen (vegan möglich). Hausgemachte Getränke (z.B. hausgemachte Limonaden ab € 3,90); Bio Limonaden, Bier vom Fass, Wein; Getränkespecials für Studierende. Für Feiern zu mieten. Catering. Schanigarten für 25 Pers. 💳

Weinraum Piaristengasse 41, Tel. 0664/73 69 51 72, E-Mail: info@weinraum.at, www.weinraum.at, Mo-Fr 16.30-24, Sa 18-24, im Juli/August abweichende Öffnungszeiten (siehe Homepage). Bistro und Weinbar gegenüber dem Theater in der Josefstadt. Österreichische und mediterrane Spezialitäten, z.B. Flammkuchen, sowie eine Vielzahl von österreichischen, spanischen, italienischen, portugiesischen und französischen Spitzenweinen (glasweise und in der Flasche); alle Weine die konsumiert werden können, sind auch im Geschäft erhältlich (zu günstigeren Mitnahmepreisen); Wein- und Käseverkostungen ab 2 Pers. nach Vereinbarung (7gg € 45,-/10gg € 60,- pro Pers.); Geschenkgutscheine (für Shop und für Verkostungen). Lokal für geschlossene Gesellschaften bis 40 Pers. für diverse Veranstaltungen zu mieten.

Bistros

Ditta - Küche + Esszimmer Lerchenfelder Straße 94-98, Tel. 0650/301 07 95, E-Mail: hallo@ditta.at, www.ditta.at, Mo-Fr 8.30-15.30, im Juli bis 14.30. Mittagslokal mit saisonaler Gemüseküche aus regionalen Zutaten. Tägl. auch ein veganes Gericht. Frühstück (z.B. saisonaler Porridge, Schnittlauchbrot, Kernöl-Eierspeise). Offene Küche, 1 großer Gemeinschaftstisch. Kindersessel, Platz für Kinderwagen. Alle Speisen auch zum Mitnehmen (gerne im mitgebrachten Geschirr). Für Veranstaltungen zu mieten. Gastgarten für 4-6 Pers. 💳 €

Goldfisch Lerchenfelder Straße 16, Tel. 0664/254 95 96, E-Mail: ahoi@goldfisch.wien, www.goldfisch.wien, Mi-Sa 12-14.30 und 17.30-22, Fischverkauf: Di-Fr 10.30-17.30, Sa 9.30-15; Öffnungszeiten können variieren (siehe Homepage). Fischgeschäft und Bistro. Große Auswahl an Fischen und Meeresfrüchten (aus nachhaltigem Wildfang od. von ausgewählten Biozüchter*innen). 10 Gerichte täglich, kleine Speisekarte, Tagesgericht je nach Angebot aus dem Meer und aus heimischen Gewässern (MM € 15,40), z.B. Ofensardinen, marinierte Calamari, Jakobsmuschel Risotto, Austern (€ 4,- bis € 5,-/Stück), Räucherspezialitäten und Konserven. Weinkarte mit 60 Positionen (Weine auch zum Mitnehmen). Gastgarten für 25 Pers. 💳 €€€

Limoni's Bio Bistro Josefstädter Straße 73, Tel. 402 56 89, E-Mail: office@limonis.at, www.limonis.at, Mo-Fr 9-17.30 (Fei geschlossen). Modernes Imbisslokal mit vielen vegetarischen und veganen Speisen wie Sandwiches, Salate, Suppen, Eintöpfe; Bio-Obst und -Gemüse, Tagesgerichte, auch Take-away. Catering. Schanigarten für 13 Pers. 💳 €

Little Lunch Schlösselgasse 22, Tel. 402 46 72, E-Mail: info@littlelunch.at, Mo-Fr 11.30-14. Täglich wechselnde Suppe, vegetarische und vegane Mittagsgerichte wie verschiedene Currys, Quiches oder Salate, auch zum Mitnehmen. Telefonische Essensvorbestellung bis 10.30. 22 Sitzplätze. 💳 €

Suppenbar Alser Straße 21, Tel. 0676/704 46 67, E-Mail: michael.hofbauer@handelshaus.at, www.suppenbar.at, Mo-Fr 11-16. Suppen (immer 1 bis 2 vegan), Eintöpfe, Bowls, Currys (z.B. Hühnercurry, veganes Curry), Süßes, Wochenkarte wechselt alle 14 Tage, zu jeder Suppe frisches Brot und Glas Wasser; gekocht wird ohne Zusatzstoffe, Glutamat, Mehl sowie laktosefrei; alle Speisen zum Mitnehmen. 💳 €

Wiki Wiki Poke Alser Str. 43, Tel. 0660/864 58 46, www.wikiwikipoke.at, Mo-Fr 11-21, Sa, So, Fei 12-21. Hawaiianische Bowls, individuell zusammenstellbar. Grundlagen sind Reis, roher Fisch, aber auch Hühnchen und Rindfleisch mit Gemüse und Toppings (jede Bowl ab € 10,80). Auch vegetar. und vegane Bowls. Hawaiianisches Bier. Take-away. 💳 €€

Cafés, Espressos

Alser Café Alser Straße 29, Tel. 0660/708 12 18, alsercafe.at, Mo-Sa 7-24, So, Fei 8-24. Café und Bar. Frühstück, kleine Speisen wie Flammkuchen, Mo-Fr 11.30-15 MM (€ 11,80). Tageszeitungen.

Babetown Piaristengasse 17, E-Mail: hello@babetown.at, www.babetown.at, Mo-Fr 9-19, Sa 10-18. Kombination aus Café, Weinbar und Beauty Concept Store. Neben Schönheitsbehandlungen wie Maniküre und Pediküre gibt es ein kleines kulinarisches Angebot wie Süßspeisen, Brownies oder Banana Bread und Getränke wie Kaffee, Rosé und Ginger Shots. 💳

Coffee & Friends Josefstädter Straße 7/8, Tel. 0699/19 32 74 66, E-Mail: mail@coffee-n-friends.at, coffee-n-friends.at, Mo-Fr 7.30-18, Sa, So, Fei 8.30-17. Café mit Schanigarten für 15 Pers. 💳

Crème de la crème Lange Gasse 76, Tel. 0660/283 37 69, E-Mail: hallo@cremedelacreme.at, www.cremedelacreme.at, Di–Fr 9–18, Sa, So 10–17. Patisserie und Café; Frühstück (€ 5,90 bis € 10,90), kleine Mittagskarte; im Sortiment z.B.: Topfentorte, Zitronen-Tartelettes, Cake Pops etc. Schanigarten für 20 Pers. Onlineshop.

Fox Kaffee Josefstädter Str. 5, Tel. 0660/819 28 89, E-Mail: info@foxkaffee.com, www.foxkaffee.com, Mo–Sa 8–18, So 9–17. Hausgemachte Kuchen wie Bananabread und Brownies sowie diverse Toasts; Arabica- und Arabica-Robusta-Kaffee. Innenbereich für 8, kleiner Schanigarten für 4 Pers.

Hildebrandt Café Laudongasse 15–19 (im Volkskundemuseum Gartenpalais Schönborn), Tel. 406 89 05 10, E-Mail: hi@hildebrandt.cafe, www.hildebrandt.cafe, Juli bis Sept. Di, So 10–18, Mi–Sa 10–23, Oktober bis Juni Di, Mi, Fr–So 10–18, Do 10–20. Café im Volkskundemuseum; kleine Speisekarte, auch vegetarische und vegane Gerichte. Mehlspeisen. Frühstück; Mittagsgerichte. Kinderspeisen, -sessel, Wickeltisch. Gastgarten für 80 Pers. Behinderten-WC.

Kaffeemodul Josefstädter Straße 35, Tel. 0680/222 80 39, E-Mail: info@kaffeemodul.at, nomi.coffee (Online-Shop), www.kaffeemodul.at, Mo–Fr 7.30–17.30, Sa 10–14 (Fei geschlossen). Winziger Kaffeeladen zum Kaffeetrinken und -kaufen; Espresso, Cappuccino etc., verschiedene Filterkaffeemethoden; hauseigene Röstungen (nomi coffee). Kuchen und Kekse. Onlineshop.

Melangerie - Caffeterie & Bistro Lerchenfelder Straße 94–98, Tel. 0650/365 07 87, E-Mail: info@melangerie.wien, www.melangerie.wien, Mo–Fr 8–22, Sa 8–20, So, Fei 9–20. Café/Bistro. Frühstück durchgehend (ab € 7,50), div. Ei-Gerichte (z.B. 2 Spiegeleier mit knusprigem Speck um € 4,50); kleine orientalische und mediterrane Speisen und Mehlspeisen, alles hausgemacht, auch vegane und vegetar. Gerichte; frisch gepresste Säfte und selbst gemachte Limonaden. Lokal kann gemietet werden. Schanigarten für 18 Pers.

Café Namenlos Lange Gasse 31, Tel. 402 57 71, E-Mail: cafenamenlos@a1.net, www.cafenamenlos.com, Mo–Fr 8–20, Sa 9–19 (Fei geschl.). Frühstück bis 12, Fingerfood, Sandwiches, Kuchen; alle Speisen selbst gemacht; Kaffee zum Mitnehmen (10% Rabatt, wenn man den eigenen Becher mitbringt); Kinderfrühstück und Malwand für Kinder. 2 Räume für 15 bzw. 10 Pers., Schanigarten für 12 Pers.

Nemtoi Lounge Auerspergstraße 9 (im The Levante Parliament - A Design Hotel), Tel. 22 82 83 15, E-Mail: service@thelevante.com, www.thelevante.com, Mo–Fr 6.30–10, Sa, So, Fei 6.30–11, Bar 16–23. Mo–Fr 6.30-10, Sa, So, Fei 6.30-11.00 Frühstücksbuffet (€ 23,–); Bar mit wechselnden saisonale Cocktails mit frischen Früchten der Saison.

POC - People on Caffeine Schlösselgasse 21, Mo–Fr 8–17. Ein bezauberndes Kaffeelabor, einer der Hotspots in Sachen Kaffee in Wien: In einem Seitentrakt der Alser Kirche kann man die neuesten Kaffeetrends verkosten, wobei man hier der „third wave" huldigt, also des Direct-Trade-Lagenkaffees; Espresso mit fruchtiger Säure, Coldbrew, Filterkaffee, Espresso-Tonic, Kuchen und andere Süßigkeiten (ab € 3,–). Equipment für sämtliche der gerade angesagten Kaffeezubereitungen und Beratung gibt's hier ebenfalls.

Cafe der Provinz Maria-Treu-Gasse 3, Tel. 944 22 72, www.cafederprovinz.at, täglich 8–23. Kleines, charmantes, südfranzösisches Café mit toller Atmosphäre; ganztags Frühstück; Salate, 30 pikante Galettes (ab € 8,60) und 20 süße Crêpes (ab € 5,60, MM: Galette inkl. Suppe oder Salat); Sa, So, Fei 9–15 Biobrunch (€ 12,90); kontrolliert biologischer Betrieb. Bücher vom Verlag Bibliothek der Provinz zu kaufen. 2 Kindersessel, Kinderspielecke. Extrazimmer für 30, Schanigarten für 28 Pers. Rollstuhlrampe.

Café Tagsüber Kupkagasse 2, Tel. 0676/407 82 46, E-Mail: info@tagsueber.at, Mo 12–18, Di–So 9–18. Kleines, helles Café mit Afro Kaffee aus Salzburg. Schanigarten mit Blick auf den Hamerlingpark für 24 Pers.

Viola Strozzigasse 42, Tel. 0664/75 44 28 81, E-Mail: viola@viola.wien, www.viola.wien, Di, Do, Fr 8.30–18, Mi 8.30–22, Sa 9.30–18 (Fei geschlossen). Pâtisserie vom Feinsten, Café-Konditorei mit feinen Mehlspeisen und Süßigkeiten aber auch Pikantem wie Brettljause, Quiches etc. Gebäck und Brot von Joseph-Brot. Erstklassiger Kaffee von Wildkaffee. Frühstück bis 16, Sa 9.30–14 Brunch (€ 23,80 inkl. einem Heißgetränk). Kindersessel, Wickeltisch. Schanigarten für 20 Pers. Behinderten-WC.

Kleines Wiener Café Kochgasse 18, Tel. 0660/106 55 83, www.kleineswiener.cafe, Di–Sa 10–21. Hausgemachte Kuchen, Kekse und Torten; Frühstück; selbst gerösteter Kaffee. Gastgarten im Innenhof für 12 Pers.

Wiener Rösthaus 33, E-Mail: hallo@wienerroesthaus.at, www.wienerroesthaus.at, Mo–Fr 10–18, Sa 9–13. Kaffeerösterei und -handel mit Café. Spezialitätenkaffees aus der eigenen Kaffeerösterei, Kuchen aus der eigenen Patisserie. Kaffeezubehör. Kaffeeschule mit Baristaausbildung „Vienna Coffee College".

Zimmerservice Strozzigasse 25, Tel. 0660/811 79 08, E-Mail: zimmerservice1080@gmail.com, Di–Sa 9–23, So, Fei 9–15. Ganztags vielfältige Frühstücksauswahl, wechselnde TT (ab € 9,50), Croissants direkt aus Paris; hausgemachte Smoothies, hausgemachter Gin und Limonaden; Olivenöl aus Eigenanbau; viele Produkte sind bio und regional. Schanigarten für 25 Pers.

Eissalons

Gelato Carlo Hamerlingplatz 2, E-Mail: hello@gelatocarlo.com, gelatocarlo.com, März bis Oktober Mo–Do 12–21, Fr–So, Fei 11–21, saisonal variierende Öffnungszeiten. Italienisches Gelato (als veganes Sorbet oder auf Milchbasis). Viele Zutaten wie Zitronen, Pistazien und Mandeln werden direkt aus Italien importiert.

Gusto Naturalmente Gelato Josefstädter Straße 75-77, Tel. 0670/604 22 29, E-Mail: gustogelato@outlook.com, gelateriagusto.com, Mo–Mi, Fr–So 12–21, Do 11–21. Italienischer Eissalon mit div. Eissorten, Semifreddi und Kaffee. Viele Zutaten aus Italien wie Schokolade von Domori, Haselnüsse aus dem Piemont oder Tiramisu mit sardischen Savoiardi (Löffelbiskuit).

Gusto Naturalmente Gelato Josefstädter Str. 53, E-Mail: gustogelato@outlook.com, gelateriagusto.com, täglich 12–21. Italienischer Eissalon mit div. Eissorten, Semifreddi und Kaffee. Viele Zutaten aus Italien wie Schokolade von Domori, Haselnüsse aus dem Piemont oder Tiramisu mit sardischen Savoiardi (Löffelbiskuit). Schanigarten für 8 Pers.

Leones Gelato Lange Gasse 78, Tel. 352 52 52, E-Mail: ciao@leones.at, www.leones.at, Mai bis Oktober täglich 12–21, bei Schlechtwetter bis 20, Öffnungszeiten variabel (siehe Homepage). Selbstgemachtes Eis aus natürlichen Zutaten (Sortiment wechselt täglich, siehe Homepage); Waffeln mit diversen Toppings, Cookies, Cantuccini; Kaffeespezialitäten, Limonaden. Zeitschriften, Bücher, Malvorlagen. Sitzmöglichkeiten drinnen und draußen für 6 Pers.

Schelato Lerchenfelder Straße 34, E-Mail: info@schelato.at, www.schelato.at, schelato.company.site (Online-Shop), täglich 12–22. Selbst gemachtes Eis zu 95% aus Bio-Zutaten, Rest stammt aus kleinbäuerlicher Produktion; biologisch-vegane Tüten; regional-saisonale Sorten, ausgefallene Kreationen; Espresso und Eiskaffeevariationen, italienisches und bayrisches Bier, Bio-Limonaden von Charitea, Lemonaid, Pona und Makava. Schanigarten für ca. 15 Pers. Kartenzahlung ab € 5,–.

Sommariva Alser Straße 45, Tel. 405 60 05, www.sommariva.eatbu.com, 1. März bis 10. Oktober täglich 11–21, im Okt. teilweise geöffnet. Echter italienischer Eissalon im Familienbetrieb. 20 Eissorten, diverse Eisbecher, Eis nur zum Mitnehmen (auch Familienpackungen); alkoholfreie Getränke, Kaffee.

Zuckero Josefstädter Straße 73, Tel. 0677/63 45 80 83, E-Mail: office@zuckero.at, torte@zuckero.at, www.zuckero.at, täglich 11.30–21. Natürliches veganes, laktosefreies, glutenfreies und zuckerfreies Eis; hausgemachte Motivkekse; Torten jeglicher Art (Geburtstagstorten, Motivtorten etc.). Schanigarten für 10 Pers.

Imbisse

Aloha bowl Josefstädter Straße 9, Tel. 0664/245 64 00, alohabowl.at, Mo–Fr 11–20 (Fei geschlossen). Take-away-Lokal mit verschiedenen Bowls, z.B. mit Garnelen, Lachs, Rindfleisch oder mariniertem Tofu; die Bowls können auch individuell zusammengestellt werden (€ 9,80). 11 Sitzplätze im Lokal, Schanigarten für 3 Pers. €

Brotkost Piaristengasse 5-7, Tel. 0664/912 93 12, E-Mail: office@brotkost.at, www.brotkost.at, Mo–Fr 9–14, Sa, So, Fei 9–11. Individuelle Caterings und kreative Brötchen für Meetings und große Events; Brunchboxen für 2 Pers. (€ 39,–), Brötchenboxen für 5 Pers. (ab € 53,–). Online-Zahlung möglich. Nähere Infos zur Bestellung siehe Homepage.

Gozo – Taste of Malta Lange Gasse 20–22, Tel. 0699/11 29 07 82, E-Mail: hi@gozo-wien.at, gozo-wien.at, Mo–Fr 11.30–14 und 18–21. Maltesische und italienische Gerichte und Lebensmittel, täglich wechselnde warme Speisen (Pasta, Risotto), 11.30–14 TT ab € 5,80. Delikatessen. Maltesisches Nationalbier „Cisk" und Softdrink „Kinnie". Catering. Sitzplätze für 4, Schanigarten für 8 Pers.

Knödel Manufaktur Josefstädter Straße 89, Tel. 0664/99 92 71 03, E-Mail: office@knoedelmanufaktur.at, www.willstdumitmirknoedeln.at, Mo–Sa 11–22, So 12–20. Handgefertigte Knödel aus Erdäpfelteig in unterschiedlichsten Varianten, süß (z.B. Erdbeer-Vanille) oder pikant (Spinat-Schafkäse; Grammeln mit Kraut etc.). Wechselndes Angebot. Auf Bestellung auch vegane sowie glutenfreie Knödel. Lieferservice in ganz Wien und tlw. Niederösterreich. Kleiner Schanigarten für 18 Pers.

Mangalet U-Bahn Station Josefstädter Straße (Stadtbahnbögen), E-Mail: hallo@mangalet.com, www.mangalet.com, Mo–Do, So 10–24, Fr, Sa 10–4. Kebapimbiss am Gürtel. Klassischer und vegetarischer Kebap, auch als Dürum, Kebap-Box oder -Bowl erhältlich; div. Snacks und auch Süßes wie Baklava. Kleiner Schanigarten. €

Radatz Josefstädter Straße 65, Tel. 409 22 43, E-Mail: fleischereien@radatz.com, www.radatz.at, Mo–Fr 7.30–18.30, Sa 7.30–13. Wiener Küche, täglich wechselnde Menüauswahl (bis € 8,–). 14 Sitzplätze. €

Schlipf & Co Lerchenfelder Straße 108, Tel. 0664/440 49 30, E-Mail: office@schlipfco.at, www.schlipfco.at, Mo–Fr 11.30–19, Sa 9–13. Handgemachte Osttiroler Schlipfkrapfen und Kärntner Nudeln zubereitet mit regionalen Zutaten, tiefgekühlt zum Mitnehmen oder Bestellen. Große Auswahl an Teigtaschen, Knödeln und Nudeln, verschiedene Produkte aus Osttirol und Kärnten. Lieferung ab € 15,– Einkaufswert. €

Schnitzel Hof Alser Straße 57, Tel. 406 16 17, E-Mail: office1080@schnitzelhof.at, wien.schnitzelhof.at, täglich 11-20. Ruhiges Imbisslokal mit Schnitzelvariationen und österreichischen Spezialitäten, auch vegetarische Speisen sowie Fisch, Kaiserschnitzel, Bauernschnitzel etc.; Tagesangebote; Kindermenüs. Onlinebestellung möglich, Abholung und Zustellung in die Bezirke 1, 6 bis 9 und 15 bis 20 in plastikfreier Verpackung. 12 Sitzplätze. €

The Donut Corner Alser Straße 27, Tel. 0664/230 4910, E-Mail: office@thedonutcorner.at, www.thedonutcorner.at, Mo-Fr 9-18, Sa 10-17 (Fei geschlossen). Donuts (auch vegan), Snacks; frisch gepresste Säfte, Kaffee. Take-away.

Konditoreien, Bäckereien

Anker Lerchenfelder Straße 162 (Top 1), Tel. 905 20 70, E-Mail: kontakt@ankerbrot.at, www.ankerbrot.at, Mo-Fr 6-18, Sa, So, Fei 6.30-12. Brot, Gebäck, Mehlspeisen, täglich laufend frische Imbisse. Sitzmöglichkeiten.

Barbarella Lerchenfelder Straße 16, Tel. 0660/507 79 95, E-Mail: barbarellasizilien@gmail.com, Mo 14-19, Di-Fr 10-19, Sa 10-18, Ende Juli bis Mitte August 3 Wochen geschlossen. Sizilianisches Feinkostgeschäft mit Konditorei; frisch gemachte Cannoli mit Ricotta, Zitronencreme, Öl, Sugo, Pasta, Mehl, interessante Honigspezialitäten (z.B. Orangenblüte); hausgemachte Mehlspeisen; Süßigkeiten (granita mandola, cantucci), Marmeladen, eingelegtes Obst, Kaffee, sizilianische Weine, Prosecco aus Italien.

Der Bio Feinkostladen Lange Gasse 43, Tel. 409 33 73, E-Mail: office@derbiofeinkostladen.at, www.derbiofein kostladen.at, Mo-Fr 7.30-18 (Fei geschlossen), Betriebsurlaub siehe Homepage. Lebensmittelverkauf. Alle Produkte rein biologisch; Brot (von der Bio-Hofbäckerei Mauracher Hof, Bäckerei Schrott u. Bäckerei Joseph), Gebäck, Imbisse (Mo-Fr 11-14 vegetar. MM mit Suppe und HS vom Vegirant im 9. Bezirk € 8,99), Mehlspeisen; Kaffee, Kakao, Honigprodukte, Biobier (Hadmar); Tee- und Gewürzsortiment (Sonnentor), Säfte: Retter; Weleda Produkte. Keine Hunde.

CupCakes Wien Albertgasse 17, Tel. 726 10 89, E-Mail: hallo@cupcakes-wien.at, www.cupcakes-wien.at, täglich 15-18. Bildhübsche, rosige und adrette CupCakes-Filiale. Süße Cupcakes (ab € 4,90, auch vegane und glutenfreie), saisonal wechselndes Sortiment, auf Nachhaltigkeit und natürliche Lebensmittel wird geachtet. Erfrischungsgetränke, hausgemachte Getränke, Tees und Kaffees. Auf Anfrage Cupcake-Catering und Torten mit individuellem Design für Hochzeiten und andere Events. Backkurse (Termine siehe Homepage). Verkauf von Backbüchern. Blick in die Backstube durch eine Glaswand; netter Café-Bereich (ca. 12 Sitzplätze), liebreizender Gastgarten für ca. 20 Pers. unter einem Kastanienbaum. Ab € 10,- Kartenzahlung.

Der Mann www.dermann.at. Gebäck, Brot, Mehlspeisen, Snacks. Im Sommer variable Öffnungszeiten. Alser Straße 21, Tel. 866 99-9120, Mo-Fr 6-18.30, Sa 7-13, So, Fei 7-12, Kaffee-Ecke. Alser Straße 49, Tel. 866 99-9124, Mo-Fr 6-18.30, Sa, So, Fei 7-17, Kaffeehaus mit Bedienung, Schanigarten. Josefstädter Straße 85, Tel. 866 99-9177 (Shop), Tel. 866 99-9377 (Kaffeehaus), Mo-Fr 6-18.30, Sa 7-12.30, So, Fei 7-13, Kaffeehaus mit Bedienung, Schanigarten.

Felber www.felberbrot.at, office@felberbrot.at. Ofenfrische Backwaren, Cafeteria, Frühstück, Snacks, Imbisse. Josefstädter Straße 71, Tel. 405 76 14, Mo-Fr 6-18, Sa 7-13, So, Fei 7-12. Lerchenfelder Straße 38, Tel. 408 55 96, Mo-Fr 6-18, Sa 6-13, So, Fei 7-12, Schanigarten.

Geier www.geier.at, baeckerei@geier.at. Brot, Gebäck, Feinbackware, Snacks, saisonale Angebote wie Weihnachtsgebäck; Coffee to go. Josefstädter Straße 36, Tel. 408 34 78, Mo-Fr 6-18.30, Sa 6-13, So, Fei 7-12, Café-Bereich. Lerchenfelder Straße 112, Tel. 406 40 89, Mo-Fr 6-19, Sa 6-13, So, Fei 7-12, Café-Bereich.

Gradwohl's Biobackstube Josefstädter Straße 60, Tel. 408 22 50, E-Mail: office@gradwohl.info, www.gradwohl .info, Mo-Fr 7-18, Sa 8-12 (Fei geschlossen), im Sommer Mo-Do 7-14, Fr 7-18, Sa 8-12. Vollwert-Backwaren, Bio-Vollkorn-Mehlspeisen, Snacks; natürliche Zutaten aus biologischem Anbau.

Holzofenbäckerei Gragger & Cie Josefstädter Straße 52, Tel. 0664/916 26 28, E-Mail: spiegelgasse@gragger.at, www.gragger.at, Mo-Fr 7.30-18, Sa 8-14 (Fei geschlossen). Dependance von Graggers Holzofenbäckerei; Bio-Brote auf Natursauerteigbasis und Bio-Gebäck von Hand gefertigt und im Holzofen gebacken. Bio-Brot- und Bio-Gebäckspezialitäten, Bio-Mehlspeisen, belegte Bio-Brote. 4 Sitzplätze innen, 2 Sitzplätze draußen.

Kurkonditorei Oberlaa Josefstädter Straße 31, Tel. 405 79 28-0, E-Mail: josefstadt@oberlaa-wien.at, www.oberlaa -wien.at, täglich 9-20. Köstliche Torten, Kuchen, Konfekt und warme Mehlspeisen aus eigener Patisserie, Kaffee- und Teespezialitäten, Coffee to go, im Sommer hausgemachtes Eis; ganztägig Frühstück; pikante Snacks. Klimatisiert. Sonniger Gastgarten für 28 Pers. Zugang barrierefrei.

Oliver's Teigwerkstatt Alser Str. 37, Tel. 402 70 49, E-Mail: office@teigwerkstatt.at, www.teigwerkstatt.at, www .gradwohl.info, Mo-Fr 6.30-14, Sa 8-13. Div. Brote, Kleingebäck, Jour Gebäck und Plunder, Mehlspeisen, Snacks; überwiegend Bio-Produkte.

Bäckerei Schwarz Alser Str. 61, Tel. 405 60 54, 802 02 02 (Zentrale), E-Mail: bs@bswien.at, www.bswien.at, Mo-Fr 6-19, Sa 7-13 (Fei geschlossen). Bäckerei mit Stehcafé. Kleines Frühstück; Eduscho-Kaffee. Naschecke.

Konfiserien

Engelecke Alser Straße 21, Tel. 406 42 68, E-Mail: office@engelecke.at, www.engelecke.at, Mo–Fr 9–19, Sa 9–13 (Fei geschlossen), im Sommer Sa geschlossen. Seit 1932 Bonbons und feine Schokolade. Wiener und internationale Schokoladen; im Sommer selbstgemachtes Eis. Online-Shop.

Confiserie zur Lerche Lerchenfelder Straße 112, Tel. 406 44 58, E-Mail: kontakt@confiseriezurlerche.at, www.schokoladegreissler.at, Mo–Fr 9–18, Sa 10–14, Juli/Aug. Sa geschlossen, in den Sommerferien variieren die Öffnungszeiten (siehe Website). Feierte 2013 100-Jahr-Jubiläum. Schokoladenspezialitäten; viele süße Geschenkartikel, große Auswahl an Lakritze, handgefertigte Trüffel, Zauner Stollen, viele nostalgische Süßwaren wie Krachmandeln, Seidenzuckerl, Marzipanspezialitäten, Saisonartikel (Valentins- und Muttertag, Adventskalender, Osterhasen etc.).

Xocolat Josefstädter Straße 16, Tel. 402 13 45, E-Mail: xocolat@xocolat.at, www.xocolat.at, Mo–Fr 10–18, Sa 10–17. Schokoladen-Fachgeschäft. Verschiedene Produkte aus hauseigener Manufaktur; Tafelschokoladen; Trinkschokoladen; mit Schokolade überzogene Kakaobohnen; Kuvertüre für Patisserien, unzählige Trüffel sind ebenso erhältlich.

Pubs

Kinelly's Pub Florianigasse 46, Tel. 402 60 12, E-Mail: goldenharp1080@bb1.at, kinellyspub1080.tilda.ws, Di–Sa 17–2, im Sommer keine Küche (nur Getränke). Irish Pub und Coffeehouse/Restaurant; Pub-Gerichte; Whiskys, Hausbier, Guinness, Kilkenny, Starobrno; Pub-Quiz (außer Juli und August); 2 TVs für Sportübertragungen, Tischfußball.

The Long Hall Florianigasse 2, Tel. 295 10 80, E-Mail: office@thelonghall.at, thelonghall.at, Mo–Do 14–1, Fr 14–2, Sa 10–2, So 10–1, Küche bis 22. Mischung aus Bistro und Pub, wird vom ehemaligen Charlie P's General Manager Karl Burke geleitet. Internationale und irische Küche; am Wochenende 10–14 Brunch; große Auswahl an Fass- und Flaschenbier (z.B. Guinness, Kozel), österreichische Weine, 120 Whiskys, 30 Gin-Sorten. Klimaanlage; 5 unterschiedliche Räume für insg. 250 Pers., für Veranstaltungen geeignet. Gastgarten für 150 Pers. **€€**

Stadtheuriger

Weinstube Josefstadt Piaristengasse 27, Tel. 406 46 28, E-Mail: weinstube-josefstadt@a1.net, www.weinstube-josefstadt.at, April bis Oktober täglich 15–23.30 (Gaststube), November bis März geschlossen (Winterpause), Küche und Gastgarten bis 21.45. Weinstube und Buffet nach Heurigenart, kalte und warme Gerichte; viele, ausschließlich österreichische Flaschenweine (auch Gassenverkauf). Gaststube für 35, schöner Innenhofgastgarten für ca. 80 Pers. (bis 21.45), Salettl für bis zu 15 Pers. Im Sommer Kunstausstellungen und Vernissagen. Gruppenreservierungen bis max. 35 Pers. **€**

Szene

Café Anno Lerchenfelder Straße 132, Tel. 0681/20 38 22 88, 0676/611 22 02, Mo–Do, So, Fei 18–2, Fr, Sa 18–4, Juli/August ab 20. Mo „Krügerlmontag" (Krügerl € 2,90). Tischfußball (€ 1,–, Di gratis), Darts (€ 1,–, Mi gratis), Flipper; Do, So Lesungen (Anno Literatursonntag im Herbst/Winter), gelegentlich unplugged Livemusik (Singer/Songwriter, Jazz, Latin). Beamer und Leinwand für Sportübertragungen. Extrazimmer (für Feiern zu mieten).

Avalon Pfeilgasse 27 (Ecke Albertgasse), Tel. 94 22 53 65, E-Mail: office@avalonkultur.at, www.avalonkultur.at, Mo–Fr 17–1, Sa 18–2. Regionale Küche, saisonale Karte, viele Produkte aus dem Waldviertel; Fass- und Flaschenbiere aus dem Waldviertel, Weine aus dem Kamptal, Edelbrände. Wechselnde Fass- und Craft-Biere. Schach, Karten- und Brettspiele; Tageszeitungen, Zeitschriften; Bücherschrank (zum Ausborgen oder Tauschen, auch DVDs/CDs). Kulturelles Programm: Vorträge, Lesungen, Diskussionen, Kabarett. Schanigarten für 50 Pers. **€**

B72 U-Bahn Bogen (Gürtel) 72 (Hernalser Gürtel), E-Mail: info@b72.at, www.b72.at, Fr, Sa 20–4, Öffnungszeiten je nach Programm variabel (s. Homepage). Musiklokal im modernen Design der Extraklasse, Fixpunkt der Musikszene, der auch von internationalen und alternativen Acts bespielt wird. Feines DJ-Programm oder Livemusik, Tanzmöglichkeit (Rock, Alternative, Pop, Hip Hop, Elektro usw.). Schanigarten für 50 bis 100 Pers. (bis 2). Keine Hunde. Eintritt frei (außer bei Livemusik). Behinderten-WC.

Café Benno Alser Straße 67 (Ecke Bennogasse), Tel. 406 67 35, E-Mail: office@cafebenno.at, www.cafebenno.at, täglich 16.30–1, Küche bis 22. Moderne und Wiener Küche, Wochenkarte mit saisonalen Speisen. Gute Musik im Hintergrund; 100 Brettspiele, auch Spiele für Kinder; Keller mit offenem Kamin, Partyräume für Feiern (30 bis 110 Pers., Möglichkeit eigene Musik aufzulegen, Tanzfläche und Buffet auf Wunsch); Mo, Di Pub Quiz und Do Unterhaltung (Karaoke, Bingo). Schanigarten für 40 Pers. **€**

Café Carina Josefstädter Straße 84 (Ubahnbogen 42, U6-Stationsgebäude), Tel. 406 43 22, 0699/81 83 46 58, E-Mail: mail@cafe-carina.at, www.cafe-carina.at, Mo–Sa ab 18 (Fei geschlossen). Lokal im Stationsgebäude der U6. Imbisse; Cocktail Happy Hour. Schach, Karten- und andere Spiele, Poolbillard, Flipper (€ 1,–/Spiel); täglich Livemusik (Jazz, Alternative, Rock, Metal; Eintritt frei); auch private Partys möglich. Schanigarten für 40 Pers.

Chelsea U-Bahn Bogen (Gürtel) 29–32 (Lerchenfelder Gürtel), Tel. 407 93 09, E-Mail: chelsea@sil.at, www.chelsea.co.at, täglich ab 18, Sa, So Öffnungszeiten je nach Matchbeginn. Musikclub mit regelmäßiger Livemusik und DJs, Tanzmöglichkeit (Schwerpunkt: Rock, Pop, Indie). Diverse englische und irische Biere (Guinness, Newcastle Brown Ale, Fullers, Kilkenny) und Cider, deutsche Biere (Becks, Tegernseer), Craft-Biere (Bevog, Thornbridge), reichliche Auswahl erlesener Whisk(e)ysorten; Liveübertragungen englischer Fußballmatches, auch Champions League, deutsche Bundesliga, UEFA-Cup sowie alle wichtigen europäischen Spiele. Schanigarten für 130 Pers. Eintritt bei Discobetrieb frei.

Damenspitz Stolzenthalergasse 26, Tel. 405 61 26, E-Mail: prost@damenspitz.wien, www.damenspitz.wien, Di–Do 18–24, Fr, Sa 18–2 (Fei geschlossen), fallweise länger geöffnet. Gemütliches Kellerlokal für ca. 80 Pers. Kleine Snacks wie Flammkuchen und Pizza; 3 Fassbiere, div. Flaschenbiere, Weine, Uhudler, Tirola Kola, Schnäpse, Longdrinks. Dartsautomat (€ 1,–/Pers.), Tischfußball (€ 1,–/Spiel). Gelegentlich Musik-Quiz. Mai–September Schanigarten für ca. 22 Pers. Partys aller Art werden sehr gerne ausgerichtet.

Loop U-Bahn Bogen (Gürtel) 26–27, Tel. 402 41 95, E-Mail: loop@loop.co.at, www.loop.co.at, Mo–Do, So 18–2, Fr, Sa 18–4. Trink- und Musiklokal; Cocktails (€ 8,– bis € 10,–), täglich 19–21.30 Cocktail Happy Hour (Cocktails € 6,–), 21–23 Longdrinks Happy Hour (Longdrinks € 5,50). Fr, Sa und vor Fei DJs (verschiedene elektronische Musikrichtungen), 2 Mal/Woche Livemusik (von Rock bis Hip-Hop), Tanzfläche, Bühne, DJ-Equipment, PA-Anlage, TV, Beamer und Leinwand. Schanigarten für 80 Pers.

Miles Smiles Lange G. 51, Tel. 405 95 17, E-Mail: sivad@gmx.at, www.miles.at, www.ig-jazz.at, Mo–Do, So 20–2, Fr, Sa 20–4, 24. Dezember bis 7. Jänner geschlossen. Netter Jazzclub; Imbisse und Suppen (ab € 4,–); Zwettler vom Fass, diverse Flaschenbiere. Regelmäßig Livekonzerte, Modern Jazz (Vinyl und live). Schanigarten für 16 Pers.

rhiz U-Bahn Bogen (Gürtel) 37–38 (Lerchenfelder Gürtel), Tel. 409 25 05, E-Mail: office@rhiz.wien, www.rhiz.wien, täglich ab 20, DJs ab 21. Kultiges Gürtellokal; regelmäßige Livemusikevents und täglich DJs (Musik quer durch); Tanzmöglichkeit. Schanigarten für ca. 150 Pers. (bis 4). Behinderten-WC.

Tunnel Vienna Live Florianigasse 39, Tel. 990 44 00, E-Mail: reservierung@tunnel-vienna-live.at, www.tunnel-vienna-live.at, Mo–Sa, Fei 9–2, So 9–24, durchgehend warme Küche Mo–Sa bis 23, So bis 22. Dreigeschoßiges Lokal mit Speisen und Musik. Frühstück (Mo–Fr, So 9–12, Sa 9–16) oder Brunch (So, Fei 10–15, September bis Juli); internationale Küche (Mo–Fr 12–16 2 MM vegetarisch € 7,80/mit Fleisch € 8,80, inkl. Suppe), Snacks; Weizenbier; Kinderportionen, Kindersessel, -ecke. Regelmäßige Veranstaltungen z.B. Jam-Session, Comedy Night. Wuzler, Fotobox; Pub-Quiz (Reservierung online und telefonisch). Apartment für max. 8 Pers. (tages-, wochen-, monatsweise mietbar). April bis November Schanigarten für 40 Pers. €

USW – Beisl und mehr Laudongasse 10, Tel. 406 33 03, 0664/494 51 82, E-Mail: office@uswbeisl.com, www.uswbeisl.com, Mo–Do 17–2, Fr, Sa 17–4, Küche bis 23. Lokal gibt's seit über 40 Jahren; 3 Biere vom Fass, große, wechselnde Getränkeaktionen, kleine Speisekarte (Flammkuchen, Desserts), Spiele, 2 Tischfußballtische, 3 Leinwände für Sportübertragungen (Sky Sports); Mi Quizabend (ab 19), Do gratis Tischfußball. Veranstaltungsraum (mietfrei) für 100 Pers. Schanigarten für 50 Pers. (bis 23).

Weinhandlungen

Potstill/Austria's finest Whisky Store Laudong. 18, Tel. 0664/118 85 41, E-Mail: office@potstill.org, www.potstill.org, Mo–Fr 14–19 (Fei geschlossen). Whisky-Shop; das Paradies für Liebhaber*innen von schottischen Single Malts, Irish Whiskeys, amerikanischen Whiskey-Bourbon, Gin, Armagnac, Cognac; mehr als 1100 Sorten im Angebot, großes Rumsortiment. Monatliche Themenverkostungen (Onlineanmeldung, private Verkostungen auf Anfrage), Onlinebestellmöglichkeit. Mit Rollstuhl über Hintereingang erreichbar.

Quendlers Feine Weine Ledererg. 17, Tel. 0699/10 02 59 09, 407 96 84 (Büro), E-Mail: office@quendler.at, www.quendler.at, keine regulären Öffnungszeiten, tel. aber praktisch immer erreichbar. Lagerbestand ca. 20.000 Flaschen, Schwerpunkt Frankreich (Burgund, Rhône), günstige Selbstabholkonditionen ab Lager. Onlinebestellung (aktuelle Preisliste siehe Homepage); Lieferung in ganz Europa.

Vini Per Tutti Lerchenfelder Straße 44, Tel. 0664/226 45 26, E-Mail: office@vinipertutti.at, www.vinipertutti.at, Mo–Fr 14–23, Sa, So 10–23, im August abweichende Öffnungszeiten (s. Website). Vinothek mit vielfältigem Weinsortiment (ca. 150 verschiedene Weine) aus Österreich, Italien, Griechenland, Frankreich und Spanien, ausgesuchte Olivenöle und weitere Produkte rund um die Olive, Botago; kleine Speisen (Bruschetta, Oliven-, Käse- und Antipastiteller); Delikatessen aus dem Mittelmeerraum. Regelmäßige Weinverkostungen und Vernissagen; für Veranstaltungen mietbar; Catering (kaltes Buffet, gekühlte Getränke, Gläser und Gedeck).

Vinodea - Weine von Winzerinnen Lange Gasse 72/1, Tel. 0660/373 24 83, E-Mail: office@vinodea-weinhandlung.at, vinodea-weinhandlung.at, Mo 16-18, Di, Mi 13-18, Do, Fr 13-19, Sa 13-16, im Winter Sa bis 18. Weine von Winzerinnen aus Österreich und der Schweiz. Zustellung nach terminlicher Vereinbarung. Private Feiern bis 15 Pers. möglich. Seiteneingang barrierefrei.

VINOE - Die Niederösterreich Vinothek Piaristengasse 35, Tel. 402 09 61, www.vinoe.at, Mo-Do 16-19.30, Fr 16-19, Sa 10-13 (Fei geschlossen). DIE spezialisierte Vinothek für niederösterreichische Weine; neben bekannten Namen auch Weine von jungen, aufstrebenden Winzer*innen mit gutem Preis-Leistungs-Verhältnis; über 300 Weine von ca. 100 Winzer*innen, viele Weine zu Ab-Hof-Preisen; auch Winzersekt, Brände, Fruchtsäfte. Verkostungen zu verschiedenen Themen bzw. Präsentationen von Winzerbetrieben. Zustellung möglich.

Wiener Kaffeehäuser

Café Eiles Josefstädter Straße 2, Tel. 405 34 10, E-Mail: office@cafe-eiles.at, www.cafe-eiles.at, Mo-Fr 7-24, Sa, So, Fei 8-24, durchgehend warme Küche bis 23.30. Lokal besteht seit 1838 (seit 1901 unter dem jetzigen Namen); wurde 2016 neu übernommen und dezent aufgefrischt; 7-12 (Sa, So bis 14) große Frühstückskarte; Imbisse, MM werktags (€ 8,10, Suppe und HS), hausgemachte Mehlspeisen. Auch viele vegane Optionen. Österreichische und internationale Zeitungen; Schach. Kinderportionen- und sessel, Wickeltisch. Kleiner Schanigarten für ca. 20 und großer Gastgarten für ca. 40 Pers. Hunde erlaubt.

Cafe Florianihof Florianigasse 45, Tel. 402 48 42, E-Mail: florianihof@florianihof.at, www.florianihof.at, Mo-Fr 7.30-22, Sa, So, Fei 9-18. Geschmackvoll wiederbelebtes Café-Restaurant mit gutem Essen und einem guten Preis-Leistungs-Verhältnis (MM Mo-Fr 11.30-15 € 9,20), saisonale Karte, viele vegetarische Gerichte; Frühstücksvariationen Mo-Fr 7.30-12, Sa, So 9-14 (€ 6,10 bis € 9,10). Österreichische und internationale Tageszeitungen. 2 Kindersessel, Kinderbücher, kleine Portionen auf Anfrage. Schanigarten für 30 Pers. €

Cafe-Restaurant Hummel Josefstädter Straße 66, Tel. 405 53 14, E-Mail: office@cafehummel.at, www.cafehummel.at, Mo-Fr 7-24, Sa, So 8-24, Fei 8-23, warme Küche 11-22. Klassisches Kaffeehaus par excellence, Anfang 2012 komplett renoviert; tägl. bis 14 gutes Frühstück (€ 6,10 bis € 16,60); große Speisekarte, traditionelle Wiener und internationale Küche (11-15 TT ab € 9,80, vegetarisch € 9,40); hausgemachte Mehlspeisen; Kinderspeisen, -sessel, Wickeltisch. 4 Spieltische (Schach und Kartenspiele); viele Zeitungen (österreichisch und international); Klima- und Entlüftungsanlage; Fernsehzimmer für Sportübertragungen (Sky). Schanigarten für 100 Pers. €€

Café Restaurant Maria Treu Piaristengasse 52, Tel. 406 47 09, www.cafe-mariatreu.at, Mo-Fr 7.30-15.30. Frühstück bis 12; Wiener Küche, internationale und vegetarische Spezialitäten (2 MM, eines vegetarisch, € 7,50 bis € 9,90), auch kleine Kaffeehausgerichte, hausgemachte Mehlspeisen; Kinderspeisen, -sessel. Österreichische und internationale Tageszeitungen, Magazine. Catering. Hübsches 60er Jahre-Design. Schanigarten für ca. 75 Pers. auf dem wunderschönen Platz vor der Piaristenkirche. €€

Würstelstand

Wiener Würstelstand Pfeilgasse 1 (Ecke Strozzigasse), Tel. 0664/237 94 79, E-Mail: senf@wienerwue.at, www.wienerwü.at, täglich 12-24. Bio-Würstel aus hauseigener Manufaktur, Original Bosna mit Würstel vom Landl aus Ottakring; vegane Bosna mit Pilzwürstel von Hut & Stiel (€ 5,90); am Standl goldbraun gebackene Rohscheiben oder Kukuruzzi Fritti (je € 3,90). Exklusiv in Wien: Salzburger Augustiner Bier vom Müllner-Bräu. Sitzgelegenheiten für ca. 12 Pers.; im Sommer: „Lerchenfelder Lido“ tagsüber eine Sandkiste für Kinder, abends eine Bocciabahn. €

9., ALSERGRUND

Dass der Alsergrund die Wiener Hochburg der Studierendenheime ist, liegt auf der Hand: immerhin beheimatet der Bezirk nicht nur den Campus der Uni Wien, der größten Universität im deutschsprachigen Raum, sondern auch andere universitäre Einrichtungen. Die studentischen Essgewohnheiten sind hier also prägend: weitreichende Frühstücks- und Happy-Hour-Angebote, Menüs, viele To-go-Optionen. Aber nicht nur die Studierenden kommen und gehen – auch die Lokale: So hat das vegan/vegetarische Forky's Insolvenz anmelden müssen, die australische Bäckerei Punky's Whips ist dahin und auch der Thai The Roast hat leise Servus gesagt.

Auch das Beisl „Carmen und ich", das seit den 90er-Jahren in der Marktgasse üppige Portionen Hausmannskost auf den Tisch stellte, ist Geschichte. Das Neue am Platz heißt Markt 58 und kocht österreichische Küche mit ungarischem Einfluss. Üppig scheint auch da Programm zu sein. Das Café Le Marché gleich neben dem Café Français in der Währinger Straße wurde von No Panic Coffee abgelöst. Aber keine Panik, es handelt sich bloß um eine Namensänderung; die selbstgemachten Kuchen, Quiches und Croissants gibt es weiterhin. Endgültig vorbei ist es hingegen für die Imbissstube Pasta 2 Go. Offenbar hat das Konzept „Günstige Pastagerichte im Pappbecher" trotz veganem und vegetarischem Angebot und WLAN zu wenige hungrige Studierende angelockt. Der Nachfolger Umi Bowls füllt halt nun Reis und diverse Toppings in die Becher. Trost findet man in den vielen neu eröffneten Lokalen, etwa bei köstlichem Kaffee und Mehlspeisen im schönen, neuen Café Freud zum Freud-Museum.

mel & koffie

Brot und Gebäck in Bio-Qualität ... S. 344

DIE BESTEN 25 IM 9. BEZIRK

Café Français
Spielt in der Kategorie „Grand Café“: groß, prachtvoll, belebt und serviert ein paar klassische Brasserie-Gerichte ... S. 331

Café Stein
In den 80er-Jahren Kultcafé der Stadt, von dessen einstigen Spirit durch diverse Umbauten nicht mehr viel übrig geblieben ist. Trotzdem noch jenes der Lokale im Grätzel, auf die sich fast alle einigen können. Zumindest, wenn's ums Frühstück im großen Gastgarten geht ... S. 341

Café Telegraph
Ziemlich umfangreiches, hochwertiges Frühstück, abends Pasta, Bowls und Co. Wird gerne von Studis besucht ... S. 341

Casa Caribeña
Bestes Karibikfeeling und -food in Wien ... S. 334

Charlie P's
Seit dem Betreiberwechsel 2019 fährt das vielleicht bekannteste Pub der Stadt zwar reduziertes Programm, hat aber nach wie vor das beste Pub-Food ... S. 345

Äthiopisches Restaurant
Familiengeführtes Restaurant, in dem man fantastische traditionelle äthiopische Eintöpfe mit der Hilfe von Injera-Hirse-Fladen isst ... S. 330

Jonas Reindl
3rd-Wave-Café mit Spezialitäten-Kaffee aus eigener Rösterei und hippe Tankstelle für Studierende, um Koffein und Zucker nachzulegen ... S. 342

Kiang Wine & Dine
Tolle China-Bar, in deren Küche Chinesisches und Mediterranes fusioniert wird ... 338

Kim kocht
In ihrem Lokal kocht die koreanisch-wienerische Meisterköchin Sohyi Kim experimentell mit Fisch und Meeresfrüchten und mit Fünf-Elemente-Background ... S. 330

Küche 18
Hier wird fantasievolle China-Küche abseits des ausgelatschten Pfades serviert: etwa marinierte Schweineohren und Innereien ... S. 331

MAST Weinbistro
Spannendes Weinlokal mit ausgefallenen Tropfen und einigen sehr guten, dazu passenden Gerichten ... S. 339

Mittendrin
Nettes Lokal/Sozialprojekt mit super Hofgastgarten, in dem auch ehemalige Obdachlose Weltküchegerichte zubereiten und servieren ... S. 328

modern korean
Hier hat ein Schüler Sohyi Kims eines deren ehemalige Kim-kocht-Restaurants übernommen, um sehr erfolgreich euro-koreanische Fusionsküche anzubieten ... S. 334

La Strada 27/29
Grätzel-Pizzeria mit „Lindenstraße-Atmosphäre", hervorragenden Pizzen und Focaccias ... S. 333

Pizzeria Riva
Die Designerpizzeria gehört zu den erfolgreichsten Top-Pizzerien Wiens und hat bereits weitere vier Filialen auf die Stadt verteilt ... S. 333

Pramerl & The Wolf
Top Gourmetküche im liebevoll renovierten Branntweiner ... S. 328

Rebhuhn
Gute Wiener Küche ohne Chichi und zu fairen Preisen. Super Schanigarten, ein Beisl mit Stammlokal-Charakter ... S. 328

Restaurant Porzellan
Österreichische Küche mit mediterranem Einschlag in etwas klinisch wirkendem Lounge-Design ... S. 328

Sentepe
Hübsches, modernes Mini-Café-Bistro, das sich auf orientalische Mezze und Imbisse spezialisiert hat ... S. 336

Summerstage
Gemeint ist das große Lokal, das unten am Kanal gutbürgerliche Küche auf seiner riesigen Terrasse serviert. Legendäre Sommerlocation! ... S. 346

Stomach
Vor mehr als drei Jahrzehnten ein Trendsetterlokal, sieht das Stomach heute immer noch aktuell aus und kocht besser denn je. Toller Innenhofgarten ... S. 329

Tibet
Das Lokal des tibetanischen Kulturzentrums ist das einzige tibetische Restaurant Wiens mit authentisch frugaler Speisekarte ... S. 336

Reznicek
In den 50er-Jahren gegründet, ist es eines der echtesten und besten Beisln Währings. Eine Macht, wenn's um Gansln geht ... S. 328

Zum Roten Bären
Wiederbelebtes altes Beisl, schön gestaltet, grandiose Küche ... S. 328

Zuppa
Suppen, Eintöpfe und Salate täglich frisch zubereitet und mit Tendenz Richtung vegetarisch und vegan. Convenience-Produkte haben Hausverbot ... S. 339

Gaststätten, Restaurants, Wiener Beisln

DAS 1090 Liechtensteinstraße 42 (Ecke Bauernfeldplatz 2), Tel. 962 62 26, E-Mail: office@das1090.at, www.das1090.at, Mo–Fr 8–24, Sa 10–24, So, Fei 10–23.30, Küche Mo–Sa bis 22.30, So bis 22. Internat. Küche, auch vegetar. und vegane Speisen; Sa 10–13, So 10–15 Brunch (€ 24,40 exklusive Getränke), Mo–Fr 11.30–15 MM (2gg € 11,40, 3gg € 12,60); Frühstück; Cocktailkarte, 3 Biere vom Fass. TV. Schanigarten für 100 Pers., Dachterrasse für 50 Pers. **€€**

Ballroom 1090 Maria-Theresien-Straße 5, Tel. 0681/81 53 87 47, E-Mail: hello@dgd-ballroom.at, damngooddumplings.at, Mo–Fr 11–20.30, Sa 17.30–20.20, So 15–20.30, 24. Dezember bis 2. Jänner geschlossen, Öffnungszeiten variieren (s. Website). Moderne Teigtaschenvariationen mit wechselnden Füllungen (z.B. Yakuza Ball mit Garnelen), vegetarische, vegane und auch süße Varianten; bevorzugt regionale Zutaten. Auch Take-away. **€**

Beaver Brewing Company Liechtensteinstraße 69, Tel. 0677/61 01 22 53, www.beaverbrewing.at, Mo–Do 16.30–23.30, Fr, Sa 12–0.30, So 12–22, durchgehend warme Küche bis 22. Eigene Brauerei im Restaurant in der 3 reguläre und 6 Spezialbiere je nach Saison gebraut werden, darunter Lager, Pils, Weizen, IPA, Pale Ale, Stout, Porter, Sauerbiere und fassgereifte Starkbiere. Amerikan. Küche, herzhaftes BBQ aus dem eigenen Smoker (Spareribs, Pulled Pork, Pastrami, Wings), Burger, Salate, vegane Speisen, Monatsburger; Bier auch in Flaschen zum Mitnehmen; verschiedene Cider, regionale Weine und Limonaden, Säfte, Schnäpse. Kindersessel. Brauhauskeller. Mo Pub-Quiz (außer Juli/August). Schanigarten für 80 Pers. Behinderten-WC. **€€**

Belly of the Beast Wasag. 28, Tel. 0664/413 48 22, E-Mail: office@bellyofthebeast.at, www.bellyofthebeast.at, Di–Sa 18–22, Anfang Jänner Betriebsurlaub. Biozertifiziertes Restaurant mit österr.-simbabwischer Fusionsküche, von drei Geschwistern geführt. Saisonale und regionale Bio-Speisen nach dem Farm-to-Table-Konzept aus Zutaten direkt von den jeweiligen Produzent*innen (z.B. Gemüse von Krautwerk oder Fleisch von Lomo Alto), Mi–Sa ab 18 zwei Degustations-Menüs (vegan oder omnivor, im Sommer sind auch Bestellungen à la carte möglich); die Karte wechselt mind. 12 Mal im Jahr; Di „Students-of-Life-Abend" (einfachere und günstigere Bio-Gerichte); ausgewählte Weinkarte. Kindersessel, Wickeltisch. Feiern drinnen für bis zu 22 Pers. möglich, draußen auf zwei Schanigärten bis zu 36 Pers. Hunde im Schanigarten erlaubt. **€€€**

Burgerlover Grünentorgasse 21 (Servitengasse 14), Tel. 319 77 63, E-Mail: info@burgerlover.at, www.burgerlover.at, Mo–Fr 16–23 (Fei geschlossen), Küche bis 22. Ausgefallene Spezialburger mit Bio-Fleisch, z.B. „Mango Duck", „Smoked Salmon", „Rebel Meat", saisonal wechselnde Burger sowie vegetarische und vegane Varianten; Cocktails, hausgemachte Limonaden, große Auswahl an österr. Bieren und Weinen. Kindersessel, Spielzeug. Stüberl für 20, Gastgarten gegenüber der Servitenkirche für 40 Pers. €€

D'Landsknecht Porzellangasse 13, Tel. 317 43 48, E-Mail: www.landsknecht.at, täglich 10-24, Juli bis August täglich 10-23, Küche bis 22.30 (im Sommer bis 21.30). Deftige Hausmannskost und internationale Küche, saisonale Wochenkarte; 5 österreichische Fassbiere, Weine aus Österreich; Lollis für Kinder, Kindersessel. Feste aller Art möglich (auf Wunsch mit Buffet). Schanigarten für 30 Pers. €€

Fladerei Berggasse 12, Tel. 310 02 43, E-Mail: berggasse@fladerei.com, www.fladerei.com, Mo-Fr 11-24, Sa, So, Fei 17-24. Gefüllte Fladenbrote aus dem Holzofengrill in unzähligen Varianten (€ 2,60 bis € 7,-), Tagesflade (groß € 6,40/klein € 5,20), Mo-Fr bis 17 Mittagsangebot (Tagesflade groß € 5,20/klein € 4,20); Bier vom Fass (Starobrno, Edelweiß Hefetrüb, Fladerei-Bier, Schladminger Märzen, Strongbow Cider), wechselnde Getränkeaktionen. Schanigarten für 30 Pers. €

Bierheuriger Zum Gangl Alser Straße 4 (Campus, Altes AKH, Hof 1), Tel. 409 19 94, E-Mail: office@gangl.at, www.gangl.at, Mo-Fr 9-24, Sa, So, Fei 11-24, durchgehend warme Küche bis 22. Bierlokal; österreichische Küche (Mo-Fr 11-15 2 MM, vegetarisch € 7,50/mit Fleisch € 8,50), Wochenkarte, Spezialitätenwochen; Wochenkuchen mit Melange (€ 5,20); 6 Biere vom Fass (z.B. Zwettler Dunkles, Weitra, Zwettler Pils, Radler, Zwickl), österreichische Weine (Schwerpunkt Steiermark, Niederösterreich), Fruchtsäfte, Fruchtprosecco, Bowle, Punsch etc., vom Chef persönlich hergestellt; Kinderspeisen, -sessel. 2 TVs und Leinwand für Sportübertragungen; Feste bis 100 Pers. möglich. Galerie für 100, Gastgarten für ca. 400 Pers. €€

Glasweise Währinger Straße 74, Tel. 0650/860 68 87, E-Mail: wein@glasweise.com, glasweise@icloud.com, www.glasweise.com, täglich 17-24, Küche bis 23.30. Ein Lokal, in dem der Wein im Mittelpunkt steht. Österr. und internat. Küche, saisonale und wechselnde Speisekarte (z.B. verschiedene Tapas-Gerichte, Tatarvariationen von Rind, Thunfisch, Calamari etc.; Beef Angus Steak); große Auswahl an offenen Weinen. Verkostungen. Gastgarten für 24 Pers. €€

Zur Goldenen Kugel Lazarettgasse 6, Tel. 405 83 63, E-Mail: lokal@zurgoldenenkugel.at, www.zurgoldenenkugel.at, Mo-Fr 10-23, warme Küche 11.30-22. Wiener Spezialitäten, Hausmannskost, Tageskarte (2 bis 3 wechselnde MM), Fr Fischmenü, saisonale Spezialitätenwochen (Spargel, Pilze, Wild); hausgemachte Mehlspeisen; Kinderspeisen, -sessel, Spielplatz nebenan; offene Biere (Budweiser, Trumer Pils, Hirter Morchl), ein wechselndes Monatsbier, österreichische Spitzenweine, Schnapskarte. TV. Extrazimmer für 30, Schanigarten für 12, Gartenterrasse im Innenhof für 14 Pers. €€€

Ka & Ko Kinderspitalgasse 14, Tel. 406 68 50, E-Mail: kolarkarl1974@hotmail.com, www.kako.at, Mo-Fr 9-20, Sa, So, Fei 11-20, Küche bis 19.30. Hausmannskost, Wiener Küche u. saisonale Gerichte in familiärer Atmosphäre, Spezialitäten und Fischgerichte (Mo-Fr 1MM € 7,90/Wochenende ab 11 2gg MM € 9,90), kleine Speisen wie Ham and Eggs (€ 4,50); Kinderportionen. Schanigarten für 15 Pers. €€

Das Kolin Kolingasse 5, Tel. 890 02 21, E-Mail: office@daskolin.at, www.daskolin.at, Mo-Fr 11-24 (Fei geschlossen), Küche 11.30-21.30. Restaurant mit saisonalen Schmankerln und Fokus auf regionalen Produkten (11.30-14 3 MM mit Fleisch, Fisch oder vegetarisch € 10,-); österr. Weine, Fassbier aus Schladming und Brünn, ausgewählte Bierspezialitäten aus der Flasche und Spirituosen aus aller Welt. Schanigarten für 50 Pers. Behinderten-WC. €€

Königshofer - Das Restaurant Beethovengasse 2, Tel. 0699/18 23 55 90, 403 08 88, E-Mail: office@koenigshofer.co.at, www.koenigshofer.co.at, Mo-Fr 11-22 (Fei geschlossen), warme Küche bis 21. Österr. Speisen mit Pepp, kleine Standardkarte, zusätzlich ca. 2-mal/Woche wechselnde Tafel mit saisonalen Schmankerln, vegetarische Angebote, 11-14 MM (vegetarisch € 7,50, mit Fleisch € 8,-), Kinderportionen bei Bedarf, Kindersessel. 20 Natursäfte, 30 Jugendgetränke, ausgewählte österreichische Weine, Trumer Pils, Alt Wien Kaffee. Schanigarten für ca. 30 Pers. €€

Lechner Wilhelm-Exner-Gasse 28, Tel. 317 83 18, Di-So 10-23, warme Küche bis 22.30, im Sommer 17-23. Preiswerte Hausmannskost, MM, Innereien, saisonale Spezialitätenwochen (Wild, Gansl usw.); Kinderportionen. TV. 3 Extrazimmer zum Mieten für 90, Gastgarten für 24 Pers. €€

leiwand! Küche & Bar Türkenstraße 33, Tel. 0699/11 33 07 33, E-Mail: office@leiwand-bar.at, www.leiwand-bar.at, Mo-Fr 11-24 (Fei geschlossen). Restaurant und Bar. Gefüllte Nudeln, vegetarisch, vegan oder mit Fleisch aus österreichischen Zutaten, z.B. mit Käse, Rucola, Speck oder auch mit Erdbeeren oder Himbeeren; österreichische Weine, Craft-Bier, Fassbiere von Kozel und Hirter, 15 versch. Whiskys, 40 versch. österreichische Gin-Sorten. Schanigarten mit Naturschatten für 25 Pers. €€

Café Restaurant Lemon Liechtensteinstraße 94, Tel. 399 12 88, täglich 11-24, Küche bis 22.30. Wiener Küche mit internationalem Flair und saisonalen Gerichten (Mo-Fr MM € 8,20); Kinderspeisen, -sessel, Spielzeug. Große Leinwand für Fußballübertragungen, Beamer. Schanigarten für 16 Pers. €€

Markt 58 Marktgasse 58, Tel. 319 69 44, E-Mail: info@markt58.at, www.markt58.gusti.at, Di–Fr 11.30–23, Sa 18–23 (Fei geschlossen), durchgehend warme Küche bis 21.30. Wiener Küche mit ungarischem Einfluss; 2 MM (z.B. Schweinsschnitzel gebacken mit Erdäpfelsalat € 9,50); Do Backhendltag (€ 9,90); kleine Portionen möglich. TV. Feiern aller Art bis 25 Pers. möglich. Extrastüberl für 25, Schanigarten für 30 Pers. **€€**

Mittendrin Währinger Straße 19 (Ecke Lackierergasse 10), Tel. 235 07 72-14, 235 07 72-16 (Büro), E-Mail: lokal-mittendrin@vinzirast.at, www.vinzirast.at/lokal-mittendrin, Mo–Fr 10–23, Sa 18–24 (Fei geschlossen), Küche bis 23; im Juli Sa geschlossen, im August Sommerpause (aktuelle Öffnungszeiten s. Homepage). Cafe, Bar und Restaurant. Orientalisch-österreichische, preiswerte Speisen; 2 MM ab 11.30, vegetarisch und mit Fleisch (auch zum Mitnehmen), vegetarische und vegane Gerichte à la carte, Desserts; offenes Bier von Trumer und Ottakringer, Kaffee von Hausbrandt. Kreativ gestalteter Gastraum; Kindersessel, Wickeltisch. Extraräume gegen Spende zu benützen (für max. 50 Pers.). Catering auf Anfrage. Garten im Innenhof. Behinderten-WC. Teil des Vinzirast Sozialprojekts, bei dem obdachlose Menschen zusammen mit Studierenden leben, arbeiten und lernen, das Lokal wird von Bewohner*innen und ehrenamtlichen Helfer*innen unter der Leitung des Küchenchefs Shahab Jahanbekloo geführt. **€**

Orlik Spittelauer Platz 1, Tel. 317 21 04, E-Mail: orlik@aon.at, gasthaus-orlik.at, Mo–Sa 11–22, So 11.30–15, durchgehend warme Küche bis 22, im Sommer So geschl. Hausmannskost, fallweise Styria Beef vom Feinsten, bekannt auch für Innereien und Fischspezialitäten (Mo–Fr 11–14.30 2 MM € 8,50, vegetarisch € 7,90; Fr weiteres Menü süß € 7,90); auch kleine Portionen. Schanigarten für 60 Pers. **€€**

Plain Vienna Berggasse 25, Tel. 0681/20 51 09 47, E-Mail: office@plainvienna.at, www.plainvienna.at, Mo–Sa 9–23, So 9–22.30 (Sommer), Mo–Fr 9–22.30, Sa, So 9–22 (Winter); Fei wie jeweiliger Wochentag; durchgängig Küche. Gesunde Küche mit Bowls, Burger und Salaten; Frühstück Mo–Fr bis 13, Sa, So, Fei bis 16; auch vegane Speisen (Bowls, Burger, Süßspeisen); hausgemachte Limonaden. Gastgarten für 48 Pers. **€**

Porzellan Servitengasse 2, Tel. 315 63 63, E-Mail: office@porzellan-lounge.at, www.porzellan-lounge.at, Mo–Fr 9–24, Küche bis 23, Fei wie jeweiliger Wochentag. Strahlend weißes, cooles, aber sehr gemütliches Lokal von Hans Peter Eckel. Mo–Fr bis 11.30, Fei bis 15 umfassendes Frühstücksangebot (€ 4,90 bis € 12,90); MM (ab € 7,50); auf der Karte findet man Steirisches und Wiener Spezialitäten mit internationalem Touch; „Flying Dinner": Fingerfood und Catering für Events. Gemütliche Lounge-Musik. Idyllischer Gastgarten für 36 Pers. **€€€**

Pramerl & the Wolf Pramergasse 21/1, Tel. 946 41 39, E-Mail: office@pramerlandthewolf.com, www.pramerlandthewolf.com, Mi, Do 19–23.30, Fr, Sa 18–23.30, im Sommer variable Öffnungszeiten (siehe Homepage), Fei wie jeweiliger Wochentag. Elaborierte Küche im modernen Beisl-Ambiente, nach Umbau edle Ausstattung; ausschließlich Menüs (Mi, Do € 125,–, Fr, Sa 1. Belegung € 125,– , 2. Belegung € 155,–). Extrem stark gebucht, unbedingt reservieren, Besonderheiten (wie Essen mit Kindern) bekannt geben; regionale Zutaten von Kleinproduzent*innen; europäische Weine mit starkem Fokus auf österreichische Weine, Naturweine und gereifte Weine. Hunde nach Anfrage. Gastgarten für 12 Pers. **€€€€**

Rado's Gastwirtschaft Alserbachstraße 1, Tel. 0660/655 38 80, E-Mail: reservierung@radosgastwirtschaft.at, www.radosgastwirtschaft.at, Mo–Sa 16–23, Küche bis 21.30. Österreichische Küche wie knusprig gebratene Stelze oder Wiener Schnitzel. Schanigarten. **€€**

Rebhuhn Berggasse 24, Tel. 319 50 58, E-Mail: gasthaus@rebhuhn.at, www.rebhuhn.at, täglich 11–24, durchgehend warme Küche 11.30–22.30, im Sommer Sa, So ab 18. Eckbeislklassiker mit toller Patina, altem Holz und echt gutem Wirtshausessen (MM mit Suppe € 9,30, ohne € 8,70), z.B. Würstel mit Saft, Gulasch mit Semmelknödel, Schopfbraten mit Krautsalat und Knödel, Tafelspitz, Salate etc.; täglich wechselnde Speisen; Süßspeisen; Kinderportionen, -sessel. Alle Speisen auch zum Mitnehmen. Extrastüberl für 30, Schanigarten für 60 Pers. **€€**

Reznicek Reznicekgasse 10, Tel. 310 44 07, E-Mail: kontakt@reznicek.co.at, www.reznicek.co.at, Di–Sa 17–1. 2022 von Simon Schubert und Julian Lechner neu übernommenes, uriges Beisl mit Schankraum und Speisezimmer. Sowohl moderne Gerichte mit kreativem Input als auch Wiener Gasthausklassiker wie Lammbeuschel mit gelben Rüben und Brandteigkrapfen (€ 16,–), wechselnde Tagesempfehlungen. Schanigarten für 34 Pers. **€€€**

Zum Roten Bären Berggasse 39, Tel. 317 61 50, E-Mail: bureau.wzrb@gmail.com, www.zumrotenbaeren.at, Di–Sa ab 18, Küche bis 22, Fei wie Wochentag. Wiener Küche und Spezialitäten von Südpolen bis an die Adria, ausschließlich österreichische und regionale Produkte, saisonale Spezialitäten; ständig wechselnde Speisekarte sowie eine Weinkarte; südmährisches Bier, Weine aus Österreich. Schanigarten für 40 Pers. **€€€**

Restaurant Roter Löwenhof Rotenlöwengasse 17, Tel. 317 33 13, E-Mail: info@roterloewenhof.at, www.roterloewenhof.at, Mi–Sa 17–23, So 12–21, Küche bis 22 bzw. 20. 2019 von Alexander Reissner übernommen. Wiener Küche mit saisonalen Spezialitäten wie Gansl, Wild, Spargel, Pilze etc.; Wochenempfehlungen von Küchenchef Alexander Reissner;

Schremser Premium und Kellerpils vom Fass, ausschließlich österreichische Weine; Kindersessel. Gastraum für 30, Stüberl für 25 und Schanigarten für 30 Pers. €€€

Bar Restaurant-Café Roth Währinger Straße 1 (im Hotel Regina), Tel. 402 79 95, E-Mail: restaurant@roth.or.at, www.roth.or.at, täglich 11-23, Küche 11.30-22. Klassische Wiener und österreichische Küche in zeitgemäßer und gehobener Präsentation aus den vergangenen 120 Jahren (Mo-Fr 11-15 TT ab € 8,50), wechselnde Wochenkarte, saisonale Höhepunkte (Schwammerl, Bärlauch, Spargel, Gansl, Wild); kleine Portionen möglich, 2 Kindersessel; große Auswahl an österreichischen Weinen und offenen Bieren. Barbetrieb. Wunderschöner Arkadengarten für 150 Pers. Hunde mit Leine und Beißkorb. €€

Sägewerk Wien Währinger Straße 21, Tel. 942 24 89, E-Mail: office@diebausatzlokale.at, office@diebausatzlokale.at, www.diebausatzlokale.at, täglich 11-24. Bausatzkonzept: Speisen können individuell zusammengestellt werden, frische Zubereitung (Pizza-, Burger-, Eierspeis-, Salat-, Toast-, Waffel-, Pfandl-, Kartoffelgratin-, Nudelbausatz), Brooklyn Getränkekonzept (Zusammenmischen der Getränke nach Geschmack); Veranstaltungen möglich (Geburtstags-, Sponsions-, Firmenfeiern). 5 TVs (Übertragung von Sportveranstaltungen). Schanigarten für 65 Pers. Reservierungen nur telefonisch. €

Servitenwirt Servitengasse 7, Tel. 315 23 87, E-Mail: office@servitenwirt.at, www.servitenwirt.at, täglich 10-24, Küche 11-23; im August Mo und Di geschlossen. Hervorragendes Traditionsgasthaus: österreichische Küche, saisonale Karte (Mittagsteller € 9,50, mit Suppe plus € 3,-, mit Salat plus € 5,-, mit Dessert plus € 2,50), Schnitzel, Steak etc.; wechselnde Abendkarte; Ottakringer, Zwickl und Budweiser Bier, Weinkarte. Lokal für ca. 40, Extrazimmer für 20, feiner Gastgarten mit alten Linden bei der Servitenkirche für 60 Pers. €€€

Steindl's Wein- und Bierhaus Kinderspitalgasse 12, Tel. 405 66 71, Mi-So 8-23.30, warme Küche Mi-Sa 10-14.30 und 18-22, So 10-14.30 und 18-21. Wunderschön erhaltener Gasthausklassiker. Frühstück ganztägig; reichliches Angebot an österreichischen und ungarischen Speisen mit Schwerpunkt auf Alt-Wiener Schmankerln, auch vegetarische Gerichte (Mi-Fr bis 14 MM € 6,50); offenes Gösser-Bier, diverse Flaschenbiere, auch alkoholfreies Bier, Weine (Schwerpunkt Österreich), große Auswahl an Schnäpsen; Kinderspeisen, -sessel, Spiele. Feste bis 20 Pers. möglich. Schanigarten für 12 Pers. €

Stiegl Ambulanz Alser Straße 4 (Zugang Spitalgasse 2), Tel. 402 11 50-0, E-Mail: info@stiegl-ambulanz.com, www.stiegl-ambulanz.com, Mo-Do 8-20, Fr-So, Fei 8-24. Bierlokal. Hauptsächlich österreichische Küche sowie Burger, Spareribs; Frühstück bis 16; Kinderspeisen, 5 Kindersessel; spezielle Bierauswahl (selbstgebrautes Bier). 2 Leinwände und 3 TV im Lokal für Sportübertragungen (bei EM, WM); regelmäßig Livemusik. Weiträumiges Lokal, für alle Arten von Veranstaltungen von 50 bis 300 Pers. geeignet. Bartische für 50 Pers.; Lounge-Bereich im Garten; Gastgarten für 800 Pers. mit Sonnensegel. Behinderten-WC. €€

Stomach Seegasse 26, Tel. 310 20 99, Mi-Sa 16-24, So 10-22, warme Küche Mi-Sa 18-22.30, So 12-21. Extrasympathisches Restaurant in einer ehemaligen Fleischhauerei, freundlich-alternative Atmosphäre, seit mehr als 25 Jahren eine der ersten Adressen im Bezirk. Moderne internationale Küche aus ausgewählten österreichischen Qualitätsprodukten, Rindfleisch und vegetarische Küche im alten Gemäuer, hauptsächlich saisonale Gerichte; Speisekarte wechselt wöchentlich, immer auch 2 vegetarische Gerichte; steirische und andere Qualitätsweine (ausschließlich aus Österreich); Kinderportionen, einige Kindersessel, Spielsachen. Tierfreundlich. Der schönste Hof des gesamten Bezirks (ca. 30 Pers). Tischreservierung obligat. €€€

Svens Sohn Berggasse 28, Tel. 310 65 36, www.svenssohn.at, Mo-Fr 11.30-15 und 18-23 (Fei geschlossen), warme Küche bis 14 bzw. 22, im Sommer 3 Wochen geschlossen. Kleines, erstklassiges Restaurant für 50 Pers. im Servitenviertel mit gemütlicher Wohnzimmeratmosphäre; traditionelle Wiener und internationale Küche im Minispeisetempel, Schwerpunkt Wiener Küche, saisonale Gerichte (Pilze, Wild, Gänse); Waldviertler Bier, österr. Salonweine. Schanigarten für 30 Pers. €€€

The Highlander Sobieskiplatz 4, Tel. 315 27 94, www.the-highlander.at, tägl. 11-24, warme Küche bis 22.30. Gasthausbrauerei, Wiener und internat. Küche; vegetar. Gerichte; Kinderspeisen, -sessel; offene Biere ausschl. aus Hausbrauerei: Märzen, Lager, eigenes Stout. In den Wintermonaten 1-mal/Woche Whiskyverkostungen (max. 20 Pers.). Partykeller für max. 50 Pers. (außer im Sommer); Schanigarten für 100 Pers. €€

Weinschenke Berggasse 8, Tel. 0660/755 51 93, E-Mail: berggasse@weinschenke.wien, www.weinschenke-wien.com, täglich 11-23. Neuester Standort der Weinschenke von Franz Haslinger und Nikolai Kölbl. Der Fokus liegt auf Wein und Burgern (auch zum Mitnehmen). 10 Burgervarianten (mit Fleisch, vegetarisch und vegan), 12 Saucen, alles selbst gemacht (Fleisch von Hödl wird täglich selbst faschiert, Brot wird nach eigenen Rezepten von Frühbauer gebacken, die Pommes sind aus Bioerdäpfeln aus der Lobau). Mo-Fr 11.30-14 MM (Burger mit 130g Fleisch um € 1,- günstiger); Salate (z.B. mit Räucherlachs, Ziegenkäse oder Zitrushuhn), Desserts (z.B. warmer Schokokuchen); am Abend Barkultur. Wickeltisch. 2 Schanigärten für 80 Pers. €€

Afrikanisch

Äthiopisches Restaurant Währinger Straße 15, Tel. 402 07 26, E-Mail: ethiopian.restaurant@aon.at, www.ethiopianrestaurant.at, Di–Fr 12–23, Sa 13–23, So 16–21, warme Küche bis 1 Std. vor Schluss, im Sommer erst ab 16 geöffnet. Entspanntes Äthiopisches Lokal mit würzigem Essen, das man mit den Fingern essen kann: weiches, fluffiges Brot namens „Injera", gulaschartige Gerichte mit viel Sauce mit Gemüse und Frischkäse (gemischter Teller für 1, 2 oder 3 Pers.: € 12,–/€ 20,–/€ 27,–); Spezialitäten: Gored Gored, Kitfo, Kitfo Special und Kutteln (Fr, Sa oder nach Vorbestellung), Fr, Sa 20.30 Kaffeezeremonie mit Pfannenröstung. Holzfurnier, Spiegel, Messing, schmiedeeiserne Stiege, rosarote Sitzbezüge, ein paar Ethnoversatzstücke. Schanigarten für 5 Pers. **€€**

Amerikanisch

Omnom Burger Sechsschimmelgasse 24, Tel. 0660/109 07 07, E-Mail: office@omnomburger.at, www.omnomburger.at, Di–Fr 11–22, Sa, So, Fei 12–22. Burger mit frei wählbaren Extras (z.B. Bacon, Halloumi, Feta, Zwiebel, Zucchini, Jalapeños); Di–Fr 11–15 MM (Burger mit Fries (+ € 2,–) und Softdrink (+ € 1,–)); täglich frisch faschiertes Fleisch von der Metzgerei Szabo, hausgemachte Fries, Brötchen von Felzl; Ben & Jerry's sowie veganes „Nomoo"-Eis, hausgemachte Brownies; Softdrinks (hausgemachte Kräuterlimonade, Makava, all i need etc.), Wein vom Mayer am Pfarrplatz, Schankbier (Omnom Lager), wechselndes Bier des Monats, eigenes Hausbier, Craft-Bier von Brew Age; Vorbestellungen und Veranstaltungen möglich. Auf Anfrage Miniburger-Catering sowie live grillen. Schanigarten für 20 Pers. 💳 **€€**

Quicky's – Burgers & More Spitalgasse 25, Tel. 402 58 87, E-Mail: office@quickys-burger.at, www.quickys-burger.at, Di–Fr 11–22, Sa, So 12–22, Fei 14–22, Küche bis 21.45. Burger, Wraps, Chicken Wings, Cheesburger Classic, Chili Cheese Nuggets, Salate; Burger-Menü (medium € 9,90/ large € 10,90/big large € 12,90); Eis von Ben & Jerry's, Donuts, selbstgemachtes Tiramisu, Cheesecake. Lieferung ab € 14,– in die Bezirke 1, 6 bis 9 und 16 bis 20; Onlinebestellung möglich. Hintergrundmusik; TV. Schanigarten für 17 Pers. 💳 **€**

The Burger Bar Liechtensteinstraße 8b, Tel. 922 28 30, E-Mail: reservierung@theburgerbar.at, www.theburgerbar.at, täglich 11–23. Burger, Salate, hausgemachte Saucen und Dressings; Cocktails, Liköre, Schnäpse, hausgemachter Eistee. Take-away; Lieferservice in die Bezirke 1, 2, 4 bis 9 und 17 bis 20 (ohne Mindestbestellwert). Kindersessel; Klimaanlage; Zeitungen, Magazine. Schanigarten für 20 Pers. 💳 **€**

Asiatisch

Ginger & Spice Nußdorfer Straße 30, Tel. 276 63 37, E-Mail: gingerandspicevienna@hotmail.com, www.gingerandspicevienna.at, Mo–Fr 11.30–14 und 17.30–22, Sa, So, Fei 17.30–22. Asiatische Küche, Nudelgerichte, Thai Curry, thailändische, vietnamesische, chinesische und japanische Speisen (Mo–Fr 11.30–13.30 MM mit wahlweise pikanter Suppe, Salat oder Frühlingsrollen ab € 6,90); asiatische Biere (Kirin, Singha), Tees und Schnäpse. 2 Kindersessel. Schanigarten für 20 Pers. 💳 **€€**

Grüner Schatten Lustkandlgasse 48, Tel. 0677/61 83 26 28, 0699/12 63 38 51 (Catering), E-Mail: hallo@gruenerschatten.at, www.gruenerschatten.at, Mo–Fr, So, Fei 12–21. Souldfoodküche im bescheidenen Rahmen, aber in sehr guter Qualität; Fleisch aus Österreich, die meisten fleischlosen Speisen sind vegan und glutenfrei; kleine günstige Portion (auch selbst zusammenstellbar), z.B. Currys mit saisonalem Gemüse, auch Wildgemüse, Suppen, Rinderragout, Linsentaler, Kuchen (z.B. veganer, glutenfreier und zuckerfreier Bananen-Dattelkuchen; Schokokuchen); Getränke wie süßes Mango Lassi, Kaffee von Akrap, ungesüßter Tamarindennektar, Goldmilch mit Tumaric. Kindersessel, Kinderspielecke. Catering (Fingerfood, Currys). Lokal für Feiern bis zu 15 Pers. zu mieten (mit Buffet). Minigreißlerei. Schanigarten für 8 Pers. **€**

Hello World Spitalgasse 1a, Tel. 925 18 57, 0664/382 63 78, E-Mail: asiaworld@chello.at, www.asia-world.at, www.asiatogo.at, Mo–Sa, Fei 11–22. Asiatische Küche, Sushi immer minus 50 %, „all you can eat" à la carte (€ 18,90), Nudelsuppen; Poke Bowl. Zustellung in die Bezirke 1, 7 bis 9 und 16 bis 20 (gratis ab € 9,90). 💳 **€**

Hitomi Liechtensteinstraße 15, Tel. 317 67 01, E-Mail: office@hitomi.at, www.hitomi.at, Mo–Sa, Fei 11.30–22. Asiatische Spezialitäten wie Sushi, hausgemachte Nudeln und Wokgerichte, Sushi und Maki ganztags, MM; Kinderteller. 💳 **€€**

Kim kocht Restaurant Währinger Straße 46, Tel. 0664/ 425 88 66, E-Mail: restaurant@kimkocht.at, www.kimkocht.at, Di 12–15, Mi–Fr 12–15 und 18.30–23, im August Sommerpause, 23. Dez. bis 6. Jänner Winterpause. Sohyi Kim's aktuelles Restaurant, untergebracht in einem ehemaligen Plattengeschäft, 20 Sitzplätze, mittags à la carte, Business-Lunch Menü (3-4gg Überraschungsmenü), am Abend Degustationsmenüs; 5 Elemente-Küche. 💳 **€€**

Li-Li Fuchsthallergasse 14, Tel. 317 55 64, E-Mail: lilirestaurant_wien@hotmail.com, www.lilirestaurant.com, Mo–Sa 11.30–14.30 und 17.30–22.30, So, Fei 11.30–22.30. Restaurant gegenüber des Bühneneingangs der Volksoper. Thailändische, japanische und chinesische Küche (11.30–

14.30 MM), Mittagsbuffet all you can eat mit 25 Speisen; auch Abendbuffet mit Sushi 17.30-22.30 (all you can eat mit Service), chinesisches Fondue-Buffet auf Vorbestellung; mehrere Sorten Fassbier, großes Weinangebot; Kinderportionen, 2 Kindersessel; Catering bis 100 Pers. Klimaanlage. Schanigarten für 36 Pers. €

Oasia Schlickgasse 2, Tel. 310 01 70, E-Mail: office@oasia-restaurant.at, goasia.at (Online-Shop), www.oasia-restaurant.at, Mo-Fr 11-15 und 17.30-22, So, Fei 17.30-21.30, Küche bis 30 Min. vor Schluss, Sommerpause siehe Homepage. Modernes Asia-Fusion-Restaurant, zentrales Element ist eine Sushibar mit Schauküche; panasiatische Küche (Mo-Fr 11.30-15 MM € 9,90 bis € 13,50), Poké Bowl, Pad Thai, Wokgerichte, Currys, Sushi; Kinderspeisen, -sessel. Schanigarten für 6 Pers. Vorbestellung (auch online) und Abholung möglich. €€

Shouko Ramen Bar Spitalgasse 31, Tel. 969 18 17, E-Mail: hello@shouko.at, www.shouko.at, Mo-Fr 11-22, Sa 12-22 (Fei geschlossen). Ramen Bar. Japanische Ramen mit Fleisch- oder Gemüsebrühe, Sushi, warme Vorspeisen wie Gyoza, Karaage, Edamame etc., Hauptspeisen (Fisch, Fleisch, vegetarisch). Mo-Fr Business Lunch mit wechselnden Tagesgerichten. Kindersessel. Eigener Take-away-Shop nebenan. Gastgarten für 40 Pers. €€

Sinohouse Nußdorfer Straße 86, Tel. 0699/10 32 71 68, E-Mail: jin@sinohouse.at, www.sinohouse.at, Mi-Sa 17-23, im Sommer 2 Monate geschlossen. Spezialitäten der asiatischen Gar- und Straßenküche, Dim Sum, Pekingente (4gg Menü nach Vorbestellung, pro Person € 55,-); tolle Weine. €€€

Steirasia Servitengasse 3, Tel. 346 38 75, E-Mail: info@steirasia.at, steirasia.at, Mo-Sa 11-22 (Fei geschlossen). Steirisch-asiatische Fusionsküche, z.B. Saure Zunge mit Yuzo Sojasauce (€ 8,50), Chicken Salat (€ 9,50), Sushi Roll (ab € 6,-), auch vegetarische Speisen; Mo-Fr 11-15 MM (ca. € 10,-). Steirische Weine und Schnäpse; Kernöl und Bauernsäfte von Joseph Scharl (auch zum Mitnehmen). Weißes, steirisches Interieur. Schanigarten für ca. 26 Pers. €€

Balkan

Mariannenstuben Mariannengasse 9, Tel. 0681/83 46 61 89, Mo-Fr 8-18 (Fei geschlossen), Küche bis Nachmittag. Balkan- und Wiener Küche, viel Fleisch; Kinderspeisen. Kleiner Schanigarten. Keine Hunde. €

Chinesisch

Goldener Drachen Porzellang. 33, Tel. 317 33 18, E-Mail: lokal@goldener-drachen.at, www.goldener-drachen.at, Di-So, Fei 10.30-15 und 17.30-22.30. Ältestes chinesisches Restaurant in Wien (seit über 50 Jahren), einer der sehr empfehlenswerten Chinesen Wiens, spezialisiert auf Peking-Küche, Pekingente; täglich frische Chau-Tse (Teigtaschen); Do Mittag (außer Juli/August) Buffet (Kinder bis 8 Jahre zahlen den halben Preis) mit Speisen aus dem Norden Chinas, Spezialitäten in den Sommermonaten: Nudeln mit Huhn, Rind bzw. vegetarisch mit Erdnusssoße oder süßsaurer Soße; Di-Fr MM; Kinderportionen, -sessel, Wickeltisch, Spielzimmer; alle Speisen auch zum Mitnehmen, Catering. Schanigarten für 20 Pers. €€

Küche 18 Währinger Straße 18, Tel. 968 31 55, E-Mail: info@kueche18.at, www.kueche18.at, Mo-Fr 11.30-15 und 17-22, Sa, So, Fei 12-22. Traditionelle chinesische und japanische Küche mit authentischer Zubereitung, Sushi, Maki, (12-15 alle 2 Wochen wechselnde MM € 7,20 bis € 12,-); Tagessuppe (€ 3,50), Salate, Desserts, gut sortierte österreichische Weinkarte. Schanigarten für 20 Pers. €€

Französisch

Café Francais Währinger Straße 6-8, Tel. 319 09 03, E-Mail: salut@cafefrancais.at, www.cafefrancais.at, Mo-Sa 9-24 (Fei geschlossen). Großes und täglich volles Lokal; französische Alltags-Kulinarik wie Quiche (ab € 9,-), herzhafte Zwiebelsuppe (€ 4,90), Coq au Vin (€ 16,50), Croissants (€ 3,50) und Baguettes. Frühstück. Hübsche Ausstattung, dezent modern, großzügig gehaltenes Lokal, viel Platz nach oben und viel Licht von außen. Gastgarten für 60 Pers.

La Mercerie Berggasse 25, Mo-Sa 8.30-19. Französisches Lokal. Frühstück, Kaffee- und Teespezialitäten. Schanigarten.

Pastis - summerstage Roßauer Lände (Donaukanal, U4-Station), Tel. 0699/19 02 26 86, 319 66 44 (Büro), E-Mail: office@summerstage.at, www.summerstage.at, Mai bis September täglich 17-1. Französische Küche von Quiche und Croques über Steak Frites, Burger und frischen Salaten, Charcuterie, Käse bis zu hausgemachten Nachspeisen. Auswahl an Pastis, Roséwein aus der Provence oder eine erfrischende hausgemachte Limonade. Terrasse.

Griechisch

Rembetiko Porzellangasse 38, Tel. 317 64 93, E-Mail: office@rembetiko.at, www.rembetiko.at, täglich 11.30-15 und 17.30-24, warme Küche bis 14.30 bzw. 23. Griechische Küche (Mo-Fr MM € 6,90 bis € 10,90), bekannt für Fisch- und Lammspezialitäten; große Auswahl an griechischen Weinen; Kinderkarte, -sessel. Schanigarten für 80 Pers. €€

Indisch

Flavours of India Lichtentaler Gasse 20 (Ecke Badgasse), Tel. 924 40 58, E-Mail: flavoursofindia1090@hotmail.com, flavoursofindia.at, Mo 11–14.30, Di–So 11–22 (Fei geschlossen). Indische Spezialitäten wie Curry oder Biryani. Kostenlose Lieferung innerhalb Wiens (ab € 15,– Mindestbestellwert); Take-away. €€

Jaipur Palace Brünnlbadgasse 15, Tel. 402 94 94, E-Mail: jaipurpalace1090@gmail.com, www.jaipurpalace.at, Mo 11–14.30 und 18–23, Di–So 11–14.30 und 18–22.30. Angenehme Atmosphäre, echter indischer Tandoor-Lehmofen, große Auswahl an Gemüsegerichten, auch vegane Speisen; Zustellservice in die Bezirke 1, 6 bis 9 und 15 bis 20. Klassische indische Musik. Extrazimmer für 20, Schanigarten für 35 Pers. €€

Tulsi hidden indian kitchen Fluchtgasse 1, Tel. 310 17 77, E-Mail: info@tulsirestaurant.at, www.tulsirestaurant.at, Di–So 11.30–14.30 und 18–23, Küche bis 14 bzw. 22. Indische Spezialitäten neu interpretiert, sowohl klassische Gerichte wie z.B. Murgh Makhani (indisches Butterhähnchen) als auch Rote Rüben Kababs mit geräuchertem Melanzani-Tatar und Mango finden sich auf der Speisekarte; Di–Fr 2 MM (Fleisch € 10,50, vegetarisch € 9,50); österreichische und internationale Weine, Auswahl an diversen Gin- und Whisky-Sorten, Tees von Haas & Haas. Alle Speisen auch zum Mitnehmen. Schanigarten für 20 Pers. €€

Italienisch

Allegro Porzellangasse 21, Tel. 0677/63 53 05 85, E-Mail: info@allegrowien.com, www.allegrowien.com, Mo–Fr 10–22, Sa 10–23 (Fei geschlossen). Hübscher Italo-Imbiss von Marco Russo mit sizilianischen Spezialitäten wie Vorspeisen (Arancina), Pasta (alla Norma), Salate, Pizza, frischer Fisch (mehrmals die Woche direkt aus Italien), Dolci, im Sommer Eis. Kleiner Shop mit Alimentari, Sortiment von italienischen Gourmet-Produkten; Catering, Onlineshop. Schanigarten für 30 Pers. €€

Billini Porzellangasse 62, Tel. 315 43 64, www.billini-wien.at, täglich 11–23. Italienisches Lokal mit venezianischen Bildmotiven an den Wänden, Monatskarte, Pizza (ab € 7,50), Kinderpizza; Zustellservice in den 9. sowie angrenzende Bezirke (bei Bestellungen bis € 9,– Zustellgebühr € 1,80). TV, Klimaanlage, deutsche und österreichische Tageszeitungen. Schanigarten für 10 Pers. €€

Bio-Pizzeria Vero Währinger Gürtel 162 (Ecke Sobieskigasse), Tel. 310 11 79, E-Mail: biopizzeria@vero.co.at, www.vero.co.at, Mo–Sa 17–22, So, Fei 11.30–22. Neapolitanische Bio-Pizza aus Sauerteig (auch glutenfreie Buchweizenpizza), vegane Varianten; ausschließlich Bio-Produkte; Kinderpizza, -sessel; Bio-Fruchtsäfte; Schladminger Bio-Zwickl und Wieselburger vom Fass, Bio-Weine, Bio-Kaffee von Alt Wien; großes Tee-Sortiment. Schanigarten für 30 Pers. €€

Bravi Ragazzi Währinger Straße 22, Tel. 946 46 28, E-Mail: office@braviragazzi.at, braviragazzi.at, täglich 10.30–22, Küche bis 21.30. Neapolitanisches Streetfood wie Arancini od. Pizza Fritta. Take-away. Schnanigarten für 10 Pers.

Pizzeria Candis Schlickgasse 5, Tel. 317 31 92, E-Mail: info@pizzeriacandis.com, www.pizzeria-candis.at, täglich 11.30–14 und 17.30–22, im August Sa, So geschlossen. Italienische Spezialitäten, Fischspezialitäten, auch saisonale Speisen wie Spargel, Miesmuscheln, Schwammerl; TT (€ 7,90 bis € 10,90), Kinderportionen, -sessel, Spielsachen; kostenlose Zustellung (ab € 10,–) im 1., 2., 9. und 20. Bezirk. Klimaanlage. Schanigarten für 10 Pers. €€

Casa Piccola Hernalser Gürtel 30, Tel. 408 39 24, E-Mail: office@casa-piccola.at, www.casa-piccola.at, Mo, Do–So 17–22.30. Italienische und internationale Küche; Pizza (auch vegan), glutenfreie Speisen; Biovollkornteige. €€

City Pizza Stroheckgasse 1a, Tel. 319 19 09, E-Mail: office@city-pizza.at, www.city-pizza.at, tägl. 11–23. Abhol- und Lieferservice (Lieferung ab € 13,–, darunter € 2,– Zustellgebühr); Pizza (€ 7,50 bis € 11,90), Family-Pizza (€ 12,50 bis € 18,50), Mittagsangebote; auch indische Speisen und Grillspezialitäten (z.B. Huhn, Lamm), Fisch; Zustellung in die Bezirke 1, 2, 8, 9, 18 bis 22. 8 Sitzplätze im Lokal. €

Cocore Berggasse 14, Tel. 0660/597 91 03, E-Mail: info@cocore.at, www.cocore.at, Mo–Sa 11–22. Pizzeria. Pizza à la carte, tagsüber Pizzastücke zum Mitnehmen.

Da Luigi Liechtensteinstraße 8, Tel. 310 19 30, E-Mail: sedrati.gmbh@chello.at, www.da-luigi.at, täglich 11–23, durchgehend warme Küche. Frische Fische, Pizza vom Steinofen, TT, Wochenkarte, Fischteller; kleine Portionen möglich, Kindersessel; österreichische und italienische Weine, Verkauf von Flaschenweinen; 11–22.45 Zustellung im 1., 2., 7. bis 9. und 16. bis 20. Bezirk (ab € 10,–). Feste bis 30 Pers. möglich. Klimaanlage. Schanigarten für 20 Pers. Hunde nur mit Beißkorb. €€

Diana Schwarzspanierstraße 6/4, Tel. 406 06 90, E-Mail: office@diana-restaurant.at, www.diana-restaurant.at, Mo–Sa 11–22, durchgehend warme Küche. Italienische und internationale Küche, Pizza, Muscheln, frische Fische, wechselnde Wochenkarte mit Fisch- und Fleischgerichten; Kinderportionen, -sessel. 2 Extrazimmer für 18 und 12. €€

Ristorante Francesco Währinger Str. 66, Tel. 317 49 42, E-Mail: info@ristorante-francesco.com, www.ristorante-francesco.com, täglich 12–24, Küche bis 23 und Abholung bis 22. Italienische Küche; Antipasti, Pasta, Pizza, Desserts.

12-15 2gg MM (€ 9,50). Nur wenige Gehminuten von der Volksoper entfernt. €€

Ristorante Pizzeria Giuliano Tendlergasse 3, Tel. 408 57 78, E-Mail: pizzeriagiuliano@chello.at, www.pizzeria-giuliano.at, Mo–Fr, Fei 11.30–14.30 und 17–23. Italienische Küche, Pizza, sardische Spezialitäten, saisonale Speisen des Monats; Kinderportionen; ausgewählte Weine und Grappa. Schanigarten für 30 Pers. €€

La Corta Liechtensteinstraße 32–34, Tel. 315 25 56, www.la-corta.at, täglich 10–24, durchgehend warme Küche. Italienische Küche; Pizza, Pasta, Fisch, Meeresfrüchte, Burger, vegetarische Gerichte; Zustellung in die Bezirke 1, 2, 8, 9 und 17 bis 20 (ab € 12,– gratis, darunter € 2,– Zustellgebühr). TV. Schanigarten für 25 Pers. €

La Pasteria Servitengasse 10, Tel. 310 27 36, E-Mail: benvenuto@lapasteria.at, www.lapasteria.at, Di–Fr 11–23 (Fei geschlossen), durchgehend warme Küche, Alimentari: Di–Fr 10–19, Sa 10–13. Winziger, hübscher Italiener, Restaurant und Alimentari, täglich frische Gerichte (auch zum Mitnehmen); italienische Spezialitäten und Inspiration aus österreichischer Produktion, z.B. Gorgonzola, Rosecco, frische Pastaspezialitäten (ca. € 11,– bis € 16,–), auch Fisch- und Fleischspezialitäten (€ 18,– bis € 28,–), Antipastivariationen; Desserts (ab € 5,–); Spezialität: täglich frischer Fisch; individuelle Produkte, großer Wert wird auf Nachhaltigkeit gelegt, viele Bioprodukte; Catering auf Anfrage, Platten für alle Anlässe. Schanigarten für 26 Pers. Reservierung empfohlen. €€€

La Strada 27/29 Clusiusgasse 8, Tel. 310 33 71, E-Mail: lastrada2729@gmail.com, www.lastrada2729.com, Mo, Mi–So 11–22. Grätzel-Pizzeria mit hervorragenden Pizzen und Focaccias. €€

Little Italian Severingasse 5, Tel. 890 14 80, E-Mail: dolcepepi@little-italian.com, www.little-italian.com, Mo–Fr 11–19.30, So 11–22 (Fei geschlossen). Kleines Deli mit italienischen Speisen und einem kleinen Verkaufsraum; wöchentliches Spezialgericht und à la carte; norditalienisches Streetfood wie Piadina (ital. Fladenbrot) in verschiedenen Varianten; neapolitanische Pizza (auch zum Mitnehmen); So bis 22 Aperitivo. Olivenöl vom Fass und viele weitere Produkte direkt von den jeweiligen Produzent*innen. Catering. Lokalmiete möglich. €

Pizzeria Mar Müllnergasse 5, Tel. 319 59 72, E-Mail: office.mar@gmx.at, Di–Fr, Fei 11.30–14.30 und 17.30–24, Sa 11.30–14.30 und 17.30–23, So 11.30–14.30, Weihnachten und Ostern geschlossen. Pizza, Pasta, Fisch, Fleisch, auch vegetarische Gerichte. Spezialität: gegrillte Scampi und Pizza Prosciutto; österreichische und italienische Weine. Extrazimmer für 30, Schanigarten für 30 Pers. €€

Ristorante Pizzeria Mediterrano Althanstraße 47, Tel. 319 78 71, E-Mail: office@ristorante-mediterrano.at, www.ristorante-mediterrano.at, Mo–Fr 11–22 (Fei geschlossen), durchgehend warme Küche bis 21.30. Italienische und mediterrane Küche, Mittagsaktion für diverse Pizza- und Pastagerichte bis 14.30 (€ 6,90); Spezialitäten: frischer Fisch; Kinderportionen. Schanigarten für 30 Pers. €€

Pizza Angolo No 22 Währinger Straße 22, Tel. 310 29 81, E-Mail: pizzaangolo22@gmail.com, www.angolo22.com, Mo–Fr 11.30–14.30 und 17–22.30, Sa 17–22.30 (Fei geschlossen), im Sommer Mo–Fr 12–22, Sa, So 17–22. Unprätentiöse, einfache Pizzeria mit authentischer neapolitanischer Pizza, Pasta, Antipasti; alle Zutaten aus Italien; italienische Weine, Grappa, Chinotto. Schanigarten für 40 Pers. €€€

Pizzeria Riva - summerstage Roßauer Lände (Donaukanal, U4-Station), Tel. 310 20 88, 319 66 44 (Büro), E-Mail: res.sum@riva.pizza, www.pizzariva.at, www.summerstage.at, Mai bis September täglich 17–1 (bei Schönwetter). Neapolitanische Pizza in allen Variationen aus traditionellem Holzofen, Salate; italienische Weine. €€

Pizzeria Riva Türkenstraße Schlickgasse 2 (Ecke Türkenstraße), Tel. 310 20 88, E-Mail: res.tue@riva.pizza, riva.pizza, Mo–Fr 12–15 und 17.30–22.30, Sa, So, Fei 12–22.30, Küche: Mo–Fr 12–14.30 und 17.30–22, Sa, So Fei durchgehend bis 22. Neapolitanische Pizza, auch Antipasti und Salate; Kinderpizza, -sessel. Pizza zum Mitnehmen. Veranstaltungskeller für ca. 40 Pers. für Feiern, Partys etc. (auch zu mieten). Schanigarten für 44 Pers. €€

Ristorante Scala Servitengasse 4, Tel. 310 20 79, E-Mail: info@ristorante-scala.at, www.ristorante-scala.at, täglich 11–23, Küche bis 23. Italienische Speisen (Mo–Fr 12–15 MM € 8,90), Pizza, Pasta, Fleisch- und Fischgerichte, saisonale Wochenkarten (z.B. Spargel, Steinpilze); österreichische und italienische Weine; Kinderportionen, -sessel. Extrazimmer im Keller für 40, Schanigarten für 35 Pers. €€

Sly & Arny Restaurant-Bar Lackierergasse 5, Tel. 405 04 58, E-Mail: office@foodbar.at, www.foodbar.at, Mo–Do, So 18–1, Fr, Sa 18–2, Sommeröffnungszeiten: Di–Do 18–24, Fr, Sa 18–1; Küche bis 24. Preiswertes Restaurant samt Cocktailbar; italo-amerikan. Küche, Steinofenpizza im Neapolitan Style, mit saisonalen Produkten belegt (ab € 5,–), Salate; Cocktails (ab € 4,50), z.B. Caipirinha. Partys zu verschiedenen Anlässen (Frühlings- und Sommerfest). Klimaanlage. Extrazimmer für 40 Pers. Schanigarten für 25 Pers. €

Solo Pizza e Birra Alser Straße 4 (Campus, Altes AKH, Hof 1), Tel. 402 91 82, E-Mail: reservierungen@solopizza.at, www.solopizza.at, täglich 11–23. Fokus auf Pizza und Bier. Bis 16 Tagespizza Funghi (€ 7,50). Großer Gastgarten für ca. 260 Pers. am Campus des Alten AKH. €€

Pizzeria Valentino Berggasse 6, Tel. 319 42 62, E-Mail: hakum13@yahoo.de, täglich 11–23, warme Küche bis 22. Elektroofenpizza (€ 8,– bis € 11,–) und italienische Spezialitäten seit 1982; Kinderspeisen, Spielsachen. Zustellung in die Bezirke 7, 8 und 9. 2 Extrazimmer für je 15, Schanigarten für 25 Pers. €€

I Vecchi Amici Liechtensteinstraße 24 (Eingang Thurng.), Tel. 319 12 86, E-Mail: mail@ivecchiamici.at, www.ivecchiamici.at, Mo–Do, So, Fei 11.30–23, Fr, Sa 11.30–23.30, durchgehend warme Küche. Original italienisches Restaurant; selbstgemachte, frische Pasta, Pizza und frisch zubereitete Fischgerichte (Mo–Fr bis bis 15 MM), alle zwei Wochen wechselnde Spezialitätenkarte (von Pilznudeln bis zu Mittelmeerspezialitäten vom Koch aus Palermo); ausschließlich italienische Weine; Kinderportionen, 3 Kindersessel. Für Veranstaltungen bis 100 Pers. zu mieten. Schanigarten für 52 Pers. €€

Japanisch

Akakiko Julius-Tandler-Platz 4, Tel. 057/333-180, E-Mail: info@akakiko.at, www.akakiko.at, täglich 10.30–23, warme Küche bis 22.30. Sushi, Maki, Bento, vegetarische Speisen; Gratiszustellung in ganz Wien (ab € 13,50, Tel. 057/333, Online-Bestellung möglich). Im Lokal 74 Sitzplätze; Schanigarten für 44 Pers. €€

Sohyi Sushi Schlagergasse 9, Tel. 407 34 19, 0660/725 19 98, E-Mail: office@sohyisushi.at, www.sohyisushi.at, Mo–Fr 11–14.30 und 17–22.30, Sa, So, Fei 17–22.30. Japanische Spezialitäten (MM ab € 5,90), wechselnde Tageskarte; Kinderspeisen; Zustellung im 8., 9., 18., 19. und 20. Bezirk (ab € 9,90); Catering. €

Takumi Ramen Kinderspitalgasse 2, Tel. 406 52 22, E-Mail: takumiwien@hotmail.com, www.takumiramen.at, Mo–Sa 11.30–15 und 17.30–22, So 12–15 und 17.30–21.30, Küche bis 30 Min. vor Sperrstunde. Japanische Küche, z.B Ramen, Curry; Spezialität: Yakisoba (gebratenes Gericht mit Weizenmehlnudeln ab € 13,50). Kindersessel. Klimaanlage. €€

Koreanisch

Restaurant IEGA Lee & Kim Spitalgasse 1, Tel. 403 46 03, Mo–Sa 11.30–15 und 18–22. Koreanisch-japanische Speisen, Spezialität: Bulgogi (mariniertes Rindfleisch mit Salat und Reis € 13,90), koreanischer Reiseintopf mit Gemüse; Tische mit eigenen Grillplatten. Kindersessel; Extrazimmer für 20 Pers. €€

modern korean Lustkandlgasse 4, Tel. 0664/196 79 72, E-Mail: restaurant@modernkorean.at, www.modernkorean.at, Di–Sa 12–15 und 18–23 (Fei geschlossen), Küche bis 14.30 bzw. 21.30. Kontemporäre koreanische Küche; alle paar Monate neue Speisekarte; Mittags-, Abend- und Zustellkarte, auf spezielle Ernährungsweisen und Unverträglichkeiten (vegan, vegetarisch, glutenfrei, laktosefrei etc.) wird eingeganen; Currys, Bowls, Wok-Gerichte mit Reis, Eintöpfe (Jjiggae), Ramen, Salate; österreichische Weine, Zipfer Urtyp vom Fass, koreanischer Schnaps. Kochkurse Sa 12–15 (Anmeldung 2 Wochen im Voraus). Gastgarten für 30 bis 40 Pers. €€€

Kreolisch

Casa Caribeña Glasergasse 15, Tel. 317 73 03, E-Mail: info@casacaribena.at, www.casacaribena.at, Di–Sa 17–23, im Sommer geschlossen. Karibische Spezialitäten: Reisgerichte, gegrilltes Fleisch, Steaks, Salate, Fisch und Meeresfrüchte; Catering ab 20 Pers. Cocktailbar. Regelmäßig kubanische Livemusik. Kindersessel; Extrazimmer für 20 Pers. (für Events und Feste zu mieten), Schanigarten für 25 Pers. Von Mai bis Sept. auf der summerstage (tägl. 17–1). €€

Casa Caribeña – summerstage Roßauer Lände (Donaukanal, U4-Station), Tel. 0660/551 35 27, 319 66 44 (Büro), E-Mail: info@casacaribena.at, www.casacaribena.at, www.summerstage.at, Mai bis September täglich 17–1. Karibische Spezialitäten, große Auswahl an Fisch- und Meeresfrüchte-Variationen nach Art des Hauses, karibische Desserts mit Bananen- und Kokos-Kreationen; Cocktails. Terrasse. €

Kroatisch

Restaurant Ragusa Berggasse 15, Tel. 317 15 77, E-Mail: restaurant@ragusa.at, www.ragusa.at, Mo–Fr 11.30–14.30 und 18–22.30, Sa 18–22.30, warme Küche bis 14.15 bzw. 22. Erstklassige dalmatinische Köstlichkeiten in gemütlich-nostalgischer Atmosphäre; gegrillte Fische und Meeresfrüchte, die täglich frisch von der Adriaküste geliefert werden, Mittagskarte, Spezialität: Fisch in Salzkruste; Kinderspeisen, -sessel; österreichische und kroatische Weine. Extrazimmer für 30. Schanigarten für 32 Pers. Rollstuhlrampe. €€€

Lateinamerikanisch

La Paz Liechtensteinstraße 109, Tel. 0664/502 35 02, E-Mail: argollo2001@yahoo.es, Mo–Sa, Fei 18–2, variable Öffnungszeiten, bei Reservierung auch mittags geöffnet. Bolivianische Küche; Kinderspeisen; kleine Weinkarte, Bier, Schnaps, Cocktails; viele Speisen auch zum Mitnehmen; Livemusik. €

Mexikanisch

Acapulco Berggasse 30, Tel. 319 04 48, E-Mail: restaurant@acapulco.at, www.acapulco.at, Mo–Sa 17–24, So, Fei 11.30–24. Mexikanische und peruanische Küche, Spezialitäten: Rocoto Relleno (Chili gefüllt mit Rindfleisch, mit Käse überbacken), Ceviche; peruanisches Flaschenbier, Inca Kola (peruanisches Nationalgetränk), Cocktails; Kinderspeisen, -sessel; auch Buffet und Catering. Jeden letzten Fr/Monat Musik (Folklore), im Winter jeden Fr und Sa Live Musik; Beamer; für Veranstaltungen zu mieten. Schanigarten für 20 Pers. 💳 €€

Fresco Grill Liechtensteinstraße 10, Tel. 336 12 12, E-Mail: office@frescogrill.at, www.frescogrill.at, Mo–Fr 11.30–14.30 und 17.30–21, aktuelle Öffnungszeiten s. Homepage. Tex-Mex- und mexikanische Küche (vegetarisch, vegan und mit Fleisch); gewählt werden kann aus Gerichten wie Burritos, Tacos, Quesadillas und Mexican Bowls; Churros; Angry Mexican (Hausbiere). Abholung und Zustellung möglich, Burritomat (Automat beim Eingang mit frisch zubereiteten Burritos zum Mitnehmen). Klimaanlage. Schanigarten. Keine Barzahlung möglich. 💳 €€

pancho summerstage Roßauer Lände 17 (Summerstage), Tel. 319 05 76, 319 66 44 (Büro), E-Mail: summerstage@pancho.at, www.pancho.at/summerstage/, www.summerstage.at, Mai bis September täglich 17–1. Mexikanische und amerikanische Küche. Burritos, Totopos, Nachos, Enchiladas, Burger, Steaks; Wein, Cocktails. Terrasse. 💳 €€

Orientalisch

Baschly Schwarzspanierstraße 22, Tel. 0660/666 00 77, E-Mail: office@baschly.com, catering@baschly.com, www.baschly.com, Mo–Do 11–19, Fr 11–15. Traditionelle israelisch-orientalische Gerichte, Produkte aus Österreich, viele vegetarisch und vegan Speisen, Pitas (€ 6,–), Wraps (ab € 6,50), hausgemachte Falafel, Hummus, Salate, Shakshuka (pochierte Eier in einem Tomaten-Chili-Paprikaragout). Essen zum Mitnehmen. Sitzplätze für 8 Pers. 💳 €

Pakistanisch

Der Wiener Deewan Liechtensteinstraße 10, Tel. 925 11 85, E-Mail: d1@deewan.at, www.deewan.at, Mo–Sa 11–23 (Fei geschlossen), über Weihnachten geschlossen; Sommerpause. Pakistanisches Restaurant, man zahlt für das Essen so viel man möchte (bei Getränken Fixpreise). Am Buffet 5 Currys zum Selbernehmen (jeweils 3 vegetarisch/vegan, 2 mit Fleisch), z.B. Linsen-, Hühner- oder Rindercurry, alle nur aus den besten Produkten und mit selbst gemischten und gemahlenen Gewürzen; Schwerpunkt vegetarische und vegane Speisen, kein Schweinefleisch, halal. Auch Take-away (zu Fixpreisen: kleine Box € 6,– bis € 8,–, große Box € 9,– bis € 11,–); Catering. Zeitschriften und Bücher. 2 Kindersessel; Keller für 40 Pers. (im gesamten Lokal Platz für ca. 75 Pers.), Schanigarten für 28 Pers. Keine Hunde. 💳 €

Persisch

Restaurant Hatam Währinger Straße 64, Tel. 310 94 50, E-Mail: hatam@chello.at, info@hatam.at, www.hatam.at, täglich 11.30–23, durchgehend warme Küche. Bereits in der 3. Generation werden hier persische Spezialitäten gekocht, versch. Reisgerichte, vegane und vegetarische Mahlzeiten, feinste Fleischsorten vom Grill, Lammbeiried, spezieller Basmatireis, alle Gerichte sind glutenfrei (außer Beilage Brot), Tagesempfehlungen; österreichische und australische Rotweine; Kinderportionen, -sessel. Klimaanlage. Schanigarten für 30 Pers. Abends Reservierung empfohlen. 💳 €€

Polnisch

Fanaberia Garnisongasse 5, Tel. 0699/12 46 43 10, Mo–Mi, Fr 10–15.30, Do 10–17. Polnisches Lokal, Spezialität Pierogi (Teigtaschen) mit div. Füllungen, auch vegetarisch/vegan möglich; Suppen. MM (Suppe, 5 Pierogi, Salat € 7,90).

Russisch

Restaurant Feuervogel Alserbachstraße 21, Tel. 317 53 91, E-Mail: kontakt@feuervogel.at, www.feuervogel.at, Mo–Sa 17.30–24 (Fei geschlossen), warme Küche bis 23; Mitte Juli bis Mitte August Sommerpause. Traditionell russische Küche – seit 1923 berühmt für russische und ukrainische Spezialitäten, Kreml-Dinner (VS, Auswahl an Suppen, 4 russische HS, Dessert um € 49,50 bzw. Zaren-Dinner mit Kaviar und Hummer € 89,50); original russischer Wodka. Fallweise russische Livemusik, Privatfeiern inkl. Kreml Dinner. TV; Klimaanlage; 2 Extrazimmer für 16 und 20, abgetrennter Bereich für 32 Pers. 💳 €€

Spanisch

Paco Nußdorfer Straße 7 (Pichlergasse 1), Tel. 890 37 85, E-Mail: info@pacorestaurant.at, www.pacorestaurant.at, Di–Sa 17.30–24, Küche bis 22, kleine Karte bis 23. Spanische Tapas-Bar; Tapasvariationen; iberische Spezialitäten; wechselnde Tagesspezialitäten (Fische, Muscheln etc.). Ausschließlich spanische Weine. Kindersessel, Spielebox. Terrasse für ca. 65 Pers. Behinderten-WC. ♿ 💳 €€

Rioja, Tapas y más Lazarettg. 22, Tel. 0664/73 12 45 35, E-Mail: kontakt@ymas.at, www.ymas.at, Mo–Fr 16.30–22 (Fei geschlossen). Gut sortiertes, interessantes und wohlfeiles Weinangebot, Estrella-Bier aus Galicien; Vitrine mit herrlichen Tapas, z.B. Manchego in fast allen Reifestadien. Klein und familiär, man kann 80 spanische Weine aus 26 Gebieten probieren (Flaschenpreis ab € 12,–, glasweise ab € 4,20); Rioja-Club-Abende. Privatveranstaltungen ab 15 Pers. Schanigarten für 8 Pers.

Thailändisch

Kantine Porzellangasse 19, Tel. 319 59 18, E-Mail: cutiebee1980@gmail.com, www.kantinethairestaurant.com, Mo–Sa, Fei 17–1, Küche bis 22.30. New-waviges Achtziger-Styling, gute Atmosphäre; ausschließlich thailändische Küche, speziell Thaicurry; Fr DJ-Line, gelegentlich auch Sa (nach Ankündigung). Videobeamer und technisches Equipment für private Feste vorhanden. Schanigarten für 40 Pers. Behinderten-WC. €€

Tibetisch

Tibet Restaurant Währinger Gürtel 102, Tel. 315 10 12, E-Mail: office@tibet-restaurant.at, www.tibet-restaurant.at, Di–Fr 11.30–15 und 17.30–22.30, Sa, So, Fei 12–15 und 17–22.30. Tibetisches Spezialitätenrestaurant, auch eigens für Diabetiker*innen und Allergiker*innen zubereitete Speisen, basierend auf dem Wissen der tibetischen Heilkunde, Küche der Himalaya-Regionen (TT vegetarisch € 7,90 oder mit Fleisch € 8,90); vegane Speisen, großes Angebot an vegetarischen Gerichten und Tees (große Teebar), Lassis; Kinderspeisen, kleine Portionen, selbstgemischter Tee für Kinder, Kindersessel, Spielsachen. Für Veranstaltungen geeignet. Tibet-Shop. €€

Türkisch

Sentepe Berggasse 29, Tel. 0664/347 70 64, E-Mail: info@sentepewien.at, www.sentepe.at, Mo–Fr 10–20, Fei unter der Woche geöffnet. Türkische Küche; Kebap, Falafel, Meze, Salate; täglich wechselnde warme Speisen: ein Gericht mit Hühnerfleisch, Köfte, 2 vegetarische Gerichte; türkischer Tee und Kaffee, köstlicher Sütlac (=Milchreis), Schokokuchen. 8 Sitzplätze. Schanigarten für 8 Pers. €

Usbekisch

Ikat Liechtensteinstraße 33, Tel. 317 81 11, E-Mail: info@ikat.wien, ikat.wien, Di–Fr 16–24, Sa, So 12–24. Usbekische Küche wie Schaschlik-Spieße oder Somsa (usbekische Teigtaschen). Catering, Zustellung. €€

Vegetarisch, vegan

Denns BioMarkt Alser Straße 28-30, Tel. 402 24 27, E-Mail: info@denns.at, www.denns-biomarkt.at, Mo–Fr 8.30–19.30, Sa 8–18. Im Biosupermarkt integriertes Bistro, leichte und schnelle Küche – auch zum Mitnehmen. 9–12 Frühstück; TT/MM (vegetarisch € 6,20, mit Suppe oder Salat € 8,90/mit Fleisch € 7,20, mit Suppe oder Salat € 9,90), täglich wechselnde gefüllte Brotsorten, Salate, Suppen; frisch gepresste Biosäfte, Kaffee (auch to go), Kakao und Tee. Sämtliche Speisen und Getränke 100 % biologisch, vieles auch vegan, gluten- oder laktosefrei (alles gekennzeichnet); Fair-Trade-Produkte. €

Denns BioMarkt Julius-Tandler-Platz 6, Tel. 310 11 67, E-Mail: info@denns.at, www.denns-biomarkt.at, Mo–Fr 8–19.30, Sa 8–18. Im Biosupermarkt integriertes Bistro, leichte und schnelle Küche – auch zum Mitnehmen. 9–12 Frühstück; TT/MM (vegetarisch € 6,20, mit Suppe oder Salat € 8,90/mit Fleisch € 7,20, mit Suppe oder Salat € 9,90), täglich wechselnde gefüllte Brotsorten, Salate, Suppen; frisch gepresste Biosäfte, Kaffee (auch to go), Kakao und Tee. Sämtliche Speisen und Getränke 100 % biologisch, vieles auch vegan, gluten- oder laktosefrei (alles gekennzeichnet); Fair-Trade-Produkte. €

Kim Shop Währinger Straße 44, Tel. 0664/425 88 44, E-Mail: shop@kimkocht.at, www.kimkocht.at, Mo–Fr 11–18, im August Sommerpause, 23. Dez bis 6. Jänner Winterpause. Jüngeres Kind der großen Kim-Familie: Shop und Tageslokal, vegetarisch-vegane Küche, ausgewählte Produkte, z.B Öle, Suppen, Sugo, Wohlfühl-Atmosphäre, Bio-Wein und -Frizzante, Hauseigener Wiener gemischter Satz (Marke: „Kim kocht und trinkt"), Deutz-Champagner, fermentiertes Gemüse z.B. Kimchi, Saucen, verschiedene Gewürzsalze, Kims Kochbücher erhältlich. 8 Sitzplätze im Lokal, Schanigarten für 8 Pers. €

Reformhaus Regenbogen Garnisongasse 12, Tel. 408 65 85, E-Mail: helga.catering@aon.at, www.regenbogenreform.at, Mo–Fr 9–19 (Fei geschlossen). Reformhaus und vegetarisches, veganes, glutenfreies und laktosefreies Buffet (9–18.30 M mit Salat € 7,90, M mit Suppe und Salat € 8,90), Studententeller (ab € 5,90), 15 frische Salate, 10 Aufläufe (auch vegan, glutenfrei und laktosefrei), Getreidelaibchen; Mi ayurvedische Küche; vegane, glutenfreie, zuckerfreie Dinkelmehlspeisen; frisch gepresste Säfte; Speisen zum Mitnehmen (gerne im mitgebrachten Behälter), „Essen im Park" (Teller und Besteck können zum Essen im Votivpark ausgeborgt werden); individuelles Catering (frische Salate, Mehl-, Hauptspeisen, Imbisse und Getränke). Gemüse, frisches Obst, Demeter-Getreide auch zu kaufen. 8 Sitzplätze: Essen an offener Bar in familiärer Atmosphäre. €

Superfood Deli Maria-Theresien-Straße 5, Tel. 399 33 13, E-Mail: hello@superfooddeli.at, www.superfooddeli.at, Mo–Sa 8–19, So 10–15. Poke Bowls, Açaí Bowls, Frühstücksbowls; Smoothies. Alle Zutaten biologisch und vegan. Take-away in plastikfreier Verpackung, Online-Shop, Vorbestellungen möglich. 💳 €

Swing Kitchen #6 Währinger Straße 47, E-Mail: office@swingkitchen.com, www.swingkitchen.com, täglich 11–22. Ressourceneinsparung und Nachhaltigkeit werden hier groß geschrieben: alle Speisen sind ausschließlich vegan, die Verpackungen und die Inneneinrichtung aus Naturmaterialien. Vegane Burger und Wraps, frische Salate; Softdrinks wie Swing Cola, Eistee, Himbeerkracherl usw.; handgemachte Desserts wie Irenes Tiramisu, Cheesecake etc. Take-away. Schanigarten. Hundefreundlich. 💳 €

Vegirant Währinger Straße 57, Tel. 407 82 87, E-Mail: natur1090@gmail.com, www.vegirant.at, Mo–Fr 11.30–16 (Fei geschlossen), durchgehend warme Küche. Vegetarische Vollwertküche und vegane Speisen seit fast 50 Jahren, MM, Salatbuffet mit Selbstbedienung; kleine Portionen möglich. Catering ab 5 Pers.; für geschlossene Veranstaltungen bis 50 Pers. mietbar. Kindersessel. Angeschlossenes Reformhaus mit tollem Sortiment (Käse!). 💳 €€

Yuicery Alserbachstraße 33, Tel. 0699/10 55 52 59, E-Mail: wien.alserbachstraße@yuicery.de, yuicery.de, tägl. 11–21. Vegane Bowls (pikant u. süß, können auch individuell zusammen gestellt werden), Frühstücks-Bowls; Take-away. 💳 €

Vietnamesisch

Baomi – Kinder-Spielcafé & Vietnam Bistro Althanstraße 37, Tel. 992 57 58, E-Mail: info@baomi.at, www.baomi.at, Mo–Fr 10–19, Schließzeiten siehe Kalender auf der Homepage. Kinder-Spielcafé und vietnamesisches Bistro: vietnamesisches Streetfood wie Pho Suppen, Sommerrollen, Banh Mi etc., jeden 1. So/Monat Brunch. Alle Speisen als kleine Portionen möglich, Hochstühle, Wickeltisch, Kindersitze am WC, Kinderbesteck, Lätzchen, Spielbereich 80m2 (kostenpflichtig). Haustiere nicht erlaubt. Ausreichend Platz für Kinderwägen. Lokal kann am Wochenende für Kindergeburtstage gemietet werden. 💳 €

Good Morning Vietnam Sechsschimmelgasse 16, Tel. 307 31 61, E-Mail: restaurant@goodmorningvietnam.at, www.goodmorningvietnam.at, Mo–Sa 11.30–15 und 17.30–23. Traditionelles und reichhaltiges Angebot; anspruchsvolle und überaus authentische Vietnam-Küche, wechselnde Speisekarte; Fleisch, Fisch, vegetarisch; MM ab € 8,90 (auch zum Mitnehmen), Spezialitäten und Besonderheiten (Nem-Rollen, Glücksrollen, Curry etc.); Weine aus Österreich, Italien, Spanien und Frankreich. Für Feiern bis 10 Pers. zu reservieren, speziell auch für Vietnamreisende. Hintereingang barrierefrei. Gastgarten für 20 Pers. 💳 €€€

MÔC Alserbachstraße 30, Tel. 890 90 88, E-Mail: mocvietnamese@gmail.com, mocvietnam.at, Mo–Fr 11–22, Sa, So, Fei 12–22. Vietnamesische Küche (Mo–Fr MM vegan € 8,90/mit Fleisch € 9,40), Sommerrollen, Curry, Pho, wechselndes Wochenmenü. Schanigarten für 30 Pers. €€

Nam's Spitalgasse 1a (Ecke Mariannengasse), Tel. 411 93 85, E-Mail: office@vnams.at, www.vnams.at, Mo–Fr 11–15.30 und 17–22 (Fei geschlossen), Sommeröffnungszeiten siehe Homepage, Küche bis 30 Min. vor Sperrstunde. Vietnamesische Küche (11–15 MM), Pho, Pho Xao (gebratene Reisbandnudeln), auch vegetarische Gerichte; Take-away. Schanigarten für 8 Pers. 💳 €

Hoang Long Lazarettgasse 10, Tel. 925 53 47, Mo–Fr, So 11–15 und 17–22. Vietnamesisches Restaurant. €

Pho 33 Nußdorfer Straße 33, Tel. 946 98 03, E-Mail: office@pho33.at, www.pho33.at, Mo–Fr 11–15 und 17–22.30, Sa, So, Fei 17–22.30. Traditionell vietnamesische Küche; versch. Vor- und Hauptspeisen (Mo–Fr 11–15 MM); Spezialität: vietnamesische Suppe Pho. Schanigarten für 20 Pers. 💳 €

Rice Time Garnisongasse 10, Tel. 402 33 12, E-Mail: tata.restaurant@gmail.com, rice-time.at, Mo–Fr 11.30–23, Sa, So 12–23, Küche geöffnet bis 22. Vietnamesische Fusionsküche mit regionalen Produkten (Mo–Fr 11.30–15 MM), auch vegane Speisen, kleine Auswahl an Desserts; Bar und Cocktails, Kaffeekarte mit vietnamesischem Kaffee. Schanigarten für 15 Pers. 💳 €€

TataX Liechtenwerder Platz 1, Tel. 956 81 05, E-Mail: tata.restaurant@gmail.com, tata-restaurant.at, Mo–Mi 11.30–23, Do, Fr 11.30–24, Sa 12–24, Küche bis 22. Vietnamesische Gerichte wie Sommerrollen und Pho. Take-away; Zustellung in die Bezirke 6 bis 8 (ab € 10,–), 5, 9 und 15 (ab € 15,–) sowie 4, 16, 17, 19 und 20 (ab € 20,–). 💳 €€

Bars

Clash Fluchtgasse 9, Tel. 922 48 30, E-Mail: clashwien@gmx.at, www.clash.at, täglich 18–1.30. Alternatives Musiklokal mit kulturellem Anspruch: großes Getränkeangebot an Bier- und Whiskyspezialitäten (z.B. Zillertaler Bier, Die Weisse, Brew Age, Raschhofer), Birnencider vom Fass; Snacks: nur Toast. Musik-Wochenprogramm, monatliche Livebands. Schanigarten für 30 Pers. 💳

Cuba Libre Grünentorgasse 18, Tel. 0676/625 26 25, E-Mail: mm.cubalibre@gmail.com, Mo–Sa, Fei 16–2. Snacks und kleine Speisen (z.B. Schinken-Käse-Toast); Cocktails, Weine mit Schwerpunkt Österreich, Bouteillenweine auch glasweise. Kleine Veranstaltungen. 💳

El Fuego für Bar-Hocker Nordbergstraße 6d, Tel. 0676/633 20 33, E-Mail: diebar@event-bar-elfuego.at, www.event-bar-elfuego.at, nur für Veranstaltungen für ca. 20 bis 30 Pers. geöffnet. Diverse Biere, Weine, Longdrinks, Cocktails (ab € 7,50), Spirituosen; kleine Speisen wie Chili. Täglich für Events zu buchen (20 bis 30 Pers., Mindestkonsumation € 450,–, Kaution).

Café Glaser Währinger Straße 2–4, Tel. 319 67 72, Mo–Fr 8–2, Sa 18–2 (Fei geschlossen). Hauptsächlich Barbetrieb, Imbisse, z.B. Tramezzini € 2,60. TV für Sportübertragungen. Schanigarten für 50 Pers.

Das Gru Rögergasse 29 (Eingang Stroheckgasse), Tel. 0650/761 31 68, E-Mail: info@dasgru.at, www.dasgru.at, Sept. bis Juni Mi, Do 18–1, Fr, Sa 20–2, Juli bis Aug. geschlossen. Kellerlokal. Über 50 Biersorten von unabhängigen Brauereien, Fokus auf Bayrisches Helles (Augustiner, Tegernseer, Tilman`s, Schneider etc.) und regionale Craft-Biere (Bierol, Alefried, Bierkanter etc.), außerdem Bierklassiker aus Belgien und internationale Bierspezialitäten aus 4 Zapfhähnen mit regelmäßig wechselnden Sorten. Tischfußball (€ 0,50), Super Nintendo, Darts. Musik wird hauptsächlich von Schallplatten gespielt; Verkauf von selbst siebgedruckten T-Shirts.

Halbestadt U-Bahn Bogen (Gürtel) 155 (vis-à-vis Währinger Gürtel 144), Tel. 0699/17 09 82 17, E-Mail: office@halbestadt.at, www.halbestadt.at, Mi–Sa 19–1. Eine der besten Bars der Stadt: klassische Cocktailkultur in moderner Stadtbahnbogen-Atmosphäre; sehr große Auswahl an Spirituosen. Catering und private Veranstaltungen nach Vereinbarung, Buffet auf Bestellung. Schanigarten für ca. 35 Pers. Barrierefreier Zugang.

Kiang Wine & Dine Grünentorgasse 19, Tel. 0664/515 36 33, E-Mail: KiangWine.Dine@gmail.com, www.kiangwine-dine.com, Di–Fr 17–24 (Fei geschlossen), im Sommer (Schanigartensaison) Sa nur für geschlossene Veranstaltungen geöffnet. Im Spätsommer 2015 vom Yppenplatz hierher übersiedelt: Weinbar mit chinesischem Streetfood, Snacks. Ein wirklich interessantes Weinsortiment (rar, gut, speziell und auch gereift). Spannende Speisekarte, unter anderem mit Innereien-Spezialitäten und anderen Raritäten. Abholung nach Vorbestellung möglich (bis 22). Schanigarten für 24 Pers.

Krypt Wasagasse 17 (Berggasse), E-Mail: reservations@krypt.bar, www.krypt.bar, Fr, Sa 21–3 (Sommer), im Winter Mi, Do ab 18, Fr, Sa ab 20. Ziemlich versteckte Bar, von außen nicht zu erkennen. Drinks.

Café Luxor Grünentorgasse 19b, Tel. 310 92 20, E-Mail: luxor1090@gmx.at, Mo–Do 16–1, Fr–So 9–2. Snacks; Cocktails, Biere vom Fass, ausgesuchte Weine, Segafredo-Kaffee, Coffee to go. Billard, Flipper, Tischfußball, Darts, Großbildleinwand, PC mit Internetzugang. Mietfreie Location inkl. Welcome Drink für Geburtstage, Sponsionen, Polterabende, Lesungen, Partys. Schanigarten am Servitenplatz f. 45 Pers.

Onkel Franz Frankhplatz 2, Tel. 0676/735 73 00, E-Mail: wirt@onkelfranz.at, www.visavisvolksoper.at, September bis Juli Mo–Do ab 17 (Fei geschlossen), im August Sommerpause, Veranstaltungen auch außerhalb der regulären Öffnungszeiten möglich. Weinbar und Bistro von Andreas Schwirtz. Snacks wie Flammkuchen, Winzerplatten etc.; offene Weine vom Wagram.

Q [kju:] U-Bahn Bogen (Gürtel) 142–144 (Währinger Gürtel), Tel. 0660/377 46 48, E-Mail: office@kju-bar.at, www.kju-bar.at, Do–So 21–6. Viele Cocktails, Longdrinks, diverse Preis-Specials (wechselnde Happy Hour). Flatscreen, Leinwand; DJs, Tanzfläche; Events. Klimaanlage. Schanigarten für 100 Pers. Behinderten-WC.

Statt-Beisl im WUK Währinger Straße 59, Tel. 408 72 24, E-Mail: info@statt-beisl.at, www.statt-beisl.at, Mo–Fr 11.30–2, Sa 17–2, So 17–24, im August ab 17 geöffnet. Burger, auch vegetarische/vegane Speisen, Bioprodukte, Suppen, Mo–Fr 12–16 MM (€ 7,40); 11 Biere vom Fass, Craft-Biere. 4 TV, Tischfußball; hin und wieder Live-Veranstaltungen. Möglichkeiten für Feste und Buffets bis 100 Pers. Gastgarten im WUK-Hof für ca. 100 Pers. Catering.

The Pink Rabbit Kolingasse 1, Tel. 0676/651 90 08, E-Mail: follow@thepinkrabbit.at, www.thepinkrabbit.at, Do–Sa 18–2. Cocktailbar. Speisen können aus dem Café Stein bestellt werden; Cocktails und Signature Drinks; Take-away. Gelegentlich Live-Musik. Klimaanlage. Gemeinsamer Gastgarten mit dem Café Stein für bis zu 200 Pers. Hunde nicht erlaubt.

The Sign Liechtensteinstraße 104–106/Top 18 C+D, Tel. 0664/964 32 76, E-Mail: office@thesignlounge.at, www.thesignlounge.at, täglich 18–2, im Sommer So geschlossen. American Bar, die schon diverse internationale Preise abgeräumt hat; große Auswahl an Spirituosen und Cocktails, teilweise eigene Cocktailkreationen, hauseigener Gin. Manchmal Cocktailworkshops; sporadisch Magic-Shows, private Veranstaltungen für 200 bis 300 Pers. möglich. Catering. Zustelldienst 18–23 (Bestellung 13–22.30).

Weinstadt U-Bahn Bogen (Gürtel) 154 (Währinger Gürtel), Tel. 0650/212 24 39, E-Mail: achterl@weinstadt.cc, www.weinstadt.cc, Di–Sa 19–1, Öffnungszeiten am Fei variabel. Weinlokal; hausgemachte Antipasti, Prosciutto-, Salami- und Käseteller (€ 9,90 bis € 18,90), Angebot je nach Saison; wochenweise wechselnde offene Weine, Schaumweine, Spirituosen, Champagner, Grappa, Brände; Flaschenweine zum Mitnehmen. Themen-Weinverkostungen (nach Ankündigung). Lokal für Veranstaltungen bis 50 Pers. zu mieten. Schanigarten für 40 Pers.

Bistros

1683 Bagels Währinger Straße 12, E-Mail: office@bagel 1683.at, www.1683bagels.at, Mo–Fr 9–18.30, Sa, So 9–14. Bagelrestaurant mit hausgemachten Bagels mit div. Füllungen (Hühnerbrust und Avocado, Koscher Bagel, veganer Bagel mit Guacamole und Gemüse), auch süße Bagels. Daniel Moser Kaffee. Catering. €

MAST Weinbistro Porzellangasse 53, Tel. 922 66 79, E-Mail: contact@mast.wine, www.mast.wine, Mi–Fr 12–14 und 18–22, Sa, So, Fei 18–22. Kontemporäres Weinbistro von Matthias Pitra und Steve Breitzke mit Schwerpunkt auf Natural Wines ohne elitäre Attitüde; regionale Bistro-Küche mit saisonalen Spezialitäten (Küchenchef ist Lukas Lacina), Mittagskarte wird wöchentlich erneuert; grandiose, interessante und internationale Weine, fantastische Küche. Chefs Choice Menü (6gg 75,–). Gastgarten für 35 Pers. €€€

Suppenwirtschaft Servitengasse 6, Tel. 317 67 45, E-Mail: office@suppenwirtschaft.at, www.suppenwirtschaft.at, Mo–Fr 11.30–16 (Fei geschlossen). Glasfront-Designer-Suppenlokal mit gesunden und frisch zubereiteten Speisen, auch zum Mitnehmen; vegane Speisen, Suppen, Currys, Salate, Desserts; Wochenkarte; es wird nur Bio-Fleisch verwendet; jeder Gast kann sich sein Gericht selbst mit frischen Kräutern, Kernen, Schafskäse und Kimchi verfeinern; Brot kostenlos (zu Suppe und Salat). Kleiner Schanigarten für 6 Pers. €

Zuppa Schwarzspanierstraße 22, Tel. 405 85 00, E-Mail: kueche@zuppa.at, www.zuppa.at, Mo–Do 8–17, Fr 8–16 (Fei geschlossen), Öffnungszeiten variieren (s. Homepage). Suppen (ab € 5,90), Hauptspeisen, Panini, Baguettes, Salate, Bowls und Sandwiches in einem schlicht und schön gestalteten Buffet, viel Vegetarisches, aber nicht nur; laktosefreie, vegane und glutenfreie Speisen und Desserts (ab € 3,90), hausgemachte Limonaden und Smoothies; ausschließlich frisch zubereitete Produkte, täglich wechselnde Karte. Catering. Schanigarten für 6 Pers. €

Cafés, Espressos

Caffè a Casa Servitengasse 4a, Tel. 13 19 02 66, E-Mail: info@caffeacasa.com, www.caffeacasa.com, Mo–Fr 7.30–18.30, Sa, So, Fei 8.30–18.30. Hauseigene Kaffeerösterei in Klosterneuburg; Espresso, Handfilter, Cold Brew. Wechselnde Sorten. Croissants, Brownies, Muffins. Bohnenverkauf, Kaffee zum Mitnehmen. Schanigarten für 6 Pers.

café afro Türkenstraße 3, Tel. 0664/73 09 05 79, E-Mail: office@cafeafro.at, www.aai-wien.at/caf-afro, Mo–Fr 8–23, Sa, So 9–23. Frühstück, viele Snacks und Salate, Tagesmenü, frisches Pide (Fladenbrot) gratis zu allen Speisen; Shakes, umfangreiche Auswahl an Kaffee; Cateringservice. Beamer für Fußballübertragungen; regelmäßig Veranstaltungen in Zusammenarbeit mit dem Afro-Asiatischen Institut, Fotoausstellungen; Fr Salsa. für Feste bis 120 Pers. mietbar; Schanigarten für 20, Innenhof für 100 Pers. Behinderten-WC.

blueorange Alserbachstraße 1, Tel. 908 15 04, E-Mail: office@blueorange.co.at, www.blueorange.co.at, Mo–Fr 7–21, Sa 8–21, So, Fei 9–21. Coffeeshop mit österreichischen Wurzeln; Spezialität Bagels (€ 2,70 bis € 8,50) und hauseigener, fair gehandelter Bio-Kaffee; außerdem gibt's Frühstück ganztags (ab € 4,80) , MM, Sandwiches, Salate, Suppen, Muffins, Waffeln, Cookies etc.; vegetarische, vegane und glutenfreie Produkte; alles auch zum Mitnehmen; Catering-Bagel-Boxen mit Zustellung (ab € 30,90). Schanigarten für 60 Personen.

Café-Konditorei Bredendick Sechsschimmelgasse 4, Tel. 0650/345 14 46, E-Mail: bredendick@chello.at, www .cafe-bredendick.at, Mo–Fr 7.30–19, Sa 7.30–15 (Fei geschlossen). Café-Restaurant mit internationaler Küche (TT € 8,10); Frühstück ganztägig (ab € 3,10); hausgemachte Mehlspeisen, hausgemachtes Konfekt, Diabetikerspezialitäten; für Kinder Eis, Kindersessel. Jedes Monat Vernissagen; Lesungen. Schanigarten für 16 Pers.

Brötchenwelt Berggasse 27, Tel. 0699/18 18 77 37, E-Mail: office@broetchenwelt.at, www.broetchenwelt.at, Mo–Fr 6.30–18.30, Sa 7–16, So, Fei 7–15. Café-Bäckerei; Frühstück ganztags (ab € 6,90) wie Wiener Frühstück oder Griechisches Frühstück, kalte und warme Snacks wie Salate, Wraps, Burger, div. Suppen in Brotschüsseln, verschiedene belegte Brötchen; Holzspielzeug und Malsachen. Alle Speisen auch zum Mitnehmen; kostenlose Zustellung ab € 10,– Bestellwert. Lokal für 25, Schanigarten für 32 Pers.

CaffèCouture Garnisongasse 18, Tel. 0670/600 13 00, E-Mail: office@caffecouture.com, www.caffecouture.com, Mo–Fr 8.30–17 (Fei geschlossen). Kaffeerösterei mit Coffee-Shop. Coffee to go. Saisonale handgemachte Obstkuchenvariationen. Bei Events werden Cocktails mit Espresso und Filterkaffee zubereitet (Mobile Bar, kann man auch mieten). Barista- bzw. Kaffeezubereitungsworkshops und öffentliche Verkostungen. Kaffeebohnenverkauf.

Coffee Break Berggasse 37, Tel. 0676/570 44 23, Mo–Fr 8–17 (Fei geschlossen). Specialty Coffee Shop; Kaffee und Kuchen. Sitzplätze für 8 Pers. im Cafe, Schanigarten für 8 Pers.

Coffee & Friends Julius-Tandler-Platz 10, Tel. 0699/81 14 19 26, E-Mail: mail@coffee-n-friends.at, coffee-n-friends .at, Mo–Fr 8–18, Sa 9–16. Café mit Schanigarten für 15 Pers.

CoffeePirates - Vienna Coffee Roasters Spitalgasse 17 (Ecke Rummelhardtgasse), E-Mail: office@coffeepirates.at, www.coffeepirates.at, Mo-Fr 8-18, Sa, So 9-17 (Fei geschlossen). Hausgemachte Speisen von der Bäckerei Focacceria direkt gegenüber, versch. Süßspeisen (auch vegan oder glutenfrei) sowie getoastete Panini. Kaffee aus der eigenen Rösterei, im Sommer Iced Coffee und selbst gemachter Eistee. Take-away. Bohnenverkauf im Shop. Biozertifiziert. Gastgarten für 60 Pers.

Coffeeshop Company Spittelauer Lände 4/Shop 4 (U-Bahn-Station Spittelau), Tel. 0660/651 31 03, E-Mail: office@coffeeshopcompany.com, www.coffeeshopcompany.com, täglich 6-21. Coffeeshop; Kaffee, Tee; Snacks. Gastgarten für ca. 30 Pers.

Coffeeshop Company Währinger Gürtel 18-20 (AKH Wien), Tel. 0676/707 19 84, E-Mail: office@coffeeshopcompany.com, www.coffeeshopcompany.com, täglich 6-21. Kleiner Take-away-Coffeeshop.

El Café Alserbachstraße 3/1, Tel. 0664/101 73 01, E-Mail: othmar.mueller@elcafe.at, www.elcafe.at, 29. März bis 24. Oktober Mo-Fr 9-19, Sa 9-14 (Fei geschl.), 25. Oktober bis 28. März Mo-Fr 9-18 (Fei geschl.). Othmar Müller röstet diverse Kaffeebohnen aus Mittel- und Südamerika, Indien und Afrika mit einem Trommelröster selbst, verkauft sie und bereitet auch gleich Kaffee daraus zu. Frühstück den ganzen Tag; Snacks und Imbisse (€ 2,20 bis € 5,50). Schanigarten für 10 Pers. Kaffeebestellung über Online-Shop möglich.

Café Freud Berggasse 17, Tel. 346 36 93, E-Mail: office@cafefreud.at, cafefreud.at, Mo-Fr 10-18 (Fei geschlossen). Café neben dem Sigmund Freud Museum. Torten und Kuchen; Kaffee von Süßmund (auch mit laktosefreier Milch oder veganen Alternativen), Tee von Demmer, Schremser Bier, Weine aus Österreich. Schanigarten für 15 Pers.

Cafe Gagarin Garnisongasse 24, Tel. 0677/64 33 95 40, E-Mail: info@cafegagarin.at, www.cafegagarin.at, Mo-Fr 9.30-2, Sa 17-2 (Fei geschlossen), warme Küche bis 22, abweichende Öffnungszeiten im Sommer (s. Website). Alternatives, kollektiv betriebenes, anti-kommerzielles Lokal; vegetarische, vegane und biologische Speisen (MM „pay as you wish"), Snacks wie Hummus und Antipasti; Libertad-Kaffee, Premium Cola. Catering und Cocktailbar auf Anfrage. Kindersessel. Schanigarten für 25 Pers. Fahrrad-Service-Box.

Goppion Caffè Liechtensteinstraße 46a, Tel. 890 93 52, E-Mail: vienna@goppioncaffe.at, goppioncaffe.at, Mo-Fr 8-17 (Fei geschlossen) (Winter), im Sommer Mo-Sa 7.30-15, im August 1 Woche Sommerpause. Café der norditalienischen Rösterei Goppion. Italienische Croissants, Prosecco, Weine, Gin, Limonade, Panini, Kaffee (auch zum Mitnehmen). Über Onlineshop können Kaffee, Kaffeemaschinen und Kaffeeaccessoires gekauft werden. Baristatrainings. Schanigarten im Sommer.

Café Ingrid Garnisongasse 5, Tel. 405 54 45, Mo-Do 9-19, Fr 9-17 (Fei geschlossen). Kleine Speisen aus der Wiener Küche (TT ca. € 7,- bis € 9,-). Kartenspiele.

Jonas Reindl Währinger Straße 2-4, E-Mail: office@jonasreindl.at, www.jonasreindl.at, Mo-Fr 8-17.30, Sa, So, Fei 9.30-17.30, Öffnungszeiten im Sommer variabel (s. Website). Entspanntes Café der neuen Schule mit Spezialitäten-Kaffee aus eigener Rösterei und Direct Trade, zubereitet mit unterschiedlichen Methoden; Kaffeebohnen zu kaufen; große Auswahl an Kuchen und Plundergebäck; Auswahl an Craft-Bier und Naturweinen; Merchandise-Shop. Schanigarten für 18 Pers.

Kaffee Kultur Spitalgasse 1a, Tel. 0670/509 88 88, E-Mail: cafekultur6@gmail.com, www.coffee-kultur.business.site, Mo-Fr 7.30-18. Kleines Café. Bio-Kaffee, Matcha, Safran Latte; Verkauf von Kaffeebohnen mit kostenloser Lieferung in Wien.

Café Latte Art Universitätsstraße 4, Tel. 0699/10 10 02 33, E-Mail: office@cafelatteart.at, www.cafelatteart.at, Mo-Fr 8.30-20, Sa 10-18 (Fei geschlossen). Nach Umbau großes Cafe mit eigener Rösterei in Wiener Neustadt (Verpackung und Etiketten werden in Kooperation mit der Niederösterreichischen Lebenshilfe hergestellt). Großteils Bio- und Fair-Trade-Produkte; 40 Sorten Kaffee aus 40 verschiedenen Ländern z.B. Jamaika, Blue Mountain (Espresso € 2,-, Cappuccino € 3,50, auch mit laktosefrei oder pflanzlicher Milch erhältlich), viele Bio-Tee-Sorten und Trinkschokoladen, Muffins, Cookies und viele andere hausgemachte Kuchen und Mehlspeisen. Catering, Kaffeepartys, Barista-Workshops. Café und Schanigarten für je 30 Pers.

Le Firin Währinger Straße 50, Tel. 0664/99 08 89 91, E-Mail: office@le-firin.com, www.le-firin.com, Mo-Sa 6-20, So 7-18. Café, Boulangerie, Bistro, Patisserie. Frühstück ganztags; Kaffee von der Wiener Rösterei Röstraum (100% Arabica-Bohnen). Alle Speisen und Getränke auch zum Mitnehmen (mit Vergünstigung, wenn der eigene Coffee-to-go-Becher mitgebracht wird); 10% Rabatt auf alles für Studierende (bei Vorweisen eines Studentenausweises). Kleiner Schanigarten mit 3 Tischen vor dem Lokal.

Café Moccati Porzellangasse 37, Tel. 946 06 25, E-Mail: moccati1@hotmail.com, www.moccati.com, Mo, Di 7-22, Mi-Fr 7-24, Sa 8.30-13 und 17-24. Frühstücksangebote Mo-Fr bis 12, Sa bis 12.30; Snacks (z.B. Toast, Panini), Mehlspeisen (wie Apfelkuchen und Cheesecake), Eis-Marillenknödel von Tichy; Hausbrandt Kaffee, gut sortiertes Weinangebot; Bar-Lounge ab 18.30 mit variierenden Getränkespecials. Tageszeitungen und Magazine, Musik bunt gemischt, TV für Sportübertragungen. Lüftungsanlage. Schanigarten für 25 Pers.

Espresso Nekam's Stüberl Nußdorfer Straße 53, Tel. 0699/19 23 63 86, E-Mail: info@nekam.net, www.nekam.net, Mo–Fr 8–18 (Fei geschlossen), warme Küche durchgehend, ab 20 Pers. auch am Wochenende geöffnet. Wiener Küche, Tageskarte mit Menüs, Wahl aus verschiedenen Suppen und Hauptgerichten (ab € 9,90); hausgemachte Mehlspeisen, kleine Gerichte wie Toast oder Ham and Eggs mit Gebäck. Catering. Würfelpoker, Schach, Spiele. Extrazimmer für 25 Pers., kleiner Schanigarten (3 Tische).

No Panic Coffee Währinger Straße 6–8, Tel. 0699/17 15 63 58, E-Mail: hello@nopanic.coffee, www.nopanic.coffee, Mo–Fr 7.30–19, Sa, So 9–19. Hübsches, kleines Café mit Frühstück bis 14, frischem Kaffee, der extra für das Lokal geröstet wird, und hausgemachten Croissants, Kuchen, Bananenbrot etc. Ausschließlich saisonale Speisekarte, frisch zubereitet.

Café Nuss Nußdorfer Straße 9, Tel. 470 05 75, E-Mail: info@cafenuss.com, www.cafenuss.com, täglich 8–24. Frühstücksvariationen bis 14 (€ 3,90 bis € 8,90), Salate (Avocado, Quinoabowl), Suppen, Snacks; hausgemachte Mehlspeisen; Weine, Gin, Longdrinks; Tageszeitungen und Zeitschriften. Schanigarten für ca 52 Pers.

Omas Cafe im Stein Währinger Straße 6–8, www.omasbackstube.at, Mo–Fr 8–19, Sa, So 9–18, Sommeröffnungszeiten s. Homepage. Veganes Cafe. Ganztägig Frühstück. Frische Mehlspeisen, Torten und Gebäck aus Dinkelmehl oder ohne Mehl (glutenfrei), auch zucker- und laktosefreie Angebote, pikante Snacks wie Burger, belegte Brote oder Sandwiches (auch mit veganem Käse); hausgemachte Limonaden, Bier, Wein, Prosecco, Bio-Kaffee von Süßmund (auch zum Mitnehmen). Schanigarten.

P3 Porzellangasse 3, Tel. 310 36 70, E-Mail: office@p3-wien.at, p3-wien.at, Mo–Fr 10–23 (Fei geschlossen). Frühstück bis 11.30 (ab € 5,– inkl. Heißgetränk nach Wahl); Snacks, kleine Speisen (2 MM € 6,– bis € 8,–), 1-mal/Monat 5gg Menü mit Gerichten der internationalen Küche (€ 25,– bis € 30,–); Themenkarte nach Saison; Wieselburger (klein € 3,40/groß € 4,20). 2 Großbildfernseher für Live-Sportübertragungen; Spiele. Schanigarten für 18 Pers.

Café Saadi Julius-Tandler-Platz 7, Tel. 276 41 09, E-Mail: office@cafesaadi.at, www.cafesaadi.at, täglich 8–24. Frühstück bis 15 (ab € 3,90); orientalische Spezialitäten (Hummus etc.), frische Salate; Cocktails (Happy Hour 19–24); Smoothies, Frappés, Eisbecher usw.; Kindereis. TV. Extrazimmer zum Mieten für 22, Schanigarten für 70 Pers.

Café Spitt Fuchsthallergasse 2, Tel. 0699/10 68 26 08, E-Mail: office@spitt.at, www.spitt.at, Mo–Fr 18–24 (Fei geschlossen). Kleine Speisen; Stiegl Goldbräu (€ 3,80), Paracelsus (€ 3,90) und Murauer vom Fass (€ 3,90). Schanigarten für 20 Pers.

Starbucks Währinger Gürtel 18–20 (im AKH), Tel. 33 66 33-2512, E-Mail: office@starbucks.at, www.starbucks.at, Mo–Fr 6.15–18.30, Sa, So 10–18, Fei 9–17. Unzählige Kaffeevariationen und -sorten, Iced Teas; amerikanische Mehlspeisen, Sandwiches, Bagels; Kaffeeverkostungen. Behinderten-WC im AKH.

Café Stein Währinger Straße 6–8, Tel. 319 72 41, E-Mail: office@cafestein.at, www.cafestein.at, Mo–Mi 8–24, Do–Sa 8–1, So, Fei 9–24, warme Küche bis 23. Szenelokal-Urgestein seit Mitte der 1980er-Jahre. Frühstück bis 11, am Wochenende bis 16 (Bsp.: „Sonnenschein" (vegan), „Urgesund", „Stein's Liebling"); Österreichische und internationale Küche (Mo–Fr MM mit Suppe € 9,90), auch vegetarische und vegane Hauptspeisen und Desserts; Eis von „Der Eismacher" aus dem Burgenland; Wochenspezialitäten. Private Feste bis 150 Pers. 2 Extraräume für 30 bzw. 100, Schanigarten für 200 Pers.

Café Telegraph Garnisongasse 7, Tel. 0664/144 55 81, E-Mail: cafetelegraph.wien@gmail.com, cafetelegraph.eatbu.com, Mi, So 10–17, Do–Sa 10–23, warme Küche bis 16 bzw. 22. Café in der ehemaligen Post-Filiale. Großes internationales Frühstücksangebot wie British Breakfast, Huevos Rancheros usw.; Keto-Speisen, grüne Shakshuka (Spinat, Avocado), eigene Karte mit Avocado-Gerichten; eigene Patisserie (Schoko-Cheesecake, NY-Cheesecake); Süßmund-Kaffee, hausgemachte Limonaden. Schanigarten für 30 Pers.

The Pelican Coffee Company Pelikangasse 4, E-Mail: hello@thepelican.coffee, www.thepelican.coffee, Mo–Fr 7.30–18, Sa, Fei 10–17. Spezialitätenkaffee, Tee, Snacks, Kuchen; Kaffeezubehör.

The Truth Cafe Nußdorfer Straße 78, Tel. 0681/10 80 80 81, E-Mail: truthcafewien@gmail.com, Di–So, Fei 10–17. Hausgemachte Süßspeisen sowie div. Cheesecake-Varianten (klassisch oder mit Schokolade, Pistazien, Haselnuss etc.), veganes Bananenbrot, Karottenkuchen, veganer Brownie. Take-away. Schanigarten für 6 Pers.

Weinstüberl Liechtensteinstraße 64, Tel. 310 15 01, Mo–Sa 5–20 (Fei geschlossen). Vorwiegend Getränke, kleine Imbisse wie Würstel und Toast; Weine aus Niederösterreich. TV für Sportübertragungen; Gesellschafts- und Kartenspiele. Schanigarten für 12 Pers.

Weltcafé Schwarzspanierstraße 15, Tel. 405 37 41, E-Mail: office@weltcafe.at, www.weltcafe.at, Mo–Fr 8.30–22, Sa, So, Fei 9–20, Fei wie jeweiliger Wochentag, warme Küche bis 20. Großteils fair gehandelte und biologische Produkte, im Vordergrund stehen Erzeugnisse aus Entwicklungsländern mit Schwerpunkt auf Kaffee, Schokolade und Tee; diverse Frühstücke (€ 7,50 bis € 8,90), Kleinigkeiten (€ 3,- bis € 5,50), Salate (€ 4,10 bis € 9,50), Suppen (€ 4,50 bis € 5,50), internationale Küche (5 verschiedene MM, mit Fleisch € 8,90, vegetarisch € 7,90); Auswahl an Trinkschokoladen und Kaffeekompositionen; Cocktails, Longdrinks (€ 6,90), Spritzer (€ 3,80). Sa und So 9-15 Lunchbuffet bei klassischer Musik (€ 15,50, Kinder bis 3 Jahre gratis, bis 13 Jahre € 7,50). Galerie mit Ausstellungsmöglichkeit für Bilder. Kindersessel. Abtrennbarer Raum für 40 Pers. mit Musikanlage und Beamer (für Sponsionen, Geburtstage etc. geeignet). Schanigarten für 30 Pers. Behinderten-WC.

Die 2 Lauser Borschkegasse 1, Tel. 0699/10 07 24 13, E-Mail: die2lauser@gmail.com, Mo, Di 8-18, Mi, Do 8-21, Fr 8-17. Café und Shop. Torten und Kuchen nach Art des Hauses, kleine Gerichte wie Hummusteller mit Pita; Mo-Fr MM (Bio-Mittagsgericht mit kl. Torte oder Kuchen); Lavendel-Limonade, Gurke-Wassermelonen-Limonade, Lauser-Gin, Heckenperle Frizzante, Prosecco „Ca Salina", der naturtrübe Apfelsaft kommt direkt vom Bauernhof der 2 Lauser. Serviert werden fast ausschließlich österreichische Produkte von regionalen, kleinen Anbieter*innen, viele Produkte gibt es auch zu kaufen sowie fertige Gerichte zum Aufwärmen in Gläsern zum Mitnehmen. Kleine Feiern bei Vorreservierung möglich. Café für 8, Schanigarten für 6 Pers. Rollstuhlrampe vorhanden.

Eissalons

#n'ice Spitalgasse 1a, Tel. 0660/223 78 76, E-Mail: hello@nicevienna.at, nicevienna.at, täglich 12-21. Div. Eissorten, darunter auch saisonal wechselnde Sorten wie Apfelstrudeleis im Winter; Freakshakes (Milch-Shakes mit Kuchen als Topping), Kaffeespezialitäten; Eisboxen und Eistorten zum Mitnehmen. Gastgarten für ca. 30 Pers. (im Winter beheizt). Spezialität im Sommer: Eis für Hunde.

Eissalon Pinocchio's Sechsschimmelgasse 6-8, www.eissalon-pinocchios.at, Anfang März bis Anfang Oktober täglich 11-21. Täglich mehr als 28 frische Eissorten, veganes Fruchteis, teilweise Verwendung von Bioprodukten, Eispalatschinken, alkoholfreie und alkoholische Getränke, Bubble Tea, Cocktails, Shots, Kaffee, Tee; Snacks wie Toast, Nachspeisen. Gastgarten für 24 Pers.

Vanella - bar del gelato Nußdorfer Straße 47, Tel. 310 26 69, E-Mail: gelato@vanella.at, www.vanella.at, März bis April täglich 11-21, Mai bis August täglich 11-22, September bis Oktober täglich 11-21. Eisgeschäft mit 18 klassischen und ausgefallenen Sorten sowie 6 Sorten ohne Zuckerzusatz, Eiscoups, pikante Snacks; Kaffee und Getränke. Sitzplätze im Lokal. Schanigarten für ca. 50 Pers.

Veganista Alserbachstraße 5, Tel. 0660/750 68 00, E-Mail: info@veganista.at, www.veganista.at, täglich 11-23 (Sommer), im Winter verkürzte Öffnungszeiten (s. Homepage). Ausschließlich veganes Eis, klassische und innovative Eissorten wie z.B. Basilikum; Eis Sandwiches „Inbetwiener", Eis mit Zuckeralternativen wie Birkenzucker od. Ahornsirup, glutenfreie Sorten und glutenfreie Stanitzel; für laktoseintolerante Menschen geeignet. Saisonale Spezialitäten wie Spekulatius, Zimt und Blutorange zu Weihnachten oder Pumpkin im Herbst. Boxen zum Mitnehmen (0,5l, 1l, 1,5l); Gutscheine.

Imbisse

Annie kocht Frankhplatz (Ecke Universitätsstraße/Garelligasse), Tel. 0676/735 73 00, E-Mail: info@anniekocht.at, www.anniekocht.at, September bis Juli Mo-Fr ab 7, im August Sommerpause. Imbisslokal mit österreichischen Klassikern wie Saftgulasch zum Mitnehmen. €

Ausgabe Porzellangasse 1, E-Mail: eingabe@ausgabe.wien, ausgabe.wien, Do-Sa 12-19, So 12-17. Imbissstand.

Buffet Colosseum Nußdorfer Straße 4, Tel. 317 51 07, E-Mail: info@buffet-colosseum.at, www.catering-colosseum.com, www.buffet-colosseum.at, Mo-Fr 8-19, Sa 8-15 (Fei geschlossen), Juli und August Sa geschlossen. Traditionelle Wiener Küche und legendäre Sandwiches, Schinkenrolle usw.; Brötchen (ab € 1,70) und Sandwiches (ab € 2,-), Catering (internationales Fingerfood und warme Gerichte). Onlinebestellmöglichkeit via Homepage. €

Dazwischen Pramergasse 21, Di-Sa 11.30-20 (Fei geschlossen). Sandwiches in unterschiedlichen Varianten, z.B. mit geräuchertem Huhn. Lokal und Schanigarten für je 8 Pers.

Dönermeister Alser Straße 19, www.donermeister.at, Mo-Sa 11-22. Versch. Döner im Brot, im Dürüm, in der Box oder als Döner-Teller (auch vegetarisch/vegan). €

Duran Superimbiss Alser Straße 14, Tel. 405 67 25, E-Mail: office@duran.at, www.duran.at, Mo-Fr 8-17 (Fei geschlossen). Shop und Take-away mit Selbstbedienung, kalte und warme Küche, täglich wechselnde Gerichte, Sandwiches, vegetarische und vegane Alternativen, täglich wechselndes TT; hausgemachte Limonaden, Kaffee. Online-Shop. €

Edelschimmel Servitengasse 5/7, Tel. 399 39 26, E-Mail: office@edelschimmel.at, www.edelschimmel.at, Di 12-19, Mi-Fr 10-19, Sa 10-17 (Fei geschl.), im Sommer 1 Monat geschlossen. Greißlerei mit Käseschwerpunkt; 100 verschiedene Käsesorten, saisonales und regionales Gemüse, frisches Brot, Joghurt, Butter usw.; Schinken und Frischfleisch aus Österreich von regionalen Kleinproduzent*innen.

Favvas Gourmet Nußdorfer Straße 27, Tel. 0676/311 47 71, E-Mail: info@favvas-gourmet.com, www.favvas-gourmet.com, Mo 10–22, Di–Sa 10–21. Mediterranes Feinkostgeschäft mit 8 Sitzplätzen; Antipasti-Teller zum Zusammenstellen, warme Speisen; Verkauf von z.B. Iberico- und Roh-Schinken, Salami, Käse, Pesti, Essigsorten und glutenfreien Produkten; selbstgemachte griechische Aufstriche; verschiedenste Honigsorten und Olivenöle (auch aus eigener Familienproduktion in Griechenland) können verkostet werden; Weine aus Kroatien, Griechenland, Spanien, Biere aus Griechenland. Catering. Schanigarten für 8 Pers. **€€€**

HONU Tiki Bowls Spitalgasse 1, Tel. 0676/415 08 67, E-Mail: info@honu.at, www.honu.at, Mo–Fr 11–20, Sa, So 12.30–20.30 (Fei geschlossen). Erweiterte hawaiianische Bowls mit rohem Fisch, Fleisch oder Tofu und hausgemachten Saucen; Signature Bowls, z.B. „Honu Classic" (Sushi Reis, Lachs, Sesam Dressing, Avocado, Edamame, Gurke, Frühlingszwiebel, Creamy Mayo und Sesam, klein € 4,80, groß € 10,80) oder „build your own bowl" (ab € 4,80). Front Cooking. Schanigarten für 8 Pers. **€€**

Juice Factory Spitalgasse 1, Tel. 0676/661 01 70, E-Mail: hallo@juicefactory.at, www.juicefactory.at, Mo–Fr 7.30–19, Sa, So 8–17. Frisch zubereitete Obst- und Gemüsesäfte, Joghurt- und Milchshakes (Medium € 4,40/Large € 4,90), frisch zubereitete Smoothie-Bowls, Kaffee, frisch belegte Ciabattas (ab € 4,40/mit Juice Medium € 8,70/Large € 9,20); Süßigkeiten (z.B. Muffins). Sitzplätze für 20, Schanigarten für 12 Pers.

König Spezialitäten Servitengasse 6/4-5, Tel. 0664/845 04 51, E-Mail: gerald@koenigswelt.at, www.koenigswelt.at, Di 10–19, Mi–Fr 10–23, Sa 9–17 (Fei geschlossen). Feinkostladen mit französischen Delikatessen und saisonalen Speisen wie 3 verschiedene Austern (Bretagne, Normandie, Marennes Oleron), hausgemachte Foie Gras, Roastbeef, französische AOP Käse. Aktuelle Veranstaltungen siehe Facebook. Schanigarten für 15 Pers.

Kumpato Roßauer Lände (Ecke Roßauer Brücke), Tel. 0650/673 15 01, E-Mail: office@kumpato.at, www.kumpato.at, Di–Fr 11–23, Sa 15–23, So 12–23. Imbissstand mit türkischen Ofenkartoffeln, die mit verschiedenen Toppings verfeinert werden. Catering mit Foodtruck.

McDonald's Julius-Tandler-Platz 3 (Franz-Josefs-Bahnhof), Tel. 315 72 16, E-Mail: at-store0106@restaurant.at.mcd.com, www.mcdonalds.at, Öffnungszeiten siehe Homepage. Burger, Wraps, Salate etc.; Frühstück; McDelivery. Kindergeburtstag. Mit McCafé; Tischservice. **€**

McDonald's (McDrive) Hernalser Gürtel 82A–87 (Stadtbahnbögen), Tel. 408 29 00, E-Mail: at-store0027@restaurant.at.mcd.com, www.mcdonalds.at, Öffnungszeiten siehe Homepage. Burger, Wraps, Salate etc.; Frühstück; McDelivery; mit McCafé; Tischservice. **€**

Mortons Feinkost Porzellangasse 32, Tel. 0664/163 58 55, E-Mail: feinkost@mortons.at, mortons.at, Mo–Fr 10–18 (Fei geschlossen). Feinkostladen mit MM (Mo–Fr) zum Mitnehmen oder zum Essen vor Ort. Delikatessen und Weine mit Schwerpunkt Österreich. **€€**

Noodle King Währinger Straße 14, Tel. 0678/131 51 29, E-Mail: office@noodleking.at, www.noodleking.at, täglich 11–22. Suppen-, Nudel-, und Reisgerichte, sowie Sushi und Maki. Take-away. **€**

Sommer-Camp im Salettl Alser Straße 4 (Altes AKH/Unicampus, Hof 1), Tel. 0660/716 54 87, E-Mail: sommer-camp@gmx.at, www.salettl.at, Anfang Mai bis Mitte Oktober täglich 10–24 (bei Schönwetter), Küche bis 22.30. Outdoor-Location inmitten des Unicampus mit Sandstrand und Liegestühlen. Eiscafé, Bar, Burger, Salate, Wraps, Cheesecake, Pommesvariationen, Eis von Sweet Hell, Mehlspeisen; 11.30–14 MM (Burger nach Wahl, kleine Pommes, hausgemachte Limonade € 10,90); Kinderspeisen, Sandspielzeug; Kaffee, Cocktails, Auswahl an österreichischen Weinen. Sportübertragungen bei EM und WM. Großer Garten für 200 Pers. (großteils Sand). Behinderten-WC. Bankomat im Lokal. Im Winter Punschstand.

Umi Bowls Garnisongasse 1, Tel. 0670/408 56 88, umi-12.jimdosite.com, Mo–Fr 11–21, Sa 16–21, So, Fei 13–21. Bowls, Sushi, Maki, Rolls. Take-away. **€**

Konditoreien, Bäckereien

Aida E-Mail: info@aida.at, www.aida.at, Konditorei und Kaffeehaus. Alser Straße 18, Tel. 890 89 88-217, Mo–Sa 9–18. Währinger Straße 47, Tel. 890 89 88-213, Mo–Sa 8–19, So 9–18.

Anker www.ankerbrot.at, kontakt@ankerbrot.at. Brot, Gebäck, Mehlspeisen, täglich laufend frische Snacks. Öffnungszeiten saisonal variabel (s. Homepage). Alserbachstraße 5, Tel. 908 98 70, Mo–Fr 6–18, Sa, So, Fei 7–12. Augasse 2–6, Tel. 315 57 27, Mo–Fr 6.30–18 (Fei geschlossen), Schanigarten. Allgemeines Krankenhaus (AKH, Währinger Gürtel 18–20), Tel. 408 99 51, Mo–Fr 5–19, Sa, So, Fei 5.30–19. Garnisongasse 10, Tel. 407 70 40, Mo–Fr 6–18 (Fei geschlossen). Julius-Tandler-Platz (Bahnhof, Lokal 3), Tel. 315 32 26, Mo–Fr 5.30–18.30, Sa 5.30–12 (Fei geschlossen). Porzellangasse 52, Tel. 310 44 95, Mo–Fr 6.30–13 (Fei geschlossen),

Schanigarten. Servitengasse 14, Tel. 315 24 11, Mo–Fr 6–18, Sa, So, Fei 6.30–12, Schanigarten.

Konditorei Bürger Servitengasse 12, Tel. 315 70 80, E-Mail: ingrid.buerger@drei.at, cafekonditoreibuerger.squarespace.com, Mo–Fr 7–18.30, Sa 7–13 (Fei geschlossen). Café-Konditorei; hausgemachte Strudel nach Saison (Apfel, Erdbeere, Marille etc.), kalte Küche, z.B. Tramezzini; Torten auf Bestellung, hausgemachtes Eis (ca. 10 Sorten). Schanigarten für ca. 25 Pers.

Cupcakes Manufaktur Wien Liechtensteinstraße 16, Tel. 904 92 12, E-Mail: cccm@cccm.at, www.cupcakes-manufaktur.at, Mi–Fr 11–18, Sa 11–17 (Fei geschlossen), Öffnungszeiten können variieren (s. Website). Ca. 20 verschiedene Cupcakes, auch Cakepops; alles zum Mitnehmen. Motiv- und Designtorten etc. nur auf Bestellung möglich. Backkurse und Workshops.

Der Mann www.dermann.at. Gebäck, Brot, Mehlspeisen, Snacks. Im Sommer variable Öffnungszeiten. U-Bahn Station Michelbeuern, Tel. 866 99-9181, Mo–Fr 5.30–19, Sa, So, Fei 7–17. U-Bahn Station Nußdorfer Straße 27, Tel. 866 99-9122, Mo–Fr 5.30–18, Sa 7–12 (Fei geschlossen), Kaffee-Ecke. Währinger Straße 16, Tel. 866 99-9113, Mo–Fr 6.30–18.30, Sa 7–12 (Fei geschlossen).

Felzl Währinger Straße 54, Tel. 52 22 51 04 05, E-Mail: office@felzl.at, www.felzl.at, Mo–Fr 6–19, Sa 7–16, So, Fei 7–13. Das beste Baguette der Stadt – saftig, knusprig, köstlich und endlos haltbar; Frühstück; gefüllte Snacks, Quiche und Salate; Mandelcroissant und Schwedenknoten; Bio-Kaffee. Cooles Design. Klimatisiert.

Focacceria Spitalgasse 15, Mo–Fr 8–18, Sa, So 9–17 (Fei geschlossen). Italienische Focaccias und verschiedenes, v.a. französisches Gebäck wie Croissants und Baguettes; täglich wechselndes Angebot wie z.B. Quiche; Frühstücksangebot bis 10 (Cappuccino und Croissant um € 5,50); Kaffee von Coffeepirates gegenüber, Aperol Spritz (ab 15 Aperitiv-Happy Hour: Aperol Spritz mit Mini-Focaccia). Kleiner Schanigarten für 6 Pers. vor dem Lokal und für 50 weitere im Schanigarten vom Cafe Coffeepirates.

Geier www.geier.at, baeckerei@geier.at. Brot, Gebäck, Feinbackware, Snacks, saisonale Angebote wie Weihnachtsgebäck; Coffee to go. U-Bahn Station Alser Straße, Tel. 409 63 60, Mo–Fr 5–19, Sa 6–13, So, Fei 7–12. Sechsschimmelgasse 22, Tel. 315 24 31, Mo–Fr 6–18.30, Sa 6–13, So, Fei 7–12, Café-Bereich.

Holzofenbäckerei Gragger & Cie Nußdorfer Straße 16, Tel. 0670/550 44 49, E-Mail: spiegelgasse@gragger.at, www.gragger.at, Mo–Fr 7.30–18, Sa 8–14 (Fei geschlossen). Dependance von Graggers Holzofenbäckerei; Bio-Brote auf Natursauerteigbasis und Bio-Gebäck von Hand gefertigt und im Holzofen gebacken. Bio-Brot- und Bio-Gebäckspezialitäten, Bio-Mehlspeisen, belegte Bio-Brote.

Kaffeekonditorei Irmtraud Mayerhofer Althanstraße 11–13, Tel. 319 89 19, Mo–Do 8–20 (Fei geschlossen). Frühstück ganztägig (€ 2,90 bis € 4,20); hausgemachte Mehlspeisen, Torten auf Bestellung, Snacks (ab € 1,50), Kleinigkeiten, täglich 1 MM (ab € 4,80), im Sommer Eis. Extrazimmer für 20, Schanigarten für 12 Pers.

mel&koffie Alser Straße 32, Tel. 0676/581 29 66, E-Mail: info@melkoffie.com, melkoffie.com, Mo–Fr 7–18.30, Sa 7–18. Bäckerei mit Bio-Brot und Bio-Gebäck, verschieden gefüllte Schnecken, belegte Focaccia; Frühstück; Kaffee. Klimaanlage. Schanigarten für 8 Pers. Behinderten-WC.

Naschsalon Liechtensteinstraße 38a, Tel. 0664/453 41 93, E-Mail: shop@naschsalon.at, www.naschsalon.at, Mo–Fr 7.30–18, Sa 9–14, So 9–17 (Fei geschlossen). Charmante Cafe-Konditorei mit großer Auswahl an selbstgemachten Torten, Kuchen, Marmeladen bis hin zu frischen Croissants; Frühstück Mo–Fr 8.30–11, Sa und So bis 14 (z.B. Rührei, Naschsalon Frühstück, vegane Frühstücks-Bowls); Mo–Fr 11–14 Mittagsbistro mit wechselnden Speisen, TT (€ 8,90), Lachs- und vegane Specials, ausgefallene Tramezzini-Sorten, Suppen. Produkte vorwiegend regional und biologisch, sowie hochqualitative Weine, Öle, Pistazien- und Haselnusscremes aus Italien und Frankreich; Di–Fr täglich frisches Brot vom Bio-Holzofenbäcker Gragger. Im Sommer Eis vom Eis-Greissler. Individuell gestaltete Dekor- und Eventtorten für besondere Anlässe (z.B. Hochzeitstorten). Essen auch zum Mitnehmen (in wiederbefüllbaren Gläsern: „Naschglas"). Online Shop.

Ströck www.stroeck.at, kundenservice@stroeck.at. Ofenfrisches Brot und Backwaren (von rustikal bis mediterran), Mehlspeisen-Klassiker; Frühstück, schnelle Snacks, Imbisse; Bio-Fairtrade-Kaffee; das gesamte Brot- und Gebäcksortiment ist frei von Zusatzstoffen, breites Angebot an Bio-Produkten. Aktuelle Öffnungszeiten siehe Homepage: stroeck.at/filialen. Berggasse 13, Tel. 204 39 99-830 84, Mo–Fr 6–18.30, Sa 7–13. Nußdorfer Straße 1, Tel. 204 39 99-830 55, Mo–Fr 6–18.30, Sa 7–13. U-Bahn Station Friedensbrücke, Tel. 204 39 99-830 35, Mo–Fr 5.30–18. U-Bahn Station Spittelau, Tel. 204 39 99-830 32, Mo–Fr 5.30–19, Sa 7–18.

Torterrie – Dessert Boutique Nordbergstraße 2, Tel. 0676/441 48 28 (Bestellungen), 0678/122 16 47, E-Mail: info.torterrie@gmail.com, Di–Do 10–19, Fr, Sa 10–22, So 10–21. Patisserie und Café, Tortengalerie. Desserts und Törtchen, Anlasstorten; kalte und warme Getränke, Cocktails und div. alkoholische bzw. alkoholfreie Getränke. Zum Mitnehmen oder gleich essen, Zustellung möglich. Café und Schanigarten für je 8 Pers.

Konfiserien

Confiserie Zum Süßen Eck Währinger Straße 65, Tel. 402 79 74, 0660/402 79 75, E-Mail: confiserie@suesseseck.at, www.suesseseck.at, Mo 14–19, Di–Fr 10–19 (Fei geschlossen), Betriebsurlaub im Sommer (genaues Datum siehe Homepage). Über 100 Jahre altes Zuckerlgeschäft, zusätzlich zum normalen Sortiment vegane Süßwaren, großes Angebot für Menschen mit Lebensmittelintoleranzen (z.B. laktosefreie Süßwaren); über 140 Sorten Lakritze und sonstige vegane Süßigkeiten, Zimtpastillen; Chili-Pfeffer-Schokolade, ca. 40 Sorten Bitterschokolade, großes Rosensortiment, Hochzeits- und Festtagsmandeln, auch zuckerfreie Schokolade und Kanditen; Fruchtsäfte aus der Region. Illy-Kaffee. Regelmäßig Verkostungen (Schokoladenverkostungswochen, Termine laut Homepage). Großer Geschenkbereich, Geschenkkörbe nach Wunsch, süße Blumensträuße, Präsentbox. Zustellservice in den Bezirken 8, 9, 18 und 19. Stehcafé für 3, Schanigarten für 8 Pers. Online-Shop.

Süsse Träume Schlickgasse 5, Tel. 955 14 49, E-Mail: suessetraeume@gmx.at, parkconfiserie.at, Mo–Fr 9.30–18, Sa 9.30–13. Offeriert die etwas anderen Süßigkeiten mit außergewöhnlichen Aromen: im Winter Eibensteiners Schokomaroni, cremegefüllte Osttiroler Pichler Schokoladen, Zauner Stollen, Marzipanfrüchte, zuckerfreie Schokoladen (auch mit Stevia), biologische, fair gehandelte und noch viele andere Sachen.

Xocolat Manufaktur Servitengasse 5, Tel. 310 00 20, E-Mail: manufaktur@xocolat.at, www.xocolat.at, Mo–Fr 10–18, Sa 10–17. Manufaktur von Xocolat, die räumlich nur durch Glas vom Verkaufsraum getrennt ist und von überall eingesehen werden kann. Das Sortiment umfasst u.a. 45 Sorten Schokotrüffel (z.B. Ingwer-, Jasmin- und weiße Buttertrüffel). Bei Workshops kann man Trüffel oder Konfekt selbst produzieren.

Pubs

Amananth's Place Liechtensteinstraße 15, Tel. 0664/100 33 92, E-Mail: rockpub@gmx.at, www.amananths-place.com, Fr, Sa 19–4, vor Fei geöffnet, aktuelle Öffnungszeiten siehe Homepage bzw. Facebook-Seite. Rock-Esoterik-Pub; Hamburger, Nudelsnacks. DJs im Partykeller; Tischfußball (€ 1,–/Spiel). Keller für private Veranstaltungen (mietfrei, keine Mindestkonsumation).

Charlie P's Irish Pub Währinger Straße 3, Tel. 409 79 23, E-Mail: info@charlieps.at, www.charlieps.at, täglich 15–1, warme Küche Mo–Do 17–22, Fr 16–23, Sa 12–23, So 12–22. Doppelstöckiges Riesen-Pub mit allen Schikanen, original „snugs“; irisch-britische, aber auch moderne Küche; Burger und Steaks; 12 offene Biere plus saisonale Sorten und mehrere Craft-Biere. Während des Semesters: Di: Medical Tuesday (spezielle Angebote für Medizinstudierende), Mo (Mai bis September): Englischsprachige Stand-Up-Comedy, Mi: Karaoke, Do: „Let the music play“ mit studentengerechten Preisen, Fr: Happy Friday, Sa: Vintage, So: Jackpot Quiz (nicht im Sommer). Sky Sportsbar: 6 Plasmascreens und 1 Großbildleinwand für Sportübertragungen; jeden Abend außer So/Mo DJs. Schanigarten für 15 Pers. €€

The Golden Harp Irish Pub Alserbachstraße 37, Tel. 0676/760 64 96, E-Mail: info@irishpubalsergrund.at, www.goldenharp1090.at, Mo–Fr 10–2, Sa 12–2, So, Fei 12–24. Irish Pub; klassische Pub-Gerichte wie Burger, Fish and Chips oder Fingerfood; Mo–Fr MM mit Wiener Küche (mit vegetarischer Option), am Wochenende wechselnde TT; Bier, Cider, Whiske(y)s, Longdrinks. Jeden Mo Pub-Quiz; im Winter Lesungen; TV für Sportübertragungen. Verschiedene Räumlichkeiten (für Feiern reservierbar), gesamtes Lokal für geschlossene Gesellschaften zu mieten. Im Sommer 3 Gastgärten für 60 Pers. €

Isaac's International Pub Schubertgasse 13, Tel. 890 80 84, E-Mail: info@isaacs.at, www.isaacs.at, Mo–Do 16–1, Fr, Sa 16–3, So 16–24. 16 Fass- und div. Flaschenbiere, Cider, 55 verschiedene Whisk(e)ys, Longdrinks etc.; Burger, Baskets, Toasts, Salate. Fußballübertragungen; 3 TV und 2 Leinwände; Darts, Tischfußball, Booze Bingo, Mo Pubquiz. The Cat Club mit Bühne, Sound- und Lichtanlage zu mieten für Partys, Konzerte etc.; klimatisiert. Schanigarten für 38 Pers. Barrierefreier Zugang über Notausgang.

Pappala Pub U-Bahn Bogen (Gürtel) 157, Tel. 310 22 17, 0650/440 72 78, E-Mail: hallo@pappalapub.at, www.ppub.at, täglich 19–4, aktuelle Öffnungszeiten siehe Homepage. Bier vom Fass (Guinness, Stiegl, Bio-Zwickl, Hopfenauflauf), Craft-Bier, große Auswahl an Flaschenbieren und Longdrinks, Cider vom Fass; Snacks. Flatscreen (Sky), Fußball-Liveübertragungen, Darts, Gesellschaftsspiele, Rockmusik, regelmäßig Events, Pub Quiz, private Feiern möglich, Party-Raum. Schanigarten für 40 Pers.

Speakeasy Hebragasse 9, Tel. 0650/771 37 51, E-Mail: heinzharl@hotmail.com, www.pub-speakeasy.at, Mo–Fr 9–1 (Fei geschlossen). Fish and Chips (€ 10,90), österreichische Küche, großzügige Speisekarte; Mo–Fr 11.30–14 MM; täglich Barbetrieb, Sonderangebote: Mo Guinness (€ 4,60) und Gösser (€ 3,–), Di Wieselburger (€ 3,60) und G'spritzter (€ 2,40), Mi Cider (€ 4,40) und Starobrno (€ 3,60), Do Zipfer (€ 3,40) und G'spritzter (€ 2,40), Fr Cider (€ 4,40) und Wieselburger (€ 3,70). Leinwand mit Beamer für Sportübertragungen. Schanigarten für 20 Pers. €

Szene

Giardino sulla terrazza estiva - summertage Roßauer Lände (Donaukanal, U4-Station), Tel. 310 20 88, 319 66 44 (Büro), www.summerstage.at, Mai bis September täglich 17-1. Italienische, handgemachte Pasta della Nonna aus Italien und frische Antipasti. Terrasse. €

Loco U-Bahn Bogen (Gürtel) 172-174, Tel. 0664/205 81 08, 0664/205 81 07, E-Mail: office@locobar.at, event@locobar.at, www.locobar.at, täglich 19-4. Cocktailbar, täglich Getränkeangebote: Cocktails und Longdrinks im Angebot (je früher, desto günstiger), auch Bier, Spritzer und Shots im Angebot. Täglich DJ-Line (außer So), Mi Karaoke, Events. 2 Schanigärten für 200 Pers. Behinderten-WC.

Summerstage Terrasse & Pavillon Roßauer Lände (Donaukanal, U4-Station), Tel. 315 52 02, 319 66 44 (Büro), E-Mail: office@summerstage.at, www.summerstage.at, Mai bis September Mo-Sa ab 17, So 15-1. Gastronomie und Kulturevents. Diverse Wiener Lokale bieten unter freiem Himmel ihre Spezialitäten an; von Wiener Küche bis mexikanisch; Kindermenüs, So 17-21 gratis Kinderbetreuung, in den Ferien Kinder-Workshops. Beachvolleyball(-turniere), Trampolin (€ 2,-), 5 Boule-Bahnen (Benützung gratis, Kugeln zu mieten); Openair-Ausstellung, Jazz- und Popkonzerte, Weinverkostungen, Lesungen; Skulpturengarten. Ganzjährig Privat- und Firmenfeiern möglich. Platz für 500 Pers. Behinderten-WC. €€

Theo's - summerstage Roßauer Lände (Donaukanal, U4-Station), Tel. 0676/677 65 11, 319 66 44 (Büro), E-Mail: office@summerstage.at, www.summerstage.at, Mai bis September täglich 17-1. Internationale Küche mit Fokus auf Philippinisch; Steaks, hausgemachte Streetfood-BBQ-Spieße; Desserts; Longdrinks. Eis aus Italien. Erweitert in den wetterfesten, ehemaligen Wiener Weinpavillion. €€

USUS im Schauspielhaus Porzellangasse 13a, E-Mail: schauspielhaus@usus.wien, www.usus.wien, Öffnungszeiten orientieren sich an den Spieltagen des Schauspielhauses, aktuelle Infos s. Homepage. Theaterbistro und -bar von der Genossenschaft Usus rund um Patrick Müller (Küche) und Lenka Recek (Bar). Tapas und Prosecco, saisonal wechselnde, kreative Karte. Chef's Table: exklusive Tafel im Séparée für 6 bis 12 Pers., serviert wird ein Auszug aus der Karte in mehreren Gängen (nur mit Reservierung). Schanigarten. €€

Teehäuser

JADETEEE & KERAMIK Berggasse 14/7-9, Tel. 0676/376 30 26, E-Mail: office@jadetee.at, www.jadetee.at, Mo, Sa 12-18, Di-Fr 10.30-18. Teehaus mit ca. 70 verschiedenen Teesorten zur Auswahl; im Sommer Eistees. Teedegustation auf Anfrage. Teegeschirr und -keramik auch zu kaufen (v.a. von Händlern auch Österreich und Deutschland). Schanigarten für 6 Pers.

Teastories Spitalgasse 13, Tel. 0680/440 35 78, E-Mail: info@teastories.at, www.teastories.at, Mo-Fr 9-18, im Sommer bis 16. Teegeschäft mit kleiner vietnamesischer Speisekarte; vietnamesisches Streetfood wie vietnamesisches Baguette Banh Mi (€ 6,90) oder Pho-Suppe mit Bio-Rindfleisch (€ 11,90); auch glutenfreie Gerichte, manche Speisen auch als kleine Portionen und vegan erhältlich; Bubble Tea aus Bio-Zutaten (Bubble für € 0,60 Aufpreis); Tea to go. Teilweise regionale und Bio-Produkte. Tee (auch lose) und Tee-Zubehör zu kaufen.

Weinhandlungen

Hofkellerei im Gartenpalais Fürstengasse 1, Tel. 319 57 67-300, E-Mail: vinothek@hofkellerei.at, www.hofkellerei.at, Di-Sa 12-21 (Fei geschlossen). Auswahl feinster Weine der Hofkellerei und befreundeter renommierter Weingüter, ausgesuchte kulinarische Spezialitäten, Kaffee und hausgemachte Mehlspeisen. Elegantes Gewölbe mit dem aus einem Eichenstamm gefertigten Verkostungstisch. Großzügiger Gastgarten in traumhaftem Park-Ambiente.

Weinbar SchWIRTz Währinger Straße 76, Tel. 317 72 81, E-Mail: wirtin@schwirtz.at, www.visavisvolksoper.at, September bis Juli täglich ab 17, im August Sommerpause. Vinothek und Weinbar mit Fokus auf österreichische Weine. Faires Preis-Leistungs-Verhältnis. Ab-Hof-Verkauf von Weinen; Golser Bier vom Fass, Cocktails, Liköre, Hausbrandt-Kaffee; hausgemachte Aufstriche und Aufstrichbrötchen, sowie knusprig gebackene Feuerfleck Variationen. 28 Sitzplätze (Barbereich; auch für private Feiern zu mieten, max. 40 Pers.). Shop. Schanigarten für 6 Pers.

Greißlerei Vinothek Walletschek Sobieskiplatz 8, Tel. 0664/210 32 06, E-Mail: cafe.walletschek@chello.at, www.walletschek.at, Mo-Fr 10-23 (Fei geschlossen), durchgehend warme Küche. Kleines Weinlokal nach italienischem Muster, Antipasti, Tortellini (€ 5,50 bis € 10,-); Vinothek (österreichisches und internationales Weinangebot), Greißlerei, Partyservice, Zustelldienst. Extrazimmer für 20, schöner Schanigarten für 75 Pers.

Wiener Kaffeehäuser

Grand Cafe am Alsergrund Lustkandlgasse 4, Tel. 317 83 30, E-Mail: office@gcaa.at, www.gcaa.at, Mo-Sa 9-24, So, Fei 16-24, Küche bis 22.30. Traditionelles Kaffeehaus gegenüber der Volksoper. Mo-Sa 9-15 Frühstückskarte, 11.30-14.30 Fair Lunch Mittagstisch (man zahlt so viel man möchte); Kinderspeisen-, sessel, Spielsachen. Schanigarten für ca. 48 Pers. €

Café-Restaurant Maximilian Universitätsstraße 2, Tel. 405 71 49, E-Mail: branny@branny.biz, Mo-Sa, Fei 8-24, So 9-24, durchgehend warme Küche bis 23. Wiener Frühstück; italienische Küche (keine Pizza), auch österreichische und saisonale Gerichte (Spargel, Pilze, Kürbis etc.), Bruschetta, Fleisch- und Fischspezialitäten, Pasta; alle Gerichte frisch zubereitet; hausgemachte Mehlspeisen und Eis; überaus hohe Kaffeekultur, der Juniorchef ist preisgekrönter Barista. Österreichische Zeitungen, Zeitschriften; Flatscreen. Schanigarten für 80 bis 90 Pers. €€€

Café-Restaurant Monarchie Nußdorfer Straße 69-71, Tel. 319 70 72, E-Mail: kaffee.monarchie@gmx.at, www.kaffee-monarchie.at, täglich 8-21. Konditorei und Café-Restaurant; diverse Frühstücksvarianten bis 11; Wiener und internationale Küche, Mehlspeisen; Kinderspeisen. Schöner Gastgarten für 65 Pers. Barrierefreier Zugang über Seiteneingang. €€

Café-Restaurant Weimar Währinger Straße 68, Tel. 317 12 06, E-Mail: service@cafeweimar.at, www.cafeweimar.at, Mo-Fr 8-23.30, Sa, So, Fei 8.30-23.30 (Winter), Mo-Fr 8-21, Sa, So, Fei 8.30-21 (Sommer). Wiener Frühstück 8.30-12 am Wochenende bis 14 (klein € 6,20/groß € 14,40; Gourmet Frühstück € 48,-/2 Pers.); Wiener Spezialitäten und Hausmannskost, auch internationale Küche, TT (€ 10,50 bis € 11,50), 2gg MM (€ 11,50), Snacks, Mehlspeisen; Bio- und Fair-Trade-Produkte. Do-So 16-19 Klaviermusik; nationale und internationale Zeitungen. Im Souterrain Tanzbar „Palme" für geschlossene Veranstaltungen für bis zu 80 Pers. (auch mit Buffet). Catering; Kindersessel. Schanigarten für 80 Pers. €€

Würstelstände

Würstelstand Netzroller Julius-Tandler-Platz 3, Tel. 0676/529 00 56, Mo-Fr 10-21 (Fei geschlossen). Diverse Würstel und Käsekrainer. Schanigarten für 16 Pers.

Würstelstand Alser Straße U-Bahn Station Alser Straße (vor der U-Bahn-Station), Tel. 0676/667 34 64, täglich 9-4. Grillwürste (Bratwurst, Käsekrainer), Döner; Falafel, Biere. €

10., FAVORITEN

1100 ist eine Stadt in der Stadt: Im ehemaligen Arbeiterbezirk Favoriten wohnen fast so viele Menschen wie in Linz, der drittgrößten Stadt des Landes. Und dass der bevölkerungsreichste Bezirk Wiens die Heimat vieler Einwander*innen ist, sieht, riecht und schmeckt man: Seine kulinarischen Mikrokosmen sind international und umfassen vom Altwiener Gasthaus Praschl in der Quellenstraße über das Caritas-Sozialprojekt Magdas Kantine, das in der Ankerbrotfabrik Weltküche zubereitet, bis zum Nachbarschaftslokal Mimi im Stadtelefanten im hippen Sonnwendviertel, wo kreativ gekocht wird, und der Panoramaschenke Eitljörg, die in Oberlaa Familien verköstigt. Nicht zu vergessen all die türkischen Imbisse, die rumänischen und serbischen Grillmeister, syrischen Bäckereien und chinesischen „All you can eat"-Buffets dazwischen.

Unmöglich, alle Neueröffnungen, -übernahmen und Schließungen aufzuzählen, deshalb seien hier nur jene genannt, die die größte Fangemeinde im Bezirk pflegen: die im Februar auf der Favoritenstraße eröffnete neue Filiale des türkischen Restaurants Kent. Anders als das 1990 am Brunnenmarkt gegründete Mutterschiff des mittlerweile zum Imperium angewachsenen Gastro-Unternehmens, ist das Favoritner Kent alles andere als rustikal: vier Stockwerke voller Lounge-Architektur nimmt der jüngste Ableger im denkmalgeschützten Domenig-Haus ein. Platz für 300 Leute – für den 200.000 Einwohner*innen-Bezirk Favoriten trotzdem unterdimensioniert. Wesentlich beschaulicher geht es da schon im neuen Café im Sonnwendviertel zu: Im Feldhasen gibt es ein einziges frisch gekochtes Tagesgericht.

Ferhat Döner
Kebap mit Rindfleisch aus Österreich ... S. 359

DÖNER

DIE BESTEN 16 IM 10. BEZIRK

Al Banco Aperibar
Italienische Tagesbar mitten im Erste Campus mit super Tramezzini, guter Pasta, italienischen Bieren und dem besten Espresso im ganzen Quartier ... S. 357

Aurora Rooftop Bar
Schicke Hotel-Dachterrasse im 16. Stock mit tollem Ausblick, feinen Cocktails und einer sehr überschaubaren Karte mit ein bisschen nordischem Bar-Food ... S. 359

Der Ringsmuth
Ehemaliges Tschocherl, in dem ein Ex-Steirereck-Mann die Wiener Küche modernisiert ... S. 354

Eissalon Tichy
Zwar kein echtes Essen, weil nur Eis, aber der Tichy ist für Favoriten identitätsstiftend und ein Wien-Juwel ... S. 362

Eloa by Cohen's
Orientalisch-israelisch-österreichische Weltküche in einem hübschen Lokal inmitten des Retortengrätzels Quartier Belvedere ... S. 358

Gasthaus Praschl
Das puristisch-schöne Gasthaus Praschl ist die Alt-Wiener Dependance im Multikulti-Ensemble des Favoritner Stadtteils Kreta. Ein Wirtshaus, in dem es nicht nur nach Schnitzel, Krautfleisch und Gulasch riecht, sondern wo auch manchmal Musik und Kultur aufspielen ... S. 354

Gugumuck – Gartenbar und Hof-Bistro
Einstmals am sprichwörtlichen Arsch der Welt, streckt sich Wien immer weiter auch nach dem Favoritner Stadtteil Rothneusiedl aus, wo Pionier Andreas Gugumuck auf seiner Future Farm schon seit Jahren Schnecken züchtet und in seiner Gartenbar zu großartigen Gerichten verkocht serviert ... S. 353

Iki
Cleaner und slicker Asia-Foodtempel im Erste Campus, bei dessen Konzept – Ramen, Sushi, Reisschalen, Suppen, Burger – die Mochi-Leute unterstützend unter die Arme griffen ... S. 355

La Koliba Restaurant
Einer der ultimativen Holzkohlen-Balkanesen Wiens, Menge des Angebots, Portionsgröße und Qualität sind beachtlich. Dazu gibt's selbstgemachtes Holzofenbrot und, wem das nicht reicht, Ultra-Mega-Giga-Palatschinke ... S. 356

Magdas Kantine
Das Gastro-Projekt der Caritas in der Ankerbrotfabrik ist seit Jahren ein Top-Ort im Bezirk: appetitliche Weltküche zu extrem fairen Preisen und in fescher Umgebung ... S. 360

Meixner's Gastwirtschaft
Ikone und tragende Säule der Favoritner Gastro-Szene, klassische Wiener Gerichte mit Einflüssen aus der Alpe-Adria-Region ... S. 353

Mimi im Stadtelefant
Das beste Lokal im Sonnwendviertel, in dem ziemlich super international gekocht wird. Auch bei Kaffee lässt es sich hier hübsch sitzen ... S. 353

Panoramaschenke Eitljörg
Hier herrscht 70er-Gigantismus: Wintergärten, Säle, Foyers ohne Ende plus Großgarten und Grillstation in der Dimension eines Einfamilienhauses. Braucht es auch, denn die Panoramaschenke in Oberlaa ist traditioneller Austragungsort für Taufen, Erstkommunionen, Firmungen, Hochzeiten und diverser anderer Jubiläen ... S. 354

Restaurant Kent
Die neue Favoritner Filiale des türkischen Restaurants Kent hat auf drei Etagen in der Favoritner Fußgängerzone Stellung bezogen und serviert hier das Erfolgsprogramm des Hauses im großen Stil: türkisch-levantinische Küche ... S. 359

Restaurant TwentyTwo
Im 22. Stock des Holiday Inn Vienna-South am Wienerberg geht's vor allem um eines: den Rundumblick auf Wien. Als Proviant gibt's diverse ambitionierte Brunchvarianten und natürlich Mittag- und Abendessen sowie Candle-Light-Dinner ... S. 355

Schnauzer & Beagle Brewery
Kleines Austria-Australia Brew-Pub, in dem es nicht nur selbstgebrautes Bier, sondern auch Melbourne-Style Coffee, ergänzt durch allerlei Pies, Cakes und Rolls, gibt ... S. 365

Gaststätten, Restaurants, Wiener Beisln

Zum Alten Beisl Rotenhofgasse 4, Tel. 602 78 79, E-Mail: zumaltenbeisl@aon.at, Di–Sa 10–22 (Fei geschlossen), warme Küche 11–21, Weihnachtsferien und erste 3 Augustwochen geschlossen. Gutbürgerliche Hausmannskost, gekocht vom ehemaligen Küchenchef des Meinl am Graben; im Herbst Ganslessen; Puntigamer und Schladminger vom Fass; Kinderspeisen, -sessel, Spielzeug. Gastgarten und Hofgarten für je 30 Pers. **€€**

Alxinger Stüberl Alxingergasse 24, Tel. 208 04 04, E-Mail: alxinger-stueberl@gmx.at, www.alxinger-stueberl.at, Mo–Do 11–14.30 und 17–23, Fr 11–14.30, Weihnachtsferien geschlossen. Gutbürgerliche Wiener Küche (Tagesmenü € 7,50), fallweise steirische und Kärntner Regionalküche; hausgemachte Nachspeisen (z.B. Marillenknödel um € 4,50); Kinderportionen; Essen zum Mitnehmen; Villacher vom Fass, Lärchen- und Zirbenschnaps. Gelegentlich Liveveranstaltungen; TV für Sportübertragungen. Schanigarten für 30 Pers. **€**

Anningerblick Dr.-Eberle-Gasse 3, Tel. 615 46 00, E-Mail: info@anningerblick.com, www.anningerblick.com, Di–Sa 11–22, So, Fei 10–19, durchgehend warme Küche, Küche bis 20 bzw. 18. Spezialitäten: saisonale Schmankerl, böhmische Küche; südsteirische Weine; Kinderspeisen, -sessel. Im Herbst Ganslessen. Garten für 90 Pers. mit Blick über Wien. **€€**

Bierochs Raaber-Bahn-Gasse 12, Tel. 0676/317 78 90, täglich 18–1. Bierlokal; kleine Speisen (€ 4,80 bis € 7,80), Spezialität: Teufelsbrot; 50 Biersorten, 4 Fassbiere. Kindersessel, -spiele. TV. Schanigarten für 10 Pers. **€**

Bierstadl Laaer Wald 218a, Tel. 689 23 00, E-Mail: bierstadl@aon.at, www.bier-stadl.at, März bis Oktober Di–So, Fei 10–2, Ende November bis Anfang März geschlossen (ab dem 1. Mi im März geöffnet), warme Küche durchgehend bis 23. Wiener Küche (TT Mo–Fr 11–14) Spareribs; offene Bierschank, Budweiser vom Fass. TV; Kindersessel, Wickeltisch, Spielecke und Spielplatz mit Luftburg. Gastgarten für 250 Pers. **€€**

Brückenwirt Unter-Laaer Straße 27, Tel. 688 38 83, www.brückenwirt-wien.at, Di–Sa 10–22, So, Fei 9–22, warme Küche bis 21. Direkt am Liesingbach beim Stadtwanderweg 7 gelegen; Frühstück (Ham and Eggs) ganztägig; Hausmannskost (Di–Fr MM € 7,10), Tagesspezialitäten, Brückenwirt-Platte; verschiedene Fassbiere (Budweiser, Brückenbräu, Grieskirchner dunkel); Kinderspeisen, -sessel, Wickeltisch. TV. Schanigarten für 100 und Gastgarten für 200 Pers. am Liesingbach. Parkplatz. **€€**

Zum Buchenbeisl Karmarschgasse 50, Tel. 600 99 98, www.buchenbeisl.at, Mo–Fr 7–23, Sa, So, Fei 9–22, warme Küche 11–22 bzw. 21. Frühstück ab 7, Sa und So ab 9 (ab € 5,70); Wiener Küche (3 MM wochentags € 6,50, Sa, So, Fei TT mit Nachspeise € 9,50), Spareribs, saisonale Speisenaktionen. TV für Sportübertragungen. Extrazimmer für 50, Schanigarten für 25 bis 30 Pers. **€**

Café-Restaurant Caktus 2 Pernerstorfergasse 9, Tel. 603 35 30, E-Mail: caktus@live.at, www.caktus2.at, täglich 9–22. Wiener Hausmannskost (Mo–Fr 3 MM ab € 7,40), Saisonkarten; Frühstück; Zipfer, Stiegl, und Zwickl, große Bar; Kinderspeisekarte, -sessel, -spielecke. TV, Darts; Sitz der FCs 1980 und Wienerfeld. Großer, schöner Schanigarten. **€€**

Campus Bräu Wiedner Gürtel 1, Tel. 796 15 89, E-Mail: office@campusbraeu.at, www.campusbraeu.at, Mo–Fr 11.30–24. Trendiges Bierlokal im amerikanischen Stil im Erste Campus. Wiener Klassiker, Burger, saisonale Gerichte (11.30–14.30 3gg MM um € 12,50); Stiegl, Zwettler und Kozel vom Fass, Craft-Bier, Flaschenbiere, Spirituosen, Weine. Kindersessel, Wickeltisch. Veranstaltungen bis 250 Pers. möglich, auch außerhalb der Öffnungszeiten (auch mit DJ). Gastgarten für 120 Pers. Behinderten-WC. **€€**

Das Chadim – das Restaurant am Wienerberg Friedrich-Adler-Weg 5, Tel. 616 78 98, E-Mail: willkommen@das-chadim.at, www.das-chadim.at, Mo–Sa 11.30–23, So, Fei 11.30–21, (Winter-)Öffnungszeiten können abweichen (siehe Website). Im Naherholungsgebiet Wienerberg, mitten im Grünen gelegen. Wiener Schmankerl, frischer Fisch aus heimischen Gewässern, saisonale Gerichte, vegane Wiener Küche wie vegane Wiener Rindsroulade oder veganer Zwiebelrostbraten, Fleisch aus regionaler Landwirtschaft (AMA-Gastrosiegel), saisonale Spezialitätenwochen (Wild, Schwammerl etc.); Fassbiere (auch zum Selberzapfen), eigenes Chadim Bier, auch Weinsortiment und Schnäpse; Kinderspeisen, Spielzeug, Spielplätze in der Nähe. Für Seminargäste WLAN, Beamer und Leinwände. Rosenzimmer für 26, Lavendelstube für 20 und historisches Gewölbe für 50 Pers., Bankett- und Seminarräume (bis 50 Pers.), Festzelt für 150 Pers., See-Terrasse für Feiern mit direktem Blick auf den See. Garten für bis zu 80 Pers. Reservierung erbeten. **€€€**

Das Columbus Columbusplatz (Ecke Favoritenstraße 86), Tel. 604 23 03-10, E-Mail: reservierung@dascolumbus.at, www.dascolumbus.at, Mo–Sa 9–24, So, Fei 9–23, Küche bis 22. Frühstück täglich bis 16 (€ 5,80 bis € 12,90); Wiener und internationale Küche, eigene Mittagskarte (2 MM ab € 9,90, mit Salat oder Blattsalat zusätzlich € 2,90), wechselnde Wochenkarte; div. Mehlspeisen, auch hausgemacht, Eis vom Eis-Greissler, Brot von Joseph Brot; Biere vom Fass (Wr. Original, Zwickl, Weizenbier), Weine, Cocktails; Kinderspeisen, -sessel. Räumlichkeiten für Feiern für ca. 100 Pers.; Schanigarten für 100 Pers. €€

Eugen21 Arsenalstraße 10 (im Hotel Andaz Vienna Am Belvedere), Tel. 205 77 44-4901, E-Mail: eugen21@andaz.com, restaurant-eugen21.at, Mo–Fr 6.30–10 und 12–14 und 18–22, Sa 6.30–13 und 18–22, So 6.30–13. Modernes Österreichisches Wirtshaus; nationale und internationale Küche; Frühstück; Mo–Fr mittags Business Lunch. Kinderspeisen, -sessel, -zeichenblock, Wickeltisch. Behinderten-WC. €€€

Fasslwirt Favoritenstraße 235, Tel. 688 23 34, www.fasslwirt.at, Do–Sa 11–14.30 und 17.30–21.30, So 11–14.30. Saisonale Hausmannskost und internationale Küche, frische Leberspezialitäten und Salatgerichte, Tagesgerichte, Kinderportionen, -sessel, Spielsachen; Schladminger Bier, Bio-Weine vom Bio-Weingut Josef Loimer (Langenlois), saisonale Säfte aus dem Mostviertel. Private Feste aller Art möglich (bis 20 Pers.); Gin- und Whiskey-Tasting ab 4 Pers. (gegen Anmeldung). Terrassengarten für 30 Pers. Tel. Reservierung am Abend erbeten. €€

Zum Genussspecht Unterlaaer Platz 2, Tel. 688 03 00, E-Mail: zum.genussspecht@gmail.com, www.zumgenussspecht.at, Do–Sa 11–21, So, Fei 11–16. Hausmannskost (täglich wechselnde MM 11–15 um € 8,90 bis € 9,90, Fr Fisch); Rindsrouladen, Backhendl, saisonale Spezialitäten (Schwammerl, Wild, etc.); Kinderspeisen, -sessel; Bio-Apfelsaft, Gösser und Schladminger Bio-Zwickl vom Fass, Rot- und Weißweine vom Weingut Schwarzböck sowie Scheibelhofer. Feiern für ca. 70 Pers. möglich. Gastgarten mit Nussbaum für ca. 72 Pers. €€

Gasthaus Zum Gölsentaler Favoritenstraße 194, Tel. 604 62 60, E-Mail: beisl@goelsentaler.at, www.goelsentaler.at, Mo–Do 8.30–22, Fr 8.30–21 (Fei geschlossen), warme Küche Mo 10.30–14, Di–Fr 10.30–14 und 17.30–19.30. Frühstück ganztägig (ab € 3,50); Wiener Küche (Mo–Fr MM), Fr Fischmenü; 2 Fassbiere, österreichische Weine; Kinderportionen, -sessel. Fallweise Mi ab 19 Tanzabend. 2 Extrazimmer zum Mieten für 10 und ca. 20 Pers. Gastgarten mit 4 Tischen. €

Gugumuck – Gartenbar und Hof-Bistro Rosiwalgasse 44, Tel. 0676/365 36 43, E-Mail: office@gugumuck.at, www.gugumuck.com, Bistro ca. 1-mal/Monat ab 18 geöffnet (Termine siehe Homepage); im Sommer Gartenbar: Do–So 13–22 (bei Schönwetter); Hofladen: Mo–Fr 8–16. Gartenbar und Bistro am Hof von Andreas Gugumuck, der 2008 die Wiener Schneckenmanufaktur gegründet hat. Küchenchef Jürgen Winter ist für die Umsetzung des Farm-2-Table-Konzeptes verantwortlich; es gibt Weinbergschnecken-Spezialitäten aus eigener Zucht. In der Gartenbar gibt es sowohl vegetarische als auch vegane Tablesnacks mit Gemüse aus dem eigenen Garten, diverse Salate oder Flammkuchen; im Bistro 7gg Gala-Menüs (€ 79,–) aus der offenen Showküche (Reservierung notwendig); Biere und Weine von befreundeten Mini-Brauereien und Winzer*innen, auch Wein aus dem eigenen Weingarten. Mai bis Oktober Führungen durch die Schneckenzucht mit Verkostung (siehe Homepage). Onlineshop. 28 Sitzplätze im Bistro. Gastgarten, Gartenbar mit Terrasse. €€€

Gasthaus zum Heimkehrer Heimkehrergasse 36, Tel. 688 54 16, E-Mail: info@gasthauszumheimkehrer.at, www.gasthauszumheimkehrer.at, Mi–Sa 11–22, So 11–16. Gutbürgerliches Gasthaus mit österreichischer Küche, Mi–Fr MM (€ 7,90 bis € 9,90). Saal für 100 Pers. (für div. Feiern geeignet), Gastgarten für 120 Pers. €€

Restaurant Kaiser's Favoritenstraße 61, Tel. 0680/143 31 88, E-Mail: kaisers.restaurant@gmail.com, www.kaiserswien.at, Mo–Fr 11–22, Sa, So, Fei 16–22. Lokal besteht seit über 40 Jahren (ehem. Gasthaus Pötsch); Alt-Wiener Küche, frisch zubereitete Gerichte, Alt-Wiener Backfleisch, saisonale Spezialitäten (z.B. Wild), große Speisekarte (Mo–Fr 11–14 3 2gg MM € 7,10 bis € 8,20); österreichische Weine. Sehr familienfreundliches Lokal, Kindersessel. Klimaanlage. Schanigarten für 20 Pers. €€

Kurparkdiele Filmteichstraße (Nordeingang), Tel. 688 62 30, E-Mail: office@moviecat.at, www.kurparkdiele.at, www.moviecat.at, täglich 10–22, Ende Dezember bis Ende Jänner geschlossen, durchgehend warme Küche. 70er-Jahre Meierei mit kulinarischem Vollprogramm: Imbiss; Frühstück; Hausmannskost und Pfandlgerichte (Mo–Fr 2 MM um € 7,90), wechselnde Karte, monatlich 2 bis 3 thematisch wechselnde Speisenvariationen; Kinderspeisen, -sessel und -spiele. TV, Schach, Gesellschaftsspiele; Juli und August am Wochenende Grillabende im Kurpark. Gastgarten für 70 Pers. Behinderten-WC. Hunde-Wellnesszone. €€

Meixner's Gastwirtschaft Buchengasse 64 (Ecke Herndlgasse), Tel. 604 27 10, E-Mail: k.meixner@aon.at, www.meixners-gastwirtschaft.at, Mo–Fr 11.30–15 und 17.30–22.30 (Fei geschlossen), Küche bis 14 bzw. 21. Wiener Küche auf höchstem Niveau (Mo–Fr MM € 10,40), z.B. extrem gutes Lamm (saisonal). Tolle Weinkarte (es gibt alles aus der ganzen Welt!) und eine beispielhafte Selektion großartiger Biere von Kleinbrauereien; Kinderportionen, -sessel. Extrastüberl für 25 Pers., Gastgarten für ca. 50 Pers. €€€

Mimi im Stadtelefant Bloch-Bauer-Promenade 23, Tel. 0665/65 57 46 43, E-Mail: mimi.im.stadtelefant@gmail.com, Mo, Di, Fr 11.45–14, Mi, Do 11.45–14 und 17–24. Grätzellokal im Sonnwendviertel von Dorothee Bernhard und Marc Oberngruber. Täglich wechselnde VS, internationale Küche; Wein von der Weinhandlung Weinskandal (auch zu Ab-Hof-Preisen zu kaufen). €€

Müller Bräu Wienerbergstraße 11 (Twin Towers), Tel. 918 17 17, E-Mail: gustavo@aon.at, täglich 10–1, warme Küche 11–22. Frühstück bis 11 (ab € 4,–); Wiener Küche, Salatvariationen mit Fisch, Fleisch und Huhn, leichte Nudelgerichte, Speisen aus dem Pizzaofen (Fladen), vegetarische Gerichte (Mo–Fr MM/TT); eigenes Bier, Zwicklbier, Cocktails (ca. € 7,50; eigener Barbereich); Kinderportionen, -sessel, Kindertisch mit Spielzeug. Leinwand für Sportübertragungen, im Sommer fallweise Grillen auf der Terrasse, gelegentlich DJs; geeignet für Veranstaltungen bis 250 Pers. (ohne Stehplätze). Große Terrasse für 250 Pers. Gute Belüftung. Behinderten-WC. ♿ €€

Wirtshaus zum Nepomuk Troststraße 60, Tel. 607 71 42, E-Mail: nepomuk@nepomuk.at, www.nepomuk.at, Mo–Sa 10–22, So, Fei 10–16, Küche durchgehend bis 21.30 bzw. 15. Wiener-Beisl-Atmosphäre, Wiener und österreichische Küche, saisonale Spezialitäten (Mo–Fr MM ab € 8,90), manchmal Spanferkelessen (Buffet); offenes Bier, Weine aus Österreich (ca. 15 glasweise); gelegentlich monatliche Aktionen; kleine Portionen, Kindersessel. TV für Sportübertragungen. 3 Extrastüberl für Feiern zu reservieren. Schanigarten für 44 Pers. 💳 €€

Oberlaaer Dorf-Wirt Liesingbachstraße 75, Tel. 688 76 63, E-Mail: moetzl@dorf-wirt.at, www.dorf-wirt.at, täglich 10–22, durchgehend warme Küche bis 21. Traditionelle Wirtshauskultur verbunden mit moderner Gastronomie; Frühstück ab 10; Hausmannskost, regionale und saisonale Spezialitäten, Fleischprodukte und Milchprodukte sowie Großteil des Gemüses aus Österreich; TT (wochentags ab € 7,80/MM 3gg € 11,80), Vollwertküche, vegetarische Gerichte; hausgemachte Mehlspeisen; Kinderkarte, -sessel und -spielecke, Wickeltisch; Catering. Privat- oder Firmenfeiern möglich; Extrazimmer für Veranstaltungen zu reservieren; überdachter Gastgarten für 130 Pers. 💳 €€

Panoramaschenke Eitljörg Filmteichstraße 5 (im Hotel Eitljörg), Tel. 688 11 82, E-Mail: office@hotel-eitljoerg.at, www.hotel-eitljoerg.at, täglich 11–21. Klassische Wiener Küche und internationale Spezialitäten (Mo–Fr 11–14 2 MM € 12,10 und € 13,–), saisonale Schmankerl (Schwammerl, Wild etc.), Spezialitäten: Spareribs, Beef Tatar, Tafelspitz; Kinderspeisen, 5 Kindersessel, Wickeltisch, Spielplatz in der Nähe. Seminarräume; Extrazimmer für 130, Gastgarten für 250 Pers. 4-Stern-Hotel angeschlossen. Behinderten-WC. ♿ 💳 €€€

Gasthaus Praschl Quellenstraße 39, Tel. 0664/385 33 47, www.gasthauspraschl.at, täglich 16–24. Wiener Wirtshaus. Neben Klassikern wie Schnitzel, Krautfleisch und Gulasch gibt es auch Kalbspariser in Essig und Öl, Fohlen-Maisen mit weißen Bohnen oder Wildragout. Gelegentlich Live-Musik.

Cafe Restaurant Prestige Laubeplatz 4, Tel. 929 10 17, E-Mail: prestige1@gmx.net, täglich 8–2, warme Küche bis 23. 10–12 Frühstück; Pizza, Pasta, Burger, Spareribs, Steaks, Salate, süße und pikante Palatschinken; hausgemachte Limonaden. Raum für 40 Pers. für Feiern zu mieten. Schanigarten für 60 Pers. 💳 €€

Rainers Wintergarten Gudrunstraße 184 (im Rainers Hotel), Tel. 605 80, E-Mail: restaurant.rainers@rainer-hotels.at, www.rainer-hotels.at, täglich 12–22. Frühstücksbuffet ab 6.30; immer wieder wechselnde Themenmenüs; Wiener und internationale Küche, Einsatz von Produkten aus dem Bezirk; gute Weinkarte. Zwei PCs in der Lobby. Kindersessel; feine Terrasse für 50 Pers. Behinderten-WC. Parkmöglichkeit. ♿ 💳 €€

Restaurant Der Ringsmuth Johannitergasse 1 (Ecke Mannhartgasse), Tel. 603 18 35, E-Mail: restaurant@der-ringsmuth.at, www.der-ringsmuth.at, Di–Sa 11.30–23, Fei 11.30–16. Bestes Favoritner Wirtshaus in unmittelbarer Hauptbahnhof-Nähe. Großartige klassische und moderne Wiener Küche vom jungen Steirereck-Mann René Ringsmuth, saisonale Speisen (MT € 9,90), z.B. sehr flaumige Erdäpfelknödel mit Grammelfüllung und Speckkraut oder Zwiebelrostbraten vom Salzburger Hochland-Rind; gut zusammengestellte und fair kalkulierte Weinkarte mit österreichischen und internationalen Weinen, extra gehopftes Hausbier von Schwechater; Kinderspeisen, 2 Kindersessel; Catering. Veranstaltungskeller für 30 bis 70 Pers. zu mieten; überdachter Innenhofgarten für 60 Pers. Behinderten-WC. 💳 €€

Sezai Fischtraum Viktor-Adler-Markt 53–54, Tel. 606 74 67, E-Mail: fischtraum@sezai.at, www.sezai.at, Mo–Sa 11.30–22, So, Fei 11.30–21. Fisch- und Meeresfrüchte (Mo–Fr 11.30–14.30 2gg MM € 12,90), Spezialitäten: Austern (€ 3,70/Stück), Lachs-Carpaccio (€ 12,–), Tatar vom Lachs (€ 13,–) und Thunfisch (€ 16,–), Muscheln (€ 17,–); erlesene Weinkarte. Kindersessel. Schanigarten für 40 Pers. 💳 €€€

THE FLAVE of Vienna Canettistraße 6 (im Novotel), Tel. 909 22 66-3455, E-Mail: H8565-FB@accor.com, www.novotel-wien-hauptbahnhof.com, täglich 6.30–24. Österreichische und internationale Küche, saisonale Speisekarte; Speiseangebot für Kinder, Indoor-Spielbereich, Malsachen, Wickelmöglichkeit. Urban Lounge und Bar im Hotel. 2 Schanigärten für ca. 60 Pers. Behinderten-WC. Hunde erlaubt. 💳

The Roast Twintower Wienerbergstraße 5, Tel. 943 95 96, E-Mail: info@theroast.at, www.theroast.at, Mo–Fr 8–22, Sa 14–22, Küche bis 21. Vielfältige Kaffeeangebote, Frühstück Mo–Fr bis 10, 3 MM (Mo–Fr 11–15 auch immer eines vegetarisch ab € 8,90), hausgemachte Burger (ab € 9,50), Flammkuchen, Spieße, Salate, Waffeln, hausgemachte Kuchen u.v.m.; Cocktails. Alle Speisen auch zum Mitnehmen. Schanigarten für 44 Pers. Behinderten-WC. €€

Gasthaus Timo Dampfgasse 22, Tel. 604 32 89, www.gasthaustimo.webnode.at, Mo–Fr 8–23, Sa 8–21, So, Fei 10–16. Böhmisch-slowakische Küche und österreichische Hausmannskost. Tägl. 11.30–14.40 MM (Mo–Fr € 7,–, Sa, So € 9,–), Innereien (z.B. Leber € 7,50), Grillspezialitäten; Kinderspeisen, -sessel und -spiele. Räumlichkeiten für 70 bis 90 Pers. für Veranstaltungen. Schanigarten für 20 Pers. €

Restaurant TwentyTwo Wienerbergstraße 7 (im Hotel Holiday Inn), Tel. 890 99 98-700, E-Mail: Info@restaurant-twentytwo.at, www.restaurant-22.at, Mo, Fei 6.30–14.30, Di–So 6.30–24, Mittagskarte 11.30–17, Fine Dining 17–22. Restaurant im 22. Stock des Hotel Holiday Inn. Frühstück (Buffet und Etagère, € 35,–/Pers., auch im Privatzimmer möglich), So Flying Brunch ab 11.30 (erster und letzter So im Monat mit Livemusik), wöchentlich wechselnde Mittagskarte, Fine Dining ab 17 (à la carte sowie mehrgängiges Menü). Kinderkarte und -sessel, Mal- und Spielsachen für Kinder. Take-away. Klimaanlage, TV. 2 kleine Seminarräume für je 20 Pers. im EG, Separée für 12 Pers. im 22. Stock. Restaurant für ca. 100, Gastgarten im EG für 40 Pers. Zugang barrierefrei (mit Aufzug), Behinderten-WC. €€€

Unsinn Himberger Straße 49, Tel. 688 51 93, E-Mail: office@gasthof-unsinn.com, www.gasthof-unsinn.at, Mo–Fr 10–22, Sa 11–22 (Fei geschlossen), durchgehend warme Küche bis 21. Hausmannskost, ca. 30 Speisen (Mo–Fr 11–15 MM € 7,90/jeden Tag Schnitzelmenü € 7,90); Kinderspeisen, -sessel. Separate Räumlichkeiten für Veranstaltungen für bis zu 100, Gastgarten für 150 Pers. Zimmer zu vermieten (EZ € 55,–/DZ € 76,–/Dreibettzimmer € 114,–). €€

Urban's Lounge Restaurant Antonie-Alt-Gasse 2, Tel. 0664/358 00 38, E-Mail: office@urbans.wien, www.urbans.wien, täglich 11.30–23. Großzügig angelegtes Neighbourhood-Lokal beim Helmut-Zilk-Park. Österreichische und internationale Küche (Pizza, Steakspezialitäten, italienisch, orientalisch/Mo–Fr 11–15 MM: HS oder Pizza mit Suppe oder Salat € 7,90 bis € 9,90); Kinderkarte, -sessel, Spiele, Spielplatz. Hausgemachte Limonaden, Cocktails (z.B. Orange-Ingwer). Zeitschriften; Klimaanlage. Lokal für Veranstaltungen bis zu 90 Pers. zu mieten. Überdachter Gastgarten für ca. 80 Pers. €€

Zum Werkelmann Laaer Wald 218, Tel. 688 71 06, E-Mail: w.geissler@werkelmann.at, www.werkelmann.at, März bis Dezember Mo–Fr 11–23, Sa, So, Fei 10–23, Jänner bis Februar geschlossen, durchgehend warme Küche bis 23. Mächtig expandiertes Heurigenrestaurant im Böhmischen Prater (Mo–Fr MM); Grillhendl und Stelzen, ab Mitte Oktober Martinigansl mit hausgemachten Beilagen; Senioren- und Kinderschnitzel, Kindersessel, Spielplatz, Wickeltisch. Do ab 18 Heurigenmusik, fallweise böhmische Blasmusik. Drehorgel mit Affen, der Wasser spucken kann; Streichelzoo (Minischweine). 3 Stüberl für geschlossene Gesellschaften für 15 bis 35, beheizter Wintergarten für 80 Pers. (im Sommer vollständig zu öffnen); Garten für 300 Pers. Behinderten-WC. €€

Wienerfelder-Schenke Neilreichgasse 139, Tel. 615 99 60, www.wienerfelder-schenke.eatbu.com, täglich 10–22, warme Küche bis 20 (auf Anfrage auch länger). Wiener Küche (Mo–Fr MM), Spezialität: Spareribs; Kinderspeisen, -sessel, Spielzeug. Schanigarten für 80 Pers. (50 Plätze überdacht). €

Zeljo Grill Quellenplatz 9, Tel. 920 58 74, E-Mail: info@zeljo.at, www.zeljo.at, täglich 9–21 (durchgehend warme Küche). Burek (1 kg € 13,50), Cevapcici, Pleskavica; Süßigkeiten. Lieferung in die Bezirke 3 bis 5, 10 und 12 (€ 15,– Mindestbestellwert). Sitzplätze für 40 Pers. €

Amerikanisch

Burger Bros Am Hauptbahnhof 1/UG 1, Top 81, Tel. 363 02 00, E-Mail: office@burgerbros.at, office@burgerbros.at, www.burgerbros.at, täglich 9–21. Burger (ab € 6,99), Pommes, hausgemachte Saucen; Tagesangebot: Burger mit Pommes und Salat um € 9,99, Spareribs; 10 verschiedene Craft-Biere; Take-away. Wickeltisch und Behinderten-WC in der Anlage. €€

Domino's Favoritenstraße 88, Tel. 05/749 92 08, www.dominos.at, Mo–Do, So 11–22, Fr, Sa 11–23. Große Auswahl an Pizzen, auch individuell zusammenstellbar, verschiedene Pizzaböden (Italien Style, Domino´s Original, Cheesy Crust, Pan Pizza) und zahlreiche Toppings, div. Vorspeisen und Beilagen wie Chicken Wings und -Strips, Stuffed Cheesy Bread uvm.; Desserts (Cinnabites, Apple oder Choco Pie). Spezielle Aktionen über die Domino's App. Abholung, Zustellung (innerhalb von 30 Minuten nach Bestellung) oder Essen vor Ort möglich. €

Asiatisch

Green Express Am Hauptbahnhof 1/EG 111, Tel. 0699/19 86 66 66, E-Mail: office@greenexpress.at, www.greenexpress.at, täglich 10–23. Asiatische Gerichte, Sushi; Take-away. Behinderten-WC in der Anlage. €€

Iki Am Belvedere 1, Tel. 050 100-136 00, E-Mail: info@iki-restaurant.at, www.iki-restaurant.at, Mo–Fr 11–22.30 (Fei geschlossen). Asia-Restaurant im internationalen Großstadt-Design, hochwertige asiatische Speisen (kreiert in Kooperation mit „Mochi") wie Donburi-Reisschalen,

Sushi-Rolls (€ 10,50 bis € 13,-), asiatische Salate, Miso Suppe (€ 2,90), Ramensuppen (€ 9,80 bis € 10,80). 3 private Räume für max. 12 Pers. Gemütliche Nischen, lange Ess-Bar direkt an der offenen Küche, großer Gemeinschaftstisch, Galerie im 1. Obergeschoß, kleiner Shop mit hochwertigen asiatischen Lebensmitteln und Take-away („IKI to go"). Terrasse für 80 Pers. Parkgarage im Haus. 💳 **€€**

Lucky Friend Landgutgasse 35 (Ecke Jagdgasse), Tel. 603 60 72, Di-So, Fei 11-21.30. Asiatische Küche (verschiedene MM ab € 6,-), Sushi, Maki; Zustellung in die Bezirke 4, 5, 10, 12 (ab € 15,-); Partyservice ab 20 Pers. Kindersessel. 💳 **€**

Mango Kundratstraße 6, Tel. 602 08 09, E-Mail: info@mango-restaurant.at, www.mango-restaurant.at, Di-So, Fei 11.30-22.30, Küche bis 22. Asiatische Küche, japanische und thailändische Gerichte, Buffet (bis 16.30 € 11,90, danach sowie Sa, So, Fei ganztags € 15,90), Teppanyaki-Buffet (mittags € 15,90/abends sowie Sa, So, Fei ganztags € 20,90); Kinder bis 8 (unter 130 cm Körpergröße) zahlen die Hälfte, Kindersessel, Wickeltisch, Spielplatz. Schanigarten für 50 Pers. Hauseigener Kundenparkplatz. **€€**

YA Sushi Quaringasse 20, Tel. 966 06 34, www.ya.eatbu.com, Mo-Sa 9-21. Asiatische Küche, Sushi, Maki, Bowls. **€€**

Balkan

Balkan Burek Buchengasse 74 (Ecke Leibnizgasse), Tel. 967 31 32, E-Mail: info@balkanburek.at, www.balkanburek.at, Di-So 8-20. Speisen vom Grill: Cevapcici, Rasnici etc. Zustellung in den 3., 4. und 10. bis 12. Bezirk (ab € 20,- Bestellwert). Ca. 30 Sitzplätze. 💳 **€€**

Homolje Neilreichgasse 30, Tel. 0699/19 17 22 44, E-Mail: info@homoljegrill.at, www.homoljegrill.at, täglich 9-21. Serbische Grillstube; Cevapcici, Grillplatte, gefüllte Schnitzelroulade, Wiener Schnitzel, gegrillte Forelle, gefüllter Spiess nach Homolje Art, Beilagen und Salate. Fleisch kann auch roh mitgenommen werden. **€**

Krini Grill Quellenstraße 20, Tel. 0660/780 09 00, E-Mail: krini.grill@gmx.at, www.krini-grill.at, täglich 10-22. Typischer Balkan-Grill; Spezialitäten: Gulaschsuppe, Cevapcici und Pleskavica. Mo-Fr MM (€ 7,90 bis € 8,90). **€**

La Koliba Laxenburger Straße 6, Tel. 0676/600 16 70, E-Mail: office@kolcon.at, täglich 12-21. Balkanküche vom Holzkohlengrill, sehr interessante Eintöpfe, Spezialitäten: Fisch, Lamm, Spanferkel, Ćevapčići, Pljeskavica; ganztägig Buffet (auch mit vegetarischen Speisen). Reservierung empfohlen. 💳 **€**

Chinesisch

Yang Inzersdorfer Straße 36, Tel. 603 08 20, Mo, Mi-So, Fei 11-15 und 17.30-22.30. Chinesische Küche; Mo und Mi-Fr MM; Nachspeisen (z.B. hausgemachter Pudding um € 2,80). Kindersessel. Zustellung im 10. Bezirk (gratis ab € 13,-). **€**

Chinarestaurant Gedeihen Neilreichgasse 98, Tel. 602 01 95, www.chinarestaurantgedeihen-wien.at, täglich 11-14.30 und 17.30-23. Chinesische und thailändische Küche, Sushi, Mittagsbuffet (Mo-Fr € 8,90, Sa, So, Fei € 10,60/ Kinder unter 8 € 6,- bzw. € 6,50); Kinderspeisen, -sessel; Lieferung bis 22 im 10. Bezirk (ab € 10,-). 💳 **€€**

Goldene Rose Ettenreichgasse 12, Tel. 604 14 13, www.restaurant-goldenerose-wien.at, Di-So, Fei 11-21.30, durchgehend warme Küche. Chinesische Küche mit zahlreichen Spezialitäten wie Maki, Minifrühlingsrollen; Nachspeisen wie Litschikompott (€ 3,50) oder Gebackene Banane mit Honig (€ 3,20). Zustelldienst im 10. Bezirk (ab € 11,-). Kindersessel. **€**

Jade Favoritenstraße 177, Tel. 602 62 95, E-Mail: 894542820@qq.com, www.china-restaurant-jade.at, täglich 11.30-15 und 17.30-22. Chinesische und asiatische Küche (Mo-Sa 30 MM ab € 6,-). Kinderspeisen, -sessel. Lieferung im 10. Bezirk (ab 2 HS, letzte Bestellung 22). Extrazimmer für Veranstaltungen zu reservieren; wunderschöner Gastgarten für 100 Pers. 💳 **€€**

Me Lie Himberger Straße 1, Tel. 688 76 81, china-restaurant-melie.eatbu.com, täglich 11-15 und 17.30-22.30. Chinesische Küche (18 MM Mo-Fr € 6,90 bis € 8,30), auch wechselnde vietnamesische und thailändische Spezialitäten; Kinderportionen, -sessel, Wickeltisch. Schanigarten für 60 Pers. 💳 **€**

Chinarestaurant Reumannplatz Favoritenstraße 135, Tel. 606 10 77, E-Mail: xiaoyizhang1969@gmail.com, www.chinarestaurantreumannplatz.at, täglich 11.30-15 und 17.30-22.30. 16 Spezialmenüs (MM ab € 8,20), Mittags- bzw. Abendbuffet (Mo-Fr mittags € 10,90/abends € 13,90, Sa mittags € 11,90/ abends € 13,90, So, Fei € 13,90, Kinder bis 1,40 m zahlen weniger). Gepflegtes, schönes Ambiente; Kindersessel; idyllischer Gastgarten für ca. 30 Pers. **€€**

Schwan Stockholmer Platz 16, Tel. 688 23 95, 688 30 60, restaurantschwan.at, Di-Sa 11.30-14.30 und 17.30-21.30, So 11.30-21.30. Chinesische Küche. Mo-Fr 11.30-14 MM (ab € 5,70); Kinderportionen, -sessel. Zustellung in den 10. Bezirk (ab € 10,-). Gastgarten für 45 Pers. 💳 **€**

China Restaurant Sichuan Humboldtgasse 18 (Ecke Landgutgasse 11), Tel. 604 17 42, E-Mail: sichuanfeng@gmail.com, www.sichuanwien.at, täglich 11.30-14.30 und 17.30-22.30. Sichuanküche (Mo-Fr MM € 5,30 bis € 7,30), z.B. Gebratenes Rindfleisch mit grünem Paprika (€ 6,80), sehr gutes Rind nach Art des Hauses (€ 10,60), viele vegetarische Speisen, Feuertopf; verschiedene chinesische Teesorten; Kinderportionen, -sessel, Wickeltisch. 💳 €€

Griechisch

Jamas Griechisches Restaurant Favoritenstraße 151-153, Tel. 929 51 43, www.griechisches-restaurant-jamas-wien.com, Di-Sa 11.30-14.30 und 17-22, So 11.30-16. Hausgemachte griechische Spezialitäten wie Tsatsiki, gefüllte Weinblätter, Brot oder Souvlaki; Kinderspeisen, -sessel, Spielsachen. Gelegentlich griechische Live-Musik. 💳 €€

Indisch

Chutney Indische Spezialitäten Am Hauptbahnhof 1/EG 12, Tel. 600 57 48, E-Mail: rabia.tahir@chutney-food.com, www.chutney-food.de, täglich 9-24. Indische Gerichte (mit Fleisch oder vegetarisch; z.B. Chicken Makhan, Mixed Pakora etc.). Alle Gerichte in verschiedenen Größen. Takeaway. Behinderten-WC in der Anlage. ♿ 💳 €€

Rasoi Favoritenstraße 76a, Tel. 941 77 27, E-Mail: rasoirestaurant@hotmail.com, www.rasoi-wien.at, täglich 11-22.30. Indische Küche. Gastgarten für 70 Pers. 💳 €

Italienisch

Al Banco Aperibar Am Belvedere 1, Tel. 050/10 01 46 00, E-Mail: info@albanco.at, www.albanco.at, Mo-Do 8.30-21, Fr 8.30-16 (Fei geschlossen). Italienische Tagesbar am Erste Campus. Antipasti, Panini, Focacce, hausgemachte Torten und Tiramisu, alles gekocht von einem echten Italiener; 8.30-11 Frühstück, wöchentlich wechselnde Mittagskarte (Mo-Fr 11-14.30) und Abendkarte (Mo-Do 16-20). Aperitivi (Americano, Negroni), bester Kaffee im gesamten Belvedere-Quartier. Schanigarten für 55 Pers. Parkgarage im Haus. Hunde mit Leine und Beißkorb erlaubt. 💳 €€

Pizzeria Ristorante Ariana Migerkastraße 5, Tel. 641 60 73, E-Mail: office@ristorante-ariana.at, täglich 11-23, Küche bis 22.30. Familienbetrieb mit Wiener Küche und Pizza; 30 Pizzen (€ 6,50 bis € 25,90), Pasta-, Fleisch- und Fischspezialitäten, Wochen- und saisonale Spezialitäten; italienische Weine. Zustellung im 10. und teilweise im 4., 5., 12. und 23. Bezirk (ab € 15,-). Veranstaltungen möglich; Kindersessel. Schanigarten für 15 Pers. 💳 €€

Pizzeria Ristorante Bernado Gudrunstraße 136, Tel. 603 95 83, E-Mail: office@bernado.at, www.bernado.at, täglich 10.30-22.30. Pasta, Pizza, Aktionen: Mo Pizza, Di Pasta, Mi Spareribs € 12,90, Do Wiener Schnitzel € 8,50, Fr Scholle gebacken oder natur, Sa Familienpizza; Zustellservice im 10. Bezirk (ab € 8,50). Klimaanlage. Keine Hunde. 💳 €

Casa Frascati Keplergasse 2, Tel. 600 06 06, E-Mail: casafrascati@gmail.com, www.casafrascati.at, Mo-Do, So, Fei 11-24, Fr, Sa 11-1.30, Küche bis 23.30. Pizza und Pasta (11-15 € 9,50); auch Fleisch- und Fischgerichte, American Burger; italienische (u.a. Chianti, Frascati) und österreichische Weine; Zustelldienst in die Bezirke 3 bis 5, 10, 11 (gratis ab € 8,-), 12 (gratis ab € 20,-), 1 und 23 (gratis ab € 45,-). Schanigarten für 20 Pers. 💳 €€

Diavolo Gußriegelstraße 52, Tel. 602 14 44, www.pizzeriadiavolo.at, täglich 11-23, durchgehend warme Küche. Pizza, Pasta, Spareribs, etc.; italienische Weine; Zustellung im 10. Bezirk (ab € 11,-). Schanigarten mit 5 Tischen. 💳 €

Ristorante Don Alfredo Filmteichstraße 1 (im Kurpark Oberlaa), Tel. 689 59 31, E-Mail: office@ristorantedonalfredo.at, www.ristorantedonalfredo.at, Mo-Sa 11-23, So, Fei 11-22, warme Küche Mo-Sa bis 22, So, Fei bis 21. Italienische Spezialitäten, Pizza, Wochenschmankerl und saisonale Spezialitäten, Fisch; Kinderspeisen, -sessel, Wickeltisch. Hintergrundmusik. Extrazimmer zum Mieten für 40; Gastgarten für 150 Pers. mit Blick auf den See im Kurpark. Behinderten-WCs. ♿ 💳 €€€

Don Pablo Gußriegelstraße 36, Tel. 604 71 63, E-Mail: pizzeria@donpablo.at, www.donpablo.at, Mo-Do, So 11-14 und 17-23, Küche bis 22. Pizza vom E-Ofen (€ 7,80 bis € 12,80), italienische, Wiener und internationale sowie saisonale Speisen (MM € 8,50), Nachspeisen wie Tiramisu, Palatschinken und Eis (€ 2,20 bis € 4,80); Kinderportionen, -sessel. Schanigarten für 20 Pers. 💳 €€

Pizzeria Giovanni Gellertgasse 28, Tel. 603 10 69, 641 00 35, E-Mail: rkiakhidach@gmail.com, www.pizzeria-giovanni-wien.at, täglich 11-22. Italienische, griechische, und österreichische Küche, auch Vegetarisches; Zustellung im 10. Bezirk. 💳 €

L'Osteria Hauptbahnhof Am Hauptbahnhof 1/EG 152, Tel. 600 58 71 10, E-Mail: wien-hbh@losteria.at, www.losteria.at, takeaway.losteria.at (Take-away), Mo-Sa 11-24, So 12-24. Italienische Küche (Systemgastro-Konzept); Riesen-Steinofen-Pizza (reicht für 2 Pers., kann unterschiedlich belegt werden), Pastagerichte, Salate, Dolci, Wochenkarte mit Pastakreationen. Take-away; Kinderportionen, -sessel, Wickeltisch, Malsachen. Terrasse, Gastgarten und Schanigarten. 💳 €€

Pizzeria-Ristorante La Mare Angeligasse 65, Tel. 600 04 89, E-Mail: office@pizzeria-lamare.at, www.la-mare-wien .at, Di–So, Fei 10.15–22.45. Italienische, mexikanische und Wiener Küche, Pizza, Pasta, Fischspezialitäten, Kalb, Rind- und Lammgerichte; Kinderspeisen; Zustellung in die Bezirke 3 bis 6, 10 bis 12 und 23 (im 10. Bezirk ab € 12,90, restliche Bezirke ab € 14,90). Keine Hunde. €€

La Miramare Restaurant Maria-Kuhn-Gasse 6a, Tel. 298 00 20, E-Mail: azerraafat@hotmail.com, www.la-miramare .at, täglich 11–23, durchgehend warme Küche bis 22.45. Italienische, griechische und österreichische Spezialitäten; Pizza, Pasta, Salate, Fisch-, Fleisch- und Grillgerichte (2gg MM Mo–Fr 11–14 ab € 7,-); ausgewählte Weine; Kinderspeisen, -sessel; Zustellung in die Bezirke 4, 5, 10, 12 und 23 (ab € 13,-, darunter € 3,- Zustellgebühr). TV. Schanigarten für 80 Pers. €€

La Traviata Quellenstraße 108, Tel. 606 00 07, 603 29 71, E-Mail: office@latraviata.at, www.latraviata.at, Di–So 10.30–19, Lieferzeiten: Di–So 8–22. Zustelldienst mit österreichischer, italienischer und internationaler Küche, 2 MM, Pizza, wechselnde Speisen, Fisch, Steaks, vegetarische Speisen, Spareribs, Nachspeisen wie Tiramisu, Palatschinken; Zustellung im 10. bis 12. Bezirk sowie in Teilen des 4. und 5. Bezirks. €€

Pause am Berg Laaer-Berg-Straße 67, Tel. 890 76 97, E-Mail: paiise.info@gmail.com, pauseamberg.eatbu.com, Di–Fr 10–24, Sa, So, Fei 11–24, Küche bis 22. Pizzeria; Spezialität: Neapolitanische Pizza; wechselnde Wochenpizza. Lokal auf Anfrage für Veranstaltungen bis 35 Pers. zu mieten. Garage für Stammgäste. Gastgarten für 30 Pers. €€

Pizzeria Tomato (Favoriten) Randhartingergasse 9–11, Tel. 688 49 31, E-Mail: tarek-hanna.kg@a1business.at, www.pizzeriatomato10.at, täglich 11–23. Italienische und österreichische Küche; Zustellung im 10. und 11. Bezirk (ab € 10,-). Kindersessel, Wickeltisch. Restaurant für 80, Schanigarten für 20 Pers. €

Vapiano Wien Hauptbahnhof Gertrude-Fröhlich-Sandner-Straße 13A/Top 1 (Hauptbahnhof), Tel. 388 33 33, E-Mail: hauptbahnhof@vapiano.at, www.vapiano.at, Mo–Sa 11–22.30, So 12–22.30, Küche bis 22. Mediterrane Schauküche: Pizza, Pasta, Risotto, Lasagne, Salate, alle 2–3 Monate wechselnde Spezialitätenkarte. Bestellt und bezahlt wird entweder an der Kassa oder an einem Orderpoint. Essen zum Mitnehmen. Kindgerechte Möbel, Kindersessel. Schanigarten für ca. 60 Pers. €€

Pizzeria 2000 Oberlaaer Straße 220, Tel. 689 21 10, E-Mail: office@pizzeria2000.at, www.pizzeria2000.at, täglich 11–23. Italienische Küche, Desserts; Kinderportionen. TV. Zustellung in den 10. und in Teile des 23. Bezirks (ab € 9,-). €

Japanisch

Akakiko Favoritenstraße 78 (in der Fußgängerzone), Tel. 057/333-210, E-Mail: info@akakiko.at, www.akakiko.at, täglich 10.30–23, warme Küche bis 22.30. Sushi, Maki, Bento, vegetarische Speisen; Gratiszustellung in ganz Wien (ab € 13,50, Tel. 057/333, Online-Bestellung möglich). Im Lokal 44 Sitzplätze; Schanigarten für 58 Pers. €€

Akakiko Am Hauptbahnhof 1/EG, Top 130 (BahnhofCity Wien), Tel. 057/333-240, www.akakiko.at, täglich 9–19. Sushi, vegetarische Speisen; 16 Sitzplätze; Akakiko to go. €€

Orientalisch

Eloa by Cohen's Gertrude-Fröhlich-Sandner-Straße 3/2, Tel. 905 98 02, E-Mail: eloa@cohens.at reservierung@eloa .at, www.eloa.at, Mo–Fr 11–23 (Fei geschlossen). Familiengeführtes Restaurant im Belvedere-Quartier, betrieben von Cohen's. Orientalische Spezialitäten, Speise- sowie Wochenkarten: Bowls, Burger, Wraps, Steaks; auch vegetarisch/vegane Speisen (eigene vegane Menükarte); hausgemachte Limonaden, Cocktails. Gastgarten für 130 Pers. €€

Jasmin Al Sham 3 Schröttergasse 3, Tel. 0660/265 58 85, E-Mail: hamode.alhag3@gmail.com, jasmin-al-sham-3. eatbu.com, täglich 8–22. Syrische und libanesische Spezialitäten; auch Pizza. Abholung möglich. Lokal und Schanigarten für je 24 Pers. €€

Jasmin Al Sham 2 Senefeldergasse 14, Tel. 0660/265 58 85, E-Mail: office@jasminalsham.wien, www.jasminal sham2.at, täglich 8–22. Syrische und libanesische Spezialitäten; Essen vom Holzkohlengrill; Spezialität: Hendl vom Drehgrill. Lokal für 8, Schanigarten für 12 Pers. €€

Rumänisch

Restaurant Casa Romaneasca Laxenburger Straße 107, Tel. 992 01 06, Mo–Fr 11–22, Sa, So, Fei 12–22, durchgehend warme Küche. Frühstück ganztägig. Rumänische Küche (Mo–Fr MM € 7,90). TV (Sky). Hunde nur mit Beißkorb. €

Thailändisch

Som Kitchen Am Hauptbahnhof 1/EG 116, Tel. 890 24 06, E-Mail: swadee@somkitchen.at, www.somkitchen.at, tägl. 9–22. Thailändische Gerichte, Suppen, Grill- und Wokgerichte; Take-away; Schauküche. Wickelraum und Behinderten-WC in der Anlage. ♿ 💳 **€€**

Som Kitchen – Eatery Wienerbergstraße 11/Top 10 (Twin Towers), Tel. 339 03 59, E-Mail: sawadee@somkitchen.at, www.somkitchen.at, Mo–Fr ab 10. Thailändische Spezialitäten, Suppen, Grill- und Wokgerichte; Mo–Fr MM ab 11.30 (€ 7,20 bis € 9,20); Cocktails, Kaffee. Take-away. Behinderten-WC. ♿ 💳 **€€**

Thai Tanic Favoritenstraße 161, Tel. 0664/200 00 88, thaitanic-wien.at, Di–So 11–21.30. Thailändische Küche; Take-away und Zustellung. **€€**

Türkisch

Ferhat Döner Favoritenstraße 94, Tel. 0699/11 42 58 42, E-Mail: f.ferhat@gmx.at, www.ferhat-döner.at, Mo–Sa 11–21. Kebap-Imbiss. Rindfleisch aus Österreich (halal), hausgemachtes Sandwichbrot aus Sauerteig. Take-away. **€**

Kebap Palace Quellenstraße 175, Tel. 0699/13 09 46 46, E-Mail: office@kebappalace.at, www.kebappalace.at, Mo–Do, So, Fei 10.30–1, Fr, Sa 10.30–3. Türkische, italienische und österreichische Küche, kleine Pizza (ab € 5,–), Spezialität: Pita mit Faschiertem (€ 8,50); Kinderspeisen möglich; Lieferung in die Bezirke 3 (ab € 25,– Mindestbestellwert), 4, 5, 10 und 12 (ab € 10,–, ab € 18,– 1,5 l Eistee gratis) und 23 (ab € 30,– Mindestbestellwert). 8 Sitzplätze. **€**

Kent Restaurant Favoriten Favoritenstraße 118, Tel. 05/99 61 61-10, E-Mail: office10@kent-restaurant.at, www.kent-zustellung.at, www.kentrestaurant.at, täglich 7–24, Zustellung: 11–23. Türkisch-levantinische Spezialitäten; umfangreiche Karte, Frühstück (ab ca. € 4,90), Mo–Fr 8–13 und Sa, So, Fei 8–14 Frühstücksbuffet (€ 12,90); Eis; Kinderspeisen, -sessel; Catering; Zustellung in alle Bezirke außer im 23. Bezirk (Bestellung unter www.kent-zustellung.at), Mindestbestellwert abhängig vom Bezirk. TV. Lokal für bis zu 300 Pers. (aufgeteilt auf mehrere Ebenen, für Feiern zu mieten). 💳 **€€**

Maxima Restaurant Favoritenstraße 34, Tel. 890 74 87, E-Mail: info@maximarestaurant.com, www.maximarestaurant.com, Mo–Sa 10–22, So 11–19. Imbiss mit Kebap, Pizza und Burger zum Mitnehmen oder Essen vor Ort. **€**

Yemen Kahvesi Leibnizgasse 7, Tel. 929 35 77, täglich 12–24. Erste Filiale der türkischen Café-Kette in Österreich. Türkische und internationale Gerichte, türkische Kaffeespezialitäten. 💳

Vegetarisch, vegan

Feldhase Bloch-Bauer-Promenade 15, Di–Fr 10–19, Sa 10–16, Mitte Juli bis Ende August Sommerpause. Vegetarisches Bio-Café im Sonnwendviertel. Tägl. ein frisch gekochtes Tagesgericht (so lange der Vorrat reicht); Kaffee und Kuchen. Teilweise stammen die Zutaten aus der Plantage auf der Dachterrasse oder aus dem eigenen Garten im Südburgenland. Kleines Angebot an Bio-Waren (z.B. Tee, Bier, Wein). Vegetarische Kochbücher zu kaufen.

Loving Hut Wienerberg Maria-Kuhn-Gasse 6, Tel. 293 84 70, E-Mail: lovinghut.wienerber@gmail.com, www.lovinghutvienna.com, Di–Fr 11.30–14.30 und 17.30–21.30, Sa, So, Fei 12–21. 100 % veganes, frisches Essen, vegane Süßigkeiten; Verwendung von Produkten aus fairem Handel. Partyservice. Private Feiern möglich. Kindersessel, -bücher. Klimaanlage. Gastgarten für 20 Pers. Reserv. erbeten. 💳 **€€**

Bars

Aurora Rooftop Bar Arsenalstraße 10 (im Hotel Andaz Vienna Am Belvedere), Tel. 205 77 44-4901, E-Mail: aurora@andaz.com, www.bar-aurora.at, Mo–Do, So 16–24, Fr, Sa 16–1. Rooftop Bar im 16. Stock des Hotel Vienna Andaz am Belvedere in skandinavischem Design mit Blick über Wien. Kleine Auswahl an Speisen; außergewöhnliche Cocktails. Terrasse mit Veuve Clicquot Chandelier Bar. Behinderten-WC. ♿ 💳

Mabel's No 90 Laxenburger Straße 90, Tel. 604 53 97, E-Mail: office@mabels.at, reservierung@mabels.at, www.mabels.at, Mo–Do 8–1, Fr–So, Fei 14–24. Imbisse, wechselnde Speisekarte, Spareribs; 7 Fassbiere, verschiedene Craft-Biere, Cocktails, täglich 18–20 Happy Hour (Cocktails € 6,90). TV (Sky); Do–Sa DJ; regelmäßig Veranstaltungen. Klimaanlage. Schanigarten für 40 Pers. Keine Hunde im Innenbereich. 💳

Bistros

Dean & David Wiedner Gürtel 1 (Erste Campus), Tel. 796 36 06, E-Mail: wien.erste.campus@deananddavid.com, www.deananddavid.de, Mo–Fr 10–20 (Fei geschlossen). Täglich frisch zubereitete Salate, Bowls, Currys, Suppen und Sandwiches; auch viele vegetarische und vegane Speisen; div. Smoothies und Säfte; Kaffee, Tee. Alle Speisen auch zum Mitnehmen. Kindersessel. Schanigarten für 60 Pers. 💳 **€€**

Fat Monk Deli Bowls – Quartier Belvedere Am Belvedere 10 (Top 2), Tel. 0664/800 22 11 12, E-Mail: quartierbelvedere@fatmonk.at, fatmonk.at, Mo–Fr 11–19 (Fei geschlossen). Fusion aus Poke-, Nourish- und Buddha-Bowls, international inspiriert, aber mit österr. Zubereitungsarten und heimischen Produkten; 7 Signature Bowls stehen zur Auswahl oder man stellt sich seine Bowl selbst zusammen; 4 Desserts (davon 2 vegan). Abholung (auch mit Online-Bestellung für einen bestimmten Zeitpunkt vorab) möglich. Klimatisiert. Schanigarten für ca. 25 Pers. Keine Hunde. Behinderten-WC. Keine Barzahlung. ♿ 💳 €

Kenny's E-Mail: office@kennys.at, www.kennys.at. Suppen, Salate, Waffeln, Smoothies, Essen in biologisch abbaubaren Verpackungen zum Mitnehmen. Favoritenstraße 115-117 (Reumannplatz), Tel. 0665/65 44 29 59, Mo-Sa 9-21, So, Fei 10-21. Smoothie- und Waffelbar; Frühstücks-Bowls, Porridge, Frozen Yogurt; Shakes; Kinderspeisen, -smoothies, -sessel. Div. Veranstaltungen (siehe Facebook). Lokal für 10, Schanigarten für 8 Pers. Sissy-Löwinger-Weg 5/9 (Sonnwendviertel), Tel. 293 80 10, täglich 10-21. Poke Bowl und Smoothie Bar; Poke Bowls (mit Fisch, Fleisch od. vegan), Kaffee. Div. Veranstaltungen (siehe Facebook). Schanigarten. Gödelgasse 3 (Wienerberg), Tel. 0664/467 06 30, täglich 10-20. Poke Bowl und Smoothie Bar; Poke Bowls (mit Fisch, Fleisch od. vegan), Kaffee. Schanigarten. 💳 €

magdas Kantine im Kulturhaus Brotfabrik Absberggasse 27 (Stiege 3/EG), Tel. 480 09 94, E-Mail: anker kantine@magdas.at, www.magdas-kantine.at, Mo-Fr 11-15 (Fei geschlossen), warme Küche 11.30-14.30. Kantine in der ehemaligen Ankerbrot-Fabrik mit Selbstbedienung und Take-away; ein Projekt der Caritas, das Arbeitsplätze für am Arbeitsmarkt benachteiligte Personen bietet. Regionale und saisonale Küche, internationale Gerichte; hausgemachte Mehlspeisen. Veranstaltungen für bis zu 150 Pers. möglich. Behinderten-WC. ♿ 💳 €

Cafés, Espressos

Café Cameo Senefeldergasse 39, Tel. 607 20 00, E-Mail: office@cafefameo.at, www.cafecameo.at, täglich 8-24. Kleine Snacks wie Würstel od. Brot. Backgammon, Poker; TV. Schanigarten für 30 Pers. 💳

Coffee Fellows Wien The Icon Vienna Gertrude-Fröhlich-Sandner-Straße 2 (EG Shop Nr. 6), Tel. 796 40 35, E-Mail: wien .the-icon-vienna@coffee-fellows.at, www.coffee-fellows .com/locations/coffee-fellows-osterreich-wien-icon, Mo-Fr 8-13. Coffeeshop, hochwertige Kaffeespezialitäten, Bagels, Snacks, Süßes, Bowls; auch zum Mitnehmen. 💳

Da Capo Laxenburger Straße 65, Tel. 604 31 35, www .cafe-da-capo.metro.bar, täglich 10-4. Café-Bar, kleine Speisen wie Chili, Gulaschsuppe, Bohnensuppe. TV, Musikbox; Spiele: Darts, Karten, Würfel, Schach; gelegentlich Livemusik. Schanigarten für 9 Pers. Hunde mit Beißkorb und Leine.

Cafe Flöge Emilie-Flöge-Weg 4/1, floege.business.site, www.bikesandrails.org, Mo-Fr ab 17. Café im „Bikes and Rails"-Haus. Flammkuchen; Kaffeespezialiäten (Kaffee aus Süditalien), div. Biere, Cocktails, Wein. Kindersessel, Spielsachen. Lokal außerhalb der Öffnungszeiten für Veranstaltungen, Workshops etc. zu mieten. Gelegentlich Events (z.B. kleine Konzerte). Spiele, Zeitungen, Zeitschriften. Behinderten-WC. ♿ 💳

Frühstücksrestaurant Franny's Sonnwendgasse 15 (Hotel Zeitgeist Vienna, 2. Stock), Tel. 902 65-876, E-Mail: welcome@zeitgeist-vienna.com, www.zeitgeist-vienna .com/restaurant-bar/restaurant-frannys, täglich 6-10. Frühstücksrestaurant im Hotel Zeitgeist. Tägl. 6-10 umfangreiches Frühstücks-Buffet (€ 25,- pro Pers.) mit Wiener Bio-Brot und Gebäck (auch glutenfrei), Bio-Müsli und Heumilchkäse aus Tirol, Bio-Eier aus Freilandhaltung, röstfrischer Fairtrade-Kaffee, Wabenhonig, selbst gebackener Kuchen u.v.m. Beim Servicepersonal zu bestellen gibt es diverse Eiergerichte, Milchreis, Grießkoch (mit Mandelmilch zubereitet auch als vegane Alternative) und den berühmten Kaiserschmarrn. Außerdem: saisonal wechselnde vegane Speisen wie mit Hummus gefüllte Paprika, Zucchini-Melanzani Röllchen, Gemüse-Tatar und verschiedene Aufstriche. Kindersessel, Wickeltisch. Behinderten-WC. ♿ 💳

George Deli & Café Am Belvedere 1 (im Erste Campus), Tel. 050/100-170 20, E-Mail: cafe.george@erstecampus.at, www.cafegeorge.at, Mo-Do 7.30-16.30, Fr 7.30-15. Café-Bistro im Erste Campus. Frühstück bis 10.30, 11-14.30 div. Mittagsangebote wie Suppen, Salate und Klassiker, auch Tages- und Wochengerichte. Snacks (süß und pikant) auch zum Mitnehmen (in nachhaltiger Mehrwegverpackung), Brötchen-Boxen auf Bestellung. Kindersessel, Wickeltisch. Garten für 40 Pers. Behinderten-WC. Hunde mit Leine und Beißkorb erlaubt. Parkgarage im Haus. 💳

Café Gloria Laxenburger Straße 35, Tel. 929 75 98, E-Mail: cafe.gloria@gmx.at, Mo-Sa 9-22, So, Fei 15-22. Toast. TV. Schanigarten mit 4 Tischen.

Café Graffiti Gudrunstraße 158, Tel. 0650/771 47 03, Mo-Sa 9-2, So, Fei 18-2. Kleine Speisen; Flaschenbier (€ 2,90). TV; Darts (€ 1,-/Spiel), Dartverein, eigenes Dartszimmer. Schanigarten für 4 Pers.

Café Juke Box Favoritenstraße 176, Tel. 0676/954 64 64, E-Mail: juke.box@gmx.at, täglich 7-24. Imbisse (ab € 3,-). TV für Sportübertragungen (Sky Sportsbar), Sportwetten. Schanigarten für 20 Pers. 💳

Kaffeesatz Bloch-Bauer-Promenade 22 (im Gleis 21), E-Mail: kontakt@kaffeesatz.wien, tozomia.net/kaffeesatz, Mi-Fr 8-13 und 14-16, Sa, So 9-17, Sommerpause im August. Grätzel- und Nachbarschaftscafé im Sonnwendviertel mit Fokus auf Nachhaltigkeit und qualitativ hochwertige Produkte. Brot und Gebäck von den Bäckereien Gragger & Chorherr (Mo–Fr, So) sowie Schrott (Sa); Kaffee von der Wiener Rösterei Prem Frischkaffee, Kakao von Caucawa (beides mit Kuhmilch oder pflanzlicher Alternative), Bier von Trumer und der Brauerei Schnauzer & Beagle, Weine vom Weingut Karasek, div. Limonaden, Bio-Fruchtsäfte und Pedacola; Kaffee zum Mitnehmen (bitte eigenen Kaffeebecher mitbringen). Zeitungen. Sitzplätze im Café für 8 Pers., Terrasse. Seiteneingang über Bloch-Bauer-Promenade barrierefrei, Behinderten-WC im UG (mit Aufzug erreichbar). Bei div. Veranstaltungen Kooperation mit dem Kulturverein toZOMIA.

Leibniz Leibnizgasse 2 (Viktor-Adler-Platz), Tel. 604 21 08, Mo–Sa 5.30–14 (Fei geschlossen). Schlichtes, schönes Marktcafé mit ganztägigem Frühstück und Imbissen. Brett-, Karten- und Würfelspiele; Schach, Backgammon.

Lilo's Absberggasse 27, Tel. 586 05 20, E-Mail: lilos@lichterloh.com, www.brotfabrik.wien/kunst-kultur/lichterloh.html, Di–Fr 11–18, Sa 10–15. Café in einem Vintage-Möbelladen, das nicht als solches bezeichnet werden will. Es gibt keine Karte, trotzdem gibt es guten Kaffee (Rösterei Goppion aus Treviso), gutes Craft-Bier (Ten.Fifty) und diverse Snacks.

Lokmacho Herzgasse 28, Tel. 0681/20 80 64 31, E-Mail: lokmachovienna@gmail.com, lokmachovienna.eatbu.com, täglich 13–22. Türkisches Café mit Snacks, Mehlspeisen und Milchshakes, auch vegane und halal Speisen. Mitnahme- und Lieferservice.

Pergola Sonnwendgasse 15 (Hotel Zeitgeist Vienna), Tel. 902 65-874, E-Mail: welcome@zeitgeist-vienna.com, www.zeitgeist-vienna.com/restaurant-bar/restaurant-frannys, täglich 10–1, warme Küche Mo–Fr 12–22. Café-Bar im Hotel Zeitgeist. Regionale Schmankerln à la carte wie Schnitzel, Burger und vegetarische/vegane Speisen; ausgewählte Bier-, Wein- und Cocktailspezialitäten. Kindersessel, Wickeltisch. Biologische und regionale Produkte stehen im Fokus. Überdachte Rauchermöglichkeit im Innenhof. Innenhofgarten für 60 Pers. (März bis Okt. 8–22). Behinderten-WC.

Hotel Schani Wien Karl-Popper-Straße 22, Tel. 955 07 15, E-Mail: reception@hotelschani.com, www.hotelschani.com, tägl. 0–24. Café im Hotel Schani. Mo–Fr 6.30–10, Sa, So und Fei 7–12 Frühstücksbuffet (€ 17,–), Snacks wie Gulasch, Linsensuppe, Sacherwürstel. Ottakringer Bier, österr. Weine. Kinderecke. Lokal für 80, Innenhofgarten für 30 Pers.

Schwarz Inzersdorfer Straße 50, Tel. 606 62 00, E-Mail: office@cafe-schwarz.at, www.cafe-schwarz.at, Mo–Sa 7.30–1, So, Fei 9–24. Hausmannskost, kleine Speisen (ab € 4,–), Schinkenfleckerl, Schnitzel, Fisch. Feiern bis zu 30 Pers. möglich. Schanigarten für 50 Pers.

Servus Du Rechberggasse 16–20, Tel. 604 37 10, E-Mail: monika.rohringer@chello.at, täglich 7–24, durchgehend warme Küche bis 22. Café-Pub mit österreichischer Küche (Mo–Fr MM € 7,– bis € 8,50); Frühstück bis 10, Sa, So, Fei bis 14 (€ 4,80 bis € 6,90). TV für Sportübertragungen. Schanigarten für 20 Pers.

Starbucks Am Hauptbahnhof 1 (Bahnhof City), Tel. 33 66 33-2530, E-Mail: office@starbucks.at, www.starbucks.at, Mo–Fr 6–21, Sa 6.30–21, So 7–20.30, Fei 7–19. Unzählige Kaffeevariationen und -sorten, Iced Teas; amerikanische Mehlspeisen, Sandwiches, Bagels; Kaffeeverkostungen. Behinderten-WC in der Anlage.

Café Bar Stil Tesarekplatz 1, Tel. 0664/75 01 13 43, E-Mail: office@cafestil10.at, Mo–Fr 7.30–22, Sa 9–22, Fei 9–15. Frühstück bis 14; Snacks wie Toast, Chili con Carne, Gulasch, Sacherwürstel, Würstel mit Saft. Karaoke, fallweise Veranstaltungen. Gastgarten für 20 Pers. Von November bis Jänner Punschhütte.

Stüberl Landgutgasse 10, Tel. 0650/913 92 93, E-Mail: h.toman@gmx.at, Mo–Sa 7.30–24, Fei 7.30–23, durchgehend warme Küche. Frühstück 7.30–11 (€ 4,90); Hausmannskost (täglich MM € 6,60/Tipp der Woche € 6,90), Menüaktion: jedes 10. Menü gratis; Menükarte auch auf Englisch. Monatsaktion: Verlosung eines Geschenkskorbs unter den Stammgästen; Stamperlaktion: jedes 5. Stamperl gratis. Musicbox, Brett- und Kartenspiele, gratis Darts; TV für Sportübertragungen; gelegentlich Veranstaltungen. 2 Gastgärten für 6 bzw. 4 Pers.

Cafe Susi + Strolchi Quellenstraße 134, Tel. 600 13 63, E-Mail: b.halper@aon.at, Mo–Sa 9–22, Fei 14–22. Espresso mit Kaffeespezialitäten; 10 verschiedene Biere. Karten, Würfel, Dart; Wurlizer Musikbox mit Videoübertragung auf 2 TVs. Schanigarten für 16 Pers.

Café Tina Schröttergasse 42, Tel. 603 08 69, E-Mail: ck.klein@outlook.com, Mo–Fr 9–22, Sa 9–16 (Fei geschlossen). Alt eingesessenes Favoritner Café seit 1980. Kleines Frühstücksangebot, Snacks wie Brote, Würstel und Toast, Weinauswahl. Tarockkarten, Würfelpoker, Schach, Backgammon; TV für Sportübertragungen. Schanigarten für 16–20 Pers.

Café Windstill – Julia Wais Reumannplatz 19/1-3, Tel. 201 5564, E-Mail: kontakt@cafewindstill.at, www.cafewindstill.at, Mo–Do 8–23, Fr 8–24, Sa 7–23. Verschiedene Frühstücksteller (auch vegan möglich); Mo–Fr MM (kleine Speisen, teilweise vegetarisch/vegan). Für kleine Events zu mieten (bis zu 40 Pers.); Veranstaltungen wie Konzerte, Lesungen, etc. Zeitschriften, Gesellschaftsspiele. Schanigarten für 8 Pers.

Eissalons

Bar-Gelateria Gavaz Laxenburger Straße 39, Tel. 604 31 93, www.eis-gavaz.com, Mo–Fr 10–22, Sa, So, Fei 10–23, im Winter geschlossen. Eissalon mit 30 Eissorten und über 45 Eisspezialitäten. Grundprodukte wie Milch, Eier, Zucker, Früchte und Obers sind aus Österreich. Schanigarten.

Bar-Gelateria Gavaz Keplerplatz 11, Tel. 604 31 93, www.eis-gavaz.com, Mo–Fr 10–22, Sa, So, Fei 10–23, im Winter geschlossen. Eissalon mit 30 Eissorten und über 45 Eisspezialitäten. Grundprodukte wie Milch, Eier, Zucker, Früchte und Obers sind aus Österreich. Schanigarten.

Bar-Gelateria Gavaz Favoritenstraße 81, Tel. 604 31 93, www.eis-gavaz.com, Mo–Fr 10–22, Sa, So 10–23, im Winter geschlossen. Kiosk mit div. Eissorten.

Eissalon Monte Quellenstraße 68-70, Tel. 0660/310 68 60, E-Mail: office@eissalonmonte.at, office@monteeis.at, www.eissalonmonte.at, täglich 9-12. Div. Eissorten (auch vegan) zum Mitnehmen. Schanigarten (ohne Bedienung).

Schelato Antonie-Alt-Gasse 9, E-Mail: info@schelato.at, www.schelato.at, schelato.company.site (Online-Shop), tägl. 12-21. Selbst gemachtes Eis zu 95% aus Bio-Zutaten, der Rest stammt aus kleinbäuerl. Produktion; biolog.-vegane Tüten; regional-saisonale Sorten, ausgefallene Kreationen. Espresso und Eiskaffeevariationen, ital. und bayrisches Bier, Bio-Limonaden (Charitea, Lemonaid, Pona, Makava). Kleine Outdoor Sitzgelegenheit. Kartenzahlung ab € 5,–.

Eissalon Tichy Reumannplatz 13, Tel. 604 44 46, www.tichy-eissalon.at, Mitte März bis Ende September täglich 10–23. Eis aus reinen Naturprodukten, ca. 35 Eissorten, davon 15 laktosefrei, 3 Sorten Fructose-Eis, 11 verschiedene Torten (darunter 1 Kindertorte); Residenz des Eismarillenknödelkönigs; alkoholfreie Getränke, Milchshakes, Frappés. Schanigarten für 45 Pers. (bis 22).

Heurige

Buschenschank Bruckner Schurli Liesingbachstraße 49 (Oberlaa), Tel. 0676/336 84 26, E-Mail: schurli.bruckner@gmail.com, www.brucknerschurli.at, unregelmäßige Öffnungszeiten ab nachmittags (telefonische Anfrage empfohlen). Buschenschank mit warmem und kaltem Buffet, Hausmannskost, Surschnitzel, auch vegetarische Speisen; Eigenbauweine. Im Sommer Sa ab 19 manchmal Livemusik (nur bei Schönwetter). Großer Garten für ca. 200 Pers. €

Weingut Franz Wieselthaler Oberlaaer Straße 71, Tel. 688 47 16, E-Mail: info@weingut-wieselthaler.at, www.weingut-wieselthaler.at, in ungeraden Monaten tägl. 15–23, genaue Öffnungszeiten oder Änderungen siehe Homepage, Aussteckzeiten tel. erfragen, Reservierung nur telefonisch. Warmes und kaltes Buffet, Spezialitäten wie Schnitzel und Hendl; 12 Eigenbauweine (prämierte Bouteillenweine). Kindersessel. Gastgarten für 250 Pers. Behinderten-WC. ♿ €€

Frauneder-Stutz Oberlaaer Straße 73, Tel. 688 16 80, www.frauneder-oberlaa.at, täglich 15–23, in geraden Monaten geöffnet. Heuriger, Familienbetrieb; warmes und kaltes Buffet, Hausmannskost, Backhendl, Surschnitzel, ausschließlich Eigenbauweine, hausgemachte Liköre. Buffet für Veranstaltungen möglich. Kindersessel, Spielzeug, Wickeltisch, Spielplatz. Extrastüberl zum Mieten für 40, Wintergarten für 60 Pers. mit Kamin, Garten für 250, mit Überdachung für 90 Pers. Behinderten-WC. ♿ €

Gartenschank Liesingbachstraße 79, Tel. 688 55 48, E-Mail: gartenschank@gmx.at, www.alterstadl-gartenschank.at, April–Nov. geöffnet für Veranstaltungen ab 35 Pers. Feuerfleck, qualitativ hochwertige hausgemachte Speisen. Schöne Eventlocation, Hochzeiten vor Ort möglich. Kaminlounge; Kindersessel, Sandkiste. Naturgastgarten für 90 Pers.

Heuriger Manhardt Liesingbachstraße 51, Tel. 688 69 67, E-Mail: heuriger@manhardt.co.at, www.manhardt.co.at, Mi–Sa 15–22, So 11.30–22, Mai–Sept. Sa 11.30–23, Weihnachten bis Silvester nur auf Anfrage geöffnet. Heuriger mit reichhaltigem, kaltem und warmem Buffet, große Auswahl an Hausmannskost à la carte; Buffet für Veranstaltungen; 8 Eigenbauweine. Kinderspeisen, -sessel. Stüberl für Veranstaltungen zu mieten; schöner Innenhofgarten für 200 Pers.

Wieselthaler Stefan Oberlaaer Straße 120, Tel. 688 51 38, E-Mail: wein@wieselthaler.at, www.der-heurige.at, Mo–Sa, Fei 15–23, So 11–22, geöffnet jeden Monat vom 1. bis zum 16. Kaltes und warmes Heurigenbuffet, Spezialitäten: Surschnitzel, Krautfleckerl; 5 Eigenbauweine; eigene Edelbrände und Liköre; Kinderspeisen, -sessel. Extrazimmer zum Mieten für 40, Gastgarten für 150 Pers. €

Imbisse

Burek Drina Gudrunstraße 176, Tel. 208 84 89, E-Mail: drinaburek@gmail.com, www.burek-drina-wien.at, Mo–Sa 8–20, So 10–20. Verschieden gefüllte Burek, z.B. mit Fleisch, Spinat, Käse oder Erdäpfel; Take-away. €

Burger King E-Mail: kundenservice@whopper.at, www.burgerking.at, Öffnungszeiten siehe Homepage: burgerking.at/kingfinder. Div. Burger und Wraps (auch vegetarisch), Take-away. Wickelraum und Behinderten-WC; Wienerbergstraße 11 (Vienna Twin Tower), Tel. 0676/777 77 93. Platz für Geburtstagsfeiern, Parkhaus. Favoritenstraße 109, Tel. 603 22 88-11, E-Mail: fav@whopper.at. Frühstück, Gastgarten, Parkplätze. Am Hauptbahnhof 1 (EG 114), Tel. 524 25 26, E-Mail: rwk@a1business.at. Frühstück. ♿ €

Burger King (Drive In) Ludwig-von-Höhnel-Gasse 4 (Verteilerkreis Favoriten), Tel. 688 19 85, E-Mail: ver@whopper.at, kundenservice@whopper.at, www.burgerking.at, Öffnungszeiten siehe Homepage: burgerking.at/kingfinder. Div. Burger und Wraps (auch vegetarisch); Frühstück. Take-away. Spielplatz (außen), Wickelraum. Gastgarten. Parkplätze. Behinderten-WC. ♿ 💳 €

Casa Linga Bürgergasse 20/3/2, Tel. 920 25 65, E-Mail: casalinga1100@gmail.com, www.casalinga.at, Mo, Mi, Do, Sa, Fei 11–23, Di 11–20, Fr 11–20.30, So 11–22.45. Antipasti, Pizzastangerl, Pizza (ab € 7,90), Pasta, Schnitzel (bei jeder Bestellung über € 29,– ein gratis Tiramisu); Zustellung im 10. Bezirk. €

Cio's Kebap Quellenstraße 68, Tel. 0660/133 47 47, Mo–Do 8–23, Fr, Sa 8–1, So 12–24. Kebap-Spieße mit viel Fleisch und kaum Füllmaterial, außerdem Lammkopf- und Kuttelsuppe. Take-away. €

Diwan Rotenhofgasse 11, Tel. 943 07 38, E-Mail: info@diwan.wien, diwan.wien, täglich 8–24. Köfte von Lamm und Kalb, Kebap vom Kalb, alles reichlich, gut und tadellos (Mo–Fr 2 MM € 9,90); Kinderspeisen, -sessel. Freundlicher Service. Gastgarten für bis zu 40 Pers. 💳 €

Duran Superimbiss Viktor-Adler-Markt 13 (Ecke Favoritenstraße), Tel. 603 01 24, E-Mail: office@duran.at, www.duran.at, Mo–Fr 8–18, Sa 8–14 (Fei geschlossen). Shop und Take-away mit Selbstbedienung, kalte und warme Küche, täglich wechselnde Gerichte, Sandwiches, vegetarische und vegane Alternativen, täglich wechselndes TT; hausgemachte Limonaden, Kaffee. Online-Shop. Schanigarten. €

Fast & Good Quellenstraße 24, Tel. 0699/11 12 70 55, E-Mail: biljana.petrovic@chello.at, täglich 11–22. Wiener Küche; Schnitzel (ohne Beilage € 6,90), Cordon bleu (ohne Beilage € 7,90), versch. Burger (ab € 8,90). 💳 €

Gürbey Kebap & Pizza Quellenstraße 100, Tel. 0660/695 43 29, E-Mail: nil.demirer@hotmail.com, guerbeykebabpizza.at, täglich 10–24 (Fei geschlossen). Salate, Suppen, Kebab, Pizza, Grillgerichte, Nachspeisen. Zustellung im 10. Bezirk und im Umkreis von 5 km. 💳

Ilkim Döner Kebap Favoritenstraße 92, E-Mail: info@ilkim.at, ilkim.at, täglich 9–22. Kebap.

Il Pendolino Pernerstorfergasse 88, Tel. 0650/710 82 93, E-Mail: ilpendolino@foody.at, www.il-pendolino.at, Mo–Sa 8–22, So 13–22. Zustellung oder Selbstabholung; Pizza, American Burger, Risotto, Nudel- und Fleischgerichte, Salate, Sandwiches und Kebab. Zustellung in die Bezirke 3 bis 6, 10 bis 12 und 23 (Mindestbestellmenge siehe Homepage). Bestellung online oder telefonisch. 💳 €

Kentucky Fried Chicken Columbusplatz 7/8, www.kfc.co.at, täglich 10–22. Buckets mit Chicken oder Hot Wings; Sandwiches, Maiskolben, Coleslaw; alles auch zum Mitnehmen. 💳

Köfteci Leibnizgasse 9, Tel. 0660/133 47 47, köfteci.at, Mo–Do 8–23, Fr, Sa 8–1, So 12–23. Kleinasiatisch-türkisches Streetfood wie diverse Ekmeks (Sandwiches mit Fisch oder Leber), Rindfleisch-Wraps (Tantuni) und Midye (mit Reis gefüllte Miesmuscheln). Take-away, Zustellung (Bestellung via Homepage). €

Komagene Cigköfte Quellenstraße 74 (Ecke Senefeldergasse 19), Tel. 0699/17 17 93 98, www.komagene.com, täglich 11–23. Imbisslokal, das sich auf vegetarische Cigköfte spezialisiert hat. Take-away. €

Leberkas-Pepi Am Hauptbahnhof 1 (Shop 137), Tel. 585 06 42-10, 0664/265 88 65, E-Mail: pepi-wien@leberkaspepi.at, www.leberkaspepi.at, täglich 9–22. Legendärer Imbiss aus Linz. Mehr als 13 versch. Leberkas-Sorten, z.B. Steinpilz-Trüffel, Chili-Käse oder Spinat-Knoblauch, für Abwechslung sorgen monatlich wechselnde saisonale Varianten; 2 Sorten Pferdeleberkas; verschiedene Salate und ofenfrisches Gebäck; Puntigamer vom Fass und div. andere Biere. 💳 €

McDonald's www.mcdonalds.at, Öffnungszeiten siehe Homepage. Burger, Wraps, Salate etc.; Frühstück; mit McCafé, Tischservice. Favoritenstraße 89, Tel. 607 70 71, E-Mail: at-store0215@restaurant.at.mcd.com, McDelivery. Favoritenstraße 130, Tel. 607 37 51, E-Mail: at-store0159@restaurant.at.mcd.com. Am Hauptbahnhof 1/EG Top 151 (Südtirolerplatz), Tel. 600 56 28, E-Mail: at-store0220@restaurant.at.mcd.com. ♿ 💳 €

McDonald's (McDrive) www.mcdonalds.at, Öffnungszeiten siehe Homepage. Burger, Wraps, Salate etc.; Frühstück; McDelivery; mit McCafé; Tischservice. Triester Straße 70 (am Wienerberg), Tel. 0667/85 35 11, E-Mail: at-store0032@restaurant.at.mcd.com. Kindergeburtstag, Playland. Ludwig-von-Höhnel-Gasse 15, Tel. 0664/834 16 33, E-Mail: at-store0138@restaurant.at.mcd.com. ♿ 💳 €

Noodle King Favoritenstraße 130, Tel. 0660/199 16 88, E-Mail: office@noodleking.at, www.noodleking.at, Mo–Fr 10–22, Sa, So 11–22. Suppen-, Nudel-, und Reisgerichte, sowie Sushi und Maki. Take-away. 💳 €

Nordsee Am Hauptbahnhof 1/EG 115 (Bahnhof City Wien Hauptbahnhof), Tel. 0664/600 16 71 84, E-Mail: office@nordsee.at, www.nordsee.at, Mo–Do, So 9–22, Fr 8–22, Sa 10–22. Grill- und Backfisch, Salate, kalte und warme Snacks; Kaffee; Kindermenü mit Überraschung. Wickeltisch und Behinderten-WC in der Anlage. ♿ 💳 €

o'mellis Juice & Smoothie Bar Am Hauptbahnhof Haupthalle, EG 105 (Bahnhofcity Wien Hauptbahnhof), E-Mail: office@omellis.at, www.omellis.at, täglich 7-21. Smoothies und Juices aus Obst und Gemüse; Smoothies mit Milch, Frozen Yogurt und mit Zutaten nach eigener Wahl; Smoothies und Juices können auch in Flaschen mitgenommen werden; ohne Zuckerzusatz.

Quick Pizza Quellenplatz 2, Tel. 606 40 50, täglich 9-24. Pizza (auch Familienpizza, Pizzaschnitte), Kebap, Burger, Snacks (Toast). Schanigarten für 40 Pers. €

Radatz E-Mail: fleischereien@radatz.com, www.radatz.at, Wiener Küche, täglich wechselnde Menüauswahl (bis € 8,-). Schanigarten. Favoritenstraße 239 (Hansson-Zentrum), Tel. 688 21 00, Mo-Fr 8.30-18, Sa 7.30-12.30 (Fei geschlossen). 12 Sitzplätze. Viktor-Adler-Markt 3-5, Tel. 603 53 06, Mo-Fr 7-18, Sa 7-14. €

Subway Am Hauptbahnhof 1 (UG), Tel. 0664/800 22 86 20, www.deinsubway.at, Mo 9-21, Di-So 9-21.30. Sandwiches mit Gemüse, Huhn, Schinken, Thunfisch, Steak etc.; Salate, Sandwich des Tages, jedes Sandwich auch als Menü mit Getränk u. Chips oder Cookie. Kindersessel. Take-away. €

Süße Tram Laaer Wald 26, Tel. 0699/17 11 19 73, E-Mail: freizeitbetriebe@kabsi.at, www.böhmischer-prater.at/Gastronomie, Mai bis Oktober täglich 10-19, November bis Februar geschlossen, nur bei Schönwetter. Ein originaler Straßenbahnwaggon der Linie 6, der 1978 ausgemustert wurde und jetzt als Zuckerwatte- und Hotdog-Manufaktur dient. Kandierte Früchte, Schaumbecher und -rollen, Eis, sowie andere Süßigkeiten erhältlich.

Trzesniewski und Demmers Teehaus Am Hauptbahnhof 1 (Bahnhofcity Wien Hauptbahnhof, EG), Tel. 394 50 21, 493 13 32-0 (Büro), www.speckmitei.at, Mo-Sa 7-22, So, Fei 8-22. Kooperation der Brötchenmanufaktur Trzesniewski mit Demmers Teehaus. Aufstrichbrötchen (€ 1,50/Stück), Aufstriche (€ 4,20/100g); div. Teemischungen; Catering. Online-Bestellmöglichkeit auf der Homepage.

Wienerwald fast & fresh Am Hauptbahnhof 1/EG.110 (Bahnhofcity Wien Hauptbahnhof), Tel. 600 57 84, E-Mail: office@wienerwald.at, www.wienerwald.at, täglich 9.30-23. Wiener Küche; Gassenverkauf. €€

Konditoreien, Bäckereien

Aida Favoritenstraße 88 (Columbusplatz), Tel. 890 89 88-202, E-Mail: info@aida.at, www.aida.at, täglich 9-18. Konditorei und Kaffeehaus. Schanigarten.

Anker www.ankerbrot.at, kontakt@ankerbrot.at. Brot, Gebäck, Mehlspeisen, täglich laufend frische Snacks. Öffnungszeiten saisonal variabel (s. Homepage). Absberggasse 25, Tel. 604 13 35, Mo-Fr 6-18, Sa, So, Fei 6-12. Am Hauptbahnhof 1/EG Top 107, Tel. 909 34 35, tägl. 5-21. Bernhardtstalgasse 38, Tel. 606 10 60, Mo-Fr 6-13, Sa, So, Fei 6-12. Favoritenstraße 111, Tel. 607 02 51, Mo-Fr 5.30-18, Sa, So, Fei 7-12. Keplerplatz 13, Tel. 904 37 00, Mo-Fr 5.30-18, Sa, So, Fei 7-12. Laaer Berg 168, Tel. 689 10 11, Mo-Fr 6-18, Sa, So, Fei 6-12, Schanigarten. Otto-Probst-Straße 3, Tel. 616 19 02, Mo-Fr 6-18, Sa, So, Fei 7-12, Schanigarten. Siccardsburggasse 83-85, Tel. 604 92 95, Mo-Fr 5.30-13, Sa 7-12. Troststraße 63-67, Tel. 602 69 03, Mo-Fr 6-18, Sa, So, Fei 6-12.30. Wienerbergstraße 5 (Vienna Twin Towers, Top C, Mall 30), Tel. 905 90 59, Mo-Fr 6-18, Sa, So, Fei 7.30-12, Schanigarten.

Backshop Quellenstraße 167, Tel. 920 53 53, E-Mail: office@anadolu.at, täglich 5.45-24. Türkische Bäckerei; Brot (Fladenbrot, Pita, etc.), Gebäck (z.B. Börek), Torten (auch auf Bestellung), Mehlspeisen; Frühstück, Snacks.

Backwerk E-Mail: infoat@back-werk.com, www.back-werk.de, Brot und Gebäck, kalte und warme Snacks. Gertrude-Fröhlich-Sandner-Straße 2 (im The Icon Vienna), Mo-Fr 6-18, So 7-15. Favoritenstraße 100, Mo-Fr 6-17, Sa, So 7-14, Fei variabel. Favoritenstraße 130, Mo-Fr 6-16, Sa, So 7-13, Fei variabel.

Der Mann www.dermann.at. Gebäck, Brot, Mehlspeisen, Snacks. Im Sommer variable Öffnungszeiten. Favoritenstraße 239 (Hansonsiedlung), Tel. 866 99-9144, Mo-Fr 6-18, Sa 6-15, So, Fei 7-12, Kaffee-Ecke. Quellenstraße 115, Tel. 866 99-9130, Mo-Fr 6-19, Sa 7-18, So, Fei 7-17, Kaffeehaus mit Bedienung. U-Bahn Station Reumannplatz, Tel. 866 99-9172, Mo-Fr 5.30-19, Sa 7-18, So, Fei 7-17. H.-Zilk-Park, Tel. 866 99-9116, Mo-Fr 7-18, Sa, So, Fei 8-19, Kaffeehaus mit Bedienung, Frühstück und kleine warme Speisen; Kinderspielecke, Wickelmöglichkeit; Schanigarten.

Diwan Backshop Erlachgasse 96, Tel. 0699/19 41 99 94, E-Mail: kayamusahandelsgmbh@gmail.com, täglich 6-22. Türkische Bäckerei mit türkischen, österreichischen und italienischen Backspezialitäten, belegte Brötchen, Krapfen, Börek, Croissants, Strudel, Baklava, Torten (in diversen Geschmacksrichtungen). Hunde nicht erlaubt.

Felber www.felberbrot.at, office@felberbrot.at. Ofenfrische Backwaren, Cafeteria, Frühstück, Snacks, Imbisse. Am Hauptbahnhof 1/U2, Tel. 600 55 90, Mo-Fr 6-21, Sa 7-18, So, Fei 7-14. Gerhard-Bronner-Straße 15 (ÖBB Zentrale), Tel. 600 55 60, Mo-Fr 6-18, Sa 7-12 (Fei geschl.). Reumannplatz 17, Tel. 600 33 55, Mo-Fr 6-18, Sa 6-12 (Fei geschlossen), Schanigarten. Triester Straße 10 (OBI Markt), Tel. 600 55 59, Mo-Fr 7-19.30, Sa 7-18 (Fei geschl.), Schanigarten.

Groissböck E-Mail: office@groissboeck.at, www.groissboeck.at, Frühstück ganztägig (€ 5,- bis € 13,90). Neilreichgasse 96-98 (Ecke Raxstraße), Tel. 604 25 10, Mo-Sa 7.30-

19, So, Fei 8-19. Snacks (MM ca. € 8,- bis € 10,-), versch. Mehlspeisen; Krapfenschaubacken. Favoritenstraße 128, Tel. 603 55 89, Mo-Fr 7-19, Sa 7-18, So, Fei 9-18. Stehcafé; Schaubacken. Schanigarten für 70 Pers.

Kurkonditorei Oberlaa Am Hauptbahnhof 1/EG 136, Tel. 600 54 25-0, E-Mail: bahnhofcity@oberlaa-wien.at, www.oberlaa-wien.at, Mo-Fr 8-21, Sa, So, Fei 8-19. Köstliche Torten, Kuchen, Konfekt und warme Mehlspeisen aus eigener Patisserie, Kaffee- und Teespezialitäten, Coffee to go, im Sommer hausgemachtes Eis; ganztägig Frühstück; pikante Snacks. Klimatisiert.

Bäckerei & Konditorei Sahin Gudrunstraße 178, Tel. 408 49 32, E-Mail: baeckerei.sahin@hotmail.com, täglich 5.30-23. Türk. Café und Konditorei, täglich frische Baklava.

Ströck www.stroeck.at, kundenservice@stroeck.at. Ofenfrisches Brot und Backwaren (von rustikal bis mediterran), Mehlspeisen-Klassiker; Frühstück, schnelle Snacks, Imbisse; Bio-Fairtrade-Kaffee; das gesamte Brot- und Gebäcksortiment ist frei von Zusatzstoffen, breites Angebot an Bio-Produkten. Aktuelle Öffnungszeiten siehe Homepage: stroeck.at/filialen. Am Hauptbahnhof (EG 135), Tel. 204 39 99-831 07, täglich 5-21. Kundratstraße 3 (Klinik Favoriten), Tel. 204 39 99-831 18, Mo-Sa 6-18.30, So 7-18.30. Viktor-Adler-Markt Stand 9, Tel. 204 39 99-830 37, Mo-Fr 6-18, Sa 7-13. U-Bahn-Station Reumannplatz, Tel. 204 39 99-830 61, Mo-Fr 5.30-19, Sa 6-13.

Konfiserie

Confiserie Heindl E-Mail: confiserie@heindl.co.at, www.heindl.co.at, aktuelle Öffnungszeiten siehe Homepage. Mehr als 250 unterschiedliche Pralinen-, Konfekt- und Waffelspezialitäten; gesamtes Sortiment ausschließlich mit Fairtrade-Kakao; vegane Spezialitäten. Quellenstraße 68, Tel. 604 15 95. Am Hauptbahnhof 1/Top UG-1/48 (Bahnhof-City), Tel. 600 57 62.

Pub

Schnauzer & Beagle Brewery Hasengasse 56, Tel. 0664/99 85 38 23, E-Mail: info@schnauzerbeagle.com, www.schnauzerbeagle.com, Mi 16-23, Do, Fr 14-23, im Sommer Mi-Fr 17-23. Brauerei, Café & Bar. Kleine Snacks; Kaffee und Kuchen; Auswahl an selbst gebrauten Bieren. Jeden 2. Mi Pub Quiz, Do Music Bingo Night; Koch- und Bierbraukurse. Brauerei kann für Veranstaltungen für bis zu 52 Pers. gemietet werden (Catering möglich). Schanigarten. Behinderten-WC. Hunde willkommen.

Wiener Kaffeehaus

Kurkonditorei Oberlaa Kurbadstr. 12, Tel. 689 25 89-0, E-Mail: kurpark@oberlaa-wien.at, www.oberlaa-wien.at, täglich 8-19, im Sommer bis 20. Eine der berühmtesten und besten Konditoreien; köstliche Torten, Kuchen, Konfekt und warme Mehlspeisen aus eigener Patisserie, Kaffee- und Teespezialitäten, Coffee to go, im Sommer hausgemachtes Eis; Frühstück; saisonale Spezialitäten, Wiener und internationale Küche ab 11 (Mo-Fr MM € 13,60, Sa, So, Fei € 17,60/Tagesspezialitäten € 8,- bis € 24,-). Kinderspeisen, -sessel. Seminarraum für 90 Pers., Lokal für Feiern zu mieten. Klimatisiert. Terrasse für 92, Gastgarten für 104 Pers. Behinderten-WC.

Würstelstände

Alles Walzer, alles Wurst Quellenstraße vor 84 (Quellenplatz), E-Mail: office@alleswalzer-alleswurst.at, www.alleswalzer-alleswurst.at, täglich 9-5. Der Legende nach die Geburtsstätte der gegrillten Käsekrainer. Weitere Spezialitäten: Berliner Currywurst mit hausgemachter Currysauce (pikant, scharf, „unmenschlich" und „Witwenmacher" mit 1 Million Scoville), Currywurst-Catering für Feiern jeder Art (auf Anfrage), Bosna, Hamburger, Cheeseburger, Favoritenburger, im Herbst/Winter nach Mitternacht hausgemachte Gulaschsuppe. 2 Stehtische. €

Evin Imbiss Quellenplatz 4, Tel. 0699/81 62 05 37, täglich 10-4. Käsekrainer, Schnitzel, auch Kebap und Schnitzelkebap. Kalte Getränke.

Schlemmertreff Tivoli Laaer Wald 30c (Böhmischer Wald), E-Mail: freizeitbetriebe@kabsi.at, www.böhmischer-prater.at, Mi-So 11-20, in den Sommerferien bei Schönwetter tägl. 10-20. Gassenverkauf, Grillspezialitäten: Bratwurst, Käsekrainer, Langos etc.; April-Oktober diverse Veranstaltungen im Eventlokal Tivoli nebenan. Schanigarten für 40 Pers.

Würstelboutique Am Hauptbahnhof 1/EG 109 (Foodcourt), Tel. 0676/610 94 11, E-Mail: hauptbahnhof@wuerstelboutique.at, wuerstelboutique.at, täglich 9-21. Reines Take-away mit österreichischen Wurstspezialitäten (wie Käsekrainer, Bratwurst Debreziner, Frankfurter), ofenfrischem Leberkäse, Kartoffelgulasch und Schweinsbraten. Öffentliche Sitzmöglichkeiten im Hauptbahnhof Foodcourt. Wickelraum und Behinderten-WC in der Anlage. €

11., SIMMERING

Wer glaubt, Simmering sei lediglich ein fader Flächenbezirk, dem oder der sei gesagt: der Elfte belegt gleich in mehreren Kategorien der Bezirks-Rankings den ersten Platz. Beginnen wir mit dem Offensichtlichsten: Insgesamt werden mehr als zwölf Prozent der Fläche des ehemaligen Arbeiterbezirks von Friedhöfen eingenommen. Das ist nicht nur der Top-Wert der Stadt: der 1874 eröffnete, fast zweieinhalb Quadratkilometer große Zentralfriedhof zählt rund 330.000 Grabstellen mit an die drei Millionen Verstorbenen und ist damit Europas zweitgrößte letzte Ruhestätte. Würde man die Adressat*innen des Zentralfriedhofs zu den über 100.000 Simmeringer*innen rechnen, 1110 würde Favoriten glatt den Rang als bevölkerungsreichster Bezirk ablaufen.

Weitere statistische Daten, bei denen Simmering die Nase vorne hat: mit Floridsdorf teilt sich der Bezirk Platz eins in der Kategorie „Meiste Gemeindebauten". Erste Plätze, die Simmering nicht teilen muss: mit durchschnittlich 39,3 Jahren hat der elfte Hieb die jüngsten Bewohner*innen der ganzen Stadt und mit 53 Metern die längste Rolltreppe Wiens in der U3-Station Zippererstraße. Nun aber zur Gastro: Für die ist Simmering eher weniger über die Bezirksgrenzen hinaus berühmt, sieht man von Leichenschmaus-Restaurants wie dem Concordia-Schlössl mit seinem monumentalen Marmor-Jesus im Gastgarten und den exzentrischen Schnitzelkreationen oder „All you can eat and drink"-Ausspeisungen wie dem flugzeughangargroßen Franchise-Lokal Watertuin mal ab. Was Schließungen und Neueröffnungen betrifft, geben sich hier vorwiegend Imbisse die Klinke in die Hand.

Würstel Waggon

Skurriler Imbiss in einem umgebauten Eisenbahnwaggon ... S. 375

WAGGON
WÜRSTEL
WAGGON

DIE BESTEN 11 IM 11. BEZIRK

Concordia Schlössl
Ungeschlagene Nummer eins unter den Simmeringer Leichenschmaus-restis: 15 großformatige Schnitzel-variationen, wahlweise unter den schützenden Händen des monumen-talen Marmor-Jesus im Gastgarten oder in der morbid-stilvollen Säulenhalle mit schwerem Holzboden, riesigen Spiegeln und Kerzenlicht ... S. 369

Hopfen & Malz
Kaiserebersdorfer Gastro-Platz-hirsch: klassisch-wienerisches Gasthaus mit Schwerpunkt auf regionalen Produkten und mit nettem Garten und Arkaden ... S. 369

Konditorei L. Heiner
Die Traditionskonditorei hat auf der Simmeringer Hauptstraße ihren Produktionsstandort samt Back-stubenverkauf. Hier kann man Kardinalschnitten quasi direkt aus dem Ofen erstehen ... S. 375

Kurkonditorei Oberlaa
Residiert im Jugendstilgebäude der Friedhofsverwaltung mit einem modernen und eleganten Café und prächtiger Terrasse. Neben Mehl-speisen finden sich auch Kraut-fleckerln, Würstel mit Gulaschsaft oder Schinkenrollen auf der Karte ... S. 375

Gasthaus Stern
Lieblingsgasthaus der Simmerin-ger*innen, urige Gaststube, junges & engagiertes Team ... S. 370

Gaststätte Pistauer
Adrett getäfelte Stuben, alte Schank und gutbürgerliche Küche galore ... S. 369

Jo's Bistro
Mit Jo's Bistro haben die Hipster Sim-mering erobert: gemütliches, kleines Lokal im Holzkistendesign und mit Wohnzimmeratmosphäre. Täglich frische Gerichte, viele auch vegeta-risch und vegan erhältlich ... S. 372

Schutzhaus am Neugebäude
Kulinarischer Fixpunkt im Friedhofsviertel, mit riesigem Veranstaltungssaal und Bühne. Gekocht wird eine erstklassige Wiener Küche ... S. 370

Simmeringer Bier- und Kulturschmankerl
Alteingesessener Simmeringer Wirt, der rustikale Wiener Hausmannskost mit Kulturprogramm verbindet ... S. 370

Simmeringer Landbier
Modernes Bierlokal in sehr rustikaler Panier, sehr günstige Mittagsmenüs und auch faire Schmankerlpreise ... S. 370

Watertuin
Mehr ist mehr, lautet das Programm der Filiale einer niederländischen Franchise-Kette: Für den Zugang zum „All you can eat"-Buffet der 13 Küchen zahlt man hier keine Pauschale, sondern erwirbt ein Zeitbudget. Sprengt alle Dimensionen ... S. 370

Gaststätten, Restaurants, Wiener Beisln

Concordia Schlössl (Kleine Oper Wien) Simmeringer Hauptstr. 283, Tel. 769 88 88, E-Mail: office@concordia-schloessl.at, www.concordia-schloessl.at, Mo-Fr 12-23, Sa, So 11.30-23, Fei wie jew. Wochentag, Küche bis 1 Std. vor Sperrstd. Café-Restaurant gegenüber des Zentralfriedhofs; fantasievolle Schnitzelgerichte, vegetar. und vegane Speisen (Mo-Fr 12-14.30 MM € 10,95), Wochenkarte mit regionalen, frischen Produkten; Kindermenü, -sessel, Wickeltisch und Spielplatz. Fallweise Lesungen. Abends Kerzenlicht; Morbid-fantastisches k.u.k-Turmschlösschen mit Säulenhalle, kleinem Salon und Bibliothek. Gastgarten für ca. 140 Pers. mit gläserner A.-Schnitzler-Laube (für 30 bis 50 Pers., für Hochzeiten geeignet, winterfest, zu mieten). Hunde mit Leine/Beißkorb. Rollstuhlrampe, Behinderten-WC. ♿ 💳 €€

Fladerei Landwehrstraße 6 (huma eleven), Tel. 890 18 14, E-Mail: humaeleven@fladerei.com, www.fladerei.com, Mo-Sa 10-20 (Fei geschlossen). Gefüllte Fladen aus dem Ofen in unzähligen Varianten (€ 2,70 bis € 7,30), Mo-Fr 11-17 Mittagsangebot (Tagesflade groß € 5,50/ klein € 4,50), Abendflade ab 17 (groß € 7,10/klein € 5,90); Bier vom Fass (Starobrno, Edelweiß Hefetrüb). Großbildleinwand. 💳 €

Haltestelle Sängergasse 2-4 (Ecke Etrichstraße), Tel. 961 03 92, E-Mail: ribischpetra4@gmail.com, www.haltestelle.at, Mo-Fr 8-23, Sa 10-22 (Fei geschlossen), Küche bis 20. Frühstück Mo-Fr 8-11.30, Sa 8-15; Wiener Küche, Spezialitäten: Schnitzel, Cordon bleu und Cevapcici, Mi Backhendl; Mo-Fr MM (€ 8,20). Schanigarten für 50 Pers. Rollstuhlrampe, Behinderten-WC. ♿ €

Hopfen & Malz Kaiser-Ebersdorfer Straße 277, Tel. 769 24 73, E-Mail: hopfenundmalz@aon.at, www.hopfenundmalz.at, Mo-Sa 11-23, So 11-21, durchgehend warme Küche bis 22 bzw. 20. Alle 14 Tage wechselnde saisonale Karte (MM ab € 7,90), kalte und warme Brote (€ 3,90 bis € 7,90), Spareribs; Verwendung von ausschließlich saisonalen und regionalen Produkten; Kinderspeisen, -sessel. 2 Kachelöfen. Gastgarten für 160 Pers. mit Kastanienbäumen, schöner Wintergarten für bis zu 80 Pers. 💳 €€

Café Pan Kaiser-Ebersdorfer Straße 330, Tel. 0699/18 87 98 88, E-Mail: office@cafepan.at, www.cafepan.at, Di-So 11-23, Küche bis 21. Cafe-Restaurant mit ital. und österr. Küche; Pizza, Pasta, Vegetar., Fisch, Klassiker wie Wiener Schitzel u. Cordon bleu; Kinderspeisen. Gastgarten. 💳 €

Gaststätte Pistauer Ravelinstraße 3, Tel. 767 25 10, E-Mail: gaststaette@pistauer.at, www.pistauer.at, täglich 9-23, warme Küche 11-21. Wiener Küche (MM ab € 8,90), saisonale Spezialitätenwochen; große Auswahl an österreichischen Weinen, Ottakringer (Zwickl, Dunkles, Goldfassl); Kinderteller, -sessel, Spielsachen. Extrazimmer für 30, großer Saal für 110, 2 Gastgärten für insgesamt 200 Pers. Rollstuhlrampe. €€

Schmankerl-Bräu Landwehrstraße 6/Shop 28 (huma eleven), Tel. 890 68 78, E-Mail: info@schmankerlbraeu.at, www.schmankerlbraeu.at, Mo-Fr 8-21, Sa 8-20. 8-11 Frühstück; traditionelle Alt-Wiener Küche; Vegetarisches, XXL-Schnitzel (€ 15,90); Mo-Fr 11-14.30 2 MM € 7,40 (Menüpass, jedes 11. Menü gratis), Mo-Fr ab 16 Backhendl um € 7,90, Wochenkarte; braufrisches Gösser vom Fass aus Frischetank, österreichische Weine. Schanigarten für 70 Pers. €€

Schutzhaus am Neugebäude Simmeringer Hauptstraße 289, Tel. 769 41 83, E-Mail: info@schutzhaus.net, www.schutzhaus.net, Mi-So 10-20, Fei 10-15, warme Küche Mi-Sa bis 19, So bis 15, Fei bis 14. Wr. Hausmannskost (Mi-Fr 11-14 2gg MM € 7,90), Spezialitäten wie Gulasch, Zwiebelrostbraten; Schmankerlkarte; es werden nur regionale u. saisonale Produkte verwendet (Spargel, Eierschwammerl), Ganslessen, Wild, jeden Fr Fisch; offenes Bier (Murauer), Weine aus Poysdorf, Krems u. der Südsteiermark (auch glasweise ab € 3,50), während der Sturmzeit selbst erzeugter Sturm; Kinderspeisen, 2 Kindersessel. Div. Veranstaltungen (private Feiern, jeden 2. Sa Boogieabend, Pensionisten-Singletreff etc.); Vereinstreffpunkt. Festsaal für Veranstaltungen mit Bühne; Garten für 45 Pers. mit Weinstock (hier werden Trauben gelesen und frisch weiterverarbeitet). €€

Schutzhütte Servus Grüß Dich Geiselbergstraße 38-42, Tel. 967 23 49, E-Mail: info@servus-wirt.at, www.schutzhauszumarsenal.at, Mo-Sa 10-22, So, Fei 11-15, warme Küche Mo-Sa bis 21, So, Fei bis 14.30. Bodenständige österr. Küche (Mo-Fr Tagesbuffet), Schnitzelvariationen, Gegrilltes; Kinderportionen, -sessel; Fass- und Flaschenbiere, Weine aus Österreich, Spirituosen. Rollstuhlrampe. €€

Simmeringer Biergart'l Geiselbergstraße 41 (Ecke Leberstraße), Tel. 749 17 00, E-Mail: biergartl@a1.net, www.biergartl.at, täglich 9-23, warme Küche bis 22. Gutbürgerliche Küche, kalte Brote und Toastvariationen (Mo-Fr MM € 8,20), Mehlspeisen ab € 4,60; 5 offene Biere (Murauer, Hirter, Zwettler, Stiegl, Budweiser), 10 Flaschenbiere. 2 TV, allerdings kein - wie der Name vermuten ließe - Biergarten. €

Simmeringer Bier- und Kulturschmankerl Simmeringer Hauptstraße 152, Tel. 767 79 58, E-Mail: info@kulturschmankerl.at, www.kulturschmankerl.at, Mo-Sa 10-22, So, Fei 10-16, warme Küche 11-21 bzw. 11-15. Alt-Wiener Küche (Mo-Fr 11-14.30 3 MM € 7,40, eines vegetarisch); von fast allen HS auch kleine Portionen möglich, saisonale Speisen (Schwammerl etc.), Platten für 2 Pers. (€ 29,90); österr. Weine, offenes Gösser aus dem Frischhaltetank; Menüpass (jedes 11. Menü gratis); 1-mal/Monat So ab 11.30 Jazzbrunch (€ 16,90), 2-mal/Monat Seniorennachmittag 15-18, Spanferkelessen für Gruppen (€ 19,90/Pers.); Kinderspeisen, -sessel. Mo-Fr 11-15 Zustelldienst im 11. Bezirk. Musikevents, Kabarett, Tanzabende. Veranstaltungssaal für 90, Stüberl für 25, Gast- u. Schanigarten für je 55 Pers. €€

Simmeringer Landbier Simmeringer Hauptstraße 50, Tel. 749 42 54, E-Mail: simmeringer.landbier@gmail.com, www.simmeringer-landbier.at, täglich 11-23, Küche bis 22, So, Fei bis 21. Bierlokal mit 6 Fassbieren, Schmankerl-, Spargel-, Wild- und Steakwochen (2 MM € 6,50 und € 7,90), saisonale Speisen; Kinderkarte, -sessel. TV. Für Veranstaltungen bis 60 Pers. geeignet. Schanigarten für 40 Pers. €€

Gasthaus Stern Braunhubergasse 6, Tel. 749 33 70, E-Mail: office@gasthausstern.at, www.gasthausstern.at, Mi-Sa 11-23, So 11-16, Mi-Sa Küche bis 22. Uriges, schönes Vorstadtgasthaus in Simmering mit traditioneller Wiener Küche aus besten Zutaten, z.B. Rahmherz vom Bio-Kalb oder Eierschwammerlsauce mit Serviettenknödel; saisonale Wochenkarte; österreichische Weine; Kinderspeisen, -sessel, -malzeug. Alle Speisen auch zum Mitnehmen. Ein Bild von einem Gasthaus: Eingang am Eck, Schankraum mit Stehtischerln, tadellose Lamperie, Holzbänke. Großer Saal für 70 Pers. (für Veranstaltungen zu mieten), Garten für 60 Pers. €€€

Watertuin Etrichstraße 23, Tel. 767 14 97, E-Mail: office@watertuin.at, www.watertuin.at, Mo-Do 17.30-22, Fr-So, Fei 11.30-16 und 17.30-22. Flugzeughangar-großes Lokal nach einem niederländischen Franchise Konzept. All-you-can-eat, bezahlt wird nach Zeit und Wochentag (mittags Fr ab € 14,80/abends ab € 27,80, Sa, So, Fei ganztägig € 27,80). 13 Stationen mit allen möglichen Speisen: Asiatisch, Steaks, Fisch, Pizza, Pasta etc. Sa, So, Fei Brunch € 27,80. Kinder bis 3 Jahre essen gratis, eigener Kinderspielraum, Kindersessel, Wickelmöglichkeit. €€€

Restaurant Zentral Simmeringer Hauptstraße 347, Tel. 768 33 91, E-Mail: restaurant.zentral@gmail.com, www.restaurant-zentral.at, täglich 9-18. Gutbürgerliche und saisonale Küche, im Herbst etwa recht viel Wildbret und Kürbisgerichte (Mo-Fr TM um € 8,50). Gastgarten. €€

Gasthaus Zur Bast Haidestraße 22, Tel. 767 52 20, E-Mail: office@zurbast.at, www.zurbast.at, Mo-Do 8-22, Fr 8-15, Sa, So, Fei 9-13, So, Fei Frühschoppen 9-13; Fr, Sa abends nur für Veranstaltungen geöffnet. 8-11 Frühstück; tradit. Wiener Gerichte und regionale Schmankerlküche (MM € 6,90 bis € 9,40); Kinderspeisen, -sessel. TV. Veranstaltungssaal für 120, zwei Gastgärten für 20 bzw. 50 Pers. €

Amerikanisch

Domino's Simmeringer Hauptstr. 171, Tel. 05/749 92 07, www.dominos.at, Mo-Do, So 11-22, Fr, Sa 11-23. Große

Auswahl an Pizzen, individuell zusammenstellbar, versch. Pizzaböden (Italien Style, Domino's Original, Cheesy Crust, Pan Pizza) und zahlr. Toppings, div. Vorspeisen u. Beilagen wie Chicken Wings u. -Strips, Stuffed Cheesy Bread uvm.; Desserts (Cinnabites, Apple od. Choco Pie). Aktionen über die Domino's App. Abholung, Zustellung (innerhalb von 30 Min. nach Bestellung) oder Essen vor Ort möglich. 💳 €

Asiatisch

Dada kocht Simmeringer Hauptstraße 41, Tel. 743 15 43, E-Mail: dada-kocht@hotmail.com, Mo–Fr, So, Fei 10.30–22. Asiatische Küche (Mo–Fr 11–15 MM ab € 9,20), Sushi, Maki, Bento-Box (ab € 15,50). Zustellung in die Bezirke 3, 10, 11 (3. und 11. Bezirk ab € 10,–, 10. Bezirk ab € 20,–). €

Mr. Chen Kaiser-Ebersdorfer Straße 84, Tel. 208 65 81, E-Mail: lianfen.chen@hotmail.com, www.mrchen.at, Mo, Mi, Do 11.30–15 und 17.30–22, Fr, Sa 11.30–22, So, Fei 11.30–20. Asiarestaurant in modernem Design; Sushi, Maki, Sashimi, Spezialitäten aus Thailand, Indien und China, Udon, Ramen (Mo–Fr bis 15 MM € 7,90 bis € 11,70); Desserts; Weine, Bier vom Fass; Kinderspeisen, -sessel. TV. Für Firmen- und private Feiern bis 70 Pers. geeignet. Schanigarten für 15 Pers. Hintereingang barrierefrei. 💳 €€

Noodle House Guglgasse 6/Gasometer A, Tel. 748 46 00, E-Mail: zhao-ziting@hotmail.com, www.gasometer-noodle-house.stadtaustellung.at, Mo–Sa 11.30–21, durchgehend warme Küche. Spezialisiert auf chinesische Nudeln, auch thailändische Speisen, täglich frisch gemacht (24 MM). 3 Kindersessel. Extrazimmer für 20, Schanigarten für 100 Pers. Hunde nur mit Beißkorb. 💳 €

Asia Restaurant Panda's Wok Kaiser-Ebersdorfer Straße 247, Tel. 767 27 77, 0676/450 12 87, www.pandaswoksimmering.at, Mo, Mi–Fr 11.30–15 und 17–22, Sa, So, Fei 11.30–22. All you can eat vom Buffet sowie Teppanyaki Grill (mittags € 12,80, abends sowie Sa, So, Fei € 16,90, Kinder bis 10 Jahre zahlen weniger). Zustellung (gratis ab € 15,–, darunter € 2,– Zustellgebühr). Gastgarten für ca. 150 Pers. Gästeparkplätze (Zufahrt Schmidgunstg. 14). 💳 €€

Stammhaus Simmeringer Hauptstraße 433, Tel. 890 63 03, E-Mail: zumgoldenenfisch@hotmail.com, www.stammhaus-restaurant.at, Di–Sa 11.30–15 und 17.30–22, So, Fei 11.30–21, warme Küche bis 15 bzw. 22, So, Fei bis 21. Asiatische Küche aus dem Wok (Di–Fr 11.30–15 MM € 7,50 bis € 9,50), Teppanyaki-Buffet: selbst ausgewählte Rohzutaten werden auf einer heißen Platte frisch gegrillt (Di–Fr mittags € 12,90, abends und Wochenende € 16,90/Kinder zahlen weniger); chinesische Weine und Biere; Kinderspeisen, -sessel, Wickeltisch. TV. Wintergarten für 50, Gastgarten für 100 Pers. 💳 €€

WOW Landwehrstraße 6/OG (huma eleven), Tel. 767 05 26, E-Mail: office@wowasianfinestcooking.at, www.wowasianfinestcooking.at, Mo–Fr 10–20, Sa 10–18 (Fei geschlossen), Mo–Fr Küche bis 19.30, Sa bis 18. Sushi, Maki, Teppanyaki, Dim Sum, Wok. Mo–Fr 10.30–15 MM (ab € 7,90); Mo–Sa ganztags TM (ab ca. € 10,90). Glutenfreie und vegane Gerichte auf Anfrage. Alle Speisen auch zum Mitnehmen. Behinderten-WC in der Anlage. ♿ 💳 €

Chinesisch

Shanghai City Simmeringer Hauptstr. 142, Tel. 767 51 44, Di–So 11.30–15 und 17.30–22 (Fei geschl.). Chines. Küche (Di–Fr MM € 7,30 bis € 9,90); Zustelldienst für den 11. Bezirk (ab € 13,–). Kindersessel. Schanigarten für 12 Pers. 💳 €

Italienisch

Al Caponne Münnichplatz 1, Tel. 769 82 09, E-Mail: office@alcaponne.at, www.alcaponne-wien.at, tägl. 11–22, durchgehend warme Küche. Pizza, Nudelgerichte; Kinderspeisen, Spielzeug. Schanigarten für 40 Pers. Hunde mit Leine und Beißkorb. 💳 €

Pizzeria da Casa Mama Simmeringer Hauptstr. 43, Tel. 743 18 39, 749 24 28, E-Mail: dacasamama1110@gmail.com, www.da-casa-mama.at, tägl. 11–22. Sehr kleine Pizzeria mit ital., mexikan., ind. und österr. Speisen; Pizza, Nudelgerichte, Fleischgerichte; Mo–Fr 11–14 alle Pizza- oder Pastagerichte € 7,90; Zustellung in die Bezirke 3 und 11 (ab € 9,50; bei tel. Bestellung ab € 39,– 1,5 l Cola gratis). 3 Tische. 💳 €

La Dolce Vita Landwehrstraße 6/OG (huma eleven), Tel. 0664/135 54 44, E-Mail: info@zanettigroup.at, www.zanettigroup.at/ladolcevitavie, Mo–Fr 10–20, Sa 10–18.30, Küche ab 11. Pizza, Antipasti. Pizza/Pasta des Tages mit Dessert nach Wahl € 9,90. Kindersessel, Behinderten-WC in der Anlage. ♿ 💳 €€

Perla Braunhuberg. 19, Tel. 749 23 11, www.pizzeriaperla.at, Mo–Fr 11–15 u. 17–22.30, Sa, So, Fei 11–22.30, Küche durchgehend. Teigwaren, Fleischgerichte, 4 versch. mediterrane Burger mit Beilage (ab € 12,–), Pizza wie American Pizza mit Doppelboden und Rand mit Mozzarella gefüllt (€ 12,90 bis € 18,–), Fisch, Wr. Küche (Mo–Fr 11–14 MM € 7,90); Firmenangebot (ab 2 HS Pizza/Pasta/Salat je € 6,50), Speisen auch als Kinderportionen und zum Mitnehmen. Zustellservice in den 3., 10. und 11. Bezirk (gratis ab € 9,–). Schanigarten für 24 Pers. 💳 €

San Banditto Grillgasse 37, Tel. 743 31 07, E-Mail: pizzeriasanbanditto@gmail.com, www.san-banditto.at, täglich 11–23. Italienische Gerichte, Alt Wiener Küche (MM bis 15 € 6,90), Pizza; Spezialität: American Pizza. Kinderspeisen,

-sessel. Zustellung im 11. Bezirk (ab € 9,-), in Randbereiche des 3. und 10. Bezirks (ab € 12). €€

Speedy Pizza Lorystraße 44, Tel. 743 56 64, www.speedy-pizza.at, täglich 11–3. Pizza und Calzone, Pasta (ab € 6,40), auch Schnitzelmenüs, Spareribs, indische Speisen. Zustellung in die Bezirke 3, 4, 10 und 11. €

Vittoria Sedlitzkyg. 49, Tel. 749 81 23, E-Mail: bestellung@pizzeriavittoria.at, www.pizzeriavittoria.at, täglich 11–23. Holzofenpizza (11–15 Mo–Fr MM), italienische und österreichische Weine. Kindersessel. Alle Speisen auch zum Mitnehmen, Zustelldienst im 11. Bezirk. Für Feste geeignet. €

Japanisch

Asahimoto Baudißgasse 4-6/1/4, Tel. 767 46 47, E-Mail: info@sushi-asahimoto.at, www.sushi-asahimoto.at, täglich 11.30–22. Japanische Küche; Sushi, Sashimi, Ramen etc. Take-away in umweltfreundlicher Verpackung. Klimatisiertes Restaurant für 32, Schanigarten für 24 Pers. Kostenlose Parkplätze vor dem Lokal. €€

Thailändisch

Samràn Thai Lorystraße 61, Tel. 743 22 32, E-Mail: samran.nanok@yahoo.com, www.samran-thai.buisness.site, Di–Sa 11–15 und 17–21, So 11–15, warme Küche ab 11.30. Thailändische Küche. Showküche im Freien. Lokal für 50, Schanigarten für 13 Pers. €€

Türkisch

Café & Imbiss-Stube Yunus Akkus Simmeringer Hauptstraße 60/64, Tel. 969 07 98, 0699/19 69 07 98, Mo–Fr 9–21, Sa 9–20 (Fei geschlossen). Lokal gibt's seit 1990. Pizza, Schnitzel, Kebap, Salat, Fisch, Pasta, hausgemachte Burger (Mo–Fr 11–15 MM Pizza, Schnitzel oder Kebapteller ab € 7,70), Burger Menü (ab € 8,50), alles selbst gemacht (auch Kebapspieß und Brot) und von Chef und Chefin frisch gekocht; Kinderportionen; griechische, türkische und österreichische Weine, 5 bis 10 Biersorten, auch Ouzo, Retsina etc.; alle Speisen auch zum Mitnehmen. Größere Zustellung für Magistrat oder Firmen möglich (Bestellung am Vormittag, Lieferung zu mittag). TV, Musik. Feiern bis 25 Pers. mit Buffet möglich. Schanigarten für 12 bis 14 Pers. €€

Ungarisch

Darai Simmeringer Hauptstraße 343, Tel. 0676/365 53 24, E-Mail: darai.gasthaus@gmail.com, darai.eatbu.com, Di–So 11–22. Restaurant mit ungarischer und österreichischer Küche. Stand mit Langos zum Mitnehmen. Gastgarten unter einer Weinrebenlaube für 250 Pers. €€

Bars

Bier & Bier Simmeringer Hauptstr. 100/EG/Top 401 (im Zentrum Simmering), Tel. 743 79 49, E-Mail: office@bierundbier.wien, www.bierundbier.wien, Mo–Sa 9–22 (Fei geschl.). Bierlokal; kleine Speisen; 3 offene Biere, 30 Flaschenbiere. Schanigarten für 10 Pers. Behinderten-WC in der Anlage.

Café Frog Simmeringer Hauptstraße 165, Tel. 0699/10 50 28 88, E-Mail: info@cafefrog.at, cafefrog.at, Mo–Do, So 8–24, Fr, Sa 8–2. Cocktailbar und Café mit über 100 Cocktails; tägl. 17–21 Happy Hour (alle Cocktails € 5,90), Spirituosen, Punsch, Glühwein, Kaffee; Frühstück, Snacks. Regelmäßig DJ und Live-Musik. Schanigarten für 100 Pers.

Let's Play - Billardcafé Guglgasse 11 (Gebäude E, 3. Stock), Tel. 0664/999 26 99, E-Mail: office@letsplay-gasometer.at, www.letsplay-gasometer.at, Mo–Do, So 13–24, Fr, Sa 13–1. Billardcafé und Bar. Cocktails, Barsnacks. 9 Billard- und 2 Snookertische, Darts. Gastgarten.

RockX Music&More Simmeringer Hauptstraße 78, E-Mail: info@rockx.at, www.rockx.at, Mo–Sa 8–24, So, Fei 8–23. Bar mit regelmäßiger Live-Musik. Getränke. Schanigarten.

Bistros

el Berg Geiselbergstr. 15–19, Tel. 0664/88 63 85 02, E-Mail: el.berg@ibisacam.at, www.elberg.at, Mo–Fr 9.30–14. Öffentl. zugängliches Betriebsrestaurant mit Selbstbedienung. Wöchentlich wechselnde Karte mit saisonalen Speisen; HS können selbst zusammengestellt werden, versch. Tagesgerichte; frisch gemahlener Kaffee; Take-away. Behinderten-WC. €

Jo's Bistro Simmeringer Hauptstr. 185, Tel. 0676/644 41 32, E-Mail: info@josbistro.at, www.josbistro.at, Mo–Mi 11–19.30, Do 9–17.30, Fr, So 9–15. Gemütliches kleines Lokal im Holzkistendesign. Tägl. frische Gerichte, viele auch vegetar. bzw. vegan; Frühstück; Kaffee von Illy. Schanigarten. €

Cafés, Espressos

Albrecht Simmeringer Hauptstraße 121, Tel. 749 23 20, E-Mail: cafe.albrecht@chello.at, www.cafealbrecht.at, täglich 8–19, warme Küche bis 18.30. Frühstück ganztags; Hausmannskost (MM ca. € 8,90), saisonale Speisen und hausgemachte Mehlspeisen, Torten auf Bestellung (ca. 3 Tage im Voraus); Eiscafé; Kinderportionen auf Wunsch. TV. Innenhofgarten für 40 Pers.

Café bei Boesner Unter der Kirche 4, Tel. 769 73 76-260, E-Mail: bistro@boesner.at, www.boesner.at, Mo, Di, Do, Fr 9.30–18, Mi 9.30–19, Sa 9.30–17. Café im Künstlerbedarfsgeschäft Boesner. TM ab 11 solange der Vorrat reicht, z.B.

faschierter Braten mit Erdäpfel und Röstzwiebel, Selchfleischknödel mit Kraut, Kümmelbraten mit Semmelknödel, Putenrahmschnitzel mit Gemüsereis; hervorragende hausgemachte Torten; Afro Coffee, frisch gepresste Säfte, hauseigener Prosecco.

Caffetteria Segafredo Landwehrstraße 6/EG (huma eleven), Tel. 0664/1851330, www.huma-eleven.at/de/essen-trinken/caffetteria-segafredo, Mo–Do 9–19, Fr 9–20, Sa 9–18. Kaffeespezialitäten. Frühstück, Desserts, Snacks, Eis.

Café Central Simmeringer Hauptstraße 50, Tel. 749 32 71, Mo–Sa 8–22, So, Fei 14–22. Imbisse wie Toast oder Baguette durchgehend. Karten- und Würfelspiele; TV. Schanigarten für 20 Pers.

I Fratelli Gelateria & Waffel Café Simmeringer Hauptstr. 111, Tel. 0660/206 06 09, E-Mail: eni1001@icloud.com, www.ifratelli-vienna.eatbu.com, tägl. 11–22. Hausgemachte, ital. Eissorten und Waffelkreationen; Kaffee, hausgemachte Limonaden und Eistees. Klimaanlage. Schanigarten.

Hotel König Kaiser-Ebersdorfer Straße 26, Tel. 769 96 59, E-Mail: hotel@hotel-koenig.at, www.hotel-koenig.at, täglich 7–24. Versch. Frühstücke bis 11; kleine Kaffeehausküche: Toast, Gulasch, Würstel, Schnitzel etc.; Schach, Backgammon; TV. Gastgarten für 20 Pers. 27 Gästezimmer (EZ ab € 69,–/DZ ab € 98,–). Parkplatz. Zugang Gastgarten ebenerdig.

Café Nola Mautner-Markhof-Gasse 58 (Stiege 4), Tel. 0699/10 93 18 30, E-Mail: info@cafenola.at, www.cafenola.at, Di–Sa 9.30–19, So 10.30–19. Kaffeespezialitäten, Suppen (ab € 3,90), Mehlspeisen und Panini, Snacks (Würstel, Toasts etc.). Im Sommer Eis. Kinderkarte, Indoor-Kinderspielplatz mit Rutsche, Kletterturm, Babyschaukel etc., Kindersessel, Wickeltisch, Spielsachen für draußen. Gastgarten für 20 Pers. Behinderten-WC.

Café Roy Kopalgasse 45, Tel. 749 42 70, E-Mail: info@cafe-roy.at, Mo–Sa 8–22. Snacks wie Gulaschsuppe, Chili. Karten, Würfel, Dartsautomat; TV. Für Feiern bis 50 Pers. geeignet. Dartszimmer für ca. 10 Pers. (bei Feiern als Tanzfläche genutzt). Schanigarten für ca. 20 Pers.

Café Savarona Simmeringer Hauptstr. 93, Tel. 749 70 84, E-Mail: office@savarona.at, www.savarona.at, Mo–Fr 8–24, Sa 10–24, So, Fei 16–24. Frühstück à la carte bis 11, kleine Speisen. Poker, Karten-/Würfelspiele, Dartautomat u. Jukebox, TV; Karaoke, gelegentl. Livemusik, 1-mal/Monat Karaoke u. Musikerstammtisch. Schanigarten f. 25 Pers.

Café Zipp Zippererstraße 22, Tel. 743 59 00, Mo–Sa 10–1, So, Fei 10–22. Café-Pub mit Imbissen (ab ca. € 2,80); Löwenbräu vom Fass. Karten, Würfel, Darts; TV, Musikbox. Für Feste bis ca. 80 Pers. zu mieten. Schanigarten für ca. 40 Pers.

Zizi's Café Albin-Hirsch-Platz 1/2/3, Tel. 0676/481 71 81, Mo–Fr 10–23 (Fei geschl.), im Sommer variable Öffnungszeiten (siehe Facebook-Seite). Imbisse (€ 1,40 bis € 5,–). Karten- und Würfelspiele; Dartautomat; TV, Leinwand, Beamer. Schanigarten f. 40 Pers. (im Sommer mit Sprühnebelanlage).

42 – more than a café Geiselbergstraße 27–31/6/R01, Tel. 0676/302 16 88, E-Mail: office@42outer.space, www.42outer.space, Mo–Do 7.30–14, Fr 7.30–22, Sa 17–22 (Fei geschlossen). Spezialitätenkaffee, auch Filterkaffee (mit Bio-, laktosefreier oder Hafermilch), Bio-Tees, ausschließlich hausgemachte Mehlspeisen, Jausenbrote, Suppen und von 11–14 Pizza. Größtenteils regionale und biolog. Lebensmittel. Alle Speisen und Getränke auch zum Mitnehmen in recyceltem und biolog. abbaubarem Verpackungsmaterial.

Eissalons

Gelateria al-bano Landwehrstraße 6/OG (huma eleven), Tel. 0676/939 10 04, Mo–Do 9–19, Fr 9–20, Sa 9–18 (Fei geschlossen). Eis, diverse Eiscoups (Coup Dänemark, Bananensplit etc.), Kaffee, Mehlspeisen, italienische Torten, Snacks. Wickeltisch und Behinderten-WC in der Anlage.

Die Eisdealer Münnichplatz 1, Tel. 0676/580 11 16, E-Mail: hello@die-eisdealer.at, www.die-eisdealer.at, März bis April täglich 11–21, Mai bis August täglich 11–22, September täglich 11–21. Selbstgemachtes Eis aus Bio-Milch im Eisbecher und zum Mitnehmen; Kaffee und Getränke.

Gelateria Grassi Simmeringer Hauptstraße 48, Tel. 0660/684 87 78, E-Mail: maxsimmering@hotmail.com, www.eissalon-grassi.at, Mitte März bis Mitte Oktober täglich 11–23. Eis, Kaffee, Torte.

Gelateria Wind's Simmeringer Hauptstr. 126, Tel. 0664/135 54 44, E-Mail: info@zanettigroup.at, www.zanettigroup.at, März bis Sept. täglich 10–22. Eissorten wie Kaugummi- oder Red-Bull-Eis, Diabetikereis, auch Boxen zum Mitnehmen; alkoholfreie Getränke, Kaffee, Bier. Gastgarten für 80 Pers.

Heuriger

Weinschenke Alt Simmering Kaiser-Ebersdorfer Straße 42, Tel. 767 03 36, E-Mail: info@weinschenke-pfeiffer.at, weinschenke-pfeiffer.at, Mi–Sa 11–22, So 11–16. Kaltes und warmes Buffet (€ 4,50 bis € 8,–); Mi Backhendl-, Do Spareribs- und Rindfleischtag, Sa und So Menü ab € 7,90. Weine aus dem Burgenland und dem Weinviertel. Jeden 1. Fr im Monat Wiener Liederabend. Gesellschaften bis 40 Pers. möglich; klimatisierter Raum für bis zu 40, Gastgarten im Hof für 70 Pers. €

Imbisse

Burger King Simmeringer Hauptstraße 96a, E-Mail: wsi@whopper.at, kundenservice@whopper.at, www.burgerking.at, Öffnungszeiten: Homepage: burgerking.at/kingfinder. Div. Burger und Wraps (auch vegetar.). Take-away. 💳 €

Cigköftem Simmeringer Hauptstraße 125/2a, Tel. 0660/605 06 04, Di-Sa, Fei 11-22, So 12-22. Vegane Köfte; 12-21.30 Zustellservice in die Bezirke 3, 10 und 11. Sitzplätze für 8 Pers.

Dem's Gourmet Landwehrstr. 6 (Huma Eleven), Tel. 02246 278 49, E-Mail: office@dems.at, www.dems.at, Mo-Do 9-19, Fr 9-20, Sa 9-18 (Fei geschl.). Imbiss-Shop mit Falafel, Rind- und Hühnerkebap, Köfte-Teller, Desserts etc. 💳

11er Imbiss Simmeringer Hauptstr. 240, Tel. 0699/19 57 36 46, Mo-Fr 8-20, So 11-20, Öffnungszeiten können variieren, im Winter meist geschl. Imbiss am Platz vor dem dritten Tor des Zentralfriedhofs. Kebab als Sandwich, Dürüm od. Toast, Toast mit Sucuk-Wurst, Baklava; Ayran. Kein Alkohol. €

McDonald's www.mcdonalds.at, Öffnungszeiten siehe Homepage. Burger, Wraps, Salate etc.; Frühstück, mit McCafé, Tischservice. Simmeringer Hauptstraße 113, Tel. 0664/88 71 80 40, E-Mail: at-store0006@restaurant.at.mcd.com, Playland. McDelivery. Landwehrstraße 6 (huma eleven), Tel. 0664/88 71 80 42, E-Mail: at-store0229@restaurant.at.mcd.com. Guglgasse 12-14/Top 14+15 (Gasometer A/Shopping Mall), Tel. 0664/88 71 80 44, E-Mail: at-store0155@restaurant.at.mcd.com, McDelivery. ♿ 💳 €

McDonald's (McDrive) www.mcdonalds.at, Öffnungszeiten: Homepage. Burger, Wraps, Salate etc.; Frühstück, Tischservice, mit McCafé. Kaiser-Ebersdorfer Str. 322, Tel. 0664/88 71 80 41, E-Mail: at-store0098@restaurant.at.mcd.com, McDelivery. ♿ 7. Haidequerstr. 2, Tel. 0664/88 38 95 53, E-Mail: at-store0139@restaurant.at.mcd.com. Playland. ♿ Jedletzbergerstr. 7, Tel. 0664/88 64 59 67, E-Mail: at-store0238@restaurant.at.mcd.com. 💳 €

Noodle King Grillgasse 4, Tel. 208 52 46, E-Mail: office@noodleking.at, www.noodleking.at, tägl. 11-22. Suppen-, Nudel-/Reisgerichte sowie Sushi u. Maki. Take-away. 💳 €

Nordsee Simmeringer Hauptstraße 96a/Top 106 (EKZ), Tel. 749 69 06, E-Mail: office@nordsee.at, www.nordsee.at, Mo-Mi, Fr 9-19, Do 9-20, Sa 9-18. Grill- und Backfisch, Salate, kalte und warme Snacks; Kaffee; Kindermenü mit Überraschung; Meeresbuffet: Verkauf von Frischfisch, Räucherfischspezialitäten und Feinkostsalaten. 💳 €

Imbiss zur Ostbahn Fini Schemmerlstr. 72, Tel. 0664/484 12 34, E-Mail: office@ostbahn-fini.at, www.ostbahn-fini.at, Mo-Fr 9-19 (Fei geschl.). Hausmannskost, Wildspezialitäten, Käsekrainer, Gulasch, geröstete Knödel, Schnitzel etc. Jeden Tag frisches MM solange der Vorrat reicht (€ 7,90, Fr Fisch € 8,90). Gastgarten für ca. 100 Pers. 💳 €

Radatz Simmeringer Hauptstr. 96A/Top 107 (Zentrum Simmering), Tel. 388 11 46, E-Mail: fleischereien@radatz.com, www.radatz.at, Mo-Fr 8.30-19, Sa 9-18. Wr. Küche, täglich wechselnde Menüauswahl (bis € 8,-). 30 Sitzplätze. 💳 €

Schnitzlplatz'l Thürnlhofstr. 15/Top 4, Tel. 767 24 84, E-Mail: schnitzlplatzl.info@gmail.com, www.schnitzlplatzl.at, tägl. 11-20. Schnitzelvariationen Schwein, Huhn u. Pute. €

Snack & weg Etrichstraße 40/15a, Tel. 767 30 80, E-Mail: office@snackundweg.at, snackundweg.at, täglich 10.30-22. Italienische Küche, Pizza (American Pizza, bei Abholung von 3 Pizzen jede Pizza um € 7,50 + Getränk), Pasta, Schnitzel, Kebap; Kinderportionen, -sessel. Zustellung im 11., teilweise im 3. Bezirk und Wien Umgebung. Schanigarten für 25 bis 30 Pers. 💳 €

Sportplatz-Kantine FC Mariahilf Leberstraße 84, Tel. 0664/357 51 90, E-Mail: fc-mariahilf@chello.at, www.fc-mariahilf.at, Mo-Fr 16-23, Wochenende und Fei bei Spielbetrieb 9-23. Imbisse (€ 1,30 bis € 2,50) und Getränke. TV. Bei Matches wird gegrillt. Für Grillfeste bis 100 Pers. zu mieten. Terrasse für 50 Pers. Hunde mit Beißkorb. Zugang zur Terrasse rollstuhlgerecht.

Subway Simmeringer Hauptstraße 96a (Top 18+19/EKZ Simmering), Tel. 0664/88 00 62 76, E-Mail: 68242@axxeda.eu, www.deinsubway.at, Mo-Sa 9-22, So 11-22. Sandwiches mit Gemüse, Huhn, Schinken, Thunfisch, Steak etc.; Salate, Sandwich des Tages, jedes Sandwich auch als Menü mit Getränk und Chips oder Cookie; Take-away. Kindersessel; Behinderten-WC in der Anlage. ♿ 💳 €

Tauber E-Mail: office@tauber.at, www.tauber.at. Belegte Brötchen (€ 1,80 bis € 2,80/Stk.), diverse Brötchenboxen (€ 22,50 bis € 61,-), auch Mehlspeisboxen (€ 20,- bis € 54,-); Online-Bestellmöglichkeit, Abholung, ab 10 Stück auch Zustellung in alle Bezirke (Zustellkosten € 15,-). Landwehrstraße 6 (HUMA Eleven), Tel. 909 32 29, Mo-Do 8-19, Fr 8-20, Sa 8-18 (Fei geschlossen). Hausmannskost (Mittagsteller € 5,80 bis € 8,40), Kindergerichte (€ 5,20 bis € 5,60), Wiener Frühstück (klein € 5,90, groß € 7,10). Simmeringer Hauptstraße 96a/Top 16 (EKZ Simmering), Tel. 904 20 01, Mo-Mi, Fr 8-19, Do 8-20, Sa 8-18 (Fei geschlossen). Kleine warme Speisen (€ 3,50 bis € 9,50), MM (€ 5,80 bis € 8,40), Wiener Frühstück (klein € 5,90, groß € 7,10). €

Konditoreien, Bäckereien

Anker www.ankerbrot.at, kontakt@ankerbrot.at. Brot, Gebäck, Mehlspeisen, täglich laufend frische Snacks. Öffnungszeiten saisonal variabel (s. Homepage). Geringergasse (Ecke Seeschlachtweg, EKZ), Tel. 769 17 57, Mo–Fr 6–18, Sa, So, Fei 6.30–12, Schanigarten. Guglgasse 6 (Gasometer A, Top A02), Tel. 743 79 40, Mo–Fr 6–18, Sa, So, Fei 6.30–12, Schanigarten. Simmeringer Hauptstraße 109, Tel. 749 23 83, Mo–Fr 5.30–18 (Fei geschlossen). Simmeringer Hauptstraße 44, Tel. 748 53 25, Mo–Fr 5.30–18, Sa, So, Fei 6–12.30. Thürnlhofstraße (EKZ), Tel. 768 06 64, Mo–Fr 6–18, Sa, So, Fei 6.30–12, Schanigarten.

Backwerk Simmeringer Hauptstraße 96, E-Mail: infoat@back-werk.com, www.back-werk.de, Mo–Fr 5.30–16, Sa, So 7–13, Fei variabel. Brot und Gebäck, kalte und warme Snacks.

Der Mann www.dermann.at. Gebäck, Brot, Mehlspeisen, Snacks. Im Sommer variable Öffnungszeiten. Landwehrstraße 6 (huma eleven), Tel. 866 99-9101, Mo–Do 8–19, Fr 8–20, Sa 8–18 (Fei geschlossen), Kaffeehaus mit Bedienung. Simmeringer Hauptstraße 71, Tel. 866 99-9149, Mo–Fr 6–18, Sa, So, Fei 7–12, Kaffee-Ecke.

Diwan Backshop Simmeringer Hauptstraße 110, Tel. 0699/19 41 99 94, E-Mail: kayamusa@gmail.com, täglich 6–22. Türkische Bäckerei mit türkischen, österreichischen und italienischen Backspezialitäten, belegte Brötchen, Krapfen, Börek, Croissants, Strudel, Baklava, Torten (in diversen Geschmacksrichtungen). Hunde nicht erlaubt.

Felber www.felberbrot.at, office@felberbrot.at. Ofenfrische Backwaren, Cafeteria, Frühstück, Snacks, Imbisse. Guglgasse 6 (Gasometer U3), Tel. 256 88 00-138, Mo–Fr 5.30–18 (Fei geschlossen). Simmeringer Hauptstraße 55–57, Tel. 743 36 47, Mo–Fr 6–18, Sa 7–12 (Fei geschlossen).

Geier U-Bahn Station Enkplatz (Simmeringer Hauptstraße 94), Tel. 743 45 00, E-Mail: baeckerei@geier.at, www.geier.at, Mo–Fr 5.30–18.30, Sa 6–13, So, Fei 7–12, 25. und 26. Dezember sowie 1. Jänner geschlossen. Brot, Gebäck, Feinbackware, Snacks, Torten und Schnitten, saisonale Angebote wie Weihnachtsgebäck; Coffee to go. Café-Bereich.

Heiner Simmeringer Hauptstraße 423, Tel. 769 68 58, E-Mail: kontakt@heiner.co.at, info@heiner.co.at, www.heiner.co.at, Mo–Sa 6.30–17.30, So, Fei 7–17. Laufend frisches Brot und Gebäck.

Kurkonditorei Oberlaa Simmeringer Hauptstraße 232 (am Zentralfriedhof), Tel. 767 17 68-0, E-Mail: zentralfriedhof@oberlaa-wien.at, www.oberlaa-wien.at, tägl. ab 8, 3. Nov. bis 28. Feb bis 16.30, März sowie 1. Okt. bis 2. Nov. bis 17.30, April bis Sept. bis 18.30. Eine der berühmtesten und besten Konditoreien hat auch eine Filiale am Zentralfriedhof. Köstliche Torten, Kuchen, Konfekt und warme Mehlspeisen aus eigener Patisserie; Kaffee- und Teespezialitäten, Coffee to go; im Sommer hausgemachtes Eis, pikante Snacks, ganztägig Frühstück. Klimatisiert. Terrasse für 96 Pers. Behinderten-WC.

Ströck www.stroeck.at, kundenservice@stroeck.at. Ofenfrisches Brot und Backwaren (von rustikal bis mediterran), Mehlspeisen-Klassiker; Frühstück, schnelle Snacks, Imbisse; Bio-Fairtrade-Kaffee; das gesamte Brot- und Gebäcksortiment ist frei von Zusatzstoffen, breites Angebot an Bio-Produkten. Aktuelle Öffnungszeiten siehe Homepage: stroeck.at/filialen. Simmeringer Hauptstraße 96a/Top 108 (Zentrum Simmering), Tel. 204 39 99-830 93, Mo–Fr 7–19, Sa 7–18. U-Bahn Station Simmering, Tel. 204 39 99-830 51, Mo–Fr 5.30–19, Sa 6–12, So 8–17.

Konfiserie

Confiserie Heindl E-Mail: confiserie@heindl.co.at, www.heindl.co.at, aktuelle Öffnungszeiten siehe Homepage. Mehr als 250 unterschiedliche Pralinen-, Konfekt- und Waffelspezialitäten; gesamtes Sortiment ausschließlich mit Fairtrade-Kakao; vegane Spezialitäten. Simmeringer Hauptstraße 96a (ZS Simmering, EG, Top 18), Tel. 743 51 54. Landwehrstraße 6/Top 30 (Huma Eleven), Tel. 767 22 81.

Stadtheuriger

Harrys Augustin Kaiser-Ebersdorfer Straße 58, Tel. 767 15 88, E-Mail: hcb@harrys-augustin.at, www.harrys-augustin.at, täglich ab 11. Selbstbedienungsbuffet, Gebackenes, Gegrilltes, saisonale Schmankerl; österreichische Weine und Fassbiere (Stiegl, Zwettler etc.); Kinderspeisen, -sessel, Wickeltisch. Weinkeller für 12, Gewölbe für bis zu 150 und Zelt für ca. 80 Pers. (für private Feiern geeignet); mehrere Stüberl für 18, 20, 25 und 40 sowie Wintergarten für 40 Pers. (mit TV), schattiger Gastgarten für 200 Pers. Hauseigener Parkplatz. €€

Szene

Tenne 11 Kaiser-Ebersdorfer Straße 330, Tel. 0676/940 67 95, E-Mail: tenne11wien@gmail.com, www.tenne-11.at, Fr, Sa, Fei 21–4. Disco.

Würstelstände

Endstation Würstelstand Simmeringer Platz 120, täglich 10–24. Würstel.

Würstel Waggon Ravelinstr. 2, Tel. 0676/738 94 93, wuerstelwaggon-wien.metro.bar, täglich 8–21. Einer der skurrilsten Würstelstände Wiens: er befindet sich in einem umgebauten Eisenbahnwaggon. Das Gulasch macht der Chef selbst.

12., MEIDLING

Wir befinden uns in der goldenen Mitte Wiens: Elf Bezirke liegen davor, elf Bezirke folgen noch, und auch größentechnisch liegt der Zwölfte im Mittelfeld. Stabiles Mittelmaß und Hauptsache überleben scheinen hier das allgemeine Motto zu sein, denn die Meidlinger Gastroszene tut sich nicht unbedingt durch Virtuosität hervor. Das pochende Herz ist der Meidlinger Markt, seit einigen Jahren Zentrum kulinarischer Freuden. Der Erfolg strahlt mittlerweile auch auf die umliegenden Grätzeln aus, in denen langsam auch Lokale mehr werden, in denen man etwas anderes bekommt als die Dreifaltigkeit Pizza, Pasta, Burger, die die im Bezirk neuerdings so beliebten Loungebistros allerorts servieren.

Da wären etwa der Meidlinger Deewan in der Kriechbaumgasse, der 1120-Ableger des fantastischen pakistanischen Curry-Restaurants Wiener Deewan am Alsergrund, oder das Gasthaus Stafler in der Ehrenfelsgasse, ein Vorstadtwirtshaus mit toller Südtiroler Küche. Außergewöhnlich auch das Minilokal Freundling in der Arndtstraße, das hier seit zwei Jahren vor allem bio, regional und fair aufkocht, und nicht zu vergessen das Velani, das in der Schönbrunner Straße vegane Versionen von Gerichten aus der gutbürgerlichen Wiener Küche zubereitet.

Und was gibt es Neues? Das indische Restaurant Aangan, ebenfalls in der Schönbrunner Straße, hat sich einen neuen Anstrich verpasst und heißt nun Biofood Indian Ayurvedic Cuisine. Wie die meisten Meidlinger Restaurants fiel es bislang vor allem durch gähnende Leere im Inneren auf. Ein G'riss um die Tische herrscht auch nach dem Neustart nicht.

Café Kosmos

Neues Kaffeehaus mit Bio-Kaffee von Süssmund ... S. 385

GRAPPA
NONINO
soda

DIE BESTEN 15 IM 12. BEZIRK

Assmayer
Revitalisierte, alte, holzgetäfelte Beisllegende mit schattigem, kastanienbestandenen Gastgarten, Kultur im Extrazimmer und den unvermeidlichen Wirtshaus-Klassikern plus einigen slowakischen Spezialitäten auf dem Tisch ... S. 380

Ava Persisches Restaurant
Winziges Lokal am unteren Ende der Meidlinger Hauptstraße, das wegen seiner authentischen iranischen Küche bei der persischen Community ganz hoch im Kurs steht ... S. 384

Biergasthof Otto
Seit über dreißig Jahren der beliebteste Biergarten des Bezirks, mit solider Speiseauswahl und absolut traumhaftem Gastgarten ... S. 380

Café Allerhand
Kaffee, Kuchen & Kunst in einer Ecke, in der sonst nicht viel los ist. Selbstgemachte Mehlspeisen und Tagesmenüs ... S. 384

Café Raimann
Eines der letzten traditionellen Kaffeehäuser des Bezirks, das vom hier grassierenden Lounge-Hype verschont blieb.
Mit dementsprechend traditioneller Kaffeehausküche und angenehm zeitloser Atmosphäre ... S. 387

Schwabl
Familiengeführtes Wiener Wirtshaus, in dem traditionelle Wiener Küche mit Waldviertler Einschlag gekocht wird ... S. 381

Fladen Laden Furat
Bestes Fladenbrot, herrliche Pide und Lahmacun, frisch aus dem selbstgebauten Riesenofen aus kurdischen Ziegeln am Meidlinger Markt. Gibt es auch in Kombi mit türkischem Tee, aufgeschnittenem, frischem Gemüse und Schafkäse zum Dort-Essen ... S. 385

Freundling
Das einstige Basilico, das seit der Neuübernahme 2020 Freundling heißt, macht immer noch vegan/vegetarische Biomittagsteller zum Mitnehmen oder zum Verspeisen im Minilokal ... S. 384

Gasthaus Stafler
Das wunderbare Gasthaus Stafler ist bestimmt das schönste Wirtshaus Meidlings. Auch kulinarisch wird hier Großes geleistet: Neben Wiener Gasthaus-Klassikern gibt es Südtiroler Highlights und auch Vegetarisches auf der Karte ... S. 381

Giersterbräu
War zwar niemals ein Bräu, kocht aber gute, saisonale Küche und hatte bis vor kurzem den bestimmt besten baumbeschatteten Gastgarten weit und breit. Leider klafft derzeit nebenan eine Großbaustelle ... S. 380

La Crèmerie
Französisches Café-Bistro gleich ums Eck vom Meidlinger Markt. Feine Frühstücks-Sets, diverse Eiergerichte, Croques und belegte Baguettes ... S. 385

Meidlinger Deewan
Einer der beiden Ableger des Wiener Deewan, nach demselben Prinzip: Täglich drei frische pakistanische vegane Currys, plus zwei Halal-Fleischcurrys. Bezahlt wird, so viel man kann und will ... S. 383

Velani
Im ehemaligen Vegana Indiana ist man nach der Neuübernahme 2020 dem Veganismus treu geblieben und macht traditionelle österreichische, Wiener und ein bisschen internationale Küche mit rein pflanzlichen Zutaten ... S. 384

Weinhaus Pfandler
Ein Weinhaus, wie es im Buche steht – schlicht, schön, mit gutem Wein und einfachem, wohlschmeckendem Essen ... S. 387

Wirtschaft am Markt
Wahrscheinlich das kulinarische Herz des Meidlinger Markts: ein modernes Restaurant, das sich über zwei Standln verteilt, in denen wunderbar neo-wienerisches Soulfood serviert wird ... S. 381

Gaststätten, Restaurants, Wiener Beisln

Restaurant 1120 Wilhelmsdorf Spießhammergasse 6, Tel. 810 09 47, E-Mail: wilhelmsdorferstube@gmail.com, www.wilhelmsdorfer-stube.metro.bar, Mo, Fei 11-16, Di-Sa 11-23, Küche 11.30-15.30 bzw. 21.30. Hausmannskost und Speisen vom Balkan (11-15 MM € 8,80). Abholung möglich. Catering; Feiern (z.B. Hochzeiten) möglich. Extrazimmer für 15, Gastgarten für bis zu 40 Pers. Barrierefreier Zugang. 💳 **€€**

Gasthaus Alt Wien Koflergasse 26, Tel. 813 32 07, E-Mail: ghaltwien@aon.at, www.gasthaus-alt-wien.at, Di-Sa 10-23, So, Fei 9-15, Küche 11-22. Wiener Küche (Di-Fr 11-15 2 MM € 8,50 bzw. € 8,80) und Balkanspezialitäten wie Pljeskavica oder Cevapcici, fleischlose Gerichte, saisonale Speisekarte (Spargel, Wild), hausgemachte Mehlspeisen; Kinderspeisen, -sessel. Abholung möglich. Flatscreen. Saal für 80, Schankraum für 25, Stüberl für 35 und schattiger Hofgarten für 80 Pers. Behinderten-WC. ♿ **€€**

Wirtshaus Assmayer Klährgasse 3 (Ecke Assmayerg.), Tel. 815 44 66, E-Mail: wirtshaus@assmayer.at, www.assmayer.at, Mo-Fr 11.30-22, Sa für private Feste geöffnet. Böhmische und österreichische Küche (11.30-14 MM vegetarisch oder mit Fleisch € 8,90); Kinderportionen, -sessel. Speisen auch zum Mitnehmen. Videowall mit Beamer. Gastgarten für 60 Pers. Behinderten-WC. ♿ **€**

Café-Restaurant Beethoven Hetzendorfer Straße 75a, Tel. 0699/18 00 01 01, E-Mail: reservierung@restaurant-beethoven.at, www.restaurant-beethoven.at, täglich 11-22, Küche bis 21. Ungarische und Wiener Küche, große Speisekarte (Mo-Fr 11-15 3MM ab € 8,90), saisonale Spezialitäten (Spargel, Pilze, Kürbis, Wild, Gansl), Speisen frisch zubereitet, keine Geschmacksverstärker; Kinderspeisen, 2 Kindersessel, Spielzeug. Speisen auch zum Mitnehmen. TV. Im Sommer kleine Eisdiele für den Verkauf über die Gasse. Schanigarten für 12 Pers. Gastgarten für 40 Pers. **€€€**

Biergasthof Otto Altmannsdorfer Straße 101, Tel. 804 76 50, E-Mail: otto@biergasthof-otto.at, www.biergasthof-otto.at, Mo-Sa 11-23.30, So, Fei 11-22, Küche bis 22. Gutbürgerliche Küche (MM, Mo-Fr Tagesgericht ab € 8,-, Tagessuppe € 2,30), saisonale Speisekarte; 8 verschiedene Fassbiere und 15 Sorten Flaschenbier; Kinderportionen, -sessel, -spielplatz, Wickeltisch. Speisen auch zum Mitnehmen. TV für Liveübertragungen. Großer Saal für 80, Extrazimmer für 35, großer Gastgarten für 400 Pers. Hunde nur mit Beißkorb. Behinderten-WC. ♿ 💳 **€€**

Bierstöckl Hetzendorfer Straße 77-79a (Areal Schloss Hetzendorf), Tel. 803 21 34, E-Mail: office@bierstoeckl.at, www.bierstoeckl.at, täglich 10.30-23, warme Küche 11-21. Österreichische Küche, saisonale Karte (MM mit Suppe € 8,90); Fassbier; saisonale Angebote (Winter Punsch, Herbst Sturm und Wild); Kinderkarte, 6 Kindersessel. Speisen auch zum Mitnehmen. Extrazimmer mit technischem Equipment (Beamer, Leinwand, Musikanlage) für 50 Pers. Schattiger Gastgarten für 200 Pers. Behinderten-WC. ♿ 💳 **€€**

Gaststätte zur Fabrik Gaudenzdorfer Gürtel 73, Tel. 815 54 50, E-Mail: info@hotel-fabrik.at, www.diefabrik.co.at, www.fabrik-wien.at, Mo-Fr 11.30-23, warme Küche 11.30-14 und 18-21.30; 3 Wochen im Sommer geschlossen. Gelungen gestaltetes Lokal in einer ehemaligen Wäschefabrik. Spezialitäten aus der Wiener Küche, saisonale Speisen (Mo-Fr 11.30-14 MM € 8,50); Stiegl, Schwechater Hopfenperle, Schwechater Zwickl, Puntigamer und Gösser Naturradler vom Fass; Kinderportionen, -sessel. Speisen auch zum Mitnehmen. TV. Kellerstüberl für 15, schöner, ruhiger, überdachter Gastgarten im Innenhof für 60 Pers. Hotel im Hof. Hintereingang rollstuhlgerecht. 💳 **€€**

Giersterbräu Gierstergasse 10, Tel. 810 01 62, 0664/143 33 74, E-Mail: giersterbraeu@giersterbraeu.com, www.giersterbraeu.com, tägl. 10-24, durchgehend warme Küche bis 22. Wiener Spezialitäten (3 TT um € 9,80), Holzofenspezialitäten (Holzofenpizza, hausgemachtes Brot); hausgemachte Mehlspeisen und Kekse; viele biologische, regionale und saisonale Produkte, alle Speisen hausgemacht; Schauküche und Bar; 4 offene Biere, Saisonbier, 150 bis 200 Weine (zu 90 % aus Österreich), Cocktails, hausgemachte Limonaden, Schaumweincocktails, Longdrinks; kinderfreundliches Lokal: Kindersessel, Spielplatz, Spielzeug, Wickeltisch. Speisen auch zum Mitnehmen. Klavier für Gäste frei zugänglich; Veranstaltungen wie Vernissagen, Weindegustationen; großer schattiger Natur-Gastgarten für 80-150, 2 überdachte Veranden für je 50 Pers. (im Winter Punsch-/Glühwein-Ausschank). Kartenzahlung ab € 30,-. 💳 **€€**

Café Hugo Meidlinger Hauptstraße 72, Tel. 945 96 79, 0699/15 05 58 66, E-Mail: hugomeidling@gmail.com, das-hugo.business.site, Mo-Sa 9-22 (Küche bis 19), im Sommer Mo-Sa 9-23 (Küche bis 21). Österreichische und mediterrane Küche; Eis von „Der Eismacher" aus dem Burgenland. Speisen auch zum Mitnehmen. Klimaanlage. Gastgarten für 40 bis 50 Pers. **€€**

Zum Jimmy Erlgasse 20 (Ecke Pohlg.), Tel. 812 18 29, E-Mail: zum_jimmy@live.de, www.zum-jimmy.at, Mo-Sa 10-22.30, Fei 10-15, Küche 11-14 u. 17-21. Wr. Küche (tägl. 11-14 2 MM € 8,40 bis € 15, TT ab € 8,90); Speisen auch zum Mitnehmen. TV; Klimaanlage. Schanigarten 28 Pers. **€€**

Krapf Pottendorfer Straße 1, Tel. 813 13 60, E-Mail: gh.krapf@a1.net, www.gasthauskrapf.at, Mo-Fr 10-22 (Fei geschlossen), Küche bis 21; Sa, So für geschlossene Gesellschaften ab 20 Pers. geöffnet. Kellerlokal; Frühstück bis 11 (ab ca. € 5,60); Wiener Küche, Hausmannskost (Mo-Fr 11-14 MM € 8,90); Kinderportionen, -sessel. Speisen auch zum Mitnehmen. TV; Karten- und Brettspiele. Auf Wunsch Catering, Buffet oder Feiern. Schanigarten für 60 Pers. 💳 €€

Gasthaus Maria Wolfganggasse 16, Tel. 813 71 67, E-Mail: maria.vlaykovska@gmail.com, www.gasthaus-maria.at, Mo-Fr 9-23, Sa, So, Fei 10-23, warme Küche 10-21. Wiener Küche, Hausmannskost (Mo-Fr 11-14 MM € 8,20), saisonale Speisen (Kürbis- und Spargelwochen); Kindermenüs, -sessel, -bücher. Speisen auch zum Mitnehmen. TV und Leinwand für Sportübertragungen. Schanigarten für 25 Pers. Rollstuhlrampe. 💳 €

Meidlinger Alm Meidlinger Markt Stand 127-132, Tel. 0676/707 44 51, E-Mail: tisch@meidlingeralm.at, www.meidlingeralm.at, Mo-Sa 8-22, So, Fei 10-18, Küche bis 1 Stunde vor Sperrstunde. Gasthaus am Meidlinger Markt. Wiener Küche. 5 verschiedene Biere vom Fass. Großer Schanigarten für ca. 150 Pers. 💳 €

Meidlinger Wirt Schönbrunner Straße 245 (Ecke Grieshofgasse), Tel. 810 45 12, 0664/88 51 14 88, meidlingerwirt.at, Di-Sa 16-22. Traditionelle Wiener Küche vom Schweinsbraten bis zum Kaiserschmarrn; heimische Weine und 4 offene Biere. Kindersessel, kleine Portionen. Speisen auch zum Mitnehmen. Für Veranstaltungen bis 75 Pers. zu mieten. Schanigarten für 50 Pers. 💳 €€

Restaurant Das Piano Pohlgasse 21, Tel. 810 11 43, E-Mail: info@daspianowien.com, www.daspianowien.com, tägl. 11-23. Frischer Fisch und Meeresfrüchte aus Kroatien (Mo-Fr 2gg MM, z.B. Calamari, Wolfsbarsch oder Goldbrasse mit Mangold und Kartoffeln); Kinderportionen, -sessel, Wickeltisch. Speisen auch zum Mitnehmen. 1-mal/Monat Musikveranstaltung mit Dixieland. Catering. Private Feiern. Schanigarten für 25 Pers. Delikatessen aus Kroatien auch zum Verkauf (frischer Fisch, Käse, Olivenöl). 💳 €€€

Schutzhaus Meidling Schutzhausweg 136, Tel. 813 51 08, E-Mail: servus@schutzhaus-meidling.wien, www.schutzhaus-meidling.wien, Mo-Fr 10.30-22.30, Sa 10.30-21.30, So, Fei 11-19. Traditionelle, gutbürgerliche Wiener Küche, gemischt mit saisonalen und internationalen Spezialitäten; Mo-Fr 11-14 MM (€ 8,70); Kinderspeisen. Gemütliches Extrastüberl für 30, Festsaal für 120 und schattiger Gastgarten für 200 Pers. 💳 €€

Restaurant Schwabl Schönbrunner Straße 250, Tel. 813 44 06, E-Mail: mail@schwabl-wirt.at, www.schwabl-wirt.at, Mo, Do-So 9-23, warme Küche 11-15 und 17-21. Gutbürgerliche Küche auf erfreulichem Niveau (11-14.30 MM), saisonale Spezialitäten (Pilze, Wild, Gansl etc.), hausgemachte Mehlspeisen; Kinderportionen, -sessel, Spielzeug. Schanigarten für 32 Pers. 💳 €€€

Gasthaus Stafler Ehrenfelsgasse 4, Tel. 815 62 35, 0699/12 17 78 79, E-Mail: gasthaus@stafler.at, www.stafler.at, Di-Sa 11.30-15 und 17-23, warme Küche 11.30-14 und 18-21.30. Wiener Klassik, verbunden mit einer Prise Mediterranem und Spezialitäten aus Georg Staflers Heimat Südtirol (Di-Fr TT vegetarisch oder mit Fleisch € 8,50, mit Suppe € 10,50); Schweinsbraten, aber auch viele vegetarische Gerichte, teilweise Bioprodukte; Südtiroler Knödelvariationen und Brotspezialitäten; Südtiroler Eigenbauweine, St. Magdalener und Lagrein Riserva aus Bozen, Pellini-Espresso aus Verona, regionale Obstsäfte, hausgemachte Limonaden, Biobier aus dem Waldviertel. Sehr kinderfreundlich (Kinderspeisen, -sessel, Spielsachen). Abholung möglich. Resopaltische, Lamperie, Holzboden, Durchreiche, Holzbankerl und eine Bretschneider-Schank. Schanigarten für 35 Pers. 💳 €€

Strasser-Bräu Schönbrunner Straße 253, Tel. 812 00 23, E-Mail: office@strasserbraeu.at, www.strasserbraeu.at, Mo-Fr 11.30-23, warme Küche durchgehend bis 22. Bierlokal mit österreichischer Küche (TT € 7,90 bis € 8,90); vegetarische und vegane Speisen; Kartoffelpuffer, Spareribs; TCM Karte passend zu jeder Jahreszeit, saisonale Speisen, z.B. Wildwochen, Ganslessen; 7 Fassbiere, große Auswahl an Weinen. Speisen nach Vorbestellung auch zum Mitnehmen. TV und Leinwand für Sportübertragungen. Begrünter, schattiger Gastgarten für 70 Pers. 💳 €€

Restaurant Tafelspitz Grünbergstraße 1, Tel. 890 17 28, E-Mail: office@restaurant-tafelspitz.at, www.restaurant-tafelspitz.at, täglich 10-23. Restaurant in unmittelbarer Nähe des Schloss Schönbrunn. Wiener Spezialitäten wie Tafelspitz, Kaiserschmarrn und Wiener Schnitzel. 2gg Wochenmenü (ab € 9,90). Abholung nach Vorbestellung möglich. Schanigarten für 120 Pers. 💳 €€€

V8cht Restaurant-Bar Stachegasse 18 (Top 5 in Objekt 4), Tel. 295 22 48, E-Mail: office@v8cht.at, www.v8cht.at, Mo-Fr 10-1, Sa 17-2, Küche 11.30-14.30 und 18-22.30. Restaurant über dem Classic-Depot-Wien mit gehobener mediterraner Küche. Tägl. wechselndes 2gg MM (auch vegetarisch), abends à la carte, z.B. flambiertes Beiried mit mediterraner Sauce und Patatas bravas oder schwarze Tagliatelle mit Frutto di Mare. Take-away. Klimaanlage. Public Lounge im Classic Depot Wien für bis zu 12 Pers. (zu mieten), Restaurant für 100, Dachterrasse für 60 Pers. Behinderten-WC. Parkplätze in der hauseigenen Tiefgarage. 💳 €€€

Wirtschaft am Markt Meidlinger Markt 89-92, Tel. 0660/594 41 25, E-Mail: office@wirtschaftammarkt.at, www.wirtschaftammarkt.at, Di-Fr 11.30-23, Sa 9-23, Küche bis 21. Marktstand mit Restaurantbetrieb von Küchenchefin Heidi Ratzinger. Wiener Küche mit Markteinfluss (orientalisch). Frühstück, MM, Abendkarte mit vorwiegend österreichischen Speisen und großer Auswahl an Weinen. Speisen auch zum Mitnehmen. Kindersessel. Klimaanlage. Innenbereich für 40, Extrazimmer für Gruppen bis zu 30, Gastgarten am Meidlinger Markt für 60 Pers. 💳 €€

Gasthaus Zipfereck Koppreitergasse 6, Tel. 812 20 66, zipfereck.hpage.com, täglich 10.30–22, bei Gartenbetrieb bis 23, Küche bis 21.30. Gutbürgerliche Wiener Küche. Mo–Fr 10.30–14.30 3 MM (€ 7,80); Sa, So und Fei Menü (€ 9,10), Seniorenmenü (€ 7,90); Standardspeisekarte und saisonale Gerichte (z.B. Eierschwammerl-Spezialitäten). Kindersessel. Stüberl für 13, Schanigarten für 24 Pers. Für Feiern zu mieten. €€

Gasthaus Zur singenden Wirtin Fockygasse 36, Tel. 812 21 21, Mo–Fr 9–22 (Fei geschlossen), durchgehend warme Küche. Hausmannskost, Wiener Küche, wunderbar unprätentiöse Speisenauswahl, die Wirtin kocht persönlich (11-14 MM); 3 Flaschenbiere, 1 Fassbier; Kinderspeisen, -sessel. Speisen auch zum Mitnehmen. Uriges Eckbeisl mit allem, was dazugehört: Schank, Neonlicht, Herrgottswinkel, Resopaltische und Linoleumboden. Extrazimmer für Veranstaltungen. Kleiner Gastgarten für 10 Pers. €

Amerikanisch

Domino's Breitenfurter Straße 107, Tel. 05/749 92 12, www.dominos.at, Mo–Do, So 11–22, Fr, Sa 11–23. Große Auswahl an Pizzen, auch individuell zusammenstellbar, verschiedene Pizzaböden (Italien Style, Domino´s Original, Cheesy Crust, Pan Pizza) und zahlreiche Toppings, div. Vorspeisen und Beilagen wie Chicken Wings und -Strips, Stuffed Cheesy Bread uvm.; Desserts (Cinnabites, Apple oder Choco Pie). Spezielle Aktionen über die Domino's App. Abholung, Zustellung (innerhalb von 30 Minuten nach Bestellung) oder Essen vor Ort möglich. 💳 €

Asiatisch

Restaurant Ecke Flurschützstraße 21, Tel. 813 75 94, E-Mail: restaurantecke@hotmail.com, Mo, Mi–So 11.30–22, Di 11.30–15. Asiatische Küche; chinesische, japanische, thailändische Speisen, Sushi, Maki, Bento, Nudeln etc., Buffet mit Teppanyaki und Wok. Gratis Zustellung in die Bezirke 5, 10, 12 und 15 (Mindestbestellwert € 15,–,). 💳 €

Happy Wok Otto-Bondy-Platz 1, Tel. 231 44 42, E-Mail: haohaop066@gmail.com, www.happy-wok.at, Mo 11–14.30, Di–Sa 11–14.30 und 17–21.30, So, Fei 11–21.30. Asiatisches Lokal in der Wohnanlage im Kabelwerk. Mo–Fr MM; Zustellung in den 12., 13. und 23. Bezirk (ab € 10,–). 💳 €

Balkan

Homolje Steinbauergasse 23, Tel. 929 69 61, E-Mail: info@homoljegrill.at, www.homoljegrill.at, täglich 10–22. Serbische Grillstube; Cevapcici, Grillplatte, gefüllte Schnitzelroulade, Wiener Schnitzel, gegrillte Forelle, gefüllter Spiess nach Homolje Art, Beilagen und Salate. Fleisch kann auch roh mitgenommen werden. €

Restaurant Marengo Pohlgasse 30, Tel. 0664/973 05 66, E-Mail: info@restaurant-marengo.eu, www.restaurant-marengo.eu, Mo–Fr 8–23, Sa, So 9–23. Bosnische Hausmannskost, wie sie bosnischer kaum sein könnte; selbst gemachte oder zumindest selbst importierte Würste und Schinken (Lamm und Rind), Grillspezialitäten: Marengo Grillplatte für 4 Pers. Festsaal zu mieten. Abholung möglich. €€

Chinesisch

Wokji Hetzendorf Hetzendorfer Straße 139, Tel. 802 31 70, www.wokji-hetzendorf.at, Mo–Fr, So, Fei 11.15–14.30 und 17–22.15. Chinesische Küche (MM ab € 7,90), auch japanische und thailändische Speisen, Sushi; Kinderportionen, -sessel. Zustellung in die Bezirke 12, 13 und 23 (ab € 12,–); Abholung möglich. 💳 €

Indisch

Biofood Indian Ayurvedic Cuisine Schönbrunner Straße 205, Tel. 955 47 52, E-Mail: office@biofood-restaurant.at, www.biofood-restaurant.at, täglich 11–23. Indische Küche; Zustellung. 💳 €€

Italienisch

Bella Compagnia Meidlinger Hauptstraße 28, Tel. 295 11 20, E-Mail: Meidling@bellacompagnia.at, bellacompagnia.at, täglich 10–23. Authentisch neapolitanische Pizzeria und Restaurant. Großes Speisenangebot (Pizza, Pasta, Gegrilltes), auch veganes und glutenfreies Angebot; Mo–Fr 11–16 MM (€ 9,50 bis € 11,50); Take-away. Kinderportionen, Malbücher und -stifte. Klimaanlage. Lokal und Schanigarten für jeweils ca. 50 Pers. Behinderten-WC. ♿ 💳 €€

Dolce Vita Breitenfurter Straße 58 (Ecke Hetzendorfer Straße), Tel. 804 80 00, dolcevita12.at, Mo–Do, So, Fei 11–23, Fr, Sa 11–24. Pizza (€ 5,90 bis € 12,50) und Salate. Zustellung in die Bezirke 5, 10, 12, 13, 15 und 23. Abholung möglich. Klimaanlage. 💳 €

Pizzeria Madonna Flurschützstraße 15, Tel. 966 32 26, E-Mail: office.pizzeria.madonna@gmail.com, www.pizzeria-madonna.at, Mo–Do 11–22, Fr–So, Fei 11–23. Nur Zustellung und Abholung; hauptsächlich italienische, aber auch internationale Küche, Pizza und Pasta, Fleisch, Fisch, Salate, Burger. Lieferung in die Bezirke 5, 10, 12 und 15, teilweise auch 4, 6 und 13 (ab € 9,–). 💳 €

Pizzeria-Ristorante Monte Grappa Hohenbergstraße 14–16, Tel. 813 42 23, E-Mail: damartinopizzeria@gmail.com, imperatoregmbh@gmail.com, www.restaurant-montegrappa.at, tägl. 10–22, Küche bis 21.45. Italienische Spezialitäten (11–15 3 MM € 8,90), Pizza, Pasta, Fleisch, Fisch vom Grill; Kinderportionen, -sessel. Speisen auch zum Mitnehmen. Schattiger Garten für 60 Pers. 💳 €€

Pizzeria Motelli Meidlinger Hauptstraße 3, Tel. 817 92 47, E-Mail: hendo.nidal@gmail.com, täglich 11–23. Familienbetrieb; Mo–Fr 11–14 Pizza- und Nudelgerichte plus Getränk € 9,80 (bei Abholung € 8,50), Putenschnitzel (€ 10,90); Kinderportionen. Take-away; Lieferservice in die Bezirke 10, 12 und 15 (ab € 9,–; ab € 32,– 1,5l-Flasche alkoholfreies Getränk gratis); Catering für max. 50 Pers. Flatscreen für Sportübertragungen. Private Veranstaltungen bis max. 45 Pers. Schanigarten und Terrasse für ca. 50 Pers. €

Pizzahaus Paola Meidling Altmannsdorfer Straße 111, Tel. 804 88 77, E-Mail: office@pizzahauspaola.at, www.pizza-hauspaola.at, täglich 11–22. Italienische Küche, Pasta, 35 Pizzen, auch Wiener Küche; Mitte März bis Mitte September 20 Eissorten; Kinderpizza, Kindereissorten. Zustellung bis 22 in die Bezirke 10, 12, 13 und 23 ab € 14,– Bestellwert; Abholung möglich. Klimaanlage. 💳 €

Porta Via/Pizzatelefon Wilhelmstraße 33, Tel. 815 77 70, E-Mail: office@pizzatelefon.at, www.pizzatelefon.at, täglich 11–23. Italienische Küche (MM Mo–Fr bis 14 um € 6,50, Pizza ab € 6,50, Pasta ab ca. € 8,20). Take-away; Zustellung. Klimaanlage. Schanigarten für ca. 40 Pers. 💳 €

Primavera Steinbauergasse 22, Tel. 815 90 43, 815 22 10, E-Mail: office@pizzeriaprimavera.at, www.pizzeria primavera.at, täglich 11–1. Italienische und Wiener Küche, Pizza, Pasta, Fischgerichte; Kinderpizza. Gratis Zustellung in den 5., 6. (teilweise), 10., 12., und 15. (teilweise) Bezirk (ab € 12,–), in den 13., 14. und 23. Bezirk ab € 30,–; Take-away. Schanigarten für 50 Pers. 💳 €

Pizzeria Pummaro Bendlgasse 8, Tel. 0676/536 39 78, E-Mail: pummaro-pizza@hotmail.com, www.pizzeria-pummaro.at, täglich 11.30–21.30. Kleine, ums Eck vom Meidlinger Markt gelegene Pizzeria mit authentischer neapolitanischer Pizza. Der Pizzateig geht 48 Stunden und wird mit Spezialitäten wie Fior di Latte, Proscuitto di Parma oder Nduja Calabrese belegt; ca. 10 italienische Biersorten; Espresso aus eigener Produktion in Neapel; hausgemachtes Tiramisu, Take-away, Zustellung. Gastraum mit 8 Sitzplätzen. Schanigarten. €€

Ristorante Tiziano Schönbrunner Allee 66, Tel. 920 14 88, E-Mail: office@tiziano.at, tiziano.at, täglich 11–23. Restaurant in einem denkmalgeschützten Gebäude, dem sogenannten Maria-Theresien-Schlössl. Klassische italienische Küche, auch monatliche/wöchentliche Angebote, saisonale Speisen, Pizza (täglich wechselnde Pizza im Angebot € 8,50), Pasta, Fleischgerichte, mediterrane Küche (Mo–Fr 11–15 2 TT mit oder ohne Fleisch € 8,20), auf Bestellung Fischmenü für mehrere Pers.; österreichische und italienische Weine; Kinderportionen, -sessel. Abholung möglich; Zustellung in die Bezirke 12, 13 und teilweise 23 (ab € 12,–). Lokal für private Feste zu mieten; malerischer Schlosshof-Garten für 60, Schanigarten für 40 Pers. (Lounge-Bereich). 💳 €€

Kroatisch

Konoba Bellini Koppreitergasse 28 (Ecke Ruckergasse), Tel. 815 12 01, E-Mail: restaurant@konoba-bellini.at, www.konoba-bellini.at, Mo–Fr 11.30–15 und 17.30–23, Sa 17.30–23, Küche bis 14.30 bzw. 22. Dalmatinisches Fischrestaurant, Familienbetrieb seit über 20 Jahren. Fisch wird 3-mal/Woche frisch geliefert und am Holzkohlengrill zubereitet. Tagesangebote, laufend frisches Ofenbrot. Extrazimmer für Veranstaltungen für 20 Pers. Schanigarten. 💳 €€€

Rino Restaurant Schönbrunner Straße 280, Tel. 0664/207 76 07, E-Mail: office@rino-essbar.at, www.rino-essbar.at, Mo–Fr 11.30–14.30 und ab 18, Sa ab 18 (Fei geschlossen). Bistro mit mediterraner Küche (TT ab € 8,90), Pasta, frischer Fisch, Meeresfrüchte etc.; viele saisonale Angebote, z.B. Spargel, Eierschwammerl, Trüffel; gut sortierte Weinkarte mit Topweinen aus Österreich, Kroatien und Italien. Geschlossene Gesellschaften bis 22 Pers. Offene Küche; Schanigarten für 8 Pers. 💳 €€

Pakistanisch

Meidlinger Deewan Krichbaumgasse 27, Tel. 0699/11 78 66 45, E-Mail: dewaan185@gmail.com, www.deewan-shani.at, Mo–Fr 11.30–22, Sa, So 12–22. Pakistanisches Currylokal mit jeweils 3 verschiedenen veganen Currys, 2 Fleischcurrys (halal), Salat, Saucen, Süßspeisen. Für das Buffet gilt ‚pay as you wish': die Gäste entscheiden einen fairen Preis für ihr Essen je nach Menge und Zufriedenheit. Auch Takeaway (zu Fixpreisen: kleine Box € 6,– bis € 8,–, große Box € 9,– bis € 11,–). 2 Kindersessel; Zeitschriften und Bücher. Gastraum für 40 und 16 Pers., Eingangsbereich für 8, Schanigarten für 16 Pers. Catering, Zustellung. Hunde nur im Schanigarten erlaubt. 💳 €

Persisch

Ava Meidlinger Hauptstraße 1, E-Mail: Info@avarest.at, www.avarest.at, Mo–Sa 11.30–22. Hausgemachte persische Spezialitäten (auch vegan und halal). Gastgarten für ca. 20-30 Pers. 💳 **€€**

Vegetarisch, vegan

Lafafi Wurmbstraße 37, Tel. 971 56 00, E-Mail: office@lafafi.at, www.lafafi.at, Mo–Do 7.30–18, Fr 7.30–15. Bio-Bistro und Take-away; alles biologisch, vegetarisch/vegan, 7.30–10 div. Frühstücksvarianten, täglich wechselnde Mittagsgerichte, MM (Tagesgericht inkl. Suppe bzw. Beilagensalat € 14,50), Salatbuffet (€ klein 6,90, groß € 8,90); Nachspeisen, hausgemachte Mehlspeisen, Joseph-Brot; Alt-Wien Kaffee, Limonaden (z.B. Pona, Makava etc.), Bio-Apfelsäfte, -Bier und -Wein; Nussmaschine „heyqnut" (Verkauf von Nusscreme aus verschiedenen frisch gepressten Nüssen), Verkauf einiger Zutaten; Weitergabe der Rezepte. Torten auf Bestellung, Catering. Schanigarten, Gastgarten im Innenhof für ca. 28 Pers. 💳 **€**

Velani Schönbrunner Straße 235, Tel. 810 60 42, E-Mail: info@velani.at, www.velani.at, Juli bis August Di–Fr 16–22.30, Sa 11.30–22.30, September bis Juni Di–Sa 11.30–22.30, Küche bis 21.30. Rein vegane Küche mit Fokus auf österreichischen Speisen, ergänzt durch wechselnde internationale Gerichte; manche Speisen auf Wunsch auch glutenfrei möglich; hausgemachte Limonaden, Storchenbräu Limonaden und Bier (z.B. 100 Blumen Bier); für Kaffee und Tee gibt es Hafer-, Soja- und Mandelmilch zur Auswahl. Hochstuhl/Babysessel, Wickeltisch. Extrazimmer für Feiern bis 12 Pers. 💳 **€€**

Vietnamesisch

Saison Bistro Meidlinger Markt Stand 77–82, Tel. 0677/62 06 62 89, E-Mail: lesly6903@hotmail.de, Mo–Sa 11–21 (Fei geschlossen). Authentische, vietnamesische Küche; Kohlrabisalat, Suppen etc., jede Woche 2 TT (€ 8,50). Take-away. Bistro für 40, Schanigarten für 60 Pers. **€**

Bar

Connolly's Schönbrunner Straße 268, Tel. 890 73 55, E-Mail: home@connollys.at, www.connollys.at, täglich 16–23, Küche und Lieferung bis 22. Hübsches Clublokal mit rohen Ziegelwänden, knautschigen Vintage-Style-Sofas, frischem Dielenboden, Kerzenleuchtern und einer zentralen Bar, an der man feine Biere und andere schöne Getränke bekommt, 51 Gin-Sorten. Auch kleine Küche: Sandwiches nach verschiedenen Rezepturen (von roh bis Grill-gefüllt, immer frisch gemacht, mit selbstgebackenem Brot bis € 8,50) und verschiedene warme Speisen wie Fish and Chips, Philly Beef Sandwich und Falafel mit vier Sorten Hummus. Di ab 20 Pub-Quiz. Gelegentlich Live-DJs. Schanigarten für 40 Pers. 💳

Bistros

Ben's Bistro Theresienbad Hufelandgasse 3, E-Mail: office@hp-gastro.at, www.bens-bistro.at, Di–Fr 9–21, Sa, So 7.30–18 (Winter), im Sommer (ab 2. Mai) abweichende Öffnungszeiten. Bistro im Theresienbad. **€**

Dean & David Am Europlatz 2 (Europlaza/Gebäude G), Tel. 810 47 05, E-Mail: wien.euro.plaza@deananddavid.com, www.deananddavid.de, Mo–Fr 8–17 (Fei geschlossen). Täglich frisch zubereitete Salate, Bowls, Currys, Suppen und Sandwiches; auch viele vegetarische und vegane Speisen; div. Smoothies und Säfte; Kaffee, Tee. Alle Speisen auch zum Mitnehmen. Kindersessel. 💳 **€€**

Freundling Arndtstraße 79, Tel. 0650/913 49 59, E-Mail: david@freundling.at, www.freundling.at, Mo–Fr 9–17. Bio-Restaurant mit Take-away (kostenloses Mehrwegsystem, auch eigenes Geschirr kann mitgebracht werden); wechselnde TT und Suppe sowie Schmankerl der Woche. **€€**

Cafés, Espressos

Cafe Allerhand Tivoligasse 30, Tel. 0660/801 32 74, E-Mail: cafe@cafeallerhand.at, www.cafeallerhand.at, Mo–Fr 9–18. Selbstgemachte Mehlspeisen und Tagesmenüs; Frühstück: Bio-Tees, Säfte von Trummer aus dem Burgenland.

Café Blueberry Steinbauergasse 11, Tel. 955 06 76, E-Mail: lukamarkovic@gmail.com, täglich 8–2. Snacks: Toast, Ham and Eggs, Bruschetta etc. (ab € 2,50); im Sommer Eis. Billardtisch, TV; Klimaanlage. 2 Extrazimmer für je 20, Schanigarten für 32 Pers. 💳

Konditorei Housecafe Hetzendorfer Straße 50, Tel. 804 77 11, E-Mail: bestellung@housecafe.at, www.housecafe.at, Mo–Fr 8–20, Sa, Fei 9–14. Café-Konditorei; verschiedene Frühstücke (€ 3,20 bis € 6,90), ab 11.30 Tagesmenü (2gg vegetarisch oder mit Fleisch € 7,50, auch zum Mitnehmen); hausgemachte Mehlspeisen, Dekortorten in Konditormeisterqualität (z.B. 3-D-Torte, Zuckerfoliendrucke, Marzipanfiguren); Kaffeespezialitäten aus 100% Arabica-Kaffeebohnen. Spielplatz mit großer Grünfläche. Geschlossene Gesellschaften bis 40 Pers. möglich (im Sommer bis 50 Pers.), Catering für bis zu 100 Pers. Gastgarten im Hof für 25, Schanigarten für 10 Pers. 💳

Ignaz & Rosalia Meidlinger Markt 37, Tel. 394 94 96-98, E-Mail: kontakt@marktcafe.wien, www.marktcafe.wien, Mo–Fr 8–23, Sa, So, Fei 10–18. Mo–Sa 8–12 und So/Fei 10–13 Frühstück. Kleinigkeiten wie Frankfurter, Quiche und belgische Waffeln. Alle Kuchen auch zum Mitnehmen. Jeden Fr von Mai bis Sept. Livemusik. Lokal für 24, Schanigarten für 30 Pers. Öffentliches WC und Behinderten-WC am Markt.

Café Kosmos Tanbruckgasse 14 (Ecke Ratschkygasse), Tel. 0676/413 15 32, E-Mail: info@cafe-kosmos.at, www.cafe-kosmos.at, Di–Fr 13–24, Sa 12–24 (Fei geschlossen), bei Veranstaltungen andere Öffnungszeiten möglich. Selbstgemachte Mehlspeisen, kleine Speisen wie Strudel, Quiche, Toast oder Samosas (hauptsächlich vegetarisch, teils vegan); hausgemachte Limonaden, Bio-Wein und Frizzante von Kletzer, Bio-Kaffee von Süßmund, direktgepresste Säfte von Preiß, Cocktails. Take-away. „Caffè Sospeso" (Gäste können einen zusätzlichen Kaffee zahlen, der dann an Bedürftige ausgeschenkt wird). Wickeltisch, (Kinder-)Spiele, Babyccino. Offener Bücherschrank, Darts-Automat, Spiele aller Art, aktuelle Tages- und Wochenzeitungen. Immer wieder Ausstellungen und Veranstaltungen (z.B. Lesungen, Flohmarkt, Pub-Quiz). Gesamtes Café für private Feiern ab 30 Pers. zu mieten (insg. Platz für 40–50 Pers.). Gastgarten für ca. 30 Pers.

La Crèmerie Niederhofstraße 17, Tel. 0660/575 41 00, E-Mail: office@lacremerie.at, www.lacremerie.at, Di–Sa 9–20, So, Fei 9–19 (Sommer), Di–Sa 9–19, So, Fei 9–16 (Winter). Französisches Café; ganztägig Frühstück (auch vegan); Kaffee aus eigener Röstung, selbstgemachte Getränke. Schanigarten.

Maria's Café Hetzendorfer Straße 132 (Ecke Rosenhügelstraße), Tel. 0664/383 49 85, clubroses.at, täglich 16–24. Kleines Vorstadtbeisl mit Snacks wie Gulaschsuppe oder Toast; 4 Flaschenbiere (Gösser, Wieselburger). TV, Darts (€ 1,–/Spiel), Flipper (€ 1,–/Spiel), Wuzler (€ 0,50/Spiel). Sa für private Veranstaltungen bis zu 80 Pers. zu mieten (€ 400,– Mindestkonsumation).

Cafe Nahid Meidlinger Hauptstraße 32, Tel. 239 46 61, E-Mail: cafenahid@outlook.com, Mo–Sa 10–24, So, Fei 11–22. Frühstück. Immer wieder Veranstaltungen (Pub-Quiz, Live-Musik etc.). Schanigarten.

Waffel Station Meidlinger Hauptstraße 40, Tel. 813 53 94, E-Mail: waffelstation@gmail.com, Mo–Fr 11–19, Sa 11–18. Frühstück, Waffeln in div. Variationen, kleine Snacks. Schanigarten für 35 Pers.

Eissalons

Eissalon Adriatico Ratschkygasse 14, Tel. 810 58 97, März bis September täglich 10–22. 24 Eissorten aus frischen Naturprodukten. Schanigarten für 20 Pers.

Eispflug Khleslplatz 5, Tel. 0664/443 11 50, E-Mail: office@eispflug.at, eispflug.at, Von März bis Dezember je nach Saison und Wetter geöffnet (aktuelle Öffnungszeiten siehe Website). Eis.

Gamba Meidlinger Hauptstraße 6, Tel. 953 08 49, 0699/19 03 15 35, E-Mail: mikro.gamba@libero.it, Mitte März bis Mitte Oktober täglich 10–22.30. 40 Eissorten aus Naturprodukten und Biomilch, Diabetikereis, 50–60 Eiscoups; Kindereis, -portionen. Schanigarten für 30 Pers.

Eissalon Monte Meidlinger Hauptstraße 16-18, Tel. 0660/310 68 60, E-Mail: office@eissalonmonte.at, office@monteeis.at, www.eissalonmonte.at, tägl. 9–22. Div. Eissorten (auch vegan) zum Mitnehmen. Schanigarten mit Bedienung.

Zuckero Breitenfurter Straße 1, Tel. 0660/199 66 32, E-Mail: office@zuckero.at, torte@zuckero.at, www.zuckero.at, täglich 11.30–21. Natürliches veganes, laktosefreies, glutenfreies und zuckerfreies Eis; hausgemachte Motivkekse; Torten jeglicher Art (Geburtstagstorten, Motivtorten etc.); Kaffee. Schanigarten für 10 Pers.

Imbisse

Berliner Babo Flurschützstraße 23, Tel. 0676/761 17 67, E-Mail: meidling@berliner-babo.at, www.berliner-babo.at, täglich 11–22. Streetfood wie Burger, Burritos, Wraps und Bowls (alles auch in vegetarischer bzw. vegane Variante); Take-away. €€

Burger King (Drive In) Gaudenzdorfer Gürtel 77, Tel. 810 01 71, E-Mail: gdg@whopper.at, kundenservice@whopper.at, www.burgerking.at, Öffnungszeiten siehe Homepage: burgerking.at/kingfinder. Div. Burger und Wraps (auch vegetarisch); Frühstück. Take-away. Wickelraum. €

Fladen Laden Furat Meidlinger Markt Stand 72–73, Tel. 0699/12 25 92 02, E-Mail: kacar12f@gmail.com, Di–Fr 10–18, Sa 8–16.30 (Fei geschlossen). Imbissstand am Meidlinger Markt mit Fladenbrot aus dem Holzofen, Lahmacun, Pide etc. zum Mitnehmen.

Irena's Sandwiches Flurschützstraße 15, Tel. 812 33 88, 0676/470 59 71, E-Mail: irenas.sandwiches@chello.at, www.irenas-sandwiches.at, Mo–Fr 7–18.30, Sa, So und Fei nur auf Bestellung. Kleines, aber aufgeräumtes Sandwichgeschäft, in dem jedes Brötchen nach Bestellung frisch gemacht wird, z.B. Retroklassiker wie Matjes-Brot (ab € 1,50), Eiersalat-Sandwich; 22 unterschiedliche Sorten. Take-away; Partyservice.

McDonald's Wilhelmstraße 64 (Arcade Meidling), Tel. 815 76 95, E-Mail: at-store0003@restaurant.at.mcd.com, www.mcdonalds.at, Öffnungszeiten siehe Homepage. Burger, Wraps, Salate etc.; Frühstück. McDelivery. Mit McCafé. Tischservice. ♿ 💳 **€**

Noodle King E-Mail: office@noodleking.at, www.noodleking.at. Suppen-, Nudel-, und Reisgerichte, sowie Sushi und Maki. Take-away. Schönbrunner Straße 194-196, Tel. 945 46 84, täglich 11–22. Schanigarten. Meidlinger Hauptstraße 73 (Arcade Meidling), Tel. 0665/65 43 79 46, Mo–Fr 9–19.30, Sa 9–18. 💳 **€**

Pizzawerk Otto-Bondy-Platz 2, Tel. 0699/19 25 88 00, 0699/19 41 99 00, www.wien-pizzawerk.at, täglich 10.30–22. Italienische und türkische Küche; Pizza, Kebap; Angebote bei Gruppenbestellung für Firmen; Take-away; Lieferung in die Bezirke 12 und 23. 8 Sitzplätze. **€**

Tauber Meidlinger Hauptstraße 20, Tel. 812 02 12, E-Mail: office@tauber.at, www.tauber.at, Mo–Fr 8–20, Sa 8–18.30, So, Fei 10–18. Belegte Brötchen (€ 1,80 bis € 2,80/Stk.), diverse Brötchenboxen (€ 22,50 bis € 59,–), auch Mehlspeisboxen (€ 20,– bis € 54,–); Online-Bestellmöglichkeit, Abholung, ab 10 Stück auch Zustellung in alle Bezirke (Zustellkosten € 15,–). Kleine warme Speisen (€ 3,50 bis € 5,–), Wiener Frühstück (klein € 5,90, groß € 7,10). **€**

Konditoreien, Bäckereien

Anker www.ankerbrot.at, kontakt@ankerbrot.at. Brot, Gebäck, Mehlspeisen, täglich laufend frische Snacks. Öffnungszeiten saisonal variabel (s. Homepage). Meidlinger Hauptstraße 77–79, Tel. 813 55 93, Mo–Fr 5–19, Sa, So, Fei 6–18, Schanigarten. Hetzendorfer Straße 83, Tel. 802 80 83, Mo–Fr 6–18, Sa 6.30–12 (Fei geschlossen). 💳

Backwerk E-Mail: infoat@back-werk.com, www.back-werk.de, Brot und Gebäck, kalte und warme Snacks. Meidlinger Hauptstraße 30, Mo–Fr 6–18, Sa, So 7–16, Fei variabel. Meidlinger Hauptstraße 68, E-Mail: infoat@back-werk.com, www.back-werk.de, Mo–Fr 7–18, Sa, So 8–16, Fei variabel. 💳

Der Mann www.dermann.at. Gebäck, Brot, Mehlspeisen, Snacks. Im Sommer variable Öffnungszeiten. Am Europlatz 2 (Europlaza), Tel. 866 99-9170, Mo–Fr 6.30–18 (Fei geschlossen), Kaffee-Ecke, Schanigarten. Schönbrunner Straße 265, Tel. 866 99-9117, Mo–Fr 6–19, Sa, So, Fei 7–13, Kaffeehaus mit Bedienung. 💳

Diwan Backshop Reschgasse 5, Tel. 0699/19 41 99 94, E-Mail: kayamusa@gmail.com, täglich 6–22. Türkische Bäckerei mit türkischen, österreichischen und italienischen Backspezialitäten, belegte Brötchen, Krapfen, Börek, Croissants, Strudel, Baklava, Torten (in diversen Geschmacksrichtungen). Hunde nicht erlaubt.

Felber www.felberbrot.at, office@felberbrot.at. Ofenfrische Backwaren, Cafeteria, Frühstück, Snacks, Imbisse. Meidlinger Hauptstraße 42–44, Tel. 817 23 95, Mo–Fr 6.30–18, Sa 6.30–17 (Fei geschlossen), Schanigarten. Schönbrunner Straße 218–220 (U4 Center), Tel. 810 08 75, Mo–Fr 6–18.30, Sa, So, Fei 7–12. 💳

Groissböck Schönbrunner Straße 228 (im U4 Center), Tel. 813 34 70, E-Mail: office@groissboeck.at, www.groissboeck.at, Mo–Sa 7.30–18, So, Fei 8–18. Frühstück ganztägig (€ 5,– bis € 13,90); Snacks (MM ca. € 8,– bis € 10,–), versch. Mehlspeisen; Krapfenschaubacken.

Hüftgold Meidlinger Markt 35-36, Tel. 394 94 96-12, E-Mail: kontakt@hüftgold.wien, www.hüftgold.wien, Mo–Sa 8–18, So, Fei 10–18. Junge Konditorei am Meidlinger Markt, jeden Tag frische Ware. Weizenfreie Varianten möglich, Spezialität: Bienenstich; diverse Tartes (Mandeltarte, Vanilletarte); original kaiserlicher Marillenkuchen, Cookies, spanischer Mandelkuchen, Torten für Geburtstage und feierliche Anlässe auf Vorbestellung. Öffentliches Behinderten-WC am Markt. 💳

Bäckerei Schwarz E-Mail: bs@bswien.at, www.bswien.at, Bäckerei u. Café-Konditorei. Frühstück; Kaffee und Kuchen. Kinder-Naschecke. Meidlinger Hauptstraße 66, Tel. 813 89 60, 802 02 02 (Zentrale), Mo–Fr 6–19, Sa 6–13 (Fei geschl.). Niederhofstraße 13, Tel. 815 71 35, 802 02 02 (Zentrale), Mo–Fr 6–19, Sa 6–13, So, Fei 7–14. Otto-Bondy-Platz 2 (im Kabelwerk), Tel. 802 68 77, 802 02 02 (Zentrale), Mo–Fr 6–19, Sa 6–13, So, Fei 7–14. Schanigarten für 20 Pers. 💳

Ströck www.stroeck.at, kundenservice@stroeck.at. Ofenfrisches Brot und Backwaren (von rustikal bis mediterran), Mehlspeisen-Klassiker; Frühstück, schnelle Snacks, Imbisse; Bio-Fairtrade-Kaffee; das gesamte Brot- und Gebäcksortiment ist frei von Zusatzstoffen, breites Angebot an Bio-Produkten. Aktuelle Öffnungszeiten siehe Homepage: stroeck.at/filialen. Bahnhof Meidling (ÖBB-Halle), Tel. 204 39 99-830 68, Mo–Fr 5.30–19, Sa, So 7–18. Biedermanngasse 29 (Fachmarktzentrum), Tel. 204 39 99-830 83, Mo–Fr 7–18, Sa 7–16, So 7–13. Meidlinger Hauptstraße 77–79, Tel. 204 39 99-830 44, Mo–Fr 5.30–19, Sa 6–18, So 7–18. U-Bahn Station Bahnhof Meidling Raum 3.34, Tel. 204 39 99-830 48, Mo–Fr 5.30–19, Sa 5.30–12. 💳

Konfiserie

Confiserie Heindl Meidlinger Hauptstraße 27, Tel. 815 73 82, E-Mail: confiserie@heindl.co.at, www.heindl.co.at, aktuelle Öffnungszeiten siehe Homepage. Mehr als 250 unterschiedliche Pralinen-, Konfekt- und Waffelspezialitäten; gesamtes Sortiment ausschließlich mit Fairtrade-Kakao; vegane Spezialitäten.

Pub

The Golden Harp Irish Pub Meidlinger Hauptstraße 82, Tel. 992 16 74, E-Mail: info@irishpubmeidling.at, www.goldenharp1120.at, Mo–Sa 8.30–2, So, Fei 10–24, Küche bis 23. Irish Pub; klassische Pub-Gerichte wie Burger, Fish and Chips oder Fingerfood; irische Biere wie Guinnes od. Kilkenny, Cider, große Auswahl an Whiske(y)s. Gelegentlich Live-Musik (Termine siehe Facebook-Seite oder Homepage), TV für Sportübertragungen (Sky). Klimaanlage. Großer Gastgarten für ca. 200 Pers. €

Stadtheurige

Heu & Gabel Meidlinger Markt Stand 29-34, Tel. 0664/852 14 26, E-Mail: zuhause@heuundgabel.at, www.heuundgabel.at, Di–Sa 8–22, So 9–15 (Fei geschlossen), Bio-Feinkost: Di–Fr 8–18, Sa 8–16. Bio-Feinkostladen und Stadtheuriger mit saisonalen Produkten aus der Region. Brettljause, Salami und Würstel vom Mangalitza-Schwein, Käsevariationen, veganes Streetfood; Frühstück; MM (auch zum Mitnehmen im Mehrweggeschirr); biodynamische Weine, Kaffee von Naber, Stehespresso um € 1,50. Kleine Portionen möglich, Kindersessel, eigener Kinderspielbereich. Catering. Platz im Lokal für 10 Pers. (bei Private Dining bis 15 Pers.), Schanigarten für bis zu 17 Pers. in der Fußgängerzone (im Winter beheizt). Behinderten-WC am Markt.

Weinhaus Pfandler „Zu den Seligen Affen" Dörfelstraße 3A, E-Mail: selig@weinhaus-pfandler.at, www.weinhaus-pfandler.at, Di–Sa 16–22. Weinhaus mit original 50er-Jahre Einrichtung. Ausgesuchte Spezialitäten von Klein- und Kleinstproduzent*innen aus Österreich: Fleisch, Wurst, Käse, hausgemachte Aufstriche und Salate, auch warme Speisen wie überbackene Brote, Schöpfgerichte etc. Kindersessel, Spielsachen. Gelegentlich Live-Musik. Keine Hunde. Schanigarten von März bis Oktober für ca. 20 Pers. €€

Szene

U4 Schönbrunner Straße 222, Tel. 817 11 92-0 (ab 22), E-Mail: office@u4.at, www.u4.at, Di–Sa 22–6. Legendärer Club, von STS und Falco besungen. Di: Tuesdate; Mi: Heartbreak Hotel – In Love With The 90s, Do: U4 Donnerstag HipHop & R'n'B, Fr: Addicted To Rock; Sa: Behave! Dein Samstagsclub (Disco, House & Techno). Eintritt ca. € 10,–; bis Mitternacht Cocktail-Happy-Hour (alle Cocktails € 5,–).

Wiener Kaffeehaus

Café Raimann Schönbrunner Straße 285, Tel. 813 57 67, E-Mail: heinz@caferaimann.at, www.caferaimann.at, Mo–Fr 8–24, Sa 9–22 (Fei geschlossen), durchgehend warme Küche. Wunderschönes Vorstadtcafé; 3 Frühstücke ganztägig (€ 6,– bis € 8,–); Kaffeehausgerichte, Wiener Küche (Mo–Fr TT vegetarisch und mit Fleisch € 6,80 bis € 7,50), hausgemachte Mehlspeisen; Kinderportionen, Spielzeug. Speisen auch zum Mitnehmen. Veranstaltungen wie Literaturshows; österreichische und internationale Tageszeitungen, Illustrierte; Schach, Billard (1 Caramboltisch € 4,40/Std.); Würfelspiele, Backgammon; Leinwand für Sportübertragungen. Schanigarten für 30 Pers. €

Würstelstände

Würstelstand zum Imperator Hohenbergstraße 23, E-Mail: office@zumimperator.at, zumimperator.at, täglich 10.30–19, im Sommer Mo–So 10–21; Öffnungszeiten können wetterbedingt abweichen. Würstel, Leberkässemmel, Hot Dog, Mannerschnitten, im Sommer Eis; Wein vom Weingut Hagn (NÖ). Fleisch aus Österreich von der Fleischerei Szabo im 5. Bezirk. Schanigarten. €

Würstelstand Imbiss U-Bahn Station Meidlinger-Hauptstraße (Lobkowitzbrücke), Tel. 813 24 69, E-Mail: imbissvybiral@no-goes.at, imbiss-vybiral.at, Mo–Fr 9–20, Sa 9–18 (Fei geschlossen). Stelze, Hendl (halbes Hendl € 4,20), Leberkäse; gegrillte Wurst, Bratwurst, Käsekrainer (jeweils € 3,20); Snacks; 1 offenes und 6 Flaschenbiere, 2 Dosenbiere. €

13., HIETZING

Hietzing ist nicht nur reich und schön, sondern auch alt. Und damit sind nicht nur die prunkvollen historischen Villen und Vorstadthäuser gemeint, in denen sich hier einst Adelige und hohe Beamte der Monarchie Nobelrefugien schufen. Auch die heutigen Hietzinger*innen sind mit durchschnittlich 45,2 Jahren ein paar Jährchen älter als der Wiener Durchschnitt. Zwar hat der 13. Bezirk als grünster Bezirk Wiens viel zu bieten, will aber irgendwie einfach nicht in die Gänge kommen. Pulsierendes Leben, interessante Gastroszene – Fehlanzeige. Das sind Attribute, die die jüngeren und ärmeren Schmelztiegelbezirke schmücken. Zwar verfügt auch Hietzing über ein braves Angebot an Restaurants, Cafés und Co. Die Betonung liegt aber halt eben auf brav. Die einstigen Hietzinger Places to be, das ehemalige Café Bawag und der Eissalon Della Lucia unweit der Kennedybrücke, wirken heute beide verstaubt.

Widmen wir uns also lieber den Neuigkeiten: etwa dem Vanillas auf der Hietzinger Hauptstraße, einer Eissalon-Dependance des Hauptsitzes auf der Freyung. Hier kann man im kitschigen Puppenhausdesign frühstücken und halbwegs ausgefallene Sorten löffeln. Sehr erfreulich auch: die kleinste Konditorei Wiens, Hüftgold am Meidlinger Markt, hat nun in Richtung Westen expandiert und eine Filiale auf der Lainzer Straße aufgemacht.

Ebenfalls auf der Hietzinger Hauptstraße, in einem der Stahl-Glas-Pavillons aus den 60ern gegenüber dem Schlosspark-Eingang, hat der Koreaner Sang Sang mit Zentrale in der Gumpendorfer Straße einen Hietzinger Satelliten eröffnet. Geht also doch.

DIE BESTEN 10 IM 13. BEZIRK

Anton's Tafel
Ja, man könnte meinen, es wäre nur ein Eisgeschäft, aber: erstens wird hier Gelato fast ohne Zucker, mit selbst verarbeiteten Früchten erzeugt, und zweitens bereitet der Chefkoch Anton Rusnak lukullische Sonntagsbrunches und abends viergängige Genussmenüs ... S. 396

Blue Marlin
Bestes mediterranes Fischlokal Hietzings im Stahl-Glas-Pavillon vis-à-vis dem Schlosspark-Eingang ... S. 391

Café Dommayer
Elegantes Vorstadtcafé mit bezauberndem Gastgarten, das mittlerweile zu Kurkonditorei-Oberlaa-Familie gehört ... S. 399

Heurigenschenke Zur Wildsau
Gepflegter Heuriger an der Lainzer-Tiergarten-Mauer. Auf den Bankerln auf der grünen Wiese lässt sich bei Schmalzbrot und weißem Spritzer der Ausblick über das westliche Wien genießen ... S. 397

Landtmann's Jausen Station
Etwas versteckt im Schönbrunner Schlosspark gelegene Meierei, mit üppigem Frühstücksangebot, Mehlspeisen und Brettljausen ... S. 396

Mario Pasta-Grill-Bar
Modernes, mediterranes Restaurant des Plachutta-Imperiums ... S. 394

Restaurant Split
Das Fischrestaurant verbreitet am Rosenhügel dalmatinische Meeresbrise ... S. 395

Restaurant Waldtzeile
Schönes, altes Interieur, herrlicher bebaumter Gastgarten an der Verbindungsbahn. Ein Familienbetrieb, der Hausmannskost in kreativen Variationen zubereitet ... S. 393

Schönbrunner Stöckl
Das operettenhafte Lokal (singende Wirtsleute!) mit viel K.u.k.-Kitschdeko ist eines der wenigen böhmischen Wirtshäuser in Wien ... S. 392

Plachutta Hietzing
Hier im Hietzinger Stammhaus begann die Plachutta-Legende. Kein Wunder, schließlich sind Küche und Ambiente auf den Geschmack des gutbürgerlichen Hietzinger Publikums abgestimmt ... S. 392

Gaststätten, Restaurants, Wiener Beisln

Hotel Restaurant Bergwirt Maxingstraße 76, Tel. 877 34 13, E-Mail: office@hotelbergwirt.at, www.hotelbergwirt.at, täglich 7–23, warme Küche 11–22. Österreichische Küche, saisonale Gerichte, Spezialitätenwochen, Kärntner Schmankerln, Tagessuppe (11–15 MM); Kinderspeisen, Kindersessel. Feiern und Seminare möglich. Stüberl für 20, Extrazimmer für 50, Kaminzimmer für 25 und Elisabeth Salon im Jugendstil für 90 Pers; Garten für ca. 50 Pers. Lift. 💳 €€

Blue Marlin Hietzinger Hauptstraße 16 (Pavillon 2), Tel. 0660/350 03 65, E-Mail: office@fischrestaurant-bluemarlin .at, blue-marlin.eatbu.com, tägl. 11–23, durchgehend warme Küche. Fischlokal, mediterrane Speisen wie z.B. klare Fischsuppe (€ 8,90), Oktopus-Salat, Fischtatar-Dreierlei, Thunfisch „Asia" (€ 14,90), Oktopus-Erdäpfel-Gröstl mit Speck, Kren und Spiegelei (€ 22,90), Fischplatte für 2. Gastgarten für 20–30 Pers. 💳 €€

Brandauer Schlossbräu Am Platz 5, Tel. 879 59 70-0, E-Mail: office13@bierig.at, www.bierig.at, täglich 10–24, Küche 11.30–22.30. Bierlokal mit Wiener Küche in einem ehemaligen Ballsaal (Mo–Fr 2gg MM € 9,80, 11.30–15 Mittagsbuffet € 12,50), Spezialität: Spareribs; 6 offene Biere; Kinderspeisen, -sessel, Spielecke mit TV und DVD, Wickeltisch. Sportsbar mit Flatscreen. Das Restaurant ist im letzten Wiener Biedermeier-Tanzsaal. Großer, schattiger Gastgarten mit Kastanienbäumen für 300 Pers. 💳 €€

BUNT Hietzinger Hauptstraße 162, Tel. 877 14 99, E-Mail: restaurant@bunt.at, www.bunt.at, Do–Sa 18–22, So 12–15, Do–Sa Reservierung erforderlich. Wiener und internationale Küche mit neuen Kreationen, z.B. Bunt-Curry, Bunt-Burger oder Bowls. Alle Speisen auch zum Mitnehmen. Lokal innen für 50 Pers., 3 Extraräume; Schanigarten für 20, Gastgarten für 35 Pers. Deko- und Schmuckshop angeschlossen. 💳 €€

Gutmann's Hietzinger Hauptstraße 22/Top 8, Tel. 876 23 97, E-Mail: office@gutmanns.at, www.gutmanns.at, Mo–Mi 9.30–19, Do, Fr 9.30–19.30, Sa 9.30–17. Café-Restaurant. Frühstück Mo–Fr bis 11.30, Sa bis 12; österreichische und mediterrane Küche (2gg MM ab € 10,90, Fr Fisch € 12,90), Flammkuchen (€ 8,90 bis € 13,50); saisonal wechselnde Karte; hausgemachte Mehlspeisen und Desserts, italienische Eisspezialitäten; Kinderportionen, -sessel, Spielsachen. November bis Dezember Punschstand. Klimaanlage. Veranstaltungen nach Absprache. Gastgarten für 30 Pers. €€

Wirtshaus Hackinger Auhofstraße 186a, Tel. 876 46 01, E-Mail: info@wirtshaus-hackinger.at, wirtshaus-hackinger .at, Mi–So 11–24 (Fei geschlossen). Klassische Wiener Wirtshausküche; bis 17 kleine Speisekarte, danach Abendkarte bis 22 bzw. Sa und So ganztägig umfangreiche Speisekarte; alle Speisen auch zum Mitnehmen. Kindersessel, Spielsachen. TV. 2 getrennte Räume für Feiern bis ca. 25 Pers.; 2 Terrassen für insg. 42 Pers. €€

Hermes Café Restaurant Labstelle Lainzer Tiergarten (Hermesvilla), Tel. 804 13 23, E-Mail: office@hermes-villa .at, www.hermes-villa.at, Di–So 9–19, für Veranstaltungen auf Anfrage auch länger geöffnet. Klassische Wiener Küche; Frühstück ab 9 (Wiener Frühstück, Sportler- oder Wanderfrühstück), ab Mittag klassische Wiener Schmankerl, hauptsächlich regionale Produkte (insbesondere das Lainzer Wildbret); Snacks wie Flammkuchen, Würstel mit Saft, kräftige Suppen; auch vegane Speisen; hausgemachte Mehlspeisen; eigene Hausröstung der Kaffeerösterei Alt Wien; Picknickkörbe (ab € 15,–/Pers., Bestellung im Voraus); Candlelight-Dinner (Wintermonate), Weihnachtsbrunch mit jazziger Live-Musik; Kinderspeisen, -sessel, Wickeltisch, Mal-/Spielsachen. Hochzeiten im „Schloss der Träume" und Abendveranstaltungen auch außerhalb der Öffnungszeiten. Platz für ca. 150 Pers., Gastgarten für 170 Pers. Hunde im gesamten Lainzer Tiergarten verboten. Lift, Behinderten-WC. 💳 €€

Am Hirschg'stemm Lainzer Tiergarten, Tel. 0664/157 25 85, E-Mail: office@hirschgstemm.at, www.hirschgstemm .at, Anfang Februar bis Anfang November Mi–So, Fei 10–18, auch in den Weihnachtsferien geöffnet (Mi–So 10–18), durchgehend warme Küche. Beschauliches Ausflugsgasthaus im Lainzer Tiergarten in erreichbarer Wandernähe (vom Laabertor etwa 25 min. entfernt); österreichische Speisen, Spezialität: Wildgerichte. Kinderspeisen, Wickeltisch, Kinderspielplatz. Bei Schlechtwetter Wintergarten für 100 Pers., Garten für 300 Pers. Im gesamten Lainzer Tiergarten Hunde- und Radverbot. €€

Kaiserpavillon Schönbrunn Schönbrunner Tiergarten (im Schlossgarten Schönbrunn), Tel. 879 35 56-10, E-Mail: office@zoovienna-gastro.at, www.zoovienna-gastro.at, täglich ab 9, gleiche Öffnungszeiten wie Tiergarten. Wiener und internationale Küche, saisonale Speisen, Wochenspezialitäten, vegetarische Gerichte; Frühstücksangebote: bürgerliches (€ 8,90), kaiserliches (€ 19,90) und Vital-Frühstück (€ 10,40), spezielle Saisonangebote (im Sommer Safari-Dinner und Polarnacht, im Winter Aquaerlebnis-Dinner). Sehr kinderfreundliche Umgebung, Kinderspeisen, -sessel. Auch außerhalb der Öffnungszeiten für Feste bis 75 Pers. zu mieten. Terrasse für 250 Pers. Zugang über Tiergarten Schönbrunn nur mit gültiger Eintrittskarte. Hunde im gesamten Tiergarten verboten. 💳 €€

Kutscherg'wölb Schloß Schönbrunn (Hausdienergang), Tel. 877 22 16-12, E-Mail: restaurant@steinmetz-gastro.at, www.steinmetz-gastro.at, Ende März bis Anfang Jänner täglich 9–18. Wiener Küche; Spezialitäten: Gulasch, Fiakergulasch; Kinderportionen, -sessel. Lokal für Hochzeiten etc. bis max. 100 Pers. zu mieten. Klimaanlage. Gastgarten für 200 Pers. Rollstuhlrampe. Keine Hunde. €€

Gasthaus Lindwurm Ghelengasse 44, Tel. 879 77 04, E-Mail: mail@gasthaus-lindwurm.at, www.gasthaus-lindwurm.at, Mitte März bis Ende November Mo–Do, Sa, So 9.30–22, bei Schönwetter länger geöffnet, durchgehend warme Küche; im Winter geschlossen; aktuelle Öffnungszeiten siehe Homepage. Eine der schönsten Möglichkeiten, in Hietzing gutes Schnitzel zu essen; traditionelle bzw. modernisierte Wiener Küche, Hausmannskost und saisonale Gerichte; das Fleisch kommt hauptsächlich aus der Region (Zwettl); Spezialitäten: Grammelknödel, hausgemachter Apfel- und Milchrahmstrudel, Wildgerichte; Kinderspeisen, -sessel, Wickeltisch, Spielecke, Spielplatz; bei Schneelage Ski- und Rodelbahn („Zauberteppich"). Laufend Musikabende. Aussicht auf Wien; für Veranstaltungen reservierbar; Saal für 150, Stüberl für 30, Garten für 500 Pers., von Wald und Lagerwiese umgeben. €€

Luv Beachclub Schönbrunnerbad/Schlosspark Schönbrunn, E-Mail: info@luvbeachclub.com, www.luvbeachclub.com, Mitte April bis Ende September täglich 8.30–19, Juni bis August länger geöffnet. Sommerlokal mit internationaler Küche (Burger, Currys, Bowls) im Schönbrunner Bad. Frühstück. Versch. Desserts. Baumbeschattete Terrasse.

Maxing Stüberl Maxingstraße 7, Tel. 0676/412 61 26, E-Mail: office@maxingstuberl.at, www.maxingstuberl.at, Mi–Sa 12–22, So 11.30–21.30. Ältestes Gasthaus in Hietzing (gegr. 1805), Stammlokal von Johann Strauß, Schiele und Klimt, nach wie vor Künstlertreffpunkt. Wiener Hausmannskost, Wildbretwochen, im Oktober und November Gansl und Sturm; Spezialitäten: Backhendl, Rindsrouladen, Kalbsrahmgulasch; saisonale Spezialitäten wie gefüllte Paprika. 4 Stüberl für diverse Feiern (14, 20, 20 und 64 Pers.). Gastgarten für 50 Pers. €€

Café Restaurant ORANG.erie Schönbrunner Tiergarten (Maxingstraße 13a), Tel. 879 35 56-58, E-Mail: office@zoovienna-gastro.at, www.zoovienna-gastro.at, täglich ab 9, Öffnungszeiten wie Tiergarten. Frühstück bis 11 (ab € 7,90); österreichische und internationale Küche, saisonale Spezialitäten; Kinderspeisen, -sessel und -spielplatz, Wickeltisch. Veranstaltungssaal für bis zu 300 Pers., der mit einer Glasscheibe vom Orang-Utan-Gehege getrennt ist (für exklusive Abendveranstaltungen mietbar). Terrasse für 160 Pers. Hunde im gesamten Tiergarten verboten. Behinderten-WC. Zugang über Tiergarten Schönbrunn nur mit gültiger Eintrittskarte. €€

Otto Hietzinger Hauptstraße 22, Tel. 877 61 45, E-Mail: office@otto13.at, Mi–Sa 7–23, So, Fei 7–21, durchgehend warme Küche. Frühstück bis 11; Wiener und internationale Küche, saisonale Speisen, Fisch (Mo–Fr 2gg M ab € 10,50); Kinderportionen, -sessel. Extrastock für 60, Terrasse im 1. Stock für 40, schöner Garten für 100 Pers. €€

Plachutta Hietzing Auhofstraße 1, Tel. 877 70 87, E-Mail: hietzing@plachutta.at, www.plachutta.at, täglich 11.30–15 und 18–23, durchgehend warme Küche bis 22.30. Ursprung des Plachutta'schen Rindfleisch-Erfolgs und beste Adresse Hietzings; Rindfleischspezialitäten von Schulterscherzl über Fledermaus bis Tafelspitz, immer in Rindsuppe serviert. Wiener Traditionsküche, Menüs für Gruppen ab 15 Pers. auf Anfrage. Kinderspeisen, -sessel, Wickeltisch. Klimaanlage; 2 Extrazimmer für 28 und 38 Pers. (für geschlossene Gesellschaften zu mieten), Gastgarten für 60 Pers. €€€

Café Am Platz Am Platz 6, Tel. 877 93 38, E-Mail: cafeamplatz6@gmail.com, www.cafeamplatz-hietzing.at, täglich 8–19. Cafe-Restaurant. Frühstück bis 11 (auch vegan, à la carte € 5,20 bis € 12,50); österreichische Küche und saisonale Spezialitäten, Verwendung von frischen, regionalen Produkten (MM € 9,80); original Villacher Torte von der Konditorei Koloini (auch zum Mitnehmen). Großes Zeitungsangebot. Schanigarten für 55 Pers. Bankomat nebenan. €€

Rohrhaus Lainzer Tiergarten, Tel. 06767/392 61 40, E-Mail: office@rohrhaus.com, www.rohrhaus.com, Anfang Februar bis Anfang November Mo, Di, Do–So, Fei 10–18. Ausflugsgasthaus; traditionelle Wiener Küche; Rindsgulasch, Wildschweinburger, Specklinsen, saisonale Spezialitäten (z.B. Faschierte Laibchen vom Lainzer Wildbret), hausgemachte Mehlspeisen (z.B. Apfelstrudel oder Milchrahmstrudel). Hubertus Bräu vom Fass, Grüner Veltliner und Zweigelt. 4 Kinderspeisen, Kindersessel, Wickelmöglichkeit, Spielplatz gegenüber. Großer Gastgarten für bis zu 350 Pers. Hunde im gesamten Lainzer Tiergarten verboten. Terrasse. Behinderten-WC. €€

Schönbrunner Stöckl Schloß Schönbrunn (Eingang Meidlinger Tor), Tel. 0660/636 32 00, E-Mail: office@trojani.com, dinnertheater.wien, www.schoenbrunnerstoeckl.com, täglich 10–23, durchgehend warme Küche. K.u.k. Küche, tschechische Spezialitäten, klassische Wiener Küche, aber auch neue Kreationen, saisonale Speisen; Spezialität: böhmischer Rahmrindsbraten; vegetarische und vegane Speisen; hausgemachte, warme tschechische Mehlspeisen, alle Speisen frisch zubereitet; böhmische Biere; maßgeschneiderte Menüs für besondere Anlässe; Take-away. Dinner-Theater: Musikprogramm inkl. 4gg Gourmetdinner. Gastspiele: Speisen à la carte und Liveprogramm. Sommerbühne im Garten mit Live-Musik (Fr, Sa ab 18). Kindersessel, Spielzeug, Wickeltisch. Mehrere Extraräume für 20 bis 100 Pers., ganzjähriger Gastgarten für 110 Pers. Behinderten-WC. €€

Restaurant Thurn Firmiangasse 8, Tel. 877 95 40, E-Mail: restaurant@thurnwien.at, www.thurnrestaurant.at, Mi–So, Fei 11.30–22. Gehobene österreichische Küche; hand- und hausgemachte Speisen aus vorwiegend biologischen Lebensmitteln aus der Region; ausgewählte Weine aus Wien, der Thermenregion, dem Weinviertel und der Steiermark. Geschlossene Gesellschaften mit bis zu 70 Pers. möglich. Begrünter Innenhof- und Gastgarten für je 30 Pers. €€€

Tirolergarten Schönbrunner Tiergarten (Schlosspark, über Seckendorff-Gudent-Weg bei Elisabethallee), Tel. 879 35 56-20, E-Mail: office@zoovienna-gastro.at, www.zoovienna-gastro.at, täglich ab 10, Öffnungszeiten monatlich variabel (siehe Homepage). Ausflugsgasthaus im 1994 neu errichteten, 300 Jahre alten Tiroler Bauernhof am oberen Rand des Tiergartens. Rustikale Küche, Tiroler Schmankerl, Grillspezialitäten (Mai bis September); Kinderspeisen, -sessel, Malunterlagen, Wickeltisch. Abendveranstaltungen bis 120 Pers. ganzjährig möglich. Extrazimmer zum Mieten für 80, Gastgarten für 250 Pers. Hunde im Schlosspark und Tiergarten verboten. €€

Restaurant Waldtzeile Speisinger Straße 2, Tel. 804 53 94, E-Mail: office@waldtzeile.at, www.waldtzeile.at, Di–Sa 11.30–22, So, Fei 11.30–15.30, warme Küche bis 21, So, Fei bis 15. Schönes, liebevoll renoviertes Gasthaus direkt an der Verbindungsbahn; Wiener Wirtshausküche sowie internationale Küche; 3 MM; österreichische Weine, österreichische Fassbiere; Kinderportionen, -sessel, Spielzeug, Wickeltisch. Speisen zum Mitnehmen. 2 Extrazimmer für 50 und 60, Saal für 70 und Veranstaltungskeller für 50 Pers. (insgesamt 400 Plätze, Hochzeitsfeiern, Taufen, Firmenfeiern etc. möglich); überdachter Innenhof für 20, Veranda für 60, traumhafter Kastaniengarten für 240 Pers. – einer der schönsten Biergärten Wiens. Behinderten-WC. €€

Wambacher Lainzer Straße 123, Tel. 804 83 66, E-Mail: office@wambacher.co.at, www.wambacher.co.at, Mo, Do–So, Fei 11–24, Küche bis 22, Schank bis 23. Alt-eingesessenes Heurigenrestaurant; TT (Mo, Do, Fr 11–15). Kinderspeisen, -sessel, Wickeltisch. Gastgarten. €€

Asiatisch

Hongpingguo Auhofstraße 121, Tel. 876 43 70, täglich 12–14.30 und 17.30–22. Nur Abholung und Zustellung in den 13. und 14. Bezirk. Asiatische Spezialitäten, Sushi, Maki etc. €

Hoang Long Einsiedeleigasse 7, Tel. 879 45 68, E-Mail: office@restaurant-nara.at, www.nara.at, täglich 11–22, durchgehend warme Küche. Japanische, thailändische und chinesische Küche, z.B. Sushi, thailändisches Curry, Hühnerspießchen; Spezialität: knusprige Ente. Zustellung in den 5., 6. und 17. Bezirk (ab € 29,–), in den 9. und 18. Bezirk (ab € 39,–), in den 12., 13., 14. und 15. Bezirk (ab € 10,–), in den 16. und 23. Bezirk (ab € 15,–) sowie nach Purkersdorf, Mauerbach und Gablitz (ab € 20,–). €€

Asia Restaurant Wok in Lainzer Straße 84, Tel. 877 17 05, E-Mail: wokin13@outlook.at, www.wokin1130.at, Di–Sa 11.30–15 und 17.30–22.30, So, Fei 11.30–22.30. Asiatische Küche (Di–Sa MM € 7,50 bis € 8,70), auch Sushi und indische Speisen, Spezialität: knusprige Ente. Zustellung in den 12., 13. und 14. Bezirk (ab € 10,–). Kindersessel. Schanigarten für 30 Pers. €€

Chinesisch

China Restaurant Hietzing Lainzer Straße 144, Tel. 804 52 51, E-Mail: hietzing@gmx.net, www.china-hietzing.at, Mo 11.30–15, Di–So, Fei 11.30–15 und 17–22.30. Chinesische Küche (MM € 8,– bis 10,–), täglich Mittagsbuffet und Abendbuffet, auch Abendmenü; Kinderportionen am Buffet (nicht à la carte), Kindersessel. Firmenfeiern etc. möglich. Garten für ca. 20 Pers. €€

Jin's Ramen Eduard-Klein-Gasse 1, Tel. 876 49 69, E-Mail: info@jins.at, www.jins.at, Di–So 11.30–22. Chinesisches Restaurant. Spezialität: chinesische Ramen mit hausgemachten Nudeln, hausgemachte Teigtaschen und Reisschalen; „Jin's Spezial-Speisen" (saisonal wechselnde Spezialitäten, z.B. verschiedene Wantan-Varianten); alle Speisen auch zum Mitnehmen. Kindersessel. Klimatisiert. Gastgarten für 30 Pers. €

China Restaurant SUN Hietzinger Hauptstraße 86, Tel. 877 71 75, E-Mail: fengchaisun@a1business.at, Di–So, Fei 11–15 und 17–22, Mo bei Feiertag 11–15. Chinesische Speisen (MM € 8,10 bis € 10,80), Buffet (Di–Sa mittags € 10,80, Kinder € 7,20/abends sowie So, Fei inkl. Sushi € 13,30, Kinder € 8,60). Chinesische Musik. Kindersessel. Gastgarten für 60 Pers. €

Italienisch

Al Pacino Pizzaservice Lainzer Straße 143, Tel. 803 25 02, E-Mail: alpacino.pizzaservice@gmail.com, www.alpacino.at, täglich 11–23.30, durchgehend warme Küche. Nur Abholung und Zustellung. Pizza, Pasta, Fleisch- und Fischgerichte. Zustellung in den 13. (ab € 10,50) und in Teile des 12., 14. und 23. Bezirks (ab € 15,90). Keine Sitzmöglichkeit im Lokal. €€

Da Ferdinando Hietzinger Hauptstraße 26, Tel. 877 80 36, 0677/63 76 05 56, E-Mail: reservierung@daferdinando.at, www.daferdinando.at, täglich 11–23. Neapolitanische Pizza aus Sauerteig, kleine Karte mit italienischen Speisen; kleine Portionen möglich; Wieselburger vom Fass, 4 offene Weiß- und 5 offene Rotweine, Bouteillenweine; Kindersessel, Wickeltisch. Schanigarten für 100 Pers. **€€**

Pizzeria da Salvatore Hietzinger Hauptstraße 153, Tel. 0664/318 16 47, www.pizzeriadasalvatore.at, Di–So 11.30–14.30 und 18–22.30. Pizzeria. Lokal für Feiern zu mieten. Gastgarten. **€**

Della Lucia Hietzinger Hauptstraße 8, Tel. 877 04 93, E-Mail: office@dellalucia.at, www.della-lucia.stadtausstellung.at, täglich 8–23, Küche bis 22.30. Großzügiges italienisches Lokal, bestehend aus Restaurant, Pizzeria, Café, Cocktailbar und Eissalon. Italienische und österreichische Küche, 2 MM (Pizza und Pasta), bis 15 umfangreiches Frühstücksangebot, große Auswahl an Eisspezialitäten (bis zu 30 Sorten, täglich frisch produziert). Separee für Feiern für 50 bis 70 Pers., Innenhofgarten mit Pergola für 150, Schanigarten für 80 Pers. 💳 **€**

Francesco Speisinger Straße 218, Tel. 886 15 39, E-Mail: ristorante.francesco1130@gmail.com, www.francesco-ristorante.at, täglich 11.30–23.30. Pizza (€ 8,90 bis € 14,90), Pasta, italienische Spezialitäten (MM Mo–Fr 11.30–15 € 9,50), Monatskarte; Kinderpizza, -speisen. Überdurchschnittliche Qualität bei Speisen und den ausschließlich italienischen Weinen. Schanigarten für 110 Pers. **€€€**

iCalabresi Speisinger Straße 60, Tel. 905 43 89, E-Mail: info@icalabresi.at, www.icalabresi.at, täglich 11–22. Italienische Küche (3 MM mit Fleisch, Gemüse oder Fisch € 8,90 bis € 11,90), Pizza; Villacher vom Fass, italienische Weine, Empfehlungskarte nach Saison (Kürbis, Spargel etc.); Zustellung in den 13., teilweise auch in den 12. und 23. Bezirk (ab € 10,50). 💳 **€€**

iCalabresi Hermesstraße 1a, Tel. 804 49 82, www.icalabresi.at, täglich 11–22. Italienische Küche; bei Abholung jede Aktions-Pizza/Pasta € 7,50 (Mo–Fr 11–15); Zustelldienst im 13. Bezirk, auf Anfrage teilweise im 12. und 23. Bezirk (gratis ab € 10,50 Bestellwert). 💳 **€**

Il Giardino Pizzeria Ristorante Lainzer Straße 131, Tel. 804 07 76, E-Mail: kontakt@ilgiardino.at, www.ilgiardino.at, täglich 11–23. Italienische Küche, Pasta, Pizza, Fisch- und Fleischgerichte (Mo–Fr 11–15 MM); Kinderspeisen; italienische Weine. Gastgarten. 💳 **€€**

Ristorante La Grappa Auhofstraße 6a, Tel. 877 76 54, E-Mail: reservierung@lagrappa.wien, www.lagrappa.wien, Di–So, Fei 11.30–23, warme Küche bis 22. Italienische Küche mit Fischspezialitäten, Fleisch, Pasta. Kindersessel. Schanigarten für 40 Pers. 💳 **€€€**

Mario Pasta-Grill-Bar Lainzer Straße 2, Tel. 876 90 90, E-Mail: office@mario-hietzing.at, www.mario-hietzing.at, täglich 8–23.30, durchgehend warme Küche bis 22.30. Mediterranes Restaurant des Tafelspitz-Experten Plachutta; Frühstück Mo–Fr bis 10.30, Sa, So und Fei bis 11; Pasta, leichte Fisch- und Fleischgerichte (2gg MM € 13,20), kulinarische Highlights wie Tintenfisch oder Rib-Eye-Steak, saisonale Spezialitäten, Verwendung von Bioprodukten; österreichische, italienische und spanische Weine. Glasgebäude; Kindersessel; Klimaanlage. Nische für 12, Schanigarten für 115 Pers., Terrasse mit Markise. Behinderten-WC. ♿ 💳 **€€€**

Restaurant MAY31 Maygasse 31, Tel. 0676/88 03 08 80, E-Mail: reservierung@restaurant-may31.at, www.restaurant-may31.at, Mi–So 11.30–14.30 und 17.30–21.30. Kleine Trattoria mit täglich hausgemachten Nudeln in unterschiedlichen Ausführungen mit regionalen Zutaten. Monatlich wechselnde Speisekarte. Saisonales Pastaangebot. Fleisch von Hödl; 100 Blumen Bier. 8 Sitzplätze im Lokal. Schanigarten für 14 Pers. 💳 **€€**

Passione Da Ferdinando Hietzinger Hauptstraße 6, Tel. 876 44 90, E-Mail: info@passione-daferdinando.com, passione-daferdinando.at, täglich 11–22. Schwesterlokal von Da Ferdinando mit traditionell neapolitanisch frittiertem Streetfood wie Arancini oder Pizza fritta; wechselnde Tagesangebote; alle Speisen auch zum Mitnehmen. Zustellung im 12. bis 16. Bezirk (ab € 20,–). **€**

Piccolino Lainzer Straße 80, Tel. 0664/406 93 42, E-Mail: office@osteria-piccolino.at, www.osteria-piccolino.at, Mo–Fr 8–22, Sa 9–15 (Fei geschlossen). Osteria, Antipasti, jeden Tag 1 frische warme Speise; Vinothek, mediterrane und österreichische Weine. Schanigarten für 30 Pers.

Pizzeria Pinguino Einsiedeleigasse 7, Tel. 990 22 22, E-Mail: hallo@urbanpizza.at, www.pizzeria-pinguino.co.at, täglich 11–23, warme Küche bis 22.45. Nur Abholung und Zustellung. Pizza (Familienpizza ca. € 19,50), Pasta, Risotto, Fleisch- und Fischgerichte; alle Speisen sind halal. Zustellung in die Bezirke 12 bis 14 und 23, Lieferung in den 15. Bezirk ab € 20,– Bestellwert. 💳 **€**

Das Pizz Hietzinger Hauptstraße 115a, Tel. 876 15 18, E-Mail: info@das-pizz.at, www.das-pizz.at, Mo–Fr 11–15 und 17–22, Sa, So, Fei 11–22. Italienische Küche (3gg MM € 11,50), auch vegane und vegetarische Speisen; Pastagerichte, Pizza; italienische Weine, Murauer vom Fass, österreichische Biere; Kinderpasta, -sessel. Klimaanlage. Schanigarten für 40 Pers. 💳 **€**

Punto Rosso Firmiangasse 5, Tel. 877 73 09, Mo–Fr 17.30–23.30, warme Küche bis 22.30. Italienische Küche, Pizza, saisonale Speisen, auch Kärntner Schmankerl; kleine Portionen. Gastgarten für ca. 20 Pers. **€€**

San Giovanni Hietzinger Kai 173 (Ecke Testarellogasse 37), Tel. 961 95 30, E-Mail: office@sangiovanni.at, www.sangiovanni.at, täglich 11–23. Italienische Speisen (Mo–Fr 11–15 2gg MM Pasta, Fisch, Fleisch € 9,50); Antipastivitrine, frischer Fisch, Burger, Wochenkarte nach Saison (Spargel, Schwammerl, Wild); italienische Weine; Zustellung im 13. und 14. Bezirk (ab € 10,–). TV. 2 Kindersessel; Lokal für Hochzeiten, Geburtstage etc. zu mieten; Extrazimmer für 30, Saal und Gastgarten für je 80 Pers. 💳 €€

Japanisch

Akakiko Am Platz 3 (zwischen Hietzinger Pfarrkirche und Maxingstraße), Tel. 057/333-160, E-Mail: info@akakiko.at, www.akakiko.at, täglich 10.30–23, warme Küche bis 22.30. Sushi, Maki, Bento; Gratiszustellung in ganz Wien (ab € 13,50, Tel. 057/333, Online-Bestellung möglich). Im Lokal 110 Sitzplätze; Gastgarten für 100 Pers. im denkmalgeschützten Biedermeierhof. 💳 €€

Koreanisch

Sang Sang Hietzing Hietzinger Hauptstraße 10–20/Pavillon 1, Tel. 879 50 29, E-Mail: office@sangsang.at, www.hanil.at, Di–Sa 12–22, So, Fei 12–21, Küche Di–Sa bis 21, So, Fei bis 20. Japanische und koreanische Speisen; Sushi, koreanische Spezialitäten. Klimaanlage; Schanigarten für 20 Pers. 💳 €€

Kroatisch

Restaurant Split Hetzendorfer Straße 165 (Ecke Atzgersdorfer Straße), Tel. 804 09 15, E-Mail: ciovo@aon.at, www.splithietzing.at, Do–Sa 17.30–22. Mediterrane Küche; Fisch- und Grillspezialitäten; Kinderportionen, -sessel, Wickeltisch, Malsachen; kroatische und österreichische Weine (auch zu kaufen). 17–20 Zustellung (tel. Bestellung). Wintergarten für 30 Pers. Di, Mi, So auf Anfrage geöffnet. €€€

Türkisch

Yildiz Villa Auhofstraße 80, Tel. 879 99 24, E-Mail: yildizvilla@hotmail.com, www.yildizvilla.at, Mo–Fr, So, Fei 10.30–22. Türkische Küche; türkisches Bier; Kinderspeisen, -sessel, Spielplatz. Gastgarten für 100 Pers. 10 Parkplätze. 💳 €€

Vegetarisch, vegan

Bioparadies Altgasse 23a, Tel. 876 51 60, E-Mail: paradies_rr@yahoo.de, www.bioparadies.at, Mo–Fr 9–18, Sa 10–15, So, Fei 10–16. Bioladen mit täglich wechselndem veganem MM (Suppe € 5,50, Salat € 3,80, HS € 9,–), bei Konsumation vor Ort € 2,50 Servicepauschale. Vollwertküche; frisch gepresste Säfte und Smoothies nach Wahl, Kaffee (mit Reis-, Mandel- oder Sojamilch); hausgemachte Kuchen und Mehlspeisen (alle vegan und teilweise glutenfrei), Desserts (z.B. Energiecookie); Fr frische Brote (glutenfrei, selbstgebacken); Verkauf von Gemüse, Kräutern, Nudeln, biologischen Grundzutaten, eigener Marmelade und Gewürzmischungen. 8 Sitzplätze. Gastgarten für 4 Pers. Keine Hunde. 💳 €

Denns BioMarkt Lainzer Straße 11-13, Tel. 876 12 97, E-Mail: info@denns.at, www.denns-biomarkt.at, Mo–Fr 8–19, Sa 8–18. Im Biosupermarkt integriertes Bistro, leichte und schnelle Küche – auch zum Mitnehmen. 9–12 Frühstück; TT/MM (vegetarisch € 6,20, mit Suppe oder Salat € 8,90/mit Fleisch € 7,20, mit Suppe oder Salat € 9,90), täglich wechselnde gefüllte Brotsorten, Salate, Suppen; frisch gepresste Biosäfte, Kaffee (auch to go), Kakao und Tee. Sämtliche Speisen und Getränke 100 % biologisch, vieles auch vegan, gluten- oder laktosefrei (alles gekennzeichnet); Fair-Trade-Produkte. 💳 €

Kichererbse Speisinger Straße 38, Tel. 804 20 06, E-Mail: kichererbse1@chello.at, www.kichererbse.at, September bis Juli Mo, Mi, Fr 9–15, Di, Do 9–18 (Fei geschlossen), August geschlossen. Mittagsimbiss und Bioladen mit vegetarischer Vollwertküche, hauptsächlich österreichische Produkte; wechselnde Speisen und Spezialitäten von frischem Saisongemüse und Kräutern, Salate, Suppen; Kuchen und Desserts; österreichische Käsespezialitäten, Di und Fr frische Rohmilch (Kuh, Schaf und Ziege); Brote und Weckerl. 8 Sitzplätze. Keine Hunde. €

Bars

Gloriette Bar Hietzinger Hauptstraße 10–14 (im Parkhotel Schönbrunn), Tel. 878 04-633, E-Mail: fsbmanager.parkhotel.schoenbrunn@austria-trend.at, www.austria-trend.at/paw, täglich 17–1.30. Bar im Parkhotel Schönbrunn; Cocktails, umfangreiches Spirituosenangebot; Snacks. 💳

Gössl's Sektbar Hietzinger Hauptstraße 153, Tel. 877 49 00, E-Mail: office@schneider-goessl.at, www.schneider-goessl.at, täglich 19–1. Gemütliche Wein-, Bier- und Sektbar, Baguettes; gut sortierte österreichische Weinkarte; Cocktails (ab € 8,–). Laufend Events. Lokal für 30 bis 50 Pers. zu mieten, Buffets auf Bestellung. Schanigarten für 25 Pers.

Schaumweinhäuschen Altgasse 9, Tel. 876 48 16, E-Mail: schaumweinhaeuschen@gmx.at, www.schaumweinhaeuschen.at, täglich ab 20. Nachtbar mit Schwerpunkt auf Bier, Gin, Champagner und Sekt, erlesene österreichische Weine, Cocktails; Themenabende (z.B. Oktoberfest), jeden 3. Sa/Monat Wodka Night (Wodka stark verbilligt).

Würfel- und Kartenpoker; Musik mit Schwerpunkt auf 70er und 80er Jahre; jährliche Silvesterparty. TV. Extrazimmer für 30–50 Pers. (für Feiern zu reservieren).

Schönbrunner Vis a vis Hietzinger Hauptstraße 16, Tel. 0664/595 80 47, Mo–Fr 16–23. Mischung aus rustikaler Bierstube, Heurigem und Wohnzimmer, besteht seit 25 Jahren. Kleine Gerichte wie Flammkuchen und Speckstangerl. Großer Schanigarten in Südlage.

Cafés, Espressos

Café 1130 Speisinger Straße 102, täglich 10–22. Darts (€ 0,50/Spiel), TV für Sportübertragungen, Klimaanlage. Schanigarten für 20 Pers.

Café Allgemein Wolkersbergenstraße 22–24, Tel. 960 57 90, E-Mail: kontakt@cafeallgemein.at, www.cafeallgemein.at, Di–So 9–18, Fei 10–18. Ganztägiges Frühstück, Tagessuppe € 5,50; Salate, Snacks, Biobrot (auch zum Verkauf); hausgemachte Kuchen und Torten. Kindersessel, Wickeltisch, Spielzeug. Schanigarten für 20 Pers.

Café Konditorei Strudleck Versorgungsheimstraße 19, Tel. 804 76 10, E-Mail: cafe@strudleck.at, www.cafe-strudleck.at, Mo–Fr 7–21, Sa, So, Fei 11–21. 2 Frühstücke bis 11 (€ 5,90 und € 7,30); hausgemachte Strudeln und Mehlspeisen; Imbisse (Mo–Fr 2 MM ohne Suppe ca. € 7,30, mit Suppe € 8,30). Schanigarten für 30 Pers. Behinderten-WC.

Landtmann's Jausen Station Schloß Schönbrunn (Schloßpark/Kronprinzengarten), Tel. 24 10 03 80, E-Mail: jausenstation@cafe-wien.at, www.landtmann-jausenstation.at, März bis November Mo–Fr 10–20, Sa, So, Fei 9–20 (immer bis 1 Std. vor Parksperre geöffnet), aktuelle Öffnungszeiten siehe Homepage. Lokal mit charmantem Pavillon und Terrassengarten im Schlosspark Schönbrunn. Küche mit regionalen Zutaten, Bioprodukten und frischen Kräutern aus dem eigenen Garten; saisonale Speisen, Brettljause (€ 4,10 bis € 17,50), hausgemachte Torten und Mehlspeisen; ganztägiges Frühstück (€ 4,10 bis € 34,–); Sundowner, hausgemachte Limonaden und Kaffee; Picknick im Schlosspark Schönbrunn möglich. Wickeltisch, Sandkiste. Location für Geburtstage, Firmenfeiern, Taufen und Hochzeiten; Gastgarten für 250 Pers.

Neighbor Coffee Lainzer Straße 123A, www.neighborcoffee.at, Mo, Di, Do, So 9–17, Mi 13–18. Kleines Café mit Spezialitätenkaffee.

nook [nuk] Altgasse 12, Tel. 0677/62 79 33 96, E-Mail: nookvienna@gmail.com, www.nookvienna.com, Di–So, Fei 10–18. Café mit kleiner Greisslerei. Frühstück ganztägig. Belegte Brote (Brot von der Bäckerei Öfferl), z.B. Rote-Rübe-Hummus oder Avocado-Feta, Salate und Reisschüsseln, z.B. Chili sin carne; Mehlspeisen (auch glutenfrei und vegan). Kindersessel, Wickeltisch. Schanigarten für 16 Pers.

Familie Reiter Lainzer Straße 131 (Innenhof), Tel. 802 54 80, 0664/155 55 60, E-Mail: kontakt@familiereiter.org, www.familiereiter.org, Mi–So 8–16, geschlossene Gesellschaften auf Anfrage auch außerhalb der Öffnungszeiten möglich. Café und Tageslokal. Hauptthema ist das Frühstück (ganztags); ab 11.30 wechselnde Mittagsteller; viele verarbeitete Zutaten sind bio und stammen von regionalen Betrieben. Terrasse mit Markise.

Waldemar Tagesbar Altg. 6, Tel. 0664/361 61 27, E-Mail: welcome@waldemar-tagesbar.at, www.waldemar-tagesbar.at, Mo–Fr 8–22, Sa, So 9–15. Frühstück bis 15.30 (€ 3,90 bis € 13,50); Sandwiches, Salate und Bowls; hausgemachte Limonaden u. Eistees, Tribeka Kaffee. Kindersessel, Wickeltisch. Lokal zu mieten f. 120 Pers. Schanigarten f. 40 Pers.

Eissalons

Anton's Tafel Hietzinger Hauptstraße 174, Tel. 876 24 85, E-Mail: reservierung@antons.at, antons.at, März bis Oktober täglich 12–20, Oktober bis März Fr–So 12–22 (12–18 Eis, ab 18 warme Küche). Eissalon von Anton Rusnak (ehem. Sous-Chef Fabios). Selbstgemachtes Eis (mit ganz wenig oder gar keinem Zucker); im Winter Do–Sa ab 18 4gg Genussmenü; jeden 1. So/Monat 11.30–14.30 Brunch.

Vanillas Hietzinger Hauptstraße 16, Tel. 0699/19 04 00 47, E-Mail: hietzing@vanillas.com, www.vanillas.com, täglich 9–21. Ableger des gleichnamigen Eissalons auf der Freyung. Das Eis lässt man sich von Harrer aus Sollenau nach eigener Rezeptur rühren, darunter ausgefallene Sorten wie violettes Süßkartoffel-Eis und Eis aus Süßpalmenextrakt. Im Winter Punschstand.

Veganista Lainzer Straße 3–5, E-Mail: info@veganista.at, www.veganista.at, täglich 11–23 (Sommer), im Winter verkürzte Öffnungszeiten (s. Homepage). Ausschließlich veganes Eis, klassische und innovative Eissorten wie z.B. Basilikum; Eis Sandwiches „Inbetwiener", Eis mit Zuckeralternativen wie Birkenzucker od. Ahornsirup, glutenfreie Sorten und glutenfreie Stanitzel; für laktoseintolerante Menschen geeignet. Saisonale Spezialitäten wie Spekulatius, Zimt und Blutorange zu Weihnachten oder Pumpkin im Herbst. Boxen zum Mitnehmen (0,5l, 1l, 1,5l); Gutscheine.

Heurige

Heurigenrestaurant Schneider-Gössl Firmiang. 9–11, Tel. 877 61 09, www.schneider-goessl.at, Mo–Sa, Fei 16–24,

So 11.30–24, warme Küche 17–22. Ältester Heuriger in Ober Sankt Veit. Wiener Küche, frische Stelzen auf Bestellung; Kinderportionen, -sessel; regelmäßig Livemusik. Stüberl für bis zu 30, Frühstückspavillon für 20 bis 40 Pers. zu mieten; idyllischer, schattiger Garten in original erhaltenem Bauernhaus für 120 Pers. Frühstückspension (ab € 70,–/Pers. inkl. Frühstücksbuffet) und Appartements (ab € 95,–/Pers.). **€€**

Heurigenschenke Zur Wildsau Slatingasse 22, Tel. 876 46 53, E-Mail: info@wildsau.at, www.wildsau.at, April bis Oktober Mi–Fr ab 17, Sa, So, Fei ab 12, November bis März geschlossen (geschlossene Gesellschaften ab 2 Pers. möglich). Heurigenbuffet, Hausmannskost à la carte, Spezialitäten wie Backhendl, Kümmelbraten; Spanferkelessen etc.; auch vegetarische und vegane Speisen; Kinderportionen, -sessel, Wickeltisch. Großer Garten für 300 Pers. mit schönem Blick über Wien. Hunde mit Leine und Beißkorb. **€**

Imbisse

Eck Meck Pizza und Kebaphaus Lainzer Straße 135, Tel. 0664/271 14 88, www.eckmeck.at, Mo–Fr, So 10.30–21.30. Pizza, Kebap, Burger und Schnitzel. Lieferung in den 12. und 23. Bezirk. 💳 **€**

Kalkalpenfisch Hietzinger Hauptstraße 150, Tel. 0660/454 54 14, E-Mail: kalkalpenfisch@gmx.at, www.kalkalpenfisch .at, variable Öffnungszeiten (s. Homepage). Feinkostimbiss; frische Fische aus dem Mostviertel (Seesaibling, Lachsforelle, Regenbogenforelle) sowie ausgesuchte Spitzenprodukte aus regionaler und internationaler Produktion, Bio-Produkte, vielerlei Fischvariationen wie z.B. Fischsuppe, gebratener Fisch, gegrillter Fisch, Fischgulasch, Backfisch, Spezialität: einzigartige Fish & Chips; Take-away. Sitzplätze für 8 Pers. 💳 **€€€**

McDonald's (McDrive) Hietzinger Kai 137, Tel. 877 94 94, E-Mail: at-store0131@restaurant.at.mcd.com, www .mcdonalds.at, Öffnungszeiten s. Homepage. Burger, Wraps, Salate etc.; Frühstück. McDelivery. Tischservice. ♿ 💳 **€**

Noodle King Hietzinger Hauptstraße 6, Tel. 0676/672 52 96, E-Mail: office@noodleking.at, www.noodleking.at, täglich 11–22. Suppen-, Nudel-, und Reisgerichte, sowie Sushi und Maki. Take-away. 💳 **€**

Radatz Hietzinger Hauptstraße 22 (Ekazent Hietzing), Tel. 876 36 68, E-Mail: fleischereien@radatz.com, www.radatz .at, Mo–Fr 8.30–18.30, Sa 8.30–13 (Fei geschlossen). Wiener Küche, täglich wechselnde Menüauswahl (bis € 8,–). 30 Sitzplätze; Schanigarten. 💳 **€**

Trzesniewski Lainzer Straße 1 (Ecke Altgasse), Tel. 876 47 48, 493 13 32-0 (Büro), E-Mail: office@trzesniewski.at, www.speckmitei.at, Mo–Fr 8.30–19, Sa 9–17. Klassisches Wiener Imbiss-Buffet; Aufstrichbrötchen (€ 1,50/Stück), Aufstriche (€ 4,20/100 g); Zustellung mit Taxi; Online-Bestellmöglichkeit auf der Homepage. Schanigarten im Innenhof für 30 Pers. 💳

Würstl-Buffet zum Seidl Hietzinger Hauptstraße 90, Tel. 0699/11 22 45 62, www.zumseidl.at, Mo–Fr 8–22, Sa 9.30–22. Würstl, Leberkäse, Rindsgulasch, Wiener Küche; Mo–Sa 11–15 verschiedene TT (ab € 6,90), z.B. Do u.a. Fleischlaberl sowie Fr Fisch; Puntigamer Panter vom Fass. Drinnen Platz für 40 Pers., Schanigarten für ca. 35 Pers. **€**

Konditoreien, Bäckereien

Aida Maxingstraße 1, Tel. 890 89 22-204, E-Mail: info@aida .at, www.aida.at, täglich 9–18. Konditorei und Kaffeehaus. Schanigarten.

Anker www.ankerbrot.at, kontakt@ankerbrot.at. Brot, Gebäck, Mehlspeisen, täglich laufend frische Snacks. Öffnungszeiten saisonal variabel (s. Homepage). Elisabethallee 81, Tel. 803 45 02, Mo–Fr 6–18, Sa, So, Fei 7–12.30, Schanigarten. Hietzinger Hauptstraße 4, Tel. 876 70 13, Mo–Fr 6–18, Sa 6.30–17, So, Fei 7–17, Schanigarten. 💳

Der Mann Hietzinger Hauptstraße 22/Top 2, Tel. 866 99-9102, www.dermann.at, Mo–Fr 7–18.30, Sa 7–13, So, Fei 7–14, im Sommer variable Öffnungszeiten. Gebäck, Brot, Mehlspeisen, Snacks; mit Kaffee-Ecke. Schanigarten. 💳

Felber www.felberbrot.at, office@felberbrot.at. Ofenfrische Backwaren, Cafeteria, Frühstück, Snacks, Imbisse. Hietzinger Hauptstraße 174, Tel. 877 21 81, Mo–Fr 6–18, Sa 6–13, So, Fei 6.30–13. Hietzinger Hauptstraße 28, Tel. 879 79 70, Mo–Fr 6–18, Sa 6–12 (Fei geschlossen), Schanigarten. Wolkersbergenstraße 1 (Klinik Hietzing), Tel. 802 03 15, Mo–Fr 6.30–16 (Fei geschlossen), Schanigarten. 💳

Gradwohl's Biobackstube Lainzer Straße 3–5, Tel. 877 60 30, E-Mail: office@gradwohl.info, www.gradwohl.info, Mo–Fr 6.30–18, Sa 6.30–12 (Fei geschlossen). Vollwert-Backwaren, Bio-Vollkorn-Mehlspeisen; natürliche Zutaten aus biologischem Anbau.

Hüftgold Lainzer Straße 131, Tel. 394 94 96-13, E-Mail: kontakt@hueftgold.wien, www.hüftgold.wien, Mo–Fr 7–18, Sa, So 10–16. Dependance der gleichnamigen Konditorei am Meidlinger Markt. Jeden Tag frische Ware, weizenfreie Varianten möglich, Spezialität: Bienenstich; diverse Tartes (Mandeltarte, Vanilletarte); original kaiserlicher Marillenkuchen, Cookies, spanischer Mandelkuchen, Torten für Geburtstage und feierliche Anlässe auf Vorbestellung.

Bäckerei Schwarz E-Mail: bs@bswien.at, www.bswien .at, Bäckerei, Café-Konditorei; Wiener Frühstück, Kaffee und

Kuchen, Kinder-Naschecke, ausschließliche Verwendung von Natursauerteig, Eduscho-Kaffee. Auhofstraße 138, Tel. 877 24 75-21, 802 02 02 (Zentrale), Mo-Sa 6-19, So 8-19. Toasts, Suppen; Beinschinken, Eskimo Eis. Extrazimmer; Vorgarten für 60 bis 80 Pers. Hietzinger Hauptstraße 145, Tel. 877 08 38, 802 02 02 (Zentrale), Mo-Fr 6-19, Sa 6-13 (Fei geschlossen). Ruhiger Rosengarten im Hof für 30 Pers. Hietzinger Hauptstraße 70, Tel. 877 22 36, 802 02 02 (Zentrale), Mo-Fr 6-19, Sa 6-13, So, Fei 7-14. Kleiner Schanigarten für 15 Pers. Auhofstraße 201, Tel. 877 73 15, 802 02 02 (Zentrale), Mo-Fr 6-19, Sa 6-13 (Fei geschlossen). Feldkellergasse 26, Tel. 804 36 55, 802 02 02 (Zentrale), Mo-Fr 6-19, Sa 6-13 (Fei geschlossen). Bäckerei mit Stehcafé. Warmer Käse-/Leberkäse. Lainzer Straße 134, Tel. 804 46 57, 802 02 02 (Zentrale), Mo-Fr 6-19, Sa 6-13, So, Fei 7-14. Hietzinger Kai 143 (U4 Ober St. Veit), Tel. 877 77 77, 802 02 02 (Zentrale), Mo-Fr 6-19.30, Sa 6-13 (Fei geschlossen). Terrasse für 20 Pers.

Ströck U-Bahn Station Hietzing (Kennedybrücke), Tel. 204 39 99-830 38, 204 39 99-0, E-Mail: kundenservice@stroeck.at, www.stroeck.at, Mo-Fr 5.30-19, Sa 7-18, So 8-18. Ofenfrisches Brot und Backwaren (von rustikal bis mediterran), Mehlspeisen-Klassiker; Frühstück, schnelle Snacks, Imbisse; Bio-Fairtrade-Kaffee; das gesamte Brot- und Gebäcksortiment ist frei von Zusatzstoffen, breites Angebot an Bio-Produkten.

Konfiserien

Lindt Chocolade-Boutique Hietzinger Hauptstraße 1A, Tel. 601 82-835, E-Mail: MUnterer@lindt.com, www.lindt.at, täglich 10-18. Die erste Lindt-Schokolade-Boutique in Österreich bietet auf 117 m² Verkaufsfläche alles, was das Herz eines Chocoholics begehrt: feinste Pralinen, Tafeln, saisonale Produkte sowie exklusive Produkte, die nur in den Lindt Stores erhältlich sind. Außerdem: Schokoladendrinks (heiß oder eisgekühlt) mit Schokolade frisch vom Schokoladenbrunnen, Kaffeespezialitäten sowie exklusives Lindt Eis in den Sommermonaten. Nur zum Mitnehmen.

Park Confiserie Hietzinger Hauptstraße 6, Tel. 876 70 12, E-Mail: park.confiserie@gmx.at, parkconfiserie.at, Mo-Fr 9-18.30, Sa 9-18 (Fei geschlossen). Traditionelle Süsswaren wie z.B. Krachmandeln oder Trüffelkugeln bis hin zu exklusiveren Schokoladeprodukten der Firma Baratti Milano (Italien). Weitere Produkte der Firma Zotter, Pichler (Österreich) oder Galler, Pralibel (beide Belgien) runden das exklusive Programm ab. Zauner Stollen in 4 Größen. Große Auswahl an Zuckerln und Lakritzprodukten.

Xocolat Lainzer Straße 1, Tel. 876 11 79, E-Mail: xocolat@xocolat.at, www.xocolat.at, Mo-Fr 10-18, Sa 10-17. Schokoladen-Fachgeschäft. Verschiedene Produkte aus hauseigener Manufaktur; Konfekt; Tafelschokoladen; Trinkschokoladen; mit Schokolade überzogene Kakaobohnen; Kuvertüre für Patisserien, unzählige Trüffel sind ebenso erhältlich.

Pub

Das Alt Altgasse 18, Tel. 0664/99 12 49 62, E-Mail: hallo@das-alt.at, das-alt.at, täglich 16-2. Pub mit kleiner Speisekarte wie Burger (auch zum Mitnehmen); 4 Biere vom Fass, Cider, Whisky. Billard, Tischfußball. Schanigarten für 30 Pers. €

Stadtheuriger

Josef II Schönbrunner Schloßstraße 47 (Schloss Schönbrunn Kontrollorstöckl), Tel. 934 62 20, E-Mail: reservierung@heurigerschoenbrunn.at, www.heurigerschoenbrunn.at, täglich 11-23, Küche bis 21. Heuriger im Schloss Schönbrunn. Wirtshausküche sowie traditionelle Wiener Heurigenschmankerl und Weine aus der Region. Terrasse. €€

Teehäuser

Teenorissimo Wittegasse 2 (Ecke St.-Veit-Gasse), Tel. 0676/646 37 03, E-Mail: teenorissimo@gmx.net, www.teenorissimo.at, Di-Fr 9-18, Sa 9-14. Kleines Teehaus, ca. 60 verschiedene Teesorten zu kaufen (Früchtetee, Rooibos, Grün-, Kräuter-, Schwarztee, Gelber Tee, Weißer Tee, Mate), alle Teesorten können auch im Lokal getrunken werden; dazu gibt es selbst gemachte Kuchen, Muffins und Cookies, auch kleines Frühstücksangebot (ab € 3,80), in den Sommermonaten selbstgemachter Eistee (verschiedene Sorten); Teezubehör und zum Tee passendes Süßes. Themenmonate mit jeweiligem Tee und kleinen Mehlspeisen (z.B. marokkanisch, ostfriesisch, englisch), Märchennachmittage für Kinder. Schanigarten für 8 Pers.

Teesalon Tête à Tee Lainzer Straße 130, Tel. 0699/10 19 06 66, E-Mail: tee@teesalon.at, www.teesalon.at, Do-Sa 10-18. Tee und Teezubehör; Verkostungen.

Weinhandlungen

1130wein - Ihre Hietzinger Vinothek Lainzer Straße 1 (Eingang gegenüber Altgasse 27), Tel. 0699/18 00 00 02, E-Mail: vinothek@1130wein.at, www.1130wein.at, Mo-Fr 10-19, Sa 10-15. Schwerpunkt Champagner, Direktimport aus der Champagne, über 150 versch. Winzer-Champagner, österreichische Weine und Spirituosen, mehr als 1000 Weine (1 Liter ab € 4,50), viele Raritäten; Weine von mehr als 50 Winzern, viele zu echten Ab-Hof-Preisen (ab 6 Flaschen). Außerdem Olivenöl, Wenger Senf aus Klagenfurt (2-mal Auszeichnung als weltbester Senf), alkoholfreier Wein; Holzprodukte von der Behindertenwerkstätte Balance, Direktimport italienischer und französischer Weine und Feinkostprodukte uvm. Verkauf von MT Gläsern (Marktthomas) und Vinturi Weinbelüftern, Robert Sponer-Triulzi ist Generalvertreter des amerikanischen Patents Vinturi in ganz Wien.

Wein & Co Hietzinger Hauptstraße 22 (Ekazent Hietzing), Tel. 050/706-3171, E-Mail: hie@weinco.at, www.weinco.at, Mo–Sa 9.30–23 (Fei geschlossen), Küche Mo–Fr 15–22, Sa 12–22. Bar und Weinhandlung. Größtes Fine Wine Sortiment Österreichs, mehr als 2000 Weine aus aller Welt; erweitertes Angebot an Ikonen, Sammlerstücken und limitierten Spitzenweinen; vielfältiges Zusatzsortiment. Das Besondere: die im Shop erhältlichen edlen Tropfen kann man sich im Lokalbereich servieren lassen (Aufpreis inkl. einer großen Flasche Vöslauer). Die Barrechnung ist gleichzeitig eine Gutschrift für den Shop (10 %). Klimaanlage; Eventraum; ganzjährige Terrasse.

Wiener Kaffeehäuser

Café Dommayer – Kurkonditorei Oberlaa Auhofstraße 2 (Ecke Dommayergasse), Tel. 877 54 65-0, E-Mail: dommayer@oberlaa-wien.at, www.oberlaa-wien.at, täglich 7.30–20.30. Köstliche Torten, Kuchen, Konfekt und warme Mehlspeisen aus eigener Patisserie, Kaffee- und Teespezialitäten, Coffee to go, im Sommer hausgemachtes Eis; Frühstück; saisonale Spezialitäten, Wiener und internationale Küche ab 11 (Tagesspezialitäten € 8,- bis € 24,-). Zeitungen (auch international). Klimaanlage. Schanigarten für 70, großer Gastgarten für 260 Pers. Behinderten-WC.

Café Gloriette Schloß Schönbrunn (Gloriette), Tel. 879 13 11, E-Mail: office@gloriette-cafe.at, www.gloriette-cafe.at, täglich ab 9, bis 1 Stunde vor Parksperre, durchgehend warme Küche. Österreichische Küche; Sa, So, Fei ab 9 Sisi-Buffet mit klassischer Musik (Reservierung erforderlich); hausgemachte Mehlspeisen, große Eiskarte. Österreichische Zeitungen. Für private Feste, Hochzeiten, Firmenfeiern zu mieten (120 Sitzplätze); Kindersessel, Wickeltisch; in den Sommermonaten auch Sitzplätze auf der Freitreppe und im Schanigarten für ca. 180 Pers.; herrlicher An- und Ausblick, über Schloss Schönbrunn noch weit hinausgehend. Hunde im gesamten Schlosspark verboten.

Café Residenz Schloß Schönbrunn Kavalierstrakt 52 (neben dem Eingang „Schauräume"), Tel. 24 10 03 00, E-Mail: residenz@cafe-wien.at, www.cafe-residenz.at, täglich 10–18, aktuelle Öffnungszeiten s. Homepage. Wiener Kaffeehaus im Schlosshof Schönbrunn. Kaffeespezialitäten, hausgemachte Torten, warme Wiener Mehlspeisen, kleine Kaffeehausgerichte, Snacks und Salate. Kindersessel, Wickeltisch. Klimaanlage; 3 Gasträume, Feiern bis 120 Pers. (Buffet möglich), Gastgarten für 380 Pers. (witterungsfest, überdacht mit Markise und Terrassenkühlung). Catering. Apfelstrudel-Backkurse nach Reservierung. €€€

Schönbrunner Schlosscafé Hietzinger Hauptstraße 10–14 (im Parkhotel Schönbrunn), Tel. 878 04-622, E-Mail: fsbmanager.parkhotel.schoenbrunn@austria-trend.at, www.austria-trend.at/paw, täglich 8–22.30, Küche bis 22, Rezeption rund um die Uhr besetzt. Wiener Kaffeehaus, vom À-la-carte-Frühstück oder Frühstücksbuffet (€ 22,–) bis hin zum Fine-Dining; frisch zubereitete, hausgemachte Mehlspeisen; Kinderportionen, -sessel, Wickeltisch. Küchenchef Wahlmenü (individuelles Gängemenü je nach Anfrage möglich, 1 bis 2 Wochen vorher reservieren), Tageszeitungen, Zeitschriften; 8 Konferenzräume und klassischer Ballsaal mit Elementen aus der Kaiserzeit mit Platz für Veranstaltungen bis 420 Pers.; gesamtes Hotel bis zu 1500 Pers.; Terrasse für 30 Pers. Behinderten-WC.

14., PENZING

Penzing ist, dem Wienerwald sei Dank, hinter dem Nachbarn Hietzing Wiens zweitgrünster Bezirk. Zwar lebt man hier, im Vergleich zum g'stopften 13., bescheidener – was Gehalt, Wohnfläche, Akademiker*innenanteil, Gäste- und Hundedichte betrifft, hält Penzing ziemlich genau den Wien-Durchschnitt –, in Sachen spannender Kulinarik ist der 14. aber auf Augenhöhe mit dem Nachbarn. Soll heißen: da ist noch viel Luft nach oben. Wobei es natürlich auch hier verlässliche Klassiker gibt. Etwa das Bezirksurgestein Gasthaus Prilisauer, wo seit 1882 gutbürgerliche Wiener Küche zubereitet wird.

Oder, um ein Jahrhundert plus einige Dekaden jünger, aber auch schon über zwanzig Jahre vor Ort: der Futterboden in der Flachgasse, das verlässlich tolle Wiener und mediterrane Küche macht.

Der Bär steppt eher in Neu-Penzing – wenn überhaupt. In diesem Grätzel befindet sich die jüngere, wagemutigere Abteilung: etwa das Radgeschäft/Bistro Velobis, das 2015 die Räumlichkeiten des ehemaligen Gloriette-Kinos in der Johnstraße bezog und dort afrikanisch-europäische Fusionsküche serviert. Oder das indisch-bangladeschische Daily Spice einen Steinwurf weiter auf der Linzer Straße, mit seiner großen Auswahl an Currys. Und wie es aussieht, wird sich die Penziger Gastro-Landschaft auch dieses Jahr nicht fundamental ändern: Kaum spannende Neueröffnungen oder schmerzhafte Abschiede. Das größte Potenzial, jüngeres Publikum im Bezirk zu erfreuen, hat das neue Restaurant/Bar Kenks, das in Breitensee mit Hipsterlokal-üblichem Design und Karte startete. Im Westen also nichts Neues.

Jin's Ramen
Chinesische Nudelsuppe und hausgemachte Teigtaschen ... S. 407

DIE BESTEN 9 IM 14. BEZIRK

Bio-Meisel – Kulturwirtshaus
Ein Penzinger Eckbeisl, das seit zwei Jahren als biozertifiziertes Kultur-Beisl die Nachbarschaft mit Fisch- und Fleischgerichten in Bioqualität und Veganem/Vegetarischem versorgt ... S. 403

Daily Spice
Indisch-bangladeschisches Lokal, in dem es auf kleinem Raum allerlei recht preiswerte Currys und Streetfood zu speisen gibt ... S. 407

Futterboden
War lange Zeit ein bisschen zu posh für die Hood. Nach der Neuübernahme vor sechs Jahren ist die Schwelle zu Wiener und mediterraner Küche niedriger gelegt worden. Hübsches, modernes Lokal mit schönem Segeltuch-beschatteten Hofgarten ... S. 403

Gasthaus Mariabrunn
Exzellente Wiener Küche mit ungarischen Einflüssen in sehr arg rustikalem Ambiente ... S. 404

Gasthaus Prilisauer
Zwar wenig idyllisch an der Linzer Straße gelegen, aber eines der ältesten Vorstadtwirtshäuser Wiens. Die Familie Prilisauer macht hier bereits in fünfter Generation gutbürgerliche Wiener Küche ... S. 405

Mitra
Nettes Hütteldorfer Familienlokal, das mit levantinischen Spezialitäten, Pizza aus dem Holzofen und massig Deko Urlaubserinnerungen heraufzubeschwören versucht ... S. 409

s'Baumgarten
Grätzelwohnzimmer direkt beim Casino Baumgarten, das der Betreiber Karl Pichler als One-Man-Show schupft: Er kocht, er serviert, er scherzt, er tontechnikt – ja, s'Baumgarten versteht sich als Kulturcafé ... S. 405

Schutzhaus Laudonwiese
Veritabler Geheimtipp: bestes Essen weit und breit in Kleingarten-Atmosphäre ... S. 406

Velobis
Gemütliches Fahrradshop/Café/Bistro im ehemaligen Gloriette-Kino, in dem afrikanische Fusionsküche und einiges Veganes und Vegetarisches geboten werden ... S. 409

Gaststätten, Restaurants, Wiener Beisln

Anna & Jagetsberger Breitenseer Straße 40, Tel. 0699/10 62 00 26, anna-jagetsberger.at, Mo–Fr 11–22, Sommerurlaub siehe Homepage. Österreichische Küche und regionale Speisen; täglich 12–15 verschiedene MM (ca. € 10,50 bis € 14,50), ab 15 Focaccia, Salat, Quiche, Desserts etc., hausgemachte Mehlspeisen, im Sommer ab 14 Eis von Vanella Bar del Gelato; Hauslimonade, Mostviertler Säfte, Trumer Bier. Kinderportionen, kleine Sessel. Veranstaltungen nach Ankündigung. Schanigarten. **€€**

Café-Restaurant-Bar Bebop Breitenseer Straße 39, Tel. 0660/341 02 39, E-Mail: info@bebop-daslokal.at, www.bebop-daslokal.at, Mo–Sa 16–24, So 10–22, Küche bis 22. Sehr liebevoll gestaltetes Lokal mit jungem Team; regionale Wiener und internationale Küche, spanische Schmankerl (Tapas) und vegetarische/vegane Speisen; frischgepresste Säfte, Biere vom Fass (Weitra, Zwettler, Hadmar Bio); So 10–15 Jazzbrunch mit Livemusik und Buffet, Fr ab 20 Quizabend, jeden Do ab 19 Johann Stojka und die Jazzdirektoren, jeden 1. Mo/Monat spielen die Vienna Jazz Serenaders. Räumlichkeiten für private Feiern bis 40 bzw. 70, hübscher Schanigarten für 80 Pers. **€€**

Bio-Meisel – Kulturwirtshaus Gurkgasse 55 (Ecke Meiselstr.), Tel. 0660/796 10 62, E-Mail: bio-meisel@gmx.at, www.bio-meisel.at, Di–Do 11–22, Fr, Sa 11–23, So 11–15 (Fei geschlossen), Abholung 11.30–21. Wirtshaus und Bio-Laden. Österreichische Küche mit vegetar. und veganen Optionen. Ausschließlich Bio-Speisen wie Schnitzel mit Erdäpfelsalat, Bio-Saibling aus dem Ausseerland und Topfenstrudel; Di–Fr bis 15 MM; Kinderportionen, -sessel, Spielsachen. Laufend Veranstaltungen (Konzerte, Lesungen, Vernissagen etc., Termine siehe Homepage). Extraraum für 25 Pers.; Schanigarten für 25 Pers. in der Meiselstraße. 💳 **€€**

Gasthaus zum Breitenseer Breitenseer Straße 18, Tel. 0699/10 23 51 65, gasthaus-zum-breitenseer.eatbu.com, Mo–Sa 6–24, So, Fei 8–24, warme Küche bis 23. Frühstück bis 10.30 (ab € 7,50); Wiener Küche (werktags Tagesangebot € 7,30/2 Tagesmenüs ab € 7,30/TT € 9,30); Krokodil, Känguru, Strauß auf Vorbestellung (1 Woche vorher). Abends ab und zu Livemusik (Akkordeon). Schanigarten für 16 Pers. **€**

Breitenseer Biergart'l Huttengasse 1, Tel. 985 47 70, E-Mail: info@breitenseer-biergartl.at, www.breitenseer-biergartl.at, Mo–Fr 11–23, Sa 16–23. Bierpub mit österreichischer Küche, vegetarische und saisonale Speisen, Pfandlgerichte (MM ab € 9,50); Seniorenportionen, Kinderportionen, -sessel; 8 Fassbiere (eines wechselt monatlich), ausschließlich österreichische Weine. Veranstaltungen: Grillabende, Frühschoppen, Ganslessen, Stelzenessen etc. Gastgarten für 75 Pers. 💳 **€€**

Chalet Moeller Amundsenstraße 5, Tel. 484 21 63, E-Mail: office@chalet-moeller.at, www.chalet-moeller.at, Mi–Sa 11.30–23, So 11.30–22, Küche bis 21.30. Neu interpretierte Wiener Küche; hausgemachtes Eis; Cocktails, hausgemachte Limonade und Eistee. Designer-Lounge, drinnen Samt und Glas, riesiger Edel-Gastgarten für 100 Pers. 💳 **€€€**

Restaurant Europahaus Linzer Straße 429, Tel. 576 66-93, E-Mail: events@europahauswien.at, www.europahauswien.at, für Veranstaltungen und geschlossene Gesellschaften ab 50 Pers. geöffnet. Klassische Wiener und modern inspirierte regionale Küche; Buffet oder serviertes Menü. Kinderspeisen, 7 Kindersessel, Wickeltisch. Restaurant für 100, Schloss Miller-Aichholz für 300, Orangerie für 120 Pers.; Konferenzzentrum im Europahaus: 1 großer Raum für 250, 4 Seminarräume für 30 bis 120 Pers.; Gastgarten für 70 Pers. Hotelbetrieb. Behinderten-WC. ♿ 💳 **€€€**

Fisch & Co Hütteldorfer Straße 191, Tel. 914 74 94, 0660/914 74 94, E-Mail: office@fisch-co.at, www.fisch-co.at, Fr 10–18, Sommerpause (Termin siehe Facebook-Seite). Fischhandlung mit Restaurant; Fisch- und Meeresfrüchte ausschließlich von ausgewählten Zulieferern aus der ganzen Welt; frische heimische Fische vom Millstätter See, Meeresfische; hausgemachtes Kürbiskernöl, Bio-Gemüse von Pepi Hopf. Tagestipp (wechselndes Fischgericht mit Salat); Bio-Weine von Fidesser, mit Mischgas gezapftes Budweiser. Cake Pops made by jott. Sitzplätze für 20, Schanigarten für 10 Pers. **€€**

Gasthaus Flötzersteig Flötzersteig 115, Tel. 914 73 66, Di–So, Fei 9–22, Küche bis 21. Wiener Küche und Speisen vom Balkan, Grillspezialitäten (Di–Do MM € 9,–, Fr € 10,–, Sa, So, Fei € 15,–); Kinderspeisen, 2 Kindersessel. Schanigarten für 30 Pers. Barrierefreier Zugang. **€**

Futterboden Flachgasse 5, Tel. 924 19 42, E-Mail: buero@futterboden.at, www.futterboden.at, täglich 11–23, warme Küche 11.30–22. Wiener Küche mit mediterranen Einflüssen, Fisch und Meeresfrüchte (Mo–Fr 11.30–14 MM ab € 6,60); Schremser vom Fass, österreichische Weine, hausgemachte Limonaden und Eistee, hausgemachte Mehlspeisen. Gastgarten im Innenhof für 40 Pers. 💳 **€€**

Gasthaus Genuss Hütteldorfer Straße 200, Tel. 956 81 73, E-Mail: office@gasthaus-genuss.at, www.gasthaus-genuss.at, Mo–Fr 10–23, So, Fei 13–21, warme Küche 11–15 und 18–21; im August tlw. Sommerpause (s. Homepage). Wiener Küche und Hausmannskost (Mo–Fr 11–15 4 MM € 9,90 mit Tagessuppe), saisonale Spezialitäten (z.B. Schwammerl); österreichische Weine. Lokal für private Feiern geeignet. Schanigarten für 30 Pers. **€€**

Goldener Baum Waidhausenstraße 35, Tel. 914 41 96, E-Mail: goldener.baum@chello.at, gasthaus-goldener-baum.business.site, Di–Fr 10–21, Sa, So 10–19, durchgehend warme Küche; bei Veranstaltungen auch länger geöffnet. Wiener und vegetarische Küche; Kinderspeisen, -sessel, Spielsachen, Wickeltisch. TV für Sportübertragungen; private Feste bis 60 Pers. möglich; Extrastüberl zum Mieten für 25, Gastgarten für 120 Pers. **€€**

Happy Henrietta Albert-Schweitzer-G. 6 (Auhofcenter, 2. OG, neben Cineplexx), Tel. 05/077 06 11, E-Mail: happy@happyhenrietta.com, www.happyhenrietta.com, Mo–Do 10–20, Fr 10–21, Sa 10–19 (Fei geschlossen). Schnelles und gesundes Essen mit Fokus auf Hendl, z.B. Grillhendl, Burger, Wraps und Salate, auch vegetarische Gerichte; Speisen auch zum Mitnehmen. Catering ab 10 Pers. zur Selbstabholung. Sonnenterrasse. **€**

Restaurant das Hütteldorfer Hackinger Straße 154a (Bahnhof Hütteldorf), Tel. 0677/63 66 28 06, E-Mail: service@dashütteldorfer.at, dashuetteldorfer@icloud.com, bestellung@dashütteldorfer.at (Bestellungen), hütteldorfer.at, Mo–Fr 10–22. Österreichische und Wiener Küche (MM ab € 7,80), saisonale Spezialitäten-Wochen (Eierschwammerl, Spargel, Wild, Bärlauch,...); Kinderspeisen, -sessel. **€€**

Kantine Vier Zehn Goldschlagstraße 169 (in der Sargfabrik), Tel. 988 98-121, E-Mail: buero@sargfabrik.at, sargfabrik.at/kulinarik/restaurant-bar, Mo–Fr 9–22 (Fei geschlossen), im August 1 Woche Betriebsurlaub (Termin s. Homepage). Sozialökonomisches Projekt, das Menschen über 50 einen erfüllenden Job im Gastgewerbe anbietet. Hausmannskost, täglich frisch mit Kräutern zubereitet (2gg MM vegetarisch bzw. mit Fleisch € 8,80; 2 täglich wechselnde Abendangebote Fleisch/vegetarisch); Silber Zertifizierung mit dem „Natürlich gut essen"-Siegel der Stadt Wien; BIO Genusswerkstatt (hausgem. Pestos, Sugos, Marmeladen etc.); selbstgemachter Eistee, Bio-Limonaden. Behinderten-WC; Wickeltisch und Kindersessel. Terrasse für 30 Pers. **€**

Kenks Tiefendorfergasse 1, Tel. 942 05 92, E-Mail: info@kenks.at, www.kenks.at, Di–So 9–23. Internationale Küche; Frühstück. Schanigarten. **€€**

Lindbergh Linzer Straße 179, Tel. 416 43 35, E-Mail: mahlzeit@lindbergh.wien, www.lindbergh.wien, Mo–Do 11.30–15 und 17.30–22, Fr 11.30–22 (Fei geschlossen), Fenstertage geschlossen, Sa exklusiv für Feiern und Veranstaltungen ab 25 Pers. buchbar. Österreichische Küche, auch internationale Speisen; saisonale Spezialitäten, frische regionale Zutaten. 4 MM wahlweise mit Suppe oder Salat (ab € 9,90). Ausgedehntes Weinangebot mit über 70 versch. Positionen; Pilsner Urquell und Kozel dunkel vom Fass; hausgem. Eistees und Limonaden; hausgem. Desserts. Kinderportionen (auf Anfrage), Kindersessel, Wickeltisch. Innenhofgarten für 40 Pers. **€€**

Gasthaus Mariabrunn Hauptstraße 48, Tel. 0664/174 17 15, E-Mail: bestellung@gasthausmariabrunn.at, gasthausmariabrunn.at, Di–Sa 10–22, So, Fei 10–15, warme Küche 11–15 und 16.30–21 bzw. 14. Familiäres Gasthaus mit österreichischer und Waldviertler Küche (Di–Fr 2 MM ab € 9,–); Kinderspeisen, -sessel, Naschereien; Mariabrunnbräu vom Fass, diverse Flaschenbiere, 20 österreichische Bouteillenweine, Dessertwein; Fr und Sa ab 17 Spezialitätenessen; regionale und saisonale Spezialitäten; saisonale Events. Catering und Partyservice. Extraraum für ca. 50; überdachter Schanigarten für ca. 50 Pers. Hintereingang über den Garten barrierefrei. AMA-Gastrosiegel, Lieblingswirt in den Jahren 2014 bis 2021. **€€**

Café Mario Linzer Straße 202, Tel. 914 83 87, www.cafemario.at, täglich 8–22, warme Küche bis 14.30. Frühstück bis 11; Wiener Küche und saisonale Gerichte (tägl. MM € 8,90 bis € 12,90), hausgemachte Mehlspeisen; Kinderportionen; Speisen auch zum Mitnehmen. Sky Bundesliga-Übertragungen und DAZN-Sportübertragungen. Schanigarten für 8 Pers. Keine Hunde. **€**

Medl-Bräu Linzer Straße 275, Tel. 914 43 40, E-Mail: office@medl-braeu.at, www.medl-braeu.at, Di–Sa 10–24 (Fei geschlossen), warme Küche bis 22.30. Deftige Bierspeisen und Brote, vegetarische und saisonale Gerichte (TT € 8,50 bis € 12,60); Kinderspeisen; selbst gebrautes Bier, im Sommer Weizenbier, im Winter Bockbier. Viel Holz; Garten für 120 Pers. **€**

Musil Braillegasse 14, Tel. 914 62 45, E-Mail: office@restaurant-musil.at, www.restaurant-musil.at, Mo, Di, Do–So 10–23, warme Küche 11–21.30. Große Speisekarte, täglich wechselnde Angebote (werktags 11–14 MM ab € 9,90), Spezialitätenwochen (böhmische Wochen, Wild-, Fisch-, Rindfleischwochen etc.); Do bei Schönwetter Holzkohlengrillabend, April bis Dezember jeden Mo Schnitzelspezialitäten, gelegentlich Schlachtessen, Spanferkelabende, Ganslessen, Musikabende; Kinderportionen, -sessel, Wickeltisch. Extrazimmer für 50, großer schattiger Garten für 170 Pers. Rollstuhlrampe. **€€**

Zum Ochsenkopf Karl-Bekehrty-Straße 60, Tel. 914 21 87, E-Mail: christian.konrad@hotel-ochsenkopf.at, www.hotel-ochsenkopf.at, Mo–Mi, Sa, So, Fei 11–22, warme Küche bis 21, Öffnungszeiten variieren je nach Saison (siehe Homepage). Hausmannskost; Ochsenkopf-Platte für 2 Pers., Schlachtplatte, Wildspezialitäten, vegetar. Gerichte, saisonale Spezialitäten; Seniorenportionen; MM, Kinderkarte, -sessel. Alle Speisen auch zum Mitnehmen. Saal für 100, Extrazimmer für 30, weiterer Saal für 80 Pers.; für bis zu 80

Pers. mietbar. Schattiger Gastgarten für 120 Pers. Fremdenzimmer; eigener Parkplatz. Rollstuhlrampe. **€€**

Peschta Bahnhofstraße 28, Tel. 914 42 47, E-Mail: gasthaus@gasthaus-peschta.at, gasthaus-peschta.at, Mo–Fr 9–23 (Fei geschlossen), durchgehend warme Küche außer 15–17. Traditionelle Wiener Küche im astreinen 60er-Design (11–15 MM ab € 6,50), zuverlässigste Adresse in unmittelbarem Stadion-Umfeld. Saisonale Spezialitäten (Eierschwammerl, Bärlauch etc.); Senioren- und Kinderportionen, Kindersessel; gepflegte Biere (unter anderem das in Gablitz gebraute Hütteldorfer-Bräu). TV für Sportübertragungen. Gastgarten für 50 Pers. **€€**

Gasthaus Prilisauer Linzer Straße 423, Tel. 979 32 28, E-Mail: office@prilisauer.at, www.prilisauer.at, Mi–So, Fei 11–23, durchgehend warme Küche bis 22. Familienbetrieb seit 139 Jahren, Hermann und Barbara Prilisauer führen das gepflegte Wiener Vorstadtrestaurant bereits in der 5. Generation. Klassische Wiener und österreichische Küche mit Hauptaugenmerk auf saisonale und regionale Spezialitäten (Wienerwald Weiderind, Bärlauch, Spargel, Schwammerln, Wild, Gansln etc.). Mi–Sa ab 11 MM ab € 9,30; vegetarische und vegane Speisen; Kinderspeisen, -sessel, Wickeltisch; Hütteldorfer Bräu vom Fass, ausschließlich österreichische Weine. Spezialist für Feiern jeglicher Art (10–100 Pers.). Wiener Salettl mit Wintergarten, schattiger Gastgarten unter alten Kastanien. Mitglied Kulinarisches Erbe Österreich - AMA Gastrosiegel. 💳 **€€**

Restaurant Regio Schloßallee 8 (im Radisson Blu Park Royal Palace), Tel. 891 10, E-Mail: park.royal.palace@austria-trend.at, www.austria-trend.at/de/hotels/park-royal-palace/restaurant-bar, Mo–Fr 6.30–10.30 und 18–22, Sa, So, Fei 6.30–11 und 18–22. Österreichische Klassiker zeitgemäß interpretiert unter Verwendung saisonaler Produkte, großes Frühstücksbuffet, 12–14 à la carte und Business Lunch (nur auf Anfrage) sowie Snacks aus der Hotelbar, 18–22 à la carte; Auswahl an Weinen mit Schwerpunkt Österreich. Terrasse für 24 Pers. 💳 **€€€**

Reigen Hadikgasse 62, Tel. 894 00 94, E-Mail: kulturverein@reigen.at, www.reigen.at, Di–Do 18–24, Fr, Sa 18–2 (bei Bedarf auch länger), Küche bis 24, bei Veranstaltungen und Reservierung länger geöffnet; im Sommer Urlaub siehe Homepage. Lokal mit Jugendstilelementen; gehobene Wiener und internationale Küche, vegetarische Spezialitäten, vegane Gerichte, saisonale Speisen (TT); wechselnde Tageskarte. Blues, Rock, südamerikanische Musik, Jazz. Extraraum für 40 bis 80, Garten für 40 Pers. **€**

Gasthaus Reinwald Sofienalpenstraße 1, Tel. 0676/630 22 53, E-Mail: info@trike-reinwald.at, www.trike-reinwald.at, Mo–Fr 10–22, warme Küche bis 20, Brote bis 22, für Veranstaltungen auch am Wochenende geöffnet. Frühstück bis 11 (ca. € 3,50); Wiener Küche (11–14 MM), vegetarische Gerichte, gratinierte Riesenbrote, Spezialitätenwochen (Gansl, Wild); Senioren- und Kinderermäßigung, Kindersessel, Spielsachen, Wickeltisch; Catering. Angeschlossene Vinothek mit ausschließlich österreichischen Weinen, Ab-Hof-Verkauf. TV; Veranstaltungen für 20–50 Pers. möglich (z.B. Hochzeiten). Extrasaal für 50, Biergarten für 60 Pers. Parkplatz. Behinderten-WC. ♿ **€€**

Rieglerhütte Karl-Bekehrty-Straße 181, Tel. 911 37 38, E-Mail: office@rieglerhuette.at, www.rieglerhuette.at, April bis November Fr–So, Fei ab 11 (Ostern bis Martini), bis Sonnenuntergang; durchgehend warme Küche, bei Schlechtwetter abweichende Öffnungszeiten möglich. Ausflugslokal mitten im Grünen, seit 1850 im Besitz der Familie Prilisauer. Saisonale und regionale Küche, z.B. Tullnerfelder Schwein vom Holzkohlengrill, Würste von der Fleischerei Metzker aus Hernals, Backhendl, vegetarische und vegane Spezialitäten wie Bärlauch, Schwammerl, Kürbis u.v.m. Im November nach Vorreservierung Martinigansln. Selbstbedienung mit Pagersystem. Feiern von 15 bis 130 Pers. möglich (sowohl im Freien als auch in der Hütte). Schöner, großer Garten mit Kinderspielplatz, Fußballplatz und Reitstall zum Ponyreiten nebenan. 2 km Fußweg zur Karl-Bekehrty-Straße, die Zufahrt mit dem Auto ist nur am Freitag ab 15 Uhr gestattet, bei Feiern und Veranstaltungen gibt es Einfahrtsgenehmigungen. 💳 **€€**

Großes Schutzhaus Rosental Heschweg 320, Tel. 911 47 51, E-Mail: wien.rosental@gmx.at, www.schutzhaus-rosental.at, täglich 10–23, Küche Mo–Sa 11–21, So 11–20; bei Veranstaltungen (Hochzeiten, Geburtstage etc.) bis 3. Hausmannskost, saisonale Speisen (Mo–Fr MM ab € 8,50, Fr Fischmenü um € 9,50); Kinderspeisen, -sessel. Monatsbiere von Kleinbrauereien, saisonale Spezialitätenkarte. Private Feiern im großen Veranstaltungssaal bis 200 Pers., Veranda für 60 Pers. Neu gestalteter, großer Naturgarten für 150 Pers. mit wunderschönem Blick auf das Rosental und neuem Kinderspielplatz. Barrierefreier Zugang. 💳 **€€**

S'Baumgarten Linzer Straße 297, Tel. 0681/84 94 16 11, E-Mail: wohnzimmer@sbaumgarten.at, www.sbaumgarten.at, Mo–Fr 16–23 (Fei geschlossen), durchgehend warme Küche. Österreichische und Wiener Klassiker in gemütlicher Wohnzimmeratmosphäre; Kinderportionen auf Wunsch; hausgemachte Fruchtsäfte, Mehlspeisen und Brot; Murauer und Kobersdorfer Pils vom Fass, Weine aus Niederösterreich, Burgenland und der Steiermark. Hintergrundmusik. Regelmäßig Live Musik. Gastgarten für 22 Pers. Barrierefreier Zugang. 💳 **€€**

Schani's Beisl Linzer Straße 241, Tel. 0680/302 33 03, Mo–Fr 9–24 (Fei geschlossen). Diverse Snacks und Gulasch. TV. Extrazimmer und Schanigarten für je 16 Pers.

Kleines Schutzhaus Rosental Rosentalgasse Parzelle 667, Tel. 914 08 18, E-Mail: kleines-schutzhaus@gmx.at, www.kleines-schutzhaus.at, Mi, Do 11–20, Fr–So, Fei 11–21, durchgehend warme Küche bis 18 bzw. 20. Am Unterlauf des Rosenbachs gelegen und von Kleingärtner*innen gerne besucht; urige Atmosphäre, deftige Hausmannskost, vegetarische und saisonale Gerichte, Spezialist für Paniertes aller Art (Mi–Fr MM € 9,90); Kinderspeisen, -sessel; 1 Fassbier. Ab und zu Fr Live-Musik; für Veranstaltungen bis 40 Pers. geeignet. Garten für 50 Pers. Hunde erlaubt. Parkplätze vorhanden. **€€**

Schutzhaus Am Ameisbach Braillegasse 3, Tel. 914 61 55, E-Mail: schutzhausameisbach@hotmail.com, www.schutzhaus-ameisbach.at, Mi–So, Fei 11–23, warme Küche 11.30–21.30. Wiener Küche (MM 11.30–14 € 9,90), saisonale Speisen, variierende Wochenkarte; 5 offene Biere; Kinderspeisen, -sessel, Wickeltisch. Gelegentlich Veranstaltungen. Räumlichkeiten für Veranstaltungen für bis zu 220 Pers., Garten für 300 Pers. 💳 **€€**

Schutzhaus Laudonwiese Friedhofstraße 19, Tel. 0650/424 19 79, schutzhaus.laudonwiese.at, Mi–So, Fei 10–22, warme Küche 12–21. Felix Schmid, der früher im Hilton und sogar im Tantris bei Eckart Witzigmann gekocht hatte, sorgt hier für saisonale Schmankerlküche (z.B. Schwammerl, Wild) aus österreichischen Zutaten (Mi–Fr 12–15 MM € 8,20 bis € 21,90), Fisch aus nachhaltiger Fischerei, teilweise Verwendung von Bioprodukten; Sa Abend immer wieder Veranstaltungen wie spanischer oder koreanischer Abend (auch mit Musik, z.B. Flamenco); Budweiser vom Fass, österreichische Weine. Offene Küche. Catering. Gastgarten und Sonnenterrasse in Grünruhelage für 40 bis 50 Pers., Wiese zum Spielen für Kinder. **€€**

Sophienalpe Sofienalpenstraße 113, Tel. 0660/810 05 47, E-Mail: sophienalpevienna@gmail.com, sophienalpewien.at, Do, Fr 11–23, Sa, So, Fei 9–23. Österreichische Küche mit regionalen Zutaten; zwei offene und einige Flaschenbiere. Kinderspeisen, -sessel, Spielwiese mit Schaukel. Extrazimmer für bis zu 300 Pers., Gastgarten für ca. 1000 Pers. Hauseigene Bäckerei und Konditorei. Gästezimmer. 💳 **€€**

Stag's Head Keißlergasse 1–3, Tel. 904 74 81, E-Mail: welcome@stags-head.at, www.stags-head.at, Di–Do 15–24, Fr 15–1, Sa 12–1, warme Küche bis 22.30, So, Mo bei Rapid Heimspielen geöffnet. Burger (ab € 11,90), Brote und kleine Speisen, Ribs; Di Spareribstag (€ 16,90), Mi Schweinsbratentag (€ 8,50); Do Burgertag (€ 9,50); Fass- (Guinness, Kilkenny, Strongbow, Zwickl) und Flaschenbiere; täglich 18–21 Happy Hour (Cocktails um 6,90). 5 Flatscreens, 2 Leinwände für Live-Übertragungen (Fußball), jeden Fr Livemusik (außer im Sommer), jeder erste Fr im Monat Karaoke. Gastgarten für 80 Pers. Behinderten-WC. ♿ 💳 **€€**

Stüberl zum Weststadion Deutschordenstraße 16, Tel. 914 94 65, Mo–Fr, So, Fei 9.30–22, Sa bei Fußballspielen geöffnet, warme Küche bis 21. Vor allem von Rapid-Fans besuchtes Lokal mit Hausmannskost und saisonalen Speisen (MM € 7,50); Ottakringer vom Fass. TV. Schanigarten für 16 Pers. **€**

Wiener Grill Haus Hadikgasse 40, Tel. 0676/751 30 93, E-Mail: wienergrillhaus14@gmx.at, www.wienergrillhaus.at, täglich 11–23, Küche bis 22. Hausgemachte Grillspezialitäten von Schweinekotelett bis Cevapcici; Kinderspeisen. 💳 **€€**

Amerikanisch

Le Burger Albert-Schweitzer-Gasse 6 (Auhofcenter (2. OG)), Tel. 907 44 58, E-Mail: office@LeBurger.at, www.LeBurger.at, Mo–Do, So, Fei 11–22, Fr, Sa 11–23. Handgemachte Burger zum Selbstgestalten: 6 Basis-Burger (Hamburger, Cheeseburger, Bacon Burger, Bacon-Cheese Burger, Chicken Burger, Veggie Burger) dazu Toppings, Saucen und Extras nach Wahl; Steak; Salate; Desserts, Bowls, Super Fries, Iceshake, Cocktails. Wickelmöglichkeit und Behinderten-WC in der Anlage. Wintergarten, Terrasse. ♿ 💳 **€**

Asiatisch

L421 Linzer Straße 421, Tel. 914 26 20, E-Mail: onli421@yahoo.de, www.l421.at, Di–So, Fei 11.30–14.30 und 17.30–23. Designerasiate des Architekturbüros BEHF mit panasiatischer Küche (Di–Fr MM € 8,80 bis € 10,50), Fischspezialitäten, saisonale Gerichte; hochwertiges Teesortiment aus biologischem Anbau; Kinderportionen, -sessel. Klimaanlage. Gästeparkplatz. 💳 **€€**

Red Chili Hütteldorfer Straße 183, Tel. 0676/720 38 88, cassiuszheng.wixsite.com/redchili, Mo–Fr, So, Fei 11–20. Asiatische Küche (Mo–Fr 11.30–14.30 TT ab € 7,–); alle Speisen zum Mitnehmen und Zustellung in die Bezirke 13 und 14 (ab € 10,–). Offener Bücherschrank zum Bücherausborgen und -spenden (auch für Nicht-Gäste). 💳 **€**

Restaurant Rise Hütteldorfer Straße 90, Tel. 990 44 27, 0699/11 44 81 69, täglich 11.30–22. Chinesische, japanische und thailändische Spezialitäten, All-you-can-eat-Buffet (Mo–Fr bis 17 € 9,50; Sa, So, Fei bis 15 € 10,90, mit Teppanyaki € 12,90 (Happy-Hour Sa, So, Fei 15–17 € 11,90)/abends Buffet bis 21 € 12,90, mit Teppanyaki € 15,90/Kinder bis 110 cm € 3,–, bis 140 cm halber Preis). Kindersessel, Wickeltisch. Wintergarten für 40, Gastgarten für 50 bis 70 Pers. Hunde nur im Wintergarten und Gastgarten erlaubt. 💳 **€**

Tao Garten Baumgartner Höhe 282, Tel. 0660/678 91 18, www.taogarten.at, Di-So 11-22. Asiatische Fusionsküche; Nigiri-Sushi, diverse Arten von Maki-Sushi und Sushi-Rolls, Sashimi, sowie Spezialitäten aus China, Korea und Thailand. Di-Fr 11-15 MM (€ 9,30 bis € 11,50); Gösser vom Fass. Kindersessel. Großer, ruhiger Gastgarten für 100 Pers. Behinderten-WC.

Chinesisch

Feine Sichuan Küche Hütteldorfer Straße 215, Tel. 957 26 91, E-Mail: office@feinesichuankueche14.at, feinesichuankueche14.at, Di-So 11-14.30 und 17.30-22. Chinesisches Lokal mit traditioneller Sichuan-Küche (MM ab € 7,40); Take-away. Schanigarten für 18 Pers. €€

Zum Goldenen Panda Breitenseer Straße 37, Tel. 985 73 29, E-Mail: goldenerpande@hotmail.com, www.zumgoldenenpanda.at, täglich 11.30-15 und 17.30-23, warme Küche bis 15 bzw. 22.30. Chinesische Küche und Thai-Spezialitäten (MM bis 14.30 € 8,30 bis € 9,50/3gg AM ab € 13,50), Spezialität: Ente; Kinderportionen, -sessel. Extrazimmer zum Mieten für 25, Schanigarten für 60 Pers. €€

Jin's Ramen Hütteldorfer Straße 137, Tel. 239 99 14, E-Mail: info@jins.at, www.jins.at, Di-So 11.30-21. Chinesisches Restaurant. Spezialität: chinesische Ramen mit hausgemachten Nudeln, hausgemachte Teigtaschen und Reisschalen. Take-away und Zustellung im 13. bis 16. Bezirk. Schanigarten für 12 Pers. €

Asia-Restaurant Ju Xin Yuan Josef-Palme-Platz 1, Tel. 979 10 07, Mo, Mi-So 11.30-15 und 17.30-22, Küche bis 21.30. Chinesische Küche; Mo, Mi-Sa MM (ab € 8,90), Spezialitäten: knusprige Ente, mongolisches Rindfleisch; Kinderspeisen, -sessel. Gastgarten für 40 bis 50 Pers. mit Trampolin. €€

Sunny Kienmayergasse 2, Tel. 985 99 00, E-Mail: golden-palace@gmx.at, www.sunny-restaurant.at, Di-So, Fei 11-15 und 17.30-23, warme Küche bis 14.30 bzw. 22.15. Zeitgenössische asiatische Küche in modernem Ambiente, auch traditionelle chinesische Spezialitäten; Di-Sa 11-14.30 2gg MM (€ 6,90 bis € 10,30); 8 versch. Weine; Kinderportionen, -sessel. Ruhiger, schöner Gastgarten für 70 Pers. €

Griechisch

Restaurant Dimitra Mauerbachstraße 43-45, Tel. 979 12 56, E-Mail: restaurant@dimitra-wien.at, www.dimitra-wien.at, Mo-Sa 11.30-22.30, So 11-22. Griechische Küche (Mo-Fr 11.30-16 Mittagskarte € 11,90 bis € 14,90); Grillspezialitäten; Weine aus Griechenland; Kinderspeisen, -sessel. Wunderschöne Terrasse für 80 bis 90 Pers. €€

Odysseus Penzinger Straße 57 (Ecke Diesterweggasse 17), Tel. 894 28 01, E-Mail: office@restaurant-odysseus.at, www.restaurant-odysseus.at, täglich 11.30-23, warme Küche bis 22. Griechische Spezialitäten vom Holzkohlengrill (Mo-Fr 11.30-15 3 MM € 8,90 bis € 9,90), Fischplatte (€ 49,90/2 Pers.), Lammspezialitäten; Kinderportionen, -sessel; griechische und österreichische Qualitätsweine. Catering. Schattiger Schanigarten für 70 Pers. €€€

Retsina Linzer Straße 237a, Tel. 419 80 26, www.retsina.at, täglich 10.30-23.30, durchgehend warme Küche. Griechische Spezialitäten (täglich 10.30-15 MM vegetarisch € 6,50, mit Fleisch € 6,90), große Auswahl an Fischspezialitäten, Lammspezialitäten. Für Veranstaltungen bis 80 Pers. geeignet. Cateringservice ab ca. 10 Pers.; Kindersessel. Innenhofgarten für 60 Pers. €€

Indisch

Daily Spice Linzer Straße 47A, Tel. 786 73 59, www.dailyspice.at, täglich 11-22. Indische und bangladeschische Küche; Mo-Fr 11.30-15 TT (€ 7,90); viele verschiedene Currys mit Fleisch, Fisch oder vegan. Take-away; kostenlose Zustellung im 13. und 16. Bezirk (ab € 15,- Mindestbestellwert) sowie in den 12. und 17. Bezirk (ab € 45,- Mindestbestellwert), bei Lieferung nur Barzahlung. €€

Italienisch

Bardolino Hadersdorfer Hauptstraße 118, Tel. 979 41 88, E-Mail: pizzeria@bardolino.at, www.bardolino.at, täglich 10-22, warme Küche 11-21, Pizza bis 21.30. Pizza vom Holzofen (Mo-Do 11-16 2 MM um € 8,40 und € 9,40), Fischspezialitäten (Fr Fischtag, 4 MM von € 8,40 bis € 9,90, Reservierung empfohlen), Samstag 1 MM; Pizzabrot; Pizza und Pasta zum Mitnehmen (€ 7,90). Kindersessel. 3 schattige Gärten für insg. ca. 150 Pers. €€

Casa Mia Ristorante Zehetnergasse 13, Tel. 419 80 86, E-Mail: office@pizzeria-casamia.at, www.pizzeria-casamia.at, täglich 11-22. Italienische Spezialitäten; Mo-Fr MM (Pizza € 7,90); frische Fische; Kinderportionen, -sessel, Malsachen; Stiegl und Prosecco vom Fass, Caffè del Doge. Für Feierlichkeiten mietbar; alle paar Monate italienische Musikabende. Zustellservice für die Bezirke 13 bis 15 (ab € 12,-, darunter € 2,50 Zustellgebühr). Schanigarten für 34 Pers. Behinderten-WC. €€

Café-Pizzeria Cavallo Linzer Straße 182, Tel. 419 92 76, E-Mail: cavallo@chello.at, www.cavallo.wien, täglich 11-22.30. Pizza, Pasta, Fleisch- und Fischgerichte, Mo-Fr bis 15 MM (€ 8,90). Zustellung in die Bezirke 13 bis 16 (ab € 10,-). Schanigarten für 32 Pers. €

Da Corrado Linzer Straße 86, Tel. 894 31 66, E-Mail: office@dacorrado.at, www.dacorrado.at, täglich 11–23, durchgehend warme Küche. Pizzeria; Kinderpizza, Kindersessel; Zustellung in die Bezirke 12 (ab € 15,– gratis) und 13 bis 16 (ab € 10,– gratis). Schanigarten für 30 Pers. €

Ristorante dell'amore Linzer Straße 369, Tel. 416 98 24, E-Mail: ristorante@dellamore.at, www.dellamore.at, täglich 11–23. Italienische Küche, große Auswahl an Pizza, aber auch Pasta, Fleisch- und Fischgerichte; Speisen auch zum Mitnehmen; Zustellung bis 22.30 im 14. Bezirk ab € 12,–, im 13. Bezirk ab € 15,– und im 15. Bezirk ab € 20,– Bestellwert gratis. Schattiger Gastgarten. €

Don Corleone Hütteldorfer Straße 215, Tel. 912 19 54, www.wien-don-corleone.at, täglich 11–22.45. Italienische und österreichische Küche; Zustellung in die Bezirke 13 bis 16 (ab € 10,–). TV. 8 Sitzplätze im Lokal. Gastgarten. €€

Donna Rosa Diesterweggasse 29, Tel. 892 50 33, Di–Sa 11–22, Küche bis 21.15. Sardisches Restaurant. Sardische, regionale Küche; alle Produkte kommen aus Sardinien, z.B. sardische Weine. Gastgarten für 20 Pers. €€

Francesco Linzer Straße 415, Tel. 914 63 62, E-Mail: ristorante.francesco1140@gmail.com, www.francesco-ristorante.at, tägl. 11.30–23.30. Hütteldorfer Pizzeria-Klassiker in einem ehem. Vorstadt-Kaffeehaus. Pizza (€ 8,90 bis € 14,90), Pasta, ital. Spezialitäten (MM Mo–Fr 11.30–15 € 9,50), Monatskarte; Kinderpizza, -speisen. Überdurchschnittliche Qualität bei Speisen und den ausschließlich italienischen Weinen. Weinkeller; Schanigarten für 25 Pers. €€€

Il Campanile Albert-Schweitzer-G. 6 (Auhofcenter 1. Stock), Tel. 577 25 65, www.ilcampanile.at, Mo–Sa 10–22 (Fei geschl.), durchgehend warme Küche ab 11. Pizza und Pasta; Fisch- und Fleischgerichte (Saltimbocca, Rindsragout etc.); Kinderpizza. Behinderten-WC in der Anlage. €€

Il Pennello Goldschlagstraße 135, Tel. 786 94 49, E-Mail: office@ilpennello.at, www.ilpennello.at, Mi–So 11–22. Authentische italienische Antipasti, original Pizza Napoletana aus dem Holzofen, besondere Gourmet-Pizzen; Take-away. Veranstaltungsraum für Feiern mit bis zu 50 Pers. (mit Musik- und Lichtanlage, Bühne, separatem WC und Eingang). Klimaanlage. Schanigarten.

La Mama Hüttelbergstraße 46, Tel. 914 31 27, E-Mail: info@lamama.at, www.lamama.at, Anfang April bis Mitte Okt. Mo, Do–So 12.30–22.30, Küche bis 21. Gibt es schon seit über 30 Jahren, immer noch großartig; wechselnde Spezialitäten, auch saisonale Gerichte, Pizza, Salate, Pasta, Antipasti, kalifornische Pizza, Eis von Zanoni; Kinderportionen, -sessel, Sandkiste. Österreichische und italienische Weine. Schöner Gastgarten für 90 Pers., der in mehreren Terrassen angelegt ist. Lokal rollstuhlgerecht, Terrassengarten nicht. €€

La Sicilia Sampogasse 13/2, Tel. 789 63 45, E-Mail: office@la-sicilia.at, www.la-sicilia.at, Di–Sa 17–24, So 12–20, Di–Sa warme Küche bis 22. Italienische Küche von echten Italienern, Schwerpunkt sizilianische Speisen (MM € 6,90), hausgemachte Pasta; hauptsächlich sizilianische Weine; Kinderspeisen (Kinderpizza), -sessel, Spielsachen. Schanigarten für 20 Pers. €€

La Strada Leyserstraße 1, Tel. 914 31 80, E-Mail: la14strada@gmail.com, www.la14strada.com, Di–So, Fei 11–23, Küche bis 22.30. Ital. Küche, Fisch, Holzofenpizza (Di–Fr 11–15 MM € 9,90, Pizza ab € 6,90), Kinderspeisen, -sessel; ital. Weine. Klimaanlage. Extrazimmer für Feiern für ca. 30 Pers. und Schanigarten für ca. 45 Pers. €€

L'Osteria Auhofcenter A.-Schweitzer-G. 6 (Auhofcenter, 2. OG), Tel. 577 42 10 10, E-Mail: wien-auhofcenter@losteria.at, www.losteria.at, takeaway.losteria.at (Take-away), Mo–Mi 11–23, Do–Sa 11–24, So, Fei 12–23. Ital. Küche (Systemgastro-Konzept); Riesen-Steinofen-Pizza (reicht für 2 Pers., kann unterschiedl. belegt werden), Pastagerichte, Salate, Desserts. Take-away. Kinderportionen, -sessel, Wickeltisch. Terrasse, Gastgarten und Schanigarten. €€

Pizzeria Per Sempre Bahnhofstraße 3, Tel. 416 51 74, 0677/63 72 10 69, E-Mail: office@persempre.at, www.persempre.at, Mo–Fr, Fei 11–23, Sa, So 11–22, warme Küche bis 22.30 bzw. 21.30. Steinofenpizza (jede Pizza zum Mitnehmen ab € 7,90, Mo–Sa 11–15 2 MM ab € 8,50); Kinderspeisen, -sessel. Gratis Zustellung im 13. und 14 Bezirk ab € 18,– Bestellwert. Gastgarten für 70 Pers. Barrierefreier Zugang. €€

Pizza Angelo Alois-Czedik-Gasse 1, Tel. 577 25 93, www.pizza-angelo.at, täglich 11–22. Italienische und Wiener Küche, Zustellung im 13. und 14. Bezirk, auch außerhalb Wiens (Purkersdorf, Gablitz etc.). €

Pizzeria San Marino Kendlerstraße 24, Tel. 786 58 35, E-Mail: san_marino@gmx.at, www.sanmarino-wien.at, täglich 11–23. Pizza (auch vegane Optionen), Pasta, Burger, Grillgerichte etc.; Zustellung in die Bezirke 13 bis 17 (ab € 10,–, darunter € 2,– Zustellgebühr). €

San Stefano Pizzeria Ameisgasse 7, Tel. 894 62 72, E-Mail: office@sanstefano.at, www.sanstefano.at, täglich 11–23, durchgehend warme Küche. Pizza vom Holzofen in 3 Größen, Pasta, Fleisch- und Fischgerichte; Kindersessel; Zustellung in die Bezirke 12 bis 16 (ab € 9,80 gratis), verschiedene Pizza-Angebote. Räumlichkeiten für private Veranstaltungen zu mieten. Schanigarten für 30 Pers. €€

Pizzeria Verona Hackinger Straße 61, Tel. 944 01 10, 0681/10 56 03 36, E-Mail: office@verona1140.at; www.verona1140.at, täglich 11–23, durchgehend warme Küche. Pizza (ab € 8,20), Pasta, Burger; Zustellung im 13., 14., 15.

Bezirk und nach Purkersdorf und Mauerbach (innerhalb Wiens ab € 10,-/außerhalb ab € 15,-). 8 Sitzplätze im Lokal. €

Vino e Mare Ameisgasse 26 (Ecke Cumberlandstr. 52), Tel. 894 63 90, E-Mail: info@vinoemare.at, www.vinomare.at, täglich 11–22, durchgehend warme Küche. Italienische Spezialitäten, Holzofenpizza (ab € 6,90), Fisch und Wein direkt aus Italien importiert; Zustellung im 13., 14. und 15. Bezirk (ab € 9,– gratis, darunter € 2,– Zustellgebühr). Kindersessel. Gastgarten für 40 Pers. **€€**

Japanisch

Akaz Hütteldorfer Straße 130d, Tel. 416 26 67, E-Mail: akaz.restaurant@gmail.com, www.akaz.at, Mo–Fr, So, Fei 11–22, Küche bis 21.30. Japanische und asiatische Speisen, Sushi (Mo–Fr 11–15 MM ab € 6,80). Kindersessel; Extrazimmer für 50 Pers. und Schanigarten für 12 Pers. **€**

Yo Sushi & More Hütteldorfer Straße 106/3 (U-Bahn Passage U3), E-Mail: wuchunfeng84@hotmail.com, Mo–Fr 10.30–21.30, Sa, So, Fei 12–20. Sushi Bar; Sushi, Maki, Special Rolls. Zustelldienst. 6 Sitzplätze im Lokal. **€**

Yume Bergmillergasse 3, Tel. 416 92 67, E-Mail: yumeaustria@gmail.com, www.yume.at, täglich 11–23, Küche 11.30–22.30. Designer-Sushibar mit tadellosem Asiafood (Mo–Fr 11–15.30 MM ab € 6,80); japanische Spezialitäten wie z.B. frische Lachs- oder Thunfisch-Sushis in schlichten Bento-Boxen; große Auswahl an Teppanyaki Gerichten à la carte. Kinderportionen, -sessel. Lounge-Cocktailbar. Klimaanlage. Gastgarten. **€€**

Levantinisch

Mitra Linzer Str. 420, Tel. 0670/601 94 72, E-Mail: office@mitra.at, www.mitra.at, Di–Fr 11–23, Sa, So, Fei 11.30–23, Küche bis 22. Levant. Spezialitäten und Pizza aus dem Holzofen (Rabatt bei Abholung), Tagesmenü ab € 8,90. **€€**

Türkisch

Kent Restaurant Hütteldorfer Straße 117, Tel. 786 62 74, E-Mail: office14@kent-restaurant.at, www.kentrestaurant.at, kent-zustellung.at (Online-Bestellung), täglich 7–24. Türkisch-levantinische Spezialitäten; umfangreiche Karte, Orientalisches Frühstück à la carte (ab € 4,90); Catering. 11–23 Zustellung auf www.kent-zustellung.at in alle Bezirke außer 23. Mindestbestellwert abhängig vom Bezirk. **€€**

Restaurant Müldür Hütteldorfer Straße 130c, Tel. 912 25 90, E-Mail: office@muldur.at, www.muldur.at, täglich 11–23, warme Küche bis 22. Türkische Küche und Pizza (tägl. 2 MM 3gg um € 9,90), Frühstück ab € 8,90 (z.B. Omelette mit Schafkäse); kalte und warme Vorspeisen; Fisch- und Grillgerichte. Spezialität: Grillplatte für 2 Pers. (€ 36,90), Kalb- und Lammkebap; Desserts (Milchreis, Baklava, Tiramisu € 4,50); Kinderportionen, -sessel. Gösser und Schladminger vom Fass. Zustellung (ab € 15,– gratis). 2 TV für Sportübertragungen. Extrazimmer und Schanigarten für je 30 Pers. Behinderten-WC. **€€**

Bars

Bar Chino Schloßallee 8 (im Radisson Blu Hotel Park Royal Palace), Tel. 891 10, E-Mail: park.royal.palace@austria-trend.at, www.austria-trend.at/de/hotels/park-royal-palace/restaurant-bar, tägl. 12–24. Moderne Hotelbar mit kleinen Snacks, Kaffee, Kuchen. Cocktails, Spirituosen, Weine mit Schwerpunkt Österreich. Terrasse f. 24 Pers.

Bier Keissler Keißlergasse 18/Top 1, Tel. 0681/81 48 89 43, E-Mail: office@bierkeissler.at, bierkeissler.at, Mo–Fr 10–22. Bierschank und Getränkeshop. Große Auswahl an Bieren; kleine Snacks. Alle Biere und Weine, die es im Geschäft zu kaufen gibt, können auch vor Ort konsumiert werden. Feiern bis 30 Pers. möglich. Schanigarten.

Bistro

Velobis Johnstraße 1–3, Tel. 786 39 80, E-Mail: office@velobis.com, www.velobis.com, Di–Fr 16.30–23, Sa, So 9.30–16 (Fei geschlossen), Di–Fr Küche bis 22. Bistro in einem Fahrradgeschäft mit moderner europäisch-afrikanischer Küche; Sa, So 9.30–15 Frühstück und Brunch; Craft-Biere, 3 Fassbiere (Hirter und ein wechselndes Craft-Bier), Cider, großteils österreichische Weine, Cocktails. Viele Zutaten sind biologisch (z.B. Eier, Brot etc.). Kindersessel, Wickeltisch. Räumlichkeiten für private Veranstaltungen zu mieten; ab und zu Kochevents und Bier-/Weinverkostungen (Termine siehe Homepage); Eisbar im Lokal mit 18 hausgem. Eissorten. Gastgarten für 40 Pers. im Innenhof. **€€**

Cafés, Espressos

Café Corner Deutschordenstraße 7–25/Stiege 2/Tür R1 (Ecke Keißlergasse), Tel. 911 36 58, Mo–Fr 8–20, Sa 8–16, So 8–14, Fei wie jeweiliger Wochentag. Nur Getränke. TV für Sportübertragungen. Schanigarten für 16 Pers.

Café Deli Noomi Hütteldorfer Straße 299, Tel. 397 99 00, E-Mail: office@noomi.at, www.noomi.at, Mo–Do 7–22, Fr 7–23, Sa 8–23, So 9–22. Frühstück bis 15, kleine Snacks, hausgemachte Mehlspeisen und Kuchen. Kindersessel, kleine Spielecke. Schanigarten für 24 Pers.

Gerstner K.u.K. Hofzuckerbäcker im Auhof Center Albert-Schweitzer-G. 6 (Auhofcenter, Bauteil West 1. OG), Tel. 0676/849 51 63 50, E-Mail: auhofcenter@gerstner.at, www.gerstner.at, Mo–Fr 9–20, Sa 9–18. Kaffeehaus und Shop. Konditorenkunst vom Gerstner K.u.K. Hofzuckerbäcker: Torten und Schnitten, köstliche Strudel und Mehlspeisen sowie Frühstück und Snacks wie der beliebte Gerstner Toast oder Beef tatar. Take-away. Geschenkideen in edler Verpackung wie Trüffeln, Konfekt, Pralinen und Schokoladen.

Café Jessy Linzer Straße 53, Mo–Do 8–24, Fr 8–1, Sa 14–1, So 14–24. Wuzler. Ganzjährig geöffneter Gastgarten mit eigenwilligem Karibik-Design (im Winter überdacht, im Sommer mit Naturschatten).

Café Joules Bistro Mariahilfer Straße 212 (Technisches Museum Wien), Tel. 899 98-1820, E-Mail: office@joulesbistro.at, www.technischesmuseum.at/joules-bistro, Mo–Fr 9–18, Sa, So, Fei 10–18, warme Küche 9–17. Café im Technischen Museum Wien; Wiener Küche, Burger, Mo–Fr wechselnde Tagesgerichte; saisonale Speisen; Kinderspeisen, -sessel, Kindergeburtstage; buchbar für exklusive Veranstaltungen. Keine Hunde. Behinderten-WC.

Kleines Café Linzer Straße 48, Mo–Sa 7–2, So, Fei 8–2. Nur Getränke und Toast. 2 Flatscreens, 4 weitere TVs; Wettautomaten; Klimaanlage. Schanigarten für 16 Pers.

Eissalon

Papa Luigi Wien-Auhof Albert-Schweitzer-Gasse 1 (Parkplatz Spar Auhof), Tel. 0664/543 04 43, E-Mail: tulln@papa-luigi.at, papa-luigi.at, Mo–Fr 14–19, Sa, So, Fei 12–19, Öffnungszeiten wetterabhängig (aktuelle Infos s. Facebook oder Instagram), im Winter geschlossen. Neben den Standardeissorten wie Vanille, Schokolade, Stracciatella und Erdbeere sind auch ausgefallenere Sorten wie Blueberry Muffin, weiße Schoko-Erdbeere, Crunchy Donuts u.ä. im Sortiment; tägl. 24 verschiedene Sorten, die saisonal wechseln; fast alle Fruchteissorten sowie dunkle Schokolade sind vegan; Eis im Stanitzel oder Becher vor Ort sowie in Boxen mit 10, 20 oder 30 Kugeln zum Mitnehmen. Schanigarten für 8 Pers.

Heurige

Edis Weinkeller Linzer Straße 91, Tel. 985 09 25, E-Mail: office@edis-weinkeller.at, www.edis-weinkeller.at, Mo–Fr 11.30–23, Fei ab 15, Oktober bis Dezember zusätzlich Sa ab 15. Wiener Küche, saisonale Spezialitäten (Mo–Fr 11.30–14 MM ab € 7,90), Grillstelze und -hendl auf Vorbestellung; Grillabende (nach Ankündigung), im Februar Heringsschmaus, im November Martiniganslˌ; Weine aus Falkenstein (Weinviertel) und der Kremser Gegend; Kinderspeisen, -sessel. Schanigarten für 50 Pers. €€

Weinschenke im Fuhrmannhaus Linzer Straße 404, Tel. 0664/642 99 39, E-Mail: info@fuhrmannhaus.at, www.fuhrmannhaus.at, Mi–So 14–22, August geschlossen. Ältestes Haus Hütteldorfs; kaltes und warmes Buffet (Preise in dag). 4-mal/Jahr Bauernmarkt, an 3 Tagen im Dez. Christkindlmarkt; Theater; in den Sommermonaten jedes Wochenende Veranstaltungen wie Kabarett, Musik (Jazz, Wienerlied etc.), Lesungen. Feiern möglich. Kindersessel. Stüberl für 15, Freskensaal für 80 und Hofgarten für 300 Pers. €

Weinvierterl Matznergasse 42, Tel. 984 16 66, E-Mail: heuriger@weinvierterl.at, www.weinvierterl.at, Mo–Fr 15–23, Sa, So, Fei 16–23. Weinviertler Weine und Küche, Heurigenbuffet, z.B. Aufstriche, Schweinsbraten etc. (ab € 2,80); Stelzenessen. Essen auch zum Mitnehmen. Auf Anfrage (4 bis 5 Wochen vorher) Heurigenmusik. 6x pro Jahr Weinverkostung. 1x pro Monat So Frühschoppen ab 11. Private Feste bis 25 Pers. möglich; Schanigarten für 20 Pers. Weine auch zum Mitnehmen bzw. im Online-Shop zu kaufen. €

Imbisse

Dunkin' Donuts Albert-Schweitzer-Gasse 6 (Auhof Center), Tel. 0664/78 53 71 39, E-Mail: office@dunkin.at, www.dunkin.at, Mo–Fr 9–20, Sa 9–18. Verschiedene Donuts, Brownies, Muffins, Cookies; gefüllte Bagels; Fairtrade-Kaffee und -Tee. Catering (Bestellung: order@dunkin.at).

La Casa Pizzaservice Breitenseer Straße 21, Tel. 78 96 550, 37 79 77 (Bestellhotline), E-Mail: lacasa1140@hotmail.com, www.lacasapizza.at, täglich 11–22, durchgehend warme Küche. Italienische Küche, Schnitzel; Zustellung in den 13. Bezirk (ab € 18,– gratis) sowie in die Bezirke 14 und 15 (ab € 10,– gratis) und 16 und 17 (ab € 13,– gratis). Im Lokal 4 Sitzplätze, Schanigarten für 8 Pers. €€

McDonald's www.mcdonalds.at, Öffnungszeiten s. Homepage. Burger, Wraps, Salate etc.; Frühstück. McDelivery. Mit McCafé. Tischservice. Albert-Schweitzer-G. 6 (Auhofcenter), Tel. 979 18 33, E-Mail: at-store0209@restaurant.at.mcd.com, Playland. Hadikgasse 62 (Kennedybrücke), Tel. 892 07 07, E-Mail: at-store0216@restaurant.at.mcd.com. €

McDonald's (McDrive) Hadikgasse 254, Tel. 914 33 50, E-Mail: at-store0020@restaurant.at.mcd.com, www.mcdonalds.at, Öffnungszeiten siehe Homepage. Burger, Wraps, Salate etc.; Frühstück. Kindergeburtstag, Playland. McDelivery; mit McCafé; Tischservice. €

o'mellis Juice & Smoothie Bar Albert-Schweitzer-Gasse 6 (Auhofcenter/EG), E-Mail: office@omellis.at, www.omellis.at, Mo–Fr 9–20, Sa 9–18. Smoothies und Juices aus Obst und Gemüse; Smoothies mit Milch, Frozen Yogurt und mit Zutaten nach eigener Wahl; Smoothies und Juices können auch in Flaschen mitgenommen werden; ohne Zuckerzusatz.

Radatz Albert-Schweitzer-Gasse 6 (Auhofcenter), Tel. 388 14 62, E-Mail: fleischereien@radatz.com, www.radatz.at, Mo–Fr 9–20, Sa 9–18. Wiener Küche, täglich wechselnde Menüauswahl (bis € 8,–). 24 Sitzplätze. €

Tauber Albert-Schweitzer-Gasse 6 (Auhofcenter), Tel. 905 15 00, E-Mail: office@tauber.at, www.tauber.at, Mo–Fr 8–20, Sa 8–18 (Fei geschlossen). Belegte Brötchen (€ 1,80 bis € 2,80/Stk.), diverse Brötchenboxen (€ 22,50 bis € 61,–), auch Mehlspeisboxen (€ 20,– bis € 54,–); Online-Bestellmöglichkeit, Abholung, ab 10 Stück auch Zustellung in alle Bezirke (Zustellkosten € 15,–). Kleine warme Speisen (€ 3,50 bis € 5,30), Wiener Frühstück (klein € 5,90, groß € 7,10). €

Trzesniewski Albert-Schweitzer-Gasse 4/23 (Auhofcenter), Tel. 907 42 40, 493 13 32-0 (Büro), E-Mail: office@trzesniewski.at, www.speckmitei.at, Mo–Fr 9–19, Sa 9–18. Klassisches Wiener Imbiss-Buffet; Aufstrichbrötchen (€ 1,50/Stück), Aufstriche (€ 4,20/100g); Zustellung mit Lieferdienst; Online-Bestellmöglichkeit auf der Homepage.

Konditoreien, Bäckereien

Anker www.ankerbrot.at, kontakt@ankerbrot.at. Brot, Gebäck, Mehlspeisen, tägl. laufend frische Snacks. Öffnungszeiten saisonal variabel (s. Homepage). Albert-Schweitzer-G. 6 (Auhof Center), Mo–Fr 8–20, Sa 8–18 (Fei geschlossen), Schanigarten. Felbigerg. 16, Tel. 911 31 85, Mo–Fr 6–18, Sa, So, Fei 7–12, Schanigarten. Hütteldorfer Str. 106 (U-Bahn-Station), Tel. 786 34 33, Mo–Fr 5–19.30, Sa, So, Fei 5–17.30. Hütteldorfer Str. 160, Tel. 912 51 82, Mo–Fr 6–18, Sa, So, Fei 6.30–12. Keißlerg. 3–5 (Bahnhof Hütteldorf), Tel. 912 61 49, tägl. 5–18. Märzstr. 141, Tel. 982 42 76, Mo–Fr 6–17, Sa 6–12 (Fei geschlossen), Schanigarten.

Backwerk Hütteldorfer Straße 104, E-Mail: infoat@back-werk.com, www.back-werk.de, Mo–Fr 5.30–18, Sa, So 7–16. Brot und Gebäck, kalte und warme Snacks.

Daniela's Back-Café Breitenseer Straße 17, Tel. 982 24 74, E-Mail: back-cafe@gmx.at, Mo–Fr 5–18, im Sommer nur bis 13. Bäckerei, Café-Konditorei; gesunde Weckerl, Frühstück ganztags (€ 6,70 bis € 8,90); 11–12.30 Mittagsteller ab € 7,10. Torten auf Bestellung. Schanigarten für 6 Pers.

Der Mann www.dermann.at. Gebäck, Brot, Mehlspeisen, Snacks. Im Sommer variable Öffnungszeiten. A.-Schweitzer-Gasse 6 (Auhof Center, EG/Top 11A), Tel. 866 99-9185, Mo–Fr 7–20, Sa 7–18 (Fei geschl.), Kaffee-Ecke. Hütteldorfer Straße 167, Tel. 866 99-9118, Mo–Fr 6–18.30, Sa 6–17, So, Fei 7–17, Kaffeehaus mit Bedienung; Schanigarten; Behinderten-WC.

Felber www.felberbrot.at, office@felberbrot.at. Ofenfrische Backwaren, Cafeteria, Frühstück, Snacks, Imbisse. Hadikgasse 184 (im OBI-Markt), Tel. 419 60 24, Mo–Fr 7.30–19.30, Sa 7.30–17 (Fei geschl.), Schanigarten. Hütteldorfer Straße 123, Tel. 786 33 20, Mo–Fr 5.30–18, Sa, So, Fei 7–12, Schanigarten. Linzer Str. 254, Tel. 911 46 32, Mo–Fr 6–18, Sa 6–12, So, Fei 6.30–12, im Sommer Mo–Fr 6–15.

Groissböck Albert-Schweitzer-Gasse 6 (Auhofcenter), Tel. 979 47 52, E-Mail: office@groissboeck.at, www.groissboeck.at, Mo–Fr 8–20, Sa 8–18 (Fei geschlossen). Frühstück ganztägig (€ 5,– bis € 13,90); Mehlspeisen; Schaubacken.

Bäckerei Gül Hütteldorfer Straße 113, Tel. 982 30 10, E-Mail: office@baeckerei-guel.at, www.baeckerei-guel.at, täglich 6–24. Pionier unter Wiens türkischen Bäckereien. Baklava, Börek, gefüllte Weckerl und Sandwiches; auch österreichische Spezialitäten und Milchprodukte.

Bäckerei Hawle Märzstraße 125, Tel. 982 31 45, Mo–Fr 6.30–12 und 16–18, Sa 7–12. Hausgemachtes Brot und Gebäck; Kaffee. Torten auf Vorbestellung. Innenbereich für ca. 5 Pers. Schanigarten für 4 Pers.

Herwig Gasser Süßes vom Feinsten Albert-Schweitzer-Gasse 6 (Auhofcenter 1. Stock), Tel. 577 18 91, E-Mail: herwiggasser@suessesvomfeinsten.eu, www.suessesvomfeinsten.eu, Mo–Fr 8.30–20, Sa 8.30–19, So, Fei 9–18. Erlesene Patisserieprodukte, hausgemachte Schokoladetafeln, hausgemachtes Eis, Tortenspezialitäten (Auftragstorten 1 bis 2 Tage im Voraus); Snacks; Kaffee- und Teespezialitäten, Cocktails, hausgemachte Eistees. Kinderworkshops. Behinderten-WC in der Anlage.

Bäckerei Schwarz E-Mail: bs@bswien.at, www.bswien.at, Kaffee und Kuchen, Eduscho-Kaffee. Kinder-Naschecke. Linzer Straße 400, Tel. 914 83 47, 802 02 02 (Zentrale), Mo–Fr 6–19, Sa 6–13, So, Fei 7–14. Bäckerei mit Stehcafé. Hütteldorfer Straße 150, Tel. 914 05 95, 802 02 02 (Zentrale), Mo–Fr 6–19, Sa 6–13, So, Fei 6.30–13.30. Bäckerei und Café-Konditorei. Frühstück. 35 Sitzplätze.

Ströck www.stroeck.at, kundenservice@stroeck.at. Ofenfrisches Brot und Backwaren (von rustikal bis mediterran), Mehlspeisen-Klassiker; Frühstück, schnelle Snacks, Imbisse; Bio-Faitrade-Kaffee; das gesamte Brot- und Gebäcksortiment ist frei von Zusatzstoffen, breites Angebot an Bio-Produkten. Aktuelle Öffnungszeiten siehe Homepage: stroeck.at/filialen. Hütteldorfer Straße 169, Tel. 204 39 99-830 86, Mo–Fr 6–18, Sa 6–12. U-Bahn Station Hütteldorf, Tel. 204 39 99-830 66, Mo–Fr 5.30–18, Sa 7–12.

Tart'a Tata Penzing Meiselstr. 59, E-Mail: office@gasthaussapa.at, www.tarte.at, tägl. 9–22, Juli/Aug. Sommerpause. Ableger der gleichnamigen französ. Konditorei im 7. Bezirk. Div. französ. Gebäck und Patisserie wie Croissants, Pains-au-Chocolat, Tartes, Rouladen, Makronen, auch Pikantes wie Quiches, Croques Monsieurs et Madames; Sa, So Frühstück; Espresso von einer kleinen Rösterei in Verona.

Konfiserie

Confiserie Heindl Albert-Schweitzer-Gasse 6 (Auhofcenter), Tel. 577 13 52, E-Mail: confiserie@heindl.co.at, www.heindl.co.at, aktuelle Öffnungszeiten siehe Homepage. Mehr als 250 unterschiedliche Pralinen-, Konfekt- und Waffelspezialitäten; gesamtes Sortiment ausschließlich mit Fairtrade-Kakao; vegane Spezialitäten.

Szene

Bierwaage Kendlerstraße 31, Tel. 985 72 37, E-Mail: bierwaage@upcbusiness.at, täglich 16–2, Küche durchgehend. Vielfältige Getränkeauswahl, auch vegetarische Küche; 3 Fassbiere (Starobrno, Kozel, Schladminger). Gesellschaftsspiele, Tischfußball (€ 1,–/Spiel), Darts; Wurlitzer mit großer Musikauswahl; Livemusik v.a. Blues und Rock. Schanigarten für 20 Pers. **€**

Reigen live Hadikgasse 62, Tel. 894 00 94, E-Mail: kulturverein@reigen.at, www.reigen.at, variable Öffnungszeiten je nach Veranstaltung: Konzerte (Jazz) Beginn 20.30, Einlass 19.30, Clubbings s. Homepage. Speisekarte wie im Reigen nebenan. Auch zu mieten (mit Buffetmöglichkeit).

Würstelstände

Der 49er Würstelstand Bujattigasse 4, Tel. 0699/10 43 83 74, E-Mail: office@burenwurst.biz, www.burenwurst.biz, Mi–Fr 10–22, Mitte Dez. bis Ende Jän. und im Aug. geschlossen. Würstelstand von Robert Schery bei der Endstation der Straßenbahnlinie 49. Würstelspezialitäten, Bosna, Cevapcici, Menüteller, Grillteller, Käsekrainer; sehr gute Qualität, frisch geriebener Kren, resches Brot, hausgemachte „Schery-Sauce" (wird auch im Glas verkauft); tschechisches Bier. 1 Stehtisch, Gastgarten mit 2 Tischen und 6 Stühlen. Telefonische Vorbestellung wird empfohlen (19.30–21). **€**

Würsteleck Keißlergasse (Ecke Brudermanngasse), Mo–Fr 11–21 (Fei geschlossen). Imbisse wie Hotdog, Würstel. Schanigarten für 8 Pers. **€**

WO BEKOMME ICH DEN FRISCHESTEN FISCH?

blün 22., Schafflerhoferstraße 156
Tel. 01/774 13 33, 0677/629 33 935
www.bluen.at

blün betreibt am äußersten Rand der Donaustadt Wiens einzige Aquaponic-Anlage: In zehn riesigen Wasserbecken wachsen je 500 bis 600 „Wiener Welse" heran. Das Abwasser der Fischzucht dient gleichzeitig der Düngung von Gemüseplantagen in den anschließenden Glashäusern. Dass es sich beim Wiener Wels in Wirklichkeit um afrikanische Raubwelse handelt, stört nicht weiter. Ihr schmackhaftes rotes Fleisch wird bei blün entweder geräuchert oder frisch im Hofladen verkauft. Donnerstags können Interessierte den Betrieb besichtigen.

Umar 6., Naschmarkt 38–39
Tel. 01/587 04 56, www.umarfisch.at

Mehrmals pro Woche wird Wildfang aus dem Atlantik, Mittelmeer und Afrika angeliefert: riesige Wildlachse, Seezungen, aber auch Raritäten wie Zahnbrassen und Knurrhähne. Oder halt gut und günstig: Makrelen, Rotbarben, Sardinen, Sardellen und Meeresschnecken. Außerdem kann man im dazugehörigen Restaurant exzellente Fischgerichte essen.

Fisch Gruber 6., Naschmarkt 33/2, Block A, Tel. 01/586 32 73 www.fisch-gruber.at
Auch eine Topadresse in Sachen Fisch am Naschmarkt. Der in fünfter Generation geführte Familienbetrieb ist bekannt für erstklassige Tiefkühlware, ein einzigartiges Angebot an selbst eingesalzenen Stockfischen, Fischsaucen, -suppen und -fonds sowie dem angeblich besten Matjes Österreichs.

Süsswasser 6., Theobaldgasse 16, Tel. 0676/648 94 74, www.suesswasser.at
Kleiner Delikatessenladen mit Minilokal. Spezialität: Wildfang aus Atter- und Weißensee, Top-Zuchtware aus Salzburg und aus dem Yspertal. Plus: wunderschön verpackte und köstliche Fischkonserven aus Italien.

Gastro Fisch Brac 7., Zollergasse 12 Tel. 0676/540 49 06, www.gastrofisch.at
Die Knurrhähne, Lammzungen, Seehechte oder Petersfische, die bei Gastrofisch appetitlich in der Kühltheke drapiert sind, sind zwölf bis 24 Stunden vorher noch vor Dalmatien im Meer geschwommen – das garantiert das kroatische Fischgeschäft. Zwei- bis dreimal pro Woche werden die Fänge kleiner Fischer frisch angeliefert. Tiefgefroren gibt's außerdem grandiose Scampi, Garnelen und Sardinen.

Goldfisch 8., Lerchenfelder Str. 16, Tel. 0664/254 95 96, www.goldfisch.wien
Bezauberndes Fischbistro, dessen erstklassigen maritimen Vitrineninhalt es auch zu kaufen gibt.

Die Fischbauern z. B.: 2., Karmelitermarkt, 3., Rochusmarkt, 6., Naschmarkt, 13., Altgasse www.diefischbauern.at
Daniel Braunsteiner züchtet Seesaibling biologisch und in eiskaltem steirischem Wasser, verkauft ihn – frisch im Ganzen oder filetiert, geräuchert oder verarbeitet – donnerstags bis samstags auf zehn Märkten in Wien.

ARGEBiofisch z. B.: 1., Freyung, 2., Karmelitermarkt, 8., Lange Gasse, 12., Biofisch-Manufaktur, 16., Yppenmarkt, 18., Kutschkermarkt, biofisch.at
Bereits vor 28 Jahren hat sich eine Gruppe von Fischbäuer*innen und Bio-Pionier*innen zur ARGEBiofisch zusammengeschlossen und arbeitet auch heute noch als Kooperation zwischen Fischer*innen, Teichwirt*innen und Marktstandler*innen.

15., RUDOLFSHEIM-FÜNFHAUS

Kaum ein Bezirk hat sich so gemausert wie der 15. Aus „Rudolfscrime 5House", dem kleinsten Hieb außerhalb des Gürtels, der seit jeher bei Niedrigverdiener*innen und Einwanderer*innen beliebt war, wird langsam eine erdigere Version seines Gürtelgegenübers Neubau. Die Sanierungsoffensive hat viele Junge und Kreative angezogen, seinen Schmelztiegelflair hat der Bezirk dennoch nicht verloren.

In Sachen Gastro geht es hier dermaßen ab, dass sich Neueröffnungen und Schließungen oft schneller vollziehen, als man „1150" sagen kann. Glanzlicht des Jahres ist definitiv das fantastische Zwischennutzungsprojekt „Wild im West", das seit April die Baulücke auf der äußeren Mahü mit wechselnden Foodtrucks und allerlei Kultur füllt, bis im kommenden Jahr der Investor zuschlägt. Der vielversprechendste Neuzugang: das Red Sea Restaurant, das eritreische und äthiopische Küche in den Bezirk bringt. Passt super in die Wundertüte 1150, denn hier geht sich so ziemlich alles aus: In der Schweglerstraße kocht mit All Reis Wiens bester Thai Streetfood wie in Bangkok, nebenan gibt's im Oliang Café Kaffee und Kuchen Thai-Style. Mit dem Restaurant Herzig beheimatet Rudolfsheim-Fünfhaus Haubengastronomie, und auch die Anzahl der Beisln und Cafés auf hohem Niveau ist beachtlich, sei es das Augustin, das Eduard, die Hollerei, das Dingelstedt3, das Café Kriemhild oder die Turnhalle. Folgenden Nachruf gilt es noch zu vermelden: das Mozart's, einer der wenigen Orte, wo man auch spätnachts noch essen konnte, wurde vergangenen Herbst vom wesentlich schickeren flexitarischen Let's be Frank bezogen.

Red Sea Restaurant
Spezialitäten aus Eritrea und Äthiopien ... S. 420

RS

DIE BESTEN 20 IM 15. BEZIRK

All Reis
Fix der beste und unprätentiöseste Streetfood-Thai Wiens, dessen Schanigarten mitten auf der Schweglerstraße Bangkok-Flashbacks kreiert. Zur Nachspeise kehrt man ins benachbarte Schwesternlokal Oliang ein, wo Thai-Kaffee und -Süßspeisen dafür sorgen, dass man einige Nächte lang nicht mehr an Schlaf denkt ... S. 423

Café Kriemhild
Schrilles „Kulturcafé" und Grätzel-Zentrum des Nibelungenviertels. Frühstück ist hier bis nachmittags das zentrale Thema. Nach 14 Uhr gibt es dann allerhand Kleingerichte und getoastete Sandwiches aus Joseph-Bio-Sauerteigbrot ... S. 425

Das Augustin
Ex-Alternativbeisl, heute sehr hip mit immer noch schöner Optik und guter Karte, auf der viel Vegetarisches zu finden ist. Leider hat das Lokal aufgrund des Timeslot-Reservierungssystems an Gemütlichkeit eingebüßt ... S. 428

Das Eduard
Wunderbare Frühstückslocation, das haben mittlerweile so ziemlich ganz Rudolfsheim und halb Untermeidling gecheckt. Abendessen zahlt sich aber auch aus ... S. 419

Die Turnhalle
Ein bisschen Berlin-Style in 1150: Im mehr als 125 Jahre alten Turnsaal, der zum Loftlokal umfunktioniert wurde, bruncht es sich wochenends schon sehr gechillt ... S. 425

Dingelstedt3
Toll gemachte, klassische Wiener Wirtshausküche mit Gastgarten auf dem imposanten Platz der koptisch-orthodoxen Kirche Maria vom Siege ... S. 418

franzundjulius
Sympathisches Hipsterlokal in einer Ex-Fleischhauerei am besten Platz des Nibelungen-Grätzels. Täglich ein günstiges Tagesgericht, hausgemachte Kuchen (auch zum Bestellen), guten Kaffee und rares Bier. Was will man mehr? ... S. 424

Gasthaus Quell
Der Prototyp des Alt-Wiener Wirtshauses: wunderschöne Schank, herrliche Biere aus Tschechien, großartige Wiener Gasthausküche zu fairen Preisen ... S. 420

Heidinger's Gasthaus
Noch so eine Gasthausperle. Auch hier: Fassbier, sehr gute Wirtshausküche und eine beachtliche Weinkarte ... S. 419

Hawidere
Hier kommt zusammen, was zusammengehört: eine schier unfassbare Auswahl an Burgern und Bieren. Und zum Brot gibt es natürlich auch die dazugehörigen Spiele: aktiv per Brett oder Gesellschaft, passiv per Sportübertragung ... S. 419

Herzig
Sören Herzig betreibt in seinem superstylishen Restaurant in der Schanzstraße Gourmetküche vom Feinsten. Die Dachterrasse kann auch was ... S. 419

Hollerei
Lange Zeit war die Hollerei so ziemlich die einzige vegetarische Oase Wiens. Dass sie trotz massig Konkurrenz immer noch relevant ist, liegt auch an dem schönen, alten Vorstadtwirtshaus mit weinrebenumranktem, kleinem Gastgarten, in dem selbstverständlich immer noch vegetarisch und vegan mit mediterranem und asiatischem Touch gekocht wird ... S. 423

Landkind
Mini-Lokal am Schwendermarkt, in dem es Fleischloses, Saisonales und Grandioses gibt. Schönes Gemüse und vieles mehr kann man hier außerdem auch kaufen ... S. 425

Konoba Pescaria
Dalmatinisches Restaurant und eine der besten Adressen für kroatische Fischküche in Wien. Dreimal pro Woche kommt der frische Fisch aus Zadar ... S. 422

Let's be frank
Ihres Zeichens sind die Neo-Betreiber*innen des ehemaligen Nacht-Restis Mozart's eine „Flexitarian Eatery & Bar". Das heißt, man versucht es Veganer*innen und Fleischesser*innen gleichermaßen recht zu machen. Auf der Karte stehen Wiener Classics, sonst nur Burger. Das Ganze in Dschungelbuchambiente ... S. 419

Mariahilferbräu
Beliebtes Nachbarschafts-Bierlokal, in dem man natürlich reichhaltig Bier auswählen kann, auf der Speisekarte die erwartbaren Beisl-Verdächtigen ... S. 419

Merak
Das Edel-Cevapcici-Lokal des Profifußballers Mirnel Sadović sticht zwar optisch aus dem Döner-Lounge-Mix

auf der äußeren Mariahilfer Straße kaum hervor, umso mehr jedoch der Geschmack der Cevapcici, die hier aus reinem Kalbfleisch auf dem Holzkohlengrill in offener Küche gemacht werden ... S. 421

Pizzeria Mafiosi

Geschmacklich sind die Gerichte der Mafiosi garantiert nicht Besten-Liste-tauglich. Aber: sie bäckt die vielleicht größten und bestimmt jedoch günstigsten Pizzen der Stadt und hat somit seit den 90er-Jahren Generationen armer Studierender durchgefüttert. Wenn das nicht bestens ist ... S. 422

Schutzhaus Zukunft

Das Paradebeispiel des Wiener Schutzhauses hat alles, nur noch besser: lässiger Biergarten, alte Kastanien, Schotter, Massivholztische, Schutzhaus-typische Speisekarte. Und im Gegensatz zu allen anderen Wiener Schutzhäusern ist es obendrein zentrumsnah ... S. 420

Viet Soup Restaurant

Dank des vietnamesischen Suppen-Ladens ist das Märzstraßen-Grätzel nun auch offiziell ein angesagtes Viertel. Denn Pho, Ramen und Udon sind derzeit Pflicht. Viet Soup hat außerdem super Viet-Streetfood ... S. 423

Gaststätten, Restaurants, Wiener Beisln

Beats & Beans Würffelgasse 4, Tel. 0650/344 06 71, E-Mail: mail@beatsandbeans.at, www.beatsandbeans.at, Mo–Do 12–22, Fr 14–24. Plattenladen, Restaurant und Café. Regionale, saisonale Speisekarte mit Gerichten wie Gulasch, Krautfleckerl oder Thai-Curry; Bier u.a. von der Traiskirchner Kleinbrauerei 2514. Innenhofgastgarten für 50 Pers. 💳

Bieriger Schweglerstraße 37, Tel. 789 66 06, E-Mail: info@bieriger.at, www.bieriger.at, täglich 10–24, warme Küche 11–22. Wiener Küche, Mo–Fr 11–15 MM (€ 9,90), Tageskarte, Spezialitäten: Spareribs, Hühnerflügerl; Bierspezialitäten aus Österreich, Bayern (Paulaner) und Böhmen (Starobrno), 9 offene Biere, Bierzapftische zum Selberzapfen; Kinderspeisen, -sessel, Wickeltisch. TV für Sportübertragungen (Sky). Extrazimmer für bis zu 70, Terrasse für 80, Schanigarten für 50 und Innenhofgarten für 120 Pers. Seiteneingang rollstuhlgerecht. 💳 €€

Bierreither 15 Diefenbachgasse 46 (Ecke Ullmannstraße), Tel. 812 03 32, bierreither.at, Mo–Fr 11–22, Sa, Fei 12–22. Gutbürgerliche Wiener Küche (2 MM € 7,50 bzw. € 8,50), Mi Schnitzel, Fr Fisch, saisonale Gerichte; österreichische Spezialitäten, Snacks (Toast, Würstel ab € 5,–); Kinderspeisen, -sessel. Take-away. Lokal für private Feste bis ca. 60 Pers. zu mieten (auch außerhalb der Öffnungszeiten). Schanigarten für ca. 30 Pers. 💳 €€

Restaurant Brauhof Mariahilfer Straße 156–158, Tel. 892 40 00, E-Mail: reservierung@brauhof-wien.at, www.brauhof-wien.at/restaurant, täglich 11–23.30. Restaurant, Brauerei und Hotel. Klassische Wiener Küche aber auch Burger, Sandwiches, Spareribs; saisonale Spezialitäten (z.B. Spargel); große Bierauswahl. Speisen auch zum Mitnehmen. Biersommelier-Ausbildung. TV. Seminarraum, Lokal für 150 Pers., Schanigarten, Gastgarten für 150 Pers. mit Kastanienbäumen. Behinderten-WC im Hotel. ♿ 💳 €€

Camillo Camillo-Sitte-Gasse 1, Tel. 0699/11 13 86 42, Mo, Mi, Sa, So, Fei 11–22, Di, Do, Fr 11–23. Eckgasthaus mit österreichischer Küche. 💳

Dingelstedt3 Dingelstedtgasse 3 (Maria vom Siege), Tel. 890 87 32, E-Mail: restaurant@dingelstedt3.at, www.dingelstedt3.at, Mo–Fr 17–24, warme Küche bis 22. Klassische Wiener Küche und Gerichte mit modernem Twist. Kinderportionen, Spielsachen, Wickeltisch. Schanigarten für 50 Pers. Behinderten-WC. ♿ 💳 €€

Das Eduard Sparkassaplatz 1, Tel. 892 29 78, www.das-eduard.at, Mo 16–24, Di–So, Fei 9.30–24. Lokal von Eduard Peregi (Gasthaus Quell); Frühstück bis 11.30; Sa, So, Fei Brunch bis 15; Internationale Küche mit saisonalen Produkten, Burger, Salate, Sandwiches, Curry, frittierte Sardellen (€ 6,90), aber auch Klassiker wie Wiener Schnitzel oder Wochenempfehlungen; Cerna Hora, Trumer Pils, Zwettler Zwickl od. Weitra Bräu vom Fass, Cocktails, italienischer (selbst importierter) Kaffee, offener Tee von Demmer. Kinderportionen, -sessel, Spielzeug, Wickeltisch. Abholung möglich. Offene Küche, verflieste Schank, 60er-Jahre-Sessel, hölzerne Wandverkleidung. Schanigarten für 75 Pers. €€

Wirtshaus zur Elektrischen Sechshauser Straße 120, Tel. 0676/945 69 92, E-Mail: wirtshaus@zur-elektrischen.at, www.zur-elektrischen.at, Mo 17.30–22, Di–Fr 12–14.30 und 17.30–22 (Fei geschl.). Wirtshaus mit österr. Küche (Mo–Fr MM mit Suppe € 10,90, ohne Suppe € 8,90). €€

Gastwirtschaft Erni's Stiegergasse 2 (Linke Wienzeile), Tel. 894 13 65, E-Mail: office@ernis.at, www.ernis.at, Mo–Fr 10–23, Küche bis 22. Wiener Küche sowie italienische Küche und Burger, saisonale Gerichte (3 MM € 8,50); Kinderportionen, -sessel. Schwechater Zwickl, Starobrno und Kozel vom Fass. Speisen auch zum Mitnehmen. Klimaanlage. Gastgarten (im Winter beheizter Wintergarten) für 45 Pers. €€

Fladerei Goldschlagstraße 34, Tel. 205 83 38, E-Mail: goldschlagstrasse@fladerei.com, www.fladerei.com, Mo–Fr 11–22, Sa, So, Fei 16–22. Gefüllte Fladen aus dem Gasofengrill in unzähligen Varianten (€ 2,70 bis € 7,30), Mo–Fr 11–17 Mittagsangebot (Tagesflade groß € 5,50/ klein € 4,50), Abendflade ab 17 (groß € 7,10/klein € 5,90); Bier vom Fass (Starobrno, Edelweiß Hefetrüb, Fladerei-Bier). Großbildleinwand für Sportübertragungen. Schanigarten für 25 Pers. €

Hawidere Ullmannstraße 31, Tel. 0664/150 84 29 (ab Mittag), E-Mail: kowara@hawidere.at, www.hawidere.at, täglich 12–24, Küche bis 22. Das Hauptaugenmerk wird hier auf Bier gelegt, es gibt 14 Fass- und 41 Flaschenbiere, 33 verschiedene Burger (auch zum Mitnehmen), viele vegetarische und vegane Burger, Snacks und kleine Gerichte. Gegründet 2001, gemütliche Atmosphäre im Ambiente eines über 100 Jahre alten Wiener Weinhauses; Sportübertragungen (Großbildleinwand und Flatscreens); Brett- und Gesellschaftsspiele; Veranstaltungen. 2 Schanigärten für jeweils ca. 50 Pers. Keine Hunde. €€

Heidinger's Gasthaus Selzergasse 38, Tel. 985 99 11, E-Mail: wirt@heidingers.at, www.heidingers.at, Mo 17.30–22, Di–Fr 11.30–14.30 und 17.30–22 (Fei geschlossen). Eines der schönsten alten Gasthäuser der Stadt; Hausmannskost (MM ab € 11,–), großartiges Gulasch, Spezialitäten: Innereien und saisonale Schmankerl wie Gansl; div. Flaschenweine; Kinderspeisen; Abholung möglich. Schanigarten für 30 Personen. €€

Herzig Schanzstraße 14, Tel. 0664/115 03 00, E-Mail: servus@restaurant-herzig.at, www.restaurant-herzig.at, Mi–Sa 18–22. Lokal von Sören Herzig. Fine Dining: kleines Menü € 130,–; großes Menü € 155,–, vegetarisch sowie à la carte nur auf Anfrage möglich. Kindersessel, Spielsachen. Gastraum für 40 Pers. Dachterrasse auf Anfrage für Events. Behinderten-WC. €€€€

Gasthaus Jagetsberger Märzstraße 87, Tel. 0660/314 49 99, Di–Fr 17–23, Reservierung Di–Fr telefonisch ab 16. Zeitgemäße Wirtshausküche mit kleiner Karte; spannende Weine und Trumer Bier. Plattenspieler. €€

Let's be Frank Haidmannsgasse 8, Tel. 0681/20 34 82 82, E-Mail: letsbefrankvienna@gmx.at, www.letsbefrank.at, Di–Sa 17–24. Flexitarisches Burger-Restaurant und Bar mit einer ausgewogenen Auswahl an veganen Gerichten und solchen mit Fleisch. Take-away. Kindersessel. Klimaanlage. Zeitungsangebot. Gastgarten für 32 Pers.

Mariahilferbräu Mariahilfer Straße 152, Tel. 897 47 49, E-Mail: office@mariahilferbrau.com, www.mariahilferbrau.com, Di–So 11–24 (Jänner, Februar 11–22), 24. Dez. geschlossen. Gastronomie seit 1870; Eckbeisl und rustikales Bierlokal mit hausgemachter Wiener Küche, regionale Produkte (Fleisch mit AMA-Gütesiegel), saisonale, frisch zubereitete Spezialitäten, saisonale Monatskarte, variierende vegane Speisen; div. Fassbiere (Stiegl Goldbräu, Kozel, Paracelcus naturtrüb, Ottakringer Zwickl Rot, Pilsner Urquell, König Ludwig dunkel, Stiegl Weisse, Ottakringer Wiener Original), wechselndes Monatsbier. Für Firmenfeiern und geschlossene Gesellschaften geeignet; Menü-Auswahl für Schul- und Reisegruppen möglich. Kinderspeisen, -sessel, Wickeltisch. Schanigarten für 70 Pers. €€

Mark Graf Markgraf-Rüdiger-Straße 23, täglich 6-23. Uriges Beisl mit günstiger Hausmannskost.

Peter's Gulyas Beisl Hütteldorfer Straße 97, Tel. 789 49 14, Mo-Sa 10-15 (Fei geschlossen), durchgehend warme Küche. Wiener Küche (2 MM € 6,90), Mi Schnitzeltag (TT € 6,20), saisonale Gerichte; Kinderspeisen, -sessel. Abholung möglich. Extrazimmer für 30 Pers. €

Pulkautaler Wein- und Bierhaus Felberstraße 2 (Europaplatz), Tel. 789 85 37, E-Mail: wien15@pulkautaler-weinhaus.at, www.pulkautaler-weinhaus.at, täglich 11-22. Wiener Küche der ambitionierteren Art; Spezialitätenwochen; 4 offene Biersorten, österreichische Weine; Kinderportionen, -sessel. Speisen auch zum Mitnehmen. Platz für 80 Pers. €€

Gasthaus Quell Reindorfgasse 19, Tel. 893 24 07, www.gasthausquell.at, Mo-Fr 11-24 (Fei geschlossen), durchgehend warme Küche bis 22.45. Großartiges und großes Wiener Gasthaus mit originaler Speisekarte (Wochenempfehlungen ab € 6,90), Schweinsbraten, Gulasch, Specklinsen, Fisch, vegetarische Speisen; hausgemachte Desserts (z.B. Gebackene Apfelspalten); Kinderportionen, -sessel, Spielsachen. Abholung möglich. Herrgottswinkel, Klavier; gelegentlich Ausstellungen. Schanigarten für bis zu 40 Pers. Barrierefrei. €€

Schutzhaus Zukunft Auf der Schmelz (verlängerte Guntherstr.), Tel. 982 01 27, E-Mail: office@schutzhaus-zukunft.at, www.schutzhaus-zukunft.at, täglich 9-24, warme Küche durchgehend. Zentralst gelegenes Schutzhaus Wiens, ohne aber an Originalität zu verlieren; Hausmannskost, auch vegetarische Speisen (Mo-Fr MM € 8,90); eigene Nudel- und Knödelmanufaktur (befindet sich im 16. Bezirk). Kinderspeisen, -sessel, Wickeltisch, Spielplatz. Abholung möglich. TV; Feste und Livekonzerte; Kabarett. 2 Extrasäle für 388 Pers. (mit Bühne) bzw. 150 Pers. (beide für Feiern und Veranstaltungen geeignet); riesengroßer Gastgarten, der zugleich einer der schönsten Biergärten der Stadt ist, für 800 bis 1000 Pers. Rampe und Behinderten-WC. ♿ €€

Sechshauserwirt Sechshauser Straße 102, Tel. 0664/381 89 66, E-Mail: gastro.gourmet@yahoo.de, www.eberhardts-sechshauserwirt.at, täglich 7-23, warme Küche bis 22. Frühstück 7 bis 11 (€ 3,50 bis € 6,50); traditionelle Wiener Küche, auch internationale Speisen (2 2gg MM), saisonale Spezialitäten; Organisation von Feiern bis zu 50 Pers. Abholung möglich, Zustellung bis 14 (im 15. Bezirk). Schanigarten für 40 Pers. €€

Westside Felberstraße 4, Tel. 981 11-77909, E-Mail: westside@hackl-gastro.at, www.hackl-gastro.at/westside, Mo-Fr 6.30-24, Sa, So 7-24, warme Küche bis 22. Wiener Küche und internationales Streetfood; Fr BBQ; tägl. Frühstück, So 12-16 Brunch (€ 36,50/Pers.); Cheesecake; Weine aus Österreich. Für Feiern und Veranstaltungen bis 150 Pers. geeignet. €€€

Wunderkammer Linke Wienzeile (Ecke Ullmannstraße 71, im Renaissance Wien Hotel), Tel. 891 02-270, E-Mail: info@rh-wien.at, www.rh-wien.at, täglich 6.30-11 und ab 12. Mo-Fr 6.30-10.30, Sa, So, Fei 6.30-11 amerikanisches Frühstücksbuffet; internationale Küche; Dinner 18-23; kleine Portionen möglich. Klimaanlage. Behinderten-WC. ♿ €€

Afrikanisch

Red Sea Restaurant Robert-Hamerling-Gasse 23, Tel. 0660/709 08 19, E-Mail: info@redsearestaurant.at, redsearestaurant.at, Mo-Do, So 16-22, Fr, Sa 16-23. Eritreisches Restaurant mit traditionellen Gerichten wie Tsada Kulwa (gebratene Rindfleischwürfel) oder Alicha (vegetarisches Curry mit Weißkohl); verschiedene Tees, teils aus Eritrea. €€

Amerikanisch

XL Hollywood Burger Mariahilfer Straße 149, Tel. 208 81 96, E-Mail: hollywoodburger@hotmail.com, hollywoodburger-wien.at, Mo-Do 10.30-22.40, Fr-So 10.30-23.40, letzte Bestellung 20 Min. vor Sperrstunde. Amerikanische Speisen: Salate, XL-Burger, Hotdogs, Sandwiches. Take-away und Essen vor Ort möglich (30 Sitzplätze). Lieferservice in die Bezirke 4 bis 17 sowie 23 (Zustellkosten variieren je nach Bezirk). Schanigarten für 20 Pers. €

Asiatisch

FĀN Asian Kitchen Hütteldorfer Straße 77, Tel. 789 13 71, E-Mail: info@fankitchen.at, www.fankitchen.at, Di-So 11.30-22. Asiatische, japan., korean., thailänd. und chines. Küche; Di-Fr MM (ab € 6,90); hausgemachte Getränke, Wein. Kinderspeisen, -sessel. Platz für 40 bis 50 Pers. €€

Mai Kai Gablenzgasse 1-3 (Lugner Kino City Top 8), Tel. 971 48 30, E-Mail: office@mai-kai.at, www.mai-kai.at, Mo-Do, So, Fei 11.30-2, Fr, Sa 11.30-4, Küche bis 21. Dem mitteleuropäischen Geschmack angepasste indische und südostasiatische Küche, Buffet: Beilagen + 2 bis 3 HS zur Auswahl (Mo-So); Cocktails, diverse Happy Hours (z.B. 18-21 alle Cocktails um € 7,-). Take-away. Täglich ab 20 Karaoke. Kindersessel, Kinderkaraoke, Kindergeburtstage. Chillout-Bereich mit Sofas. Behinderten-WC in der Anlage. €

Yummy Cooking Mariahilfer Straße 141/Top 5, Tel. 0680/237 83 12, E-Mail: yummycooking96@gmail.com, Mo-Sa 11-22. Take-away; Nudel- und Reisgerichte, Wokgerichte, Sushi und Maki, Fisch- und Pastagerichte; vegane, vegetarische und laktosefreie Gerichte; 11-15 MM; Desserts. 25 Sitzplätze. Schanigarten für 20 Pers. €

Balkan

Restaurant Galaxie Märzstr. 1 (Ecke Löhrg. 22), Tel. 982 30 41, E-Mail: info@restaurant-galaxie.at, www.restaurant-galaxie.at, Mo-Do, So 9-24, Fr, Sa 9-1.30. Frühstück ganztägig (€ 4,50 bis € 6,50); Grill- und Fischgerichte, Spezialität: Grillplatte (€ 15,90); vegetar. Speisen (z.B. Gemüse-Sandwich); Kinderspeisen, -sessel, Wickeltisch. Qualitätsweine aus Österreich u. Kroatien. Catering; Take-away, Lieferservice in die Bezirke 6 bis 8 u. 14 bis 16 (bei großen Bestellungen auch in andere). Schanigarten für 55 Pers. €€

Merak Traditional Charcoal Barbecue Mariahilfer Straße 139/1b, Tel. 0676/572 64 50, www.merak-traditional-barbecue.at, täglich 11.30-22. Moderne Balkanküche mit Cevapcici, Pljeskavica, Hühnerspießen und Burger vom Holzkohlegrill (nur Kalb- und Hühnerfleisch). Keine Alkohol-Ausschank. Schanigarten für 20 Pers. €€

Royal Balkan Grill Märzstraße 59, Tel. 0699/19 11 12 63, E-Mail: royalbalkangrill@gmail.com, royalgrill.at, tägl. 9-22. Koteletts, Cevapcici, Paprikawurst, Pljeskavica und gefülltes Hühnerbein vom Holzofengrill; TT Mo-Fr 11-14 € 8,90, Speisen auch zum Mitnehmen. Schanigarten für 30 Pers. €

Sofra Märzstraße 48, Tel. 0664/99 62 46 69, E-Mail: info@sofra.cc, sofra.cc, täglich 8-21. Hübsches Lokal im Neo-Balkan-Stil, absoluter Burek-Spezialist. 5 verschieden gefüllte Strudel, saisonal wechselnder süßer Burek, „FamilienPita" mit unterschiedlichen Füllungen, Balkan-Frühstück bis 12; eigene Kinderkarte. Speisen auch zum Mitnehmen, Zustellung in ganz Wien (je nach Bezirk € 19,90 bis € 49,90 Mindestbestellwert). €

Restaurant Sokace Sechshauser Straße 99, Tel. 0699/10 23 40 17, E-Mail: contact@sokace.at, www.restaurant-sokace.at, tägl. 10-22, Sommeröffnungszeiten variabel. Serb. Küche (Buffet: Mo-Fr 11.30-15 € 9,90/Pers., Sa, So, Fei 11.30-15 € 11,90/Pers.); Grillspezialitäten; Speisen auch zum Mitnehmen. 2 Schanigärten für jeweils 18 Pers. €

Chinesisch

Lamien Moeringgasse 18 (Lugner City OG), Tel. 0664/221 49 88, täglich 11-22. Buffet 11-22 (Mo-Do, So € 7,50/Kinder € 4,30; Fr, Sa, und Fei € 8,80/ Kinder € 4,50); Abholung möglich. Kindersessel. Behinderten-WCs in der Anlage. €

Shang Li Meiselstraße 21, Tel. 983 41 90, E-Mail: peng@gmx.at, www.shang-li.at, täglich 11.30-15 und 17.30-23. Chinesische und asiatische Küche (MM € 6,80 bis € 8,20), 11.30-15 Mittagsbuffet (€ 8,50 all you can eat); Spezialitäten aus der Shanghai- und der Sichuan-Küche; Kinderportionen, -sessel, Spielzeug, Wickeltisch. Take-away, Zustellung in die Bezirke 14 bis 16. Nach Feng-Shui eingerichtet; 2 für Feiern geeignete Extrazimmer (für 30 bzw. 55 Pers.), Gastgarten für 50 Pers. €

Indisch

BioFrische Restaurant Stutterheimstraße 6, Tel. 952 92 15, 235 00 43 11, E-Mail: biofrische@hotmail.com, www.biofrische.wien, täglich 11-22, ab 10.30 Bestellung möglich. Nur Zustellung. Vegane, vegetarische und indische Gerichte Mo-So 11-22 (TT € 10,80 bis € 12,90), 100 % biologische Inhaltsstoffe, auf Anfrage auch gluten- und laktosefrei; Biogetränke (€ 2,90), ayurvedische Joghurtgetränke (€ 4,50). Gratislieferung (Mindestbestellwert siehe Homepage) in die Bezirke 1 und 3 bis 20; (je nach Bezirk Lieferzeit zwischen 30 und 50 Min.). Catering ab 30 Pers. €€

Bio Welt Johnstraße 24, Tel. 929 11 55, E-Mail: biowelt wien@gmail.com, www.biowelt.wien, täglich 11-2. Zustelldienst mit biologischen Lebensmitteln; indische Gerichte z.B. Reisgerichte, Lammgerichte, Huhn aber auch Pasta, Salate oder Vegetarisches. Mo-Fr 11-15 MM. Lieferung in die Bezirke 1 bis 9 und 12 bis 20 (€ 10,- Mindestbestellwert), und 10 und 23 (€ 30,- Mindestbestellwert); auch Abholung möglich. Sitzplätze. €€

Italienisch

Pizzeria Al Forno Hütteldorfer Straße 51, Tel. 982 38 02, E-Mail: info@alforno.at, www.alforno.at, täglich 11-23.30,

Küche durchgehend bis 23. Italienische Küche, Pizza etc. Zustellung in die Bezirke 6 bis 8, 12 und 14 bis 17, Abholung möglich. Sitzplätze für 4 Pers. Schanigarten für 8 Pers. **€**

Harry Pizza Tautenhayngasse 35, Tel. 985 26 16, 0699/11 68 84 40, E-Mail: office@harrypizza.at, www.harrypizza.at, Mo–Sa 11–14.30 und 17–22.30, So, Fei 11–22.30. Nur Zustellung und Abholung. Pizza, Pasta, XL Burger und Indisch; Mo–Sa 11–14 jede Pizza und Pasta € 6,50 (inkl. Getränk); Zustellung im 7., 8. und 13. bis 18. Bezirk (unter € 9,– Zustellgebühr € 2,20). Online Bezahlung, Bankomat- und Kreditkartenzahlung auch bei Zustellung. 💳 **€**

Pizzeria Mafiosi Reindorfgasse 15, Tel. 892 72 28, E-Mail: office@pizzeria-mafiosi.at, www.pizzeria-mafiosi.at, tägl. 11–23, durchgehend warme Küche bis 23. Pizza u. Spaghetti, Salat. Alle Speisen auch zum Mitnehmen (letzte Bestellung für Pizza um 22.50). Gastgarten im Hof für 40 Pers. **€**

Pizza Mann Hütteldorfer Straße 23, Tel. 050/10 10 10, E-Mail: service@pizzamann.at, www.pizzamann.at, täglich 11–24, Zustellung bis 3. Pizza, Salate, Ribs, Chicken Wings, Snacks, hausgemachtes Tiramisu, Eis von Ben & Jerry's; Speisen auch zum Mitnehmen; Online-Bestellmöglichkeit sowie Bestellung mittels App; Lieferservice (ab € 10,–, 0–3 Nachtzuschlag). Kartenzahlung und Paypal Bezahlung auch bei Zustellung. 💳 **€**

Pizzeria Riva Italia Sechshauser Straße 81, Tel. 894 02 09, 0699/18 13 38 77, E-Mail: office@riva-italia.at, www.riva-italia.at, tägl. 11–23.30, durchgehend warme Küche bis 22.30. Italienische Küche, Pizza (Familienpizza € 15,–, Partypizza € 20,–), Pasta; Speisen zum Mitnehmen, Zustellung in den 6., 7. und 15. Bezirk sowie in Teile des 5., 12., 13. und 14. Bezirks (gratis ab € 12,–, darunter € 1,80 Zustellgebühr). **€**

Tesla Pizza & Concept Mariahilfer Straße 151, Tel. 0664/241 11 44, E-Mail: info@teslapizza.at, teslapizza.at, Mo–Fr 8–23.45, Sa, So, Fei 9–23.45. Neapolitanische Pizzen, Pizza rossa, Pizza bianca und Pizzen mit gelber Tomatensauce oder auch Crema di Carciofi (Artischocken-Creme), italienische Desserts; Kinderpizzen. 💳 **€€**

Vapiano Westbahnhof Europaplatz 1 (BahnhofCity Wien West), Tel. 962 15 15, E-Mail: westbahnhof@vapiano.at, www.vapiano.at, Mo–Sa 11–22.30, So 12–22.30, Küche bis 22. Mediterrane Schauküche: Pizza, Pasta, Salate, alle 2 Monate wechselnde Spezialitätenkarte. Gezahlt wird mit Chipkarte, die man am Eingang erhält. Essen zum Mitnehmen. Kindgerechte Möbel, Kindersessel. Schanigarten für 140 Pers. 💳 **€€**

Pizzeria Venezia 15 Sechshauser Straße 122, Tel. 895 05 41, www.pizzeria-venezia-wien.at, täglich 11–23, durchgehend warme Küche. Ital. und österr. Küche, Pizza; Angebot: 11–17 bei Abholung Pizza um Pasta € 6,50 inkl. Cola; Schnitzel, Vegetarisches; Zustellung in den 6., 12., 14. und 15. Bezirk (ab € 9,–, darunter € 1,70 Zustellgebühr); auch Abholung möglich. Kindersessel. Schanigarten für 33 Pers. 💳 **€€**

Kroatisch

Konoba Pescaria Goldschlagstraße 22, Tel. 982 30 13, E-Mail: info@pescaria-konoba.com, www.pescaria-konoba.com, täglich 11.30–14.30 und 17.30–22.30, Küche bis 22. Exzellente dalmatinische Küche, etwas kreativerer Zugang als sonst; Spezialitäten: täglich 3 Sorten frisch gebackenes Brot, frischer Fisch, Meeresfrüchte sowie Kalb- und Lammfleisch; kroatische Weine. Kinderspeisen, Spielsachen. Take-away. Klimaanlage. Schanigarten für 20 Pers. Telefonische Reservierung ratsam. 💳 **€€€**

Mexikanisch

Chilinos Hütteldorfer Straße (Ecke Märzpark, Halle F/Wiener Stadthalle), Tel. 982 03 43, E-Mail: office@chilinos.at, www.chilinos.at, September bis Juni Di–Sa 17–24, an Veranstaltungstagen in der Wiener Stadthalle ab 2 Std. vor Veranstaltungsbeginn bis 1 Std. nach Veranstaltungsende. Heißes rund um die Tex-Mex- und American-Küche, auch vegetarische Gerichte; Bar mit mexikanischen und karibischen Cocktails; Kindersessel. Take-away. Reservierung empfohlen. Behinderten-WC. ♿ 💳 **€€**

Polnisch

Restaurant Bacówka Märzstraße 86, Tel. 0676/714 29 02, E-Mail: bacowkawien@gmail.com, www.bacowkawien.weebly.com, Mo, Di, Do–So, Fei 11–22, Mi 12–22. Polnische Spezialitäten wie z.B. Krautrouladen, Pierogi (Teigtaschen mit Fleisch, Kraut und Pilzen oder Schaffrischkäse), Bigos (Eintopf mit Kraut und Fleisch), Osiypek (Käse), Barszcz (traditionelle Rote-Rüben-Suppe); So 13–16 Buffet; Speisen auch zum Mitnehmen. Polnisches Bier. Schanigarten. **€€**

Rumänisch

Casa Miorita Schweglerstraße 29, Tel. 0650/543 68 16, E-Mail: adrianfrumosu@gmail.com, casamiorita.com, Di–Fr, So 11.30–23, Sa 11.30–2, Fei 11–2, warme Küche bis 22. Traditionelle rumänische Spezialitäten sowie internationale Küche; Grillgerichte vom Holzofengrill wie diverse Kotelettes; Steckerlfisch, Schnitzel, vegetarische Speisen. Gastgarten für 60–80 und Schanigarten für 24 Pers. 💳 **€€**

Donaudelta Sechshauser Gürtel 7, Tel. 0650/564 10 00, E-Mail: office@donaudelta.at, www.donaudelta.at; www.poftabuna.at, täglich 12–23, Küche bis 22.30. Rumänische Spezialitäten und Wiener Küche; MM 12–18 (€ 12,–);

Krautrolle nach rumänischer Art, Bohnen mit geräucherter Stelze oder Hauswurst, rumänische Hauswurst, Fleischragout mit Polenta; Kinderportionen, -sessel; alle Speisen auch zum Mitnehmen. Schanigarten für 28 Pers. 💳 €

Thailändisch

All Reis Bangkok Street Food Schweglerstraße 12, Tel. 786 46 68, E-Mail: allreis.bkkstreetfood@gmail.com, allreis.com, täglich 11–22, Küche bis 21.30. Authentische, scharfe Thai-Küche; z.B. Nudelsuppen (Auswahl aus 3 Nudelarten), Papayasalate in verschiedenen Variationen mit getrockneten Shrimps, Betelblätter zum Selberfüllen, Thai Brokkoli mit knusprigem Schweinefleisch, thailändische Süßspeisen. Abholung möglich. Schanigarten für 20 Pers. 💳 €€

Oliang Schweglerstraße 14, Tel. 0676/493 62 89, E-Mail: oliang.cafe@gmail.com, www.oliang.at, täglich 10–21, Küche bis 17. Thailändisches Café von den Betreibern des All Reis Bangkok Street Food. Thailändisches Streetfood, Snacks und Desserts, z.B. Khrok (kleine, süße Kokosmilch-Palatschinken, die mit Mais und Jungzwiebeln gefüllt sind); Kaffee, Chai; Take-away.

Som Kitchen Europaplatz 1–3 (BahnhofCity Wien West), Tel. 0664/517 18 57, E-Mail: sawadee@somkitchen.at, www.somkitchen.at, täglich 10–22. Thailändische Spezialitäten; Take-away; Schauküche. 💳 €€

Türkisch

Al Baron Märzstraße 53, Tel. 0681/20 58 58 51, E-Mail: Info.albaron@gmail.com, albaron.eatbu.com, täglich 12–24. Türkische und syrische Spezialitäten, Burger und Toast. TV für Sportübertragungen; regelmäßig arabische Livemusik und Karaokeabende. 💳 €

Anatolien Café & Restaurant Wurzbachgasse 11, täglich 12–2. Türkische Küche und österreichische Hausmannskost. Schanigarten für 24 Pers.

Diwan Märzstraße 51, Tel. 982 51 29, E-Mail: info@diwan.wien, diwan.wien, täglich 8–24, durchgehend warme Küche. Köfte von Lamm und Kalb, Kebap vom Kalb, alles reichlich, gut und tadellos (Mo–Fr 2 MM € 9,90); Kinderspeisen, -sessel. Freundlicher Service. Gastgarten für 90 Pers. 💳 €

Kent Restaurant Fünfhaus Märzstraße 39–41, Tel. 05/99 61 61-15, E-Mail: office15@kent-restaurant.at, www.kent-restaurant.at, kent-zustellung.at (Online-Bestellung), täglich 7–24. Türkisch-levantinische Spezialitäten; umfangreiche Karte, Frühstück (ab ca. € 4,90), Mo–Fr 8–13 und Sa, So, Fei 8–14 orientalisches Frühstücksbuffet (€ 12,90); Eis; Kinderspeisen, -sessel, Wickeltisch, Kinderspielraum. Catering; Zustellung in alle Bezirke außer 10 und 11 (ab € 15,– gratis Zustellung). Lokal für 350 Pers. zu mieten, Raum Orient für 70 Pers. für Feiern etc. Schanigarten für 60, Wintergarten im Innenhof für 130 Pers. 💳 €€

Meva Restaurant Mariahilfer Straße 205, Tel. 892 26 76, Mo–Sa, Fei 9–22. Kebap- und Pizzahaus, auch vegetarische Gerichte (Falafel, Schafskäse); Mi Pizza inkl. Getränk € 6,90, Kebap inkl. Getränk € 4,40. €

Vegetarisch, vegan

Hollerei Hollergasse 9, Tel. 892 33 56, E-Mail: info@hollerei.at, www.hollerei.at, Mo–Sa 11–23, Küche durchgehend bis 22. Saisonale vegetarische und vegane Küche mit asiatischen und mediterranen Einflüssen; glutenfreie Speisen, österreichische Weine; Kindersessel. Catering bis 100 Pers. HOLLEREIGalerie – mit junger, zeitgenössischer Kunst (gleich gegenüber). Extrazimmer für 20, Gastgarten unter alten Bäumen. 💳 €€

Vietnamesisch

Viennas Vietnam Schwendermarkt 10–12, Tel. 0680/216 57 30, E-Mail: admin@viennasvietnam.at, www.viennasvietnam.at, Di–Do 12–16, Fr 12–19, Öffnungszeiten können variieren (siehe Homepage). Heiter unkompliziertes Lokal im Streetfood-Look. Vietnamesische Hausmannskost (Mo–Fr MM, eines vegan), vietnamesische Pho-Suppe, Sommerrollen, auch vegetarische Speisen; vietnamesische Biere, ausgesuchte österreichische Weine, vietnamesischer Kaffee; Take-away, Catering. Schanigarten für 8 Pers.

Viet Soup Märzstraße 108, Tel. 411 61 74, E-Mail: vietsouprestaurant@gmail.com, vietsoup.at, Mo–Fr 11.30–21.45, Sa, So, Fei 12–21.45. Vietnamesische Spezialitäten wie Banh Xeo, Sommerrolle, Frühlingsrollen, Pho, Nudelsalat, vietnamesische Sandwiches (Bánh mì) etc., MM; rund die Hälfte der Gerichte sind vegan (mit Tofu oder Seitan); vietnamesischer Kaffee; Monatskarten, Kindermenü, -sessel. Take-away in Boxen aus Bio-Karton, Zustellung. Restaurant für 45, Gastgarten für 40 Pers. 💳 €€

Bars

Café-Bar Amadeus Märzstraße 4, Tel. 786 38 38 (ab 17), www.cafeamadeus.at, Di–Fr 17–1, Sa 18–1. Schmankerlküche, überbackene Schwarzbrote (ca. € 8,90), Wiener Suppentopf, Marillenknödel etc.; 3 offene Biere (Schremser, Starobrno, Schladminger), große Auswahl an Flaschenbieren, Flaschenweine glasweise (Schwerpunkt Österreich), großes Sortiment an Single Malt Whiskys. Regelmäßig Lesungen und Livemusik. Schanigarten für 30 Pers.

Brauhund Schweglerstraße 48, Tel. 0664/102 92 08, E-Mail: inbeerwetrust@brauhund.com, www.brauhund.com, Mo, Mi–Sa 17–2, So 14–23. Bar spezialisiert auf Craft-Bier; Mo–Sa Snacks, So Streetfood, 1 Mal/Monat Käsespätzle. Musik Quiz. Gastgarten für 35 Pers.

The Chapel Bar Haidmannsg. 8, Tel. 0681/81 56 12 33, E-Mail: chapel@mozartsvienna.com, Juni bis Aug. Di–Do 20–1, Fr, Sa 20–3, Sept. bis Mai Di–Do 18–1, Fr, Sa 18–3. Cocktailbar mit Klassikern und Eigenkreationen wie z.B. „12 Apostel", „10 Gebote" (Cocktails) od. „7 Sünden" (Shots); Snacks. Zugang zur Bar über eine versteckte Tür im Restaurant Let's be Frank, die als Bilderrahmen getarnt ist.

Flægship Rudolfsheim Märzstraße 25, Tel. 0664/10 29 213, E-Mail: ahoi@brauhund.com, flagshipbar.business.site, Di–Sa 17–2. Bar mit Fokus auf Naturwein und Cider. Gastgarten für 30 Pers.

Jo&Joe Vienna Europaplatz 1/6, Tel. 418 00 60, E-Mail: vienna@joandjoe.com, www.joandjoe.com, täglich 7–1.30, Küche: 11.30–14.30 und 17–22. Hotel-Bar mit Dachterrasse über dem Ikea Westbahnhof. Pizza, Burger, aber auch österr. Klassiker und internat. Snacks; ab 17.30 Cocktails.

Mutzenbacher Ullmannstraße 51, Tel. 286 49 69, mutzenbacher.org, täglich 18–2. Bar in einem ehemaligen Bordell. Happy Hour. Schanigarten.

Reinwein Reindorfgasse 10, Tel. 0699/19 41 12 04, E-Mail: info@reinwein.wien, www.reinwein.wien, Mo–Mi 15–1, Do–Sa 15–2, So, Fei 15–23. 25 ausgewählte Weine, 12 Biersorten sowie 23 nationale und internationale Craft-Biere; Cocktails, Spirituosen und alle Mixgetränke, die eine ordentliche Bar haben muss; Snacks und kleine Speisen wie überbackene Brote, Flammkuchen, Prosciuttoteller, Brettljause etc. Großbildleinwand für Sporthighlights. Bar für 45, Schanigarten für ca. 25 Pers.

Cafe Ronny Schweglerstr. 1, Tel. 0664/100 33 92, E-Mail: rockpub@gmx.at, Mo–Sa 17–24, So 18–24. Toast. TV, Darts, Dartturniere, Musik (Rock, Metal). Schanigarten für 12 Pers.

Zum Schwarzen Flamingo Schwendergasse 19/3-5, Tel. 0664/918 60 43, E-Mail: eure.flaminge@gmail.com, Di–Sa 16–2. Espresso und Bar; bei Hunger dürfen Speisen mitgebracht bzw. von anderen Lokalen bestellt werden (Teller, Besteck, Servietten werden bei Bedarf zur Verfügung gestellt). Naturtrübes Bio-Bier vom Fass von der Brauerei Bruckners Erzbräu aus dem Mostviertel; österreichische Bio-Weine, kleine aber feine Auswahl an Cocktails (Espresso Martini, Negroni, Negroni Sbagliato, Old Fashioned), regionale Spirituosen, hausgemachte Limonaden, zapatistischer Bio-Kaffee aus Mexiko und Kolumbien. Regelmäßig Lesungen, DJ-Sets, Konzerte, Cocktailabende mit Gastbarkeeper, Workshops, Performances. Kartenspiele, div. Zeitschriften, Jukebox. Feiern (z.B. Geburtstagsfeier) bis 25 Pers. Schanigarten für 25 Pers.

Travelshack Vienna Mariahilfer Gürtel 21, Tel. 961 01 31, E-Mail: office@travelshackvienna.com, www.travelshackvienna.com, tägl. ab 17. Zipfer Märzen, Guinness vom Fass, 15 versch. Biere in Flaschen, 7 versch. Cider, spezielle Shots (über 50, special: 10 Shots für € 20,–), Cocktails, Snacks (z.B. Pizza und Baguettes, manchmal auch Vegemite-Toasts), Longdrinks; Happy Hour tägl. 18–22 (Di–Do 18–2, Fr Sa 18–4); 0,33l Zipfer um € 2,70; tägl. Spezial-Angebote (Homepage); Party- und Karaokeraum (kann gemietet werden), mehrere Screens, Billard, Tischfußball, Bierpong, Nagelstock; Themenpartys, soziale Spiele und Challenges.

Weinhandlung Rudolf Polifka et Fils Reindorfgasse 22, Tel. 0699/19 23 30 08, E-Mail: info@wein-polifka.at, www.wein-polifka.at, keine fixen Öffnungszeiten (Termine und Öffnungszeiten: Newsletter oder Homepage). Weinbar. Weine aus den heimischen Weinbaugebieten, fast alle biologisch bzw. biodynamisch, Naturweine; französische Weine aus den Alpen und Pyrenäen, Augustiner Bräustübl Märzen aus Salzburg; jede Woche 10 bis 15 Weine glasweise unter einem bestimmten Wochenthema (siehe Newsletter); kleine Snacks (Mangalitza-Trockenwürstel, Manner Schnitten).

Bistro

Ikea Restaurant Europaplatz 1 (im Ikea Wien Westbahnhof, 4. Stock), Tel. 0800/08 11 00, ikea.com, Mo–Fr 9–20, Sa 9–18 (Fei geschlossen). Ikea-Restaurant, Café und Bistro mit Klassikern wie Köttbullar und Lachs; Frühstück. €

Cafés, Espressos

Charlie's Pub Hütteldorfer Straße 2 (Ecke Wurzbachgasse), Mo–Sa 6–24, So 8–24. Grandiose Arkaden-Location in einem 30er-Jahre-Gemeindebau. TV. Schanigarten für 80 Pers.

Eben44 Reindorfgasse 44, Tel. 0699/15 28 72 26, E-Mail: eben44@gmx.net, Di–Fr 12–19, Sa 12–16 (Fei geschlossen). Kleines Café, das an ein Modegeschäft mit Bio- und Fairtrademode angeschlossen ist. Französ. Patisserie von Marischka; div. Getränke wie Biosäfte (z.B. Pona), Bier (u.a. Freistädter), Coffee to go. Schanigarten mit zwei Tischen.

Franzundjulius Kriemhildplatz 1, Tel. 37 50 03 75, E-Mail: reservierungen@franzundjulius.at, www.franzundjulius.at, Mo–Sa 9–22 (Fei geschlossen). Frühstück; Fr, Sa Brunch; ab 12 täglich wechselnde Mittagskarte, MM; hausgemachte Kuchen und Torten; Speisen auch zum Mitnehmen (auch im mitgebrachten Behälter); Kaffee einer italienischen Rösterei, österreichische Weine, Ötscher Bier, Verjus Sprizz. Kindersessel, -spielzeug, Wickeltisch; deutschsprachige Zeitungen und Zeitschriften (Standard, Falter, Zeit). Auf Nachhaltigkeit wird großer Wert gelegt (z.B. ausschließlich Pfandflaschen). Gastgarten für 40 Pers.

Gota Coffee Experts Mariahilfer Straße 192, Tel. 236 46 82, E-Mail: info@gota.coffee, www.gota.coffee, Mo–Fr 7–18, Sa, So, Fei 8–18. Specialty Coffee, Kaffee-Experte, 100% Arabicabohnen (aus Peru, Äthopien, Bolivien, Kenia u. El Salvador), Direct-Trade; Fr 8–12, Sa, So 8–14 Frühstück (auch vegan); hausgemachte Mehlspeisen; Bohnen werden selbst geröstet. Baristakurse.

Café Kairo Mariahilfer Straße 197, Tel. 966 63 54, täglich 9–1. Toast, Frankfurter, Debreziner; Bier vom Fass (Hirter, Stiegl) und diverse Flaschenbiere. TV für Sportübertragungen. Schanigarten für 16 Pers.

Billardcafé Köö Gablenzg. 3 ET 1–3 (Lugner Kino City), Tel. 985 25 92, E-Mail: office@billardcafe.at, www.billard cafe.at, tägl. 9–2. Großes Frühstücksangebot; Snacks und Salate durchgehend; Cocktails. 19 Pooltische, 1 Snookertisch, im Sommer immer Aktionen; 2 Flatscreens (Sky). Große Terrasse mit Leinwand. Behinderten-WC (Anlage).

Café Kriemhild Markgraf-Rüdiger-Straße 14, Mo–Do, So, Fei 10–23, Fr, Sa 10–2. 2021 neu übernommenes Kult-Café. Frühstück bis 14, danach kleine warme Speisen wie Wurzelwerk-Linsensuppe mit Minze und Salzzitrone oder div. getoastete Sandwiches mit Bio-Sauerteigbrot von Joseph; Bier aus Kaltenhausen. Interieur aus den 1970ern; 2 Billardtische. Schanigarten für ca. 30 Pers. mit Hollywoodschaukel.

Landkind Schwendermarkt 16, Tel. 0660/939 10 45, E-Mail: hallo@landkind.wien, www.gemmazone.at (Online-Shop), www.landkind.wien, Di–Fr 9–22, Sa 9–15. Bauernladen mit integriertem, kleinem Cafe. Di–Fr 12–15 TT (€ 9,90), Menüsuppe (€ 2,90), Suppe groß (€ 4,90), außerdem Speisen wie Eierschwammerl-Omelette, gefüllte Paprika, Zucchinigulasch etc. (Zutaten aus heim. Bio-Anbau), ab 17 saisonale Snacks u. Platten, Di–Fr ab 17.30 täglich wechselnde Abendkarte; Di–Fr bis 11 kleine Frühstückskarte, Sa 9–14 Genießer-Frühstück; hausgemachte Aufstriche, Kuchen, Cookies etc. Saisonale, regionale und überwiegend biolog. Produkte von Kleinproduzenten mit Schwerpunkt Steiermark, Niederösterreich, Burgenland und Wien im Bauernladen. Take-away. Kinderspielzeug. Onlineshop (Frühstückskistl, Obst- und Gemüse-Kistl). Schanigarten für 14 Pers.

Café Lorenz Märzstraße 37, Tel. 786 18 20, Mo–Sa 7–20 (Fei geschlossen). Diverse Frühstücke (ab € 5,50); Imbisse (ab € 3,80), Mo–Fr 7–19 6 bis 8 TT, auch Vegetarisches, hausgemachte Mehlspeisen; Kaffeespezialitäten. Videowall für Sportübertragungen. Gastgarten für 20 Pers.

Café Macao Mariahilfer Straße 164, Tel. 952 36 72, täglich 8–2. Imbisse wie Toast, Würstel oder Gulaschsuppe. Flatscreen für Sportübertragungen; Poker, Kegelbahn, Darts, Kartenspiele. Klimaanlage. Schanigarten.

Cafe Plauscherl Reindorfgasse 42, Tel. 0681/10 62 61 43, E-Mail: office@cafeplauscherl.at, cafeplauscherl.at, Mo–Fr 9–22, Sa, So 10–22. Kaffee; Frühstück, Imbisse wie Toast; Separater Raum (für geschlossene Veranstaltungen geeignet). Schanigarten für 12 Pers.

Starbucks Europaplatz 1 (Westbahnhof), Tel. 33 66 33-2527, E-Mail: office@starbucks.at, www.starbucks.at, Mo–Fr 6.30–21, Sa 7.30–21, So 8–21, Fei 8–20. Unzählige Kaffeevariationen und -sorten; Iced Teas; amerikanische Mehlspeisen, Sandwiches; Kaffeeverkostungen.

Sweetzone 15 Sechshauser Straße 29, Tel. 0699/12 34 11 50, E-Mail: office@sweetzone15.at, sweetzone15.at, Di–So 13–22. Crêpes, Bubble Waffles, niederländische Poffertjes sowie arabische und türkische Baklava-Spezialitäten. Kaffeespezialitäten, Milchshakes sowie Smoothies.

Tesla Vienna Mariahilfer Straße 147, Tel. 0664/449 00 84, E-Mail: office@teslavienna.at, www.teslavienna.at, Mo–Do 8–24, Fr 8–1, Sa 9–1, So 9–24. Tapas; Frühstück Mo–Fr 8–15.33, Sa, So 9–15.33; Espresso von Goppion. Take-away. Kindersessel. Klimaanlage. Do–So Live-Musik. Schanigarten für 30, Gastgarten für 50 Pers.

Die Turnhalle Herklotzgasse 21, Tel. 0670/405 49 99, E-Mail: info@brick-15.at, www.brick-15.at, Mi–Fr 13–24, Sa, So 10–24. Lokal im Berlin-Style in einer ehem. Turnhalle einer jüdischen Schule. 2 Speisen täglich sowie Kuchen und Torten; Brunch (Sa, So 10–15), Kaffee. Regelmäßige Kulturveranstaltungen wie Konzerte, Ausstellungen, Yoga-Workshops etc. Gastgarten im Hof für 50 Pers.

Café Z Meiselstraße 2, Tel. 0680/308 72 34, E-Mail: office@cafe-z.at, www.cafe-z.at, Di–Sa 10–22, So 10–17 (Fei geschlossen), Küche: Di–Fr 10–20, Sa 10–19. Pikante Galettes und süße Crêpes, vegetarisches MM Di–Fr ab 12; Schwerpunkt auf vegetarische, regionale, saisonale und biologische Zutaten und Speisen, keine Konzernprodukte; klassische Mehlspeisen (u.a. Schaumrollen, Cremeschnitten) und hausgemachte Kuchen; offenes Bier von Grieskirchner, hausgemachte Limonaden (z.B. Kräuter, Ingwer, Lavendel), Bio-Weine, feine Abenddrinks (Gin-Tonic-Varianten, Shots und Longdrinks). Graphic Novels und Zeitschriften. Schanigarten für 29 Pers.

Eissalons

Eissalon Colosseum Hütteldorfer Straße 2A, Tel. 0676/ 343 87 07, E-Mail: office@eis-colosseum.at, www.eis -colosseum.at, täglich 10–22. Ca. 30 verschiedene Sorten Eis, darunter auch selbstgemachte wie Pistazien- und Haselnusseis. Eisspezialitäten, Eis-Cups, Milchshakes, Kaffee. Schanigarten für 50 Pers.

Eissalon Daniel Hütteldorfer Straße 70, Tel. 985 73 56, E-Mail: eissalon.daniel@die-daniels.at, www.eis-daniel.at, Mitte März bis Mitte September täglich 10–21, Mitte September bis Ende Dezember 10–19 (Öffnungszeiten wetterabhängig, siehe Website); Dezember bis Anfang Februar geschlossen. 24 Eissorten, Marillenknödel, Mozartknödel, Eistorten (€ 26,–/12 Pers.), Mehlspeisen, Torten (im Herbst); Frühstück 10–13 (ab € 4,90), Snacks wie Toast; Kaffeespezialitäten. Schanigarten für ca. 80 Pers.

Garda Mariahilfer Straße 140, Tel. 892 34 30, E-Mail: garda.zanoni@chello.at, www.zanoni-garda.com, Mitte Februar bis Ende November täglich 9.30–23, Ende November bis Mitte Februar geschlossen. 40 Eissorten, auch vegane und laktosefreie Sorten, Diabetikereis, Eistorten, Profiteroles, Frühstück 8–13 (ab € 3,90), Toast, Baguettes, Palatschinken, Mehlspeisen (alles hausgemacht); Kaffeespezialitäten. TV für Sportübertragungen. Klimaanlage. 2 Schanigärten für 25 und 50 Pers.

Gelateria di Jimmy Kardinal-Rauscher-Platz 7, Tel. 942 59 05, E-Mail: office@gelateriadijimmy.com, gelateriadijimmy.com, März bis November täglich 8–22. 40 verschiedene Eissorten, davon 35 fixe Standardsorten und 5 variierende Spezialsorten (selbstgemacht), z.B. Nougat.

Eissalon Renato Winckelmannstraße 4, Tel. 893 53 17, E-Mail: r.piucco@gmail.com, April bis Oktober täglich 10–22.30. 18 Eissorten, Kaffee, Frappés, alles hausgemacht, Softdrinks. 8 Tische im Lokal für ca. 20 Pers.

Imbisse

BURGERISTA Europaplatz 2 (Westbahnhof Bahnhofshalle E1/25), Tel. 050/66 66 66, E-Mail: service@burgerista.com, www.burgerista.com, täglich 11–22. Burger aus 100% frischem Rindfleisch und frischen Zutaten; selbst zusammenstellbare Burger, Steak Pommes; hausgemachte Limonaden. Offene Showküche. €€

Burger King Gablenzgasse 3–5 (Lugner Kino City, Zwischengeschoß), Tel. 786 91 76, E-Mail: kundenservice@whopper.at, www.burgerking.at, Öffnungszeiten siehe Homepage: burgerking.at/kingfinder. Div. Burger und Wraps (auch vegetarisch). Take-away. Wickelmöglichkeit und Behinderten-WC in der Anlage. €

Curryosity Europaplatz 1–3 (BahnhofCity Wien West), Tel. 0664/800 22 11 10, E-Mail: hello@curryosity.at, curryosity.at, täglich 9–21. Imbiss am Westbahnhof. Authentische Currys aus dem asiatischen Raum, wechselnde Specials, 4 cremige Desserts (2 davon vegan); hausgemachtes Mango Lassi. Alle Speisen auch zum Mitnehmen. Behinderten-WC in der BahnhofCity. Keine Hunde.

Dunkin' Donuts Europaplatz 1 (Bahnhof City Wien West), Tel. 0664/78 53 68 93, E-Mail: office@dunkin.at, www.dunkin.at, Mo–Fr 7–21, Sa, So 8–21. Verschiedene Donuts, Brownies, Muffins, Cookies; gefüllte Bagels; Fairtrade-Kaffee und -Tee. Catering (Bestellung: order@dunkin.at).

Kentucky Fried Chicken Gablenzgasse 5–13 (Lugner City), Tel. 0676/683 88 22, E-Mail: lugnercity@kfc.co.at, www.kfc.co.at, Mo–Sa 10–22, So 10–19. Buckets mit Chicken oder Hot Wings; Burger; alles auch zum Mitnehmen. Behinderten-WC in der Anlage. €

Lamm Döner Kebab & Pizza Sechshauser Straße 40, Tel. 0676/772 30 37, Mo–Fr 9–24, Sa, So 10–24. Türkisch-orientalischer Imbiss. Take-away.

McDonald's www.mcdonalds.at, Öffnungszeiten siehe Homepage. Burger, Wraps, Salate etc.; Frühstück. McCafé; Tischservice. Mariahilfer Gürtel (Europaplatz 2, Westbahnhof, OG 1.26), Tel. 962 15 97 11, E-Mail: at-store0194@restaurant.at.mcd.com. Hütteldorfer Straße 81B/4, Tel. 0664/846 66 62, E-Mail: at-store0066@restaurant.at.mcd.com, Kindergeburtstag. McDelivery. €

Mr. Lee – Quicklee Europaplatz 1 (Westbahnhof OG), täglich 9–23. Asiatische Speisen, Nudelgerichte, Sushi, Maki, Chicken fried Noodles, Daily Wok. €

Noodle King Mariahilfer Gürtel 1, Tel. 0660/116 81 68, E-Mail: office@noodleking.at, www.noodleking.at, täglich 11–22. Suppen-, Nudel-, und Reisgerichte, sowie Sushi und Maki. Take-away. €

Nordsee Europaplatz (BahnhofCity Wien West, Top E1.10), Tel. 0664/600 16 71 74, E-Mail: office@nordsee.at, www.nordsee.at, täglich 9–23. Grill- und Backfisch, Salate, kalte und warme Snacks; Kaffee; Kindermenü mit Überraschung. €

o'mellis Juice & Smoothie Bar Westbahnhof Top 72 (BahnhofCity Wien West), E-Mail: office@omellis.at, www.omellis.at, täglich 9–21. Smoothies und Juices aus Obst und Gemüse; Smoothies mit Milch, Frozen Yogurt und mit Zutaten nach eigener Wahl; Smoothies und Juices können auch in Flaschen mitgenommen werden; ohne Zuckerzusatz.

Pitawerk Mariahilfer Straße 147, Tel. 941 81 90, E-Mail: nadan@pitawerk.at, edin@pitawerk.at, www.pitawerk.at, Mo–Fr 9–21, Sa, So, Fei 10–21. Verschiedene Pitavariationen, z.B. mit Spinat, Käse, Fleisch etc. (300g ab € 3,30). Süßigkeiten, bosnische Spezialitäten; Kaffee. Alle Speisen auch zum Mitnehmen; Catering; Zustellung in die Bezirke 6, 7, 12, 14, 15, 16 und 17 (ab € 10,–), in ganz Wien außer 21./22. Bezirk (ab € 50,–). Gastgarten für 20 Pers. €

Radatz Meiselmarkt Stand J6, Tel. 985 60 92, E-Mail: fleischereien@radatz.com, www.radatz.at, Mo-Fr 7.30-18, Sa 7-13. Wiener Küche, täglich wechselnde Menüauswahl (bis € 8,-). €

Radler's Grill-Imbiss Winckelmannstraße 2 (Auer-Welsbach-Park), Mo-Fr 11-23, Sa, So, Fei 12-23. Kebap, Würstel, Langos, Hotdogs, Pommes, Polnische Kuttelsuppe, Pferdegulasch, auch vegetarische Speisen wie z.B. vegetarischer Kebap oder Gemüseschnitzel; polnisches Bier vom Fass. Schattiger Gastgarten für 30 Pers. €

Subway www.deinsubway.at. Sandwiches mit Gemüse, Huhn, Schinken, Thunfisch, Steak etc.; Salate, Sandwich des Tages, jedes Sandwich auch als Menü mit Getränk und Chips oder Cookie. Europaplatz 1/E1 Top 1.23 (BahnhofCity Wien West), Tel. 0699/17 00 67 96, tägl. 9-22. Gablenzgasse 1-3/Top ET 4 (Lugner City), Tel. 0664/136 17 78, E-Mail: 59241@axxeda.eu, Mo-Sa 9-22, So, Fei 11-22. Kindersessel; Wickelraum und Behinderten-WC in der Anlage. €

Trzesniewski Europaplatz 1 (BahnhofCity Wien West, OG), Tel. 982 29 75, 493 13 32-0 (Büro), E-Mail: office@trzesniewski.at, www.speckmitei.at, Mo-Sa 7-22, So, Fei 8-22. Klass. Wiener Imbiss-Buffet; Aufstrichbrötchen (€ 1,50/Stück), Aufstriche (€ 4,20/100g); Zustellung mit Lieferdienst; Online-Bestellmöglichkeit auf der Homepage.

Zeljo Grill Europaplatz 1-3 (Westbahnhof), Tel. 997 29 06, E-Mail: info@zeljo.at, www.zeljo.at, täglich 9-21. Burek (1 Stk. € 1,55 bis € 1,75), Cevapcici, Pleskavica; Süßigkeiten; alle Speisen auch zum Mitnehmen. Sitzplätze für 8 Pers. €

Konditoreien, Bäckereien

J. Angelmayer Meiselmarkt Stand G5, Tel. 0664/502 11 61, E-Mail: angelmayer@a1.net, Mo-Fr 7-18, Sa 7-13 (Fei geschlossen). Hausgemachte Mehlspeisen; Frühstück (€ 3,10 bis € 5,30), Snacks, Canapés, Torten für besondere Anlässe (auf Vorbestellung).

Anker www.ankerbrot.at, kontakt@ankerbrot.at. Brot, Gebäck, Mehlspeisen, täglich laufend frische Snacks. Öffnungszeiten saisonal variabel (s. Homepage). Gablenzgasse 5-13 (Lugner City), Tel. 982 95 42, Mo-Fr 7-21, Sa, So, Fei 7-15.30. Sechshauser Straße 61, Tel. 895 21 70, Mo-Fr 6-13, Sa 7-12 (Fei geschlossen). Westbahnhof (Bahnhof City West), Tel. 962 15 63, Mo-Fr 5-21, Sa, So, Fei 5-19.

Backwerk Europaplatz 2 (BahnhofCity Wien West), E-Mail: infoat@back-werk.com, www.back-werk.de, Mo-Fr, So 7-19, Sa 7-17, Fei variabel. Brot und Gebäck, kalte und warme Snacks.

Der Mann Märzstr. 46, Tel. 866 99-9109, www.dermann.at, Mo-Fr 6-18, Sa 6.30-12, So, Fei 7-13, im Sommer variable Öffnungszeiten. Gebäck, Brot, Mehlspeisen, Snacks; mit Kaffee-Ecke.

Bäckerei Rieppel Märzstraße 71, Tel. 982 52 85, E-Mail: baeckerei-rieppel@gmx.at, Mo-Fr 4.30-18.30, Sa 5-13 (Fei geschlossen). Kleine Karte (MM € 6,- bis € 9,-), Frühstück (ab € 6,90), hausgemachte Mehlspeisen (ab € 2,50), viele Dinkel- sowie vegane Produkte. Torten auf Bestellung; Naturbackstube. Kaffeespezialitäten. Schanigarten für 12 Pers.

Bäckerei Schrott E-Mail: baeckerei-schrott@aon.at, www.baeckerei-schrott.at. Biobrot, Biogebäck, Snacks wie Brötchen und gefüllte Weckerl, hausgemachte Biomehlspeisen. Mariahilfer Straße 159, Tel. 893 42 49-0, Mo-Fr 6-18.30, Sa, So, Fei 7-12.30. Ganztags Frühstück. Schanigarten für 10 Pers. Meiselmarkt Stand J7, Tel. 982 36 14, Mo-Fr 6.30-18.30, Sa 6-13.30 (Fei geschlossen). Anschützgasse 40, Tel. 893 63 74, Mo-Fr 6-18.30, Sa, So 6-12.30, ganztags Frühstück.

Ströck www.stroeck.at, kundenservice@stroeck.at. Ofenfrisches Brot und Backwaren (von rustikal bis mediterran), Mehlspeisen-Klassiker; Frühstück, schnelle Snacks, Imbisse; Bio-Fairtade-Kaffee; das gesamte Brot- und Gebäcksortiment ist frei von Zusatzstoffen, breites Angebot an Bio-Produkten. Aktuelle Öffnungszeiten siehe Homepage: stroeck.at/filialen. U-Bahn Station Westbahnhof, Tel. 204 39 99-830 40, Mo-Fr 5.30-19, Sa 8-18, So 8-17. Westbahnhof (BahnhofCity Wien West, Ebene 0/Shop 0.19), Tel. 204 39 99-830 95, Mo-Fr 5.30-21, Sa, So 7-19.

Konfiserie

Confiserie Heindl E-Mail: confiserie@heindl.co.at, www.heindl.co.at, aktuelle Öffnungszeiten siehe Homepage. Mehr als 250 unterschiedliche Pralinen-, Konfekt- und Waffelspezialitäten; gesamtes Sortiment ausschließlich mit Fairtrade-Kakao; vegane Spezialitäten. Europaplatz 1 (Ebene 0/63 BahnhofCity Wien West), Tel. 962 15 64. Hütteldorfer Straße 81b (Meiselmarkt), Tel. 786 82 10.

Pubs

Pub Schönbrunn Diefenbachgasse 50, Tel. 0676/335 51 47, täglich 15-24. Wochentags Wiener sowie italienische Küche in Kooperation mit dem Nachbarlokal; Pizza, Pasta, Schnitzel, Salate, etc.; 2 Fassbiere (Murauer, Franziskaner), Flaschenbiere (Gösser, Wieselburger, Stiegl, Heineken), Spritzweinkreationen, kleine Cocktails. Sa Live-Musik. Lokal für 37, Gastgarten für 47 Pers. €

The Golden Harp Johnstr. 69, Tel. 786 39 61, E-Mail: 1150@goldenharp.at, www.goldenharp1150.at, Mo-Sa 7-2, So, Fei 7-24, Küche 11-24 bzw. 23.30. Irish Pub und Café mit irischem Flair; Sa, So Frühstück (€ 2,90 bis € 9,90); Mo–Fr 2 wechselnde MM ab 11 (€ 8,50 bis € 9,50), Sa, So 3gg Wochenendmenü (ab € 13,90); alle Speisen auch zum Mitnehmen; regelmäßig Live-Musik (Rock, Irish Folk). €€

Szene

Das Augustin Märzstraße 67, Tel. 982 13 64, E-Mail: info@das-augustin.at, www.das-augustin.at, Mo, Di 17–23, Mi–Fr 17–24, Sa 9–24, So 9–23. Kultiges Szenelokal; internationale Küche; Sa, So, Fei 9–15.30 „Frühstückssalon Augustin" (€ 7,40 bis € 11,20), ab 16 Abendkarte. Gemütlicher Innenhofgarten für ca. 90 Pers. Reservierung bis max. 10 Pers. (auch online möglich). €€

Wiener Kaffeehaus

Café Weingartner Goldschlagstraße 6, Tel. 982 43 99, E-Mail: h@weingartner.wien, www.weingartner.co.at, Mo–Sa 9–24, So, Fei 14–24, ganztags warme Küche. Einziges erhaltenes klassisches Wiener Kaffeehaus im 15. Bezirk, gegründet 1874. Frühstück; hausgemachte Wiener Küche, Mehlspeisen. Lese- und Billardsaal, Carambol (3 große Turniertische, kleines Turnierbillard); Schach, Karten-, Brett- und Würfelspiele; äußerst großes Zeitungs- und Zeitschriftenangebot (aktuelle; sowie Zeitungsarchiv wo Zeitungen 1 Monat lang aufbewahrt und eingesehen werden können). Gastgarten für 45 Pers.

Würstelstand

Christian's Bewusst Wurst - Würstelstand beim Technischen Museum Linzer Straße 2 (Kreuzung Avedikstrasse 4, hinter dem Technischen Museum), Mo–Fr 10–18.30 (Fei geschlossen). Gibt's seit über 70 Jahren. Wurstwaren von den Fleischereien Gumprecht (Zwölfaxing), Landl (Ottakring), Radatz (Liesing) und Wild (Gaweinstal); Spezialität: Grana Mangalitza Bratwurst; frisches Gebäck von Haubis aus Petzenkirchen; wechselndes Monatsbier. Schanigarten für 8 Pers. €

WO BEKOMME ICH GUTEN KÄSE?

Der Schweizer 1., Wollzeile 15
Tel. 01/945 90 57, www.derschweizer.eu
In Andrzej Kochs Käsehumidor in der Wollzeile lagern nicht nur Schweizer Käse in absolut fantastischem Reifezustand, sondern auch ein paar tolle Sachen aus England. Samstags gibt's Kochs Käse übrigens auch am Karmelitermarkt.

Lingenhel 3., Landstraßer Hauptstraße 74, Tel. 01/710 15 66
www.lingenhel.com
Vor sechs Jahren gegründete Feinkosthandlung/Restaurant/Weinbar und außerdem Wiens einzige Käsemanufaktur: Cheese-Artist Johannes Lingenhel stellt im hinteren Bereich des Lokals eigenen Camembert und Frischkäse her. Zusätzlich zu rund 250 Sorten vom Besten, was Österreich, Italien, Frankreich und Spanien an Käse hergibt, versteht sich.

Käseland 6., Naschmarkt 172–174
Tel. 01/587 29 58, www.kaeseland.com
Seit mehr als vierzig Jahren mit über 200 Käsesorten aus aller Welt in den Aggregatzuständen flüssig bis steinhart, hervorragende Beratung inklusive. Eines der Käsekompetenzzentren der Stadt.

Jumi Käse 8., Lange Gasse 28
Tel. 01/961 98 68, www.jumi.wien
Die Sorten der Kreativ-Käserei Jumi tragen schräge Namen, so wie sich das für Hipsterkäse eben gehört, und sind erstklassige Bio-Ware aus der Schweiz. Das berühmteste Produkt ist die Belper Knolle, aber auch Klassiker wie der 18 Monate gereifte Emmentaler spielen in der Weltklasseliga.

Mayr Delikatessen am Kutschkermarkt 18., Kutschkergasse 31, Tel. 01/402 98 74, mayr-delikatessen.at
Irene Pöhl galt nicht nur vierzig Jahre lang als eine der besten Käsehändler*innen des Landes, sie hat mit ihrem Käse- und Delikatessenstand einst quasi den Kutschkermarkt gerettet und zur Pilgerstätte für Foodies gemacht. Inzwischen ist aus „Pöhl & Mayr am Kutschkermarkt" „Mayr Delikatessen am Kutschkermarkt" geworden, Irene Pöhl hat sich 2019 in die wohlverdiente Pension verabschiedet. Und auch Ines und Florian Mayr sind mit „Mayr Delikatessen am Kutschkermarkt" die erste Adresse im Westen Wiens geblieben, wenn es um schiere Käsevielfalt und Delikatessen ohne Ende geht.

Käseschatztruhe 4., Kettenbrückengasse 10/6, Tel. 0699/19 02 28 84
www.kaeseschatztruhe.at
Käsesommelière Daniela Pavel verkauft nicht nur Käse, sie weiß auch alles über ihre Produzent*innen und deren Produkte. Neben Käse gibt es auch Milchprodukte wie Rohmilchbutter oder Bröseltopfen von kleinen Produzent*innen.

Edelschimmel 9., Servitengasse 5
Tel. 01/399 39 26, edelschimmel.at
Edelschimmel, die Käsebar-Greißlerei des angesagten Bistronomy-Restaurants Pramerl & the Wolf ein paar Häuser weiter, bietet ein grandioses Käsesortiment vor allem aus Österreich. Dazu Brot und Wein. So soll es sein.

Pepper & Ginny 1., Ballgasse 5
Tel. 0680/249 29 61
www.pepperandginny.at
Ja, die ehemaligen Werberin und Käseconnaisseurin Manuela Haromy verkauft in ihrem Laden Pepper & Ginny ausschließlich vegane Delikatessen. Unter anderem auch in Italien und Frankreich aus Cashewkernen hergestellte Käse, die selbst nicht-vegane Gaumen für bemerkenswert gut befinden.

16., OTTAKRING

Der 16. ist ein Bezirk gewordener Alleskönner: Im Osten, entlang des Gürtels, drängt man sich dicht an dicht. Hier, an der Ottakringer Straße, siedelten sich in den 70er-Jahren viele Gastarbeiter*innen und in den 90er-Jahren viele Geflüchtete aus dem ehemaligen Jugoslawien an, eröffneten Geschäfte und Cafés und lassen seither die „OTK" als Balkanmeile glänzen. Der querende Brunnenmarkt im Yppenviertel ist der längste Straßenmarkt Wiens und „die Yppe" nicht nur die größte Ganzstagsbrunchtafel der Stadt, sondern auch Wiener Sinnbild für Gentrifikation. Im Westen von Ottakring schmiegen sich bürgerliche Wohngegenden an den Fuß des Wilhelminenbergs. Dazwischen liegt noch die Ottakringer Brauerei, die den Namen des Bezirks über die Landesgrenzen hinaus bekannt gemacht hat.

Kulinarisch ist 1160 eine äußerst diverse Adresse mit augenscheinlichem Schwerpunkt auf orientalischer Küche: Kebap, Hummus, Lahmacun & Co sind hier allgegenwärtig. Besonders gute Orient-Küche der modernen Art findet man traditionell rund um den Yppenplatz. Doch auch andere Nationalküchen kommen in Ottakring nicht zu kurz. So weit, so gut. Etwaige kulinarische Revolutionen und Umstürze im vergangenen Jahr gibt es im 16. nicht zu verkünden.

Möglicherweise haben sie sich im Stillen abgespielt. Vielleicht keine Revolution, aber nicht unspannend: die OTK-Dependance Fresh One Pot Kitchen, die zu One Pot Kitchen in der Marxergasse gehört und Soulfood-Eintöpfe macht.

Wetter

Ausgezeichnetes italienisches Lokal, ligurisch inspirierte Küche ... S. 438

DIE BESTEN 14 IM 16. BEZIRK

Bierosophie
Bierlokal in moderner Raststättenoptik und mit ganz nettem Garten, das klassische österreichische Wirtshausgerichte und ein bissl was Veganes macht ... S. 433

Café Derwisch
Das Café Derwisch war schon Schischa-Bar, bevor Schischa-Bars hip waren, und in der Küche werden levantinische Gerichte zubereitet. Und Burger ... S. 439

Café Ritter
Gerade nochmal vor der Insolvenz gerettetes Kult-Vorstadtkaffeehaus ... S. 443

Café Weidinger
Ins Weidinger geht man nicht, um zu essen. Man kann aber auch. Denn in diesem Refugium bekommt man, geschützt von tschickfilterfarbenen Wänden, natürlich auch alles, was man als kulinarische Unterstützung für Tarock, Billard, Zeitunglesen, Saufen und Debattieren braucht ... S. 443

Gastwirtschaft Wolfsberger
Gasthaus-Geheimtipp für Fans der gutbürgerlichen Küche und Avantgarde-Weinen. Zusätzlich netter Gastgarten mit Laube ... S. 435

Gelbmanns Gaststube
Mutterbetrieb der Familie Laskovsky mit hinreißendem Garten und fantastischer Küche. Hat sich in den vergangenen Jahren zur einer der ersten Adressen in Ottakring hochgekocht ... S. 434

Heuriger 10er Marie
Angeblich die älteste Buschenschank Wiens. Heute ein schmucker Bilderbuch-Heuriger mit tollem Kastaniengarten, Hausmannskost und kaltem und warmen Heurigenbuffet ... S. 441

Kafeneon
Hübscher, kleiner Grieche, in dem griechische Hausmannskost und viel Gemüse abseits touristischer Klischees auf die Teller kommen ... S. 436

Kent Restaurant
Das Mutterschiff des Kent-Imperiums: ziemlich gigantisches türkisches Grilllokal mit ebenso gigantischem Kastanien-Kiesgarten und fünf wei-

teren, nicht minder großen Ablegern in anderen Bezirken ... S. 439

Mani

Bestes Hummus Wiens! Gekocht wird in diesem kleinen, schönen Yppenplatz-Lokal modern interpretierte Orient-Küche ... S. 438

Plachuttas Grünspan

De-Luxe-Systemgastronomie mit Plachutta-Favourites und auch der Rest wird ziemlich super gekocht. Toller, großer Gastgarten ... S. 434

Völlerei

Angesagtes, urbanes Markt-Beisl auf der Yppe. Beliebter Treffpunkt für Exil-Vorarlberger*innen, weil es hier Frastanzer vom Fass gibt und immer ghörige Käsknöpfle auf der Karte stehen ... S. 435

Weinhaus Sittl

Seit 1914 in Familienbesitz und kaum verändert, auch kulinarisch eine Zeitreise. Grandioser Gastgarten ... S. 435

Wetter

Bestes italienisches Lokal Ottakrings und vielleicht sogar der Stadt. Raetus Wetter kocht hier seit 2009 ligurisch inspiriert, saisonal und undogmatisch ... S. 438

Gaststätten, Restaurants, Wiener Beisln

Zur Alten Schmiede Kendlerstraße 38, Tel. 985 69 82, www.zur-alten-schmiede-kargl-wien.smarto.net, Di–Fr 8–20 (Fei geschlossen), Küche bis 19. Uriges, niederes Wirtshaus mit Resopaltischen; Hausmannskost, täglich frische Küche, saisonale Spezialitäten (Wild, Pilze etc.). €

Bierosophie Gablenzgasse 60a, Tel. 0664/533 36 28, E-Mail: willkommen@bierosophie.at, www.bierosophie.at, Mi–Sa 11.30–23, So 11.30–20, Küche 11.30–22 bzw. 19. Wiener und internationale Küche, Mi–Fr (ausg. Fei) 11.30–15 4 MM (€ 9,20, immer mind. 1 veganes), saisonale Speisen, Do ab 17.30 Stelzentag, So Kümmelbraten. TV. Gastgarten für 200 Pers. 💳 €€

Bierraum Wattgasse 52, Tel. 890 42 80, E-Mail: office@bierraum.at, www.bierraum.at, täglich 8–24, Küche bis 23. Restaurant mit großer Bierauswahl und Wiener Küche (MM Mo–Fr 11.30–16 2gg € 9,90, 3gg € 10,90); Frühstück Mo–Fr 8–11.30, Sa, So 8–15 (€ 6,90 bis € 10,90); Burger, Suppen, Salate, Brote; auch vegetarische und vegane Speisen; Mo ab 17 alle Burger um € 9,90, Spezialitäten: Craft-Biere, Lager, Pils, Dunkles und Weizen Bier, Saison Bier, Golden und Pale Ale, Porter, Stout. Schanigarten für 10 Pers. 💳 €€

Blunzenstricker Ottakringer Straße 71, Tel. 485 78 49, E-Mail: info@blunzenstricker.at, www.blunzenstricker.at, Di–Fr 16–23, Sa 12–23, So 12–21. Wirtshausatmosphäre und tadellose Beislkost, Wochenkarte; 13 Sorten Bier; Kinderspeisen, -sessel und -spiele. Klimaanlage. Schanigarten für 28 Pers. 💳 €€

Café Restaurant 3 Mäd'l Haus Wattgasse 49a, Tel. 0699/11 45 98 66, täglich 7–24, warme Küche bis 23. Internationale Küche (Mo–Fr MM). TV für Sportübertragungen; diverse Veranstaltungen. Schanigarten für 30 Pers. €

Gasthaus Elsner Neumayrgasse 2, Tel. 492 55 96, E-Mail: robert.elsner@chello.at, www.gasthaus-elsner.at, Mo–Fr 11–22 (Fei geschlossen), Küche bis 21. Seit 1935 bestehender Familienbetrieb mit preiswerter Hausmannskost, Wiener Küche der traditionellen Art, Tageskarte; selbst gemachte Blut-, Leber- und Bratwürste, saisonale Spezialitätenwochen; Spezialitäten: Innereien und Wild; ausgesuchte österreichische Weinkarte; Kinderspeisen, -sessel und -spiele. Schanigarten für 29 Pers. Bereits mehrfach zum „Lieblingswirt" gewählt. €

Futtertopf Sandleitengasse 12, Tel. 495 03 96, E-Mail: office@futter-topf.at, www.futter-topf.at, täglich 11–23.30, durchgehend warme Küche. Wiener und italienische Küche, saisonale Spezialitäten (MM Mo–Do € 7,90, Fr € 8,90/Sa, So TT); Mo–Fr 11–17 Mittagsaktion: Pizza, Wiener Schnitzel, (€ 7,90), Fr Fisch (€ 8,90); hausgemachte Mehlspeisen (z.B. Topfen- und Apfelstrudel etc.); Kindersessel. Lokal für Veranstaltungen bis 60 Pers. zu mieten. Schanigarten für 20 Pers. €

Gelbmanns Gaststube Wilhelminenstraße 62, Tel. 486 15 99, E-Mail: reservierung@gelbmanns.at, www.gelbmanns.at, Di–Sa 10–23. Wunderschönes, im Laufe der Jahrzehnte gutbürgerlich gewordenes Vorstadtgasthaus. Wiener Küche (M € 9,80), Saisonangebote, Spezialitätenwochen (Spargel, Schwammerl, Wild, Gansl); Kinderteller, von jeder Speise kleine Portion möglich, Kindersessel; große Weinauswahl, diverse Fassbiere (Ottakringer Pur, dunkel und Zwickl, rotes Zwickl, Bauwerk IPA). Speisen auch zum Mitnehmen. Klimaanlage. Extrazimmer für 25, Alt-Wiener Gastgarten für 80 Pers. €€€

Gösser Bräu 1160 Thaliastraße 125a, Tel. 492 21 48, E-Mail: office@goesserbraeu1160.at, www.goesserbraeu1160.at, Mo–Sa 10.30–24, So 10.30–21, Fei wie jeweiliger Wochentag. Österreichische Küche, sous vide gegarte Spareribs, saisonale Speisen, Spezialitätenwochen; mehrere Biere vom Fass, österreichische Weine; Kinderportionen, -sessel. Speisen auch zum Mitnehmen. TV (Sportübertragungen). Gastgarten. Behinderten-WC. €€

Zur Grünen Laterne Paletzgasse 10, Tel. 480 78 35, E-Mail: zur.gruenen.laterne@gmail.com, www.zur-gruenen-laterne.at, Mo–Fr 8–22, Sa, So, Fei 9–22, Küche 11–22. Wiener Küche (MM € 8,90), Spezialitätenwochen; österreichische Weine; Kindersessel, -spiele. Speisen auch zum Mitnehmen. Gelegentlich Livemusik. Gastgarten für 40 bis 50, Schanigarten für 60 Pers. €€

Plachuttas Grünspan Ottakringer Straße 266, Tel. 480 57 30, E-Mail: office@gruenspan.at, www.plachutta.at, täglich 11–23, warme Küche bis 22.30. Umfangreiches Sortiment an traditioneller Wiener Wirtshausküche, von hausgemachten Aufstrichen bis zu Krautfleckerln, Kesselgulasch mit Brezenknödeln, Spareribs etc., Spezialitätenwochen (Mo–Fr 11–15 wechselndes Tagesgericht mit Suppe oder Salat € 11,90); Spezialitäten: Schweinsbraten mit Biersaftl, Gabelkraut und Brezenknödel; Menüs und Buffets auf Anfrage; Ottakringer Hausbräu, 6 Biere vom Fass, auch 1 Weißbier (aus der Flasche); eigenes Grünspan-Bier im Biersyphon zum Mitnehmen. Kinderportionen, -sessel, Wickeltisch, Spielplatz. Klimaanlage. Räume für 25, 40, 60, 100 und 250 Pers. (für Veranstaltungen zu mieten), riesiger Biergarten für 500 Pers. (bis 23). €€

Interspar Restaurant Sandleitengasse 41, Tel. 481 39 29-850, E-Mail: im36-850@interspar.at, www.interspar.at, Mo–Fr 7.40–19.30, Sa 7.40–18. Restaurant im Interspar. Salatbuffet, abends Backhendl (€ 5,90); Speisen auch zum Mitnehmen. €

Gasthaus Müller Yppengasse 2-4, Tel. 406 26 28, www.gasthaus-mueller.com, täglich 11–22. Gasthaus/Café mit Wiener Küche und Hausmannskost; Speisen auch zum Mitnehmen. Für Veranstaltungen mietbar; Schachclub etc. herzlich willkommen. TV. Ganzjähriger Schanigarten für 40 Pers. Eingang barrierefrei. €€

Nigls Ottakringer Schnitzelwirt Rankgasse 36, Tel. 494 93 00, E-Mail: bggastro@gmx.at, www.nigls.at, Mo–Fr 10–22, So, Fei 10–16, warme Küche bis 21 bzw. 15. Wiener Küche (Mo–Fr MM € 8,90), div. Schnitzelgerichte (z.B. Wiener Schnitzel, Surschnitzel, Cordon bleu); Bier vom Fass (Wiener Original, Gold Fassl Pur); Kinderspeisen. Abholung möglich. Schanigarten für 50 Pers. €€

Restaurant Ottakringerbad Johann-Staud-Straße 11, Tel. 0660/294 65 74, E-Mail: fbgastro@aon.at, April bis September täglich 9–19, durchgehend warme Küche. Frühstück bis 11 (€ 5,- bis € 10,-), Wiener Küche und mediterrane Speisen, saisonale Spezialitäten (täglich 11–14 MM); Kinderspeisen, -sessel, Spielsachen, Wickeltisch. Speisen auch zum Mitnehmen. Klimaanlage. Terrasse mit Bad-Blick für 40 Pers. Hunde mit Beißkorb und Leine. Rollstuhlrampe, Behinderten-WCs. €

Ottakringer Stub'n Ottakringer Straße 152, Tel. 486 21 82, E-Mail: ottakringerstubn@gmail.com, www.ottakringerstubn.jimdo.com, Mo–Fr 9–22, Sa 9–14 (Fei geschlossen), warme Küche bis 21 bzw. 13.30. Hausmannskost, saisonale Spezialitäten, wechselnde Karte (MM € 8,50), hausgemachte Mehlspeisen; Puntigamer und Fohrenburger vom Fass; Kinderspeisen, -sessel. Speisen auch zum Mitnehmen. TV. Lokal für Feiern geeignet. Gastgarten für 80 Pers. €€

Primadonna Rankgasse 29, Tel. 492 51 37, Mo–Fr 8–22, Sa 10–16. Frühstück; Wiener Küche (Mo–Fr 11–14 2 MM).

Speisen auch zum Mitnehmen. Veranstaltungen (Weinverkostungen, Themenabende, Vernissagen). Gastgarten für 30 Pers. €

Restaurant Schloss Wilhelminenberg Savoyenstraße 2, Tel. 485 85 03, E-Mail: direktion.schloss.wilhelminenberg@austria-trend.at, fb.schloss.wilhelminenberg@austria-trend.at, www.austria-trend.at, täglich 7–22.30, durchgehend warme Küche bis 21.30. Frühstücksbuffet bis 10 (€ 19,–/Pers.); Wiener Schmankerl und österr. Küche, saisonale Gerichte, Mehlspeisen; Kinderspeisen, -sessel; So 11.30–14.30 Brunch (€ 41,–/Pers. exkl. Getränke). Wintergarten für 35, Veranstaltungsräume für 20 bis 200, Terrasse mit wunderschönem Blick über Wien für 80 Pers. (erweiterbar für bis zu 100 Pers.), großer Schlosspark (120.000 m^2). 87 Hotelzimmer. Hunde mit Leine und Beißkorb. 💳 €€€

Zum Schü Speckbachergasse 8 (Ecke Arnethgasse), Tel. 0680/404 99 56, täglich 6–2. Kleine Speisen; Toast, Ham and Eggs, Würstel, Gulasch, Bohnensuppe, Gulaschsuppe; Bier, alkoholfreies Bier, Limonaden. Musikbox. Extrazimmer. Schanigarten für 9 Pers. €

Schuhmeier Schuhmeierplatz 17–18, Tel. 535 04 53, E-Mail: office@schuhmeier.com, www.schuhmeier.com, täglich 8–22. Café und Restaurant mit kleinen und großen Speisen, internat. Küche, umfangreiches Frühstücksangebot, wöchentlich wechselndes MM ab 11 (3 versch. HS (Fisch/Fleisch/vegetarisch) mit oder ohne Suppe), Burger, Pasta, Salate, Wiener Schnitzel, Steak, hausgemachte Kuchen. Speisen auch zum Mitnehmen. Lokal für 80, Schanigarten für 100 Pers. Seiteneingang barrierefrei. 💳 €€

Schutzhaus Gartenfreunde Ottakring Steinlegasse 15, Tel. 0664/658 80 37, E-Mail: info@das-schutzhaus.at, www.das-schutzhaus.at, Mo, Di, Fr–So 10–22, Fei wie jeweiliger Wochentag, durchgehend warme Küche. Wiener Küche, Hausmannskost (MM € 8,90); wechselnde Themenmenüs (z.B. griechischer oder italienscher Abend); Speisen auch zum Mitnehmen. Diverse Vorträge; jährliches Oktoberfest und dazu passende Spezialitäten. Kinderspeisen, -sessel. Gastgarten für 120 Pers. Rollstuhlrampe. 💳 €€

Schutzhaus Waidäcker Steinlegasse 35, Tel. 416 98 56, E-Mail: office@schutzhaus-waidaecker.at, www.schutzhaus-waidaecker.at, Mi–So 10–22, Fei 10–17, Mo, Di Ruhetag ausg. Fei, durchgehend warme Küche bis 17. Wiener Küche und saisonale Spezialitäten (MM € 8,90, Fr Fisch € 9,90); Kinderportionen, -sessel. Speisen auch zum Mitnehmen. Großbildleinwand für Sportübertragungen und Filmvorführungen; regelmäßig Veranstaltungen, gelegentlich Tanzabend mit Livemusik (Rock'n'Roll, Schlager, Boogie usw.); Veranstaltungen jeder Art möglich (Buffet ab 30 Pers.). Veranstaltungsräumlichkeiten und schattiger Gastgarten für insg. 250 Pers. Behinderten-WC. ♿ €€

Weinhaus Sittl (Zum Goldenen Pelikan) Lerchenfelder Gürtel 51, Tel. 405 02 05, www.sittl.at, Mo–Fr 17–23, Küche bis 22.30. Preiswerte Hausmannskost, Speisen nach Saison (Spargel, Wild, Gansl etc.); österreichische Weine, internationale Dessertweine, offenes Bier (Kaiser) und diverse österreichische Flaschenbiere. Veranstaltungen (z.B. Kabarettabende, Liederabende, Lesetheater) und Livemusik. Sehr schöner Gastgarten für ca. 70 Pers. bis 22. 💳 €€

Gasthaus Starchant Johann-Staud-Straße 27, Tel. 419 03 88, E-Mail: office@gasthaus-starchant.at, www.gasthaus-starchant.at, täglich 9–22, durchgehend warme Küche 10–21. Wiener Küche, Hausmannskost, saisonale Speisen (z.B. Schwammerl, Gansl, Wild); Mo–Fr MM (€ 8,50 bis € 9,50, 11–13 auch via Zustellung). Kindersessel. Gastgarten für 40 Pers. €€

Restaurant Terra Rossa Roterdstraße 3, Tel. 484 14 80, E-Mail: willkommen@laterrarossa.at, www.laterrarossa.at, Mi–Fr 18–23, Sa 12–23, So 12–17 (Fei geschlossen), Juli/Aug. So 16–22. Alt-Wien trifft auf Adria; Wiener Küche mit mediterranem Touch, von Schnitzerl bis Calamari fritti, vom Schweinsbraten bis zum Oktopus, von Kaiserschmarrn bis zur Tiramisù, auch vegetar. und vegane Speisen, außerdem knusprige Pinsa aus Sauerteig; Wein vom Familienweingut und darüber hinaus. Kinderspeisen, -sessel. Speisen auch zum Mitnehmen. 3 Extrazimmer für 30 bis 100, Gastgarten für 120 Pers. (teilweise mit ausfahrbaren Segeldächern). Barrierefrei, Behinderten-WC. ♿ 💳 €€€

Vier Sinne Huttengasse 83, Tel. 0699/14 44 40 07 (Ticketbüro Mo–Fr 9–14, Fr–Sa 16–21), E-Mail: kontakt@viersinne.at, office@viersinne.at, www.viersinne.at, Mo–Sa ab 18 (einheitliche Beginnzeit), Dauer ca. 4 Stunden. Dinner in the Dark – Abendessen bei absoluter Dunkelheit mit blindem Servicepersonal; 4gg Überraschungsmenü (€ 95,– inkl. Sektempfang, Digestif und aller Getränke), Hauptgang kann auch vegetarisch oder vegan ausgewählt werden. Samstagvormittag Brunch in the Dark. Spezielle Angebote für Firmen. Reservierungspflicht (24-Stunden-Onlineservice). Geschenkgutscheine erhältlich. 💳 €€€€

Völlerei Brunnengasse 69 (Eingang Yppenplatz), Tel. 942 65 37, E-Mail: voellereiwien@gmail.com, Mo–Fr 17–24 (Fei geschlossen), private Veranstaltungen auch außerhalb der Öffnungszeiten möglich. Moderne, österreichische Küche; eines der wenigen Lokale, in dem man Frastanzer Bier offen bekommt. Alle Speisen auch zum Mitnehmen. Kindersessel. Schöner Gastgarten mitten am Platz für 40 Pers. 💳 €€

Gastwirtschaft Wolfsberger Lienfeldergasse 35, Tel. 486 14 55, E-Mail: karl.wolfsberger@chello.at, www.gastwirtschaftwolfsberger.at, Mi–Sa 10–23, Küche 11.30–21. Gutbürgerliches Wiener Beisl mit saisonalen Küchenschwerpunkten (MM ab € 10,50); selektierte österreichische Weine (auch offen), Edelbrände; Kinderschnitzel, Kindersessel, Spielsachen. Speisen auch zum Mitnehmen. Extrazimmer für 30, ruhiger Gastgarten für ca. 100 Pers. €€

Amerikanisch

Rocky Docky's Western-Steak-House Rückertgasse 39, Tel. 480 32 16, E-Mail: steakhouse@rocky-docky.at, www.rocky-docky.at, Di-Sa 17-24, durchgehend warme Küche bis 23.30. Auf Wildwest gestyltes Steaklokal, Hash browns und Chuckwagon Beans, scharf gebratene Hühnerflügerl, Beilagen nach Wahl; amerikanische Flaschenbiere, Budweiser und Hacker-Pschorr (Bayern) vom Fass; Kinderspeisen, -sessel, Spielsachen. Speisen auch zum Mitnehmen. Reservierungen nur telefonisch während der Öffnungszeiten. €€€

Asiatisch

Asia-Restaurant Iron Chef Tong Fu Thaliastraße 126, Tel. 486 42 11, www.iron-chef.at, täglich 11-15 und 17-22. Chinesische, thailändische und japanische Küche, auch Sushi (11-15 Mittagsbuffet € 9,-); alle Speisen auf Wunsch glutamatfrei. Kinderspeisen, 2 Kindersessel. Zustellung im 16. Bezirk (ab € 12,-). Schanigarten für 6 Pers. €

Tasty Asia Ottakringer Straße 106, Tel. 484 18 89, E-Mail: office@tastyasia.at, www.tastyasia.at, Di-So 11.30-15 und 17.30-22. Asiatische Küche; Reis- und Nudelgerichte, Sushi, Maki, Bento Boxen; Kindermenüs; Take-away. Schanigarten für 30 Pers. €€

Balkan

Etno Restaurant Konak Herbststraße 32, Tel. 0699/10 29 21 11, E-Mail: boki.kumbric@gmail.com, www.etnokonak.at, täglich 11-22. Großartiges Lokal mit eisernem Riesengrill mittendrin, in dem sich jeden Tag ein Spanferkel oder ein Lamm am Spieß dreht; tägl. 11-15 MM (ab € 6,90). Klimaanlage. Schanigarten für 28 Pers. €€

Panorama Herbststraße 38, Tel. 495 92 62, E-Mail: restaurantpanoramawien@gmail.com, Mo-Sa 9-23, So, Fei 10-23. Wiener und Balkan-Küche, Grill- und Fischspezialitäten (selbst gefischt). Speisen auch zum Mitnehmen. Das Lokal gibt's seit über 20 Jahren, vorderer Teil eher schlicht, hinterer verfliest und edel; Klimaanlage. Schanigarten für 35 Pers. Keine Hunde. €€

Thalia-Grill Lorenz-Mandl-Gasse 63, Tel. 493 16 92, E-Mail: office@thaliagrill.at, www.thaliagrill.at, Do-Sa 11.30-22.30, So 11.30-22. Balkan- und österreichische Küche, saisonale Speisen, Meeresfisch; Spezialität: Kalbsbraten auf serbische Art mit Jungkartoffeln; Weine vom Balkan; Kinderportionen, -sessel. Speisen auch zum Mitnehmen. Wintergarten für Veranstaltungen bis 80 und charmant-skurriler Gastgarten für 150 Pers. mit Mühlrad, Teich und Pappmaché-Felsen. €€

XXL Koppstraße 33, Tel. 495 06 89, E-Mail: xxl.pola.pola@gmail.com, www.xxl-grill-wien.at, Mo-Do, So, Fei 11-22, Fr, Sa 11-23, durchgehend warme Küche bis 21. Bosnische Grillspezialitäten; große Auswahl an bosnischen Süßspeisen; Weine aus Kroatien und Montenegro; Kinderportionen, -sessel. Speisen auch zum Mitnehmen. Klimaanlage. Schanigarten für 16 Pers. Keine Hunde. €

Griechisch

Achillion Ottakringer Straße 233, Tel. 481 05 07, E-Mail: restaurant@achillion.at, www.achillion.at, täglich 11-23, durchgehend warme Küche. Griechische Küche mit Fischgerichten, Grillspezialitäten, Gyros- und Lammgerichten (MM Mo-Sa 11 bis 15, € 7,90 bis € 10,50); Seniorenteller; Kinderspeisen, -sessel, Wickeltisch, Spielsachen; griechische und österreichische Weine. Veranstaltungen für 200 Pers. möglich. Wintergarten für 50, Keller für 80, Terrasse für 50 Pers. Behinderten-WC. €€

Gyros Hellas Sandleitengasse 32, Tel. 485 90 20, E-Mail: panosstefas14@gmail.com, gyros-hellas.business.site, Di-Fr 11.30-14.30 und 17.30-22, Sa, So 11-22. Griechische Speisen, Grill, Gyros (Di-Fr 11-15 MM ab € 7,90); Grillplatte für 2 Pers. (€ 32,-). Zustellung in die Bezirke 7 bis 9 und 14 bis 19 (gratis Zustellung ab € 10,- Bestellwert, darunter € 2,- Zustellungsgebühr). 24 Sitzplätze im Lokal. 2 Schanigärten für 10 und 20 Pers. €

Kafeneon Payergasse 7, Tel. 0660/197 33 96, E-Mail: info@kafeneon.at, www.kafeneon.at, Di-So 12-22. Authentisches griechisches Lokal. Spezialität des Hauses: Oktopus mit Fava (Spalterbsenpüree). Alle Speisen und Naturweine auch zum Mitnehmen. Schanigarten für ca. 30 Pers. €€€

Retsina Thaliastraße 132, Tel. 486 23 96, www.retsina.at, täglich 10.30-23.30, durchgehend warme Küche. Griechische Spezialitäten (täglich 10.30-15 MM vegetarisch € 6,50, mit Fleisch € 6,90), große Auswahl an Fischspezialitäten, Lammspezialitäten. Cateringservice ab ca. 10 Pers. Kindersessel. Separater Raum für bis zu 60 Pers. reservierbar; für Veranstaltungen bis 150 Pers. geeignet, auf Wunsch auch mit Live-Musik. Schanigarten für ca. 40 Pers. €€

Indisch

Curry Indianer Haberlgasse 58, Tel. 405 83 80, E-Mail: office@curryindianer.at, www.curryindianer.at, Mo–Fr, So, Fei 11–22.30. Indische, vegetarische und vegane Spezialitäten: Samosa, verschiedene Currys. Zustellung in die Bezirke 1, 6 bis 9, 13 bis 18 und 20. **€**

DS Arjuna Sandleitengasse 32, Tel. 0699/11 67 86 21, E-Mail: office@dsarjuna.at, www.dsarjuna.at, Mo–Fr 11.30–19 (Fei geschlossen). Täglich wechselnde frische, vegetarische und vegane Küche; Daal, Curry, Samosa; tägl. 2 Tagesmenüs (ab € 9,50), auch zum Mitnehmen. Zustelldienst. Sa Kochkurse. Klimaanlage. Schanigarten für 8 Pers. **€**

Little India Koppstraße 10, Tel. 990 05 47, E-Mail: office@little-india.at, little-india.at, Mo–Sa, Fei 11–14.30 und 17.30–22, So 17.30–22. Indische Küche, wechselnde Wochenmenüs, Mo–Fr 11–14.30 MM um € 7,90; auch vegane, gluten- und laktosefreie Gerichte. Abholung und Zustellung möglich. **€**

Royal Bombay Palace Thaliastraße 139, Tel. 361 55 42, E-Mail: office@bombaypalace.wien, bombaypalace.wien, Mo, Mi–Sa, Fei 17.30–22.30, So 12–21.30. Restaurant mit klassisch indischen Gerichten; Mi–Mo 11–17 Streetfood zum Mitnehmen; umfangreiche Weinkarte mit nationalen und internationalen Weinen. **€€**

Italienisch

Alfredo Ristorante Trattoria Steinbruchstraße 30, Tel. 912 17 17, 0676/920 32 40 (Lieferservice), E-Mail: office@alfredo.at, www.alfredo.at, täglich 11–24, warme Küche 11.30–15 und 17–22, 15–17 nur Antipasti, Pizzen und Desserts. Italienische und mediterrane Speisen (Mo–Fr MM € 10,90 oder Pizza ab € 8,–), saisonale Gerichte, Fischspezialitäten; große Auswahl an österreichischen und italienischen Weinen; Kinderspeisen, -sessel. Veranstaltungen nach Ankündigung; Zustellung in die Bezirke 14 bis 16 (gratis Lieferung, € 20,– Mindestbestellwert), Bestellung telefonisch oder online. Großer Garten für 120 Pers. **€€**

Benvenuto Kirchstetterngasse 20, Tel. 947 52 00, E-Mail: benvenuto1160@gmail.com, www.benvenuto.wien, Mo–Do 17–2, Fr, Sa 15–2, So, Fei 11–2. Italienische Küche; Pizza, Pasta, Burger, Meeresfrüchte usw. Zustelldienst in den 6. bis 9. und 15. bis 17. Bezirk (ab € 9,– gratis, darunter € 2,– Zustellgebühr) sowie in den 12., 14., 18. und 20. Bezirk (Zustellung je nach Entfernung ab € 15,– bis € 20,– gratis, darunter € 2,– Zustellgebühr). **€€**

Cipollino Rückertgasse 33, Tel. 485 48 66, E-Mail: pizza@cipollino.at, www.cipollino.at, täglich 11–22.30, Küche bis 21. Riesenpizza (MM ab € 8,60), italienische Spezialitäten, Fischgerichte, saisonale Speisen, auch österreichische und asiatische Küche; Kinderspeisen, -sessel; Zustellung im 16. und 17., teilweise auch im 14. und 18. Bezirk (gratis ab € 15,–, eigene Bestell-App unter bestellen-cipollino.at). Garten für 50 Pers. (bis 22). **€€**

Pizzeria Da Amigos Thaliastraße 123, Tel. 494 40 20, www.da-amigos.at, täglich 11–23.30, durchgehend warme Küche. Pizza, Pasta, Fleisch, Fischspezialitäten, MM mit Suppe (€ 8,20), Aktion: Mo–Fr 11–14 jede Pizza, Salat inkl. Brot € 7,50. Kinderspeisen, -sessel. Abholung möglich; Zustellung in den 7., 8. und 14. bis 18. Bezirk (gratis ab € 10,–). Feste bis 50 Pers. möglich. 2 Schanigärten für 20 und 30 Pers. **€€**

D'Amigo Wattgasse 37, Tel. 480 82 13, 0660/990 69 79, 0660/480 82 13, E-Mail: office@pizzeriadamigo.at, www.pizzeriadamigo.at, Mo–Fr, So, Fei 11–23.30, Sa 17–23.30. Pizza, Familienpizza, Pasta, Risotto, auch Schnitzel, Kotelett und Spareribs, Fischgerichte. Zustellung in die Bezirke 14 bis 18 (gratis Lieferung, Mindestbestellwert € 13,–). 8 Sitzplätze im Lokal. **€**

Dolce Lago Payergasse 10, Tel. 957 47 95, E-Mail: info@dolcelago.at, www.dolcelago.at, Mo 16–24, Di, Mi 8–24, Do 8–0.30, Fr 8–2, Sa 9–2, So, Fei 9–24, warme Küche 12–23, Sa, So 10–22. Szenebar und Restaurant; variierende Frühstückskarte, Di–Fr 8–11.30 kleines Frühstücksbuffet mit Getränk, Sa, So, Fei 10–15 Brunch (Kinder unter 3 Jahren gratis, von 3 bis 12 Jahre vergünstigt); italienische Küche (Di–Fr 12–15 MM, vegetarisch, vegan und mit Fleisch), abends à la carte; Pizza, Antipasti; Cocktails (alkoholisch und alkoholfrei). Libri liberi (Bücherecke mit gratis Büchern zum Mitnehmen oder Hinbringen). Kindersessel, Spielsachen, Wickeltisch. Schanigarten am Yppenplatz für 46 Pers. **€€**

Ristorante Pizzeria La Perla Herbststraße 59, Tel. 890 18 32, E-Mail: emrebaumgartner@gmail.com, www.ristorantelaperla.at, Di–So, Fei 11.30–23, durchgehend warme Küche. Italienische Küche; Pizza, Pasta, Meeresfrüchte, Fisch- und Fleischspezialitäten wie Filetto di manza alla griglia mit Rosmarinkartoffeln oder Filetto di salmone alla griglia. Abholung möglich. Im Sommer Schanigarten. **€€**

La Salvia Yppenplatz (Ecke Weyprechtgasse/Schellhammergasse), Tel. 236 72 27, E-Mail: negozio@lasalvia.at, www.lasalvia.at, Mi, Do 15.30–22, Fr 10–22, Sa 8–13 (bei Schönwetter), Mi, Do 15.30–20, Fr 10–20, Sa 8–13 (bei Schlechtwetter). Vinothek und Feinkostladen mit Spezialitäten aus dem geografischen Dreieck Friaul-Julisch Venetien, Slowenien und Istrien: Prosciutto, Coppa, Trüffel, Käsespezialitäten, frische Pasta, gefüllte Gnocchi, Polenta, Olivenöl, auch frisch gemahlener Kaffee aus Triest, Prosecco, Grappa und ausgewählte Weine. Zu essen gibt's außerdem Antipasti im friulanischen Stil, kleine Fischteller, Burrata und saisonale Spezialitäten. Weinversand (online). Klimaanlage. Schanigarten für 25 Pers.

La Valletta Hasnerstraße 131, Tel. 493 13 40, 0664/73 16 95 40, E-Mail: office@lavalletta.at, www.la-valletta.webnode.at, täglich 11–22.30. Italienische Küche (MM), große Auswahl an Nudelgerichten, ca. 30 Pizzen (€ 7,50 bis € 14,90), selbst gebackenes Brot, auch Wiener Küche; Kinderspeisen, -sessel. Speisen auch zum Mitnehmen. Schöner Garten für ca. 60 Pers. €€

Pizza e amore Ottakringer Straße 172, Tel. 0665/65 62 92 50, www.pizzaeamore.shop, Mo–Do 17–21.30, Fr–So, Fei 11.30–21.30. Neapolitanische Pizzeria; süditalienische Küche; unkompliziertes Ambiente mit süditalienischen Noten und einem einzigartigen Pizzaofen von Scugnizzo Napoletano; kleines Sortiment an sizilianischen alkoholfreien Getränken, Bieren und Weinen. Zustellung in die Bezirke 16 und 17 (kein Mindestbestellwert). Schanigarten für ca. 12 Pers.

Pizza Eck Hasnerstraße 69, Tel. 494 18 20, E-Mail: office@pizzaeck.at, www.pizzaeck.at, täglich 11–23, durchgehend warme Küche. Pizza (€ 7,- bis € 11,-), Pasta (€ 6,90 bis € 9,50), Fleischgerichte (€ 7,90 bis € 15,90), Fisch (€ 8,40 bis € 15,90). Take-away; Zustellung für den 6. bis 9. und 14. bis 18. Bezirk (Mindestbestellwert € 10,-). Für Feste geeignet. Schanigarten für 40 Pers. €€

Sofi Vera Pizza Napoletana Brunnenmarkt Stand 161 (Yppenplatz), Tel. 0660/313 37 30, E-Mail: info@pizzasofi.at, www.pizzasofi.at, Mo–Fr 17.30–23, Sa 13–23 (Fei geschlossen). Original neapoletanische Pizza. Ausschließlich Produkte mit geschützter italienischer Herkunftsgarantie und DOP-Status. Kindersessel, Wickeltisch. Für Feiern für max. 110 Pers. zu mieten. Gastgarten für 100 Pers. €€

Wetter Payergasse 13 (Yppenplatz), Tel. 406 07 75, Do, Fr 17–23, Sa 10–15, Küche 18–22 bzw. 10–14.30. Lokal von Raetus Wetter am Yppenplatz mit Italoküche. Täglich wechselnde Karte je nach Warenangebot. Schlicht und kantinig gehaltenes Lokal. Kindersessel, Kinderecke mit Spielzeug. Schanigarten für 40 Pers. €€€

Mexikanisch

Carlos – Mexican Grill & Cocktail Bar Gablenzg. 1–3/2. OG/Top 60 (Lugnercity, Kino Center), Tel. 971 39 84, E-Mail: office@carlos-bar-grill.at, www.carlos-bar-grill.at, Mo–Do, So 11.30–22, Fr, Sa 11.30–22.30. Mexican Grill und Cocktailbar; Tex-Mex, Steaks und Burger; umfangreiche Cocktailkarte, Happy Hour (alle Cocktails reduziert außer Shots und Heavy Drinks). Klimaanlage. Behinderten-WCs in der Anlage. €€

Orientalisch

Duru Cafe Restaurant Thaliastraße 69 (Ecke Panikengasse), Tel. 890 88 75, E-Mail: office@durukebap.at, www.durucaferestaurant.at, täglich 8–22. Orientalische Küche, Grillspezialitäten, Fisch, vegetarische und vegane Speisen; Mo–Fr 8–13, Sa, So, Fei 8–14 Frühstücksbuffet all you can eat. Bier vom Fass (Ottakringer Helles, Wiener Original); Kinderspeisen und -sessel. €

Garbanzo Brunnengasse 70, Tel. 0664/979 30 31, E-Mail: hello@iamgarbanzo.com, iamgarbanzo.business.site, Di–Sa 11.30–18. Falafel- und Hummus-Bar. Zustelldienst in die Bezirke 6 bis 9 und 16 bis 19.

Mani Brunnenmarkt Stand 153–155 (Yppenplatz), Tel. 402 43 17, E-Mail: welcome@mani-wien.at, www.mani-wien.at, Mo–Fr 17–23, Sa 9–23 (Fei geschlossen). Marktlokal mit orientalischer und westlicher Küche, z.B. Eierpfanne nach tunesisch-israelischer Art (Shakshuka), Hummus-Variationen mit Toppings; Zutaten kommen größtenteils vom Brunnenmarkt; Take-away; abends Barbetrieb. Schanigarten für 40 Pers. €

Persisch

Kook Brunnengasse 74, Tel. 0664/943 55 55, kook.at, Di–So 11–22. Persische Küche und iranische Hausmannskost; 3 versch. Tagesmenüs (ab € 10,80). Schanigarten. €€

Spanisch

Da Filippo Richard-Wagner-Platz 17, Tel. 485 67 57, www.pizzeriadafilippo.at, Di–Sa 11–22, So, Fei 17–22. Sehr nettes Souterrain-Hinterhof-Lokal, eigentlich auf der Thaliastraße, nur dieser Abschnitt heißt Richard-Wagner-Platz. Italienische und spanische Küche (11–15 MM ab € 7,20), Holzofenpizza, über 30 Fischspezialitäten, Fleisch und Teigwaren, Paella, Steaks; Chorizos von Leon (Spezialwurst, gekocht in Rotweinsauce oder vom Grill); Kinderportionen, -sessel; spanische und italienische Weine. Gastgarten für 150 Pers. (bis 22). Hunde mit Leine und Beißkorb. €€

Türkisch

Denis Cafe & Restaurant Brunnengasse 45, Tel. 406 12 98, 0664/370 98 16, www.deniscaferestaurant-wien.at, täglich 7–23. Bis 10 Frühstück; Pizza, Familienpizza; Grillspezialitäten, Mo–Fr 2gg MM, mediterrane Küche, auch Fisch, Kebap und Pizzaschnitten; Kinderspeisen, -sessel; große Weinauswahl. Alle Speisen auch als Take-away. Schanigarten für ca. 50 Pers. Rollstuhlrampe. €

Cafe Derwisch Lerchenfelder Gürtel 29, Tel. 956 36 77, 0699/10 67 65 08, E-Mail: info@derwisch.wien, derwisch .wien, Mo-Do, So 14-1, Fr, Sa, Fei 14-4. Oben Restaurantbereich mit türkischen Spezialitäten; diverse Menüs (16-19) mit Fleisch um € 10,60 oder vegetarisch um € 9,10, große Auswahl an vegetarischen Speisen; Chillout-Area; im Untergeschoß Fr, Sa Partykeller für 90 bis 100 Pers., für Feste aller Art geeignet; große Auswahl an Longdrinks (€ 6,60) und Cocktails (€ 7,50 bis € 8,50). **€**

Kent Restaurant Brunnengasse 67, Tel. 405 91 73, E-Mail: kent_restaurant@gmx.at, www.kentrestaurant.at, kent-zustellung.at (Online-Bestellung), täglich 6-2, durchgehend warme Küche. Riesiges Lokal, einzigartige Stimmung. Frühstück durchgehend (ab € 4,90); türkische Küche, Suppen, Speisen vom Holzkohlengrill (Mo-Fr 12-18 MM € 7,90), Spezialitäten: grüne Fisolen, Kalb- und Hühnerfleisch; Raki, türkischer Kaffee, Tee und Wein; Kindermenü, -sessel, Wickeltisch; Gassenverkauf; Zustelldienst für die Bezirke 15 bis 19 (ab € 10,-); Catering. TV für Sportübertragungen; für geschlossene Gesellschaften bis 100 Pers. geeignet; Keller für ca. 80 Pers. für Feiern zu mieten (Buffet möglich). Wintergarten für 80, großer Gastgarten für 300 Pers. **€€**

Liman Veronikagasse 19 (Ecke Payergasse 2), Tel. 402 02 90, 0676/671 76 50, E-Mail: info@liman.wien, www.liman .wien, täglich 10-4, durchgehend warme Küche. Frühstück (€ 3,- bis € 9,90); mediterrane, levantinische und türkische Speisen (TT ab € 5,-); Pfannengerichte, Fisch, große Auswahl an Biogerichten, viele vegetar. Speisen, frisches Gemüse; Schauküche mit Holzkohlengrill; Kinderspeisen, 4 Kindersessel, Wickeltisch; Speisen auch zum Mitnehmen; Zustelldienst für den 8., 9., 16., 17. und 18. Bezirk (ab € 13,50). Leinwand und TV; Klimaanlage. Wintergarten für 35, Innenhofgarten für 45, 2 Schanigärten für 60 Pers. **€€**

Lokanta Oase Friedmanngasse 14 (1-3), Tel. 409 81 67, E-Mail: office@lokantaci.at, reservierung@lokantaci.at, www.lokantaci.at, täglich 7-23. Döner Kebap, türkische Hausmannskost, Mittelmeerspezialitäten, Speisen vom Grill (MM); türkische Weine; Kindergerichte, -sessel. Speisen auch zum Mitnehmen. Schanigarten für 40 Pers. **€**

Vietnamesisch

Saigon Neulerchenfelder Straße 37, Tel. 408 74 36, E-Mail: restaurant@saigon-vienna.at, www.saigon-vienna.at, täglich 11.30-23, durchgehend warme Küche bis 22. Vietnamesische Küche (15 MM ab € 7,90), Spezialitätenkarte mit z.B. Rindfleisch oder gegrilltem Hühnerfleisch am Spieß mit Reispapier, verschiedene Reisnudelsuppen-Variationen und Reisgerichte; vegetarische Speisen wie gebratene Shiitake-Pilze mit Gemüse oder Seitan; Speisen auch zum Mitnehmen. Kindersessel. Kostenlose Kundenparkplätze im Hof. **€€**

Bars

Bei mir Speckbachergasse 47 (Ecke Seeböckgasse), Tel. 0650/366 67 00, E-Mail: office@beimir.at, www.beimir.at, Mi, Do 19-24, Fr, Sa 19-2 (Fei geschlossen), Sommerpause siehe Homepage. Eine bezaubernde, kleine Cocktail-Bar. Selbstgemachte Limonaden, jede Menge Cocktails, sowohl Klassiker als auch Eigenkreationen; Flaschenbiere, Weine. Schach, Brettspiele, Poker. Kleiner Bar-Raum, kleines Stübchen für 30 Pers.

Vinothek & Weinbar Truksitz Yppenplatz 7, Tel. 0676/ 959 85 60, E-Mail: markus@truksitz.at, www.sternenweine .at, Di-Fr 18-23 (Fei geschlossen). Weinbar und Vinothek des Weingutes Truksitz aus Schützen am Gebirge. Rotweine, aber auch Weißburgunder, Welschriesling, Grüner Veltliner oder Chardonnay, außerdem auch Weine anderer österreichischer Winzer*innen (z.B. aus der Südsteiermark); 20 offene Weine, Flaschenweinverkauf, auch gekühlte Flaschenweine zum Gleichtrinken; dazu gibt's kleine Speisen wie Bauerntoast, Grammelschmalz- oder Verhackertbrot, Tiroler Schinkenspeck usw. Reservierung via E-Mail oder Facebook möglich.

Wirr am Brunnenmarkt Brunnenmarkt Stand 157 (Ecke Brunnengasse/Schellhammergasse), Tel. 402 30 98, E-Mail: office@wirr.at, Mo-Sa 9-23, So, Fei 9-17, warme Küche bis 22 bzw. 16. Das Burggassen-Wirr hat eine Filiale am Yppenplatz mit Grafitti und Dachterrasse. Frühstück bis 16, Brunch, internationale Speisen, Burger und diverse Snacks. Mo-Fr 16-19 Afterwork Special: Villacher Märzen 0,5 l € 3,50, weißer Spritzer € 2,50. Speisen auch zum Mitnehmen. Dachterrasse für 80, Schanigarten für 50 Pers. Behinderten-WC, gesamtes Lokal ausg. Dachterrasse barrierefrei.

Bistros

Ben's Bistro Kongressbad Julius-Meinl-Gasse 7a, Tel. 0676/370 76 59, www.bens-bistro.at, Anfang Mai bis Mitte September täglich 9-19. Bistro im Kongressbad. Freibadklassiker wie Pommes und Langos, aber auch Hummus mit Falafelbällchen oder Burger. Teils Selbstbedienung, teils mit Tischservice. **€**

Fresh One Pot Kitchen Ottakringer Straße 65, Tel. 361 53 50, E-Mail: info@fresh.at, www.fresh.at, Di-Do 11.30-21, Fr-So 11.30-22.30. Verschiedene Suppen, Salate, Currys und Bowls; Take-away. **€**

Cafés, Espressos

Cafe An-Do Brunnenmarkt Stand 169 (Yppenplatz), Tel. 0699/17 06 11 16, 308 75 75, E-Mail: office@cafeando.at, www.ando.at, Mo-Fr 9-24, Sa 8-24, So, Fei 10-17, warme Küche bis 22.30. Großes und schönes Lokal am Brunnenmarkt; 8-16 Frühstück (€ 7,40 bis € 12,90); scharfe Linsensuppe, Zucchini-Schafskäse-Laibchen, Nizza-Salat, Brunnenmarktsalat, Exoticsalat, vegetarischer Spieß mit Halloumi, Tofusandwich, Hühnersandwich, Calamari vom Grill, Sate-Spieß; Pilsner Urquell, Schremser, Illy-Kaffee. Teakholzterrasse mit wunderschönem Terazzoboden für 100, Schanigarten für 100 Pers.

Cay Payergasse 12/3, Tel. 0660/253 66 25, E-Mail: cafe@cay-yppenplatz.at, www.cay-yppenplatz.at, Di-Fr 9-23, Sa 8.30-23, So, Fei 9.30-23. Café-Patisserie mitten am hippen, belebten Yppenplatz; Bio-Frühstück bis 16; verschiedene Speisen, große Auswahl an selbstgemachten veganen, glutenfreien und auch zuckerfreien Torten (Online-Bestellung möglich); Kaffee von der Koffeinschmiede, Eis von „Der Eismacher“. Riesiges Fassadenfenster auf den Yppenplatz, alte 60er-Jahre-Sessel, Industrielampen und bunte Gartenmöbel. Gastgarten für 50 Pers. Barrierefreier Zugang.

Frida Payergasse 12/4 (Yppenplatz), Tel. 0678/122 94 64, E-Mail: office@cafefrida.at, www.cafefrida.at, Mo, Mi-So 9-24, Di 16.30-24. Bio-zertifiziertes Café am Yppenplatz. Frisch gekochte und hausgemachte Speisen; Frühstück bis 16 (€ 5,80 bis € 14,90), Mo-Fr TT mit Suppe oder Salat (€ 10,90/€ 11,80); Burritos und Burger, hausgemachte Limonaden, bunte Auswahl an Spritzer und Craft-Bier, Freistädter Bier. Schanigarten.

Café Messner Brunnengasse 50a, Tel. 406 44 29, E-Mail: cafemessner@hotmail.com, www.cafemessner.eatbu.com, Mo-Fr 6-22, Sa 6-20, So, Fei 10-20. Café am Brunnenmarkt, 7.30-10.30 Frühstück (ab € 3,90); Hausmannskost (TT ab € 5,90), Mi Schnitzel mit Erdäpfelsalat (€ 5,90); saisonale Speisen, hausgemachte Mehlspeisen (Apfel- und Topfenstrudel). Schanigarten für 32 Pers.

Movie Cafe Sandleitengasse 6, Tel. 0676/546 41 15, E-Mail: moviecafe@aon.at, www.moviecafe.at, täglich 7-1. Frühstück bis 14 (€ 4,- bis € 10,-); Imbisse (€ 2,50 bis € 7,90), manchmal Grilltage mit Hendl und Stelzen; 3 Fassbiere (Gösser, Puntigamer, Budweiser). Speisen auch zum Mitnehmen. Klimaanlage; TV; Karten, Würfel, Pokertisch, Pokerturniere, Preisschnapsen, Frühschoppen. Schanigarten für 40 Pers.

Café Saadi Ottakringer Straße 167, Tel. 276 41 09, E-Mail: office@cafesaadi.at, www.cafesaadi.at, täglich 8-24. Frühstück bis 13 (ab € 4,90); orientalische Spezialitäten (Hummus etc.), Mehlspeisen, frische Salate; Cocktails (in der Happy Hour 19-24 um € 5,90); Milchshakes, Frappés, Eisbecher usw.; Kindereis. TV. Extrazimmer. Schanigarten für 60 Pers.

Cafe Lounge Semendria Koppstraße 60, Tel. 0665/65 24 25 95, E-Mail: office@semendria.at, www.semendria.at, Mo-Fr 6-24, Sa, So 8-24. Schanigarten.

Talisman Liebhartsgasse 49, Tel. 0664/858 29 82, E-Mail: kranjac@gmail.com, www.cafe-talisman.at, Mo-Do, So 15-1, Fr, Sa, Fei 15-2. Café-Bar; 4 Flaschenbiere, Starobrno und Reininghaus vom Fass, Weine aus Kroatien und Österreich, Liköre, Schnäpse, Pelinkovac (Kräuterschnaps); italienischer Kaffee, Baguettes und Flammkuchen. Schanigarten für ca. 26 Pers.

Eissalons

Gelateria Bella Mia Thaliastraße 50, Mitte März bis Ende September täglich 10.30-22, Öffnungszeiten saisonal und wetterbedingt variabel. 20 hausgemachte Eissorten, Kaffee, Frappés etc.; auf Anfrage wird (nicht nur) Kindern jeder Eiswunsch erfüllt. Schanigarten für 9 Pers. Keine Hunde.

Bortolotti Thaliastraße 71, Tel. 957 85 40, E-Mail: 71@bortolotti.at, www.bortolotti.at, tägl. 8-23. Über 30 Eissorten, laktosefreies Eis, Diabetikereis, Eistorten, Kindercoups; Kaffeespezialitäten (Sojamilch); 9-11 Frühstück. Innenhofgarten für 50 Pers.

Eissalon Mauß Thaliastraße 155, Tel. 0677/63 16 80 01, 492 51 30, E-Mail: office@eissalon-mauss.at, www.eissalon-mauss.at, Mitte März bis Ende September täglich 10-22. Ca. 80 Eisspezialitäten, täglich 30 bis 40 Eissorten, bis zu 150 Sorten in wechselndem Angebot; Eistorten, laktose- und glutenfreies Eis (auch glutenfreie Tüten), für Diabetiker geeignetes Eis, vegane Eissorten, Parfait, tägliche Produktion; kalte und warme Getränke, Milchshakes und Eiscocktails; Kindereisbecher, Kindersessel. Klimaanlage. Schanigarten für ca. 36 Pers., Seiteneingang rollstuhlgerecht.

Heurige

Zur blauen Nos'n Johann-Staud-Straße 9a, Tel. 914 81 58, Mo-Sa ab 15, So, Fei ab 12, bei Reservierung Mo-Sa bereits ab 12 geöffnet, Küche bis 21.30. Früher inmitten der Weingärten, jetzt inmitten der Schrebergärten; kaltes und warmes Heurigenbuffet; warmer Kümmelbraten; viele Salate, Spareribs, Stelze, Wienerschnitzel; vegetarischer und veganer Teller; offene und Bouteillenweine aus Großriedenthal (Fels am Wagram). Budweiser Bier. Speisen auch zum Mitnehmen. Gastgarten für 120 Pers. **€**

Gitti's Heuriger Ottakringer Straße 177, Tel. 486 25 41, E-Mail: brigitte.bischinger@gittis-heuriger.at, www.gittis

-heuriger.at, täglich 15–23, Küche bis 21, Buffet bis 21.30. Warmes und kaltes Buffet; Spezialitäten (z.B. Kraut- und Schinkenfleckerl, Kümmelbraten etc.), hausgemachte Mehlspeisen; kleine Portionen möglich. Gastgarten für 160 bis 180 Pers. **€€**

Zum Herrgott aus Sta Speckbacherg. 14, Tel. 486 02 30, www.herrgottaussta.at, Mi–Sa 15–23, So 12–22, Fei wie jeweiliger Wochentag, Küche und Buffet Mi–Sa bis 22, So bis 21. Kaltes und warmes Heurigenbuffet, hausgemachte Mehlspeisen, z.B. Topfenstrudel, Erdbeerschnitte; Do ist Stelzen-Tag (auf Vorbestellung, € 25,– für 2 Pers.); Speisen auch zum Mitnehmen. Jeden 2. und letzten Fr/Monat ab 19 Livemusik. Garten für ca. 150 Pers. **€**

Weinbau Herrmann Johann-Staud-Straße 51, Tel. 914 81 61, E-Mail: weinbau.herrmann@gmail.com, www.weinbau-herrmann.com, Mai bis Sept. immer die ersten 2 Wochen im Monat Mo und Do–So 15.30–22 sowie an den Weinwandertagen Anfang Oktober geöffnet. Buschenschank unmittelbar bei einem der letzten Ottakringer Weingärten, hausgemachte Aufstriche, Schweinsbraten, Fleischlaberln und Salate; ausschließlich Eigenbauweine, Spezialität: Rotwein „Urrebe". Verglaste Veranda mit Blick in den Weingarten für 50; Gastgarten für ca. 200 Pers. mit Laube im Weingarten. 35 Parkplätze. **€**

Weinbau Leitner Sprengersteig 68, Tel. 480 01 39, www.weinbau-leitner.at, April bis Okt. Di–Sa 17–23, Fei 16–22, Fei geöffnet außer Mo und So, durchgehend warme Küche. Grillhendl (€ 10,–), Spezialität: Stelzen; nur Eigenbauweine, Ab-Hof-Verkauf. Kinderspielplatz. Terrasse für 80 Pers. **€€**

Heuriger Sissi Huber Roterdstraße 5, Tel. 485 81 80, E-Mail: willkommen@sissi-huber.at, sissi-huber.at, Di–Sa 15–23 (Fei geschlossen). Wiener Küche, vegetarische und vegane Speisen, saisonale Gerichte; Kinderspeisen, -sessel. Kamin; 5 Extrazimmer für 40 bis 80, Schani- und Gastgarten für 200 Pers. (teilweise mit ausfahrbaren Segeldächern). 💳 **€€**

Heuriger Stippert R. u. H. Ottakringer Straße 225, Tel. 486 89 17, E-Mail: heuriger-ottakring@stippert.at, www.stippert.at, Mi–Sa 15–23, So 10–13, Betriebsurlaub siehe Homepage. Kaltes und warmes Heurigenbuffet, z.B. Schinkenfleckerl, Stelze, Hühnerschnitzel, Kaiserfleisch, hausgemachter Erdäpfelsalat; Spezialität: jeden Do auf Vorreservierung Ente mit Rotkraut und Knödel; nur Eigenbauweine. Speisen auch zum Mitnehmen. Klimaanlage. Extrazimmer für 50, Hofgarten für ca. 80 Pers. **€€**

10er Marie Ottakringer Straße 222–224, Tel. 489 46 47, E-Mail: heuriger@10ermarie.at, www.10ermarie.at, Di–Sa 15–23, Küche bis 22. Rustikaler Heuriger in jahrhundertealten Kreuzgewölben, einer der ältesten Heurigen in Wien, von der Familie Fuhrgassl-Huber/Neustift geführt. Gepflegte Hausmannskost, warmes und kaltes Heurigenbuffet, Schnitzel vom Tullnerland Schwein (mit Salat ab € 14,50), halbes Backhendl mit Salat (€ 14,50), veganes Blunzengröstl, Schinkenfleckerl, gebackenes Gemüse; Kinderschnitzel, -sessel, Wickeltisch; ausschließlich Eigenbauweine, Ab-Hof-Verkauf möglich. Private Feste bis 200 Pers., Extraräume für 14 bis 300, 3 Gärten für bis zu 600 Pers. (Garten bis 22). Behinderten-WC. ♿ 💳 **€€**

Imbisse

Imbiss BBQ Huttengasse 30, Tel. 0699/12 33 42 61, E-Mail: odek@gmx.at, täglich 9–24. Imbiss in der S-Bahn-Station Ottakring. Geboten wird „alles, was gebraten wird", z.B. Döner (€ 3,50), Köfte, auch Burger (€ 6,–), Pizza. Hinter dem Take-away-Bereich gibt es auch einen Restaurantbereich. Darts. Keine Hunde. 💳

Pizzeria Di-Tacchino Maroltingerg. 100, Tel. 961 43 32, 0660/443 12 28, E-Mail: shanah3@hotmail.com, www.di-tacchino-wien.at, täglich 11–22.45. Nur Zustellung und Abholung. Italienische Küche; Pizza, auch Pasta, Fleisch- und Fischgerichte, Burger. Zustellung in die Bezirke 7 und 8 sowie 14 bis 18. 💳 **€**

Duru Kebap Thaliastraße 23, Tel. 0660/604 05 45, E-Mail: office@durukebap.at, www.durukebap.at, täglich 9–2.30. Orientalische Küche, Kebap, Falafel, Grillspezialitäten, vegetarische und vegane Speisen; Frühstück. Catering. Zustellung in ganz Wien (keine Liefergebühr, Mindestbestellmenge variiert je nach Bezirk). **€**

Hammoud Imbiss Brunnengasse 54 (Stand 065), täglich 8–20. Arabischer Imbiss mit arab. Drehspieß Keschkesch; selbstgemachtes Fladenbrot im Tandoori-Ofen gebacken.

Kärntnerei Kasnudel Yppenplatz (Marktstand ggü. Nr. 2), Tel. 0699/17 36 73 93, E-Mail: mail@kaerntnerei.at, www.kaerntnerei.at, Di–Fr 10–22, Sa 8–22. Marktstand am Brunnenmarkt mit hausgemachten Kasnudeln mit diversen Füllungen; Weine aus dem Friaul und Kärntner Bio-Bier werden ausgeschenkt. Produkte aus dem Friaul, aus Kärnten (Würstel, Speck) und Tirol (Käse) gibt es zu kaufen. 💳

Köfteci Ottakringer Straße 35, Tel. 0660/133 47 47, köfteci.at, Mo–Do 10–22, Fr, Sa 10–2, So 12–22. Kleinasiatisch-türkisches Streetfood wie diverse Ekmeks (Sandwiches mit Fisch oder Leber), Rindfleisch-Wraps (Tantuni) und Midye (mit Reis gefüllte Miesmuscheln). Take-away, Zustellung (Bestellung via Homepage). **€**

Komagene Cigköfte Brunnengasse 77, Tel. 0699/17 17 93 98, www.komagene.com, Mo–Sa 11–23, So 12–23. Imbisslokal, das sich auf vegetarische Cigköfte spezialisiert hat. Take-away. **€**

McDonald's Thaliastraße 17, Tel. 493 28 75, E-Mail: at-store0039@restaurant.at.mcd.com, www.mcdonalds.at, Öffnungszeiten siehe Homepage. Burger, Wraps, Salate etc.; Frühstück. Mit McCafé. Tischservice. €

Pizza La Gona blu Maroltingergasse 74, Tel. 494 57 57, 0664/458 57 39, E-Mail: halobatbat@gmail.com, täglich 11–24. Italienische, mexikanische, orientalische, türkische und österreichische Küche, Burger. Take-away; Zustellung im 7., 8., 10. und 14. bis 18. Bezirk (Zustellgebühr € 2,50, gratis ab € 10,–). 8 Sitzplätze im Lokal. €

Schnitzel Landmann Thaliastraße 116, Tel. 486 16 18, www.schnitzel-landmann.at, Mo–Fr 10.30–22, Sa, So 11–22. Schnitzelvariationen und österreichische Spezialitäten, auch zum Mitnehmen, Tagesangebote; Onlinebestellung; Zustellung in die Bezirke 15 bis 19 (gratis ab € 10,–, darunter € 2,– Zustellgebühr) sowie 14 (gratis ab € 40,–, darunter € 5,– Zustellgebühr). Klimaanlage. €

Thalia Schnitzel Euro Pizza Hofferplatz 8, Tel. 405 65 87, Mo–Do 8–22, Fr–So 8–23. Italienische Küche, Pizza, Kebap, Schnitzel, chinesische Nudeln; Take-away. 36 Sitzplätze. Gastgarten für 8 Pers. €

Zeljo Grill Thaliastraße 30, Tel. 403 96 50, E-Mail: info@zeljo.at, www.zeljo.at, täglich 8–20, durchgehend warme Küche. Burek (1 kg € 13,50), Cevapcici, Pleskavica; Süßigkeiten. Take-away; Lieferung in die Bezirke 6 bis 9 und 14 bis 16 (€ 15,- Mindestbestellung). Sitzplätze für 8 Pers. €

Konditoreien, Bäckereien

Ahi Bäckerei Yppenplatz 7, Tel. 408 90 17, E-Mail: ahibaeckerei1160@outlook.com, ahi-baeckerei.eatbu.com, täglich 5–3. Bäckerei, Snacks, Frühstück.

Anker www.ankerbrot.at, kontakt@ankerbrot.at. Brot, Gebäck, Mehlspeisen, täglich laufend frische Snacks. Bahnhof Ottakring (Paltaufgasse 16), Tel. 494 84 01, Mo–Fr 5–20, Sa 6–15, So, Fei 6–17, Schanigarten. Montleartstraße 37 (Wilhelminenspital), Tel. 493 90 38, Mo–Fr 6–18, Sa, So, Fei 7–14, Schanigarten. Rankgasse 25, Tel. 495 50 80, Mo–Fr 6–13, Sa, So, Fei 6–12.30.

Backwerk Thaliastraße 17, E-Mail: infoat@back-werk.com, www.back-werk.de, Mo–Fr 6–16, Sa 6.30–15, So 7–17. Brot und Gebäck, kalte und warme Snacks.

Der Mann www.dermann.at. Gebäck, Brot, Mehlspeisen, Snacks. Im Sommer variable Öffnungszeiten. Thaliastraße 101, Tel. 866 99-9104, Mo–Fr 6–18, Sa 6–12, So, Fei 7–12, Kaffeehaus mit Bedienung. Thaliastraße 50, Tel. 866 99-9114, Mo–Fr 6–18, Sa, So, Fei 7–12, Kaffee-Ecke.

Felber www.felberbrot.at, office@felberbrot.at. Ofenfrische Backwaren, Cafeteria, Frühstück, Snacks, Imbisse. Ottakringer Straße 148, Tel. 485 95 72, Mo–Fr 6–18, Sa 6–12, So, Fei 7–12. Sandleitengasse 2 (Ecke Ottakringer Straße 240), Tel. 489 42 00, Mo–Fr 6–18, Sa 6–12, So, Fei 7–13.

Kamelya Cafe Brunnengasse 74/3, Tel. 0660/152 43 33, E-Mail: office@kamelyacafe.at, www.kamelyacafe.at, Mo–Sa 7–23, So, Fei 10–23. Frühstück (€ 8,90); Türkische Mehlspeisen, Gebäck, Torten; Kaffee- und Teespezialitäten, Salep.

Marzipanina Rosenackerstraße 12, Tel. 0699/11 10 39 27, Do 14–18.30, Sa 10–13, Freitag Mehlspeise, wenn man läutet. Selbstgemachte saisonale Torten, Kuchen, Desserts; Torten auf Bestellung (Anlasstorten sollten ca. 2 Monate vorher geordert werden); Kaffee von Julius Meinl. 6–8 Sitzplätze, Schanigarten für 6–8 Pers.

Orient Tandoor Brot Neulerchenfelder Straße 29, Tel. 0660/482 72 08, E-Mail: orienttandoorbrot@gmail.com, täglich 8–20. Winzige Bäckerei, in der man allerhand orientalische Tandoor-Brote bekommt, süß und salzig, mit Fülle oder ohne, sowie Snacks wie Samosas mit Erdäpfel-Lauch-Fülle mit sauer-scharfer Sauce.

Bäckerei Schwarz Herbststraße 91, Tel. 492 94 40, 802 02 02 (Zentrale), E-Mail: bs@bswien.at, www.bswien.at, Mo–Fr 6–19, Sa 6–13, So, Fei 7–14. Bäckerei mit Stehcafé. Kinder-Naschecke. Eduscho-Kaffee.

Ströck www.stroeck.at, kundenservice@stroeck.at. Ofenfrisches Brot und Backwaren (von rustikal bis mediterran), Mehlspeisen-Klassiker; Frühstück, schnelle Snacks, Imbisse; Bio-Fairtade-Kaffee; das gesamte Brot- und Gebäcksortiment ist frei von Zusatzstoffen, breites Angebot an Bio-Produkten. Aktuelle Öffnungszeiten siehe Homepage: stroeck.at/filialen. Neulerchenfelder Straße 20, Tel. 204 39 99-830 50, Mo–Fr 6–18, Sa 6–13. Rankgasse 29, Tel. 204 39 99-830 96, täglich 6–18.

Konfiserie

Confiserie Heindl Thaliastraße 21, Tel. 494 79 06, E-Mail: confiserie@heindl.co.at, www.heindl.co.at, aktuelle Öffnungszeiten siehe Homepage. Mehr als 250 unterschiedliche Pralinen-, Konfekt- und Waffelspezialitäten; gesamtes Sortiment ausschließlich mit Fairtrade-Kakao; vegane Spezialitäten.

Pubs

Café Pub Domino Gablenzgasse 52, Tel. 0664/541 91 79, E-Mail: sandraknapp1979@gmail.com, täglich 15–2. Cocktails (€ 6,90 bis € 9,90). Darts; TV und Leinwand bei Sport-Großveranstaltungen; monatlich Veranstaltungen (Oldie-Abende, Salsa etc.), kleine Tanzfläche.

Schwarzer Rabe Ottakringer Straße 180, Tel. 486 11 77, E-Mail: richard@timel.at, www.rabenbraeu.at, täglich 16–1, Küche bis 23.30. Mischung aus irischem Pub und traditionellem Wiener Vorstadtbeisl, jeden 3. Mo/Monat Spareribs all you can eat (€ 16,90); Ritteressen gegen Vorreservierung (mit Verkleidung € 25,–/ohne Verkleidung € 29,–); 5 Biere vom Fass (Schladminger Bio-Zwickl, Rabenbräu Hausbier, Starobrno, Guinness, Schremser Premium), diverse Flaschenbiere, Cider vom Fass (Strongbow) und aus der Flasche (Birne), wechselnde Auswahl an Whiskyspezialitäten (5-mal/Jahr Verkostung bzw. gegen Voranmeldung). Speisen auch zum Mitnehmen. TV; Fr ab 20 Pub-Quiz (Reservierung erforderlich). Schanigarten für 64 Pers. 💳 **€**

Szene

Café C.I. (Club International) Payergasse 14 (Yppenplatz), Tel. 403 18 27, E-Mail: office@ci.or.at, www.ci.or.at, Mo–Sa 8–2, So, Fei 10–2, warme Küche bis 23. Täglich diverse Frühstücke rund um die Uhr (ab € 7,–); internationale Küche, teilweise Vollwert und vegetarisch, TT; Kinderspeisen; Sitz von Selbsthilfegruppen und Initiativen; Sprachkurse, Lesungen und Vernissagen; Drucker, PC und Kopierer; großer Saal für 40, kleiner Saal für 20 Pers. (für Seminare, Arbeitsgruppen), alle Räumlichkeiten für Feste zu mieten (TV vorhanden). 2 Schanigärten am Yppenplatz für insg. 160 Pers. Reservierung ab 13 telefonisch möglich. **€**

Cafe Concerto Lerchenfelder Gürtel 53, Tel. 406 47 95, E-Mail: heinz.seidl@cafeconcerto.at, www.cafeconcerto.at, Öffnungszeiten je nach Veranstaltung variabel. Kleine Snacks (€ 1,60 bis € 5,50); diverse Jugendgetränke (ab € 1,40), 7 Flaschen- und 1 offenes Bier (Schwerpunkt Österreich), saisonale Getränke (Bowle, Sturm, Punsch etc.). Tischfußball (€ 1,–/12 Bälle); Leinwand für Sportübertragungen, Flatscreens; Themenabende; täglich Livemusik und DJs, Konzerte (Jazz, Folk, Worldmusic, Rock, Pop, Singer-Songwriter etc.), jeden Di Jazzsession; kleine Festivals; in Erdgeschoß und Keller unterschiedliche Veranstaltungen; Fr Karaoke; Sa, So, Fei ab 6 After Hour Chillout mit Frühstück und DJ-Line (Wintergarten); gelegentlich Flohmarkt. Partyräume für 40 und 100, Schanigarten für 20 Pers.

Paradice Board Game Bar Yppenplatz 4, E-Mail: mail@paradice-board-game-nights.at, paradice-board-game-bar.at, Di–Fr 17–23, Sa 15–23. Von einem Verein betriebene Bar mit über 1000 Brettspielen (auch für Nicht-Vereinsmitglieder, Benutzung der Spiele um € 5,– pro Pers./Tag). Verschiedene Toasts; 18 Biersorten, Brauwerk Craft-Bier. Div. Board Game Events, z.B. Sa Dungeons & Dragons für Einsteiger*innen (aktuelle Termine siehe Facebook). Barbereich im Untergeschoß für 20 Pers., Obergeschoß für 40 Pers. (für Feiern oder Workshops geeignet). Dachterrasse, Schanigarten für 40 Pers. 💳

Weberknecht Lerchenfelder Gürtel 47–49, Tel. 942 15 02, 0650/41 41 16 96, E-Mail: office@weberknecht.net, www.weberknecht.net, Mo–Sa 18–6, So vor Feiertagen und bei Veranstaltungen geöffnet. Toast; Cocktails, täglich Getränkeaktionen. Regelmäßig Liveveranstaltungen; Vorführung alter Kinofilme (oft Horror) auf Leinwand; Mi Karaoke. Mehrere Extraräume für ca. 600 Pers. (Saal und Keller; für Partys, Sponsionen etc. geeignet), Tischfußball, Flipper. Schanigarten für 40 und Innenhofgarten für 80 Pers. 💳

Wiener Kaffeehäuser

Café Ritter Ottakringer Straße 117, Tel. 486 12 53, E-Mail: office@caferitterottakring.at, www.caferitterottakring.at, Mo–Sa 9–23, So, Fei 9–20, Küche und Frühstück bis 21.30, So, Fei bis 19. Schönes Kaffeehaus aus dem Jahr 1907, sanft renoviert, mit sehr angenehmer Atmosphäre. Große ganztägige Frühstückskarte (€ 6,90 bis € 15,30); große Kaffeehausküche (wechselnde Tagesangebote, Mo–Fr 2gg MM ab € 8,90), auch vegetarische und vegane Speisen; kleine Portionen möglich. Kinderspielecke mit Büchern, Bällebad und vielen Plüschtieren, Familien-WC, Wickeltisch und Hochstühle. 1 Caramboltisch, Schach, Karten- und Würfelspiele; österreichische und internationale Tageszeitungen. Schanigarten für ca. 40 Pers. 💳 **€€**

Café Weidinger Lerchenfelder Gürtel 1, Tel. 492 07 02, E-Mail: cafe.weidinger@gmail.com, täglich 8–24, durchgehend kleine Kaffeehausküche. Eine wahre Wiener Institution; Wiener Frühstück bis 13 (€ 5,80). Billard: 4 Caramboltische (€ 2,80/Std.); Kegelbahn (€ 8,–/Std.), Kartentische; häufig Lesungen, Ausstellungen und Vernissagen; österreichische Tageszeitungen und Zeitschriften, FAZ. Kellerraum für Veranstaltungen für 70, schöner, ruhiger und schattiger Garten im Innenhof für 40 Pers.

Würstelstand

16er Würstelstand Brunnenmarkt Stand 57, E-Mail: 16er@a1.net, www.16er.eu, Mo–Sa 10–19. Original Wiener Würstelstand mit typisch österreichischen Speisen wie Altwiener Gulasch und Kümmelbraten; Würstelstandspezialitäten wie Pferdeleberkäse, Würstel mit Saft, Bratwurst mit Sauerkraut, Käsekrainer. **€**

17., HERNALS

Strukturell ähnelt Hernals seinem Nachbarn Ottakring – dichtverbauter Osten, Grünlage im höher gelegenen Westen – allerdings wohnt man hier weniger beengt, verfügt über höhere Einkommen und ist ein Euzerl weniger migrantisch als 1160. Gastronomisch macht sich das insofern bemerkbar, als die meisten Lokale im Bezirk Gasthäuser, Beisln oder Heurige sind. Wobei die Formulierung „meiste Lokale" in Kombination mit Hernals eigentlich schon einem Oxymoron gleicht, denn der 17. ist jener Bezirk mit den wenigsten Lokalen in ganz Wien. Eine konzise Erklärung gibt es dafür nicht, schließlich demonstrieren auch gehobene Restaurants wie das Klee am Hanslteich oder Pichlmaiers zum Herkner, dass es sich hier gut kochen und davon leben lässt.

Auch niederschwelligere, neue Konzepte finden Anklang, so etwa das neapolitanisches Bistro 'Osfizio in der Kalvarienberggasse, wo es auch allerlei italienische Delikatessen zu kaufen gibt.

Dass dieser Art Lokale in den kommenden Jahren mehr werden, bleibt zu hoffen. Vielleicht bringt die U5-Erweiterung ja auch eine Erweiterung der Hernalser Gastro-Szene mit sich. Immerhin zählt der 17. zu den stark wachsenden Bezirken – in den vergangenen zehn Jahren ist die Bewohner*innenzahl um neun Prozent gestiegen. Und all die Neo-Hernalser*innen wollen schließlich auch verköstigt werden.

Ein paar Neuversuche gibt es aber schon: etwa den Italiener Cucina Ballerini auf der Hernalser Hauptstraße oder das neue assyrische und orientalische Lokal, das auf der Jörgerstraße unter dem etwas irreführenden Namen Johan's Küche positiv auffällt.

Johan's Küche
Assyrische Spezialitäten ... S. 451

DIE BESTEN 13 IM 17. BEZIRK

Bodulo
Mit über 40 Jahren das älteste noch bestehende Fischlokal der Stadt. Seit die next Generation übernahm, wurde auch die Karte etwas moderner ... S. 451

Buschenschank Stippert
Heuriger am Heuberg mit Blick über Weingärten und nach Wien hinein ... S. 452

Fruga Vital
Einst Obst- und Gemüsehandel samt kleinem Buffet, heute nur noch Buffet mit ein paar täglich frisch zubereiteten, wechselnden Speisen ... S. 452

Klee am Hanslteich
Society-Hotspot im Westen Wiens, malerisch gelegen. Zur mediterran-asiatischen Szeneküche passt auch die abendliche Gelsenattacke ... S. 448

Liebstöckl
Moderne, nachhaltige Wirtshausküche mit Veggie-Angebot aus besten Zutaten und Tagesmenü-to-go-Variante, die gegebenenfalls eine Überbleibsel-Überraschung beinhalten ... S. 448

Manameierei
Foodie-Tankstelle im Designer-Pavillon mit gutem Essen und gepflegten Getränken ... S. 451

Pichlmaiers Zum Herkner
Uralt-Vorstadt-Gasthaus des verstorbenen Spitzenkochs Heinz Herkner, das von den Ex-Fabios-Leuten Martin und Christiane Pichlmaier als gehobenes Restaurant weitergeführt wird. Eine lebende Legende ... S. 449

'Osfizio
Sehr cleanes neapolitanisches Bistro mit süditalienischem Streetfood, Pastagerichten und Co. Und im angeschlossenen Shop kann man sich mit Alimentari eindecken ... S. 450

Restaurant Heuberg
Ausflugslokal mit Laubengarten und erstaunlicher Karte: heimische Hausmannskost mit viel Innereien, ein bisschen vegetarisch und abends südindische Cuisine aus dem Her-

kunftsland des Betreibers Sridharan Bhashyam ... S. 448

Schutzhaus am Schafberg
Bestes Gasthaus am Schafberg und beliebter Austragungsort großer Feiern ... S. 449

Schrammelbeisl
Altmodisches, auf neo-waldviertlerisch getrimmtes Vorstadtwirtshaus ... S. 449

Weinhaus Arlt
Wiener Traditionsgastwirtschaft, das seit 2019 als reiner Bio-Betrieb geführt wird. Beeindruckende Weinkarte, feiert die Wiener Küche ... S. 447

Zur Allee
Kleines Waldgasthaus im Schwarzenbergpark, in dem auch vegane, glutenfreie und histamin-arme Gerichte angeboten werden. Nette Jausenstation und Hunde-tankstelle ... S. 447

Gaststätten, Restaurants, Wiener Beisln

Zur Allee Schwarzenbergallee 40, Tel. 0664/543 21 75, E-Mail: jan.thomas@zurallee.com, www.zurallee.com, Mi-So 11.30–19, durchgehend warme Küche. Waldgasthaus im Schwarzenbergpark, geführt von den früheren Hanslteich-Betreibern. Klassische, vegane und glutenfreie Speisen mit Fokus auf regionalen, saisonalen Zutaten, die teilweise auch bio sind (z.B. Bio-Linsen von der Schalk Mühle); hausgemachte Mehlspeisen, Sirupe und Marmeladen, sogar hausgemachtes Ketchup und Senf kann erworben werden; Kinderspeisen, -sessel, Spielzeug; selbstgemachte Weihnachtskekse. Speisen auch zum Mitnehmen. Feiern und private Veranstaltungen möglich. 15 Plätze im Restaurant; Gastgarten für 120 Pers. **€€**

Weinhaus Arlt Kainzgasse 17, Tel. 480 64 89, E-Mail: office@weinhaus-arlt.bio, www.weinhaus-arlt.bio, Do–Sa 11–23, So 11–22. Wiener Traditionsgastwirtschaft und Weinhaus aus dem Jahre 1889; reiner Bio-Betrieb mit hochwertigen Zutaten (Mitglied bei den Biowirtinnen), MM, wechselnde Monatskarte, Sonntagsbraten, hausgemachte Mehlspeisen (auch vegan und glutenfrei); umfangreiche Weinkarte von Sommelier Jürgen Kerzendorfer mit 150 Positionen, Fokus auf österreichischen Weinen (viele davon bio- oder demeterzertifiziert); Kindersessel, Wickeltisch. Lokal für 60, Schanigarten für 30 Pers. Barrierefreier Zugang mit Rampe möglich. **€€**

Der Brandstetter Wein- und Bierhaus zum Alsegg Hernalser Hauptstraße 134, Tel. 486 46 25, E-Mail: derbrandstetter@gmail.com, www.derbrandstetter.at, Mo–Fr 11–23.30, Sa 17–23.30, So, Fei 11–22. Eines der letzten schönen Weinhäuser Wiens. Große Portionen bodenständiger Wiener Küche (Mo–Fr bis 15 2gg MM € 8,90); Kinderspeisen, -sessel, Spielzeug; 3 böhmische und 5 österreichische Biere (5 vom Fass: Pilsner Urquell, helles und dunkles Kozel, Villacher, Obertrumer Zwickl), verschiedene Weine (Schwerpunkt Österreich). TV für Sportübertragungen (Sky); Livemusik nach Ankündigung (von Wienerlied über Jazz und Blues bis Rock). Gastgarten für 40 Pers. **€**

Brau-Bar Hernalser Gürtel 47 (Ecke Jörgerstr.), Tel. 0681/10 65 54 12, E-Mail: office@braubar.at, www.braubar.at, Mo–Sa, Fei 11–24, warme Küche bis 22. Wiener Wirtshaus mit typisch österr. Küche, aber auch internat. Spezialitäten; wechselnde Wochenkarten; Kinderportionen auf Anfrage, 2 Kindersessel. Bierspezialitäten: 5 Fass- und div. Flaschenbiere, Weine, Schnäpse. Klimaanlage. Sitzplätze für 80 Pers. aufgeteilt auf mehrere Stuben (für Feste geeignet). **€€**

Caffè latte Hernalser Gürtel 43, Tel. 997 17 53, E-Mail: hernals@caffelatte.eu, www.caffelatte.at, täglich 8–22, Küche durchgehend bis 22. Café-Bar, internationale Küche, vegane und vegetarische Gerichte, Wochenkarte mit Fisch, Fleisch und vegetarischen Gerichten, jede Woche neue Burgerkreationen (2gg mit Suppe € 13,50); Mo–Fr 11.30–15 2gg MM mit HS und Suppe (€ 5,90); Sa, So, Fei 10–15 Brunch (€ 18,90/Pers.), Auswahl an warmen und kalten Frühstücksspeisen (ab € 4,90). Cocktails (€ 7,50 bis € 8,50), Happy Hour 18–19 und 22–Ende (Cocktails ab € 5,90), gute Weinauswahl. Kindersessel, Spielecke. Schanigarten für 30, Gastgarten im Innenhof für 75 Pers. **€€**

Gasthaus Zur Gemütlichkeit Kastnergasse 11 (Ecke Beheimg.), Tel. 486 36 78, E-Mail: u.hochwarter@a1.net, Mo, Do–So 9–23, durchgehend warme Küche. Wiener Küche (MM € 8,50); Kinderspeisen, -sessel, Spielzeug. TV. Fallweise Veranstaltungen (Livemusik, Schnapsturniere etc.). Schanigarten für ca. 25 Pers. **€€**

Gasthaus Gruber Kalvarienberggasse 3, Tel. 406 12 89, E-Mail: gasthaus-gruber@aon.at, Mo–Fr 10–22 (Fei geschlossen), bei Veranstaltungen auch Sa, So und Fei geöffnet, warme Küche 10–14 und 18–22. Hausmannskost, saisonale Gerichte; Murauer vom Fass; Kinderportionen, -sessel. TV, Beamer; Darts, Schach, Karten, Backgammon, Tischfußball; gelegentlich Heurigenabend (außer im Sommer). Extrazimmer für 25, Biergarten im Hof für 50 Pers. **€**

Hernalser Presshaus Leopold-Ernst-Gasse 29 (Ecke Hormayrgasse), Tel. 890 04 97 10, E-Mail: office@hernalser-presshaus.at, www.hernalser-presshaus.at, Mo–Fr 9.30–21, Sa, Fei 9.30–15, durchgehend warme Küche bis 20 bzw. 14. Wiener und internationale Küche (Mo–Fr 3 2gg MM), Mo Backhendl und Mi Surschnitzel, erstklassige saisonale Küche (Schwammerl, Kürbis, Wild, Ganslessen usw.), auch rumänische Spezialitäten; 1- bis 2-mal/Monat Sa Brunch (außer Juli/August); Kinderspeisen und -sessel, Seniorenteller. Schanigarten für 20 Pers. **€**

Restaurant Heuberg Röntgengasse 39, Tel. 489 82 10, E-Mail: office@restaurant-heuberg.at, www.restaurant-heuberg.at, Di–Sa 9.30–22, So, Fei 9.30–20, warme Küche 11–21 bzw. 19. Grillspezialitäten und Hausmannskost (MM € 7,90, Fr Fisch € 8,90), abends (17–21) auch indische Speisen; kulinarische Veranstaltungen (Grillabend, indischer Abend, Ganslessen etc.); Kinderspeisen, -sessel. TV. 2 Extrazimmer für 50 und 100 Pers., Gastgarten mit Springbrunnen für 80 und zusätzlicher Gastgarten für 200 Pers. Behinderten-WC. Öffentlicher Kinderspielplatz vis-à-vis. ♿ 💳 **€€**

Klee am Hanslteich Amundsenstraße 10, Tel. 480 51 50, E-Mail: office@klee.wien, www.klee.wien, täglich 11–24, im Winter bis 22; Küche 11.30–22.30. Österreichische Küche (3gg MM bis 15 um € 17,–); österreichische Weine (100 Posten). Klimaanlage. Regenfeste Terrasse mit 200 m² großer Markise für 120 Pers.; 60 Plätze im Restaurant. Behinderten-WC. ♿ 💳 **€€€**

Klischee Wichtelgasse 65 (Ecke Mariengasse), Tel. 953 38 34, E-Mail: office@klischee.at, klischee.at, täglich 11–23, Küche 11.30–22. Österr. und internat. Küche, z.B. Zwiebelrostbraten, Lachsfilet mit Gemüse oder der hauseigene Klischee Burger mit Spiegelei; Mo–Fr 2gg MM (€ 6,90) und immer Schweinsschnitzel oder gebackener Camembert mit Pommes als Alternative; Weinauswahl, frisch gezapftes Bier, hausgemachter Eistee; alle Speisen auch zum Mitnehmen. Kindersessel, Spielzeug und Malbücher mit -stiften. Klimaanlage. Lokal für 45, Gastgarten für 36 Pers. Wassernapf für Hunde. 💳 **€€**

Zum Lercherl von Hernals Hernalser Hauptstraße 70, Tel. 405 83 15, E-Mail: info@lercherl.at, www.lercherl.at, Mo–Fr 11–22, Sa 11–20 (Fei geschl.), warme Küche bis 21.30 bzw. 20; im Juli/Aug. Sa geschlossen. Solide Hausmannskost, Spezialitäten aus Innereien (2 MM um € 7,90, davon eines vegetarisch), saisonale Speisen (Eierschwammerl, Kürbis, Gansl); Kinderportionen, -sessel. Schladminger Märzen u. Bio-Zwickl vom Fass, Flaschenbiere (Wieselburger Schwarzbier u.a.), heimische Weine. Innenhofgarten für 50 Pers. **€€**

Liebstöckl Hernalser Hauptstraße 189, Tel. 919 58 45, 0699/13 14 00 65 (Bestellungen/Zustelldienst), E-Mail: peterseil@liebstoeckl.at, www.liebstoeckl.at, Mo, Di, Sa, So 11–17, Mi–Fr 11–20, Küche bis 16 bzw. Mi–Fr im Sommer bis 21 und im Winter bis 20. Wiener Küche, Hausmannskost Mo–Fr 3 MM, Tageskarte mit saisonalen Spezialitäten (z.B. Schwammerl, Wild), frische Produkte von heimischen Lieferanten; 3 Sorten Bier vom Fass (Stiegl, Budweiser); Kinderspeisen, -sessel, Wickeltisch. Tägl. ab 10.30 Liefer- und Abholservice (nach tel. Bestellung). Barrierefreier Schanigarten für 40 Pers. 💳 **€€**

Marien Beisl Mariengasse 17, Tel. 485 53 33, E-Mail: petra@marienbeisl.at, www.marienbeisl.at, Mo–Do 10–23, Fr 10–15 (Fei geschl.), jeden 1. Fr/Monat bis 23; warme Küche 10–14 und 18–21. Hausmannskost (Mo–Fr 11–14 MM € 9,50, TT € 12.50), saisonale Gerichte; Kinderspeisen, -sessel. Alle Speisen auch zum Mitnehmen. Hin und wieder Livemusik. Innenhofgastgarten für 32 Pers. **€€**

Mom's Diner Neuwaldegger Straße 57a, Tel. 489 71 72-12, E-Mail: office@momsdiner.at, www.momsdiner.at, Mo–Fr, Fei 10–22, Sa, So 10–21. Beim Sportzentrum Marswiese. Burger mit selbstgemachten Saucen (selbstgemachtes Ketchup), vegane Eintöpfe, Snacks u. Fingerfood, hausgemachte glutenfreie Mehlspeisen; Kinderspeisen, -sessel, Ausrichtung v. Kindergeburtstagen (Hüpfburgverleih möglich). TV. Gastgarten für 60 Pers. Behinderten-WC. ♿ 💳 **€**

Gasthaus Pezzl Pezzlgasse 2 (Ecke Syringg. 11), Tel. 405 65 51, Mo–Sa 10–22 (Fei geschl.), durchgehend warme Küche. Stilles Eckbeisl mit Wr. und rumän. Küche (3 MM ab € 6,80), Fisch u. Wild nach Saison, vegetar. Speisen; Gösser vom Fass, niederösterr. Weine; Kinderspeisen. TV. Veranstaltungsraum für 30, Schanigarten für 15 Pers. Reserv. erbeten (mind. 12 Std. vorher). Hunde mit Leine u. Beißkorb. €

Phoenix Bowling Park Hernals Schumanngasse 107, Tel. 486 43 61, E-Mail: hernals@phoenixbowlingpark.at, www.phoenixbowlingparkhernals.at, Mi, Do 15–22, Fr, Sa 13–24, So 12–21, warme Küche Mi–Fr 16–22, Sa 12–22, So 12–19. Sperrstd. kann je nach Bahnauslastung abweichen. Restaurant im Bowlingcenter. Pizza, Finger Food; Kinderspeisen; Gösser v. Fass, Cocktails. 32 Bowlingbahnen, Billard, Darts, interaktive Video-Fungames. Räumlichkeiten f. private Feste f. bis zu 200 Pers. zu mieten; Bar mit Beamer, Leinwand, TV. Klimatisiert. Party-Packages, Kindergeburtstage, div. Ermäßigungen; Fr, Sa ab 19 Disco-Bowling. Bowling Schule. Schanigarten. Kostenl. Parkplätze. Keine Hunde. €

Pichlmaiers zum Herkner Dornbacher Straße 123, Tel. 480 12 28, E-Mail: pichlmaiers@zumherkner.at, www.zumherkner.at, Mo, Do, Fr 18–24, Sa, So 12–24. Vorstadtwirtshaus; moderne öster. und mediterrane Küche mit vegetarischen Optionen sowie Klassiker wie Beuschel und Schnitzel; von fast jedem Gericht gibt es auch eine kleine Portion; österreichische, französische, italienische, deutsche und spanische Weine, Schankwein (€ 2,80), Zwettler Zwickl und Weitra Märzen vom Fass. „Private Table" für insg. 90 Pers. auf der 2. Etage; Kindersessel, Wickeltisch, Kinderspielzimmer. Gastgarten für ca. 60 Pers. Behinderten-WC. 💳 €€€

Gasthaus am Predigtstuhl Oberwiedenstraße 34, Tel. 484 11 56, 0664/358 99 40, E-Mail: office@gasthaus-am-predigtstuhl.at, www.gasthaus-am-predigtstuhl.at, Mi–So, Fei 11–22 (bei Veranstaltungen auch länger geöffnet), durchgehend warme Küche. Bodenständige österr. Küche, orientalische Spezialitäten auf Vorbestellung; auch vegane, laktose- und glutenfreie Speisen; Verwendung von frischen Produkten (Mi–Fr 2gg MM € 9,50); Auswahl an österr. Weinen, frische selbstgepresste Fruchtsäfte; Speisen nach Vorbestellung auch zum Mitnehmen; für Feiern geeignet. Gastgarten für ca. 100 Pers. 💳 €€

Gastwirtschaft Rudolf Parhamerplatz 17, Tel. 480 95 03, E-Mail: kontakt@rudolf-gastwirtschaft.at, www.rudolf-gastwirtschaft.at, Mo–Fr 10–22 (Fei geschl.), warme Küche 11–21, Weihnachtsfeiertage 10–16 (Küche bis 15). Klassische Wr. Küche, Spezialitätenabende u. -wochen, z.B. Stelzen, Spareribs od. Gansl (11.30–14 3 MM, eines davon vegetarisch, ab € 9,50); kleine Speisen f. Kinder; österr. Weine, Hubertus-Bräu. TV. Innenhofgarten f. 40 Pers. 💳 €€

Cafe Restaurant Am Schafberg Czartoryskigasse 55, Tel. 479 86 59, E-Mail: schaf.berg@essenhernals.at, www.essenhernals.at, Mi–Sa 11–22, So, Fei 11–15, durchgehend warme Küche bis 21. Internat. und Wiener Küche, z.B. Beuschl, Tafelspitz, Vanillerostbraten; wechselnde Tagesempfehlung u. Monatskarte (MM Mi, Do € 9,90, Fr Fisch € 9,90); Weine aus Wien, dem Weinviertel und dem Burgenland; Kinderspeisen, -sessel, Kinderbesteck, Kinderüberraschungen. TV. Überdachte Terrasse für 30 Pers. 💳 €€

Schrammelbeisl Kalvarienberggasse 51, Tel. 0699/19 85 18 99, E-Mail: office@schrammelbeisl.at, www.schrammelbeisl.at, Di–Sa 11.30–22, durchgehend warme Küche bis 21. Waldviertler Wirtshaus; saisonale Schmankerl mit Schwerpunkt Waldviertler und Wiener Regionalküche, z.B. geröstete Erdäpfelknödel mit Zwiebeln, Speck und Pilzen, besonders beliebt ist der schmackhafte Waldviertler Schweinsbraten; Kinderportionen, -sessel. Schanigarten für 30 Pers., barrierefreier Zugang zum Lokal möglich. 💳 €€

Schutzhaus am Schafberg Czartoryskig. 190–192, Tel. 479 22 79, E-Mail: reservierung@schutzhaus-schafberg.at, www.schutzhaus-schafberg.at, Mi–Sa 12–23, So, Fei 10–22, durchgehend warme Küche bis 1 Std. vor Sperrstunde. Klassisches Schutzhaus am Rande der Stadt mit Hausmannskost (Mi–Fr 2gg MM € 9,20), aber alles selbst gemacht und ohne Convenience-Produkte wie z.B. Rindsuppe mit Leberknödel oder Grießnockerl, hervorragendes Gulasch, alle 4 Wochen wechselnde saisonale Karte; Kinderspeisen, -sessel, Spielzeug, Wickeltisch. Schladminger Märzen und Schladminger Bio Zwickl vom Fass, div. Weine, guter Espresso. Properer Holzboden, Lamperie in Hellgrau, schwarzer Kamin; Saal für 120, Garten für 120 Pers. Kleiner Parkplatz vorhanden. €€

Amerikanisch

Burger Boutique Kalvarienberggasse 21, Tel. 0660/290 35 55, E-Mail: wien17@burgerboutique.co, burgerboutique.at, Mo, Di 16–22, Mi–So 11–22. Burger, Wraps, Burritos, Salate und Bowls in verschiedenen Variationen; auch zum Mitnehmen. Eigene App für Bestellungen. 💳 €

Asiatisch

Come Wok Hernalser Hauptstraße 23, Tel. 597 85 93, E-Mail: comewok17@gmail.com, Di–Fr 11–14.30 und 17–22, Sa, So, Fei 11–22, Mo bei Fei geöffnet. Japan., chines. und thailänd. Küche (MM ab € 9,90); Lieferung in die Bezirke 8, 9 und 16 bis 18 (€ 9,90), 7 (ab € 16,–), 15 und 19 (ab € 20,–). €

Kimi Asia Restaurant Kalvarienbergg. 35, Tel. 944 06 76, E-Mail: office@kimi.wien, www.kimi.wien, Di–Do 11.30–15 und 17–22, Fr–So, Fei 11.30–22, warme Küche bis 21.30. Asiat. Spezialitäten: Di–Fr bis 14.50 MM (HS inkl. Suppe od. Frühlingsrolle und Reis ab € 7,30), Mittagsbuffet: Di–Do bis 14.30, Fr bis 17 um € 9,90, Spezialbuffet: Di–Fr 17–21.30, Sa, So, Fei durchgehend bis 21.30 um € 11,90; Kinderportionen, -sessel. Catering. Klimaanlage. Schanigarten f. 60 Pers. 💳 €

Sheng Long Rötzergasse 13, Tel. 406 50 87, E-Mail: info@shenglong.at, www.shenglong.at, täglich 11–22. Asiatische Speisen, Nudel- und Fischgerichte, Sushi, Maki, Sashimi (MM ab € 9,20); Cocktails und andere alkoholische Getränke; Kaffee. Lieferung in die Bezirke 8, 9 und 16 bis 19. Schanigarten für 24 Pers. 💳 **€€€**

Balkan

Balkanika Grill Ottakringer Straße 64, Tel. 0664/977 97 72, balkanika.eatbu.com, täglich 11–1, durchgehend warme Küche. Speisen vom Balkan und Grillspezialitäten. Schanigarten für 8 Pers. Keine Hunde. **€**

Chinesisch

Asia Restaurant Yuan Hernalser Hauptstraße 200, Tel. 942 96 93, www.yuan1170.at, Di–Sa 11.30–14.30 und 17.30–22.30, So, Fei 11.30–22.30. Chinesische Küche; Mo–Sa 11–14.30 MM (ab € 6,50, ausg. Fei). Zustellung im 17. Bezirk Di–So 17–22.30 (Mindestbestellwert € 10,–). **€**

Griechisch

Alexis Sorbas Lobenhauerngasse 16–18, Tel. 489 27 26, 0660/905 35 55, E-Mail: alexissorbas@hotmail.com, www.alexissorbas.wien, täglich 11–23, durchgehend warme Küche. Griechische Küche, Fisch- und vegetarische Gerichte (Mo–Fr 11–15 3 MM 3gg (€ 17,90 bis €18,90); Kinderspeisen, -sessel. Zustellung im 16., 17. und 18. Bezirk (ab € 12,–) sowie im 8., 9., 14., 15. und 19. Bezirk (ab € 45,–); Catering ab 30 Pers. Schanigarten für 22, Gastgarten für 28 Pers. Hunde nur mit Beißkorb. **€€**

Retsina Hernalser Hauptstraße 68, Tel. 405 79 79, E-Mail: info1@retsina.at, www.retsina.at, täglich 10.30–23.30, durchgehend warme Küche. Griechische Küche (täglich 10.30–15 MM vegetarisch € 6,50, mit Fleisch € 6,90). Veranstaltungen bis 250 Pers., auf Wunsch auch mit griechischer Live-Musik. Separater Raum für bis zu 40 Pers. reservierbar, Cateringservice ab ca. 10 Pers.; Kindersessel. Innenhofgarten mit alten Bäumen für 120 Pers. 💳 **€€**

Italienisch

Pizzeria Alexandro Nattergasse 24, Tel. 485 45 46, Mo–Fr 11–23, So, Fei 17–23, durchgehend warme Küche. Ital. Küche und Grillspezialitäten, Pizza vom Holzofen (MM und Mittagspizza € 8,90), alle 2 bis 3 Monate Fischtage; Kinderspeisen, -sessel. Ruhiger Schanigarten für 40 Pers. 💳 **€**

Ristorante Arco Adige Dornbacher Straße 88, Tel. 0660/427 08 80, E-Mail: office@arco-adige.at, arco-adige.at, Di–Sa 16–23, So 11–23, im August ab 17 geöffnet. Familiengeführtes Restaurant mit italienischer Küche; Pizza, Pasta, Fleisch- und Fischgerichte; Kinderpizza/-pasta, -sessel; div. Weine. Letzer Do/Monat Gourmet-Menü aus saisonalen Zutaten (nur bei Voranmeldung). TV. Lokal für ca. 70 Pers., Partykeller, Schanigarten für 25 Pers. 💳 **€€**

Caorle Pizzeria Ristorante Güpferlingstraße 7, Tel. 489 43 14, E-Mail: info@pizzeria-caorle.at, www.pizzeria-caorle.at, täglich 11–22.30, durchgehend warme Küche 11.15–21.30, Pizza bis 22. Italienische und Wiener Küche; Fisch- und Muschelgerichte, Pizza aus dem Steinofen, Pasta sowie Rinder-Filetsteaks, Koteletts vom Schwein, Spareribs und Hühnerfleisch (Mo–Fr TT 11–15 und jede Pizza unter € 10,– um € 8,90), Ganslwochen; Kinderspeisen, -sessel, Wickeltisch, Kinder- und Seniorenmenüs. Großes Salettl, für Veranstaltungen zu reservieren; 2 Extrazimmer für 20 bzw. 40, großer schattiger Gastgarten für ca. 300 Pers. 💳 **€€**

Cucina Ballerini Hernalser Hauptstraße 33, Tel. 0676/715 15 02, E-Mail: cucinaballerini@gmail.com, cucina-ballerini.business.site, Mo–Do 17–2, Fr, Sa 17–4. Sizilian. Küche; kleine Karte mit Fleisch- u. Käsespezialitäten, Meeresfrüchten und Fisch (z.B. Thunfisch, den es roh, gebraten, geräuchert od. als Bottarga (gesalzener, getrockneter, gepresster Rogen) gibt); wechselnde Tageskarte; Weine aus Sizilien. **€€**

Pizzeria Da Annalisa Rötzergasse 40, Tel. 486 51 73, E-Mail: info@pizzeria-annalisa.at, www.pizzeria-annalisa.at, Di–Fr 11–14 und 17–23, warme Küche bis 22, geschlossene Gesellschaften nach Reservierung jederzeit möglich. Familienbetrieb seit über 30 Jahren. Pizza aus dem Holzofen, Pasta, frische Fische (MM € 8,20), Spezialität: Branzino in Salzkruste (für 2 Pers. auf Vorbestellung); Blindenkarte; Kindersessel. Div. Veranstaltungen (z.B. Theateraufführungen, Kinoabende, Livemusik mit Tanz). Schanigarten für 40 Pers. Barrierefreier Zugang mit Rampe möglich. **€€**

Pizzeria Ristorante Happy Hour Diepoldplatz 12, Tel. 484 09 55, E-Mail: office@happyhour1.at, www.happyhour1.at, täglich 11–23, durchgehend warme Küche. Ital. Küche, große Auswahl an Pizza und Pasta, auch indische und amerikan. Speisen (MM ab € 6,90); Kinderportionen, -sessel. Zustellung im 7. bis 9. und 15. bis 18. Bezirk (ab € 10,–, darunter € 2,10 Zustellgebühr). 2 Extrazimmer für 10 u. 20 Pers. 💳 **€**

Il Panorama Rosensteingasse 77 (Ecke Rötzergasse), www.ilpanorama.at, täglich 11–22. Ital. und österr. Küche, Pizza. Selbstabholung und Zustellung in den Bezirken 17 bis 19. Schanigarten. 💳 **€€**

'Osfizio Kalvarienberggasse 36, Tel. 397 64 06, E-Mail: gastro@osfizio.at, www.osfizio.at, Mo–Sa 11.30–22.30. Kleiner Familienbetrieb, italienisches Bistro mit süditalienischem Streetfood. 2 MM (Pasta/Pinsa Romana mit Salat/Suppe € 10,–). Shop mit ital. Produkten angeschlossen. Schanigarten für 36 Pers. 💳 **€€**

Picco Bella Kalvarienberggasse 41, Tel. 595 48 25, www.picco-bella-wien.at, Di–So, Fei 11–23. Kleines Restaurant mit offener Küche; Pizza, Pasta, Risotto. Kleine Portionen möglich. Lieferung ab € 9,– in die Bezirke 16, 17 und 18. Gastgarten für 4 Pers. €

Kroatisch

Fischrestaurant Bodulo Hernalser Hauptstraße 204, Tel. 486 43 11, E-Mail: office@bodulo.at, www.bodulo.at, Di–Sa 11.30–15 und 17.30–23, Fei 11.30–15 und 17.30–22, an Adventssonntagen und Muttertag von 11.30–15 geöffnet, ab 15 Pers. auch außerhalb der Öffnungszeiten zu mieten. Istrische, dalmatin. u. mediterrane Spezialitäten, vor allem Fisch und Muscheln (2gg MM € 14,50), saisonale Speisen, wechselnde Wochenkarte mit Eigenkreationen der Köche; Sonderwünsche werden gerne erfüllt; getrennte Rechnung muss zuvor angegeben werden, normalerweise wird die Rechnung hier pro Tisch gemacht; Auswahl an österreich. und kroat. Weinen; Kinderspeisen, -sessel. Für Feste aller Art geeignet (bis 60 Pers.). Schanigarten für 30 Pers. €€€

Orientalisch

Johan's Küche Jörgerstraße 32, Di–Fr 10.30–14.30 und 17.30–21.30, Sa, So 11–15 und 17.30–21.30. Assyrische und orientalische Küche, hausgemachte Bio-Getränke.

Cafés, Espressos

Amiel Kindermanngasse 1, Tel. 0676/363 54 22, E-Mail: cafe@cafeteria-amiel.at, www.cafeteria-amiel.at, Mo–Fr 7–23, Sa, So, Fei 8–23. Café, Bar und Lounge; Frühstück bis 15 (ab € 4,20), Imbisse, Wiener, amerikanische und italienische Gerichte; Kinderspeisen, -sessel, Wickelmöglichkeit; hausgemachte Limonaden und Tees, Illy Kaffee, Cocktails. TV. Schanigarten für 25 Pers.

Café Ladenhof Neuwaldegger Straße 1, Tel. 480 16 72, E-Mail: ladenhof.cafe@gmx.at, Mo–Fr 9–20, Sa 9–18 (Fei geschlossen). Hausmannskost, hausgemachte Mehlspeisen. TV. Schanigarten für 25 bis 30 Pers.

Manameierei Exelbergstraße 32, Tel. 480 51 72, E-Mail: info@manameierei.com, www.manameierei.com, Mai bis September Mo–Do 9–18, Fr–So, Fei 9–20, Oktober bis April täglich 9–18. Designercafé im Wienerwald. Orientalisch inspirierte Küche mit Fokus auf Nachhaltigkeit, und Produkten aus der Region; Frühstück (€ 13,– bis € 16,–); Picknickkörbe auf Vorbestellung (€ 50,– für 2 Pers.); das namensgebende Mana wird selbst gemacht und in allerlei Varianten angeboten, z.B. mit Mozzarella und Tomaten oder mit grünem Koriander, selbstgezogenen Chilischoten und Avocadocreme; Salate, Suppen u. Süßes. Pavillon, weiß gestrichene Dielen, Holzboden, Kräutersträußchen, Naturholztische, Designersessel, viel Glas. Platz für ca. 35 bis 40 Pers. (Feiern möglich). Gastgarten f. 50 Pers. (Goldener Schani 2018).

Vox Libri Jörgerstraße 26, Tel. 0660/712 49 24, E-Mail: office@voxlibri.at, www.voxlibri.at, Di–So 10–20, Buchverkauf: Di–Fr 9–18, Sa 9–17. Café und Buchantiquariat. Hausgemachte Mehlspeisen; ganze Torten auf Bestellung.

Weinhold Hernalser Hauptstraße 210, Tel. 485 75 31, Mo–Do 8–23, Fr, Sa 8–24, So 16–23. Café-Pub; kleine Speisen; Stiegl, Gösser, Wieselburger, Whisky, Schnäpse. Spiele; TV für Sportübertragungen. Schanigarten für 20 Pers.

Eissalons

Gelateria Arnoldo Hernalser Hauptstraße 145, Tel. 486 68 94, E-Mail: gelateria@arnoldo.at, www.arnoldo.at, Anfang März bis Anfang Okt. täglich 10–22.30. Ital. Familienbetrieb mit langer Tradition; über 30 hausgemachte Eissorten (auch laktosefrei und vegan), wechselnde Spezialsorten, große Auswahl an Coupes, Eistorten, auch ital. Süßspeisen (Tiramisu, Cannoli, Cassata etc.) und Crêpes; ital. Kaffee. Kindersessel. Schanigarten für 60 Pers.; Rollstuhlrampe.

Eis'gschäft Kalvarienberggasse 19, Tel. 402 81 67, E-Mail: office@eisgschaeft.at, www.eisgschaeft.at, März bis September täglich 12–22 (Fei geschlossen). Verschiedene Eissorten, Eiskrapfen, Kindereisbecher, Spezialität: Wurlibecher (Eisbecher mit karamelisierten Mehlwürmern).

Zanoni-Eis am Schafberg Czartoryskig. (Ecke Molnarg.), Anfang April bis Anfang Okt. tägl. ab 11 (bis Sonnenuntergang), bei Schönwetter. Mischung aus Eisdiele und Würstelstand; etwa 24 Eissorten, 8 Eiscoupes, Eis- u. Früchteshakes, Smoothies, Kaffee; warme Kleinigkeiten (Burenwurst, Frankfurter, Käsekrainer, Hot Dogs); das gesamte Sortiment auch zum Mitnehmen. Sitzplätze nur im Schanigarten für 8 Pers.

Heurige

Buschenschank Stift St. Peter Rupertusplatz 5, Tel. 486 46 75, E-Mail: gv@stiftstpeter.at, stiftstpeter.at, zu den Aussteckterminen tägl. 17–23 (Termine tel. erfragen oder siehe Homepage); für Veranstaltungen auch außerhalb der Aussteck- und Öffnungszeiten zu mieten. Im 970 Jahre alten Keller des Pfarrhofes des Stiftes St. Peter werden Eigenbauweine aus der Riede „Alsegg" ausgeschenkt; kaltes Buffet, darunter stifteigene und Klosterprodukte, große Käseauswahl, Spezialität: frischer Beinschinken. Fallweise Abende mit Volksmusik und Wienerliedern sowie Jazzheuriger und traditioneller Musikantenstammtisch. Kindersessel, großer Kinderspielplatz. Gastgarten für 250 Pers. Telefonische Tischreservierung erbeten. Behinderten-WC im benachbarten Pfarrsaal.

Buschenschank Stippert Schrammelgasse 102, Tel. 0664/590 22 61, E-Mail: buschenschank-heuberg@stippert.at, www.stippert.at, zu den Aussteckzeiten (Termine siehe Homepage): 16–22.30. Einzige Buschenschank am Heuberg, einzigartiger Blick über Wien; ausschl. kalte Speisen, z.B. Wurstsalat oder Blunzen; ausschl. Eigenbauweine (weiß, rot, rosé), auch naturtrüber Traubensaft; an Adventssonntagen Glühweinfest. Spielplatz. Lokal für 70 Pers., überdachter Wintergarten für 70 Pers., Garten für 50 Pers. Konzessionierte Standesamt-Außenstelle. Ausreichend Parkmöglichkeiten (auch für Reisebusse). Behinderten-WC.

Imbisse

Burger King Elterleinplatz 8, Tel. 205 80 10, E-Mail: hek@a1business.at, kundenservice@whopper.at, www.burgerking.at, Öffnungszeiten siehe Homepage: burgerking.at/kingfinder. Div. Burger und Wraps (auch vegetarisch). Take-away. Wickelraum; Behinderten-WC. €

Fruga Vital Elterleinplatz 12, Tel. 0650/611 12 92, E-Mail: frugella@aon.at, www.frugavital.at, Mo–Fr 10–18, Sa 10–15. Buffet mit frisch gekochter und regionaler Hausmannskost wie Rindsschnitzel in Natursafterl, faschierter Braten mit Püree oder gebackener Kabeljau mit Erdäpfelsalat, Salate, Mehlspeisen; frisch gepresste Säfte, Wein aus NÖ, Ottakringer Bier. Alle Speisen auch zum Mitnehmen. €

Hühnerparadies Hernalser Hauptstraße 95, Tel. 486 33 13, E-Mail: huehnerparadies1@gmail.com, www.huehnerparadies-17.at, Mo–Sa 8–22, So, Fei 10–22. Frisches Geflügel, Grillspeisen und Fisch, auch vegetarische Gerichte (MM € 10,– bis € 11,–), Semmeln mit Geflügel, Fisch, Leberkäse oder Emmentaler (€ 4,– bis € 5,–); alle Speisen auch zum Mitnehmen; Kindersessel, Wickeltisch; Lieferung ab € 50,– Bestellwert. Klimaanlage. Schanigarten für 27 Pers. €

PAN Appetit Hernalser Hauptstraße 136, Tel. 486 33 51, www.panappetit-wien.at, Mo–Fr, So 11–14.30 und 17–21.30. Chinesische und japanische Speisen, Sushi (MM ab € 7,60); Take-away und Zustellung. 8 Sitzplätze. €

Pizza Forno di Pietra Lobenhauerngasse 16, Tel. 480 37 00, E-Mail: office@fornodipietra.net, www.fornodipietra.net, täglich 11–22. Pizza vom Holzofen (mit Vollkornteig möglich), Pasta, auch Burger, Schnitzel und Salate; Zustellung in die Bezirke 8, 9, 16 und 17 (gratis ab € 10,–). Sitzplätze für 8 Pers. nur im Gastgarten. €

Konditoreien, Bäckereien

Aida Elterleinplatz 15, Tel. 890 89 88-218, E-Mail: info@aida.at, www.aida.at, täglich 9–18. Konditorei und Kaffeehaus. Schanigarten.

Backstüberl Bergsteiggasse 43, Tel. 01/407 72 50, E-Mail: office@backstueberl.at, www.backstueberl.at, Mo–Do 7.30–17, Fr 7.30–13 (Fei geschl.), Öffnungszeiten variieren. Saisonales Backwerk nach Alt-Wiener Tradition; Verkauf an Einzel- und Großhändler, angeschlossener Verkaufsshop.

Der Mann www.dermann.at. Gebäck, Brot, Mehlspeisen, Snacks, Kaffee-Ecke. Im Sommer variable Öffnungszeiten. Hernalser Hauptstraße 100, Tel. 866 99-9108, Mo–Fr 6–18.30, Sa 6–12.30, So 7–12. Hernalser Hauptstraße 136 (Ecke Wattgasse), Tel. 866 99-9165, Mo–Fr 5.30–18.30, Sa 6–13, So, Fei 7–12.

Felber Elterleinplatz 13/8 (EKZ Hernals), Tel. 403 24 54, E-Mail: office@felberbrot.at, www.felberbrot.at, Mo–Fr 7–18.30, Sa 7–17, So, Fei 7.30–12. Ofenfrische Backwaren, Cafeteria, Frühstück, Snacks, Imbisse. Schanigarten.

Geier Hernalser Hauptstr. 131, Tel. 481 24 16, E-Mail: baeckerei@geier.at, www.geier.at, Mo–Fr 6–18.30, Sa 6–13, So, Fei 7–12, 25. und 26. Dez. sowie 1. Jänner geschl. Brot, Gebäck, Feinbackware, Snacks, Torten, Schnitten, saisonale Angebote; Coffee to go. Café-Bereich.

Heiner Hernalser Hauptstraße 161, Tel. 486 52 85, E-Mail: kontakt@heiner.co.at, info@heiner.co.at, www.heiner.co.at, täglich 8–18.30. Konditorei, kleines Frühstück, Wiener Frühstück, TT, Imbisse, Gemüselasagne, div. Salatteller; warme Mehlspeisen: Topfenknödel, Dukatenbuchteln, Milchrahmstrudel; eigene Trüffelkugeln, eigenes Hauskonfekt, Marzipan; Sonderanfertigung von Torten auf Bestellung.

Hübler Kaffee-Konditorei Lorenz-Bayer-Platz 19, Tel. 486 46 40, E-Mail: office@huebler-wien.at, www.huebler-wien.at, Mo–Fr 7–19, Sa, So, Fei 8–19, Juli/August bis 18. Frühstück ganztägig (ab € 4,90), kalte Speisen und belegte Brötchen (€ 2,40 bis € 3,10); große Auswahl an Torten, Kuchen, Kaffee- und Plundergebäck, Eis-Spezialitäten. 5 Kindersessel. Zustellung von Torten und Brötchen auf Bestellung. Klimaanlage. Schanigarten für 50 Pers.

Café-Bäckerei Linsbichler Hernalser Hauptstraße 205, Tel. 486 33 85, E-Mail: josef.linsbichler@aon.at, www.baeckerei-linsbichler.com, Mo–Fr 5.45–18, Sa 5.45–12 (Fei geschlossen). Brot- und Backwaren, hausgemachte Mehlspeisen; Frühstück ganztags; kalte Snacks wie Brötchen, gefüllter Kornspitz, Baguette, auch warme Snacks wie Toast oder Gulaschsuppe. Klimaanlage.

Ströck Hernalser Hauptstraße 177, Tel. 204 39 99-830 67, 204 39 99-0, E-Mail: kundenservice@stroeck.at, www.stroeck.at, Mo–Fr 5.30–18, Sa, So 7–12. Ofenfrisches Brot und Backwaren (von rustikal bis mediterran), Mehlspeisen-Klassiker; Frühstück, schnelle Snacks, Imbisse; Bio-Fairtrade-Kaffee; das gesamte Brot- und Gebäcksortiment ist frei von Zusatzstoffen, breites Angebot an Bio-Produkten.

Café-Bäckerei Winkler Dornbacher Straße 103, Tel. 481 46 28, baeckerei-winkler-wien.stadtausstellung.at, Mo-Fr 6.30-18, Sa 6.30-12, So, Fei 7.30-12, im Sommer Mo-Fr bis 14. Frühstück bis 11.30, Gebäckspezialitäten, Mehlspeisen, Eskimo-Eis, warme Kleinigkeiten; Kindersessel, Wickeltisch; Kaffee, gekühlte Getränke. Schanigarten für 30 Pers.

Konfiserie

Confiserie Heindl Elterleinplatz 12 (EKZ Hernals), Tel. 405 14 72, E-Mail: confiserie@heindl.co.at, www.heindl.co.at, aktuelle Öffnungszeiten siehe Homepage. Mehr als 250 unterschiedliche Pralinen-, Konfekt- und Waffelspezialitäten; gesamtes Sortiment ausschließlich mit Fairtrade-Kakao; vegane Spezialitäten.

Pubs

Poststüberl Wattgasse 64, Tel. 485 63 93, E-Mail: poststueberl@yahoo.de, Mo-Fr 9-24, Sa, So, Fei 10-20, Öffnungszeiten variieren. Kleines Beisl, Gösser vom Fass, diverse Schnäpse; keine Speisen. Partys bis 30 Pers. möglich.

Die Schweiger Hernalser Hauptstraße 212, Tel. 0676/703 34 75, E-Mail: dieschweiger@gmail.com, www.dieschweiger.at, Mo-Fr 17-24 (Fei geschlossen). Kleine Schwester von „Der Brandstetter“; Imbisse (z.B. 2 Sorten hausgebackener Leberkäse, Krainer, Pizza); 5 Biere vom Fass (u.a. Černá Hora, Kaltenhausen Original, Schladminger Bio-Zwickl), ausgewählte Flaschenbiere (Klassiker, wie Augustiner Edelstoff und Craft-Bier). Keller für 70 Pers. für Veranstaltungen zu mieten, Schanigarten für 40 Pers. €

The Green Room Hernalser Hauptstraße 56, Tel. 0660/941 00 15, E-Mail: thegreenroom56@gmail.com, täglich 18-2. Irish Pub. Gelegentlich Live-Musik, Pub-Quiz etc.

Szene

Jetzt - Bar+Entertainment Parhamerplatz 16, Tel. 485 76 80, E-Mail: info@dasjetzt.at, www.dasjetzt.at, Mo, So 17-1, Di-Do 17-2.30, Fr, Sa 17-4, Küche bis 23. Große Auswahl an Flammkuchen und Fladentoasts, vegetarische und vegane Hausmannskost aus aller Welt, tierische Wochenkarte, Tapas im Glas, täglich eine gratis Suppe zugunsten der Wiener Tafel, Catering und Buffets gegen Vorbestellung. Wechselnde Bierspezialitäten, Craft-Bier vom Fass, täglich 17-18 Happy Hour, Cocktails ab € 4,90, erlesenes Schnaps-Angebot. Pool Billard, Flipper, Tischfußball, Darts, Brettspiele, diverse Veranstaltungen (Livekonzerte, Pub Quiz), regelmäßige Dj-Line von Indie Dance bis Weirdo Punk, Sportübertragungen auf HD Videowalls. Klimatisiert, Sprühnebel-Anlage, Fairteiler-Kühlschrank (Foodsharing) im Eingangsbereich. 3 Bars. Gastgarten für 80 Pers.

Kulisse Rosensteingasse 39, Tel. 0699/16 33 10 14, 485 38 70 (Ticketkassa, an Spieltagen 17-20.30), 0699/16 33 10 12 (Büro: Mo-Fr 13-17), E-Mail: office@kulisse.at, tickets@kulisse.at, www.kulisse.at, an Spieltagen 18-24. Vorstadtbeisl mit Kleinkunst-/Kabarettbühne im großen Saal. Gutbürgerliche Wiener Küche, auch vegetarische/vegane Speisen; private Feste und Firmenfeiern im großen Saal und im Beisl möglich, spezielle Menüs auf Anfrage. Monatlich wechselnde Vernissagen und Live-Musik-Events. Beisl kann auch ohne Eintrittskarte für Veranstaltungen besucht werden. Barrierefrei erreichbar. Schanigarten. €€

Metropol Hernalser Hauptstraße 55, Tel. 407 77 40-46 (tagsüber), E-Mail: gastro@wiener-metropol.at, www.wiener-metropol.at, an Spieltagen ab 19; Ticketvorverkauf Mo-Sa 11-18. Das Lokal ist nur bei Veranstaltungen geöffnet und nur mit Eintrittskarte besuchbar. Tägl. wechselnde warme Speisen (ein Gericht vegetarisch), Salatbuffet, Frankfurter/Debreziner mit Senf, Kren und Gebäck, Bierbrezen. Räumlichkeiten für Veranstaltungen von 50 bis 350 Pers. mietbar. Im Sommer kann man sich unter freiem Himmel im sogenannten „Pawlatschengarten“ laben (19-22). Rollstuhlgerechter Eingang in der Geblergasse 50. Kartenreservierung direkt über Kreditkarte möglich. Keine Hunde.

Teehaus

TeaPlease Hernalser Hauptstraße 54, Tel. 0676/942 67 12, E-Mail: info@teapleaseshop.com, www.teapleaseshop.com, Mo-Fr 10-18, Sa 10-16 (Fei geschl.), im Sommer Mo, Mi, Do 10-18, Di, Fr 10-14, Sa 10-16, August geschl. Über 620 Teesorten, Bio-Teesorten (Sonnentor, Hanf-Tee, japan., afrikan. usw.), individ. Teemischungen, breite Palette an Geschenkideen von A wie Apfeltee bis Z wie Zengarten; 1-mal/Monat 16-18 Free Tea-Tasting (Teeverkostung, japan. Fingerfood, gemütliches Plaudern, reserv.); Fair-Trade-Produkte; Demeter-zertifiziert; Teezubehör, Accessoires. Ab € 50,- Bestellsumme auch Lieferung möglich. Japan. Hintergrundmusik, nach Vorbestellung (mehrere Tage im Voraus) kalte japan. Spezialitäten. 1-mal/Monat Events wie Lesungen usw. (Info: Newsletter); im Feb. Teezeremonien mit Teemeister aus Japan. Immer wieder Veranstaltungen für Kinder, Teil von „Hernals spielt“ (in den Sommerferien können Kinder Tee verkosten, eigene Teemischungen kreieren, Musik machen etc., Voranmeld. erwünscht). Bücherecke. Loungebereich. Kreditkartenzahlung ab € 50,- möglich.

Würstelstand

Kral Hernalser Gürtel gegenüber 47, täglich 7-4, abweichende Öffnungszeiten möglich. Kebap (€ 3,50), aber auch Hotdog, Bosna, Käsekrainer, Nudel-Box (€ 4,-). €

18., WÄHRING

Währing ist die feine, bürgerliche Schwester von Hernals und Ottakring: im Südosten dichtverbautes Wohngebiet, im Norden die noblen Gründerzeitvillen des Cottageviertels. Der Akadamiker*innenanteil liegt weit über dem Wiener Durchschnitt, die Arbeitslosigkeit hingegen weit darunter, man verdient gut und teilt sich mit Döbling Platz eins, was den höchsten Frauenanteil in Wiener Bezirken betrifft (53,2 Prozent). Weil es sich hier so gut lebt, zieht der 18. Zuzügler*innen an: Von den plus acht Prozent in den vergangenen zehn Jahren stammen die meisten Währing-Immigrant*innen aus Deutschland.

Wenn es im Bezirk ums Essen geht, ist man gleich einmal beim Kutschkermarkt. In den 90ern zum Vergessen, ist er inzwischen zum Delikatessen-Eldorado und Foodie-Erstversorger avanciert: viel bio, viel regional, viel Slowfood. Obendrein kann man am Markt und rundum auch noch gut speisen. Etwa bei Mayr & Pöhl, die sich – Achtung: Bezirksneuigkeit! – neuerdings Mayr Delikatessen am Kutschkermarkt nennen und gegenüber von ihrem Delikatessenstand auch delikates Frühstück und Mittagessen auftischen. Oder bei Himmelblau auf Kaffee und Kuchen.

Das Gros der Währinger Gastro-Aushängeschilder ist ziemlich posh, mitunter auch etwas etepetete. Da wären etwa das Herbeck, Berger & Lohn, das Freyenstein, die Meierei Diglas im Türkenschanzpark, das Steirerstöckl oder Takan's Fischrestaurant. Alles schön und köstlich, aber es kann einem schnell auch mal zu bourgeois werden.

Mayr Delikatessen am Kutschkermarkt

Beste Delikatessenadresse in Währing ... S. 463

DIE BESTEN 15 IM 18. BEZIRK

Aumann
Die Mischung aus Lounge, Diner und Steakhouse mit Muscle-Car-Barhockern zwischen Marmorsäulen bringt Las-Vegas-Flair ins konservative Währing. Dafür zurückhaltend netter Schanigarten ... S. 457

Berger & Lohn
Distinguierte und geschmackvolle Brasserie mit wienerisch-italienisch-pariserische Karte, die an Paris oder New York erinnert ... S. 457

Café Schopenhauer
Dank motivierter Kaffeehaus-Enthusiasten schon mehrmals vor dem Aus gerettet, zuletzt 2020 und hübsch renoviert. Seither tolles Frühstück bis spätnachmittags, Kaffeehausgerichte, einen Buchhandel und diverse Veranstaltungen ... S. 465

Café Trabant
Sympathisches Neighbourhood-Bar-Beisl nach dem Berliner Erfolgsrezept dunkles Holz/Ziegelmauer/zusammengewürfelte Mid-Century-Möbel plus junge Getränke plus Flammkuchen ... S. 462

C'est bon
Kleiner, libanesischer Imbiss mit Fokus auf Hummus, gefüllte Teigtaschen, Kebap, Falafel und Gegrilltes. Und all das extrem gut ... S. 461

Freyenstein
Feine, kleine Gerichte in fünf Gängen serviert – zur Wahl stehen eine klassische und eine vegetarische Variante ... S. 458

Herbeck – Neue Gastwirtschaft
Schönes Wirtshaus gutbürgerlich bekocht, gute Weine ... S. 458

Himmelblau
Schnuckeliges Marktcafé mit ausgiebigem Frühstück, Pausenfüller- und Feierabendgerichten ... S. 462

Il Piccolo
Espresso-Bar, die Italien nach Währing bringt: italienischer Kaffee, diverse Biere und (Soft-)Drinks. Dazu Antipasti und Tramezzini, die im alteingesessenen Aumann's Feinkost & Brötchen gemacht werden ... S. 462

Kutschker 44
Restaurant und Weinbar im stylishen Sixties-Look, legt sehr gute, moderne Kreativküche hin ... S. 458

Mayr Delikatessen am Kutschkermarkt
Erste Delikatessenadresse am Kutschkermarkt, in deren kleinen Kiosk feines Frühstück und ziemlich köstliche Sandwiches und Mittagsgerichte serviert werden ... S. 463

Meierei Diglas
Gastronomischer Grätzel-Hauptdarsteller im Türkenschanzpark: schön gelegen, umfangreiche Karte, die Frühstücke, Snacks, Wiener Gasthaus-Klassiker, Tagesgerichte und saisonale Spezialitäten offeriert ... S. 458

Meister Xiao
Wahrer Sichuan-Meister: scharf, fett, intensiv, toll. Brennt zwei Mal ... S. 459

Takan's Fischrestaurant
Bei Hüseyin Tanis gibt es nicht nur Weltmeister-Kebap, Marktfrühstück und mediterrane Spezialitäten, sondern besonderes Fleisch, das es sonst in ganz Österreich nicht gibt, etwa Wagyu-Kobe aus Japan. Das und andere Steaks kann man sich hier gleich vom Profi grillen lassen ... S. 458

Wirtshaus Steirerstöckl
Ausflugsgasthaus-Hütte zwischen Pötzleinsdorfer Schloss- und Schwarzenbergpark, in dem original weststeirische Zutaten zur Anwendung kommen ... S. 461

Gaststätten, Restaurants, Wiener Beisln

Atlantis Gertrudplatz 3 (am Kutschkermarkt), Tel. 0660/435 32 32, 0677/63 07 68 78, E-Mail: info@atlantisfisch.at, www.atlantisfisch.at, täglich 11–22. Stand und Restaurant mit frischem Fisch und Meeresfrüchten am Kutschkermarkt, z.B. Fischplatte für 2 Pers. (Goldbrasse, Wolfsbarsch, 4 Fischfilets, Wildgarnelen, Calamari, Jakobsmuscheln, Rosmarinkartoffeln u. Marktgemüse um € 49,90); ital. und österr. Weine (Pinot Grigio, Riesling etc.). Kindersessel. Lokal für Veranstaltungen bis 28 Pers. zu mieten. Schanigarten für 75 Pers. 💳 €€€

Aumann Aumannplatz 1, Tel. 470 18 18, E-Mail: office@aumann.wien, www.aumann.wien, tägl. 7.30–24. Große Frühstückskarte (Mo–Fr bis 11.30, Sa, So und Fei bis 15 € 4,20 bis € 12,90); internationale Küche (TT mit Suppe oder Salat € 9,50). Offene Weine, Spirituosen (Highball-Karte). Schanigarten für 60 Pers. Behinderten-WC. ♿ 💳 €€€

Berger & Lohn Gentzgasse 127, Tel. 470 44 33, E-Mail: office@bergerundlohn.at, bergerundlohn.at, Di–Sa 17–1, So 11–16, letzte Bestellung 22.30. Lokal von Horst Scheuer; klassische, wienerisch-italienisch-pariserische Karte, z.B. Beef tatare mit Melanzanicreme und Eidotter oder Gebratene Brust vom Schwarzfeder-Huhn mit Selleriecreme und eingelegten Zwetschken; So 11–16 Brunch. Lokal für private Veranstaltungen zu mieten. 120 Sitzplätze. Gastgarten für 74 Pers. 💳 €€€

Centimeter bei den Stadtbahnbögen Währinger Gürtel 1 (Ecke Jörgerstraße 2), Tel. 470 06 06, E-Mail: info@centimeter.at, www.centimeter.at, täglich 8.30–24. Wr. Küche; kalte und warme Brote (werden nach Zentimetern bezahlt), riesige Portionen, Burger, Spareribs mit hausgemachter Marinade, Chicken Wings, 1 Meter Österreich, Scheibtruhe Mist (reichlich beladen mit Essen, für die große Gruppenmampferei), Highlight: das „Schwert" mit zahlreichen Beilagen für 6 Pers.; Mittagsteller; 1 Meter Bier, 8 Sorten Bier vom Fass, div. Flaschenbiere. Holzfass zum selbst anschlagen und zapfen (20 l). Für größere Gesellschaften Buffet mit großer Auswahl und unbegrenztem Essen. Großer Veranstaltungskeller für Events und ruhiger Gastgarten im Innenhof. 💳 €€

Centimeter Gersthof Gersthofer Straße 51 (Ecke Herbeckstraße 1), Tel. 470 06 06, E-Mail: info@centimeter.at, www.centimeter.at, täglich 8.30–24. Wiener Küche; kalte und warme Brote (werden nach Zentimetern bezahlt), riesige Portionen, Burger, Spareribs mit hausgemachter Marinade, Chicken Wings, 1 Meter Österreich, Scheibtruhe Mist (reichlich beladen mit Essen, für die große Gruppenmampferei), Highlight: das „Schwert" mit zahlreichen Beilagen für 6 Pers.; Mittagsteller; 1 Meter Bier, 8 Sorten Bier vom Fass, diverse Flaschenbiere. Holzfass zum selbst anschlagen und zapfen (20 l). Für größere Gesellschaften Buffet mit großer Auswahl und unbegrenztem Essen. Großer Saal im Obergeschoß (für Veranstaltungen geeignet). Gastgarten. 💳 €€

Meierei Diglas Hasenauerstr. 56 (Türkenschanzpark), Tel. 479 43 76, E-Mail: office@meierei-diglas.at, www.meierei-diglas.at, Di-So 9-22. Meierei im Türkenschanzpark; große Frühstücksauswahl bis 11.30 (€ 5,90 bis € 14,90); MM (mit Fleisch € 12,-/vegetar. € 11,50); klassische Wr. Küche und moderne Gerichte; hausgemachte Mehlspeisen u. Torten aus der eigenen Konditorei am Fleischmarkt; Ottakringer vom Fass (€ 4,60), rotes Zwickl (€ 4,80), selbstgemachte Limonaden. Kindersessel, 2 Wickeltische. Veranstaltungen bis 70 Pers. mögl. (Hochzeitslocation, standesamtliche Trauung mögl.). Im Sommer 12-19 Eisstand vor dem Lokal. Gastgarten u. Terrasse für ca. 270 Pers. 💳 €€

Restaurant Edelhof Edelhofgasse 13, Tel. 0681/10 75 50 46, E-Mail: office@restaurant-edelhof.at, www.restaurant-edelhof.at, Mo, Mi-Sa 17-24, So 12-23 (Fei geschlossen). Österr. und internat. Küche, wechselnde Karte, saisonale Speisen, Weihnachtsmenü; ausgewähltes Angebot an österreichischen Weinen. Veranstaltungsräumlichkeiten bis 100 Pers. (Mindestumsatz). Schanigarten für 30 Pers. Hunde nur mit Leine und Beißkorb. 💳 €€€

Das Faber Bischof-Faber-Platz 8, Tel. 0699/11 56 14 63, E-Mail: dasfaber@dasfaber.at, www.dasfaber.at, Di-Sa 16-22. Internat. Küche, z.B. Empanadas mit versch. Füllungen, hausgemachte Pasta, Klassiker wie faschierte Laibchen sowie saisonale Angebote; Kinderspeisen (z.B. Frankfurter, Kinderschnitzel), Spielzimmer mit Spielsachen, Büchern und Bastelutensilien. Jeden Abend Happy Hour 18-21. Lokal für geschlossene Gesellschaften zu mieten. Schanigarten für 20 bis 30 Pers. Zugang über Küche barrierefrei. 💳 €

Frankstuben Gersthofer Straße 67, Tel. 479 41 13, E-Mail: frankstuben1180@gmail.com, Mo-Fr 11-22, Fei 11-15, warme Küche bis 21. Wiener Küche und Hausmannskost (2 MM Mo-Do € 8,90, Fr € 8,90 und Fisch € 9,50), Spezialitätenwochen (Spargel, Schwammerl, Gansl, Wild etc.); Kinderspeisen, -sessel. Terrassengarten für 60 Pers. 💳 €€

Freyenstein Thimiggasse 11, Tel. 0664/439 08 37, E-Mail: info@freyenstein.at, www.freyenstein.at, Di-So 18-24. Gourmet-Gasthaus in Gersthof, in dem etwa 60 Menschen Platz haben. Neunkirchner-Nachfolger Jakob Kaineder kocht neu interpretierte Wiener Küche, alle zwei Wochen wechselndes 5gg Menü (€ 75,-) à 12 bis 13 Speisen: 2 kalte VS, 2 warme VS, 2 Fischgänge, 2 Fleischgänge, 2 Desserts oder Käsevariation; auch vegetarisches 5gg Menü (€ 65,-). Kaminstube für 14 Pers., Gastgarten im Innenhof für 60 mit Salettl für 6 Pers. 💳 €€€

Herbeck – Neue Gastwirtschaft Scheibenbergstraße 11, Tel. 470 37 57, E-Mail: office@herbeck.wien, www.herbeck.wien, Di-Sa 11.30-15 und 17.30-22.30. Vorstadtlokal, gutbürgerliche Küche, neu interpretiert (Di-Fr 11.30-14.30 Mittagsteller), vegane und vegetar. Speisen, z.B. mit Couscous gefüllter Paprika; Kinderportionen, -sessel, Wickeltisch. Naturtrübe Säfte, 3 Biere vom Fass, internat. Weinauswahl, Kaffee von Hausbrandt. Zeitungen, Zeitschriften. Wunderschöner Gastgarten mit Altbaumbestand für ca. 100 Pers. direkt an der 40er Schleife. 💳 €€€

Hollerkoch Gersthofer Straße 14, Tel. 0660/860 94 01, E-Mail: tisch@hollerkoch.at, www.hollerkoch.at, Mo-Do 12-24, Fr, Sa 9-24, So 9-22. Vielfältige Gerichte wie Schweinsbratl Terryaki Art, Jakobsmuscheln auf Parmesan Tahonya, 24 Stunden in Buttermilch eingelegtes Backhendl od. Hollerkoch Bowl; auch Klassiker wie hausgemachte Burger, Zanderfilet auf Zucchini-Risotto, rosa gebratene Lammkrone und Kalbsbutterschnitzel; Spritzer-Variationen (Tante Rosi, Tante Lilly, Lillet berry, Bellini). Stylisches Ambiente, Kellerstüberl, Separée („Little Hollerkoch") mit eigenem Eingang und Bar für bis zu 30 Pers. (für Veranstaltungen); Gastgarten mit Pergola und Vorhängen im Innenhof, Schanigarten vor dem Restaurant. Kinder- u. hundefreundlich. 💳 €€€

Kutschker 44 Kutschkergasse 44 (Ecke Gentzgasse), Tel. 470 20 47, E-Mail: restaurant@kutschker44.at, www.kutschker44.at, Di-Sa 16-24 (Fei geschlossen). Restaurant und Weinbar; österreichische und internationale, moderne und kreative Küche, die Karte wechselt alle 3 Wochen (saisonal geprägt); österreichische Weine, offenes Bier. Offene Küche, gekocht wird mitten im Lokal. Kindersessel. Extrazimmer für 15, Schanigarten für 50 Pers. 💳 €€€

Restaurant Nuss Schopenhauerstraße 19, Tel. 0699/12 46 47 48, E-Mail: art18@art18.at, www.hofmann-nuss.at, Mo-Fr, So 10-2, Sa 7-2. Gutbürgerl. Wiener- u. Heurigenküche vom Schweinsbraten bis zum Gulasch; wechselnde Karte, saisonale Speisen, alles frisch gekocht; im Sommer ausschl. leichte Küche wie div. Salatspezialitäten vom Thunfisch- bis hin zum Bauernsalat, Spezialitäten vom Fisch und Turopolje-Schwein aus eigener Zucht; selbst gebrannter Nussschnaps, selbstgebrautes naturtrübes Bier, Schankwein, naturtrüber Apfelsaft, Konsum der Weine aus der Vinothek „Die Galerie" vis-à-vis (zu Ab-Hof Preisen + € 10,- Stoppelgeld). Veranstaltungen bis zu 150 Pers. gemeinsam mit der Vinothek „Die Galerie" möglich. Immer wieder Veranstaltungen; Vereinslokal des Philosophischen Zirkels Wien; Bridge-Club (Winter). Schanigarten mit 30 Sitz- und 10 Stehplätzen. €

Takan's Fischrestaurant Haizingergasse 13 (Ecke Gymnasiumstraße), Tel. 382 00 16, E-Mail: restaurant@takans

.wien, takans.com, Di–Fr 17–24, Sa 12–24, Mai bis September Sa ab 17, Küche bis 22. Fischrestaurant vom Betreiber des Kutschkermarkt-Stands. Fisch und Meeresfrüchte, prachtvoll in der Vitrine präsentiert, vom Grill oder aus dem Ofen. Große Weinkarte. Sitzplätze für 60 Pers. Schanigarten. Reservierung empfohlen. €€€

Restaurant Bar Wilde Ehe Kutschkergasse 22, Tel. 925 30 89, E-Mail: office@wildeehe.org, www.wildeehe.org, Mo–Do 16–24, Fr, Sa 16–2, Küche bis 22. Urbane Bar und Restaurant in einem Jahrhundertwendehaus mit rohen Ziegelwänden und Backsteinbögen. Kleine, wöchentl. wechselnde Speisekarte, vegetarisch, auch mit Fleisch. Regionale/Bio-Produkte vom Kutschkermarkt. Schanigarten f. 35 Pers. €€

Gaststätte Zum gemütlichen Weinhauser Gentzg. 125, Tel. 479 12 05, E-Mail: kontakt@zum-weinhauser.at, www.zum-weinhauser.at, Mo, Do–So 11–22, warme Küche 11.30–21. Österr. Küche mit saisonalem Einschlag, variierendes Angebot (tägl. MM); hausgemachte Limonaden. Kinderspeisen, -sessel. Schanigarten f. 40 Pers. €€

Afrikanisch

Ethiopian Restaurant – Café Lalibela Schulgasse 7, Tel. 0664/870 03 51, 0664/865 53 93, E-Mail: info@ethiopian-restaurant.at, www.ethiopian-restaurant.at, täglich 17–22. Äthiopische Eintopf- und Schmorfleischgerichte wie Erbseneintopf, Key Wot (scharfe Rindfleisch-Soße), Tibs (Rindfleisch mit Zwiebeln, Rosmarin und mildem Pfefferoni abgebraten), spezial Kitfo (gehacktes Rindfleisch mit gemahlenem Chili und hausgemachter, zerlassener äthiopischer Butter, serviert mit Ayib u. Grünkohl), gemischte Platte für zwei Pers. (mit Fleisch od. vegetarisch/vegan); selbstgemachtes Injera-Brot; äthiop. Bier (St. George); gegen Voranmeldung äthiop. Kaffeezeremonie ab 10 Pers. €€

Amerikanisch

Domino's Schulgasse 1, Tel. 05/749 92 04, www.dominos.at, Mo–Do, So 11–22, Fr, Sa 11–23. Große Auswahl an Pizzen, auch individuell zusammenstellbar, versch. Pizzaböden (Italien Style, Domino´s Original, Cheesy Crust, Pan Pizza) und zahlreiche Toppings, div. Vorspeisen und Beilagen wie Chicken Wings und -Strips, Stuffed Cheesy Bread uvm.; Desserts (Cinnabites, Apple oder Choco Pie). Spezielle Aktionen über die Domino's App. Abholung, Zustellung (innerhalb von 30 Min. nach Bestellung) oder Essen vor Ort möglich. €

Asiatisch

Liu Liu Schopenhauerstraße 40, Tel. 945 99 99, E-Mail: info@liuliu.at, www.liuliu.at, Mo, Mi–Sa 11.30–15 und 17.30–23, So, Fei 11.30–23. Chinesische, japanische und thailändische Küche, Wokgerichte, Sushi; MM 11.30–14.45 (€ 8,50 bis € 12,20); Kinderportionen, -sessel. Alle Speisen auch zum Mitnehmen, Zustellung in die Bezirke 8, 9, 16 bis 19. Kegelbahn (€ 16,–/Std.). Klimaanlage. Gastgarten für 40 Pers. €€

Wen's Nudeln Währinger Straße 105, Tel. 945 25 94, wens-nudeln-wien.at, Mo–Fr, So, Fei 10.30–22. Asiatischer Imbiss; Spezialität: Gan-Bian-Rindfleisch und Gong-Bao-Huhn. Alle Speisen auch zum Mitnehmen. €

Chinesisch

Asia Garten Kreuzgasse 18, Tel. 408 56 03, E-Mail: office@asiagarten.at, www.asiagarten.at, tägl. 10.30–23, durchgehend warme Küche. Chinesische, taiwanes. und asiat. Küche, Snacks (Asia-Box) ab € 2,70 (z.B. gebratene Nudeln mit Hühnerfleisch), große Auswahl an vegetarischen Speisen, immer frisches Gemüse; Kinderspeisen. Kochrezepte auf Anfrage. Zustelldienst in die Bezirke 6 bis 9 und 15 (teilweise) bis 20 (ab € 12,–). Veranstaltungen nach Reserv. bis 50 Pers. möglich. Gastgarten für 20 bis 30 Pers. Keine Hunde. €

Lamian Währinger Straße 150, Tel. 479 91 80, szhan5.wixsite.com/lamian1180neu, täglich 11.30–22. Selbstgemachte Nudeln aus Weizenmehl, die gehobelt (nicht geschnitten) in einer Hausbrühe zubereitet werden, mit Gemüse, Huhn, Rind, Ente oder Meeresfrüchten. Zustellung in den 18. Bezirk. €€

Meister Xiao Gersthofer Straße 70, Tel. 479 41 56, E-Mail: p.xiao@hotmail.com, meisterxiao.at, Di–So, Fei 11.30–14.30 und 17.30–22. Original Szechuan-Küche (Di–Fr MM € 7,50 bis € 9,80), große Auswahl an unglaublichen Szechuan-Vorspeisen und Spezialitäten. Achtung: „scharf" heißt hier „wirklich scharf". Kindersessel. Kleiner VIP-Raum mit Sofa für 10, Schanigarten für 32 Pers. €€

Griechisch

Ariston Hellenic Restaurant Abt-Karl-Gasse 25 (Ecke Weimarer Straße 6), Tel. 402 64 15, E-Mail: office@ariston-vienna.at, www.ariston-vienna.at, Mo, Mi–Fr 17–23, Sa 12–23, So 12–22. Modernes, griechisches Restaurant, MM (€ 5,20 bis € 8,30); Spezialität: Kotopoulo Gemisto (gefüllte Hühnerbrust mit Speck und Käse mit hausgemachter Senf-Oberssauce). Take-away und Zustellung auf Anfrage. Extrazimmer für 20–25, Gastgarten für 65 Pers. €€

Indisch

BioFrische Restaurant Lazaristengasse 2, Tel. 952 92 15, E-Mail: biofrische@hotmail.com, www.biofrische.wien, täglich 11–22, ab 10.30 Bestellung möglich. Nur Zustellung. Vegane, vegetarische und indische Gerichte Mo–Fr 11–15 (MM € 9,80 bis € 11,90), 100 % biolog. Inhaltsstoffe, auf Anfrage gluten- und laktosefrei; Biogetränke (€ 2,70), ayurvedische Joghurtgetränke (€ 3,90); Gratislieferung (Mindestbestellwert siehe Homepage) in alle Bezirke; (je nach Bezirk Lieferzeit zwischen 30 und 50 Min.). Catering ab 30 Pers. €€

Ganesha Antonig. 9, Tel. 909 22 88, E-Mail: reservierung@ganesha-restaurant.at, www.ganesha-restaurant.at, Mo–Fr 11–14.30 und 17.30–22.30, Sa, So, Fei 12–22.30, durchgehend warme Küche. Klassische indische Gerichte, auch neu interpretiert, vegetarische, vegane sowie würzige Küche (4 MM ab € 6,90, vegetarisch), glutenfreie Gerichte, Desserts, z.B. Mangocreme mit Nüssen (ab € 2,50). Alle Speisen auch zum Mitnehmen. Schanigarten für 50 Pers. €€

Mach ma Curry Schopenhauerstraße 78, Tel. 956 40 78, machmacurry.com, Mo–Fr, So 12–15 und 17.30–22, Sa 17.30–22, Sommeröffnungszeiten: Di–So 17.30–22. Indische Küche, viele vegetarische Gerichte (12–15 MM mit Suppe, Reis, Naan und Getränk € 7,90), Kindermenü „Schülerbox" (€ 3,90). Schanigarten für 12 Pers. €€

Italienisch

La Cocotte Johann-Nepomuk-Vogl-Markt (Stand 20), Tel. 0699/10 88 49 08, E-Mail: info@lacocottebistro.com, www.la-cocotte-bistro.com, Di–Sa 10–21. Ital. Bistro, es gibt hausgemachte Pasta, Bruschetta, Gnocchi, Fisch- und Meeresfrüchtespezialitäten, hausgemachte ital. Nachspeisen, Di–Fr MM (€ 9,90), am Abend Specials; selbst importierte Fair-Trade-Weine aus Apulien, ital. Bier, Espresso um € 1,– zum MM; Verkauf von Produkten aus Apulien. Schanigarten für 25 Pers. Behinderten-WC am Markt. €€

La Passione Kreuzgasse 14, Tel. 0699/14 19 55 61, E-Mail: lapassione18@hotmail.com, www.lapassione.at, tägl. 11–23, Küche durchgehend bis 22.30. Ital. und österr. Küche (11–15 MM ab € 8,20); Pizza bei Abholung € 8,20. Kinderspeisen; Zustelldienst für die Bezirke 9 und 17 bis 19 (gratis ab € 9,–). Extrazimmer f. 30, Gastgarten f. 30 Pers. €€

Monte Rosa Ristorante italiano vero Erndtgasse 7 (Ecke Herbeckstraße 78), Tel. 479 29 54, www.ristorantemonterosa.at, Di 17–23, Mi–So, Fei 11–15 und 17–23, Küche bis 22.30. Italienisch-sardische Küche, wird von einer Familie aus Nordsardinien geführt (MM ab € 7,90), Pizza, hausgemachte Pasta, Fischspezialitäten (jeden Fr Fischtag € 11,90). Weinkeller, sardische Weine. Kindersessel, Wickeltisch. Klimaanlage; TV. Gastgarten für 45 Pers. €€

Oskar Gertrudplatz 2, Tel. 0676/941 38 84, E-Mail: bar@ozkar.at, www.ozkar.at, Mo–Sa 16–2. Ital.-österr. Slowfood-Bar. Ital., hausgemachte Pinsa-Spezialitäten (belegt mit frischen, saisonalen und regionalen Zutaten); vegetarische, vegane und glutenfreie Pinsas; Weine aus Italien, Portugal und Österreich, Schaumweine, Gin, Grappa, Peroni vom Fass, Kaffee. Holzofen. Schanigarten für 16 Pers.

Pizza Mann Gersthofer Str. 2a, Tel. 050/10 10 10, E-Mail: service@pizzamann.at, www.pizzamann.at, tägl. 11–24, Zustellung bis 3. Pizza, Salate, Ribs, Chicken Wings, Snacks, hausgemachtes Tiramisu, Speisen auch zum Mitnehmen; Online-Bestellmöglichkeit sowie Bestellung mittels App; Lieferservice (ab € 10,–, 0–3 Nachtzuschlag). Kartenzahlung und Paypal Bezahlung auch bei Zustellung. €

Ristorante Roma Kutschkergasse 39, Tel. 479 66 30, E-Mail: ristorante.roma@chello.at, www.ristorante-roma.at, Mo, Di, So 11.30–23, durchgehend warme Küche. Ital. Spezialitäten, Pizza, hausgemachte Pasta, Fischspezialitäten, Spezialitätenwochen; ital. Qualitätsweine, im Advent Punsch. Kindersessel. TV, 2 Extrazimmer für 30 u. 40, Schanigarten für 52, Pavillon für 35 Pers. €€€

Santa Maria Gentzgasse 86–88, Tel. 479 24 36, 0664/73 06 24 87, E-Mail: info@santamaria1180.at, www.santamaria1180.at, tägl. 11.30–22.30. Familienbetrieb, ital. Küche, Spezialitäten: Fische, Muscheln; Kinderportionen, -sessel; monatl. wechselnde Weinkarte mit Weinen aus Österreich und Italien; Zustelldienst in den 9., 17., 18. und 19. Bezirk. Extrazimmer für 20, Schanigarten für 16 Pers. €€

Ristorante Spumante Gersthofer Straße 71, Tel. 479 11 38, 0660/454 63 61 (Bestellungen/Zustelldienst), E-Mail: info@ristorante-spumante.at, www.ristorante-spumante.at, täglich 11.30–23, Bestellung und Zustellung bis 22.30. Italienische Küche, Steak, Fischspezialitäten (11.30–17 4 MM € 7,50 bis € 10,50); Antipasti, Frutti di Mare, täglich frische Fische; kleine Portionen möglich, auch vegetarische Speisen; italienische und österreichische Weine; Kindersessel. Zustelldienst in die Bezirke 8, 9, 16, 17, 18 und 19 (ab einem Mindestbestellwert von € 10,– gratis). Lokal für Veranstaltungen zu mieten. Schanigarten für 40–50 Pers. €€€

Bio-Pizzeria Vero #2 Pötzleinsdorfer Straße 67, Tel. 890 21 66, E-Mail: biopizzeria@vero.co.at, vero.co.at, täglich 11.30–22. Neapolitanische Bio-Pizza aus Sauerteig (Dinkel- und Dinkelvollkorn, auch glutenfreie Buchweizenpizza), vegane Varianten (11.30–15 MM: Margherita mit Zutat nach Wahl oder Pasta, Risotto, Salat ab € 9,90); ausschl. Bio-Produkte; Kinderpizza, -sessel; Bio-Fruchtsäfte; Weitra und Ottakringer Bio-Zwickl, Bio-Weine, Bio-Kaffee von Alt Wien; großes Tee-Sortiment. Schanigarten für 70 Pers. €€

Japanisch

Hanil Sushi Gymnasiumstraße 26, Tel. 478 54 29, www.hanil-sushi.at, täglich 11.30–15 und 17.30–22. Japanische Speisen und einige Gerichte aus der koreanischen Küche; Sushi, Sashimi, Maki, Bentoboxen, Teriyaki. €€

Restaurant Koinonia Klostergasse 37 (Ecke Währingerstr. 151), Tel. 479 59 64, E-Mail: office@koinonia.co.at, www.koinonia.co.at, täglich 11.30–15 und 17.30–23, Küche bis 22. Japanische, koreanische und thailändische Spezialitäten (Mo–Fr 11.30–15 MM € 8,40 bis € 11,50), Spezialität: Rolls (z.B. Ojako Roll: Reis und Sesam in Lachs gerollt mit Keta Kaviar), kleine Portionen möglich; österreichische Weine, italienischer Kaffee. 2 Kindersessel. Ca. 80 Sitzplätze im Lokal; Schanigarten für 36 Pers. **€€**

Mikado Sushi Style Gymnasiumstraße 27, Tel. 470 56 39, www.mikado.cc, Mo–Fr, So, Fei 11.30–15 und 17.30–22.30. Sushi und Thaiküche (ganztägig M € 9,50 bis € 12,50); Kindersessel. Offene Küche; Klimaanlage. Zustellung im 9., 17., 18. und 19. Bezirk (ab € 10,–). **€€**

Libanesisch

C'est Bon – Libanesische Spezialitäten Währinger Straße 99, Tel. 0699/11 44 83 60, 0699/14 01 29 49, Mo–Fr 9–19, Sa 9–15 (Fei geschlossen), im Juli/August verkürzte Öffnungszeiten. Imbisslokal mit libanesischen Spezialitäten, darunter Falafel, Hummus, Teigtaschen mit verschiedensten Füllungen, z.B. Fleisch, Gemüse oder Spinat (3 Stück je € 1,10), Eintöpfe auf Vorbestellung, gegrillte Hauptspeisen, selbstgemachte Mehlspeisen; Tagesangebote; alle Imbisse zum Mitnehmen; Catering auf Anfrage. 9 Sitzplätze. **€**

Mexikanisch

El Penacho Währinger Straße 154, Tel. 0660/714 30 68, E-Mail: hola@elpenacho.com, www.elpenacho.com, Di–Fr 12–21, Sa 12–22. Mexikanische Taquéria mit div. Tacos; handgemachte Tortillas werden frisch zubereitet; auch Quesadillas und hausgemachte Nachos; wechselnde vegetarische und vegane Option. Schanigarten für 16 Pers. **€**

W.A. Sanchez Währinger Straße 73, Tel. 992 68 27, E-Mail: info@wasanchez.com, wasanchez.com, Mo–Sa 11–22. Moderne südamerikan. Streetfood; frische Kräuter, Spezialitäten: Tacos, Quesadillas, Burritos. Schanigarten. **€**

Orientalisch

Hoskar Kutschkerg. 9, Tel. 405 91 31, E-Mail: hoskarrestaurant@gmail.com, www.hoskar.at, täglich 11–23. Arab. Küche und oriental. Grillgerichte sowie Pizza, Pasta, Risotto, Fisch- und Fleischgerichte. Zustellung in die Bezirke 1 bis 9 und 15 bis 20. Schattiger Garten für 18 Pers. **€**

Persisch

Café-Restaurant Phoenix Gentzgasse 23, Tel. 478 04 55, 0650/478 04 55, E-Mail: info@phoenix1180.at, reservation@phoenix1180.at, www.phoenix1180.at, Di–Sa 11–23, So 13–18. Persische Küche aus dem Norden Irans, Spezialitäten: gefüllter Fisch, Kabab, gefülltes Hähnchen, Lamm und vegetarische Speisen (Di–Fr 11.30–15 MM ab € 11,90); Kinderportionen, -sessel; österr., griech. und persische Weine. Zeitungen. Schanigarten für 25 Pers. **€€**

Portugiesisch

Loja Portuguez Gersthofer Straße 8, Tel. 979 17 10, E-Mail: shop@lojaportuguez.com, Mo–Fr 10–18, Sa 9.30–13.30. Portugiesischer Feinkostladen, in dem man auch portugiesische Fischdosen, Snacks und Espresso serviert bekommt. Olivenöl, Essig, Schokolade, Weine und Portweine. Portugiesisches Porzellan, Keramik sowie Textilien.

Steirisch

Wirtshaus Steirerstöckl Pötzleinsdorfer Straße 127, Tel. 440 49 43, E-Mail: steirerstoeckl@jagawirt.at, www.steirerstoeckl.at, Mi–So, Fei 11.30–24, durchgehend warme Küche bis 22. Steirische Hausmannskost (Mi–Fr 11.30–14 MM € 18,– bis € 25,–); die Produkte werden direkt aus der Weststeiermark geliefert, denn dort hat die Familie Goach ein Gasthaus samt Bauernhof; steirische Weißweine, Rotwein aus der Steiermark und dem Burgenland, Ottakringer vom Fass, Ottakringer Bio-Zwickl; kleine Portionen möglich, Kindersessel, Spielplatz. 4 Stuben für Veranstaltungen bis 140 Pers. Wintergarten für 35 und wunderschöner Gastgarten am Rande des Wienerwaldes für 120 Pers. **€€€**

Ungarisch

Piroschka Gersthofer Straße 140, Tel. 734 42 34, E-Mail: info@piroschka.at, www.piroschka.at, Do–Sa 11.30–22, So 11.30–16, durchgehend warme Küche. Ungarische Küche (Do–Fr 2gg MM); Ungarische Spezialitäten wie Fischsuppe, Kesselgulaschsuppe oder Fleischpalatschinken; Weinkarte (z.B. Riesling aus dem Balaton), Sekt, ungarischer Schnaps; Kinderspeisen, -sessel. Für Feierlichkeiten zu mieten. Sitzplätze für 50 Pers. Gastgarten für 25 Pers. **€€**

Vietnamesisch

Vin – Northern Vietnamese Kitchen Währinger Straße 137, Tel. 947 93 58, 0660/909 29 84, E-Mail: info@vin-restaurant.at, vin-restaurant.at, Di–Fr 11.30–15.30 und 17–22, Sa, So, Fei 11.30–22. Nordvietnamesische Küche, MM Di–Fr 11.30–15.30 (ab € 8,90); Spezialitäten: Papaya Salat mit Garnelen, gegrillte Goldbrasse mit Chili, Knoblauch in Bananenblatt, Reisnudelsalat und Frühlingsrollen; Kinderspeisen, -sessel, Spielsachen. 37 Sitzplätze im Lokal.

Bars

Anton Frank-Café Bar Gymnasiumstraße 25, Tel. 478 14 36, 0664/338 44 66, E-Mail: komarek@anton-frank.at, tägl. 17–2, warme Küche bis 24. Barbetrieb; Hausmannskost, Strudeln, Nudelgerichte, überbackene Brote; große Auswahl an Weinen, auch Flaschenverkauf (Schwerpunkt österr. Weine). Jazz von der CD; Vernissagen; Veranstaltungen für 30 bis 100 Pers. möglich (Mindestumsatz). Schanigarten für max. 45 Pers. Hunde mit Leine und Beißkorb.

Café Trabant Dittesgasse 3, Tel. 890 00 41, E-Mail: info@cafe-trabant.at, Mo–Do 18–24, Fr, Sa 18–1. Gemütliche Café/Bar mit Flammkuchen aus hausgemachtem Dinkelteig in versch. Varianten, z.B. mit Speck und Zwiebeln, mit Blauschimmelkäse, Birnen u. Walnüssen oder mit Apfel, Zimt und Zucker sowie in veganen Varianten. Feine Biere, Weine, Spirituosen und hausgemachte Limonaden. Jeden 1. Mo im Monat 18–21 Reparatur-Café. Schanigarten für 30 Pers.

Cafés, Espressos

Cafébrennerei Franze Schulgasse 25 (am Kutschkermarkt), Tel. 932 02 12, 0677/63 66 29 53, E-Mail: franze@franze.at, www.franze.at, Mo–Fr 9–18, Sa 8–14. Kaffeerösterei und Tee-Fachhandel im Kutschkermarkt-Umfeld; Kaffee- und Teespezialitäten (bio und fairtrade); Kipferl, Kuchen; hausgemachte Limonaden und Eistees. Ganze Bohnen oder den gemahlenen Kaffee kann man auch für zu Hause kaufen, ebenso wie 300 versch. Teesorten (auch lose); Onlineshop. Platz für 15 Pers. Schanigarten für 11 Pers.

Café Carambole Kreuzgasse 56, Tel. 408 53 31, E-Mail: carambole@printer.com, tägl. 8–24. Kleine Speisen wie Sacherwürstel, Debreziner, Toast, Buttersemmel, Snacks (€ 1,80 bis € 6,90). Caramboltisch; Schach, Brett-, Würfel- und Kartenspiele, TV (Sky). Bankomat im Lokal.

Lounge Gersthof Gersthofer Straße 30, Tel. 479 59 90, E-Mail: office@lounge-gersthof.at, www.lounge-gersthof.at, Mo–Fr 8.30–23, Sa 9–23, So, Fei 9–21, Snacks bis 23.30. Frühstück bis 14 (ab € 8,50); Snacks (ab € 4,20), kleine Speisen, Mo–Fr 11–13 MM (Bruschetta plus alkoholfreies Getränk € 8,50); ital. Mehlspeisen und Kaffeespezialitäten; im Sommer Eis; TV, Leinwand; regelmäßig Partys, z.B. Halloween. Schanigarten für 100 Pers. Behinderten-WC. ♿

Happy Martinstraße 95, Tel. 479 19 80, Mo–Sa 11–23. Nur Getränke. Würfel- und Kartenspiele, Darts, Tischfußball, TV.

Himmelblau Kutschkergasse 36, Tel. 0660/774 14 10, E-Mail: kontakt@himmelblau18.at, www.himmelblau18.at, Mo–Fr 8–19, Sa 8–16, So 9–16, warme Küche 11.30–19. Charmantes Lokal am Kutschkermarkt mit Wohnzimmeratmosphäre; frische Zutaten aus der Umgebung (z.B. Brot von der Bäckerei Felzl, Bio-Eier von Lutz); vielfältiges Frühstücksangebot ab 8 (das Himmelblaue, das Herzhafte, das Liebliche), ab 11.30 wöchentl. wechselnde Wochenkarte/Mittagstisch (vegetar.); hausgemachte Kuchen (Cheesecake, Zitronentarte, Apfelcrostata u.v.m.), Sandwiches, Petits fours aus der Vitrine. Weiße Möbel, rosa Lampenschirme, Theke in Antik-Optik. Schanigarten für 40 Pers.

Il Piccolo Kaffee*Bar Währinger Straße 143, Tel. 0676/847 04 44 44, E-Mail: pronto@ilpiccolo.at, www.ilpiccolo.at, Mo–Fr 8–22, Sa 9–15, im Sommer abweichende Öffnungszeiten. Italienische Tagesbar mit Kaffee und Brioches, nachmittags „tempo per l'aperitivo" mit klassischen Cocktails (Empfehlung: Prosecco von Sceriman) und typischen Häppchen. Außerdem: Tramezzini, Panini, Antipastiteller, Torten etc. Schanigarten für 12 Pers.

Laterndl Stüberl Kreuzg. 78–80, Tel. 47 00 52 63, 0664/234 20 71, E-Mail: zur.gruenen.laterne@gmail.com, Mo–Fr 8–20. Uriges Tschocherl mit winzigen Sitznischen; Würstel, Gulaschsuppe, Bohnensuppe, Toast. Schanigarten für 25 Pers.

Café Mocca Gersthofer Straße 2a (in der S-Bahn-Station Gersthof), Tel. 890 35 93, 0699/11 32 15 88, E-Mail: office@cafemocca.eu, www.cafemocca.eu, täglich 8–1, Küche bis 22. Denkmalgeschütztes Jugendstil-Café, das Interieur besteht aus Originalteilen des ehemaligen Cafe Haag in der Wr. Innenstadt. Frühstück bis 16 (€ 4,40 bis € 12,90); Wr. Küche, ital. und französ. Speisen, Spezialitäten: hausgemachte Torten, Kuchen und Crêpes; Coffee to go. TV; Schach, Kartenspiele, Bücher und Magazine; regelmäßig Veranstaltungen. Extrazimmer für 28, Gastgarten für 80 Pers.

Café-Konditorei Schlemmer Währinger Straße 157, Tel. 479 11 06, Mo–Fr 9–17. Traditionelle Café-Konditorei; kleine Speisen wie Gulaschsuppe oder Eierspeis. Büchertausch; wechselnde Ausstellungen.

Café Urknall Antonigasse 94, Tel. 0680/309 22 12, Mo–Fr 8–21, Sa, So, Fei 10–18. Melange, Bier; kein Essen.

Eissalons

Eissalon De Rocco Kutschkergasse 40, Tel. 0660/523 01 80, täglich 11–22, Öffnungszeiten variieren je nach Saison. Ca. 25 Eissorten (auch laktosefrei sowie vegan). Zustellung ab € 10,– Bestellwert. Sitzmöglichkeiten vor dem Eissalon.

Gefrorenes – Eis wie damals Währinger Straße 152, Tel. 0699/19 25 62 05, E-Mail: nelja@gefrorenes.com, www.gefrorenes.com, Mo–Fr, Fei 13–20, Sa, So 12–20. 36 verschiedene Eissorten; 12 versch. Schokosorten; Spezialitäten: Sachertorte, Milchblume, Apfelstrudel, Cheesecake, Schoko-Birne (1 Kugel € 2,70; 3 Kugeln € 5,– und jede weitere Kugel € 2,20); Sorbets; ohne künstliche Farbstoffe und Konservierungsmittel. Schanigarten für 8 Pers.

Eissalon Schubertpark Schulgasse 58, Tel. 0660/345 66 97, E-Mail: sto.100@gmx.at, www.eissalon-am-schubertpark.eatbu.com, März bis September täglich 12–19, im Sommer bei Schönwetter bis 21. Eisspezialitäten, Waffeln, Eispalatschinken etc.; grüner als das hiesige Pistazieneis ist keines auf der Welt. Direkt am Park gelegen. Schanigarten für 60 Pers.

Heuriger

Heuriger Pötzleinsdorf Pötzleinsdorfer Straße 97, Tel. 470 22 44, E-Mail: office@poetzi.at, www.poetzi.at, Mo–Fr ab 17, Sa, So, Fei ab 12, im Winter Fr, Sa ab 17, So, Fei ab 12, Mo–Do geschlossen. Klassische Heurigenspeisen, aber auch saisonale Gerichte (Spargelcremesuppe, Eierschwammerl-Risotto), österreichische und internationale Speisen; Speisen à la carte; Weine aus Österreich, Kaffee und Tee. Alle Speisen auch zum Mitnehmen. Kindersessel, Wickeltisch, großer Kinderspielplatz. 3 Stüberl; Veranstaltungsraum für 70, schöner, großer Garten für 170 Pers. mit über 300 Jahre altem Baum. €€

Imbisse

Aumann's Genuß-Platzerl Währinger Straße 141, Tel. 0676/847 04 44 14, E-Mail: office@aumanns-genuss-platzerl.at, aumanns-genuss-platzerl.at, Mo–Fr 9.30–19, Sa 9–13, im Sommer verkürzte Öffnungszeiten Mo–Fr 10–15. Lebensmittel- und Häppchengeschäft, kleine Speisen und Snacks wie z.B. hausgemachte Quiche, Waldviertler Leberkäsesemmel mit Ochsenleberkäse, Käseleberkäse, warme Speisen, Desserts, Brötchen (Bestellung 9–19, auch über Onlineshop möglich); steirisches Naturbier von Gratzer, 100 Blumen Bier, kleine Auswahl an Rot- und Weißweinen vom Weingut Hagn; Eisgreißler-Eis im Sommer. Keine Hunde. €

Buffet im Pötzleinsdorfer Park Pötzleinsdorfer Straße 65, März bis Oktober täglich 9.30–18 (bei Schönwetter). Außerordentliches Buffetstandl; Eis, Manner-Schnitten, wechselnde Bio-Knabbereien; Verwendung biologischer Produkte; Kaffee von Lavazza und Charles Fürth, Craft-Bier, hausgemachter Jin-Gin.

Zur Dönerei Währinger Gürtel gegenüber 87, Tel. 0664/301 65 10, täglich 10–5. Spezialitäten: täglich frische Falafel, Pita, Vegetarische und vegane Snacks, Döner, Dürüm etc., Beilagen wie Hummus, Melanzani-Salat und verschiedene Saucen; gekühlte Getränke (€ 1,90 bis 2,90). €

Laus und Maus Semperstraße 64a, E-Mail: post@lausundmaus.at, täglich 11–18. Kiosk bei der Remise vor dem Währinger Park. Kleine Speisen wie Toast und Flammkuchen, Süßes wie Kuchen (tlw. vegan) und Waffeln; Kaffee, Tee, Kakao; im Winter Punsch und Glühwein. Gastgarten.

Liebstöckel Währinger Straße 133, Tel. 0660/652 22 59, E-Mail: liebstoeckel1180@gmail.com, www.liebstöckel.at, Mo–Fr 9–15, Sa 9–14 (Fei geschlossen). Bio-Greißlerei; ausschließlich biologisches Obst, Gemüse, Fleisch, Brot, Getreide, Säfte, Wein, Bier etc. Wechselnde Tagesgerichte (vegetarisch oder mit Fleisch). 8 Sitzplätze, Schanigarten für 8 Pers. €

Markthummel Johann-Nepomuk-Vogl-Markt 3–4, Tel. 0660/120 25 94, E-Mail: office@diemarkthummel.at, Mo–Fr 9–21, Sa 9–15. Café und Greisslerei am Nepomuk-Vogl-Markt. Produkte aus nachhaltiger Produktion (vorwiegend aus der Steiermark); Jause, Kuchen; Kaffee von Fürth. Sitzplätze und Schanigarten für je 8 Pers.

Mayr Delikatessen am Kutschkermarkt Kutschkermarkt 31, Tel. 402 98 74, E-Mail: office@mayr-delikatessen.at, mayr-delikatessen.at, Di–Fr 8–19, Sa 8–15. Marktküche mit veganen, vegetarischen und Fleisch-Speisen, multikulturellen Einflüssen und Hausmannskost. Frühstück bis 12 (€ 5,90 bis € 15,90), z.B. Barcelona Frühstück (€ 9,90), Ibiza Frühstück (€ 9,90); Tagessuppen (ab € 4,20), 2 MM (€ 7,90 bis € 10,90), Spezialitäten: kalte Teller vom Delikatessenstand, von Antipasti bis zum Käseteller (€ 7,50 bis € 16,90); Partyservice für Feiern aller Art. Sitzgelegenheiten nur im Freien für ca. 40 Pers., im Winter mit Decken und Infrarot-Heizstrahlern ausgestattet. Die Delikatessen gibt es im gegenüberliegenden Marktstand auch zu kaufen. €€

Noodle King Gersthofer Markt (Marktplatz 1), Tel. 890 03 64, E-Mail: office@noodleking.at, www.noodleking.at, Mo–Fr 10–21, Sa 10–18 (Fei geschlossen). Asiatische Suppen-, Nudel-, und Reisgerichte, sowie Sushi und Maki. Take-away. €

Nordsee Währinger Straße 112, Tel. 470 39 21, E-Mail: office@nordsee.at, www.nordsee.at, Mo–Mi 9–19, Do, Fr 8–19, Sa 9–15. Grill- und Backfisch, Salate, kalte und warme Snacks; Kaffee; Kindermenü mit Überraschung; Meeresbuffet: Verkauf von Frischfisch, Räucherfischspezialitäten und Feinkostsalaten. €

Radatz Währinger Straße 104, Tel. 478 24 69, E-Mail: fleischereien@radatz.com, www.radatz.at, Mo–Fr 8.30–18.30, Sa 8–13 (Fei geschlossen). Wiener Küche, täglich wechselnde Menüauswahl (bis € 8,–). 10 Sitzplätze. €

Takan's Delikatessen Kutschkermarkt Stand 48, Tel. 0650/260 04 85, E-Mail: restaurant@takans.wien, takans

.com, Mo–Sa 9–22, Küche 11–21. Fisch und Meeresfrüchte, Pasta; Frischfischverkauf. Weine. Sitzplätze für 12 Pers. Gastgarten für 30 Pers. €€

Trzesniewski Währinger Straße 108, Tel. 479 47 94, 493 13 32-0 (Büro), E-Mail: office@trzesniewski.at, www.speckmitei.at, Mo–Fr 8.30–19, Sa 9–17. Klass. Wiener Imbiss-Buffet; Aufstrichbrötchen (€ 1,50/Stück), Aufstriche (€ 4,20/100 g); Zustellung mit Lieferdienst; Online-Bestellmöglichkeit auf der Homepage. Schanigarten für 6 Pers.

Weltmeister Kebap – Tanis am Kutschkermarkt Kutschkermarkt 53 u. 7, Tel. 0699/12 20 14 17, www.tanis.at, Mo–Fr 7–19, Sa 7–17. Imbiss am Kutschkermarkt. Hier wird alles selbst gemacht, vom Spieß bis zum Brot. Döner mit Hühnerfleisch aus der Steiermark, Sa mit Lamm; Grillplatten, Burger, Steaks vom Wagyu-Rind aus Japan und Österreich bis zum Txogitxu-Beef aus Spanien. 3 Tische. Verkauf von Lamm- und Rindfleisch aus der Vitrine, das Rindfleisch mitunter in perfekter Reifung. Schanigarten für 8 Pers. €

Konditoreien, Bäckereien

Aida Gersthofer Straße 2a, Tel. 890 89 88-220, E-Mail: info@aida.at, www.aida.at, täglich 9–18. Konditorei und Kaffeehaus. Schanigarten.

Anker Gentzgasse (Simonyg., Gersthofer Markt), Tel. 470 24 82, E-Mail: kontakt@ankerbrot.at, www.ankerbrot.at, Mo–Fr 5.30–18, Sa, So, Fei 6.30–12, Öffnungszeiten saisonal variabel (Homepage). Brot, Gebäck, Mehlspeisen, täglich laufend frische Imbisse. Sitzmöglichkeiten. Schanigarten.

Backwaren zur Sternwarte Sternwartestraße 4, Tel. 478 23 07, E-Mail: rein.anna@gmail.com, Mo–Fr 5.45–13.15 und 15–18.30, Sa 5.45–12.30. Erweiterte Bäckerei (alles frisch, nichts Aufgebackenes): Gebäck, Brot, Blechkuchen und andere Mehlspeisen, Wurst, Käse, Milch, Weinviertler Hauerweine, Kaffee (auch to go), selbst gemachte Schinkenkipferl, Aufstriche; Torten auf Bestellung. Zum vor Ort Essen oder Mitnehmen. 4 Sitzplätze, Schanigarten für 2 Pers.

Buon Giorno Kreuzgasse 78–80, Tel. 0660/325 37 23, www.buon-giorno.business.site, Mo–Fr 6.30–16, Sa 7–14, So, Fei 7–13. Backshop mit Café; ganztägig frisches Gebäck und Mehlspeisen (Schnitten ab € 1,70), Eis von Zanoni, Kaffeespezialitäten von Segafredo (Espresso € 2,10, Melange € 2,90, Cappuccino € 3,10). Schanigarten für 8 Pers. Hunde nicht erlaubt.

Der Mann Währinger Straße 109–111, Tel. 866 99-9129, www.dermann.at, Mo–Fr 6–18.30, Sa 6.30–12.30, So, Fei 7–12, im Sommer variable Öffnungszeiten. Gebäck, Brot, Mehlspeisen, Snacks .

Felber Währinger Straße 106, Tel. 479 27 56, www.felberbrot.at, office@felberbrot.at. Mo–Fr 6–18, Sa 6–14, So, Fei 7–12. Ofenfrische Backwaren, Cafeteria, Frühstück, Snacks, Imbisse. Schanigarten.

Joseph – Bäckerei Patisserie Währinger Straße 106, Tel. 710 28 81, E-Mail: office@joseph.co.at, www.joseph.co.at, Mo–Fr 7–19, Sa 7–18, So, Fei 7.30–14, saisonal abweichende Öffnungszeiten (Website). Handgemachte Brote, Gebäck u. Süßes aus biolog. Zutaten, hausgemachte Snacks u. Bistro to go; Bio-Limonaden, Bio-Eistee, große Auswahl an Naturweinen. Bio-Greisslerei mit Produkten aus der Region.

Café-Bäckerei Linsbichler E-Mail: josef.linsbichler@aon.at, www.baeckerei-linsbichler.com, Imbisse, gefülltes Kleingebäck, Mozzarella, Schafskäse; hausgemachte Mehlspeisen. Pötzleinsdorfer Str. 89, Tel. 479 13 00, Mo, Di, Do, Fr 6.15–12 und 15.30–18, Mi 6.15–12, Sa 6–12 (Fei geschl.). Gersthofer Str. 147, Tel. 470 92 61, Mo–Fr 6.15–18.30, Sa 7–13, So 8–12 (Fei geschl.). Frühstück ganztags; Schanigarten für 28 Pers.

Kurkonditorei Oberlaa www.oberlaa-wien.at. Torten, Kuchen, Konfekt und warme Mehlspeisen aus eigener Patisserie, Kaffee- und Teespezialitäten, Coffee to go, im Sommer hausgemachtes Eis; ganztägig Frühstück; pikante Snacks. Klimatisiert. Währinger Str. 108, Tel. 479 23 97-0, E-Mail: waehring@oberlaa-wien.at, täglich 8.30–19. Schanigarten für 35 Pers. Gersthofer Str. 28, Tel. 479 83 89-0, E-Mail: gersthof@oberlaa-wien.at, Gastgarten für 55 Pers.

Öfferl Währinger Straße 93, Tel. 02522/88 337, E-Mail: waehring@oefferl.bio, www.oefferl.bio, shop.oefferl.bio, Mo–Fr 7–19, Sa 7–18, So, Fei 7.30–14. Bio-Brote und Kleingebäck. Hausgerösteter Kaffee, die Bohnen gibt es auch abgepackt zu kaufen.

Ströck Gersthofer Straße 4, Tel. 204 39 99-830 56, 204 39 99-0, E-Mail: kundenservice@stroeck.at, www.stroeck.at, Mo–Fr 6–18, Sa, So 7–12. Ofenfrisches Brot und Backwaren (von rustikal bis mediterran), Mehlspeisen-Klassiker; Frühstück, schnelle Snacks, Imbisse; Bio-Fairtrade-Kaffee; das gesamte Brot- und Gebäcksortiment ist frei von Zusatzstoffen, breites Angebot an Bio-Produkten.

Zuckerkringel Gentzgasse 127, Tel. 0676/339 19 88, E-Mail: office@zuckerkringel.at, www.zuckerkringel.at, Mi–So 8–18. Hausgemachte Kuchen und Torten nach traditionellen Rezepten, Designerkekse für alle Anlässe, mittags warme Mehlspeisen (z.B. Buchteln mit Vanillesauce, Milchrahmstrudel etc.), Sa und So Zimtschnecken, hausgemachtes Sauerteigbrot, Salzstangerl; alles auch zum Mitnehmen. Tortenverzierung nach Kundenwunsch. Partys wie Geburtstagsfeiern bis 40 Pers.; Workshops zu den Themen Kekse backen und verzieren, selbst gemachte Pralinen und Brot backen. Schanigarten für 8 Pers.

Konfiserien

Confiserie Eibensteiner Währinger Straße 135, Tel. 405 03 66, E-Mail: office@eibensteiner.wien, eibensteiner.wien, Mo–Fr 9–18, Sa 9–12.30, Adventssamstage bis 17. Handgemachte Schokolade, Liliput-Konfekt, Trüffel, Florentiner, Maroniherzen, Marzipanspezialitäten, Fruchtgelee, Ganache-Pralinen, Nougat, saisonale Süßigkeiten. Bestellung über Onlineshop möglich (ab € 25,– Versand kostenlos, darunter € 5,– Liefergebühr).

Tschinkel & Stegl Währinger Straße 80–82, Tel. 479 47 74, E-Mail: tschinkel.stegl@gmail.com, www.tschinkelstegl.com, Mo–Fr 9–18, Sa 9–17 (Fei geschlossen). Teesorten der Firma Demmer; Teekannen, -tassen und jegliches Zubehör; Bio-Limonaden und hausgemachter Eistee von Demmer; ausgewählte Schokoladen (Bsp. „rohe Schokolade“– vegan, gluten- und laktosefrei, für Diabetiker geeignet; „Pichler“-handgeschöpft aus Tirol), Süßigkeiten aller Art, große Auswahl an Pralinen; Geschenk- und Verpackungsmaterial für Schokolade und Tee.

Pub

Na Nog Irish Pub Anastasius-Grün-Gasse 6, Tel. 0676/574 78 70, E-Mail: office@nanog.at, www.nanog.at, Mo–Sa 18–2, im Sommer nur bis 24. Stiegl, Stiegl-Columbus, Kozel, Kozel-Dunkel, Guinness, Kilkenny und Cider vom Fass, Flaschenbiere (Stiegl, Hirter, Franziskaner, Murauer, Budweiser, Kozel), Cider (Magners), 38 Whisk(e)y-Sorten (Sortiment wird laufend erweitert), Wein, Shots, Spirituosen, Longdrinks etc.; österr. Pizza, Toasts (ab € 3,30), Brezeln (€ 3,20). Mo ab 19 Pub-Quiz, Do Dartturniere ab 19.30 (Gewinn 1 Fl. Whiskey, Gin oder Wodka); täglich (außer So) Fußballübertragungen (7 TVs, Sky Sports), Geburtstagsaktion „Drink for free until you pee“, Di–Sa Happy Hour 18–20 (Spezialtage wie: Di Boku, Fr TU); Veranstaltungen wie St. Patrick's Day Party, Nationalfeiertagsparty. Behinderten-WC.

Szene

Café Stadtbahn Gersthofer Straße 47, Tel. 479 13 53, E-Mail: post@cafestadtbahn.org, www.cafestadtbahn.org, Mo–Sa 19–2, im Juli/August Sommerpause (genauer Termin siehe Homepage). Traditionslokal seit ca. 120 Jahren; durchgehend Imbisse; mehr als 20 Sorten Flaschenbier; Tischfußball, Darts; DJ-Line, Livekonzerte, Literaturabende, Pub-Quiz; PC mit Internetzugang. Für Veranstaltungen zu buchen; Extrazimmer mit TV.

Weinhandlungen

Die Galerie Kutschkergasse 16, Tel. 0699/12 46 47 48, E-Mail: art18@art18.at, www.art18.at, Mo–Fr 16–24, Sa 8–24, So 10–24. Kunstgalerie und Vinothek mit Weinen von 60 verschiedenen Winzer*innen aus sämtlichen Regionen Österreichs zu Ab-Hof-Preisen. Gelegentlich Weinverkostungen. Veranstaltungen bis 150 Pers. gemeinsam mit dem gegenüberliegenden Restaurant Nuss, Konsum der Weine auch im Restaurant möglich (€ 10,– Stoppelgeld).

Vinophilia & Cetera Währinger Straße 145, Tel. 470 01 11, E-Mail: vinophilia@aumannplatz.at, www.vinophilia.at, Mo–Fr 9.30–19, Sa 9–13 (Fei geschlossen). Vinothek, Bar und Edelgreißlerei; ca. 500 Weine aus aller Welt, glasweise Weinausschank; Auswahl an Bränden, Spirituosen wie z.B. Rum, Grappa, Gin und Vermouth; Wein- und Zigarrenaccessoires; sorgfältig ausgewählte Spezereien aus Kleinmanufakturen wie feinste Teigwaren, Pesti, eingelegtes Gemüse, Tee, Kaffee, Kekse, Schokoladen und andere Delikatessen. Geschenkverpackungen inklusive. Onlineshop.

Wiener Kaffeehaus

Cafe Schopenhauer Staudgasse 1, Tel. 406 32 88, E-Mail: office@cafeschopenhauer.at, www.cafeschopenhauer.at, täglich 8–22, Küche bis 21. Altwiener Kaffeehaus, 2020 neu übernommen und renoviert. Verschiedene Frühstücksvariationen, kleine Karte mit klassischen Wiener Kaffeehausspezialitäten (regionale sowie vegane Optionen), hausgemachte Bio-Mehlspeisen, Kaffee von Pellini Top und Agust (bio). Kartenspieltische; Tarock-, Bridge- und Schachclubs (darunter Österreichs einziger Damenschachclub); laufend Buchpräsentationen, philosophische Zirkel, Schwarz-Weiß-Stummfilme mit Live-Klavierbegleitung, regelmäßig Konzerte. Integrierte Buchhandlung. Schanigarten für 30 Pers.

Würstelstände

Zur Bosnarei Währinger Gürtel (gg. 89), Tel. 0664/301 65 10, tägl. 10–5. Spezialitäten: Original Salzburger Bosna, versch. Spezial Hot Dogs, wöchentl. Specials (Sloppy Joe, Käsekrainerburger, Bosna-Wrap ab € 3,50) versch. Schärfegrade (bis zu 1 Mio. Scoville); nationale u. internat. Biersorten (Freistädter, Tegernseer), Schanigarten f. 16 Pers. **€**

Gersthofer Standl Gersthofer Markt Stand 6, Mo–Fr 10–19, Sa, So 10–13. Würstel; Wein, Bier, Schnäpse. Schanigarten für 4 Pers.

19., DÖBLING

Döbling ist einer der wohlhabendsten und vornehmsten Bezirke Wiens, das weiß man. Die Hälfte der 24,9 Quadratkilometer Bezirksfläche ist Grünland: Wienerwald, Weinanbau (mit 14 Prozent Anbauflächen Wiens größter Weingarten), Heurige und Villenviertel im Westen. Ein nobles Idyll. Kein Wunder also, dass auch Österreichs einziger Küchenchef mit der Michelin-Maximalwertung von drei Sternen, der gebürtige Deutsche mit spanischem Pass, Juan Amador, in 1190 kocht: nämlich im Amador in der Grinzinger Straße.

Abgesehen vom höchstdekorierten Restaurant des Landes ist der 19., wie bereits erwähnt, das Wiener Kompetenzzentrum für Weinbau und Heurige, derer es hier in malerischer Lage in den Weinbergen reichlich gibt. Doch ausgerechnet die Buschenschenken scheinen ein schlechtes Jahr erwischt zu haben: der Probushof und das Heurigen-Pop-up Hans & Fritz sind nicht mehr, auch die Gaststätte Zum Furtner hat w.o. gegeben.

Was noch? In der Billrothstraße verabschiedete sich das Irish Pub Wien Restaurant Graf, das sich – etwas unentschlossen – der Wiener Küche mit saisonalen und irischen Spezialitäten verschrieben hatte. Stattdessen zog der jüngste Ableger der Pizzakette Pizzeria Riva ein und bietet an selber Adresse ein gutes Sortiment an klassischen und kreativen Pizzen aus langgeführtem Teig. Und Berliner Babo, das Berliner Streetfood-Resti aus Meidling, streckt sich nach Döbling aus und eröffnete einen Imbiss auf der Döblinger Hauptstraße.

Der Hirt
Heuriger mit tollem Blick auf Wien ... S. 478

DIE BESTEN 20 IM 19. BEZIRK

Amador
Gourmettempel vom einzigen in Österreich hantierenden Drei-Sterne-Koch, Juan Amador ... S. 470

Bäckerei Stumpf
Die Bäckerei-Café-Konditorei gibt es schon seit 1768 und war einst k.u.k. Hofbäckerei. Heute trifft sich hier die Bezirksseniorenschaft auf frische Mehlspeisen und Tagesmenüs ... S. 483

Blaustern
Das einstige Szene-Café hat nach zig Neuübernahmen eine gewisse Patina, ist aber nach wie vor hübsch, groß und hell und serviert Mainstream-Essen, vor dem man sich nicht fürchten muss ... S. 470

Brasserie Casino Zögernitz
Moderne Brasserie-Version in knallbuntem 50er-Puppenhaus-Design mit sehr guter, mediterran interpretierter Brasserie-Karte ... S. 474

Café Friedl
Mit dem Friedl hat die Hipsterisierung auch im altehrwürdigen Döbling Einzug gehalten. Hübsches Lokal mit Dschungeltapete und allem sonst so dazugehörenden Interior-Schnickschnack. Auf der Karte steht die bewährte Triade aus international fusioniertem Frühstück, Bowls und Snacks ... S. 483

Café Nest
Es berlinert in Döbling: In der wunderbaren ehemaligen 1950er-Jahre-Greißlerei in Sievering bekommt man Espresso aus der Faema, sehr umfangreiches Frühstück und tolle Snacks ... S. 477

Chilidorf
Döblings Sichuan-Küche ... S. 473

Der Hirt
Lang amtierende Buschenschank mit toller Aussicht, Heuriger-meets-Szeneküchen-Programm und Weinen vom Stift Klosterneuburg ... S. 478

Genuss am Cobenzl
Schönwetter-Picknick-Pop-up des städtischen Weinguts Cobenzl: Hier kann man sich von April bis September am Wochenende mit einer Picknickbox (auch in Veggie-Version) und einem Liegestuhl ausstatten lassen und den Blick auf Floridsdorf genießen ... S. 478

Eckel
Ein gutbürgerlicher Traum von der Speisekarte bis zum gekiesten Garten ... S. 470

Food'Amour
In einem Garten parkender Foodtruck mit Fingerfood-Quiches, Chobz-Sandwiches und frittierten marokkanische Blätterteigrollen ... S. 481

Häuserl am Stoan
Uriger Raststation-Klassiker im Wienerwald mit typischer Ausflugslokalküche und Blick auf die Neustifter Weingärten ... S. 471

Hengl-Haselbrunner
Stadtheuriger mit großartigem Buffet und Traumgarten; dienstags spielen hier die Großen des Wienerlieds und der Schrammelmusik auf ... S. 478

Kierlinger
Beliebtes Heurigen-Original. Echter und wunderbarer als alle anderen, sagen die Fans. Essen passt, Garten traumhaft. Und das allerbeste: der D-Wagen fährt bis vor die Tür ... S. 479

Pfarrwirt
Wirtshaus in Heiligenstadt, schön, schlicht und edel und vor allem erstklassig bekocht ... S. 472

Ristorante Pizzeria Monte Christo
Modernes Diner-Design, klassische, aber nicht fade Karte, wechselnde Tagesgerichte. Sehr solider Grätzel-Italiener ... S. 475

Salettl-Pavillon
Traumhaftes Café in einem Alt-Wiener Salettl mit Gastgarten. Döblinger Lieblingsort und Zeitkapsel. Auch kulinarisch ... S. 472

Venuss
Döblinger Ableger des veganen Innenstadt-Bistro-Take-aways. Modernes Mittagstischkonzept auf Buffet-Basis ... S. 476

Weinbau Zawodsky
Auf den Zawodsky können sich auch jene einigen, die Heurige hassen. Liegt wahrscheinlich an seinem unglaublichen Garten, in dem man unter den Obstbäumen sitzt und bis zum Stephansdom sehen kann. Ein Erlebnis ... S. 481

Zum Renner
Pittoreskes Fleischlokal mit absurd großen Portionen und fantastischem Biergarten ... S. 472

Gaststätten, Restaurants, Wiener Beisln

Ablaufdatum Sieveringer Straße 118, Tel. 0699/11 03 82 96, E-Mail: office@ablaufdatum.at, www.ablaufdatum.at, Di–Sa 17–23, Küche bis 22. Sympathisches Weinbar-Konzept von Roman Kotesovsky und Andreas Fritsch im ehemaligen China-Restaurant Shanghai Garten. Mediterrane und regionale Speisen (auch zum Mitnehmen), wechselnde Tageskarte. Für Feiern bis 70 Pers. zu mieten. Gastgarten für 100 Pers. 💳 €€

Gasthaus Zum Agnesbrünnl Jägerwiese 221, Tel. 440 13 00, E-Mail: info@jaegerwiese.at, www.jaegerwiese.at, Mi–So, Fei 9–19, warme Küche bis 17.30. Ausflugsgasthaus mit Hausmannskost, saisonalen Speisen und auch vegetarischen und veganen Gerichten; im Sommer Eis; Biosäfte; Frühstück bis 10.30 (ab € 4,90). Kinderspeisen, -sessel und -spielplatz; kleiner Tiergarten (Hasen, Esel, Pferde). Großer schattiger Garten für ca. 250 Pers. Nicht mit dem Auto erreichbar. €€

Amador Grinzinger Straße 86, Tel. 0660/907 05 00, E-Mail: info@restaurant-amador.com, reservation@restaurant-amador.com (Reserv.), www.restaurant-amador.com, Mi–Fr 18–23, Sa 12–15 und 19–23. Restaurant des deutschen Drei-stern-Starkochs Juan Amador; absolute Luxus-Kategorie. Abendmenü (6gg € 295,–). Loungebereich für bis zu 20 Pers. Hunde mit Voranmeldung. ♿ 💳 €€€€

Café Restaurant Bar Billroth Billrothstraße 63, Tel. 368 14 81, Mo–Fr 10–2, Sa 18–2 (Fei geschlossen). Hausmannskost und saisonale Spezialitäten, hausgemachte Mehlspeisen; Kinderspeisen. TV; gelegentlich Vernissagen, Musikabende ab 21, Livebands; Lokal zu mieten (ca. 70 Pers.). Garten für 50 Pers. 💳 €€

Blaustern Döblinger Gürtel 2, Tel. 369 65 64, E-Mail: blaustern@blaustern.at, www.blaustern.at, Mo–Sa 8–23, So, Fei 8–20, warme Küche bis 21. Frühstück (Mo–Fr bis 12.30, Sa, So und Fei bis 15.30); Österreichische und internationale Küche, auch vegetarische und vegane Speisen; Kinderportionen, -sessel; hervorragende Cocktails (€ 8,50 bis € 17,–). 2 TV. Klimaanlage. Schanigarten für 100 Pers. ♿ 💳 €€

Brandauer Bierbögen Heiligenstädter Straße 31, Tel. 367 68 69, E-Mail: office19@bierig.at, www.bierig.at, Di–So 10–23 (Fei geschlossen), Küche 11.30–22. Brandauer-Bierlokal, untergebracht in 3 riesigen Stadtbahnbögen bei der U-Bahn-Station Spittelau, doppelstöckig und mit Lounges; Biere aus Zwettl und Weitra; Rindfleisch von Biobetrieben aus Werfenweng; Tageskarte von 11.30–22 (Di–Fr zu jeder Speise von der Tageskarte Suppe gratis dazu). Abholung möglich. Gelegentlich Live-Sportübertragungen. Wickeltisch. Großer Innenhofgarten für 350 Pers. 💳 €€

Restaurant Brandl Cobenzlgasse 17, Tel. 320 71 96, E-Mail: brandl@gott.wien, www.brandl.today, Mi–So 11–23, warme Küche durchgehend bis 22. Gehobene Wiener Küche mit internationalen Einflüssen (3gg MM € 10,50), Spezialitätenwochen (Wild, Gansl, Pilze etc.); Murauer Bier vom Fass, österreichische und Grinzinger Weine; Kinderspeisen, -sessel. Abholung möglich. TV. Lokal für Veranstaltungen bis ca. 25 Pers. zu mieten. Garten für 100 Pers. 💳 €€

Eckel Sieveringer Straße 46, Tel. 320 32 18, E-Mail: gast@restauranteckel.at, www.restauranteckel.at, Di–Fr 11.30–15.30 und 18–24, Sa 11.30–24, Küche Di–Fr 11.30–14.30 und 18–22, Sa 11.30–15.30 und 18–22; 2 Wochen im August sowie Weihnachten 3 Wochen geschlossen. Gutbürgerliche Küche in der Heurigengegend (TT € 12,–); Spezialität: frische Meeresfrüchte; Reininghaus Pils vom Fass, große Weinkarte (400 Positionen) mit österr. und internat. Weinen; Kinderportionen, -sessel, Spielzeug. Abhol- und Lieferzeiten sowie Lieferkosten siehe Homepage. Extrastüberl zu mieten für 40, Veranda und Garten für 120 Pers. 💳 €€€

Erbsenbach Sieveringer Straße 164, Tel. 440 21 72, E-Mail: reservierung@erbsenbach.at, www.erbsenbach.at, Mi–Sa 17.30–23, So, Fei 12–23, Fei wie jeweiliger Wochentag. Wiener Küche mit mediterranem Einfluss, z.B. Wiener Schnitzel, Filetsteak, Pasta. Abholung möglich. Für Feiern wie Hochzeiten, Firmenfeiern, Geburtstage geeignet. Terrasse für ca. 50 Pers., großer Garten. 💳 €€€

figls Grinzinger Straße 55, Tel. 320 42 57, E-Mail: info@figls.at, www.figls.at, täglich 11.30–23. Bierlokal im Stammhaus der Figlmüller-Dynastie; 5 MM (2gg € 10,90/3gg € 11,90), immer auch ein vegetarisches und eines mit Fisch; Paniertes (Backhendl, Schweins- und Kalbsschnitzel gebacken); ausgewählte Biersorten, 8 Biere vom Fass, Craft-Biere (große Karte), ca. 35 österreichische Weine, Sommerdrinks. Kinderportionen, -speisekarte, -sessel, Wickeltisch. TV. Für Privatfeiern bis 40 Pers. geeignet. 7 autonome Bereiche auf 2 Stockwerken, allesamt mit eigenständiger Atmosphäre. Garten für ca. 150 Pers. mit eigener Schank. AMA-Gastrosiegel. Rollstuhlrampe. 💳 €€€

Fischer Bräu Billrothstraße 17, Tel. 369 59 49, E-Mail: office@fischerbraeu.at, www.fischerbraeu.at, täglich 16–0.30, warme Küche bis 23. Erste Gasthofbrauerei Wiens mit Hausmannskost; Tagesempfehlungen; reichhaltiges Angebot an Bierspezialitäten (hausgebrautes Fischer-Bier, alle 4 bis 6 Wochen ein neues, selbst gebrautes Spezialbier). Kindersessel, Malsachen. 3 TVs. Einrichtung stilvoll und gediegen; schöner Garten für 240 Pers. mit alten Kastanienbäumen. Telefonische oder Online-Reservierung 3 bis 4 Tage vorher erbeten. 💳 €€

Flamingo Marina Kuchelauer Hafenstraße 2, Tel. 318 55 70, E-Mail: office@flamingorestaurant.at, www.flamingo restaurant.at, täglich 11–22, Küche bis 21 Uhr; Reservierung nur telefonisch. Lokal im Stil der 80er Jahre. Spezialitäten vom Holzkohlengrill wie gegrillte Branzinos und Doraden, Kalbsspareribs, Steaks, Lammspieße, Kebab, Meeresfrüchte. Gastgarten an der Donau.

Friseurmüller Hameaustraße 30, Tel. 440 14 14, E-Mail: friseurmueller@aon.at, www.friseurmueller.gusti.at, Mo–Sa 11.30–24, So, Fei 11.30–22, warme Küche bis 21. Restaurant mit Heurigenbuffet und à la carte; Kinderspeisen, -sessel, Spielplatz. Gelegentlich Veranstaltungen wie Brunch, Jazzheuriger, Kulturabend, Lesungen, Music & Wine, Vernissagen, Wienerlieder, Zitherabende etc.; private Feste bis 180 Pers. möglich. Gastgarten für 300 Pers. 💳 €€

Gasthaus Grabmüller Liechtenwerder Platz 3, Tel. 367 43 32, E-Mail: karl.grabmueller@gmx.at, www.gasthaus grabmueller.at, Mo–Fr 10–23, Küche bis 21. Typisches Wiener Wirtshaus mit gemütlicher Atmosphäre, gute Wiener und österreichische Küche; Mo–Fr 11–15 MM (ca. € 8,60 bis € 9,60); saisonale Gerichte; Kinderportionen; Bier vom Fass (Hirter, Zipfer). Speisen auch zum Mitnehmen. Für geschlossene Gesellschaften von 10 bis 60 Pers. zu mieten (auch am Wochenende). Schattiger Gastgarten für 50 Pers. €

Grüass di a Gott-Wirt Sieveringer Straße 236 (Rohrerwiese, Kreuzung Höhenstraße), Tel. 0664/554 35 97, E-Mail: office@gdawirt.at, www.gdagw.com, Di, Mi, Fr 11–20, Sa, So, Fei 10–20 (im Winter bis 19), Küche bis 19. Hausmannskost, Ganslessen, im Sommer am Wochenende u. an Feiertagen bei Schönwetter Holzkohlengrill, Spezialitäten: Spareribs, Forelle, div. Würstel; auch vegetar. Speisen (z.B. Grillkäse, Eiernockerl, Kasnockerl mit Salat); Kinderspeisen, großer Spielplatz. Großer Waldgarten für 200 Pers. €€

Häuserl am Himmel Himmelstraße 80, Tel. 320 66 61, E-Mail: haeuserlamhimmel@gmx.at, www.members.aon .at/haeuserlamhimmel/page_1_1.html, Do–So, Fei 9–18, Küche ab 11. Hausmannskost, hausgemachte Mehlspeisen. Gastgarten für 240 Pers. 💳 €€

Häuserl Am Roan (Am Dreimarkstein), Tel. 440 13 52, www.amroan.com, Mo, Di, Sa 10.30–21, Mi 10.30–15.30, So 10.30–19, Fei 10.30–18, Küche bis 1 Std. vor Schluss. Ausflugsrestaurant mit regionaler Küche, Tageskarte, im Juli Holzkohlengrill; österreichische Qualitätsweine (auch Verkauf); Kinderspeisen, -sessel, -spiele und Spielplatz. Private Feste bis max. 70 Pers. möglich. Genuss-Wirt; Kaminstüberl für 35, Gastgarten für ca. 100 Pers. mit Wienblick und Allwettermarkise. €€

Häuserl am Stoan Zierleitengasse 42a (Zufahrt Höhenstraße), Tel. 440 13 77, E-Mail: andreas.fitzka@amstoan.com, www.amstoan.com, Do–So 11–23, warme Küche durchgehend bis 21, So bis 20; 2 Wochen Betriebsurlaub während der Weihnachtsfeiertage. Romantisches Waldgasthaus, seit 1923; Wiener Hausmannskost. Spezialität: Kasnocken; hausgemachte Mehlspeisen; Kinderspeisen, -sessel, Spielplatz. TV. Räumlichkeiten für 130 Pers. (Stüberl für 20, Wintergarten für 50 Pers., beide für Veranstaltungen zu mieten), im Winter Punschstand mit Aussicht. Garten mit schöner Aussicht für 150 Pers. Behinderten-WC. ♿ €€

Josefinenhütte Josefsdorf 47 (Höhenstr., 38A-Station Elisabethwiese), Tel. 320 39 75, E-Mail: office@josefinen huette.at, www.josefinenhuette.at, Öffnungszeiten siehe Homepage. Frühstück bis 12 (€ 4,20 bis € 10,–); Wiener Küche (z.B. Aufstrichkörberl, Gulasch, Schnitzel), auch kreative Küche (z.B. Flammkuchen); Kinderkarte, -sessel. Speisen auch zum Mitnehmen. Diverse Veranstaltungen (z.B. Waldseilpark, Bogenschießen). Terrasse und Garten für 350 Pers. Reservierungen ausschließlich per E-Mail. 💳 €

Gasthaus Käpt'n Otto Hermann-Zottl-Promenade 1 (DDSG Anlegestelle Nußdorf), Tel. 370 12 06, E-Mail: kptotto@aon.at, Feb. bis Nov. Mo, Di, Fr 9.30–20, Sa, So, Fei 8.30–20, warme Küche 11–18.45, Dezember/Jänner geschlossen. Uriges Retro-Ausflugsgasthaus. Hausmannskost, österr. Küche; mehr als 30 Speisen (TT ab € 6,90), hausgemachte Mehlspeisen je nach Saison (Kirsch- oder Marillenkuchen, Haselnusstorte etc.); Kinderkarte, -besteck und -sessel. Selbstbedienungsbereich direkt an der Donau für 80, überdachte Terrasse für 130 Pers. und Tische direkt an der Donau für 60 Pers. Blick auf die Donau, im Gastraum Ausstellung über Donau und Schifffahrt. 💳 €€

Mozart & Meisl Gymnasiumstr. 62, Tel. 367 67 67, E-Mail: office@mozart-meisl.at, www.mozart-meisl.at, Mo–Sa 18–1 (Fei geschl.), Betriebsurlaub: Weihnachten bis inkl. 1. Jännerwoche. Modernes Beisl mit sowohl klassischen Wr. Gerichten als auch Burger und Bowls. Saisonale Spezialitäten, Beef tatar, auch vegetar. und vegane Speisen. Vinothek mit über 100 Weinen; Cocktailkarte u. Longdrinks. 💳 €€

Benno und Desi's Neuland Cobenzlgasse 5/7, Tel. 320 00 63, E-Mail: reservierung@restaurant-neuland.at, www .restaurant-neuland.at, Mo–Do 12–22, Fr, Sa 12–24, So 11–20. Wiener und chilenische Küche, z.B. chilenischer Potato Pie, Ceviche, Wiener Schnitzel oder Empanadas; österreichische und chilenische Weine, Cocktails. So Brunch, Fr BBQ und Latino-Live-Musik, regelmäßige Cocktail Happy Hour und ähnliche Aktionen. TV (für Fußballübertragungen). Veranstaltungstermine s. Website. Kinderspielplatz. Lokal für 180, Gastgarten für 200 Pers. (beides für div. Feiern geeignet). ♿ €€

Zum alten Nussbaum Billrothstraße 79, Tel. 992 76 17, E-Mail: office@zumaltennussbaum.at, www.zumalten nussbaum.at, Mo–Fr 10–21, Sa, Fei 10–15, Mo–Fr warme Küche bis 20, Sa, Fei bis 14, 15–17 Küchenpause. Eines der letzten Beisln der Gegend. Gute Wiener Küche und Hausmannskost, wechselnde Tagesspeisen (MM ab € 9,20), auch saisonale Speisen; Starobrno und Gösser vom Fass; Kinderspeisen, -sessel. Abholung mögl. Garten für 40 Pers. **€**

Cafe Restaurant Oktogon am Himmel Himmelstraße 125 (Ecke Höhenstraße), Tel. 328 89 36, E-Mail: himmel@ himmel.at, www.himmel.at, März bis Oktober Mi–Fr 12–21, Sa, So, Fei 11–21, November bis Februar, Küche bis 19.30. Schönes, lichtdurchflutetes Lokal oberhalb von Grinzing, in unmittelbarer Umgebung des Klangraums „Lebensbaumkreis Am Himmel", tolle Lage und wunderbarer Blick über Wien. Junge, saisonale und leichte Hausmannskost bzw. internationale Küche, viele vegetarische und saisonale Gerichte, wöchentlich wechselndes Speisenangebot; Sa, So, Fei 11–12.30 Frühstück (Frühstücksteller ab € 13,80); Eigenbauwein „Himmelwein" (1/8 ab € 3,80); Kinderspeisen, -sessel und -spielplatz. Geeignet für Veranstaltungen bis 100 Pers. (Hochzeiten, Sponsionen, Geburtstagsfeste, Firmenfeier, Taufe, Erstkommunion) und Seminare (Videobeamer, Musikanlage, Starkstromanschluss). Gastgarten für 200 Pers. Reservierungen am besten per E-Mail oder telefonisch. Behinderten-WC. ♿ 💳 **€€**

Pfarrwirt Pfarrplatz 5, Tel. 370 73 73, E-Mail: info@pfarr platz.at, www.pfarrwirt.com, täglich 12–24. Aufwändig renoviertes Gasthaus mit Wiener Gasthaus-Spezialitäten aus besten Zutaten und auf hohem Niveau, z.B. Wiener Schnitzel vom Kalb. Abholung möglich. Gewölbekeller (früher wurde hier Wein gekeltert) für Veranstaltungen bis 120 Pers. (technisches Equipment vorhanden). Gastgarten für 120 Pers. Behinderten-WC und Treppenlift. ♿ 💳 **€€**

Plachutta Nussdorf Heiligenstädter Straße 179, Tel. 370 41 25, E-Mail: nussdorf@plachutta.at, www.plachutta.at, täglich 11.30–23, durchgehend warme Küche bis 22.30. Das 3. Plachutta-Lokal in Wien, Vorbild ist stets das Plachutta Hietzing. Wiener Küche, das Beste vom heimischen Rind, besonders Tafelspitz, saisonale Spezialitäten, Monatskarte, hausgemachte Mehlspeisen (Torten auf Anfrage); Menü für Gruppen ab 15 Pers. nach Vereinbarung; Zwickl und Pils vom Fass; Kindersessel. Klimaanlage. Wintergarten für 35, Gastgarten für ca. 50 Pers. 💳 **€€€**

Gasthof Zum Renner Nußdorfer Platz 4, Tel. 378 58 58, E-Mail: gasthof@zum-renner.at, www.zum-renner.at, tägl. 11.30–23.30, warme Küche bis 22, ca. 3 Wochen über Weihnachten u. Neujahr Winterpause bis Ende Jänner. Alt-Wiener Spezialitäten (MM € 9,80), tägl. frisch gekochtes Rindfleisch in guter Qualität und in Form von großen Portionen; Kinderportionen; Andechser Bier, Flaschenweinkeller mit Spitzenweinen aus Österreich. Abholung mögl. Saal zum Mieten für 60, großer Garten im Innenhof für ca. 230 Pers. ♿ **€€€**

Robert's Alt Sievering Sieveringer Straße 63, Tel. 320 58 88, E-Mail: robert@alt-sievering.at, www.alt-sievering.at, Di–Sa 11.30–22, So, Fei 11.30–16, Küche: Di–Sa bis 21, So, Fei bis 14.30. Gutbürgerliche österreichische Küche mit saisonalen Spezialitäten wie Schwammerl, Gansl und Wild (MM ca. € 9,90), hausgemachte Mehlspeisen, Spezialitäten: Fischgerichte, Spareribs; Budweiser und Murauer vom Fass, diverse Flaschenbiere, österreichische Weine; Kinderspeisen, -sessel. Abholung möglich. Extrazimmer für 50, Schanigarten für ca. 20 und 2 Gastgärten für je 50 Pers. 💳 **€€**

Salettl-Pavillon Hartäckerstraße 80, Tel. 479 22 22, täglich 9–23.30, Küche bis 22. Alt-Wiener Salettl (Laube) in ruhiger Parkgegend, Döblinger Szenelokal seit ungefähr 50 Jahren; diverse Frühstücke bis 16 (€ 6,80 bis € 15,90), Alt-Wiener Schmankerl; Wieselburger, Budweiser und Trappistenbier vom Fass. Kindersessel. Extrazimmer für 20 Pers. (für Veranstaltungen zu mieten), großer naturbelassener Gastgarten mit Ausblick auf den Wienerwald für 150 Pers. 💳 **€€**

Schimanko's Winzerhaus Bloschgasse 7 (Kahlenbergerdorf), Tel. 370 73 77, täglich 12–23, Küche bis 22. Wiener Speisen; Weine aus dem Waldviertel; Kinderspeisen, -sessel, Spiele. Zustellung auf Anfrage, Abholung möglich. Haus aus dem 17. Jahrhundert; mehrere Extrazimmer für je 20 bis 30 Pers. (private Feiern mögl.); Gastgarten für 60 Pers. 💳 **€€**

Schutzhaus Hackenberg Am Neustiftblick 2, Tel. 440 27 09, E-Mail: schutzhaushackenberg1190@gmail.com, schutz haus-hackenberg.at, März bis Okt. Di–Sa 11–22, So 10–21, Nov. bis Feb. Fr, Sa 11–21, So 10–17. Gute Hausmannskost (MM Di–Fr 11.30 bis 14.30 € 9,50, Fr Fisch € 10,50); Kinderspeisen, -sessel. Abholung möglich. Großer Garten für 100 Pers. Öffentliches Behinderten-WC in der Nähe. ♿ 💳 **€€**

Gasthaus S'Eckbeisl Gatterburggasse 4, Tel. 368 43 44, Mo–Fr 11–23, So, Fei 11–21, warme Küche Mo–Fr 11.30–21.30, So, Fei durchgehend. Wiener Küche spezialisiert auf Innereien und saisonale Speisen (Mo–Fr bis 15 MM € 12,–); Kinderportionen, 2 Kindersessel. Abholung möglich. TV. Schanigarten für 40 Pers. **€**

Shakes Muthgasse 56, Tel. 276 01 60, E-Mail: office@ shakes.at, www.shakes.at, Mo–Fr 8–23 (Fei geschlossen). Schmankerlküche (3gg MM € 9,80), Mo–Fr 8–10 Frühstück, Wochenkarte auch mit vegetarischen Speisen; Kinderportionen, -sessel, Spielzeug; offene Biere (Zipfer, Guinness, Wieselburger, Gösser, Starobrno). Speisen auch zum Mitnehmen. TV. Galerie für 27 Pers. (für Feiern reservierbar). Schanigarten für 48 Pers. Behinderten-WC. ♿ **€**

Skyline Lounge Restaurant Am Kahlenberg 2-3, Tel. 328 15 00-700, E-Mail: skyline@kahlenberg.wien, www.kahlen

berg.wien, Mitte März bis Mitte Okt. Do–Sa 11–23, So, Fei 11–22, Mitte Okt. bis Mitte März Fr 17–23, Sa 11–23, So, Fei 11–19, Küche bis 1,5 Std. vor Sperrstunde. Traditionsreiche, saisonale Wiener und internat. Küche; große Auswahl an Torten u. Mehlspeisen; Kinderspeisen, -sessel; alle Speisen auch zum Mitnehmen. Sa und So 11–14 Brunch; Sonderveranstaltungen (z.B. Muttertag, Silvester). Klimaanlage. Exklusiv abtrennbarer Bereich für 65, Wintergarten für 120 Pers. mit Panoramablick über Wien. Veranstaltungsräume auf 800 m² mit jeweils eigener Terrasse und tollem Ausblick, darunter Ballsaal für max. 330 Pers. Behinderten-WC. ♿ 💳 €€

s'Pfiff Rathstraße 4, Tel. 440 27 20, E-Mail: office@s-pfiff.at, www.s-pfiff.at, Mi–So ab 11.30. Großes Lokal in Neustift am Walde (gehört zum Imperium der Heurigendynastie Fuhrgassl-Huber). Mi–Fr 11.30–15 MM; Spezialitäten der heim. Küche sowie saisonale Speisen. Abholung möglich. Div. Räume für Gesellschaften und Familienfeiern, Gastgarten für 140 Pers. mit Sonnensegel. Behinderten-WC. ♿ 💳 €€

s'Weckerl Boschstraße 8, Tel. 369 82 51, E-Mail: weckerl@inode.at, täglich 8–23, durchgehend warme Küche. Bahnhofsrestaurant mit Wiener Küche und saisonalen Gerichten, Kinderportionen; 6 offene Biere. Schanigarten für 50 bis 55 Pers. 💳 €

Vorstadtprinz Sieveringer Str. 4 (im Hotel Kaiser Franz Joseph), Tel. 0699/10 45 25 44, E-Mail: office@vorstadtprinz.at, www.vorstadtprinz.at, Mo–Fr 11–23, warme Küche 11–15 und 18–22; aktuelle Öffnungszeiten s. Homepage. Mediterran-ital. Küche; Mittagsteller (Fleisch/Fisch oder vegetarisch ab € 8,50) wahlweise mit Suppe oder Salat; Flammkuchen-Variationen, Calamari; Kinderspeisen auf Anfrage, Kindersessel. Speisen auch zum Mitnehmen. Klimaanlage. 2 Terrassen für 60 Pers. ♿ 💳 €€

Bierhütte Walchshofer Donaustraße 19, Tel. 370 31 46, E-Mail: gerda.walchshofer@gmail.com, täglich 8–22, durchgehend warme Küche, Weihnachtsferien geschlossen; Öffnungszeiten im Winter können abweichen (am besten tel. nachfragen). Imbiss-Lokal, das bereits seit über 40 Jahren von Gerda Walchshofer geführt wird. Frühstück ganztägig; Wiener Küche, Hausmannskost; Murauer und Hirter Bier vom Fass; Kinderportionen, Spielplatz. Alle Speisen auch zum Mitnehmen. TV; Feiern für bis zu 30 Pers. im Winter, für 50 bis 60 Pers. im Sommer möglich. Extrazimmer für 30, Gastgarten für 120 Pers. €

Waldgrill Cobenzl Am Cobenzl 96, Tel. 320 58 33, E-Mail: waldgrill@waldgrill-cobenzl.at, www.waldgrill-cobenzl.at, täglich 10–22, im Winter bis 19. Familiär geführtes Heurigenrestaurant mit Wiener Küche (MM € 8,90), vegetarische Spezialitäten, saisonale Speisen (Spargel, Schwammerl etc.); warmes und kaltes Buffet auf Bestellung; österreichische Weine; Kinderspeisen, -sessel. Wintergarten für ca. 100 und 3 weitere Räume für 30 bis 70 Pers. (zu mieten); schöner Gastgarten für 400 Pers. ♿ 💳 €€

Wiener Gasthaus Iglaseegasse 40, Tel. 32 85 31 79 69, E-Mail: wienergasthaus@gmail.com, Mo–Fr 7–21, Sa 8–14, So, Fei 9–14, Küche durchgehend bis 20. 7–11 Frühstück; Hausmannskost, Wr. Küche, Fisch (MM € 7,-), saisonale Spezialitätenwochen, hausgemachte Mehlspeisen (ab € 3,20), z.B. Topfen- oder Apfelstrudel (€ 3,20); Spareribs und Bierzapftisch auf Bestellung; Kinderspeisen, -sessel. Schanigarten für 44 Pers. €

Asiatisch

Orangery Grinzinger Straße 112 (im Q19), Tel. 318 55 81, www.q19.at/de/shops-gastro/orangery, Mo–Fr 11–19.30, Sa 11–18, durchgehend warme Küche. Sushi, Maki, Exotic Rolls und Menüs; Kinderportionen, -sessel; Take-away. Klimaanlage. Behinderten-WC in der Anlage. ♿ 💳 €

Chinesisch

Chilidorf Döblinger Hauptstraße 59, Tel. 367 23 35, E-Mail: zhaochongwu1979@gmail.com, www.chilidorf.at, Di–So 11.30–15 und 17.30–22.30. Authentische (scharfe!) Sichuan-Küche wie Dan Dan Mian (Nudeln mit scharfer Sauce, eingelegten Senfstielen und gebratenem Schweinsfaschierten), Hot Pots, auch Luxus Menüs. Di–Fr 11–14.30 MM inkl. Suppe oder Frühlingsrolle (ab € 7,80). Take-away. Gastgarten im Innenhof. ♿ 💳 €€

Lan's Nudelmarkt Nußdorfer Markt 10–11, Tel. 0699/16 15 22 82, Mo–Fr 10.30–20.30, Sa 10.30–18. Chinesisches Schnellrestaurant; knusprige und süßsaure Standards, gebratene Jiaozi. 💳 €

One night in Beijing Nußdorfer Pl. 8, Tel. 318 53 03, E-Mail: office@onib.at, www.onib.at, Mo, Di, Do–So 12–23, Küche bis 21. Gehobenes chines. Restaurant. Spezialitäten wie Penking-Ente, Dim Sum, Meeresfrüchte auch Sushi, Maki u. Sashimi; Stiegl Bier v. Fass, umfangreiche internat. Weinkarte. 12–21 Take-away (Online-Bestellung mögl.). 💳 €€€

Sun Döblinger Hauptstraße 90, Tel. 922 88 18, E-Mail: lingyin0803@gmail.com, Di–So, Fei 11.30–15 und 17–21.30. Chinesisches Lokal, auch Sushi (MM ab € 7,30), Mittagsbuffet (Di–Sa € 10,90; So, Fei € 13,50); 5 Kindermenüs (€ 7,50; So € 9,50), 3 Kindersessel. Abholung möglich. Klimaanlage. ♿ 💳 €

Wang Döblinger Hauptstr. 22, Tel. 319 62 08, E-Mail: lei-wang@gmx.at, www.chinarestaurantwang-wien.at, täglich 11.30–14.30 und 17.30–22. Kantonesische Spezialitäten und Szechuan-Küche, Dim Sum (MM Mo–Sa ab € 7,70/Mittagsbuffet € 8,50); Kindersessel. Speisen zum Mitnehmen, Zustellung im 19. Bezirk (ab € 12,-). Schanigarten für 40 Pers. €

Yang Weinberggasse 42, Tel. 320 82 70, E-Mail: heliyang 0103@gmail.com, www.chinarestaurantyang.com, Mo, Mi-So, Fei 11.30-14.30 und 17.30-22.30. Chinesische Küche (Mo-Sa MM ab € 9,50). Klimaanlage. Extrazimmer für 40 bis 50 Pers. €

Französisch

Brasserie Casino Zögernitz by Marian & Marco Döblinger Hauptstraße 76, Tel. 934 61 90, E-Mail: welcome@ brasserie-zoegernitz.com, www.brasserie-zoegernitz.com, Di-Sa 15-23, Küche bis 21.30. Französ. und internat. Küche von Marian Link, z.B. Bouillabaisse od. Lammrücken mit Belugalinsen, Minze u. Sellerie; an ausgewählten Terminen So Brunch (11-15, € 69,-/Pers., Kinder unter 12 Jahren essen gratis); Champagner, Signature Drinks, Weine (hauptsächl. aus Frankreich u. Österreich). Kindersessel. Special Dinner, Weinverkostungen. Klimaanlage. Separée f. 12 Pers., Gastgarten für bis zu 100 Pers. Parkgarage im Haus. €€€

La Cuisine Silberg. 7, Tel. 0650/660 73 17, la-cuisine.eatbu .com, täglich 17-22, durchgehend warme Küche. Kleines, sympathisches Restaurant mit Vinothek und Alimentari; in den Regalen und in der Vitrine liegt hauptsächlich feine Ware aus den Mittelmeergebieten, die Weine stammen aus den klassischen französischen Regionen (Bordeaux, Burgund, Rhône), das Bier von Schnaitl aus dem Innviertel. Laufend wechselnde Karte, Spezialitäten: Coq au vin jaune aus dem Jura-Gebiet (€ 25,-), Take-away. €

Griechisch

Athene Grinzinger Str. 71, Tel. 320 05 90, E-Mail: office@ restaurant-athene.at, www.restaurant-athene.at, täglich 11.30-22.30, durchgehend warme Küche. Griechische Küche (MM ca. € 9,90 bis € 12,-); Kinderspeisen (€ 6,80 und € 8,50), Kindersessel. Speisen auch zum Mitnehmen. Gastgarten für 120 Pers. bei jedem Wetter. Parkplatz. €€

Italienisch

Alto im Fischerhaus Höhenstraße (Rohrerwiese 223), Tel. 0664/488 81 54, E-Mail: office@fischerhaus.wien, altoimfischerhaus.wien, Fr-So, Fei 11-22. Restaurant mit authentischer südtiroler Küche. Gekocht wird mit einem Holzofen, Küchenchef ist Markus Hofer. Das Lokal kann exklusiv für Veranstaltungen gemietet werden. Lokal für 55, Terrasse für ca. 120 Pers. €€€

Pizzeria Capri Sieveringer Straße 141, Tel. 328 00 53, E-Mail: office@capri.co.at, www.capri.co.at, Mo-Do 11-14 und 17-22, Fr-So, Fei 11-22, durchgehend warme Küche bis 22. Italienische Spezialitäten (11-14 MM € 9,90), Pizza, Pasta (11-14 Tagespizza € 6,90), Fisch, Fleischgerichte; Kinderportionen (Kinderpizza € 6,50), Kindersessel. Alle Speisen auch zum Mitnehmen; Zustellung im 19. Bezirk (ab € 10,- Zustellgebühr € 1,-, darunter € 2,50 Zustellgebühr, Onlinebestellung möglich). Private Feste bis 50 Pers. möglich. Gastgarten für 32 Pers. (nur bei Schönwetter). €

Da Contessa Heiligenstädter Straße 84, Tel. 370 32 79, E-Mail: office@dacontessa.at, www.dacontessa.at, täglich 10-23. Italienische und traditionelle Wiener Küche (Mo-Fr 11-15 2 MM € 8,90 und € 9,90, Tagesdessert für € 1,90 Aufpreis), saisonale Speisen wie z.B. Eierschwammerl, auf Wunsch libanesische und orientalische Speisen; Kinderspeisen, -sessel. Alle Speisen auch zum Mitnehmen; Zustelldienst bis 22.30 im 9., 19. und 20. Bezirk (ab € 10,-, darunter € 1,50 Zustellgebühr). Schanigarten für 100 Pers. €€

Francesco Grinzinger Str. 50, Tel. 368 23 11, E-Mail: tisch @francesco.at, office@francesco.at, www.francesco.at, täglich 11.30-24, Küche durchgehend bis 23. Italienische Spezialitäten, Holzofenpizza, Fisch vom Grill, großes Weinsortiment, 14-tägig wechselnde Wochenkarte; Kinderpizza, -sessel. Speisen auch zum Mitnehmen. Lokal für Veranstaltungen zu mieten; Extrazimmer für 30, großer Garten für 130 Pers. mit 2 Kastanienbäumen und gelegentlichem Gartengrill. Hundefreundlich. €€

Gallo Bianco Heiligenstädter Straße 34, Tel. 367 18 81, www.gallobianco.at, Di-So 11-23. Italienische und Wiener Küche, Pizza, Pasta, Fisch- und Fleischgerichte, Schnitzel etc. Eis aus eigener Produktion; italienische Weine; Kinderspeisen, -sessel; Take-away; Zustellung in den 2., 9. und 18. bis 20. Bezirk (ab € 10,-). Firmen- und Familienangebote (ab € 9,40); Familienpizza ab € 15,90. Extrazimmer für Feiern für ca. 25, Schanigarten für 10 Pers. €€

Grappino Hutweidengasse 29 (Ecke Budinskygasse), Tel. 367 49 22, www.grappino.at, Di-Sa 17.30-22. Hier kocht der Chef persönlich die Gerichte in seiner kleinen Küche; Pizza aus dem Elektroofen; verschiedene Antipasti, Pasta; Kinderspeisen (kleine Pizza usw.). Klimaanlage. Schanigarten für 20 Pers. €

L'Osteria Grinzing Grinzinger Straße 1, Tel. 320 32 00 10, E-Mail: wien-grinzing@losteria.at, www.losteria.at, takeaway.losteria.at (Take-away), Mo-Sa 11-24, So 12-24. Italienische Küche (Systemgastro-Konzept); Riesen-Steinofen-Pizza (reicht für 2 Pers., kann unterschiedlich belegt werden), Pastagerichte, Salate, Dolci, Wochenkarte mit Pastakreationen. Take-away; Kinderportionen. €€

Isola Verde Silbergasse 24, Tel. 368 82 55, www.isola -verde.co.at, täglich 11.30-14.30 und 17.30-23. Italienische

Küche, Pizza, Fisch- und Fleischspezialitäten (2 MM € 7,90 und € 9,90); Kinderportionen, -sessel. Zustellservice in den 18. und 19. Bezirk (gratis Zustellung ab € 12,- darunter € 2,- Liefergebühr). Extrazimmer für Veranstaltungen für 18, Gastgarten für 66 Pers. (bis 18). €€

l'autentico Grinzinger Allee 30, Tel. 320 23 17, E-Mail: office@lautentico.at, www.lautentico.at, täglich 11.30–23, Küche bis 22. Authentische neapolitanische Pizzeria. So–Mo Wochenendpizza (€ 14,50); leichte Antipasti, echte neapolitan. Pizza aus dem Schamott-Holzofen, hausgemachte Pasta, klassische Desserts; Kinderportionen, -sessel, Wickeltisch; Cocktails, Prosecco-Drinks. Speisen auch zum Mitnehmen. Gastgarten für 80 Pers. mit großen Tischen für 8 Pers. (teilw. überdacht bzw. mit Naturschatten). €€

Mamanoso Pantzergasse 4, Tel. 367 70 07, E-Mail: pizzeria mamanoso@gmail.com, www.mamanoso.at, Di–So, Fei 11–20. Kleine Pizzeria mit wenigen Sitzplätzen; Pasta, Fisch, Salat, etc.; Zustellung im 2., 8. und 17. bis 20. Bezirk (gratis ab € 9,-); Abholung möglich. €

Ristorante Pizzeria Monte Christo Döblinger Hauptstraße 34, Tel. 368 44 68, E-Mail: office@montechristo.co.at, www.montechristo.co.at, täglich 11.30–22.30, durchgehend warme Küche. Italienische Küche; hausgemachte Pizza, Pasta, Fleischgerichte und Fischspezialitäten, auch vegetarische Gerichte; Speisen auch zum Mitnehmen; Zustelldienst für die Bezirke 18 und 19, andere Bezirke auf Anfrage (ab € 12,- gratis, darunter € 2,- Zustellgebühr). 2 Kindersessel. Schanigarten für 40 Pers. €€

RIVA Billroth Billrothstraße 19, Tel. 353 40 70, E-Mail: res .billroth@riva.pizza, riva.pizza, täglich 17–23, Küche bis 22.30. Ableger der Pizzeria Riva. Neapolitanische Pizza, auch Antipasti und Salate. €€

Si Si Pizza Billrothstraße 18, Tel. 369 68 68, E-Mail: office@ sisipizza.at, www.sisipizza.at, täglich 11–1.30, durchgehend warme Küche. Pizza, Pasta, Salate und italienische Desserts; Abholung; 11–23 Zustellung in die Bezirke 9 und 18 bis 20 (ab € 9,-). 3 Tische im Lokal. €

Japanisch

Dots Nussdorf Kahlenberger Straße 1, Tel. 908 91 10, E-Mail: info@dotsgroup.eu, www.dotsgroup.eu, Mo–Fr 18–1, Sa, So 12–1. Erlebnisasiate, Ableger des erfolgreichen Lokals an der Mariahilfer Straße. Gesamtsortiment an Experimentalmakis (es gibt auch „Vienna's Nigiri" mit Schnitzel), asiatische Szeneküche; Weinkarte mit bekannten Namen. Lounge-Sound, Designermobiliar, Sofas, wehende Vorhänge, Spiegel, Separees, Extragewölbe mit Spezialbeleuchtung. Garten mit riesiger Stufenveranda mit asiatisch-mediterranem Flair. €€€

Gingersushi Grinzinger Straße 72, Tel. 378 06 68, 0660/ 158 81 68, www.gingersushi.at, Mo, Mi–So 12–21.30. Asiatische Küche (MM ab € 6,90), Sushi, Maki, Bento, Udon Ramen. Take-away; Zustellung im 19. (ab € 12,90) sowie im 18. und 20. Bezirk (ab € 16,90). €

Haru Restaurant Döblinger Hauptstraße 52, Tel. 367 30 55, E-Mail: haru.restaurant19@gmail.com, haru-restaurant .at, Mo–Fr 11.30–23, Sa, So 12–22, Küche bis 22. Japanische Fusionsküche; Sushi, Maki, Wagyu-Burger; Mo–Fr 11.30–15 MM; Take-away und Zustellung möglich. €€

Kekko Heiligenstädter Straße 160, Tel. 252 40 53, E-Mail: rapala10@gmx.net, www.kekko-sushi.com, Mo–Fr 11.30–20.40. Sushi-Lokal; Sushi, Maki, auch Spezialitäten wie Süßwasserbarsch oder Aal (MM € 9,90 bis € 12,90); warme Speisen wie knusprige Ente oder Lachs-Teriyaki, selbstgemachte Saucen. Take-away; Zustelldienst in den 19. (ab € 12,-) sowie in den 9., 18. und 20. Bezirk (ab € 15,-) und nach Klosterneuburg (ab € 18,-). Klimaanlage. €€

Teka Sushi Billrothstraße 5, Tel. 961 06 30, E-Mail: teka .sushi@chello.at, www.tekasushi.at, Mo–Fr, So, Fei 17–21.30, Lieferung und warme Küche bis 21.30. Sushi, Maki, Sashimi, auch Suppen, warme Speisen; Dinner for Two (ab € 32,80); Zustellung in die Bezirke 9 und 18 bis 20, weitere Bezirke auf Anfrage (ab € 11,-, Kartenzahlung ab € 15,-). Klimaanlage; Kindersessel. Reserv. erforderlich. €€

Yuuka Billrothstraße 18, Tel. 369 03 28, E-Mail: yuukaping@ 163.com, www.yuuka.at, Mo–Fr 11.30–15 und 17–22.30, So, Fei 11.30–22.30. Sushi, Wok, Nudeln (Mo–Fr 11.30–14.30 10 MM ab € 5,50), Desserts wie z.B. Gebackene Banane. Abholung möglich. €€

Orientalisch

Jasmin Al Sham Heiligenstädter Straße 9, Tel. 890 21 70, 0660/413 82 36, E-Mail: jasmin_al_sham@outlook.com, www.jasminalsham.wien, täglich 8–22, durchgehend warme Küche. Syrische und libanesische Spezialitäten: Lamm, Huhn, vegetarische Gerichte mit Reis und Gemüse, Spezialitäten vom Holzofengrill, hausgemachtes Fladenbrot; am Wochenende 8–12 Frühstücksbuffet; frische Obstcocktails, es wird kein Alkohol ausgeschenkt. Catering, Take-away. Hunde nicht erlaubt. €€

Türkisch

Flamingo Kuchelauer Hafenstraße 56, Tel. 318 02 15, E-Mail: office@flamingorestaurant.at, www.flamingo restaurant.at, tägl. 11–22, Küche bis 21; Reserv. nur telefonisch. Spezialitäten vom Holzkohlengrill mit Blick auf den Kuchelauer Hafen; Fisch (auch Steckerlfisch), Lammgerichte, Pizza, Schnitzel, Meeresfrüchte. Kindersessel. Speisen auch zum Mitnehmen; Catering. Gastgarten am Wasser. €€

Vegetarisch, vegan

Venuss Leopold-Ungar-Platz 2 (Ecke Muthgasse), Tel. 890 84 97, E-Mail: muthgasse@venuss.com, www.venuss.com, Mo–Fr 10–15. Veganes Lokal mit vorwiegend biologischen, saisonalen und weitgehend regionalen Speisen und Zutaten, z.B. asiatischer Superfood Salat, bunter Linsensalat mit Haselnusscrunch, sardischer Fregolasalat mit weißen Bohnen, feines rote Rüben Tatar, Pilzrahmgulasch mit Spätzle, Potato Joe mit saisonaler Füllung, gefüllte Paprika. Man wählt vom Buffet und es wird auf eine Chipkarte gebucht. Zusätzlich gibt es eine täglich wechselnde Genuss-Kombi (€ 12,90 für 3 Gänge). Alle Speisen auch zum Mitnehmen. €

Vietnamesisch

Minh Khiem Barawitzkagasse 34, Tel. 368 53 79, www.minhkhiem-wien.at, Mo–Fr 11–15 und 17–22, So, Fei 11–22. Vietnamesische Spezialitäten; Pho, Nudelgerichte, Gegrilltes. Zustellung in die Bezirke 9 und 18 bis 20 (Mindestbestellwert € 12,–); Abholung möglich. €€

Bars

Aristo Cocktailbar Grinzinger Straße 70, Tel. 370 52 83, täglich 21–4. 25 bis 30 Cocktails (ca. € 8,90); Lokal für Veranstaltungen für ca. 90 Pers. zu reservieren. Darts. Klimaanlage.

SLU GINbar Vienna Billrothstraße 31, Tel. 0664/435 54 00, E-Mail: slu@slubar.at, www.slubar.at, Mo–Sa 18–1. Aus über 290 Gins aus aller Welt, mehr als 180 Botanicals und 53 Tonics kreiert der Eigentümer Nikolaus Slupetzky für jeden Gast sein individuelles Gin Tonic. Veranstaltungen bis zu 70 Pers. täglich möglich; Gin-Präsentationen und Verkostungen. Klimaanlage.

Bistros

K.D.W. Billrothstraße 41, Tel. 0676/671 57 00, E-Mail: genussshop@kdw-kulinarik.at, www.kdw-kulinarik.at, Mo–Fr 9–19 (Fei geschlossen). Feinkostladen und Bistro mit kleiner, saisonaler Speisekarte, z.B. Eierschwammerltatar oder Steinpilzravioli im Herbst. Am Wochenende kann Catering oder Homecooking gebucht werden. €€

Square to eat Leopold-Ungar-Platz 2, Tel. 36 77 60 30, E-Mail: sqp@sv-group.at, squaretoeat.sv-restaurant.at, Mo–Fr 11.30–13.30 (Fei geschlossen), Cafeteria: Mo–Fr 7–15. Öffentlich zugängliche Kantine im Bürokomplex Square One. Mo–Fr tägl. 2 VS, 3 HS und 1 Dessert zur Auswahl. €

Cafés, Espressos

Das Cottage Silberg. 19, Tel. 328 00 84, E-Mail: office@das-cottage.at, das-cottage.at, tägl. 8–23. Frühstück ganztags (€ 6,50 bis € 15,–); internat. Kaffeehausküche aus Bioprodukten, Kinderportionen, -sessel; eigene Kaffeeröstung, hausgemachte Kuchen und Torten, sowie Bio-Limonaden und -Säfte, Cocktails. Take-away. Zeitungen, Magazine, TV. Extra-Nische für 12 Pers., Gastgarten für 90 Pers. €€

Café Garage Straßergasse 5–9, Tel. 328 18 08, E-Mail: office@cafegarage.at, www.cafegarage.at, Mo, Mi–So, Fei 9–17. 9–15 Frühstücksbuffet inkl. weichem Ei (€ 10,90 exkl. Getränke/Kinder bis 10 Jahre € 6,–); ganztägig div. Speisen wie Toast, Würstel, Ham and Eggs, Käseomelette, garnierter Mozzarella, Chili con carne, veganes Gemüsecurry; ausschließlich Verwendung von Freilandeiern; frisch gepresste Säfte (1/4 l € 4,60); 15–20 verschiedene hausgemachte Sirupsorten je nach Saison, z.B. Lavendel oder Apfelminze (ab € 2,10). Kinderfreundlich (Kindersessel, Spiele, Malsachen); TV für Sportübertragungen; Spiele: Karten, Würfelpoker, Backgammon, Schach; div. Zeitschriften und Magazine. 30 Sitzplätze; sonniger Gastgarten für 60 Pers. mit Markise. ♿

Café Kahlenberg Am Kahlenberg 2–3, Tel. 328 15 00-702, E-Mail: cafe@kahlenberg.wien, www.kahlenberg.wien, März bis Oktober täglich 7–23, November bis Februar täglich 7–21. Kaffee, Sandwiches, Snacks, süße und pikante Strudel, Torten und Schnitten. Terrasse mit Panoramablick über Wien.

Café Kaiser Heiligenstädter Straße 177, Tel. 0676/633 50 17, Mo–Fr 7–23, Sa 8–14 (Fei geschlossen). Frühstück bis 11 (klein € 4,80, groß € 5,80), durchgehend kleine Speisen, z.B. Gulasch, Würstel, Ham and Eggs mit Gebäck (€ 5,10); Gösser. TV. Schanigarten für 15 Pers.

Café Patisserie Kolbinger-Wannenmacher Billrothstraße 57, Tel. 368 15 37, E-Mail: cafe@wannenmacher.at, www.wannenmacher.at, Mo, Mi, Fr 7.30–18.30, Di, Do 7.30–15 (Fei geschlossen). Café und Verkauf von Konditorwaren; Frühstück ganztags (€ 4,– bis € 6,–); Mehlspeisen (€ 1,40 bis € 3,20) und Imbisse (ca. € 1,50 bis € 4,40), TT mit Hausmannskost (ab € 6,90). Abholung möglich.

Billardcafé Köö Kreilplatz 1/2 (Q19), Tel. 370 25 17, E-Mail: office@billardcafe.at, www.billardcafe.at, Mo–Do, So, Fei 10–1, Fr, Sa 10–2. Snacks durchgehend; Longdrinks.

24 Pooltische, 2 Caramboltische (und 1 Turniertisch), 6 Snookertische; 3 Dartautomaten, 2 Großbildleinwände, 4 Flatscreens (Sky); Sportwetten. Klimaanlage.

Café-Bäckerei Linsbichler Gymnasiumstraße 62, E-Mail: josef.linsbichler@aon.at, www.baeckerei-linsbichler.com, Mo-Fr 6-18, Sa 6-12, So 8-12. Imbisse, gefülltes Kleingebäck wie z.B. Baguettes mit Schinken, Salami, Thunfisch, Mozzarella, Schafskäse; hausgemachte Mehlspeisen.

Café Nemeth Görgengasse 23A, Tel. 382 00 10, E-Mail: cafedoebling@gmail.com, www.cafe-nemeth.at, Mo, Di, Do-So, Fei 9-20. Hausmannskost und hausgemachte Mehlspeisen, auch warme Speisen; tägl. MM (€ 7,50); 15-17 Kaffee und Kuchen (ab € 4,50); Di Wienerschnitzel-Tag (€ 5,90); Take-away. Gastgarten für ca. 60 bis 80 Pers.

Café Nest Sieveringer Straße 116a, Tel. 0699/81 71 71 80, E-Mail: info@cafenest.at, www.cafenest.at, Mi-So 9-19. Wunderbares Café in einem 1950er-Jahre-Häuschen mit Glasfassade, in dem einst eine Meierei und dann ein Greißler war. Jetzt gibt's Espresso, ganztags Frühstück (ab € 5,50), Eggs Benedict (€ 7,50), Crêpes und Galettes (ab ca. € 4,50), Toast, gefüllte Croissants; hauptsächlich Fair-Trade- und Bioprodukte; regionale Weine. Gelegentlich Livemusik, Lesungen, DJ-Line, kleine Konzerte. Feiern bis 30 Pers. möglich. Schanigarten für 25 Pers.

Nussdorfer Café Greinergasse 44, Tel. 0664/235 32 22, www.nussdorfercafe.at, Di-So, Fei 9-18. Café und Bistro; ganztägig Frühstück mit eigener Frühstückskarte; kleine Speisen, täglich frisches Gebäck, Mehlspeisen, Torten (für Hochzeiten, Geburtstage etc. auf Bestellung). Kindersessel, kleine Kinderecke. Schanigarten für 12 Pers.

Café Pascucci Grinzinger Straße 112 (im Q19), Tel. 997 27 17, E-Mail: q19@pescuccicafe.at, www.q19.at/de/shops-gastro/pascucci, Mo-Fr 8-19.30, Sa 8-18. Snacks: Salate (€ 5,80), Panini, Tramezzini etc. (€ 2,10 bis € 2,80), Kuchen, Eis; Kaffee, Sommer: Eiskaffees mit Früchten. Klimaanlage. Schanigarten für 50 Pers. Behinderten-WC (Anlage).

Rondell - Café am Cobenzl Am Cobenzl 94, Tel. 28 88 45 51 01, E-Mail: office@rondellamcobenzl.at, weitsichtcobenzl.at, tägl. 11.30-22. Neu eröffnetes Café am Cobenzl mit Blick auf die Stadt. Kleine Karte mit österreichischen und internationalen Gerichten; ab 14.30 Jause. Terrasse.

Eissalons

Gelati Da Salvo Obkirchergasse 26, Tel. 328 63 46, E-Mail: trovato@gmx.at, März bis September täglich 10-22. 28 Eissorten eigener Erzeugung aus reinen Naturprodukten, jede Woche 2 spezielle Eissorten zusätzlich im Angebot (z.B. Mohn, Minze, Wachauer Marille etc.), veganes Eis, Eistorten und Semifreddi, Frappés, Eisbecher (auch für Kinder); Kaffee. Selbstbedienung. Schanigarten mit Stehtischen.

Fronza Grinzinger Straße 145 (Ecke Heiligenstädter Straße), Tel. 370 48 87, E-Mail: gelataio@gmx.at, www.fronza.at, März bis September täglich 12-22, Oktober bis Februar täglich 12-20, aktuelle Öffnungszeiten s. Homepage. Im Sommer Eissalon, im Winter Café und Weinbar. Im Sommer 30 bis 33 Eissorten, viele davon hausgemacht; zuckerfreies Eis; italienische Mehlspeisen, Toast und gegrillte Panini; Kaffee, verschiedene Rot- und Weißweine. Klimaanlage. 2 Schanigärten (März bis Oktober) für 60 und 17 Pers.

Eissalon Ruckenbauer Billrothstraße 83a, Tel. 320 52 05, www.ruckenbauer.at, Mitte März bis Ende September täglich 10-22, im Winter geschlossen. Eissalon. Div. Eissorten, Eisbecher, Eis auch zum Mitnehmen in der Box. Sitzmöglichkeiten im Lokal und im Gastgarten.

Veganista Döblinger Hauptstraße 57, Tel. 0660/750 68 00, E-Mail: info@veganista.at, www.veganista.at, täglich 11-23 (Sommer), im Winter verkürzte Öffnungszeiten (s. Homepage). Ausschließlich veganes Eis, klassische und innovative Eissorten wie z.B. Basilikum; Eis Sandwiches „Inbetwiener", Eis mit Zuckeralternativen wie Birkenzucker od. Ahornsirup, glutenfreie Sorten und glutenfreie Stanitzel; für laktoseintolerante Menschen geeignet. Saisonale Spezialitäten wie Spekulatius, Zimt und Blutorange zu Weihnachten oder Pumpkin im Herbst. Boxen zum Mitnehmen (0,5l, 1l, 1,5l); Gutscheine. Schanigarten.

Vidoni Grinzing Cobenzlgasse 7, www.dropsboutique.at, täglich 13-19. Bezaubernder Vidoni-Eisstand, wo man handwerklich aus guten Zutaten erzeugtes Eis schon ab € 1,20 bekommt.

Heurige

Alter Bach-Hengl Sandgasse 7-9, Tel. 320 24 39, E-Mail: bach-hengl@aon.at, www.bach-hengl.at, Mo-So ab 15 geöffnet. Größter Heuriger Grinzings, Familienbetrieb (original Weinhauer) mit warmem und kaltem Buffet, saisonale Speisen, Menüs nach Absprache; Kinderportionen, -sessel; Eigenbauweine (sämtliche Sorten), Ab-Hof-Verkauf zu den Öffnungszeiten und nach tel. Vereinbarung. Mo-So 18-22 Livemusik (Harmonika, Geiger). Über 1000 Sitzplätze, Extrastüberl für bis zu 140 Pers.; Feiern (Taufe, Geburtstag etc.) werden ausgerichtet; 2 Gärten für 500 Pers.; Bus-Parkplätze. Erdgeschoß rollstuhlgerecht. €

Dreikugel-Schachinger Sieveringer Straße 99, Tel. 0664/577 39 51, Februar bis November Sa ab 15, geschlossene Gesellschaften ab 40 Pers. auch außerhalb der Öffnungszeiten möglich; Dezember und Jänner geschlossen. Buschenschank mit Buffet und hausgemachten Mehlspeisen;

ausschließlich Eigenbauweine (weiß). 1-mal/Jahr Sturmfest, 1-mal/Jahr Sommerfest. Kinderspielplatz im Obstgarten. Kellerstüberl optional für geschl. Gesellschaften zu mieten. Gastgarten für 200 Pers. Rampe für Rollstuhlfahrer. **€**

Eischer's Kronenstüberl Neustift am Walde 87, Tel. 440 29 38, E-Mail: willkommen@eischer.at, www.eischer.at, täglich 11.30–24, warme Küche bis 23. Typisches Neustifter Heurigenlokal, Buffet kalt und warm mit saisonalen Gerichten, Speisen à la carte; Kinderspeisen, -sessel; Speisen auch zum Mitnehmen. Angeschlossene Vinothek im Gewölbekeller (für Feste bis 80 Pers. zu mieten); Garten für ca. 200 Pers. Im Lokal hängt eine über 250 Jahre alte Winzerkrone aus dem Jahr 1753; Privatheimatmuseum im Lokal. **€**

Feuerwehr Wagner Grinzinger Straße 53, Tel. 320 24 42, E-Mail: heuriger@feuerwehrwagner.at, www.feuerwehrwagner.at, täglich 16–24, warme Küche bis 22. Kaltes und warmes Buffet, vegetarische, vegane und glutenfreie Gerichte, Monatsgerichte je nach Saison von Spargel über Wild bis Knödel; Eigenbauweine (Nußberger Cuvée Selection Barrique); Kinderportionen, -sessel, Spielplatz. Speisen auch zum Mitnehmen; Catering. TV für Sportübertragungen. Extrazimmer für 40, 80 bzw. 90 Pers. (für Veranstaltungen), sehr schöner Naturgarten für 450 Pers. **€€**

Weinbau Franzinger Eichelhofweg 104, E-Mail: franzinger@hotmail.com, Ausstecktermine siehe Facebook-Seite. Freiluft-Buschenschank im Weingarten.

Fuhrgassl-Huber Neustift am Walde 68, Tel. 440 14 05, E-Mail: buschenschank@fuhrgassl-huber.at, shop.fuhrgassl-huber.at (Online-Shop), www.fuhrgassl-huber.at, Mo–Do 14–23, Fr, Sa 14–24, So, Fei 12–22 (ganzjährig geöffnet), warme Küche Mo–Do bis 22, Fr, Sa bis 23 und So, Fei bis 21. Warmes und kaltes Buffet, saisonale Speisen (auch zum Mitnehmen); ausschl. Eigenbauweine, Ab-Hof-Verkauf zu den Öffnungszeiten; ganzjährig Weinverkostungen mit Weingarten- und Kellerführungen; Kinderportionen, -sessel. Für Veranstaltungen ab 15 Pers. zu reserv. Extraräumlichkeiten für Veranstaltungen jegl. Art für 20 bis 170, Gastgarten für 800 bis 1000 Pers. (für Hochzeiten). Online-Shop. **€€**

Genuss am Cobenzl Oberer Reisenbergweg (Höhenstraße), Tel. 0664/118 42 16, genuss-am-cobenzl.wien, April bis September Fr 14–21, Sa, So 11–21 (nur bei Schönwetter). Outdoor-Heurigen-Pop-up des Weinguts Cobenzl. Brettljause, Apfelstrudel, Backhendl, Wein, Bier. Picknickkörbe auf Vorbestellung. Liegestühle mit Blick auf Floridsdorf.

Heuriger Hans Maly Sandgasse 8, Tel. 320 13 84, E-Mail: office@heurigermaly.at, www.heurigermaly.at, März bis November täglich 16–23, Dezember auf Anfrage geöffnet. Wiener Heuriger; Eigenbauweine, Flaschenweinverkauf. Speisen auch zum Mitnehmen. Auf Anfrage abends Heurigenmusik, gelegentlich auch Wienerlied-Konzerte. Kindersessel, Spielzeug. Gastgarten für 250 Pers. mit alten Kastanienbäumen. **€**

Buschenschank Haslinger Agnesgasse 3, Tel. 440 13 47, E-Mail: weinbau-haslinger@aon.at, www.buschenschank-haslinger.at, Di–Fr 14–23, Sa, So, Fei 11.30–23 (Aussteckzeiten telefonisch erfragen), durchgehend warme Küche; die letzten 2 Jännerwochen sowie Ende Juli/Anfang August 2 Wochen geschlossen. Kaltes und warmes Buffet, Schnitzel mit Salat, Blut-/Bratwurst mit Kartoffeln und Sauerkraut, halbes Backhendl mit Salat, auf Anfrage vegetarische Gerichte, saisonale Besonderheiten wie Neujahrsbuffet, Heringsschmaus, Osterbuffet, Martinigansl, hausgemachte Mehlspeisen; Eigenbau- und Bouteillenweine (Goldmedaille der Landesweinverkostung); Kinderportionen, -sessel, Wickeltisch. Dachterrasse, schöner Naturgarten sowie begrünter Innenhof für je 80 Pers. **€**

Hengl-Haselbrunner Iglaseeg. 10, Tel. 320 33 30, E-Mail: office@hengl-haselbrunner.at, www.hengl-haselbrunner.at, täglich 15.30–23, Mitte Oktober bis Mitte April So, Mo geschlossen. Einer der schönsten Heurigen in Döbling. Hengl-Weine wie z.B. Riesling Nussberg und Riesling Purgstall (Salon Landessieger), interessante Rotweine; Preisträger des Wiener Weinpreises. Kinderspeisen, -sessel, -spiele. Ganzjährig jeden Di Livemusik, im Sommer Wienerlieder- und Dudel-Workshop. Diverse Veranstaltungen am Reisenberg, Weihnachtsmarkt mit Christbaumverkauf ab 10. Dez. Einige Extrazimmer für bis zu 260 Pers. (für Veranstaltungen zu reservieren ab 20 Pers.), Gastgarten für 350 Pers. Hunde nur mit Leine und Beißkorb. Reserv. erwünscht. **€€**

Bio-Weinbau und Heurigenschank zum Berger Himmelstraße 19, Tel. 320 58 93, E-Mail: 1713@himmelstrasse19.wien, www.zumberger.wien, Do–Sa 15.30–22, So 12–22, bei Schönwetter Do und Fr ab 13, Sa ab 12 geöffnet. Genussheuriger, Familienbetrieb seit 1713; kaltes und warmes Wiener Heurigenbuffet und Schmankerl, hausgemachte Strudel etc., Hausmannskost, saisonale Spezialitäten; Bio-Eigenbauweine (auch Verkauf). Abholung möglich. Im Sommer Luftburg für Kinder. Fr–So abends Livemusik. Stüberln für 25, 36 und 40, Saal für 80 Pers. (für private Feste zu reservieren); Gastgarten für 180, Hofgarten für 30 Pers. **€€**

Der Hirt Eisernenhandgasse 8, Tel. 318 59 66, E-Mail: info@derhirt.at, www.derhirt.at, April bis Oktober Mi–So, Fei 12–22, November bis März Fr–So, Fei 12–22, durchgehend warme Küche; Events und Feiern nach Absprache. Gehobenes Heurigenlokal mit tollem Ausblick auf Wien, die Donau und das Kahlenbergerdorf. Kalte und warme Speisen, Service und Selbstbedienungsbereich; Firmenevents, Familienfeiern und Hochzeiten möglich. Heurigenlokal für 50, Gastgarten für ca. 200 Pers. **€€**

Kierlinger Kahlenberger Straße 20, Tel. 370 22 64, E-Mail: office@kierlinger.at, www.kierlinger.at, Mo–Sa 15.30–24, So, Fei 15.30–23, an 288 Tagen/Jahr geöffnet (lt. Aussteckkalender). Heuriger mit warmem und kaltem Buffet, auch Speisen à la carte; Ganslessen; Eigenbauweine: Goldmedaillengewinner Grüner Veltliner und Riesling. Kinderspeisen, -sessel, Schaukel, Spielzeug. Veranstaltungen wie Jazzfrühschoppen. Extrazimmer für Veranstaltungen für ca. 80, großer schattiger Gastgarten für ca. 240 Pers. Behinderten-WC. **€**

Weingut Kroiss Sieveringer Straße 108, Tel. 320 39 92, E-Mail: sievering@kroiss.wine, www.kroiss.wine, täglich 15.30–23 (in ungeraden Monaten). Familienbetrieb, Buschenschank mit kaltem und warmem Heurigenbuffet, z.B. Blutwurst (kalt € 2,60/10 dag; warm € 3,30/10 dag), warme Zunge; Mehlspeisen; alle Speisen selbst gemacht; Eigenbauweine, ausschließlich prämierte Weine, Ab-Hof-Verkauf. Kinderspielzeug, 2 Kindersessel. Gastgarten für 100 Pers. Reservierung nur telefonisch. **€€**

Kronprinz Rudolfshof Cobenzlg. 8, Tel. 320 21 08, E-Mail: office@grinzing-heuriger-rudolfshof.at, www.heurigenkaffee.at, Mo–Fr 15–23, Sa, So, Fei 13–23 (November bis Weihnachten und Mitte Jänner bis Ostern geschlossen). Kaltes Buffet, Hausmannskost à la carte, Grillspieße (ca. € 16,90); Abholung möglich. Täglich ab 18 Livemusik (Wienerlieder, Schrammelmusik). Extrazimmer für 50 und 150, Naturgarten für ca. 150, Innenhof für 20 Pers. Konditorei täglich 10–18: hausgemachte Mehlspeisen, Torten auf Bestellung. **€**

Zum Martin Sepp Cobenzlgasse 34, Tel. 320 32 33, E-Mail: office@zummartinsepp.at, www.zummartinsepp.at, täglich 12–23, warme Küche bis 22; über Jänner und Februar 5 Wochen geschlossen. Heurigenrestaurant; tägl. Buffet (warm und kalt), saisonale Spezialitäten; Eigenbauweine aus dem Weinviertel, auch Flaschenweinverkauf; Kinderspeisen, -sessel und -spiele. Abholung möglich. In der Hauptsaison Di–Sa ab 18 Heurigenmusik live. Lokal bis max. 400 Pers. zu mieten. 2 Extrazimmer für 100 und 70 Pers. (zu mieten ab 30 Pers.); Dachterrasse für 100 bis 150, Garten für 150 Pers., der Innengarten ist beheizbar und kann auch überdacht werden. **€€**

Mayer am Nussberg Kahlenberger Straße gegenüber Nr. 210, Tel. 0664/75 55 66 67, E-Mail: nussberg@pfarrplatz.at, www.mayeramnussberg.at, Mitte April bis Ende September Do, Fr 14–22, Sa, So, Fei 12–22 (bei Schönwetter), Oktober Fr, Sa 14–22, So, Fei 12–22 (bei Schönwetter), im Winter geschlossen. Junge Buschenschank in den Wiener Weinbergen mit preisgekrönten Weinen der Weingüter Mayer am Pfarrplatz und Rotes Haus. Buschenschank befindet sich im Freien, daher sind die Öffnungszeiten wetterabhängig. Schmankerl wie Käsespezialitäten, Bauernsalami, Kärntner Hauswürstel von ausgewählten Produzenten; täglich selbstgemachte frische Aufstriche; handgemachte Blechkuchen. Sandkiste, Spielsachen. Großer Gastgarten für 300 Pers. inmitten der Weinstöcke mit Chillbereich und Liegestühlen. **€€**

Mayer am Pfarrplatz Pfarrplatz 2, Tel. 370 12 87, E-Mail: mayer@pfarrplatz.at, www.pfarrplatz.at, Mo–Do 16–24, Fr–So, Fei 12–24, Küche bis 21.50. Reichhaltiges warmes und kaltes Buffet; ausschließlich Eigenbauweine, Ab-Hof-Verkauf; Martinigansl, Heringsschmaus; Kinderspeisen, -sessel, großer Spielplatz. Täglich 19–23 Live-Heurigenmusik. Innenhof und Räume für Festlichkeiten für 15 bis 450 Pers.; Garten bis 300, Hof für 120 Pers. **€€**

Monte Nucum Buschenschank Eichelhofweg 117, Tel. 0664/75 02 64 11, E-Mail: buschenschank@montenucum.at, www.montenucum-buschenschank.at, Mitte April bis Ende Oktober Fr 14–22, Sa, So, Fei 12–22 (bei Schönwetter), im Winter geschlossen. Open-Air-Buschenschank am Nussberg des Weinguts Müller in Grinzing. Kleines Essens-Angebot, z.B. Monte-Nucum-Platte mit Aufstrichen, Käse und Rohschinken; Wein vom eigenen Weingut. 20 Tische mit Sonnenschirmen und Liegestühlen mit Blick über Wien.

Müllers Heuriger & Weingut Cobenzlgasse 38, Tel. 0680/550 90 08, E-Mail: willkommen@muellers-heuriger.at, www.muellers-heuriger.at, Mi–So, Fei 16–24, ganzjährig für größere Veranstaltungen ab 20 Pers. zu mieten. Original Heuriger mit kaltem und warmem Buffet und hausgemachten Mehlspeisen sowie mit prämierten Eigenbauweinen von ausschließlich Grinzinger Rieden, Ab-Hof-Verkauf nach tel. Voranmeldung. Gastgarten für 250 Pers. **€€**

Heuriger Muth Probusgasse 10, Tel. 318 55 95, E-Mail: schluckerl@muth-heuriger.at, www.muth-heuriger.at, Do–Sa 16–23, So, Fei 11–23, Aussteckzeiten s. Homepage.

Kaltes Heurigenbuffet mit saisonalen Salaten, Aufstrichen und Wurst- und Käsespezialitäten; warme Speisen wie gefüllte Paprika, So Braten, selbstgemachte Kuchen und Strudeln, ausschließlich Eigenbauweine. Kindersessel, Wickeltisch. Wöchentlich Live-Musik; Extrazimmer zu reservieren für 40 Pers., Gastgarten für 250 Pers.

Weinbau Buschenschank Obermann Cobenzlgasse 102, Tel. 0664/451 99 27, E-Mail: mail@weinbauobermann.at, www.weinbauobermann.at, Do, Fr 16–23, Sa 13–23, So 13–21. Klassisches Wiener Heurigenbuffet mit vegetarischer Erweiterung; ausschließlich selbst erzeugte Bioweine, Wiener Gemischter Satz (Slow Food Presidio-Produkt). Kinderspielgeräte. Innenraum und Gastgarten für je 80 Pers. €

Buschenschank Annette Prager Salmannsdorfer Str. 10, Tel. 440 20 85, E-Mail: pragerwein@aon.at, www.neustift-am-walde.at/h-prager.htm, Do–So 15–21, Mai bis Ende Oktober geöffnet. Kaltes Heurigenbuffet; ausschließlich Eigenbauweine (15 Sorten, weiß und rot; prämierte Weine), Ab-Hof-Verkauf jederzeit; Speisen auch zum Mitnehmen. Gastgarten. €

Buschenschank in Residence Langackergasse 5A, Tel. 0664/500 60 95, E-Mail: buero@jutta-ambrositsch.at, www.jutta-ambrositsch.at, Aussteckzeiten siehe Homepage. Typische Wiener Buschenschank, betrieben von Jutta Ambrositsch. Aktuell in der ehemaligen Buschenschank von Familie Rauscher zu Gast. Kaltes Heurigenbuffet mit feinen Spezialitäten fernab des Heurigen-Mainstreams; Eigenbauweine mit Charakter (z.B. Gemischter Satz, Grüner Veltliner, Riesling), Ab-Hof-Verkauf. Lokal und traumhafter Gastgarten für je ca. 80 Pers. €€

Schiefer Giebel Rathstr. 30, Tel. 0664/544 04 30, E-Mail: schiefer-giebel@aon.at, www.schiefer-giebel.at, Öffnungszeiten tel. erfragen, die ersten 3 Wochenenden im November und für geschlossene Gesellschaften jederzeit geöffnet. Buschenschank, kaltes u. warmes Heurigenbuffet, saisonale Speisen, Sortenweine. Kindersessel, -spiele, Wickeltisch. Abholung möglich. Extrazimmer für bis zu 30 Pers. (für Veranstaltungen zu reservieren), Gastgarten für 80 Pers. €

Schreiberhaus Rathstraße 54, Tel. 440 38 44, E-Mail: office@dasschreiberhaus.at, www.dasschreiberhaus.at, Do, Fr ab 17, Sa, So, Fei ab 12, Gesellschaften ab 20 Pers. auch außerhalb der Öffnungszeiten möglich. Heurigenrestaurant; Speisen à la carte sowie warmes und kaltes Buffet, Wochenkarte, Tafelspitz, Kaiserschmarren; Spanferkelbuffet nach Vereinbarung; Kinderspeisen, -sessel, -spielplatz; Catering für 20 bis 600 Pers. Immer wieder Veranstaltungen. Extraräume zu reservieren für 15 bis 200, bei größeren Gesellschaften bis 550 Pers. ganzes Lokal. Garten für ca. 600 Pers. €€

Schübel-Auer Kahlenberger Straße 22 (Zahnradbahnstr. 17), Tel. 370 22 22, E-Mail: auerhof@schuebel-auer.at, www.schuebel-auer.at, Di–Sa 15.30–23, So 12–22. Reichhaltiges Buffet (kalt und warm), vegetarische sowie vegane Speisen, panierte Speisen auf Wunsch glutenfrei, Tagesspezialitäten am Teller serviert; Bouteillen Weine mit Kunstdrucken in limitierter Auflage, selbstgemachte Kracherl, Schremser Bier. Private und geschäftliche Feiern für bis zu 300 Pers. in den stimmungsvollen Räumen des alten Winzerhauses (ganzjährig). Abholung möglich; Catering für Veranstaltungen. Sehr schöner Garten für ca. 300 Pers. (auch für Hochzeiten und Events). Aktuelle und kulturelle Veranstaltungen, wie Symposien, Konzerte etc. (Termine siehe Homepage). €

Sirbu Kahlenberger Straße 210, Tel. 320 59 28, 370 13 19, 0664/73 42 63 71, E-Mail: heuriger.sirbu@aon.at, www.sirbu.at, Di–Fr, Fei 16–22, Sa 15–23, Öffnungszeiten bei Schlechtwetter tel. erfragen; auf Anfrage auch länger geöffnet. Schönste Aussicht in Wiens höchst gelegenem Heurigen; Buffet ab € 22,– (warm, kalt und vegetar.), auch Vitalkost; Weine nur aus Eigenproduktion, Palette von prämierten Weinen (auch glasweise), Flaschenweinverkauf. Feste bis 50 Pers. möglich. Salettl für 10, Winzerhaus und Terrasse für je 25, Garten für ca. 250 Pers. Großer Kinderspielplatz. €€

Buschenschank Taschler Geigeringasse 6, Tel. 0664/447 13 96, E-Mail: manfred.taschler@aon.at, Do–Sa 15–23, So, Fei 10.30–22, letzten zwei Februarwochen, Anfang Juli und zweite Augusthälfte Urlaub. Alter Buschenschank-Familienbetrieb mit kaltem Buffet, Hausgeselchtem, saisonalen Mehlspeisen; prämierte Eigenbauweine, Weinverkostung und Weinverkauf zu Buschenschankzeiten. Fallweise Kulturabende. Hof für 50 Pers. mit Nussbaum. €

Wagnerei Dennweg 2 (Eingang Eroicag.), Tel. 0650/738 00 03, E-Mail: office@wagnerei-nussdorf.at, www.wagnerei-nussdorf.at, Mo–Fr 15–22.30, Sa, So, Fei 13–22.30, Öffnungszeiten wetterabhängig, im Winter geschlossen. Buschenschank von Andreas Wagner neben dem Nußdorfer Friedhof. Kaltes Buffet. Sitzplätze nur im Freien. €

Weingut Wailand Kahlenberger Straße 220 (Heinz-Werner-Schimanko-Weg), Tel. 0664/992 27 23, E-Mail: office@wailandwein.at, www.wailandwein.at, Aussecktermine siehe Homepage. Weingut und Buschenschank. Kalte Schmankerl wie Brettljause oder Käseplatte; Wein aus eigenem Anbau. Gastgarten mit Blick über Wien. Keine Parkmöglichkeit, ca. 12 Minuten Fußweg vom Kahlenberg Parkplatz. €

Buschenschank Wanderer Wildgrubgasse, Tel. 0676/540 89 80, E-Mail: team@buschenschankwanderer.top, www.buschenschankwanderer.top, Mitte April bis Ende Oktober Fr ab 15, Sa ab 14, So ab 13. À-la-carte-Heuriger mit Eigenbauweinen und selbstgemachten Mehlspeisen. Gastgarten inmitten des Weinberges. €

Buschenschank im Weingarten Oberer Reisenbergweg Tor Weinbau Hengl (500 Meter unterhalb von Cobenzl), Tel. 0660/533 75 51, E-Mail: peter.uhler@chello.at, www.weinuhler.at, April bis Okt. Aussteckzeiten (tel. zu erfragen bzw. lt. Homepage). Wiener Buschenschank im Weingarten, betrieben von Peter Uhler. Kalte Speisen; Bioweinbau (Glas ab € 3,–, Bouteille ab € 18,–), hauseigene Produkte, saisonale Spezialitäten, Eigenbauweine (z.B. Muskateller), Ab-Hof-Verkauf. Veranstaltungen (z.B. Präsentationen regionaler Produzenten über Slow Food Produkte), 1-mal/Monat Livemusik (April bis Okt.). Gastgarten für ca. 60 bis 80 Pers. €

Heuriger Wiegel Himmelstraße 20, Tel. 0676/402 50 03, E-Mail: heuriger.wiegel@aon.at, www.heuriger-wiegel.eatbu.com, März Sa, So, Fei 15–23, April bis Nov. Do, Fr 16–23, Sa, So, Fei 15–23. Buschenschank, warmes und kaltes Heurigenbuffet mit Spezialitäten wie Fleischlaibchen, Schweinsbraten oder verschiedenen Aufstrichen; ausschließlich Eigenbauweine (auch Flaschenweinverkauf). Private Feste bis 50 Pers. ganzjährig möglich. Gastgarten für 80 Pers. €

Wieninger am Nussberg Eichelhofweg 125, Fax 320 06 43, E-Mail: nussberg@wieninger.at, www.wieninger-am-nussberg.at, Mo–Do 15–22, Fr, Sa 12–22, So, Fei 11–22 (nur bei Schönwetter). Buschenschank mit kalten Schmankerln wie Winzerplatte oder Käferbohnensalat; biodynamische Weine der Weinguter Wieninger und Hajszahn Neumann (auch zu kaufen). Gastgarten mit Blick über Wien. Keine Parkmöglichkeit. €

Der Wiener Heurige Wolff Rathstraße 44–46, Tel. 440 23 35, E-Mail: wolff@wienerheuriger.at, www.wienerheuriger.at, täglich 11.30–23, durchgehend warme Küche. Traditionell Alt-Wiener Heuriger, kaltes und warmes Heurigenbuffet, Schmankerl aus der Wiener Küche; Weine aus eigenem Anbau, Ab-Hof-Verkauf; Speisen auch zum Mitnehmen. Fallweise Veranstaltungen (z.B. Wiener Heurigenshow, Wienerliedabende, Weintaufe, Hochzeiten, jeden ersten So im Monat gibt es ein Neustifter Sonntags-Matinee). Stuben mit Kachelofen für 10 bis 300 Pers. (für Veranstaltungen zu mieten); Kindersessel, Spielwiese mit Rutsche und Schildkrötengehege. Windgeschützter Terrassengarten im Innenhof für 150 Pers., direkter Zugang zum Weingarten, großer Garten für 300 Pers. €

Weinbau Zawodsky Reinischgasse 3, Tel. 320 79 78-2, E-Mail: office@zawodsky.at, www.zawodsky.at, 23. Mai bis 27. September Mo, Mi–Fr ab 17, Sa ab 15, So, Fei ab 13, 2. Oktober bis 29. November Do, Fr ab 17, Sa ab 15, So, Fei ab 13, Öffnungszeiten telefonisch erfragen oder siehe Homepage. Warmes und kaltes Heurigenbuffet, im Sommer wird bei Schönwetter gegrillt; ausschließlich Eigenbauweine, Bouteillenweine auch glasweise, Ab-Hof-Verkauf. Fallweise Livemusik. Schöner Garten für 250 Pers. mit Obstbäumen. €

Zeiler am Hauerweg „Der Heurige“ Rathstraße 31, Tel. 440 13 18, E-Mail: office@zeileramhauerweg.at, www.zeileramhauerweg.at, Mo–Fr 15–23, Sa 14–23, So, Fei 12–21, aktuelle Öffnungszeiten s. Homepage. Große Buffetauswahl (kaltes, warmes, Salat- und Käsebuffet), Heurigenplatten, auch vegetarische Speisen; Wiener Weine (großteils aus Eigenanbau), offene Bouteillenweine. Abholung möglich. TV für Sportübertragungen. Kindersessel, -spielwiese. Kellerstüberl (aus dem Jahre 1730) für 25 sowie 3 weitere Extrazimmer für 20, 50 und 100 Pers. (für Veranstaltungen ab 30 Pers. auch außerhalb der Öffnungszeiten zu mieten); großer Terrassengarten für ca. 250 Pers. Kundenparkplatz für 15 Autos. Hunde mit Beißkorb und Leine. €€

Heuriger Zimmermann Armbrustergasse 5, Tel. 370 22 11, E-Mail: office@zimmermanns.at, reservierung@zimmermanns.at, www.zimmermanns.at, täglich 16–2, Küche bis 22. Event-Heuriger. Saisonale Speisen, Wiener Küche und internationale Spezialitäten, wöchentlich wechselnde Karte; Eigenbauweine sowie Weine aus der Wachau und der Steiermark, Flaschenweinverkauf; Catering ab 10 Pers. Kinderfreundlich (Kinderspeisen, -sessel). Musik auf Bestellung. Extrastüberln, Presshaus, Pergola und Nebengebäude für 10 bis 80 Pers. (für Veranstaltungen zu mieten) sowie Garten für ca. 300 Pers. mit Zelt; Räumlichkeiten für insg. bis zu 250 Pers. €€

Imbisse

Berliner Babo Döblinger Hauptstraße 23–25, Tel. 0699/123 45 67 89, E-Mail: doebling@berliner-babo.at, www.berliner-babo.at, täglich 11–22. Streetfood wie Burger, Burritos, Wraps und Bowls (alles auch in vegetarischer bzw. veganer Variante); Take-away. €€

Donaufritzi Donaupromenade, Tel. 370 45 98, E-Mail: radsport.nussdorf@gmail.com, www.donau-fritzi.at, täglich 10–20. Imbisslokal an der Donau. Spezialität: Chili und Altwiener Suppentopf. Radgeschäft und Radverleih angeschlossen. €

Food'Amour Wildgrubgasse 166–168, Mai bis September Sa, So 14–20 (bei Schönwetter). Etwas versteckt gelegenes Imbiss-Standl; Fingerfood-Quiches, Chobz-Sandwiches, frittierte marokkanische Blätterteigrollen namens Brick.

Johanna's feiner Laden Cobenzlgasse 6, Tel. 0681/10 76 64 63, E-Mail: laden@johannas.wien, www.johannas.wien, Mo-Fr 9-18, Sa 8-14 (Fei geschl.). Greißlerei und Feinkostladen, Getränke und kleine Häppchen können auch vor Ort verkostet werden. Im Sortiment: mediterranes und lokales Gemüse, Würste und Schinken, Craft-Bier, Sauergemüse, ein Mal pro Woche Fisch aus Aussee und dem Pielachtal, Brot von Öfferl, Fleisch vom Höllerschmid. Onlineshop, 2 Mal wöchentl. Lieferung innerhalb Wiens. Schanigarten für 3 Pers.

Karins Radlertreff Kuchelauer Hafenstraße 1, Tel. 318 50 31, täglich 10-22, Öffnungszeiten am Abend je nach Wetter und Auslastung variabel. Imbiss mit Paniertem, Wurstsalat, faschierten Laibchen in der Semmel etc. Großer Gastgarten an der Donau unter alten Bäumen. **€**

McDonald's Grinzinger Allee 3, Tel. 328 28 07, E-Mail: at-store0058@restaurant.at.mcd.com, www.mcdonalds.at, Öffnungszeiten siehe Homepage. Burger, Wraps, Salate etc.; Frühstück; mit McCafé; Tischservice. **€**

McDonald's (McDrive) Heiligenstädter Straße 66-68, Tel. 0664/821 57 37, E-Mail: at-store0105@restaurant.at.mcd.com, www.mcdonalds.at, Öffnungszeiten siehe Homepage. Burger, Wraps, Salate etc.; Frühstück.; McDelivery; Playland; mit McCafé; Tischservice. **€**

Radatz Sonnbergmarkt Stand 14-17, Tel. 328 62 18, E-Mail: fleischereien@radatz.com, www.radatz.at, Mo-Fr 8-18, Sa 8-13. Wiener Küche, täglich wechselnde Menüauswahl (bis € 8,-). 8 Sitzplätze. **€**

Konditoreien, Bäckereien

Anker Bahnhof Heiligenstadt, Tel. 369 22 75, E-Mail: kontakt@ankerbrot.at, www.ankerbrot.at, Mo-Fr 5-19, Sa, So, Fei 7-14, Öffnungszeiten saisonal variabel (s. Homepage). Brot, Gebäck, Mehlspeisen, täglich laufend frische Imbisse. Sitzmöglichkeiten. Schanigarten.

Deli Brot Obkirchergasse 28, delibrot.bio, Mo-Fr 7-18, Sa 8-16, So 8-12, im Sommer Sa bis 14.30. Bio-Brot und -Gebäck.

Der Mann www.dermann.at. Gebäck, Brot, Mehlspeisen, Snacks. Im Sommer variable Öffnungszeiten. Billrothstraße 32, Tel. 866 99-9159, Mo-Fr 6.30-18, Sa 6.30-12.30, So, Fei 7-12, Kaffee-Ecke, Schanigarten. Döblinger Hauptstraße 53, Tel. 866 99-9175, Mo-Fr 6.30-18.30, Sa 6.30-12.30, So, Fei 7-12, Kaffeehaus mit Bedienung. Sonnbergplatz 1a, Tel. 866 99-9107, Mo-Fr 6-18.30, Sa 6-13, So, Fei 9-13, Kaffee-Ecke. U-Bahn Station Heiligenstadt, Tel. 866 99-9134, Mo-Fr 5.30-19, Sa 6-12, So, Fei 7-12.

Felber www.felberbrot.at, office@felberbrot.at. Ofenfrische Backwaren, Cafeteria, Frühstück, Snacks, Imbisse. Schanigarten. Döblinger Hauptstraße 45, Tel. 367 18 06, Mo-Fr 6.30-18, Sa 6.30-12, So, Fei 7-12. Grinzinger Straße 112 (Q19), Tel. 370 70 08, Mo-Fr 7-19.30, Sa 7-18, So, Fei 7-12.

Gradwohl's Vollkornstüberl Döblinger Hauptstraße 46, Tel. 367 20 27, E-Mail: office@gradwohl.info, www.gradwohl.info, Mo-Fr 6-18, Sa 6-12.30 (Fei geschlossen). Vollwert-Backwaren, Bio-Vollkorn-Mehlspeisen; natürliche Zutaten aus biologischem Anbau.

Joseph - Bäckerei Patisserie Obkirchergasse 37-39, Tel. 710 28 81, E-Mail: office@joseph.co.at, www.joseph.co.at, Mo-Fr 7-18, Sa 8-14, So 8-12 (Fei geschlossen), saisonal abweichende Öffnungszeiten (siehe Website). Handgemachte Brote, Gebäck und Süßes aus rein biologischen Zutaten, hausgemachte Snacks; Bio-Limonaden und Bio-Eistee. Bio-Greisslerei mit Produkten aus der Region.

Nöbauer Himmelstraße 7 (Grinzing), Tel. 20 31 17 74, www.noebauer-konditorei.at, Mo-Fr 7-18, Sa, So, Fei 7.30-18, warme Küche bis 14. Große Auswahl an Mehlspeisen, Brot und Gebäck; Frühstück bis 14, im Sommer Eiskaffee und Eisschokolade, warme Speisen bis 14; Kaffeespezialitäten. Kindersessel. Café für 50 Pers. angeschlossen. Im Sommer Gastgarten.

Café Konditorei Oberdöbling Döblinger Hauptstraße 63-65, Tel. 0664/320 84 75, E-Mail: a.mioc@gmx.at, cafe-konditorei-oberdoebling.at, Mo-Fr 8-19, Sa, So 8-17. Frühstück (€ 3,90 bis € 12,90), tägl. frische hausgemachte Mehlspeisen, Torten auf Bestellung (auch gluten- und zuckerfrei sowie vegan), kleine Speisen wie Toast und Omelette (€ 4,20 bis € 5,80), handgemachte Trüffel; im Sommer Eiskaffee und -frappé, italienischer Kakao. Kinderspielecke mit div. Spielsachen, Wickelkommode, Malsachen etc. Klimaanlage. Offene Galerie im 1. Stock.

Kurkonditorei Oberlaa Sieveringer Straße 4, Tel. 320 77 07-0, E-Mail: sievering@oberlaa-wien.at, www.oberlaa-wien.at, täglich 8-20. Köstliche Torten, Kuchen, Konfekt und warme Mehlspeisen aus eigener Patisserie, Kaffee- und Teespezialitäten, Coffee to go, im Sommer hausgemachtes Eis; Frühstück; saisonale Spezialitäten, Wiener und internationale Küche ab 11 (Tagesspezialitäten € 8,- bis € 24,-). Klimatisiert. Gastgarten für 48 Pers.

Bäckerei Schwarz Himmelstraße 21, Tel. 320 22 16, 802 02 02 (Zentrale), E-Mail: bs@bswien.at, www.bswien.at, Mo-Fr 6-19, Sa 6-13 (Fei geschlossen). Bäckerei und Café-Konditorei. Frühstück; Kaffee und Kuchen; Eduscho-Kaffee. Kinder-Naschecke. Schanigarten für 20 Pers.

Ströck Obkirchergasse 22, Tel. 204 39 99-830 76, 204 39 99-0, E-Mail: kundenservice@stroeck.at, www.stroeck.at, Mo–Fr 6–19, Sa, So 7–18. Ofenfrisches Brot und Backwaren (von rustikal bis mediterran), Mehlspeisen-Klassiker; Frühstück, schnelle Snacks, Imbisse; Bio-Fairtrade-Kaffee; das gesamte Brot- und Gebäcksortiment ist frei von Zusatzstoffen, breites Angebot an Bio-Produkten.

Bäckerei-Café-Konditorei Stumpf Döblinger Hauptstraße 84, Tel. 368 13 27, E-Mail: stumpf-backwaren@aon.at, office@strumpf-backwaren.at, www.stumpf-backwaren.at, Mo–Fr 5.30–18.30, Sa 6–18.30, So, Fei 7–18 (Bäckerei), Mo–Sa 7–18.30, So, Fei 9–18 (Café). 3 Frühstücksangebote (€ 6,– bis € 10,–); österreichische Küche (MM € 10,90 bis € 13,50), saisonale Speisen, Aktionen; Eiskarte, hausgemachte Mehlspeisen und Torten. Take-away. Veranstaltungen wie Kinder-Keksebacken und Buchpräsentationen; für Seminare etc. bis 60 Pers. zu mieten. €€

Bäckerei Wannenmacher Sieveringer Straße 76, Tel. 320 34 91, E-Mail: office@wannenmacher-brot.at, www.wannenmacher-brot.at, Mo–Sa 6–19, So 7–19, Juli bis August Mo–Fr 6–19, Sa 6–14, So 7.30–14. Bäckerei und Café; große Auswahl an Backwaren, Snacks, Torten auf Bestellung, alles von Hand verarbeitet, große Frühstücksauswahl (€ 3,90 bis € 23,–); Mo–Fr MM (€ 8,–); Mo–So TT (€ 8,–); Spezialitäten: Roggenbrot, Ingwerkuchen. Klimaanlage. 2 Schanigärten für je 15 Pers.

Konfiserie

Döblinger Schokothek Döblinger Hauptstraße 66, Tel. 368 49 88, E-Mail: kontakt@schokoladegreissler.at, www.schokoladegreissler.at, Mo–Fr 9–18, Sa 9–13. Traditionelle Konfiserie seit 1995. Schokoladen, Trüffeln aber auch schokofreie Süßigkeiten wie Lakritze, Marzipan, Gelee, Dragees, Softnougat, Bonbons sowie Fruchtgummi; Tortendekoration (z.B. für Geburtstagstorten). Große Auswahl an Tee und Tee-Accessoires (Grüntee, Schwarztee, Früchtetee, Kräutertee sowie die exkl. Teespezialitäten von Ronnefeldt; Teegefäße).

Pub

Unders Döblinger Gürtel 5 (Ecke Glatzgasse), Tel. 276 09 97, E-Mail: office@unders.at, www.unders.at, Di–Sa 18–2, Öffnungszeiten variabel (siehe Homepage). Bierlokal; Imbisse (€ 3,40 bis € 6,90), internationale Biersorten: 10 Flaschenbiere, 5 Biere und Strongbow Cider vom Fass; Großbildleinwand; Vernissagen; Partys (auch private Feiern möglich, keine Miete, keine Mindestkonsumation, keine Kaution). Tischfußball. Gastgarten für 20 Pers. €

Weinhandlungen

Wein & Co Muthgasse 56–88, Tel. 050/706-3081, E-Mail: mut@weinco.at, www.weinco.at, Mo–Fr 9–19, Sa 9–17 (Fei geschlossen). Größtes Fine Wine Sortiment Österreichs, mehr als 2000 Weine aus aller Welt; erweitertes Angebot an Ikonen, Sammlerstücken und limitierten Spitzenweinen. Vielfältiges Zusatzsortiment: Accessoires, Feinkost, Fruchtsäfte, Spirituosen und Geschenke; monatlich wechselnde Gratisverkostung; Korkgarantie; gebührenfreies Bestellservice (Tel. 08000/80 20 80 20), Gratiszustellung in ganz Österreich und Deutschland ab einem Bestellwert von € 69,–. Gratis Parkmöglichkeit für 1,5 Std. im angeschlossenen Parkhaus.

WeinCult Döblinger Hauptstraße 31, Tel. 0664/354 56 77, E-Mail: henrik.moldovan@gmail.com, weincult.atw.hu, Mo–Do 11–22, Fr 11–20 (Fei geschlossen). Vinothek und Café. Hauptsächlich österr. Weine, aber auch Weine aus Ungarn, v.a. Rotweine aus der südungarischen Region Villany.

Wiener Kaffeehaus

Café Friedl Friedlgasse 63 (Ecke Sieveringerstraße), Tel. 399 85 14, E-Mail: info@cafefriedl.at, www.cafefriedl.at, Di–Do 8–21.30, Fr, Sa 8–22.30, So 8–16.30. Frühstück (Di–Fr bis 11.30, Sa, So bis 14), kleine Auswahl an internationalen und österreichischen Speisen und Snacks, hausgemachte Kuchen und Torten (auch vegan), tägl. Mittagsteller (ab € 8,90, abwechselnd vegetarisch oder mit Fleisch). Spielecke für Kinder. Schanigarten.

Würstelstand

Würstelstand Leo Döblinger Gürtel 2 (Ecke Währinger Gürtel), Tel. 0664/659 60 85, E-Mail: bighunger@wuerstelstandleo.at, www.wuerstelstandleo.at, Mo–Sa 10–24, So, Fei 12–24. Ältester Wiener Würstelstand, 1928 von Leopold Mlynek sen. gegründet, nun in 3. Generation von Vera Tondl geführt; beliebter Treffpunkt bei Tag und Nacht; Big Mama Riesenkäsekrainer für 1 bis 4 Pers. (über 0,5 kg Wurst auf einem Tablett), Zwiebelringe und Bratwurst mit Speckkraut, Grill- und Bratwurstteller mit hausgemachten Saucen, Gebäck und pikanten Beilagen; auch moderne Gerichte wie der Amigo Käsekrainer-Hotdog mit Avocado und der Chicago Frankfurter-Hotdog mit Coleslaw; umfangreiche Speisekarte mit 60 Speisen und rund 40 Getränken; auch zum Mitnehmen (auf Aluplatten angerichtet). €

20., BRIGITTENAU

Der Zwanzigste teilt sich mit der Leopoldstadt die Insel zwischen Donau und Donaukanal. Viel näher steht dem 86.000-Einwohner*innen-Bezirk jedoch Rudolfsheim-Fünfhaus. Man teilt sich nicht nur demografische Gemeinsamkeiten: die beiden sind die ethnisch diversesten Gemeindebezirke, deren relativ junge Bewohner*innen unterdurchschnittlich viel verdienen. Gleichzeitig gilt für die Brigittenau, was auch für den 15. gilt: Hier tut sich was! Und nicht nur auf dem Gelände des ehemaligen Nordwestbahnhofs, dem letzten großen innerstädtischen Stadtentwicklungsgebiet Wiens, wo bald ein neuer Stadtteil mit tausenden Wohnungen und Arbeitsplätzen hochgezogen wird. Auch aus gastronomischer Sicht mausert sich 1200 zu einer immer interessanteren, wenn auch noch nicht ganz einfachen Adresse. Da wäre etwa das Xian in der Rauscherstraße, wo der Medien- und Performancekünstler Florian Schmeiser eine Mischung aus Galerie, Sakebar und Café betreibt. Am Wallensteinplatz ist mit dem Restaurant Mraz & Sohn eines der besten Restaurants der Stadt vertreten.

Für immer seine Tür geschlossen hat das Café-Restaurant Brigittenau in der Jägerstraße, zuagrast aus dem Sechsten ist hingegen Teddy's American Diner und macht jetzt auch in der Millennium City Burger, Chickenwings, Nachos und Co in 50er-Style-American-Diner-Kulisse.

Rakete
Lässige Bar mit guten Drinks ... S. 492

DIE BESTEN 16 IM 20. BEZIRK

Brigittenauer Stadl
Gemeindebau-Biergarten am äußersten Bezirkseck, den es gefühlt seit ewigen Zeiten gibt und der mit Freiluftgrill, Budweiser und einer großzügigen Speisekarte besticht ... S. 488

Café Frame
Nettes Kultur-Café, in dem es sich bei Drinks und ein paar Snacks fein knotzen lässt ... S. 492

Coretto
Fröhliches, kleines Lokal, das als Grätzel-Stimmungsaufheller wirkt. Gekocht wird nicht nur das ohnehin Erwartbare, sondern man punktet mit Saisonalem ... S. 488

Diwan
Außerordentlich guter Döner mit Holzkohle geröstet, eine Seltenheit in Wien ... S. 492

Gasthaus Haller
Wiener und ungarische Hausmannskost in rustikalem, hell ausgeleuchtetem Ambiente ... S. 488

Gasthaus Kopp
Alteingesessener Grätzelwirt mit traditioneller Küche und Riesenportionen ... S. 488

Gasthaus Lebenstraum
Wohnzimmer vieler Brigittenauer*innen. Manche sagen, sie würden hier besser essen als bei der eigenen Oma. Das Karten-Spektrum ist jedenfalls breiter als Großmutters: wienerisch, griechisch und Pasta ... S. 488

Gastwirtschaft zum Nussgartl
Das namensgebende Nussgärtchen ist zwar klein, aber lauschig. Feine Wiener Küche ... S. 489

Prindl
Grätzel-Institution, die als 24/7-Bäckerei begann und nach Neuübernahme eine Gourmetschiene mit Edlem aus der internationalen Küche hinzufügte ... S. 495

Mraz & Sohn
Eines der unkonventionellsten Lokale des Landes, in dem die neue Generation mit Witz, vier Hauben und einem Stern kocht ... S. 488

Naturkost Liola
Neben erstklassigem Frischgemüse & Co gibt es hier auch täglich frisches Frühstück und schöne Mittagsgerichte aus Produkten, die im Verkauf übrig geblieben sind ... S. 492

Quo Ching
Eines der ganz wenigen Lokale Wiens, in denen man auch indonesisches Essen bekommt, und zwar auch jenseits der omnipräsenten Saté-Spießchen. Zum Beispiel indonesische Reistafel und ein Sammelsurium großartiger, mitunter echt hotter Kleingerichte ... S. 490

Rakete
Fällt zwar in die Kategorie zeitgemäße Bar, aber weil die in der Brigittenau eine Seltenheit sind, soll das hübsche Espresso im ehemals grindigen Tschocherl unbedingt genannt werden. Hebt schließlich den Lässigkeitsfaktor des ganzen Bezirks an: Auf der schönen Terrasse lassen sich ein paar schöne Weine, offene Biere und ein paar Drinks schlürfen, dazu gibt's Knabberzeug, Oliven, Prosciutto und gereiften Emmentaler von Jumi ... S. 492

Wohnküche
Das wohl fresheste Lokal in 1200: Kreatives aus der offene Küche, und was da rauskommt, ist top ... S. 489

Xian
Underground-Sake-Bar ohne elitäre Attitüde, dafür mit chinesischem und indischem Streetfood ... S. 489

Zwischenbrückenwirt
Verlässlich gut und günstige Küche an einem eher unscheinbaren Ort ... S. 489

Gaststätten, Restaurants, Wiener Beisln

Brigittenauer Stadl Griegstraße 1–3, Tel. 374 92 02, E-Mail: office@brigittenauerstadl.at, www.brigittenauerstadl.at, Di–Fr 9–23, Sa, So 9–24, warme Küche 11–22. Biergarten-Geheimtipp. Hausmannskost (Di–Fr 11–14 3 MM € 8,50 bis € 9,50), Mi 14–22 Surschnitzel € 8,50; alle 3–4 Wochen neue Spezial-Wochenkarte; Sommer: Sa, So, Fei bei Schönwetter Schmankerl wie Ribs oder Wings; Kinderportionen, -sessel, großer Kinderspielplatz. TV. Privatveranstaltungen bis 120 Pers. möglich. Kleines Extrazimmer für 40, Saal für 140, Stüberl für 45, Garten für 350 Pers. **€€**

Cafe & Restaurant Coretto Forsthausgasse 15 (Leystraße), Tel. 332 37 08, E-Mail: info@coretto.at, www.coretto.at, Mo–Sa 9–22. Neighbourhood-Beisl. Hausmannskost (Mo–Fr 11–14 MM € 8,40/Suppen ab € 2,70), Salate, Fisch, Nudelgerichte, vegetarische Gerichte; wechselndes Wochenangebot (vegetarisch € 8,40/mit Fleisch € 9,40), Spezialitätenwochen (z.B. Wild, Spargel, ungar. Wochen); Kinderkarte, -sessel. TV. Extrazimmer für max. 24, Schanigarten für 48 Pers. **€€**

Gasthaus Dani Gerhardusgasse 8, Tel. 330 76 25, täglich 10–22, durchgehend warme Küche. Internationale Küche (täglich 11–15 MM € 6,90); Kinderportionen. **€**

Zu den 3 goldenen Kugeln Handelskai 94–96 (Millennium City), Tel. 332 11 33, E-Mail: wien@3goldenekugeln.at, www.3goldenekugeln.at, Mo–Sa 8–21 (Fei geschl.). Bodenständige Hausmannskost, 8–11 Frühstück (ab € 2,90), bis 11 jeder Kaffee zum halben Preis; Gebackenes, Grillspezialitäten; ganztägig 7 Menüteller; Platten für 10 Pers. auf Vorbestellung; Kinderspeisen, -sessel. Schanigarten für 25 Pers. Behinderten-WC in der Anlage. **€€**

Dresdnerhof Dresdner Straße 126, Tel. 330 18 09, E-Mail: office@dresdnerhof.at, www.dresdnerhof.at, Mo–Fr 9–23, Sa, So, Fei 11–22, durchgehend warme Küche bis 22 bzw. 21. Frühstück 9–10.45 (ab € 5,50); Wiener Küche, saisonale Speisen (11–14 2 MM € 6,60), Spezialität: Fiakergulasch (€ 9,10); Kinderspeisen, -sessel. TV. Private Veranstaltungen möglich. Kleines Extrazimmer für 20, Schanigarten für 60 Pers. **€**

Fähnrich's Restaurant Stromstraße 19, Tel. 0670/205 90 79, E-Mail: office@faehnrichs.at, www.faehnrichs.at, Mo–Fr 10–22 (Fei geschlossen), bei Anfrage auch Sa, So, Fei geöffnet. Klassische, bodenständige Küche (Mo–Fr ab 11.15 MM), z.B. Wiener Schnitzel mit hausgemachtem Erdäpfelsalat, Rindsgulasch mit Butternockerln, Blunzngröstl mit Krautsalat oder gebratenes Zanderfilet mit Saisongemüse und Petersilerdäpfeln; Kinderportionen auf Anfrage, Malsachen für Kinder; Bier vom Fass, Wein, alkoholfreie Getränke. Restaurant für insg. 65 Pers., Schanigarten für 22 Pers. **€**

Grill and Chill Wehlistraße 94–96 (Millennium City), Tel. 399 88 31, E-Mail: office@grillandchill.wien, www.grillandchill.wien, Mo–Mi, So, Fei 11–24, Do 11–1, Fr, Sa 11–2. Klassische und moderne internationale Küche, Steaks, Grillgerichte, Burger, Hausmannskost; Tages- und Wochenangebote, saisonale Karte; Mo–Fr 11–15 Mittagsmenü (€ 9,20 bis € 9,90); Kinderportionen, -sessel; Cocktail Lounge ganztägig: große Auswahl an Cocktails, Happy Hour nach Ankündigung. Tagsüber Chill-Musik, abends Barmusik. Showküche. Behinderten-WC in der Anlage. **€€€**

Gasthaus Haller Wallensteinstraße 49, Tel. 332 25 76, www.gasthaus-haller.at, täglich 10–22, warme Küche bis 21.30. Hausmannskost und ungarische Spezialitäten (2 MM € 7,50 und € 8,00); Kinderportionen, -sessel; 3 offene Biere. TV; jeden 1. Do/Monat Liveveranstaltung, Privatveranstaltungen möglich. Schanigarten für 24 Pers. **€€**

Gasthaus „Zur Kopfwehinsel" Gerhardusgasse 30, Mo–Sa 7–23, So 8–23, im Sommer keine Küche. Kleine Imbisse. Darts, Musicbox, TV. Schanigarten für 12 Pers. **€**

Gasthaus Kopp Engerthstraße 104, Tel. 330 43 92, E-Mail: gasthauskopp@networld.at, www.gasthaus-kopp.at, Mi–So 10–23, durchgehend warme Küche. Wiener Hausmannskost, legendär in Sachen Schnitzel (Mi–Do M ab € 9,30, Fr ab € 9,90); selbstgemachte Mehlspeisen; Wein- und (Fass-) Bierspezialitäten, Schnaps; Kinderportionen, -sessel. TV. Schanigarten für ca. 50 Pers. **€€**

Gasthaus Lebenstraum Dammstraße 13, Tel. 330 19 43 11, E-Mail: office@gasthauslebenstraum.at, www.gasthauslebenstraum.at, Mo 11–14, Di–So, Fei 11–23. Wiener Küche, auch Pastagerichte und griechische Spezialitäten; Mo–Fr 11–14 5 MM (ab € 7,50). Schanigarten für 25 Pers. **€€**

Mortarabeisl Mortaraplatz 1, Tel. 330 45 88, E-Mail: mortarabeisl@chello.at, www.mortarabeisl.at, Mo–Sa 9–21 (Fei geschlossen). Wiener Hausmannskost, z.B. Wiener Schnitzel, Tafelspitz, (Mo–Fr 2 MM € 9,–); Kinderspeisen, -sessel. Darts, TV. Lokal für Feste bis 100 Pers. zu mieten (nach Absprache auch außerhalb der Öffnungszeiten). Gastgarten für 48 Pers. **€€**

Restaurant Mraz & Sohn Wallensteinstraße 59, Tel. 330 45 94, E-Mail: restaurant@mrazundsohn.at, www.mrazundsohn.at, Mo–Fr 19–24 (Fei geschlossen), warme Küche bis 21. Restaurant mit Kreativküche auf Topniveau, eines der besten Restaurants in Wien; 1 Tasting-Menü (kreative Österreichische Küche mit Nähe zur Saisonalität) inkl. Wasser und Couvert (€ 155,55); große Käseauswahl (ca. 50 bis 60 Sorten); Kinderportionen, -sessel; Auswahl an Weinen und Schnäpsen (ca. 1100 Weine aus Österreich, Frankreich etc.). Extrazimmer für max. 20, kleiner Gastgarten für 30 Pers. im Innenhof. **€€€€**

Gastwirtschaft zum Nussgartl Vorgartenstraße 80, Tel. 332 51 25, E-Mail: servus@nussgartl.at, www.nussgartl.at, Mo–Mi 17-23, Do, Fr 11.30–15 und 17-23. Vorwiegend vegetarische Gerichte, aber auch Wiener Schmankerl und saisonale Speisen; österreichische Weine, Fassbiere (Schladminger Hell und Bio-Zwickl). Gastgarten für ca. 50 Pers. mit Nussbäumen. **€€**

Wohnküche Traunfelsgasse 1, Tel. 0677/63 10 59 72, E-Mail: servus@wohnkueche.at, www.wohnkueche.at, Di-Sa 17–23 (Fei geschlossen). Österreichische Küche mit internationalen Einflüssen; kleine, saisonal wechselnde Karte, bevorzugt regionale Zutaten, auch vegane und vegetarische Speisen; Tegernseer vom Fass, ausgewählte Weine und Aperitifs. Hochstuhl. Plätze im Lokal für 28 Pers., im Schanigarten für 32 Pers. **€€**

Zwischenbrückenwirt Treustraße 27, Tel. 333 10 62, E-Mail: office@szigeti.co.at, www.zwischenbrueckenwirt.at, Mo–Sa 18–23 (Fei geschlossen). Restaurant von Günther Szigeti mit ambitionierter Wirtshausküche. Kinderportionen möglich; ausschließlich österreichische Weine. Schanigarten für 20 Pers. **€€€**

Amerikanisch

Domino's Klosterneuburger Straße 43, Tel. 05/749 92 11, www.dominos.at, Mo–Do, So 11–22, Fr, Sa 11–23. Große Auswahl an Pizzen, auch individuell zusammenstellbar, verschiedene Pizzaböden (Italien Style, Domino´s Original, Cheesy Crust, Pan Pizza) und zahlreiche Toppings, div. Vorspeisen und Beilagen wie Chicken Wings und -Strips, Stuffed Cheesy Bread uvm.; Desserts (Cinnabites, Apple oder Choco Pie). Spezielle Aktionen über die Domino's App. Abholung, Zustellung (innerhalb von 30 Minuten nach Bestellung) oder Essen vor Ort möglich. **€**

Five Guys Handelskai 94-96 (Millenium City), restaurants.fiveguys.at, Mo–Do, So 12–22, Fr, Sa 12–23. US-amerikanische Burgerkette mit Burger, Hot Dogs, Sandwiches; Milch-Shakes. Take-away, Zustellung.

Ocean Park Handelskai 94–96/1 UG, Tel. 334 22 11, E-Mail: wien@oceanpark.at, www.oceanpark.at, saisonale Öffnungszeiten siehe Homepage. Amerikanische Snacks und Fingerfood, Pizza, Burger; Smoothies, große Auswahl an Cocktails. 21 Lounge Bowling Bahnen (davon 5 VIP), Billardtische, Snooker, Karambol, 3 Tischtennis-Tische, interaktive Fun-Sport-Games, Kids Zone. Für Firmen-Events und Kinder-Geburtstage mietbar; Bowlingbereich für ca. 200, Barbereich für 60 Pers. Parkhaus 2 (3 Std. gratis). Kartenzahlung ab € 20,–. **€**

Teddy's American Diner Wehlistraße 64-66 (Millennium City, 2. OG, Food Plaza), Tel. 330 61 97, E-Mail: office@teddys-diner.com, www.teddys-diner.com, täglich 11–23, Küche bis 22. Typisches American Diner im 50er Jahre Stil. Burgervariationen (wählbar aus Rindfleisch, Huhn oder Gemüselaibchen) in Kombination mit Pommes, Spezialität: Elvis Sandwich (Erdnussbutter, Banane, Speck um € 11,50), Hot Dogs. Typisch amerikanische Getränke (Milchshakes, Vanilla Coke etc.). Jeden Do Live-Musik. **€€**

Asiatisch

Hitomi Hannovergasse 2, Tel. 0660/885 68 88, E-Mail: office@hitomi.at, www.hitomi.at, Di–So, Fei 11.30–22. Asiatische Spezialitäten wie Sushi, hausgemachte Nudeln und Wokgerichte, Sushi und Maki ganztags; MM; Kinderteller. Gastgarten für 30 Pers. **€€**

Hitomi Marchfeldstraße 17, Tel. 0676/580 23 88, E-Mail: kellyzhou1020@gmail.com, www.hitomi.at, Mo–Fr, So 11–22. Asiatische Spezialitäten wie Sushi, Maki, Sashimi. Kinderspeisen. Schanigarten. **€€**

Restaurant Kristall Staudingergasse 10 (Ecke Jägerstraße 15), Tel. 332 31 45, Di–So 11.30–15 und 17.30–21. Chinesische, japanische, thailändische Küche (20 MM ab € 7,50), Mittagsbuffet „all you can eat" (€ 8,90/Kinder € 6,50). Zustellung in den 20. sowie teilweise in den 2., 9. und 19. Bezirk (ab € 9,–). Kindersessel. Schanigarten für 20 Pers. **€**

ramien go Dresdner Straße 68, Tel. 905 42 26, E-Mail: dresdnerstrasse@ramiengo.at, www.ramiengo.at, Mo–Sa, Fei 11–22, Küche bis 21.30. Glutamatfreie Nudelsuppen, Reis- und Salatschalen, gebratene Nudeln mit diversen Zutaten, Gyoza (Teigtaschen) vegetarisch und mit Fleischfüllung, Dim Sum, Curry, Pasta. Viele Speisen auf Anfrage auch vegan möglich. Alle Speisen auch zum Mitnehmen. Lokal für 80, Schanigarten im Innenhof mit Teich für 30 Pers. Behinderten-WC. **€**

Sajado Handelskai 94-96 (Millennium City), Tel. 330 55 89, E-Mail: info@sajado.at, www.sajado.at, täglich 11–22. Asiatische Speisen vom Robata-Grill, z.B Hühnerspieße, Meeresfruchtspieße, vegetarische Spieße; Mo–Fr 11–17 MM. Behinderten-WC in der Anlage. **€**

Xian Rauscherstraße 17, Tel. 0650/330 80 94, E-Mail: contact@xianwien.at, xian-artcafe.business.site, täglich 12–15 und 18–23. Sakebar vom Wiener Medien- und Performance-Künstler Florian Schmeiser, eine Mischung aus Galerie und Café. Chinesisches und indisches Streetfood, z.B. scharfe Sichuan-Nudeln, gefüllte Bananenblätter oder Bauchfleisch mit Pak Choi; versch. Sorten Sake. Schanigarten.

Restaurant Yoi Klosterneuburger Straße 32, Tel. 0660/149 08 16, Mo–Fr, So, Fei 10.30–22, durchgehend warme Küche. Sashimi, Mo–Fr 10.30–16 MM (€ 6,20 bis € 8,70), Bento-Boxen (€ 8,50 bis € 9,50), Nudeln, Teppanyaki, Wok. **€**

Balkan

Elite Restaurant Wallensteinstraße 46, Tel. 0660/800 95 11, E-Mail: info@elite-restaurant.at, Mo–Fr 8–22, Sa, So 10–21. Grillspezialitäten, Burger; Frühstück. 💳 **€**

Chinesisch

Heimat Klosterneuburger Straße 60, Tel. 330 83 28, 0699/11 80 02 72, www.china-restaurant-heimat-wien.at, Mo–Fr 11–15 und 17–22, Sa, So, Fei 11–22. Chinesische, auch thailändische und japanische Küche (22 MM ab € 8,50), Kindersessel; Zustellung in den 9., 19. und 20. Bezirk (ab € 15,–). Privatveranstaltungen möglich. **€€**

Shanghai-Haus Traisengasse 21, Tel. 332 72 89, E-Mail: office@shanghai-haus.at, www.shanghai-haus.at, Di–So 11–14.30 und 17.30–22. Chinesische Küche (MM ab € 6,–). Kindersessel. Kostenlose Lieferung auf Anfrage ab € 15,– Mindestbestellwert im 2. und 20. Bezirk. Schanigarten für 40 Pers. **€**

Siegreich Marchfeldstraße 12 (Ecke Leystraße), Tel. 330 83 68, E-Mail: office@siegreich.at, www.siegreich.at, sieg reich.at, Mo, Mi–So, Fei 11.30–15 und 17.30–22. Gibt's seit mehr als 25 Jahren. Chinesische Küche (12 MM € 8,60 bis € 9,30), Mittagsbuffet „all you can eat" inkl. Sushi (Mo, Mi–Fr € 10,50/Kinder € 7,50; Sa, So, Fei € 13,50/Kinder € 8,50), Abendbuffet (17.30–22 € 13,50/Kinder € 8,50), Sushi-Bar; Spezialitäten: Pekingente (€ 75,–/4 Pers., auf Vorbestellung) und „Heiße Pfanne"; Kinderportionen, -sessel. Schanigarten für 32 Pers. 💳 **€€**

Indisch

Bio Welt Rauscherstraße 6a, Tel. 276 70 67, www.biowelt .wien, täglich 11–22. Zustelldienst mit biologischen Lebensmitteln; indische Gerichte z.B. Reisgerichte, Lammgerichte, Huhn aber auch Pasta, Salate oder Vegetarisches, auch Abholung möglich. 💳 **€€**

Chutney Indische Spezialitäten Handelskai 94–96 (Millennium City), Tel. 13 30 09 18, E-Mail: rabia.tahir@chutney -food.com, www.chutney-food.de, Mo–Fr 9–23, Sa, So, Fei 9–24. Indische Gerichte (mit Fleisch oder vegetarisch; z.B. Chicken Makhan, Mixed Pakora etc.). Alle Gerichte in verschiedenen Größen. Take-away. Behinderten-WC in der Anlage. ♿ 💳 **€€**

Indonesisch

Quo Ching Klosterneuburger Straße 11 (Ecke Wolfsaugasse), Tel. 332 66 75, 0660/228 80 88, quoching.com, Mo 11.30–14.30 und 17.30–22, Mi–So, Fei 11.30–14.30 und 17.30–21. Indonesische und chinesische Speisen (14 chinesische, 8 indonesische MM € 5,30 bis € 9,–), indonesische Reistafel (ab € 36,50/2 Pers.); Kinderspeisen, -sessel. Schanigarten für 16 Pers. 💳 **€**

Italienisch

Pizzeria Adriano Wallensteinstraße 54, Tel. 332 73 51, E-Mail: info@pizzeria-adriano.at, www.pizzeria-adriano.at, täglich 11–24, warme Küche bis 22.30. Italienische und österreichische Küche, Holzofenpizza, frische Muscheln und Fische, Scampi, saisonale Gerichte (Bärlauch, Spargel, Pilze, Kürbis); kleine Pizza (€ 1,– günstiger); italienische und österreichische Weine. TV. Extrazimmer für 25 Pers. (Feiern möglich), Schanigarten für 24 Pers. 💳 **€€**

Osteria Allora Wallensteinplatz 5, Tel. 350 46 80, E-Mail: office@osteria-allora.at, www.osteria-allora.at, täglich 11.30–23, Küche 11.30–21, Pizza 12–22, Weihnachtsfeiertage geschlossen. Italienische Küche; Pasta, Fisch, Fleischgerichte (13 MM ab € 9,90); italienische Weine; 11–17 Kaffee um 25% reduziert; Kindersessel. Alle Speisen auch zum Mitnehmen. Lokal auf 2 Stockwerken, Räume auch für Veranstaltungen zu mieten. Gastgarten am Wallensteinplatz für 64 Pers. 💳 **€€**

Dal Maestro Engerthstraße 106, Tel. 332 99 94, E-Mail: office@dalmaestro.at, www.dalmaestro.at, täglich 11–22, Küche bis 21.30. Große Auswahl an Pizza (Mo–Fr 11–16 Pizza, Lasagne, Spaghetti Bolognese € 6,90), Wochenangebote (ab € 6,–), große Spareribs um € 19,90 und kleine um € 11,90, Grillplatte für 2 bis 4 Pers. (€ 39,90); Kinderportionen, -sessel; Zustellung im 2. u. 20. Bezirk, andere Bezirke auf Anfrage (ab € 8,80). Schanigarten für 90 Pers. 💳 **€€**

Italian Bar und Restaurant D'Lounge Wehlistr. 64–66/Top 235 (Millennium City), Tel. 334 16 55, E-Mail: office@d-lounge.at, www.d-lounge.at, täglich 11–1, warme Küche So–Do 11–23.30, Fr, Sa 11–24. Klassische und moderne ital. und internat. Küche, Holzofenpizza, Tages- und Wochenangebote; Showküche; Mo–Fr 11–15 MM (€ 6,80 bis € 11,90), Saisonkarte; Kinderportionen, -sessel; Cocktail Lounge ganztägig: große Auswahl an Cocktails, Happy Hour nach Ankündigung. Tagsüber italienische Musik, abends Barmusik. Behinderten-WC in der Anlage. ♿ 💳 **€€**

Il Delfino Engerthstraße 92, Tel. 374 87 87, E-Mail: office@ristorante-delfino.at, www.ildelfino.at, täglich 11–2, warme Küche bis 23 im Restaurant, Abholung und Zustellung bis 2. Italienische Küche; 11–14 MM ab € 7,90 nur zur Abholung

(Pizza oder Pasta mit Salat und 1 Dose Pepsi), American Pizza (ab € 17,90), Pasta, Fisch- und Grillspezialitäten, auch Wiener Küche; von allen Speisen kleine Portionen möglich, Kindersessel; italienische Weine, Spirituosen. TV. Gastgarten für 40 Pers. 💳 €

Pizzeria Il Mondo Treustraße 11, Tel. 330 05 26, E-Mail: ilmondopizza20@yahoo.com, täglich 11–23, durchgehend warme Küche. Italienische Küche, Pizza, Pasta, Fisch, Schnitzel, amerikanische Gerichte; Lieferung im 2., 9., 18., 19. und 20. Bezirk. Schanigarten mit 2 Tischen. €

La Piazza Gaußplatz 7, Tel. 330 95 94, E-Mail: kontakt@pizzeria-la-piazza.at, www.pizzeria-la-piazza.at, tägl. 11–22. Italienische Küche, Pizza. Zustellung im 2., 9. und 20. sowie auf Anfrage im 1. Bezirk (ab € 12,–). Gastgarten für 50 Pers. 💳 €€

Restaurant Pizzeria Piazzetta Leystraße 6/5, Tel. 350 74 98, E-Mail: office@piazzetta.at, www.piazzetta.at, täglich 9.30–21.30, Küche bis 21. Italienische, Wiener und internationale Küche (Mo–Fr MM € 7,50), saisonale Spezialitätenwochen (Spargel, Pilze etc.); Kinderspeisen, -sessel. TV. Gastgarten für 60 Pers. 💳 €€

Japanisch

Sushi Restaurant Sunrise Kyoto Handelskai 92-94 (Millennium City), Tel. 334 18 08, E-Mail: office@etii.at, www.sunrise-gourmet.at, täglich 11–23.30. Sushi und Maki (€ 6,70 bis € 20,50), Tempura, Teppanyaki (MM € 4,90 bis € 7,20), auch kleine Speisen (ab € 3,50), Bento-Boxen; Kinderportionen, -sessel; japanischer Reistee. Behinderten-WC in der Anlage. ♿ 💳 €

Mexikanisch

Hacienda ephemer Jägerstraße 28/1, Tel. 0660/662 04 82, E-Mail: restaurant@hacienda-ephemer.at, www.hacienda-ephemer.at, täglich 8–13 und 17–2, warme Küche bis 23. Frühstück 8–13 (jeden Tag gibt es ein „morning special"); mexikanische Küche nach Originalrezepten, Spezialitäten: Fajitas, En Moladas; wechselnde saisonale Speisekarte; täglich 17–20 Cocktail Happy Hour (Cocktails um € 5,–); Kinderspeisen, -sessel, Spielzimmer. Ausstellungen. Lokal kann für 30–50 Pers. reserviert werden (mit Buffet oder Speisen à la carte). Schanigarten für 25 Pers. Reservierung empfohlen. €€

Mongolisch

Pani Bär – Mongolisches Barbecue Wehlistraße 64–66/Top 208 (Millennium City/Food Court), Tel. 986 66 98, pani-baer-wien.at, täglich 10–23. Showküche; mongolisches Barbecue mit viel Fleisch und Spezialsaucen (MM € 11,90/AM € 13,90). Behinderten-WC in der Anlage. ♿ 💳 €€

Persisch

Tehroon Klosterneuburger Straße 82, Tel. 330 65 35, E-Mail: info@tehroon.at, tehroon.at, täglich 11.30–22, Küche bis 21.30. Iranische und persische Küche. Mo–Sa MM (€ 12,–); typische Spezialitäten sind Koobideh, Djudje Kabab, Ghormeh Sabzi, Kashke Bademjan; Wochenkarte, auch Vegetarisches; Kinderportionen, 2 Kindersessel. Lokal mit Glaswand abteilbar (Feiern im Lokal bis ca. 65 Pers. möglich). Schanigarten für 80 Pers.

Thailändisch

Changthai Wallensteinstraße 41/1, Tel. 0660/688 87 38, E-Mail: changthaicurry@gmail.com, Di–Sa 12–19. Kleiner Thai-Imbiss mit frischen Gerichten. Tom Kha Gai (€ 5,90), Rotes Curry (€ 10,90). 6 Sitzplätze. €

Türkisch

Café Ay Innstraße 13, täglich 12–24. Kleine Auswahl an türkischen Speisen: Linsen- und Kuttelsuppe, Salate, Köfte; türk. Kaffee und Tee. Schanigarten für 16 Pers. Keine Hunde.

Diwan Wallensteinstraße 48, Tel. 0664/637 55 57, E-Mail: info@diwan.wien, www.diwan.wien, täglich 9–21. Hühner- und Kalbskebap, Speisen vom Holzkohlengrill, vegetarische Speisen, frisches, selbst gebackenes Fladen- und Lavaschbrot. 3 Tische. Gastgarten mit 4 Tischen. 💳 €

Haskonya Etliekmek Streffleurgasse 13, Tel. 952 30 62, Di–So, Fei 11–22. Türkische Spezialitäten, türkische Pizza aus dem Holzofen (€ 6,70 bis € 11,70); Pide mit Faschiertem (€ 8,90) oder mit Würfelfleisch (€ 9,90). Speisen auch zum Mitnehmen. Lieferung in den 20. Bezirk gratis, 2., 8., 9., 19. und 21. Bezirk: Liefergebühr € 2,– (Mindestbestellwert: € 22,30/im 21. Bezirk € 30,–). Schanigarten für 16 Pers. 💳 €

Kent Restaurant Jägerstraße 45, Tel. 905 93 93, E-Mail: office20@kent-restaurant.at, www.kentrestaurant.at, kent-zustellung.at (Online-Bestellung), täglich 7–24. Türkisch-levantinische Spezialitäten; umfangreiche Karte, Frühstück (ab ca. € 4,90), Mo–Fr 8–13 und Sa, So 8–14 Frühstücksbuffet (€ 12,90); Eis; Kinderspeisen, -sessel, Catering. Zustellung in alle Bezirke außer 10 und 11 (ab € 15,– gratis Zustellung). Separater Veranstaltungsraum für bis zu 150 Pers. 💳 €€

Saphire Restaurant Jägerstraße 35, Tel. 968 19 66, E-Mail: info@saphirerestaurant.at, www.saphirerestaurant.at, täglich 7-23, warme Küche bis 22.30. Türkische Hausmannskost, leichte mediterrane Küche (3gg MM ab € 9,90); Frühstück (ab € 6,90); kleine Portionen, 3 Kindersessel. Platz für 100 Pers. Schanigarten für 80 bis 90 Pers. ♿ 💳 €€

Vegetarisch, vegan

Naturkost Liola Karl-Meißl-Str. 6, Tel. 0660/298 11 13, E-Mail: office@naturkostliola.at, www.naturkostliola.at, Mo-Fr 10-18, Sa 9-15. Naturkostladen mit Café. Mo-Sa 10-11.30 Frühstück; ab 12 frisch zubereitetes Mittagessen so lange der Vorrat reicht (kann vorab reserviert werden), auch zum Mitnehmen. Hausgemachte Kuchenvariationen, Mehlspeisen von Mauracher und Waldherr; Prem Frischkaffee; im Sommer hausgemachtes Bio-Eis. Spielsachen, Comics, Kindersessel. Außerdem im Sortiment: Bio-Gemüse und -Obst, Sauerteig-Holzofenbrot, Bio-Kaffee, histaminfreie Bio-Weine, nachhaltige Haushalts- und Hygieneartikel. Zustellung von Lebensmitteln im 2. und 20. Bezirk (Bestellung online, Lieferung ab einem Bestellwert von € 180,-, darunter Selbstabholung möglich). Schanigarten für 8 Pers. Rollstuhlrampe. Hunde nur im Schanigarten erlaubt. 💳

Vietnamesisch

Vietnjam Rauscherstraße 4/7, Tel. 0699/10 33 42 36, E-Mail: info@vietnjam.com, www.vietnjam.com, Mo-Sa 11-21.30. Traditionelle Hanoi-Streetfood-Küche, neben Spezialitäten wie Pho, Spicy Curry, Ente auf Mango u.a., vor allem Grüne Bohnen Dessert und schokoladiger Vietnamkaffee. Kleiner Schanigarten im Sommer. 💳 €

Bars

Pink Pepper Stromstraße 2, Tel. 0650/511 10 86, Mo-Do, So 11-24, Fr, Sa 11-2, Fei 16-24. In erster Linie Barbetrieb, gelegentlich werden Schmankerl serviert oder Grillabende veranstaltet. Cocktailkarte mit wechselnden Aktionen, offene Biere, div. Flaschenbiere. Darts, Flipper, Tischfußball, Gratis Jukebox; immer wieder Live-DJs und Veranstaltungen (Bad-Taste-Party/Homeparty/Frühschoppen). Schanigarten für ca. 30 Pers. 💳

Rakete Karl-Meißl-Straße 1, Tel. 0660/346 61 00, Mi-Sa 17-24. Neu eröffnete Bar von Corinna Huber und Andreas Brunner, die auch die Wohnküche betreiben. Gute Weine (Schwerpunkt: Naturweine), Tegernseer vom Fass, Cocktails; Barfood wie Oliven im Marmeladeglas (€ 6,-) oder Prosciutto-Teller (€ 8,-). Schanigarten unter Bäumen.

SOHO Vienna Wehlistraße 64-66/Top 2 (Millennium City), Tel. 0664/515 97 86, E-Mail: office@soho-vienna.at, www.soho-vienna.at, Mo-Do, So, Fei 17-2, Fr 17-3, Sa 17-4. Cocktail- und Karaokebar. Happy Hour tägl. alle Cocktails um € 3,30, täglich wechselnde Cocktailangebote. 5 TVs. Behinderten-WC. ♿

Bistros

Dean & David Wehlistraße 66 (Millenium City), Tel. 330 34 38, E-Mail: wien.millennium.city@deananddavid.com, www.deananddavid.de, täglich 10-21. Täglich frisch zubereitete Salate, Bowls, Currys, Suppen und Sandwiches; auch viele vegetarische und vegane Speisen; div. Smoothies und Säfte; Kaffee, Tee. Alle Speisen auch zum Mitnehmen. Kindersessel. 💳 €€

Café Bar Punto Rosso Lorenz-Müller-Gasse 7-11 (Eingang Helgolandgasse 11), Tel. 330 34 47-920, www.keusch.com/punto-rosso, Mo-Do 7-16, Fr 7-15 (Fei geschlossen), warme Küche 11-14. Café-Restaurant mit Wiener Küche im Autohaus Keusch (11-14 2gg MM € 8,50), selbstgemachte Mehlspeisen; 7-11 Frühstück (ab € 4,50). 2 TV. Terrasse für 16 Pers. €

Cafés, Espressos

Café Baby Adalbert-Stifter-Straße 23-31, Tel. 332 03 57, täglich 8-22. Imbisse und kleine Speisen. TV für Sportübertragungen; manchmal Preisschnapsen. Schanigarten für 16 Pers. Hunde nur mit Beißkorb.

Café-Konditorei Delphin Donaueschingenstraße 20, Tel. 0699/19 43 74 91, E-Mail: r.tomesch@gmx.at, www.cafe-delphin.at, Mo-Sa 7.30-22. Frisch gebackene Mehlspeisen und Kuchen, Wiener Kaffee. Weinkistl (Weine vom Weingut Koch zu Ab-Hof Preisen). Schanigarten für 20 Pers.

Café Frame Jägerstraße 28, Tel. 0699/11 66 79 45, E-Mail: cafe.frame@gmx.at, reservierung@cafe-frame.at, Mo-Sa 17-1, So, Fei 18-1. Kultur- und Musikcafé; Imbisse, kleine Küche, z.B. Chili, Gulasch (alles hausgemacht); Getränke wie Kaffee oder Kakao aus Fair Trade Produkten. Chillout-Musik, Kunst- und Kulturevents, fallweise Lesungen, DJ-Line, regelmäßige Vernissagen. Schanigarten für 15 bis 20 Pers. Rollstuhlrampe kann ausgelegt werden.

Mango's Bar Handelskai 94-96/Top 221 (Millennium City, Food Court), Tel. 334 16 55, E-Mail: office@etii.at, täglich 11.30-23.30 (open end). Kaffee in verschiedenen Variationen, Milchshakes, Eis, Milchtee, Bubble Tea. Schanigarten. Behinderten-WC in der Anlage. ♿ 💳

Café Pöchlarnhof Pöchlarnstraße 8, Tel. 0699/17 47 79 76, Mo–Fr 9–20 (Fei geschlossen). Schach, Karten.

Segafredo Handelskai 94–96/Top 11 (Millennium City), Tel. 512 20 32-214, E-Mail: office@hkgastro.com, www.segafredo.at, Mo–Sa 8–24, So, Fei 10–23. Frühstück bis 11, Snacks; Cocktails. TV; Klimaanlage. Schanigarten für 60 Pers. Behinderten-WCs in der Anlage. ♿ 💳

Starbucks Handelskai 94–96 (Millennium City), Tel. 33 66 33-2502, E-Mail: office@starbucks.at, www.starbucks.at, Mo–Do 7–21, Fr 7–22, Sa 8–22, So, Fei 8.30–21. Unzählige Kaffeevariationen u. -sorten, Iced Teas; amerikanische Mehlspeisen, Sandwiches, Bagels; Kaffeeverkostungen. Terrasse für ca. 20 Pers. Behinderten-WC in der Anlage. ♿ 💳

Espresso Susi Adalbert-Stifter-Straße 31, Tel. 0664/572 63 44, Mo–Sa 9–22. Nur Getränke, keine Küche. Schanigarten für 15 bis 20 Pers.

Süsses Eck Griegstraße 1–3, Mo–Fr 7–20, Sa, So, Fei 8–20. Espresso mit kleinen Speisen wie saurer Wurst, Pferdeleberkäse und Gulasch. Schanigarten.

Café TGM Stromstraße 6, E-Mail: sabine.skriwanek@chello.at, Mo–Fr 14–22 (Fei geschlossen). Nur Getränke. Eigener Raum für Darts, 2 Automaten. Café für 35, Schanigarten für 12 Pers. 💳

Café Tina Kampstraße 13, Tel. 0676/703 60 33, Mo–Fr 9–1, Sa 16–1. Kleine Speisen. Darts, TV. Schanigarten für 50 Pers.

Cafe-Restaurant Vindobona Wallensteinplatz 6, Tel. 512 39 03, E-Mail: office@vindobona.wien, vindobona.wien, täglich 7.30–23, Küche bis 21.30. Traditionelle Wiener Gerichte, neu interpretiert. Frühstück bis 15 (€ 7,50 bis € 19,90); MM 2gg € 11,90, 3gg € 13,90; Kinderspeisen, -sessel. Angeschlossener Theatersaal mit versch. Veranstaltungen. Klimaanlage. Schanigarten für 80, im Sommer bzw. Fr, Sa bis 118 Pers. Behinderten-WC. ♿ 💳

Eissalons

Eiscafé am Eck Leystraße 20A, täglich 10–22 (Sommer), saisonal und wetterbedingt variabel. Eisgeschäft mit farbenfroh gestaltetem Schanigarten.

La Diva Wallensteinplatz 3-4, Tel. 0699/10 00 18 81, E-Mail: office@la-diva.at, la-diva.at, täglich 10–22. Selbstgemachtes Eis und Cremetorten; Frühstück. Schanigarten.

Eiscafé La Fonte Traisengasse 17, Tel. 0676/420 21 02, E-Mail: eiscafelafonte@gmail.com, eiscafelafonte.eatbu.com, März bis Oktober täglich 9.30–23. 24 Eissorten, 27 Coups, gemischtes Eis, Kinderportionen. Toast. Gastgarten für 80 Pers. 💳

La Gelateria Leonardelli Klosterneuburger Straße 50, Tel. 0676/304 96 84, E-Mail: leonardelli@aon.at, www.leonardelli-eis.at, März bis September täglich 10–22. Eistradition seit 1900, mindestens 24 Sorten (selbstgemacht), über 50 Eisspezialitäten; Eistorten, Bio- und veganes Eis (statt Zucker Honig mit Müslimischung), monatliche Specials, Schulschlussaktion; Eiscocktails, Fairtrade-Kaffee. Schanigarten für 32 Pers.

Polly's Eissalon Friedrich-Engels-Platz 20, Tel. 330 43 08, E-Mail: office@polly-eis.at, www.polly-eis.at, März bis September täglich 11–21, April bis August bis 22. Ca. 24 Eissorten, 60 Eiscoups, Freundschaftsbecher, Marilleneisknödel, Zwetschken-Eisknödel, Nuss-Trüffel-Eisknödel; Angebote für Kinder, Kindersessel, Spielzeug. 80–100 Sitzplätze, Schanigarten für 8 Pers. Rollstuhlrampe.

Gelati Serafini Wallensteinstraße 52, Tel. 890 19 06, E-Mail: office@gelatiserafini.at, www.gelatiserafini.at, täglich 9–23. Hausgemachtes, traditionell italienisches Eis aus rein natürlichen Zutaten; auch laktosefreies, veganes und zuckerfreies Eis, klassische und neue Eiscoups, Kinderbecher. Italienischer Kaffee von Illy, Frühstück, kleine Snacks, abendliche Aperitivi und Eis-Cocktails; individuelle Eistorten für alle Anlässe. Tartufi in 3 verschiedenen Variationen (Schokolade, Mohn und Frucht), Eis-Pralinen, Eismarillenkrapfen. Klimatisierter Innenraum für 50, überdachter Schanigarten für 30 und weiterer Schanigarten für 16 Pers. 💳

Imbisse

BURGERISTA Handelskai 94–96 (Millennium City), Tel. 050/66 66 66, E-Mail: service@burgerista.com, www.burgerista.com, täglich 10.30–23. Burger aus 100% frischem Rindfleisch und frischen Zutaten; selbst zusammenstellbare Burger, Steak Pommes; hausgemachte Limonaden. Offene Showküche.

Burger King Wehlistraße 66 (Millennium City), Tel. 374 58 71, E-Mail: kundenservice@whopper.at, www.burgerking.at, Öffnungszeiten siehe Homepage: burgerking.at/kingfinder. Div. Burger und Wraps (auch vegetarisch). Take-away. Wickelraum. Behinderten-WC. ♿ 💳 €

Pizzeria Casa Bianca Wallensteinstraße 51, Tel. 332 05 44, 330 40 47, www.casabianca.wien, täglich 11–21.30. Nur Abholung und Zustellung; italienische und Wiener Küche, Pizza. Lieferung im 2. und 20. (ab € 9,90) sowie im 9. (ab € 9,90) und 19. Bezirk (ab € 15,–), darunter € 2,– Zustellgebühr. 💳 €€

Döner Bar Wallensteinplatz 8 (Ecke Wallensteinstraße/Jägerstraße), Mo–Do 10–24, Fr, Sa 10–2. Döner Kebap. €

Das Göxl Wallensteinstraße 48, Tel. 330 42 17, E-Mail: info@dasgoexl.at, www.dasgoexl.at, Mo–Sa 9–21. Imbiss mit Klassikern wie Schnitzel- und Leberkässemmerl, auch Vegetarisches wie gebackener Karfiol. Take-away. 💳 €

Kentucky Fried Chicken Wehlistraße 66 (Millennium City, Food Court), Tel. 0676/362 57 42, E-Mail: office@kfc.co.at, www.kfc.co.at, Mo–Do, So 10–23, Fr, Sa 10–24. Buckets mit Chicken oder Hot Wings; Sandwiches, Maiskolben, Coleslaw. Behinderten-WC in der Anlage. ♿ 💳 €

Kurze Pause Friedrich-Engels-Platz, Tel. 0660/834 20 30, kurze-pause-gmbh.business.site, täglich 9–23. Kebabstand mit Schanigarten. €

La Leonardo's Wallensteinstraße 29, Tel. 330 67 92, E-Mail: office@la-leonardos.at, www.la-leonardos.at, täglich 10–22. Pizza, Pasta, Burger, Cevapcici, Pljeskavica, Kebap; Take-away. €

Mampf Hellwagstraße 7, Tel. 350 12 83, E-Mail: office@mampfwien.at, www.mampfwien.at, täglich 10–23, durchgehend warme Küche bis 22. Café und Imbiss mit Kebap, Pizza, Pasta, Grillgerichten; aktuelle Angebote siehe Homepage. Schanigarten für 40 bis 50 Pers. 💳 €

McDonald's Handelskai 92 (Rivergate), Tel. 0664/88 43 22 41, E-Mail: at-store0188@restaurant.at.mcd.com, www.mcdonalds.at, Öffnungszeiten siehe Homepage. Burger, Wraps, Salate etc.; Frühstück. Playland. Mit McCafé. 💳 €

Noodle King Jägerstraße 69, Tel. 0676/373 66 05, E-Mail: office@noodleking.at, www.noodleking.at, täglich 10–21. Asiatische Suppen-, Nudel-, und Reisgerichte, sowie Sushi und Maki. Take-away. 💳 €

Schnitzelmeister – Das Express-Restaurant Klosterneuburger Straße 51, Tel. 334 19 63, E-Mail: office@schnitzel-meister.at, www.schnitzelmeister.at, täglich 11–22. Schnitzelvariationen zum Mitnehmen; Wiener Menü (€ 8,80), Debreziner- und Toast-Langos; Juniormenü (€ 5,90), Familienplatten (€ 18,80), bei Zustellung erhöht sich der Preis; Mo–Sa 11–14 und 17–21.50, So, Fei 11–21.50 Zustellung in den 2., 9. und 18. bis 21. Bezirk, andere auf Anfrage (ab € 8,80). Schanigarten für 20 Pers. 💳 €

Subway Handelskai 94–96 (Millennium City, Food Court), Tel. 0660/513 48 36, E-Mail: office@etii.at, www.deinsubway.at, Mo–Do, So 10–22, Fr, Sa 10–23. Sandwiches mit Gemüse, Huhn, Schinken, Thunfisch, Steak etc., Salate, Sandwich des Tages, jedes Sandwich auch als Menü mit Getränk und Chips oder Cookie; Take-away. Kindersessel, Wickelraum und Behinderten-WC in der Anlage. ♿ 💳 €

Tauber Handelskai 94–96 (Millennium City), Tel. 374 82 82, E-Mail: office@tauber.at, www.tauber.at, Mo–Sa 8–21, So, Fei 10–19. Belegte Brötchen (€ 1,80 bis € 2,80/Stk.), diverse Brötchenboxen (€ 22,50 bis € 61,–), auch Mehlspeisboxen (€ 20,– bis € 54,–); Online-Bestellmöglichkeit, Abholung, ab 10 Stück auch Zustellung in alle Bezirke (Zustellkosten € 15,–); Wiener Frühstück (klein € 5,90, groß € 7,10), Hausmannskost (Mittagsteller € 5,80 bis € 8,40); Kindergerichte (€ 5,20 bis € 5,60). €

Tutti Pronti Dammstraße 8, Tel. 946 12 80, E-Mail: tuttiprontiwien@hotmail.com, www.tuttipronti-zustellung.at, täglich 11–23, Küche durchgehend. Italienische, mexikanische, österreichische und vegane Küche; Zustelldienst bis 22.45 in den 2., 9., 8., 19. und 20. Bezirk (ab € 9,–, darunter Zustellgebühr € 1,50). 8 Sitzplätze im Lokal. €

Wienerwald fast & fresh Wehlistraße 66/FC-E-04.0 (Millennium City, Food Court), Tel. 330 30 03, E-Mail: office@wienerwald.at, www.wienerwald.at, täglich 10.30–23. Wiener Küche; Gassenverkauf. 💳 €€

Konditoreien, Bäckereien

Aida Wallensteinstraße 18, Tel. 890 89 88-212, E-Mail: info@aida.at, www.aida.at, täglich 9–18. Konditorei und Kaffeehaus.

Anker www.ankerbrot.at, kontakt@ankerbrot.at. Brot, Gebäck, Mehlspeisen, tägl. laufend frische Snacks. Öffnungszeiten saisonal variabel (s. Homepage). Bahnhof Traisengasse (ÖBB), Tel. 332 74 00, Mo–Fr 5.30–18 (Fei geschlossen), Schanigarten. Donaueschingenstr. 20, Tel. 374 83 11, Mo–Fr 6–18, Sa, So, Fei 6.30–12, Schanigarten. Handelskai (ÖBB), Tel. 333 15 78, Mo–Fr 5–18, Sa, So, Fei 6.30–15. 💳

Backwerk Handelskai 92 (Rivergate), E-Mail: infoat@back-werk.com, www.back-werk.de, Mo–Fr 5.30–18.30, Sa 7–13.30, So 7–18.30, Fei variabel. Brot und Gebäck, kalte und warme Snacks. 💳

Der Mann www.dermann.at, Gebäck, Brot, Mehlspeisen, Snacks. Im Sommer variable Öffnungszeiten. U-Bahn Station Handelskai (U6), Tel. 866 99-9164, Mo–Fr 5.30–19.30, Sa 6.30–18, So, Fei 7–17. Wallensteinstr. 30, Tel. 866 99-9161, Mo–Fr 6–18.30, Sa, So, Fei 7–12, Kaffee-Ecke. Rauscherstr. 3, Tel. 866 99-9171, Mo–Fr 6–17.30, Sa, So, Fei 7–12, Kaffee-Ecke. 💳

Felber www.felberbrot.at, office@felberbrot.at. Ofenfrische Backwaren, Cafeteria, Frühstück, Snacks, Imbisse. Handelskai 94–96 (Millennium City), Tel. 207 80 10, Mo–Fr 7.30–20, Sa 7.30–18 (Fei geschlossen). Jägerstraße 82 (im Bauhaus), Tel. 334 35 48, Mo–Sa 7.30–19.30, Sa 7.30–18 (Fei geschlossen). 💳

Bäckerei Gül Othmargasse 42, Tel. 334 37 27, E-Mail: office@baeckerei-guel.at, www.baeckerei-guel.at, täglich 6–24. Pionier unter Wiens türkischen Bäckereien. Baklava,

Börek, gefüllte Weckerl und Sandwiches; auch österreichische Spezialitäten und Milchprodukte.

Cafe Konditorei Monika Jägerstraße 47, Tel. 922 91 17, E-Mail: kontakt@cafemonika.at, www.cafemonika.at, Mo-Fr 7-22, Sa 7-21, So, Fei 8.30-19.30. Mehlspeisen, Torten, Frühstück bis 12 (€ 6,- bis € 7,-); kleine Imbisse und Snacks; Gulaschsuppe (€ 4,60); Kinderspeisen, Spielzeug. TV. Schanigarten für 32 Pers.

Bäckerei Prindl Jägerstraße 2, Tel. 330 04 55, E-Mail: brot@prindl.wien, www.prindl.wien, täglich 5.30-22. Große Frühstückskarte (ganztags); auch Wiener Küche (24 Speisen); im Sommer durchgehend Eissalonbetrieb (23 Sorten selbst gemachtes Eis). TV. Gastgarten für 35 Pers.

Simitchi Forsthausgasse 16-20, Tel. 239 19 81, E-Mail: office@smitchi20.at, simitchi-wien.eatbu.com, Mo-Fr 6.30-19, So, Fei 8-19. Café-Konditorei mit österreichischem und türkischem Gebäck; Illy-Espresso.

Ströck Klosterneuburger Straße 37, Tel. 204 39 99-830 24, 204 39 99-0, E-Mail: kundenservice@stroeck.at, www.stroeck.at, Mo-Fr 6-18, Sa 6-12. Ofenfrisches Brot und Backwaren (von rustikal bis mediterran), Mehlspeisen-Klassiker; Frühstück, schnelle Snacks, Imbisse; Bio-Fairtrade-Kaffee; das gesamte Brot- und Gebäcksortiment ist frei von Zusatzstoffen, breites Angebot an Bio-Produkten.

Konfiserien

Confiserie Heindl Handelskai 94-96/Top 22 (Millennium City), Tel. 240 91 29, E-Mail: confiserie@heindl.co.at, www.heindl.co.at, aktuelle Öffnungszeiten siehe Homepage. Mehr als 250 unterschiedliche Pralinen-, Konfekt- und Waffelspezialitäten; gesamtes Sortiment ausschließlich mit Fairtrade-Kakao; vegane Spezialitäten.

Zuckerltante Klosterneuburger Straße 30, Tel. 330 31 21, E-Mail: office@zuckerltante.at, www.zuckerltante.at, Mo-Fr 9-18, Adventssamstage und Ostersamstag geöffnet. Handgefertigtes Konfekt und Trüffeln seit 1922, großes Sortiment an Süßigkeiten im „Kinderstüberl", auch Tortendekor für Hochzeits-, Tauf- und Geburtstagstorten. Keine Hunde. Zustelldienst.

Teehaus

Tea Plus Handelskai 94-96 (Millennium City), E-Mail: info@tea-plus.at, office@tea-plus.at, www.tea-plus.at, täglich 11-21. Bubble Tea Shop.

WO BEKOMME ICH FEINKOST & SPEZIALITÄTEN?

Ignacio Vinos e Ibéricos 1., Salztorg. 7, Tel. 01/922 08 51, www.ignacio.at

Begonnen hat Ignacio García Vicente mit einer kleinen Weinhandlung mit spanischen Direktimporten. Doch die verlangten nach einer Unterlage, also kamen bald Schinken und Würste vom Iberico-Schwein, spanische Käse und feine Fischkonserven hinzu. Und irgendwann wurde aus dem gelegentlichen Verkosten ein Lokalkonzept. Seither kann man seinen Einkauf gleich vor Ort essen.

Buongustaio 1., Singerstraße 13, Tel. 01/512 05 07, www. buongustaio.at

Italienische Feinkost als Franchise-Konzept aus Vorarlberg. Klingt merkwürdiger, als es ist. Im Grunde sind es, inklusive des Wiener Ladens, vier Filialen, für die zentral eingekauft wird, deren Angebot jedoch nach regionalen

Vorlieben variiert. In Wien bekommt man ein breites Sortiment an Wurstwaren, Schinken und Käsen geboten, gegen Vorbestellung auch Fleisch vom piemontesischen Fassone-Rind. Dazu werden allwöchentlich Frischwaren wie Mozzarella, Salsicce, Tropea-Zwiebel, Zitrusfrüchte und Berglinsen aus Castelluccio geliefert.

Monte Ofelio Shop 2., Obere Augartenstraße 70, Tel. 0664/521 55 73 monteofelio.com
Das sympathische Projekt der beiden austro-italienischen Brüder Dario und Luca Formisano ist längst nicht nur Adresse für Ausgefallenes, etwa wunderbare Schinken, Würste, Käse und Pasta von süditalienischen Kleinproduzent*innen, die pro Jahr nur wenige Stücke ihrer Delikatessen herstellen. Das Monte Ofelio ist auch das Wiener Wohnzimmer der italienischen Community, die sich hier auf einen Espresso oder ein Glas Wein trifft.

König 9., Servitengasse 6, Tel. 0664/845 04 51, www.koenigswelt.at
Die elegante Wein- und Feinkostbar von Gerald König bietet ein breites Sortiment an Delikatessen aus ganz Europa an, vor allem aber aus Frankreich. Und das heißt: viel fermentiertes Milchprodukt. Sprich Käse. Den und alles andere kann man sich auch gleich vor Ort gönnen.

Un jour en France 7., Westbahnstraße 9, Tel. 0664/447 53 64 www.unjourenfrance.at
Ein Schlaraffenland für Frankophile, in dem es so gut wie alles gibt, was Frankreich so superb macht: Champagner, Marmeladen, Terrinen, Rillettes, Edelkonserven und korsisches Kastanienbier zum Beispiel.

Opocensky 4., Favoritenstraße 25 Tel. 01/503 63 11, www.opocensky.at
Vielleicht war Robert Opocensky einer der Ersten, dem die Symbiose aus Feinkostgeschäft und Lokal gelang. Man weiß es nicht mehr, weil es den familiären Delikatessenladen oder Edelgreißler, wie er sich inzwischen nennt, einfach schon gute dreißig Jahre lang gibt. Und zu Recht, denn Opocensky ist eine Macht in Sachen allerfeinster Schinken, Käse, Weine und sonstiger Köstlichkeiten. Lange schon gibt es hier Hausmannskost in Rex-Gläsern: Gulasch, Linsen mit Speck, Sarma, Reisfleisch, Szegediner Gulasch und dergleichen. Mittags und abends wird außerdem frisch gekocht, und wer einen Zahn auf Süßes hat, ist mit den hausgemachten Kuchen und Süßspeisen bestens bedient.

Favvas Gourmet 9., Nußdorfer Straße 27, Tel. 0676/311 47 71
www.facebook.com/FavvasGourmet
Ein Feinkostladen mit mediterranem Schwerpunkt und reichem Warenangebot aus Griechenland: Olivenöle aus allen hellenischen Landesteilen, 35 verschiedene reinsortige Honige, Edel-Retsina, Feigensenf, aber auch Naturkosmetik.

Haas & Haas Wein & Feinkost
1., Ertlg. 4, Tel. 01/533 35 34
wein-feinkost.at
Das örtliche Konzept der Haas-&-Haas-Teehändler ist ein Hybrid aus Feinkosthandel und Vinothek. Im Erdgeschoß türmen sich an die 500 verschiedene erlesene Delikatessen aus Österreich: feine Biere von kleinen Brauereien, Brot von Öfferl und Brotocnik, die legendäre Dormayr-Blunze, Schinken vom Angushof, Saiblinge aus dem Mürzer Oberland und Karamell-Cremes von Fräulein Fuchs aus Ober St. Veit. In den beiden Keller-Stockwerken ruhen um die 500 österreichische Weine, zum Ab-Hof-Preis zu haben.

Haug Delikatessen 19., Sonnbergmarkt, Stand 11, Tel. 01/320 27 27
www.haug-delikatessen.at
Seit zehn Jahren bietet Philipp Haug, einst Mitarbeiter von Kutschkermarkt-Delikatessen-Königin Irene Pöhl, am Döblinger Sonnbergmarkt ein Sortiment an Spezialitäten feil, dass einem das zusammenlaufende Mundwasser die Sprache verschlägt: zu viel, um alles aufzuzählen, aber rund 200 verschiedene Käsesorten, die meisten selbst zur optimalen Reife geführt, Wein, Schinken, vier verschiedene Lardos, Schokolade von Bonnat, Kimbo-Espresso aus Neapel. Und alles ohne Schnöselattitüde.

Babette's 1., Am Hof 13
Tel. 01/533 66 85, www.babettes.at
Erste Adresse in Wien für tolle Gewürze und Gewürzmischungen. Dazu der Kanon der populären Kochbücher zur Nachhilfe.

K.D.W. 19., Billrothstraße 41
Tel. 0676/671 57 00
www.kdw-kulinarik.at
Gastronom Michael Wiesinger eröffnete mit seinem Sohn einen Feinkostladen, in dem ausgezeichnet gekocht wird. Das Sortiment setzt sich aus feiner Ware aus Italien und frischen Produkten aus Wiens Umgebung zusammen. Die Highlights sind die hausgemachten Antipasti, Salate und Sugo.

21., FLORIDSDORF

Floridsdorf – oder im Bezirksidiom „Fluridsduaf“ – ist, obwohl erst 1904 eingemeindet, ein urwienerischer Bezirk. Hier schlägt das goldene Wiener Herz, hier wird der Wiener Grant gepflegt und hier wohnt man, weil man den Bezirk mit Donauinsel, Wasserpark, Marchfeldkanal und Bisamberg liebt. Obwohl der 21. zu den stark wachsenden Wiener Bezirken gehört, ist unter den fast 170.000 Bewohner*innen mitunter eine starke „Mia san mia“-Mentalität vertreten, die sich vor der letzten Gemeinderatswahl 2020 durch eine gewisse Rechtslastigkeit bemerkbar gemacht hat. Dazu einige Fun Facts: 74,8 Prozent der Floridsdorfer*innen sind in Wien geboren – nur in der Donaustadt und Liesing ist der Anteil höher. Zwar liegt der Bezirk in Sachen Akademiker*innen-Anteil im Wien-Ranking auf dem vorvorletzten Platz und auch die Arbeitslosigkeit ist überdurchschnittlich hoch, dennoch entspricht das Jahreseinkommen – ein Floridsdorfer Paradoxon – dem mittleren Wien-Durchschnitt. Auch was Wohnen betrifft hat es Floridsdorf ziemlich gut erwischt: satte 37 Prozent sind günstig im Gemeindebau eingemietet.

Die Voraussetzungen für unbeschwerten Müßiggang könnten also bedeutend schlechter sein und trotz einiger Highlights ist die Anzahl an spannenden Lokalen im zweitgrößten Bezirk Wiens relativ überschaubar. Aber wahrscheinlich liegt „spannend“ im Auge der Betrachter*innen. Wir verabschieden uns nun jedenfalls offiziell von Burrito Casa und dem Gasthaus Auerhahn und wünschen dem Koun Coffee viel Erfolg auf der Donaufelder Straße.

DO WHAT
MAKES YOU
HAPPY

DIE BESTEN 12 IM 21. BEZIRK

Café-Konditorei Walter Petras
Retro-Café-Konditorei und soziales Zentrum des „neuen" Strebersdorf mit Veranda vor dem 50er-Jahre-Gemeindebau plus Eissalon ... S. 513

Eisgeschäft Dolce Vita
Große Auswahl, faire Preise, netter Gastgarten ... S. 508

Heuriger Helmut Krenek am Weingut Göbel
Tolle Atmo, köstliche Gerichte, auch viel Vegetarisches, kleine, klassische Heurigenküche, im Herbst das beste Gansl, das man bekommen kann ... S. 510

Heuriger Wieninger
Tolle Weine des wohl berühmtesten Weinguts Wiens und eines der spannendsten Heurigenbuffets der Stadt ... S. 511

NEUERWirt
Bootsvermietung an der Alten Donau inklusive gepflegt modernem Gasthaus und tadellos umgesetzter Wiener Küche, Terrasse am Wasser und von Mittwoch bis Sonntag wird über Holzkohle gegrillt ... S. 503

Pizzeria Lievito 48
Im Winter nur zwei Tische am Floridsdorfer Marktstandel, im Sommer großer Gastgarten, hervorragende Pizza ... S. 506

Strandgasthaus Birner
Der Terrassen-Wirt an der Alten Donau ist eines der letzten Wiener Originale. Seit den 1920ern quasi unverändert, auch die Karte macht keinerlei Kompromisse an die Modernität ... S. 501

Tartufo
Erfolgreicher Bezirks-Italiener, auf Italo-Qualität, Wein und – eh klar – Trüffel spezialisiert ... S. 506

Weingut und Heuriger Christ
Hervorragende Weine und nette Weinbar, immer mehr ausgezeichnetes vegetarisches Essen, schöner Garten und Kinderspielplatz ... S. 509

Weinhandwerk
Avantgarde-Heuriger und Experte in Sachen Wildkräuter und Wildgemüse. Rund achtzig davon wachsen in den eigenen Weingärten und kommen auch ins Essen ... S. 511

Wirtshaus am Wasserpark
Gemeindebau-Wirtshaus-Schmuckstück mit wirklich guter Wiener Küche ... S. 504

Zur Duschl
Taditionelle Buschenschank am Weingarten liegend, mit wunderschöner Dachterrasse mit Wien- und Bisambergblick, die beherzte Hausmannskost serviert ... S. 509

Gaststätten, Restaurants, Wiener Beisln

Berlastüberl Berlagasse 1, Mo–Fr 9–21, Sa 9–14. Grätzelbeisl. Schanigarten.

Strandgasthaus Birner An der oberen Alten Donau 47, Tel. 271 53 36, E-Mail: office@gasthausbirner.at, www.gasthausbirner.at, täglich 10–23, im Winter bis 22; Küche durchgehend; im Jänner 2 Wochen geschlossen. Frühstück; Wiener Küche, Innereien, Fischspezialitäten, Fischbeuschelsuppe, viele saisonale Gerichte (Mo–Fr MM ab € 8,50), hausgemachte Mehlspeisen (z.B. Bircher-Torte od. Schokomousse-Torte), hausgemachtes Eis; Kinderportionen, -sessel; 2 offene Biere (im Sommer 4). TV; Kabarett F. Catering. Geeignet für Familienfeiern, Hochzeiten etc. 2 Terrassen für je ca. 60 Pers. an der Alten Donau mit Blick auf das Angelibad, schattiger Garten für 100 Pers. €

Brünner's Brünner Straße 190/6/1, Tel. 290 02 00, E-Mail: office@bruenners.at, www.bruenners.at, täglich 11.30–22. Hausmannskost und internat. Küche (Mo–Fr MM ab € 9,50 bis € 11,50). Spielplatz, Kinderspielecke, Kinder TV-Raum. Gastgarten für 150 Pers. Behinderten-WC. ♿ 💳 €€

Donaufelderhof Donaufelder Straße 66, Tel. 256 46 90, Mi–Sa 11–23, So, Fei 11–22. Österr. und ungarische Küche (Mi–Fr MM). Gastgarten für 70 Pers. Parkplatz. 💳 €€

Emerich Gastronomie Siemensstraße 63, Tel. 292 25 97, Mi–Sa 8.30–21, So, Fei 8.30–20, warme Küche Mi–Sa bis 20.30, So, Fei bis 19.30. Wiener Küche, Grillspezialitäten, saisonale Speisen (3 MM € 8,90), Mi Schnitzeltag (€ 8,90), Fr Fischtag (€ 9,90); Kinderspeisen, -sessel. Extrazimmer (auch für Hochzeiten, Feiern etc.). Gastgarten für 100 Pers. Hunde nur mit Leine und Beißkorb. €

Floridsdorfer Schmankerl Kahlgasse 13, Tel. 0676/776 67 01, www.floridsdorfer-schmankerl.at, Mo–Fr 9–22 (Fei geschl.), Herbst/Winter auch Sa 9–14, warme Küche 11–14 und 17–21. Hausmannskost (MM € 6,80), Ganslessen, Muscheln, Spareribs etc. nach Ankündigung (siehe Homepage); Kinderspeisen, -sessel. TV. Schanigarten für 16 Pers. €

Gasthaus Frohes Schaffen Thayagasse 5 (Frohes-Schaffen-Weg), Tel. 292 71 85, E-Mail: gasthaus@frohes-schaffen.info, www.frohes-schaffen.info, Mi 11–20, Do, Fr 11–22, Sa, So, Fei 11–16, warme Küche bis 21, Veranstaltungen auch außerhalb der Öffnungszeiten möglich. Saisonale Spezialitäten, Wiener Küche (11–15.30 MM mit Suppe € 8,90), Mi Schnitzeltag, Fr Fischtag (€ 9,90); hausgemachte Torten, Tortenbestellung; Mai bis August Do ab 17 Grillabend (wetterabhängig); Kinderspeisen, 3 Kindersessel, Wickeltisch; Catering. Private Veranstaltungen bis 100 Pers. TV. Gastgarten für 80 Pers. 💳 €€

Genusshütte Stammersdorfer Kellergasse 133, Tel. 0699/17 18 00 01, 0680/217 36 36, E-Mail: genusshuette@chello.at, www.genusshuette.eu, April bis Oktober täglich ab 12, November Fr-So ab 12, Dez. bis März geschlossen, nur bei Schönwetter geöffnet, akt. Öffnungszeiten siehe Homepage. Wiener Schmankerlküche (12-14 Tagesgericht mit Suppe € 8,20), hausgemachte Mehlspeisen, originale Flammkuchen; Weine ausschließlich aus Österreich (auch glasweise), Bier vom Fass (Murauer und Freistädter); Kinderportionen, -sessel. 2 Gastgärten für 100 Pers. Parkplatz. 💳 €

Golfstüberl Arbeiterstrandbadstraße gegenüber Nr. 24, Tel. 263 65 65, E-Mail: minigolf@golfstueberl.at, www.golfstueberl.at, Mo-Fr 10-21, Sa, So 9-21. Klassiker an der alten Donau. Österreichische Küche, Spezialitätenwochen, Fr 15-20 Steckerlfisch, am Sa, So und Fei Gegrilltes vom Holzkohlengrill; Kinderspeisen. Gastgarten, teilweise mit Naturschatten. Minigolfanlage. 💳 €

Jedlersdorfer Alm Jedlersdorfer Platz 36, Tel. 290 17 17, E-Mail: office@jedlersdorferalm.at, www.jedlersdorferalm.at, täglich 11-23. Bodenständige österr. Küche, saisonale Spezialitätenkarte (Mo-Fr 11-14.30 MM mit Suppe € 10,50, ohne Suppe € 9,50); Buffet oder Menüauswahl für Feierlichkeiten; Kinderspeisen, -sessel, Wickeltisch; österreichische Weine, große Schnapsauswahl. Partykeller (Fr, Sa 21-4 Discobetrieb). TV. Innenhofgarten für 150, Schanigarten für 50 Pers. Behinderten-WC. ♿ 💳 €€

Zum Jenewein Jeneweingasse 11, Tel. 270 20 75, E-Mail: info@zumjenewein.at, zumjenewein.at, Mo-Fr 10-22, So, Fei 10-15, warme Küche bis 20 bzw. 14. Hausmannskost (Mo-Fr MM). 2 Schanigärten für jeweils 20 Pers. Hintereingang rollstuhlgerecht. 💳 €

Jonas Franz-Jonas-Platz 10-12, Tel. 06764017496, E-Mail: office@jonas-lokal.at, www.jonas-lokal.at, Mo-Fr 8-24, Sa 9-24, So, Fei 9-23, Küche durchgehend bis 23 bzw. 22. Frühstück bis 11.30 (ab € 8,90); Wiener und internationale Küche, Pasta, vegetarische und saisonale Gerichte, Spezialitäten: Wokgerichte (ab € 14,20), Kalbswiener; Eis, Mehlspeisen; Saisonkarten; Cocktails. 2 Billardtische. Gastgarten für 100 Pers. Behinderten-WC, Behindertenparkplatz. ♿ 💳 €€

Jo's Restaurant und Bar Prager Straße 39, Tel. 890 56 19, E-Mail: office@josrestaurantundbar.at, www.josrestaurantundbar.at, Mo-Fr 11-23, warme Küche bis 21. Hausmannskost (MM ab € 7,10), saisonale Speisen; offenes Bier (Stiegl, Löwenbräu, Starobrno), Weinkarte mit Schwerpunkt Österreich; Kinderspeisen, -sessel. TV, gelegentlich Livemusik (Austropop); Privatveranstaltungen möglich. Gastgarten für 50 Pers. Hunde mit Leine und Beißkorb. Rollstuhlgerechter Eingang über den Garten. €€

Kadlez Restaurant und Brauerei Hopfengasse 8-12, Tel. 278 33 52, E-Mail: tisch@kadlez.at, www.kadlez.at, Di-Sa 17-24, Küche bis 22.30. Österreichische und amerikanische Küche, Spareribs, Steaks, Burger vom Josper-Ofen, österr. Spezialitäten; großes Biersortiment, 4 offene Biere vom Fass. Kindersessel. Gastgarten für 120 Pers. Gästeparkplatz. 💳 €€

Gasthaus Kleeblatt Gerichtsgasse 7, Mi-So 11.30-14 und 17-20. Wiener Küche, Ganslessen, Wildwochen, hausgemachte Mehlspeisen; Kinderportionen, -sessel. Vereinslokal (Trachten, Imker). €

Restaurant Lapatschka Stammersdorfer Straße 242, Tel. 292 42 54, E-Mail: j.lapatschka@gmail.com, www.lapi.at, Mo-Fr 9-18, So, Fei 9-16, Küche durchgehend, an Allerheiligen auch Sa geöffnet. Frühstück; Hausmannskost (MM ab € 10,90), Grillspezialitäten, saisonale Speisen, z.B. Wildwochen, Spargel, Schwammerl; hausgemachte Mehlspeisen; Kinderspeisen, -sessel. Extrazimmer für 40 und Saal für 80 Pers. 2 Gastgärten für 50 Pers. Rollstuhlrampe. 💳 €€

Leopoldauerhof Leopoldauer Straße 151, Tel. 25 92 28 41, E-Mail: office@leopoldauerhof.co.at, www.leopoldauerhof.co.at, Di-So 11-23, Küche bis 22. Traditionelle Wiener Küche, saisonale Schmankerl; (2gg MM Di-Do € 8,50/Fr Fisch € 11,50). Weinkarte. Feiern aller Art möglich. Schanigarten für 30, Gastgarten für 60 Pers. 💳 €€

Gasthaus Roman Loos Deublergasse 13 (Ecke Voltagasse), Tel. 271 62 73, E-Mail: gasthaus.loos@donauschiffe.at, www.donauschiffe.at, Mo-Fr 9-22, Sa, Fei 9-15, warme Küche bis 21 bzw. 14. Frühstück; Hausmannskost (Mo-Fr 12-14 2 MM 2gg € 9,80 und € 11,40), saisonale Speisen (Spargel, Wild etc.); 3 offene, 4 Flaschenbiere; Kinderspeisen, -sessel. 2 TVs. 2 Extrazimmer für 40 und 60, Gastgarten für 40 Pers. Hunde nur mit Leine und Beißkorb. 💳 €

Magdalenenhof Senderstraße 127, Tel. 292 03 95, E-Mail: heli.hansmann@gmail.com, www.berggasthof-magdalenenhof.com, Mi-So, Fei ab 10, warme Küche 11-20. Ausflugsgasthaus am Bisamberg; Wiener Hausmannskost z.B. Spezialitäten vom Waldviertler Weiderind; täglich wechselnde Tageskarte; Kinderspeisen, -sessel. TV. Große Terrasse für 130, überdachter Wintergarten für bis zu 100 Pers. Kartenzahlung ab € 10,-. 💳 €€

Maxx Sportcenter Jedlersdorfer Straße 94, Tel. 292 40 40, E-Mail: maxx21@maxx-sportcenters.info, www.maxx-sportcenters.info/restaurant, täglich 8-23 (Juni, Juli, August Sa, So 7-21), Küche 11-14.30 und 16.30-22.30, im Sommer nur kleine Speisen. Restaurant in Sportanlage mit österr. und internat. Küche, auch saisonale Speisen, monatlich Aktionswochen wie Palatschinken-, Nudel-, Steakwochen etc. (Mo-Fr MM € 7,50); Buffets ab 12 Pers.; Kinderspeisen, Organisation von Kindergeburtstagen. Kegelbahn, Badminton, Tennis, Fußball, Beachvolleyball, Fitness, Solarium, Infrarotkabine; Kooperation mit div. Sportvereinen; Sportshop; 2 TV (Sky live Sportübertragungen). Schanigarten für 100 Pers. Hunde nur mit Leine und Beißkorb. €

NEUERWirt Ferdinand-Kaufmann-Platz 2, Tel. 263 23 17, E-Mail: reservierung@neuerwirt.at, www.neuerwirt.at, Mo-Do 11-22, Fr, Sa 11-23, So 11-21, Öffnungszeiten wetterabhängig, im Winter (Okt. bis März) geschl. Direkt an der oberen alten Donau; heimische Küche mit wechselnder Empfehlungskarte (TT ab € 7,90/MM ab € 8,90); Do-So bei Schönwetter Grillspezialitäten; österr. Weine, 3 offene Biere. Große Terrasse, Gastraum für ca 60, Schanigarten für 80 bis 100 Pers. Onlinereservierung möglich. Bootsvermietung nebenan (im Sommer bei Schönwetter tägl. 11-19). €€

s'Amterl Am Spitz 15, Tel. 271 45 48, Mo-Fr 8-20 (Fei geschl.), durchgehend warme Küche. Ital. und Wr. Küche, wöchentlich wechselnde Tageskarte, hausgemachte Desserts. Lokal für 15 bis 35 Pers. zu mieten. Gastgarten für 10 Pers. €

Schabanack Leopoldauer Platz 90, Tel. 258 46 96, E-Mail: schabanack@aon.at, www.schabanack.com, Di-Sa 11-23, So, Fei 11-22, warme Küche Di-Sa bis 21.30, So, Fei bis 21. Wiener Küche, Spezialitätenwochen wie Burger-, Spargel- und Schnitzelwochen (11-14.30 5 MM ab € 8,90, auch vegetarisch/vegan (z.B. Flammkuchen)); ausschließlich österreichische Weine; Kinderkarte, -sessel, Spielzeug. TV, Veranstaltungsraum für 45, hinterer Bereich für 80 Pers., Gartensalon und Garten für insgesamt 160 Pers. €€

Schilfhütte Neue Donau (Linkes Ufer km-Stand 17,8, Überführstr., bei Jedlseer Brücke), Tel. 0660/121 02 01, E-Mail: office@stix-gastro.at, www.stix-gastro.at, April bis September Mo-Fr 11-21, Sa, So, Fei 10-21 (nur bei Schönwetter), im Oktober je nach Wetter und Temperaturen geöffnet. Wiener Küche, Spezialität: Riesenbrote (kalt und warm); offenes Pils und Zwickl Bier. Eventraum für 100-120 Pers., beliebt für Hochzeiten und div. Veranstaltungen. Terrasse für 200 Pers. Behinderten-WC. €€

Schutzhaus Großjedlersdorf Brünner Straße 100, Tel. 294 52 66, E-Mail: schutzhaus-grossjedlersdorf@hotmail.com, www.schutzhausgross-jedlersdorf-wien.at, Di-Do, So, Fei 10-15, Fr 10-21, Sa 10-22. Wein- und Bier-Heurigenrestaurant; österreichische Küche mit internationalem Einschlag (3 MM ab € 8,90), TT ab € 7,50; saisonale Speisen, Fr 3gg Fischmenü (€ 9,90), hausgemachte Mehlspeisen; Wieselburger, Gösser und Gösser Zitronenradler vom Fass, Weinkarte (Schwerpunkt Österreich); Seniorenportionen (€ 1,- billiger, gilt auch für Menüs) und Kinderspeisen, 3 Kindersessel, Spielzeug. TV. Gastgarten mit Terrasse für 100 Pers. Hunde nur mit Leine und Beißkorb. €€

Zum Schwaigerwirt Schwaigerg. 16 (Ecke Grabmayrg.), Tel. 270 53 99, E-Mail: schwaigerwirt1210@hotmail.com, Mi-Sa 11-23, So 11-16, Küche bis 21.30 bzw. 15. Hausmannskost, Wr. Küche (12 MM ab € 8,90), auch Steaks, Spare-Ribs, Wildspezialitäten; 1-mal/Monat Löffelessen: 21 versch. Speisen werden auf Löffeln serviert (€ 28,90); auch vegetar. Speisen; hausgemachte Desserts; Kinderspeisen, -sessel. €

Zum Stammersdorfer Wichtl Stammersdorfer Straße 76, Tel. 934 69 98, E-Mail: office@stammersdorferwichtl.at, www.stammersdorferwichtl.at, Di-So 11.30-24, Mitte Okt. bis Mitte März Mo, Di geschl. Österr. und internat. Küche, Hausmannskost; Kinderspeisen, -sessel, Wickeltisch, Luftburg, Spiel- u. Maltische. Veranstaltungen. 3 Räume für je 50, 60 und 70 Pers., Gastgarten für 200 Pers. Behinderten-WC. €

Stix's Schlemmereck Prager Straße 165, Tel. 271 52 15, E-Mail: office@stix-gastro.at, www.stix-gastro.at, Mo-Fr 10-22, Sa 10-23, So, Fei 9-20, von 1. Oktober bis 30. April Sa, So nur bis 17 geöffnet. Hausmannskost und internat. Küche (MM € 7,90), Wochenkarte, Tagesempfehlungen, Gegrilltes, viele vegetar. Speisen; hausgemachte Mehlspeisen, Spezialitätenwochen, Fischmenü, Seniorenmenüs, Kindermenüs, 10 Kindersessel, Spielplatz, Spielzimmer im Innenbereich (mit TV), Wickelraum. 2 TV; Tischfußball (€ 1,-/13 Bälle). Kellerraum für 70 Pers. (für geschl. Gesellschaften zu reserv.), Gastgarten für 150 Pers. Catering. Hunde nur mit Leine und Beißkorb. Behinderten-WC. €€

Gasthaus Stotzek Krottenhofg. 51, Tel. 292 41 55, E-Mail: gasthaus@stotzek.at, www.stotzek.at, Mi-Sa 11-22, So 11-16, Mi-Sa Küche bis 20, So Küche bis 15. Hausmannskost; Steak, Mi-Sa Schlachtessen, hauseigene Würste zum Mitnehmen, saisonale Spezialitäten wie Ganslessen, Heringsschmaus, Spargel- und Schwammerlwochen etc.; Eigenbauweine (Flaschenweinverkauf auf Anfrage); Kinderspeisen, -sessel. Privatveranstaltungen mögl. Großer Gastgarten für 200 Pers. Parkplatz. Rollstuhlrampe. €€

Restaurant Strebersdorferhof Rußbergstraße 46, Tel. 292 57 22, 292 88 69, E-Mail: info@strebersdorferhof.at, www.strebersdorferhof.info, Mo-Do 8-22, Küche 11.30-14 und 18-21. Gutbürgerliche österr. Küche mit regionalen und saisonalen Spezialitäten (z.B. Bärlauch, Spargel, Wild, Gansl, Karpfen), österr. und span. Tapas, wöchentlich wechselndes Innereiengericht, Wildspezialitäten, auch vegane Gerichte; Candlelight-Dinner auf Wunsch, hauseigener Kräutergarten; vielfältiges Wein- und Edelbrändeangebot speziell aus Österreich und rund um den Bisamberg. Kindersessel, Kindertoilette mit Wickelraum. Gemütliche Gaststube; heller beheizter Wintergarten für 40 Pers.; Veranstaltungssaal (bis 90 Pers.) sowie schattiger Naturgarten mit Kastanienbäumen und Loungebereich. Fremdenzimmer (ab € 37,-/ Pers.). Hunde willkommen. Radfreundlich (Nextbike-Station, E-Tankstelle). Behinderten-WC. ♿ 💳 €€

s'Vintschgerl A.-Hofer-Straße 9, Tel. 292 51 15, E-Mail: vintschgerl@vintschgerl.at, www.vintschgerl.at, Mi–So, Fei 10–20, warme Küche 11–19. Gasthaus mit saisonalen Speisen und Spezialitätenwochen, z.B. Eierschwammerl, Kürbis, Wild, Gansl (Mi–Fr MM ab € 8,90), auch vegetar. Speisen, Wochenkarte; Weine aus Strebersdorf u. dem Weinviertel; Kinderportionen, 2 Kindersessel. Räumlichkeiten für geschl. Gesellschaften bis 60 Pers., Gastgarten für 30 Pers. €€

Wirtshaus am Wasserpark Freytaggasse 1/14, Tel. 960 16 77, E-Mail: info@wirtshausamwasserpark.at, www.wirtshausamwasserpark.at, Mi–Sa 10–22, Küche bis 21. Lokal im Paul-Speiser-Hof, einer der wirklich schönen alten Gemeindebauten. Österr. Küche, Wr. Hausmannskost, hausgemachte Mehlspeisen; Kinderspeisen und -sessel. Kiesgeschütteter Gastgarten für 80 Pers. mit alten Bäumen. 💳 €€

Wolfs Eck Autokaderstraße Ecke Scheydgasse, Tel. 278 73 33, E-Mail: wolfseck@aon.at, www.wolfseck.at, Mo–Do 8–18, Fr 8–16. Wiener Küche von der Burenwurst bis zum Wiener Schnitzel; hausgemachtes MM ab 11 (€ 6,20). Schanigarten mit 2 Tischen. €

XXL Brünner Stadl Brünner Straße 44 (Ecke Werndlg. 1), Tel. 947 44 07, E-Mail: info@derstadl.at, www.derstadl.at, Di–Sa 11–22, So, Fei 11–19, warme Küche bis 21 bzw. 18. Wiener und internat. Küche (Mo–Fr 11–14 2gg MM € 7,90), diverse Sorten Spareribs (1 Meter mit Pommes und Saucen), Riesen-Wiener-Schnitzel (L, XL, XXL, XXXL), Grillstelze, Brathendl, Spanferkel, Apfelstrudel, Eismarillenknödel usw.; österreichische Qualitätsweine (offen oder flaschenweise), frisch gezapftes Bier (Gösser). Auf Vorbestellung Buffet oder Schlachtplatten für private Feiern, für Geburtstagsfeiern ab 4 Pers. gibt es eine Torte und Tischdeko gratis. TV, Darts. Veranstaltungssaal im Keller für 65, Extrazimmer für 30, Gastgarten für 50 Pers. (teilweise überdacht). 💳 €€

XXL Restaurant Leopoldauer Alm Wagramer Straße 205, Tel. 259 83 80, E-Mail: leopoldaueralm@chello.at, www.leopoldaueralm.at, tägl. 9–24, warme Küche 11–21. Wr. Küche, 3 Tagesmenüs (eines davon vegetar.) und div. Spezialitäten; Kinderportionen, -sessel. TV (Sky). Gastgarten für 200 Pers., Brunnengarten mit Wasserfall. Behinderten-WC. ♿ 💳 €

Café-Restaurant Zeiner Leopoldauer Platz 15, Tel. 258 25 67, E-Mail: office@zeiner21.at, www.zeiner21.at, Di–Sa 11.30–14 und 17.30–21, So, Fei 11.30–14. Österreichische Küche seit über 100 Jahren, Schwerpunkt saisonale Spezialitäten (wochentags MM € 7,80); 5 verschiedene Biersorten, Senioren- und Kinderportionen, Kindersessel. TV, Klimaanlage; für private Feste bis 100 Pers. geeignet. Schanigarten für 30 Pers. 💳 €€

Amerikanisch

American Crazy Burger Leopoldauer Pl. 51, Tel. 997 72 17, E-Mail: office@american-crazy-burger.at, www.american-crazy-burger.at, täglich 11–1.45. Burger. Nur Zustellung (Mindestbestellwert € 9,–). 💳 €

Domino's Angerer Straße 5B, Tel. 05/749 92 21, www.dominos.at, Mo–Do, So 11–22, Fr, Sa 11–23. Große Auswahl an Pizzen, auch individuell zusammenstellbar, versch. Pizzaböden (Italien Style, Domino´s Original, Cheesy Crust, Pan Pizza) und zahlr. Toppings, div. Vorspeisen und Beilagen wie Chicken Wings und -Strips, Stuffed Cheesy Bread uvm.; Desserts (Cinnabites, Apple oder Choco Pie). Spezielle Aktionen über die Domino's App. Abholung, Zustellung (innerhalb von 30 Min. nach Bestellung) oder Essen vor Ort möglich. 💳 €

Asiatisch

Ebi 21 Leopoldauer Straße 45–47, Tel. 270 38 38, E-Mail: office@ebi-vienna.at, www.ebi-vienna.at, täglich 11.30–22. Sushi, Maki, auch warme Speisen. All you can eat à la carte: aus der Speisekarte können mittels Bestellformular (oder Smartphone) so viele Speisen wie gewünscht geordert werden; Kindersessel, Wickeltisch, Spielzimmer, Spielplatz. Tischfußball und Airhockey; 350 Sitzplätze, klimatisiert, Parkplätze direkt vor der Tür. Behinderten-WC. ♿ 💳 €€€

Lucky House Herzmanovsky-Orlando-Gasse 7, Tel. 258 74 85, täglich 11.30–15 und 17.30–22.10, Küche bis 22. Asiatische Küche (Mo–Sa MM € 7,50 bis € 8,90), 11.30-14.30 Mittagsbuffet (€ 7,90/Kinder von 3 bis 7 Jahren € 4,90, So € 9,90/Kinder € 5,90), Spezialitäten: asiatische Speisen, Sushi; Kinderspeisen, -sessel, Spielzeug, Wickeltisch; Lieferservice für Großfeldsiedlung (gratis ab € 10,–, darunter € 2,– Zustellgebühr). Wintergarten für 50, Garten für 60 Pers. Parkplätze vorhanden. Hunde nur mit Beißkorb. 💳 €

Lucky Wok Wagramer Str. 189b, Tel. 256 89 80, E-Mail: lokal@luckywok.at, www.luckywok.at, tägl. 11.30–22, Küche durchgehend bis 21. Asiat. Küche, Teppanyaki-Buffet all you can eat (Mo–Fr mittags € 12,90/Kinder bis 7 Jahre € 6,90, Sa, So, Fei u. abends € 20,50/Kinder € 9,50). Kindersessel, Wickeltisch. Schanigarten (120 m²), Gastgarten (100 m²). Parkplatz; Behinderten-Parkplatz, Behinderten-WC. ♿ 💳 €€

Asia Restaurant Xu Prager Straße 274, Tel. 290 13 00, E-Mail: xuasiarestaurant@gmail.com, www.xu-asiarestaurant.at, täglich 11.30–14.30 und 17.30–22.30. Japanische, thailänd. und chines. Küche; Asiabuffet (Mo–Fr 11.30–14.30 € 8,90, Sa, So, Fei mittags € 9,90); alle Speisen (auch vom Buffet) zum Mitnehmen. Kindersessel. Zustellung im 21. Bezirk (ab € 10,– Bestellwert), Korneuburg (ab € 20,– Bestellwert) und Langenzersdorf (ab € 15,–). 💳 €

Balkan

Blaue Lagune Johann-Weber-Straße 28, Tel. 292 53 72, 0699/13 03 55 12, E-Mail: 19gordana66@gmail.com, www.blauelagune-restaurant.business.site, Mi–So 10.30–23, warme Küche 11–21. Fischspezialitäten, Balkan- und Wiener Küche (Mi–Fr MM € 9,90, Fr Fischtag € 11,90); Kinderspeisen, -sessel. TV. Schanigarten für 20 Pers. **€€**

Chinesisch

Restaurant Dschunke Angyalföldstraße 76 (Ecke Donaufelder Straße 133), Tel. 256 72 18, E-Mail: office@restaurant-dschunke.at, dschunke.at, Mo, Mi–So, Fei 11.30–22. Chinesische Küche, Buffet mit fertigen Speisen und Rohzutaten, die vom Koch vor den Augen der Gäste zubereitet werden (Mo–Sa mittags € 12,90/So, Fei mittags und Mo–Sa abends € 14,50, für Kinder von 2 bis 4 € 5,90 und von 5 bis 10 Jahren € 7,90), MM (ab € 7,–); thailändische und japanische Biere. Klimaanlage. Schanigarten für 80 Pers. **€€**

Tien Du Prager Straße 10, Tel. 278 31 38, 0699/10 88 15 55, E-Mail: bestellung@tiendu.at, www.tiendu.at, täglich 11.15–14.40 und 17.15–22.30. Mo–Fr 11.30–14.30 MM (ab € 7,70); Kindersessel; Gratiszustellung in den Bezirken 21, teilweise 20 und 22 (ab € 10,–). Gratis Pflaumenwein bei Bestellungen ab € 27,–; gratis Mandarinenwein ab € 55,–. Gastgarten für 20 Pers. **€**

Französisch

La Crêperie An der oberen Alten Donau 6 (Nähe U6-Station), Tel. 270 31 00, E-Mail: restaurant@lacreperie.at, www.lacreperie.at, März bis Dez. Mo–Do 10–24, Fr–So 8.30–24, warme Küche 11–22, Jänner und Februar geschlossen. Französische Spezialitäten, Bouillabaisse, Fischspezialitäten, Frühstück Juni–August 8.30–11.30, 4gg Gourmetmenü (inkl. Aperitif und Kaffee), Mondscheinpicknick inkl. gefülltem Picknickkorb 17–19.30 und 20–22.30 mit Ruder- oder Tretboot (€ 65,– pro Boot) bzw. mit Elektroboot (€ 80,– pro Boot), Royal Bootsfahrt mit Champagner (€ 140,–); Kinderspeisen, -sessel. TV. Im Sommer Cocktailbar an der Promenade. Veranstaltungsbereich für bis zu 300 Pers. (Bootshaus, Veranstaltungshaus, verglaste und überdachte Terrasse), toller Gastgarten am Wasser für 300 Pers. **€€**

Griechisch

Akropolis Prager Straße 14, Tel. 272 93 05, E-Mail: office@akropolis-wien.at, www.akropolis-wien.at, Mo, Di, Do–So, Fei 11.30–14.30 und 17.30–23, warme Küche bis 22. Griechische Küche, ausschließlich griechisches Personal; Moussaka, Pfannengerichte, Fleisch und Fisch (11.30–14.30 MM ab € 7,30); griechische Qualitätsweine; Kinderspeisen, -sessel. Für Feiern bis 150 Pers. geeignet. Klimaanlage. Wintergarten für 30 Pers. **€€**

Indisch

Summer Station Donauinsel (bei Brigittenauer Brücke), Tel. 0650/500 69 54, E-Mail: hellosummerstation@gmail.com, www.summerstation.at, April bis September täglich 11–22 (bei Veranstaltungen bis 24 geöffnet), warme Küche bis 22. Indische Speisen; Grillspezialitäten (ab € 10,50), kleine Speisen wie Hot Dogs, Pommes, Langos, Würstel; Cocktails (ab € 9,50). Leinwand für Fußballübertragungen (WM, EM), regelmäßige Veranstaltungen und Live-DJ (Do Salsa mit Tanzlehrer, Dj und Animateure, Fr–So wechselndes Musikprogramm mit Reggae, Elektromusik etc.), große Tanzfläche. Kartenzahlung ab € 10,–. Strand mit Liegestühlen und Chill-out-Zone, Gastgarten für ca. 300 Pers. **€**

Italienisch

Pizzeria Ristorante Amigo 2 Brünner Straße 255, Tel. 0699/11 76 76 37, E-Mail: pizzeriaamigo2@gmail.com, pizzeriaamigo2.com/3717, täglich 11–22. Italienische Küche, Pizza- und Pastaspezialitäten. Zustellung im 21. Bezirk, Gerasdorf und Langenzersdorf (gratis ab € 10,–), Seyring, Hagenbrunn, Kapellerfeld (ab € 11,–). Sitzplätze für 20, Schanigarten für 30 bis 40 Pers. **€**

Pizzeria Cara Mia Prager Straße 65, Tel. 270 78 86, E-Mail: office@pizzaontour.at, www.pizzaontour.info, täglich 11–23, durchgehend warme Küche. 97 Pizzasorten vom Holzofen (€ 7,40 bis € 13,–), vegane Pizzen (veganer Käsebelag), Vollkornpizza, auch Low-Carb-Teig möglich, Teigwaren, Fisch, Salate, Fleisch, vegetar. Gerichte; Mittagsaktion (11–17 ausgewählte Pizza, Pasta oder Salat € 7,90); Kinderspeisekarte, -sessel, -spielecke mit Fernseher; Zustelldienst 11–2 (2., 20. und 21. Bezirk sowie Langenzersdorf; ab € 12,–, Zustellgebühr € 3,50, mit Pizzacard oder ab € 20,– keine Zustellgebühr). Im Keller Sky Sportsbar mit großem Flatscreen. Feste bis 30 Pers. möglich. Garten für 150 Pers. **€€**

Pizzeria Casa d'Oro Kürschnergasse 9/Top A12 (Großfeldzentrum), Tel. 259 36 35, E-Mail: casadoro252@yahoo.com, www.casadoro-wien.at, tägl. 10.30–22.30, durchgehend warme Küche. Ital. und österr. Küche (Mo–Fr 11–17 3 MM € 7,80 u. jede Pasta, Pizza und Schnitzel € 7,80), Grillspezialitäten, Fisch-/Fleischgerichte; Kinderportionen. TV. Lieferung in Lokalumgebung. Feiern bis 100 Pers. Klimaanlage. ♿ **€**

Pizzeria Casa Mama Floridsdorfer Hauptstraße 31, Tel. 271 64 01, 0699/10 14 14 61, E-Mail: pizzeriacasamama@yahoo.com, www.casamama.co.at, täglich 11–23, durchgehend warme Küche, Zustellung bis 22.45. Ital., ind., mexikan.

und österr. Küche; Desserts. Zustellung im 2., 20. und 21. Bezirk (gratis ab € 9,-), 19. (ab € 15,- Bestellwert) und 22. Bezirk (ab € 20,- Bestellwert). 12 Sitzplätze. €

Restaurant Chano Leopoldauer Platz 22, Tel. 259 44 00, E-Mail: info@pizzaline.at, www.chano.at, Mo, Mi, Do 17-22, Fr 11-14.30 und 17-22, Sa, So, Fei 11-22, warme Küche bis 21. Ital. und amerikan. Küche sowie Steaks. Pizza, Pasta, Risotto, Focaccia, Grillspezialitäten, Gyros, Schnitzel etc.; kleine Portionen möglich. TV. Zustellung im 21. und 22. Bezirk und in Gerasdorf. Schanigarten für 40 Pers. €

Da Contessa Brünner Straße 121, Tel. 292 36 91, E-Mail: office21@dacontessa.at, www.dacontessa.at, tägl. 11-23, warme Küche bis 22.30. Neben Pizza, Fisch und Spaghetti auch Wiener Küche (2 MM € 8,90 bis € 9,90), Spareribs, Kinderspeisen, -sessel; Lieferservice im 21. Bezirk (ab € 15,- gratis, darunter € 1,50 Zustellgebühr). TV; gelegentlich Livemusik (Jazz, italienische Musik); Klimaanlage. Partyraum für 45 Pers. (zu mieten), Schanigarten für 45 Pers. €

Ristorante Pizzeria Da Francesco Stammersdorfer Straße 81, Tel. 290 26 70, E-Mail: da.francesco@gmx.at, www.dafrancesco.at, Di-Sa 12.30-15 und 17.30-22, So 12-22, warme Küche bis 14.30. Italienische Küche; reichhaltiges Angebot an mediterranen Speisen, zubereitet am Grill; Kindersessel. Für Feiern ab 30 Pers. zu reservieren (Buffet möglich). Gastgarten für 180 Pers. €

Da Giovanni Rußbergstraße 76, Tel. 292 94 55, E-Mail: fa.guell@aon.at, www.da-giovanni.at, täglich 10-22, warme Küche bis 21. Fische, Grillspezialitäten, Salate (11-15 MM € 10,90), Pizza, auch Wiener Küche und saisonale Speisen (Spargel, Schwammerl, Wild etc.); Kinderpizza (€ 5,-), Kindersessel. TV. Wintergarten für 60, Garten für 120 Pers. Behinderten-WC. €

Eissalon Pizzeria La Stella Adolf-Loos-Gasse 9 (Rieglgasse 75), Tel. 256 38 44, 0664/505 77 95, www.lastella21.at, täglich 11-22, Eissalon: Mitte März bis Ende September. Pizza in 4 Größen (mini ab € 4,-/normal ab € 7,-/Duo ab € 8,-/Familie ab € 18,-), jede Pizza auch mit Vollkornteig erhältlich (Aufpreis € 1,50); Pasta, Fleisch- und Fischgerichte; Kinderspeisen (€ 5,- bis € 9,-), 1 Kindersessel. TV. Diverse Angebote für Firmen/bei Abholung/Zustellung, Zustellung (auch Eis) gratis (im 21. und 22. Bezirk ab € 10,- darunter € 2,- Zustellgebühr). Schanigarten für 45 Pers. €

Pizzeria Lievito 48 am Markt Floridsdorfer Markt Stand 75, Tel. 0676/917 20 20, E-Mail: pizzeria.lievito48@gmail.com, Mi-Sa 11.30-21. Neapolitanische Pizzeria am Floridsdorfer Markt. Div. Pizzen (Pizze Rosse, Pizze Bianche und Calzone), auch zum Mitnehmen. Im Winter Kochkurse rund ums Thema Pizza. Sitzplätze im Winter (indoor) für max. 6 Pers., im Sommer im Schanigarten für bis zu 25 Pers. Öffentliches Behinderten-WC am Markt. €€

Pizza-Service Madona Angerer Straße 7/4, Tel. 278 05 92, täglich 11-23. Italienische Küche; Zustellung in die Bezirke 20 und 21 (ab € 9,-), jede normale Pizza bei Abholung oder Zustellung € 5,90. 8 Sitzplätze. €

Ristorante Milano Hermann-Bahr-Straße 2, Tel. 270 05 19, E-Mail: office@ristorante-milano.at, serzadsabir@hotmail.com, milanoristorante.at, täglich 11-15 und 17.30-22. Italienische Küche; Mo-Fr Pizza oder Pasta € 7,90 (bis 14); Schnitzel € 8,90; Cordon Bleu oder Zander € 9,50; Ziegenkäse im Speckmantel € 7,50 (Suppe bei allen Speisen inkludiert); italienische Desserts wie Tiramisu od. Panna Cotta. Schanigarten für 32 Pers. €

Pizzeria Nino Jedleseer Str. 73, Tel. 278 77 54, www.pizzerianino.at, tägl. 11-23, warme Küche bis 22.30. Ital. und Wiener Küche, Holzofenpizza, Fisch und Fleisch; Mo-Fr 11-15 jede Pizza/Pasta € 7,90; kleine Pizza, Kindersessel, Kinderparty möglich; Zustellung in den 20. und 21. Bezirk. Keller für Veranstaltungen bis 80, Schanigarten für 15 Pers. €

Pizze Ria Anton-Störck-Gasse 68, Tel. 969 70 33, 0676/965 07 77, E-Mail: pizzeria1210@hotmail.com, pizze-ria.at, täglich 11-22. Pizza (Standard ab € 7,20/Spezial € 9,60 bis € 11,-/Partypizza € 22,-), Pasta, Fleisch- und Fischgerichte, Risotti etc.; Zustellung in die Bezirke 20 und 21 (gratis ab € 9,-, darunter € 2,- Zustellgebühr), Take-away, Partyservice, Firmenangebote. €

Pizzeria Rossini's Donaufelder Straße 19, Tel. 271 32 20, E-Mail: office@pizzaontour.at, www.pizzaontour.info, täglich 11-23, durchgehend warme Küche. Vollkornpizza, Nudelgerichte, Spareribs, Fisch (Mo-Fr 11-17 Mittagsaktion € 7,90), Monatsangebote; auch veganer Käsebelag, Low-Carb-Teig und zum Mitnehmen möglich; hauptsächlich italienische, aber auch österreichische Weine; Zustelldienst bis 2 (ab € 12,-, Zustellgebühr € 3,50, mit Pizzacard bzw. ab € 20,- keine Zustellgebühr). Kinderspeisekarte, -sessel, Spielzeug. Gastgarten für 30 Pers. €€

Tartufo Frömmlgasse 36, Tel. 278 66 76, E-Mail: ristorante-tartufo@chello.at, www.tartufo.at, Mi-So 11-22, Küche bis 21. Italienisches Spezialitätenrestaurant und Weinbar; Trüffelspezialist, alle Teigwaren selbst gemacht; Sommerangebote, Fischspezialitäten; Kinderspeisen, -sessel. Weinbar: großes Weinsortiment (hauptsächlich italienische und österreichische), viele auch glasweise, Cocktails, Snacks. Regelmäßig Veranstaltungen (saisonale Spezialabende, italienische Buffets, Weinverkostungen). Privatveranstaltungen ab 40 Pers. Gastgarten für 30 Pers. €€

Vapiano Donauzentrum Wagramer Straße 79/Top 609a (Donauzentrum), Tel. 388 85 85, E-Mail: donauzentrum@vapiano.at, www.vapiano.at, täglich 11-22.30. Mediterrane Schauküche: Pizza, Pasta, Risotto, Lasagne, Salate, alle 2-3 Monate wechselnde Spezialitätenkarte. Bestellt und bezahlt wird entweder an der Kassa oder an einem Orderpoint. Essen zum Mitnehmen. Kindgerechte Möbel, Kindersessel. Schanigarten für ca. 50 Pers. €€

Japanisch

Akakiko Schloßhofer Straße 11-13/1. OG (neben Turek-Center), Tel. 057/333-220, E-Mail: info@akakiko.at, www.akakiko.at, täglich 10.30–23, warme Küche bis 22.30. Sushi, Maki, Bento, vegetarische Speisen; Gratiszustellung in ganz Wien (ab € 13,50, Tel. 057/333, Online-Bestellung möglich). Im Lokal 40 Sitzplätze, Gastgarten auf der Dachterrasse für 32 Pers. €€

Hiro Restaurant Seyringer Straße 6, Tel. 256 20 96, E-Mail: hiro.vienna@gmail.com, www.hirowien.at, Mo, Mi–So, Fei 12–22. Asiatisches Restaurant, in dem die Bestellung per Handy gemacht werden kann und von einem Roboter serviert wird. Japanische Spezialitäten, „All you can eat" à la carte; Sushi, Gerichte vom Teppanyaki-Grill; Desserts wie Apfeltasche oder versch. Obst. €€

Martin's Kyoto Ignaz-Köck-Straße 1/Top 212 (SCN), Tel. 271 75 46, E-Mail: bingxiong2808@gmail.com, Mo–Sa 11–21, So, Fei 12.30–18. Teppanyaki, Sushi, Sashimi sowie Speisen aus Thailand und Malaysia (MM € 7,50 bis € 8,90/Menü für 2 Pers. € 29,– bis € 45,–); Kindermenü (€ 4,90 und € 5,50), kleine Portionen, Kindersessel. Klimaanlage. Behinderten-WC in der Anlage. €

Restaurant Wasabi Donaufelder Str. 37, Tel. 890 14 13, E-Mail: office@wasabi21.at, wasabi21.at, Di–So, Fei 12–21, durchgehend warme Küche. Japan. und vietnam. Küche, viele vegetar. Gerichte, Spezialitäten: Sashimi, vietnamesische Fischsuppe mit frischen Jungzwiebeln und Dill, Meeresfrüchte; gelegentlich Grillabende; Lieferung im 21. und 22. Bezirk (ab € 10,–). Kindermenü und -getränke, Kindersessel, Spielplatz. Gastgarten im Innenhof für 60 Pers. €

Mexikanisch

Taco Ignaz-Köck-Straße 1/Top 112 (SCN), Tel. 271 79 79, E-Mail: office@taco.at, www.taco.at, Mo–Do 11–21, Fr, Sa 11–22, So, Fei 12–21, warme Küche bis 1 Std. vor Sperrstunde. Spareribs, Chili, Steaks, Burger, Salate (Mo–Fr 11–15 MM 2gg € 8,90, mit Suppe und Salat € 9,90), vegetar. Menü; Desserts wie Waffeln, Apple Pie & Ice oder Mexican Churre; Kinderspeisen, -sessel. Klimaanlage. Gastgarten für 40 Pers. (teilw. überdacht). Behinderten-WC in der SCN. €€

Orientalisch

Restaurant Babylon Prager Str. 78, Tel. 270 04 18, E-Mail: office@babylonrestaurant.at, täglich 12–22, Küche bis 21. Orient. Küche, div. Sandwiches, Fischgrillgerichte; Fassbier, Spirituosen, Flaschenweine; Zustellung in die Bezirke 9, 20 und 21 (€ 12,50 Mindestbestellsumme). 2 Kindersessel. €

Türkisch

Kent Restaurant Floridsdorfer Hauptstraße 34, Tel. 05/99 61 61-21, E-Mail: office21@kent-restaurant.at, www.kentrestaurant.at, kent-zustellung.at (Online-Bestellung), täglich 7–24. Türk. Küche, levant. Spezialitäten; Mo–Fr 8–13, Sa, So, Fei 8–14 oriental. Frühstücksbuffet (€ 12,90). Speisen vom Holzkohlengrill. 11–23 Zustelldienst. Separater Veranstaltungsraum für bis zu 150 Pers. €€

Bar

Bierlokal Bar Café Koglbauer Stammersdorfer Straße 75, Tel. 294 52 53, E-Mail: kogi1111@drei.at, www.bierpub-koglbauer.at, Do 18–2, Fr, Sa 19–4 (Fei geschlossen). Überbackene Brote, Baguettes, Pizza, Snacks; offenes Hirter. Fr und Sa DJ-Musik mit Tanzmöglichkeit (Musikrichtung je nach Publikum), TV, Privatveranstaltungen ab 20 Pers., Cateringservice. Gastgarten für 60 Pers.

Bistro

Meet & Eat Shuttleworthstr. 11–14, Tel. 0677/62 91 69 67, E-Mail: shuttleworth@meetandeat.at, www.meetandeat.at, Mo–Do 11–13.30, Fr 11–13. Mittagslokal mit wechselnden Menüs. Catering für Business-Kunden z.B. Office Lunch, Empfänge, Meetings; auch für internat. Clients; Office Lunch-Buffet. €

Cafés, Espressos

Café zum 1. Stock Schloßhofer Straße 11, Tel. 271 11 42, www.mittag.at/r/cafe-zum-ersten-stock, Mo–Fr 7.30–21.30, Sa 8.30–20, So, Fei 13–19, warme Küche Mo–Fr bis 20, Sa bis 15; Juli/August So geschlossen und Küche bis 15. Hausmannskost (11–14 MM klein € 8,50/normal € 9,90), saisonale Speisen, auch hausgemachte Mehlspeisen; Zipfer, Gösser, und Heineken vom Fass, div. Flaschenbiere. Klimaanlage. Schanigarten für 40 Pers.

Café Helga Donaufelder Straße 65, Tel. 259 13 91, E-Mail: office@cafehelga.at, www.cafehelga.at, Mo–Fr 6–24, Sa 8–24, So, Fei 9–24, durchgehend warme Küche bis 22. Frühstück bis 11 (ab € 4,80); Wiener Küche, kleine Speisen (ab € 2,80). Brett-, Würfel- und Kartenspiele, TV; hin und wieder Feste. Kleine Feiern bis 30 Pers. werden organisiert, auf Bestellung mit Brötchen. Schanigarten für 12 Pers.

Café Klim Bim Franz-Jonas-Platz 5, Tel. 278 41 39, E-Mail: klimbim21@yahoo.de, cafe-klimbim.stadtausstellung.at,

Mo–Fr 6.30–24, Sa 8–24, So, Fei 9–23, durchgehend warme Küche. Frühstück ganztags (ab € 6,90); Hausmannskost (TT ab € 8,90); Imbisse, hausgemachte Mehlspeisen, Coffee to go, im Sommer ca. 5 Eissorten. TV; Schach. Schanigarten für 30 Pers.

Koun Coffee Donaufelder Straße 164/1A, E-Mail: office@koun.at, www.koun.at, Mo, Mi–Fr 7.30–18, Sa, So 9–18. Cafe ums Eck vom Kirschblütenpark. Ausgefallene Kaffeevariationen wie veganer Ube Latte (Espresso mit Mandelmilch, verfeinert mit Ube, einer philippinischen Yamswurzel); französische Croissants, vegane Muffins und Cupcakes sowie Bagels. Alles auch zum Mitnehmen. Kaffeebohnen, Espressomaschinen und Zubehör auch zu kaufen.

Espresso Leo Leopoldauer Straße 1, Tel. 0664/270 82 32, Mo–Fr 10–24, Sa, So 10–22. Alkoholfreie Getränke (Cola, Cola Light, Cappy, Almdudler etc.), alkoholische Getränke (Gordon's Gin, Rum, Barcadi, Wodka, Tequilla, Captain Morgan, Obstler und Harakiri). Würfel-, Karten- und Brettspiele, Flipper, Dartautomat, Musikbox, TV.

Segafredo am Spitz Am Spitz 13, Tel. 270 20 10, E-Mail: office@ddh-gastronomie.at, www.segafredo.at, Mo–Fr 7–23, Sa 9–23, So, Fei 9–22. Frühstück bis 11 (€ 5,70 bis € 13,90); ital. Snacks, Mehlspeisen, Panini. Kaffeespezialitäten, österr. Weine; Kaffee und Snacks zum Mitnehmen. TV; Do ab 20 Tanzveranstaltungen mit Tanzlehrer, Weinverkostungen österr. Winzer*innen, Vernissagen. Schanigarten für 20, überdachter Gastgarten für 60 Pers. im grünen, ruhigen Hinterhof. Zugang über Gastgarten ebenerdig.

Till Eulenspiegel Donaufelder Straße 101 (Carminweg), Tel. 259 34 76, E-Mail: office@tilleulenspiegel.at, www.tilleulenspiegel.at, Mo–Do 10–18, Fr 10–24, Sa 13–24 (Fei geschl.). Tagsüber Café mit Frühstück, individuellem Mittagstisch, kleinen Speisen und Kaffeehausküche, abends Bar mit großer Cocktailkarte, auch Eigenkreationen und alkoholfrei; Kinderteller auf Wunsch. Leinwand für Sportveranstaltungen; Spiele; Veranstaltungen: Lesungen, Tarock-Bezirksmeisterschaft, Tarockverein (Di Vormittag und Nachmittag Tarock, Fr Tarockabend). Gesamtes Lokal zu mieten (bis 80 Pers., individuelle Buffets). Gastgarten für 30 Pers. Hintereingang rollstuhlgerecht.

Eissalons

Benner Prager Str. 37, Tel. 270 66 04, E-Mail: fam.benner@aon.at, benner-eis.business.site, März bis Sept. tägl. 11–21.30. Ca. 29 Eissorten hausgemacht, Diabetikereis (pro Kugel € 1,10), Kindercoups, hausgemachte Kompotte, Eistorten; Frappés, Kaffee. Hofgarten für 40 Pers.

Birner Eis An der oberen Alten Donau 46, E-Mail: office@gasthausbirner.at, www.gasthausbirner.at, täglich 12–20, im Winter geschl. Eissalon vom gegenüberliegenden Strandgasthaus Birner. 26 versch. Sorten aus eigener Produktion.

Eissalon Dolce Vita Gerasdorfer Straße 151, Tel. 0699/11 28 73 87, Mo–Sa 10–22, So 10–20.30. Große Auswahl an div. Eissorten. Gastgarten.

Eis Maestro Prager Straße 8, E-Mail: office@eis-maestro.com, Mitte März bis Ende Sept. Mo–Sa 11–21, Öffnungszeiten saisonal variabel. Handgemachtes Eis, vegane Sorten.

La Gelateria Leonardelli Brünner Straße 221 (EKZ Stammersdorf), Tel. 0676/304 96 84, E-Mail: leonardelli@aon.at, www.leonardelli-eis.at, Mo–Sa 9–22, So, Fei 10–22, März bis Dezember täglich 10–21. Im Sommer Eisspezialitäten (mind. 24 Sorten, über 50 Eisspezialitäten - auch Bio- und veganes Eis, Eiscocktails), Kinderspezialitäten, in der übrigen Zeit selbstgebackene Waffeln, Croissants, Tramezzini und Snacks; Schulschlussaktion; monatliche Specials; Mitte November bis Dezember gibt es einen Punschstand vor dem Lokal. Gastgarten für ca. 40 Pers.

Eissalon Perugini Brünner Str. 22, Tel. 271 13 27, E-Mail: eissalon21@outlook.com, tägl. 10.30–21. Ca. 28 Eissorten (Spezialitäten: Nougat, Orange mit Johannisbeere), Diabetikereis, laktosefreies Eis (alle Fruchtsorten außer Banane; Di Kiwi, Mi Orange mit Johannisbeere, Do, Fr auch Bitterschokolade); hausgemachte Eistorten auf Bestellung; alkoholfreie Getränke, div. Kaffeesorten. Nur zum Mitnehmen.

Eis-Café Steiner Pius-Parsch-Platz 11, Tel. 271 18 34, E-Mail: eissteiner@aon.at, www.eissteiner.at, Ende März bis Ende Sept. täglich 10–21 (wetterabhängig). Zweifacher österr. Eismeister: bestes Mangoeis (2012) und bestes Erdbeereis (2014) des Landes. Europameisterschaft mit 1. Platz für Schokoladeeis. Ausgefallene Eissorten (z.B. Apfel-Zimt, Dirndl-Eis vom Bisamberg, Holunderblüte, Mandarine) und Eisspezialitäten (z.B. Böhmischer Mohnteller), laktosefreie Sorten, saisonabhängig wechselnde Eisspezialitäten; kalte Getränke, Illy-Kaffee. Schöner Schanigarten für 50 Pers.

Heurige

Ausblick Wien - Weingut Dr. Höfler Untere Jungenberggasse 144, Tel. 0660/463 35 37, E-Mail: weingut@hoefler.wien, www.ausblick.wien, April bis Okt. Do und Fr ab 16, Sa, So Fei ab 13; genaue Aussteck- und Öffnungszeiten siehe Homepage. Weingut und Buschenschank mit kalten Speisen à la carte; Qualitätsweine aus Strebersdorf. Feiern wie Geburtstage oder Firmenfeiern möglich (20 bis 70 Pers.). Online-Shop und Ab-Hof-Verkauf nach tel. Voranmeldung. Gastgarten mit Blick über Wien. €

Heuriger Binder - Zum Alten Haus Jedlersdorfer Platz 6, Tel. 294 42 85, E-Mail: peterbinder@chello.at, www.peter

binder.at, Di–Fr, Fei 9–24, Sa 14–24, So 9–15. Warmes Heurigenbuffet (MM mit Suppe Di–Fr € 9,10); Auswahl an heimischen Weinen. TV für Sportübertragungen; musikalische Veranstaltungen, letzter Do im Monat ab 19.30 Heurigenmusik und Wienerlieder. Gastgarten für 90 Pers. **€€**

Buschenschank Biohof N°5 beim Weinkeller Clessgasse 82, Tel. 0660/219 96 31, E-Mail: biohof@nummer5.at, wein.nummer5.at, an 3 Wochenenden im Monat jeweils Fr–So (siehe Aussteckkalender bzw. Homepage). Hofeigene Bioprodukte, Mangalitza-Spezialitäten aus eigener Biofreilandhaltung, Gemüse aus Biofreilandanbau, hausgeigene Salzgurken und Pfefferoni, Biobrot von Brotocnik, kleine Speisenauswahl höchster Qualität (auch zum Mitnehmen). Eigenbauweine aus Ried Gritschn und Ried Hochfeld in Stammersdorf (Ab-Hof-Verkauf). Galerieraum für ca. 20 Pers. (für Feiern geeignet). Verkostungen von Wein und Schwein, Konzerte, Lesungen, Poetry Slams, Adventmarkt. Gastgarten im Innenhof mit Salettln für ca. 80 Pers.

Buschenschank Biohof N°5 im Weingarten Bründelgasse 32 (Ecke Krottenhofg.), Tel. 0660/219 96 31, 0699/17 18 96 06 (für Reserv.), E-Mail: biohof@nummer5.at, wein.nummer5.at, Mai bis Sept. (Termine s. Homepage). Sommerlocation und Außenstelle der gleichnamigen, ganzjährigen Buschenschank in der Clessgasse. Weinhütte mit Selbstbedienung, hofeigene Bio-Produkte und klass. Buschenschankspeisen; Bio-Eigenbauweine. Mitnahme von Speisen mit Picknickdecke erlaubt. Freiluftkonzerte und Kulturveranstaltungen. Zu Fuß von der Stammersdorfer Str. und von der Senderstrasse in 10 Min. erreichbar. Kann für private Veranstaltungen gebucht werden. Ausschl. Plätze im Freien: im Weingarten in der Wiese und unter einem Nussbaum mit großen Schirmen mit traumhaftem Blick über Wien.

Weingut & Heuriger Christ Amtsstraße 10–14, Tel. 292 51 52, E-Mail: info@weingut-christ.at, www.weingut-christ.at, Mo–Fr ab 15, Sa, So, Fei ab 12 (in allen ungeraden Monaten), warme Küche bis 22. Moderner Heuriger; warmes und kaltes Buffet (hausgemachte Schmankerln und gebackenes Gemüse), saisonale Speisen; ausschließlich Eigenbauweine, hochprämierte Spitzenweine aus Bisamberger Rieden (Winzer des Jahres 1999/2000 und 2002/2003, Spezialität: Vollmondwein), Weinverkostungen. Designer-Keller mit schön gestaltetem Verkoststüberl; hauseigene Vinothek; Kindersessel, Spielplatz. 3 Extrastüberl für Veranstaltungen für 30 und 50, Garten für 250 Pers. Eigener Parkplatz. **€€**

Christ 42 Stammersdorfer Straße 42, Tel. 292 41 19, E-Mail: christ42@christ42.at, für Gesellschaften ab 25 Pers. auf tel. Anfrage geöffnet. Warmes und kaltes Buffet, Salatbar, selbst gemachte Aufstriche u. Strudeln, saisonale Speisen, warme Mehlspeisen (Apfelstrudel, Powidldatschgerl); Buffets für Gruppen und Firmen. 4 Kegelbahnen (im Voraus zu reserv.); auf Wunsch Livemusik (Heurigenmusik und international). 2 offene Kamine; Bar; Räumlichkeiten für bis zu 80 Pers. für geschl. Gesellschaften. Gastgarten für mind. 70 Pers.

Zur Christl Stammersdorfer Kellergasse 83, Tel. 292 87 39, E-Mail: zurchristl@aon.at, www.zurchristl.at, März bis Nov. Do–So 15–23, Fei auf Anfrage. Kaltes und warmes Heurigenbuffet, saisonale Küche (im Nov. Ganslessen), hausgemachte Mehlspeisen. Private Feste aller Art bis 70 Pers. möglich (ab 30 Pers. auch außerhalb der Öffnungszeiten), standesamtliche Trauungen möglich. Offener Kamin; Kindersessel. Sonnenterrasse für 150 Pers. mit schönem Blick über Wien. **€**

Heuriger Weingut Deutinger Krottenhofgasse 85, Tel. 0699/12 72 62 44, E-Mail: nichtraucherheuriger@hotmail.com, April bis November täglich 11–21 (bei Schönwetter), bis Sonnenuntergang geöffnet. Kleiner Familienbetrieb mitten in den Weinbergen. Kaltes und warmes Heurigenbuffet, Wiener Küche, täglich 3 bis 4 warme Speisen, auch saisonale Gerichte; Martinigansl; ausschließlich Eigenbauweine, auch Weinverkauf. Für Feste bis 30 Pers. geeignet; Stüberl für 30, Gastgarten für 50 Pers. (schattige Laube) direkt im Weingarten; Sonnenterrasse für 12, Wintergarten für 10 Pers.; Spielplatz mit Schaukel, Rutsche. Blick über den Bisamberg. **€€**

Dornröschenkeller Stammersdorfer Kellergasse 24, Tel. 294 86 60, E-Mail: heuriger@dornroeschenkeller.at, März bis Oktober täglich ab 14 (ab dem 2. Sa im Monat geöffnet), geschlossene Gesellschaften ab 20 Pers. auch außerhalb der Öffnungszeiten möglich. Buschenschankbuffet, saisonale Speisen; Eigenbauweine, Flaschenweinverkauf. Keller- und Weingartenführungen auf Anfrage; 4-mal/Jahr Musikveranstaltungen nach Ankündigung (16er Buam). 2 Terrassen und Gastgarten für 60 bis 70 Pers. **€€**

Zur Duschl Stammersdorfer Kellergasse 76, Tel. 0664/875 05 74, E-Mail: info@zurduschl.at, zurduschl.at, an den Aussteckterminen (s. Homepage): Mi–So ab 11.30. Tradit. Buschenschank am Weingarten. Hausmannskost; viele Zutaten sind bio und/oder aus der Region. Stüberl für 30, Dachterrasse für bis zu 120 Pers. mit Blick auf Wien und den Bisamberg.

Eichhorn Winery Senderstr. 54, E-Mail: info@eichhornwinery.com, www.eichhornwinery.com, Aussecktermine lt. Homepage. Bio-Weingut von Regisseur Ron Eichhorn mit Schwerpunkt auf Natural Wines.

In den Gabrissen In den Gabrissen 50, Tel. 0676/680 05 76, indengabrissen.business.site, an den Aussteckterminen (s. Homepage): Sa, So 13–21 (nur bei Schönwetter). Winzerin Katharina Klager bewirtschaftet nach Vorbild der am Nussberg erfolgreichen Weingarten-Buschenschenken eine kleine Hütte mit atemberaubendem Blick über die Weingärten.

Heurigenrestaurant Beim Hannes Langenzersdorfer Straße 56, Tel. 290 79 95, E-Mail: beimhannes@aon.at, www.beimhannes.at, Mo–Do ab 16, Fr–So, Fei ab 11.30, warme Küche bis 21. Heurigenrestaurant, kaltes u. warmes Buffet, hauptsächlich aber à la carte; hausgemachte Mehlspeisen; Kinderspeisen, Spielsachen. Ab und zu Livemusik (u.a. Jazz) und diverse Events (auch kulinarische), Privatfeiern bis 90 Pers. (3 Stüberl). 200 Jahre altes Haus mit offenem Kamin. Gastgarten für 90 Pers. €€

Weingut Helm Stammersdorfer Str. 121, Tel. 292 12 44, E-Mail: office@weingut-helm.at, www.weingut-helm.at, Mo–Fr 15–23, Sa, Fei 14.30–23 (in allen geraden Monaten), warme Küche bis 21.30. Kaltes u. warmes Buffet, Aufläufe, hausgemachte Mehlspeisen; saisonale Spezialitäten wie Ganslessen u. Heringsschmaus, kleine Portionen für Kinder mögl.; Eigenbauweine, Flaschenweinverkauf; 2 Kindersessel. Gelegentlich Livemusik mit Tanzmöglichkeit. Privatveranstaltungen mögl. Garten für 200 Pers. €€

Heuriger Helmut Krenek – Weingut Göbel Stammersdorfer Kellerg. 131 (letzter Keller links), Tel. 294 84 20, E-Mail: office@helmut-krenek.at, www.helmut-krenek.at, Anfang März bis Mitte Dez. Mo, Fr ab 16, Sa, So, Fei ab 12. Heuriger im Grünen, Gourmet-Heurigenküche von Helmut Krenek, alles à la carte serviert; saisonale Speisen, z.B. Gansl; Spezialität: Gebratenes vom Strohschwein (kleine Portion € 7,80, große Portion € 12,40), hausgemachte Mehlspeisen; nur Eigenbauweine, hervorragende Qualität vor allem beim Rotwein, Flaschenweinverkauf. Kinderspeisen, -sessel, Spielzeug, Wickeltisch. Feste bis 50 Pers. auch außerhalb der Öffnungszeiten mögl. Heurigenstube in modernem Design. Gastgarten für 120 Pers. mit Spielplatz. Parkplatz. €€

Buschenschank Kammerer jun. Stammersdorfer Kellerg. 130 (rechts), Tel. 0676/798 75 58, 0676/798 75 58, E-Mail: kammererjunior@gmx.at, www.buschenschank-kammererjunior.com, Mo, Di, Fr–So, Fei 11–23. Buschenschank mit tradit. Heurigenbuffet (hausgemachtes Geselchtes, Kümmelbraten etc.), saisonale Speisen, Tagesangebote (MM ab 11.30 solange Vorrat reicht um € 8,50); Kinderportionen, Spielecke, Spielplatz. Räumlichkeiten für Veranstaltungen bis zu 300 Pers. auf Anfrage zu mieten. Stube für 50, Terrasse für 60, Gastgarten für ca. 300 Pers. mit Blick über Wien und die Weingärten. Privatparkplatz für 15 Autos. €

Ing. Gerhard und Hermine Klager Stammersdorfer Straße 14, Tel. 292 41 07, E-Mail: info@weingutklager.at, www.weingutklager.at, Mo, Di, Do–So, Fei 12–24 (genaue Öffnungszeiten siehe Homepage). Kaltes und warmes Buffet, saisonale Schmankerl, hausgemachte Mehlspeisen, Spezialitäten: Grillhendl, Surschnitzel, Gemüseauflauf, selbst gemachte Knödel etc.; Weine und Traubensäfte aus eigenem Anbau, Flaschenweinverkauf. Wiener Top-Heuriger 2022. AMA Gastrosiegel. Feste bis 200 Pers. möglich. Kinderportionen, -sessel, Wickeltisch. Gastgarten für 350 Pers. mit Abenteuerspielplatz. Parkplatz. €€

Lawies Kallusweg (2. Feldweg links), Tel. 0699/13 34 56 50, E-Mail: office@lawies-wein.at, www.lawies-wein.at, Aussteckertermine lt. Homepage. Weinprojekt von Werber Peter Dirnberger und Künstlerin Juliane Kreisa am Bisamberg. Bio-Wein aus Stammersdorf, kleine Speisen wie Pogatscherl (pur oder mit unterschiedl. Cremes gefüllt) und Goscherl (eine Art kleiner Kuchen). Die Eier kommen von den eigenen Hühnern im Weingarten. Boulebahn. Schöner Blick auf Wien. Nur zu Fuß erreichbar (ca. 20 Minuten Gehzeit).

Buschenschank Karl Lentner Amtsstraße 44, Tel. 292 51 23, E-Mail: info@karl-lentner.at, www.karl-lentner.com, Mo–Do 14.30–23, Fr, Sa 12–23, So 10–23, Fei 9–23 (in allen geraden Monaten), warme Küche bis 22, So ab 12. Kaltes und warmes Buffet, hausgemachte Mehlspeisen; prämierte Eigenbauweine, Flaschenweine glasweise, ganzjähriger Flaschenweinverkauf. Veranstaltungen (z.B. Livemusik, Lesungen). 3 Kindersessel, Spielzeug, Wickeltisch; 3 Extrazimmer für 30, 50 und 70 Pers. für private Veranstaltungen reservierbar, Gastgarten für 200 Pers. mit Kinderspielplatz. Parkplatz in der Nähe. Rampe. €€

Heuriger Lentner Richard Jedlersdorfer Platz 10, Tel. 292 42 51, E-Mail: heuriger@lentner.info, www.lentner.info, Mo–Sa 12–24, So, Fei 9–24 (in ungeraden Monaten), geschl. Gesellschaften ab 50 Pers. auch außerhalb der Öffnungszeiten möglich. Familienbetrieb; warmes und kaltes Heurigenbuffet, saisonale Gerichte, Spezialitäten: hausgemachte Blut-, Brat- und Presswurst sowie hausgemachte Mehlspeisen; Eigenbauweine, Flaschenweinverkauf. 1- bis 2-mal/Monat Heurigenmusik. Kindersessel, -spielplatz. Extrazimmer für bis zu 120 Pers. mit Leinwand. Gastgarten für 250 Pers. Behinderten-WC. €€

WINZERHOF LEOPOLD

Winzerhof Leopold Stammersdorfer Straße 18, Tel. 292 13 56, E-Mail: office@klager.at, www.winzerhof-leopold.at, täglich 14–23 (in geraden Monaten). Wiener Heuriger mit kaltem und warmem Buffet und prämierten Wiener Weinen; kreative und saisonale Küche, Spezialitäten z.B. diverse Aufläufe, geselchte Ripperl, hausgemachte Aufstriche, Strudelvariationen, Gemüse und Obst aus eigenem Anbau; selbst gemachte Hausbrände und Fruchtsäfte. Ab-Hof-Verkauf, Weinverkostungen, Weingarten- und Kellerführungen auf Anfrage; Feiern bis 220 Pers. Kinderaktivitäten, -sessel, Wickeltisch, Spielzimmer und Spielplatz. Winzerhof-Leopold-Stüberl für 50 und Winzerhof-Leopold-Salettl für 25 Pers. Gastgarten für 220 Pers. Parkmöglichkeit. Behinderten-WC. €

Presshaus Steindl Clessgasse 63, Tel. 0699/12 85 05 22, E-Mail: maria@presshaus-stammersdorf.at, biohof-steindl.at, an den Aussteckterminen (s. Homepage): Fr 16–23, Sa, So 14–23. Buschenschank im ehemaligen Presshaus am Biohof Steindl. Ein Großteil der verkauften Produkte stammt aus eigener Erzeugung, z.B. Bio-Traubensaft und Bio-Wein; Heurigenbuffet, Mehlspeisen. Gastgarten.

Reichl Stammersdorfer Straße 41, Tel. 292 42 33, E-Mail: weinhof.reichl@gmx.at, www.weinhof-reichl.at, Mi–So, Fei 14–23, warme Küche bis 22. Heuriger, kaltes und warmes Buffet; Eigenbauweine, Flaschenweinverkauf. Kindersessel, Spielzeug, Wickeltisch. Private Veranstaltungen bis 100 Pers. möglich. Gastgarten für 150 Pers. **€€**

Heuriger Reinbacher Herrenholzgasse 38, Tel. 292 75 09, Öffnungszeiten variabel (telefonisch erfragen). Buschenschank, typisches Wiener Heurigenbuffet (warm und kalt); ausschließlich Eigenbauweine, Flaschenweinverkauf. Gastgarten für 90 Pers.; große Spielwiese. **€**

Weingut-Heuriger Schilling Langenzersdorfer Str. 54, Tel. 292 41 89, E-Mail: schilling.weingut.heuriger@aon.at, www.weingut-schilling.at, Mo–Fr ab 16, Sa ab 15, So, Fei ab 12 (in geraden Monaten), genaue Öffnungstermine siehe Homepage. Buschenschank am Fuße des Bisambergs; kaltes und warmes Buffet, verschiedene Aufläufe (auch vegetarische); Eigenbauweine, Flaschenweinverkauf. Weindegustationen, Kellerführungen möglich. Kindersessel, -spielplatz und -spielzimmer, Wickeltisch. „Festerlheuriger" (Organisation von kleinen und großen Festen im Wintergarten); TV. Gastgarten für 300 Pers. Behinderten-WC. **€€**

Buschenschank Schreckenschlager Stammersdorfer Kellergasse 75 links, Tel. 290 34 31, E-Mail: alfred.schreckenschlager@gmx.at, Fr 15–23, Sa, So, Fei 14–23, März, Juni, Aug., Okt., Nov. geöffnet (genaue Zeiten tel. erfragen). Freundlicher Familienbetrieb; Hausmannskost, warmes und kaltes Buffet, Spezialitäten wie Specklinsen, Kartoffelgulasch, hausgemachte Bratwürste etc., hausgemachte Mehlspeisen; ausschließlich Eigenbauweine, Flaschenweinverkauf. Ab und zu Heurigenmusik live oder Grillabende. Kindersessel, Spielsachen. Gastgarten für 200 Pers. **€**

Buschenschank Strauch Langenzersdorfer Str. 50a, Tel. 292 53 41, E-Mail: office@weinstrauch.at, www.weinstrauch.at, in ungeraden Monaten in den ersten drei Wochen Mo–Fr 16–23, Sa, So, Fei 15–23 (geöffnete Tage tel. erfragen), warme Küche bis 22, geschlossene Gesellschaften ab 40 Pers. auch außerhalb der Öffnungszeiten möglich. Kaltes und warmes Heurigenbuffet, hausgemachte Mehlspeisen, im November Ganslessen; Eigenbauweine (2013 bei der Wiener Landesweinbewertung 3 und 2016 2 Goldmedaillen), Flaschenweinverkauf; Obstprodukte wie Sirup und Marmelade. Kürbiskernöl aus eigenem Anbau. Gelegentlich Veranstaltungen u. Livemusik. Kindersessel, Spielplatz und Spielecke. Extrazimmer für 40, Gastgarten für 140 Pers. **€**

Buschenschank Szüts Untere Jungenberggasse 111, Tel. 292 33 97, E-Mail: buschenschankszuets@outlook.com, buschenschank-szuets.business.site, Fr 15–22, Sa, So 13–22, August, Jänner, Februar und Weihnachsferien geschlossen. Buschenschank mitten in den Weingärten; kaltes Buffet, Spezialitäten: Kümmelbraten, Fleischlaibchen, hausgemachte Aufstriche, hausgemachte Mehlspeisen nach Saison; nur Eigenbauweine. Privatfeiern bis 90 Pers. möglich. Spielzeug, Spielplatz. Schanigarten für 90 Pers. Hintereingang rollstuhlgerecht (Zufahrt mit PKW möglich). **€**

Weingut Walter Untere Jungenbergg. 7, Tel. 0664/190 34 69, E-Mail: office@weingut-walter-wien.at, www.weingut-walter-wien.at, Mitte März bis Mitte Nov. Mo–Fr ab 16, Sa, So, Fei ab 13 (akt. Öffnungszeiten siehe Homepage), auf Anfrage f. Gruppen ab ca. 20 Pers. geöffnet. Buschenschank am Bisamberg mit Tiroler Speck, Graukäs, Gamswürsteln, Hirschschinken und hausgemachten Mehlspeisen; Produkte großteils aus Genussregionen wie z.B. Wiener Gemüse, Paznauner Almkäse. Das Weingut sowie der Großteil der Produkte sind biolog. zertifiziert. Wr. Top-Heuriger, Fallstaff-prämiert. Eigenbauweine, Edelbrände. Standesamtliche Trauung möglich; Events (Kürbisschnitzen, Musikabende etc.); Weingartenmesse und Weingartenkino im Sommer. Gastgarten für 70 bis 100 Pers. Hunde nur mit Leine. **€**

wein
hand
werk

Weinhandwerk – Wild Essen, fein Trinken Senderstraße 27, Tel. 0664/38 35 72, E-Mail: office.weinhandwerk@gmail.com, www.weinhandwerk.at, April bis Okt. Fr ab 14, So ab 12, Sa auf Anfrage ab 14. Bio-Weingut, Buschenschank u. Veranstaltungslocation. Wildkräuterküche (Tapas und Salate), Räucherwerkstatt, Bergbauernspezialitäten (Carne Salada, Lardo, Wildwürste), gereifte Käsesorten von Kleinstproduzent*innen, selbst gebackenes Bio-Brot, Wildschwein am Spieß vom Weinviertler Metzger. Bio-Weinprodukte von Sekt bis Verjus, von Orange Wine bis Sloe Gin. Romantische Garten-Feste in der Buschenschank (max. 100 Pers.) oder in der Villa Weinrot (max. 50 Pers.). Standesamtliche Trauungen möglich. Wild-Cooking-Workshops. Online-Reservierung erbeten. Bushaltestelle (Bus 501) und Parkplatz 200 m entfernt. **€€**

Heuriger Wieninger Stammersdorfer Straße 78 (Parkplatzeinfahrt: Stammersdorfer Str. 80), Tel. 292 41 06,

E-Mail: office@heuriger-wieninger.at, heuriger-wieninger.at, Öffnungszeiten variabel (siehe Homepage). Kaltes und warmes Buffet (Aufläufe, Blunzenstrudel, Grammelknödel, Spinatstrudel), biolog., vegetar., saisonale, sowie internat. Küche; ausschl. Eigenbauweine, Flaschenweinverkauf; für Gruppen (ab 10 Pers.) bei Reserv. Heurigen-, Winzer- oder Schmankerlbuffet, ab 6 Pers. servierte Platten. 4 Kindersessel. 5 Extrastüberl in verschiedenen Größen, Gastgarten im Vierkanthof für 250 Pers.; Hochzeiten bis 300 Pers. 💳 €€

Imbisse

Buffet zur Ross-Schwemme An der oberen Alten Donau 69 (Ecke Mühlschüttelgasse), Tel. 270 06 68, Öffnungszeiten je nach Saison und Wetterlage variabel. Buffet-Stand an der alten Donau. Würstel aus dem Waldviertel, selbst gebackenes Brot, im Sommer Eis. Schanigarten.

Fun Eat Jedleseer Straße 63, Tel. 272 26 70, Mo–Sa, Fei 10–21, durchgehend warme Küche. Wiener Küche (MM € 6,90); Kinderspeisen, -sessel. TV; Klimaanlage. Behinderten-WC. ♿ 💳 €

Kentucky Fried Chicken Schloßhofer Straße 3, www.kfc.co.at, täglich 10–22. Buckets mit Chicken oder Hot Wings, Burger; alles auch zum Mitnehmen. 💳

McDonald's www.mcdonalds.at, Öffnungszeiten siehe Homepage. Burger, Wraps, Salate etc.; Frühstück. Mit McCafé; Tischservice. Franz-Jonas-Platz 2, Tel. 02682/750 01, E-Mail: at-store0241@restaurant.at.mcd.com. 💳 €

McDonald's (McDrive) www.mcdonalds.at, Öffnungszeiten siehe Homepage. Burger, Wraps, Salate etc.; Frühstück. Playland. McDelivery; mit McCafé; Tischservice. Leopoldauer Straße 49, Tel. 0699/19 99 01 19, E-Mail: at-store0119@restaurant.at.mcd.com. Brünner Straße 170, Tel. 292 58 48, E-Mail: at-store0043@restaurant.at.mcd.com Kindergeburtstag. 💳 €

Noodle King E-Mail: office@noodleking.at, www.noodleking.at. Asiatische Suppen-, Nudel-, und Reisgerichte, sowie Sushi und Maki. Take-away. Frauenstiftgasse 12A, Tel. 0676/500 86 28, täglich 11–21. Kürschnergasse 9, Tel. 0676/904 99 66, täglich 11–22. Brünner Straße 221/1, Tel. 0660/160 81 05, täglich 11–22. Ernst-Vasovec-Gasse 12–14, Tel. 0676/604 31 23, tägl. 10–21. 💳 €

Pizza Italiano – The Kingdom of Pizza Leopoldauer Straße 11, Tel. 271 14 88, E-Mail: pizza-italiano@hotmail.com, www.pizzaitaliano.at, täglich 11–14 und 17–22. Nur Zustellung und Abholung: italienische, wienerische, griechische, mexikanische und amerikanische Küche; amerikanische Pizza; Firmenangebote (Pizza, Pasta oder Schnitzel plus Getränk € 7,50); Ben & Jerry's Eis div. Sorten, Zustellung in den 21. (Zustellung ab € 9,–) und 22. Bezirk (ab € 12,– darunter € 2,– Zustellgebühr). 💳 €

Schnitzelpalast Prager Straße 128, Tel. 270 55 61, www.schnitzelpalast.at, Mo 10–14, Di–So, Fei 10–19. Div. Schnitzel, Schnitzelsemmel, Fleisch- und Fischgerichte, auch vegetarische Speisen; Kinderspeisen; alles auch zum Mitnehmen. Schanigarten. €

Tauber E-Mail: office@tauber.at, www.tauber.at, Belegte Brötchen (€ 1,80 bis € 2,80/Stk.), diverse Brötchenboxen (€ 22,50 bis € 61,–), auch Mehlspeisboxen (€ 20,– bis € 54,–); Online-Bestellmöglichkeit, Abholung, ab 10 Stück auch Zustellung in alle Bezirke (Zustellkosten € 15,–); Wiener Frühstück (klein € 5,90, groß € 7,10). Wagramer Straße 195/Top 20 (EKZ Citygate), Tel. 907 25 27, Mo–Fr 8–19, Sa 8–18 (Fei geschlossen). Hausmannskost (Mittagsteller € 5,40 bis € 8,40); Kindergerichte (€ 5,20 bis € 5,60). Ignaz-Köck-Straße 1 (Top 5+6, SCN), Tel. 907 27 77, Mo–Fr 8–19, Sa 8–18 (Fei geschlossen). Kleine warme Speisen (€ 3,50 bis € 9,–), MM (€ 5,80 bis € 8,40). Brünner Straße 68/Top 3 (Krankenhaus Nord), Tel. 916 01 11, Mo–Fr 9–17, Sa, So 11–17 (Fei geschlossen). Kleine warme Speisen (€ 3,50 bis € 5,30). €

Trzesniewski E-Mail: office@trzesniewski.at, www.speckmitei.at, Klassisches Wiener Imbiss-Buffet; Aufstrichbrötchen (€ 1,50/Stück), Aufstriche (€ 4,20/100g); Online-Bestellmöglichkeit auf der Homepage. Ignaz-Köck-Straße 1/Top 12 (SCN), Tel. 278 81 78, 493 13 32-0 (Büro), Mo–Fr 9–19, Sa 9–18. Zustellung mit Taxi; Schanigarten für 20 Pers. Parken (gratis) im Parkhaus SCN. Wagramer Straße 195/Top 52 (Citygate), Tel. 909 41 26, 493 13 32-0 (Büro), Mo–Fr 9–19, Sa 9–18. Zustellung mit Lieferdienst. 💳

Wienerwald fast & fresh Wagramer Straße 195/Shop 1 (Citygate), Tel. 256 37 85, E-Mail: office@wienerwald.at, www.wienerwald.at, täglich 9–22. Wiener Küche; Gassenverkauf. Schanigarten für 45 Pers. 💳 €€

Konditoreien, Bäckereien

Aida Schönthalergasse 1, Tel. 890 89 88-221, E-Mail: info@aida.at, www.aida.at, täglich 7.30–19. Konditorei und Kaffeehaus. Schanigarten.

Anker www.ankerbrot.at, kontakt@ankerbrot.at. Brot, Gebäck, Mehlspeisen, tägl. laufend frische Snacks. Schanigarten. Öffnungszeiten saisonal variabel (s. Homepage). Bahnhof Floridsdorf (Franz Jonas Platz 1), Tel. 270 80 12, Mo–Fr 5–19.30, Sa, So, Fei 5–18. Jedleseer Str. 77, Tel. 272 83 57, Mo–Fr 6–18, Sa, So, Fei 6.30–12. Mitterhoferg. 8 (EKZ), Tel. 294 77 79, Mo–Fr 6–18, Sa, So, Fei 6.30–12. 💳

Daniel's Konditorei Rußbergstraße 8, Tel. 0670/773 11 35, E-Mail: info@ekonditorei.at, www.ekonditorei.at, Mo–Sa

9-17, So 12-17. Verschiedene Mehlspeisen, Torten für jeden Anlass; Kaffee, alkoholfreie Getränke, Wein, Bier, Sekt; im Sommer Eis von Vidoni (vegan oder aus Bio-Milch). 4 Tische für insg. 8 Pers. Keine Hunde.

Der Mann www.dermann.at. Gebäck, Brot, Mehlspeisen, Snacks. Im Sommer variable Öffnungszeiten. Brünner Straße 74 (OBI), Tel. 866 99-9156, Mo-Fr 7.30-19, Sa 8-18 (Fei geschlossen), Kaffee-Ecke. Franz-Jonas-Platz 4, Tel. 866 99-9119, Mo-Fr 5.30-19, Sa 7-17, So, Fei 7-12, Kaffee-Ecke. Franz-Jonas-Platz 7, Tel. 866 99-9173 (Shop), Tel. 866 99-9373 (Kaffeehaus), Mo-Fr 6-19, Sa, So, Fei 7-18 (Bäckerei), Mo-Fr 7-19, Sa, So, Fei 8-18 (Kaffeehaus), Kaffeehaus mit Bedienung. Ignaz-Köck-Straße 1/Top 10 (SCN), Tel. 866 99-9153, Mo-Fr 7-19, Sa 7-18 (Fei geschlossen), Kaffeehaus mit Bedienung. Angyalföldstraße 97, Tel. 866 99-9160, Mo-Fr 6-18, Sa, So, Fei 7-17, Kaffeehaus mit Bedienung und Kinderspielecke.

Felber www.felberbrot.at, office@felberbrot.at. Ofenfrische Backwaren, Cafeteria, Frühstück, Snacks, Imbisse. Brünner Str. 219-221/Top 19 (EKZ B7), Tel. 294 68 33, Mo-Fr 6-18, Sa, So, Fei 7-12, im Sommer Mo-Mi 6-15, Do, Fr 6-18, Schanigarten. Prager Str. 286 (C21), Tel. 292 29 07, Mo-Fr 7-18, Sa 7-17, So, Fei 7-12, Schanigarten. Wagramer Straße 195 (Citygate), Tel. 256 36 90, Mo-Fr 6.30-19, Sa 7-18 (Fei geschl.). Brünner Straße 66 (ÖBB Bahnhof b. d. Klinik Floridsdorf), Tel. 256 88 00-177, Mo-Fr 6-16 (Fei geschl.).

Geier www.geier.at, baeckerei@geier.at. Brot, Gebäck, Feinbackware, Snacks, saisonale Angebote wie Weihnachtsgebäck; Coffee to go. Donaufelder Straße 22, Tel. 270 61 68, Mo-Fr 6-18.30, Sa 6-13, So, Fei 7-12, Café-Bereich, Gastgarten. U-Bahn Station Leopoldau, Tel. 258 03 12, Mo-Fr 5-19, Sa 6-13, So, Fei 7-12, Café-Bereich.

Café-Konditorei-Eis Walter Petras Gmündstraße 1, Tel. 290 99 17, April bis September Di-So, Fei 9-20, Oktober bis März Di-So, Fei 8-19. Retro-Café-Konditorei und Eissalon. Frühstück ganztägig; Imbisse, hausgemachte Mehlspeisen, 21 Sorten hausgemachtes Eis, Torten auf Bestellung; Eiskarte für Kinder, Kindersessel, Spielzeug. Gastgarten für 30 Pers. Rampe.

Ströck www.stroeck.at, kundenservice@stroeck.at. Ofenfrisches Brot und Backwaren (von rustikal bis mediterran), Mehlspeisen-Klassiker; Frühstück, schnelle Snacks, Imbisse; Bio-Fairtrade-Kaffee; das gesamte Brot- und Gebäcksortiment ist frei von Zusatzstoffen, breites Angebot an Bio-Produkten. Aktuelle Öffnungszeiten siehe Homepage: stroeck.at/filialen. Bahnhof Floridsdorf (U-Bahn-Station), Tel. 204 39 99-830 81, Mo-Fr 5.30-18.30, Sa 5.30-13. Frauenstiftgasse 12, Tel. 204 39 99-830 43, Mo-Fr 6-18, Sa 6-12, So 7-12. Hoßplatz 12, Tel. 204 39 99-830 49, Mo-Fr 6-18, Sa 6-12, So 7-12. Kürschnergasse Top 5 (Ekazent, Großfeldsiedlung), Tel. 204 39 99-830 41, Mo-Fr 6-18, Sa, So 7-12. Schloßhofer Straße 18, Tel. 204 39 99-830 72, Mo-Fr 5-18, Sa 7-12.

Konfiserien

Confiserie Heindl Kürschnergasse 9 (Großfeldzentrum), Tel. 258 02 46, E-Mail: confiserie@heindl.co.at, www.heindl.co.at, aktuelle Öffnungszeiten siehe Homepage. Mehr als 250 unterschiedliche Pralinen-, Konfekt- und Waffelspezialitäten; gesamtes Sortiment ausschließlich mit Fairtrade-Kakao; vegane Spezialitäten.

Confiserie Heindl Ignaz-Köck-Straße 1/Top 102 (SCN), Tel. 271 83 19, E-Mail: confiserie@heindl.co.at, www.heindl.co.at, aktuelle Öffnungszeiten siehe Homepage. Mehr als 250 unterschiedliche Pralinen-, Konfekt- und Waffelspezialitäten; gesamtes Sortiment ausschließlich mit Fairtrade-Kakao; vegane Spezialitäten.

Szene

USUS am Wasser An der neuen Donau 1, Tel. 0660/342 01 69, E-Mail: office@amwasser.wien, amwasser.wien, www.usus.wien, Do, So 11.30-23, Fr, Sa 11.30-1 (Gastgarten), Mo-Mi 14-20 (Kiosk). Gesellschaftlich-ökonomisch-kulinarisches Alternativmodell an der neuen Donau. Ausgefalleneres wie Wildkräutersalat mit Blumen und Orangen, aber auch Snacks wie Sandwiches und Pommes. Bühnenterrasse mit kulturellem und musikalischem Programm (Lesungen, Kabarett, DJs, Kinderprogramm). Gastgarten für 400 Pers. Reservierung per Online-Formular auf der Homepage.

Weinhandlungen

Likörstube Sveceny Brünner Straße 30, Tel. 270 33 18, E-Mail: branntweiner.franz@aon.at, Mo-Sa 9-14 (Fei geschlossen). Breites Sortiment an Weinen, Champagner und Spirituosen, auf Anfrage werden auch nicht lagernde Spezialwünsche bestellt.

Wein & Co Seyringer Straße 6-8, Tel. 050/706-3211, E-Mail: ssp@weinco.at, www.weinco.at, Mo-Fr 9.30-18.30, Sa 9-18 (Fei geschlossen). Größtes Fine Wine Sortiment Österreichs, mehr als 2000 Weine aus aller Welt; erweitertes Angebot an Ikonen, Sammlerstücken und limitierten Spitzenweinen. Vielfältiges Zusatzsortiment: Accessoires, Feinkost, Fruchtsäfte, Spirituosen und Geschenke; monatlich wechselnde Gratisverkostung; Korkgarantie; gebührenfreies Bestellservice (Tel. 08000/80 20 80 20), Gratiszustellung in ganz Österreich und Deutschland ab einem Bestellwert von € 69,-. Großer, kostenfreier Parkplatz direkt vor der Tür.

22., DONAUSTADT

Ob die Donaustadt tatsächlich Wiens Parade-Sehnsuchtsort ist oder ob der mit 102,3 Quadratkilometern flächenmäßig größte Bezirk Wiens nur deshalb ein Zuzugsmagnet ist, weil es hier – für Großstadtverhältnisse – noch massig Platz gibt, man weiß es nicht. Jedenfalls beheimatet der 22., abgesehen von diversen Wiener Signature-Gebäuden wie etwa der UNO-City, die höchsten Gebäude und Bauwerke der Stadt (DC Tower 1 und Donauturm), mit der Seestadt Aspern Europas größtes Stadtentwicklungsgebiet und die künstlich angelegte Donauinsel, auch noch das Naturjuwel Nationalpark Donau-Auen mit der Lobau sowie zahlreiche landwirtschaftliche Betriebe. Um die jährlich rund 4000 Neudonaustädter*innen unterzubringen, die die Einwohner*innenzahl des Bezirks im vergangenen Jahrzehnt um sagenhafte 25,5 Prozent wachsen ließen, bauen Investoren mittlerweile im Akkord. Die Gastronomiebetriebe können sich also in die Hände spucken. Dies geschieht konzentriert im Donauzentrum, dem größten Einkaufszentrum der Stadt, in dem derzeit 61 Gastronomiebetriebe am Werken sind. Andernorts ist aber auch ein bisschen etwas passiert: die Imbisse Berlin Box und Wiener Wald fast & fresh haben das Handtuch geworfen, ebenso das Eso-Café und das sri-lankische NihiLanka. Und auf der Habenseite gibt es Zugänge zu verbuchen: etwa die Kasnudl Stadtküche oder das im neunten Bezirk ansässige vegane Bistro Plain, das nun in der Stadlauer Straße Fitnessstudio-Ausspeisung unter dem Namen Plain X Lovt macht, oder die Bowl-Kette Fat Monk, die nun auch den DC Tower bezogen hat. Alles in allem nicht übel, aber ausbaufähig.

Napoleon
Neues Gasthaus der Gastro-Familie Querfeld ... S. 519

NAPO
LEON

DIE BESTEN 10 IM 22. BEZIRK

Brunchhouse am Irissee
Spektakuläres Seerestaurant mit beeindruckender Architektur, ziemlich harmlosem, gefälligem Ganztages-Brunch und am Abend Burger ... S. 517

Das Bootshaus
Weil Teil des Landtmann-Imperiums, einer der Big Player an der Unteren Alten Donau, mit drei Terrassenebenen: einmal schwimmende Ponton-Terrasse, eine feste Terrasse und ein Terrassenbereich vorm Lokal. Große Fischgericht- und Nachspeisenauswahl ... S. 517

Gasthaus zur Kriegerheimstätte
Seit rund hundert Jahren geführter Familienbetrieb in einem der ersten Sozialbauten Wiens. Grätzel-Schatz mit Old-School-Küche ... S. 518

Fat George
Junges Esslinger Hotel-Restaurant, in dem kreative österreichische Küche betrieben wird ... S. 517

Restaurant Jussi
Hübsches Restaurant mit schönem Schanigarten und internationaler Küche. Bezirksempfehlung ... S. 518

Roter Hiasl
Pflichtprogramm in der Lobau. Deftige Küche und Bier von Ottakringer nach der Hiasl-Rezeptur gebraut ... S. 519

Sichuan
Rangiert seit vielen Jahren unter den Top-China-Restis der Stadt. Weiß mit fantastischer Karte, Koi-Teichen und Tee-Pagode zu überwältigen ... S. 523

Turm Restaurant Donauturm
Erlebnisrestaurant mit bestem Blick auf die Stadt. Gekocht wird auch ganz gut. Und es dreht sich ... S. 521

Ufertaverne
Immer nie am Meer. Dafür kann man hier an der Alten Donau, mit Blick auf Segelschüler*innen, gegrillten Fisch essen ... S. 521

Zum Knusperhäuschen
Lobau-Imbiss mit schattigen Bänken unter den alten Kastanien und Blick auf die Dschungel-Lacke ... S. 529

Gaststätten, Restaurants, Wiener Beisln

Zur Alten Kaisermühle Fischerstrand 6 (Alte Donau), Tel. 263 35 29, E-Mail: info@kaisermuehle.at, www.kaiser muehle.at, Mai bis August täglich 11.30–23, Sept. bis April Mi–So 11.30–23, durchgehend warme Küche. Steak- und Grillspezialitäten vom Holzkohlengrill; spanische und mediterrane Delikatessen. Wiener und gutbürgerliche Küche, saisonale Spezialitäten; die nach hauseigenem Rezept marinierten Spareribs haben das ganze Jahr über Saison; Junker, Jungweine, im Winter hausgemachter Orangen- und Weihnachtspunsch. Private Feste aller Art bis 120 Pers. möglich; großer, gemütlicher Gastgarten für 350 bis 400 Pers. direkt an der Alten Donau; eigene Bootsanlegestelle. **€€€**

Altwiener Stuben Erzherzog-Karl-Str. 66, Tel. 209 36 52, 0676/608 70 51, E-Mail: durimsyl@gmail.com, www.alt wienerstuben.com, tägl. 9–22, Küche 11–21. Traditionelle Wiener Hausmannskost, Beuschel, Tafelspitz, Wildgerichte, Schnitzel, Rostbraten, Vanille Rostbraten, Wiener Backfleisch, Leber gebraten oder geröstet (Mo–Fr 11–14 2 MM € 9,–); Mo Spareribs (€ 9,–), Di Schnitzeltag (€ 9,–), Do Backhendltag (€ 9,–), Fr Fischtag (Zander, Scholle oder Kabeljau um € 9,–); wechselnde Saisonkarte (z.B. Schwammerlwochen), Eis im Sommer; Kinderspeisen, -sessel. Gastgarten für 100 Pers. **€€**

Café & Restaurant Backofen Schiffmühlenstraße 80, Tel. 263 20 08, der-backofen.at, täglich 7.30–20. 5 Frühstücke bis 11; Wiener und internat. Küche (ab 11 2 MM um € 9,90), saisonale Schmankerlkarte, Pizza; täglich frisches Gebäck, Auswahl an Mehlspeisen, Vollwertgebäck; Kaffeespezialitäten, Gösser u. Zipfer Bier vom Fass; Kinderschnitzel, -sessel. Schanigarten für 30, Gastgarten für 50 Pers. **€€**

Das Bootshaus An der unteren Alten Donau 61, Tel. 24 10 08 11, E-Mail: info@dasbootshaus.at, www.dasbootshaus .at, Mo–Fr 11.30–23, Sa, So, Fei 9–23, akt. Öffnungszeiten s. Homepage. Stilechtes Restaurant an der Alten Donau mit großzügiger Terrasse und Steg direkt am Wasser. Sa, So, Fei 9–11.30 Frühstück; Safran-Fischsuppe, Calamari Fritti, Ruderbrote, Fish & Chips, Paella, hausgemachte Torten und Mehlspeisen; Cocktails, Sundowner und Longdrinks. Yoga am Steg; Location für Feiern aller Art geeignet. **€€€**

Brunchhouse am Irissee Arbeiterstrandbadstraße 122a (im Korea Kulturhaus), Tel. 0676/326 67 85, E-Mail: info@ brunchhouse.at, brunchhouse.at, Do–Sa 9–16, So, Fei 9–18. Brunch-Lokal mitten im Donaupark. Div. Brunch-Teller (z.B. „Oslo“ mit geräuchertem Lachs oder „Tel Aviv“ mit Shakshouka), versch. Currys und Bowls; Eis von „Der Eismacher“; Cocktails. Kinderspeisen, Wickeltisch, Kindersessel, großer Spielplatz nebenan im Grünen. TV. Platz für 20 bis 150 Pers. (für Feiern geeignet), Terrasse mit Blick auf den Irissee für 80 Pers. Behinderten-WC. **€€**

Café Restaurant Denito Leonard-Bernstein-Str. 4-6/7/8, Tel. 992 47 36, E-Mail: office@denito.at, www.denito.at, Mo–Fr 7.30–22, Sa, So 10–22. Wiener und internationale Küche; täglich 11–17 MM mit Tagessuppe (€ 8,90 bis € 10,90); Steak, Fisch, Meeresfrüchte, Burger, Pasta, Pizza. Für Feiern geeignet. Gastgarten für ca. 120 Pers. **€€**

Donaubräu Donauturmplatz 1, Tel. 263 35 72, E-Mail: reservierungen@donauturm.at, www.donaubraeu.at, Mi–So 11.30–23, Küche bis 20.30. Österreichische Küche; Spezialität: eigens gebrautes Turmbier und Backhendl. Kinderspielplatz. Großzügiger Innenbereich (klimatisiert); überdachte Pergola, Gastgarten für 240 Pers. Parkplatz, kostenloser Shuttlebus als Ergänzung zu den Öffis. **€€**

Donaubrise Arbeiterstrandbadstraße 91 (Strandbad Alte Donau), E-Mail: info@donaubrise.at, www.donaubrise.at, Mo–Fr 9–20, Sa, So, Fei 8–20. Freibadkantine mit altbewährten Klassikern, die in einem Schwimmbad nicht fehlen dürfen, aber auch Unerwartetem (z.B. Rote Rüben Hummus und Falafel); Frühstück bis 10.30; mediterrane Küche, Salate und mehr; Wochenkarte mit MM (€ 7,- bis € 9,50). Kaffee von Hausbrandt, hausgemachte Eistees, Spritzerkarte. Badboutique und Saftladen. Terrasse für 200 Pers. **€€**

Restaurant Fabelhaft zum Seeblick Campingplatzweg 34, Tel. 734 81 79, E-Mail: info@fabelhaft.cc, www.fabelhaft .cc, Di, So, Fei 10–16, Mi–Fr 10–21, Sa 10–18. Frühstück; MM, TT, Pfannengerichte, Fisch, auch vegetarische Gerichte, Grill- und Rindspezialitäten, saisonale Speisen; Bier vom Fass, Flaschenbiere, Schnaps, Rot- und Weißweine; Kinderspeisen. Alle Speisen auch zum Mitnehmen. Private Feiern für bis zu 60 Pers. möglich. Terrasse mit Blick auf den See für 100 Pers. **€€**

Fat George Gartenheimstraße 1, Tel. 0660/625 41 63, E-Mail: office@fat-george.at, www.fat-george.com, Di–Sa 16–23, So 11–15. Restaurant und Hotel. Gehobene österreichische Küche in modernem Ambiente aus regionalen Zutaten, z.B. Fleisch von Höllerschmid aus NÖ, Fisch von Eishken Estate, Brot von Müller & Gartner, Weine von Weinskandal und direkt von den jeweiligen Weingütern; am Wochenende Frühstück bis 10.30. Restaurant für 50 Pers., Gastgarten im Innenhof für 40 Pers., Do–So zusätzlicher Schanigarten, der als Bar genutzt wird. Gästezimmer. Gratis Parkplatz im Innenhof. **€€€**

Flokal Süßenbrunner Platz 11, Tel. 0680/246 10 16, E-Mail: flo@flokal.at, www.flokal.at, Mi–Sa 11–22. Lokal von Florian Mattes (davor im Steirereck, beim Mörwald und in Toprestaurants am Tegernsee). Österreichische und internationale Küche aus saisonalen und regionalen Zutaten; wechselndes Monatsbier. Großer, teilweise überdachter Gastgarten für ca. 75 Pers. **€€**

Flow Restaurant Donau-City-Straße 7/Level E (Meliá Vienna im DC-Tower), Tel. 0664/88 96 33 22, E-Mail: flow@melia.com, www.fiftysevenrestaurant.at, Mo–Do 11–14.30, Küche ab 12. Mo–Do 12–14.30 Business Lunch (MM € 15,–); ausgewählte österr. und internat. Weine. Take-away. Behinderten-WC. Reservierung erwünscht. €€€

Gasthof Goldener Hirsch Hirschstettner Straße 83, Tel. 282 83 27, E-Mail: service@zum-goldhirsch.at, www.zum-goldhirsch.at, Di–Sa 10–22, warme Küche bis 21, letzte Bestellung 20.45. Gepflegte Hausmannskost, Alt-Wiener Küche und saisonale Spezialitäten (Di–Fr 11.30–14 MM, Sa TT); Kinderspeisen, -sessel, Wickeltisch. TV; fallweise Livemusik und Kabarettvorstellungen, Tanzveranstaltungen, Travestieshows. Veranstaltungssaal zu mieten für 80, schattiger Garten für 150 Pers. €€

Gasthaus Hansi Quadenstraße 83, Tel. 283 29 76, E-Mail: gasthaus-hansi@gmx.at, www.gasthaus-hansi.at, Mo–Sa 11–23, So, Fei 11–17, Küche Mo–Sa 11.30–21, So, Fei 11.30–16. Wiener Küche, MM (täglich 11.30–14; Mo–Sa € 8,50; So, Fei € 10,50), Di Schnitzeltag; Weine (Schwerpunkt Österreich), Ottakringer vom Fass. Kinderspeisen, -sessel. Für Feiern und Veranstaltungen geeignet. Klimaanlage. Gastgarten für 50 Pers. €€

Himmel und Wasser Steinspornbrücke 1, Tel. 0699/11 77 07 78, E-Mail: buero@himmelundwasser.at, www.himmelundwasser.at, Mai bis September Do, Fr 14–22, Sa, So, Fei 11–22 (Küche bis 20.30), Oktober bis April auf Anfrage. Wiener und internationale Küche; auch vegetarische und vegane Gerichte; hausgemachte Limonaden (Apfel-Ingwer, Holler); Bio-Eis von Stadler (Kokos, Karamell, auch veganes Eis); 3 Kindersessel, Sandkiste, Kinderspielsachen. Stand Up Paddling; Schach; Live DJs, monatlich Live-Konzerte; Hängematten. Gastgarten für 100, Terrasse für 500 Pers. Konsumfreie Zone auf den Sitzstiegen. €

Zum Hopfbär Eßlinger Hauptstraße 104, Tel. 293 43 38, www.zumhopfbaer.at, Mi–Sa 11.30–22, So, Fei 11.30–16, Küche bis 21 bzw. 15. Gutbürgerliche Küche und saisonale Speisen. Kinderspeisen. Feiern wie Geburtstage, Hochzeiten etc. möglich. Catering. Gastgarten. €€

Inseltreff Barbados Am Kaisermühlendamm Wehr 1, Tel. 0660/977 69 02, E-Mail: barbados.inseltreff@gmail.com, www.barbados.co.at, März bis Sept. täglich 12–23, Okt. bis Nov. Mo, Di Ruhetag; November bis März geschlossen. Wiener Hausmannskost und internationale Speisen, Salate ab € 11,80, Tageskarte, Gegrilltes, Gebackenes, kleine Speisen wie warme Brote, Schnitzelsemmel etc.; alle Getränke auch zum Mitnehmen; Eis (Schöller); Kinderkarte; diverse Fass- und Flaschenbiere, ausgewählte österreichische Weine, Cocktails. Terrasse für ca. 100 Pers. €€

Jussi Langobardenstraße 121, Tel. 280 11 81, E-Mail: info@jussi.wien, www.jussi.wien, Mo, Di 11–22, Mi–Fr 11–23, Sa 9–23, So 9–22, Küche Mo–Fr 11.30–22, Sa, So 9–22. Saisonale, moderne und traditionelle Speisen; das Gemüse stammt aus der benachbarten Gärtnerei. Sa, So 9–11.30 Frühstück. Für Feiern bis zu 200 Pers. geeignet. Gastgarten für ca. 140 Pers. Parkplätze vorhanden. €€

Zum Knusperhaus Luitpold-Stern-Gasse 54, Tel. 280 17 63, E-Mail: k.robert3557@gmail.com, Do–So, Fei 10–20. Ausflugslokal am Eingang zum Nationalpark Lobau mit Hausmannskost. Frühstück; Kinderportionen, -sessel. Lokal für 30 Pers., Lobaugastgarten für 80 Pers. Badegewässer direkt vor dem Lokal (Naufahrt und Dechantlacke). €€

Gasthaus zur Kriegerheimstätte – Fam. Schina Quadenstraße 56, Tel. 282 13 25, www.gasthaus-schina.at, Mi, Do 10–19, Fr, So, Fei 10–20, Sa 10–21, Küchenschluss 1 Std. vor Sperrstunde. Grillspezialitäten, internationale Küche (Mi–Fr 11.30–14.30 2 MM € 8,–, Fr Fisch € 8,50), Spezialitäten: Spargel-, Pilz-, Wildwochen, Martinigansl; 6 Cocktails; Kinderspeisen, -sessel, Wickeltisch. TV; 3- bis 4-mal/Jahr Unterhaltungsmusik. Extrazimmer zu mieten für 80; Wintergarten für 35; Eingangsbereich für 26 und Garten für ca. 100 Pers., Hochzeits- und Geburtsfeiern möglich. Gute Parkmöglichkeiten. €€

Laguna am Ziegelhofteich Ziegelhofstraße ggü. 66, Tel. 0676/577 61 01, E-Mail: office@laguna-wien.at, www.laguna-wien.at, Mai bis Oktober Mo, So 11.30–21, Mi–Sa 11.30–22, bei Schlechtwetter kann die Sperrstunde vorverlegt werden. Gelegen am Badeteich Hirschstetten; internationale Küche (Mo, Mi–Fr im Sommer TT € 8,90), Snacks, Burger, Salate; Eis; Cocktails. Terrasse für 70 Pers. €

Langobarden Stuben Langobardenstraße 126, Tel. 285 56 50, E-Mail: office@langobardenstuben.at, www.langobardenstuben.at, Mo–Do, So 10–24, Fr, Sa 10–1. Café-Restaurant. Wiener Küche und Pizza (Mo–Fr 11.30–14.30 5 versch. MM ab € 9,–). Gastgarten für 45 Pers. €€

Lime Seestadtstraße 27 (im Technologiezentrum Seestadt), E-Mail: info@lime-seestadt.at, www.lime-seestadt.at, Öffnungszeiten siehe Website. Fischbar und -restaurant. 12–14.30 Mittagskarte (Bowls, 2- bis 3gg MM); Cocktails.

Mergenthaler Gasthaus Mergenthalerplatz 8, Tel. 203 12 53, gasthaus-mergenthaler.eatbu.com, Mo, Fr 9–22, Di–Do, Sa 9–20, So, Fei 10–14. Gutbürgerliche Hausmannskost (Mo–Fr 9–14 MM € 8,50; Sa TT € 9,90), Spezialitäten: Burger, Rindsrouladen mit Spiralnudeln, Schweinsbraten mit Semmelknödel und Sauerkraut, Kalbs- und Rindsgulasch mit Nockerl; saisonale Schmankerl (Gansl etc.). Kinderportionen. TV. €€

Mosquito Raffineriestr. (Neue Donau Strom - Km 6), Tel. 0699/19 25 43 76, E-Mail: i.sari@live.at, www .restaurant-mosquito.at, tägl. 9–22, Küche bis 21, bei Schlechtwetter geschl. Ganztägig (kleines) Frühstücksangebot (Marmelade, Butter, Semmeln und Kaffee); Fleisch-, Fisch- und Grillgerichte (Mo–Fr TT € 7,50 bis € 8,20), Spezialität: Steckerlfisch, Calamari vom Rost, Gegrilltes und Salate. Extrazimmer für 120, Garten für bis zu 400 Pers.; schöne Aussicht. Parken Mo–Fr ab 11 und am Wochenende gratis. €€

Napoleon Kagraner Platz 33, Tel. 24 100-420, E-Mail: info@napoleon.wien, www.napoleon.wien, Di–So 11.30–23. Neu eröffnetes und renoviertes, gemütliches Gasthaus mit großzügigem Gastgarten am Kagranerplatz. Küche mit österreichischen und Wiener Schmankerln wie Beuscherl, deftiger Schweinsbraten oder gebackene Mäuse, außerdem kleinere Gerichte wie Würstel und Zupfbrot; hausgemachte Torten und Mehlspeisen; große Bierauswahl, davon 8 Sorten Bier vom Fass. Regelmäßig Live-Programm. Großer Gastgarten mit Altbaumbestand für 400 Pers. Das Lokal ist nach dem Hund der Gastro-Familie Querfeld benannt, die das Lokal betreibt, für Hunde gibt es eigene Liegematten und Wassernäpfe. €€€

Plain X Lovt Stadlauer Straße 64/4, Tel. 0676/59 70 088, E-Mail: office@plainxlovt.at, www.plainvienna.at, täglich 9–22. Foodbar im Fitnessstudio LOVT. Gesunde Küche mit Bowls, Burger und Salate; Frühstück bis 13; auch vegane Speisen (Bowls, Burger, Süßspeisen); hausgemachte Limonaden. Gastgarten für 48 Pers. Behinderten-WC.

Pozi's Café-Restaurant Eßlinger Hauptstraße 2, Tel. 774 13 42, E-Mail: pozis@a1business.at, www.pozis.at, Di–Sa 10–23, So, Fei 10–16, Küche Di–Sa 11–21.30, So, Fei 11–14.30. Wiener Küche (Tagesmenü € 7,90); saisonale Spezialitäten; Villacher Hausbier und Wieselburger vom Fass, je ein Monatsbier, österreichische Weine; Kinderportionen, -sessel, Wickeltisch. 2 TVs und eine Leinwand für Sportübertragungen, Events wie Burger-Buffet, Brau-Silvester, Vatertags-Frühschoppen, Super-Bowl-Party; Zeitungen. Extrastüberl für 16, Gastgarten für 60 Pers. Behinderten-WC. €€

PSV-Lounge Dampfschiffhaufen 2, Tel. 0676/400 60 55, E-Mail: office@psv-lounge.at, www.psv-lounge.at, Juli bis Aug. tägl. 8–23. Hausgemachte Burger, Spareribs, Gegrilltes; wechselnde Wochenkarte; Frühstück bis 11; Kinderspeisen, -sessel, Wickeltisch. Lokal für ca. 300 Pers. Terrasse mit Blick auf die Alte Donau. Behinderten-WC. Keine Hunde. €€

Queen - Eßling Eßlinger Hauptstraße 63, Tel. 774 46 92, E-Mail: office@queenessling.at, www.queenessling.at, Mo–Sa 8–1, So, Fei 9–22. Café-Restaurant (Mo–Sa Tagesmenü € 8,90), Pfandlgerichte, saisonale Speisen; Kinderspeisen; Buffet ab 10 Pers. möglich; österreichische Weine, Hirter vom Fass. TV. Extrazimmer als Seminarraum zu nützen für 80, Gastgarten für 70 Pers. Behinderten-WC. €

Roter Hiasl Biberhaufenweg 228 (Raffineriestraße), Tel. 280 71 22, 0664/226 96 33 (Zustelldienst/Bestellungen), E-Mail: office@roterhiasl.at, www.roterhiasl.at, täglich 11–22, Küche bis 21. Das Lobau-Lokal schlechthin, Alternative zu den Donauinselhütten; Hausmannskost (Mo–Fr ab 11 Tagesmenü € 7,90), saisonale Speisen, vegetarische und vegane Speisen; 3 Sorten selbst gebrautes Bier (süffiges, fruchtig-malziges naturtrübes Märzen mit feiner Hopfenbitternis), österreichische Weine; Kinderportionen, -sessel. Mo–So 11–14 Zustelldienst im 22. Bezirk (Bestellung bis 10), Abholung nach Vorbestellung ganztags möglich. Veranstaltungs-Catering, gelegentlich Events (z.B. Frühschoppen, Termine siehe Homepage), TV. Garten für ca. 350 Pers. €€

Saturn Lounge Leonard-Bernstein-Str. 10 (Saturn Tower), Tel. 269 89 73-3003, www.saturn-lounge.at, Mo–Fr 11.30–14. Modernes, internat. Betriebsrestaurant auf der Donauplatte, großzügig verglast, mit lässigen weißen Ledersofas, einer weitläufigen Theke, weißen Tischen und Schalensesseln. Täglich wechselnde Spezialitäten, regionale und saisonale Speisen; TT; Salatbuffet. Kaffeespezialitäten, große Auswahl an Erfrischungsgetränken, Weinkarte mit Schwerpunkt Österreich, Longdrinks. Catering. Lokal für Veranstaltungen außerhalb der Öffnungszeiten zu mieten (bis ca. 150 Pers.). Klimaanlage; Selbstbedienung. Gastgarten für 60 Pers. Behinderten-WC. €

Schanzinger An den alten Schanzen 51, Tel. 890 17 73, E-Mail: office@schanzinger.at, www.schanzinger.at, Mo–Do, So 11.30–22, Fr, Sa 11.30–23, warme Küche bis 21.30. Restaurant mit österr. und ital. Küche, z.B. Steinofenpizza, Naturschnitzel in Pilzsauce oder auch Burger (Mo–Fr 3 MM ab € 8,50 bis € 11,90); Kinderspeisen, -sessel, Wickelmöglichkeit, Spielplatz. Feiern bis 250 bzw. in der Nebensaison bis 120 Pers. möglich. Gastgarten. Behinderten-WC. €€

Restaurant Zum Schinakl Laberlweg 19, Tel. 263 36 56, 0664/465 90 74 (für Reservierungen: Büro Mo–Fr 10–18), E-Mail: office@schinakl.com, www.schinakl.com, April bis September täglich 11–23, Oktober bis März Di–Sa, Fei 11–23, So 11–20, Küche bis 22 bzw. So bis 19, Reservierung im Sommer erforderlich. Wiener und internationale Küche (Mo–Fr MM ab € 7,90), saisonale Gerichte und hausgemachte Spezialitäten, im Sommer täglich Speisen vom Holzkohlengrill (auch Fisch); auch vegetarische und vegane Speisen; gut sortiertes Weinangebot, Fohrenburger und Hirter vom Fass, auch Bierspezialitäten; von ausgewählten Speisen kleine Portionen möglich, Kindersessel. Events wie Essen an Bord (Reservierung erforderlich). Überdachte Terasse für 80; Gastgarten am Wasser für 20 Pers. Hundefreundlich. €€

See22 Hannah-Arendt-Platz 1, Tel. 954 85 55, E-Mail: reservierung@see22.at, www.see22.at, tägl. 10–23. Frühstück; Burger, Sandwiches und Hausmannskost (Mo–Fr MM); Kinderschnitzel. Terrasse für 40 Pers. Behinderten-WC. €€

Selbstverständlich Strandbeisl An der unteren Alten Donau 159, Tel. 204 39 69, E-Mail: office@strandbeisl.at, www.strandbeisl.at, Mo–Sa 12–23, So, Fei 12–22, Küche bis 21.30 bzw. 21. Heimische Küche (TT), saisonale Spezialitäten, Wochenkarte, hausgemachte Mehlspeisen; Weine vorwiegend aus Österreich; Kinderteller, -sessel, Wickeltisch. Speisen auch zum Mitnehmen. Schöner Garten direkt an der Alten Donau für 250 Pers. €€

Vorstadtbeisl zum Selitsch Konstanziagasse 17, Tel. 282 32 73, E-Mail: vorstadtbeisl@selitsch.at, www.selitsch.at, Di, Mi, Fr, Sa, Fei 10–16, Do 10–22. Familienbetrieb; Alt-Wiener Hausmannskost (MM: Di € 6,10, Mi, Do ab € 8,70, Fr € 9,70), Wild-, Gansl-, Schwammerl- und andere Spezialitätenwochen; österreichische Qualitätsweine; Kinderspeisen, -sessel. Oft Liveauftritte bekannter österreichischer Künstler*innen, vor allem im Herbst (z.B. Volksmusik, Heurigenkabarett) – Termine siehe Homepage. Verschiedene Räume und Extrastüberln für Feste und gemütliches Beisammensein für 20 bis 200 Pers., Gastgarten für ca. 60 Pers. Behinderten-WC. €€

57 Restaurant & Lounge Donau-City-Straße 7/Level 57 und 58 (Meliá Vienna im DC-Tower), Tel. 0664/88 96 33 23, E-Mail: restaurant57@melia.com, www.fiftyseven restaurant.at, Mi–Fr 18–24, Sa 17–23, So 12–15 (Restaurant), Lounge: Mo–Do 17–24, Fr, Sa 16–1, So 15–22. Mediterrane und internationale Küche mit regionalen und saisonalen Einflüssen, Auswahl an veganen Speisen, saisonaler Fokus; Abendessen à la carte; So Brunch; ausgewählte österreichische und internationale Weine. Bar: neben den Klassikern werden Signature Drinks angeboten; jeden Fr und Sa Live-DJ. Klimaanlage. Von (recht hohen) Windschutzwänden umgebene Terrasse im 58. Stock (im Sommer). Dresscode: smart casual, business casual. Reservierung erforderlich. Behinderten-WC. Keine Hunde. €€€€

Speiseamt Seestadt Sonnenallee 31 (Zugang über Maria-Trapp-Platz), Tel. 288 80 200, E-Mail: speiseamt@wienwork.at, www.wienwork.at/de/speiseamt-seestadt, Mo–Do 11.30–13.30, Fr 11.30–13. Selbstbedienungs-Restaurant, wo Lehrlinge mit Lernbehinderungen gemeinsam mit Menschen mit und ohne Behinderungen kochen, backen und servieren. Täglich frisch gekochte Speisen zu einem leistbaren Preis, Verwendung regionaler und saisonaler Produkte, keine Verwendung künstlicher Zusatzstoffe, täglich wechselnde Speisekarte: 2 Suppen (im Sommer zusätzlich 1 kalte VS), Salatbuffet, 2 Tagesgerichte, 1 Wochengericht, 1 Tagesschmankerl, Superfood-Bowl (auch vegetarisch), Nachspeisen von hauseigener Ausbildungspâtisserie (mit Tortenservice). Ausgezeichnet mit dem Österreichischen Umweltzeichen. Kindersessel, Wickeltisch. Bücherregal („Bring dein Buch und nimm dir ein anderes mit"). Laufend Ausstellungen. Klimaanlage. Für Feiern und Veranstaltungen bis 250 Pers. geeignet (mit oder ohne Catering, Preis auf Anfrage). Behinderten-WC. €

Sportoase FC Stadlau Erzherzog-Karl-Straße 108, Tel. 0660/270 00 88, E-Mail: office@sportoase.at, www.fcstadlau.at, tägl. 9–22, Mitte Dez. bis Mitte Jän. geschlossen, Herbst und Frühjahr tägl. 15–22. Tradit. Wiener und mediterrane Küche sowie Fisch und Grillspezialitäten; Catering für Veranstaltungen auf angrenzender Wiese und mietbarer Sportanlage mit Swimming Pool für bis zu 600 Pers.; Fußball- und Beachvolleyballplätze; bei größeren Veranstaltungen Fisch auf Vorbestellung. Innenbereich für 150, Gastgarten für 120 Pers. €

Sternberg Industriestraße 65, Tel. 202 28 78, E-Mail: reservierung@sternberg1220.at, www.sternberg1220.at, Mo–Sa 11.30–23, So, Fei 11.30–22. Wiener Küche und Hausmannskost, Mo–Fr 2 MM (€ 9,50, immer eines vegetarisch, Fr Fisch), Beef Ribs vom Smoker, Burger; 3 Kinderspeisen; 8 Biere vom Fass, 6 Sorten Ottakringer. Lokal für 160, Gastgarten für 320 Pers. Zugang durch den Gastgarten im Sommer barrierefrei. €€

Zum Straba Dampfschiffhaufen 7, Tel. 269 86 36, E-Mail: info@zum-straba.at, www.zum-straba.at, täglich 9–21 (Wintersaison ab Mitte Oktober bis Ende März Mo Ruhetag), Ende Dezember bis Mitte Jänner geschlossen. Selbstbedienungsrestaurant im Straßenbahnerbad; österreichische Küche (täglich 2gg MM € 7,40), Wiener Schnitzel, Beefsteak; hausgemachte Mehlspeisen, Spezialitäten: Cremeschnitte und Somlauer Nockerl; Kinderspeisen, -sessel, Wickeltisch, Spielplatz. Veranstaltungen wie Geburtstagsfeiern, Hochzeiten, Firmenfeiern, Seminare möglich. Innen Platz für 180; 2 Terrassen (eine mit Blick auf die Alte Donau) für insgesamt 200 Pers. Behinderten-WC. €€

Strandcafé an der Alten Donau Florian-Berndl-G. 20 (An der unteren Alten Donau 17), Tel. 203 67 47, E-Mail: servus@strandcafe-wien.at, www.strandcafe-wien.at, tägl. 11.30–23 (Gastraum und Promenade), Uferterrasse und Floß: Mo–Fr 17–23, Sa, So 11.30–23. Lokal direkt an der alten Donau mit Wr. Küche. Spezialität: Ripperl vom Schwein; Grillspezialitäten, Fisch aus der Region, auch vegetar. und vegane Speisen; Kinderspeisen, -sessel, Wickeltisch; Budweiser Budvar und Grieskirchner vom Fass. Gastraum für 60 Pers., Uferterrasse, Floß und Gastgarten. Behinderten-WC. €€€

Strand-Domizil Stadlau Am Mühlwasser 6, Tel. 282 32 11, E-Mail: office@strand-domizil.at, www.strand-domizil.at, täglich 8–23, Küche bis 22. Café-Restaurant beim Strandbad Stadlau. Österreichische Küche, Mo–Fr 11–14.30 2 MM (€ 7,90); täglich 8–11 Frühstück; Spezialitäten vom Holzkohlengrill; österreichische Weine. Festsaal für bis zu 160 Pers. Hunde nicht auf der Terrasse, aber im Restaurant erlaubt (Bäderverordnung). 💳 €€

Toni's Inselgrill Raffineriestraße (bei km 8), Tel. 282 81 75, täglich 9–22.30, Oktober–März bis 22. Restaurant mit viel Holz und Block- bzw. Schihüttenatmosphäre; Hausmannskost, Wiener Küche (Mo–Fr ab 11 MM), ganzjährig Spareribs und Grillspezialitäten, Martinigansl; täglich frisch gemachte Mehlspeisen; es werden nur Eier von Freilandhühnern verwendet (direkt vom Bauern); Bier vom Fass, Energydrinks, gesunde und heiße Getränke, Kaffeevariationen; Kinderportionen, -sessel, Spielplatz. Kartenspiele; TV. Großer, schattiger Garten direkt am Ufer für 300 bis 400 Pers. Sportlertreff (auch im Winter), Rad- und Skatesverleih. €€

Turm Restaurant und Turm Café Donauturm Donauturmplatz 1, Tel. 263 35 72, E-Mail: reservierungen@donauturm.at, www.donauturm.at, Mo, Di 18–23.15, Mi–So 11.30–23.15 (Reservierungszeiten: Mo, Di 18–19.30, Mi–So 11.30–13.30, 14–16, 18–20, 20.30–23.15, Reservierung erforderlich), Turm Café: Mo–Fr 10.30–21.30 Kaffeehausbetrieb (keine Reserv. möglich), Sa, So, Fei 10.30–13.30 (exklusiv für Brunch-Gäste, Reserv. erforderlich), Kaffeehausbetrieb 14–21.30 (keine Reserv. möglich). Moderne Wiener Küche; zeitloses 60ies-Design; 2 verglaste, drehbare Lokale: Turmrestaurant in 170 Metern und Turmcafé in 160 Metern Höhe. Saisonale Spezialitäten, Gutscheine, Brunch; Romantikpakete; Kinderspeisen, -sessel. Offene und geschlossene Aussichtsterrasse; kostenpflichtiger Parkplatz. 💳 €€€

Ufertaverne An der oberen Alten Donau 186, Tel. 204 39 53, E-Mail: office@ufertaverne.at, www.ufertaverne.at, April täglich 11–21, Mai bis August täglich 9–24, September täglich 9–21, warme Küche Mai–August 11–22, sonst 11–20; ab Oktober Öffnungszeiten wetterabhängig. Restaurant mit mediterraner Küche, Fisch- und Grillspezialitäten (TT ab € 7,–); im Sommer Frühstück, Kinderspeisen, -sessel. TV. Große Terrasse am Wasser für 250 Pers. 💳 €€

Restaurant Uno Wagramer Straße 8 (im Arcotel Kaiserwasser), Tel. 224 24-866, E-Mail: restaurant.kaiserwasser@arcotel.com, www.kaiserwasser.arcotel.com, täglich 12–22. Zeitlose Klassiker, Basis: österreichische Küche, Hauptschwerpunkt Streetfood, saisonale Spezialitäten; 6.30–10 Frühstücksbuffet (€ 24,–/Pers.), am Wochenende und an Feiertagen Frühstück bis 11. Wintergarten für Veranstaltungen, Terrasse für 60 Pers. Reservierung erbeten (auch online möglich). Behinderten-WC. ♿ 💳 €€€

Valley Rose E.-Karl-Straße 98a, Tel. 204 38 88, 0650/910 66 01, E-Mail: valleyrose@speed.at, www.valley-rose.at, Mo–Sa 11–23, So, Fei 10.30–22. Gutbürgerliche Küche sowie Pizza, Pasta und saisonale Gerichte; 11–14 Tagesmenü mit Tagessuppe und wahlweise 2 HS (€ 9,90). 4 Kindersessel, Kinderspeisen, Malsachen. TV. Stüberl mit Beamer und Leinwand für 25 Pers. Großer schöner Gastgarten für 200 Pers. mit Weinlaube (überdacht) für 80 Pers., 2 Springbrunnen. 3* Hotelzimmer. Parkplätze im Hof. 💳 €€

Vorstadtwirt Schüttaustraße 64, Tel. 263 36 43, E-Mail: vorstadtwirt-mario@gmx.at, www.vorstadtwirt.at, Mo–Sa 10–23, So, Fei 10–16. Wiener Hausmannskost (MM € 9,60 bis € 11,90), z.B. Zwiebelrostbraten mit Braterdäpfel und Röstzwiebel oder Hausplatte für 2 Pers. mit Gegrilltem und Gebackenem; auch vegetarische Speisen; Kinderspeisen, 3 Kindersessel, Wickeltisch, Spielzeug. Speisen auch zum Mitnehmen. TV. Im Sommer Schanigarten für 50 Pers. €€

wakeup Am Wehr 1 (Neue Donau / U2 Donaustadtbrücke), Tel. 202 51 23, E-Mail: office@wakeup.at, reservierung@wakeup.at, www.wakeup.at, April Do–So, Fei ab 12, Mai Mo–Fr 12–23, Sa, So, Fei 10–23, Juni bis Aug. tägl. 10–24, Sept. Mo–Fr 12–23, Sa, So, Fei 10–23, Oktober Do–So, Fei ab 12, im Winter für Veranstaltungen geöffnet. Restaurant, Strandbar und Wakeboardlift. Crossover-Küche mit asiat. und westlichen Einschlägen, auch Grillgerichte, 10–12 Frühstück (Juni bis Aug. täglich, Mai und Sept. Sa, So, Fei). Feiern für bis zu 250 Pers. möglich. Klimaanlage. 3 Ebenen; Restaurant mit Terrasse an der Neuen Donau sowie Indoorbereich, Deck und Strand mit Sonnenliegen; Innenbereich für 150 Pers., Sonnenterrasse für 250 Pers. Behinderten-WC. ♿ 💳 €€

Einkehr Weißer Esel Hirschstettner Straße 11, Tel. 0699/81 15 87 59, E-Mail: reservierung@weisser-esel.at, www.weisser-esel.at, Mo–Fr 11–23, So, Fei 11–16, Feiern und Veranstaltungen auch Sa möglich. Wiener Küche (11–14 MM Mo–Fr € 9,20 bis € 10,20), saisonale Speisen (Schwammerl, Bärlauch, Gansl etc.), Spezialität: Spareribs; Kinderschnitzel, kleine Portionen. Feste wie Geburtstage und Hochzeiten möglich. Gastgarten für 90 bis 100 Pers. €€

Amerikanisch

Domino's Kagraner Platz 1, Tel. 05/749 92 09, www.dominos.at, Mo–Do, So 11–22, Fr, Sa 11–23. Große Auswahl an Pizzen, auch individuell zusammenstellbar, verschiedene Pizzaböden (Italien Style, Domino´s Original, Cheesy Crust, Pan Pizza) und zahlreiche Toppings, div. Vorspeisen und Beilagen wie Chicken Wings und -Strips, Stuffed Cheesy Bread uvm.; Desserts (Cinnabites, Apple oder Choco Pie). Spezielle Aktionen über die Domino's App. Abholung, Zustellung (innerhalb von 30 Minuten nach Bestellung) oder Essen vor Ort möglich. 💳 €

Le Burger Wagramer Straße 79 (Donauplex, Top 602), Tel. 907 44 24, E-Mail: office@LeBurger.at, www.LeBurger.at, täglich 11–23. Handgemachte Burger zum Selbstgestalten: 6 Basis-Burger (Hamburger, Cheeseburger, Bacon Burger, Bacon-Cheese Burger, Chicken Burger, Veggie Burger) dazu Toppings, Saucen und Extras nach Wahl; Salate; Desserts, Bowls, Super Fries, Iceshake, Cocktails. Wickelmöglichkeit und Behinderten-WC in der Anlage. ♿ 💳 €

Oide Donau Arbeiterstrandbadstraße 128 (Eingang im Sportcenter Donaucity), Tel. 263 27 38, E-Mail: info@oidedonau.wien, www.oidedonau.wien, täglich 7.30–23.30. Amerikanisches Diner. Burger, Hot Dogs (beides auch vegetarisch); Frühstück bis 11.30; Mo–Fr 11.30–14.30 MM (österreichische Küche, € 9,50); Take-away. Kinderspielraum. Veranstaltungsraum mit Garten. Große Terrasse. 💳 €€

Saloon Wagramer Straße 79/Top 604a (Donauzentrum, 1. OG), Tel. 203 45 95, E-Mail: info@saloon.co.at, www.saloon.co.at, Mo–Do, So 11–24, Fr, Sa 11–1, warme Küche Mo–Do, So bis 22, Fr und Sa bis 23. Steakhouse mit amerikan. und mexikan. Küche, daily specials, Goldgräberplatte für 5 bis 6 Pers.; 2 versch. Cocktails im 1,5-Liter-Pitcher, Fr, Sa 19–21 Happy Hour; Kinderspeisen, -sessel. Di Abend Linedance-Kurs; Do, Fr, Sa und jeden 1. Mi/Monat ab 20.30, So ab 12 Livemusik. Großer Outdoorbereich für 200 Pers. mit Sonnenterrasse und schattiger Pergola. 2 Stunden Gratisparken in der Parkgarage. Behinderten-WC in der Anlage. ♿ 💳 €€

Asiatisch

Curry on Fire Wagramer Straße 79/Top 614 (Donauzentrum), Tel. 209 07 60, E-Mail: curryonfire88@gmail.com, curry-on-fire.eatbu.com, täglich 11–23, Küche bis 22.30. Asiatische und indische Spezialitäten z.B. Curry, Tandoori (Mo–Fr 11–16 MM € 6,90 bis € 8,50 mit Suppe, Salat und Reis); Kinderportionen, -sessel; asiatische Biere, österreichische Weine. 💳 €

Asiarestaurant Fengshui Tokiostraße 11, Tel. 908 91 88, E-Mail: office@restaurant-fengshui.at, www.restaurant-fengshui.at, Mo, Mi, Do 11–15 und 17.30–22.30, Fr–So, Fei 11–22.30, Zustellung: Mo–So 10.30–14.15, 17.30–22. Asiatische Küche, z.B. Sushi und Maki, Nudel- und Wokgerichte (Mo, Mi–Sa 11–14.15 MM, Mo, Mi–So 11–14.15, 17.30–22.15 TM), Kinderspeisen, -sessel; Fassbier. Zustellung in den 21. und 22. Bezirk (Mindestbestellwert € 15,–). Schanigarten für 24 Pers. 💳 €€

Asia-Restaurant Jasmin Breitenleer Straße 102, Tel. 734 35 50, E-Mail: office@asia-jasmin.at, www.asia-jasmin.at, Mo, Mi, Do 11–15 und 17–22, Fr–So, Fei 11–22, Küche bis 14.30 bzw. 21.30. Kantonesische und chinesische, malaysische, japanische und thailändische Küche, Dim Sum, Fischgerichte, saisonale Tages- und Wochenangebote, 11–14.30 MM, individuelle Menüzusammenstellung (ab € 25,–/Pers.), original chinesisches Menü möglich (ab € 25,–/Pers.); Kindersessel, Wickeltisch. Für Feiern geeignet. Klimaanlage. Gastgarten für 150 Pers. Parkmöglichkeit. Behinderten-WC. ♿ 💳 €€€

Mian Zwerchäckerweg 10, Tel. 0660/663 68 85, www.mian-rice.at, Mo–Sa 10.30–21, So, Fei 11–21. Reis- und Nudelboxen, Bentoboxen; Take-away, Zustellung (im Umkreis von 7 km, Mindestbestellwert € 15,–, Liefergebühr € 2,90). €

PingPong Restaurant & Bar S.-de-Beauvoir-Platz 7, Tel. 0676/731 16 11, E-Mail: info@pingpong-seestadt.at, booking@pingpong-seestadt.at (Tischreservierung), pingpong-seestadt.at, Mo, Mi–So, Fei 11–22. Täglich frisch zubereitete asiatische Spezialitäten nach der 5-Elemente-Küche wie typisch asiatische Nudel- und Reisgerichte, Wok-Gerichte, Gua Bao (Asia Burger), Curry-Gerichte und Salate; wochentags 11–15 3 wechselnde MM; auch vegane und vegetarische Angebote; wochentags 11–15 4 Kindermenüs, Kindersessel, -besteck, Wickeltisch. Speisen auch zum Mitnehmen, Zustellung in der Seestadt, in Aspern und Essling (mittels Fahrrad und E-Roller in umweltfreundlicher Verpackung). Schanigarten für 35 Pers. Behinderten-WC. Hundefreundlich. ♿ 💳 €€

ramien go Donau-City-Straße 7 (DC Tower), Tel. 916 51 56, E-Mail: reservierung@ramiengodctower.at, www.ramiengo.at, Mo–Fr 11–22 (Fei geschlossen), Weihnachten und 1. Jänner geschlossen. Tageskarte mit Supen, Gyoza, Poké, Reisschalen u.v.m. Abendkarte mit Bowls, Sushi, Pho, Ramen, Curry, Dim Sum. 125 Sitzplätze auf 2 Ebenen. Lounge im 1. Stk. bis zu 45 Pers., Bar bis zu 80 Pers. reservierbar. Catering. Behinderten-WC im Gebäude. ♿ 💳 €

Vital Lounge Donau-City-Str. 11 (Ares Tower), Tel. 908 13 39, 0660/480 78 09, E-Mail: vitallounge@yahoo.at, Mo–Do 10–16, Fr 10–15 (Fei geschl.), durchgehend warme Küche. Asiatische und Crossover-Küche. Ganztägiges Menü. Klimaanlage. Schanigarten für 80 Pers. Behinderten-WC in der Anlage. ♿ 💳 €

Wok House Erzherzog-Karl-Straße 169, Tel. 285 73 11, E-Mail: info@wokhouse.at, www.wok-house.at, Mo, Mi–So, Fei 11.30–22.30, durchgehend warme Küche. Asiatische Küche, Buffet „all you can eat“ mit Zutaten zum Selbstauswählen, die vom Koch im Wok oder am Teppanyaki-Grill zubereitet werden (Mo, Mi–Fr 11.30–17 € 12,50/17–22, Sa, So, Fei ganztags € 20,50, für Kinder € 8,90), Sushi. Klimaanlage. Wintergarten/Partyraum für 80 Pers. 💳 €€

Asia Restaurant Wok & Sushi Eßlinger Hauptstr. 75, Tel. 774 88 50, www.asia-restaurant-wok-sushi-wien.at, Di–So,

Fei 11–22. Reis- und Nudelgerichte, chinesische und japan. Küche, thailändische Gerichte, Bento- und Spezialitäten-Boxen, Sushi, Maki, Di–Fr MM; Zustellung im 22. Bezirk. €

Ying Anton-Sattler-G. 106 (Ecke Panethgasse), Tel. 259 96 88, Di–So, Fei 11–15 und 17.30–22.30, warme bis 22. Chinesische, japanische und thailändische Küche (Di–Fr 11 MM), Mittagsbuffet (Di–Fr € 8,90/Kinder von 3–8 Jahre € 5,90; Sa, So, Fei Buffet € 11,90 bzw. € 6,90), abends à la carte; Kinderspeisen, -sessel. Lokal für ca. 85, Gastgarten für ca. 70 Pers. €

Chinesisch

Hua Qiang Hartlebengasse 21, Tel. 285 67 58, E-Mail: office@huaquiang.at, www.huaqiang.at, Mo 11–15, Di–So 11–15 und 17–22.30, Fei wie jew. Wochentag. Chines. Küche (MM Mo–Fr (ausg. Fei) 11–15 € 7,50 bis € 10,50). 5 Kindersessel. TV. 4 Extrazimmer für 10, 16, 20 und 40 Pers. (für Feste zu mieten). Gastgarten für über 100 Pers. mit Spielplatz. €€

Schönes China Wulzendorfstraße 2, Tel. 922 46 08, E-Mail: wuhaiyan1220@yahoo.com, www.chinarestaurant schoeneschina.at, Mo–Fr, So, Fei 11.30–14.30 und 17–22, Sa 17–22, durchgehend warme Küche. Chinesische Küche (Mo–Fr 11.30–14.30 MM € 7,70 bis € 8,70); Zustellung in den 22. Bezirk. Schanigarten für 30 Pers. €

Sichuan Arbeiterstrandbadstr. 122, Tel. 263 37 13, E-Mail: info@sichuan.at, www.thesichuan.com, Mo–Fr 11–14.30 und 17.30–23, Sa, So, Fei 11–23. Chinarestaurant im Pagoden-Stil, besteht seit über 30 Jahren; traditionelle Sichuan-Küche (Mo–Fr bis 14.30 MM ca. € 10,–); mehrgängige Menüs für 2, 3 und 4 Pers.; Spezialitäten: Peking Ente (€ 25,50); Teespezialitäten in traditionellen Tonkannen; ausgewählte chinesische Weine; Kinderportionen, -sessel. Bis 22 Speisen auch zum Mitnehmen. Einrichtung nach Feng-Shui. Schöner chinesischer Gastgarten für mehr als 300 Pers. mit 2 Teichen. €€€

Griechisch

Rembetiko Neue Donau (Copa Beach), Tel. 263 66 33, E-Mail: office@rembetiko.at, www.rembetiko.at, täglich 11–24, Küche bis 23.30, Öffnungszeiten variieren je nach Wetterlage. Griechische und mexikanische Speisen, gemeinsame Speisekarte mit Mar y Sol, bekannt für Fisch- und Lammspezialitäten, Mittagsbuffet mit verschiedenen Speisen (Mo–Fr, Kinder bis 10 Jahre zahlen die Hälfte); Kinderportionen; große Auswahl an griechischen Weinen, Cocktails (ab ca. € 5,80). Terrasse für ca. 100 Pers. Behinderten-WC. ♿ €€

Taverne Sokrates Donauinsel (Sunken City), Tel. 0650/587 41 11, E-Mail: restaurant.sokrates@aon.at, www.taverne-sokrates.at, April bis September täglich 11.30–23, Öffnungszeiten wetterabhängig, durchgehend warme Küche. Offenes, aber überdachtes Lokal direkt am Wasser; Spezialitäten vom Holzkohlengrill, Schopfsteak, griechische Teigwaren, frische Fische (z.B. Wolfsbarsch, Seezunge); Mo–Fr 11.30–15 4 TT (ab € 7,80); Mi ganztags minus 50 % auf Fischgerichte; Kinderspeisen, -sessel. Griechische Hintergrundmusik. Behinderten-WC in der Anlage. ♿ €€

Indisch

Aangan Kagraner Platz 47, Tel. 908 96 06, E-Mail: sahil puri90@hotmail.com, www.wienaangan.at, Mo–Sa 11–14.30 und 17.30–22, So, Fei 11–22. Indische Küche, div. Currys, auch vegetarische und vegane Speisen. Speisen auch zum Mitnehmen. Klimaanlage. €€

Bioessen Schickgasse 13, Tel. 210 98 27, E-Mail: bestellung .bioessen@gmail.com, www.gesundesessen-lieferung.at, Mo–Fr, So, Fei 11–23, Sa 17–23. Indische Küche mit ausschließl. Verwendung von Bio-Produkten; Curryvariationen, Biryani, vegetar. und vegane Speisen (Mo–Fr MM 11–15 € 10,90 bis € 12,90), Desserts; Getränke. Zustellung in die Bezirke 2, 20 bis 22, Groß-Enzersdorf und Gerasdorf. €€

Bombay Express Wagramer Straße 79 (Donauplex, Eing. 6/ Ebene 1), Tel. 0699/10 10 02 34, E-Mail: donauzentrum@ bombayexpress.at, www.bombayexpress.at, täglich 11–21. Indisches Streetfood wie 8 versch. Fladenbrote aus dem Tandoori-Ofen, Wraps, Currys, Samosas; spezielle indische Getränke wie Mango Lassi, Lemon Water, indisches Bier. Klimaanlage. Speisen zum Mitnehmen, Bombayexpress-App für Bestellungen zum Liefern und Abholen. Behinderten-WC in der Anlage. ♿ €

Italienisch

Trattoria Amici Biberhaufenweg 21, Tel. 280 22 74, E-Mail: office@tamici.at, tamici.at, Di–So, Fei 11–22. Italienische Küche. Gastgarten. €€

Aspern Pizza Aspernstraße 133, Tel. 280 72 40, E-Mail: office@aspernpizza.com, www.aspernpizza.com, Mo–Fr 11–15 und 17–23, Sa, So, Fei 11–23, Küche bis 22.45. Ital. Speisen (Pizza ab € 7,50, Pasta ab € 9,–), auch österr., thailänd. und ind. Gerichte; Zustellung in Donaustadt (ab € 12,–), Neu-Eßling und Groß-Enzersdorf (ab € 20,–), ab € 35,– ein Tiramisu oder Cola gratis, ab € 60,– beides gratis. €

Pizzeria Campanile Süßenbrunner Straße 60, Tel. 734 43 01, E-Mail: office@pizzaontour.at, www.pizzaontour.info, täglich 11–23, durchgehend warme Küche. Pizza vom Holzofen, Vollkornpizza, Nudelgerichte, Spareribs, Fisch, Nachmittagsaktion (14–17 ausgewählte Pizza, Pasta oder Salat € 7,90); auch veganer Käsebelag, Low-Carb-Teig und zum Mitnehmen möglich; überwiegend italienische, aber auch österreichische Weine. Zustelldienst in den 2. und 19. bis 22. Bezirk (ab € 12,–, Zustellgebühr € 3,50, mit Pizzacard bzw. ab € 20,– keine Zustellgebühr). Kinderspeisekarte, -sessel, Spielzeug, Wickeltisch. Lokal für Veranstaltungen geeignet. Gastgarten für 52 Pers. 💳 €€

Pizzeria Cara Mia Hardeggasse 69, Tel. 283 73 84, E-Mail: office@pizzaontour.at, www.pizzaontour.info, täglich 11–23, durchgehend warme Küche. Pizza vom Holzofen, Vollkornpizza, Nudelgerichte, Spareribs, Fisch (Mo–Fr 11–17 Mittagsaktion: Pizza, Pasta oder Salat € 7,90), Monatsangebote; auch veganer Käsebelag, Low-Carb-Teig und zum Mitnehmen möglich; hauptsächlich italienische, aber auch österreichische Weine; Zustelldienst bis 2 (ab € 12,–, Zustellgebühr € 3,50, mit Pizzacard keine Zustellgebühr). Kinderspeisekarte, -sessel, Spielzeug, Wickeltisch. Extrazimmer zum Mieten für 35, Schanigarten für 52 Pers. 💳 €€

Italian Bar und Restaurant D'Lounge Wagramer Str. 79/ Top 601B (Donauzentrum), Tel. 960 45 86, E-Mail: dldp@d-lounge.at, www.d-lounge.at, tägl. 11–22. Klassische und moderne italienische und internationale Küche, Tages- und Wochenangebote; Showküche; Mo–Fr 11–15 Businesslunch (€ 6,80 bis € 11,90); saisonale Karte; Kinderportionen, -sessel; Cocktail Lounge ganztägig: große Auswahl an Cocktails (100 verschiedene), Happy Hour nach Ankündigung. Tagsüber italienische Musik, abends Barmusik. Behinderten-WC in der Anlage. ♿ 💳 €€

Evershine Pizza Anton-Sattler-G. 115a, Tel. 203 98 15, 0699/11 96 78 66, E-Mail: office@evershinepizza.at, www.evershinepizza.at, Mo–Fr 11–15 u. 17–23, Sa, So, Fei 11–23. Pizza (€ 7,70 bis € 16,20), Pasta und Risotto, Fisch (€ 10,90), auch thailänd. und indische Gerichte; Zustellung im 21. und 22. Bezirk (ab € 11,20, darunter € 3,– Zustellgebühr). 8 Sitzplätze im Lokal, 4 im Freien. Keine Hunde. 💳 €€

Fantastica Pizzeria Wagramer Str. 154, Tel. 203 75 39, E-Mail: office@fantastica.at, www.fantastica.at, tägl. 10–22.30, Fei 10–22. Pizza, auch glutenfrei, reichhaltige Auswahl an ital. und Wiener Spezialitäten (Mo–Fr MM ab € 7,80), Pasta, Fisch- und Grillspezialitäten; wechselnde Wochenkarte je nach Saison; italienische und österreichische Weine, Budweiser und Murauer vom Fass; Kindersessel, Spielzeug, Wickeltisch. 11–22 Zustellung im 22. und teilweise 21. Bezirk (gratis ab € 12,50). TV; Klimaanlage. Extrazimmer zu mieten für 20, Schanigarten für 24 Pers. 💳 €

It's Amore Donauinsel Sunken City, Tel. 0660/777 30 11, E-Mail: hello@itsamore.at, itsamore.at, Mo–Do, So, Fei 11–23, Fr, Sa 11–24. Italienisches Restaurant in der Sunken City auf der Donauinsel mit Blick aufs Wasser. Pizza und Antipasti. 💳

L'Angelo Bello Stadlauer Str. 4, Tel. 282 15 14, 0699/10 41 68 84, E-Mail: bestellung@langelobello.at, www.langelobellowien.at, täglich 11–1.30, durchgehend warme Küche. Italienische Küche mit österreichischem Einfluss, Lieferung im 22. Bezirk. Kinderspeisen, -sessel; Kindergeburtstagspartys (ab 7 Kindern, € 15,–/Kind). TV für Sportübertragungen. Schanigarten für 20, Gastgarten für 40 Pers. €€

Maddalena Dückegasse 3, Tel. 203 62 72, E-Mail: pizzeriamaddalena1220@gmail.com, www.pizzeria-maddalena.info, Di–So 11–23, warme Küche bis 22. Italienische und österreichische Gerichte; Pizza, Pasta, Burger und andere Spezialitäten; vegetarische und vegane Pizza; Wochengerichte; Kinderportionen, -sessel; Billard, Darts, TV. Extrazimmer mit Videoprojektor für Veranstaltungen zu mieten bis 50 Pers.; Schanigarten für 30, Gastgarten für 45 Pers. Behinderten-WC. ♿ 💳 €

Mediterrano Pizzeria Ristorante Kaschauerplatz 2, Tel. 774 69 79, E-Mail: office@mediterrano.at, www.mediterrano.at, Mo–Do 11–14.30 und 17–22.30, Fr–So, Fei 11–22.30. Mediterrane und Wiener Küche, Spezialitäten: ital. Feinkost (Prosciutto, Antipasti etc.), Pizza mit Käserand, Steaks, frischer Fisch; glutenfreie Gerichte. Zustellung teilw. im 22. Bezirk und in Groß-Enzersdorf (ab € 14,90). Kinderfreundlich (Kinderkarte, 3 Kindersessel, Spielplatz, Fußballplatz). Schanigarten f. 30, Gastgarten f. 200 Pers. 💳 €€

Restaurant Olive Vienna Wagramer Straße 79/ Top 615 (Donauzentrum), Tel. 954 54 20, E-Mail: reservierung@olive-vienna.at, www.olive-vienna.at, Mo–Do, So 11–22.30, Fr, Sa 11–23, Küche bis 22. Treffpunkt im Donauzentrum direkt neben dem Kinoeingang. Mediterrane Gerichte, Tapas, Burger, hausgemachte Pasta Fresca, Wiens 1. Pizzaofen mit rotierender Ofenplatte; Pizza- und Pastaangebote; vegetarische und vegane Speisen; J.Hornig Kaffeespezialitäten, Heineken und Zipfer vom Fass, Cocktails, umfangreiche Wein- und Sektkarte. Klimaanlage. Zustellung in den 21. und 22. Bezirk (Mo–So 11–21.45). 💳 €€€

Pizzakeller Am Kaisermühlendamm 53, Tel. 269 21 20, E-Mail: office@pizzaontour.at, www.pizzaontour.info, täglich 11–23, warme Küche durchgehend. Italienische und Wiener Küche, Pizza vom Holzofen, Vollkornpizza, Nudelgerichte, Fischspezialitäten, Spareribs, auch veganer Käsebelag, Low-Carb-Teig und zum Mitnehmen möglich; Nachmittagsaktion (14–17 ausgewählte Pizzen, Pasta oder Salate € 7,90); hauptsächlich italienische, aber auch österreichische Weine; Zustelldienst (11–2) in den 2. und 22., teilweise auch 20. und 21. Bezirk (ab € 12,–, Zustellgebühr € 3,50, mit Pizzacard oder ab € 20,– keine Zustellgebühr). Kinderspeisekarte, Kindersessel, Spielzeug, Wickelraum. Extrazimmer zum Mieten für 30, Schanigarten für 74 Pers. 💳 €€

Portobello Maria-Tusch-Straße 14, Tel. 361 36 66, E-Mail: office@portobello-seestadt.at, www.portobello-seestadt.at, täglich 11.30–22, warme Küche Mo–Mi 11.30–14.30 und 17–21.30, Do–So 11.30–21.30, Pizza Mo–So 11.30–21.30. Italienische Küche mit internationalen Spezialitäten und Foodtrends, hausgemachte Desserts, italienische und österreichische Weine, Wieselburger Gold und Schladminger Bio Zwickl vom Fass. Klimaanlage. Schanigarten für 50 Pers. Gäste parken 2 Stunden gratis in der P3 Spar-Garage gleich um die Ecke. €€€

Trento Bortolotti Gourmet Schüttaustraße 61, Tel. 0676/351 50 80, E-Mail: gelato.bortolotti@yahoo.com, www.trentogourmet.at, Di–So 9–23. Edel-italienische Weinbar; Antipasti, Pastagerichte, veganes Eis; italienische Spezialitäten, Weine und Spirituosen auch zu kaufen.

Japanisch

Akakiko Wagramer Straße 79/Top 601A (Cineplexx, Donauzentrum), Tel. 057/333-230, E-Mail: info@akakiko.at, www.akakiko.at, tägl. 10.30–23, warme Küche bis 22.30. Sushi, Sashimi, Bento, vegetar. Speisen; Gratiszustellung in ganz Wien (ab € 13,50, Tel. 057/333, Online-Bestellung möglich). Take-away. Im Lokal 74 Sitzplätze; Gastgarten für 12 Pers. €€

Running Sushi Restaurant Sunrise Kyoto Wagramer Straße 79/Top 606 (Donauzentrum), Tel. 204 31 36, E-Mail: office@etii.at, www.sunrise-gourmet.at, tägl. 11–22. Sushi, japanische und asiatische Küche Running Sushi (mittags Mo–Fr € 11,90/Kinder € 7,90, Sa, So, Fei € 14,90/Kinder € 9,40, abends € 14,90/Kinder € 9,90); Luxusmenü mit Sushi, Sashimi u. Maki für 2, 4, 6 oder 8 Pers. (ab € 22,40/2 Pers.). Kindersessel. Behinderten-WC in der Anlage. €€

Sushi Aspern Groß-Enzersdorfer Straße 2, Tel. 280 85 84, E-Mail: office@sushi-aspern.at, www.sushi-aspern.at, täglich 11–23. Japanische Küche: Teppanyaki, Nudelgerichte, Sushi, Maki; Running Sushi (12–14.30 und 17.30–22); Kinderspeisen, -sessel; Abholung möglich. Klimaanlage; Extrazimmer für 20 Pers. €€

Tokyo House Donaufelder Straße 162, Tel. 202 33 82, E-Mail: tokyohouse1220@gmail.com, www.tokyo-house.at, Di–Do 11.30–15 und 17–22.30, Fr–So 11.30–22.30. Sushi, Maki, Nudel- und Reisgerichte; Di–Fr 11.30–14.30 MM wahlweise mit Suppe oder Vorspeise (€ 8,50 bis € 9,50). Alle Speisen auch zum Mitnehmen. Schanigarten. €€

Orientalisch

Habibi & Hawara Seestadt Simone-de-Beauvoir-Platz 5, Tel. 280 50 98, E-Mail: office@habibi.at, habibi.at, Di–So 11–23, warme Küche bis 22. Orientalisch-österreichisches Lokal, das von Menschen mit Flucht- oder Migrationshintergrund gemeinsam mit österr. Kolleg*innen betrieben wird. Österr.-oriental. Fusionsküche; Mittagsbuffet 11–14.30 (€ 14,90 Buffetpauschale), abends 17–22 Set-Menü-Family-Dinner bestehend aus fixem, saisonal abhängigem, mehrgängigem Menü (€ 24,90, Kinder bis 10 Jahre essen gratis, Kinder bis 14 Jahre zahlen die Hälfte); viele regionale Zutaten (z.B. Bio-Fleisch von Labonca, Bio-Gemüse von Adamah); kindergerechte Speisen, Kindersessel. Speisen auch zum Mitnehmen in Mehrweg-Gefäßen (mit Pfand). Lokal und Gastgarten für je 52 Pers. Behinderten-WC. €€

Spanisch

Tarragona Restaurant & Bar Wagramer Straße 21 (im NH Danube City), Tel. 260 20-8300, E-Mail: nhdanubecity@nh-hotels.com, www.nh-hotels.de/hotel/nh-danube-city/restaurants, täglich 11.30–23 (Bar), tägl. 12–14.30 und 18–22.30 (Restaurant). Umfangreiches Frühstücksbuffet (€ 19,95/Pers., Mo–Fr 6.30–10, Sa-So, Fei 7–11); mediterrane und internationale Spezialitäten; internationale Weine, Kaffeespezialitäten; Kinderportionen, -sessel. Bar mit internationalen Cocktails und Getränken, Barspeisekarte. TV. Klimaanlage. Behinderten-WC. Reservierung erwünscht. €€

Thailändisch

Thailanna Bodmergasse 47/1, Tel. 437 07 98, E-Mail: info@thailanna.at, thailanna.at, täglich 11–22.30. Thailändische Küche, auch vegane/vegetarische Gerichte; Take-away und Zustellung. Gastgarten. €€

Vietnamesisch

Pho Ever Wagramer Straße 79 (Donauplex), Tel. 0665/65 51 85 65, E-Mail: office@phoever.at, phoever.at, täglich 11–22.30. Japanische, thailändische und vietnamesische Küche, z.B. Banh Mi (vietnamesisches Sandwich), vietnamesische Sommerrollen, Pho oder Reisnudelsalat Bun Chay. Alle Speisen auch zum Mitnehmen. €

Bars

Aperitivo e amore Rudolf-Nurejew-Promenade (Copa Beach), Tel. 0660/850 90 52, E-Mail: office@eamore.at, www.eamore.at, Mai bis September Mo–Fr 12–22, Sa, So, Fei 10–22, im Sommer bei Schönwetter geöffnet. Aperitivo-Bar am Copa Beach. Liegestühle an der Donau.

Café del Sol Donauinsel (U1/Sunken City), Tel. 0699/11 78 28 60, 0660/777 30 11, E-Mail: office@cafe-delsol.at, www.donauinsel.at, April bis Oktober Mo–Do, So 10–2, Fr, Sa 10–4. Café, Cocktaillounge; Torten und Kuchen (ab € 4,80); Milchshakes (ab € 7,20), Cocktails (ab € 7,50), Jumbo-Cocktails (€ 16,–), tägl. 18–20 Happy Hour (Cocktails € 7,50, Jumbo-Cocktail € 14,–). Auch sommerliche Speisen, z.B. Grillspieße, Salate, Burger. Musikrichtung: Lounge, Chillout, House, Reggaeton, R'n'B, Soul; im Sommer Events, Fr und Sa DJs und Tänzer. Platz für 300, Sonnenterrasse für ca. 160 Pers. Behinderten-WC. ♿ 💳

Flow Lounge Hirschstettner Straße 26, Tel. 0660/160 42 70, E-Mail: office@flow-lounge.com, www.flow-lounge.at, Di–So 16–22. Lounge mit Shisha, Cocktails und Snacks. TV für Sportübertragungen. Gastgarten für 50 Pers. Behinderten-WC. ♿ 💳

Fredi's Bar Eßlinger Hauptstraße 120, Tel. 774 11 93, E-Mail: bar@fredis-bar.at, www.fredis-bar.at, Mi, Do 18.30–23, Fr, Sa 18.30–1. Cocktailbar mit über 160 Cocktails, Eigenkreationen sowie Klassiker (ab € 6,50, alkoholfrei ab € 5,40); auch Bier, Wein, Kaffee; kleine Snacks. Happy Hour bis 19.30. 💳

Mar y Sol Copa Beach, Tel. 263 32 33, E-Mail: office@rembetiko.at, www.rembetiko.at, täglich 11–24, Küche bis 23.30, bei Schlechtwetter im Winter nur bis 21. Cocktails. Die Speisen des Rembetiko nebenan können ebenfalls bestellt werden (gemeinsame Speisekarte). Terrasse für ca. 100 Pers. Behinderten-WC. ♿ 💳

Moby Dick Rudolf-Nurejew-Promenade (CopaBeach), E-Mail: hello@mobydickvienna.at, www.copabeach.wien, www.mobydickvienna.at, Mai bis September Mo–Do 13–22, Fr–So 11–22 (nur bei Schönwetter geöffnet). Cocktailbar-Stand am CopaBeach. Vegane Speisen, hausgemachtes Pastrami, Fish and Chips, Pommes-Variationen; Cocktails; Take-away. Gastgarten mit Liegestühlen an der Donau. 💳

Porto Pollo Donauinsel 19, Tel. 0699/13 30 00 13, E-Mail: michael.nemec07@gmail.com, April bis September täglich ab 13, Oktober bis Dezember Sa, So ab 13, nur bei Schönwetter. Gemütliche Café Bar auf der Donauinsel direkt am Wasser. Neben div. Getränken auch kleine Speisen, z.B. Toast. Lokal auch für Veranstaltungen (Geburtstage, Sponsionsfeiern, Firmenfeiern etc.) geeignet. Terrasse für 100 Pers. 💳

Sansibar Donauinsel Sunken City, Tel. 0660/777 30 11, E-Mail: office@sansibar.co.at, www.donauinsel.at, April bis September Mo–Do 13–2, Fr–So 13–4. Strandbar mit Liegestühlen und Palmen. Cocktailvariationen, div. alkoholische und alkoholfreie Getränke; DJs, ab 18 Happy Hour. 💳

U-One Bar Wagramer Straße 8 (im Arcotel Kaiserwasser), Tel. 224 24-862, E-Mail: restaurant.kaiserwasser@arcotel.com, www.u-onebar.at, www.kaiserwasser.arcotel.com, täglich 12–24, warme Küche bis 22. Getränke, Cocktails (€ 7,– bis € 10,50), Snacks; tägl. 20–21 Happy Hour. TV und eine Großbildleinwand. Behinderten-WC. ♿ 💳

Bistros

Ben's Bistro Donaustädter Bad Portnergasse 38, E-Mail: office@hp-gastro.at, www.bens-bistro.at, Mo, Di, Do–Sa 9–19, Mi 12–21, So 9–18, im Sommer (ab 2. Mai) abweichende Öffnungszeiten. Bistro im Donaustädter Bad. **€€**

Donaubrise Gänsehäufel (im Strandbad Gänsehäufel), E-Mail: info@donaubrise.at, www.donaubrise.at, Mo–Fr 9–20, Sa, So, Fei 8–20. Freibadkantine mit altbewährten Klassikern, die in einem Schwimmbad nicht fehlen dürfen, aber auch Unerwartetem (z.B. Rote Rüben Hummus und Falafel); Frühstück bis 10.30; auch mediterrane Küche, Salate und mehr; Wochenkarte mit 2 MM (€ 7,– bis € 9,50). Kaffee von Hausbrandt, hausgemachte Eistees, Spritzerkarte. Terrasse für ca. 200 Pers. 💳 **€€**

Fat Monk – DC Tower Donau-City-Str. 7 (DC Tower), Tel. 0664/800 22 11 91, E-Mail: dctower@fatmonk.at, fatmonk.at, Mo–Fr 11–19 (Fei geschlossen). Fusion aus Poke-, Nourish- und Buddha-Bowls, international inspiriert, aber mit österreichischen Zubereitungsarten und heimischen Produkten; 7 Signature Bowls stehen zur Auswahl oder man stellt sich seine Bowl selbst zusammen; 4 Desserts (davon 2 vegan). Abholung möglich (auch mit Online-Bestellung für einen bestimmten Zeitpunkt vorab). Klimatisiert. 💳 **€**

Kenny's Wagramer Str. 94 (Donauzentrum), Tel. 0664/150 36 37, E-Mail: donauzentrum@kennys.at, www.kennys.at, Mo–Fr 9–20, Sa 9–18 (Fei geschl.). Poke Bowl und Smoothie Bar; Poke Bowls (mit Fisch, Fleisch od. vegan), Suppen, Salate, Waffeln; Smoothies, Kaffee. Essen in biolog. abbaubaren Verpackungen zum Mitnehmen. Schanigarten. 💳 **€**

Cafés, Espressos

Café Eiszeit Moissigasse 21 (im Strandbad Gänsehäufel), Tel. 0699/18 32 92 33, E-Mail: info@cafe-eiszeit.at, cafe-eiszeit.at, tägl. 10–19, im Winter geschlossen. Kaffeespezialiäten; Eis vom Eis-Greissler. Schanigarten.

Fredi's Cafe Eßlinger Hauptstraße 76, Tel. 774 11 62, E-Mail: cafe@fredis-cafe.at, www.fredis-cafe.at, Mo 13–17.30, Mi–Fr 8.30–17.30, Sa, So, Fei 9.30–16.30. Hausgemachte Mehlspeisen und kleine Snacks wie Schinken-Käse-Toast oder Herzhaftes aus der Vitrine; Frühstück (Mi–Fr bis

11.30 versch. Frühstücksteller, Bowl, Porridge und Granola, am Wochenende bis 14 Waffeln, Pancakes und Brot); im Sommer Eis vom Eis-Greissler; Kaffee von Hausbrandt, Tee von Sonnentor. Hochstuhl, Wickeltisch, Rampe für Kinderwagen. Separée für 10 Pers. (auch für kleine Veranstaltungen wie Vorträge geeignet). Kleiner Schanigarten.

Café Handl Biberhaufenweg 41a, Tel. 774 88 67, 0664/310 11 11, E-Mail: office@cafe-handl.at, www.cafe-handl.at, Mai bis September Di–So, Fei 8–20, Oktober bis April täglich 8–19, durchgehend warme Küche. Frühstück ganztägig (ca. € 5,– bis € 10,–), Hausmannskost, hausgemachte Mehlspeisen, Torten auf Bestellung; Cocktails on the beach (ca. € 5,– bis € 9,–) und Eissalon (im Sommer) mit Eis von Zanoni (ca. 38 Sorten); Kinderspeisen, -sessel. Lokal für Feiern geeignet. TV. Gastgarten für 50 Pers.

Café Hummel – am Asperner Siegesplatz Siegesplatz 15, Tel. 0676/404 53 13, E-Mail: artur@cafe-hummel.at, www.cafe-hummel.com, Mo, Di 7–19, Mi–Fr 7–24, Sa 7–13 (Fei geschlossen), 14–18 keine Küche. 7–12 Frühstücksangebote (€ 4,90 bis € 14,40); kleine Speisen, z.B. belegte und überbackene Brote, hausgemachte österreichische Mehlspeisen; jeden Fr Getränkeaktionen. TV; 4- bis 5-mal/Jahr Events, z.B. Austropop, Rock. Familienfreundliches Lokal (Kinderportionen, -sessel, Spielzeug). Schanigarten für 10, Sonnenterrasse im Innenhof für 20 Pers.

Café im Leo Naufahrtweg 14, Tel. 282 77 38, E-Mail: kontakt@cafeimleo.at, www.cafeimleo.at, Mi–Fr 10–16, Sa, So 10–18, Mi, Do Küche zu Mittag, Fr–So Küche bis 18. In einen Bauernhof eingebettetes Café mit Bauernladen, dessen Produkte sowohl gekauft werden können als auch in der Küche zum Einsatz kommen; gekocht wird mit Bio- sowie saisonalen und regionalen Produkten; MM (vegetarisch/vegan € 7,50, mit Fleisch € 9,50); Fr und Sa Grill mit Bio-Saibling oder -Forelle, Tomahawk-Koteletts vom Mangalica-Schwein oder veganen Austernpilzen (ab € 14,50/Pers., Vorbestellung notwendig), So (in der kalten Jahreszeit auch Sa) ab 11 orientalischer Brunch mit Spezialitäten wie Falafel und Hummus (auch als Wraps/to-go); biologischer Fairtrade-Kaffee der niederösterreichischen Rösterei Cult Caffè (ab € 2,30, auf Wunsch auch mit Hafermilch, auch im Laden zu kaufen); vielfältiges Sortiment an veganen/glutenfreien Mehlspeisen, handgemachten Baklava und orientalischen Kuchen. Öfters Musikveranstaltungen; Saal für 100 Pers., Outdoor-Flächen. Kinderspeisen, -sessel, Spielsachen, Wickeltisch, Kleintiere und Pferde auf dem Bauernhof. Lieferung im Umkreis, Abholung möglich.

Café Nostalgie Murrstraße 3, Tel. 258 31 50, E-Mail: cafe.nostalgie22@gmail.com, cafenostalgie.metro.bar, Mo–Fr 8.30–22, Sa 10.30–22, So, Fei 9–22. Familiäre Atmosphäre; Frühstück, kleine Speisen wie Suppen, Toast, Ham and Eggs, Baguettes, Sandwiches etc. Schach, Brett- und Würfelspiele; Dartautomat, Pooltisch; TV, Dartturniere mit gratis Essen; Veranstaltungen wie Geburtstagsfeiern, Verlobungen etc. bis 50 Pers. mögl. Begrünte Terrasse für 30 Pers.

Paracelsus Langobardenstraße 122 (Klinik Donaustadt), Tel. 288 02 19 52, E-Mail: paracelsus.donauspital@vivat.at, www.smz-cafe.at, Mo–Fr 8–19.45, Sa, So, Fei 10–18.45. Café-Restaurant mit österreichischer Küche (Mo–Fr TT € 8,– bis € 9,70); Frühstück bis 11. Essen zum Mitnehmen (Coffee-to-go, warme Snacks). Kinderportionen, -sessel. Schanigarten für 50 Pers. Keine Hunde. Behinderten-WCs.

Café Pony Wagramer Straße 87, Tel. 0664/313 99 67, Mo–Fr 10–19 (Fei geschlossen). Kleine Speisen (ab € 3,30). TV; Klimaanlage. Gastgarten für 25 Pers.

Café Segafredo Wagramer Straße 79/Top 608 (Donauzentrum), Tel. 203 59 00, E-Mail: office@hkgastro.com, www.segafredo.at, Mo–Sa 8–24, So, Fei 10–23. Frühstück bis 11 (ab € 4,50); Snacks; Cocktails. TV; Klimaanlage. Schanigarten für 30 Pers. Behinderten-WC in der Anlage.

Starbucks Wagramer Straße 81 (Donauzentrum), Tel. 33 66 33-2523, E-Mail: office@starbucks.at, www.starbucks.at, Mo–Fr 7.30–20.30, Sa 8.30–18 (Fei geschlossen). Unzählige Kaffeevariationen und -sorten, Iced Teas; amerikanische Mehlspeisen, Sandwiches, Bagels; Kaffeeverkostungen. Behinderten-WC in der Anlage.

Tower Café Wagramer Straße 17–19 (IZD Tower), Tel. 0664/525 41 74, E-Mail: daniel@daniels.wien, www.daniels.wien, Mo–Do 8–16.30, Fr 8–15 (Fei geschlossen). Café mit diversen Snacks (€ 1,80 bis € 3,90) und warmen Speisen. Illy Kaffee, Getränke. Catering. Klimaanlage.

United in Cycling Wangari-Maathai-Platz 3/2, E-Mail: office@unitedincycling.com, unitedincycling.com, Di–Fr 10–18, Sa 9–17. Fahrradgeschäft, -werkstatt und Café. Third Wave Kaffee, Bio-Wein, Bio-Säfte, Bio-Tee; kleine Speisen wie Quiche, hausgemachte Kuchen. Schanigarten.

Eissalons

Dolce Eissalon Doningasse 12/1/3, Tel. 20 31 17 78, www.noebauer-konditorei.at, täglich 12–19. Selbstgemachtes Eis; Gassenverkauf.

Eismacherei Mergenthalerplatz 1, Tel. 0676/390 99 62, E-Mail: eismacherei22@gmail.com, www.eismacherei.at, März bis April täglich 7–19, Mai bis Juni täglich 7–21, Juli bis August täglich 7–22, September täglich 7–21, Oktober bis Februar Mi–So, Fei 7–19. Bäckerei und Eissalon. Frühstück bis 11; Eis aus Bio-Milch, veganes Fruchteis; spezielles Eis für Hunde; Eistorten auf Vorbestellung; Eis-Boxen zum Mitnehmen. 20 Plätze im Lokal, Schanigarten für 40 Pers.

Eissalon Trento Bortolotti Schüttauplatz 2, Tel. 263 36 77, www.trento.at, März bis Oktober täglich 9–23. 28 hausgemachte Eissorten, wechselnde Wochensorte, 50 Eiscoups, monatlich wechselndes Coup des Monats, 2 Sorten Diabetikereis, Spezialität: Eistorten, Eisknödel, Eiskrapfen; 9–11 Frühstück (€ 4,90 bis € 9,50). Kaffee- und Teespezialitäten, ital. Gebäck und Mehlspeisen. Klimaanlage. Schanigarten für 50 bis 60 Pers.

Eissalon Eisstanitzl Stadlauer Straße 9, Tel. 285 46 35, E-Mail: mueller.hermine@gmail.com, www.eisstanitzl.at, März bis September täglich 10–22. Über 50 Eissorten, Diabetikereis, laktosefreies und veganes Eis, Eis-Cup-Cakes div. Sorten (Maroni, Heidelbeere, Nougat etc.), Topfenknödel, Nougatroulade, Rehrücken. Terrasse für 36, Schanigarten für 12 Pers.

Eissalon Harrich Tokiostraße 14/3, Tel. 0680/205 76 04, E-Mail: eissalonharrich@gmail.com, www.eissalonharrich.at, März bis September täglich 10–21. 24 Eissorten, Eistorten auf Bestellung; Aktionen für Schulkinder, Ermäßigungen für Kindergartengruppen. Schanigarten für 32 Pers.

Eissalon am Schwedenplatz – Manifattura Christine-Touaillon-Straße 2 (Seestadt), Tel. 280 28 83 11, E-Mail: gelato@gelato.at, manifattura.gelato.at, www.gelato.at, März bis September täglich 12–20. Manufaktur des Eissalon am Schwedenplatz mit eigenem Verkauf; div. Eissorten aus biologischer Milch, auch laktose-, glutenfreies und veganes Eis. Führungen durch die Produktionsstätte (z.B. für Schulklassen) möglich. Eis für Gastronomie. Schanigarten.

Heurige

Dorfheuriger Breitenlee Breitenleer Straße 257, Tel. 734 55 29, E-Mail: kontakt@dorfheuriger-breitenlee.at, www.dorfheuriger-breitenlee.at, Mo–Mi 11–22, Do–Sa 11–23, So, Fei 11–21, Küche Mo–Mi bis 21, Do–Sa bis 21.30, So, Fei bis 20. Österreichische Küche und saisonale Gerichte (Mo–Do 11–14.30 MM mit Suppe € 8,60, Fr Fisch € 9,80), Heurigenschmankerl (Saure Wurst, Heurigenteller etc.). Kindersessel. Gastgarten für 130 Pers. **€€**

Vogelbauer Wagramer Straße 112, Tel. 202 47 13, E-Mail: vogelbauer@aon.at, www.vogelbauer.at, Di–Sa 11.30–23, durchgehend warme Küche. Bier- und Weinlokal; kaltes und warmes Heurigenbuffet, Hausmannskost (TT € 8,– bis € 12,–), saisonale Speisen, steirisches Kernöl, hausgemachte Mehlspeisen; 12 österreichische Weine, Fassbiere (Schlägl – aus der einzigen österreichischen Stiftsbrauerei), Mostviertler Naturfruchtsäfte, naturtrüber Apfelsaft; Qualitätsprodukte von Bauern aus der Steiermark, Ober- und Niederösterreich sowie dem Burgenland; 2 Extrazimmer für 9 und 20 sowie großer Naturgastgarten für 70 Pers. **€**

Imbisse

Buffet Christine Arbeiterstrandbadstraße 128, Tel. 0680/126 81 51, täglich 10–24 (nur bei Schönwetter). Imbissstand. Würstel, Langos. Schanigarten.

BURGERISTA Wagramer Straße 79 (Donauzentrum), Tel. 050/66 66 66, E-Mail: service@burgerista.at, www.burgerista.com, Mo–Do, So 11–22.30, Fr, Sa 11–23. Burger aus 100% frischem Rindfleisch und frischen Zutaten; selbst zusammenstellbare Burger, Steak Pommes; hausgemachte Limonaden. Offene Showküche. **€€**

Burger King Wagramer Straße 79 (Donauzentrum), Tel. 209 15 85, E-Mail: kundenservice@whopper.at, www.burgerking.at, Öffnungszeiten siehe Homepage: burgerking.at/kingfinder. Div. Burger und Wraps (auch vegetarisch). Takeaway. Indoor-Spielplatz, Wickelraum, Raum für Kinderpartys. Behinderten-WC. Parkplätze. **€**

Burger King (Drive In) Gewerbeparkstraße 2, Tel. 0676/391 77 95, E-Mail: kundenservice@whopper.at, www.burgerking.at, Öffnungszeiten siehe Homepage: burgerking.at/kingfinder. Div. Burger und Wraps (auch vegetarisch). Takeaway. Wickelraum, Spielplatz (innen und außen); Behinderten-WC. **€**

City Pizza Curry Schnitzel Kagraner Platz 5, Tel. 203 33 65, E-Mail: office@city-pizza.at, city-pizza.at, täglich 11–23. Italienische, österreichische und indische Küche, jeweils auch MM (Pizza und Pasta mit Pepsi ab € 6,90), Pizza (€ 7,50 bis € 11,90), Family-Pizza (€ 12,50 bis € 18,50), Pasta; Abhol- und Lieferservice, Zustellung im 1., 2., 8., 9. und 18. bis 22. Bezirk (ab € 12,–, darunter € 2,– Zustellgebühr). **€**

D'arepa Street Food Beach Bar Rudolf-Nurejew-Promenade (Copa Beach, Stand 2), E-Mail: office@darepa.at, darepa.at, Mai bis September täglich 11–22 (bei Schönwetter). Imbiss am Copa Beach mit lateinamerikanischem Streetfood; Cocktails. **€**

Dunkin' Donuts Wagramer Straße 81 (Donauzentrum Top 149), Tel. 0664/260 54 73, E-Mail: office@dunkin.at, www.dunkin.at, Mo–Fr 9–20, Sa 9–18 (Fei geschlossen). Verschiedene Donuts, Brownies, Muffins, Cookies; gefüllte Bagels; Fairtrade-Kaffee und -Tee. Catering (Bestellung: order@dunkin.at).

Fische Kaisermühlen Schüttaustraße 57, Tel. 263 76 55, E-Mail: office@fische-kaisermuehlen.at, fische-kaisermuehlen.at, Di 9–14, Mi–Fr 9–18, Sa 9–13. Fischspezialitäten (gegrillt oder gebacken) zum Mitnehmen oder zum Essen vor Ort. 9 Sitzplätze. **€€**

Happy Noodles Wagramer Straße 81/EG (Donauzentrum), E-Mail: office@happynoodles.at, www.happynoodles.at, Mo–Fr 9–20, Sa 9–18 (Fei geschlossen). Asiatische Speisen:

Happy Noodles, Sushi, Maki, Wok- und Reisgerichte, Lachs; diverse Biere; Take-away-Boxen. 40 Sitzplätze. 💳 €

Pizzeria Die Insel Alfred-Kubin-Platz 3/5, Tel. 202 40 53, E-Mail: die.insel.org@gmail.com, pizzeria-die-insel.business .site, täglich 11–23. Imbiss mit Pizza und Burger; Take-away, Zustellung im 21. und 22. Bezirk. 💳 €

Kasnudl Stadtküche Barbara-Prammer-Allee 15 (Ecke Sonnenallee), Tel. 720 08 03 07, E-Mail: help.kasnudl.com, www.stadtküche.at, www.kasnudl.com, Selbstbedienungsladen mit Abholstation und Verkaufsautomat rund um die Uhr geöffnet. Kasnudel- und Knödelmanufaktur in der Seestadt. Handgemachte Kärntner Kasnudeln und Knödel in 25 versch. Variationen aus regionalen Bio-Zutaten und laufend unterschiedliche saisonale Sorten. Nur Zustellung (Lieferung in 1 bis 2 Werktagen) und Abholung nach Bestellung via Onlineshop. 💳 €€

Kentucky Fried Chicken Wagramer Straße 79 (Donauzentrum, Haupteing. Kino), Tel. 0676/362 95 23, E-Mail: office@kfc.co.at, www.kfc.co.at, Mo–Do, So, Fei 10–22, Fr, Sa 10–23. Buckets mit Chicken oder Hot Wings; Burger; alles auch zum Mitnehmen. Behinderten-WC in der Anlage. ♿ 💳 €

Zum Knusperhäuschen Panozza Lacke, Tel. 0676/965 84 51, täglich 9–20, Öffnungszeiten wetterabhängig. Imbissstand in der Lobau. Div. Snacks; Hubertus Bier vom Fass. Gastgarten unter alten Kastanien. 💳

Kuki's Kombüse Wagramer Straße 48d, Tel. 263 33 93, E-Mail: office@kukla.at, www.kukla.at, April bis September täglich 10–19 (Lokal bei Schlechtwetter geschl.), Bootsverleih 10–19. Uferlokal an der Alten Donau, spezialisiert auf Longdrinks und Cocktails; auch div. kleine Speisen (Ciabatta, Würstel, Toast); Mehlspeisen wie Apfelstrudel nach Saison; Kindersessel, Spielzeug. Gastgarten direkt am Wasser für 60 Pers. Bootsvermietung und Bootseinstellung (Familienboote, Kajaks, Stand-Up-Paddle-Boards etc.). 💳 €

Leberkas-Pepi Dr.-A.-Schärf-Platz 4 (Donauzentrum), Tel. 0664/88 10 47 48, 0664/265 88 65, E-Mail: pepi-wien@leberkaspepi.at, www.leberkaspepi.at, Mo–Fr 9–19, Sa 9–18 (Fei geschl.). Legendärer Imbiss aus Linz. Mehr als 13 versch. Leberkas-Sorten, z.B. Steinpilz-Trüffel, Chili-Käse od. Spinat-Knoblauch, für Abwechslung sorgen monatlich wechselnde saisonale Varianten; 2 Sorten Pferdeleberkas; versch. Salate und ofenfrisches Gebäck; Puntigamer vom Fass und div. andere Biere. Behinderten-WC in der Anlage. ♿ €

McDonald's Wagramer Straße 81–83/Top 320 (Donauzentrum), Tel. 0699/19 00 01 57, E-Mail: at-store0157@restaurant.at.mcd.com, www.mcdonalds.at, Öffnungszeiten siehe Homepage. Burger, Wraps, Salate etc.; Frühstück. Mit McCafé. Tischservice. 💳 €

McDonald's (McDrive) www.mcdonalds.at, Öffnungszeiten siehe Homepage. Burger, Wraps, Salate etc.; Frühstück. Kindergeburtstag, Payland. McDelivery. Mit McCafé; Tischservice. Donaustadtstraße 49, Tel. 0699/19 90 00 37, E-Mail: at-store0037@restaurant.at.mcd.com. Wagramer Straße 54, Tel. 203 93 55, E-Mail: at-store0015@restaurant .mcdonalds.at. Breitenleer Straße (S2), Tel. 734 59 61-11, E-Mail: at-store0045@restaurant.at.mcd.com. Rautenweg 2, Tel. 256 21 99, E-Mail: at-store0211@restaurant.at .mcd.com. Seestadtstraße 4, Tel. 280 22 63-7233, E-Mail: at-store0233@restaurant.at.mcd.com. 💳 €

Michis Imbiss Percostraße 20a, Tel. 0660/312 12 43, E-Mail: michis-imbiss@gmx.at, www.michis-imbiss.com, Mo–Fr 6–19. Hübscher Imbissstand, der nicht nur Würste im Angebot hat, sondern auch Bodenständiges wie z.B. Tiroler Gröstl, einbrennte Erdäpfel mit Knacker oder gefüllte Zucchini. Klassiker wie Pferdeleberkäse oder Salzgurken gibt es sowieso. Wöchentlich wechselnde Karte, tägliches MM (€ 5,90 bis € 7,50); Bier vom Fass. Schanigarten für 48 Pers. €

Mühlwasser Platz'l Lobaugasse 101, Tel. 0676/351 39 83, E-Mail: p.marega@gmx.at, muehlwasser-platzl.at, Di–So, Fei 9–21. Imbisslokal in der Lobau. Frühstück bis 10.30; kalte Jause (z.B. Käsebrot, Blunzenbrot oder saure Wurst), div. Würstel, Toast, Knabbereien und Eis. Kleine, schattige Terrasse direkt am Wasser. Parkplätze vorhanden. 💳 €

my Indigo – eat and smile Wagramer Straße 81/Top 15c (Donauzentrum), Tel. 0664/922 20 61, E-Mail: ind-w -donau@soulkitchen.world, www.myindigo.com, Mo–Fr 9.30–20, Sa 9.30–18 (Fei geschlossen), Küche ab 10.30. Gesunde, schnelle Speisen; Currys, Suppen, Salate und Poke Bowls. Hauslimonaden, Kaffee und Süßes (Brownies, Cookies), viele vegetarische und vegane Speisen, auf Wunsch laktose- und glutenfrei. Kindersessel, Wickeltisch im Gebäude vorhanden. Behinderten-WC in der Anlage. ♿ 💳 €

Noodle King E-Mail: office@noodleking.at, www.noodle king.at, Asiatische Suppen-, Nudel-, und Reisgerichte, sowie Sushi und Maki. Take-away. Obachgasse 75, Tel. 0699/17 27 60 15, Mo–Fr 11–21, So 12–21. Gastgarten. Kagraner Platz 1–4, Tel. 0660/926 21 23, täglich 11–22. Lavaterstraße 2/3/1, Tel. 0677/64 38 64 12, täglich 11–22. 💳 €

Nordsee Wagramer Str. 94/Top 710 (Donauzentrum), Tel. 203 47 13, E-Mail: office@nordsee.at, www.nordsee.at, Mo–Fr 9–20, Sa 9–18. Grill-/Backfisch, Salate, kalte/warme Snacks; Kaffee; Kindermenü mit Überraschung. 💳 €

o'mellis Juice & Smoothie Bar E-Mail: office@omellis .at, www.omellis.at, Mo–Fr 9–20, Sa 9–18. Smoothies und Juices aus Obst und Gemüse; Smoothies mit Milch, Frozen Yogurt und mit Zutaten nach eigener Wahl; Smoothies und Juices können auch in Flaschen mitgenommen werden; ohne Zuckerzusatz. Wagramer Str. 79/EG (Donauzentrum).

Pizzakaiser Schüttaustraße 60, Tel. 269 85 99, E-Mail: office@pizzakaiser.at, www.pizzakaiser.at, Mo–Fr 11–15 und 17–23, Sa, So, Fei 11–23. Nur Abholung und Zustellung. Pizza, Pasta, Überbackenes, indische Gerichte, Reisgerichte, Wokgerichte, österr. Küche. Gratis Zustellung ab € 10,– im 2. und 22. Bezirk sowie Bruckhaufen (Rest auf Anfrage). €

Pizzaliebe Gartenheimstraße 1, Tel. 0660/630 94 82, E-Mail: Stefan@Pizzaliebe.at, www.pizzaliebe.at, Di–Fr 17–22, Sa, So 12–22. Bio-Pizzen (auch vegan); Fritz Limonaden. Nur Lieferung und Abholung. €

Pizza Pronto 22 Genochplatz 4, Tel. 285 03 09, 0699/17 00 83 54, www.pizzapronto22-wien.at, Mo–Do, Sa, So, Fei 11–22, Fr 16–22. Italienische Küche, Firmenangebote; Pizza, Pasta und Schnitzel zum Mitnehmen; Kinderspeisen. Gratis Zustellung in den 22. Bezirk. 8 Sitzplätze. €

Radatz Wagramer Straße 94 (Donauzentrum, Arena Top 11), Tel. 203 57 91, E-Mail: fleischereien@radatz.com, www.radatz.at, Mo–Fr 9–20, Sa 9–18 (Fei geschlossen). Wiener Küche, täglich wechselnde Menüauswahl (bis € 8,–). 30 Sitzplätze. €

Rad- und Wanderschenke Donauinsel (Stromkilometer R3, 1), Tel. 0664/227 25 85, März bis Oktober täglich ab 10 (nur bei Schönwetter). Versorgungsstation auf der südlichen Donauinsel. Kleine Jausen, Würstel, Brote, Tagesteller; Getränke. Schöner Ausblick auf den Alberner Hafen.

Riviera Hirschstettner Straße 3, Tel. 203 64 31, täglich 11–22. Viele Speisen von Schnitzel bis Pasta, Burger, Holzofenpizza, Spareribs und Grillplatten; Lieferung ab € 10,– in den 21. und 22. Bezirk. €€

Die Schankwirtschaft im Bundesbad Arbeiterstrandbadstraße 93 (Bundesbad Alte Donau), E-Mail: info@schankwirtschaft.at, www.schankwirtschaft.at, Mo–Fr 9–19, Sa, So, Fei 8–19.30 (wetterabhängig). Imbiss im Bundesbad Alte Donau; kleine Auswahl an warmen Speisen, z.B. Wiener Schnitzel, hausgemachte Mehlspeisen und Limonaden, Eiskaffee, Bier vom Fass, Aperol Spritz. Terrasse. €

Schutzhaus am Seerosenteich Quadenstr. 22 (Blumengärten Hirschstätten), palmenhaus-kulinarik.at/seerosenteich, Di–So 10.30–18. Imbisslokal am Seerosenteich in den Blumengärten Hirschstätten. Tagesgerichte wie Cevapcici oder „Hirschstettner Nockerl". Terrasse am Wasser.

Imbiss zum Seestern An der unteren Alten Donau 132 (Kaisermühlenstraße 1), täglich 11–19 (im Sommer bei Schönwetter). Imbiss an der alten Donau. Würstl, Pferdeleberkäse, Eis; alles auch zum Mitnehmen. Gastgarten. €

Imbissstube Seiler Am Heidjöchl 14/R2, Tel. 282 33 50, Di–Fr 8–20, Sa 8–15 (Fei geschlossen), warme Küche 11–14. Hausmannskost (Mo–Fr MM), Sa Schnitzeltag. €

Stadlauer Grill Stadlauer Straße 52, Tel. 0664/75 52 83 00, E-Mail: stadlauergrill@gmx.at, www.stadlauergrill.at, täglich 10–22. Grillimbiss. Zustellung in die Bezirke 22 (ab € 25,– Mindestbestellwert), 2, 20 und 21 (ab € 40,– Mindestbestellwert), € 2,– Zustellgebühr.

Subway Wagramer Straße 79/Top 613 (Donauplex), Tel. 0664/136 17 92, E-Mail: 57111@axxeda.eu, www.deinsubway.at, Mo–Mi 10–22, Do–Sa 10–23, So 11–22. Sandwiches mit Gemüse, Huhn, Schinken, Thunfisch, Steak etc.; Salate, Sandwich des Tages, jedes Sandwich auch als Menü mit Getränk und Chips oder Cookie. Kindersessel. Behinderten-WC in der Anlage. €

Tauber E-Mail: office@tauber.at, www.tauber.at, Belegte Brötchen (€ 1,80 bis € 2,80/Stk.), div. Brötchenboxen (€ 22,50 bis € 61,–), auch Mehlspeisboxen (€ 20,– bis € 54,–); Online-Bestellmöglichkeit, Abholung, ab 10 Stück auch Zustellung in alle Bezirke (Zustellkosten € 15,–). Kleine warme Speisen (€ 3,50 bis € 5,30), Wiener Frühstück (klein € 5,90, groß € 7,10). Wagramer Str. 94/Top 755 (DZ, Bauteil 7), Tel. 202 33 00, Mo–Mi 8–19, Do, Fr 8–20, Sa 8–18 (Fei geschl.). Wagramer Straße 81/Top 116 (Donauzentrum), Tel. 203 62 63, Mo–Mi 8–19, Do, Fr 8–20, Sa 8–18 (Fei geschlossen). €

Trzesniewski Wagramer Straße 81, Top 141 (Donauzentrum), Tel. 907 44 04, 493 13 32-0 (Büro), E-Mail: office@trzesniewski.at, www.speckmitei.at, Mo–Fr 9–20, Sa 9–18. Klassisches Wiener Imbiss-Buffet; Aufstrichbrötchen (€ 1,50/Stück), Aufstriche (€ 4,20/100g); Zustellung mit Lieferdienst; Online-Bestellmöglichkeit auf der Homepage.

tschau tschau Seestadt Janis-Joplin-Promenade 26 (Seepark), E-Mail: crew@tschau.at, www.tschau.at, Mai bis Sept. Mo–Fr 15–21, Sa, So, Fei 12–21 (bei Schönwetter), in der Adventszeit Punsch: Sa, So 15–21. Gastro-Container direkt am Ufer des Asperner Sees. Pommes, Corndogs und Eis; div. Getränke. Liegestühle mit Blick aufs Wasser. €

Konditoreien, Bäckereien

Aida E-Mail: info@aida.at, www.aida.at, Konditorei und Kaffeehaus. Gewerbeparkstraße 10a, Tel. 890 13 56, Mo–Sa 8–18, So 8.30–14. Schanigarten. Wagramer Straße 81/Shop 68 (Donauzentrum), Tel. 202 51 66, Mo–Fr 9–19, Sa 9–18 (Fei geschlossen).

Anker www.ankerbrot.at, kontakt@ankerbrot.at. Brot, Gebäck, Mehlspeisen, täglich laufend frische Snacks. Öffnungszeiten saisonal variabel (s. Homepage). Hardeggasse (U2 Station), Tel. 283 49 78, Mo–Fr 5.30–18, Sa, So, Fei 7–12, Schanigarten. Rennbahnweg 56, Tel. 259 67 07, Mo–Fr 6–13, Sa, So, Fei 6.30–12. Steigenteschgasse 11, Tel. 203 97 03, Mo–Fr 6–13, Sa, So, Fei 6.30–12. Wagramer Straße

81/Lager 508 (Donauzentrum Top 137c), Tel. 396 13 11, Mo-Fr 8-20, Sa 8-18 (Fei geschlossen).

Der Mann www.dermann.at. Gebäck, Brot, Mehlspeisen, Snacks. Im Sommer variable Öffnungszeiten. U-Bahn Station Kaisermühlen, Tel. 866 99-9139, Mo-Fr 5.30-19, Sa 6.30-17, So, Fei 7-13. Wagramer Straße 81 (Donauzentrum, Top 38A), Tel. 866 99-9147, Mo-Fr 7-20, Sa 7-18 (Fei geschlossen), Kaffeehaus mit Bedienung.

Felber www.felberbrot.at, office@felberbrot.at. Ofenfrische Backwaren, Cafeteria, Frühstück, Snacks, Imbisse. Dassanowskyweg 11, Tel. 256 88 00 66, Mo-Fr 6-13 (Fei geschlossen), Schanigarten. Kagraner Platz 1-4 (EKZ K1), Tel. 202 45 30, Mo-Fr 6-18, Sa 6-15 (Fei geschlossen).

Geier www.geier.at, baeckerei@geier.at. Brot, Gebäck, Feinbackware, Snacks, saisonale Angebote wie Weihnachtsgebäck; Coffee to go. Quadenstraße 65, Tel. 282 26 11, Mo-Fr 6-18.30, Sa 6-12.30, So, Fei 7-11, Café-Bereich. U-Bahn Station Rennbahnweg, Tel. 256 14 74, Mo-Fr 5.30-18.30, Sa 6-13, So, Fei 7-12. Wagramer Straße 81 (Donauzentrum), Tel. 0676/319 68 43, Mo-Fr 7-20, Sa 7-18.

Café Leo Maria-Tusch-Straße 13, Tel. 210 25 27, E-Mail: aspern@meinleo.com, www.meinleo.com, Mo-Fr 6-18.30, Sa 6-17, So, Fei 7.30-17. Hübscher Universalbäcker mit markisen-beschattetem Schanigarten. Frühstück ganztägig (ab € 4,90); Bäckereiküche: überbackene Brote, Flammkuchen; süßes Backwerk, Natursauerteigbrote; 50 Sorten selbstgemachtes Eis, 20 Eisbecher; Smoothies; alle Speisen auch vegetarisch und als Take-away. Kaffee von Cultcaffè; Sonnentor Produkte. Schanigarten für 50 Pers.

Nöbauer www.noebauer-konditorei.at, Große Auswahl an Mehlspeisen, Brot und Gebäck, Snacks, Kaffeespezialitäten, Getränke. Kagraner Platz 51, Tel. 20 31 17 73, Mo-Fr 7-17, Sa, So, Fei 7.30-17. Frühstück bis 14; im Sommer Eiskaffee und Eisschokolade, warme Speisen bis 14; Kindersessel. Wintergarten für 20 Pers. Café für 50 Pers. angeschlossen. Im Sommer Schanigarten. Kagraner Platz (U1-Station), Tel. 20 31 17 71, Mo-Fr 5.30-19, Sa 7-17, So, Fei 7.30-17. Stehcafé mit begrenztem Sitzplatzangebot; Snacks, Molkereiprodukte. Im Sommer kleiner Schanigarten. U-Bahn-Station-Aspernstraße, Tel. 20 31 17 72, Mo-Fr 5.30-19, Sa 6.30-17, So, Fei 7.30-17. Stehcafé mit begrenztem Sitzplatzangebot. Doningasse 12/1/2, Tel. 20 31 17 78, täglich 7.30-18, im Sommer geschlossen. warme Speisen bis 14.

Ströck www.stroeck.at, kundenservice@stroeck.at. Ofenfrisches Brot und Backwaren (von rustikal bis mediterran), Mehlspeisen-Klassiker; Frühstück, schnelle Snacks, Imbisse; Bio-Fairtrade-Kaffee; das gesamte Brot- und Gebäcksortiment ist frei von Zusatzstoffen, breites Angebot an Bio-Produkten. Aktuelle Öffnungszeiten siehe Homepage: stroeck.at/filialen. Breitenleer Straße 258, Tel. 204 39 99-830 58, Mo-Sa 5.30-18, So 7-18. Donau-City-Straße 9, Tel. 204 39 99-830 64, Mo-Fr 6.30-18. U-Bahn Station Hausfeldstraße, Tel. 204 39 99-831 09, Mo-Fr 5.30-18, Sa 6-12. Industriestraße 68, Tel. 204 39 99-830 27, Mo-Fr 5.30-18, Sa 5.30-12. Janis-Joplin-Promenade, Tel. 204 39 99-831 13, Mo-Fr 5.30-18, Sa, So 6.30-18. U-Bahn Station Kagran, Tel. 204 39 99-830 59, Mo-Fr 5.30-19, Sa 6-18, So 7-17. Langobardenstraße 122 (SMZ-Ost), Tel. 204 39 99-830 47, Mo-Fr 5.30-18.30, Sa 5.30-19, So 7-18. Langobardenstraße 9, Tel. 204 39 99-830 29, Mo-Fr 6-18.30, Sa 6-18, So 7-18. Moissigasse 21 (Gänsehäufel), Tel. 204 39 99-830 82, Mai bis Sept. Mo-Fr 9-19, Sa, So 8-19 (nur während der Badesaison geöffnet). Schiffmühlenstraße 66 (Ecke Moissigasse), Tel. 204 39 99-830 22, Mo-Sa 6-18. Siegesplatz 5 (Aspern), Tel. 204 39 99-830 30, Mo-Fr 5.30-18, Sa, So 6-18. Stadlauer Straße 62 (MED 22), Tel. 204 39 99-831 10, Mo-Fr 6-18, Sa, So 7-13. Zschokkegasse 91, Tel. 204 39 99-830 85, Mo-Fr 6-18, Sa 6-12, So 7-12. Wagramer Straße 81 (Donauzentrum Top 10), Tel. 204 39 99-831 19, Mo-Fr 7-19, Sa 7-18.

Wiener Mehlspeiskuchl Wagramer Straße 122, Tel. 202 69 57, E-Mail: stefan.tumpach@aon.at, www.konditorei-tumpach.at, Di-Fr 9-15, Sa 9-13. Frühstück; warme Speisen (z.B. Toast, Eierspeis, Ham and Eggs); hausgemachte Torten, Kuchen und Mehlspeisen; Anlasstorten und Sandwichvariationen auf Bestellung. Ca. 30-35 Sitzplätze.

Zuckermeisterei Stadlauer Straße 35/1, Tel. 0677/62 71 15 74, E-Mail: mail@zuckermeisterei.at, www.zuckermeisterei.at, keine regulären Öffnungszeiten, ca. alle 2 Wochen „Open Pâtisserie" (Termine siehe Homepage). Mischung aus französischer Pâtisserie und klassischer Wiener Zuckerbäckerei. Anlasstorten für Geburtstag, Hochzeit, Taufe, Firmenfeier, etc. Back- und Tortendekorationskurse auf Anfrage.

Konfiserie

Confiserie Heindl Wagramer Straße 81/Top 143a (Donauzentrum), Tel. 203 40 33, E-Mail: confiserie@heindl.co.at, www.heindl.co.at, aktuelle Öffnungszeiten siehe Homepage. Mehr als 250 unterschiedliche Pralinen-, Konfekt- und Waffelspezialitäten; gesamtes Sortiment ausschließlich mit Fairtrade-Kakao; vegane Spezialitäten.

Szene

Orpheum Steigenteschgasse 94b, Tel. 203 12 54, E-Mail: office@orpheum.at, www.orpheum.at, Mo-Do 12.30-16.30, an Vorstellungstagen zusätzlich 17.30-22. Restaurant mit internationaler und Wiener Küche und Veranstaltungslokal (auch während der Veranstaltungen Snacks zum Mitnehmen, z.B. Sacherwürstel); österreichische Weine. Kleinkunst mit Schwerpunkt Kabarett und Musik (Kartentelefon: 01/481 17 17). Fassungsvermögen Restaurant ca. 65, Theatersaal ca. 300 Pers.; keine Hunde im Veranstaltungsbereich. Behinderten-WC. ♿ €€

Safari-Lodge Raffineriestr. 65 (bei km 6,5), Tel. 282 77 30, E-Mail: office@safarilodge.at, www.safarilodge.at, Di, So 11–22, Mi, Do 11–24, Fr, Sa 11–2. Café-Restaurant-Diskothek mit großer Tanzfläche; Wiener Küche, Spareribs (TT € 13,90). Cocktailkarte. TV für Sportübertragungen. Diverse Veranstaltungen wie Seniorentanzen, Boogie Night, Oktoberfest etc.; Palmen u.a. Requisiten. Beach Club mit gratis Liegestühlen. Terrasse für 450 Pers.; Liegewiese, zahlreiche Parkplätze. 💳 €€

Vienna City Beach Club Neue Donau (Parkplatz Neue Donau Mitte), Tel. 0699/14 40 13 08, E-Mail: max@vcbc.at, www.vcbc.at, April bis September Mo–Do 14–23, Fr 14–2, Sa 12–2, So, Fei 11–23. Internationale Küche; Spezialität: Beach Burger; 30 Cocktails (€ 9,10); laufend Events; täglich abends DJs: House, Electro, Funk; tagsüber Chillout-Musik. 2 Beachvolleyballplätze (zu buchen über Beach Volley Wien), Bademöglichkeit, Badefloß (100 m^2), Veranstaltungslocation White Pearl (für bis zu 800 Pers., auch zu mieten), Strand für bis zu 450 Pers. 💳 €€

Wiener Kaffeehaus

Café Falk Wagramer Straße 137, Tel. 203 31 25, E-Mail: cafefalk@cafefalk.at, www.cafefalk.at, Mo–Fr 8.30–24, Sa, So, Fei 8.30–17. Absolut Kult. Bis 11 Wiener Frühstück (ab € 7,90); Hausmannskost und Imbisse (Mittagsteller ab € 8,–), hausgemachte Mehlspeisen; österreichische und internationale Tageszeitungen und Illustrierte; Kindersessel, Spielzeug. Schanigarten für 24 Pers. 💳 €

Würstelstände

Big Mama Rautenweg 50, Tel. 0676/970 68 99, E-Mail: service@palfrader.at, www.bigmama.at, Mo–Do 8–20, Fr 8–18. Tolle Käsekrainer, legendär sind die gemischte Platte und die Waldviertler (hier geschält), Big-Mama-Portionen, „Wiener Hotdog", Kürbischutney, hausgemachte Currysoßen. Schanigarten für 60 Pers. (im Sommer klimatisiert, im Winter beheizt). Toiletten vorhanden. €

Starke Imbiss Gewerbepark Stadlau, Tel. 0650/706 42 51, E-Mail: imbissstadlau@gmx.at, www.gewerbepark-stadlau.at, Mo–Fr 9–19, Sa 9–17, bei Schönwetter auch So geöffnet. Imbiss im Gewerbepark Stadlau. €

WO BEKOMME ICH DAS BESTE FLEISCH UND DIE BESTE WURST?

Fleischerei Ringl 6., Gumpendorfer Straße 105, Tel. 01/596 32 78
www.fleischerei-ringl.at
In der Fleischerei Ringl ist die Uhr in den guten alten Zeiten stehen geblieben. Das Geschäft sieht nicht nur aus, wie Fleischhauereien in den 1970er-Jahren ausgesehen haben – es wird auch noch ebenso sorgsam mit der Ware Fleisch umgegangen. Und das kommt von kleinen Schlachthöfen im Waldviertel, verkauft wird alles, auch Teile, von denen heute kaum noch jemand weiß, wie man sie zubereitet. Außerdem an die zwanzig verschiedene Leberkäsesorten, die wie sämtliche angebotenen Würste selbst herstellt werden.

Wolfi's Fleischboutique
6., Naschmarkt 40, Tel. 01/581 45 65
www.wolfis-fleischboutique.at
Die „Fleischboutique" von Wolfgang Himmelsbach, der zusammen mit seiner Frau Martina auch den Gemüsestand Himmelsbach am Naschmarkt betreibt, ist eine kleine, gut sortierte Fleischhauerei. In den Vitrinen: Rind-, Lamm- und Schweinefleisch kleiner, heimischer Züchter und auch die Würste und Schinken stammen aus handwerklicher Produktion.

Klaghofer Fleischwaren
16., Rankgasse 25, Tel. 01/493 91 84
www.klaghofer-fleisch.at
Traditionsfleischhauer, in dem die beiden Brüder und Fleischermeister Herbert und Helmut Klaghofer die Messer schwingen. Die Rinder für die Spezialität der Fleischerei – Dry-aged Beef – kommen von ausgesuchten Bauern aus der Buckligen Welt in Niederösterreich, um den Tieren lange Transportwege zu ersparen.

Fleischerei Gissinger
16., Ottakringer Straße 140
Tel. 01/486 24 73, www.gissinger.at
Der familiengeführte Traditionsbetrieb in Ottakring ist für sein Angebot an Schinken bekannt: Neben dem Beinschinken nach Prager Rezeptur stellt die Fleischerei noch acht weitere Schinken her, aber auch jede Menge Würste, Selchfleisch und Fertiggerichte wie Gulasch und Beuschl. Das Grammelschmalz von Gissinger ist weit über die Bezirksgrenzen hinaus bekannt.

Fleischerei Leopold Hödl
3., Breitenfurter Straße 294a, Tel. 01/865 94 38, www.hoedl-fleisch.at
Würde eigentlich in derselben Kategorie wie der Ringl-Clan spielen, denn auch bei der Fleischerei Hödl wird (außer der Puten-Extra) alles selbst gemacht. Allerdings: Vater Leopold und Sohn Christoph Hödl sind obendrein die letzten Fleischhauer Wiens, die noch selbst schlachten – des Berufsethos wegen. So muss Fleisch!

Thum Schinken 23., Triester Str. 201
Tel. 01/544 25 41, www.thum-schinken.at
Roman Thums Schinkenmanufaktur macht den bekanntesten Beinschinken Wiens: Mittels der traditionellen Prager Aderpökelung werden die Schinkenkeulen optimal gesalzen und geselcht. Außerdem setzte Thum früh auf Bio-Qualität und Mangalitzaschweine. Selbstverständlich ist auch alles andere, was es bei Thum über den Schinkenklassiker hinaus noch gibt, köstlich.

23., LIESING

Der Bezirk, der Dank Harry Glücks Alt-Erlaa-Wohnparktürmen selbst vom Flugzeug aus einfach zu lokalisieren ist, teilt das Schicksal seines Nummernnachbarn 22: nach der Donaustadt verzeichnet der 23. mit 19,7 Prozent Einwohner*innenwachstum die meisten Zuzüge. Und das verändert den Stadtteil an der Südgrenze Wiens, der eigentlich aus acht eingemeindeten Dörfern mit vielen Einfamilienhäusern und Grünflächen besteht, zusehends.

Dass die seit jeher überschaubare Bezirks-Gastro mit dem Wachstum nicht mithalten kann, mag auch daran liegen, dass die Liesinger*innen das Pendeln gewohnt sind: nach dem ersten Bezirk, wo statistisch gesehen auf hundert Bewohner*innen hundert Pkw kommen (davon ein Drittel SUVs), weist Liesing mit 49 je hundert Menschen die zweithöchste Autodichte der Stadt auf. Aber zurück zur Kulinarik – man darf verraten: es war für Liesing ein eher müdes Jahr. Wenigstens haben die Bewohner*innen von 1230 im heurigen Frühjahr endlich Anschluss an den Hype um die neapolitanischen Pizzen bekommen, und zwar Dank der in Mauer neu eröffneten Pizzeria Il Rione. Und dann gab es ja noch einen Lichtblick: das Nam Nam Deli in der Anton-Freunschlag-Gasse, ein Ableger der Nam-Nam-Familie, der traditionelle und wirklich gute indische Gerichte lieferte. Leider vorbei: Die Filiale gehört nicht mehr zu Nam Nam und liefert nun unter dem etwas verwirrend ähnlichen Namen Zam Zam Deli weiterhin Indisches auf die Liesinger Esstische. Und das scheint auch Programm zu bleiben in 1230 Wien: bestellen oder pendeln.

Kumar's Kitchen

Von Meidling nach Liesing umgezogen, die Küche bleibt indisch ... S. 540

DIE BESTEN 13 IM 23. BEZIRK

Buschenschank Grausenburger
Ur-Heuriger mit hausgemachtem Heurigenbuffet zu schlanken Preisen ... S. 543

Genuss Spiegel
Junges Kunst- und Kultur-Café mit gutem Stoff: Joseph-Brot, Stekovic-Gemüse und hippes Bier der angesagten Craft-Bier-Brauerei 100 Blumen ... S. 541

Genuss Treff Rosenhügel
Versteckt am Rande einer Schrebergartensiedlung, von der Nachbarschaft aufgrund der Küche und des Gastgartens geschätzt ... S. 538

Restaurant Suli
Maurer Neighbourhood-Chinese mit Wok-Gerichten und Dim-Sum ... S. 539

Mengs Thai Imbiss
Kleiner Thai-Imbiss, der in einem Gewerbepavillon beim Bahnhof Atzgersdorf residiert. Streetfood pur ... S. 541

Pizza Plus
Bestes Haus im Gewerbepark Alt Erlaa, von dessen Terrassengarten aus sich bei echtem Essen Harry Glücks Wohnbautürme bestaunen lassen ... S. 541

Rauwolf
Kaffee-Bar und Rösterei in der Shoppingmall Riverside und mit Zweitfiliale in der SCS. Hübsch, hell, hölzern; abseits von Kaffee ist Frühstück das kulinarische Thema ... S. 542

Restaurant Atzgersdorf
Kulinarisch eher schwierige Gegend, aber die gegrillten Balkan-Spezialitäten helfen darüber hinweg ... S. 539

Stasta
Hotel-Restaurant und Hort der bürgerlichen Küche, seit Jahrzehnten die beste Adresse im 23. Bezirk ... S. 538

Stastino
Quasi der jugendliche mediterrane Ableger des Stasta, modern, cool und für ein Shoppingmall-Lokal echt geschmackvoll ... S. 541

Weinbau & Heuriger Edlmoser
Edelheuriger auf uraltem Familienweingut am Maurerberg ... S. 543

Heuriger Zahel
King of Mauer mit fantastischen Weinen und gutgeölter Heurigen-Maschine ... S. 543

Zur Schießstätte
Pittoreskes Wienerwald-Ausflugslokal mit viel Selbstgemachtem und großem Abenteuerspielplatz für Kinder ... S. 538

Gaststätten, Restaurants, Wiener Beisln

Café Restaurant A'dabei Ketzergasse 66, Tel. 609 10 62, E-Mail: info@cafe-adabei.at, www.cafe-adabei.at, Di–Do 11–23, Fr 11–24, Sa 10–24 (Fei geschl.). Österr. Küche; Speisen zum Mitnehmen; Catering. Für Veranstaltungen und Feiern zu mieten. Gastgarten für 60 Pers. 💳 €€

Almzeit Anton-Baumgartner-Str. 44, Tel. 0677/62 41 08 81, Mo–Sa 9–20 (Fei geschl.), Küche bis 19.30. Frühstück (ab € 3,50); österr. Hausmannskost, kalte Jause, belegte Brote (11–14 ca. 5 TT ab ca. € 6,–); Kinderportionen, -sessel; Schilcher-Weine. Abholung möglich. Bauernprodukte im angeschl. Shop zu kaufen. Im Sommer Grillfest, Feste wie Oktoberfest. Klimaanlage. Extrazimmer. Behinderten-WC. ♿ €

Gasthaus Bauer Ketzergasse 90, Tel. 869 02 11, E-Mail: gh-bauer@inode.at, www.gasthausbauer-info.at, Mo–Fr 10–22, So 10–15 (Fei geschlossen), Küche bis 21. Gutbürgerliche Hausmannskost mit wechselnder Karte und saisonalen Produkten (z.B. Eierschwammerlwochen/Wildwochen etc.), Grillspezialitäten, Fisch, Gebackenes, auch vegetarische Speisen (2gg MM ab € 8,50). Nachspeisen und Desserts (z.B. Apfelstrudel mit Schlagobers); Kinderspeisen; Abholung möglich. Gästezimmer. 💳 €

Bezirks Alm Carlbergergasse 16, Tel. 865 25 81, E-Mail: office@bezirksalm.at, www.bezirksalm.at, Mi, Do 11–22, Fr, Sa 11–23, So 10.30–16, Küche bis 21 bzw. 15. Alt-Wiener Küche und Hausmannskost (MM ab € 8,90); jeden 1. So/Monat Brunch (€ 34,90); Di und Do 11–14.30 Mittagsbuffet (€ 9,90); am 1. Mi/Monat Backhendl, am 2. Mi Schweinsbraten und Burger, am 3. Mi Gebackenes Allerlei und am 4. Mi Grill- und Sparereribs-Buffet; Produkte aus der Region und wechselnde saisonale Schmankerlkarte; hausgemachte Nachspeisen. Take-away möglich. Für Feste zu mieten. Gastgarten für 80 Pers. €€

Cafe „Zum Dosti" Altmannsdorfer Straße 327, Mo–Sa 11–22, So 11–20.30. Snacks und Kleinigkeiten wie Würstel oder Gulasch (ab € 3,50). TV für Sportübertragungen; Darts. Gastgarten für 20 bis 25 Pers. €

Gastwirtschaft Edelmaier Stenografengasse 6 (Zufahrt über Taglieberstraße), Tel. 231 28 31, E-Mail: restaurant.edelmaier@a1.net, www.gastwirtschaft-edelmaier.at, Di–So, Fei 10–22, Küche 11.30–14 und 17–21, Sa, So durchgehend. Hausmannskost, saisonale Küche; Mi–Sa 3 TT; Eiskaffee, Bananensplit etc. Speisen auch zum Mitnehmen. Wechselnde Veranstaltungen wie Sonntagsbrunch, Spanferkelessen, griechischer Abend. Lokal für Veranstaltungen zu mieten. Klimaanlage. Gastgarten für 45 Pers. Öffentlicher Spielplatz nebenan. 💳 €

Genuss Treff Rosenhügel Atzgersdorfer Straße 171, Tel. 0664/220 58 18, E-Mail: office@genuss-treff.at, www.genuss-treff.at, Mo–Sa 11–23, So, Fei 8–16, Küche bis 22 bzw. 15. Klassische österreichische Küche sowie Burger; So, Fei 8–11 Frühstück; Kinderspeisen. Saal für Feiern bis 80 Pers.; Gastgarten für 100 Pers. **€€**

Gasthaus Geyer – Zum Mittelpunkt der Welt Erlaaer Straße 80, Tel. 869 90 85, E-Mail: office@gasthaus-geyer.at, www.gasthaus-geyer.at, Mi–Sa 11–21, So 11–15, Weihnachten bis Neujahr geschlossen. Täglich wechselnde Karte, Hausmannskost und Schmankerln (MM wochentags ca. € 6,–, Fr Fisch € 9,50); ausschließlich österreichische Weine, Kaiser Bier vom Fass; Kinderkarte, -sessel, Spielzeug. Speisen auch zum Mitnehmen. Klimaanlage. Speiseraum, für Veranstaltungen bis 50 Pers. zu mieten. Garten für 70 Pers. mit schönen alten Bäumen. **€€**

Gösser Schlössl Geßlgasse 4a, Tel. 887 45 67, E-Mail: reservierung@goesserbraeuwien.at, www.goesserbraeuwien.at, Mo–Do, So 8–22, Fr, Sa 8–23. Frühstück à la carte bis 10.30; Wiener Küche, österreichische Wirtshausküche (MM 11–14.30); im Sommer wochenends Lavasteingrill; Gösser braufrisch vom Tank, österreichische Weine (mind. 10 glasweise, erweitertes Weinsortiment aus dem Klimaschrank) und alkoholfreie Getränke. Abholung möglich. TV, laufend Veranstaltungen im Rittersaal (für ca. 70 Pers.). Kindersessel. Tiefgarage, Gästezimmer. Gastgarten für ca. 400 Pers. Behinderten-WCs. ♿ 💳 **€€€**

Gasthaus Koci Draschestraße 81, Tel. 615 56 26, E-Mail: reservierung@koci.wien, www.koci.wien, tägl. 9–23, Küche bis 22. Biergarten, Vinothek und Catering. Wiener Küche und Hausmannskost, TT, Mo–Fr MM 11–14 (ab € 8,60). Speisen auch zum Mitnehmen, Mo–Fr 11–14 Zustelldienst. Kindersessel. Firmen-Events od. private Feiern möglich. Gelegentlich Live-Programm. Saal für 80 bis 100 Pers., schattiger Biergarten für 180 bis 200 Pers. Parkplatz. Behinderten-WC. ♿ 💳 **€€**

Gasthaus Lichtenstöger Klostermanng. 14, Tel. 869 86 51, E-Mail: gasthaus@lichtenstoeger.info, www.lichtenstoeger.info, Mo–Fr 10–22, durchgehend warme Küche u. Takeaway: 11–20. Hausmannskost (ab 11 MM ab € 8,–); saisonal wechselnde Schmankerlkarte; Verwendung regionaler Produkte (z.B. Fleisch v. d. Fleischerei Hödl, fangfrische Fische v. d. Fischfarm Sigleß, Eier, Kartoffeln und Gemüse vom Bauern); Kinderportionen, -sessel; österr. Weine, versch. Biersorten vom Fass. Alle Speisen auch zum Mitnehmen. Saal für 40, Stüberl für 14 Pers.; Wintergarten für 26, Gastgarten für 100 Pers.; Zugang über Garten barrierefrei. 💳 **€**

Mimis Stüberl Altmannsdorfer Straße 164–182, Tel. 667 46 73, E-Mail: m.stueberl@gmail.com, www.mimis-stueberl.eatbu.com, Mo–Fr 9–21 (Fei geschl.). Wiener und Böhm. Küche (MM ab 11), Riesenschnitzel; Puntigamer vom Fass, Budweiser. Abholung mögl. TV. Schanigarten für 16 Pers. **€**

's Beisl am Bahnhof Liesing Liesinger Platz 1 (Bahnhof Liesing), Tel. 869 38 37, täglich 7–23. Wiener Küche, Kleinigkeiten und Snacks ab € 5,–. TV für Sportübertragungen; Dartautomat. Schanigarten für 50 Pers. **€**

Zur Schießstätte Maurer Wald K345 (Ende Maurer Lange Gasse), Tel. 0676/725 78 61, E-Mail: office@schiessstaette.net, www.schiessstaette.net, Mo, Di, Fr–So 10–19, durchgehend warme Küche, Dez. bis Feb. nur am Wochenende geöffnet. Ausflugsrestaurant, Treffpunkt erschöpfter Mountainbiker*innen. Wiener Küche, Speisen nach Saison: Wild, Pilze, Selbstgesammeltes u. Selbstgemachtes; Kinderspeisen, -sessel. Garten für 200 Pers., Kinderspielplatz. **€**

Hotel-Restaurant Stasta Lehmanngasse 11, Tel. 865 97 88, E-Mail: hotel@stasta.at, www.stasta.at, Mo–Sa 7–23, warme Küche 11–15 bzw. 18–21.30, Weihnachtsferien geschlossen. 6.30–10 Frühstücksbuffet (€ 15,–); gutbürgerliche Küche mit zeitgemäßen Akzenten (MM ab € 9,–), Steakkarte, Spezialität: Wiener Rostbraten, kulinarische Wochen je nach Saison, z.B. Pilze oder Spargel; tolle Weinkarte, Fassbiere (Kaiser, Schwechater Zwickl, Reininghaus Jahrgangspils); Speisen auch zum Mitnehmen. Kindersessel; Räumlichkeiten für ca. 100; 2 Extrazimmer für 30 und 40, hübscher Gastgarten für 110 Pers. mit Kastanienbäumen. Gästezimmer. 💳 **€€€**

Wiesenstadt Restaurant Anton-Baumgartner-Str. 125, Tel. 662 11 38, E-Mail: restaurant.wiesenstadt@gmx.at, www.wiesenstadt-restaurant.at, Mo–Sa 11–23, So, Fei 11–16, Küche bis 22 bzw. 15. Hausmannskost, saisonale Speisen wie z.B. Schwammerl- und Wildgerichte (2 MM € 7,50 und € 8,50), 14 verschiedene Schnitzel, Spareribs, wechselnde Monatskarte; 4 offene Biere (Gösser, Starobrno, Dunkles, Stiegl). Extrazimmer, für Feste geeignet; 2 Schanigärten für insgesamt 60 bis 70 Pers. 💳 **€**

Amerikanisch

Fischer's American Restaurant Triester Straße 260, Tel. 699 34 04 81, 698 52 52 81, E-Mail: office@american-restaurant.at, www.american-restaurant.at, Mo–Sa 9.30–23, So, Fei 11–21. Steakhouse mit amerikanischer Küche, z.B. Burger, Ribs, Wings, Steaks etc.; Frühstück bis 14 (ab € 4,50), Vorspeisen wie Zwiebelringe oder Mozzarella-Sticks; Monatskarte (Mo–Fr 11.30–14.30 MM ab € 7,20); Desserts wie hausgemachter Cheesecake od. Milchshakes; Kinderspeisen, -sessel, Spielsachen; Miller und Corona Bier. 2 TV; manchmal Feste mit Livemusik (Blues, Rock'n'Roll). Lokal für geschlossene Gesellschaften bis max. 80 Pers. zu mieten. Schanigarten für 100 Pers. 💳 **€€**

Asiatisch

Champa Scherbangasse 9, Tel. 0680/158 91 79, E-Mail: info@champa.at, www.champa.at, Di–So 17–22. Kambodschanische Küche aus regionalen Zutaten (z.B. Fleisch von der Fleischerei Hödl oder Bio-Tees von Sonnentor), z.B. Sgnor Chrouk (säuerliche Suppe aus Hühnerbrühe) oder Nhoam Svay (leicht scharfer Mango-Salat). Take-away (Bestellung via Homepage möglich). **€€**

Ginko Asia Restaurant Meisgeyergasse 3, Tel. 869 10 88, E-Mail: ginko06@gmx.at, www.ginko.co.at, Mo 17.30–22.30, Di–So, Fei 11.30–14.30 und 17.30–22.30. Chines., japan., thailänd. Speisen (Mo–Sa MM ab € 7,50), À-la-carte-Buffet, spezielle Speisen frisch zubereitet, all you can eat; Speisen als Kinderportionen möglich, Kindersessel; Zustellung: 23., teilw. 10. u. 12. Bezirk, Brunn am Gebirge, Perchtoldsdorf, Vösendorf (ab € 12,–). Gastgarten für 60 Pers. **€**

Kama & Co Anton-Baumgartner-Straße 44/Top 5 (Kaufpark Alterlaa), Tel. 662 80 39, www.kama-co.eatbu.com, täglich 11.30–15 und 17–22. Asia Buffet: mittags Mo–Sa 11–15 (€ 8,50/Pers., Kinder unter 8 Jahre € 4,90), abends Mo–Sa ab 17, So, Fei 11–15 und 17–22 (€ 9,90/Pers., Kinder unter 8 Jahre € 5,90). Take-away. Klimaanlage. 💳 **€**

Lee's Wok Breitenfurter Str. 201, Tel. 804 87 84, www.leeswok-wien.at, täglich 11.30–20.30. Asiat., japan. und thailänd. Küche, Wok-Gerichte, Nudeln, Sushi (Mo–Fr MM ab € 7,60); Kinderportionen, -sessel; Zustellung im Umkreis von ca. 5 km (in den 12., teilw. 10. u. 23. Bezirk, ab € 10,–). 1 Extrazimmer für 20 bis 25 Pers. Parkplätze vorhanden. 💳 **€**

Lucky Garden Dirmhirngasse 14 (gegenüber S-Bahn), Tel. 889 22 30, www.restaurant-lucky-garden-wien.at, täglich 11–15 und 17–22. Chinesische, japanische und thailändische Speisen (MM ab € 6,50); Mo–Sa 11–15 Mittagsbuffet (€ 8,90), Abend- und Feiertagsbuffet (€ 11,90); Abholung möglich, gratis Zustellservice in den 23., teilweise auch 12. und 13. Bezirk (ab € 12,–, darunter € 2,– Zustellgebühr). Kindersessel. Extrazimmer für 30, Garten für 100 Pers. 💳 **€**

Quan Kitchen & Bar Breitenfurter Str. 343, Tel. 869 04 40, E-Mail: office@quan-lounge.com, www.quan-lounge.com, Di–So, Fei 11–15 und 17–22, Mo auch bei Feiertag geschl. Restaurant, Cocktailbar und Lounge in balines. Atmosphäre, authentische südostasiat. Küche (MM ab € 7,50), Fingerfood; Cocktails (€ 5,50 bis € 10,50); Kindersessel. Takeaway; Lieferung im 23. Bezirk, Vösendorf und Perchtoldsdorf (ab € 20,–). Hintereingang rollstuhlgerecht. 💳 **€€**

Chinarestaurant Stammhaus Breitenfurter Straße 472, Tel. 888 42 57, E-Mail: weilaiyu168@gmail.com, www.stammhaus-yu.at, täglich 11–22, Küche bis 21.30. Chinesische und japanische Speisen (MM ab € 9,–), Sushi und Maki; Buffet mit Teppanyaki (Mo–Sa 11–17 € 12,50, Kinder bis 4 Jahre € 3,60, Kinder von 5 bis 9 Jahre € 6,90/Mo–Sa 17–22, So, Fei 11–22 € 16,50 bzw. € 3,60 bzw. € 8,90). Kindersessel, Wickeltisch. Abholung möglich. Wintergarten für 45 und Gastgarten für ca. 100 Pers. Großer Parkplatz. 💳 **€**

Wok Sushi Speising Speisinger Straße 119, Tel. 886 03 71, www.woksushispeising-wien.at, Mo–Fr, So, Fei 11–21.30. Chinesische, japan. und thailänd. Küche; Sushi, vegetar. Speisen, Bento (MM ab € 9,50). Take-away; Zustelldienst im 13. und 23. Bezirk, teilw. auch im 12. (ab € 15,–; bei Zustellung nur Barzahlung möglich). 15 Sitzplätze. 💳 **€**

Balkan

Restaurant Atzgersdorf Breitenfurter Straße 244, Tel. 865 26 17, restaurant-atzgersdorf.eu, täglich 10–22. Wiener Hausmannskost, Spezialitäten der mazedonischen Küche sowie Gegrilltes vom Holzkohlengrill. Gastgarten.

Hook Triester Str. 146, Tel. 0660/115 55 55, www.hook-grill.at, täglich 11–20. Grillrestaurant mit Balkan-Spezialitäten wie Pljeskavica, überbackene Bohnensuppe mit Rinderbratwurst oder Muckalica (Eintopf aus gegrilltem Fleisch und Gemüse); Take-away. Gastgarten für 50 Pers. 💳 **€**

Chinesisch

China Restaurant Asia Garten Pfarrgasse 61, Tel. 616 57 88, www.asia-garten.at, täglich 11.30–15 und 17.30–22. Wokgerichte, Nudeln, Dim Sum; 11.30–14.30 MM (ca. € 7,50), wöchentliche Spezialmenüs (ab € 6,–). Abholung möglich. Kindersessel. Extrazimmer und Wintergarten für je 40, Gastgarten für 60 Pers. 💳 **€**

Suli Valentingasse 2 (Ecke Endresstraße 129), Tel. 886 31 42, restaurant-suli.at, täglich 11–15 und 17.30–23. Chinesische und asiatische Küche. Gastgarten. **€€**

Sushi Xiang Anton-Baumgartner-Straße 44 (Top 10a im Kaufpark Alterlaa), Tel. 667 03 12, www.sushixiang.at, täglich 11–22. Leichte chinesische Gerichte, japanische Speisen wie Sushi und Maki (Mo–Fr 11–15 MM € 8,90); Kindersessel; Take-away; gratis Zustellung in der Umgebung (ab € 10,–). Klimaanlage. Gastgarten für 36 Pers. 💳 **€€**

Griechisch

Ambrosia Speisinger Straße 201, Tel. 888 10 75, E-Mail: office@restaurant-ambrosia.at, restaurant-ambrosia-wien.eatbu.com, täglich 11.30–24, warme Küche bis 22. Griechische Küche (11.30–15 Mittagskarte, MM vegetarisch, mit Fleisch od. Fisch ab € 8,60), Spezialitäten: Riesengarnelen und Calamari; Kinderspeisen, Kindersessel, Wickeltisch; Speisen und griechische Weine zum Mitnehmen. Gastgarten für ca. 150 Pers. 💳 **€€**

Athos Restaurant Ketzergasse 80, Tel. 944 51 68, E-Mail: office@restaurant-athos.at, restaurant-athos.at, täglich 11.30–24 (im Garten bis 23), Küche bis 23.30 (im Garten bis 22.30). Griechische Spezialitäten; Mo–Fr 11.30–15 2gg MM (€ 8,60 bis € 9,50), große Speisekarte mit Fleisch-, Fisch- und vegetarischen Gerichten, hausgemachte griechische Mehlspeisen und Desserts; griechischer Wein. Abholung möglich. Klimaanlage. Gastgarten. 💳 €

Indisch

Kumar's Kitchen Breitenfurter Str. 213, Tel. 890 27 79, E-Mail: reservierung@kumarskitchen.com, kumarskitchen.com, Di–Fr 11–14.30 u. 17–22.30, Sa, So 12–22.30, Öffnungszeiten an Fei variabel. Tradit. ind. Küche mit modernem und europ. Touch, z.B. Tandoori Chicken Tikka mit Baby Spinat; auch vegane/vegetar. Gerichte; Mango Lassi; Take-away. Catering. Für Feiern bis 100 Pers. geeignet. 💳 €€€

Zam Zam Deli Anton-Freunschlag-Gasse 2, Tel. 609 18 01, bestellen.zam-zam.at, täglich 11–23. Indische Gerichte sowie Pizza, Burger, Wraps und Schnitzel zum Mitnehmen und Bestellen. €€

Italienisch

Aladdin Pizzeria Herziggasse 8 (im Hof), Tel. 662 84 53, E-Mail: pizzeria.aladdin@gmail.com, www.pizzeria-aladdin.at, täglich 11–23. Pizza, Fisch- und Fleischgerichte, Pasta, Salate, Spareribs, indische Küche, Burger; Kinderpizza inkl. Überraschung. Zustellung in die Bezirke 12 und 23 sowie nach Perchtoldsdorf und Vösendorf (ab € 12,–); Firmenangebote. Extrazimmer für 20, Schanigarten für 24 Pers. 💳 €

Arcobaleno – Trattoria da Massimo Endresstraße 83 (Ecke Johann-Teufel-Gasse 2), Tel. 887 40 80, 0676/947 40 80, E-Mail: reservierung@arcobaleno.at, www.arcobaleno.at, Di–Fr, Fei 18–22.30, Sa 12–14 und 18–22.30, warme Küche abends bis 21.30. Familienbetrieb, in dem der italienische Chef selbst kocht; italienische Spezialitäten, hausgemachte Pasta, Fisch, Fleisch, gegrilltes Gemüse etc., saisonale Spezialitäten; keine Pizza; Kinderportionen, -sessel, Spielzeug; ital. und österr. Weine, Ottakringer Original vom Fass. Offene Küche; Gewölbekeller für private Veranstaltungen bis 25 Pers., Gastgarten für 32 Pers. Hunde im Lokal nicht erlaubt. Reservierung empfohlen. 💳 €€€

Casa Mia Perfektastraße 18, Tel. 923 46 38, E-Mail: office@casamia1230.at, www.casamia1230.at, Di–So 11–22. Italienische Küche mit Pasta, Pizza, Antipasti, Dolci etc., Di–Fr 11.30–14 7 MM; Eiskarte. Speisen auch zum Mitnehmen. Parkplatz vorhanden. 💳 €

Ristorante Gallo Rosso Ketzergasse 465, Tel. 888 75 08, E-Mail: info@ristorante-gallo-rosso.com, www.ristorante-gallo-rosso.com, täglich 11–23. Italienische Küche (Mo–Fr 11–15 3 MM € 8,90 und € 9,90), Pizza, Di, Do Pizzatag (jede Pizza € 8,–), frische Fische, saisonale Speisen, Wochenkarte; Spezialitäten: frischer Oktopus Carpaccio, gegrillte Calamari; Kinderpizza (€ 6,–), Kinderportionen, -sessel; ca. 25 Weine (Schwerpunkt Italien), 4 Hausweine, darunter Pinot Grigio und Monte Pucciano, auch Flaschenweinverkauf, verschiedene Grappasorten. Speisen auch zum Mitnehmen. Klimaanlage. Bar für 15, Gastgarten für 140 Pers. auf zwei Ebenen. 💳 €

Il Rione Geßlgasse 10, Tel. 0676/304 20 32, E-Mail: office@rione.at, www.rione.at, tägl. 11.30–22. Neapolitanische Pizzeria; klassische neapolitanische Pizzen und Pizze bianche sowie vegane Pizzen; italienische Desserts wie Tiramisu und Panna cotta; Bier aus Italien. Abholung möglich (Bestellung telefonisch). €€

Pizzeria La Gondola Kinskygasse 12, Tel. 617 58 45, 920 73 73, E-Mail: Bestellung@pizzeria-lagondola.at, office@lagondola.at, www.pizza-lagondola.at, täglich 11.30–23. Italienische und griechische Küche, auch Schnitzel; alle Speisen auch zum Mitnehmen, Zustellung im 4., 5., 10., 12., 13. und 23. Bezirk (ab € 10,–, darunter € 2,20 Zustellgebühr) sowie nach Hennersdorf, Vösendorf und Brunn am Gebirge. 40 Sitzplätze im Lokal. 💳 €

La Margherita Erlaaer Platz 1, Tel. 929 41 08, E-Mail: office.lamargherita@gmail.com, täglich 11–23. Ital. und österr. Küche; Take-away; Zustellservice für den 12., 23. und teilweise 13. Bezirk (ab € 10,–, darunter € 2,– Zustellgebühr). Ca. 30 Sitzplätze; Schanigarten für 6 Pers. 💳 €

Trattoria Marino Triester Straße 212, Tel. 667 65 81, marino.co.at, Di–Sa, Fei 11–23, Küche bis 22.30. Pizza vom Holzofen, Nudelgerichte, Wochenkarte mit saisonalen und auch österr. Speisen; ganzjährig frische Muscheln; ital. und österr. Qualitätsweine; Kinderspeisen, -sessel. Wintergarten für 38, Extrazimmer für 16, Garten für 100 Pers. Parkplatz für 12 Fahrzeuge. Hundefreundlich. €

Piero Breitenfurter Straße 332, Tel. 865 10 10, E-Mail: office@piero23.at, www.piero23.at, täglich 11–22. Pizza, auch Wiener Küche; Familienplatte; Kinderspeisen, -sessel; Zustellung in die Bezirke 12, 13 und 23 (gratis ab € 11,90, darunter € 1,90 Zustellgebühr) sowie nach Perchtoldsdorf, Brunn am Gebirge, Vösendorf, ab € 30,– auch nach Breitenfurt, Kaltenleutgeben und Laab im Walde; auch Abholung möglich. Klimaanlage. 💳 €

Pizza Mann Breitenfurter Straße 228, Tel. 050/10 10 10, E-Mail: service@pizzamann.at, www.pizzamann.at, Mo–Mi, So, Fei 11–24, Do–Sa 11–3, Zustellung tägl. bis 3. Pizza, Salate, Ribs, Chicken Wings, Snacks, hausgemachtes Tiramisu, Eis von Ben & Jerry's; Speisen auch zum Mitnehmen; Online-Bestellmöglichkeit sowie Bestellung mittels App;

Lieferservice (ab € 10,–, 0–3 Nachtzuschlag). Kartenzahlung und Paypal Bezahlung auch bei Zustellung. €

Pizza Plus Anton-Baumgartner-Straße 44/Top 47 (im Kaufpark Alterlaa), Tel. 667 92 29, E-Mail: office@pizzaplus.at, www.pizzaplus.at, Mo–Sa 11–23, So, Fei 11–22, Küche bis 22 bzw. 21.30. Ital. Spezialitäten und österr. Schmankerl; Pizza- und Pastagerichte; Kinderspeisen, -sessel; alle Speisen auch zum Mitnehmen. Veranstaltungsraum zu mieten für 80, Terrasse für 100 Pers. Behinderten-WC. €€

Pizzeria Pomodoro Endresstraße 57, Tel. 889 23 37, E-Mail: pomodoro23@yahoo.com, www.pizzeriapomodoro-wien.at, täglich 11–22.30. Pizza, Pasta und andere Speisen; Kinderspeisen, -sessel; Abholung möglich, Zustellung in den 23. und 13. Bezirk (ab € 9,–, darunter Zustellgebühr € 2,–); Catering ab 10 Pers. TV für Sportübertragungen. Schanigarten für 80 Pers. Hunde mit Leine und Beißkorb. €

Quattro Due Breitenfurter Straße 116, Tel. 802 27 93, 0650/801 36 38, 0650/801 36 39, E-Mail: quattrodue56@yahoo.com, www.quattrodue.at, täglich 11–23, durchgehend warme Küche. Italienische und österreichische Küche (11–13 MM), American Pizza; Kinderportionen, -sessel; Zustellung im 12., 13. und 23. Bezirk (gratis ab € 11,–), diverse Firmen-, Abhol- und Zustellangebote. Gastgarten für 60 Pers. €

Pizzeria Ristorante Ramundi Ketzergasse 33, Tel. 609 15 84, E-Mail: ramundi@gmx.at, ramundi.eatbu.com, Di–So 11–22. Italienische Küche; Pizza (ab € 6,40), Fischgerichte (ab € 11,50). Abholung möglich. €

Pizzeria San Carino Kirchfeldgasse 61, Tel. 804 92 27, E-Mail: office@sancarino.at, www.sancarino.at, tägl. 11–23, Bestellung bis 22.45. Ital. Küche: Pizza (Single/mittel/Familie € 6,90 bis € 21,–), Pasta, Fisch- und Fleischgerichte, auch Wr. Küche, Grillplatte für 2 Pers. (€ 29,–), laufend neue Speisen; Mittagsangebote; Take-away; Gratiszustellung in den 12., 13. und 23. Bezirk (ab € 10,–, weiter entfernte Gebiete ab € 21,–). 8 Sitzplätze; Schanigarten für 12 Pers. €

Stastino Breitenfurter Straße 372/ 1. OG (Einkaufscenter Riverside), Tel. 865 33 18, E-Mail: office@stastino.at, www.stastino.at, Mo–Fr 10–20, Sa 10–18 (Fei geschl.), Okt.–März Do und Fr bis 21. Hausgemachte Pasta, Pizza, Risottogerichte, auch Sandwiches und Salate; Tagesgerichte (€ 8,90), regionale Zutaten; hausgemachte Eistees und Limonaden, Weine. Abholung möglich. Kindersessel, Malblätter, Wickelmöglichkeit und Behinderten-WC in der Anlage. €€

Japanisch

Akafuk Sushi Breitenfurter Straße 359, Tel. 867 48 48, E-Mail: akafuksushi02@gmail.com, Mo–Fr 11.30–14.30 und 17.30–21, So, Fei 17.30–21. Japanische und koreanische Küche, Sushi (MM ab € 11,–); Take-away, Zustellung in den 23. Bezirk und nach Perchtoldsdorf (ab € 15,–). Klimaanlage. 30 Sitzplätze. €€

Thailändisch

Mali Thai Küche Karl-Tornay-Gasse 37-39, Tel. 0660/365 19 10, E-Mail: info@natulife.at, mali-wien.at, Mi–So 11–21. Thailändische Küche. Zustellung in die Bezirke 13 und 23 sowie nach Vösendorf, Brunn am Gebirge und Perchtoldsdorf. Abholung möglich. €€

Mengs Thai Imbiss Gatterederstraße 19/4, Tel. 0676/304 18 68, E-Mail: mengsfood@gmail.com, Di–Fr 12–18, Sa 11–17. Imbiss mit thailändischen Spezialitäten; Guay Tiew Muan, Tom Yam Gung, Yam Nua etc.; Take-away. Offene Küche, Sitzplätze für 6–8 Pers. Gastgarten. €

Türkisch

My Kebap Pizza Breitenfurter Straße 387, Tel. 0664/768 10 24, www.mykebappizza.at, täglich 10–22, Zustellung bis 21.45. Italienische und türkische Gerichte; Take-away; Zustellung in den 12., 13. und 23. Bezirk sowie nach Vösendorf, Vösendorf-Süd, Brunn am Gebirge, Perchtoldsdorf, Laab im Walde und Breitenfurt (Mindestbestellwert innerhalb Wiens € 15,–, außerhalb € 20,–). Klimaanlage. 30 Sitzplätze. €

Bar

100 Blumen Endresstr. 18, Tel. 0677/61 94 51 88, E-Mail: servus@100blumen.at, www.100blumen.at, Do–Sa 16–22. Ausschank in der 100 Blumen Brauerei. Kleine Snacks; Essen kann man auch selbst mitbringen. Ab-Hof-Verkauf; für Veranstaltungen bis zu 60 Pers. zu mieten.

Cafés, Espressos

Designo Geßlgasse 6, Tel. 0664/514 92 88, E-Mail: info@designo-mauer.at, www.designomauer.at, Di, Mi, Fr 8–14, Do 8–14 und 18–22, Sa 9–14. Frühstückscafé, spezialisiert auf Eierspeisen aller Arten, Mittagsgerichte; Kinderspeisen, -sessel, Spielsachen. Klimaanlage. Lokal für ca. 20, Gastgarten für 6 Pers. WC im 1. Stock.

Genuss Spiegel Kirchenplatz 7, Tel. 0676/572 30 23, E-Mail: office@genuss-spiegel.at, www.genuss-spiegel.at, Mo, Di 11.30–14, Mi–Fr 11.30–21, Sa 9–21, So, Fei 9–14. Junges Kunst- und Kultur-Café. Mo–Fr 11.30–14 MM (ab € 10,–); Brot von Joseph, Gemüse von Stekovic; Craft-Bier von 100 Blumen. Catering. Div. Kulturveranstaltungen wie Buchpräsentationen, Ausstellungen und Konzerte.

Billardcafé Köö Breitenfurter Str. 370, Tel. 865 84 79, E-Mail: office@billardcafe.at, www.billardcafe.at, Mo–Do 16–24, Fr, Sa 16–1, So, Fei 18–23. Snacks wie Toast und überbackene Brote; Longdrinks. 15 Pool-, 3 Carambol- und 3 Snookertische, 2 Dartautomaten; 4 TVs, 1 Video-Beamer/Leinwand.

Landtmann's Original Café & Tortenshop Anton-Baumgartner-Straße 40 (Center Alterlaa), Tel. 24 10 05 20, E-Mail: tortenshop@landtmann.at, www.landtmanns-original.at, täglich 9–18. Kaffeehaus mit sonniger Außenterrasse in Alterlaa; hausgemachte Torten und Mehlspeisen (auch zum Mitnehmen); Kaffeespezialitäten, hausgemachte Limonaden; Frühstück, pikante Jause. Anlass-, Geburtstags- und Hochzeitstorten auf Bestellung.

Café Nabucco Kolbegasse 44–46, Tel. 616 24 98, E-Mail: cafe.nabucco.1230@gmail.com, www.cafe-nabucco.metro.biz, Mo–Fr 9–20, Sa 9–15 (Fei geschlossen), durchgehend warme Küche. Frühstück bis 10; Wiener Küche (MM € 7,60/ohne Suppe € 6,90). Schanigarten für 40 Pers.

Café Plus Anton-Baumgartner-Straße 44 (im Kaufpark Alterlaa), Tel. 667 92 29, E-Mail: office@pizzaplus.at, www.gourmet.at/unser-angebot/event-catering-gastronomie/cafe-plus, Mo–Sa 8–22. Café im Kaufpark Alt Erlaa mit Schwerpunkt Burger. Saisonales Angebot, ausgiebiges Frühstück, After-Work-Treff.

Rauwolf Rösthaus + Brewbar Breitenfurter Str. 372/1. OG (Riverside), Tel. 0660/661 77 41 (nur für SMS), E-Mail: hello@rauwolf-coffee.at, www.rauwolf-coffee.at, Mo–Fr 8–19, Sa 8–18, So 8.30–13.30. Café mit Barista-Spezialitäten; die Kaffeebohnen werden direkt vor Ort frisch geröstet; ganztägiges Frühstück; hausgemachte Kuchen, Toasts und Wraps; auch vegetar. und vegane Optionen; bevorzugt regionale Zutaten (z.B. Schinken von Thum oder Käse der Sulzberger Käserebellen). Tageszeitungen, Magazine; individuelle Kaffeeberatung; Verkauf von Kaffeebohnen und -equipment (auch über Onlineshop). Barista-Kurse.

Rumpelstilzchen Basler Gasse 68, Tel. 699 33 55, E-Mail: office@caferumpelstilzchen.at, cafe-rumpelstilzchen.eatbu.com, Mo–Fr 6–24, Sa 7–24, So, Fei 9–24. Frühstück (auf Wunsch ganztags); Imbisse (ab ca. € 2,50); Weine aus Tattendorf. Speisen auch zum Mitnehmen. TV, Darts; gelegentlich Livemusik (Austropop und andere Musikrichtungen). Schanigarten für 16 Pers.

Eissalons

Das Eis Maurer Hauptplatz 10, Tel. 889 34 98, E-Mail: reinbacher@daseis.at, www.daseis.at, März bis April täglich 10–20, Mai bis August täglich 10–22, September täglich 10–20. 58 Sorten (saisonal), Eis aus eigenen Gartenfrüchten und Produkten (Ribisel, Holunder, Kirsche, Stachelbeere, Honig); laktose- und glutenfreies Eis, 40 saisonale Eiscoups, Eistorten auf Bestellung, Topfeneisknödel (z.B. Kürbisknödel), Eiscocktails; hausgemachte Mehlspeisen (Apfel- und Topfenstrudel); Kaffeespezialitäten. Schanigarten für 70 Pers. Kartenzahlung ab € 10,–.

Enrico Erlaaer Straße 46, Tel. 869 49 73, E-Mail: enrico@enrico.at, www.enrico.at, täglich 10–22, ab 10 Eis, ab 11 Pizza. Kombination aus Pizzeria (ab € 4,90), Eissalon (20 Eissorten) und Café. Behinderten-WC, Lift.

Eiscafé Leonardo Anton-Baumgartner-Straße 44/Top 11a (Kaufpark Alterlaa), Tel. 662 95 07, www.alterlaa-kaufpark.at/inhalt/gastronomie/eiscafe-leonardo.html, Mo–Fr 8–20, Sa 8–19, So, Fei 10–19. Eisspezialitäten, 40 Coupes, Eiscafé- und Joghurtspezialitäten; Frühstück (ital., Wiener oder rotes); Mehlspeisen von Heiner; Budweiser, Heineken und Gösser, Segafredo Kaffee, div. Getränke (auch alkoholische). Behinderten-WC in der Anlage. Gastgarten für 30 Pers.

Gelateria Cafeteria Piero Breitenfurter Straße 377, Tel. 865 24 29, www.piero23.at, Februar bis Oktober täglich 9–22. 35 Eissorten aus eigener Erzeugung, auch laktosefreies und Diabetikereis, Geburtstags-Eistorten, Snacks; Eiszustellung (Liefergebühr € 1,90, ab einem Bestellwert von € 11,90 gratis). Klimaanlage. Schanigarten für 23 Pers.

Heurige

Weingut Beranek Ketzergasse 429, Tel. 888 72 63, E-Mail: info@weinbau-beranek.at, www.weinbau-beranek.at, Aussteckzeiten siehe Homepage. Kaltes Buffet, Tagesgerichte, Sulmtaler Backhendl, Surschnitzel; Eigenbauweine, Flaschenweinverkauf. Kinderspeisen, -sessel, Spielecke, Spielplatz. Private Feiern ab ca. 30 Pers. außerhalb der Öffnungszeiten möglich. Gastgarten für 150 Pers. **€€**

DerStadlmann Weinbau & Heuriger Maurer Lange G. 30, Tel. 0664/137 96 94, www.derstadlmann.at, Mo–Sa ab 14.30, So, Fei ab 11.30, Aussteckzeiten tel. erfragen bzw. s. Homepage. Warmes und kaltes Heurigenbuffet, saisonale Spezialitäten, Heringsschmaus, Ganslessen; Eigenbauweine, Flaschenweinverkauf ganzjährig. Kindersessel, Spielsachen, Spielplatz. Gastgarten für 200 Pers. Rollstuhlrampe. **€**

Weinbau Distl Martin Ketzergasse 457–459, Tel. 0664/73 72 59 21, E-Mail: weinbau.distl@aon.at, www.weinbau-distl.at, März bis Juni Sa ab 15, So ab 14, September bis November Sa ab 15, So ab 14, Unterbrechung im Juli/August (tel. erfragen oder siehe Homepage. Traditioneller Buschenschankbetrieb mit bodenständigem Buffet aus überwiegend regionalen Produkten; großes Angebot an Eigenbauweinen, auch prämierte (von trocken bis süß, neutral bis fruchtig),

Flaschenweinverkauf ab Hof ganzjährig. Naturgarten für 80 bis 100 Pers. Mitgliedsbetrieb der AMA Genussregion. €

Weinbau & Heuriger Edlmoser Maurer Lange Gasse 123, Tel. 889 86 80, E-Mail: heuriger@edlmoser.com, weingut@edlmoser.com, www.edlmoser.com, während der Aussteckzeiten (siehe Homepage) tägl. 14.30–23, Küche bis 22, im Dez. geschlossen. Winzer-Star in Wien, besonders zu empfehlen sind Wr. Gemischter Satz, Riesling, Muskateller und die Rotweine (auch Flaschenweinverkauf); kaltes und warmes Heurigenbuffet, saisonale Speisen (Bärlauch, Spargel, Schwammerl, Gansl etc.), hausgemachte Mehlspeisen, Spezialität: Kardinalschnitte. Kindersessel, Spiele. Extrazimmer f. 45, Garten für 250 Pers. Reserv. empfohlen. 💳 €€

Buschenschank Grausenburger Maurer Lange Gasse 101a, Tel. 888 13 54, E-Mail: weinbau@grausenburger.wien, www.grausenburger.wien, ca. 180 Tage im Jahr geöffnet (telefonisch, über Homepage oder Maurer Heurigenkalender erfragen), jeweils 11.30–24. Warmes und kaltes Heurigenbuffet, alle Speisen hausgemacht (Mo–Fr MM € 6,90 Fr Fisch € 8,90); prämierte Weine, Flaschenweinverkauf ab Hof ganzjährig. 2-mal/Jahr Veranstaltungen mit Livemusik (Halloween/Faschingsdienstag). Kindersessel; überdachte Veranda für 40, Naturgarten für ca. 300 Pers. mit Kinderspielplatz. Hunde nur mit Leine und Beißkorb. 💳 €€

Weinbau Hofer Maurer Lange G. 29, Tel. 888 73 80, E-Mail: vinohofer@aon.at, www.vino-hofer.at, Mo–Sa ab 14.30, So, Fei ab 10, Anfang Dez. bis Anfang März geschlossen, Öffnungszeiten auch im Heurigenkalender. Kaltes und warmes Heurigenbuffet, jeden So Entenessen; Eigenbauweine, hin und wieder Weinverkostungen, Flaschenweinverkauf ganzjährig. Speisen auch zum Mitnehmen. Kindersessel, Spielplatz. Gartenhaus bis 50, Gastgarten für 200 Pers. €€

Weinbau u. Buschenschank Fam. Lentz Reinhard Maurer Lange Gasse 78, Tel. 888 52 62, E-Mail: reinhard.lentz@aon.at, www.weinbau-lentz.at, während der Aussteckzeiten ab 12 geöffnet (Ausstecktermine siehe Website). Warmes und kaltes Heurigenbuffet mit bodenständiger Hausmannskost; Eigenbauweine, Flaschenweinverkauf ganzjährig, Weinverkostungen nach Bedarf; Speisen auch zum Mitnehmen. Extrazimmer für 50, schattiger Gastgarten für 150 Pers. mit kleinem Kinderspielplatz. Hunde mit Leine und Beißkorb. Nebeneingang rollstuhlgerecht. €

Lindauerhof Maurer Lange Gasse 83, Tel. 888 51 72, 0676/551 64 55, E-Mail: office@lindauerhof.at, www.lindauerhof.at, Aussteckzeiten nach tel. Anfrage bzw. siehe Homepage. Heurigenbuffet und Speisen à la carte, Mo–Fr 2 MM; Nov./Dez. Ganslessen (auf Bestellung); Weihnachtsfeiern; Kinderportionen, -sessel, Spielzeug, Spielwiese. Abholung möglich. Saal für Feste aller Art. Naturgarten für ca. 200 Pers. €

Heuriger Steinklammer Jesuitensteig 28–30, Tel. 888 22 29, E-Mail: reservierung@heuriger.co.at, www.heuriger.co.at, Di–So, Fei 11.30–23, ganzjährig geöffnet mit Unterbrechungen, Aussteckzeiten siehe Homepage. Kaltes und warmes Heurigenbuffet; Fr–So 11.30–14 MM (vegetarisch € 7,–, mit Fleisch € 7,90, bei Vorbestellung auch zum Mitnehmen); saisonale Spezialitäten (Spargel, Schwammerl, Kürbis, Wild etc.); Kinderschnitzel, Kindersessel. Regelmäßig Veranstaltungen wie z.B. Ganslessen. Mehrere Stüberl für 20 bis 50, Blumengarten für 250 Pers. Behinderten-WC. ♿ 💳 €

Weinbau und Heurigen Weindorfer Maurer Lange G. 37, Tel. 888 71 61, E-Mail: weinbauweindorfer@aon.at, www.weindorfer.at, Aussteckzeiten telefonisch erfragen bzw. der Homepage oder dem Maurer Heurigenkalender entnehmen. Kaltes und warmes Heurigenbuffet; hausgemachte Mehlspeisen, Kaffeespezialitäten; Eigenbauweine, Flaschenweinverkauf ganzjährig. Speisen auch zum Mitnehmen. TV; Faschingsfest, Frühschoppen, Ganslessen. Kindersessel, Spielzeug, Wickeltisch. Für Feste zu mieten (bis 200 Pers.). Gastgarten für 300 Pers. Behinderten-WC. ♿ 💳 €

Wiltschko Wittgensteinstraße 143, Tel. 888 55 60, E-Mail: heuriger@weinbau-wiltschko.at, www.weinbau-wiltschko.at, Mi–Fr 13–23, Sa, Fei 11.30–23, So 11.30–22 (an den Ausstecktерminen), Ausstecktermine telefonisch erfragen bzw. laut Homepage oder www.wienerheurige.at. Modern gestalteter Heuriger am Rande des Lainzer Tiergartens mit herrlichem Blick über die Weingärten bis zum Leithagebirge. Heurigen-Buffet mit klassischen Schmankerln der Wiener Küche: köstliche Salate, traditionelle Aufstriche und herzhaft Deftiges; saisonale Köstlichkeiten à la carte wie Spargel, Eierschwammerl, Kürbis uvm. (auch vegetarisch/vegan); Wein-Stammsorten: Wiener Gemischter Satz DAC, Grüner Veltliner, Chardonnay, Welschriesling, Zweigelt, St. Laurent. Alle Speisen auch zum Mitnehmen sowie Ab-Hof-Verkauf zu den Aussteckzeiten oder nach telefonischer Vereinbarung. Kindersessel, Spielplatz. Gastgarten für 200 Pers., Sonnensegel im Sommer. Behinderten-WC. ♿ 💳 €€

Heuriger Zahel Maurer Hauptplatz 9, Tel. 889 13 18, E-Mail: heuriger@zahel.at, www.zahel.at, Aussteckzeiten s. Homepage, So Ruhetag. Einer der ältesten Heurigen Wiens, Ausschank im 250 Jahre alten Bauernhaus; feine Wiener Küche à la carte mit Hausmannskost und saisonalen Gerichten, hausgemachte Schmankerln, selbst gebackenes Brot aus Sauerteig; prämierte Weine aus der eigenen Produktion, Weinverkauf ab Hof. Speisen auch zum Mitnehmen. Kindersessel, Spielplatz; Ausrichtung von privaten Festen bzw. Firmenfeiern, Kachelofen. Naturgarten für 200 Pers. 💳

Imbisse

Alino's Restaurant Pizzeria und indische Spezialitäten Stenografeng. 6, Tel. 88 60 183, www.alino.at, tägl. 10.30–21.30, Küche bis 21. Pizza, Schnitzel, indische Speisen; Zustellung in die Bezirke 12, 13 u. 23, Vösendorf, Brunn am Gebirge u. Perchtoldsdorf. 8 Sitzplätze. €

Burger King (Drive In) Altmannsdorfer Straße 230, Tel. 698 12 26-11, E-Mail: kundenservice@whopper.at, www.burgerking.at, Öffnungszeiten siehe Homepage: burgerking.at/kingfinder. Div. Burger und Wraps (auch vegetarisch). Take-away. Spielplatz (außen), Wickelraum. Parkplätze. Behinderten-WC. €

McDonald's Liesinger Platz 1, Tel. 865 29 64-11, E-Mail: at-store0167@restaurant.at.mcd.com, www.mcdonalds.at, Öffnungszeiten siehe Homepage. Burger, Wraps, Salate etc.; Frühstück. McDelivery. Mit McCafé. €

McDonald's (McDrive) www.mcdonalds.at, Öffnungszeiten siehe Homepage. Burger, Wraps, Salate etc.; Frühstück; McDelivery; mit McCafé; Tischservice. Breitenfurter Straße 245–247, Tel. 803 64 64, E-Mail: at-store0090@restaurant.at.mcd.com. Kindergeburtstag, Playland. Richard-Strauss-Str. 2 (Ecke Sterngasse), Tel. 617 46 70, E-Mail: at-store0073@restaurant.at.mcd.com. €

Noodle King Sterngasse 1 (C23), Tel. 0678/131 73 56, E-Mail: office@noodleking.at, www.noodleking.at, täglich 10–22. Asiatische Suppen-, Nudel-, und Reisgerichte, sowie Sushi und Maki. Take-away. €

Pizzeria Portolino Kirchenplatz 5, Tel. 869 88 67, 0699/11 16 01 02, www.pizzeria-portolino-wien.at, täglich 11–22.15, Küche bis 22. Italienische Küche und Hausmannskost; Take-away, Zustellservice im 23., teilweise auch 12. und 13. Bezirk (gratis ab € 9,90). 8 Sitzplätze. €

Radatz E-Mail: fleischereien@radatz.com, www.radatz.at, Wiener Küche, täglich wechselnde Menüauswahl (bis € 8,–). Erlaaer Straße 187, Tel. 661 10 35, Mo–Fr 7–18, Sa 8–12.30. 20 Sitzplätze. Anton-Baumgartner-Straße 44 (Kaufpark Alterlaa), Tel. 667 61 20, Mo–Fr 8–18, Sa 8–12.30. 30 Sitzplätze; Schanigarten. Liesinger Platz 1 (Bahnhof), Tel. 865 28 36, Mo–Fr 6–18, Sa 7–12.30. 15 Sitzplätze; Schanigarten. €

Schnitzelpalast Ketzergasse 29, Tel. 698 68 68, www.schnitzelpalast.at, täglich 10–22. Div. Schnitzel, Schnitzelsemmel, Fleisch- und Fischgerichte, auch vegetarische Speisen; Kinderspeisen. Klimaanlage; Zustellung bis 21.30 (gratis ab einem Bestellwert von € 20,–, darunter € 3,95 Zustellgebühr). Schanigarten. €

Tauber Breitenfurter Straße 372–380/Top 12 (Riverside), Tel. 865 98 98, E-Mail: office@tauber.at, www.tauber.at, Mo–Fr 8–20, Sa 8–18 (Fei geschlossen). Belegte Brötchen (€ 1,80 bis € 2,80/Stk.), diverse Brötchenboxen (€ 22,50 bis € 61,–), auch Mehlspeisboxen (€ 20,– bis € 54,–); Online-Bestellmöglichkeit, Abholung, ab 10 Stück auch Zustellung in alle Bezirke (Zustellkosten € 15,–). Kleine warme Speisen (€ 3,50 bis € 5,30). €

Wiener Börger Breitenfurter Str. 189, Tel. 361 90 60 90, E-Mail: info@wienerboerger.at, www.wienerboerger.at, Mi 16–21, Do–So 11–21. Burger und Salate zum selbst zusammenstellen, Fingerfood, Salate, Desserts. Zustellung in die Bezirke 12, 13 und 23 (ab einem Mindestbestellwert von € 12,99 gratis); Take-away. €

Konditoreien, Bäckereien

Anker www.ankerbrot.at, kontakt@ankerbrot.at. Brot, Gebäck, Mehlspeisen, tägl. laufend frische Snacks. Öffnungszeiten saisonal variabel (s. Homepage). A.-Baumgartner-Str. 44 (EKZ), Tel. 667 31 21, Mo–Fr 6.30–18, Sa, So, Fei 6.30–12, Schanigarten. Levasseurg. 3, Tel. 869 29 80, Mo–Fr 6–17, Sa, So, Fei 6.30–12. Speisinger Str. 260–262, Tel. 888 72 72, Mo–Fr 6–18, Sa, So, Fei 6.30–12, Schanigarten.

Bio Konditorei Klaus Hanauer Breitenfurter Straße 351, Tel. 489 89 41, www.torten.at, Mo–Sa 8–18.30, So, Fei 9–18.30. Konditorei, Torten für div. Anlässe auf Bestellung, Eis.

Der Mann www.dermann.at. Gebäck, Brot, Mehlspeisen, Snacks, im Sommer variable Öffnungszeiten. A.-Baumgartner-Str. 44/Top SL4, Tel. 866 99-9152, Mo–Fr 6–18, Sa 7–17, So, Fei 7–12, Kaffee-Ecke. Breitenfurter Str. 372 (Riverside/Top 2), Tel. 866 99-9141, Mo–Fr 8–18, Sa 8–19 (Fei geschl.), Kaffeehaus mit Bedienung. Breitenfurter Str. 532 (Kalksburg), Tel. 866 99-9111, Mo–Fr 6–18, Sa, So, Fei 7–12, Kaffee-Ecke. Gatterederstr. 9, Tel. 866 99-9103, Mo–Fr 7–18.30, Sa 7–18, So, Fei 7–17, Kaffeehaus mit Bedienung, Schanigarten. Liesinger Platz, Tel. 866 99-9112, Mo–Fr 5.30–18, Sa 6–12.30, So, Fei 6–12, Kaffee-Ecke. Perchtoldsdorfer Str. 23, Tel. 866 99-9110, Mo–Fr 6–18, Sa 6–13, So 7–13, Kaffeehaus mit Bedienung; Schanigarten; Behinderten-WC. Perfektastr. 100, Tel. 866 99-9150, Mo–Fr 5.30–18, Sa, So, Fei 7–18, Kaffeehaus mit Bedienung, Schanigarten.

Felber Oberlaaer Straße 294 (im Bauhaus), Tel. 616 49 32, E-Mail: office@felberbrot.at, www.felberbrot.at, Mo–Fr 7.30–19, Sa 7.30–18 (Fei geschl.). Ofenfrische Backwaren, Cafeteria, Frühstück, Snacks, Imbisse. Schanigarten.

Kaffeekonditorei Hirsch Breitenfurter Straße 360–368, Tel. 869 23 97, E-Mail: office@konditorei-hirsch.at, www.konditorei-hirsch.at, Mo–Fr 8–18.30, Sa 7–12 (Fei geschlossen). Seit über 100 Jahren bestehender Betrieb in der 3. Generation, alles hausgemacht; traditionelle Wiener Mehlspeisen (€ 2,50 bis € 4,-), saisonal und regional, hausgemachte Trüffeln; kleine Speisekarte (TT); Snacks; Eiskarte; Brötchenservice (nur Selbstabholung). Schanigarten für 40 Pers. Hunde nur mit Leine und Beißkorb.

Kipferlhex Draschestraße 89, Tel. 0688/60 76 91 65, Mo-Fr 6.45-18, So 7-15.30. Backshop. Hausgemachtes Gebäck, Frühstück, kleine Snacks, Salate und Torten. Schanigarten für 8 Pers.

Möser Maurer Hauptplatz 5, Tel. 888 63 65, E-Mail: andreas .rosner@aon.at, www.konditorei-moeser.at, Mo-Fr 7-18, Sa, Fei 8-14, im August 2 Wochen geschlossen. Wiener und erweitertes Frühstück ganztags (ab € 5,10); Imbisse; Mo-Sa TT (€ 4,90 bis € 9,90), Produkte aus eigener Erzeugung; Spezialitäten: Schokowürfel, Mozarttorte; Kaffeespezialitäten. Schanigarten für 20 Pers.

Bäckerei Schwarz Wiegelestraße 34, Tel. 802 02 02, E-Mail: bs@bswien.at, www.bswien.at, Mo-Fr 6-18, Sa 6-13 (Fei geschlossen). Backstubenverkauf mit Erzeugung, Café-Konditorei; Wr. Frühstück, Beinschinken, Kaffee und Kuchen; Kindernaschecke. 35 Sitzplätze. Terrasse und Schanigarten. Großer eigener Parkplatz.

Szihn Bäckerei-Café E-Mail: office@szihn.at, www.szihn .at, Bäckerei mit hausgemachtem Brot, Gebäck, Konditorwaren, Snacks; Kaffee von Alt Wien (auch als Coffee to go), Tee, kalte Getränke, Bio-Säfte von Schäfer. Breitenfurter Str. 354, Tel. 869 01 20, Mo-Fr 5.30-18, Sa 6.30-17, So 7-17, Fei 7-12, 1. Jän., 25./26. Dez., Ostermontag, Pfingstmontag geschl., ganztägig Frühstück, hausgemachte Burger; Spielecke, Wickeltisch. Backkurse. Schanigarten. Bahnhof Liesing (Kiosk), Tel. 865 11 03, Mo-Fr 6-18, Sa 6.30-12 (Fei geschlossen). U-Bahn Station Alt-Erlaa, Tel. 662 01 81, Mo-Fr 5.30-18.30, Sa 6-17, So 7-12, Ostermontag, Pfingstmontag, 25./26. Dez. und Neujahr geschl. Schanigarten für 6 Pers. Porschestraße (U-Bahn Station Siebenhirten), Tel. 0664/88 73 62 54, Mo-Fr 6-18, Sa, So, Fei 7-12, Neujahr, 25./26. Dezember, Pfingstmontag, Ostermontag geschlossen. Schanigarten für 6 Pers. Geßlgasse 2a, Tel. 887 27 26, Mo-Fr 6-18, Sa 7-12.30, So 7.30-11 (Fei geschlossen), 1. Jänner, 25./26. Dezember, Ostermontag, Pfingstmontag geschlossen. 8 Sitzplätze.

Konfiserie

Confiserie Heindl Willendorfer Gasse 2-8 (Firmenzentrale), Tel. 667 21 10-217, E-Mail: confiserie@heindl.co.at, www .schokomuseum.at (Heindl SchokoMuseum), www.heindl .co.at, aktuelle Öffnungszeiten siehe Homepage. Mehr als 250 unterschiedliche Pralinen-, Konfekt- und Waffelspezialitäten; ausschließlich Fairtrade-Kakao; vegane Spezialitäten. Standort des Heindl SchokoMuseums. Online-Shop.

Weinhandlung

Stefan Pagacs Weinhandel OG Liesinger-Flur-Gasse 5, Tel. 0699/19 67 01 98, E-Mail: office@pagacs.biz, www .pagacs.biz, Öffnungszeiten nach telefonischer Vereinbarung. Eine der versiertesten Weinhandlungen des Landes. Nationale und internationale Spitzenweine, Sherry, Port, Champagner, Single Malt Whiskys; auch Alimentari, Olivenöl extra vergine und Balsamico. Verkauf an Einzelkunden nach eingehender Beratung, auch „Kellerrevision" für Private (Inventur und professionelle Einschätzung des Kellerbestandes, Beratung). Zahlung gegen Rechnungslegung.

Wiener Kaffeehaus

Café Melange Ketzergasse 30, Tel. 0677/62 37 22 56, E-Mail: cafemelange23@gmx.at, täglich 7.30-22. Kaffeehausküche, Imbisse, Suppen, Mehlspeisen von Ungersbäck; Eiskaffee, Eisschokolade, Eis zum Mitnehmen. Tageszeitungen, Illustrierte; Darts, Billard, Kartenspiele; Flatscreen für Sportübertragungen (Sky). Extrazimmer für 60, Schanigarten für 24 Pers. €

Würstelstände

1. Maurer Würstelstand Maurer Hauptplatz 4, Tel. 0660/ 214 98 82, E-Mail: famhai@gmx.at, Mo-Fr 10-18 (Fei geschlossen). Original Wiener Würstelstand mit Klassikern wie „Heisse", gegrillte Käsekrainer, Frankfurter, Waldviertler, Leberkäse vom Schwein und Pferd, Gauchos (scharfe Würstel) vom Pferd sowie diverse Hotdogs (ab € 2,80). Familienbetrieb seit 20 Jahren.

Petra's Würstelstand Brunner Straße 64, Tel. 0676/540 14 55, petras-wuerstelstand.eatbu.com, Mo-Fr 6-22, Sa 8-22 (Fei geschlossen). Typisches Alt-Wiener Würstelstandl; Frankfurter, Käsekrainer, Langos, Toast; Frühstück; Eis; Kaffee. Gastgarten für 30 Pers. €

Würstelstand Hetmanekgasse (Ecke Wallackgasse), Mo-Fr 9-19. Würstel. Schanigarten für 8 Pers.

RUND UM WIEN

Was soll man sagen: Zwar ist das Wiener Umland die am stärksten wachsende Region Österreichs, doch auch hier, in den Ausläufern der Stadt, hat man mit ähnlichen Problemen zu kämpfen wie in der geballten Metropole: Bleiben schon in Wien Dutzende Lokale aufgrund von Personalmangel und Preissteigerungen geschlossen, sieht die Situation im Speckgürtel und im Umland nicht rosiger aus. Im Gegenteil: Wer will schließlich nach einem langen, knochenharten Arbeitstag in der Küche auch noch pendeln? Erschwerend kommt hinzu, dass aufgrund der Krise Schmalhans den Kochlöffel schwingt, und generell beim Essengehen gespart wird. Dass es heuer in der Gastro „noch so richtig krachen werde“, sagte Mario Pulker, Österreichs oberster Wirtesprecher der Wirtschaftskammer, bereits im Sommer voraus. Krachen wird es zwar überall in der Gastronomie, als Erste zu spüren bekommen es aber Lokale in Gegenden, die ohnehin kaum Laufkundschaft haben.

Ein Musterbeispiel: Das familiengeführte Alpenhotel Gösing an der Mariazellerbahn, Vier-Sterne-Betrieb, seit 1922 bei Mariazell-Pilger*innen beliebter Einkehrgasthof – wegen Personalmangels bis auf weiteres geschlossen. Viele werden folgen.

Hotel & Restaurant Knappenhof
Küchenkonzept von Max Stiegl,
Menüs aus Wald- und Wiesenzutaten ... S. 556

Nördlich der Donau

Weinbau Langes 2102 Bisamberg, Josef-Dabsch-Straße 2, Tel. 0664/413 68 69, E-Mail: info@weingut-langes.at, www.weingut-langes.at, Ausstecktermine lt. Homepage, Weinverkauf Fr ab 15 und Sa 10–13 sowie nach telefonischer Vereinbarung. Hervorragende Schinken, Käse, Aufstriche, Südtiroler Spezialitäten; Kindersessel, Wickeltisch, Spielzeug. Weinverkostungen nach Vereinbarung. Vernissagen, Konzerte, Theater etc.; Veranstaltungshalle für 120, Gastgarten für 150 Pers. **€**

Gasthaus Goldenes Bründl 2105 Oberrohrbach, Waldstraße 125, Tel. 02266/804 95, E-Mail: gasthaus@goldenes bruendl.at, www.goldenesbruendl.at, Do, Fr 11–15 und 18–23, Sa 11–23, So 11–17, warme Küche Do, Fr 11–15 und 18–21, Sa 11–21, So 11–16. Verfeinerte regionale, aber auch internationale Küche; So 11.30–16 Brunch (€ 45,–/Pers., Kinder von 6 bis 12 zahlen € 22,–, jüngere Kinder können gratis bei den Eltern mitessen), ab 14 „Resteessen" um die Hälfte; diverse Menüs (3gg € 54,–/4gg € 64,–/5gg € 74,–); gute Weine und angeschlossene Vinothek; Küchenpartys und Kochkurse. Kindersessel, Spielplatz, Wickeltisch. Kaminzimmer für 80, Extrazimmer für 12, schattiger Garten unter Eichen und Linden für 80 Pers. Elektrotankstelle. Behinderten-WC. **€€€**

Buchingers Gasthaus zur Alten Schule 2122 Riedenthal, Wolkersdorfer Straße 6, Tel. 02245/825 00, E-Mail: manfred@buchingers.at, www.buchingers.at, Do–So 11–15.30 und 17.30–23, warme Küche 11.30–14.30 und 17.30–21.30, Jänner bis Mitte April Pop-Up-Küche. Ehemaliges Schulhaus, das von Manfred Buchinger als Landgasthaus betrieben wird. Saisonale Gerichte wie Wurstkrapferl oder Fisolen mit G'röste; bevorzugte Verwendung von Produkten von Bauern aus der Umgebung, Küche der vier Jahreszeiten (Do–Fr 3gg „Hacklermenü" € 22,–), abends Weinmenü „Running Weinviertel" (bis zu 10gg € 88,–, Weinbegleitung € 19,–), Überraschungsmenü zu Silvester, im Winter syrische Pop-Up-Versuchsküche; begehbare Weinkarte mit 50 Weinen aus dem Weinviertel (Flaschen und dazugehörige Preise sind ausgestellt), Fast Chiller (Getränke-Schnellkühler); Kinderportionen, -sessel. Terrasse für 45 Pers. Reserv. empfohlen. Behinderten-WC. Parkplätze vorhanden. **€€€**

Hotel Wirtshaus Restaurant Zur Linde 2130 Mistelbach, Josef Dunkl-Straße 8 (Bahnstraße 49), Tel. 02572/24 09, E-Mail: polak@zur-linde.at, www.zur-linde.at, Di–Fr 11.30–14 und 17.30–21 (Küchenzeiten). Hotel mit Wirtshaus und Gourmetrestaurant „Wintergarten zur Linde" (mit 3 Hauben ausgezeichnet). Im Wirtshaus wird bodenständige, saisonale Küche serviert, im Gourmetrestaurant moderne, französische Küche à la carte sowie mehrgängige Degustationsmenüs (mit Fisch/Fleisch oder vegetarisch) mit optionaler Weinbegleitung. Di–Fr MM (€ 11,20). Weinkarte mit vielen namhaften Winzer*innen hauptsächlich aus dem Weinviertel (4 bis 5 offene Weine). Kinderkarte, -sessel, Spielzeug, Wickeltisch. Veranstaltungssaal bis 100, Stüberl für 50, Wintergarten für 20 und Gastgarten für 25 Pers. Fahrradgarage. 4-Sterne-Hotel (EZ ab € 87,–/DZ ab € 138,– inkl. Frühstück). **€€€**

Marchfelderhof 2232 Deutsch-Wagram, Bockfließerstraße 31, Tel. 02247/22 43, E-Mail: office@marchfelderhof .at, www.marchfelderhof.at, Mitte April bis Mitte Oktober Mo–Mi 16–23, Do–So 11–23, Mitte Oktober bis Mitte April Mi 16–23, Do–So 11–23, Küche bis 22. Erlebnisgastronomie; Spezialitätenwochen (Gansl, Spargel, Wild etc.); Dinner for Two (ab € 67,–/2 Pers.); 4gg Sommerdinner (€ 39,90). Dazu passendes Unterhaltungsprogramm: vom Handleser über den Kartenleger bis zur Livemusik. Kindersessel, -videos, Spielzeug. TV. Extrazimmer auf Anfrage (10 Räume für 20 bis 80 Pers.), Schanigarten und romantischer Brunnenhof für je 50 Pers. **€€€**

Uferhaus Staudigl 2301 Groß-Enzersdorf, Lobaustraße 85, Tel. 02249/27 33, www.uferhaus-staudigl.at, Mi–So 10–17, Küche bis 16, bei Veranstaltungen bis 22. Idyllisch mitten in der Lobau gelegen. Klassische Wiener Spezialitäten (Schnitzel, faschierte Laibchen), gesunde zeitgenössische Gerichte (Wraps, Falafel); saisonale Speisen (Gansl, Wild). 2x/Monat Fr Loungebereich mit Cocktails. Kindersessel. Sehr schöner Garten für 100 Pers. Extrazimmer für 50 Pers. für Feiern; regelmäßige Veranstaltungen (siehe Homepage). Hintereingang barrierefrei. **€€**

Gasthaus Amstätter 3464 Hausleiten, Bahnhofstr. 27, Tel. 02265/72 72, www.amstaetter.com, Mi–Sa 10–15 und 18–23, So, Fei 10–15, warme Küche 11.30–14 und 18–21, So und Fei bis 14. Vor dem Weinbaugebiet Wagram gelegen; bemerkenswert gute Landgasthausküche, Klassiker aus Pfanne, Ofen und vom Grill (Mi–Fr MM), Sa, So, Fei Schweinsbraten und gegrilltes Backhendl mit Semmelfülle, Schmankerl je nach Angebot, Schwerpunkt regionale bzw. heimische Produkte von Lieferant*innen aus der Umgebung, z.B. Morcheln, Spargel, Gansl, Wild; gepflegtes Bier, exzellente Weine (vorwiegend vom Wagram und aus dem Weinviertel); kleine Portionen möglich, Kindersessel. Saal für 60, Extrazimmer für 30, Stüberl für 14 Pers., für Veranstaltungen mietbar, kleiner Gastgarten für 40 Pers. Am Wochenende Reservierung erbeten. Bahnhof gegenüber. **€€€**

Raum Tulln

Nibelungenhof 3133 Traismauer, Wiener Straße 23, Tel. 02783/63 49, E-Mail: office@nibelungenhof.at, www .nibelungenhof.at, Mi–Sa 12–14 und 17–21, So, Fei 12–18

(Küchenzeiten), Öffnungszeiten variieren, am besten vorher anrufen und reservieren. Sowohl Hausmannskost und regionale als auch gehobene, kreative und leichte Küche; selbst entwickelte Kochmethode (Succowell) mit Essenzen von Obst, Gemüse und Kräutern. Kinderspeisen, -sessel, Wickeltisch, sehr kinderfreundlicher Gasthof. TV. Extrazimmer für 24 Pers. (für Feste reservierbar), Gastgarten für 40 Pers. Gästezimmer (€ 80,–/Pers.). **€€€**

Gastwirtschaft Floh 3425 Langenlebarn-Oberaigen, Tullner Str. 1, Tel. 02272/628 09, E-Mail: floh@derfloh.at, flohmarkt.derfloh.at (Onlineshop), www.derfloh.at, Mo, Fr–So 9–23, Do 17–23, warme Küche Mo 9–14 und 17.30–21, Do 17–21.30, Fr 9–14 und 17.30–21.30, Sa 9–15 und 17.30–21.30, So 9–15 und 17.30–21. Frühstück von 9 bis 11.30 mit div. Paketen (z.B. Classic-Frühstück € 28,50, Lebensfreude-Frühstück € 30,80, Chef-Frühstück € 48,50). Verfeinerte bodenständige Küche aus Zutaten, die ausnahmslos aus der Region stammen; saisonale Spezialitäten, frische Fische, Floh-Radius-66-Menü (5gg € 66,–); Digestifwagen, Verwendung von Bioprodukten, glutenfreie und laktosefreie Speisen; Teespezialitäten, Magnum-Weinkeller (1680 Weine), Magnum-Weinkarte, Grüner Veltliner-Weinkarte. Quinta Essentia Brände. Kinderportionen, -sessel, Wickeltisch. Diverse Events (z.B.: Floh-Donaugartl); Extrazimmer für 20 Pers. (für Feiern reservierbar), Terrasse für 26 Pers. Bootssteg an der Donau. Behinderten-WC. ♿ 💳 **€€€**

Das Wolf 3425 Langenlebarn-Unteraigen, Bahnstraße 58, Tel. 02272/625 67, E-Mail: restaurant@daswolf.at, www.daswolf.restaurant, Mi 17.30–23, Do–Sa 11.30–15 und 17.30–23, So 11.30–21, Küche bis 13.30 bzw. 20, So bis 19. Verfeinerte regionaltypische Speisen von Christian Wöber, saisonale Schwerpunkte (Wild, Spargel, Kürbis) mit Zutaten aus dem eigenen, 1500m² großen Gemüsegarten; Weinkarte mit 900 Positionen, Spirituosen ca. 100 Positionen. Weil hier auch der Weinkultur gehuldigt wird, sollte der kaum 30 Meter weit entfernte Bahnhof der Franz-Josefs-Bahn nicht unerwähnt bleiben. Juni bis August Do Grillabende über offenem Feuer (mit Reservierung). Gastgarten für ca. 35 Pers. Behinderten-WC. Hundefreundlich. ♿ 💳 **€€€€**

Zur Sonne – Sodoma 3430 Tulln/Donau, Bahnhofstraße 48, Tel. 02272/646 16, www.gasthaussodoma.at, Di–Sa 11.30–15 und 18–22.30, Küche 11.30–13.30 und 18–20.30. Der „Sodoma", wie das „Gasthaus Zur Sonne" nach seinem aus dem Burgenland stammenden Besitzer Josef Sodoma auch genannt wird, verfügt über einen straßenseitigen Gastgarten, eine traditionelle Schank sowie einen vornehmeren Gastraum. Auf der Karte findet man sowohl klassische Wirtshausküche auf Topniveau als auch regionaltypische Speisen mit hohem Kreativitätsanspruch. Am besten lässt man sich vom Chef persönlich beraten. Kinderportionen, -sessel. Gastgarten für 40 Pers. Rollstuhlrampe. 💳 **€€€**

St. Pölten

Gastwirtschaft Vinzenz Pauli 3100 St. Pölten, Alte Reichsstraße 11, Tel. 0650/620 20 77, E-Mail: frag@vinzenzpauli.at, www.vinzenzpauli.at, Di–Fr 17–24, Sa 11.30–14 und 17–24, Küche bis 13 bzw. 21. Moderne, österreichische Küche mit leichten japanischen Einflüssen; bevorzugte Verwendung von regionalen und saisonalen Produkten, Gemüse und Obst werden zum Teil selbst angebaut. Vegane und vegetarische Gerichte. Degustationsmenü. Hausgemachtes Eis; Felix Kaffee, hausgemachte Limonaden, Wieselburger, Schladminger und Starobrno vom Fass, Bier des Monats (regionale Brauereien), Craft- Biere, Weine aus ganz Europa. Regelmäßige Veranstaltungen, Weinverkostungen; Geburtstags- oder Hochzeitstorten auf Anfrage. Gastgarten mit Terrasse für 110 Pers. 💳 **€€€**

Café Emmi 3100 St. Pölten, Linzer Straße 1, Tel. 0650/425 06 25, E-Mail: fragdas@kaffeebohnenmonster.at, www.kaffeebohnenmonster.at, Mo–Fr 7.30–19, Sa 8–19, So 9–15, Öffnungszeiten variabel (s. Homepage). Frühstück, hausgemachte Mehlspeisen aus der eigenen Patisserie, Snacks wie gefüllte Fladenbrote, Toast, Waffeln; viele Bio-Produkte und Lebensmittel aus der Region; hausgemachte Limonaden, Felix Kaffee (World Coffee Roasting Champion 2022) – immer verschiedene Röstungen verfügbar. Kinderbücher, Spielzeug, Malsachen, Wickeltisch. Pub Quiz. Schanigarten für 40 Pers. 💳

Rast- und Gasthof Pils 3153 Eschenau, Rotheau 6, Tel. 02762/686 13, E-Mail: service@gasthof-pils.at, www.gasthof-pils.at, Mo–Do 16–24, Fei 11–16. Regionale und saisonale Produkte; bodenständige und moderne Speisen; Lamm- und Schafprodukte vom eigenen Bio-Bauernhof. Auswahl an österreichischen und internationalen Weinen, Natursäfte aus der Region, eigenes Obst. Kindersessel, Spielecke. TV. Gastgarten für 40 Pers. Gästezimmer. 💳 **€€€**

Raum Krems

Schlossküche Walpersdorf Blauenstein 3131 Inzersdorf-Getzersdorf, Schlossstraße 2, Tel. 0699/19 30 78 83, E-Mail: restaurant@blauenstein.at, www.blauenstein.at, Mi, Do 11–22, Fr, Sa 11–23, So 11–17, Küche: Mi–Sa 11.30–14 und 17.30–21 (dazwischen kleine Karte), So durchgehend bis 15.30. Klassische österreichische und internationale Küche auf hohem Niveau, regionale und saisonale Schwerpunkte; jeden 1. So/Monat 11–14 Brunch; regionale und internationale Weinkarte. Monatliche Weinveranstaltungen („Wine&Dine"); Kindersessel, Wickeltisch. Div. Räumlichkeiten für Veranstaltungen und Feiern. Gastgarten im Schlossinnenhof für 70 Pers. 💳 **€€€**

Gut Oberstockstall 3470 Kirchberg am Wagram, Ringstraße 1, Tel. 02279/23 35, E-Mail: restaurant@gutoberstockstall.at, www.gutoberstockstall.at, Mitte März bis Ende September Mi-Fr 16-21, Sa 11.30-21, So 11.30-17, Oktober bis Februar Do, Fr 16-21, Sa 11.30-21, So 11.30-17. Im Sommer, wenn man draußen im Hof unter Sonnenschirmen sitzt, die gotische Kirche des Guts bestaunt und dem gackernden Federvieh beim Herumtollen zuschaut, wäre man eigentlich auch mit Wasser und Brot selig. Die Küche hält aber zahlreiche Köstlichkeiten bereit: Rindfleisch und Gemüse aus eigener Zucht und eigenem biologischen Anbau, Lamm, Ente, Hendl, mittags und abends Menü (4gg € 68,-/6gg € 85,-, vegetarisch 4gg € 60,-/6gg € 84,-, auf Wunsch mit Weinbegleitung); die Karte wechselt alle 3 Wochen; Kinderspeisen, -sessel, Wickeltisch. Auf der Weinkarte stehen eigene Kreszenzen (Weinverkauf ab Hof), auch österreichische, italienische und australische Weine (insgesamt ca. 600 Positionen). Extrazimmer für 44, Gastgarten für 100 Pers. Behinderten-WC. Übernachtungsmöglichkeit vor Ort oder im 1 km entfernten Partnerbetrieb. ♿ 💳 €€€

Mörwald Restaurant „Zur Traube" 3483 Feuersbrunn, Kleine Zeile 13-17 (am Wagram), Tel. 02738/22 98-0, E-Mail: traube@moerwald.at, office@moerwald.at, www.moerwald.at, täglich 8-11 und 12-14 und 18-22 (Küche). Mörwald'sche Kochkunst, 2 Hauben. Picknickpavillon (gefüllte Picknickkörbe auf Bestellung: Jausenzeit, Feinspitz, Veggie). Kindersessel, Wickeltisch. Schöne Schlossumgebung; Veranstaltungsmöglichkeiten im Schloss für 600 und ruhiger Garten für 120 Pers.; Parkplätze. 9 DZ (€ 100,- bis € 110,-/Pers.). Behinderten-WC. ♿ 💳 €€€

Mörwald „Schloss Grafenegg" 3485 Grafenegg 12, Tel. 02735/26 16-0, E-Mail: grafenegg@moerwald.at, www.moerwald.at, Mi-So 12-22, Küche 12-22. Mörwald'sche Kochkunst, 2 Hauben. Picknickpavillon (gefüllte Picknickkörbe auf Bestellung: Jausenzeit € 90,-/2 Pers., Feinspitz € 180,-/2 Pers., Veggie € 80,-/2 Pers.). Kindersessel, Wickeltisch. Schöne Schlossumgebung; Veranstaltungsmöglichkeiten im Schloss für 600 und ruhiger Garten für 120 Pers.; Parkplätze. 9 DZ (€ 100,- bis € 110,-/Pers.). Behinderten-WC. ♿ 💳 €€€

Restaurant Wellenspiel 3500 Krems an der Donau, Welterbe-Platz 1, Tel. 02732/750 55, E-Mail: office@wellenspiel.at, www.wellenspiel.at, täglich 8-23. Modernes Lokal direkt an der Donau; Frühstücksangebote; leichte und mediterrane MM, saisonale Abendkarte, Snacks für Zwischendurch, hausgemachte Mehlspeisen, Eis; breites Weinsortiment von Winzer*innen aus der Wachau und dem Kremstal (auch in der Vinothek zu Ab-Hof-Preisen erhältlich), regionale Säfte, Cocktails, Longdrinks, Kaffee- und Teeangebot. Terrasse für 150 Pers. am Donauufer. 💳 €€€

Landgasthof Schickh 3511 Klein-Wien, Avastraße 2, Tel. 02736/72 18, E-Mail: office@schickh.at, www.schickh.at, Mo, Di, Fr 11.30-14 und 17.30-20.30, Sa 11.10-20.30, So 11-19.30 (Küchenzeiten). Entweder man besucht den „Schickh", weil man gerade das Stift Göttweig besichtigt hat, oder umgekehrt. Gekocht wird nach gutbürgerlicher Art, wobei neben Hendl und Tafelspitz auch frische Saiblinge aus dem eigenen Becken und Scampi auf Anfrage zu finden sind. Auch saisonale Gerichte wie Steinpilze; Menüs auf Anfrage; hauseigene Konditorei. Mo, Di, Fr 3gg MM (€ 9,80). Kinderspeisen, -sessel, Rutsche, Wickeltisch. TV (mit Sky), im Garten steht ein Waggon der Mariazeller Bahn mit Bar für 15 Pers.; Extrazimmer für 45 Pers. (für Feiern reservierbar), wintergartenähnliche Terrasse für 60 Pers. 8 Gästezimmer (DZ € 85,- inkl. Frühstück). 💳 €€€

Gasthaus Schwarz 3521 Nöhagen 13, Tel. 02717/82 09, E-Mail: office@gasthaus-schwarz.at, www.gasthaus-schwarz.at, Mi-Sa 11.30-13.30 und 17.30-20.30, So 11.30-14 und 17.30-19 (Küchenzeiten). Erstklassiges Landgasthaus mit Ambitionen und einer wirklich ausgezeichneten, hochkarätigen Weinkarte. Täglich spezielle Tageskarte, nur frische Speisen, mittags und abends 5gg M (ca. € 62,80); Kinderportionen, -sessel, -bücher, Spielsachen, Wickeltisch. Wintergarten für 25, Saal für 50, Gaststube für 25, Terrasse für 12 Pers. Behinderten-WC. Reservierung erwünscht. ♿ 💳 €€€

Weinhaus Nigl 3541 Senftenberg, Kirchenberg 1, Tel. 02719/26 09, E-Mail: info@weingutnigl.at, www.weingutnigl.at, Mo 16-22, Di-Fr 14-22, Sa 11.30-22, für Gruppen bei Reservierung auch außerhalb der regulären Öffnungszeiten geöffnet. Restaurant von Senftenbergs Starwinzer Martin Nigl in einem alten Lesehof aus dem 12. Jahrhundert, Küchenchef ist Bertram Nigl; gutbürgerliche, regionale und verfeinerte Küche (4gg M € 55,-, 5gg M € 63,-, 6gg € 72,-, optional mit Weinbegleitung, Aufpreis € 26,-, € 30,- und € 35,-). Mo-Sa 10-17 regelmäßig Weinverkostungen und Weinverkauf (größere Gruppen auf Anmeldung). Kindersessel. Schöner Gastgarten im Innenhof für 45 bis 60 Pers. 7 DZ (ab € 154,-/2 Pers.), 5 offene Suiten (€ 184,-). Seiteneingang rollstuhlgerecht. 💳 €€€€

Heurigenhof Bründlmayer 3550 Langenlois, Walterstraße 14, Tel. 02734/28 83, E-Mail: office@heurigenhof.at, www.heurigenhof.at, Mi-Fr 15-22, Sa, So, Fei 12-22, 14-18 Nachmittagskarte mit kalten Speisen. Rund um Langenlois, einem der bekanntesten Weinbauorte Österreichs, liegen die Weingärten der Familie Bründlmayer. Der zum Weingut gehörende Renaissancehof im Ortskern beherbergt drei kleine Apartments, eingerichtet in einer Mischung aus österreichischem Design, barocken Möbeln und Vintage-Fundstücken. Die mehrfach ausgezeichnete Küche legt besonderen Wert auf regionale Produkte aus dem Waldviertel und wird von den handverlesenen Weinen bestens ergänzt. In den Sommermonaten bei Schönwetter „Bründlmayer im Weingarten": Picknick im Weingarten - hausgemachte traditionelle Gaumenfreuden, verpackt in einem Picknickkorb. 💳 €€€

Gasthaus Gutmann 3561 Zöbing, Heiligensteinstr. 32, Tel. 02734/23 34, E-Mail: office@gasthaus-gutmann.at, www.gasthaus-gutmann.com, Mi, Do 11.30-14.30, Fr 11.30-14.30 und 18-20.30, Sa 11.30-20.30, So, Fei 9-18. Regionale Küche (Mi-Fr MM € 7,50, nach tel. Vorbestellung auch zum Mitnehmen), saisonale Speisen, Ganslessen im Herbst; Weine aus Zöbing; hausgemachte Pralinen, Chutneys, Marmeladen, Fruchtsäfte usw. sind im Gasthaus erhältlich, ebenso ein Einkoch-Buch von Ilse Gutmann. Gelegentlich Kochkurse (siehe Website). Kinderspeisen, -sessel, Spielsachen, Wickeltisch. Extrazimmer für ca. 30 (für Feiern reservierbar), Gastgarten für 55 Pers. 💳 €€€

Waldviertel

Schüttkasten Geras - Kunst & Kultur Seminarhotel Geras 2093 Geras, Vorstadt 11, Tel. 02912/300, E-Mail: rezeption@schuettkasten-geras.at, www.schuettkasten-geras.at, täglich 7.30-21, Küche 11.30-14 und 17.30-20.30, dazwischen Nachmittagskarte; fallweise Ruhetag, Ruhetage im Winter variabel. 7.30-10 Frühstücksbuffet mit regionalen Produkten (€ 15,-); überwiegend regionale Küche, Bioprodukte bzw. Produkte aus der Region, z.B. Geraser Stiftskarpfen, Eierschwammerl. Hauptsächlich österreichische Weine, Traubensaft. Steakwochen, Ganslwochen. Kinderkarte, -sessel, Wickeltisch, Bücher/Malsachen. Räumlichkeiten für Seminare, Hochzeiten und individuelle Feste. Terrasse. Gästezimmer: DZ ab € 135,-/DZ für Einzelnutzung ab € 94,- inkl. Frühstück. Behinderten-WC. kostenfreier Parkplatz. 💳 €€€

Schlossgasthof Rosenburg 3573 Rosenburg 2, Tel. 0676/777 71 18, E-Mail: schlossgasthof@rosenburg.at, www.schlosshotelrosenburg.at, Mo, Mi-Sa 9.30-20, So 9.30-18, im Herbst/Winter eingeschränkte Öffnungszeiten (s. Homepage). Regionale und internationale Küche, saisonale Spezialitäten, eigener Gemüse- und Kräutergarten; Candle-Light-Dinner (€ 100,-/2 Pers.); So 11.30-15 Brunch (€ 24,90/Pers., Anmeldung erbeten). Österreichische Weine, schöner Weinkeller; ein unterirdischer Gang führt zum Schloss. Kinderkarte, -sessel, Wickeltisch. Ideal für romantische Hochzeitsfeiern, Festsaal für 100 Pers.; schattiger Gastgarten für 160 Pers. Orangerie (auch für private kleine Feiern geeignet; DZ mit Gartenblick (€ 160,-/2 Pers. inkl. Frühstück); Rosenzimmer mit Schlossblick (€ 160,-/2 Pers. inkl. Frühstück). Behinderten-WCs. ♿ 💳 €€

Restaurant Loibnerhof 3601 Dürnstein, Unterloiben 7, Tel. 02732/828 90, E-Mail: reservierung@loibnerhof.at, www.loibnerhof.at, Februar bis Dez. Mi-So, Fei 11.30-24, warme Küche Mi-Sa bis 20.30, So bis 19.30; im Jänner geschlossen. Traditionelle österreichische aber auch Waldviertler Küche; hausgemachte Spezialitäten zum Mitnehmen; Weine vom eigenen Weingut Knoll. Kinderspeisen, -sessel, Wickeltisch, Spielplatz. Gastgarten für 150 Pers. 💳 €€€€

Wachau

Schloss Dürnstein 3601 Dürnstein 2, Tel. 02711/212, E-Mail: hotel@schloss.at, www.schloss.at, April bis Oktober täglich 12-14 und 18.30-21. Gehobene österreichische Küche im einzigen 5-Sterne-Hotel vor den Toren Wiens; Weine aus der Region. Wintergarten und Terrasse mit Blick auf die Donau. 💳 €€€€

Hofmeisterei Hirtzberger 3610 Weißenkirchen in der Wachau, Wösendorf in der Wachau 74, Tel. 02715/229 31, E-Mail: restaurant@hofmeisterei.at, www.hofmeisterei.at, Mo, Sa 11.30-14 und 18-21, Do, Fr 18-21, So 11.30-21 (Küchenzeiten), im Winter Mo geschlossen. Naturbelassene, regionale Küche im feinen Landgasthaus-Stil; umfangreiche Weinkarte mit etwa 2000 Positionen, Weine vom Weingut Hirtzberger (glasweise), Weitra vom Fass und Zwettler. Picknick im Weingarten; Kinderspeisen, -sessel, Wickeltisch. 2 Veranstaltungsräume für 120 Pers.; Gastgarten für 50 Pers. Kleine angeschlossene Greißlerei mit Hausgemachtem. Behinderten-WC. ♿ 💳 €€€

Raum Lilienfeld

Gasthaus Mahrer 3204 Kirchberg an der Pielach, Bahnhofstraße 8 (Ecke Poststraße 16), Tel. 02722/73 14, E-Mail: office@mahrer.at, www.mahrer.at, Mo-Mi, So, Fei 10-15, Do-Sa 10-22, Küche 11-14 und 17-21. Empfehlenswerte Bahnhofsgastwirtschaft mit gutbürgerlicher Küche und saisonalen Speisen (MM ab € 8,50); Kinderspeisen, -sessel, Malsachen. TV. Feiern und Veranstaltungen auf Anfrage. Terrasse für 30 Pers. €€

Mariazeller Land

Zum Blumentritt 3193 St. Aegyd am Neuwalde, Markt 20, Tel. 02768/22 77, E-Mail: office@zumblumentritt.at, www.zumblumentritt.at, Mo, Do-Sa 9-23, So 9-15, Küche 11.30-13.30 und 18-20.30, So bis 14. Traditionelle und neu interpretierte Küche (2gg MM ab € 8,50/Gourmetmenü 4gg € 48,-, 5gg € 58,-); saisonale Spezialitäten zubereitet von

Ulli Hollerer-Reichl. Weinkeller (ca. 300 österreichische und 100 internationale Weine), Weinverkostungen. Kinderportionen, -sessel. Kochkurse auf Anfrage. Extrazimmer für 20 und 30 Pers. (für Feiern reservierbar), Terrasse für 20 Pers. 10 Gästezimmer (€ 50,–/Pers. inkl. Frühstück), Sauna, Infrarotkabine, Radweg geht vorbei, spezielle Schneeschuh- und Langlaufangebote. Mitglied bei Jeunes Restaurateurs D'Europe und NÖ Wirtshauskultur. **€€**

Kalteis 3204 Kirchberg an der Pielach, Melkerstraße 10, Tel. 02722/72 23, E-Mail: office@kalteis.at, www.kalteis.at, Do–So ab 9, Küche Do–Sa 11.30–21, So 11.30–20, kleine Auswahl warmer Speisen am Nachmittag. Haubenrestaurant, sehr gute Qualität mit gutem Preis-Leistungs-Verhältnis; saisonale, regional nachhaltige Küche, heimische, regionale und saisonale Produkte wie hauseigene Forelle, Saibling, Alpenlachs, Wild aus eigener Jagd etc.; österreichische und internationale Weine, 50 Edelbrände aus Österreich. Kinderspeisen, -sessel, Wickeltisch, Spielsachen. Gastgarten für 60 Pers. 4 Gästezimmer in mehreren Kategorien (DZ ab € 90,–, EZ ab € 70,–). **€€€**

Lurgbauer 8630 Mariazell, Lurg 1, Tel. 03882/37 18, E-Mail: lurgbauer@mariazell.at, www.ganzundgar.at (Onlineshop), www.lurgbauer.at, Mai bis November Mi–Sa 12–14 und ab 18, So 12–15 (Küche), Dezember bis April Fr, Sa 12–14 und ab 18, So 12–15 (Küche). Traumhaft gelegenes kleines Gasthaus, in dem man die Rindfleischspezialitäten, die aus den selbst gezüchteten Angus-Rindern hergestellt werden, genießen kann. Mittags à la carte sowie mehrgängige Menüs (3gg mit Suppe € 44,–/3gg mit VS € 47,–/4gg € 54,–); abends 4gg Menü (ab € 62,–) oder 6gg Menü (ab € 82,–), ein klassisches sowie ein tolles Kreativ-Menü; österreichische Weine, Schwerpunkt Burgenland und Steiermark. Terrasse. Gästezimmer (ab € 156,–/Nacht); Wohlfühlzimmer mit frei stehender Badewanne, Regendusche und Sauna (ab € 210,–/Nacht). Behinderten-WC. Verkauf von Spezialitäten aus eigener Produktion über Onlineshop. **€€€€**

Karl Ludwig Haus 8691 Neuberg an der Mürz, Rax 7, Tel. 02665/380, www.karlludwighaus.at, in der Sommersaison von ca. Ende April bis Ende November tägl. geöffnet. Berghütte auf der Rax, Biobetrieb. Vegane indische Linsensuppe, Chili sin carne, Bauernpresswurst, Holzofenbratl; Minz-Limonade, Aronia-Ingwer-Eistee, Kobersdorfer Bier, feine Weine sowie Edelbrände von Farthofer. Übernachtungsmöglichkeit mit Frühstück. **€€**

Region Eisenwurzen

Gulaschwirtin 3344 St. Georgen am Reith, Dorf 31, Tel. 0650/909 25 30, E-Mail: office@gulaschwirtin.at, www.gulaschwirtin.at, Di–Sa, Fei 10–22, So 10–15, durchgehend warme Küche. Bodenständiges Gasthaus (seit über 100 Jahren in Familienbesitz) mit traditioneller Mostviertler Kost, zubereitet aus qualitativ hochwertigen Produkten von Bauern aus der Region; die Wirtin wurde zu Niederösterreichs bester Gulaschköchin gewählt; Saiblingsfilets aus der Genussregion Ybbstal; im Oktober Ripperlessen; hausgemachte Mehlspeisen; österreichische Weine, niederösterreichisches Bier vom Fass; Kinderspeisen, -sessel. TV. Radfahrerfreundlich. Idyllische Terrasse für 35 Pers. am Bach. **€€**

Wienerwald Nord

Berghotel Tulbingerkogel 3001 Tulbing, Tulbingerkogel 1, Tel. 02273/73 91, E-Mail: hotel@tulbingerkogel.at, www.tulbingerkogel.at, täglich 8–24, warme Küche 12–21, auch Fei geöffnet, von Nov. bis Feb. Küche am So nur bis 15. Frühstücksbuffet 8–10.30 (€ 25,–); Spezialitäten: die ersten Kräuter des Jahres, Tullnerfelder Spargel, saisonal wechselnde Trüffelspezialitäten, Wild aus dem Wienerwald; Gourmetmenü mittags und abends (ab € 56,– bzw. vegetarisch ab € 46,–). In regelmäßigen Abständen gibt's ein „Diner historique", bei dem mit ungefähr 28 Gerichten dem Geschmack des 18. Jahrhunderts nachgegangen wird (Reservierung, € 148,– inkl. Getränke). 18 Jahre „Best of award of excellence", mehr als 1400 Positionen auf der Weinkarte, begehbarer Weinkeller, Verkostungsmöglichkeit; Edelbrände. Kinderportionen, -sessel, Spielzeug, Spielplatz. TV, Beamer und Leinwand. Restaurantbereich für 100, Stüberl für 30, Gourmetterrasse für 60, Lindengarten für 100 Pers. Vom Garten auf der Anhöhe des Tulbingerkogels genießt man an klaren Tagen einen wunderbaren Blick ins Tullnerfeld und die Voralpen. Seminar- und Tagungsmöglichkeiten (Räume für bis zu 250 Pers.), Hochzeiten, Familienfeiern; Gästezimmer (ab € 88,–/Pers.); standesamtliche Hochzeiten möglich. **€€€**

Vier Jahreszeiten im Park 3001 Mauerbach, Herzog Friedrich-Platz 1, Tel. 01/970 30-100, E-Mail: info@imschlosspark.at, www.schlosspark.at, täglich 12–14 und 18–23, Frühstücksbuffet Mo–Fr 7–10, Sa, So, Fei 7–11. Idyllischer geht es kaum: den historischen Schlosspark durchzieht ein dahingurgelndes Bächlein. Seerosenteiche, alte Bäume und Wiesen prägen das Bild. An Sommertagen jagen schillernde Libellen übers Wasser. Eine Oase am Rande des Wienerwalds mit 4-Sterne-Superior-Hotel, dessen Restaurant regionale Küche sowie verfeinerte, bodenständige und saisonale Gerichte offeriert. Der Hang zu regionalen Produkten und österreichischen Erzeugnissen fällt angenehm auf. Beste Grundmaterialien, vorzugsweise bio, werden klassisch und kreativ verarbeitet; täglich 4gg MM; Reise durch die Speisekarte; auch vegane Speisen. Die Karte ist beruhigend überschaubar. Offene Bouteillenweine. Geeignet für Feiern und Events, Räumlichkeiten für 30 bis 250 Pers., Foyer für Empfänge, Panoramaterrasse, Parkplätze. Behinderten-WC. Zimmer ab € 144,–/Pers. **€€€€**

Nikodemus 3002 Purkersdorf, Hauptplatz 10, Tel. 02231/ 654 54, E-Mail: office@nikodemus.at, www.nikodemus.at, Di-Sa 17-24, warme Küche bis 22.30. Durchwegs gelungene Beislküche; Kinderspeisen, -sessel. Vinothek mit internationalen Weinen. Konzerte; wer Trubel liebt, sollte nach den von Niki Neunteufel inszenierten Happenings fragen. Für Feste geeignet; Garten für 60 Pers. **€€**

Riedanleitner Most-Stub'n und Jausenstation Hoffmann 3011 Tullnerbach-Irenental, Riedanleiten 62, Tel. 02233/538 83, 0664/441 84 14, E-Mail: bauernhof.hoffmann@aon.at, www.bauernhof-hoffmann.jimdofree.com, Sa, So, Fei ab 10.30. Traditionelle Gerichte mit Lebensmitteln aus hauseigener Erzeugung. Hauswurst, Geselchtes, Milch und Kuchen, kleine warme Speisen, immer auch 2 HS, z.B. Schweinsbraten, Schnitzel etc., Hausspezialität: Blutwurst mit Sauerkraut und Rösti, faschierte Laberl und allerlei Knödelvariationen; Grillspezialitäten wie Kotelett, Spareribs etc.; Most, Süßmost, Apfelmost, Glühmost, Apfelsaft, Bier und Wein sowie div. Schnäpse und Honig aus eigener Produktion. Speisen auch zum Mitnehmen. Kindersessel, Wickeltisch, Spielplatz, Hasengehege. Feiern (z.B. Geburtstage) möglich; Garten für 150 Pers. Hunde mit Beißkorb. Angeschlossener Bauernladen: Sa ab 9, So ab 10. Zur Jausenstation kann man gehen oder mit dem Rad fahren, Zufahrt auch mit Auto möglich (über das Irenental). **€**

Das Wirtshaus im Wienerwald Bonka 3413 St. Andrä-Wördern, Oberkirchbacher Str. 61, Tel. 02242/62 90, E-Mail: bonka@aon.at, www.bonka.at, Fr-So, Fei ab 8, Küche: Fr-Sa 11-21, So 11-18, Fei 11-15; Mo-Mi für Gruppen ab 20 Pers. auf Anfrage geöffnet. Gepflegtes Wirtshaus mit Kachelofen, täglich wechselnde Karte (Mittagsteller € 9,50); Frühstück bis 11.30 (€ 8,50); Kinderportionen, -sessel, Wickeltisch, Streichelzoo, Spielplatz; feine Auswahl österreichischer Weine. Extrazimmer und Scheune für je 100 Pers. (für Feiern wie Hochzeiten geeignet), Wintergarten für 60, Schanigarten und Gastgarten für je 100 Pers. Gästezimmer (ca. € 30,-/ Pers.). Schilift mit Sommer- und Winterbetrieb in der Nähe. Mitglied der Niederösterreichischen Wirtshauskultur. **€€**

Die Fischerin 3420 Kritzendorf Donaulände 15, Tel. 02243/ 323 50, E-Mail: office@diefischerin.at, www.diefischerin.at, Mi-Fr 16-22, Sa 12.30-22, So 12-22, im Winter geschlossen. Asiatische Küche mit lokalem Touch, z.B. Papaya-Salat aus Kohlrabi mit Erdnüssen, Karotten, Kirschtomaten und Fischsauce oder Fried Rice Taco mit Räucherwels, Erbsen, Mango und süß-sauer-scharfer Mayo; erstklassiger Espresso aus einer Marzocco-Espressomaschine, Kaffee von der Kaffeefabrik (auch zu kaufen). Riesige Terrasse mit Lounge-Ecke an der Donau. Verleih von Kajaks, Elektrobooten und Stand-up-Paddel-Boards. **€€**

Wienerwald Süd

Stockerwirt 2392 Sulz im Wienerwald, Rohrberg 36, Tel. 02238/825 90, E-Mail: landgasthaus@stockerwirt.com, www.stockerwirt.com, Mi-Sa 11.30-24, So, Fei 11.30-21, Küche Mi-Sa bis 21, So, Fei bis 20, letzte Bestellung 19.15. Gasthaus im Gebäude einer ehemaligen Mühle mit bodenständigen Gerichten, gutbürgerlichen, saisonalen, frischen Speisen wie z.B. Fisch und Wild. Die Zutaten bezieht der Koch häufig aus der unmittelbaren Umgebung, z.B. die Bachforelle aus Schwarzau am Gebirge (Mi-Fr bis 15 Uhr 3gg MM € 24,-). Sehr großes Wein- und Edelbrandangebot (über 2000 Weine, Schwerpunkt Österreich, Frankreich und Deutschland). Kindersessel, Malsachen und Spielplatz, Wickeltisch. Räumlichkeiten für Veranstaltungen mietbar. Wintergarten für 120, schöner, großer Garten mitten im Grünen für 150 Pers. (mit Biotop). Großer Parkplatz. Eingang über Wintergarten barrierefrei. Reserv. empfohlen. 💳 **€€€**

Landgasthof zur Linde 3053 Laaben, Hauptplatz 28, Tel. 02774/83 78, E-Mail: linde@linde-laaben.at, linde-laaben.at, Mo, Di ab 17, Fr, Sa 11.30-14 und 17.30-21, So, Fei 11.30-20 (Küchenzeiten). Ein Ausflug in den Wienerwald bietet sich an, mit einem Besuch in der „Linde" gekrönt zu werden: der Gasthof aus dem 19. Jahrhundert verfügt nicht nur über einen zauberhaften Garten und eine liebevoll renovierte Gaststube, sondern auch über neu renovierte und gemütliche Zimmer, wo es sich nach üppigem Genuss der verfeinerten bodenständigen Küche gar angenehm nächtigen lässt (pro Pers. ab € 55,-). Selbstgebackenes Brot, Produkte aus dem eigenen Garten und regionale Zutaten (Alpensaibling aus Gutenstein, Wild aus dem Wienerwald, Steaks aus dem Dry Ager); „Tut-Gut-Menü" (3- bis 5gg M ab € 45,-); Frühstücksbuffet bis 10 (€ 13,-). Große Weinkarte mit Schwerpunkt Niederösterreich, eigene Naturweinkarte. Kinderkarte, -sessel, Spielplatz, Wickelraum. Stüberl für 40 Pers. Gastgarten für 30 Pers. Großer Parkplatz, Ladestation für E-Autos. Eingang rollstuhlgerecht. Reservierung empfohlen. 💳 **€€**

Perchtoldsdorf

Alexander, das Restaurant 2380 Perchtoldsdorf, Marktplatz 10, Tel. 01/865 97 59, E-Mail: alexander@dasrestaurant.at, www.dasrestaurant.at, Mo-Sa 11-16 (Fei geschlossen). Lokal im alten Gewölbe des Rathauskellers aus dem 15. Jahrhundert mit österreichischer und internationaler Küche (Mo-Fr 2gg MM € 9,80, Sa € 15,50); vegane Optionen; Kinderportionen, -sessel. Catering. Biozertifiziert. TV, Beamer; Veranstaltungen wie Sommer-, Oktober- und Vorweihnachtsfest. Gut besucht, angenehmes Ambiente ohne größere Verrenkungen. Bar; Extrazimmer für 14, Veranstaltungsraum für 80, netter Gastgarten im Innenhof für 50 Pers. 💳 **€€**

Wood & Stone 2380 Perchtoldsdorf, Hochstraße 137, Tel. 01/869 23 20, E-Mail: reservierung@woodandstone.at, www.woodandstone.at, Mo–Sa 17–22, Küche bis 21. Amerikanische Küche, Steaks, Burger, BBQ; Kinderportionen, -sessel; österreichische Weine und amerikanische Monatsweine, Cocktails, Fassbiere. Catering in Wien und Umgebung, Zustelldienst in Perchtoldsdorf und Traiskirchen Umgebung. Für Privatveranstaltungen von 30 bis 100 Pers. mietbar. Gastgarten für 70 Pers. €€€

Raum Mödling

Babenbergerhof 2340 Mödling, Babenbergergasse 6, Tel. 02236/222 46, E-Mail: hotel@babenbergerhof.com, www.babenbergerhof.com, Mo–Fr 11.45–22, Sa 7–13, So, Fei 7.30–13 (Restaurantbetrieb), täglich 7.30–24 geöffnet. Gutbürgerliche Küche mit saisonalen Spezialitäten, z.B. Tafelspitz mit Wurzelgemüse, Erdäpfelrösti, Apfelkren, Schnittlauchsauce und Cremespinat; Sa, So, Fei „Genussbuffetfrühstück PLUS“ bis 13. Kinderspeisen, -sessel, Spielsachen, Wickeltisch. TV. Terrasse für 60 Pers, Angeschlossenes Hotel (EZ ab € 81,–/DZ ab € 140,–); eigener Parkplatz. €€€

Schlosserei 2340 Mödling, Wehrgasse 4, Tel. 02236/260 25, E-Mail: locked@schlosserei.at, www.schlosserei.at, April bis Oktober Mo–Do, So 16–24, Fr, Sa 16–1, November bis März täglich 18–24, Küche bis 22. Internationale Küche, wechselnde Wochenkarte mit saisonalen Speisen; Spezialitäten: Burger, Ribs (ausschließlich regionale bzw. österreichische Produkte), 7 Biere vom Fass und Tank, eigenes Hausbier aus dem Tank mit natürlicher Kohlensäure, ausgesuchte Weine und Secco aus dem Burgenland vom Fass. Ambitionierte Innenarchitektur in einer ehemaligen Schlosserei: viel helles Holz. Große, schattenspendende Linde im Gastgarten mit überdachter Pergola (inkl. Heizstrahlern) für 75 Pers. Das Lokal wird gerne von Radfahrer*innen besucht, gut ausgestatteter Rad-Dealer nebenan. €

Tommaso Arbace 2344 Maria Enzersdorf, Franz Josef-Straße 49, Tel. 02236/210 10, www.arbace.at, Di–Sa ab 18 (Fei geschlossen), Küche bis 20.30. Italienische Küche; alles sehr italienisch, vom hausgemachten Weißbrot bis zum Grappa; italienische Weinkarte. Kindersessel. 25 Sitzplätze, gemütlicher Wohnzimmercharakter. Gastgarten für 20 Pers. Telefonische Reservierung empfohlen. €€€

Richardhof Gumpoldskirchen 2352 Gumpoldskirchen, Richardhof 248, Tel. 0699/14 58 45 04, E-Mail: feiern@richardhof.events, brunch@richardhof.events (Brunch-Reserv.), www.richardhof.events, Sa, So 10–14, Veranstaltungen nach Absprache Mo–Fr sowie Sa, So ab 15. Brunchlokal und Eventlocation im Grünen. Am Wochenende von 10–14 Brunch mit Heißgetränken, Frizzante, Roast Beef, Lachs, heißen und kalten herzhaften Speisen, frisch servierten Ei-Gerichten in Bioqualität sowie Torten und Kuchen (€ 41,–/Pers./Kinder bis 6 Jahre gratis, bis 12 Jahre € 20,50). Spielecke, Spielplatz, Wickeltisch. Spezialisiert auf Feiern und Veranstaltungen, insbesondere Hochzeiten, aber auch Familienfeiern, Taufen, Firmenfeiern, Seminare, Workshops etc. Terrasse für 150 Pers. Gästezimmer (12 DZ). Golfanlage und Pferdehof angeschlossen. Kostenpflichtiger Parkplatz, der Parkschein gilt aber als Gutschrift bzw. Getränk nach Wahl im Richardhof.

Klostergasthaus Thallern 2352 Thallern 2, Tel. 02236/533 26, E-Mail: office@klostergasthaus-thallern.at, www.klostergasthaus-thallern.at, täglich 11–23, durchgehend warme Küche bis 21.30. Lokal von Familie Fritz; verfeinerte Landhausküche (2gg MM ab € 12,60), Backhuhn, Brathuhn; Kinderportionen, -sessel, Spielplatz, Wickeltisch. Die Weine stammen u.a. vom Stiftsweingut Heiligenkreuz (insg. 400 Positionen). TV. Sehr weitläufige Räumlichkeiten (Extrazimmer für 30, 40, 50 und 100 Pers.), 2 Gastgärten für insg. 200 Pers. Zufahrt: auf B17 noch vor Gumpoldskirchen rechts nach Thallern abzweigen. €€€

Landhotel & Restaurant Jagdhof Guntramsdorf 2353 Guntramsdorf, Hauptstraße 41, Tel. 02236/522 25, E-Mail: info@jagdhof.cc, www.jagdhof.cc, Di–Sa 11.30–14 und 17.30–22, Küche 11.30–14 und 17.30–21.30. Speisen von verlässlicher Qualität (3gg MM), abends Genießermenü (3gg oder 6gg wahlweise mit Weinbegleitung); So Genießerfrühstück bis 11, ansonsten Frühstück bis 9.30 (€ 19,50), 3gg MM (€ 24,50, zzgl. Gedeck € 3,90); angeschlossenes Wia'tzhaus Platzhirsch (2 TT). Umfangreiche Weinkarte: Alle Weinbaugebiete sind repräsentativ vertreten, wobei man dem eigenen Weinbaugebiet – der Thermenregion – einen besonderen Stellenwert (Zierfandler und Rotgipfler) einräumt. Kinderspeisen, -sessel. Personal sehr freundlich und zuvorkommend. TV. Helle, luftige Räume; 2 Extrazimmer für 50 und 80 Pers. Gastgarten für 70 Pers. Gästezimmer (EZ ab € 73,–, DZ ab € 105,–, Suite € 134,– (Einzelbenutzung) oder € 175,– (Doppelbenutzung), jeweils inkl. Frühstück). Badner-Bahn-Station Guntramsdorf in unmittelbarer Nähe (30 Min. ins Zentrum Wiens). Hundefreundlich. €€€

Südufer 2353 Guntramsdorf, Danfoss-Straße 7, Tel. 0676/440 44 45, E-Mail: reservierung@suedufer.at, www.suedufer.at, Di–Sa ab 17, Weihnachten geschlossen, im Jänner 1 Woche Betriebsurlaub. Restaurant mitten im Naherholungsgebiet am Guntramsdorfer Windradlteich. Moderne, mediterrane Küche mit saisonalen Schwerpunkten und Fokus auf hochwertigen Zutaten, z.B. gebratenes Seesaiblingsfilet, hausgemachte Pasta oder Hirsch Ossobuco; Kinderspeisen auf Anfrage möglich. Gelegentlich Veranstaltungen (siehe Facebook). Lokal für ca. 150 Pers. mit getrennten Bereichen für Events, Feiern etc. Terrasse am See für 150 Pers. €€€

Hexensitz 2371 Hinterbrühl, Johannesstr. 35, Tel. 02236/229 37, E-Mail: restaurant@hexensitz.at, www.hexensitz.at, Mi-Sa 11.30-15 und 17.30-22, So, Fei 11.30-15. Landhausvilla mit familiärem Charakter und einem sehr angenehmen, schattigen Gastgarten hinter dem Haus (2 Terrassen à 35 Pers., eine davon überdacht, die zweite mit Panorama-Schirmen). Gutbürgerliche, regionale Küche mit mediterranem Einfluss, Hausmannskost, Schmankerlküche, alles frisch zubereitet, überwiegend regionale Produkte (Fisch vom Gut Dornau, Fleisch aus der Region), monatlich Wein & Dinner (inkl. Weinbegleitung von namhaften Winzer*innen aus der Umgebung); Weinkarte mit vorwiegend österreichischen Weinen. Kinderspeisen, -sessel, Wickeltisch. 💳 €€€

Hotel Restaurant Höldrichsmühle 2371 Hinterbrühl, Gaadner Straße 34, Tel. 02236/262 74, E-Mail: office@hoeldrichsmuehle.at, www.hoeldrichsmuehle.at, Mo-Sa 11-22, So 11-17. Traditionsreiches Restaurant; Frühstücksbuffet bis 10.30 (Tischreservierung für Nicht-Hotelgäste erbeten); viele Fisch-, Wild- und Pilzgerichte, Candle-Light-Dinner mit Weinbegleitung auf Anfrage; Kinderspeisen, -sessel, Wickeltisch. Offene Weine aus der Region. Die Höldrichsmühle gibt es schon seit dem 12. Jahrhundert, seit 230 Jahren ist darin ein Restaurant. Der Legende nach wurde hier Franz Schubert zu seinem weltberühmten Lied „Der Lindenbaum" inspiriert. Zahlreiche Ausflugsmöglichkeiten. Mehrere Extrazimmer und Bankettträume (ab 10 bis zu 220 Pers., Familien- und Betriebsfeste und Hochzeiten werden gerne organisiert); Konferenzräume. Gastgarten für 80 Pers. Hotel (50 Gästezimmer), Reitschule, Fitnessraum/Sauna/Salzgrotte. Parkplatz; auch mit öffentlichen Verkehrsmitteln erreichbar. Behinderten-WC. ♿ 💳 €€€

Waldrast Krauste Linde 2531 Gaaden, Am Anninger 1, Tel. 02236/86 04 96, E-Mail: waldrast@kraustelinde.net, www.kraustelinde.net, Mo-Mi 9.30-17, Sa, So, Fei 8.30-17. 30 Minuten Fußmarsch muss man in Kauf nehmen, um den Anninger zu erklimmen. Die Wegweiser zur „Krausten Linde" kann man nicht übersehen. Dort stehen bodenständige, hausgemachte Gerichte - vom Krenfleisch bis zum Gulasch, Suppen und Mehlspeisen - auf der Karte; im Winter Glühwein. An besucherstarken Tagen (Wochenende!) herrscht lautstarke Wanderlustigkeit vor und in der Hütte. Kinderfreundlich (Kinderspeisen, -sessel). Tiere wie Ziegen und Hühner. Räumlichkeiten für Feiern aller Art geeignet. Saal für Veranstaltungen bis 100, Extrastüberl für ca. 30, Gastgarten für 100 Pers. €€

Meierei Gaaden 2531 Gaaden, Anningerstraße 5, Tel. 02237/81 43, 0676/407 94 09, E-Mail: info@meierei-gaaden.at, www.meierei-gaaden.at, Sa, So, Fei 10-20, Mi-Fr auf Anfrage für Veranstaltungen geöffnet, im Juli nur bei Theatervorstellungen geöffnet. Restaurant und Jausenstation. Belegte Brote, Sacher-Würstel, Salate, auch Schnitzel, Strudel, 3 Tagessuppen (ca. € 5,-), täglich 5 Tagesgerichte (1 asiatisches, 1 österreichisches Gericht und Schnitzel, 1 Fischgericht und 1 vegetarisches oder veganes Gericht); Mehlspeisen nach Familienrezept; Geschäftsführung und Küchenleitung: Wolfgang Sailer; Kaffee, Bier, Weine, Prosecco. Zeitungen, Zeitschriften, Spielzimmer (Schach, Kartenspiele); im Juli Sommertheater und -konzerte (www.theatermeierei.at). Kinderecke, Spielzeug, Wickeltisch. Wunderbares altes, renoviertes Haus, Altbau, Neubau und Holzterrasse für jeweils 40 Pers., Pawlatschen, schattiger Garten für 80 Pers. mit Bäumen und einem kleinen Salettl für 20 Pers. Liegewiese mit Liegebetten und Hängematten; Waldhaus (für Hochzeiten geeignet); Veranstaltungen bis 80 Pers. möglich. 1 Ferienwohnung im Nebengebäude. Eigener Parkplatz. Behinderten-WC. ♿ €€

Gasthaus „Zu den Linden" 2531 Gaaden, Hauptstraße 52, Tel. 02237/72 82, E-Mail: gasthaus@zu-den-linden.at, www.zu-den-linden.at, Mi-Fr 11.30-15 und 17.30-21.15, Sa, So 11.30-15 und 17.30-20 (Küchenzeiten). Am Rande des Wienerwalds gelegener Gasthof mit netter Bedienung, den es schon ewig zu geben scheint. Österreichische Küche und saisonale Speisen; im Frühling Spargel, im Herbst Schwammerl und Wild; Kinderspeisen, -sessel, Spielzeug, Wickeltisch. Stüberl für ca. 30, Saal für 55 Pers. (beide für private Feste zu mieten). Gastgarten für ca. 50 Pers. 💳 €€

Raum Baden

El Gusto Español - Die Verkosterei 2500 Baden, Brusattiplatz 5 (Am grünen Markt), Tel. 865 11 27, 0676/465 41 41, E-Mail: espanol@espanol.at, www.espanol.at, Mai bis September Mo-Fr 10-20, Sa 10-17, Oktober bis April Mo-Fr 10-18, Sa 10-17. Spanisches Lokal in Baden. Tapas (ab € 2,90), Pata Negra, Fisch, Turrón, Mojama (luftgetrockneter Thunfisch), iberisches Eichelschwein; Sherry, Rioja und andere spanische Weine, Moritz (katalanisches Bier); alle Produkte direkt aus Spanien importiert; Vinothek (ausschließlich spanische Weine), Delikatessen-, Groß- und Einzelhandel; Online-Shop; Catering. Livemusik auf Anfrage. Schanigarten für 20 Pers. 💳

Rosenbauchs 2483 Ebreichsdorf, Rechte Bahnzeile 9, Tel. 02254/723 38, E-Mail: office@rosenbauchs.at, www.rosenbauchs.at, Mai bis August Mi-Sa 11.30-15 und 17.30-23, So, Fei 11.30-21, September bis April Do, Fr 11.30-15 und 17.30-23, Sa 11.30-23, So, Fei 11.30-21. Wirtshaus mit traditioneller Wirtshausküche und Restaurant; 5gg Überraschungsmenü € 82,- oder 7gg € 98,-; Burgund-, Bordeaux- und italienische Weine ergänzt mit österreichischen und internationalen Edelbränden; Kinderspeisen, -sessel, Wickeltisch, Spielplatz. Garten mit Biotop. Hochzeitsfeiern möglich. Extrazimmer mit Kamin für 27, Wirtshausgastgarten für 30, Restaurantgastgarten für 60 Pers. Mit dem Zug von Meidling in 25 Min. erreichbar. €€€

Restaurant Le Rendez-vous 2500 Baden, Weilburgstr. 3, Tel. 02252/855 51, E-Mail: office@le-rendezvous.at, www.le-rendezvous.at, Mi–Sa 11.30–14 und 17.30–23, Küche bis 21. Französische Küche auf höchstem Niveau; kleines aber feines Restaurant, wenig Sitzplätze, das Augenmerk wird auf Qualität gelegt; Hauben-Küche, französisch-modern und klassisch; Karte wechselt alle 4 Wochen; Klassiker wie Crème Brûlée etc.; hausgemachtes Eis und Sorbet; Weinkeller (Schwerpunkt Frankreich). Klimaanlage; Kindersessel. Schanigarten. €€€

Fontana Restaurant 2522 Oberwaltersdorf, Fontana Allee 1, Tel. 02253/606 23 11, E-Mail: office@fontana-restaurant.at, www.fontana.at, Mi–So 11.30–22, Küche bis 21. Restaurant im Golfresort. Regionale Gerichte; Frühstück. Eventbereich für 150 Pers., (Großveranstaltungen möglich); Hundefreundlich. €€€

Raum Wiener Neustadt

Der Halbwax 2493 Lichtenwörth, Hauptplatz 2, Tel. 02622/752 77, E-Mail: office@gasthaus-halbwax.com, www.gasthaus-halbwax.com, Mi, Do 11–15, Fr, Sa 11–24, So 11–18, Fei 11–17, warme Küche Mi, Do 11.30–14, Fr, Sa 11.30–20.30, So 11.30–16. Regionale Landgasthausküche (Mi–Fr MM), Wild aus der Ortschaft, saisonale Spezialitäten, vorwiegend Verwendung von regionalen Produkten; seit 2016 mit AMA-Gastrosiegel ausgezeichnet; Mitglied der NÖ Wirtshauskultur: jährlich ca. 10 Themenbuffets (ca. € 39,–/Pers.); ca. 50 österreichische Weine. Kinderspeisen, -sessel, Wickeltisch. Catering. Speisesäle für Veranstaltungen bis 200 Pers. zu mieten; Gastgarten für 150 Pers. Behinderten-WC. €€

Hotel-Restaurant Looshaus am Kreuzberg (Inh. Fam. Steiner-Sehn) 2650 Payerbach, Kreuzberg 60, Tel. 02666/529 11, E-Mail: steiner@looshaus.at, www.looshaus.at, Mo, Do–So, Fei 11.30–20, März geschlossen, November geschlossen, durchgehend warme Küche bis 20, So bis 18. Im legendären, denkmalgeschützten Loos-Haus, mit seiner großartigen Architektur und dem Alpenblick, kann man auch ganz gut essen; gekocht wird bodenständig und es gibt einige Weine (10 bis 12 offen); fallweise Degustationsmenü mit Weinbegleitung sowie Musikveranstaltungen. Kinderspeisen, -sessel, Spielzeug, Wickeltisch. TV. Gastraum für 60, Extrazimmer für 16, Terrasse für 20 und Gastgarten für 50 Pers. Gästezimmer (€ 50,– bis € 70,–/Pers. inkl. Frühstück). €€€

Hotel & Restaurant Knappenhof 2651 Reichenau an der Rax, Kleinau 34, Tel. 0664/401 65 40, E-Mail: reception@knappenhof.at, www.knappenhof.at, Do–So 12–15 und 17–22 (Winter), im Sommer auch Mi geöffnet, letzte Bestellung 21.30. Max Stiegl konzipiert hier jeweils zwei Menüs aus Wald- und Wiesenzutaten, Wildgeflügel oder Fisch, perfekt umgesetzt vom lokalen Küchenteam. So ab 16 „Restlessen" (€ 36,–/Pers.), letzter So im Monat „Küchenparty" (€ 85,–/Pers. inkl. Getränke), im Herbst Ganslessen. Terrasse. Gästezimmer. €€€

Schloss Wartholz 2651 Reichenau an der Rax, Hauptstraße 113, Tel. 02666/522 89-203, E-Mail: restaurant@schloss wartholz.at, schloss-wartholz.at, Juli bis August täglich 9–20, September bis Juni Mi–Fr 10–18, Sa, So 9–18. Café-Restaurant im Schloss Wartholz. Traditionelle und saisonale Küche; Frühstück bis 12; viele Zutaten sind biologisch und/oder aus der Region. Feiern wie Hochzeiten möglich; regelmäßig Veranstaltungen im Schloss. Reservierung erwünscht. €€

Speckbacher Hütte 2673 Breitenstein, Speckbacher Straße 51, Tel. 02664/210 96, E-Mail: servus@die-speckbacher.at, www.die-speckbacher.at, Mo–Mi, Sa, So, Fei 9–18 (im Sommer), Öffnungszeiten je nach Jahreszeit und Wetter variabel. Ehemaliger Jagdsitz der Rothschilds in traumhafter Lage. Besonders empfehlenswert ist hier alles mit Speck sowie das Kreuzberger Lamm oder die Momos (nepalesische Teigtaschen). Terrasse mit schönem Ausblick. Übernachtungsmöglichkeit in der Hütte.

Puchegger-Wirt 2722 Winzendorf, Bahnhofplatz 86, Tel. 02638/222 24, E-Mail: info@puchegger.at, www.puchegger.at, Mi–Sa 11.30–15 und 17–22.30, So 11.30–15, Küche bis 13.45 bzw. 20.15. Gehobene, saisonal geprägte österreichische Küche, saisonale Spezialitätenwochen; Weinkarte mit 100 Flaschenweinen und 8 bis 10 offenen Weinen; kleine Speisen möglich, Kindersessel, Wickeltisch, Spielplatz. Shop mit hauseigenen Produkten und Bastelsachen. Ansprechendes Gasthaus: Restaurant mit Kamin, große Gaststube, Weinkeller, Stüberl für 55 und Gartenterrasse für 40 Pers. Gästezimmer (EZ € 52,–/DZ ab € 48,–, p.P. jeweils inkl. Frühstück). Div. Auszeichnungen: 2003 bis 2018 Top-Wirt, 2017 Platz 1 (Auszeichnung der NÖ Wirtshauskultur), 1 Haube im Gault Millau 2022, 2 Gabeln von Falstaff 2022, 1 Stern von À la Carte 2022. €€€

Schmutzer 2722 Winzendorf, Hauptstraße 12, Tel. 02638/222 37, E-Mail: gasthaus-schmutzer@aon.at, www.gasthaus-schmutzer.at, Do, Fr 9–15 und 17–24, Sa 9–24, So, Fei 9–20, Küche Do, Fr 12–14 und 17–20, Sa 12–20, So, Fei 12–19. Gasthaus im Schneebergland, Küchenchefin: Ute Schmutzer; regional inspirierte, verfeinerte Hauben-Küche (4gg M ca. € 52,–/vegetarisch € 33,–/6gg M € 72,–), es werden vorrangig Produkte aus der Region verwendet; Käsewagen; sehr große Weinkarte mit Schwerpunkt auf österreichischen Weinen, prämierte Edelbrände aus eigener Produktion (Vinaria Sortensieger); Zigarrenangebot. Kinderkarte, -sessel, Wickelauflage. Manchmal Themenabende, hin und wieder Specials wie Bier-, Wein- oder Trüffelmenü, im Sommer Musikveranstaltungen. „Kleiner Schmutzer" (selbe Adresse, selbe Öffnungszeiten): einfachere Wirtshausküche, regionale Schmankerl von Schneebergrind bis Saibling. Fichtenstube, Dorfstube und Gastgarten für insg. 50 Pers. 💳 €€€

Enzian Hütte am Kieneck 2763 Muggendorf, Thal 31, Tel. 0676/782 90 81, E-Mail: enzianhuette@kieneck.at, www.kieneck.at, Mitte März bis Mitte November Mo 10–15, Di–So, Fei 8–17, bei Übernachtung Küche bis 19.30, So bis 16. Klassische Hüttengerichte wie Schweinsbraten, Hirsch- oder Erdäpfelgulasch sowie die weltbesten Topfenknödeln mit Zwetschkenröster, außerdem auch vegetarische, vegane und gluten- und laktosefreie Speisen; Schnäpse und Säfte aus Fichtenwipferln, Waldmeister, Waldhimbeeren, Holunder und Dirndln; viele Kräuter und Gemüse stammen aus dem eigenen Hüttengarten; Kaffee und Tee von Sonnentor. Urige Stube, Terrasse. Gästezimmer (unbedingt reservieren, Frühstück ab 7.30).

Schutzhaus Waxeneck 2763 Pernitz, Waxeneck 17, Tel. 02632/733 00, E-Mail: waxeneckhaus@a1.net, www.schutzhauswaxeneck.com, Do–So, Fei ab 9, warme Küche 11–17. Auf einer Höhe von 785 m gelegenes Schutzhaus. Hausmannskost (saisonaler TT), warme und kalte Speisen, auch vegetarische Gerichte; saisonale Speisen (z.B. Wild); Spezialität: Schweinsbraten mit Kraut und Knödel; Frühstück bis 11 (Vital, Waxeneck oder Wanderfrühstück), hausgemachte Mehlspeisen (Topfenstrudel, Apfelstrudel); Stiegl und Kozel vom Fass. Kindersessel, -bücher, Spielplatz. Gastgarten für 80 Pers. Gästezimmer. €€

Triad 2853 Krumbach, Ödhöfen 25, Tel. 02646/83 17, E-Mail: office@triad-machreich.at, www.triad-machreich.at, Mi–Sa 11.30–13.30 und ab 18 (Küche), Küche bis 13.30 bzw. 20. Familiär geführtes Restaurant in der Atmosphäre, Essen und Umgebung wunderbar zusammenstimmen (4- bis 8gg M € 64,80 bis € 125,–); Produkte überwiegend von Produzent*innen aus der Umgebung. „Chef's table", Di „Triad Privat" (6gg Gourmet Menü in kleinem, ungezwungenem Rahmen); mit 3 Hauben ausgezeichnet (Gault Millau). Hofladen und Gemüsegarten. Gastgarten für 60 bis 70 Pers. mit Naturteich. 5 Ferienhäuschen „Bett in da Wies'n" direkt im Garten (Details und Preise siehe Homepage). 💳 €€€

Kräuterwirtin Gerda Stocker 2860 Kirchschlag in der Buckligen Welt, Lembach 11, Tel. 02646/22 88, E-Mail: info@kräuterwirtin.at, www.kräuterwirtin.at, Do–So 9–22, Küche 11.30–14.30, So bis 16, abends bei rechtzeitiger Vorreservierung. Gasthaus: idealtypisches Beispiel eines Landgasthauses mit Schankstube und Saal. Regionale Küche, Wildkräuterspezialitäten; Schmankerlthemen. Kräuter-Limo. Kinderportionen, -sessel, Spielecke. Kochkurse, Wildkräuterführungen für Gruppen auf Anfrage, häufig Veranstaltungen (Bier-, Weinverkostungen, Kirtag, Oldtimertreffen). Extraraum bis 25 Pers. für Feiern aller Art geeignet. Kräutergastgarten für 60 Pers. Telefonische Reservierung erforderlich. Hundefreundlich. 💳 €€

Hotel Post – Hönigwirt 2860 Kirchschlag in der Buckligen Welt, Günser Straße 2, Tel. 02646/22 16, E-Mail: kontakt@hotel-post-hoenig.at, www.hotel-post-hoenig.at, Mitte März bis Ende Dezember Mo, Mi–Sa, Fei 8–23, So 8–17, Okt. bis Dez. Mo nur bis 15, Jänner bis Ostern geschlossen; Küche 11.30–14 und 17.30–21, Sa 11.30–21, So 11.30–16. Gutbürgerliches Haus (erbaut 1884) mit rustikaler Gasthausatmosphäre. Frühstücksbuffet bis 10 (€ 14,–). Wochenmenü (Mo–Fr ab € 10,–/Sa, So € 17,– bis € 25,–), Feinschmeckermenü (€ 30,– bis € 45,–). Das Bier schmeckt sehr gut und auch das Weinangebot ist – dank der Weinbegeisterung von Friedrich Hönig – ziemlich umfangreich. Kindersessel, Spielecke, Wickelecke. Extrazimmer für 80 Pers. (für Feiern reservierbar), 2 Seminarräume für 18 und 25, schöne überdachte Terrasse für 100 bis 120 Pers. Massage, Sauna; 28 Gästezimmer (ab € 48,– inkl. Frühstück + € 1,60 Ortstaxe). 💳 €€€

Raum Schwechat

schiller – landgasthaus zum grünen baum 2453 Sommerein, Hauptstraße 31, Tel. 0676/944 40 49, E-Mail: mail@landgasthausschiller.at, www.landgasthausschiller.at, Mi, Do 18–23, Fr 11–14.30 und 18–23, Sa 11–23, So 11–22. Ländliche Gasthausküche, ausschl. regionale Produkte und aus eigenem Gartenanbau; erlesene Weine, auch alkoholfreie Getränkebegleitung. Kinderfreundlich. Gastgarten für 40 Pers. 💳 €€

Raum Carnuntum

Humers Uferhaus 2304 Orth an der Donau, Uferstr. 20, Tel. 0664/180 03 22, E-Mail: office@uferhaus.at, www.uferhaus.at, Ende Mai bis Anfang September Mo, Di, Do–So, Fei 11.30–21, Oktober bis April Mo, Di, Mi Ruhetag, November bis Jänner geschlossen. Österreichische Küche mit Schwerpunkt Fisch, Variationen verschiedenster Süßwasserfische, Spezialitäten: serbischer Karpfen, hausgeräucherter Karpfenspeck mit Kren und Brot. Kinderspeisen, -sessel, Piratenspielplatz. Gastgarten für 200 Pers. Reservierung am So und Fei erwünscht. €€

Landgasthof Haslauerhof 2402 Haslau-Maria Ellend, Hauptstraße 17, Tel. 02232/802 21, E-Mail: info@haslauerhof.at, www.haslauerhof.at, Do–So 11–24, Küche 11.30–21.30. Roland Lukesch bietet regionale Küche, Fisch aus der Donau, erstklassige Steaks und Wild; im Winter Schaukochen am Holzofen, im Sommer Grillen auf der Donauterrasse; Genusswanderung durch den Nationalpark Donau-Auen mit anschließendem 5gg Menü. Kräuterwanderung mit Kräuterexpertin Hild. Kochkurse mit Roland Lukesch; Kinderspeisekarte, -sessel, Spielzeug. Fokus auf regionale Getränke: Weine aus Carnuntum, auch österreichische Weine, naturtrüber Apfelsaft und andere Säfte von Fam. Windholz, Kollmann und Schilger. Stüberl für 20 Pers. Terrasse mit Blick auf den Nationalpark Donau-Auen für 30 Pers. 💳 €€€

Wirtshaus Der Gselchte 2460 Bruck an der Leitha, Altstadt 5, Tel. 02162/622 52, E-Mail: info@dergselchte.at, dergselchte.at, Mo–Fr 11–14 und 17–21, Sa, So, Fei auf Anfrage geöffnet. Küche auf gehobenem Niveau, auch bodenständige Gerichte, Hausmannskost (MM ab € 8,90), Spezialitäten: Innereien, Geselchtes; Brunch Angebot; sensationell bestückte Vinothek, Ab-Hof-Verkauf. Abhol- und Lieferservice auch am Wochenende (Sa 17–21, So 11–14). Kindersessel, Spiele. Saal für 50 Pers. für geschlossene Gesellschaften mietbar, Gaststube für 40, Gastgarten für 35 Pers. 💳 €€

Genusswirtshaus Bittermann 2464 Göttlesbrunn, Abt-Bruno-Heinrich-Platz 1, Tel. 02162/811 55, E-Mail: info@bittermann-vinarium.at, www.bittermann-vinarium.at, Fr, Sa 11–24, So 11.30–16, warme Küche bis 20 bzw. 16. Traditionelle Wiener Küche; saisonal wechselnde Speisen als „Glas to-go" (z.B. Rindsrouladen € 6,–). Grillkurse (buchbar per E-Mail), 1. Carnuntum Grillschule. In der Vinothek Weine aus Göttlesbrunn und Arbesthal (über 200 Weine, Ab-Hof-Verkauf). Kindersessel, Spielzeug, Wickeltisch. Seminarraum mit Leinwand und Beamer für 25, Terrasse für 80 Pers. Behinderten-WC. ♿ 💳 €€€

Der Jungwirt 2464 Göttlesbrunn, Landstraße 36, Tel. 02162/89 43, E-Mail: info@derjungwirt.at, www.derjungwirt.at, Do 17–23, Fr–So 11–23, Fei variabel, über Weihnachten geschlossen; durchgehend warme Küche bis 21.30. Kreative Hausmannskost, jedes Monat eine Spezialkarte, variantenreiche Interpretationen (AM 4gg € 58,–, 5gg € 68,–); Fleisch ausschließlich aus biologischer Landwirtschaft; tolle Weine, Vinothek (Ab-Hof-Verkauf). Kinderspeisen, -sessel, Wickeltisch. Festsaal (auch für Veranstaltungen mietbar) für 50 bis 200 Pers. auf 2 Etagen; 2 Terrassen für insg. 80 Pers. 💳 €€€

Raum Neusiedlersee

Restaurant am Friedrichshof 2424 Zurndorf, Römerstraße 2, Tel. 02147/700 06 00, E-Mail: office@restaurant-friedrichshof.at, www.restaurant-friedrichshof.at, Mi–Sa 11.30–14 und 18–22, So 11.30–17. Regionale Küche mit internationalen Einflüssen (4gg M € 55,–; 5gg M € 60,–; 2 vegetarische Speisen; Mi–Fr MM 2gg € 12,90); Kindersessel, -spielsachen, Wickeltisch. Gastgarten für 70 Pers. Übernachtungsmöglichkeit im Haus (Seminarhotel am Friedrichshof mit Badeteich). Behinderten-WC. ♿ 💳 €€€

Wirtshaus im Hofgassl 7071 Rust, Rathausplatz 10, Tel. 02685/607 63, E-Mail: hofgassl@hofgassl.at, www.hofgassl.at, März bis Dezember Di 18–23, Mi–So, Fei 11–23, Jänner bis Februar geschlossen, Küche 12–14 und 18–21, in der Festspielzeit ab 17.30. Kleines Restaurant in einem bezaubernd renovierten Uralt-Winzerhaus; gutbürgerliche österreichische Küche mit pannonischen Einflüssen, Spezialität: Zander vom See; Menüs für Gruppen auf Anfrage; Kinderspeisen, -sessel, Wickeltisch. Südfranzösisch anmutender Hof, Gastgarten für 60 Pers. Reservierung erbeten. €€€€

Langgusto 7072 Mörbisch am See Nordhafen 1, Tel. 0676/733 38 38, E-Mail: info@langgusto.com, langgusto.at, Do–So 11–21, Öffnungszeiten saisonal variabel (s. Homepage). Mediterrane und internationale Küche aus regionalen Zutaten, saisonale Tageskarte; Frühstück Do–Mo 8.30–10.30; Kinderspeisen. Terrasse direkt am Neusiedler See. 💳 €€

Taubenkobel 7081 Schützen am Gebirge, Hauptstraße 33, Tel. 02684/22 97, E-Mail: restaurant@taubenkobel.at, www.taubenkobel.at, Mi–Sa 12–14.30 und 18–22, So 12–15 und 18–22. Eines der besten und exklusivsten Restaurants des Landes, dennoch leger und unkompliziert. Alain Weissgerber fungiert als Küchenchef. Speisen à la carte, Spezialitäten vom Holzofengrill; jeden Tag wird ein Menü neu kreiert und zubereitet (€ 188,–); man kann dazu aus mehreren Weinbegleitungen (international, österreichisch, antialkoholisch) wählen. Sehr viele österreichische Schnäpse, Weine zum Mitnehmen. Kinderspeisen, -sessel. Perfektes Ambiente, ansprechende Einrichtung und kreative Tischdekoration; Extrazimmer für 20 bis 25, Garten bis zu 80 Pers. Angeschlossene Greißlerei mit Bistro (HS ab € 12,–), regionale Weinspezialitäten sowie Geschenksets sind dort zu erwerben. Übernachtungsmöglichkeit (Zimmer und Suiten ab € 160,– bis € 440,–/2 Pers. inkl. Frühstück), Badeteich für Gäste. 💳 €€€

Familie Braunstein – Die Pauli's Stuben 7083 Purbach am Neusiedler See, Fellnergasse 1a, Tel. 02683/55 13-0, E-Mail: restaurant@braunstein.at, www.braunstein.at, Mo, Do–Sa, Fei 8–22, So 8–16, warme Küche 11.30–21. Wunderschönes Restaurant im Herzen von Purbach am Nordufer des Neusiedler Sees. Klassische österreichische

Küche vom Backhenderl bis zu kreativ interpretierten pannonischen Gerichten wie z.B. Wels aus dem Neusiedler See auf Wiesenkräuterrisotto, ein Brückenschlag zwischen Pannonien und der Toskana. Regionale Bio-Produkte, auch glutenfreie und vegane Speisen; Frühstück; Verwöhn-Pakete mit Abendessen, Weindegustation, Übernachtung und Frühstück (ab € 55,–/Pers.). Kinderportionen, -sessel, -spielzeug, Spielecke, Wickeltisch. Hervorragende Weine, Vinothek des Demeter-Weinguts der Familie angeschlossen, Weinverkostung gegen Voranmeldung, Weinverkauf ab Hof. Picknick auf Vorbestellung, Qigong-Kräuterwanderungen. Genussshop mit Produkten aus der Region. Terrasse für je 40 Pers. 5 Gästezimmer (ab € 55,–/Pers.). €€€

Gut Purbach 7083 Purbach am Neusiedler See, Hauptgasse 64, Tel. 02683/560 86, E-Mail: office@gutpurbach.at, www.gutpurbach.at, Mo 18–23, Do–Sa 12–15 und 18–23, So, Fei 12–18. Regionale pannonische Kronländerküche, z.B. Grammelknödel mit Paradeiserkraut (€ 19,–) oder pannonische Fischsuppe (€ 22,–), eine der kreativsten Innereien-Küchen des Landes; 4- bis 8gg M (€ 105,– bis € 165,–); Weinkarte mit österreichischen und internationalen Weinen. Kinderspeisen, -sessel. Immer wieder Veranstaltungen, z.B. Innereienessen oder „pannonischer Sautanz" am 1. Sa im Dezember. Innenhofgarten für 60 Pers. 5 Gästezimmer (€ 140,– bis € 225,– inkl. Frühstück) und 1 Suite (€ 325,–). Online-Shop für Feinkost. €€€

Restaurant Seejungfrau 7093 Jois, Yachthafen 1, Tel. 0650/420 07 43, E-Mail: seejungfrau@outlook.com, www.seejungfrau.org, Mitte März bis Mitte November Mi, Do 11–23, Fr, Sa 9–23, So, Fei 9–20, Mitte Dezember bis Mitte März geschlossen. Kombination aus Naturresort und Restaurant, direkt am Ufer im UNESCO Welterbe- und Naturschutzgebiet Neusiedlersee-Leithagebirge. Mediterran-pannonische Küche, besonderer Wert wird auf Regionalität und Saisonalität gelegt, regelmäßig wechselnde Speisekarte; Weine vorwiegend aus der Leithaberg DAC-Region. Wintergarten, Kaminstüberl. Lokal für Veranstaltungen zu mieten (Hochzeiten, Weihnachtsfeiern, Workshops). Terrasse direkt am See für 100–120 Pers. €€€

Mole West 7100 Neusiedl am See, Seegelände 9 (neben dem Strandbad), Tel. 0664/208 66 00, E-Mail: office@molewest.at, www.molewest.at, täglich 12–22.30, warme Küche 12–21.30; Weihnachten geschlossen. Strandclub am Neusiedler See. Restaurant und Bar in ungezwungenem Ambiente. Tapas, mediterrane und internationale Küche sowie Burger. Wickeltisch. Design mit viel Glas und Holz, Freiluftbar, riesige Holzterrasse über dem Wasser. Anlegemole für Gäste. Behinderten-WC.

Restaurant Zur Blauen Gans 7121 Weiden am See (im Seepark Nr. 71), Tel. 02167/700 00, E-Mail: blaue-gans@seepark.at, office@zurblauengans.at, www.zurblauengans.at, Do, Fr 11.30–14 und 18–21, Sa 12–21, So 12–19. Fusion von pannonischer und mediterraner Küche (MM 2gg € 11,90, 3gg € 14,90; Kinderspeisen; -sessel; große Wein- (Schwerpunkt: Seewinkel, Österreich), Sekt- und Champagnerauswahl. Feiern für insgesamt 90 Pers. möglich, großer Raum für 50 Pers.; Terrasse für 90 Pers. €€€

Heimlichwirt 7122 Gols, Neustiftgasse 3, Tel. 0660/666 42 60, E-Mail: heimlich@heimlichwirt.com, www.heimlichwirt.com, Di–Fr 11.45–13.15 und 16–24, Sa 16–24. Sommelier und Restaurantbesitzer Peter H. Müller serviert zeitgemäße Küche mit regionalen Zutaten in zwangloser Wirtshausatmosphäre; umfangreiche Weinkarte, große Naturweinauswahl. Di–Fr Mittagstisch (auch zum Mitnehmen), ab 16 Abendkarte. €€€

Restaurant Knappenstöckl 7131 Halbturn, Schlossgasse (im Schloss), Tel. 02172/823 90, E-Mail: info@knappenstoeckl.at, www.knappenstoeckl.at, Di–So, Fei 10–22, Küche 11–20.30. Restaurant im Schloss Halbturn; regionale Schmankerlküche (Degustationsmenü 4gg ohne Weinbegleitung ab € 48,–, auf Wunsch mit Weinbegleitung); Schlossfrühstück (€ 20,–). Weinkarte „Burgenländische Reise": Weine aus dem Burgenland sowie Eigenproduktionen. Kinderportionen, -sessel, Spielzeug, Wickeltisch. TV. Veranstaltungen von 10 bis 300 Pers. möglich. Seminarräume; Schlossterrasse im Innenhof für 100, Parkterrasse für 60 Pers. 14 Schlosszimmer (ab € 80,–/Pers.). €€€

Altes Brauhaus 7132 Frauenkirchen, Kirchenplatz 27, Tel. 02172/22 17, E-Mail: storch@altesbrauhaus.at, www.altesbrauhaus.at, Mi–Sa, Fei 9–22, So 9–21, Küche durchgehend 10–21, So bis 20; im Februar Betriebsurlaub. Gasthaus in denkmalgeschütztem Haus gegenüber der barocken Wallfahrtsbasilika mit regionalen und saisonalen Spezialitäten, z.B. Martinigansl, Spargel oder Kürbis, auch vegetarische und vegane Speisen; naturtrübe Säfte, Hausbier und Starobrno vom Fass, ausschließlich burgenländische Weine; Kinderkarte, von fast allen Gerichten kleine Portionen möglich (auch für Senioren), Kindersessel, Wickeltisch, Spielplatz, Spiele. TV. Paprikaprodukte und Marmeladen sowie hausgemachte Nudeln zum Mitnehmen. Sailers Vinothek im Haus. Für Hochzeiten, Familien- und Firmenfeste geeignet. Mehrere Stüberl mit Holztäfelung; Festsaal für 110 Pers. mit Tanzfläche, sehr schöner Arkadeninnenhof für 90 Pers. €€€

Zur Dankbarkeit 7141 Podersdorf am See, Hauptstr. 39, Tel. 02177/22 23, E-Mail: gasthaus@dankbarkeit.at, www.dankbarkeit.at, Februar bis November Do, Fr 11.30–14 und 18–21, Sa, So, Fei 11.30–21 (Küchenzeiten), Dezember/Jänner geschlossen. In dem mit schönen, alten Möbelstücken dekorierten Landgasthof hat sich die Küche der ganzen kulinarischen Bandbreite der Region verschrieben, so gibt es zum Beispiel das graue ungarische Steppenrind,

Mangalitza-Schwein, Obst und Gemüse aus der Umgebung, Fischspezialitäten und die dazugehörigen Weine. Gleich ums Eck „Podersdorfer Weinstube" (Heuriger mit Heurigenspezialitäten). Von fast jeder HS gibt es auch eine kleine Portion. Eigener Weinbau, Weinverkauf ab Hof. Kinderportionen, -sessel, Spielwiese. Stimmige Landgasthofatmosphäre. Gastgarten für 80 Pers. „Nachtqaurtier Zur Dankbarkeit": 5 Gästezimmer (ab € 55,– pro Pers./Nacht inkl. Frühstück; Reservierung unter schlafen@dankbarkeit.at). €€€

Raum Eisenstadt

Schneiderei 2443 Leithaprodersdorf, Hauptplatz 14, Tel. 02255/73 76 20, E-Mail: info@schneiderei-te.at, www.schneiderei-te.at, Do 17–22, Fr, Sa 9–13 und 17–22, So 9–15. Vorwiegend österreichische Küche mit regionalen Zutaten, Inhaberin und Küchenchefin ist Tamara Blümel. Fr, Sa 9–12 Frühstück, z.B. Schneidereifrühstück für 2 Pers. (€ 38,–). Gastgarten für 60 Pers. €€€

Die Alm by Rabina 7000 Eisenstadt, Gloriettealle 51, Tel. 02682/240 90, E-Mail: diealm@rabina.at, www.diealm.at, Mo–Sa, Fei 11–23, So 10–18, Küche Mo–Sa, Fei 11–21, So 11–16. Österreichische und internationale Küche mit Blick auf Eisenstadt (TT € 9,–/inkl. Suppe € 12,–, davon eines vegetarisch). Auch vegetarische und vegane Speisen (z.B. Veganer Alm Burger um € 15,–); Kinderspeisen wie Cheeseburger mit Wedges (€ 7,–) od. Kinder-Linguine mit Tomatensauce, Grana und Rucola (€ 7,–); Kindersessel, Spielplatz, Wickeltisch. Gut ausgestattete Vinothek angeschlossen (ausschließlich österreichische Weine). Veranstaltungssaal für Feiern aller Art bis 80 Pers. zu mieten (z.B. Hochzeiten, Geburtstags- oder Firmenfeiern). Terrasse für 100 Pers. €€€

SPEZIAL- UND STICHWORT-REGISTER

KATEGORIEN VON A-Z
INHALTSVERZEICHNIS

Afghanisch

Afrikanisch

All you can eat

Amerikanisch

Arabisch

Armenisch

Asiatisch

Australisch

Balkan

Bayrisch

Billard

Böhmisch

Bowling

Brasilianisch

Britisch

Brunch

Bulgarisch

Chinesisch

Darts

Essen am Sonntag

Essen am Wasser

Essen im Grünen

Essen im Museum/ Theater

Essen mit Aussicht

Essen mit Kindern

Essen nach Mitternacht

Essen vor 8

Essen zum Mitnehmen

Wien-Umgebung

Französisch

Frühstück

Gästezimmer

Gastgarten

Georgisch

Griechisch

Hunde nicht erlaubt

Indisch

Indonesisch

International

Irisch

Israelisch

Italienisch

Japanisch

Karaoke

Kärntnerisch

Kegelbahn

Keller

Klimaanlage

Kochkurse

Koreanisch

Koscher

Kreolisch

Kroatisch

Kurdisch

Lateinamerikanisch

Levantinisch

Libanesisch

Live-Programm

Luxus

Marokkanisch

Mexikanisch

Mittagsmenü

Mongolisch

Musik

Nepalesisch

Oberösterreichisch

Orientalisch

Österreichisch

Pakistanisch

Pannonisch

Persisch

Polnisch

Portugiesisch

Queer

Rollstuhlgerecht

Rumänisch

Russisch

Schach

Schweizerisch

Skandinavisch

Slowakisch

Spanisch

Spiele

Thailändisch

Tibetisch

Tirolerisch

Tischfußball

Türkisch

TV

Ukrainisch

Ungarisch

Usbekisch

Vegetarisch, vegan

Vietnamesisch

Waldviertlerisch

Wienerisch

Zustelldienst